E. K. 헌트의
경제사상사

애덤 스미스부터 21세기 자본주의까지 비판적 관점으로 본
E.K. 헌트의 경제사상사

초판 1쇄 2015년 11월 25일 발행
초판 4쇄 2024년 1월 29일 발행

지은이 E.K. 헌트, 마크 라우첸하이저
옮긴이 홍기빈
펴낸이 김성실
교정교열 권우철
표　지 민진기디자인
인　쇄 한영문화사
제　작 천일제책

펴낸곳 시대의창　　**등록** 제10−1756호(1999. 5. 11)
주소 03985 서울시 마포구 연희로 19−1
전화 02)335−6121　　**팩스** 02)325−5607
전자우편 sidaebooks@daum.net
페이스북 www.facebook.com/sidaebooks
트위터 @sidaebooks

ISBN 978−89−5940−570−1 (03320)

E.K. Hunt and Mark Lautzenheiser,
History of Economic Thought: A Critical Perspective, Third Edition
(Armonk, NY: M.E. Sharpe, 2011)
Copyright ⓒ 2011 by M.E. Sharpe, Inc. Translation by arrangement.
All rights are reserved.

책값은 뒤표지에 있습니다.
잘못된 책은 구입하신 곳에서 바꾸어드립니다.

애덤 스미스부터
21세기 자본주의까지
비판적 관점으로 본

E.K. 헌트의
경제사상사

E.K. 헌트와 마크 라우첸하이저 지음 | 홍기빈 옮김

History of
Economic
Thought

A Critical Perspective 3rd Edition

시대의창

일러두기

1. 본문의 주석 가운데 '●' 표시는 모두 옮긴이가 단 것이다.

《E.K. 헌트의 경제사상사》에 대하여

　《E.K. 헌트의 경제사상사》 3판*을 여기에 번역하여 내게 되었다. 이 책은 이미 1980년대에 국내에 소개되어 많은 이들에게 읽힌 바 있지만, 그동안 많은 세월이 흘렀고 특히 이번 3판은 2008년의 세계 경제 위기 이후 지배적인 정통 주류 경제학의 위기가 본격화되는 시점에 맞는 형태를 띠고 출간된 바 있으므로 지금 소개하는 것이 시의적절하다고 보인다.

　헌트는 본인 스스로가 후생경제학과 가치 이론 등에서 중요한 업적을 남긴 이론 경제학자이기도 하거니와, 경제학자로서는 보기 드문 박람강기한 지식과 뛰어난 문필력 및 서사적 능력으로 이 책 외에도 다른 성공적인 대중적 저작**을 남긴 바 있다. 특히 이 책은 1979년에 초판이 나온 이래 서구 특히 미국의 진보 경제학 진영에서 학설사의 교과서로서뿐만 아니라 신

- E. K. Hunt and Mark Lautzenheiser, *History of Economic Thought: A Critical Perspective* 3rd edition (New York : M. E. and Sharpe, 2011).
- ●● E. K. Hunt, *Property and Prophets: The Evolution of Economic Institutions and Ideologies* (Armonk, New York : M. E. Sharpe, 2003).

고전파 주류 경제학에 대한 체계적이고 일관된 비판의 논고로서도 널리 읽히고 많은 영향을 미친 바 있다. 이 책의 출간 자체가 미국 급진파 (정치)경제학이 하나의 확고한 전통으로 자리 잡았음을 알리는 사건이기도 했다. 본래 2차 세계대전 이전의 미국 경제학계에서는 소스타인 베블런이나 존 R. 코먼스John R. Commons 등을 따르는 이른바 '제도주의 경제학자들'이 오히려 신고전파 경제학자들을 수적으로 압도하고 있었다. 하지만 1950년대 이후 보수적 신고전파 경제학자들 그리고 이들과 멀지 않은 이른바 '신고전파 종합'의 학자들이 자신들과 다른 조류의 학자들을 체계적으로 학계에서 제거하는 노력을 지속하면서 미국 경제학계는 비판적 (정치)경제학의 전통이 거의 끊어진 지적인 불모 상태에 이르게 된다. 그런데 1960년대의 미국 사회를 흔들어놓았던 반전 운동과 흑인 민권 운동의 흐름 속에서 젊은 세대의 경제학자들은 자본주의 사회의 전쟁과 불평등과 같은 여러 모순에 새롭게 눈뜨게 되며, 이들은 자기들의 힘으로 다시 급진적 (정치)경제학의 여러 이론을 습득하고 이에 근거한 다양한 현실 연구 조사의 영역과 방법론을 계발하면서 진보 경제학의 전통을 되살리기 시작한다. 스스로 그 젊은 세대 경제학자의 한 사람이었던 헌트의 이 책은 그러한 자생적인 진보 경제학의 운동이 경제학설사의 흐름을 어떻게 이해하는지 그리고 그 속에서 스스로를 어떻게 위치 정립하는지를 명료하게 정식화한 저작의 의미를 갖는다. 로빈 하넬이 쓴 서문에서 잘 드러나고 있듯이 미국, 나아가 세계의 진보적 (정치)경제학 진영에서 이 저서가 가지는 무게는 그런 점으로 가늠해 볼 수 있다.

또한 이 저서는 1980년대 한국의 진보 경제학에도 막대한 영향을 끼친 바 있다.《자본론》을 비롯한 마르크스 원전 및 여러 서적들이 불온 도서로 금지된 상태에서, 마르크스주의 경제학을 학설사적으로 이해할 수 있도록 해주는 책은 마침 '경제사상사'라는 '안전한' 제목으로 출간된 이 책 말고는 달리 찾아보기 힘들었다. 마르크스주의 경제학을 특히 그 이론적 전신이라고 할 리카도의 노동가치론과의 연관 속에서 심도 있게 이해하고자 했던 수많은 학생들은, 담배 연기 자욱한 반지하의 자취방에 모여 이 책을 읽고 또 읽으며 밤새워 토론을 벌이기도 했다.

하지만 이 책은 이러한 '급진파의 입장에서 서술된 경제학설사'라는 일반적인 특징 이외에도 경제학설사 저서로서 갖는 독특함과 중요한 미덕이 있다.

경제학은 여러 학문 중에서도 비교적 일찍부터 스스로의 역사적 발전에 대한 자의식이 깊은 학문이었던 듯하다. 본격적인 고전파 경제학이 막 성립되고 있었던 1840년대에 이미 우리에게 알려진 바로 최초의 경제학설사 저작이 출간된 바 있으며, 카를 마르크스는 이미 1850년대 말에서 1860년대 중반에 이르는 기간 동안 무수한 정치경제학자들의 학설을 섭렵하고 정리해낸 방대한 원고—나중에 카를 카우츠키가 '잉여가치학설사'라는 제목으로 편집 출간하기도 한다—를 남기기도 했다. 하지만 2차 세계대전 이후의 경제학계에서는 경제학설사 서술에 있어서 중요한 변화가 나타난다. 경제사상사와 경제 이론사를 분리해서 서술하기 시작한 것이다.[•]

2차 세계대전 이전에 나온 경제사상사의 중요한 저작들에서 이는 상상하기 힘든 일이었다. 그 누구도 '쾌락주의' 윤리학이라는 공리주의 사상과 한계 효용 체감 법칙이라는 경제 이론을 분리해서 다루지 않았으며, 자본 축적의 우선성을 강조했던 리카도의 정책적 입장과 그의 지대 이론을 따로 설명하지 않았다.[••] 하지만 2차 세계대전 이후 경제학자들 스스로가 생각

[•]   그 효시가 되는 저작으로 Émile James, *Histoire des théories économiques*(Paris: Flammarion, 1950).

하는 경제학의 정체성과 위상은 큰 변화를 겪는다. 전쟁을 거치면서 수리적 기법이 대폭 강화된 새로운 경제학은 이제 스스로를 물리학 등의 자연과학과 마찬가지의 '엄밀한' 과학으로 내세우기 시작한다. 따라서 스스로의 역사를 바라보는 방식도 이원화된다. '과학적인' 스스로의 이론 체계가 어떻게 어떤 순서로 발전하고 구성되었는가를 따지는 경제 이론사는 하나의 과학사처럼 서술되며, 그러한 과학적 이론과 별개로 여러 경제학자들이 가졌던 철학과 사상의 흐름과 변천을 따지는 경제사상사는 마치 철학사처럼 서술되기 시작한 것이다. 경제 이론사 책에서는 경제학설사에 명멸했던 거인들을 그들이 남겨놓은 유명한 경제 이론이나 개념 몇 가지로 환원하여 다시 이를 수리 모델과 그래프 몇 개로 간략하게 설명해버린다. 그들이 어떤 사상과 철학과 실천적 지향을 가졌기에 그러한 생각이 나오게 되었는가에 대한 설명은 찾아볼 길이 없다. 반면 경제사상사로 넘어가면 똑같은 그 거인들이 이번에는 철학자나 사상가로서 다루어진다. 어떠한 사상 조류에 영향을 받았으며 어떠한 세계관을 가진 이들이었고 어떠한 정치적, 사상적 운동과 궤를 함께했다는 식의 이야기가 쏟아지지만, 그것이 어떻게 그들의 구체적인 경제 이론으로 구체화되어 나타났는지에 대한 설명은 또한 체계적으로 이루어지지 않는다.

헌트의 이 책은 비록 '경제사상사'라는 제목을 달고는 있지만, 바로 이러한 이분법을 극복하고 여러 경제학자들의 경제사상과 경제 이론을 모두 다루고 있을 뿐만 아니라 그 둘을 유기적으로 결합시켜서 종합적으로 조망하고 있다는 점에서 냉전 시대 이전의 경제학설사 서술의 전통을 유지하는

●● 그 전형이 되는 저작으로서 2차 세계대전 이전 가장 큰 영향력을 가졌던 경제학설사의 하나로서 Charles Gide et Charles Rist, *Histoire des doctrines économiques depuis les Physiocrates jusqu'ànos jours*(Paris : Sirey, 1915).

보기 드문 저서라고 하겠다. 물론 그렇다고 해서 이 책이 사상과 이론 양쪽 모두에서 반드시 똑같은 폭과 깊이를 보여주고 있다는 것은 아니며, 이 점에서 조지프 슘페터의 《경제 분석의 역사》와 같은 정도에 미친다고 보기는 어렵다. 하지만 이 책에는 슘페터의 그 기념비적 저서를 능가하는 보기 드문 장점과 미덕이 하나 있다. 바로 하나의 일관된 내러티브 즉 이야기로서 경제사상사 250년을 꿰어내고 있다는 점이다.

경제학설사라고 해봐야 지금까지 살다 간 모든 주요한 경제학자들의 이론과 개념을 한 권에 모두 담아내는 일은 불가능하다. 경제학의 주제가 대단히 다양하고 방대하기 때문에, 화폐 이론은 그 나름의 역사와 흐름이 있고 가치 이론이나 여타 영역 또한 마찬가지이다. 이를 그저 백화점식으로 잡다하게 모두 담아내다가는 경제학 백과사전이 되기 십상이며, 더욱이 여기에서 헌트가 하고 있는 것처럼 사상적, 철학적 측면의 이야기까지 더한다면 문제는 더욱 심해질 수 있다. 하지만 이 책은 결코 그렇게 이것저것 잡다하게 모두 담아내는 교과서가 아니다. 이 책은 저자 나름의 시각에서 경제학설사의 전체를 관통하는 하나의 이야기를 뽑아내어 풀어놓는 모종의 이야기보따리이다. 출판계의 관행으로 보자면, 일종의 '논픽션' 장르의 저작물이라고 할 수 있을 것이다.

이 점은 이 저서의 약점일 수도 또 강점일 수도 있다. 먼저 일반적인 경제학설사 교과서에서와 같이 모든 주요 인물들과 주요 개념들 및 이론들을 아우르는 포괄적인 설명을 기대할 수는 없다. 또한 그러한 여러 주제들을 불편부당하게 중립적, 객관적으로 설명하고 있는 것도 아니다. 이 책은 헌트 스스로가 생각하는 바의 이야기를 풀어놓는 데에 유의미하게 연관이 있는 인물들만을 다룰 뿐 아니라 그 인물들 각각에 대해서도 오직 관심이 있는 부분만을 서술할 뿐이며, 그 서술 또한 저자의 분명한 사상적, 이론적 입장에서 비판적으로 행해지고 있기에 예컨대 신고전파 경제 이론의 의미와 중요성에 대해서는 지나치게 부당한 단순화까지 이루어지는 면도 있다. 하지만 이러한 특징이 강점이 될 수 있다는 것 또한 분명하다. 무수히 많은 이야기들이 복잡하게 얽히고설킨 경제학설사를 모두 다루려다가 밋밋하고 지루하기 짝이 없는 또 하나의 교과서가 나올 뿐이며, 그보다는 이렇게 분명한 하나의 입장에서 하나의 스토리를 제시하는 쪽이 훨씬 더 효과적일 수 있다. 어떠한 스토리도 250년간 벌어진 경제학 역사의 '실체적 진실'을 담아낼 수 없다면, 이렇게 하나의 분명한 스토리를 머리에 각인시키고 이를 다른 입장의 저서들을 섭렵하면서 계속 수정하고 풍부하게 해나가는 것이 훨씬 더 효과적인 공부 방법이 될 것이다.

헌트가 풀어놓는 이야기는 실로 흥미진진하다. '현대 경제학의 주류를 이루는 신고전파 경제 이론은 어떻게 나타났고 어떻게 형성되었으며, 또 어떻게 이론적으로 파산을 맞았는가'이다. 경제를 바라보는 사상과 관점을 헌트는 다음과 같은 분명한 이분법으로 대립시키고 있다.● '사회적 생산이냐 개인들의 교환이냐'라는 것이다. 경제 현상을 사회 그리고 그것을 이루는 여러 계급 집단들이 모여서 벌이는 생산이라는 관점에서 파악할 것이냐 아니면 스스로의 이익을 최대한 충족시키려는 모래알과 같은 개개인들의 교환에서 빚어지는 일종의 자연현상으로 파악할 것이냐이다. 고전파 경제학은 그 시조라고 할 애덤 스미스에서부터 그 최후의 비판자이자 계승자라고 할 카를 마르크스에 이르기까지 대개 전자의 관점에 선다. 경제란 어디까지나 사회라고 하는 공동체가 스스로의 필요를 충족하기 위해 벌이는 생산 활동 혹은 노동 분업에서 빚어지는 것이며, 생산에 필요한 여러 다른 생산

● E. K. Hunt and Mark Lautzenheiser, *History of Economic Thought: A Critical Perspective* 3rd edition (New York : M. E. and Sharpe, 2011).

요소를 소유한 지주, 자본가, 노동자들의 계급 집단은 서로 명백하게 구별되는 이해관계를 가진다. 이렇게 사회 전체의 생산과 분배와 소비의 순환 과정 속에서 구체적인 경제 현상들을 해명하려는 전통이야말로 헌트가 보기에 자본주의 사회에 만연한 불평등과 온갖 모순을 있는 그대로 드러내고 분석할 수 있는 과학적인 입장이라는 것이다.

하지만 이미 19세기 초부터 이와는 다른 사상적 입장에서 경제 현상을 분석하는 전통이 생겨났고, 이는 이후 오늘날에 이르기까지 자본주의의 모순을 은폐하고 그것을 마치 완벽한 사회 질서인양 신비화시키는 이데올로기로 기능하게 되었다고 한다. 먼저 제러미 벤담은 인간 세상의 만사만물을 인간의 마음에 불러일으키는 쾌락으로 환원하여 이를 수량적으로 동일한 실체라고 보는 쾌락주의 윤리학을 내놓는다. 이에 근거하여 세, 시니어, 바스티아 등은 경제 현상의 본질은 개개인의 교환이라고 주장한다. 복잡한 사회와 그 속에서 벌어지는 생산활동이라는 구질구질한 과정을 다 헤집을 이유가 무엇인가. 경제란 기본적으로 모든 개인들이 맘에 드는 대상을 찾아서 맘에 드는 만큼의 교환을 행하여 스스로의 쾌락 즉 효용을 극대화하는 과정일 뿐이다. 폭력과 강제가 없는 한 어느 누구든 자신의 이익이 신장된다는 확신이 없다면 아무도 교환에 들어오지 않을 것이므로, 이들이 자발적으로 행하는 교환의 과정이야말로 모든 이의 이익이 늘어나는 동시에 그를 통해 전체의 이익도 보장되는 '보이지 않는 손'의 작동이라고 할 수 있다. 이것이야말로 사회와 생산에 대한 분석과는 별개로 성립하는 경제학이라는 과학을 성립시키는 방법론이다. 경제란 오로지 쾌락을 극대화하려는 개개인들의 교환 행위의 연쇄일 뿐이며, 그를 통해 늘어나는 개인과 전체의 효용일 뿐이다. 비록 시니어와 바스티아 등은 이것이 아무 편견 없이 '과학적으로' 도출된 진리라고 주장하지만, 이렇게 해서 나타난 자본주의 시장경제란 완벽하게 평등하고 정의로우며 또 자유로울 뿐만 아니라 가장 효율적이기까지 한 이상적 사회 제도임이 분명하며, 이는 하나의 '자연적' 질서로서 보아야 한다는 사상적 관점을 뚜렷하게 가지고 있다.

이러한 상이한 사상적 입장은 철학적 차이에서 머물지 않고 구체적인 경제 이론에서도 상반된 체계를 낳게 된다고 하며, 이 책은 무엇보다도 경제 이론의 가장 근본적 토대가 되는 가치 이론에 초점을 두고 그 상이한 두 경제 이론 체계의 형성과 발전을 대립시키면서 경제학설사를 엮어내고 있다. 전자의 입장 즉 상이한 사회적 계급과 그들이 함께 어우러져 벌이는 생산이라는 과정을 중심으로 경제를 파악한다면, 무엇보다도 경제 이론 구축의 가장 기초적인 단위라고 할 가격과 가치는 먼저 '생산비 이론'으로 파악된다. 생산에 들어가는 가장 기본적인 생산요소는 토지, 자본, 노동이며, 그 각각을 소유한 3대 계급 집단인 지주, 자본가, 노동자에게 각각의 생산요소를 내놓도록 설득할 수 있는 몫 즉 지대, 이윤, 임금이 그 상품을 생산하기 위한 비용이요 이것이 곧 그 상품의 자연 가격 즉 가치를 결정하게 된다는 것이 고전파 경제학자들이 공유했던 가치 및 가격 이론이었다. 요컨대 사회적 조건으로 결정되는 3대 계급 집단의 소득 분배가 먼저 결정되며, 이것이 상품의 생산비를 결정하게 된다는 식의 인과율 방향이 설정된다. 마르크스와 리카도와 같은 이론가들은 생산 과정에 더욱 집중하여 생산비 이론보다 한 단계 더 근저에서 작동한다고 여겨지는 통일적인 가치 이론인 노동가치론을 제시한다. 모든 가치의 근원적인 창조주는 노동이며, 3대 계급의 소득은 그 노동이 창출해낸 가치가 다양하게 분배된 것으로 이해할 수 있다는 것이다.

하지만 후자의 입장에 서게 되면 상품 가치 및 가격의 원천은 무엇보다도 그것을 교환하는 개개인들이 주관적으로 얻게 되는 쾌락 즉 효용이 될 수밖에 없다. 이러한 사상적 방법론적 입장을 정교한 이론적 체계로 구체화한 것이 바로 1870년대에 벌어진 신고전파 경제학의 '한계 혁명'의 내용이 된다. 생산 과정 또한 이렇게 주관적 효용을 극대화하려는 개인들의 교환의 논리로 모두 설명할 수 있게 된다. 멩거가 말한 것처럼, 자본재는 독자적인 가치를 갖는 것이 아니라 오로지 그것이 생산해낸 소비재의 가치에서 2차적으로 파생되는 가치를 부여받을 뿐이다. 또한 마셜이 본 바대로, 기업의 행동 논리도 효용을 극대화하려는 가정 경제의 행동 논리와 전혀 다르지 않다. 이렇게 본다면 경제라는 과정은 그 가장 기초가 되는 노동, 원자재, 시간에서 최종적인 소비와 쾌락이 발생할 때까지 효용 극대화의 행동 논리 즉 '쾌락의 미적분hedonistic calculus'으로 일관되게 설명할 수 있게 된다. 이에 오늘날까지도 현대인들의 의식을 지배하는 정통 주류의 '과학적 경제학'의 기초가 마련된다.

이러한 '쾌락의 미적분'을 통해 일관된 수리 체계로 시장 자본주의 체계를 재구성한 신고전파 경제학자들은 이를 통해 다음의 세 가지 명제를 수학적으로 (혹은 '과학적으로') 증명할 수 있다고 주장하였다. 첫째, 시장경제에서 모든 이들은 각자 스스로 혹은 각자의 소유물이 생산 과정에 기여한 바와 정확히 똑같은 몫을 분배받게 되어 있으므로(한계 생산성 소득 이론), 이 시스템이야말로 인간이 생각할 수 있는 가장 정의롭고 효율적인 체제이다. 둘째, 이 시스템에서 개개인들은 자기 이익만을 돌보고 추구하지만, 그들의 그러한 행동의 결과 사회 전체 또한 도달할 수 있는 가장 효율적인 상태에 도달하게 되는 메커니즘이 저절로 작동하게 된다(파레토 최적). 셋째, 분배와 소비뿐만 아니라 생산의 측면에서 보더라도, 시장경제는 생산활동의 의지가 있는 이라면 누구나 일자리를 얻도록 보장하는 논리를 내장하고 있다(완전 고용). 이 세 가지의 명제가 정말로 과학적 진리라면, 시장 자본주의야말로 인류가 생각해낼 수 있는 가장 완벽한 체제라는 주장을 누구도 부인할 수 없게 된다.

그다음으로 이 책의 14장, 15장, 16장은 이러한 세 가지의 명제가 어떻게 처참하게 무너지고 파산하는가를 보여주고 있다. 먼저 14장에서는 소위 파레토 최적이라는 개념이 얼마나 괴상한 가정 위에서만 성립하는 괴상한 개념인가를 설명한 뒤, 특히 '외부성'의 현실을 감안한다면 도저히 현실적으로 유지될 수 없는 형이상학적 환상일 뿐임을 통렬하게 고발한다. 잘 알려져 있듯이 15장에 등장하는 존 메이너드 케인스는 시장경제의 균형 상태가 항상 완전고용 수준에 도달한다는 생각이 이론적으로 성립하지 않는다는 것을 보여주었고, 실제로 1930년대의 대공황과 그 뒤를 이은 자본주의의 위기는 그것이 현실적으로는 어림없는 환상에 불과하다는 것을 적나라하게 보여준 바 있다. 그리고 16장에 나오는 피에로 스라파의 저작과 그를 통해 촉발된 이른바 '케임브리지 자본 논쟁'은 자본이라는 개념이 수량적으로 성립할 수 없는 허구에 불과하며, 각 생산요소의 한계 생산성에서 그 생산요소 소유자의 소득 분배가 결정되는 것이 아니라 그 반대로 생산요소의 하나인 자본의 수량 자체를 결정하기 위해서는 소득 분배가 먼저 주어져야 한다는 것을 보여주면서 한계 생산성 분배 이론을 근본에서 허물어버린다.

특히 이 책에서 이채를 띠는 것이 16장이라고 할 수 있다. 스라파의 저작은 물론 그 뒤를 이은 케임브리지 논쟁이 현대 경제학에 끼친 파장은 실로 근본적인 것이라고 할 수 있다. "능금 한 알이 추락하였다. 지구는 부서질 정도만큼 상하였다. 최후. 이미 여하한 정신도 발아하지 아니한다."라는 이상 김해경의 시가 적절한 비유가 될까. 자본의 개념이 무너지고 생산 함수가 날아가게 되면 이런저런 몇 가지 이론이나 개념이 논박되는 정도가 아니라 주류 경제학의 체계가 사실상 근본부터 완전히 무너지는 것을 피할 도리가 없기 때문이다. 하지만 여기에 대해 주류 경제학자들이 대응했던 '신기神技'가 있었다. 침묵과 무시였다. 이미 조앤 로빈슨 등이 오래전에 예견했던 대로 주류 경제학계는 이러한 논쟁이 마치 없었던 것처럼 함구하고 침묵을 지키는 방식으로 대응하였고, 그 결과 오늘날에는 경제학자라고 해도 특별히 관심을 두지 않는 한 이러한 논쟁의 존재 자체도 알지 못하는 경우가 더 많은 지경에 이르렀다. 그런데 몇천 년 전의 트로이 전쟁도 생생한 기록이 남아 있거늘, 바로 몇십 년 전에 이렇게 중차대한 내용을 놓고 기라성 같은 경제학자들이 두 패로 갈리어 벌였던 '별들의 전쟁'과 같은 이 싸움이 어떻게 이렇게 완전히 망각될 수가 있을까. 그 비밀의 하나는 이 논쟁이 지극히 높은 추상 수준에서 고도의 수학적 기법을 동원한 방식으로 진행되었기 때문에 이를 해설해놓은 저서들조차도 쉽게 접근하기가 어려울 지경이어서 극소수 전문가 이외에는 이해하기 힘들다는 데에 있었다. 그런데 이 책의 16장에서 헌트는 바로 이러한 문제에 정면으로 대응하고 있다. 이 장에서 그는 약간의 정성만 들인다면 누구나 이해할 수 있는 평이하면서도 명쾌한 방식으로 자본 논쟁을 설명하고 있다. 그뿐만 아니라 그 귀결로 도출되는 결론들이 얼마나 황당할 정도로 파괴적인 것인가에 대해서도 실로 극적으로 설명하고 있다. 이 16장이야말로 이 저서 전체의 장점과 논지를 모두 압축해놓은 압권이요 백미라고 해도 과언이 아니다. 실로 이 장이 널리 읽히기를 바라는 마음이 이 책의 번역을 떠맡기로 한 개인적 동기의 한 자락을 차지했던 것이 사실이다.

이렇게 저자의 독특한 관점과 관심사에 입각하여 일관된 내러티브로 경제학설사를 엮어내다 보니 불가피하게 드러나게 된 몇 가지 아쉬운 점도 있다. 간략하게 몇 가지를 적어본다.

첫째, 정통 주류 경제학의 이념적 편파성과 과학적 허구성을 논증하려는 의도 때문이겠으나, 그 대비가 되는 전자의 관점 즉 사회적 생산의 전통에 있는 여러 경제학설에 대한 비판적인 접근은 나오지 않는다. 따지고 보면 마르크스주의 경제학 또한 고전파 경제학의 이론적 모순과 경제주의적 편향을 계승하고 있기에 그것을 이루는 여러 개념과 이론 또한 수많은 비판과 도전에 직면해야 했다. 또 신 리카도 학파나 포스트 케인스주의 경제학의 경우 좁은 의미의 생산이나 투자의 개념에 몰각되어 사회적 관계와 제도의 맥락을 놓치는 정통 주류 경제학의 경제주의적 편향을 보이고 있다는 비판도 많다. 이러한 '비판적 (정치)경제학'에 대해서도 정통 주류 경제학에 대해 적용했던 저자들의 엄격하고도 날카로운 이론적 과학적 분석의 메스를 가해본다면, 애덤 스미스 이후 250년을 경과한 오늘날의 경제학이 사실상 어느 진영이라 할 것 없이 전체적인 위기 상황에 있다는 오늘날의 현실이 적나라하게 드러날 수 있었을 것이다. 이는 2008년 경제 위기 이후 신자유주의 경제 이론 및 정책의 신뢰성이 근본적인 타격을 받은 이후에도 어째서 진보 진영이 이렇다 할 만한 정책적 제도적 대안을 제시하지 못하고 있는가의 원인을 정확히 진단하는 데에도 중요한 작업이었을 것이다.

둘째, 정통 주류 경제학과 신고전파 경제학을 지나치게 동일시하여 후자의 전통에 내재한 여러 다른 가능성과 장점들이 지나치게 무시되는 경향이 있다. 신고전파 경제학의 전통이 오늘날 자본주의 시장경제를 신비화, 이상화시키는 이데올로기인 정통 주류 경제학으로 대폭 흡수되어버린 것은 부인할 수 없는 사실이지만, 이는 이론적으로 필연적인 일도 아니며 역사적으로 항상 그랬던 것도 아니다. 20세기 중반까지만 해도 신고전파 경제학은 현존하는 바의 시장 자본주의를 이상화하는 목표보다는 '개인과 전체의 이익이 완벽하게 조화된 이상적 상태가 존재한다는 것을 수학적으로 증명하고 구성'하는 작업이었으며, 따라서 리카도 이래 사회주의 진영의 노동가치론에 만족하지 못하는 사회주의자들의 다수는 이상적인 경제 체제의 설계를 위하여 신고전파의 방법론을 열정적으로 수용하는 경우가 많았고, 이것이 1930년대 이후에는 이른바 '시장 사회주의'의 흐름으로 가시화되기도 했다.* 이렇게 '이상적인 상태를 구축하기 위한 사유 실험'으로서의 신고전파 경제학이 현존하는 바의 자본주의 시장경제에 대한 무조건적인 찬양의 이데올로기로 완전히 전락한 것은 사실상 20세기 후반에 벌어진 일이라고 해야 할 것이다. 그 뿌리가 되는 사상적, 이론적 요소들을 학설사적으로 추적하여 일관되게 구성하고 또 비판을 가하는 이 책의 작업이 큰 가치를 갖는다는 것은 분명하지만, 그 과정에서 신고전파 경제학에 대한 지나친 단순화를 행했다는 혐의는 벗기 어려울 것이다.

셋째, 마르크스주의 전통을 제외하면 학설사의 공간적 범위가 영국과 미국을 벗어나지 못하고 있어서 그 이외의 지역에서 내려왔던 여러 다양한 사상과 이론은 대부분 제외되고 있다는 아쉬움이 있다. 가장 심각한 문제는 20세기 초까지 독일어권은 물론 세계 경제사상의 형성에 막대한 영향을 끼쳤던 독일 역사학파의 여러 사상가들—이 중에는 막스 베버와 조지프 슘페터와 같은 인물들까지 포함될 수 있다—이 완전히 빠져 있다는 점이다. 개개인의 교환 행위의 연쇄로서 경제 이론을 구성하려는 영국 정통 경제학에 대해 철학적으로나 역사적 실증적으로나 일관된 반박을 제공했을 뿐만 아니라, 경제를 철저하게 사회 전체라는 관점에서 접근했다는 점에서 보자면 분명히 이 저서에서도 한 자리를 차지할 이유가 있음에도 불구하고 말이다. 마찬가지로, 독일 역사학파와 사상적으로나 이론적으로나 많은 관점을 공유했던 제도주의 경제학 또한 부분적으로만 다루어지고 있다는 문제가 있다. 소스타인 베블런이 긴 한 장을 차지하고 있으며, 또 1950년대 이후 《저널 오브 이코노믹 이슈스Journal of Economic Issues》의 미국 경제학자들 몇 명의 저작이 소개되고는 있지만, 미국의 제도주의 경제학에 대한 서술로도 불충분할 뿐만 아니라 뮈르달Gunnar Myrdal이나 카프Karl William

---

• 이에 대해서는 다음을 참조하라. 조하나 보크만, 홍기빈 옮김, 《신자유주의의 좌파적 기원》(글항아리). 또 Ian Steedman, ed., *Socialism and Marginal Economics, 1870-1930*(New York: Routledge, 1995). 이 책에서 자본주의 이데올로기의 옹호자로 치부되는 이들 중 몇몇은 할 말이 많을 듯하다. 레옹 발라는 온건한 사회주의자였고, 파레토 또한 사회주의 사상 및 운동에 우호적이었다.

Kapp 등의 유럽 측 제도주의 경제학의 전통은 완전히 누락되어 있다. 이는 저자가 명확하게 마르크스주의 경제학을 자신의 중심적 입장으로 표명하고 있다는 점을 생각하면 충분히 이해할 수 있지만 어쨌든 경제학설사의 서술로서는 크게 아쉬운 점이라고 할 수밖에 없다.[•]

하지만 이러한 아쉬움들을 상쇄하고도 남는 장점을 이 책이 가지고 있다는 점은 의심의 여지가 없다. 사람 이름과 지명 그리고 개념만 늘어놓고 끝나는 거만하고 지루한 경제사상사 및 이론사가 대부분인 현실에서, 이렇게 열정적으로 독자와 맞붙어서 자신의 관점을 일관되고도 친절하게 그러면서도 이론적인 깊이와 엄밀성을 희생하지 않으면서 풀어주는 책이 또 있을까? 수많은 경제학자들이 너무나 쉽게 잃어버린 현실 변혁에 대한 열정을 이렇게 정직하게 또 당당하게 드러내는 책을 마지막 본 게 언제였던가? 성실하게 땀 흘리며 매일매일을 보내지만 항상 고달프고 또 불안과 절망에 시달리는 이들이야말로 경제학이 존중하고 중심에 모셔야 할 존재임을 일깨워주는 책은 또 얼마나 되는가?

21세기 들어서 인류의 경제는 3차 산업 혁명과 함께 지금까지 한 번도 들어본 적이 없는 경지로 나아가고 있으며, 이에 우리가 19세기와 20세기에 익숙했던 산업 모델에서 만들어 냈던 모든 기존의 경제사상과 이론은 근본적인 한계를 드러내고 있다. 지금의 현실을 타개할 만한 구체적이고 유효

• 이러한 점에서 좀 더 포괄적이고 균형 잡힌 경제학설사는 제도주의 경제학자들에 의해 쓰였다고 볼 수 있다. 대표적으로 20세기 중반까지의 경제학설사로는 Wesley Mitchel, *Types of Economic Theory, from Mercantilism to Institutionalism*(New York: Augustus Kelley, 1969). 1870년대에서 1960년대 초까지의 경제학설사로는 Ben Seligman, *Main Currents in Modern Economics*(New York: Free Press, 1962).

한 정책과 제도를 내놓는 경제사상과 이론은 없다. 경제의 앞날이 어떻게 될지를 제대로 예측하고 진단하는 사상과 이론 또한 찾아볼 수 없다. 이러한 한심한 상태에 있는 현재의 경제학을 가지고 (여기에는 정통 주류 경제학만 들어가는 것이 아니다) '과학'을 참칭하는 짓은 어리석고 창피한 짓일 뿐만 아니라 수없이 많은 이들을 그릇되게 하는 일이기도 하다. 지금 우리가 해야 할 일은 지금의 우리가 가지고 있는 경제에 대한 사상과 이론이 어떻게 생겨나서 어떻게 발전하고 구축되어왔는지를 하나하나 복기해보는 일일 것이다. 그 속에서 우리가 아직도 가지고 있는 환상과 거품이 무엇인지 그리고 정녕 철학적으로나 과학적으로나 소중하게 붙들어야 할 진실의 고갱이가 무엇인지가 드러나게 될 것이다. 이러한 일을 시작하려는, 또 쭉 해온 이가 있다면 누구에게든 이 책을 꼭 읽으라고 간곡히 권하고 싶다.

차례

표와 그림 차례

3판에 부치는 서문

　　《E. K. 헌트의 경제사상사》의 신판에 서문을 쓰게 된 것을 영광으로 생각
한다. 책 가운데 독자의 어깨를 붙잡고 흔들어 깨워 세계를 바라보는 방식
을 완전히 바꾸어놓는 책은 정말로 흔치 않다. 내가 젊은 경제학자로서 경
력을 쌓기 시작한 초기 시절 읽은 한 논문—나는 그 저자를 여러 해가 지
난 뒤에야 개인적으로 알게 되었다—은 내가 시장에 대해 생각하는 방식
을 영원히 바꾸어놓았다. 내 세계관을 완전히 바꾸어놓은 E. K. 헌트의 그
구절이 다른 이들의 생각에도 영향을 줄 수 있기를 바라는 마음에서, 여기
에 그 구절을 길게 인용한다.

　　외부성의 문제를 어떻게 다루는가야말로 후생경제학의 아킬레스건이
　　다. … 시장경제에서 한 개인 또는 기업의 행동으로 인해 다른 개인 또는 기
　　업에게 쾌락이나 고통이 생겨나며 그 가격이 시장에서 너무 높게 또는 낮
　　게 책정되는 것이 외부성을 구성하는 조건이다. 생산 및 소비 활동의 압도
　　적인 다수는 사회적인 것이므로, 다시 말하면 어느 정도씩은 다 한 명 이상
　　의 사람과 관계된 것이므로, 모두 외부성을 낳게 되어 있다. … 만약 부르

주아 경제학에서 나오는 것처럼 극대화를 목표로 움직이는 경제적 인간을 가정하자. 그리고 외부적 비경제diseconomy가 발견될 때마다 정부가 그와 관련된 소유권을 확립하고 또 그 소유권을 거래할 수 있는 시장을 확립한다고 가정해보자. [이것이 최근 공공 재정 분야에서 갈수록 지배적 위치를 차지해가는 보수적 경향이 선호하는 '해법'이다.] 그러면 각각의 사람은 곧 이 시장에서 계략을 부려서 외부적 비경제를 타인에게 전가할 수 있다는 것을 알게 될 것이며, 이렇게 확립되는 새로운 시장 안에서의 흥정을 통해 자신이 더 이익을 볼 수 있다는 것을 알게 될 것이다. 그렇게 하여 다른 사람들에게 전가할 수 있는 사회적 비용이 더 크고 중대할수록 그러한 흥정 과정에서 그에게 돌아가는 보상도 더 커질 것이다. 따라서 정통 경제학에 나오는 극대화의 합리적 인간을 가정한다면, 각각의 사람은 자신이 남들에게 전가할 수 있는 최대한의 사회적 비용을 창출할 것이라는 결론이 나온다. 랠프 다르게Ralph d'Arge와 나는 이러한 과정을 자유방임적 … 시장의 '보이지 않는 발invisible foot'이라고 이름을 붙였다. 이 '보이지 않는 발'은 우리에게 자유 시장 … 경제에서는 자기 이익을 쫓는 각각의 사람이 자동적으로, 그것도 가장 효율적인 방식으로 보편적인 공공의 불행을 극대화하는 데 소임을 다하도록 보장해준다. … 이 이론의 선구자라 할 잘 알려진 경제사상가의 말을 바꾸어 표현하자면, 모든 개인은 반드시 사회의 연간 외부적 비용이 최대가 되도록 온 힘을 다해 노력한다. 사실상 그는 공공의 불행을 증진시키려는 의도도 없으며 또 자신이 얼마나 그렇게 만들고 있는지조차도 모른다. 그의 유일한 의도는 단지 자신의 이익일 뿐이며, 이 점에서 그는 다른 많은 경우와 마찬가지로 자신이 조금도 의도하지 않은 목적을 증진시키기 위해 보이지 않는 발에 의해 인도될 뿐이다. 그리고 이렇게 그의 의도가 아니었다는 것이 사회에 좋은 것도 아니다. 그가 정말로 사회의 불행을 증진시키겠다고 의도할 때보다 이렇게 자기 자신의 이익을

추구할 때, 사회의 불행이 더욱 효과적으로 증진될 때가 더 많기 때문이다.[1]

　오늘날의 대다수 대학원생에게는 드문 일이지만, 내가 학생이던 시절의 대학원 교육은 이미 나에게 시장에는 균형을 무너뜨리는 힘이 있어서 시장이 비효율적인 결과를 낳는다는 것과 그 과정도 가르쳐주었고, 또 왜 노동시장과 자본시장이 공평한 소득분배에 실패하게 되는가도 가르쳐주었다. 게다가 나는 이미 시장이 우리로 하여금 몰두하도록 만드는 경쟁과 탐욕의 경제학에 순순히 복종하기보다는 사람들이 서로 공평하게 협력하는 방법을 찾아내는 것에 더 끌리는 학생이었다. 하지만 헌트의 논지는 이러한 생각을 넘어서는 것이었다. 심지어 분배의 문제를 무시한다고 해도, 심지어 시장이 기적적으로 새로운 균형점을 즉각즉각 찾아낸다고 해도, 심지어 독점의 요소가 끼어들지 않는다 해도, 즉 다른 말로 하자면 존재할 수 있는 최상의 상황이 주어진다고 해도, 만약 도처에 외부성이 존재한다면, 시장의 옹호자들이 시장의 최대의 장점이라고 우리에게 누누이 강조하는 자원의 효율적 배분을 잘 수행할 것이라고 신뢰할 수 없다. 만약 외부성이 예외적인 것이 아니라 오히려 정상적인 것이라면 시장은 자원을 체계적으로 잘못 배분하여 생산과 소비에 부정적인 외부 효과가 따르는 재화의 생산에다 너무나 많은 자원을 배분할 것이며, 반대로 생산과 소비가 긍정적인 외부성을 발생시키는 재화의 생산에는 너무나 적은 자원만 배분할 것이다. 게다가 이러한 외부성을 놓고서 새로운 소유권을 창출한다면 이는 당연히 문제를 완화시키기는커녕 더욱 악화시킬 것이다.

　나는 경제사상의 역사를 비판적 시각으로 돌아보는 이 책의 2011년 판의 서문을 쓰게 된 점 또한 기쁘게 생각한다. 경제학자들이 수십 년간 호의적으로 대했던 정책이 온갖 문제와 거품을 신나게 양산하다가 마침내 2008년의 거대한 금융위기로 터져나오는 동안, 경제학자들이 어떻게 운

전대를 잡고 졸음에 빠질 수 있었는가라고, 사리를 따질 줄 아는 이들은 묻고 있다. 그리고 일자리를 잃고 집을 잃거나 '중산층'에서 탈락한 수천만의 사람들은 3년이 지나고도 아무런 경기회복의 기미가 보이지 않는—최소한 그들에게는—이 '대침체Great Recession'의 기간 동안 경제학자들이 왜 효과는커녕 사태만 더욱 악화시키는 정책만을 권하고 있는지를 묻고 있다. 부분적으로 그 대답은 단순하다. 오늘날의 경제학자들은 자신들 분야의 역사에 대해 실로 비통할 정도로 무지하다. 실로 유감스러운 일이지만, 신참 경제학자들이 선배들로부터 어떤 중요한 가르침을 얻을 수 있는가를 가르치는 경제사상사 과목을 박사과정 필수 과목 목록에서 빼는 '명성 높은' 경제학과가 하나둘씩 늘어났다. 그 결과 현재 세대의 경제학자들 다수는 수학적 기법에서는 높은 훈련을 받았음에도 일단 우리를 통치하는 이들에게 유용한 조언을 내놓아야 하는 순간이 되면 석학의 허울을 둘러쓴 백치처럼 행동한다.

바라건대 이 경제사상사를 읽기 바란다. 그리하여 20세기의 가장 위대한 경제학자였던 존 메이너드 케인스의 삶과 업적을 조금이나마 이해하게 된다면, 이 깊은 경기 침체의 한복판에서 재정 긴축을 권고하는 19세기 경제학자들과 같은 실수를 범하게 되지는 않을 것이다. 바라건대 이 경제사상사를 읽기 바란다. 그리하여 미국의 가장 위대한 경제학자 소스타인 베블런으로부터 산업의 이해관계와 영리사업의 이해관계가 얼마나 서로 상충하는가를 조금이나마 배우게 된다면, 왜 금융 산업의 탈규제가 대형 사고를 불러들일 수밖에 없으며 또 아무 조건도 달지 않고 은행을 살려주는 것이 더 큰 재앙을 불러들이는 처방이라는 점도 이해할 것이다. 바라건대 이 경제사상사를 읽기 바란다. 그리하여 냉전 시대의 편견을 극복하고 이 책에 나오는 카를 마르크스의 이야기를 읽으면, 경제정책이 사회의 이익이 아니라 계급적 이익에 복무하도록 선택된다는 것을 분명히 이해할 것이다. 바라건대 이 경제사상사를 읽기 바란다. 그러면 자유 시장 근본주의자들이 내거는 시장의 미덕이라는 것은 결코 도전이 없었던 적도 없었으며, 또 우리가 알고 있는 가장 유명한 경제학자들 중 다수는 우리에게 새로운 종류의 '시장 실패'를 경고하고 새로운 형태의 사회적 개입이 필요하다는 경종을 울렸기 때문에 유명해졌다는 것을 이해하게 될 것이다.

로빈 하넬Robin Hahnel

주

1. "A Radical Critique of Welfare Economics", in Growth, Profits, and Property, ed. Edward J. Nell(New York: Cambridge University Press, 1980), pp. 245–246.

서문

    이 책은 경제사상사에 대해 독특한 관점을 제시한다. 우리는 자본주의가 어떻게 기능하는가라는 질문을 놓고 경제학자들이 내놓은 비전과 믿음의 각축전을 부각시키며, 그 결과 이들이 구축한 서로 다른 다양한 이론적 틀을 부각시킨다. 이렇게 경제사상사를 그 역사 속에서 나타난 다양한 이견의 관점에서 이해하는 것이 근래의 역사에서 지금처럼 중요한 때가 없었다. 경제학의 역사를 이런 방식으로 연구한다면 경제 이론의 현재 상태와 거기서 도출되는 정책을 훨씬 더 잘 이해할 것이라고 우리는 생각한다. 우리는 역사에 대한 비판적 관점을 제시하기 때문에, 이 서문에서는 다음의 여러 장에 나오는 경제학자와 이론을 선별함에 있어서 그 기준에 영향을 준 우리의 세 가지 믿음을 언명하는 것으로 시작하겠다.

선별의 기준

    경제사상사를 서술하는 이는 무엇보다도 먼저 몇 가지 선별의 원칙을 가져야 한다. 지난 2백여 년 동안 수백 명의 경제사상가들이 경제 이론과 자본주의에 대해 수천 권의 저서를 남겼다. 따라서 오늘날 이러한 지성사를 단 한 권의 책으로 엮어야 하는 역사가는 가장 중요한 사상가의 가장 중요한 아이디어 몇 개만을 다룰 수밖에 없다.

하지만 이 '중요성'은 모든 사상가가 합의할 수 있는 과학적 범주가 아니다. 역사가마다 일정한 선별의 기준이 있어야 한다. 지금 아직 절판되지 않고 계속 간행되고 있는 경제사상사 저서를 모두 검토해보면, 그 으뜸가는 선별의 기준은 관습과 전통인 듯하다. 한 세대가 서술해놓은 사상사에 선별되어 있는 아이디어는 그다음 세대에 가서도 대부분의 역사가가 거의 아무런 변화 없이 서술만 새로 해놓는 식인 듯하다. 이렇게 세대 간 경제사상사 책이 서로 비슷한 것의 얼마만큼이 전 세대의 2차 문헌에서 찾은 내용을 다시 써놓는 역사가의 문제인지, 또 얼마만큼이 동일한 선별 기준의 묶음이 전승된 결과인지는 물론 말하기가 쉽지 않다.

하지만 이 책은 지금 서점에 나와 있는 어떤 사상사 책과도 아주 다르다. 따라서 독자들에게 우리의 선별 기준의 근저를 이루는 지적인 편향에 대하여 미리 알려두는 것이 중요하다. 이 책에서 우리가 사용한 선별 기준은 다음의 세 가지 믿음에서 나온다.

첫째, 우리는 사회 이론과 사회-역사적 과정이 서로 연결되어 있다고 믿는다. 이론이란 계속해서 진행되는 사회적 사건과 상황을 기초로 삼아 거기서 자라나며, 또 그것들을 반영할 뿐만 아니라 설명하려고 시도한다. 따라서 사회 이론은 그것들을 착상시킨 사회경제적 상황의 산물이라고 말할 수 있는 부분이 분명히 있다. 하지만 인간은 자신의 사회경제적 상황에 대한 아이디어를 품는 데서 그치지 않는다. 그것을 기초로 하여 그 상황을 창조하고 형성하고 변화시키기 위해 행동한다는 것 또한 똑같이 진리이다. 그래서 우리는 사회경제적 상황과 조건은 그 자체가 사람들의 사상과 사회 이론이 낳은 산물이라고 결론을 내릴 수 있다. 그렇기 때문에 이 책은 분명히 경제사상사를 다룬 책이지만, 논의되는 사상을 이해하는 데 분명히 도움이 될 사회사 및 경제사의 몇 가지 측면에 대해 짧게나마 서술했다.

둘째, 사회경제적 변화는 연속적 과정이며 오늘날의 자본주의 또한 무수히 많은 측면에서 18세기 말의 자본주의와는 내용적으로 다르다. 비록 이렇게 명백하고도 뚜렷한 변화가 있었지만, 우리는 그럼에도 불구하고 이 모든 변화를 관통하는 중요하고도 근본적인 제도적 기초가 자본주의의 밑바닥에 항상 존재해왔다고 믿는다. 따라서 경제학자들이 자본주의의 근저에 깔린 이 기초적 특징에 관심을 갖는다면, 18세기 말과 19세기의 경제학자들 사이에 존재했던 다양한 관점의 차이가 오늘날 경제학자들의 저서에도 똑같이 반복되고 있음을 인식할 것이다. 따라서 이 책을 쓰는 가운데 우리는 현재 경제 이론에서 벌어지고 있는 여러 논쟁의 성격을 그 역사적 선례를 검토함으로써 조망할 것이다. 이 또한 어떤 경제 이론가를 검토할 것인지의 선별 기준에 영향을 주었다. 예를 들어 대부분의 경제사상사는 톰프슨, 호지스킨, 바스티아 등을 논의하지 않는다. 우리가 이들을 논의에 포함시킨 까닭은, 이들이 약간만 형태를 바꾸면 오늘날에도 대단히 중요한 관점을 명확하고도 설득력 강하게 언명했다고 우리가 생각하기 때문이다. 마찬가지로 홉슨, 룩셈부르크, 레닌 등의 사상 또한 경제사상사에서 대부분 무시된다. 하지만 우리가 보기에는 이들의 사상이 오늘날 세계화의 함의를 둘러싸고 벌어지는 논쟁을 비판적으로 이해하는 데 있어 중요한 기여를 했다.

셋째, 우리는 모든 경제학자들이 실천적, 사회적, 정치적, 도덕적 문제에 절대적으로 중대한 관심을 가지고 있다고 믿는다. 이는 지금도 그러하고 옛날에도 그러했다. 따라서 이들의 저술은 인식적, 과학적 요소뿐만 아니라 감정적, 도덕적, 이데올로기적 요소 또한 가지고 있다. 게다가 이러한 두 요소는 완전히 분리될 수도 없다. 인식적, 과학적 탐구는 항상 일정한 질문과 문제에 **방향이 맞추어져** 있는데, 어떤 사상가가 그러한 질문과 문제에 대해 '정당하다legitimate'고 생각하여 내놓는 해법 또한 항상 그 범위가 **제한된다.** 어떤 사상가의 도덕적 감정과 이데올로기적 관점은 그 사상가의 인식적, 과학적 탐구의 방향을 설정하게 되며, 또 그에 대한 '정당한' 해법의 범위에 제한을 가한다. 더욱이 도덕적 감정과 이데올로기적 관점은 현실의 사회가 어떻게 기능하는가에 대한 그 사상가의 인식적, 과학적 이론에 기초하고 있을 뿐만 아니라 항상 그것을 수단으로 하여 정당화된다. 따라서 비록 우리가 개념상으로는 최소한 부분적으로나마 사회 이론의 과학적 요소와 이데올로기적 요소를 나눌 수는 있지만, 이 둘은 결코 완전히 떼어낼 수 있는 것이 아니다. 우리는 한 경제학자의 이론을 연구할 때 그 이론의 이데올로기 그리고 그것에 기초하여 내려지는 가치 평가의 요소를 어느 정도 이해하지 않고서는 그 인식적, 과학적 요소 또한 절대로 완전히 이해할 수 없다. 이 책 전체에 걸쳐서 소개되는 다양한 이론에 대해 우리는 양쪽 요소 모두 논의할 것이다.

이 책이 다른 책과 다른 점들

우리의 선별 기준을 설명한 이 세 번째 믿음은 아마도 이 책을 다른 경제사상사 책과 가장 분명히 구별짓는 점일 것이다. 학문 세계에서는 과학과 가치 판단이 양립할 수 없는 원칙이라는 관점이 널리 받아들여진다. 이 관점에 따르자면 가치 판단이 어떤 작업에 스며들면 그 정도에 비례하여 그 작업은 과학적 성격을 잃는다. 따라서 이러한 생각을 품은 경제사상사가들은 보통 자신들의 경제사상사 작업을 '가치 배제value free'라고 바라보며, 또 자신들이 좋아하는 이론가의 저작을 마치 '가치 배제'의 저작인 것처럼 제시한다. 마찬가지로 자신들이 싫어하는 이론가, 특히 카를 마르크스의 저작에는 가치가 개입되어 있기 때문에 그 저작의 과학적 가치가 부분적으로 손상되는 것처럼 제시한다. 우리가 보기에는 모든 이론가, 모든 역사가, 나아가 모든 인간(말할 것도 없이 이 책의 저자인 우리도 포함)은 모두 자신들의 가치 판단을 가지고 있는데, 이는 그들의 모든 인식 노력에 속속들이 파고들어 중대한 결과를 낳는다. 따라서 우리가 다양한 이론가의 저작의 가치와 이데올로기적 측면을 논의하지만, 가치를 가지고 있다는 사실 자체로 한 사상가를 비판하는 기초로 삼겠다는 의도는 조금도 없다. 우리는 어떤 경제 이론가가 '가치 배제'를 이루고 있다고 주장하는 것은 자기기만이든가 아니면 남을 기만하려는 시도라고 믿는다. 우리가 어떤 이론가에 대해 판단을 내릴 때 기초로 삼아야 하는 것은 그 사람이 어떤 가치를 가지고 있는가가 아니라(우리 모두는 분명히 어떤 가치를 가지고 있다), 그 가치의 구체적인 성격이 무엇인가이다. 이러한 이유에서 우리는 이 책에 나오는 이론의 근저에 깔린 가치를 논의할 것이다.

우리는 이 책에 나오는 이론가 하나하나를 그냥 따로따로 고립시켜 다루지 않을 것이다. 그 대신 우리는 좀 더 일관성이 있는 이야기를 구성하여 제시하기 위하여 이 책 전체를 관통하는 몇 가지 주제를 가지고 있다. 경제사상사에 빈번하게 되풀이되는 주제 하나는 자본주의가 과연 조화를 향해 가는 시스템인가 아니면 갈등을 향해 가는 시스템인가라는 것인데, 이것이 이 책의 중심 주제가 될 것이다. 스미스와 리카도의 저작에는 두 가지 관점이 모두 전개되어 있다. 리카도 이후 대부분의 경제학자들은 자본주의를 근본적으로 조화로운 것으로 보든가 근본적으로 갈등적인 것으로 본다. 이 문제에 관해 각각의 경제학자가 가지고 있는 관점은 그 경제학자가 제시하는 분석의 범위, 방법, 내용을 결정하는 데 있어서 지극히 중요하다. 경제사상사에서 끈질기게 계속되는 또 다른 주제 하나는 자본주의가 내적으로 안정성을 갖는가 불안정성을 갖는가에 대한 논쟁이다. 이 책에서 이러한 문제 각각에 대해 자세히 논의할 것이다.

이 서문에서 특별히 언급해둘 필요가 있는 문제 하나는 아마도 소비재에 가격을 매기는 것과 '생산요소'에 가격을 매기는 것, 즉 소득분배 사이의 관계가 무엇인가라는 문제일 것이다. 고전파 경제학자와 마르크스는 소득분배가 상품의 가격을 결정하는 중요한 요소라고 주장한 반면, 신고전파 경제학자는 일반적으로 이 인과관계의 방향을 거꾸로 뒤집어 제시한다. 대부분의 경제사상사가는 신고전파의 주장을 아무런 의문 없이 받아들이며 고전파와 마르크스의 주장을 그저 역사적인 흥밋거리에 불과한 골동품으로 취급한다. 하지만 피에로 스라파의《상품에 의한 상품 생산》이 출간되면서 1960년대에 그 입장은 완전히 반대로 뒤집혔다. 지금은 고전파와 마르크스의 관점이 훨씬 더 튼튼한 이론적 기초 위에 서 있는 것으로 보이게 되었다. 스라파의 책이 출간된 이후 오늘날 일부 경제학자 사이에서 고전파와 마르크스의 관점의 부활이 나타난 반면, 신고전파 경제학자는 자신의 이론이 갖는 함의를 스스로 무시하고자 노력했다. 이 책은 스라파가 이룩한 이론적 돌파구가 어떤 것이었는지를 기술할 뿐만 아니라, 스라파의 혜안을 활용하여 스라파 이전의 경제사상가를 재해석하고자 한다.

3판에 새로 추가된 것

이 새로운 판을 준비하면서 우리는 두 가지 목적을 가지고 있었다. 첫째, 우리는 이 책이 좀 더 많은 사람이 읽을 수 있게 되기를 원했으며 또 여러 강좌에서 좀 더 탄력적으로 사용될 수 있기를 원했다. 이 책은 예전이나 지금이나 항상 광범위한 독자를 향하여 쓰인 책이다. 한편으로 우리는 경제학 이론에 대한 아무런 배경 지식이 없는 독자도 이 책에서 무엇인가를 얻을 수 있기를 희망한다. 경제 이론의 배경에 있는 수학은 그저 최소한으로만 유지하면서도 그 이론의 핵심이 되는 아이디어와 논리는 충분히 다루고자 했다. 다른 한편으로 우리가 다양한 경제 이론가를 다루는 관점이 다른 경제사상사 교과서와 크게 다르기 때문에 고학년 학부생, 대학원생, 교수는 이 책에서 많은 정보뿐만 아니라 지적 자극을 얻을 것으로 기대한다. 이렇게 다양한 독자를 염두에 두었기 때문에 우리는 상대적으로 기술적 난점을 지닌 내용은 부록에서 다루었다. 예를 들어 발라Walras의 일반균형이론의 기술적 세부 사항은 10장의 부록에 포함되었다. 10장의 논의만 익히더라도 일반균형이론의 중요성 및 의미 그리고 다음 장과의 연관을 이해한다는 목적에서 그 핵심 아이디어가 무엇인지를 파악하는 데는 충분할 것이다. 15장과 16장에 두 개의 부록이 붙어 있는데 이것은 약간 더 어려운 기술적 문제를 담고 있다. 이 책을 경제사상사 교과서로 사용하여 가르치는 이들은 이 부록을 교과 내용에 넣거나 뺌으로써 수업의 수준을 탄력적으로 조절할 수 있다.

14장에서 16장까지는 우리가 신고전파 경제학의 3대 교리라고 부르는 것에 대한 비판을 담고 있다. 14장은 자본주의야말로 합리성과 효율성의 이상이며 그 절정이 합리적인 시장가격이라는 주장에 의문을 던지면서 비판을 시작한다. 15장은 시장이 자동적으로 스스로를 조정하는 본성을 가지고 있다는 믿음에 의문을 던졌던 케인스의 저작에 의존한다. 16장은 자본주의가 분배의 정의의 이상이라고 주장하는 것에 대해 스라파가 비판을 시작하고 이 비판이 자본 논쟁에서 절정에 달하는 과정에 논의를 집중한다. 15장과 16장에 새로 부록을 추가했는데, 이것은 소득의 분배 그리고 자본주의의 안정성 또는 불안정성을 둘러싼 문제를 이해하는 데 추가적인 배경을 제공할 것이다. 15장의 부록에는 자본주의에 불안정성이 잠재적으로 내재한다는 해러드와 도마의 중요한 아이디어가 제시된다. 16장의 부록에서는 이러한 불안정성이라는 아이디어가 어떻게 솔로의 성장 모델 내에서 길들여지는가를 보여준다. 솔로의 기여를 다룸으로써 우리는 자본 논쟁이 자본이라는 개념 자체, 한계생산성 분배 이론의 문제, 신고전파 성장이론 등에 대해 얼마나 광범위한 함의를 가지는지를 명확히 하고자 한다.

이번 판을 준비하면서 우리가 두 번째 목적으로 삼았던 것은 업데이트가 필요한 곳에 업데이트를 하는 것이었다. 그러한 업데이트의 일부는 이 책에 나오는 데이터와 관계된 것이었다. 이 책의 이전 판본들을 읽은 독자들은 이 책이 오늘날의 문제에 대해 여러 군데서 언급한다는 것을 기억할 것이다. 이는 이 책이 경제사상사를 다룬 책으로서 갖는 독특한 특징의 하나였다. 이 책의 곳곳에서 우리는 경제 이론의 역사를 이해하면 오늘날의 경제적 쟁점과 논쟁을 더 깊게 이해하는 데 그것을 활용할 수 있다는 것을 보여주려고 노력했다. 자본주의 경제권에서의 최근의 큰 파란과 그에 따른 정책 논쟁을 볼 때, 케인스를 다룬 이 책의 15장에서 군사 및 부채 경제를 논의하는 가운데 나오는 데이터를 업데이트하는 것이 특별히 중요한 일이었다. 비록 우리가 현재의 경제 상황에 대해 자세한 분석을 내놓지 않는다고 해도 우리는 이 책에 나오는 논의가 과거와 현재를 이어줄 개념과 상상력을 창조하는 데 시발점이 되기를 희망한다.

이 책의 마지막 세 장도 업데이트를 행하였다. 이 장들의 목표는 오늘날의 경제학과 다양한 학파를 소개하는 것이다. 독자들은 이 세 장의 어조가 앞 장들과 다르다는 것을 느끼게 되겠지만 이는 그 목적의 차이에서 기인한다. 이러한 책에서 현재의 경제 이론이 어떤 상태에 와 있는지를 그 다양한 접근법들 하나라도 자세히 다루는 것은 불가능하다. 이 마지막 세 장의 경우는 거기에 나오는 절의 하나하나가 별도의 교과서 한 권 전체가 되어야 할 정도이다. 이 세 장의 목적은 경제사상사가 현재의 경제학을 이해하는 데 어떻게 도움을 주는지를 보여주는 것이다. 이러한 목적을 염두에 둔다면, 이 세 장을 철저하게 점검하듯 읽을 필요는 없다는 것을 알 수 있다. 예를 들어서 오늘날 신고전파 경제학은 내부적으로 두 파로 갈려 있는데, 이는 19세기 중반 밀과 바스티아의 의견 차이에 역사적 뿌리가 있다. 20세기에 나온 새뮤얼슨과 프리드먼의 저작은 오늘날 신고전파 전통의 최전선으로까지 이러한 의견 대립을 계속 이어가고 있다. 계속해서 경제학 이론을 연구할 이는 오늘날에도 계속되고 있는 이 의견 대립의 역사를 이해하는 데 도움을 얻을 것이다. 17장의 마지막 절이 새로 추가되었는데 이 또한 그러한 이해를 돕고자 함이다. 마지막 두 장은 주류 경제학 바깥에 있는 오늘날의 경제학 학파에 대해서도 이와 비슷한 것을 시도하고 있다. 여기서도 우리는 대안적 입장을 제시하는 학파를 독자들에게 소개하면서 이러한 입장이 과거의 이론과 어떻게 연결되어 있는지를 보여주고자 할 따름이다. 이번 판의 18장은 포스트 케인스주의 경제학에 대한 새로운 내용을 담고 있으며, 19장에 새롭게 추가된 절 하나는 급진파 전통에서 최근에 나타난 중요한 발전 몇 가지를 부각시키고 있다.

감사의 말

저자들은 많은 이들에게 널리 지적인 빚을 지고 있다. E. K. 헌트는 자신의 스승인 로렌스 네이버스Lawrence Nabers에게 지적으로 빚을 지고 있음을 고백하고자 한다. 네이버스는 헌트에게 중요한 영향을 준 카를 마르크스, 존 듀이, 소스타인 베블런, 리오 로긴Leo Rogin, 모리스 돕Maurice Dobb 등은 물론 경제사상사 전반에 대한 지적 관심을 자극하는 데 있어 가장 큰 역할을 한 분이다. 이 책의 이전 판본에 대해 유용한 논평을 해준 이들로 존 그린먼John Greenman, 제임스 사이퍼James M. Cypher, 더글러스 다우드Douglas Dowd, 하워드 셔먼Howard Sherman, 노리스 클리먼트Norris C. Clement, 워렌 새뮤얼스Warren Samuels 등이 있다. E. K. 헌트는 또 진저 키퍼Ginger Kiefer가 오랜 세월에 걸쳐 베풀어준 도움에 감사한다. 그녀는 헌트에게 특별한 이로서 헌트는 감사뿐만 아니라 깊은 애정을 가지고 있다. 마크 라우첸하이저는 자신의 스승인 폴 버킷Paul Burkett, 코컷 에어투르크Korkut Erturk, 치한 빌긴소이Cihan Bilginsoy 등에 대해 감사를 드린다. 또 저스틴 엘라르도Justin Elardo, 조나단 디스킨Jonathan Diskin, 라자람 크리시난Rajaram Krishnan, 야부즈 야사르Yavuz Yasar 등의 우정과 경제사상사에 대한 고무적인 논의에 대해 감사한다.

우리는 다른 여러 출판물에 게재되었던 E. K. 헌트의 글에서 아이디어와 짧은 발췌를 가져와 쓸 수 있도록 허락해준 여러 출판사들에게 감사를 드린다.[1] 우리는 M. E. 샤프 출판사의 린 테일러Lynn Taylor와 그웨닛 컬린 Gwenyth Cullen의 뛰어난 작업에 대해 진심으로 감사한다.

마지막으로 우리는 우리의 가족에게 깊은 감사를 표한다. E. K. 헌트는 두 아들 제프리Jeffrey와 앤드루Andrew에게 사랑과 감사를 표하며, 이 책을 그들에게 바치고자 한다. 이 책을 바치면서 아버지의 깊고 진실한 애정이 전달되기를 바란다. 마크 라우첸하이저는 아내 트레이시Tracy에게 이 책을 작업하는 동안 인내와 격려를 보여준 데 대해 사랑과 감사를 표한다. 그는 또 아들 조나단Johnathan에게도 사랑과 감사를 전하고자 한다. 조나단이 자신이 살아가는 세상을 이해하는 데 있어 이 책이 유용하기를 빈다. 트레이시와 조나단에게 이 책을 바치고자 한다.

E. K. 헌트

마크 라우첸하이저

주

1. Property and Prophets, *the Evolution of Economic Institutions and Ideologies*, 6th ed.(New York: Harper and Row, 1990); "Marxian Labor Values, Prices, and Profits", *Intermountain Economic Review*(Spring 1978); "An Essay on the Criteria Defining Social Economics", *Review of Social Economics*(December 1978); "Value Theory in the Writings of the Classical Economists, Thomas Hodgskin and Karl Marx", *History of Political Economy*(Fall 1977); "Utilitarianism and the Labor Theory of Value", *History of Political Economy*(Spring 1980); 위 두 논문에서 아이디어와 짧은 발췌문 일부를 활용할 수 있도록 듀크 대학교Duke University 출판부의 허락이 있었다. 또 "A Radical Critique of Welfare Economics", in *Value, Distribution and Growth: Essays in the Revival of Political Economy*, ed. E. J. Nell(New York: Cambridge University Press, 1978).

1
서론

현대 경제 이론은 애덤 스미스(1723~1790)에서 시작되었다고 말하는 것이 하나의 관습이다. 이 책도 주로 스미스에서 현재에 이르는 기간 동안 나타났던 경제사상을 다룰 것이다. 이 책에 소개되는 경제사상을 관통하는 공통의 요소가 있다면, 이는 자본주의 경제 체제의 성격을 이해하는 데 주된 관심을 둔다는 점이다. 앞으로 우리가 이야기할 경제학자들은 모두 자본주의의 작동에서 가장 본질적인 특징은 무엇인가, 이 체제는 어떻게 작동하는가, 생산량을 결정하는 것은 무엇인가, 경제 성장의 원천은 무엇인가, 부와 소득의 분배를 결정하는 것은 무엇인가, 그리고 그 밖의 수많은 질문을 다룬다. 또 이들은 모두 자본주의를 평가하고자 했다. 즉 자본주의 체제는 과연 얼마나 인간의 필요욕구를 충족시키는가? 그러한 필요욕구를 더 훌륭하게 충족시키려면 자본주의 체제는 어떻게 변화시킬 수 있을까?

자본주의의 정의

자본주의를 이해하려는 노력이 애덤 스미스에서 시작되었다는 식의 이야기는 말할 것도 없이 너무 단순화된 이야기이다. 사회적, 정치적, 경제적 체제로서의 자본주의는 처음에는 서유럽에서 나중에는 전 세계에서 지배적인 체제로서 출현했지만, 그 속도는 몇 세기에 걸쳐서 이루어진 아주 느린 것이었다. 그리고 자본주의가 그렇게 출현하는 동안에 수많은 이들이 그것을 이해하고자 노력했다.

그렇게 자본주의를 이해하고자 했던 노력을 개괄하는 것이 이 책의 목표이다. 하지만 이 작업을 위해서는 먼저 자본주의란 무엇인가를 정의하고 그것이 출현해온 역사의 몇 가지 주요 장면을 짧게라도 살펴보는 것이 필요하다. 이야기를 시작하기에 앞서서, 자본주의의 본질적 특징이 어떤 것인가에 대해 경제학자 및 경제사가 사이에 일반적인 합의가 존재하지 않는다는 점을 말해두어야만 하겠다. 오히려 어떤 경제학자는 다른 여러 경제 체제를 정의한다는 것이 유익하다고 생각하지 않는다. 이들은 역사적으로 존재해온 모든 인간 사회의 경제제도는 하나의 연속성을 가지고 있으며 이는 똑같은 보편적 원리에 의해 충분히 모두 이해할 수 있다고 생각한다. 하지만 대부분의 경제학자는 자본주의가 그 이전의 경제 체제는 물론이고 오늘날에 존재하는 비자본주의 체제와도 아주 다르게 작동하는 체제라는 점에 동의할 것이다. 이 책은 경제 체제란 그 체제의 기초를 이루고 있는 생산양식에 따라서 정의할 수 있다는 방법론에 기초를 두고 있다. 그리고 이 **생산양식**이라는 것은 다시 **생산력과 생산의 사회적 관계**로 정의된다.

우리가 보통 한 사회의 생산적 기술이라고 부르는 것이 바로 생산력이다. 생산력은 또 생산에 들어가는 도구, 기계, 건물뿐만 아니라 최신의 생산적 또는 기술적 지식, 재주, 조직 방식 등으로 이루어진다. 생산력 수준이 주어져 있다고 할 때 그 체제가 계속 존속하는 것을 보장하기 위해서는 반드시 치러야 하는 일정한 비용이 있다. 어떤 자원과 원자재는 자연 환경에서 계속 새롭게 뽑아내야만 한다. 기계류, 연장, 그 밖의 생산 도구는 사용하면 마모되며 따라서 새로운 것으로 교체해야만 한다. 가장 중요한 것이 있다. 원자재를 확보하고 이를 완제품으로 변형시키는 데 필요한 것은 인간의 노력이며, 인간은 최소 수준의 의식주 및 여타 생필품을 얻어야만 한다.

지금까지 여러 종류의 생산양식이 있었지만, 이렇게 생산을 지속하는 데 필요한 최소 요건을 충족시키지 못한 생산양식은 모두 사멸했다. 이러한 최소 요건을 성공적으로 충족시켰던 생산양식이 역사상 여러 가지가 있었지만 일정 기간이 지나고 나면 여러 상황의 변화로 인해 그렇게 할 능력이 사라졌고 그 결과 없어지고 말았다. 오늘날까지 아주 오랫동안 존속하고 있는 생산양식은 대부분 생산량이 충분하여 필수적인 비용뿐만 아니라 그 비용을 넘는 일정한 초과분, 즉 사회적 잉여를 생산할 수 있었다. 사회적 잉여란 사회의 물질적 생산에서 그 생산에 필수적으로 들어가는 물질적 비용을 빼고 난 뒤에 남는 것이라고 정의된다.

생산력이 역사적으로 발전하게 되면서 사회가 사회적 잉여를 더 크게 생산할 수 있는 능력 또한 계속해서 늘어났다. 이러한 역사적 진화에서 사회는 보통 두 개의 분리된 집단으로 나뉘어졌다. 어느 사회에서나 압도적인 대다수의 사람들은 사회적 잉여뿐만 아니라 생산양식의 지속과 영구화에 필요한 것의 생산을 위해서 땀흘려 일해왔던 반면, 소수의 사람들은 사회적 잉여를 전유하고 통제해왔다. 따라서 이 책에서 사회의 계급을 이러한 방식으로 구별할 것이며, 이 두 계급 사이의 관계로서 생산의 사회적 관계를 정의할 것이다. 그리고 생산양식이란 생산 기술(생산력), 그리고 한 계급이 이 생산력을 사용하여 잉여와 다른 모든 생산물을 만들면 다른 계급이 그 잉여를 전유하도록 하는 사회적 장치들(생산의 사회적 관계)의 사회적 총체이다.

이 책에서 다루는 경제사상가들이 총체적으로 인식하고자 애를 썼던 바로 그 생산양식인 자본주의를 이러한 일반적인 정의의 맥락을 빌려서 정의할 수 있다. 자본주의는 다음 네 가지 종류의 제도적 장치와 인간 행태의 장치로 그 특징을 말할 수 있다. 시장을 지향하는 상품 생산, 생산수단의 사적 소유, 인구의 대다수가 시장에서 자신의 노동력을 판매해야만 존속할 수 있는 상태, 경제 체제 내부의 개인들 대부분이 개인주의적이며 탐욕스럽고 이익을 극대화하는 행태를 보일 것 등이다. 이 특징 하나하나를 간략하게 살펴보자.

  자본주의에서 인간 노동의 생산물은 두 가지 서로 다른 이유에서 가치를 부여받는다. 첫째, 생산물은 사용하여 인간의 필요욕구를 충족시키는 특정한 물리적 성질을 가지고 있다. 어떤 상품을 사용하여 우리의 필요욕구를 충족시킬 수 있다고 한다면, 이는 사용가치use value를 가지고 있다고 한다. 모든 사회의 모든 인간 노동의 생산물은 사용가치를 가지고 있다. 그런데 자본주의에서는 노동 생산물이 가치를 가지는 이유가 또 있는데, 그것을 시장에다 내다 팔아 돈으로 바꿀 수가 있다는 것이 그것이다. 사람들이 돈을 원하는 이유는 그것으로 자신이 원하는 사용가치를 가진 노동 생산물과 바꿀 수 있기 때문이다. 노동 생산물이 화폐로 교환될 수 있다는 이유에서 가치를 부여받게 될 때 우리는 교환가치exchange value를 가진다고 말한다. 인간 노동의 생산물이 교환가치를 가지는 것은 오로지 상품 생산이라는 특징을 가진 생산양식 안에서만 일어난다. 상품 생산이 존재하려면 그 사회에 잘 발달된 시장이 있어서 노동 생산물이 자유롭게 화폐로 매매될 수 있어야 한다. 또 생산자가 사용가치에 대한 직접적인 개인적 욕구 때문이 아니라 오로지 교환가치에 대한 관심으로 생산물을 만드는 경우에 상품 생산이 존재하게 된다. 따라서 상품 생산은 인간의 필요욕구를 직접 충족시키는 수단이 아니다. 오히려 이는 생산물을 화폐와 교환하여 화폐를 얻는 수단일 뿐이며, 자신이 원하는 사용가치의 생산물을 얻는 데 그 화폐를 사용하게 된다. 이러한 조건 아래에서는 인간 노동의 생산물이 상품이 되며, 그 사회는 상품 생산 사회라고 말할 수 있다.

상품 생산 아래에서는 생산자의 생산활동이 그 스스로의 소비와 아무런 직접적 연관이 없으며, 교환 그리고 시장이 그의 생산과 소비를 매개해야만 한다. 더욱이 그는 자신이 소비하는 상품을 생산한 다른 사람들과 아무런 직접적인 연관도 갖지 않는다. 이들의 사회적 관계 또한 시장에 의해 매개된다. 상품 생산은 생산에서 높은 수준의 분업과 전문화를 함축하며, 여기에서 개별 생산자들은 하나 또는 몇 개의 상품만 생산할 뿐 그 상품이 시장에서 팔릴지 어떨지는 다른 사람들에게 달려 있는데, 그들은 생산자들과 아무런 인간적 관계가 없다. 그렇게 하여 상품을 팔아 일단 돈을 얻게 되면 그 생산자는 그 돈으로 스스로의 필요욕구를 충족시킬 상품을 시장에서 살 수 있지만, 그런 상품이 시장에 공급되느냐 마느냐 또한 다른 사람들에게 달린 일이며 그들 또한 상품을 사는 사람들과 아무런 인간적 관계가 없다.

이러한 유형의 경제에는 지극히 복잡한 경제적 상호관계와 의존관계가 존재하지만 그 관계에는 사람들끼리의 직접적인 인간적 상호작용과 어울림이 담겨 있지는 않다. 개인들은 그저 시장이라고 하는 몰인격적 사회제도와 상호작용할 뿐으로, 여기서 개인들은 상품을 화폐로, 또 화폐를 상품으로 교환할 뿐이다. 그 결과 사실 인간들 사이의 복잡한 사회적·경제적 관계의 묶음인 것이 그 개인들에게는 마치 그저 사물, 즉 상품 사이의 몰인격적인 관계에 불과한 것으로 보일 수밖에 없다. 이 개인들은 자신의 필요욕구를 충족시키는 일을 시장 안에서 작동하는 몰인격적인 힘, 즉 판매와 구매 또는 수요와 공급과 같은 것에 의존한다.

자본주의를 규정하는 두 번째 특징은 생산수단의 사적 소유이다. 이는 사회가 생산에 필요한 원자재, 연장, 기계류, 건물을 어떻게 사용할지를 명령할 권한을 사적 개인들에게 부여했다는 것을 뜻한다. 이러한 권리는 곧 필연적으로 이러한 생산수단을 어떻게 사용할지에 대해 다른 이들은 아무런 발언권을 갖지 못하도록 배제한다는 것을 함축한다. 사적 소유를 옹호하는 초기의 주장은 개개의 생산자는 개개의 생산수단을 소유하고 통제한다는 식으로 논리를 펴고 있다. 하지만 자본주의가 진화하게 되면 그 초기부터 전혀 다른 상황이 펼쳐진다. 사실 자본주의를 규정하는 세 번째 특징은 대부분의 생산자가 생산활동의 수행에 필요한 수단을 소유하지 못한다는 것이다. 소유권은 사회의 소수 집단, 즉 자본가의 손에 집중되었다. 소유자-자본가가 실제의 생산과정에서 아무런 직접적 역할도 맡지 않음에도 그것을 통제할 수 있었다. 소유권 그 자체에서 통제권이 나오기 때문이다. 그리고 자본가가 사회적 잉여를 전유할 수 있었던 것도 바로 이 소유권 덕분이다. 따라서 생산수단의 소유권이야말로 자본가계급으로 하여금 사회적 잉여를 통제하고 그를 통해 자신을 지배적 사회 계급으로 확립하는 권력을 부여하는 자본주의의 특징이다.

말할 것도 없이 이들의 지배는 자본주의를 규정하는 세 번째 특징을 함축하는데, 그것은 거대한 노동계급의 존재로서, 이들은 생산활동의 수행에 필요한 생산수단에 대해 아무런 통제권도 갖고 있지 못하다. 자본주의에서는 대부분의 노동자들이 상품을 생산할 수 있는 원자재도 장비도 갖지 못한다. 그 결과 그들이 생산한 상품은 그들의 것이 되지 않고 생산수단을 소유한 자본가들의 소유물이 된다. 전형적인 노동자는 시장에 들어갈 때 오로지 하나만을 소유하고 통제할 수 있는 상태이다. 그것은 일할 수 있는 능력, 즉 노동력이다. 생산활동에 종사하기 위해서는 그는 먼저 자신의 노동력을 자본가에게 판매해야 한다. 그 대가로 그는 일정한 임금을 받으며, 그가 생산하는 상품은 자본가의 것이 된다. 따라서 자본주의는 그 이전의 어떤 생산양식과도 달리 인간의 생산적 능력 자체를 노동력이라는 하나의 상품으로 바꾸고, 대다수의 사람들이 자신들의 상품인 노동력을 자본가에게 팔아 임금을 얻어야만 살아갈 수 있는 일정한 조건의 집합을 만들어낸다. 이들은 자신들의 임금을 가지고 자본가로부터 자신들 스스로가 생산한 상품을 다시 사오지만 그럴 수 있는 양은 어디까지나 부분에 불과하다. 이들이 생산한 나머지 상품은 사회적 잉여를 구성하며 이는 자본가계급이 보유하고 통제한다.

자본주의를 규정하는 마지막 네 번째 특징은 대부분의 사람들이 개인주의적, 탐욕적, 이익 극대화의 행동을 하도록 동기를 부여받는다는 것이다. 이는 자본주의가 성공적으로 작동하기 위해서 꼭 필요하다. 첫째, 노동 공급을 충분히 확보하고 노동자들을 철저하게 통제하는 일을 쉽게 하려면 노동하는 사람들이 생산하는 상품의 가치가 그들이 소비하는 상품의 가치를 훨씬 초과하는 것이 반드시 필요하다. 자본주의의 가장 초기 단계에서는 노동자의 임금이 너무나 낮아서 자신과 그 가족이 극심한 물질적 결핍과 불안 상태에 계속 처해 있었다. 이러한 결핍과 불안을 감소시킬 수 있는 유일의 방법은 좀 더 많은 임금을 얻기 위하여 더 오래 더 열심히 일하는 것이었고, 또 거대한 실업 노동자의 군대—이는 자본주의 체제에서는 항상 존재하는 사회적 현상이었다—에 입대하는 것을 어떻게든 피하는 것이었다.

자본주의가 진화하면서 노동자들의 생산성은 증가했다. 이들은 집단으로 뭉쳐서 노동조합과 노동자 연대체를 조직하여 더 높은 임금을 위한 투쟁에 나서게 되었다. 19세기 말과 20세기 초가 되면 이러한 투쟁이 수많은 힘든 싸움과 후퇴를 극복하고서 일정한 충격을 가하게 된다. 이때 이후로 노동자들 임금의 구매력은 느리기는 하지만 꾸준히 증가한다. 자본주의는 물리적 궁핍 대신 새로운 유형의 동기 부여를 통해 노동자들로 하여금 계속 사회적 잉여를 생산하도록 하였다. 새로운 사회적 태도가 지배적인 것으로 들어섰는데, 이는 종종 소비주의consumerism라고 불리는 것으로서 더 많은 소득만 있으면 항상 더 많은 행복이 생겨난다는 믿음이 그 특징이다.

자본주의의 사회적 관습은, 더 많은 상품을 사기만 하면 주관적으로 느끼는 어려움과 불행을 실제로 모두 다 제거할 수 있다는 생각을 낳았다. 노동자들이 일하고 살아가는 삶의 세계는 경쟁이 지배하고 경제적으로 불안정하다. 따라서 이러한 세계는 일반적으로 불안, 고독, 소외와 같은 주관적 감정을 낳는다. 대부분의 노동자들은 이러한 감정을 느낄 때마다 그 원인이 자신들을 행복하게 만들 만큼 많은 상품을 살 능력이 없다는 데 있다고 생각한다. 하지만 노동자들이 더 높은 임금을 받고 더 많은 상품을 사는데도 전반적인 불행과 불안은 계속되어 왔다. 노동자들은 임금 상승이 충분치 못하기 때문이라고 결론을 내리곤 한다. 불행의 근본 원인을 이렇게 잘못 생각하는 바람에 이들은 이상한 나라의 앨리스에 나오는 밟아돌리는 바퀴에 올라탈 때가 많다. 일단 여기에 올라타게 되면 더 많이 가질수록 더 많이 필요하다는 감정에 괴로워하게 되며, 더 빨리 뛸수록 자신의 속도가 충분치 못한 것처럼 보이게 되며, 열심히 일할수록 오히려 장래에는 더 열심히 일할 필요가 있는 것처럼 느껴지게 된다.

둘째, 자본가들 또한 탐욕적이고 전투적인 행태를 보이도록 추동된다. 가장 직접적인 이유는 자본주의의 특징이 언제나 사회적 잉여의 더 많은 몫을 챙기려는 자본가들끼리의 경쟁적 투쟁이라는 데 있다. 이 무한 투쟁 속에서 어떤 자본가가 갖는 권력의 양은 그가 통제할 수 있는 자본의 양에 달려 있다. 만약 경쟁자들이 더 빨리 자본—그리고 그 크기와 경제적 힘—을 획득한다면, 그는 그로 인해 절멸의 위험에 직면하게 될 가능성이 아주 높다. 따라서 자본가로서 계속 존속할 수 있는가의 여부는 최소한 경쟁자들만큼 빠른 속도로 자본을 축적할 능력이 있는가에 달려 있다. 따라서 자본주의는 항상 더 많은 이윤을 얻고 그 이윤을 더 많은 자본으로 바꾸려는 자본가들의 광적인 노력을 특징으로 삼고 있다.

자본가들 사이에서의 소비주의 또한 자본주의가 성공적으로 기능하는 데 중요했다는 것이 지금까지의 경험이다. 생산과정에서 노동자들이 잉여가치를 생산하고 나면 자본가들은 잉여가치를 노동자들이 생산한 상품의 형태로 소유한다. 잉여가치가 화폐 이윤으로 전환될 수 있으려면 상품이 시장에서 팔려야만 한다. 노동자들은 보통 임금을 모조리 상품을 사는 데 지출할 것이라고 기대할 수 있지만, 그들의 임금은 오로지 상품 전체의 일부만을 구매할 수 있을 뿐이다(만약 전부를 구매할 수 있다면 사회적 잉여는 없는 것일 테니까). 자본가들은 자신들의 자본축적을 늘리기 위하여 상품 다수를 투자로서 구매한다. 하지만 수요를 구성하는 이 두 가지 원천은 전체 자본가계급이 생산한 상품 전체를 구매할 수 있을 만큼 충분한 적이 결코 없었다. 따라서 수요를 구성할 세 번째 원천이 필요했던 것이 지금까지의 경험이다. 자본가의 상품을 전부 판매하는 데에 충분한 유효 수요를 보장하기 위해 자본가들의 소비 지출이라는 세 번째 원천은 계속해서 커지고 있다.

　이러한 수요가 제대로 나오지 않으면, 자본주의는 상품이 팔리지 않고 노동자들이 해고당하고 이윤은 감소하며 전반적 경제 위기가 따라오는 등의 침체를 겪어왔다. 자본주의는 그 역사 전체에 걸쳐서 이러한 종류의 위기가 반복하여 일어나는 문제를 안고 있었다. 이 책에서 논의되는 대부분의 경제사상가들의 주요한 관심은 이러한 경제 위기의 본성과 원인을 이해하고 원인을 제거하거나 최소한 위기의 고통을 경감시킬 수 있는 해결책을 찾을 수 있는지를 확인하는 것이었다.

자본주의 이전의 유럽 경제

　자본주의의 역사적 진화를 개괄하기 위해서는 봉건제라고 하는 자본주의 이전 서유럽의 사회경제적 시스템에 대해 몇 마디 해둘 필요가 있다. 옛날 로마제국의 서쪽 부분이 쇠퇴하자 유럽에서는 그때까지 로마제국이 제공해왔던 법과 보호가 사라졌다. 이 진공을 메운 것은 봉건적 위계질서의 창출이었는데, 농노, 즉 농민은 장원의 영주에 의해 보호를 받았으며, 영주는 자기보다 높은 위치의 대영주에게 충성해야 하며 또 그 보호를 받게 되었다. 시스템은 이런 식으로 진행되어 그 정점에서는 왕에게 이르게 된다. 강한 자는 약한 자를 보호하지만, 그 대가는 비싸다. 대군주는 자기 아래의 봉신封臣, vassal에게 봉지封地, fief, feudum를 나누어주고 그 대가로 화폐, 음식, 부역, 또는 군사적 충성을 받아낸다. 그 맨 아래에는 땅을 경작하는 농노가 있다. 대다수의 인구는 음식과 의복을 위해 농사를 짓거나 양모와 의복을 위해 양을 키웠다.[1]

중세적 관계를 이해하는 데 열쇠가 되는 것은 관습과 전통이다. 오늘날 우리에게 익숙한 법률 대신 관습이 장원을 통치했다. 중세에는 단일한 시스템의 법률을 강제할 수 있을 만큼 강력한 중앙 권력이 존재하지 않았다. 중세의 조직 전체는 위계질서의 위쪽과 아래쪽으로 얽혀 있는 쌍무적인 의무와 봉사의 시스템에 기초를 두었다. 토지를 점유하거나 사용하는 사람은 토지에 대한 보호의 대가로 관습으로 내려오는 일정한 서비스 또는 지불을 행할 의무를 진다. 농노는 영주에게 작물의 일부를 내주던가 광범위한 노역을 행해야 했으며, 그 대가로 영주는 농노를 보호할 의무를 지고 있었다.

물론 관습은 무수히 깨어지곤 했다. 이론적으로 작동하도록 되어 있는 대로 실제 작동하는 시스템은 하나도 없다. 하지만 중세 사람들의 삶과 생각을 결정하는 데서 관습과 전통의 힘을 과소평가해서는 안 된다. 농노들 사이에 분쟁이 있을 때는 영주의 법정에서 각각의 경우의 특수한 상황과 그 경우에 대한 장원의 일반적 관습에 따라 판결이 내려졌다. 물론 영주는 자신과 농노 사이에 분쟁이 있을 때는 자신에게 유리하게 결정을 내리는 게 보통이었다. 하지만 이 경우에도, 특히 영국의 경우 영주가 계속해서 관습을 어기고 농노들을 마구 다루는 일이 있으면 그 영주를 봉신으로 거느린 상급의 대영주가 그 영주에게 제재나 처벌을 강제하곤 했다. 이렇게 장원을 관습에 따라 다스린다는 것은 자본주의의 법과 재판 시스템과 날카롭게 대립한다. 자본주의 시스템은 계약의 강제 이행과 보편적인 구속력을 갖는 법률에 기초하고 있으며, 상황이나 관습 때문에 이것이 완화되는 일은 오직 드물게만 벌어진다. 하지만 중세에는 이러한 상황과 관습이 영주의 판결에 결정적인 영향을 미치는 요소였다.

영주가 자신의 '권리'를 법으로 강제할 수 있는 정도는 시대와 장소에 따라 크게 달랐다. 길고 긴 봉신의 위계구조를 통하여 광범위한 지역에 걸쳐서 이러한 의무를 강화하고 또 그것을 법으로 강제할 수 있는 귀족의 능력을 강화하는 과정에서 마침내 근대 국민국가가 출현하게 된다. 이 과정은 봉건제에서 자본주의로의 이행기에 일어났다. 하지만 중세의 대부분에 걸쳐 정치적 통제는 파편화되어 있었고 그 결과 영주의 권리 중에는 아주 약하거나 불확실한 것도 많았다.

중세의 농촌 생활에서 기초가 되는 경제제도는 장원manor이었다. 그 내부에는 두 개의 계급이 있었다. 귀족 또는 장원의 영주 그리고 농노serfs(이 말은 '노예'를 의미하는 라틴어 servus에서 나왔다)가 그들이었다. 농노는 엄밀히 말해서 노예는 아니었다. 노예는 주인 마음대로 사고팔 수 있는 재산에 불과한 존재였지만 농노는 자신의 가족 또는 토지와 분리될 수 없었다. 만약 농노의 영주가 장원에 대한 점유권을 다른 귀족에게 넘긴다 해도 그 농노는 그 땅에 그대로 붙어 있으며 단지 영주만이 바뀔 뿐이었다. 하지만 농노에게는 다양한 정도의 여러 의무가 부과되었다. 이는 때때로 대단히 부담스러운 것이었고 전혀 빠져나갈 수 없는 때가 많았다. 농노는 보통 자유로움과는 거리가 먼 상태에 처해 있었다.

영주는 농노들의 노동으로 살아가며, 농노들은 자신들의 땅을 경작하여 장원의 관습에 따라 현물 또는 화폐로 조세를 납부했다. 마찬가지로 영주는 장원의 관습에 따라서 농노들에게 보호, 감독, 재판소 운영 등을 수행했다. 비록 이 시스템이 양측의 쌍무적 의무 관계에 의존하는 것이긴 하지만, 경제적·정치적 권력이 영주의 손에 집중되어 있기 때문에 이 시스템은 어느 기준으로 보더라도 농노들이 심하게 착취당하는 시스템이었다.

중세 동안 누구도 따라올 수 없는 가장 큰 대지주는 바로 가톨릭교회였다. 비록 주교와 수도원장은 봉건제의 위계구조 속에서 백작, 공작과 거의 동일한 위치를 차지했지만 중대한 차이점이 한 가지 있었다. 세속의 영주는 상황과 세력 균형이 변하면 자신이 충성을 바칠 대영주를 다른 대영주로 바꾸는 것이 가능했지만, 종교적 영주는 항상 로마 교회에 일차적인 충성을 바쳐야만 했다(최소한 원칙상으로는 그러했다). 이 시기는 또한 교회의 종교적 가르침이 서유럽 전체에 걸쳐 대단히 강력하고도 광범위한 영향력을 가지고 있었던 때였다. 이러한 요인들이 모두 합쳐져서 교회는 이 기간 전체에 걸쳐 하나의 강력한 중앙 정부에 가장 가까운 것이 되었다.

이렇게 장원은 세속적인 것과 종교적인 것 두 가지가 있었지만(세속 영주가 종교적 대영주를 주군으로 모실 때도 많았고 그 반대의 경우도 많았다), 영주와 농노의 본질적인 관계에서 이러한 구별은 별 의미가 없었다. 종교적 영주가 세속 영주보다 조금이나마 농노들을 덜 가혹하게 다루었다는 증거는 거의 찾을 수 없다. 종교적 영주나 세속 귀족이나 동일한 지배계급의 두 구성 요소였을 뿐으로, 토지 그리고 토지에 따르는 권력을 통제하는 것은 이들이었다. 농노의 노동, 생산물, 화폐에 대단히 큰 부담을 지워 가져간 대가로 귀족은 군사적 보호를, 그리고 교회는 영적인 도움을 제공했다.

중세 유럽에는 장원뿐만 아니라 많은 읍내towns●가 있었는데, 이들은 제조업의 중요한 중심지 역할을 했다. 제조업 물품은 장원에서 판매되었으며 이따금씩은 원격 상업을 통해 거래되기도 했다. 읍내의 지배적인 경제 제도는 길드였다. 길드는 저 멀리 로마제국 시대부터 존재했던 수공업 조합, 전문직 조합, 동업 조합이었다. 어떤 물건이나 서비스를 생산하거나 판매하고자 하면 누구든 길드에 가입해야만 했다.

길드는 경제적 문제뿐만 아니라 사회적, 종교적 문제에도 깊이 관여했다. 길드는 성원들의 개인적, 사회적, 종교적, 경제적 활동을 포함하여 모든 활동을 규제했다. 길드가 상품의 생산과 판매를 대단히 주의깊게 규제했던 것은 분명하지만, 이들이 더욱 관심을 가졌던 것은 이윤 창출이 아니라 성원들의 영혼의 구원이었다. 구원을 받고자 하는 이는 누구든 교회의 가르침과 관습에 기초하여 질서 있는 삶을 살 것을 요구받았다. 따라서 길드는 중세 읍내의 기존 질서를 유지하는 존재로서 강력한 영향력을 행사했다.

하지만 중세 사회는 농업이 지배하는 사회였다. 사회적 위계구조는 개인들이 토지와 어떤 방식으로 엮여 있는가에 기반을 두었고 전체 사회 시스템은 농업의 기초 위에 서 있었다. 하지만 역설적이게도 농업 생산성의 증대야말로 이후 몇 세기에 걸쳐 일어나면서 급기야 중세 봉건제의 해체와 자본주의의 시작을 낳게 된 일련의 근본적인 변화들을 불러일으킨 원초적 동력이었다. 중세에서 가장 중요한 기술적 진보는 이포제 농법two-field system

---

- 여기에서 중세 촌락과 읍내를 일컫는 말들에 대해 대략적인 설명을 해야겠다. 몇 개의 가족들이 모여살고 있지만 시장도 없고 교회도 없는 작은 마을을 hamlet이라고 한다. 여기 사람들은 일요일에 예배를 보아야 할 때에는 교회church가 있는 마을인 village로 가야 한다. 그리고 village에 살고 있는 villager도 물건을 구하러 갈 때에는 장market이 서는 읍내town로 가야 한다. 보통 읍내와 농촌이라는 쌍대성으로 말할 때는 town과 village가 대립어로 쓰인다. 그러다가 town이 크기가 커지고 시장의 여러 제도들이 자리를 잡으면 공식적으로 하나의 법인체corporation로서의 허가장charter을 받아 읍내 city가 된다. 이 읍내에는 보통 대성당cathedral과 그 앞의 광장plaza이 들어서게 된다.

을 삼포제 농법three-field system으로 대체한 것이었다. 삼포제 농업이 유럽에 도입된 것이 무려 8세기라는 이른 시기였음을 보여주는 증거가 있지만, 이것이 널리 퍼진 것은 대체로 11세기였다.

매년 똑같은 땅에다 씨를 뿌리면 지력이 고갈되고 마침내 그 땅은 완전히 못쓰게 될 것이다. 따라서 이포제 농법에서는 땅을 절반으로 나누어 돌아가면서 한쪽씩 쉬게 하여 지난해에 쓴 지력을 회복하도록 했다. 삼포제 농법에서는 경작지가 3개의 똑같은 크기의 부분으로 나누어진다. 첫 번째 땅에는 호밀이나 겨울 밀 등을 가을에 심는다. 두 번째 땅에는 귀리, 콩, 강낭콩 등을 봄에 심는다. 마지막 땅은 쉬도록 내버려둔다. 이는 매년 돌아가면서 바뀐다. 그러면 어떤 부분이든 한 해에는 가을에 씨를 뿌리고 다음해 봄에 또 씨를 뿌리고 세 번째, 즉 다음해 가을에는 1년간 그냥 쉬게 된다. 이렇게 간단해 보이는 농업 기술의 변화로부터 농업 산출은 급격하게 늘어났다. 똑같은 크기의 땅에서 삼포제 농법으로 전환하는 것만으로 어느 한 시점에 경작되는 땅의 크기를 무려 50퍼센트나 늘렸다.[2]

삼포제 농법은 다른 중요한 변화를 낳았다. 봄에 귀리와 여타 사료 곡물을 뿌릴 수 있게 되면서 사람들은 더 많은 말을 기를 수 있게 되었고, 이 때문에 농업에서의 으뜸가는 동력원이 소에서 말로 바뀌게 되었다. 말은 소보다 훨씬 빨랐으므로 그 결과 경작되는 지역도 크게 확장되었다. 경작지가 더 커지면서 농촌이 읍내와 같이 인구가 밀집된 중심지를 부양할 수 있는 능력도 늘어났다. 인간, 상품, 장비의 운송 또한 말을 쓰는 쪽이 훨씬 더 효율적이었다. 쟁기질에서도 효율성이 더 커졌다. 소에 쟁기를 채워서 땅을 갈려면 세 사람이 필요했지만, 말이 끄는 쟁기는 한 사람이 작동할 수 있었다. 13세기에 앞쪽의 차축을 가진 네 바퀴 마차가 나와 그 이전의 두 바퀴 수레를 대신하면서 농업 생산물의 운송 비용도 크게 줄어들게 되었다. 이러한 농업과 운송의 개선이 다음 두 가지의 중요하고도 광범위한 변화를 부추기게 되었다. 첫째, 그로 인해 인구의 급속한 증가가 가능해졌다. 서기 1000년에서 1300년 사이의 유럽 인구에 대한 가장 뛰어난 역사적 추산에 의하면 그 수치가 두 배로 늘었다.[3] 둘째, 인구의 팽창과 밀접하게 연결된 것으로서 읍내로의 인구 집중 또한 급속하게 늘었다. 1000년 이전에는 소수의 지중해 무역 중심지를 제외하면 대부분의 유럽은 장원과 촌락만으로 구성되어 있었고 여기에 소수의 작은 읍내가 있었을 뿐이다. 1300년이 되면 읍내가 더 커지고 수많은 도시가 번성하게 된다.

읍내와 도시의 성장은 농촌-도시 간의 전문화의 증가로 이어지게 된다. 도시 노동자의 토지와의 모든 관계가 끊어짐에 따라 제조업 물품의 산출은 놀랄 만큼 늘어났다. 제조업이 성장하고 경제적 분업이 증가하면서 인간 노동의 생산성도 더 늘어나게 된 것이다. 지역 간 그리고 원거리 교역과 상업은 이렇게 전문화가 증가하면서 나타난 대단히 중요한 결과이다.

원거리 교역의 증대

많은 역사가들이 상업과 교역의 확산이야말로 중세 봉건제의 해체를 가져온 가장 중요한 힘이었다고 주장해왔다. 물론 교역의 중요성을 의심할 수는 없다. 하지만 이러한 교역이 우연히 생겨나거나, 이를테면 아랍인들과의 접촉이 늘어났다든가 하는 것처럼 유럽 경제에 대해 완전히 외생적인 요인에 의해 생겨난 것이 아니라는 점을 강조할 필요가 있다. 농업 생산성의 증대는 식량과 수공업 제품의 잉여가 생겨난다는 것을 뜻하며 이것이 마을 장터와 국제적 시장을 통해 유통된다는 것을 뜻한다. 동력과 운송에서 개선이 이루어지면서 공업을 읍내에 집중시키고 대규모로 생산하여 광범위한 원거리 시장에다가 재화를 판매하는 것이 가능해지고 또 수익성이 있게 되었다. 이러한 기초적인 농업 및 공업 발전이 있어야 교역과 상업이 확산될 수 있으며, 또 교역과 상업이 확산되면 공업과 읍내의 확장은 더욱 고무된다.

하지만 상업의 성장이 봉건제의 해체에서나 자본주의의 창출에서나 주된 동력이었다고 할 수는 없다. 봉건제에서 자본주의로의 이행이 서유럽에서의 상업의 성장과 동시에 발생했으며 상업이 분명히 서유럽에서 봉건제의 해체와 자본주의의 성장에 중요한 동력이었지만, 동유럽에서는 상업 활동의 증가가 오히려 봉건적인 사회적·경제적 관계를 더 공고히하고 영구화하는 데 기여하는 경향이 있었다.

이렇게 상업이 상이한 결과를 낳은 것은 봉건제의 역사적 발달이 이 두 지역에서 서로 다른 단계에 있었다는 사실에 기인한다. 동유럽에서는 봉건제가 생겨난 지 비교적 오래되지 않아서 생기 있고 힘찬 경제적 시스템으로서 더욱 발전할 여지가 상당히 많았다. 이러한 맥락에서는 상업이 철저하게 봉건 지배계급의 이익에 종속되는 경향이 있었다. 서유럽에서는 봉건제가 완전한 경제적 잠재력에 도달하여 더 이상 발전할 수 없었다. 상업이 서유럽인들의 생활에 중요한 일부가 되기 이미 오래전에 봉건제는 해체되기 시작하였다. 해체의 최초의 추동력은 생산성의 증가에도 불구하고 급속히 늘어가던 지배계급을 부양하는 데는 사회적 잉여가 갈수록 부족하게 되었다는 사실에서 나왔다. 이는 지배계급 내부의 갈등이 갈수록 더 심해지고 화해가 불가능하게 되는 사태로 이어졌다. 귀족과 교회의 다양한 분파들 사이에 이렇게 날카로운 갈등이 벌어지고 있었기 때문에 상업이 체제를 부식시키고 안정성을 해치는 힘이 되었다.[6] 이 짧은 요약에서 이 역사적 과정을 모두 논의할 수는 없다. 우리는 그저 상업이 봉건제의 해체를 가속화하고 자본주의의 제도적 기초의 많은 것을 확립하는 경향을 띠었던 서유럽 봉건제로 논의를 국한하겠다.

교역의 확장, 특히 초기의 원거리 무역의 확장은 이 무역에 종사하는 상업 및 공업 읍내의 확립으로 이어졌다. 이러한 도시와 읍내가 성장하고 이에 대한 상인자본가의 지배력이 커짐에 따라 공업과 농업에서도 중요한 변화들이 나타났다. 이 각각의 영역에서, 특히 농업 쪽에서 중세의 사회경제적 구조를 유지해주던 전통적 유대가 약화되고 궁극적으로는 해체되었다.

중세의 초기부터 일부 원거리 무역이 유럽의 여러 지역에 걸쳐서 이루어졌다. 이 무역이 중요한 의미를 가졌던 지역은 남유럽의 지중해 연안과 아드리아 해 연안, 북유럽의 북해와 발트 해 등이었다. 하지만 이 두 상업 지역 사이에 있는 대부분의 유럽은 봉건적 장원제가 시행되고 있었으며 이 지역은 중세 후기가 될 때까지 상대적으로 별 영향을 받지 않았다.

11세기 이후에 십자군 전쟁이 일어나면서 이것이 괄목할 만한 상업 팽창의 원동력이 된다. 하지만 십자군 자체도 유럽 발전에서 외적 요소나 우연적 요소로 보아서는 안 된다. 십자군 전쟁은 종교적 이유에서 일어난 것도 아니었고 또 투르크인들이 순례자들을 괴롭힌 결과로 일어난 것도 아니었다. 투르크인들은 기독교인들에 대해 이슬람의 전통적 정책인 관용 정책을 이어받았다. 물론 이슬람 세계 내부의 발전 때문에 비잔티움제국을 공격하는 일이 분명히 늘어났지만 서유럽이 비잔티움제국을 그다지 예뻐한 것도 아니었으므로 보통 그저 명목상의 원조를 보내는 데 그쳤다. 십자군 전쟁이 일어난 근본적 이유는 십자군 전쟁을 가장 열렬히 지지했던 프랑스의 내부적 발전에서 찾을 수 있을 것이다. 프랑스는 계속 강해지고 있었고, 무역 관계도 더 많았고, 동방에 이해관계를 가지고 있었을 뿐만 아니라 국내의 사회적 불만을 내보낼 배출구를 필요로 하고 있었다. 십자군 전쟁을 선동했던 또 다른 힘은 베네치아의 과두제였는데, 이들은 베네치아의 동방 무역을 확장하고 그를 통해 자신들의 영향력도 확장하고자 했다.[5]

아랍인들과의 무역이 발전하고 또 북쪽에서는 바이킹들과의 무역이 발전하면서 수출을 위한 생산이 늘어났으며, 12세기에서 14세기 말까지 번성했던 거대 무역 정기시장fair trade이 생겨났다. 유럽의 으뜸가는 교역 도시들에서 매년 열린 이러한 정기시장은 일주일에서 몇 주일씩 계속되었다. 북유럽의 상인들은 곡물, 생선, 모직, 직물, 목재, 역청 물질, 타르, 소금, 철 등을 남유럽 상업의 주요한 품목인 향료, 무늬 넣은 직물, 와인, 과일, 금, 은 등과 교환했다.

15세기가 되면 정기시장은 1년 내내 시장이 성업하는 상업 도시로 대체된다. 이 도시의 무역과 상업은 엄격한 봉건적 관습 및 전통과 양립할 수 없었다. 도시는 보통 교회 및 봉건 영주로부터 독립을 얻어내는 데 성공했다. 이러한 상업 중심지 내부에는 통화의 환전, 부채 청산, 신용 기구 등의 복잡한 시스템이 발달했을 뿐만 아니라 환어음bills of exchange과 같은 근대적 영업 도구도 널리 쓰이게 되었다. 새로운 상법 체제도 발달했다. 장원에서는 관습과 전통에 기반한 가부장적 온정주의의 법 체계가 지배적이었지만 상법은 정확한 법규로 고정되어 있었다. 따라서 이는 계약, 유통 증권, 대리 판매, 경매 등에 대한 근대 자본주의적 법률의 기초가 되었다.

장원의 수공업에서는 생산자(즉 장인master craftsman)가 판매자이기도 했다. 하지만 새로운 도시에서 막 자라나고 있던 공업은 주로 수출 공업으로서 생산자는 최종적 구매자와 먼 거리에 떨어져 있었다. 장인은 물품을 상인에게 도매로 팔았고 그러면 상인은 물품을 운송하여 다시 팔았다. 또 다른 중요한 차이점은 장원의 장인은 농사일도 겸하는 것이 보통이었다는 점이다. 하지만 이 새로운 도시의 장인은 농사일을 완전히 포기하고 오로지 자신의 기술에만 전념하였고, 여기에서 화폐 소득을 얻어 그것으로 개인적 필요를 충족시키는 데 사용할 수 있었다.

선대제와 자본주의적 공업의 탄생

교역과 상업이 번성하고 팽창하면서 제조업 물품에 대한 수요도 커졌으며 공급을 안정화시킬 필요도 생겨났다. 그리하여 생산과정에 대한 상인-자본가의 통제력이 늘어났다. 16세기가 되면 장인 스스로가 작업장, 연장, 원자재를 모두 소유하고서 독립적인 소규모 기업가로서 기능하는 수공업이 수출 공업에서는 대부분 선대제 putting-out system로 대체된다. 선대제가 시작되던 시기에는 상인-자본가가 독립적 장인에게 원자재를 대주고, 그 원자재로 완제품을 만들도록 수수료를 지불했다. 이러한 방식으로 모든 생산 단계에 걸쳐서 자본가가 생산물을 소유했지만, 작업 자체가 행해지는 작업장은 자본가로부터 독립되어 있었다. 그런데 선대제의 후기에는 상인-자본가가 연장과 기계류를 소유했을 뿐만 아니라 심지어 작업이 이루어지는 건물도 소유하는 경우가 많았다. 상인-자본가는 노동자들을 고용하여 이 연장을 사용하게 했고, 이들에게 원자재를 공급한 뒤 완제품이 나오면 그것을 가져갔다.

노동자는 더 이상 완제품을 상인에게 팔지 않았다. 이제 노동자가 판매하는 것은 자신의 노동력뿐이었다. 직물 공업은 선대제가 발전했던 최초의 공업 중 하나였다. 방직공, 방적공, 축융공 fullers, 염색공은 모두 자신의 일자리 그리고 자신과 가족을 부양할 수 있는 능력이 이제는 상인-자본가의 손에 달려 있다는 것을 알게 되었다. 상인-자본가는 또 노동자가 생산한 것을, 임금과 그 밖의 비용을 치르고 또 이윤까지 낳을 만큼 높은 가격에 판매할 수 있어야만 했다.

자본가의 통제는 이리하여 생산과정으로까지 확장된다. 이와 동시에 자본이 거의 또는 전혀 없어서 노동할 힘 말고는 내다팔 것이 없는 노동력이라는 것도 창출되었다. 이러한 두 특징이 자본주의라는 경제 시스템의 출현을 알리는 이정표였다. 일부 저술가들과 역사가들은 상업, 무역, 상업 정신이 유럽에서 확장되고 더욱 중요해진 때에 자본주의가 이미 존재하고 있었다고 규정했다. 하지만 봉건적 전통이 생산을 조직하는 원리로 남아 있는 한, 교역과 상업은 사실상 사회경제적 시스템 외부에 존재할 뿐이었다. 누가 무슨 임무를 어떻게 수행할 것이며, 노동자가 자신을 부양할 수 있는 일자리를 얻을 수 있는가 등의 문제를 전통과 관습이 결정하다가, 이를 시장과 화폐 이윤의 추구가 결정하게 되면, 그때에야 비로소 자본주의 시스템이 나타나게 되었다고 말할 수 있다.[6]

자본주의는 16세기 수출 공업에서 자본가와 노동자 사이에 존재하던 관계가 경제 내 대부분의 다른 공업으로까지 확장되었을 때에 비로소 지배적인 것이 되었다. 그러한 시스템이 진화하기 위해서는 봉건적 장원의 경제적 자급자족을 무너뜨리고 장원의 관습과 전통을 약화시키거나 파괴할 필요가 있었다. 농업도 노동자가 자신의 노동력을 자본가에게 판매하고 자본가는 또 오로지 생산과정을 통해 이윤을 벌어들일 것을 기대할 수 있을 때만 노동력을 구매하는, 자본주의적 사업 영역이 되어야만 했다.

13세기 플랑드르Flanders 지방에는 자본주의적 직물 공업이 존재했다. 다양한 이유로 번영이 쇠퇴하기 시작하자, 번영 때문에 생겨났던 부자들과 빈자들은 1280년경부터 길게 이어지는 폭력적인 계급 전쟁을 시작했고, 그 결과 그 공업은 거의 완전히 파괴되었다. 14세기가 되자 자본주의적 직물 공업은 이번에는 이탈리아의 플로렌스에서 번성했다. 여기에서도 사업 조건이 악화되자 빈곤에 찌든 노동계급과 그들의 부유한 자본가 고용주들 사이에 긴장이 높아갔다. 그 긴장의 결과 1379년과 1382년에는 폭력적인 반란이 일어났다. 플랑드르의 경우처럼, 급작스러운 쇠퇴에 접어들었던 플로렌스의 직물 공업도 이 계급 간의 적대를 해소하지 못하는 바람에 더욱더 몰락했다.

15세기에는 영국이 세계 직물 시장을 지배했다. 영국의 자본주의적 직물 공업은 이러한 계급 갈등의 문제를 해결했는데, 그 방법은 직물 공업을 농촌으로 보내는 것이었다. 플랑드르와 플로렌스의 자본주의적 직물 공업은 인구가 밀집한 도시에 중심을 두고 있어, 노동자들이 도시에 함께 몰려 있었기 때문에 조직된 저항을 시작하기가 쉬웠던 반면에, 영국의 축융기는 농촌 여기저기에 흩어져 있었다. 이것은 영국의 노동자들이 다른 노동자들을 아주 소수만 만날 수 있을 뿐 대부분 서로 고립되어 있어 효과적인 조직적 저항이 발전하지 않았다는 것을 의미했다.

하지만 더 나중에 발달한 시스템, 즉 부유한 자본 소유자가 재산이 없는 장인을 고용하는 시스템은 농촌이 아니라 도시의 현상이었다. 애초부터 이러한 자본주의적 기업가는 자기 제품에 대한 수요를 장악할 수 있는 독점적 지위를 추구했다. 특권 길드livery guild, 또는 상인-자본가 고용주들의 연합체는 이러한 고용주들의 지위를 보호하기 위해서 수많은 장벽을 만들었다. 도제 훈련apprenticeships의 형태를 여러 가지로 만들어놓고서 부자의 자식들에게는 특권과 의무면제를 주기도 하고, 또 길드의 회비로 지나치게 높은 액수를 걷기도 하는 등 장벽을 만들어서 가난하지만 야심이 있는 장인들이 이 새로운 자본가계급과 경쟁하거나 그 일원이 되는 것을 가로막았다. 사실상 이러한 장벽 때문에 가난한 장인들과 그 자식들은 오로지 자신들의 노동력을 팔아야만 먹고살 수 있는 새로운 도시 노동계급이 되었다.

장원 시스템의 쇠퇴

하지만 완성된 자본주의 시스템이 출현하려면 먼저 자본주의적 시장 관계의 힘이 봉건제의 요새라고 할 농촌의 장원을 침략해야 했다. 이는 새로운 무역 도시들의 엄청난 인구 증가로 성취되었다. 이제 비대한 도시 인구는 그들이 먹을 양식은 물론이고 수출 공업에 들어갈 원자재의 대부분 또한 농촌에 의존했다. 이러한 필요 때문에 도시-농촌이라는 특화가 생겨났고 농촌의 장원과 도시 사이에 거대한 교역의 흐름이 생겨났다. 장원의 영주들은 제조업 물품의 공급을 도시에 의존하기 시작했고, 갈수록 사치재에 대한 욕망이 증가하여 상인들은 그것들을 팔 수 있게 되었다.

장원의 농민 또한 자신들의 잉여 생산물을 지역의 곡물 장터에서 돈으로 바꿀 수 있다는 것을 알았다. 그리고 그 돈을 영주에게 내고서 노동 부역 면제권commutation을 살 수 있었다.[7] 이렇게 농노의 각종 의무를 화폐로 대신 납부할 수 있게 되면서 농민 가운데 일부는 독립된 소기업가에 아주 가깝게 변해갔다. 농민은 이제 영주에게 토지를 세내어 그 토지의 소출을 내다팔아 그 돈으로 지대를 갚고서 나머지 수입을 자기 것으로 만들 수도 있었다. 이러한 시스템을 통해서 농민은 생산을 늘려서 시장에 내다팔 잉여 생산물을 더 늘려야 한다는 동기부여를 얻었다. 그렇게 되면 더 많은 의무를 화폐로 대신할 수 있게 될 것이며, 그렇게 되면 더욱 자유로워지므로 더 많은 잉여를 생산하여 내다팔 수 있을 것이다. 이러한 과정이 누적되면서 장원의 전통적 유대가 아주 점진적으로 무너지고, 생산을 조직하는 원리로서 시장 그리고 이윤의 추구가 그 자리를 대신했다. 14세기 중엽이 되면 유럽의 많은 부분에서 화폐 지대가 부역 의무의 가치를 초과했다.

이러한 노동 부역 면제권과 긴밀하게 연결되어, 시장을 농촌으로 끌어들인 또 하나의 힘이 있었다. 이는 영주의 영지 양도였다. 제조업 물품과 사치품을 얻기 위해 현금을 필요로 했던 영주는 농노에게 부역 의무를 지워 자신이 직접 경영하는 대신 자기 땅을 자영농에게 임대하기 시작했다. 이러한 과정이 계속되면서 장원의 영주lord of manor는 오늘날의 의미에서의 지주landlord가 되었다. 사실 지주는 부재지주인 경우가 아주 많았다.

많은 지주가 도시로 이주하는 쪽을 선택했거나 전쟁터에 나갔기 때문이다.

하지만 장원 시스템의 해체는 14세기 말과 15세기에 나타난 일련의 대재앙과 직접적으로 연관되었다. 프랑스와 영국 사이의 백년전쟁(1337~1453)으로 인하여 이 두 나라에서는 전반적인 무질서와 사회 불안이 나타났다. 흑사병은 더욱 심한 초토화를 가져왔다. 1348~49년의 흑사병이 발생하기 직전에 영국 인구는 4백만을 헤아렸다. 하지만 전쟁과 흑사병의 영향으로 15세기 초가 되자 영국의 인구는 겨우 2백5십만에 불과하게 되었다. 이러한 사정은 다른 유럽 나라들에서도 마찬가지였다. 인구의 감소는 절망적일 정도의 노동 부족을 낳았고, 모든 유형의 노동에 대한 임금은 급격하게 뛰었다. 토지는 이제 상대적으로 풍족하게 남아돌게 되었으므로 그것을 빌리는 지대 또한 내려갔다.

이러한 사실들로 인해 봉건 귀족은 이전에 자신들이 허용했던 노동 부역 면제권을 폐지하고 농노와 농민(농민peasants은 이전의 농노로서 봉건적 각종 제약에서 일정 정도의 독립성과 자유를 획득한 이를 말한다)의 부역 의무를 부활시키려고 시도했다. 하지만 귀족은 시계를 거꾸로 돌릴 수 없다는 것을 알았다. 시장은 이미 농촌까지 확장되었고 이에 따라 농민은 더 많은 자유, 독립, 번영을 얻었다. 농민은 옛날의 각종 의무를 부활시키려는 귀족의 책동에 대해 강렬하게 저항했으며, 이들의 저항은 다시 귀족의 무서운 보복을 불러일으켰다.

그 결과는 14세기 말부터 16세기 초에 이르도록 유럽 전역에서 터져나왔던 저 유명한 농민 반란이었다. 이 반란은 잔인성과 흉포함에서 극단을 달렸다. 당시의 한 프랑스 저술가는 다음과 같은 사건을 기술했다. 한 무리의 농민들이 "기사 하나를 잡아 꼬챙이에 꿰어서 그의 아내와 자식들이 보는 앞에서 불에 구웠다. 그들 중 열 명 내지 열두 명이 그 아내를 윤간하고서 남편의 살코기를 뜯어먹으라고 강요했다. 그다음에 그녀와 아이들을 모두 죽었다. 이 무도한 자들이 가는 곳마다 선량한 이들의 집과 튼튼한 성채가 모두 파괴되었다".[8] 반란을 일으킨 농민은 결국에는 귀족에 의해 똑같이 또는 더 잔인하고 흉포하게 살육당했다.

영국도 14세기 말과 15세기에 걸쳐 일련의 농민 반란을 경험했다. 하지만 16세기 초 독일에서 일어났던 반란이 아마도 가장 피비린내 나는 반란이었을 것이다. 1524~25년의 농민 반란은 결국 신성로마제국 황제가 이끄는 제국 군대에 의해 분쇄되었으며, 그 과정에서 헤아릴 수 없이 많은 농민이 살육당했다. 아마도 독일에서만도 학살당한 숫자가 십만을 넘었던 것으로 보인다.

여기에서 이러한 반란을 언급하는 이유가 있다. 사회 시스템의 경제적·정치적 구조의 근본적인 변화는 엄청난 트라우마를 남길 만큼 폭력적인 사회적 갈등을 겪은 뒤에야 비로소 가능하다는 사실을 보여주기 위함이다. 모든 경제 시스템은 그 시스템의 존속에서 특권을 얻는 계급을 하나 이상 낳는다. 이러한 계급들은 아주 자연스럽게 변화에 저항하고 자신들의 위치를 지켜내기 위해서 대단히 큰 노력을 기울인다. 봉건 귀족은 자본주의 시장 시스템이 출현하는 것을 늦추기 위해서 야만적일 정도의 지연 작전을 감행했지만, 변화의 힘들이 결국 그들을 휩쓸어갔다. 비록 새 시대에 대한 열망으로 가득 찬 상인과 소 귀족이 중요한 변화를 가져왔지만, 그 결과로 나타난 사회적 혼란 속에서 불쌍한 희생물이 된 것은 농민이었다. 참으로 아이러니한 일은 보통 농민들이 지켜내고자 투쟁했던 목표는 기존 체제의 유지였다는 점이다.

노동계급의 창출

　16세기 초는 유럽 역사에서 하나의 단절이다. 퇴락해가는 옛날의 봉건적 질서가 언제 끝나고 떠오르는 자본주의 시스템이 언제 시작되었는지의 경계선은 모호하지만, 16세기 초가 그 경계선이 될 수 있다. 1500년 이후로 중대한 사회적·경제적 변화가 갈수록 더 빈번하게 나타나기 시작했고 그 각각이 서로를 강화시키고 함께 뭉쳐 자본주의 시스템을 불러들인 것이다. 그러한 변화 가운데서 가장 중요한 것은, 생산과정에 대한 모든 통제력을 체계적으로 박탈당하고 남은 생존 수단이란 오로지 노동력을 판매하는 것밖에 없는 상황에 몰린 노동계급을 창출한 것이다. 서유럽의 인구는 1세기 반 동안 비교적 정체 상태에 있다가 16세기에 거의 3분의 1이 증가하여 1600년이 되면 거의 7천만 명으로 늘어난다.

　이러한 인구 증가와 함께 나타난 것이 인클로저 운동인데, 이는 이미 13세기에 영국에서 시작되었다. 봉건 귀족은 갈수록 현금에 대한 필요가 더 커지게 되었다. 그러자 이들은 그전에는 장원 공동체 전체가 공동 목초지로 사용했던 땅에 인클로저, 즉 울타리를 둘러쳐 그 땅을 양을 기르는 데 사용했다. 당시에는 영국의 모직물 공업이 호황을 이루어 양모에 대한 수요가 많았다. 양은 가격도 좋았던 데다가 양떼를 치는 일은 최소한의 노동량만 있으면 가능했다.

　인클로저 운동은 15세기 말과 16세기에 절정에 달했고, 어떤 지역에서는 무려 4분의 3, 심지어 10분의 9의 소작인들이 농촌에서 강제로 쫓겨났으며 이들은 먹고살기 위해 도시로 몰려오지 않을 수 없었다. 인클로저 운동의 여파는 19세기까지 계속 나타났다. 인클로저 운동에다 인구 증가까지 겹쳐, 남아 있던 봉건적 유대는 더욱더 파괴되었고 새로운 거대한 노동력의 창출로 이어졌다. 이 노동력은 토지도 없으며 연장이나 생산 도구도 없으며 오로지 판매할 수 있는 것은 노동할 힘뿐인 노동력이다. 이러한 도시로의 이주는 곧 자본주의적 공업에 대해서는 더 많은 노동력이 주어진다는 것을 뜻하며, 육군과 해군에도 더 많은 지원병이, 해외에 새로운 영토를 식민화할 이민이, 그리고 자본주의적 공업의 생산물에 대한 더 많은 잠재적 소비자 또는 구매자가 생겨났다는 것을 뜻했다.

하지만 이 새로운 노동계급이 생겨난 것은 인클로저 운동과 인구 증가 때문만은 결코 아니었다. 화폐 지대가 터무니없이 높아져 수많은 농민, 자작농yeomen, 소 귀족이 파산했다. 태산처럼 늘어나는 빚더미를 갚을 수 없어서 파멸한 이들도 부지기수였다. 도시와 읍내의 길드는 갈수록 성원들의 소득 수준에 관심을 두기 시작했다. 길드의 장인과 상인은 자신들의 숫자를 줄이는 조치를 취하면 자신들의 기술을 독점하고 소득을 높이는 효과가 있다는 것을 분명히 깨달았다. 그리하여 길드가 갈수록 더 배타적이 되자, 더 많은 도시의 생산자가 독립적 생산을 행할 수 있는 수단을 박탈당했다. 새로운 노동계급의 상당 부분이 이러한 방식으로 도시와 읍내 내부에서 창출되었다.

이렇게 하여 삶의 터전에서 뿌리뽑히고 그전에 사용했던 생산수단에 접근할 수 없게 된 농민과 직공의 다수가 부랑자와 거지가 되었다. 경작되지 않는 주변의 자투리땅을 점거하여 여기서 작물을 길러서 생계를 이어가려 했던 이들이 많았다. 하지만 이런 식의 농업과 실업자들의 부랑 행위를 금지하는 대단히 억압적인 법률이 통과되었다.[9] 이렇게 이 새로운 노동계급을 창출하는 데 폭력과 사기와 굶주림만으로 충분하지 않을 경우에는 어김없이 형법과 정부의 억압이 사용되었다.

자본주의로의 이행을 가져온 다른 힘들

자본주의로의 이행을 가져오는 데 큰 역할을 한 다른 변화의 원천들도 존재한다. 그중 하나가 16세기에 나타난 지적인 각성으로서, 이것이 부추긴 과학적 진보는 신속하게 항해 기술로 활용된다. 망원경과 나침반이 나오면서 인간은 이제 훨씬 더 먼 거리를 훨씬 더 정확히 항해할 수 있게 되었고 이로 인하여 '탐험의 시대Age of Exploration'가 시작되었다. 아주 짧은 기간 동안 유럽인은 인도, 아프리카, 아메리카로 가는 해도海圖를 작성했다. 이러한 발견은 두 가지 중요성을 가졌다. 첫째, 이를 통해 거대한 양의 귀금속이 신속하게 유럽으로 유입되는 결과를 낳았다. 둘째, 이로 인해 식민지 시대가 열리게 되었다.

1300년에서 1500년 사이에 유럽의 금과 은 생산은 정체 상태에 있었다. 자본주의적 교역이 급속하게 팽창하고 시장 시스템이 도시와 농촌으로 확장되면서 화폐의 심각한 부족 현상이 나타났다. 화폐는 무엇보다도 금과 은으로 만든 주화로 이루어져 있었기 때문에 이러한 귀금속에 대한 필요는 결정적인 것이었다. 1450년경부터 포르투갈인들이 아프리카의 황금 해안 Gold Coast에서 각종 금속을 캐내기 시작하자 이러한 문제는 어느 정도 해결되었지만, 이러한 전반적인 화폐의 부족은 16세기 중반이 되도록 계속되었다. 그때 이후로 아메리카 대륙에서 들어오는 금과 은의 흐름이 너무나 큰 양이었기 때문에 유럽은 역사상 가장 급속하고 가장 오래 지속된 인플레이션을 경험했다.

16세기 동안 유럽의 인플레이션은 나라나 지역에 따라서 150퍼센트에서 400퍼센트 사이를 오갔다. 제조업 물품의 가격은 지대나 임금보다 훨씬 더 빨리 올랐다. 그 결과 가격과 임금의 불균형은 사실상 17세기 말까지 계속되었다. 이는 곧 지주계급(또는 봉건 귀족)과 노동계급 모두 고통을 겪었다는 것을 뜻한다. 이들이 지출하는 비용이 이들의 소득보다 더 빨리 상승했다는 이야기가 되기 때문이다. 자본가계급은 이러한 가격 혁명에서 큰 혜택을 보았다. 지불해야 하는 실질임금은 계속 떨어진 데다가 사들여 창고에 보관한 원자재는 가격이 계속 올랐기 때문에 이들은 갈수록 더 많은 이윤을 얻었다.

이렇게 갈수록 더 커져가는 이윤이 자본으로 축적되었다. 자본이란 생산, 교역, 상업에 필요한 각종 재료와 물질을 일컬으며, 연장, 장비, 공장, 원자재, 가공 중인 재화, 재화의 운송 수단, 화폐 등으로 이루어진다. 물론 물질적인 생산수단은 모든 경제 시스템에 다 있지만 그것이 자본이 되는 것은 오로지 상품 생산과 사적 소유에 필수적인 사회적 관계가 존재하는 맥락 안에서만 가능하다. 따라서 자본은 단순한 물리적 대상물만이 아니라 사회적 관계의 복합적 집합도 지칭하는 말이다. 앞에서의 논의에서 우리는 자본주의 시스템을 규정하는 특징 중 하나가 물질적으로 축적된 자본 스톡을 소유한 자본가계급의 존재라는 점을 보았다. 이들이 이윤을 뽑아낼 수 있는 것도 바로 이러한 자본에 대한 소유권 덕분이다. 이 이윤은 다시 생산에 투하되거나, 자본 스톡을 증가시키는 데 쓰인다. 자본이 더 축적되면 더 많은 이윤이 나오며, 이는 다시 더 많은 축적으로 이어진다. 이렇게 자본주의 시스템은 계속해서 나선형으로 상승 운동을 한다.

자본주의라는 용어는 이러한 이윤 추구와 축적의 시스템을 아주 잘 기술한다. 자본의 소유권이 이윤의 원천이 되고 따라서 더 많은 자본축적의 원천이 된다. 이는 마치 닭이 달걀을 낳고 또 달걀에서 닭이 나오는 과정처럼 선후를 따지는 것이 무의미해 보이지만, 그래도 최초에 시작이 있었던 것은 틀림없다. 자본의 본원적 축적primitive accumulation, 즉 최초의 실질적인 자본축적은 지금 논의하고 있는 역사적 기간에 이루어졌다. 최초의 자본축적이 가능했던 네 가지 중요한 원천은 (1) 급속히 늘어나고 있던 무역과 상업의 총량, (2) 공업의 선대제, (3) 인클로저 운동, (4) 대규모 인플레이션 등이었다. 그 밖에도 최초의 자본축적에 있어서 몇 가지 다른 원천이 있었고 그중 몇 가지는 상당히 떳떳하지 못한 것으로 종종 망각 속에 묻어버리곤 하는 것으로서, 식민지의 약탈, 해적질, 노예 무역 등이 그것이다.

16세기와 17세기에 선대제는 계속 확대되어 마침내 대부분의 제조업 유형에서 보편적으로 나타날 정도였다. 아직 이를 근대적 유형의 공장 생산이라고 볼 수는 없지만 이 시스템은 작업의 전문화 정도를 증가시켜서 생산성을 상당히 증가시켰다. 선박 제조와 항해 기술의 개선으로 운송 비용 또한 낮아졌다. 이렇게 이 기간 동안 자본주의적 생산, 교역, 상업은 번성하였고 대단히 빠르게 성장했다. 이 새로운 자본가계급(또는 중간계급이나 부르주아지 등으로 부르기도 한다)은 경제적, 사회적 시스템의 지배계급으로서 귀족을 대체했다. 이 과정은 느리지만 무엇으로도 막을 수 없는 냉혹한 과정이었다.

새로운 국민국가의 출현은 지배계급의 자리 또한 새로운 계급으로 넘어가기 시작했음을 알리는 사건이었다. 새로운 군주는 자신의 권력에 도전하는 봉건 귀족을 무릎 꿇리고 국가를 단일의 중앙 권력 아래로 통일하고자 각고의 노력을 기울였으며, 그 노력에 대한 지원을 부르주아 자본가계급에게 얻어내는 것이 보통이었다. 상인은 서로 다른 수많은 규칙, 규제, 법률, 도량형, 통화가 미로처럼 얽혀 있던 봉건제에서 풀려날 수 있었고, 서로 고립되어 있던 수많은 시장을 하나로 공고하게 통합할 수 있었고, 또 상업상의 모험을 떠날 때는 군사적 보호까지 제공받을 수 있었다. 그 대가로 군주는 자신에게 절실했던 수입의 원천을 자본가에게 의지했다.

영국이 명목상으로 통일을 이룬 것은 훨씬 먼저이지만, 사실상의 통일을 이룬 것은 헨리 7세(1485~1509)가 튜더 왕조를 세운 이후였다. 헨리 8세 (1509~1547)와 엘리자베스 1세(1558~1603)가 국가 건설의 과업을 완수할 수 있었던 것은 여러 주와 도시에 살던 중간계급을 대표하던 의회의 지지를 얻을 수 있었기 때문이다. 1648년과 1688년의 혁명에서 의회의 주권, 즉 부르주아 중간계급의 주권은 마침내 확고하게 자리잡았다.

다른 중요한 초기 자본주의적 국민국가들 또한 이 기간 동안 나타났다. 프랑스에서는 루이 11세(1461~1483)가 샤를르마뉴 대제 이래 처음으로 프랑스를 효과적으로 통일한 왕이었다. 1469년 아라공의 페르디난드 왕과 카스티아의 이사벨라 여왕이 결혼했고 그 후 이베리아 반도의 무어인 Moors을 굴복시키면서 이것이 스페인의 통일로 이어졌다. 네 번째로 나타난 중요한 초기 국민국가는 네덜란드 공화국이었다. 네덜란드는 1690년●에 마침내 스페인의 압제자를 몰아내고 비로소 독립을 얻을 수 있었다.

16세기 말과 17세기 초가 되면 영국, 프랑스, 스페인, 저지대 국가들Low Countries(벨기에와 네덜란드)은 번성하는 자본주의 경제로 전환했고, 이 경제를 지배하는 것은 상인자본가로서 이들은 상업만이 아니라 제조업의 많은 부분 또한 통제했다. 근대적 국민국가에서 군주와 자본가의 동맹은 많은 중요한 영역에서 봉건 귀족으로부터 권력을 효과적으로 빼앗아냈고, 특히 생산 및 상업과 관련된 영역에서 그러했다. 이러한 초기 자본주의 기간은 보통 중상주의라고 부른다.

중상주의

중상주의의 초기 단계는 보통 지금주의bullionism라고 부르며, 유럽이

● 네덜란드 공화국이 스페인에서 독립을 얻어낸 것은 1590년대에서 1608년 사이의 일이다. 저자들이 착각한 듯하다.

지금地金 형태의 금과 은이 심하게 부족하여 급속하게 늘어나고 있던 무역량을 충족시킬 화폐가 충분하지 않을 때 생겨났다. 지금주의적 정책은 금과 은의 흐름을 한 나라로 끌어들이기 위해 고안되었으며, 또 일단 그 나라로 들어온 금과 은은 수출을 금지하여 외국으로 유출되는 일이 없도록 했다. 이러한 규제는 중세 후기부터 16세기와 17세기까지 지속되었다.

아메리카 대륙에서 온 금의 대부분이 흘러들어간 나라는 스페인이었다. 스페인은 가장 오랫동안 지금주의적 규제를 시행했으며 금과 은을 수출하다가 잡힌 이들에게는 사형을 선고하는 나라였다. 하지만 스페인 내부에서는 외국과 무역을 하려는 필요가 너무나 절실했으며 외국의 상품을 수입하여 벌어들일 수 있는 이윤 또한 너무나 컸다. 따라서 스페인의 상인-자본가는 부패한 공직자를 매수하든가 아니면 밀수를 하여 많은 양의 지금을 스페인 바깥으로 빼돌리는 데 성공했다. 스페인의 지금은 신속하게 유럽 전역으로 퍼져나갔으며, 앞에서 서술했던 장기간에 걸친 인플레이션에 상당히 큰 원인을 제공했다. 16세기 중반 영국과 네덜란드에서 이러한 지금주의적 규제가 철폐된 뒤에도 스페인은 오랫동안 금과 은의 수출을 합법화하지 않았다.

지금주의 시대가 지난 뒤에는 한 나라의 금과 은 보유량을 극대화하려는 중상주의자의 욕망은 무역 수지가 흑자가 되도록 하는, 즉 그 나라에서 흘러나가는 것보다 더 많은 돈이 들어오도록 하는 정부의 시도로 나타났다. 그리하여 재화의 수출 그리고 해운업이나 보험업과 같은 산업이 장려되었고(자국민이 이 산업을 영위하고 외국인이 지불을 하게 될 경우), 재화의 수입 그리고 외국인에게 해운과 보험의 대금을 지불하는 것은 억제되었다.

수출 총액을 늘리고 수입 총액을 줄이기 위해 고안된 정책 가운데서 가장 중요한 유형의 하나가 무역 독점체를 세우는 것이었다. 영국과 같은 경우 (후진 지역에서) 물건을 가장 싸게 사올 수 있는 방법은 단 한 명의 영국 상인이 외국인들과 흥정을 벌이는 것이다. 만약 여러 명의 영국 상인이 이 사업을 차지하려고 서로 경쟁을 벌인다면 가격만 올라가게 될 것이기 때문이다. 이와 마찬가지로, 영국 상인이 자신의 제품을 외국인들에게 판매할 때도 여러 명의 판매자가 서로 고객을 끌어가기 위해 경쟁을 벌이다가 가격을 내리는 일이 없도록 단 한 명의 판매자만이 있을 때 가장 높은 가격을 받을 수 있을 것이다.

영국 정부는 그러한 독점이 확립된 지역에서는 영국 상인이 서로 경쟁하는 것을 금지했다. 하지만 프랑스, 네덜란드, 스페인 상인을 배제하는 것은 훨씬 더 어려운 일이었다. 여러 나라 정부는 그러한 경쟁국 상인을 배제하기 위한 시도로 식민 속국을 수립하여 그 내에서의 무역의 독점을 본국에 보장하도록 했다. 식민 속국을 이용하여 값싼 원자재를 본국에 공급하고 그 대신 본국의 제조업이 만들어낸 값비싼 재화를 구매하게 할 수 있었다.

모든 서유럽 국가(네덜란드는 예외)는 독점체의 수립 외에도 수출과 수입의 영리 활동에 광범위한 규제를 가했다. 이러한 규제는 아마도 영국에서 가장 포괄적이었을 것이다. 영국에서는 외국인과의 경쟁에서 어려움을 겪는 수출업자에게 조세 환급을 해주었고 그것으로 충분치 않으면 보조금까지 주었다. 원자재가 영국에서 빠져나가는 것을 막기 위해 수출에 대해서는 관세를 물렸으며 그 대상이 되는 원자재의 목록 또한 무척 길었다. 이렇게 되니 영국의 상인-제조업자가 이 원자재에 대해 지불해야 하는 가격은 최소한으로 줄었다. 간혹 이 품목이 영국 제조업자에게 충분히 공급되지 못할 경우에는 국가가 나서서 수출을 완전히 금지했다. 영국 직물 공업이 바로 이러한 유형의 보호를 받았다. 18세기 초 영국의 수출 가운데 직물 공업이 차지하는 비중은 절반 정도였다. 영국인은 양, 양모, 털실, 소모사 등과 같은 직물 공업에 들어가는 원자재와 중간재의 수출을 금지했다.

수입을 억누르기 위한 조치는 광범위했다. 몇몇 상품의 수입은 아예 금지되었고, 다른 상품도 아주 높은 관세를 물게 되어 거의 무역 대상에서 배제되었다. 특히 수출 산업의 국내시장에 침투하려는 외국 경쟁자로부터 영국의 주요 수출 산업을 보호하는 것에 강조점을 두었다.

물론 이러한 규제는 일부 자본가에게는 이익이 되었지만 다른 자본가에게는 손해가 되었다. 충분히 예상할 수 있는 일이지만, 특수 이익 집단의 동맹이 이러한 규제를 유지할 뿐만 아니라 다른 방식으로 다른 영역까지 확장하기 위해서 항상 움직이고 있었다. 수출 무역에서나 수입 무역에서나 영국 함선(영국에서 만들어지고 영국인을 승무원으로 쓰는 배)의 사용을 장려하기 위해서 1651년과 1660년의 영국 항해법 English Navigation Acts과 같은 시도가 이루어졌다. 이러한 해외무역과 해운에 대한 모든 규제는 그 나라에서 나가는 돈의 흐름을 줄이고 들어오는 돈의 흐름을 늘리는 것을 목적으로 고안된 것이었다. 말할 것도 없이 이러한 조치 중 다수는 특수 이익 집단의 압력과 호소에서 비롯된 것이었다.

해외무역에 대한 이러한 규제에 더하여, 국내의 생산을 통제하기 위한 목적에서 나온 각종 규제와 제약도 복잡한 미로를 이루었다. 중요한 수출 산업에서 더 많은 산출을 내게 하기 위해 세금 면제, 보조금, 그 밖의 각종 특권이 주어졌으며, 그것 이외에도 국가는 생산 방법과 생산 제품의 질에 대해서 광범위한 규제를 시행했다. 프랑스에서는 루이 14세의 정부는 예전의 탈집중화된 길드의 통제를 법제화하고 중앙화하고 확장했다. 생산의 구체적 기법이 강제되었으며 광범위한 품질 관리의 조치가 법제화되었고, 파리의 중앙 정부가 임명한 감독관이 지역 수준에서도 이러한 법령을 강제하기 위하여 돌아다녔다. 이렇게 광범위하고도 세세한 규제를 확립했던 이가 저 루이 14세의 유명한 장관이자 경제 자문이었던 장 바티스트 콜베르 Jean-Baptiste Colbert였다. 예를 들어 직물 공업을 보자면, 옷감 한 조각의 폭 그리고 거기에 함유되어 있는 실의 정확한 가닥 숫자까지 정부에 의해 엄격하게 명시되어 있었다.

영국에서는 1563년 직인법Statute of Artificers이 통과되어 예전의 직인 길드의 기능을 국가로 효과적으로 이전시켰다. 이는 공업 노동자의 훈련, 고용 조건, 노동력을 여러 다른 유형의 직업들로 배분하는 일 등에 대한 중앙 통제로 이어졌다. 이 시대의 영국에서는 임금의 규제, 제품의 품질 관리, 그 밖의 다양한 국내 생산의 세부 사항에 대한 통제가 시도되었다.

중상주의 사상이 국력의 증대를 바라는 마음이 진정한 동기였는지, 아니면 자본가의 특수 이익을 증진시키기 위해 얄팍하게 치장된 것에 불과한 것인지는 분명하지 않다. 그 구별 자체가 그렇게 중요한 것은 아니다. 왜냐면 대부분의 중상주의자는 국익을 증진시키는 최상의 방법이 상인-자본가의 이윤을 증대시키는 정책을 장려하는 것이라고 생각했기 때문이다. 오히려 더욱 흥미로운 질문은 이 책에서 앞으로도 계속 반복되어 나타날 중요한 질문 하나에 대해 중상주의자가 어떤 관점을 가지고 있었는가이다. 그 질문은 이윤의 본성과 원천은 무엇인가이다. 다음 장에서 우리는 이 질문에 대한 중상주의자의 생각을 살펴볼 것이다.

주

1. 중세의 경제적, 사회적 시스템에 대한 좀 더 완벽한 논의를 위해서는 다음을 보라. J.H. Chapman and Eileen E. Powers, eds., *The Agrarian Life of the Middle Ages*, 2d ed., *The Cambridge Economic History of Europe*, vol.1 (London: Cambridge University Press, 1966).

2. Lynn White, Jr., *Medieval Technology and Social Change* (Oxford: Clarendon Press, 1962), pp. 71-72.

3. Harry A. Miskimin, *The Economy of Early Renaissance Europe, 1300-1460* (Englewood Cliffs, NJ: Prentice-Hall, 1969), p. 20.

4. 상업의 성장 이전에 봉건 지배계급 내부에서 갈등이 증가했던 구체적인 역사적 사례와 그로 인한 봉건제의 경제적, 사회적 악화에 대해서는 Jane K. Beitscher and E. K. Hunt, "Insights into the Dissolution of the Feudal Mode of Production", *Science and Society*, 40, no. 1 (1976): 57-71.

5. 무역과 상업의 발흥에 대한 좀 더 충분한 논의는 다음을 보라. Dudley Dillard, *Economic Development of the North Atlantic Community* (Englewood Cliffs, NJ: Prentice-Hall, 1967), pp. 3-178.

6. Maurice H. Dobb, *Studies in the Development of Capitalism* (London: Routledge and Kegan Paul, 1946), 특히 ch. 4.

7. 이 면제권에는 농노에게 부과된 노동 부역 의무를 화폐 지대로 대체하는 것이 포함된다.

8. N.S.B. Gras, *A History of Agriculture in Europe and America* (New York: Appleton, 1940), p. 108.

9. Dobb, *Studies in the Development of Capitalism*, ch. 6

2
애덤 스미스 이전의
경제사상

초기 중상주의 시기에는 대부분의 생산을 노동자가 수행했는데, 이 노동자는 아직 스스로의 생산수단을 소유하고 통제했다. 자본가는 주로 상인이었고, 그들의 자본이란 일반적으로 화폐와 팔아야 할 재화의 재고로 이루어졌다. 따라서 중상주의 시기에 저작을 남긴 경제사상가들이 이윤의 원천을 교환, 즉 판매와 구매 과정에서 찾았다는 것은 너무나 자연스러웠다. 물론 이러한 이윤은 잉여의 일부분을 구성하는 상품과 교환되었다. 하지만 이초기 시절에는 잉여에서 상인이 차지하는 몫은 생산과정을 통제하여 획득한 것이 아니었다. 봉건 영주가 여전히 생산을 지배하고 잉여를 수탈하는 것이 일반적이었다. 상인과 영주 사이에 이루어진 교환의 결과는 그 두 집단이 잉여를 나누어갖는 것이었다. 따라서 상인의 관점에서 보자면 이윤을 발생시키는 것은 교환이지 생산이 아니었다.

　　상업자본은 구매, 운송, 판매의 수단에 대한 소유권으로 이루어졌던 반면, 산업자본은 생산에 필수적인 수단에 대한 소유권으로 이루어졌다. 이기간 동안 산업자본은 여전히 중요하지도 두드러지지도 않았던 반면, 상업자본은 널리 퍼져 있었고 중요한 위치를 차지했다. 따라서 중상주의 경제

사상가들이 생산이 아닌 구매와 판매를 이윤의 원천이라고 보았던 것은 정신적 능력이나 이론적 능력이 부족해서 그런 것이 아니었다. 이들의 사상은 이들이 저작 활동을 하던 시대의 경제적 현실을 반영했을 뿐이다.

가치와 이윤에 대한 초기 중상주의 저작

상인이 자신의 상품을 판매한 가격이 그 상품을 사오는 데 지불한 가격과 그 상품을 취급, 저장, 운송, 판매한 비용 그리고 이러한 모든 비용 위에 덧붙는 잉여까지를 모두 포함할 만큼 충분히 높은 가격이라면 상업자본에 이윤이 붙게 된다. 이 잉여가 상인의 이윤이다. 따라서 상인의 이윤을 이해하려면 상품이 매매되는 가격을 결정하는 요소가 어떤 것인가를 이해하는 것이 핵심이다.

옛날의 중세 사상가들은 한 상품의 가격은 장인이 그것을 만드는 생산과정에 직접 들어간 비용을 보상하고, 그 장인이 지출한 노동에 대해 수익을 돌려줄 수 있을 만큼이 되어야 한다고 주장했다. 그리고 이때 그 장인의 수익은 전통의 관점에서 볼 때 그에게 적합하다 싶은 생활 방식을 유지할 수 있을 만큼이 되어야 한다는 것이다. 다른 말로 하자면, 가격을 결정하는 것은 생산의 비용이며, 여기에는 장인의 노동에 대한 적절한 보상까지가 포함되어야 한다는 것이다.[1]

초기 중상주의자들은 일반적으로 가격에 대한 이러한 생산비용 접근법을 포기하고, 그 대신 판매에 초점을 두어 교환가치를 분석하고자 했다. 그래서 중상주의 경제사상을 연구한 한 학자는 이렇게 결론을 내리기도 한다. 가치론을 다룬 가장 오래된 중상주의 저작들을 보면 비록 구체적 쟁점들로 가면 차이점이 아주 광범위하게 나타나지만, 최소한 다음 세 가지의 생각만큼은 그 저작들 전체를 관통한다는 것이다. 첫째, 상품의 '가치' 또는 '자연적 가치'는 그 상품이 실제 시장에서 거래되는 가격일 뿐이다. 둘째, 시장가치를 결정하는 것은 수요와 공급의 힘이다. 셋째, 중상주의 저술가들은 종종 '내적 가치intrinsic value', 즉 사용가치야말로 수요를 결정하는 가장 중요한 요인이며 따라서 시장가치를 결정하는 데서도 중요한 요인이라고 논하고 있다.[2]

가장 중요한 중상주의 사상가 중 한 사람인 니콜라스 바본Nicholas Barbon은 이 세 가지 논점을 그의 팸플릿 〈무역에 관한 논고A Discourse on Trade〉에서 다음과 같이 요약하고 있다.

1. 상품의 가격은 눈앞에서 팔리는 가치이다. … 시장은 가치에 대한 최고의 재판관이다. 왜냐면 상품의 판매 수량은 물론 상품의 필요를 가장 잘 알 수 있는 것은 구매자들과 판매자들의 집단이기 때문이다. 오래된 원칙인 "사물의 가치는 누군가 그것에 대해 지불하고자 하는 만큼이다Valet Quantum Vendi Potest"에 따라서, 사물의 가치는 정확하게 그것이 팔릴 수 있는 만큼이다.

2. 상품의 가격은 현재의 가치이며, 이는 상품의 쓸모와 필요를 계산하고 그 필요를 충족시키는 데 필요한 양을 계산함으로써 주어진다. … 상인이 재화를 구입한 순간에는 장차 재화를 얼마에 판매하게 될지를 알 수가 없다. 그 재화의 가치는 필요와 수량의 차이에 달려 있는 것이다. 그 차이야말로 상인들이 가장 알고 싶어 하는 것이지만, 이는 너무나 많은 상황에 달려 있는 것이기에 그것을 아는 것은 불가능하다. 그러므로 재화의 양이 많아서 가격이 낮아진다면 상인들은 그 재화를 팔지 않고 그냥 보관해둔다. 그리하여 시장에 나온 수량이 소진되고 가격이 다시 오르면 다시 판매에 나서는 식으로 행동한다.

3. 모든 상품의 가치는 그 상품의 쓸모에서 나온다. 쓸모없는 물건은 가치도 갖지 않는다. 이는 아무 가치도 없다는 말을 "아무짝에도 쓸모없다They are good for nothing"로 표현하는 영어의 관용구에도 잘 드러나 있다. 사물의 쓸모란 인간의 욕구와 필요를 채워주는 것이다. 인간이 타고나는 두 가지 종류의 보편적 욕구가 있으니, 육신의 욕구와 정신의 욕구가 그것이다. 이 두 가지 필요를 채우는 데 이 천지 간에 존재하는 모든 것들이 쓸모를 가지며 따라서 가치도 가진다. … 모든 상품의 가치는 쓸모에서 나오며, 상품이 비싼지 싼지는 그 상품이 풍부한지 희소한지에서 나온다.[3]

바본의 팸플릿은 사람들의 경제문제에 대한 태도가 급속히 변하기 시작하던 시기에 쓰였다. 방금 인용한 구절은 이윤을 주로 교환 행위에서 발생하는 것으로 보았던 초기 중상주의자들의 태도를 반영한 것이다. 이들이 보기에 이윤은 주로 두 가지 원천에서 나왔다. 첫째, (앞 장에서 설명했던) 16세기와 17세기의 인플레이션으로 인하여 상인들이 보유 중인 재고의 가치가 상당히 상승하는 것이 보편적이었다. 상인들이 상품을 구매하는 시점과 판매하는 시점 사이의 기간 동안 상품의 가격이 상승하며 이것이 뜻밖의 횡재를 낳았다. 둘째로 더욱 중요한 점은 한 나라의 여러 지역 또는 세계의 여러 부분에서 생산이 이루어지는 조건은 서로 다른 데다가 이 지역 사이에는 자원, 기술, 노동의 이동성도 거의 없었다는 점이다. 이로 인하여 다양한 지역과 나라에 따라 상품의 상대가격은 상당히 달랐다. 상인들은 어떤 상품을 비교적 가격이 싼 나라나 지역에서 구매한 뒤 비교적 가격이 비싼 나라나 지역에서 판매하고자 했다.

상황이 이러했으므로 당시 상인들이 어떤 상품의 가치를 그 상품의 생산조건이 아니라 시장가격으로 생각했던 것은 당연하다. 더욱이 이들이 시장가격이 크게 차이가 나는 것을 특정 상품을 구매하고자 하는 의향과 욕망의 차이에서 비롯되는 것으로 생각했던 것 또한 너무나 당연하다. 이들에게 공급이 변수로 등장하는 것은, 어떤 상품을 구매하려는 욕망의 수준이 주어져 있을 때는 그 상품의 공급이 많으냐 적으냐가 상품 가격의 등락을 결정한다는 것을 상인들이 감지하는 한에서였다. 대규모 상업 회사들이 국가가 창출하고 법으로 강제한 시장 독점권을 추구했던 것도 바로 그러한 이유에서였다.

상인들 사이에 경쟁이 벌어지게 되면 이는 필연적으로 상대가격의 차이를 줄였고 따라서 그들의 이윤 또한 줄어들었다. 만약 어떤 상품이 어떤 지역에서 아주 높은 값을 받고 있다면, 어떤 상인이 이 상품을 싼 값에 구입하여 이 지역으로 가져올 경우 더 큰 이윤을 얻을 수 있게 된다. 하지만 이렇게 더 큰 이윤이 나게 되면 다른 상인들도 똑같은 상품을 그 지역에서 팔겠다고 모여드는 사태를 피할 수가 없다. 그리고 더 많은 상인들이 오면 공급 또한 늘어나게 돼, 결국 가격이 떨어지고 이윤 또한 떨어질 것이다. 따라서 대규모 상업 회사들은 경쟁자들을 배제하고 자신들의 독점적 특권을 유지하기 위해 아주 세심하게 신경을 썼다.

초기 중상주의자들은 이렇게 상품의 공급에 영향을 줄 조건에 통제력을 행사하는 것이야말로 더 높은 이윤을 얻고 이를 영구적으로 확보하기 위한 으뜸가는 수단이라고 보았다. 하지만 이 초기 중상주의 시대에는 아직 오로지 이윤 그 자체를 위한 끝없는 이윤 추구를 용납하고 정당화하는 사회적 분위기가 나타나지 않았는데, 이러한 사회적 분위기는 나중에야 나타나게 되었다. 각국 정부는 자국 상인의 이윤을 장려하기 위한 정책을 추구하기는 했지만, 이 당시의 정부가 그렇게 했던 동기와 합리화 논리는 19세기 이후부터 오늘날까지의 자본주의 나라의 정부가 전형적으로 보여주는 동기 및 합리화 논리와는 전혀 다른 것이었다.

초기 중상주의 시기에는, 중세적 경제 질서를 지지하는 과거의 이데올로기와 중상주의적 정책을 옹호하는 이론적 논리 사이에 분명한 이데올로기적 연속성이 존재했다. 후자는 극단적인 부의 불평등을 정당화하는 기독교의 가부장적 윤리에 의존했다. 신이 부유하게 될 자들을 선별하여 그들에게 다수 대중들의 물질적 안녕을 돌보는 선량한 부의 관리자 역할을 맡겼다는 것이 그 전제였다.[4] 그리고 이러한 가부장주의를 현실화하는 기관은 다름 아닌 가톨릭교회였다. 자본주의가 발달함에 따라서 교회의 힘은 약해졌고 그 대신 막 떠오르고 있던 국민국가의 정부가 점점 더 강력해지고 있었다. 초기 중상주의 경제사상가들은 공공의 안녕을 돌보아야 할 기관으로서 점차 중세적 교회 대신 국가를 그 자리에 놓았다.

영국은 헨리 8세의 통치 기간에 로마가톨릭교회와 단절했다. 이 사건은 중세 교회의 기능이 (최소한 영국 내에서) 확고하게 세속화된 계기라는 점에서 중요한 의미를 가지고 있다. 헨리 8세의 치하에서는 "옛날 보편적 교회가 맡았던 기능과 역할을 이제는 신의 왕국이라는 형태를 띤 국가가 떠맡았다. 비록 방식은 거친 것이었지만, 헨리 8세가 했던 일은 바로 현세의 여러 과정을 성스러운 것으로서 정당화하는 작업이었다".[5] 헨리 8세뿐만 아니라 엘리자베스 1세, 제임스 1세, 찰스 1세(1558~1649)의 통치 시기에 광범위한 사회적 불안이 존재했다. 이러한 불안의 원인은 빈곤이었으며, 빈곤의 주요 원인은 실업이었으며, 실업의 주요 원인은 인클로저 운동이었다.

하지만 또 하나의 요인은 16세기 후반의 모직물 수출의 감소였는데, 이로 인해 영국의 가장 중요한 제조업에서 대량 실업이 발생했다. 또 뒷날에 나타날 경기순환 주기의 침체 국면과 비슷한 상업공황 또한 종종 일어났다(하지만 뒷날의 경기순환처럼 규칙성을 가지고 일어나지는 않았다). 이러한 요인들에 더하여 계절적 실업도 많은 노동자들을 1년에 무려 4개월이나 실업 상태로 몰아넣었다.

이렇게 도처에 만연한 실업과 빈곤 속에서 사람들은 더 이상 가톨릭교회에 구호를 기대할 수 없었다. 교회의 권력이 파괴당하면서 조직적인 자선 시스템은 사라졌다. 이제는 사회 전체의 보편적 안녕에 대한 책임을 국가가 떠맡지 않을 수 없었다. 이 과제를 수행하기 위하여 "영국의 지도자들은 생산과 판매의 표준을 세세하게 확립함으로써 산업을… 재조직하고 합리화하기 위한 보편적이고도 잘 조정된 프로그램에 착수했다".[6] 이러한 모든 조치들은 영국의 교역을 자극하고 실업 문제를 덜어낸다는 목적에 맞춰 고안되었다.

중상주의 경제사상가들이 옹호하는 대부분의 정책 조치를 통일적으로 관통하는 주제는 사실상 완전고용을 달성하려는 욕망인 것으로 보인다. 중상주의자들은 국내 교역보다는 해외무역을 자극하기 위한 조치를 더욱 선호했다. "왜냐면 그들은 일자리 창출, 국부 창출, 국력 신장 등에서 해외무역 쪽이 기여가 더 크다고 생각했기 때문이다. 1600년 이후의 저술가들은 수출이 수입을 초과할 경우 가격 상승의 효과가 나타난다는 점, 그리고 가격 상승의 결과로서 고용 증대가 이루어진다는 점 등을 강조했다".[7]

이 시대에 산업을 장려하기 위해 취해진 다른 조치로는 독점의 특허권 부여를 들 수 있다. 최초의 중요한 특허권은 엘리자베스 1세의 치하인 1561년에 부여되었다. 독점권은 발명을 장려하고 새로운 산업을 수립한다는 목적에서 주어졌다. 충분히 예상할 수 있는 일이지만, 이러한 권리는 극도로 남용되었다. 게다가 이러한 권리는 복잡한 특권 시스템과 비호와 숱한 해악을 낳았다. 19세기 말 미국의 개혁가들도 이런 식의 특권 남용에 대해 격노한 바 있지만, 대부분의 중상주의적 저술가들 또한 당대에 만연했던 특권 남용에 대해 격노했다. 독점의 폐해는 마침내 1624년의 독점법 Statute of Monopolies을 낳았다. 이 법은 진짜로 새로운 것을 발명한 것이나 국제수지를 흑자로 만드는 데 도움이 될 것을 제외한 모든 독점을 불법으로 규정했다. 하지만 이 법 또한 구멍이 숭숭 뚫려 있어서 군주들의 독점권 남용은 거의 견제를 받지 않은 채 계속되었다.

1563년의 직인법은 고용조건과 도제의 견습 기간을 구체적으로 적시하고, 정기적인 임금 평가를 제공하며, 노동자에게 지불 가능한 최고 임금률을 확립했다. 이 법이 중요한 이유는 왕정이 가부장적 온정주의의 윤리를 표방했다고 해서 이것이 노동계급의 지위를 상승시키는 노력으로 이어진 것은 전혀 아니라는 점을 잘 보여주기 때문이다. 이 기간의 군주들은 노동계급을 보호할 의무가 있다고 느꼈지만, 중세의 전임자들과 마찬가지로 노동계급은 있어야 할 자리에 있어야 한다고 생각했다. 이 최고 임금률은 자본가를 보호하기 위해 고안되었으며, 게다가 이 최고치를 정하고 이 법령을 강제하는 판사들은 고용주계급에 속했다. 이러한 최고 임금제로 인해 노동자의 실질임금은 삭감되었을 가능성이 크다. 왜냐면 이 법령이 제정된 이후의 기간에 물가는 임금보다 일반적으로 빠르게 상승했기 때문이다.

1531년과 1536년에 통과된 구빈법Poor Laws은 당시 영국에 만연한 실업, 빈곤, 비참의 문제를 다루기 위한 노력이었다. 1531년의 법은 '자격 있는' 빈민과 '자격 없는' 빈민을 구별하고자 했다. 오로지 전자에게만 구걸이 허용되었다. 1536년의 법은 영국 전역의 모든 교구敎區, parish는 자기 구역에 사는 빈민을 책임져야 하며, 자발적인 기부를 통하여 구빈 기금을 운영해야 한다고 정했다. 이 구빈 기금은 전혀 충분하지 않다는 것이 입증되었고, 구호를 받아야 할 극빈자 문제는 갈수록 더욱 심각해졌다.

마침내 1572년이 되자 국가는 조세를 통해 조성한 기금으로 빈민을 부양해야 한다는 원칙을 받아들였으며, 강제성을 띤 '구빈세poor rate'를 법제화했다. 1576년에는 '교정불능의 부랑자incorrigible vagrants'를 위한 '교화소houses of correction'의 설립이 인가되었고, 교구는 고분고분한 구호 대상 극빈자와 부랑자에게 일을 시키기 위해 원자재를 구입하라는 조항이 만들어졌다. 이때 이후부터 16세기가 끝날 때까지 몇 개의 구빈 관련 법령이 통과되었다.

1601년의 구빈법은 이러한 기존의 법들을 하나의 일관된 틀로 통합하려는 튜더 왕가의 시도였다. 그 주요 조항에는 빈민이 구호를 받을 권리에 대한 공식적인 인정, 교구 수준에서 구빈세를 부과하도록 강제할 것, 다양한 계급의 빈민들을 차별적으로 다루기 위한 조항 등이 포함되었다. 나이 든 이들과 병든 이들은 집에서 도움을 받을 수 있었고, 구호 대상 극빈자의 아이들 중 직업 교육에 도제로 들어가기에는 너무 어린 아이들은 이집 저집을 돌며 기숙 생활을 하도록 했으며, 자격이 있다고 판정된 빈민과 실업자는 1576년의 법령에서 규정한 대로 일자리를 받았고, 교정이 불가능한 부랑자는 교화소와 감옥으로 보냈다.[8]

이러한 논의로부터 다음과 같이 결론을 내릴 수 있다. 영국 중상주의의 기간의 중요한 특징은, 기독교적인 가부장적 윤리의 정신에 입각하여 "국가가 전체의 보편적 안녕에 대한 책임을 받아들이고 이를 이행함으로써 사회에 복무할 의무가 있다"[9]는 사상을 받아들였다는 것이다. 이 기간 동안 다양한 법령들이 통과되었는데, 이 법령들은 "빈곤이란 개인적 죄악이 아니라 경제 시스템의 한 기능이라는 생각에 기초하고 있었다".[10] 이러한 법령들은 경제 시스템의 결함으로 희생자가 된 이를 그 시스템에서 혜택을 본 이들이 돌보아야 한다고 인정하고 있다.

후기 중상주의 저작과 개인주의 철학

하지만 자본주의가 발전하면서 두 가지 경제적 발전이 나타났고, 이로 인해 중상주의적 세계관은 점차 이 새로운 시스템의 필요와 당시의 중요한 자본가들 대부분의 필요를 만족스럽게 충족시킬 수 없게 되었다. 첫째, 대규모 무역 회사들이 독점권을 유지하려고 애를 썼지만 상업의 확산과 경쟁의 증가(특히 국민국가 내부에서)로 인하여 지역 간, 국가 간 가격 차이의 상대적 크기는 계속해서 줄어들었다. 이에 따라 단지 이러한 지역 간 가격 차이를 이용하여 벌어들일 수 있는 이윤의 크기도 줄어들었다.

두 번째 변화는 첫 번째 변화와 밀접하게 연결된 것이었다. 가격 격차만으로 이윤을 얻을 수 있는 가능성이 줄어들면서 생산과정과 판매과정에 대한 자본가의 통제가 통합되었다. 이러한 통합에는 두 개의 원천이 있었다. 처음에는 상인들이 (앞 장에서 논의한) 선대제를 창출하여 생산에 대한 지배력을 키우고자 했다. 하지만 조금 지나자 새로운 그리고 궁극적으로 훨씬 더 혁명적인 발전이 나타났다. 이미 16세기부터 수공업 길드는 길드의 장인master의 지위와 소득을 보호하려는 목적에서 마련된 상대적으로 폐쇄적인 시스템이 되었고, 그 때문에 장인이 될 수 있는 도제apprentice와 직인journeyman의 숫자를 제한했다. 시간이 지나면서 많은 길드에서 장인은 단순히 도제 및 직인과 나란히 일하는 노동자가 아니라 생산과정 전체를 조직하고 통제하는 이로 변했다. 장인은 고용주 또는 자본가가 되었으며 직인은 이제 장인이 될 전망이 거의 또는 전혀 없이 그저 고용된 노동자에 불과한 존재가 되었다.

17세기 초가 되면 이러한 생산자-자본가는 상업의 영역으로 이동하기 시작한다. 이들은 곧 영국의 경제생활에서 주요 세력을 형성한다. 저명한 경제사가인 모리스 돕은 이 세력이야말로 "영국의 사회경제적 체제에서 무게중심의 중대한 이동"을 이루는 것이라고 생각했다.[11] 이렇게 새로이 자본가계급의 대열에 합류한 무리들의 이해관계는 출발부터 옛날의 상인-자본가의 이해관계와 상충하는 때가 잦았다.

이렇게 광범위한 경제적 변화로 인해 두 가지 아주 중요한 변화가 경제사상에 생겨났다. 첫째, 국가와 국가의 규제에 대해 가부장적 온정주의의 시각으로 바라보는 지난날의 관점을 거부하는 철학자, 경제학자, 여타 사상가가 큰 무리를 이루며 나타났다. 둘째, 그전에는 가격과 이윤이 무엇보다도 수요와 공급의 힘에 의해, 특히 효용에 의해 결정된다는 관점이 지배적이었지만, 이제는 가격이란 생산의 조건으로 결정되는 것이며 이윤이란 생산과정에서 비롯되는 것이라는 관점으로 전환이 이루어진다. 이러한 두 가지 변화를 차례로 고찰해보자.

17세기 말이 되면 점차 더 많은 숫자의 자본가들, 특히 수공업 길드에 뿌리를 둔 자본가들은 중상주의적인 제약과 규제의 미궁 속에 갇히면서 이윤 추구에 중대한 장벽을 만났다. 이러한 제약과 규제는 본래부터 대규모 무역회사들에 혜택을 주게 되어 있었으므로, 이 새로운 자본가들은 그러한 구속에서 벗어나기를 원했다. 또 이들은 탐욕, 소유욕, 부를 축적하려는 욕망 등을 저주했던 지난날의 기독교식 가부장주의의 중상주의적 잔재를 싫어했다. 자본주의적 시장경제는 이제 생산과 상업의 가장 중요한 영역으로까지 급속하게 확장되고 있었는데, 이는 이기적이고 소유욕이 강한 인간들이 성공적으로 기능할 것을 요구했다. 이러한 맥락에서 인간 행동에 대한 새로운 이론들이 출현하기 시작했다. 저술가들은 이기심과 자기중심주의야말로 인간 행동의 으뜸가는(유일한 것은 아닐지라도) 동기라고 주장하기 시작했다.

이 당시의 중요한 사상가들의 저작을 보면 인간 행동에 대한 이런 식의 해석이 표출되는 것을 볼 수 있다. 많은 철학자들과 사회 이론가들이 모든 인간 행동은 자기 보존과 연결되며 따라서 가장 근본적인 의미에서 자기중심적이라고 단언하기 시작했다. 영국의 귀족인 로버트 필머 경Sir Robert Filmer은 수많은 이들이 "인간의 자연적 자유"를 논하는 것을 보고 심한 충격을 받는다. 이는 "새롭고 그럴듯하면서도 위험한 견해"로서 무정부주의의 성향을 내포하는 것으로 보였기 때문이다.[12] 1651년에 출간된 토머스 홉스의 《리바이어던》은 당시 널리 유포되었던 견해를 명료하고 날카롭게 제시했다. 인간 유기체의 '생명 활동vital motion'을 증진시키는 것이라면 모조리 다 취하고자 하는 욕망에서 인간의 모든 행동 동기는 생겨난다는 것이었다. 홉스는 인간의 모든 행동 동기는 자기 이익이 이리저리 분장하여 여러 모습을 취하는 형태일 뿐이라고 생각했으며, 심지어 자비심 또한 그 한 형태라고 생각했다. "다른 이의 불행에 대한 슬픔을 동정심이라고 하는데, 이는 그와 같은 불행이 자기 자신에게 닥쳤을 경우를 상상하는 데서 생겨나는 것이며, 따라서 … 자비심compassion•이라 부르고, … 동료적 감정이라고 부르는 것이다."¹³

이 시대에 상업과 제조업에 대한 광범위한 제약과 규제 때문에 혜택을 보는 소수의 특수 이익집단을 제외한 대부분의 자본가들은 국가의 규제 때문에 자신들의 이윤 추구가 제약당한다고 느꼈다. 개인주의와 이기주의의 가르침은 이들에게 열광적인 지지를 얻어 경제적 사유를 지배하기 시작했고, 심지어 중상주의자들 중에서도 지지자들이 나오기 시작했다. 아주 조심스러운 한 역사가는 이렇게 확고히 단언한다. "대부분의 중상주의적 … 정책은 개인들의 행동을 자기 이익이 지배한다는 전제 위에 서 있었다."¹⁴

중상주의 저술가들의 대다수는 자본가였거나 특권적 지위를 누리는 피고용인이었기에 이들이 자본가의 행동 동기를 보편적인 인간 행동 동기로 인식한 것은 아주 자연스러웠다. 고전적 자유주의의 기초가 된 개인주의 철학은 인간 본성에 대한 자본가의 관점 그리고 광범위한 경제적 제약에서 풀려나고자 했던 그들의 필요에서 나온 것이었다. 이들은 유럽이 봉건 사회에서 물려받았던, 질서가 잘 잡힌 가부장적 관점에 저항했다. 이들의 "관점은

• 이 말은 어원상 '함께 아파한다'는 뜻이다.

개성적 인격을 가진 인간은 독립적이고 스스로의 방향을 설정할 수 있으며 자율적이며 자유로워야 한다는 것이다. 다시 말해서, 사회라는 덩어리 속에 파묻히는 존재가 아니라 그것으로부터 확연히 구별될 수 있는 독자적인 단위로서의 개인으로 정립되어야 한다는 것이다".[15]

프로테스탄트주의와 개인주의 윤리

이러한 개인주의적 중간계급 철학 가운데 가장 중요한 예의 하나가 종교 개혁에서 출현한 프로테스탄트 신학이었다. 이 새로운 중간계급 자본가들은 제조업과 상업을 짓누르던 경제적 제약뿐만 아니라 가톨릭교회가 자신들의 활동과 행동 동기에 대해 쌓아놓은 도덕적 비난에서도 자유로워지기를 원했다. 프로테스탄트주의는 이들을 종교적 저주에서 해방시켰을 뿐만 아니라 종국에는 중세 교회가 그토록 경멸했던 이기적, 자기중심적, 소유욕이 강한 행동 동기를 미덕으로 바꾸어놓았다.[16]

프로테스탄트 운동을 처음 시작한 주요 개혁가들은 고리대나 공정 가격 등의 문제에서 가톨릭의 태도와 상당히 가까웠다. 대부분의 사회문제에 대한 이들의 태도는 대단히 보수적이었다. 1524년의 독일 농민 반란 당시 루터는 〈살인을 저지르는 농민 무리에 반대한다Against the Murdering Hordes of Peasants〉라는 독기 서린 팸플릿에서 군주들은 "이 자들을 때려눕히고 목을 조르고 칼로 쑤셔야 한다. … 군주들이 기도가 아니라 피바람을 통해서 천국에 들어갈 자격을 얻는 멋진 시대가 온 것이다"라고 썼다. 결국 십만 이상의 농민들이 학살을 당했는데, 당시의 전반적인 분위기는 이것이 종교적으로 올바르다는 것이었다. 루터의 충고 또한 이러한 분위기에 큰 기여를 했다.

이렇게 프로테스탄트주의의 창시자들은 보수주의를 간직한 이들이었지만 이들의 종교적인 세계관은 당시의 새로운 개인주의 철학이 영향력을 확대하는 데 기여했다. 프로테스탄트주의는 나중에 가면 중간계급의 영리 활동을 인정하는 종교적 태도의 기초를 놓는데, 그 기본 교리는 인간은 공덕이 아니라 신앙을 통하여 신 앞에서 의인義人이 될 수 있다는 것이었다. 가톨릭교회는 의인이 될 수 있는 것은 **공덕**—이는 일반적으로 종교적 의식과 의례를 말한다—을 통해서라고 가르쳤다. 가톨릭의 관점에서 보자면 어떤 인간도 자기 스스로의 행실만 내세워 의인이 될 수 있는 게 아니었다. "공덕을 쌓아 의인이 된다는 것이 개인이 스스로를 구원할 수 있다는 의미는 아니다. 이는 그가 교회를 통하여 구원을 얻을 수 있다는 뜻이다. 이 때문에 성직자들의 권력이 나왔다. 인구 전체에 죄의 고백과 속죄를 강제하고 … 여기에다가 면죄를 철회할 수도 있어서 성직자들은 실로 공포스러운 권력을 가졌다."[17] 또한 이러한 권력 때문에 가톨릭교회는 중세적 교리를 쉽게 버릴 수도 없고 또 개인은 여전히 (교회로 대표되는) 사회에 종속되어 있는 상황이 형성되었다.

프로테스탄트의 교리는 공덕이 아닌 신앙만으로 의인이 될 수 있다는 것이었고, 특정한 행실이나 의례보다 행동의 동기가 더욱 중요하다고 주장했다. 신앙이란 "다름 아닌 마음의 진실성"[18]인 것이다. 각자는 자신의 행동이 정말로 순수한 마음과 신에 대한 믿음에서 우러나온 것인지를 알기 위해 자신을 돌아보아야 하며, 스스로 판단해야 한다. 이렇게 각자의 개인적 양심에 의존해야 한다는 개인주의적 교리는 새로운 중간계급 장인들과 소상인들에게 큰 호소력을 가졌다.

16세기와 17세기의 제네바, 암스테르담, 런던 등의 사업가들이 자신들의 마음 속 깊은 곳을 응시했을 때 그들은 신께서 그곳에 사적 소유의 원리에 대한 깊은 경외심을 심어놓으셨다는 것을 알게 되었다. … 이들은 영리 추구라는 자신들의 경제적 관행이 비록 옛날 교회의 전통적 규범과는 상충하지만 신께서 보시기에 탐탁치 못한 것은 아니라고 진짜로 아주 강하게 느꼈다. 오히려 그 반대다. 영리 추구는 신을 영광스럽게 하는 일이었다.[19]

이렇게 신의 뜻을 개인이 스스로 알아서 해석해야 한다는 주장을 통해서 "청교도들은 [새로운] 경제적 과정을 영적인 과정으로 만들고자" 하였고, 결국에 가서는 "신께서 시장과 교환을 제도로 만드셨다"[20]고 믿게 되었다. 물론 프로테스탄트들은 자신들의 신앙을 만인이 받아들일 것을 기대하면서 상세한 교리 해설을 내놓게 되었다. 하지만 이들이 내놓은 새 교리는 중세 교회의 교리와는 근본적으로 달랐다. 새 교리는 각자가 현세에서 얻은 직업을 제대로 수행하는 것이 신을 즐겁게 하는 최상의 방법으로서 반드시 필요하다는 것, 그리고 근면한 생활과 땀 흘려 일할 것을 강조했다.

예전 기독교의 부자들에 대한 불신은 이제 과도한 사치나 불필요한 부의 낭비에 대한 비난으로 바뀌었다. 이리하여 프로테스탄트 윤리는 금욕주의와 검소한 생활의 중요성을 강조했다. 종교와 자본주의의 연관을 연구했던 한 신학자는 그 관계를 이렇게 요약했다.

자신의 직업으로 주어진 일을 쉬지 않고 체계적이고 효율적으로 해나가는 것이야말로 구원의 확신을 얻고 신을 영광되게 하는 가장 가까운 방법이라고 종교적 가치가 부여되었는데, 이는 경제를 확장시키는 데 있어서 대단히 강력한 촉매제로 작용했다. 한편으로는 소비에 대해서 엄격한 제한을 두었으며, 다른 한편으로는 체계적인 방식을 동원하여 생산을 강화했으므로, 여기에서 나올 결과란 다른 것이 될 수 없다. 그 결과는 자본의 축적이었다.[21]

비록 칼뱅도 루터도 새로운 중간계급 자본가를 대변하지는 않았지만, 자본가는 이 새로운 종교적 개인주의의 맥락 속에서 하나의 종교를 찾아냈고, 시간이 지나면서 이 종교에서는 "이윤이라는 것이 신께서 뜻하신 바로서, 신께서 호의를 가진 증표로서, 그리고 각자의 소명에 있어서 성공의 증거로서 여겨지게 되었다".[22]

개인주의의 경제정책

중상주의 시대 전반을 통틀어 이 새로운 개인주의에 힘입어, 경제문제를 국가 의지에 종속시키는 것에 대한 수많은 항의가 나타났다. 17세기 중반부터 거의 모든 중상주의 저술가들은 국가가 국내 경제에서 독점권을 부여한다든가 여타 형태의 보호와 정실주의를 행하는 것을 비난했다(국제적 상업에 대해서는 정반대로 이러한 관행을 적극 옹호했다). 구매자와 구매자, 판매자와 판매자, 또 구매자와 판매자가 모두 서로를 적으로 삼는 경쟁 시장에서는 가격이 자유롭게 오르내리면서 제대로 된(즉 시장을 균형 상태에 이르게 하는) 수준을 찾아가도록 할 때 사회의 편익이 극대화된다는 것이 많은 이들의 생각이었다. 초기의 중요한 중상주의 저술가인 존 헤일스John Hales는 이렇게 주장했다. 농업 생산성을 개선하는 최고의 방법은 농부들이 자유로이

더 많은 이윤을 얻도록 장려하고, 판매에 대해서도 인간의 다른 활동과 똑같이 팔고 싶다면 언제든 어느 곳에서든 팔 수 있는 자유를 허락하는 것이다. 하지만 이렇게 되면 곡물의 가격은 상승할 것이며, 특히 장기적으로는 몰라도 최초에는 더욱 그렇게 될 것이다. 하지만 이렇게 가격이 오

르게 되면 모든 이들이 저마다 땅을 갈려고 쟁기를 들게 될 것이며, 버려진 땅도 개간하려고 들 것이며 목축의 용도로 울타리를 친 땅도 농업 용지로 전환하려 들 것이다. 왜냐면 모든 이들이 더 많은 이윤과 이득을 기대하는 방향을 기쁘게 따르게 마련이며, 따라서 곡물은 더욱 풍족하게 될 것임에 틀림이 없다. 또 이 덕분에 더 많은 재화가 우리 왕국으로 들어오게 될 수밖에 없다. 게다가 무수히 많은 다른 양식들도 우리나라에 더 풍족하게 될 것이다.[23]

한 나라 내부에서 생산과 교역에 제약을 둘 경우 이것이 모든 사람들의 이익에 해롭다는 이러한 생각은 17세기와 18세기 초가 되면 점차 더 광범위하게 확산된다. 맬린스Malynes, 페티Petty, 노스North, 로Law, 차일드Child 등과 같은 저술가들의 저작을 보면 이러한 관점을 피력하는 언명을 무수히 만난다.[24] 이러한 저술가들 중에서도 아마 더들리 노스 경Sir Dudley North(1641~1691)이야말로 이후에 고전적 자유주의의 기초가 될 개인주의 윤리를 최초로 명쾌하게 언명한 대변인이었을 것이다. 노스는 모든 인간의 으뜸가는 동기 부여는 자기 이익이며, 공공의 안녕과 부를 극대화하기 위해서는 자유로운 시장에서 서로 경쟁하도록 내버려두어야 한다고 생각했다. 상인들이나 자본가들이 생산이나 상업을 규제하는 특별한 법을 옹호할 때는 항상 "자신들의 직접적인 이익을 법안의 좋고 나쁨을 판별하는 보편적 잣대로 삼는 것이 보통이다. 그리고 자신의 업종에서 조금이라도 이득을 볼 수 있다면 다른 이들이 얼마나 고통을 받는지는 전혀 신경 쓰지 않는 이들이 다수이다. 그리고 모든 이들은 자기의 이윤을 위해 다른 모든 이들을 고분고분 말을 듣게 만들려고 기를 쓰지만, 마치 이것이 공적인 이익을 위한 것인 양 치장하려 든다".[25] 따라서 특권을 부여해 생산과 상업에 제약을 가하는 법률을 완전히 제거할 때 공공의 안녕과 부는 가장 크게 증진될 것이라고 노스는 생각했다.

1714년 버나드 맨더빌Bernard Mandeville은 《꿀벌의 우화: 개인의 악덕이 공공에게는 혜택이 된다 The Fable of the Bees: or Private Vices, Publick Benefits》라는 책을 출간한다. 여기서 그는 낡은 도덕률로 보자면 가장 경멸받아 마땅한 악덕들이 만약 모두가 그것을 행동으로 옮긴다면 최대의 공공선을 가져다줄 것이라는 이상한 모습의 역설을 제시한다. 이기심, 탐욕, 소유욕이 강한 행동 등은 모두 근면을 장려하는 경향이 있으며 따라서 경제를 번성시키게 된다고 그는 주장했다. 물론 이 역설에 대한 대답은, 중세의 도덕주의자들에게는 영락없는 악덕이었던 것들이 사실은 새로운 자본주의 시스템을 추동하는 원동력이었다는 것이다. 그리고 자본주의 시대에 나타난 이 새로운 종교적, 도덕적, 경제적 철학의 관점에서 보자면, 그러한 동기는 이제 더 이상 악덕이 아니다.

중상주의 시대 전체에 걸쳐 많은 자본가들은 이윤 추구에 대한 모든 제약에서 스스로를 해방시키려고 투쟁했다. 그러한 제약으로 인해 이득을 본 것은 비교적 소수의 오래된 기득권 집단인 독점적 상업 회사뿐이었다. 이 제약을 낳은 것은 가부장적 온정주의에 기초한 법률들이었는데, 이것들은 중세 기독교의 가부장적 온정주의 윤리의 잔재였다. 이런 윤리는 전통적인 인격적 유대 관계에 기초하여 작동하는 것인 만큼 엄격히 사람들 간의 계약적 의무에 기초하여 기능하는 이 새로운 경제 시스템과는 전혀 양립할 수가 없었다. 수많은 새로운 상인들과 자본가들은 낡은 상업적 독점체의 특권적 지위를 잠식했고, 자유롭고 방해받지 않는 이윤 추구를 도와주는 사회정치적 시스템을 창출하고자 애썼다. 시장에서의 각종 모험사업에 큰돈을 투자한 상인들과 자본가들로서는 자신들의 투자를 보호하는 장치로서 관습의 힘에 의존할 수는 없었다. 또한 초기 중상주의 시대에 전형적이었던 정부의 수많은 제약의 미궁에 갇힌 채로 이윤을 효과적으로 추구하는 것도 불가능한 일이었다.

이윤 추구는 오로지 사유 재산권의 보호 그리고 개인들 간의 몰인격적 계약 준수가 법적으로 강제되는 것에 기초한 사회 안에서만 효과적으로 이루어질 수 있었다. 그러한 제도적 틀 내에서 자본가들이 자신들의 이윤 추구 활동을 자유롭게 전개하는 것이 허용되어야 한다는 것이었다. 17세기와 18세기에 튼튼하게 뿌리를 내린 이 새로운 이데올로기는 이윤 추구라는 동기와 그에 적합한 개인들 간의 관계를 정당화했다. 이와 동시에 경제사상가들이 가격 그리고 이윤의 본성과 원천을 설명하는 방식에서도 마찬가지로 중대한 변화가 나타나고 있었다.

가격과 이윤에 대한 고전파 이론의 시작

생산과 상업이 통합되자 단순히 여러 곳의 가격 차이를 이용하는 것만으로는 점점 이윤을 내기가 어려워졌다. 그러자 가격과 이윤의 이해에서도 새로운 접근이 시작되었다. 이 시대를 연구한 한 대표적 학자는 이렇게 말한다. "17세기가 되자 특히 영국에서는 그 이전 세대의 낡은 이론, 즉 가치에 대한 생산자 비용 이론이 소생하는 조짐이 역력히 보이기 시작했다. 사람들은 생산에 들어가는 여러 비용을 점점 더 많이 강조하기 시작했으며, 특히 제조업에서의 비용을 강조하기 시작했다."[26]

'자유로운' 노동력, 즉 생산수단에 대해 어떤 통제력도 갖지 못하고 스스로의 노동력(즉 노동할 수 있는 능력)을 판매하지 않으면 생존할 수 없는 생산자들이 상당한 규모로 창출되었다. 그러자 이러한 종류의 생산자들을 어떻게 통제할 것인가가 이윤 창출의 열쇠라는 사실이 점차 명확해졌다. 이러한 관점을 전형적으로 보여주는 것이 대니얼 디포Daniel Defoe가 그의 저서

《교역의 일반사 *A General History of Trade*》(1713)에서 말했던 다음과 같은 언명이다. "부를 가져다주는 것 그리고 교역을 통하여 한 나라가 더 큰 이윤을 거둘 수 있게 해주는 것은 오로지 인민들의 노동과 근면뿐이다."[27] 이러한 관점을 피력한 구절들은 많이 찾을 수 있다. 그중 하나로 윌리엄 페티 William Petty의 《영국의 언어 *Britannia Language*》(1680)에 나오는 다음 구절을 보라. "충분한 양의 보화를 얻을 수 있는 방법은 오로지 인민들의 근면뿐이다. 따라서 인민들이야말로 가장 기초를 이루면서도 가장 값지고 으뜸가는 상품으로서, 모든 종류의 물품 제조, 항해, 부, 정복, 확고한 통치 등은 여기에서 나온다."[28]

자본주의적 공업은 노동 분업을 심화시킴으로써 노동생산성을 실질적으로 증가시키는 효력을 발휘하기 시작했다. 그러한 노동 분업에서는 상이한 노동자들이 오직 한 가지 또는 몇 가지의 작업에만 전념한다. 18세기의 경제사상가들은 이렇게 하여 늘어난 생산성을 놓고 중요한 두 가지 원칙이 작동하고 있다는 사실을 보기 시작했다. 첫째, 자연 자원은 오로지 노동을 투하하여 사용가치를 가진 생산물로 변형시킨 뒤에야 비로소 교환가치를 가진 상품이 된다는 사실이었다. 둘째, 전문화와 노동 분업이 증가하게 되자 상품의 교환이라는 것을 사실상 상품에 체현되어 있는 상이한 전문화된 노동의 교환이라고 볼 수 있다는 점이 명확해졌다. 이는 버나드 맨더빌의 다음과 같은 말에서 가장 명확하게 인식되고 있다.

신의 섭리가 만들어놓은 질서로, 한 나라 안의 다른 지역들에는 가장 적합한 생산의 종류가 따로 있게 마련이다. 사람들 사이에도 똑같은 신의 섭리가 있다. 사람들은 저마다 다양한 기술과 제조업에 적합한 다른 재주를 가지고 있다. 따라서 상업, 즉 한 상품을 다른 상품과 교환한다는 것은 인류에게 대단히 편리하고 또 많은 혜택을 가져다준다. … 교환을 촉진하기 위해서 인간들은 '화폐'를 발명했다. 이를 **교환의 매개물**이라고 부르는 것은 적절하다. 왜냐하면 이를 수단으로 삼아서 노동과 노동이, 즉 한 상품이 다른 상품과 교환되고 있기 때문이다. … 일반적으로 교역이란 노동을 노동과 교환하는 것일 뿐이며, 모든 사물의 가치는 노동으로 측정하는 것이 가장 올바르다.[29]

고전파 경제학자들의 노동가치론이 가장 명확하게 제시된 것은 1738년에 익명으로 출간된 팸플릿 〈화폐 일반의 이자에 대한 몇 가지 고찰Some Thoughts on the Interest of Money in General〉에 나오는 다음의 결론이다.

상품이 서로 교환될 때 갖는 가치는 그 상품을 생산할 때 반드시 필요한, 일반적으로 투하되는 노동의 양이 규제한다. 이 상품이 판매될 때는 공통의 매개물에 비교되어 가치 또는 가격을 갖는데, 이는 생산에 사용된 노동의 양에 따라 그리고 그 매개물, 즉 공통의 척도가 얼마나 흔한가에 따라 결정된다.[30]

이러한 관점에서 보자면, 다음과 같은 결론은 명백하다. 만약 노동이 일반적으로 가격을 결정하는 가장 중요한 요소라면 노동은 또한 이윤의 원천일 수밖에 없다. 왜냐하면 이윤은 구매와 판매 과정에서 만들어지기 때문이다. 생산과정을 통제해 이윤을 얻었다면, 이는 곧 생산에 필수적인 투입물의 구입 가격과 산출물의 가격 사이의 차이를 반영하는 것임에 틀림없다. 이 시대의 수많은 저술가들은 이윤이란 노동자들에게 소비에 필요한 상품을 내어준 뒤에 남는 잉여라는 생각을 글에 남겼다. 1696년 존 캐리John Cary는 "수출되는 상품은 그 나라 인민들의 노동이 얼마나 가치를 덧붙이나에 따라 이윤이 적을 수도 많을 수도 있다"[31]고 썼다. 1751년이 되면 이 노동이라는 이윤의 원천은 노동자들 소비의 필요욕구를 초과하는 생산의 잉여라고 일컬어진다.

> 부의 원천은 그 나라 주민들의 숫자이다. … 한 나라의 인구가 많으면 많을수록 그 나라는 더 부유하거나 부유해질 수 있다. … 왜냐면 땅에 노동을 투하하면 대지는 이에 감사하여 충분한 정도가 아니라 넘쳐날 정도의 수확으로 그에 보답한다. … 이제 그 주민들이 자신들이 소비할 수 있는 양보다 더 많은 것을 얻었다면, 이 잉여가 바로 그 나라의 국부다.[32]

하지만 이들은 아직 어떤 상품에 체현되어 있는 노동량이 어떻게 가격의 결정 요소가 되는 동시에 잉여가치 및 이윤의 원천도 되는 일이 가능한지를 명료하게 설명할 수 있을 만큼 이 과정을 이해하지는 못했다. 이러한 명쾌한 이해가 가능하려면, 먼저 자본에 대한 이윤이라는 것이 다른 것과 분명히 구별되는 계급 소득의 범주라는 점을 이들이 명료하게 인식해야 한다. 즉 이윤이란 자본의 소유자가 자신의 소유권 덕분에 노동자들의 고용을 통제할 수 있어서 얻는 것이며 또 대체로 소유한 자본의 교환가치에 비례하여 생겨난다는 점을 이해해야 하는 것이다. 저명한 경제사상사가인 로널드 L. 미크는 그래서 다음과 같은 결론을 내린다.

> 자본에 대한 이윤 그리고 그 유형의 소득을 수취하게 된 사회 계급들은 물론 몇 세기에 걸친 경제적 발전이 낳은 최종 생산물이었다. 하지만 자본에 대한 이윤이 새로운 유형의 계급 소득으로서 다른 유형의 소득과 분명히 구별되고 난 뒤에야 비로소 경제학자들은 이윤의 의미와 중요성을 충분히 파악하고 그 기본적인 특징을 기술할 수가 있게 되었다.[33]

1776년 애덤 스미스는 유명한 저서 《국부론》을 출간했다. 이는 자본주의에 대한 최초의 체계적이고도 광범위한 분석으로서, 거기서 자본에 붙는 이윤을 그런 식으로 이해하는 논리가 본격적으로 전개된다. 다음 장에서 우리는 스미스의 사상을 살펴볼 것이다. 하지만 그전에 먼저 중농주의자들Physiocrats의 사상을 짧게 요약할 필요가 있다. 이들은 18세기의 프랑스 경제학자들로서, 이들이 남긴 저작은 이후의 경제 이론 발전사에 상당한 영향력을 행사하게 된다.

사회 개혁가로서의 중농주의자

중농주의자들이란 일군의 프랑스 사회 개혁가들로서, 프랑수아 케네François Quesnay(1694~1774)의 가르침에 감화된 제자들이었다. 이들 사상의 대부분은 직간접적으로 케네의 《경제표 Tableau économique》[34]에서 나왔다. 이들의 사상은 프랑스의 경제문제와 정치문제에 즉각적인 영향을 끼쳤으며, 20년 후 그들 중 가장 정치적 영향력이 강했던 튀르고Anne Robert Jacque Turgot(1727~1781)가 금융 감사원장 자리를 잃고 공직에서 물러난 1776년까지 그 영향이 지속되었다.

당시 프랑스는 봉건제와 상업자본주의의 최악의 특징 중 많은 것들이 뒤죽박죽으로 결합된 경제적, 사회적 무질서를 겪고 있었다. 중농주의자들은 이러한 프랑스를 개혁하는 데 관심을 두었다. 조세 체계는 무질서하고 비효율적이며 억압적이고 공정하지 못했다. 농업은 여전히 봉건제 시절의 기술을 그대로 쓰고 있는 데다가 영세한 규모에 비효율적이었고, 봉건 권력의 원천의 역할을 계속하면서 자본주의의 발달을 억누르고 있었다. 산업과 상업 영역에는 무수히 많은 관세, 규제, 보조금, 특권이 깜짝 놀랄 만큼 광대하고도 복잡한 미궁을 이루었는데, 이는 모두 정부의 책임이었다. 그 결과 사회적, 경제적 혼란을 피할 수 없었고 뒤에 이 혼란의 절정에서 프랑스 혁명이 일어났다.

중농주의자들은 인간 세상을 지배하는 것은 자연법natural law이며, 프랑스가 안고 있는 문제들은 프랑스의 지배자들이 이 자연법을 이해하여 생산과 상업을 그 질서에 맞게 이끌지 못하는 데서 기인한다고 생각했다. 케네는 인간 세상이 자연법을 반영하기 위해서는 어떤 구조를 가져야 하는가에 대한 간명한 모델을 발전시켰고, 중농주의자들은 이 모델에 기초하여 각종 길드를 폐지하고 산업 및 상업을 가로막고 있는 기존의 모든 관세, 조세, 보조금, 규제를 제거하는 정치적 개혁을 주장했다. 이들은 당시 프랑스에 지배적이었던 비효율적인 소규모 농업 대신 대규모의 자본주의적 농업을 장려할 것을 제안했다. 하지만 무엇보다도 오늘날 우리가 그들을 기억하게 만든 가장 중요한 개혁 제안은, 정부의 모든 수입을 농업에 대한 단일의 전국적 조세로 충당해야 한다는 것이었다(그 이유는 아래의 논의에서 명확해질 것이다).

하지만 이러한 개혁은 이루어질 수 없는 운명을 안고 있었다. 중농주의자들은 봉건 귀족들이 지대를 수취할 권리에 대해 문제를 제기하지 않았지만, 귀족들은 중농주의자들이 제시하는 계획이 결국 토지 소유 계급을 가난뱅이로 만들고 자본가계급에게 권력을 모두 빼앗기도록 만들 것이라는 점을 아주 정확하게 간파했기 때문이다. 한 지배계급을 다른 지배계급으로 대체해야만 가능한 종류의 사회적 변화는 개혁으로 달성할 수가 없게 마련이다. 그러한 변화는 혁명을 필요로 하며, 중농주의자들이 옹호했던 것과 비슷한 변화가 가능해지기 위해서는 프랑스가 먼저 1789년의 혁명을 겪어야만 했다.[35]

중농주의자들의 영향력이란 따라서 정치적인 것이 아니라 주로 지적인 것이었다. 케네의《경제표》에서 제시된 아이디어 중 일부는 이후 경제학 문헌에서 대단히 큰 중요성을 갖게 된다. 우리는 이 장의 나머지 부분을 모두 할애하여 케네의 사상이 중대한 영향을 미친 세 가지 주제를 논의할 것이다. (1) 생산적 노동과 비생산적 노동 그리고 경제적 잉여의 개념, (2) 생산과정이 맺는 상호의존 관계, (3) 화폐 및 상품의 순환적 흐름과 화폐를 축장하는 데서 나타날 수 있는 경제공황.

케네의 경제사상

《경제표》는 기본적으로 하나의 경제 모델이다. 이 모델은 생산과정, 화폐와 상품의 순환, 소득의 분배과정을 보여준다. 우선 생산이 1년 주기로 이루어진다고 가정하며, 1년 안에 생산된 모든 것은 그해에 소비되거나 다음 해 생산에 필요한 투입물이 된다고 가정한다. 이때 초점은 농업에 있다. 예를 들어 농업 부문이 1년에 50억의 산출을 낳는다고 가정하자.[36] 제조업 부문은 1년에 10억을 산출한다. 총 산출은 60억이다. 그중 10억이 그해에 생산에 소모된 농업 내구 자산을 대체하는 데 들어간다고 하면, 순 산출은 50억이 된다.

그중 경작자들이 20억의 농업 산출을 가져간다. 여기에는 자본주의적 영농업자들의 경영에 대한 임금(요샛말로 하자면 이윤) 그리고 농장 노동자들의 임금은 물론이고 다음 해에 씨앗으로 뿌릴 종자 곡물도 들어간다. 그해의 생산이 시작되던 시점에서 자본주의적 영농업자들이 가지고 있던 자금 총액은 20억이었다. 이들은 20억의 돈을 지주계급에게 지대로 지불한다. 이 돈이 바로 이 시스템 전체의 잉여 소득이다. 지주는 아무런 경제적 기능도 수행하지 않고서 이 돈을 받는다.

이 20억은 바로 농업 부문에서 생산된 잉여를 나타낸다. 이는 농업 산출을 생산하는 과정에서 소모된 자산을 대체하는 비용 그리고 경작자들이 소비한 것을 초과하는 양이다. 중농주의자들은 이러한 잉여가 자연의 선물이라고 보았으며, 오로지 채취 산업 또는 농업 생산을 통하여 자연과 직접 상대할 때만 인간 노동이 잉여를 생산할 수 있다는 것이 그들의 생각이었다. 경작자는 따라서 생산적 계급이라고 일컬어졌고, 제조업 상품의 생산자는 불모계급不毛階級, sterile class이라고 일컬어졌다. 이들이 생산을 하지 않아서가 아니라 이들이 생산한 것의 가치가 생산에 들어간 원자재의 필요 비용에다 생산자의 생활에 필수적인 생계 임금을 더한 것과 같다고 여겨졌기 때문이다. 잉여나 이윤이 제조업에서는 생겨나지 않는다고 여겼다. 따라서 계급에는 세 가지가 존재한다. 생산적 계급(농업 생산에 종사하는 자본가와 노동자), 불모계급(제조업에 종사하는 자본가와 노동자), 그리고 불로계급不勞階級, idle class(생산적 계급이 창출한 잉여를 소비하는 지주)이 그들이다.

《경제표》는 여러 가지 거래의 긴 목록을 훑으면서 지주계급이 화폐 지대를 수취한 후 농업과 제조업 부문의 생산물이 어떻게 배분되며, 이러한 배분을 위해서 화폐의 순조로운 유통이 왜 필요한가 등을 보여준다. 이 전체 과정의 종국에 가서 모든 거래의 총계를 내보면, 경제가 다시 최초의 상태에 되돌아가 있는 것을 보게 된다. 각각의 기간마다 제조업 부문은 그것이 생산과정에서 소모한 투입물(원자재와 생산자들의 생계를 위한 소비 품목으로 이것들은 모두 농업 부문에서 온다)과 똑같은 가치를 재생산하며, 농업 부문 또한 그 투입물(종자 곡물, 생산자들의 생계 소비, 농업 생산에서 소모된 내구 자산)의 가치를 재생산하고 여기에 더하여 20억의 잉여가치를 생산하지만 이는 지주계급이 모두 가져가서 농업 생산물과 제조업 상품의 형태로 소비한다.

이 모델은 농업과 제조업이라는 두 생산 부문이 상호 의존적이며, 각각의 부문에서 나온 산출물이 서로에게 필수적인 투입물이 되는 과정을 그려낸다. 앞으로 보게 되겠지만, 이렇게 상이한 산업끼리 기술적으로 상호의존을 맺으면서 엮어내는 연관이야말로 이후에 나타나게 될 여러 형태의 노동가치론의 기초가 된다. 이 모델은 또한 투입물과 산출물의 배분은 화폐유통이 끊어지지 않고 지속되는 것을 필요조건으로 한다는 점을 잘 보여준다. 중농주의자들은 이 점에서 화폐의 축장, 애로의 확장, 화폐 순환 과정의 불균형 등이 발생할 경우 이것이 어떻게 투입물과 산출된 상품의 배분을 교란하고 결국 경제공황이나 불황을 낳는지를 보여주었던 T. R. 맬서스, 카를 마르크스, J. M. 케인스, 그 밖의 후세 경제학자들을 앞서간 것이다.

마지막으로, 경제 잉여가 자연이 주는 선물이라는 중농주의자들의 생각은 비록 이후의 사실상 모든 경제학자들이 거부하게 되지만, 잉여가치를 생산하는 노동력을 가진 노동자들을 생산적으로 분류하고, 잉여가치를 생산하지 못하는 노동력을 가진 노동자들을 비생산적으로 분류하는 것은 19세기의 경제 분석에서 중요한 초석이 된다.

결론

일반적으로 말해서, 우리가 이후의 장에서 만나게 될 자본주의의 경제과정에 대한 일관되고도 상세한 종류의 분석은 애덤 스미스 이전에는 극히 적었다고 해야 할 것이다. 이는 애덤 스미스 이전의 경제학자들이 지적으로 열등해서 그런 것이 아니라 이들이 글을 썼던 시대가 새롭게 출현하고 있던 자본주의 시스템의 특징이 이전의 구체제가 남긴 수많은 잔재와 뒤섞여 있던 사회경제적 이행기였기 때문이다. 18세기 말이 되면 자본주의의 대략적 특징이 훨씬 더 분명해진다. 이 시점 이후로 경제사상가들은 자본주의의 특징을 더욱 명징하게 지각할 수 있게 된다. 게다가 자본주의가 일단 서유럽에서의 지배적인 경제 시스템으로 분명하게 출현하자 이후 여러 세대의 경제학자들은 전 세대의 사상을 기초로 삼아 그것을 더욱 세련되게 발전시킬 수 있었다.

그렇지만 독자들은 이 장에서 논의했던 여러 사상 중 다수가 오늘날까지도 반복해서 나타나는 것을 보게 될 것이다. 16세기 이후로 오늘날까지 엄청난 변화가 나타났음은 분명한 사실이다. 하지만 자본주의가 처음으로 서유럽 사회를 지배하게 된 16세기의 사회적, 정치적, 법적, 경제적 기초 중 많은 것은 오늘날까지도 변함없이 자본주의의 토대가 되고 있다. 그 토대는 당시에는 흐릿하게 인식되었을 뿐이다.

주

1. Ronald L. Meek, *Studies in the Labour Theory of Value*, rev. ed.(New York : Monthly Review Press, 1976), pp. 12-14. 이 장 첫 부분의 많은 부분은 이 대단히 뛰어난 저서의 1장에 크게 의지하고 있다.

2. Ibid., p. 15.

3. Ibid., pp. 15-16.에서 재인용.

4. E.K. Hunt, *Property and Prophets*(New York : Harper and Row, 1975), pp. 8-11.

5. William Appleman Williams, *The Contours of American History*(New York : Quadrangle, 1966), p. 36.

6. Ibid., p. 40.

7. William D. Grampp, *Economic Liberalism*, 2 vols.(New York : Random House, 1965), vol. 1, p. 59.

8. 구빈법에 대한 이러한 논의의 확장으로는 Arthur Birnie, *An Economic History of the British Isles*(London : Methuen, 1936), ch. 12, 18.

9. Williams, *Contours of American History*, p. 41.

10. Ibid., p. 44.

11. Maurice H. Dobb, *Studies in the Development of Capitalism*(New York : International Publishers), p. 134.

12. Lee Cameron McDonald, *Western Political Theory: The Modern Age*(New York : Harcourt Brace Jovanovich, 1962), p. 29.

13. Harry K. Girvetz, *The Evolution of Liberalism*(New York : Colliers, 1963), pp. 28-29.

14. Grampp, *Economic Liberalism*, vol. 1, p. 69.

15. McDonald, *Western Political Theory*, p. 16.

16. 프로테스탄트주의와 자본주의의 관계에 대한 고전적 연구는 Max Weber, *The Protestant Ethic and the Spirit of Capitalism*(New York : Scribner, 1958), 또 Richard H. Tawney, *Religion and the Rise of Capitalism*(New York : Mentor Books, 1954).

17. Christopher Hill, "Protestantism and the Rise of Capitalism", in D.S. Landes, ed., *The Rise of Capitalism*(New York : Macmillan, 1966), p. 43.

18. Ibid., p. 43.

19. Ibid., pp. 46-47.

20. Ibid., p. 49.

21. Kemper Fullerton, "Calvinism and Capitalism: an Explanation of the Weber Thesis", in *Protestantism and Capitalism: The Weber Thesis and Its Critics*, ed. Robert W. Green(Lexington, MA: Heath, 1959), p. 19.

22. Ibid., p. 18.

23. Grampp, *Economic Liberalism*, vol. 1, p. 78에서 재인용.

24. Ibid., pp. 77-81.

25. Robert Lekachman, ed., *The Varieties of Economics*, 2 vols.(New York: Meridian, 1962), vol. 1, p. 185에서 재인용.

26. Meek, *Labour Theory of Value*, p. 18.

27. Edgar S. Furniss, *The Position of the Laborer in a System of Nationalism*(New York: Augustus M. Kelley, 1965), p. 16.

28. Ibid., pp. 16-17.

29. Meek, *Labour Theory of Value*, p. 41

30. Ibid., pp. 42-43.

31. Furniss, *Position of the Laborer*, p. 19.

32. William Hay, Ibid., p. 19에서 재인용.

33. Meek, *Labour Theory of Value*, pp. 24-25.

34. François Quesnay, *Tableau économique*(London: H. Higgs, 1894). 원본은 베르사이유에서 1758년 사적으로 출간.

35. 이러한 주장에 대한 더욱 정교한 옹호로는 Leo Rogin, *The Meaning and Validity of Economic Theory*(New York: Harper and Row, 1957), pp. 14-50.

36. 나는 여기에서 케네의 용어가 아니라 Rogin, *Economic Theory*, p. 20의 용어를 사용하고 있다.

3
애덤 스미스

애덤 스미스Adam Smith(1723~1790)는 스코틀랜드에서 태어나 생의 대부분을 그곳에서 살았다. 그는 글래스고 대학과 옥스퍼드 대학을 다녔고 (1737~1746), 1751년에서 1764년까지 글래스고 대학의 교수직을 맡았다. 1759년 그는 두 개의 주저 중 하나로서 사회철학 및 도덕철학을 다룬 체계적 논고인《도덕 감정론 *The Theory of the Moral Sentiments*》을 출간했다. 그는 또 프랑스에서 1764년에서 1766년까지 2년 동안 체류하며 많은 지도적인 프랑스 지식인들과 교류했는데 그중에는 중농주의자인 케네와 튀르고도 있었다. 1776년 그는 가장 중요한 저작인《국가의 부의 성격과 원인에 대한 탐구 *An Inquiry into the Nature and Causes of the Wealth of Nations*》 (일반적으로《국부론 *The Wealth of Nations*》이라고 줄여 부른다)를 출간한다.

스미스가 그 이전의 모든 경제학자들과 구별되는 것은 단지 학문의 깊이와 폭넓은 지식만이 아니다. 그는 자본주의 시스템의 본성, 구조, 작동을 포착할 수 있는 완성되고 비교적 일관성까지 갖춘 추상적 모델을 발전시켰다. 그는 주요한 사회 계급, 다양한 생산 부문, 부와 소득의 분배, 상업, 화폐의 유통, 가격이 형성되는 과정, 경제가 성장하는 과정 사이에 중요한 상호 연관 관계가 존재한다는 것을 명확하게 인식했다. 그의 정책 제안 중 다수는 바로 이러한 그의 모델에서 도출된 것이었다. 스미스 이후의 중요한 경제학자들 대부분의 저작은 자본주의 전체이든 아니면 각각의 부분이든 이렇게 체계적인 모델을 만들어서 고찰하는 것을 특징으로 삼게 된다. 스미스의 모델은 그 논리적 일관성을 검토하든, 아니면 그 논리적 모순을 검토하든 똑같은 흥미를 준다. 스미스는 근대 경제사상에 막대한 영향을 미쳤으며, 19세기와 20세기에 (심지어 21세기의 오늘날까지도) 서로 날카롭게 지적으로 대립했던 대부분의 경제학자들은 자신들의 중요한 사상을 《국부론》에서 최초로 체계적으로 전개되었던 개념으로 소급할 수 있다.

스미스 사상의 역사적 맥락

자본주의 생산양식은 봉건제의 족쇄를 벗어던지고 중상주의라는 이행기를 지나 산업혁명에서 절정을 맞았고, 여기에서 자신에 내재한 사회경제적 특징을 가장 명확하게 드러냈다. 산업혁명은 대략 18세기의 마지막 30년과 19세기 초에 걸쳐 영국과 스코틀랜드에서 처음으로 일어났다. 19세기 초가 되면 이는 서유럽의 많은 부분으로 확산된다.

1700년과 1770년 사이에는 영국의 재화를 찾는 해외시장의 수요가 영국 국내시장의 수요보다 훨씬 빨리 성장한다. 1700년에서 1750년에 이르는 기간 동안 영국 국내 산업은 7퍼센트 정도 성장했던 반면 수출 산업은 76퍼센트 성장했다. 1750년에서 1770년에 이르는 기간 동안은 그 수치가 각각 7퍼센트와 80퍼센트였다. 이렇게 영국의 제조업 물품에 대한 해외의 수요가 급속하게 증가하자 산업혁명이 촉발되었는데, 이는 종국에 가면 인류 역사상 가장 근본적인 변화의 하나로 판명된다.

18세기 영국은 잘 발달된 시장을 가지고 있었고, 이데올로기에서나 사람들의 태도에서나 자본주의적 시장에 반대하는 전통적 편견은 이미 크게 누그러져 있었다. 이 당시의 영국에서 더 낮은 비용으로 더 많은 제조업 물품을 생산할 수 있다는 것은 곧 이윤을 계속 증대시킨다는 것을 뜻했다. 18세기 말과 19세기 초에는 기술혁신이 정말로 폭발적으로 일어났으며, 바로 이렇게 폭증하는 해외 수요를 배경으로 한 이윤 추구가 그 동력이었으며, 이는 전 영국, 결국에는 전 세계를 근본적으로 완전히 뒤바꿔놓았다.

　산업혁명 초기에 가장 중요했던 분야는 직물 공업이었다. 1700년 양모 제조업자들은 정부로 하여금 인도산 '칼리코calicoes'(면화)의 수입을 금지하도록 설득했고 이를 통해 국내 생산자를 위한 국내시장의 보호를 확보했다. 앞에서 개략적으로 말했듯이, 해외 수요가 증가하면서 직물 공업은 기계화에 박차를 가했다.

　좀 더 구체적으로 보자면, 많은 혁신이 일어난 원인은 털뭉치에서 원사를 자아내는 방적spinning 과정과 원사로 직물을 짜는 방직weaving 과정 사이의 불균형에 있었다. 실을 잣는 물레spinning wheel는 천을 짜는 베틀handloom보다 생산성이 떨어졌으며, 특히 1730년대 들어 '날으는 북 flying shuttle'●이 발명되어 방직 과정의 속도가 상당히 올라가자 불균형이 더욱 심화되었다. 하지만 뒤에 세 가지 발명이 나오면서 이러한 불균형은 그 방향이 역전된다. 1769년에는 제니 방적기가 발명되어 한 사람이 여러 가닥의 실을 한꺼번에 자을 수 있게 된다. 1775년에는 수력 방적기가 발명되어 다른 속도로 굴러가는 롤러를 사용하여 방적 과정을 개선한다. 그리고

●　천을 짤 때 날실 사이에 씨실을 넣는 북shuttle은 그전에는 손으로 조작하게 되어 있었으나 1733년 존 케이John Kay가 핸들을 돌리면 저절로 북이 좌우로 '날아다니는' 장치를 발명한다.

뮬 방적기가 1770년대 말에 나와 앞의 두 방적기들의 장점을 결합할 뿐만 아니라 증기를 동력으로 사용할 수 있게 된다. 이 새로운 발명품들은 수력 (나중에는 증기)의 원천에 가까운 곳에서 가장 경제적으로 사용할 수 있었다. 자신을 이 수력 방적기의 발명자라고 주장했던 리처드 아크라이트Richard Arkwright는 많은 공장을 운영하는 데 충분할 만큼의 자본을 조성했고, 공장 하나하나가 고용한 노동자의 수는 150명에서 600명에 달했다. 다른 이들도 아크라이트의 예를 따랐으며, 영국의 직물 제조는 이제 가내 수공업에서 공장제 공업으로 급속하게 전환되었다.

제철 공업 또한 기계화된 공장제 생산을 탄생시키는 데 있어서 초기의 아주 중요한 추동력이었다. 18세기 초까지 영국의 제철 공업은 상당히 보잘것없었다. 철광석을 녹여 선철을 뽑아내는 데 선사시대부터 쓰였던 목탄이 여전히 쓰이고 있었다. 하지만 이때가 되자 철광 주변의 삼림이 거의 완전히 고갈된다. 영국은 어쩔 수 없이 스웨덴, 독일, 스페인뿐만 아니라 식민지에서까지 선철을 수입해야 했다. 그러다가 1709년 에이브러햄 다비 Abraham Darby가 철광석을 녹이는 데 쓸 수 있도록 석탄에서 코크스를 만드는 과정을 발전시켰다. 하지만 철광 주변에 탄광은 상대적으로 풍부했음에도 불구하고, 군사적인 필요 때문에 무기 및 군수 공업에 대한 수요가 증가하는 18세기 후반이 되어서야 비로소 제철 공업에 코크스가 널리 쓰이기 시작한다. 철에 대한 수요가 이렇게 증가하자 코크스를 쓰지 않을 수 없게 되었고, 코크스를 쓰면서 철에 남게 되는 과도한 탄소를 제거하기 위해 쇳물을 저으면서 정련하는 연철鉛鐵, puddling 과정이 발전한다. 그 뒤에는 압연기rolling mill, 용광로blast furnace, 증기 해머steam hammer, 금속제 회전식 걸쇠metal-turning latches 등 혁신적 발명이 줄줄이 터져나온다. 이 모든 혁신을 통해 제철 공업뿐만 아니라 탄광업 또한 급속하게 팽창하며, 이는 다시 광범위한 분야들에서 철로 만들어진 기계를 널리 활용할 수 있게 했다.

많은 다른 산업에서도 혁신 기업가들은 비용을 낮추고 산출을 늘릴 수만 있다면 더 큰 이윤을 얻을 수 있다는 점을 깨닫기 시작했다. 이 시대는 '정말로 발명 활동이 폭발'했던 시기였다.

18세기 후반 동안 기술혁신에 대한 관심은 비상하게 강렬해졌다. 1760년 이전의 100년을 10년씩 잘라 10년마다 발부된 특허권의 숫자를 세어보면 102건이 넘은 적은 단 한번뿐이고 나머지는 22건(1700~1709)에서 92건 (1750~1759) 사이를 오갈 뿐이었다. 그런데 1760~1789년의 30년 동안 에는 상황이 판이하게 달라진다. 1760년대에는 발부된 특허권의 숫자가 205건이었고, 1770년대에는 294건, 1780년대에는 477건으로 증가한 다.[1]

이러한 여러 혁신 가운데서도 가장 중요한 것은 증기기관의 발전이었음은 의심의 여지가 없다. 공업적인 증기기관은 1700년대 초에 도입되었지만 기계적 난점 때문에 이는 탄광에서 물을 뽑아올리는 데만 쓰이는 정도였다. 1769년 제임스 와트James Watt는 정확한 설계도면으로 피스톤의 직선 운동을 원형 운동으로 바꿀 수 있는 엔진을 설계했다. 그러자 볼턴 Boulton이라는 버밍햄의 제조업자가 와트와 합자회사를 만들었고, 볼턴이 제공하는 자금 덕에 이들은 증기기관의 대규모 생산에 착수할 수 있었다. 19세기가 시작될 무렵에는 제조업에서의 주된 동력원으로 증기가 수력을 급속하게 대체하고 있었다. 증기력의 발달은 경제 및 사회의 근본적인 변화를 가져왔다.

증기기관의 발명이라는 이 새로운 대사건과 함께 산업혁명의 마지막 그리고 가장 결정적인 단계가 시작되었다. 증기가 산업혁명을 묶어두던 마지막 족쇄를 풀어버리자 대규모 공업은 속도와 규모 모두에서 어마어마하게 발전하게 되었다. 수력을 동력으로 쓰면 공업 입지는 지리적 조건과 국지적 자원에 의존하지만, 증기는 그렇지 않다. 석탄을 괜찮은 가격에 살 수 있는 곳이라면 어디든 증기기관을 세울 수 있었다. 영국은 석탄이 풍부하여 석탄은 18세기 말이 되면 이미 다양한 용도로 쓰였고, 수로 네트워크를 통해 어디에든 석탄을 아주 싼 값에 운송할 수 있었다. 그리하여 영국 전체는 어디나 공업 발전에 적합한, 특권적 지역이 되었다. 그전에는 수력을 이용하기 위해서 물이 빠르게 흐르는 계곡의 물가에 공장을 세울 수밖에 없었고 그 결과 공장은 홀로 뚝 떨어진 곳에 우뚝 서 있는 꼴이었다. 하지만 이제는 더 이상 그럴 필요가 없었다. 이제는 원자재를 구입하고 완제품을 판매할 시장에 훨씬 더 가까운 곳으로 공장이 다가올 수 있었고, 또 노동력을 구할 인구 중심지에 더 가까이 올 수가 있었다. 이렇게 공장이 서로서로 가까이 몰려 세워졌고, 그리하여 숱한 증기기관들이 뿜어대는 연기 때문에 항상 연기 구름에 휩싸여 있는 시커먼 거대 공업 도시들이 나타났다.[2]

주요 제조업 도시들의 성장은 실로 장관을 이루었다. 예를 들어 맨체스터의 인구는 1760년에 1만 7천 명이었지만, 1831년에는 23만 7천 명으로, 또 1851년에는 40만 명으로 늘어났다. 제조업 물품의 산출은 18세기 후반에 거의 두 배로 성장했으며, 19세기 초에는 더욱더 빠르게 늘어났다. 1801년에는 영국 노동력의 거의 30퍼센트가 제조업과 광업에 종사하고 있었지만, 1831년에는 이 숫자가 40퍼센트까지 올라갔다. 이렇게 산업혁명은 영국을 공장제 시스템이 지배하는 대도시 제조업 중심지의 나라로 탈바꿈시켰다. 그 결과는 대단히 급속한 생산성 향상으로, 이를 장대로 삼아 영국은 19세기 최대의 경제적, 정치적 강대국으로 비약했다.

애덤 스미스가 이렇게 산업혁명이 막 시작되던 시대에 《국부론》을 저술했다는 것은, 19세기 초의 공업 도시를 지배했던 경제적 특징의 다수가 이미 일정한 형태로 18세기 중반 영국 및 스코틀랜드 도시(특히 글래스고)에도 나타나고 있었다는 사실뿐만 아니라 애덤 스미스가 실로 대단히 명민한 사회과학자였다는 사실을 입증하는 증거이다. 이 시대를 연구하는 한 권위 있는 역사가에 따르면, "스미스는 그 시기에 산업이 경제적으로 조직되는 양상을 보면서, 오늘날의 경제사가들이 똑같은 시기를 돌아보았다면 예외로나 치부했을 법한 현상들 속에서 하나의 표준과 같은 어떤 것을 관찰할 수 있었다".[3]

18세기 중반에 이미 글래스고를 포함한 많은 상업 및 공업 도시들에서는 오늘날 우리가 '매뉴팩토리manufactories'라고 부르는 장소에서 상당한 양의 생산이 이루어졌다. 매뉴팩토리란 자본가가 건물, 생산 장비, 원자재를 소유하고서 일을 할 노동자들을 고용하는, 생산의 중심이었다. 하지만 이는 산업혁명의 이후 단계에서 전형적으로 등장하는 공장factory과는 구별되는 것이다. 공장에서는 기계화된 조립 라인의 기술이 사용되었지만, 매뉴팩토리에서는 구식의 수공업 생산 기술이 보편적으로 사용되었기 때문이다.

매뉴팩토리에서 자본주의적 제조업자는 상인 및 임노동자와 경제적으로 뚜렷하게 구분될 수 있었다. 게다가 스미스의 시대가 되면 이렇게 자본가가 생산을 조직하는 것이 거대한 생산적 잠재력을 가지고 있다는 것도 이 매뉴팩토리에서 명확하게 드러난다. 이 자본가가 노동을 효과적으로 분업 과정들로 나누고, 그 결과 노동생산성이 크게 향상된 것에 스미스는 큰 감명을 받았다.

이러한 맥락 속에서 스미스는 산업자본에 덧붙는 이윤, 임금, 지대, 상업자본의 이윤 등의 범주를 명확하게 구별한 최초의 중요한 경제학자였다.

그는 또 가장 중요한 기능을 수행하는 세 가지 소득 범주—이윤, 임금, 지대—가 그가 살던 시대의 자본주의 시스템에서 가장 중요한 3대 계급—자본가, 지주, 노동력을 팔아 임금을 얻어야만 생존할 수 있는 '자유로운' 노동자—에 조응한다는 사실의 의미와 중요성을 최초로 깨달은 경제학자이기도 했다. 그는 또한 이러한 형태의 계급사회가 어떻게 진화해왔는지를 설명하려는 역사 이론, 그리고 이 3대 계급 간의 권력 관계를 설명하려는 사회 이론을 펼쳤다.

스미스의 역사 이론과 사회 이론

스미스의 역사 이론과 사회 이론에는 사회의 계급 갈등이 어떻게 생겨났으며 어떻게 발전했는지에 대한 분석은 물론이고 계급투쟁에서 권력이 어떻게 휘둘러지는가에 대한 분석도 들어 있다. 또 동시에 이러한 이론 속에서도 스미스가 그의 경제 이론에서 가장 상세하게 논의했던 일관된 주제가 집요하게 이어진다. 비록 개인들이 오로지 자기 이익 또는 자기가 속한 계급 이익에 입각하여 이기적으로 행동할지라도, 그리고 얼핏 보면 개인 간의 갈등과 계급 간의 갈등이 이러한 행동의 결과인 것처럼 보여도, '자연법 laws of nature' 안에 또는 '신의 섭리 divine providence' 안에 스미스가 '보이지 않는 손'이라고 불렀던 무언가가 작동하고 있어서 이렇게 겉보기에는 갈등만 낳는 것처럼 보이는 개인들의 행동을 조화로 이끌어 이로운 결과를 낳는다는 것이었다. 이 보이지 않는 손은 여느 개인이 의도적으로 설계한 것이 아니며 단지 자연법의 체계적 작동으로 창출되는 것일 뿐이다. 이는 의심할 여지없이 스미스의 저작들 내에서 가장 중요한 부조화—모순까지는 아니더라도—였다. 다음 5장에서 보겠으나 이와 똑같은 모순이 데이비드 리카도의 저작에서도 발견된다. 19세기와 20세기의 경제사상에는 사회적 갈등을 강조하는 흐름과 사회적 조화를 강조하는 흐름이 있는데, 이 두 흐름 모두의 지적인 근원을 스미스와 리카도의 저작으로 소급할 수가 있다는 것도 이 때문이다.

스미스의 역사 이론은 다음과 같은 명제로 시작한다. 어떤 사회이건 그 사회 성원들 사이의 개인적 관계와 계급적 관계는 물론이고 그 사회의 사회 제도를 결정하는 가장 중요한 요소는 인간들이 생활의 물질적 필요물을 생산하고 분배하는 방식이 무엇인가라는 것이다.[4] 또 어떤 사회이건 정부의 형태를 결정하는 데서 특히 중요한 요소는 소유관계가 어떤 유형을 띠는가이다. 스미스는 인류의 경제적, 사회적 발전을 4개의 단계로 구별할 수 있다고 생각했다. 수렵, 목축, 농업, 상업이 그것이다. 각각의 단계마다 한 사회의 사회적 제도와 정부를 이해하는 데 열쇠가 되는 것은 그 사회가 경제적 필요물을 생산하고 분배하는 방식을 이해하는 것이다. 하지만 그 사회의 경제적 토대와 사회적, 정치적 상부구조의 관계는 일방적으로 결정되는 경직된 것은 아니다. 스미스는 지리적 차이와 문화적 차이 때문에 지역적, 국지적으로 변종들이 생겨날 수 있다는 여지를 남겨두었다. 모든 사회는 처음에는 이 네 개의 단계 중 하나에 머물지만, 조만간 두 단계의 특징이 혼재되어 나타나는 이행기를 겪는다. 하지만 스미스는 모든 사회가 필연적으로 하나의 단계에서 그다음의 높은 단계로 진보할 것이라고 미리 가정하지는 않는다. 진보적인 사회적 진화가 일어나는 경우는 오직 지리적, 경제적, 문화적 환경이 적절한 조합을 갖추어 나타날 때라는 것이다.

스미스는 수렵의 단계를 "사회의 가장 낮고 야만적인 상태, 이를테면 북아메리카의 토착 부족들 사이에서 발견할 수 있는 상태"[5]라고 정의했다. 이러한 사회는 빈곤과 생존의 불안정성 때문에 평등했다. 즉 이런 상태에서는 그 어떤 제도화된 형태의 특권이나 권력도 있을 수가 없었다. 그러한 특권과 권력에 필요한 경제적 기초 자체가 결핍되어 있었기 때문이다. 따라서, "이러한 상태에서는 제대로 된 임금sovereign도 나라commonwealth도 있을 수가 없다".[6]

그다음의 높은 단계는 목축으로서, "우리가 타타르인들이나 아랍인들 사이에서 발견할 수 있는 것과 같은, 사회의 좀 더 발전된 상태이다".[7] 이 단계에서의 경제는 좀 더 큰 규모의 사회적 집단을 부양한다. 생산은 동물을 길들이는 것에 기초하고 있으며, 동물의 무리를 먹이려면 필연적으로 여기저기 돌아다니는 유목 생활을 하지 않을 수 없다. 이러한 유형의 사회에서 우리는 처음으로 축적이 가능한 형태의 부를 볼 수 있는데, 그것은 바로 가축이다. 이리하여 가축에 대한 소유권은 소유관계의 최초의 형태이며 이것이 나타나면서 권력과 특권에 대한 제도화된 보호를 확립할 필요가 나타난다.

　그러므로 가치 있는 대규모의 재산을 획득하게 되면 필연적으로 세속 권력의 정부*를 확립할 필요가 생겨난다. 재산이 존재하지 않는 곳에서는 세속 권력의 정부 또한 그다지 필요하지 않다.

세속 권력의 정부는 일정한 복종을 전제로 한다. 그런데 가치 있는 재산의 획득과 함께 세속 권력 정부의 필요성이 점차 늘어나는 것과 마찬가지로, 그러한 재산이 늘어나면 사람들이 자연스럽게 복종을 받아들이는 주된 이유 또한 늘어난다.[8]

- 　원문은 civil government. 이 말은 근대 초기의 맥락에서는 인간 세상을 다스림에 있어서 신 또는 신의 대리자인 교회의 법과 권위에 기대지 않고 인간 세상의 성원들 사이에 공유되는 도덕과 합의에 기초하는 것을 뜻했다. 즉, 교회 및 종교 권력에 대립되는 의미에서의 세속적 국가 및 권력을 뜻하는 말이었다. 존 로크의 유명한 저서 《정부 2론》의 정부 또한 이 civil government이다.

스미스는 "어떤 이들이 … 그들의 형제들 대부분의 머리 위에 군림하는 우월함을 가지는"[9] 상황과 원인을 계속해서 조사했다. 그는 또 사람들 일부가 다른 일부에 복종하도록 강제되고 제도화되는 다양한 사회적 상황을 다루면서 그 속의 몇 가지 특수한 조건을 분석했다. 하지만 그 모든 상황에는 중대한 하나의 조건이 공통적으로 흐르고 있었다. "세속 권력의 정부가 소유권의 안전을 보장하기 위해 제도화된 것인 만큼, 이는 현실적으로 부자들을 빈자들로부터 보호하기 위해, 즉 일정한 재산을 가진 이들을 아무것도 갖지 못한 이들로부터 보호하기 위해 제도화된 것이다."[10]

세 번째 사회적 상태인 농업의 단계는 서유럽의 중세 봉건 경제에서 찾아볼 수 있다. 이 단계에서 한 지역에 영구적으로 정착하며 농업이 가장 중요한 경제활동이 된다. 따라서 계급을 그 특권과 권력에 따라 구분하는 데서 가장 중요한 소유관계는 토지를 누가 소유하는가가 된다. 이 기간 동안 모든 토지는 "독점당하며, 소수의 대규모 소유자들이 대부분의 땅을 소유한다".[11]

대토지 소유권이야말로 사회적, 정치적 권력의 원천이었다. 따라서 사회는 지배하는 자들과 지배당하는 자들로 나누어졌다. 지배자들은 귀족들이며 피지배자들보다 혈통적으로 우월하다고 여겨졌다. 유산은 모두 맏아들이 가진다는 장자상속권primogeniture 제도 덕분에 이 대토지 소유가 상속 때문에 갈라지는 것이 방지되었고 이를 통하여 지배계급의 권력은 보호를 받았다.

토지가 단지 생계만의 수단이 아니라 권력 및 보호의 수단으로 여겨지자 토지를 자식에게 물려줄 때 나누어주지 말고 한 덩어리로 물려주는 게 좋다는 생각이 나왔다. 이 무질서의 시대에 지주는 누구나 모두 작은 군주였다. 그의 땅을 빌려 경작하는 이들은 모두 그의 신민臣民이었다. 지주는

그들의 판관이었고, 어떤 면에서 평화시에는 그들의 입법자요 전시에는 그들의 사령관이었다.[12]

스미스는 농업 사회에 특히 중요한 두 가지 특징이 있다고 생각했다. 첫째, 부유한 귀족들이 자신들의 부를 활용할 수 있는 방법의 종류에 뻔한 한계가 있었다는 것이다.

> 외국과의 상업도 없고 세련된 제조업도 없는 나라에서는 대토지 소유자들이 자기 땅의 소출 가운데 토지 경작자들을 먹여살리고 남은 부분이 더 크다고 해도 이를 딱히 교환할 대상이 없기 때문에 결국 자신의 집을 방문하는 이들에게 환대를 베푸는 시골 식의 인심을 발휘하는 데나 쓴다. 만약 그러한 잉여가 백 명 또는 천 명을 먹여살릴 수 있을 정도가 될 경우, 그는 실제로 백 명 또는 천 명을 먹여살리는 것 말고는 달리 그 잉여를 쓸 방도가 없다. 그러므로 그는 늘 한 무리의 하인 및 식객에 둘러싸여 있다. 이들은 자신들을 먹여살린 것에 맞먹는 무언가를 내놓을 수가 없고 순전히 그의 관대함 덕에 밥을 얻어먹는 처지여서 그에게 복종하지 않을 수 없다. 이는 병사들이 자신들에게 봉급을 지급하는 군주에게 복종하는 것과 똑같은 이유이다.[13]

두 번째, 이러한 방식의 경제 조직에서는 귀족들이 절대 권력을 휘둘렀던 반면, 대다수의 사람들에게는 대단히 작은 권리와 자유만이 주어졌다. 대다수 생산자들의 제반 권리를 확장하고 자유를 증대시킨 것이야말로 가장 높은 단계인 상업적 사회 상태로의 진보가 창출한 가장 중요한 두 가지 개선이라고 스미스는 생각했다.

스미스가 보기에 유럽 도시들의 발흥이야말로 사회 발전의 상업 단계를 확립하게 된 주된 힘이었다. 이 도시들은 해외무역에 의존할 뿐만 아니라 상당 정도 중세의 농업 경제에서 경제적으로 독립한 것이라고 보았다. 중세의 영주들이 이 독립적 도시들의 성장을 허용한 것은 그 도시들에서 지대와 각종 이익을 얻어낼 수 있었기 때문이다. 도시 내부적으로는 그 이전 단계의 사회들에 비해서 생산자들이 더욱 많은 자유를 누리는 새로운 정치적 분위기가 자라나고 있었다. 소유권을 훨씬 더 광범위하게 확장하는 일도 진행되었고, 이를 통해 생산자들은 군림하는 영주를 위해서가 아니라 자신들을 위해서 부를 창출할 수 있다는 희망을 가지게 되었다. 이렇게 도시가 제공하는 더 큰 자유와 안전을 통하여 인간의 동기 중 가장 강력한 것 하나가 풀려나왔는데, 이는 바로 물질적 부를 축적하려는 욕망이었다.

스미스는 세상 어디에서나 자연은 사람들의 마음속에 하나의 환상을 만들었다고 생각했다. 그것은 인간의 행복이 무엇보다도 물질적 부에서 나온다는 환상이다. 스미스는 물론 이러한 환상이 그릇된 것이라 생각했지만, 이 환상으로 인해 사람들이 개인적 이익에 대한 욕망으로 끓어오르게 될 때 사회와 경제에 나타나는 결과를 보고 큰 감명을 받았다. 자연이 펼쳐놓은 기만에 대해 논의하면서 스미스는 다음과 같이 말한다.

> 자연이 이런 방식으로 우리들에게 이러한 기만을 덧씌워놓은 것은 잘된 일이다. 바로 이러한 기만 때문에 인류는 산업을 일으키고 유지한다. 최초에 인류가 땅을 경작하고 집을 짓고 도시와 나라를 만들고 또 인간 생활을 고상하고 아름답게 해주는 모든 과학과 예술을 발달시키도록 만든 것도 바로 이러한 기만이었다.[14]

여기에서 우리는 스미스의 저작들에 스며들어 있는 주제를 발견한다. 사람들의 의도와 동기에는 사회적 선을 증진시킨다는 목적이 조금도 없다고 해도 보이지 않는 손에 이끌려 결국 그러한 결과를 낳는다는 생각이 그것이다.

스미스가 보기에, 도시의 성장은 봉건 영주들이 자신들의 농업 잉여를 공산품과 교환할 수 있는 시장을 창출하였고 그를 통해 농촌의 농업을 변화시켰고 사회의 상업적 단계, 즉 자본주의를 창조한 동력이었다. 공산품에 대한 욕망은 인클로저 운동을 낳았는데, 그 이유는 중세의 농업이 대단히 비효율적이었기 때문이라고 스미스는 생각한다. 영주들은 더 많은 공산품을 사고 싶은 욕망 때문에 농업 효율성을 올리고자 하며, 이에 불필요한 소작인들을 내보내고 토지 노동자들의 숫자를 "그 당시의 불완전했던 경작과 토지 개량의 상태에 따라 토지를 경작하는 데 필요한 숫자만큼으로"[15] 줄였다.

이는 또한 스미스가 자본주의의 가장 진보적인 측면이라고 생각했던 특징을 낳는다. 즉 다수의 생산자들에게 자유와 안전을 증대시켜주는 것이다. 지주는 경제적 효율성을 올리기 위해 분투하며 이에 따라 순전히 이기적인 동기 때문에 농노제와 노예제를 폐지하며 그렇게 해서 풀려난 예전의 농노와 노예에게 일정한 소유권과 안전을 누릴 수 있도록 허용한다. 스미스는 이렇게 주장한다. "아무런 재산도 획득할 수 없는 사람은 가능하면 많이 먹고 적게 일하는 것 이외에 다른 어떤 이해관계도 가질 수 없다."[16] 이렇게 개화되고 도덕적인 행동처럼 보이는 것도 사실은 보이지 않는 손 또는 '신의 지혜'의 또 다른 예인 것이다. "자연의 원리가 우리를 세련되고 개화된 이성이 추천할 만한 그런 목적들을 추구하게끔 이끌 때, 우리는 이를 인간의 지혜라고 생각하기가 쉽다. 하지만 사실은 이는 신의 지혜인 것이다."[17]

상업을 지향하면서 농업의 효율성이 향상되자 이는 다시 도시가 팽창하고 채산성이 좋은 제조업을 지속적으로 확장시킬 수 있는 경제적 기초를 확립했다. 이러한 관점에서 보면 공업과 상업의 발전은 효율적인 자본주의적 농업 생산을 촉진시켰으며, 자본주의적 농업 생산은 다시 공업과 상업의 더 많은 발전을 촉발시켰다. 이렇게 서로에게 이익이 되는 선순환 관계가 상업 사회, 즉 자본주의 사회를 창조했는데, 스미스는 이 자본주의 사회가 인간 사회의 가장 높고 가장 진보적인 형태라고 생각했다. 하지만 이는 그러한 결과를 만들어낸 사람들이 의식적으로 의도했던 바는 결코 아니다. 스미스 사상을 연구하는 권위 있는 학자인 앤드류 스키너Andrew Skinner의 말을 들어보자.

> 그리하여 [스미스]는 이렇게 주장했다. 한편으로 지주는 자신의 땅에서 나온 소출을 그저 '가장 유치한 허영심'을 만족시키기 위해 공산품과 교환하는 데 사용하며, 다른 한편으로 상인과 장인은 오로지 "한푼이라도 벌 수 있다면 악착같이 번다"는 (자기 이익의) 원리에 따라 행동할 뿐이라는 것이다. 스미스는 이렇게 덧붙인다. "한쪽의 어리석음과 다른 쪽의 근면이 점차 혁명을 가져오고 있었지만, 그 어느 쪽도 이 혁명에 대해서는 아는 것도 또 예견하는 것도 없었다." 다시 한 번 우리는 전형적인 스미스 식 명제의 예를 본다. 즉, 인간은 마치 '보이지 않는 손'에 이끌리기라도 하듯 자신의 본래 의도와는 조금도 관련이 없는 목표를 추진한다는 것이다.[18]

자본주의 사회에서의 재산 소유권의 상황이 그전과 달라지는 것이 계급 분화의 주요한 기반이라고 스미스는 보았다. 재산 소유는 한 개인의 소득의 원천을 결정하며, 소득의 원천이야말로 사회 계급적 지위를 결정하는 으뜸가는 결정 요소라는 것이다.

> 모든 나라의 … 연간 생산물 전체는 … 자연적으로 … 토지에 대한 지대, 노동에 대한 임금, 생산자본stock●에 대한 이윤이라는 세 가지 부분으로

나누어지며, 이것이 지대로 살아가는 사람들, 임금으로 살아가는 사람들, 이윤으로 살아가는 사람들이라는 세 가지 상이한 신분 집단의 수입을 구성한다. 이 3대 신분 집단이야말로 무릇 모든 문명사회를 구성하는 크고도 원천적인 집단이다.[19]

하지만 토지와 자본이 아직 별개의 계급에 의해 소유되지 못한 시장 사회, 즉 노동자가 여전히 스스로 생산수단을 통제하는 사회에서는 "노동의 생산물 전체가 노동자의 것이 된다".[20] 스미스는 이 3개의 주요 사회 계급 가운데서 오로지 노동만이 가치 또는 부를 창조하는 유일한 계급이라는 사실에 대해서 일말의 의심도 없었다. "어떤 나라이건 토지와 노동이 내놓는 연간 생산물의 가치를 늘리려면 그 방법은 생산적 노동자의 숫자를 늘리든가 아니면 이미 고용된 노동자들의 생산력을 올리든가 두 가지뿐"[21]이며, 다시 한 번 강조하지만 "전 세계의 부를 원천적으로 구매하는 힘을 갖는 것은 금이나 은이 아니라 바로 노동이다".[22]

하지만 하나의 작은 계급이 일단 생산수단을 소유하면, 그 계급은 노동자가 생산한 것의 일부를 수취하지 못하게 되는 경우 그 소유권을 통하여 아예 노동자가 생산활동을 할 수 없게 가로막는 권력을 획득한다.

- 'stock'이란 말은 17, 18세기 경제사상 문헌에서 '자본', 즉 생산이나 영업에 투자되는 화폐라는 뜻으로 많이 쓰였지만, 스미스는 《국부론》 제2권의 'stock'을 다루는 장에서 화폐가 아니라 생산과정에서 직접 소비되는 물품으로 구별하기도 한다. 하지만 이러한 구별이 항상 철저한 것은 아니기에 문맥에 따라 옛날 식의 의미, 즉 '자본'으로 옮겨야 할 때도 많다. 다음을 참조하라. Edwin Cannan, "Early History of the Term Capital", *Quarterly Journal of Economics*, Vol. 35(1921). 스미스의 인용문을 번역할 때에는 기본적으로 '생산자재'로 옮길 것이며, 이 구절처럼 전후 맥락에 따라 이따금씩 '자본'이라 옮길 것이다.

특정한 개인들의 손에 생산 자재가 축적되면 그 즉시 그들 중 일부는 자연적으로 생산 자재를 사용하여 근면한 이들이 일할 수 있도록 만든다. … 그 목적은 그들의 노동을 팔아서, 즉 그들의 노동이 생산 재료의 가치에 덧붙인 것을 팔아서 이윤을 얻는 것이다. … 노동하는 이들이 생산 재료에 덧붙인 가치는 따라서 그들의 고용주의 이윤으로 전환된다.[23]

노동 생산물이 임금과 이윤으로 나뉘는 것은 임금률을 놓고 노동자와 자본가가 벌이는 투쟁에 의해 결정된다.

무릇 통상적인 노동임금이 얼마인가는 이렇게 각자의 이익이 전혀 상이한 양측 간에 통상적으로 맺어지는 계약에 의해 결정된다. 노동자는 가급적 많이 얻으려 하며 고용주는 가급적 적게 주려고 한다.[24]

하지만 이 투쟁은 동등한 세력 간의 투쟁이 결코 아니다. 스미스는 이 갈등에서 자본가 쪽이 더욱 강력하고 지배적인 계급이라는 점에 의문을 표시하지 않는다. 다음에 길게 인용하는 부분에서 스미스는 자본가가 노동자를 지배하는 권력의 세 가지 원천을 밝힌다. 자본가는 더 많은 부를 가지고 있기에 노동 분쟁이 벌어졌을 때 훨씬 더 오래 버틸 수 있으며, 공공의 여론을 조작하고 통제할 수 있으며, 정부("빈자들에 맞서서 부자들을 지켜주기 위해 제도화된 것"이 정부임을 기억하라)를 자기편으로 삼을 수 있는, 이루 말할 수 없는 유리함을 가지고 있다. 자본가와 노동자는 계급투쟁의 와중에서 각자의 입지를 더 강화하기 위해 양쪽 모두 자기들끼리 공모共謀를 한다.

하지만 보통의 조건 아래에서 그중 어느 쪽이 반드시 분쟁에서 유리한 위치에 서서 자신이 내건 조건에 다른 쪽이 따르도록 만들 것이라고 예견하기는 어렵다. 고용주 쪽은 숫자가 더 적기 때문에 뭉치기가 훨씬 더 쉽다. 게다가 법률 또한 고용주가 뭉치는 것을 정당하다고 인정하거나 최소한 금지하지 않지만, 노동자의 단결은 금지한다. 노동의 가격을 낮추기 위해 고용주가 뭉치는 것을 금지하는 의회의 법령은 없지만, 그 가격을 올리기 위해 노동자가 뭉치는 것을 반대하는 법령은 많다. 이 모든 분쟁 가운데서 고용주 쪽이 훨씬 더 오래 버틸 수 있다. 지주, 영리 농업가, 제조업자, 상인 등은 노동자를 아무도 고용하지 않은 상태에서도 이미 벌어놓은 것들로 보통 1년, 2년은 살 수 있다. 하지만 노동자는 1주일도 못 버티는 이조차 적지 않고, 한 달을 연명할 수 있는 이도 드물며, 1년은 아예 생각하기도 힘들다. … 고용주는 임금을 올리지 않으려고 언제 어디서나 자기들끼리 은밀하게 하지만 한결같이 하나로 뭉친다. … 물론 이러한 고용주의 단결에 대한 이야기는 별로 들리지 않는다. 이는 그런 이야기를 아무도 들을 수 없는 것이 보통의 상태이며, 실로 자연적인 상태라고까지 말할 수 있기 때문이다. 고용주는 임금을 현행 수준보다 아래로 떨어뜨리기 위해서 특별히 마련된 협약을 맺곤 한다. 이런 협약은 실행에 옮겨지는 순간까지 항상 극도의 침묵과 비밀에 부쳐진다. 그리고 노동자가 고용주의 이런 협약에 극심한 타격을 입고 저항도 못하고 항복하는 때가 종종 있는데, 이때도 다른 사람들은 그런 협약에 대해 듣지 못한다. 하지만 반대로 노동자가 이러한 고용주의 단결에 맞서 방어적인 단결로 저항할 때가 종종 있다. 그런데 노동자의 단결은 항상 도처에서 누구든 소식을 들을 수가 있다. … 이들은 절박한 상태에 있다. 이들은 고용주가 자신들의 요구를 즉각 따르도록 겁을 주지 못할 경우엔 굶주릴 수밖에 없는 상태이므로, 그런 상태에 있는 절박한 사람들에게서나 볼 수 있는 어리석음으로 행동하므로 터무니없이 지나친 언행 등을 일삼는다. 이런 상황에 부닥치면 고용주 또한 노동자만큼이나 떠들썩하게 자신들의 요구를 외쳐대며 끊임없이 치안 판사의 공권력의 도움을 외쳐대면서, 하인, 노동자, 직인의 단결을 금지하는 법률의 엄격한 집행을 요구하고 나선다. 〔노동자의〕 단결은 … 아무런 결과도 없이 그저 주모자의 처벌이나 파멸만 낳고 끝나는 것이 보통이다.[25]

이렇게 스미스는 자본가와 노동자 사이의 계급 갈등이 대단히 중요하다는 점을 명확히 인식했다. 그는 계급 분화의 가장 주된 기초가 토지 및 자본의 소유권이라고 보았다. 또 그는 자본가의 권력은 서로 연결되어 있는 몇 개의 원천에서 나온다고 보았는데, 자본가의 부, 여론을 움직일 수 있는 그들의 능력, 정부에 대한 그들의 통제력 등이 그것이었다.

스미스의 가치론

비록 스미스는 일관된 노동가치론을 제시한 적이 없지만, 이후 데이비드 리카도와 카를 마르크스의 좀 더 정교한 노동가치론에 기초가 될 중요한 아이디어는 분명히 제시했다. 이 이론의 출발점은 모든 사회에서 생산과정은 인간들이 땀을 흘리는 일련의 과정으로 환원할 수 있다는 인식이었다. 어떤 동물들은 생존의 필요에 잘 들어맞는 자연환경에서 살고 있지만, 인간들은 이와 달리 자연환경을 자신들이 살아가는 데 좀 더 적합한 형태로 변형하기 위해 땀을 흘려야만 살아갈 수 있다. 인간의 생산성이 발전한 것은 보통 어떤 특정한 생산물을 만드는 데 이르게 되는, 노동과정의 확장 또는 세련화와 연결되었다. 대부분의 경우, 새로운 도구를 생산하는 것이야말로 이러한 생산성 향상의 원인이 되었다.

이렇게 생산된 새로운 도구는 생산에 활용할 때, 어떤 관찰자들, 특히 현대 경제사상의 몇몇 학파에서는 이 새로운 도구가 사용된 생산은 부분적으로그 도구 자체에 힘입고 있는 것처럼 보인다. 그래서 '자본'(즉 연장 또는 여타 생산 도구)과 노동이 모두 생산성을 가지며, 새로운 생산과정에서 둘 다똑같이 기여를 한다고 이들은 말한다. 하지만 스미스와 여타 노동가치론자들은 연장, 도구라는 것 또한 노동이 만든 생산물로서 이것들이 생산에 기여하는 바도 사실은 그 연장을 생산한 인간들이 행한 기여일 뿐이라는 명백한 사실을 인식한다. 베틀을 만든 노동자의 기여는 사실상 옷감의 생산으로까지 연결되는 연속된 몇 개의 노동 지출 과정 중 일부이다. 이러한 관점에서 본다면, 베틀은 부분적으로만 생산된 옷감이라고 볼 수 있는 일종의 중간 생산물이다. 이것이 노동가치론의 출발점이며 스미스가 강조했던 것이다. "노동은 만물을 구매하는 데 쓰였던 최초의 가격이며 최초의 구매화폐였다. 전 세계의 부를 본원적으로 구매하는 힘을 갖는 것은 금이나 은이 아니라 바로 노동이다."[26]

그리하여 스미스는 어떤 상품이든 가치를 갖기 위해 필요한 전제 조건은 그것이 인간 노동의 생산물이라는 점이라고 천명한다. 하지만 노동가치론은 여기서 멈추지 않는다. 노동가치론은 어떤 상품의 교환가치는 그 상품에 체현되어 있는 노동의 양 그리고 생산에 사용된 간접노동(그 상품을 생산하는 데 들어간 생산수단을 생산한 노동)과 직접노동(그렇게 생산된 생산수단을 사용하여 그 상품을 생산한 노동)을 생산과정의 상이한 시점에서 어떻게 상대적으로 배분하는가에 의해 결정된다고 주장한다. 스미스는 오직 자본가도 지주도 존재하지 않았던 자본주의 이전의 초기 경제에서만 노동이 교환가치의 결정 요소가 된다는 것을 이해할 수 있었다.

생산 자재stock의 축적도 토지의 전유專有도 나타나기 이전 초기의 야만적 사회 상태에서는 다른 물건들을 서로 교환할 때 무언가 규칙을 부여할 수 있는 유일의 조건이 물건들마다 그것을 얻는 데 필요한 노동의 양의 비율뿐이었던 듯하다. 만약 사냥꾼 종족 내에서 비버를 한 마리 잡는 데 필요한 노동이 사슴을 잡는 데에 필요한 노동의 두 배라면 비버 한 마리는 사슴 두 마리와 교환되는 것은 당연하다. 보통 이틀 또는 두 시간의 노동으로 생산되는 것은 보통 하루 또는 한 시간의 노동으로 생산되는 것의 두 배가 되는 것이 당연하다. …

　이러한 상태에서는 노동이 생산한 것 전부가 노동자의 것이 된다. 그리고 어떤 상품이든 그것을 획득하거나 생산하는 데 들어가는 노동의 양이야말로 그 상품이 보통 구매, 지배, 교환할 수 있는 다른 노동의 양을 규정하는 유일한 조건이다.[27]

　하지만 생산수단의 통제권을 자본가가 장악하고 토지 및 천연자원을 지주가 독점하면 교환가치 또는 가격이 임금, 이윤, 지대라는 세 구성 요소의 총액이 된다고 스미스는 여겼다. "생산 자재가 특정 개인들의 손에 축적되면 그 즉시", 노동자는

　대부분의 경우 그것(자신의 노동 생산물)을 생산 자재의 소유자로서 자신을 고용한 이와 나누어야만 한다. 또한 어떤 상품을 획득하거나 생산하는 데 들어가는 노동의 양이 보통 그 상품이 구매, 지배, 교환할 수 있는 다른 노동의 양을 규정할 수 있는 유일한 조건이 되는 것도 아니다. 생산 자재의 이윤에 해당하는 추가적인 양이 지불되어야 함은 명백하다. …

　… 지주 또한 다른 누구나 그러하듯 자신들이 전혀 씨를 뿌리지 않은 곳에서도 소출을 걷고 싶은 마음이 있으므로, 한 나라의 토지가 모두 사적 소유가 되면 그 즉시 지주는 지대를 요구하기 시작한다. … (노동자는) 자신의 노동으로 채집하거나 생산한 것의 일부를 지주에게 주어야만 한다. 이 부분, 또는 같은 말이지만, 이 부분의 가격이 토지의 지대를 형성하며, 대

부분의 상품에서 가격을 구성하는 세 번째 요소가 된다.[28]

결국 가격을 결정하기 위해서는 임금에다 이윤과 지대를 합해야만 하므로, 한 저명한 경제사상사 연구자는 상품의 가격에 대한 스미스의 이론을 "세 가지 주요 구성 요소를 (그냥) 합해놓은 것이라는 의미에서 '합산 이론 Adding-up Theory'"[29]이라고 불렀다. 이 이론은 스미스가 '초기의 야만적 사회 상태'에 적용할 수 있다고 여겼던 노동가치론과는 다른 이론이다. 왜냐면 가격을 구성하는 한 요소인 이윤은 그 상품에 체현되어 있는 노동과는 아무런 필연적인 관계가 없기 때문이다. 스미스는 또 다음의 사실을 깨달았다. 경쟁이 벌어지면, 동일한 가치를 갖는 여러 형태의 자본이 벌어들이는 이윤 또한 동일해지는 경향이 있다는 것이었다. 즉 예를 들어 어떤 자본가가 100달러짜리 베틀을 소유하여 베틀에서 매년 40달러의 이윤을 얻는다고 하자. 자본가 사이에 경쟁이 벌어지고 모든 자본가들이 극대 이윤을 쫓아 움직이면 어떤 종류의 자본이든 100달러 가치를 갖는 자본은 모두 연간 40달러의 이윤을 얻는 상황으로 이어진다.

생산 자재의 이윤이란 그저 다른 특정 형태의 노동, 즉 생산과정에 대한 지휘와 감독의 노동에 따르는 임금을 다른 이름으로 부른 것에 불과하다고 생각할 수도 있다. 하지만 그렇지 않다. 생산 자재의 이윤이란 임금과는 전혀 다른 성격의 것이며, 나름대로 상당히 자율적인 원리로 규정되는 것이다. 그뿐만 아니라 이윤의 크기는 흔히 이윤의 원천이라고 오해되는 소위 그 지휘와 감독의 노동이라는 것의 수량, 고충, 재주와는 아무런 양적 비례 관계도 갖지 않는다. 이윤은 전적으로 생산에 사용된 생산 자재의 가치에 의해 규정되는 것으로서, 이 생산 자재의 정도에 비례하여 이윤의 크기 또한 많아지거나 적어진다.[30]

이러한 원리에서 다음을 도출할 수 있다. 즉 다른 생산 분야에 걸쳐 노동자 1인이 사용하는 자본의 가치가 똑같은 경우에 한해서 상품의 가격은 그 상품에 체현된 노동의 양과 계속해서 비례 관계를 갖는다. 이러한 조건이 유지된다면, 자본의 가치에 기초하는 이윤은 각각의 생산 분야에서 임금과 동일한 비례 관계를 가질 것이며, 따라서 임금과 이윤의 합계(지대가 무시된다면 가격)는 그 상품의 생산에 체현된 노동과 비례 관계를 갖게 될 것이다. 하지만 경제의 다양한 부문마다 노동자 1인이 사용하는 자본의 가치가 상이하다면, 이윤을 임금에 합산하여 얻은 금액은 그 상품을 생산하는 데 체현된 노동과 비례하지 않을 것이다. 스미스는 여기서 노동자 1인이 사용하는 자본의 가치가 산업마다 모두 다르다는 주장을 하나의 자명한 경험적 사실로서 받아들였다. 그는 이러한 조건 아래서도 생산에 체현된 노동이 여전히 교환가치를 결정한다는 것을 증명할 방법을 전혀 찾을 수 없었다. 이렇게 산업마다 노동자 1인이 사용하는 자본의 가치가 상이하다는 조건 아래에서 상품에 체현된 노동과 그 교환가치가 맺는 관계의 일반적 성격을 보여주는 작업은 데이비드 리카도에게 맡겨지며, 논리적인 일관성을 지닌 총체적인 노동가치론을 만들어내는 작업은 카를 마르크스 및 그 뒤를 이은 이론가들의 손으로 넘어간다.

스미스의 이러한 생산비용 가격 이론은 실제의 상품 가격이 시장에서 일상적으로 보여주는 등락을 설명하려고 나온 것은 아니었다. 그는 시장가격과 자연가격을 구별했다. 시장가격은 특정 시장에서 특정 시점에 존재하는 실제의 상품 가격이었다. 스미스는 이 시장가격이 가격의 수준이 다양하게 변할 때마다 판매자가 상품을 팔고자 하는 양과 구매자가 상품을 사고자 하는 양의 관계에 의해 규정된다고 생각했다. 다른 말로 하자면 시장가격은 수요와 공급의 힘에 의해 결정된다는 것이었다. 만약 공급이 수요에 비해 적은 상황이라면, 이 얼마 안 되는 공급 물량은 높은 가격을 치를 용의가 있는 구매자에게만 배분될 것이다. 만약 공급이 수요보다 크다면 구매자가 남아도는 공급 물량을 전부 구매하도록 꾀기 위해서 가격을 낮추어야 할 것이다. 자연가격이란, 판매액이 그 상품의 생산과 관련된 지주, 자본가, 노동자에게 통상적인, 즉 사회적으로 평균적인 비율의 지대, 이윤, 임금에 해당하는 지대, 이윤, 임금을 지불하기에 딱 맞는 가격을 말한다.

하지만 시장가격과 자연가격 사이에는 대단히 중요한 연관이 존재한다는 것이 스미스의 생각이었다. 자연가격은 일종의 균형가격으로서, 매일매일의 시장가격 등락은 이 균형가격을 중심으로 삼아 오르내리며 그렇게 시장가격을 자연가격에 수렴하게끔 밀어대는 것이 바로 수요와 공급의 힘이라는 것이다. 만약 수요가 공급보다 크고 시장가격이 자연가격보다 높다면 이 상품의 판매에서 얻는 이윤은 사회적 평균이윤율을 초과할 것이다. 이윤이 이렇게 높다면, 이윤이 더 높은 데를 항상 찾아다니는 다른 자본가들이 이 산업으로 몰려온다. 이러한 새로운 자본가들이 그 상품을 생산하고 판매함에 따라서 그 상품의 공급은 늘어나며 이에 따라 시장가격은 내려간다. 이러한 과정은 시장가격이 자연가격보다 높은 수준에 있는 한 계속될 것이다. 하지만 시장가격이 하락 압력을 받아 드디어 자연가격의 수준으로까지 내려가면 이 산업에서 얻는 이윤 또한 사회적 평균이윤율과 동일하게 될 것이며, 따라서 다른 자본가들이 몰려와 이 상품의 공급을 확대하려는 동기 유발 요인도 이제는 사라진다.

만약 수요가 공급보다 적고 시장가격이 자연가격보다 낮다면, 이 상품의 생산과 판매에서 얻는 이윤은 사회적 평균이윤율에 미치지 못할 것이다. 이러한 낮은 이윤율은 자본가들 일부에게 이 산업을 떠나 이윤율이 더 높은 다른 산업에 자본을 투자하도록 유도할 것이다. 이로 인해 공급은 줄어들 것이며 이에 따라 이 상품의 시장가격도 올라갈 것이다. 이 경우에도 시장가격이 자연가격의 수준으로 올라갈 때까지 이러한 과정은 계속될 것이다.

이처럼 자연가격은 생산비용에 의해 결정되지만 또 시장에서의 수요와 공급의 힘을 통해 확립되는 균형가격이며, 시장가격은 자연가격을 중심으로 삼아 오르내리는 경향을 갖는다. 스미스의 가격론에서는 사회 전체의 자본을 다양한 산업에 배분하는 역할을 맡는 것이 수요의 양이며, 따라서 생산되는 다양한 상품의 구성 또는 상대적 수량을 결정하는 것 또한 수요의 양이다. 하지만 어느 시장에서건 상품의 균형가격 또는 자연가격을 결정하는 것은 오로지 생산비용이라는 요소 하나뿐이다.

　스미스의 가격론에는 두 가지 중요한 약점이 있었다. 첫째, 임금, 이윤, 지대라는 가격의 3대 구성 요소는 그 자체가 가격이거나 또는 상품의 가격에서 도출되는 것들이다. 상품의 가격을 설명하는 이론이 한 상품의 가격을 그저 다른 상품의 가격으로 설명하는 식이라면 이것을 일반적 가격론이라고 말할 수는 없다. 만약 한 상품의 가격을 이해하기 위해서 다른 상품의 가격을 알아야 한다고 한다면, 이는 즉시 그 다른 상품의 가격을 어떻게 설명할 수 있는가라는 질문을 낳는다. 그리고 그 다른 상품의 가격을 다시 또 다른 상품의 가격으로 설명해야만 한다면 우리는 무수한 상품의 무수한 가격이라는 무한한 연쇄 관계에 빠져들고 결국 가격을 궁극적으로 결정하는 요소는 전혀 설명할 수 없게 될 것이다.

　스미스 또한 이러한 문제점을 흐릿하게나마 이해했으며,《국부론》의 1권 8, 9, 11장에서 임금, 이윤, 지대의 수준을 그가 살았던 당대의 자본주의 시스템의 역사적, 제도적 조건으로 설명하려고 시도했다. 그의 시도는 비록 중요한 혜안으로 가득 차 있지만 성공적이지 못했다. 결국 스미스의 가격론은 일종의 순환 논리의 요소를 내포하며(가격들을 다른 가격들로 설명하려고 하므로) 스미스는 이러한 순환논증으로부터 결코 완전히 벗어나지는 못했다. 다음 장들에서 보겠지만 이러한 순환논증을 정말로 깨고 나와 모든 가격을 어떤 단일의 외부적 결정 요소 하나에 기초하여 설명하는 데 성공한 가치론은 오로지 두 개뿐이다. 첫 번째는 노동가치론이다. 스미스는 비록 노동가치론을 제기하기는 했지만, 경제 부문마다 노동자 1인이 사용하는 자본의 가치가 서로 다른 조건에서는 노동가치론을 정식화할 수 없었다. 두 번째는 효용가치론으로서, 상품의 가격을 사용가치 또는 효용·utility에 기초하여 설명하는 이론이다.

스미스는 사용가치가 상품의 가격을 결정하는 요소가 될 가능성을 기각했으며, 이를 명시적으로 언명했다.

> 〔가치〕라는 말에서 주목해야 할 점은 이 말이 두 가지 다른 의미를 가지고 있다는 점이다. 어떤 때는 어떤 물건의 효용을 표현하는 말이기도 하고 또 어떤 때는 그 물건을 가짐으로써 갖는 다른 재화들에 대한 구매력을 표현하는 말이 되기도 한다. 전자는 '사용에서의 가치 value in use', 후자는 '교환에서의 가치 value in exchange'라고 부를 수 있다. 사용할 때는 지극히 큰 가치를 갖는 물건이지만 교환에서는 거의 또는 전혀 가치를 갖지 못하는 물건을 자주 볼 수 있으며, 반면 교환에서는 지극히 가치가 크지만 사용에서는 거의 또는 전혀 가치가 없는 물건 또한 자주 볼 수 있다. 물보다 더 유용한 것은 없지만 물로는 거의 아무것도 구매하지 못하며, 그것을 교환에 내놓더라도 살 수 있는 것도 거의 없다. 반대로 다이아몬드는 사용에서는 거의 아무런 가치가 없지만 그것을 내놓으면 아주 많은 양의 다른 재화를 얻을 수 있는 경우가 빈번하다.[31]

효용가치론을 신봉하는 경제학자들은 보통 이 구절을 '물과 다이아몬드의 역설'이라고 부른다.[32] 하지만 스미스는 이를 역설이라고 보지 않았고 그저 사용가치와 교환가치가 서로 체계적인 연관 관계를 갖지 않는다는 언명으로만 보았다. 뒤에 효용가치론자들은 이를 다이아몬드의 효용 총량(스미스가 말하는 것은 이것이다)과 한계효용을 구분하여 설명하는 논리를 내놓는다.[33] 이 책의 뒷부분에서 효용가치론을 설명하는 논의가 나올 것이다. 여기서는 스미스가 가격 결정에서 효용가치론과 노동가치론을 모두 명시적으로 기각했으며 그 결과 그의 가격론에는 해결되지 않는 순환논증의 요소가 남게 되었다는 점만 지적하고자 한다.

스미스의 생산비용 가격 이론에는 두 번째 약점이 있는데, 이는 뒤에 스미스에 대한 리카도의 비판에서 중심적인 논지가 되는 것이기도 하다. 스미스의 가격론이 내놓는 이런저런 결론은 사실은 모든 가격의 전반적 수준에 대한 것일 뿐이며(같은 말을 다르게 표현하자면 화폐의 구매력에 대한 것일 뿐이며), 다른 상품들 사이의 상대적 가치에 대한 것이 아니라는 점이다. 스미스의 이론에서 보자면 혹 무슨 일이 생겨서 한 상품의 가격을 구성하는 3대 비용 요소 중 하나의 값이 상승하면 그 상품의 가격 또한 당연히 올라가야만 한다. 이는 특히 임금이라는 비용 요소에 적용되는 이야기이다. 임금은 모든 상품의 생산비용에서 큰 부분을 차지하기 때문이다. 스미스와 다른 모든 고전파 경제학자들은 임금 수준이 노동자가 생존을 유지할 수 있는 수준 또는 그 부근에서 결정된다고 생각했다. 노동자의 생계비에서 큰 부분을 차지하는 것은 식료품으로서, 스미스가 살던 당시 식료품은 대개 곡물grain(그런데 스미스의 시대에는 곡물 일반을 'corn'이라고 부르곤 했다)로 만들어진 생산물이었다. 따라서 다음과 같은 결론이 나온다. 곡물 가격이 높다면 노동자들이 생존을 유지하는 데 필요한 화폐 임금 또한 높을 수밖에 없다. 하지만 임금이 이렇게 높다면, 임금이야말로 모든 상품의 생산에서 비용의 가장 큰 구성 요소이므로, 모든 상품의 가격 또한 높아진다는 것이다.

스미스는 이러한 추론 과정을 통하여, 조세를 걷어서 그 돈으로 곡물의 수출에 보조금을 지급하면 이는 국내 곡물의 유출을 가져오기 때문에 그 즉시 국내 곡물의 화폐 가격을 올리게 될 것이라고 결론을 내린다. 그러한

조세를 걷으면 궁극적인 결과는

곡물의 실제 가치real value를 올리는 것이 아니라 은銀의 실제 가치를 낮추는 것이 될 것이다. 똑같은 양의 은으로 살 수 있는 곡물의 양뿐만 아니라 그것으로 살 수 있는 여타 모든 국내산 상품의 양 또한 줄어들 것이다. 왜냐면 곡물의 화폐 가격이 여타 모든 국내산 상품들의 화폐 가격을 규정하기 때문이다. … 노동의 화폐 가격, 그리고 토지 또는 노동이 생산하는 모든 것의 화폐 가격은 반드시 곡물의 화폐 가격에 비례하여 등락할 것이다.[34]

당대의 영국 정부가 조세와 보조금으로 곡물 가격에 영향을 주었던 것이 현실적으로 어떠한 정치적 의미를 가지고 있었는지는 맬서스와 리카도를 논의하는 4장과 5장에서 볼 것이다. 여기에서 우리는 이러한 관점이 가치론에 대해 갖는 함의만 논의하기로 한다. 다른 모든 상품의 가치는 그 생산비용에 기초하고 있지만 유독 은의 가치만은 생산비용이 아니라 곡물의 가치에 의해 결정된다는 스미스의 생각은 설명을 필요로 하는 알쏭달쏭한 이야기로 보일 것이다. 게다가 곡물만이 아니라 생산의 투입 요소로서 널리 사용되는 상품이라면 무엇이건 그 가격이 변할 때마다 곡물과 똑같이 은의 가치에 영향을 줄 것이다. 따라서 스미스의 이론을 따지고들어가 보면, 은의 가치는 생산의 투입물로 널리 사용되는 상품들의 가치에 의해 결정된다는 주장으로 귀결된다.

하지만 이렇게 되면 특수한 문제들이 발생한다. 은(또는 화폐)은 교환가치의 척도(즉 상품의 상대적 교환가치를 표현하는 뉘메레르numeraire●)로 흔히 사용되는 물건이었다. 리카도뿐만 아니라 스미스의 다른 비판자들이 보기에도 곡물을 포함하여 생산 투입물로 널리 사용되는 상품 가격이 상승할 때 그것이 다양한 상품들의 가치에 끼치는 영향은 상품마다 다를 수밖에 없다는 것은 명확한 사실이었다. 어떤 상품의 경우에는 생산과정에서 곡물이 대단히 중요한 투입물이 되는 반면(이러한 상품을 곡물 집약적 상품이라고 부를 수 있을 것이다), 다른 상품의 경우에는 상대적으로 중요성이 덜할 수 있다. 그렇다면 전자의 가격이 후자의 가격보다 훨씬 더 많이 오르게 될 것임은 당연하다. 이는 곧 이 두 집합의 상품들 사이의 교환 비율 자체가 변하게 될 것임을 의미한다. 곡물 집약적 상품은 그 가치가 상대적으로 높아질 것이며, 그렇지 않은 상품은 그 가치가 상대적으로 낮아질 것이다. 하지만 스미스의 이론에서는 단지 가치를 측정하는 가늠자(뉘메레르 또는 화폐)가 변했기 때문에 모든 상품들의 가치가 모두 한꺼번에 올라가는 것으로 되어 있다. 스미스는 곡물 가격이 상승하면 은의 상대적 가치가 감소한다는 생각을 제시할 뿐 이를 입증하기 위한 논리를 제시하지 않는다. 게다가 어쩌다 가장 곡물 집약적 상품을 가치 측정의 가늠자로 사용하면 다른 모든 상품들이 가치가 떨어지게 된다는 결론이 불가피하다(측정의 가늠자가 되는 상품이 다른 모든 상품들에 비해 가치의 증가를 겪게 되므로).

그렇다면 스미스의 이론에서는 곡물의 가격에 변화가 있을 때 그것이 다른 상품들의 가치에 어떤 영향을 주느냐는 어떤 상품을 뉘메레르로 선택하느냐에 달려 있다는 이야기가 된다. 하지만 스미스뿐만 아니라 다른 모든 고전파 경제학자들과 마르크스의 공통된 관심사는 상품들의 상대가격을 설명하는 것뿐만 아니라 산출물의 총 가치를 계산할 때 측정의 가늠자로

- 가치의 계산재計算財라고 할 수 있다. 상품들이 교환되는 비율이 존재한다고 할 때 한 상품을 계산자로 삼아 그 비율을 동일한 단위로 표현한다고 할 때 그 계산자에 해당하는 상품을 말한다. 이를테면 어떤 감옥에서 죄수들끼리 여러 물건을 물물교환할 때 그 공통의 계산 단위로 담배를 사용했다. 이를테면 양말 한 켤레는 담배 7개피, 홍차 한 포는 담배 1개피 하는 식이었다. 이때 담배 1개피가 뉘메레르가 되는 것이다.

아무 상품이나 임의로 선택하는 데에서 생겨나는 이론적 모호함을 걸러내는 방식으로 가치론을 발전시키는 것이었다. 만약 산출물의 생산비용 구성이 바뀌고 있고, 그래서 상품들 간의 상대적 교환 비율과 측정의 가늠자의 가치마저 바뀌고 있다면, 이는 어느 상품을 측정의 가늠자로 선택하느냐에 따라 총 산출의 가치 또한 증가할 수도 감소할 수도 있다는 이야기가 된다.

5장과 9장에서 리카도와 마르크스를 다루며 보겠으나, 노동가치론을 발전시킨 경제학자들에게는 이것이 특히 중요한 문제가 된다. 리카도가 전개한 형태의 노동가치론에서는 총 잉여가치에 도달하기 위하여 사회의 총 산출물과 생산에 필요한 총 투입물을 비교하게 되어 있는데, 그 비교에 사용할 가치 측정의 가늠자는 가격 변동의 영향을 받지 않는 것이어야 했다. 이렇게 해서 구해진 총 잉여가치는 이윤율을 계산하는 기초가 되었고, 이윤율은 상대가격의 패턴을 설명하는 데 꼭 필요한 것이었다. 이러한 리카도 경제 이론의 내용은 추후에 더 자세히 논의할 것이다. 여기서 독자들은 왜 고전파 경제학자들이 '불변의 가치척도invariant measure of value'를 찾으려 했으며, 왜 특히 리카도가 스미스의 가격론의 이러한 결함을 비판했는가를 이해할 수 있다면 그것으로 충분하다.

스미스는 자본주의 경제에서의 가격을 노동가치론으로 설명할 수 있는 방법을 보여줄 수 없었다. 이 사실은 그가 불변의 가치척도를 찾는 일에 리카도와 마르크스가 부여했던 만큼의 중요성을 부여하지 않았다는 것을 나타내는 것이기도 하다. 하지만 그렇다고 해서 스미스가 가치를 가장 잘 측정할 수 있는 가늠자를 찾으려는 노력을 하지 않은 것은 결코 아니다. 우선 그는 금과 은은 그러한 측정 가늠자가 될 수 없다고 기각하는 것으로 이야기를 시작한다. 왜냐면 스미스의 시대에는 금과 은을 생산하는 기술적 조건이 대단히 크게 변했기 때문이었다. 스미스는 "그 자신의 가치가 계속해서 다양하게 바뀌는 상품은 결코 다른 상품들의 가치를 정확하게 측정하는 척도가 될 수 없다"[35]고 주장한다. 스미스가 볼 때 최상의 가치척도는, 어떤 상품을 교환함으로써 얼마만큼의 노동을 **부릴**command 수 있는가이다. 스미스는 이렇게 주장했다. 어떤 이가 한 상품을 소유하는 경우,

> 그 상품을 소유함으로써 그에게 즉각적이고 직접적으로 생겨나는 권능은 곧 구매의 권능이다. 즉 그 시점에 시장에 나와 있는 모든 노동 또는 모든 노동 생산물에 대하여 일정한 양만큼을 부릴 수 있는 힘을 갖는다. 그의 재산은 이러한 권능의 정도에 정확하게 비례하여, 즉 그 재산으로 인해 그가 구매 또는 부릴 수 있는 타인의 노동의 양 또는 타인의 노동 생산물의 양에 정확하게 비례하여 커지기도 작아지기도 한다. 어떤 것이든 그것의 교환 가능한 가치란 그것을 소유한 덕에 그 소유자에게 생겨나는 이러한 권능의 정도와 항상 정확하게 일치하게 되어 있다.[36]

하지만 이는 좋은 선택이 아니었다. 금이나 은의 가격이 다양하게 변하는 것과 마찬가지로 노동임금 또한 다양하게 변할 수 있다. 그리고 임금률이란 노동을 구매할 수 있는 가격을 나타내는 것이므로, 스미스가 선택한 가치척도 또한 다양하게 변할 수 있는 것이 된다. 어떤 상품이든 그 가격이 다양하게 변할 수 있으며 또 실제로도 다양하게 변한다는 것은 자명한 사실이다. 따라서 어떤 상품이든 그것을 얼마나 구매할 수 있는가는 그 상품 자체의 가치뿐만 아니라 그것과 교환하려는 물건의 가치에 달려 있는 것이며, 그 둘 중 하나 또는 둘 다 다양하게 변함에 따라서 구매 가능한 양 또한 다양하게 변할 수 있다. 따라서 교환을 통해 획득할 수 있는 상품의 양으로 불변의 가치척도를 삼는 일은 애초부터 불가능하다.

어떤 위대한 사상가이든 과학적으로 유효한 명제만을 내놓는 것은 아니며 여러 오류를 저지르기도 한다. 우리는 전자를 연구하는 것만 아니라 후

자를 분석함으로써 새로운 이해를 얻을 수 있다. 어떤 상품을 교환하여 부릴 수 있는 노동을 스미스가 불변의 가치척도로 선택했던 것도 그러한 오류이다. 이는 스미스가 당시의 경제적 과정을 바라볼 때 빈번하게 의지했던 보편적인 사회적 관점이 무엇이었는지를 알 수 있게 도와준다. 경제사상사가인 로널드 L. 미크는 이렇게 말했다.

> 자본가 고용주가 이런저런 상품의 생산을 조직하는 것은 그 자신이 소비하기 위해서나 자신의 생계에 필요한 재화와 교환하고 싶어서가 아니라 그 상품을 팔아 이윤을 남기고 자본을 축적하기 위해서이다. 이러한 자본가 고용주의 관점에서 볼 때 그가 생산한 상품의 '실제 가치'를 측정할 가장 적합한 척도가 그 상품을 판매한 돈으로 그가 다음 번 생산 기간 동안 얼마만큼의 임노동을 부릴 수 있는가로 보이게 되는 것은 충분히 있을 법한 일이다. 자신이 생산한 상품으로 부릴 수 있는 임노동의 양이 커질수록 그 자본가 고용주도 자신의 노동력을 더욱 크게 늘릴 수 있으며, 따라서 자본을 축적할 수 있는 크기도 더 커지게 되기 때문이다.[37]

스미스의 가치론에 대한 논의를 종결지으면서 꼭 말해두어야 할 것이 있다. 스미스의 사회경제 이론의 다른 많은 부분에서 그런 것처럼 그의 가치론에도 실로 당혹스러울 만큼 모호한 점들이 있다는 것이다. 그는 인류 역사가 문명 상태에 들어와서 자본가가 생산수단의 소유권을 독점하고 지주가 토지의 소유권을 독점하면 상품의 생산에 체현된 노동의 양은 더 이상 그 상품의 가치를 규정하지 못한다고 명시적으로 말했다. 하지만 그가 실제 논의를 해나갈 때는 마치 노동가치론이 여전히 가격을 충분히 설명할 수 있는 것처럼 말하는 것을 많은 곳에서 찾을 수가 있다. 다음의 세 인용문은 그가 노동가치론을 어떤 식으로 활용했는지를 보여주는 예이다.

이 금속들을 광산에서 시장까지 가져오는 데 노동이 덜 들어갔으므로, 시장으로 가져온 금속들이 시장에서 구매 또는 부릴 수 있는 노동 또한 더 적은 양이었다.[38]

자연적으로 비옥하지만 대부분의 땅이 전혀 개간되지 않는 나라에서는 소나 양과 같은 가축, 닭이나 오리와 같은 가금家禽, 각종 사냥감 등등이 아주 적은 양의 노동만으로도 획득이 가능하기 때문에 이런 것들은 시장에 가져와서 교환을 해도 아주 적은 양만을 구매하거나 부릴 것이다.[39]

이 재화들을 시장으로 가져오는 데 더 많은 양의 노동이 들어갔다. 따라서 그 재화들을 시장에 가져왔을 때 더 많은 양의 가격으로 교환되거나 더 많은 양을 구매할 수 있었음에 틀림없다.[40]

스미스의 경제적 후생 이론

스미스의 경제 이론은 다른 무엇보다도 규범적 또는 정책 지향적 이론이었다. 그의 으뜸가는 관심사는 인간의 후생을 증대시키는 데 가장 많이 기여하는 사회경제적 힘이 무엇인가를 분명히 한 뒤, 이에 기초하여 인간의 행복을 가장 크게 증대시킬 수 있는 정책을 추천하는 것이었다. 경제적 후생에 대한 스미스의 정의는 아주 단순하고 직선적이다. 경제적 후생이란 연간 "노동 생산물"과 "그것을 소비할 사람들의 숫자"[41]에 달려 있다는 것이다. 스미스가 명시적으로 언명한 것은 아니지만 그의 논의의 많은 부분에서 중요하게 등장하는 후생의 기준이 또 하나 있다. 생산적 산출물의 구성이 그것을 구매하고 사용하는 이들의 필요와 욕망에 더욱 잘 조응할수록 후생이 증대된다는 것이 그것이다.

경제적 후생을 증대시키는 경향이 있는 힘을 분석하면서 스미스는 자본주의의 가장 중요한 사회경제적 구성물을 기술하는 모델을 발전시켰으며 또 자본주의 시스템을 추동하는 가장 중요한 동기가 무엇인지를 명시적으로 밝혔다. 자본주의는 농업과 제조업이라는 두 개의 으뜸가는 생산 부문으로 나뉜다. 상품의 생산에는 세 가지 구별되는 집합의 투입물, 즉 토지(여기에는 천연자원이 포함된다), 노동, 자본이 필요하다. 이 세 가지 집합의 투입물에 조응하며 지주, 노동자, 자본가라는 세 가지 으뜸가는 자본주의의 사회 계급이 존재한다. 이러한 계급 분화의 법적, 사회적 기초는 사적 소유권을 뒷받침하는 법률 그리고 사람들 사이에 실제의 소유권이 분배되어 있다는 사실 등이다. 이 세 사회 계급은 서로 구별되는 세 가지 형태의 화폐 수익, 즉 지대, 임금, 이윤을 각각 얻는다. 앞에서 보았듯이 이러한 세 가지 형태의 계급 소득은 각각 생산비용의 세 가지 구성물에 조응하며, 함께 합쳐서 상품의 가격을 형성한다. 스미스는 이기심과 탐욕이라는 행동 동기야말로 모든 경제적 행동을 특징짓는 것이라고 가정했다(비록 비경제적 행동에서는 사람들이 다른 행동 동기를 가지며 여기에는 이타심으로 간주되는 동기도 들어간다는 점을 스미스는 인정했다). 이렇게 인간의 모든 경제적 행동이 이기심과 탐욕이라는 동기에 기초하고 있다는 전제야말로 19세기 말에 시작된 신고전파 경제학의 기초가 된다.

스미스의 사회 이론의 맥락에서 볼 때 자본주의는 문명의 가장 높은 단계를 나타내며, 또 자본주의는 정부가 자유방임 정책을 받아들여서 경쟁의 힘과 수요 및 공급의 자유로운 상호작용이 경제를 규제하도록 허락하여 경제가 정부의 각종 규제나 개입으로부터 거의 전혀 방해받지 않는 상태로 진화할 때 비로소 그 절정에 도달하게 되어 있었다. 《국부론》의 전체 구조 또한 이러한 자유방임이라는 스미스의 결론을 지향하도록 구축되어 있다.

이 책의 앞부분 3분의 1(1권과 2권)에서는 스미스 자신의 경제학 개념과 이론이 전개된다. 3권에서는 자본주의의 역사적 발흥에 대한 스미스의 관점이 상세하게 나오며, 4권은 주로 중상주의자(1장에서 8장까지)와 중농주의자(9장)의 정책과 이론에 대한 논의에 바쳐진다.

4권의 9장 말미에 이르면 그 이전에 개진된 모든 분석의 흐름이 하나로 모아진다. 스미스는 스스로 내놓은 분석에 기초하여 중상주의자와 중농주의자의 이론과 정책을 모두 기각하고 나서 어떠한 시스템이 경제적 후생을 극대화할 것인지를 언명한다. 그 언명이야말로 이 책의 가장 중요한 결론이다. 자유방임 자본주의 또는 스미스가 부른 이름으로 "자연적 자유라는 자명하고도 단순한 시스템"이 바로 인간이 얻을 수 있는 최상의 경제 시스템라고 그는 단언했다.

> 따라서 차별의 시스템이든 규제의 시스템이든 모두 완전히 철폐하면, 자연적 자유natural liberty라고 하는 자명하고도 단순한 시스템이 저절로 스스로를 확고하게 뿌리박도록 할 것이다. 모든 사람은 … 스스로의 이익을 스스로의 방식으로 추구하고, 자신의 근면 및 자본을 모두 동원하여 다른 사람 또는 다른 신분 및 집단의 근면 및 자본과 경쟁하는 완전히 자유로운 상태에 놓일 것이다. 군주는 민간인들이 근면하게 일하는지를 감독하고, 그들의 근면이 사회의 이익에 가장 적합한 방식으로 활용되도록 방향을 인도해야 할 의무에서 완전히 풀려난다.[42]

이제 우리는 스미스가 이러한 궁극적 결론에 도달하는 논리의 일부를 요약할 것이다.

모든 사회의 생산 수준은 생산적 노동자들의 숫자와 그들의 생산성의 수준에 달려 있다는 것이 스미스의 관점이다. 그리고 생산성은 다시 전문화,

즉 노동 분업이 이루어진 정도에 달려 있다. "노동의 생산적 힘을 가장 크게 개선시킨 것도 노동 분업의 결과였던 것으로 보이며, 노동을 지휘하거나 사용하는 기술, 재주, 판단력의 큰 부분 또한 노동 분업으로 나타난 결과였던 것으로 보인다."[43] 노동 분업의 정도는 다음의 두 가지 조건에 의해 결정된다. 첫째, 광범위한 전문화가 일어나려면 먼저 잘 발달된 시장 또는 상업적 교환경제가 있어야만 한다. 시장경제가 존재한다면 전문화의 정도는 그 시장의 크기에 달려 있다. "노동 분업을 야기하는 것이 교환의 힘이듯, 그 분업의 정도 또한 항상 교환의 힘의 정도에 의해, 즉 다른 말로 하자면 시장이 발달한 정도에 의해 제한될 수밖에 없다."[44]

가장 중요한 또는 가장 근간이 되는 노동 분업은 농촌의 농업과 도시의 제조업 사이의 분업이다. "대도시 외에는 어디에서도 수행될 수 없는 종류의 공업이 있다"[45]고 스미스는 말한다. 경제가 발전하는 자연적인 순서는 우선 농업, 그다음에 도시 제조업, 그다음에 외국과의 상업이라는 것이다. "모든 문명화된 사회에서 상업은 주로 도시 거주자와 농촌 거주자 사이에서 이루어진다. 상업은 가공되지 않은 것들을 제조업 물품과 교환하는 것을 내용으로 한다."[46]

이러한 도시-농촌 간의 전문화가 가능할 정도로 상업 사회가 발전하면 노동 분업의 정도를 규정하는 두 번째 조건이 더욱 중요해진다.

사물의 본성상 노동 분업이 일어나려면 그 이전에 생산 자재의 축적이 먼저 있어야만 한다. 이와 마찬가지로, 생산 자재의 축적이 늘어나면 늘어날수록 그에 비례하여 노동 또한 더욱더 세분화된다. 그리고 노동이 세분화될수록 똑같은 숫자의 사람들이 작업할 수 있는 재료의 양도 크게 늘어난다. 또 노동자의 작업이 갈수록 더 단순화되면 그렇게 단순화된 각자의 작업을 용이하게 하고 연결시키는 데 다양한 새 기계들이 발명된다. … 이

리하여 … 더욱더 많은 양의 재료와 도구가 … 축적되어야 한다.[47]

따라서 한 나라가 두 개의 다른 시대에 처한 상태를 비교하여, 토지와 노동의 연간 생산물이 먼저 시대보다 나중 시대에 더욱 커진 것이 분명하며 토지의 경작도 개선되고 제조업은 숫자도 늘어 더욱 번성하며 교역은 더욱 광범위하게 이루어진다는 것을 알게 된다면, 우리는 그 두 시대 사이에 자본이 증가한 것이 틀림없다고 확신해도 좋다.[48]

그렇다면 자본축적은 경제적 진보의 주된 원천이며, 이윤은 새로운 자본의 원천이 된다. 이윤과 자본축적이 이렇게 핵심적 중요성을 갖는다는 점을 전제로 하여 스미스는 자신이 내놓은 생산적 노동과 비생산적 노동 사이의 구별을 크게 강조한다. 그의 관심사는 제조업에 쓰인 노동은 불모이거나 비생산적이라고 했던 중농주의자들의 주장을 반박하는 것에 있었다. 그는 그러한 노동이 이윤과 더 많은 자본축적의 원천이라는 점, 따라서 경제적 진보의 원천이라는 점을 알았다.

스미스는 생산적 노동에 대해서 두 개의 정의를 제출했다. 첫째, 어떤 노동이 수입을 낳고 그것이 자본가의 손에 들어가 임금 비용을 지불하고도 여전히 그의 손에 이윤을 남길 정도가 되면 그 노동은 생산적 노동이라고 스미스는 주장했다. 둘째, 손으로 만질 수 있는 물질적이고 판매가 가능한 상품에 체현되어 있는 노동은 생산적 노동이라고 주장했다. 이 두 경우 모두에서 그가 시도하는 것은 자본축적 과정에 기여하는 노동자들을 단지 부자들이나 정부에 서비스를 판매하는 데 불과한 이들과 구별하자는 것이다. 이 후자의 노동자들은 다양한 '비천한 종복들'일 뿐이며, 이들의 서비스가 제아무리 필요한 것이라고 해도 아무런 이윤이나 자본축적도 낳지 못하며 따라서 경제적 진보를 더 진전시키지도 못한다는 것이 그의 관점이었다. 이러한 서비스를 그는 비생산적 노동이라고 간주했다.

오늘날 우리들의 관점에서 보자면 이러한 생산적 노동에 대한 스미스의 두 정의는 서로 모순된다는 것이 자명하다. 하지만 모리스 돕이 말했듯이,

> 어떤 노동이 판매 가능한 상품을 생산하지 못하는 한 이윤이나 잉여가치도 있을 수 없다고 생각했기 때문에 애덤 스미스가 이 두 정의 사이에 아무런 갈등도 느끼지 않았다고 생각하는 것이 합리적이다. 물론 많은 영역에서 그 두 가지 개념이 사실상 동일한 것을 가리킨다. 하지만 마르크스가 말했듯이 배우, 음악가, 무용 교사, 요리사, 매춘부는 모두 "극장, 음악회, 매춘굴 등등의 사업가"에게 고용되는 경우 고용주에게 잉여 또는 이윤을 창출해줄 수도 있다.[49]

여기에서 중요한 점은 생산적 노동이란 자본의 축적을 더욱 진전시키는 노동이라는 것이다. 이렇게 해서 새로이 창출된 자본은 다시 노동생산성을 증가시키므로 경제적 후생을 증대시킨다.

하지만 스미스는 산업 분야에 따라 자본의 생산성이 다르다고 주장한다. 농업에 사용된 자본은 가장 생산적이며, 그다음은 제조업, 그다음은 국내 교역이며, 맨 나중은 해외무역이라는 것이다.[50] 독자들은 여기서 자본 생산성의 서열을 이렇게 매겨놓은 것이 스미스가 경제 발전의 자연적 순서라고 생각했던 것과 조응한다는 점을 상기하게 될 것이다. 만약 각국 정부가 어느 특정 부문의 자본 투자를 장려하거나 억제하기 위한 정책을 전혀 펴지 않는다면, 자본가는 이기심에 따라 최대의 이윤을 쫓아가게 되어 있으므로 경제 발전 또한 이렇게 자연적이면서도 사회에 혜택을 주는 순서에 조응하여 일어나게 될 것이다. 스미스는 이렇게 말했다. "만약 인간의 제도가 [인간의] 자연적 성향을 결코 좌절시키지 않았다면 인간의 자연적 성향은 그

러한 사물의 질서를 증진시키게 될 것이다."⁵¹ 경제 발전의 자연적 순서에 따르면 농업이 제일 먼저 온다. 만약 시장이 자유롭고 정부의 개입이 없다면, "대부분의 사람들은 제조업이나 해외무역이 아니라 토지의 개간과 경작에 자신들의 자본을 사용하는 쪽을 선택할 것이다".⁵²

'자연적 자유라는 시스템'에서 농업 생산이 발전하면, 그다음에는 자본이 제조업으로 흘러갈 것이다. 하지만 이러한 발전 단계에서는 국내의 산업이 해외 상업에 기여하기보다는 인간의 후생에 기여했다. 스미스는 '자연적 자유라는 시스템'에서 자본이 국내 산업으로 흘러가는 과정을 기술하면서, 자유 시장에서는 개인들의 이기적 행동이 마치 보이지 않는 손에 이끌리기나 하듯 경제적 후생을 극대화하는 방식으로 방향이 정해진다는 그의 주장을 정식화한 저 유명한 언명을 내놓는다.

> 자신의 자본을 국내 산업의 부양에 사용하는 모든 개인은 필연적으로 국내 산업의 생산물이 도달 가능한 최고의 가치를 갖도록 그 산업을 이끌기 위해 노력한다.
>
> 산업의 생산물이란 그 산업이 사용한 대상이나 재료에 덧붙이는 것을 가리킨다. 이 생산물의 가치가 크냐 작으냐에 비례하여 고용주의 이윤 또한 크거나 작게 된다. 하지만 누구든 산업을 부양하는 데 자본을 사용하는 목적은 오로지 이윤일 뿐이다. 따라서 그는 생산물의 가치가 가장 높을 법한, 또는 달리 표현하자면 그 생산물로 가장 많은 양의 화폐나 다른 재화와 교환할 수 있을 법한 산업을 부양하는 데 자본을 사용하려고 항상 노력한다.
>
> 하지만 모든 사회의 연간 수입은 항상 그 사회의 산업이 연간 생산한 것 전체의 교환가치와 정확하게 일치한다. … 따라서 모든 개인은 자신의 온 힘을 다해 국내 산업의 부양을 위해 그의 자본을 사용하며 또 국내 산업의 생산물이 최고의 가치를 갖도록 산업을 이끌고자 노력한다. 모든 개인은

반드시 사회의 연간 수입이 최대가 되도록 온 힘을 다해 노력한다. 사실상 그는 공공의 이익을 증진시키려는 의도도 없으며, 자신이 얼마나 그렇게 만들고 있는지조차도 모른다. 그가 해외의 산업을 부양하는 대신 국내 산업을 부양하는 것을 더 선호하는 것은 오직 스스로의 경제적 미래를 보장하려는 의도일 뿐이다. 생산물의 가치를 극대화하는 방식으로 국내 산업을 이끌려 하지만 막상 그가 의도하는 것은 오직 자신의 이득일 뿐이며, 다른 많은 경우와 마찬가지로 보이지 않는 손에 이끌려 자신이 의도하지도 않은 목적을 증진시키게 된 것이다. 그리고 이렇게 그의 의도가 아니었다는 것이 사회에 나쁜 것도 아니다. 그가 정말로 사회의 이익을 증진시키겠다고 의도할 때보다 이렇게 자기 스스로의 이익을 추구할 때, 사회의 이익이 더욱 효과적으로 증진되는 경우가 더 많기 때문이다.[53]

이리하여 스미스는 정부의 개입, 규제, 독점의 허가, 특별 보조금 등이 모두 자본이 투자되어야 할 방향을 그르치고, 자본이 경제적 후생에 기여할 수 있는 바를 감소시키는 경향을 갖는다고 결론짓는다. 게다가 정부의 그러한 활동은 시장을 제한하고, 그를 통해 자본축적의 비율을 감소시키며, 노동 분업의 정도를 줄이며, 이에 따라 사회적 생산의 수준 또한 감소시키는 경향이 있다는 것이다.

자유롭고 경쟁적인 시장이라면 자본을 가장 생산적으로 쓸 수 있는 산업에 쓸 것이다. 그뿐만이 아니다. 보이지 않는 손은 개인들의 이기적인 이윤 극대화의 행동을 사회에 혜택을 가져다주는 쪽으로 몰아가게 되어 있으므로, 자유롭고 경쟁적인 시장은 사람들이 가장 강하게 원하고 필요로 하는 상품을 생산하도록 만들 것이다.

우리가 저녁 식사를 기대할 수 있는 것은 푸줏간 주인, 맥주 제조인, 빵

집 주인 등이 선의를 베풀기 때문이 아니라 그들이 자신들의 이익을 돌보기 때문이다. 우리는 그들의 인간성에 호소하는 것이 아니라 그들의 자기애에 호소하는 것이며, 결코 우리가 무엇을 필요로 하는지에 대해 늘어놓는 것이 아니라 그들이 어떤 이익을 볼 수 있는지를 이야기하는 것이다.[54]

지난 두 세기 동안 사회적 보수주의의 경제학 교리는 스미스에게서 지대한 영향을 받았는데, 그 영향은 무엇보다도 경쟁적이고 자유방임적인 자본주의 경제에서는 자유로운 시장이 모든 개인들의 이기적이고 탐욕적인 이윤 추구 행동을 사회적으로 유익하고 조화로운, '자연적 자유라는 명백하고도 단순한 시스템'으로 몰아간다는 스미스의 믿음에 있었다. 그는 정부의 적절한 임무는 엄격히 제한되어야 한다고 선언했다.

만약 민간의 사적 개인들에게 자본을 어떤 방식으로 써야 하는가를 놓고 이래라 저래라 하려 드는 정치가가 있다면, 그는 전혀 신경 쓸 필요가 없는 일로 자신을 수고롭게 하는 것이다. 그뿐만 아니라 그가 가지려 드는 명령권은 세상의 그 어떤 의회나 상원에도 감히 안심하고 책임을 맡길 수 없는 것이다. 자기야말로 그런 권력을 휘두를 적임자라고 망상할 만큼 어리석고 주제넘은 자에게 그것을 넘겨주는 것보다 더 위험천만한 일은 없다.[55]

정부가 맡아야 할 임무는 오로지 세 가지뿐이다.

첫째, 폭력이나 다른 외부 사회의 침략으로부터 사회를 보호하는 의무. 둘째, 사회 성원 누구든 다른 성원에게서 부당한 일과 억압을 받는 일이 없도록 최대한 보호하는 의무, 즉 정의의 엄밀한 집행을 확립하는 의무. 셋째, 일정한 공공 근로 사업과 공공 기관을 세우고 유지하는 의무. 그것을 세우고 유지하는 것은 특정 개인이나 특정 소수의 개인들에게 결코 이익이 될 수 없을 것이다. 왜냐면 이런 사업과 기관을 세우고 유지하는 일은 비록 전체 사회에는 이익을 가져다줄 때가 많지만, 특정 개인이나 특정 소수의 개인들의 지출에 의존한다면 그 비용을 되갚을 만큼 이익이 발생하지는 않을 것이기 때문이다.[56]

계급 갈등과 사회적 조화

스미스가 말하는 '자연적 자유라는 자명하고도 단순한 시스템'은 조화가 지배하는 경제 시스템의 비전을 보여주었음은 분명하다. 물론 스미스는 이기심과 탐욕이라는 동기가 개인 간의 갈등과 계급 간의 갈등을 낳는다는 점을 의식했다. 하지만 경쟁적 자본주의라는 사회적 맥락 안에서는 이러한 갈등이 그저 겉모습일 뿐 궁극적인 현실은 아니었다. 겉보기에는 갈등으로 보이는 것들을 보이지 않는 손이 자동적으로, 그것도 인간 행복에 가장 크게 기여하는 방식으로 해결한다는 것이었다.

하지만 스미스의 저작들을 읽어보면 자본주의 내의 질서가 계급 갈등이냐 사회적 조화냐라는 쟁점에 대해서 모순까지는 아니더라도 지극히 모호한 태도를 취한다는 점에 충격을 받는다. 이 책의 뒷부분의 여러 장들에서 다시 나오겠지만, 이 책의 중심적 주장은 자본주의를 이해하는 데서 계급 갈등을 근본적으로 중요한 것으로 보는 것이 노동가치론인 반면, 효용가치론에 서면 사회적 조화가 근본적이며 결국 스미스가 말한 보이지 않는 손과 비슷한 결론에 도달한다는 것이다. 스미스의 경우도 보이지 않는 손과 사회적 조화를 주장하는 것은 노동가치론을 포기할 때만, 또 그렇게 포기하는 만큼에 비례하여 가능했다.

하지만 스미스의 경제 분석의 많은 부분은 노동가치론이라는 관점에서 도출된 것이었다. 노동이야말로 가치를 창출하는 유일의 원천적 요소라는 그의 주장도, 노동자들이 자신들의 노동으로 만든 것을, 상품을 창조하지도 않고 그저 재산 소유권에 기대어 권력과 소득 청구권을 갖는 다른 두 개의 계급과 나누어야만 한다는 그의 주장, 재산 소유권을 가진 이들은 "자신들이 뿌리지도 않은 것을 거둘 권리"를 얻는다는 그의 주장도, 정부가 소유권을 보호하는 것은 무엇보다도 "빈자들에 맞서서 부자들을 보호"하는 것이라는 그의 주장도 모두 노동가치론의 관점 덕분에 가능했던 것이다.

더욱이 우리가 이미 보았듯이, 스미스는 임금을 결정하는 것이 노동자와 자본가 사이의 경제적, 사회적, 정치적 투쟁이며 여기에서 거의 항상 자본가가 우위를 차지한다고 주장했다. 그는 또한 사업가들이 경쟁을 피하고 독점을 확보하기 위해서 모든 수단을 다 동원하려 든다는 점을 잘 알았다. 다음 두 개의 인용문이 그 증거이다.

> 같은 업종의 사업가들은 심지어 오락과 기분 전환을 위해서라도 서로 만나는 일이 거의 없다. 하지만 이들이 일단 만나서 대화를 시작하면 그 대화는 공공에 대한 음모로 끝나거나 무언가 교묘한 계략을 써서 가격을 인상하자는 이야기로 끝을 맺는다.[57]

> 하지만 어떤 특정 분야의 상업이나 제조업에 종사하는 사업가들의 이익이란 항상 공공의 이익과는 어떤 면에서 다르고 심지어 정반대이기도 하다. … 경쟁의 폭을 좁히는 것이 항상 사업가들의 관심이다. … 하지만 경쟁의 폭을 좁히면 이는 항상 … [공공의 이익] … 과는 대립한다. 이는 사업가들이 자연적인 경우의 수준보다 훨씬 높은 이윤을 올리게 해주는데, 이는 사업가들이 자기 이익을 채우기 위해 나머지 동료 시민들에게 터무니없

는 세금을 부과하는 것이나 마찬가지이다.[58]

스미스가 자본주의의 결과들, 특히 자본축적과 그로 인해 대부분 노동자들에게 따라오는 노동 분업을 분석하면서 나온 다음의 두 인용문 또한 마찬가지로 그가 자본주의의 갈등적 측면을 얼마나 날카롭게 인식했는지를 잘 드러낸다.

> 사람들 사이에 타고난 자연적 재능의 차이는 사실은 우리가 알고 있는 것보다 훨씬 적다. … 가장 다른 성격의 사람들, 예를 들어 길거리의 짐꾼과 현인 사이의 차이점도 자연에서 비롯되는 것이라기보다는 버릇, 관습, 교육 등에서 비롯되는 것이다. 이들이 세상에 태어나서 처음 여섯 살이나 여덟 살이 될 때까지는 대단히 비슷하기 때문에 부모들도 놀이 동무들도 무슨 큰 차이점을 지각하기 어렵다. 그런데 이 나이가 지나면 곧 아주 다른 직종으로 들어간다.[59]

> 노동 분업이 진행되면 노동으로 사는 이들의 압도적인 다수, 즉 인민의 대다수의 노동은 몇 개의 지극히 단순한 동작—한두 개일 때가 많다—으로 제한된다. 하지만 대다수의 인간은 그들이 일상적으로 하는 노동에 의해 자신의 지력知力을 형성한다. 몇 개의 단순 동작, 그것도 효과가 항상 똑같거나 거의 똑같은 동작만을 수행하면서 일생을 보낸 사람은 자신의 지력을 사용할 기회도 없으며, 작업에 무슨 어려운 문제가 생겨나는 것도 전혀 아니므로 그것을 제거할 편리한 방법을 찾기 위해 창의력을 발휘할 기회도 없다. 따라서 그는 당연하게도 그러한 능력을 활용하는 버릇을 잃게 되며, 인간이라는 피조물이 도달할 수 있을 만큼의 한계까지 멍청하고 무식한 존재가 되는 것이 보통이다. 그의 정신이 마비되면서 그는 어떤 합리

적인 대화도 음미하거나 한몫 낄 수 없을 뿐만 아니라, 관대함이라든가 고상함, 부드러움과 같은 정서도 품을 수가 없으며, 그 결과 심지어 개인 생활에 생겨나는 여러 일상적 임무에서조차도 아무런 판단력을 갖지 못하는 일이 많다.[60]

이러한 노동자들에게 보이지 않는 손 그리고 '자연적 자유라는 자명하고도 단순한 시스템'의 가치는 실로 먼 나라 이야기로 들릴 수밖에 없다. 게다가 정부라는 것은 그저 '빈자들에 맞서 부자들을 보호'하기 위해 존재하는 것이며, 자본가가 임금률을 둘러싼 투쟁에서 노동자를 제압하는 데 쓰는 으뜸가는 수단이 정부의 활용이며, 자본가는 자신들의 특권을 확보하고 보호하기 위하여 정부의 활용을 비롯한 모든 수단을 다 동원한다는 점까지 고려해보라. 도대체 스미스는 그러면서 어떻게 정부가 오로지 세 가지 임무만을 맡고 보이지 않는 손이 모든 개인들의 이기심과 탐욕의 활동을 서로에게 유익하고 조화로운 전체로서 몰아가는 '자연적 자유의 시스템'을 성취하는 것을 감히 꿈꿀 수 있었을까. 우리는 아연해지지 않을 수가 없다.

《국부론》에는 이러한 이해하기 어려운 문제들뿐만 아니라 혜안으로 가득 찬 수많은 분석들이 들어 있다. 이 점을 생각해본다면 스미스의 지적인 영향력을 19세기와 20세기의 경제사상에 내려오는 두 개의 경쟁적 전통, 즉 노동가치론과 계급 갈등을 강조하는 전통과 효용가치론, 사회적 조화, 보이지 않는 손 등을 강조하는 전통 모두에서 발견할 수 있다는 사실이 놀랍지 않다.

주

1. Reinhard Bendix, *Work and Authority in Industry*(New York: Harper and Row, 1963), p. 27.

2. Paul Mantoux, *The Industrial Revolution in the Eighteenth Century*(New York: Harcourt Brace Jovanovich, 1927), pp. 344-45.

3. Ronald L. Meek, "Adam Smith and the Classical Theory of Profit", in *Economics and Ideology and Other Essays*(London: Chapman and Hall, 1967), p. 25. 다음의 세 문단은 미크의 이 글에 의존하고 있다.

4. 스미스의 역사 이론을 요약한 것으로 유용한 글은 Ronald L. Meek, "The Scottish Contribution to Marxist Sociology", in *Economics and Ideology*, pp. 34-50 와 Andrew Skinner's introduction to *The Wealth of Nations*, ed. Andrew Skinner(Baltimore: Penguin, 1970), sect. 2, pp. 29-43. 스미스의 사회학을 요약한 것으로 유용한 글은 Warren J.S. Samuels, "Adam Smith and the Economy as a System of Power", *Review of Social Economy* 31, no. 2 (1973), 123-37.

5. Adam Smith, *An Inquiry into the Nature and Causes of the Wealth of Nations*(New York: Modern Library, 1937), p. 653

6. Ibid., p. 653

7. Ibid.

8. Ibid., p. 670.

9. Ibid.

10. Ibid., p. 674

11. Ibid., p. 361.

12. Ibid., pp. 361-62.

13. Ibid., p. 385.

14. *Wealth of Nations*, p. 23.의 스키너 서문에서 재인용.

15. Ibid., p. 39.

16. Ibid.

17. Ibid., pp. 26-27.

18. Ibid., p. 40.

19. Smith, *Wealth of Nations*, p. 248.

20. Ibid., p. 47.

21. Ibid., p. 326

22. Ibid., p. 30

23. Ibid., p. 48

24. Ibid., p. 66

25. Ibid., pp. 66-67.

26. Ibid., p. 30

27. Ibid., pp. 47-48.

28. Ibid., pp. 48-49.

29. Maurice Dobb, *Theories of Value and Distribution since Adam Smith* (Cambridge, UK: Cambridge University Press, 1973), p. 46.

30. Smith, *Wealth of Nations*, p. 48

31. Ibid., p. 28

32. 예를 들어 Mark Blaug, *Economic Theory in Retrospect* (Homewood, IL: Irwin, 1968), p. 41.

33. Ibid., p. 43.

34. Smith, *Wealth of Nations*, pp. 476-77.

35. Ibid., pp. 32-33.

36. Ibid., p. 31.

37. Ronald L. Meek, *Studies in the Labour Theory of Value* (New York: Monthly Review Press, 1973), pp. 65-66.

38. Smith, *Wealth of Nations*, p. 32.

39. Ibid., p. 186.

40. Ibid., p. 246.

41. Ibid., p. Ivii.

42. Ibid., p. 651.

43. Ibid., p. 3.

44. Ibid., p. 17.

45. Ibid.

46. Ibid., p. 356.

47. Ibid., p. 260.

48. Ibid., p. 326.

49. Dobb, *Theories of Value and Distribution*, p. 61.

50. Smith, *Wealth of Nations*, pp. 341-55.

51. Ibid., p. 357.

52. Ibid., pp. 357-58.

53. Ibid., pp. 422-23.

54. Ibid., p. 14.

55. Ibid., p. 423.

56. Ibid., p. 651.
57. Ibid., p. 128.
58. Ibid., p. 250.
59. Ibid., p. 15.
60. Ibid., pp. 734–35.

4

토머스 로버트 맬서스

토머스 로버트 맬서스Thomas Robert Malthus(1766~1834)는 영국에서 집안의 유복한 아들로 태어났다. 그는 케임브리지 대학을 다닌 후 1805년에 할리베리Harleybury에 있는 동인도회사의 대학에 교수로 임용되었다. 그는 영국 최초로 정치경제학을 가르치는 교수직을 맡게 되었고, 1834년 타계할 때까지 교수직을 유지했다.

맬서스가 살았던 시대는 계급 갈등이 심했던 격동의 시대였으며, 그의 저작은 이러한 갈등에 대한 그의 태도를 반영한다. 당시의 주요한 갈등은 두 가지가 있었는데 그 각각을 여기에서 짧게 논의하도록 한다. 첫째, 산업 혁명은 노동계급이 곳곳에서 엄청난 희생과 고통을 치르지 않았다면 절대로 불가능했을 것이다. 노동자들은 이러한 희생과 사회경제적 빈곤뿐만 아니라 법령과 정치에 의한 억압까지도 견뎌야 했지만, 그들이 항상 고분고분하게 이러한 희생을 받아들인 것은 아니었다. 둘째, 18세기 말과 19세기 초에 걸쳐서 이전의 토지 소유 계급은 여전히 영국 의회에 대한 실질적인 통제력을 유지했으므로 이 계급과 새로이 떠오르는 산업 자본가계급 사이에 격렬한 계급 갈등이 벌어졌다. 이 갈등은 의회에 대한 통제력을 둘러싸고 펼쳐졌는데 궁극적인 문제는 영국의 선택에 관한 것이었다. 앞으로도 상대적으로 자급자족을 유지하는 농업 경제로 남을 것인가 아니면 무엇보다도 공업 생산에 전념하는 섬나라가 될 것인가의 선택이었다.

맬서스 시대의 계급 갈등

산업혁명은 인류 역사상 유례가 없는 인간 생산성의 증대를 이루었다. 이러한 생산성 증대의 기계적 기초가 된 것은 도처에서 건설된 공장과 기계류의 광범위한 사용이었다. 경제의 생산 능력을 자본재를 만드는 쪽으로 돌리기 위해서는 소비재 제조업으로 돌려지는 비중을 훨씬 더 줄일 필요가 있었다. 자본재는 대중의 빈곤이라는 사회적 비용을 치르고 구매해야 했다. 비록 기술적 변화로 생산성이 증대되었고 그에 따라 이러한 사회적 비용도 조금은 줄일 수 있었지만, 그것만으로는 갈수록 늘어나는 자본축적을 감당하기에는 턱없이 부족했다.

역사적으로 한 사회가 그 성원들 일부에게 가까스로 생존만 가능할 정도의 생계 수준을 강요해야 하는 경우에는 항상 희생을 치러야 하는 것이 정치·경제적으로 가장 권력이 없는 이들이었다. 영국 산업혁명의 경우에도 그러했다. 1750년에 노동계급은 생계 수준에서 생활했으며, 18세기 후반이 되면 그들의 생활수준은 (임금의 구매력으로 측정했을 때) 갈수록 악화되었다. 19세기의 처음 몇십 년간 노동계급의 생활수준의 추세가 어떠했는지는 역사가들 사이에서 논쟁거리이다. 하지만 많은 저명한 학자들이 이 시절 동안 생활수준이 오르지 못했거나 심지어 떨어지기까지 했다고 주장할 만한 충분한 증거를 드는 것으로 볼 때, 이 기간에 설령 임금이 올랐다고 해도 그 정도는 아주 미미했다는 결론을 내릴 수 있다.

산업혁명 기간에 가난한 이들의 생활수준이 중간계급 및 상류계급의 생활수준에 비해 급격히 떨어졌다는 점은 의심의 여지가 없다. 한 자세한 분석에 의해서 밝혀진 바에 따르면,

가난한 이들은 상대적으로 더욱 가난해졌다. 그 이유는 한마디로 온 나라, 특히 부자들과 중간계급이 분명히 더욱 부유해졌기 때문이었다. 가난한 이들이 완전히 궁지에 빠져 허덕거리던 바로 그 순간에 중간계급이 과도한 자본을 손에 쥐었으며, 이 넘치는 자본을 철도 사업에 미친 듯이 투자했을 뿐만 아니라 1851년의 대박람회Great Exhibition에 전시된 호화로운 가구들을 집이 미어터지도록 들여놓는 데 쓰기도 했고 … 공장 연기로 가득 찬 북쪽의 도시들에서는 대궐같이 으리으리한 시청을 짓는 데 쓰기도 했다.[1]

공업화에는 반드시 소비의 희생이 필요하지만, 사회적 비용을 어느 계급이 치렀는가는 의문의 여지가 없다.

하지만 이러한 소비의 감소라는 비용은 노동계급이 산업혁명으로 뒤집어쓴 고통 가운데서 결코 유일한 것도 아니며 심지어 최악의 것도 아니었다. 이 새로운 공장 시스템은 노동자들이 영위해온 전통적인 삶의 방식을 완전히 파괴했고, 이들이 전혀 감당할 엄두조차 내지 못할 악몽 같은 세계로 이들을 내던졌다. 이들은 수공업에서 존재했던 일하는 사람의 자존감과 친밀한 인격적 관계를 상실했다. 이 새로운 시스템 속에서 이들이 맺는 유일한 관계는 고용주와의 관계이며, 그것도 몰인격적 시장, 즉 **현금 관계**cash nexus를 통하여 이루어졌다. 이들은 생산수단에 대한 직접적인 접근권을 빼앗겼고, 생계를 시장의 여러 조건에 전적으로 의존하는 노동력 판매자에 불과한 존재로 전락했다.

아마도 이 모든 것들보다 더 끔찍한 것은, 공장 시스템이 노동자들의 동작에 단조롭고 기계적인 규칙성을 강요한 것이었다. 공업화 이전의 유럽에서는 노동자의 업무가 그렇게 전문화되어 있지 않았다. 노동자들은 한 업무를 하다가 다른 업무로 넘어가는 식이었으며, 노동은 계절과 날씨의 변덕 따위로 흐름이 끊기기 일쑤였다. 노동자들은 쉬거나 놀고 싶을 때, 일상적 노동 속도를 바꾸고 싶을 때는 그렇게 할 수 있는 자유를 어느 정도 가지고 있었다. 하지만 공장에 고용되면서 시계라는 폭군이 등장했다. 생산은 기계화되었고, 여러 과정의 복합적 상호작용을 조정하고 새로운 값비싼 기계류의 활용을 극대화하기 위해서는 절대적 규칙성이 필요했던 것이다. 노동 속도는 이제 더 이상 노동자가 아니라 기계가 결정했다.

기계는 이전에는 노동자에게 딸린 부속물이었지만 이제는 생산과정의 중심이 되었다. 이제는 노동자가 냉정하고 무자비하게 속도를 정하는 기계에 딸린 부속물이 되었다. 18세기 말과 19세기 초에 이 새로운 공장 시스템에 저항하는 자생적인 반란이 일어나서 여러 무리의 노동자들이 집단적으로 기계와 공장을 깨부수고 파괴했다. 그들은 이 기계와 공장이 자신들이 처한 곤경의 주범이라고 생각했던 것이다. 이러한 반란은 러다이트Luddite 반란이라고 불리는데, 수많은 노동자들이 잡혀 추방되거나 교수형에 처해짐으로써 1813년에 끝이 났다.

공장에서 일어나는 광범위한 노동 분업은 노동의 대부분을 아주 판에 박은 단순한 것으로 만들었기에 남성뿐만 아니라 훈련을 받지 못한 여성과 아동도 일을 할 수 있게 되었다. 게다가 남성보다 여성과 아동 쪽이 훨씬 더 낮은 임금으로 고용할 수 있었던 데다, 많은 경우 입에 풀칠이라도 하려면 온 가족이 일을 해야만 했기에 여성과 아동이 널리 고용되었다. 게다가 남성에 비해 여성과 아동은 고분고분하게 순종하도록 만들기 훨씬 쉬웠기 때문에 많은 공장주는 여성과 아동을 더욱 선호했다. 이 시절에는 오직 순종적인 여성만이 좋은 여성이라는 이데올로기가 광범위하게 퍼져 있었는데, 이것이 여성의 고용주에게는 큰 도움이 되었다.

아동은 도제 계약서indentures of apprenticeship에 의해 21세가 될 때까지 7년간 공장에 묶인 몸이 되었다.• 아동은 정말로 가장 무시무시한 악조건에서 장시간 노동을 강요당했지만 그 대가로 거의 아무것도 받지 못했다. 구빈법 행정을 맡은 당국에서는 구호를 받아야 살아갈 수 있는 극빈자의 아동을 이 도제 계약에 몰아넣을 수가 있었고, 이는 "정규적인 흥정으로 이어져서 … 방적업자와 구빈법 당국자 사이에서 … 아동은 … 마치 물건처럼 다루어지곤 했다. 50명, 80명, 100명의 아동을 제비뽑아서 마치 가축 떼나 되는 양 공장으로 보내고, 아동은 공장에서 여러 해 동안이나 죄수처럼 갇혀 있었다".[2]

아이들은 세상에서 가장 잔인한 노예 상태를 견뎌냈다. 그들을 가엾게 여기는 이들도 있었겠지만 아이들은 그러한 동정으로부터 철저하게 고립되어 자본가 또는 그들이 고용한 관리자의 명령에 온전히 내맡겨졌는데, 이들의 주요한 관심은 경쟁자인 다른 공장의 도전을 어떻게 물리치느냐였다. 아이들의 노동일은 14시간에서 18시간까지, 아니면 완전히 지쳐 쓰러질 때까지 지속되었다. 작업반장은 아이들이 얼마나 생산해내느냐에 따라 급료를 받았으므로 아이들을 정말로 인정사정없이 몰아쳤다. 대부분의 공장에서 아이들은 식사 시간(단 한 끼일 때도 많았다)으로 20분 이상 갖지 못했다. "사고는 대단히 흔했다. 특히 긴 하루 노동이 끝날 무렵 완전히 지친 아동

• 영국에서는 이미 도시와 농촌 모두에서 아동에게 일정한 기간 동안 도제, 즉 일종의 견습공으로 일하면서 일을 배우도록 그 기간과 조직 등을 직인법으로 정해놓고 있었다. 이 도제살이를 시작할 때 기간과 조건을 적은 계약서를 작성하여 이것을 톱니바퀴 모양으로 찢어 정본과 부본을 나누었는데, 여기에서 이 계약서를 톱니바퀴indenture라고 부르는 관행이 생겼다.

이 일을 하다가 졸 때가 위험했다. 잘려나간 손가락과 바퀴 사이에 끼어 사지가 으스러진 이야기가 결코 끊이지 않았다."³ 아동은 이렇게 야만적이고 비인간적인 방식으로 노동 기율을 강요당했는데, 그 방식을 이야기하면 오늘날의 독자들은 전혀 믿을 수 없을 것이다.

여성도 마찬가지로 심한 학대를 받았다. 공장에서의 노동은 길고도 뼈가 빠지도록 힘들고 단조로웠다. 노동기율도 엄청나게 셌다. 공장에서 겨우 일자리를 구하면 그 대가로 고용주와 작업반장의 성적 희롱을 참아내야만 했다.⁴ 광산의 여성은 하루에 14시간에서 16시간이나 땀을 흘려야 했다. 허리까지 웃통이 모두 드러난 채 남성들과 함께 일을 했다. 심지어 아이를 낳고서 단지 며칠 만에 다시 광산으로 들어간 여성에 대한 이야기도 많다. 이 시절 여성이 처했던, 도저히 믿을 수 없을 만큼 잔인하고 비인간적인 노동 조건에 대해서는 수많은 설명이 행해졌다. 물론 남성 또한 여성이나 아동보다 크게 나을 것이 없었다.

이 자본주의적 공업화 기간 동안 노동계급의 생활수준을 어림하여 추산하는 데 중요하게 고찰해야 할 또 하나가 당시에 일어난 급속한 도시화이다. 1750년에는 영국 전체에서 인구 5만 명이 넘는 도시는 둘뿐이었으나, 1850년이 되면 29개가 된다. 그 뒤에는 세 명 중 한 명꼴로 인구 5만 명 이상의 도시에 살게 된다.

이 시절의 도시는 생활 조건이 실로 참담했다.

참으로 한심한 도시들이었다. 하늘에는 연기가 자욱했고 오물이 도시 전체를 꽉 메우고 있었다. 이것만이 아니었다. 사람들이 대규모로 도시로 계속 들어오고 있었고 그 속도가 너무 빨라 수도 공급, 위생, 길거리 청소, 열린 공간 등과 같은 기초적인 공공 서비스가 도저히 이를 따라잡지 못했다. 그리하여 특히 대략 1830년 이후에는 콜레라, 장티푸스와 같은 전염병이 들끓었다. 19세기 도시 거주자의 사망 원인 두 가지는 대기 오염과 수질 오염으로 인한 호흡기 질환과 내과 질환이었다. … 새로운 도시 거주자는 … 이미 인구가 넘쳐나는 음산한 빈민촌으로 몰려들었다. 이 빈민촌은 한번 슬쩍 보기만 해도 심장이 얼어붙게 될 만한 곳이었다. 프랑스의 위대한 자유주의자 토크빌de Tocqueville은 맨체스터에 대해 이런 말을 남겼다. "문명은 그 나름의 독특한 기적을 낳고, 문명화된 인간들은 거의 야만인으로 되돌아간다."[5]

글래스고의 한 구역도 이러한 빈민가 중 하나였다. 정부 위원회의 한 위원이 낸 보고서에 따르면 이 지역에 거주하는 이들은

> 1만 5천 명에서 3만 명 사이를 오간다. 이 구역은 아주 좁은 수많은 길들과 사각형의 마당들로 이루어져 있는데 마당들 가운데는 쓰레기더미가 있다. 이곳의 겉모습도 실로 구역질났지만, 그 안에서 본 추잡함과 참상은 감당하기조차 힘들었다. 우리가 밤에 방문한 방에서는 인간 떼거리의 몸뚱어리가 그냥 바닥에 널브러져 있었다. 어떨 때는 15명에서 20명에 이르는 남자와 여자가 뒤죽박죽으로 엉켜 있었고, 옷을 걸친 사람도 있었지만, 완전히 벌거벗은 사람도 있었다. 여기에는 가구랄 것이 거의 없었으며, 이곳이 그나마 사람이 사는 데임을 보여주는 것은 난로에 타고 있는 불뿐이었다. 이들의 주된 소득 원천은 도둑질과 매춘이었다.[6]

노동자의 전통적인 삶의 방식을 완전히 파괴하고 새로운 공장 시스템에 가혹하게 길들이는 일이 벌어졌고 여기에다가 도시의 생활 조건마저 참으로 어처구니없었다. 이에 사회적·경제적·정치적 소요가 생겨나지 않을 수가 없었다. 사회적 격변, 폭동, 반란의 연쇄반응이 1811~13년, 1815~17년,

1819년, 1826년, 1929~35년, 1838~42년, 1843~44년, 1846~48년에 일어났다. 많은 지역에서 이러한 봉기는 순전히 자발적이고 주로 경제적 성격을 띤 것이었다. 1816년 한 반란 노동자는 이렇게 외쳤다고 기록되어 있다. "나는 이제 집도 절도 없는 신세로 나를 돌볼 이는 하나님뿐이다. 집으로 돌아간다면 즉시 죽임을 당할 것이다. 나는 빵을 원하며, 무슨 수를 쓰더라도 빵을 손에 넣을 것이다."[7] 1845년 콜먼Colman이라는 미국인은 맨체스터의 노동자들이 "버림받고, 사기당하고, 억압당하고, 짓밟힌 인간들로서, 사회의 얼굴 곳곳에 피어린 상처가 되어 그 얼굴을 온통 뒤덮고 있다"[8]고 기록했다.

산업자본주의가 노동계급의 비참한 고통 위에 세워졌다는 것은 의문의 여지가 없다. 이들은 급속한 경제 성장의 과실에 전혀 손을 댈 수 없었고, 자본가의 이윤을 증대시키기 위한 모멸적인 폭력에 종속당해야 했다. 이 기간의 큰 사회악의 기본 원인은

> 자본가의 절대적이고도 아무런 통제도 받지 않는 권력이었다. 이 거대한 모험이 행해진 영웅적 시대에 이러한 자본가의 절대적 권력을 모든 이들이 인정하고 받아들였으며, 심지어 악랄하게도 공공연히 선포되기까지 했다. 노동자를 어떻게 다룰지는 고용주가 알아서 결정할 그들의 고유한 영역이었으며, 실제로 고용주는 자신이 선택한 대로 행동했다. 이들은 자신의 행동을 정당화할 다른 논리 따위가 필요하다는 생각은 전혀 하지 않았다. 고용주는 고용된 이들에게 임금을 줄 의무가 있지만, 일단 임금을 주고 나면 그들은 고용주에게 감히 아무런 요구도 할 수 없는 존재였다.[9]

직물 공업에 공장제 생산이 도입된 최초의 순간부터 노동자는 자신들의 이익을 집단적으로 보호하려고 함께 뭉쳤다. 1787년 고용 상황이 아주 좋

앉을 때 글래스고의 모슬린 제조업자들은 임금을 낮추려 들었다. 노동자들은 집단적으로 저항했고, 일정한 최저 임금률 이하로는 일하기를 거부했고, 그 최저 임금률을 지불하지 않는 제조업자들을 보이코트했다. 이 투쟁은 공공연한 폭동과 총격으로 이어졌지만, 노동자들은 스스로가 강력하고도 훌륭한 기율을 갖춘 집단임을 입증하고서 강력한 노동조합을 건설했다. 1792년 방직공 노동조합이 볼튼 앤드 베리 회사Bolton & Bury Manufacturers에게 단체협약을 강제했다.

1790년대가 되자 노동자 조직이 급속히 확산되었다. 그 결과 그리고 사회경제적 불만이 증대된 결과 상류계급은 대단히 불편해하고 있었다. 이들의 머릿속에는 아직도 프랑스혁명의 기억이 생생했고 그래서 단결된 노동자의 힘을 두려워했다. 그 결과는 1799년의 단결금지법Combination Act으로 나타났는데, 이 법은 노동자가 임금 인상과 노동시간 단축, 그 밖에 고용주들의 자유로운 행동을 제약하는 규제를 도입하는 것을 목적으로 단결하는 것을 모조리 불법화했다. 이 법을 옹호한 이들은 자유 경쟁의 필요성과 독점의 폐해—이는 고전적 자유주의의 으뜸가는 교리이다—를 들어 자신들의 논리를 정당화했지만, 고용주의 단결과 자본가의 독점 관행에 대해서는 언급하지 않았다. 이러한 입법의 효과는 다음과 같이 요약되었다.

단결금지법은 노동자가 저지르는 파멸적인 탈취 행위를 막기 위해 절대적으로 필요한 것으로 여겨졌다. 이러한 짓을 그냥 놓아둘 경우에는 그 직종뿐만 아니라 온 나라의 제조업, 상업, 농업이 전부 다 파괴될 것이라는 것이었다. … 이러한 잘못된 생각이 사람들의 생각을 철두철미하게 지배했기 때문에, 노동자가 임금이나 노동시간을 조절하기 위하여 단결했다는 죄목으로 기소를 당할 때마다 처벌이 아무리 엄하다 해도 그 불행한 희생자들에게 누구도 조금만치의 동정심도 보여주지 않았다. 이들에게 정당한 재판을 보장한다는 것은 완전히 불가능했다. 이들이 치안판사 앞에서 자신들의 입장을 이야기하려고 들 경우에는 치안판사는 짜증을 내거나 욕설을 했다. … 만약 치안판사 앞에서의 심리, 개정 중의 법정, 심지어 고등법원의 왕좌 심판King's Bench까지 정확하게 기록해둘 수만 있었더라면, 몇 년이 지난 뒤에 그 기록은 엄청난 부정의, 비열한 욕설, 부과된 형량의 끔찍함에 대한 최고의 증거가 되었을 것이다.[10]

자유방임 자본주의의 지지자들이 강렬하게 벌였던 또 하나의 운동은 1795년에 생겨난 스핀햄랜드Speenhamland 빈민 구호 시스템을 철폐하는 것이었다. 이 시스템은 (엘리자베스 여왕 시대의 직인법의 전통을 이어) 기독교적인 가부장적 윤리의 산물이었다. 빈곤에 처한 이들이 일자리가 있건 없건 최소한의 생활수준을 보장받아야 한다는 것이 이 법의 취지였다. 이 시스템이 심각한 결함을 가지고 있었음은 분명하다. 예를 들어 이 시스템으로 인해 임금 수준이 빈민 구호 수준 아래로 떨어질 때가 많았고(그러면 그 차액은 교구에서 걷는 세금으로 메웠다), 노동 이동성이 확대될 필요가 있는 상황에서 노동 이동성을 심하게 제약했다. 하지만 당시의 논자들 대부분은 스핀햄랜드 시스템의 이런 특징에만 논의를 국한한 것이 아니었다. 이들은 가난한 이들에게 정부가 제공하는 그 어떤 형태의 구호에도 반대했다. 그런데 이들의 논리는 맬서스의 사상에 기초하고 있었다.

1790년대에 노동자의 처지는 아주 급격하게 악화되었다. 영국이 전쟁을 벌이면서 식량 수입이 크게 줄었고 곡물 가격은 아주 심각하게 상승했다. 예를 들어 밀의 가격은 1750년에는 4분의 1톤이 31실링이었는데, 1775년에는 46실링으로 올랐고 그다음 25년 뒤에는 무려 128실링으로 치솟았다. 물론 이 기간 동안 임금도 오르기는 했지만 노동자 한 사람이 임금으로 살 수 있는 식량의 양은 분명히 줄어들었다.

이와 마찬가지로 중요한 사실은, 제조업 물품의 가격은 일반적으로 임금만큼 빠르게 오르지 않았으며(어떤 것은 오히려 이 기간 동안 가격이 떨어졌다), 농산품의 가격보다는 상승 속도가 훨씬 느렸다는 점이다. 오랫동안 계속되었던 일련의 전쟁이 1815년에 끝났을 때 영국 의회가 직면한 가장 심각한 정치적 쟁점의 하나는 곡물법이었다. 지주계급은 농산품 수입에 대한 새로운 묶음의 관세를 획득하기 위해 사회적, 지적, 정치적 영향력을 총동원했다. 외국의 곡물은 영국의 곡물보다 훨씬 낮은 가격에 수입될 수 있었는데, 지주계급은 값싼 외국 곡물이 영국으로 들어오는 것을 막을 만큼 높게 관세를 올리고자 했다. 그렇게 되면 영국의 곡물 가격은 높게 유지되어, 지주는 전쟁 기간 동안 누릴 수 있었던 높은 소득 수준을 똑같이 유지할 수 있도록 보장된다.

하지만 영국의 산업자본가는 곡물법을 반대했는데, 여기에는 다음의 두 가지 근본적인 이유가 있었다. 첫째, 곡물과 곡물로 만든 제품은 노동자의 생필품 품목에서 가장 큰 비중을 차지하므로 곡물 가격이 올라가면 자본가로서는 노동자와 그 가족이 살아갈 수 있도록 더 높은 화폐 임금을 지불하지 않을 수 없다. 따라서 농산품의 가격이 높다는 것은 노동자가 창출한 잉여가치의 많은 부분이 자본가의 이윤에서 지주의 지대로 이전되는 효과를 낳는다. 둘째, 19세기 초가 되면 영국의 제조업이 대륙의 경쟁자들보다 훨씬 더 높은 효율성을 갖추었으며 이에 따라 영국 제조업 물품의 가격이 유럽 다른 나라의 제조업 물품의 가격보다 훨씬 더 저렴해진다. 이는 곧 만약 관세를 철폐하고 자유로운 국제 경쟁을 확립할 수만 있다면 영국의 제조업자가 유럽 경쟁자들을 가격 경쟁력으로 밀어낼 수 있다는 것을 뜻했다. 하지만 영국이 유럽 대륙에서 제조업 물품을 판매할 수 있으려면 유럽의 상품 일부를 구매해야 했다. 만약 영국이 유럽 대륙에서 곡물을 수입한다면 이를 통해 유럽인들이 영국 화폐인 파운드를 수중에 넣을 것이며, 그렇게 되면 유럽인들이 영국의 제조업 상품을 구매할 수 있게 된다.

하지만 결정적으로 중요한 궁극적 쟁점이 있었다. 지주는 자신들의 지위와 소득과 권력을 영원히 유지하기 위하여 영국이 계속해서 농업이 지배하는 경제로 남기를 원했다. 산업자본가는 자신들의 소득과 권력을 확장하기 위하여 영국이 제조업으로 전문화하기를 원했고, 지주에게 돌아가는 잉여가치의 몫이 줄어들기를 원했다. 사실상 당시 벌어지고 있었던 것은 이 영국 지배계급의 두 적대 요소 사이의 마지막 전투였다. 지주는 봉건 지배계급의 마지막 잔재였으며 봉건 귀족과 마찬가지로 그들의 권력 또한 토지에 대한 통제력에서 나왔다. 자본가의 권력은 노동과 생산과정에 대한 통제력에서 나왔다. 노동자가 창출한 잉여가치를 자본가와 지주가 공유하고 있었는데, 두 집단은 자본주의의 지배계급 내에서 통제력을 행사하는 분파가 되려고 싸움을 벌이고 있었던 것이다.

1815년 지주는 이 싸움의 1차전에서 승리를 거둔다. 곡물법 corn law이 통과되어 영국 국내에서 경작된 곡물 가격이 상당히 높은 수준에 도달하기 전에는 일체의 외국 곡물 수입을 금지한 것이다. 예를 들어 밀의 경우 영국산 밀의 가격이 1쿼터에 80실링에 도달할 때까지 밀 수입을 중단하는 식이었다. 산업자본가는 경제에 대한 지배력을 가지고 있었지만, 아직도 의회를 지배하는 것은 지주였다. 하지만 이런 식의 상황이 무한정 계속될 수는 없었다. 경제에서 지배력을 가진 계급은 결국에는 항상 경제적 지배력을 정치적 지배력으로까지 확장했다. 그리하여 투쟁이 시작되었고, 마침내 1846년에 의회는 이 곡물법의 완전 철폐를 의결했다. 이 사건은 산업자본가가 마침내 정치적 지배력까지 손에 넣었다는 것을 극적으로 보여주었다.

인구론

맬서스는 생전에 많은 저서, 팸플릿, 소논문을 썼다. 그의 여러 저작은 두 개의 시대로 분류할 수 있으며, 각각의 시대는 그 시대에 고유한 지배적인 사회적 관심사와 이론적 접근을 특징적으로 보여준다. 1790년대와 1800년대 초의 기간에는 맬서스의 지배적 관심사는 사회의 불안 요소가 된 노동문제, 그리고 노동자의 후생과 행복을 증진시키기 위해 사회를 개조하자고 급진적 지식인들이 옹호하던 계획이었다. 이러한 계획은 노동운동을 고취하는 것을 시도했는데, 그렇게 되면 자본가와 지주라는 양대 소유계급의 부와 권력은 침식당할 수밖에 없다는 사실을 맬서스는 정확하게 파악했다. 맬서스는 부유한 이들을 전투적으로 지지하는 대변인을 공공연하게 자처했으며, 그들을 옹호하는 논리의 틀을 제공하기 위해 인구론을 구성했다. 1798년 그는 《인구의 원리와 그것이 장래 사회의 개선에 끼치는 영향에 대한 논고: 고드윈, 콩도르세, 기타 저자들의 사변에 대한 일 고찰*An Essay on the Principle of Population as It Affects the Future Improvement of Society, with Remarks on the Speculations of Mr. Godwin, M. Condorcet, and Other Writers*》을 출간했는데, 이 책은 보통 《인구론*Essay on the Principle of Population*》 1판이라고 약칭된다. 1803년 그는 이 책의 개정판을 출간했는데 내용의 개정이 아주 광범위했으므로 이는 사실상 새로운 저서였다. 이 저서는 보통 《인구론》 2판으로 불린다. 나중에 그는 다시 《인구론 요약*Summary View of the Principles of Population*》을 출간한다.[11]

1814년 이후 맬서스의 주된 관심사는 곡물법과 지주 및 자본가 사이의 투쟁으로 이동한다. 이 기간 동안 그는 지주계급의 이익을 일관되게 옹호하는 논객이었다. 지주계급을 옹호하는 논리의 지적 기초는 1820년에 출간된 저서 《실제 적용을 목적으로 한 정치경제학 원리*Principles of Political*

Economy Considered with a View to Their Practical Application》에 나온다.[12] 이《정치경제학 원리》에서 그가 지주를 옹호하는 논리의 가장 중요한 이론적 기초는 경제적 '공급과잉', 즉 불황에 대한 이론이다.

18세기 말 노동계급의 열악한 상태와 노동문제로 인한 사회 불안은 노동계급을 전투적으로 지지하는 수많은 지식인을 낳았다. 특히 영향력이 컸던 이들은 프랑스인 마리 장 앙트완 니콜라 드 카리타, 콩도르세 후작Marie Jean Antoine Nicholas de Caritat, Marquis de Condorcet(1743~1794)과 영국인 윌리엄 고드윈William Godwin(1756~1836)이었다. 맬서스의《인구론》1판이 주요 표적으로 삼은 것은 이 두 사람의 사상이었다.

콩도르세는 프랑스혁명의 첫 번째 단계에서 큰 영향력을 가지고 있었다. 하지만 자코뱅 당원들이 국민공회Convention를 장악하게 된 뒤 콩도르세는 공화국에서는 사형이 폐지되어야 한다고 주장했고, 루이 16세의 처형은 물론 지롱드 당원들의 체포에 대해서도 항의했으며, 국민공회에서 로베스피에르가 생각도 없고 인간적 감정도 없다고 말했다. 그 결과 콩도르세는 사형을 선고받는다. 그는 도피하여 은신처로 숨어들었고 거기에서 그의 가장 유명한 저작인《역사적 표로 나타낸 인간 정신 진보의 개략Esquisse d'un tableau historique des progrès de l'esprit humain》을 저술했다. 이 책에서 그는 인간의 진보에는 일종의 자연적 질서가 있으며, 프랑스혁명이 끝난 뒤의 시대에 최고의 단계에 도달하게 되어 있다고 주장했다. 그 단계가 되면 인간들은 도덕적으로나 영성적으로나 지적으로나 그 이전까지 가능했던 한계를 훌쩍 뛰어넘어 발전하게 될 것이라고 주장했다.

하지만 그러한 발전의 가장 중요한 전제 조건은 경제적 평등과 안정을 증진시키는 것이었다. 이러한 목적을 달성하기 위해 콩도르세는 두 가지 기초적 개혁을 옹호한다. 첫째, 그는 기존의 계급 분리는 받아들이지만 정부가 노인, 그리고 남편과 아버지를 잃은 여성과 아동의 복지를 위한 일종의 기금을 조성한다면 노동하는 빈민의 소득 불안정성을 제거할 수 있을 것이라고 주장했다. 둘째, 그는 정부가 신용을 규제하고 조절하면 자본가의 부와 권력 또한 줄일 수 있을 것이라고 생각했다. 강력한 자본가가 얻을 수 있는 신용의 양을 제한하는 대신 일반 노동자에게 신용 대출을 확장하면 노동자도 자본가로부터 독립성을 조금씩 얻을 수 있을 것이며 사회경제적 평등 또한 훨씬 증대될 것이라고 그는 생각했다.

고드윈은 콩도르세보다 훨씬 더 급진적이었다. 많은 영국의 보수주의자뿐 아니라 고전적 자유주의 개혁가조차도 노동계급의 타고난 게으름과 악덕을 한탄했지만, 고드윈은 노동계급의 결점은 타락하고 정의롭지 못한 사회제도 탓이라고 주장했다. 그의 견해로는 자본주의 사회에서는 사기와 강탈이 필연적으로 벌어질 수밖에 없다. "만약 모든 이들이 완벽히 수월하게 생필품을 얻을 수 있다면 … 사람을 무언가로 유혹하는 일은 불가능하게 될 것이다."[13] 사람들이 항상 생필품을 손에 넣지 못하는 이유는 사적 소유의 법률로 인해 사회 내에 아주 커다란 각종 불평등이 생겨났기 때문이다. 정의에 입각하여 볼 때 자본주의적 소유관계는 폐지되어야 하며, 소유물은 그러한 폐지에서 가장 큰 혜택을 보게 될 사람의 것이 되어야만 한다.

어떤 소유물, 예를 들어 빵 한 덩어리가 있다고 하자. 이 빵은 누구의 것이 되는 게 정당한가? 그것을 가장 필요로 하는 이 또는 그것을 가짐으로써 가장 큰 혜택을 볼 수 있는 이이다. 여기에 굶주릴 대로 굶주린 여섯 명의 사람이 있다고 해보자. 절대적인 견지에서 볼 때 그 빵 덩어리는 이들 모두의 식욕을 충족시킬 수 있는 물건이다. 그 빵이 가지고 있는 질적 특성으로 판단할 때 그 빵으로 혜택을 볼 수 있는 게 자기라고 이성적으로 주장할 수 있는 게 누구인가? 여섯 명이 서로 형제라고 했을 때 장자상속권의 법은 그러한 권리를 오로지 맏형에게만 부여한다. 하지만 정의의 관점에서도 과연 이러한 판정을 수긍할 수 있는가? 법이 나라마다 달라 재산을 처분하는 방식은 수천 가지나 된다. 하지만 그중에서 가장 이성에 부합하는 방식은 단 하나이다.[14]

그 방식은 만인의 평등에 기초한 것이 될 수밖에 없음은 물론이다. 이 시스템의 정의롭지 못한 문제를 바로잡는 데 있어서 가난한 이들이 의지할 곳은 어디인가? 고드윈의 견해로는, 이것이 결코 정부가 될 수는 없다. 정치권력은 경제권력을 따라가게 되어 있다. 부자는 "직접적으로나 간접적으로나 국가의 법률을 만드는 이들이며, 그 결과 억압을 영구화하여 하나의 시스템으로 만든다".[15] 그렇다면 법률이란 부자가 빈자를 억압하는 수단일 뿐이다. 왜냐면 "거의 모든 나라에서 입법은 항상 부자와 빈자 사이에서 극도로 부자 편으로 기울어 있기"[16] 때문이다.

고드윈의 이러한 두 가지 사상은 19세기 사회주의자들이 되풀이하여 목소리를 내는 지점이기도 하다. (1) 자본주의의 사회경제적 제도, 특히 사적 소유관계야말로 이 시스템 내의 모든 악과 고통의 근원이다. (2) 자본주의 시스템의 정부는 자본가계급에 의해 통제되기 때문에 결코 이러한 사회악을 치유할 수 없다. 하지만 이렇게 출구가 없어 보이는 상황에 대해서도 고드윈은 해답을 제시한다. 그는 인간의 이성이 사회를 구원할 것이라고 생각한다. 일단 인간들이 이 상황의 해악에 대해 교육을 받아 알게 된다면 이들은 함께 지혜를 합치고 이성을 발휘하여 유일한 합리적 해법에 도달하게 될 것이다. 고드윈이 보았을 때 해답은 바로 정부를 철폐하고 법을 철폐하고 사적 소유와 사회 계급을 철폐하고서, 그 대신 경제적, 사회적, 정치적 평등을 확립하는 것이다.

다시 말하지만, 맬서스의 《인구론》 1판은 바로 이러한 콩도르세와 고드윈의 사상을 논적으로 삼는다. 맬서스는 이렇게 생각한다. 이들의 사상을

신봉하는 이는

진리라는 대의도 똑같이 버리고 있다. 그는 더욱 행복한 상태의 사회의 모습만을 바라보면서 좋은 점들을 가장 매력적인 장밋빛으로 그려놓지만, 그 과정에서 현존하는 모든 권력 기구에 대해 가장 혹독한 중상모략을 멋대로 퍼붓는다. 하지만 그는 그러한 권력 기구의 남용을 제거할 수 있는 가장 안전한 최상의 수단이 무엇인가를 찾는 데는 전혀 재능을 기울이는 법이 없다. 또 심지어 이론상으로 따져보아도 인간이 완벽한 상태로 진보하는 것을 가로막는 수많은 장애에 대해 조금도 개의치 않는 듯하다.[17]

이 《인구론》 1판에는 책 전체를 관통하여 반복되는 두 개의 지배적인 주제가 있었다. 첫째는 제아무리 개혁가들이 자본주의를 변화시키는 데 성공한다고 해도, 부유한 소유자와 가난한 노동자라는 현재의 계급 구조는 필연적으로 다시 출현할 것이라는 주장이었다. 그러한 계급 분열은 자연법에서 빚어지는 필연적인 결과라고 맬서스는 생각했다.

맬서스는 개혁가들이 틀렸다는 것을 증명하기 위해 정교한 논리를 고안했다. 설령 고드윈과 그의 제자들이 자신들의 이상에 맞게 사회를 재구성할 수 있다 하더라도,

그래서 상상력이 도달할 수 있는 가장 아름다운 형식에 따라 사회를 구성하여 이기심 대신 선의를 작동 원리로 삼고 모든 성원들의 모든 악한 성향을 힘이 아니라 이성으로 교정한다 하더라도, 그 사회는 인간의 어떤 원초적 악덕 때문이 아니라 저항할 수 없는 자연의 법칙에 따라 아주 짧은 기간 동안에 현재의 모든 나라를 지배하고 있는 것과 본질적으로 다르지 않은, 계획에 따라 건설된 사회로 전락할 것이다. 즉 소유자계급과 노동자계

급으로 갈라진 사회, 사회라는 거대한 기계의 원동력으로 이기심을 삼는 사회 말이다.[18]

그의 인구론에 속속들이 파고든 두 번째 주제는 끔찍한 빈곤과 고통은 모든 사회에서 대다수 사람들이 피할 길 없이 당해야 하는 운명이라는 것이었다. 더욱이 빈곤과 고통을 경감시키려는 시도는 의도가 아무리 선하다 해도 결국 상황을 개선시키는 게 아니라 더 악화시키고 만다는 것이다.

일부 인간들이 결핍으로 고통을 받는다는 것은 저항할 길이 없는 우리 자연의 법칙에서 기인하는 것임이 분명해졌다. 무릇 인생이란 재수에 따라 각자의 운명이 결정되는 거대한 제비뽑기 판이며, 그들은 그 판에서 하필 꽝이 표시된 제비를 뽑은 불행한 이들일 뿐이다.[19]

부자를 희생시키는, 특히 금전적으로 희생시키는 어떤 방법을 쓴다고 해도 사회의 하층 구성원 사이에 빈궁 상태가 계속 반복되어 발생하는 것을 아주 잠시라도 막을 수는 없다. 하층 구성원이 어떤 사람들인가도 아무런 영향을 미치지 못한다.[20]

우리는 "인간의 고통을 치유할 구체적 해결책이라는 생각 자체를 배척해야 한다"고 맬서스는 주장한다. 또한 "이런저런 무질서 상태를 완전히 근절할 수 있는 계획을 제시함으로써 스스로 인류에게 큰 봉사를 한다고 생각하는 무리들, 선한 의도를 갖고 있지만 아주 크게 잘못 생각하고 있는 이들"[21]을 꾸짖고 배척해야만 한다고 한다.

맬서스가 이러한 결론을 내놓는 논리적 기초는 그의 인구론인데, 그 이론은 비교적 단순했다. 그는 대부분의 사람들을 추동하는 동기는 성적 쾌락에 대한 욕망이며 이 욕망은 결코 포만 상태가 되도록 충족되는 일이 없다고 생각했다. 그리고 이 욕망이 **억제되지 않는다면** 인구는 기하급수적으로 늘어날 것이라는 것이다. 구체적으로 보자면, 인구는 세대가 바뀔 때마다 두 배로 늘어난다고 그는 주장한다. "모든 동물은 기하급수적으로 숫자를 늘릴 능력을 갖고 있음에 틀림없다."[22] 이 점에 있어서 인간 또한 다른 동물과 다르지 않다.

> 비록 인간이 지적인 능력에서는 다른 모든 동물보다 우위에 있지만, 그렇다고 해서 인간을 지배하는 생리적 법칙까지 동물 세계를 지배하는 것으로 관찰된 법칙과 본질적으로 다른 것이라고 생각해서는 안 된다.[23]

> 따라서 인구는 억제되지 않는다면 25년마다 두 배로 늘어나는 기하급수적 증가를 보인다고 주장해도 별로 틀리지 않을 것이다.[24]

그런데 맬서스가 보기에도 인구가 이러한 비율로 아주 오랫동안 증가한 사회는 없었음이 분명했다. 만약 그랬다면 아주 짧은 시간 안에 넘쳐나는 인구로 지구 위의 땅이 남아나질 않았을 테니까. 따라서 그가 골몰했던 중심적 질문은 과거에 인구 증가를 억제해온 힘이 무엇이며 또 미래에는 어떤 힘이 작동할 것 같은가였다.

가장 즉각적이고도 명백한 대답은 어떤 지역에서도 인구 증가는 그곳에서 얻을 수 있는 식량의 양으로 제한된다는 것이었다. 맬서스도 물론 식량 생산에 노동을 더 투입하고 더 좋은 방법을 도입하면 식량 생산 수준을 올릴 수 있다는 점을 잘 알고 있었다. 하지만 그는 일정한 크기의 지역에서 세대가 바뀔 때마다 그 증가량은 점점 줄어들게 될 것이 거의 확실하다고 단언했다. 아주 최상의 상태라고 해도 식량 생산은 산술급수적으로만 증가할 뿐이다. 즉 각 세대가 생산을 증가시킨다 하더라도 그 양은 그 이전 세대가 했던 것과 대체로 같을 것이다.

> 크기가 한정된 지역의 지력地力에는 자연의 법칙이 존재하며, 이로 인해 같은 기간 동안 그 지역이 이루어낼 수 있는 식량 생산의 증가량은 끊임없이 감소하든가—이것이 실제로 벌어지는 바이다—아니면 기껏해야 정체 상태를 유지할 뿐으로 결국 생계 수단의 증가는 산술급수적인 수준에 머물 것이다.[25]

따라서 만약 다른 억제 요인이 없다면 인구 증가율은 결국에는 기아를 통하여 식량 생산 증가 비율의 최대 수준으로 제한될 것이다. 하지만 여기에 작용하는 억제 요인에는 여러 가지가 있다고 맬서스는 말한다. 종종 맬서스는 이러한 여러 가지 억제 요인을 예방적인 것preventive과 현실에 실재하는 것positive 두 가지로 분류한다. 예방적 억제 요인은 출생률을 낮추는 것으로서, 여기에는 불임 시술, 금욕, 산아제한 등이 들어간다. 현실에 실재하는 억제 요인이란 사망률을 높이는 것으로서 여기에는 기근, 빈곤, 전염병, 전쟁, 그리고 굶주림이라는 궁극적으로 피할 수 없는 억제 요인이 포함된다. 인구는 항상 이러한 요인의 일정한 조합에 의해 억제되며 그 결과 손에 넣을 수 있는 식량 공급의 테두리 내로 증가율 또한 유지된다. 만약 예방적 억제 요인이 충분치 못하다면 현실에 실재하는 억제 요인의 작동을 피할 길이 없다. 그리고 질병, 전쟁, 자연 재해로도 부족하다면 항상 굶주림이 인구 증가를 억제할 것이다.

맬서스는 또 두 번째 분류 체계를 가지고 있었는데, 이것을 보면 우리는 그의 이론이 갖는 규범적 측면을 더욱 잘 이해할 수 있다. 위의 두 가지 억제 요인은 "인구 증가의 우월한 힘을 억누르고 또 인구 증가를 생계 수단의 수준으로 유지하는데, 이 요인은 도덕적 절제, 악덕, 비참함으로 환원할 수 있다".[26] 이 두 번째 분류 체계에 입각하여 맬서스는 다음과 같이 주장할 수 있었다. 즉 만약 사회의 모든 성원들의 부와 소득이 증가하면, 대다수는 더 많은 아이를 낳는 것으로 반응할 것이며 그 결과 이들 모두가 최소한의 생계 수준으로 다시 내려갈 것이고, 오로지 도덕적인 미덕을 갖춘 이들만이 이러한 운명을 피해갈 수 있다는 것이다. "도덕적 절제"란 아주 간단하게 "결혼을 억제하면서 그렇다고 이따금씩 성욕 충족을 저지르는 일도 없는 상태"[27]로 정의되었다. 하지만 맬서스의 저작 전체를 살펴보면, 그런 도덕적 절제는 오로지 맬서스가 가치 있다고 여겼던 다른 도덕적 미덕을 모조리 갖춘 이들한테서만 발견된다고 맬서스가 생각했음이 분명하다. 또한 맬서스는 생계 수준보다 많은 돈이 생기면 이를 모조리 "술 마시고 도박하고 난봉질하는 데"[28] 낭비하는 이들은 성적인 절제가 결핍되어 있다고 생각했음이 분명하다.

따라서 맬서스의 이론에서 부자와 빈자 사이의 궁극적인 차이점은 전자가 높은 도덕적 인격을 갖춘 반면 후자는 도덕적으로 저열하다는 데 있다. 그는 피임은 선량한 기독교인이라면 옹호는커녕 감히 입에 올릴 수도 없는 악덕이라고 생각했다. 더욱이 그는 피임을 오로지 혼전성교 또는 혼외성교에만 결부시켰다.

> 아이 낳는 것을 막으려 들 정도로 난잡한 성관계를 맺는다는 것은 인간 본성의 존엄성을 가장 눈에 띄는 방식으로 타락시키는 짓으로 보인다. 남성에게도 영향이 없을 수 없지만, 특히 이것이 여성의 품성을 타락시키고 여성의 상냥하고도 각별한 특징을 완전히 망치는 경향이 있다는 것은 너무나 명백하다.[29]

그가 "부주의함 그리고 검약의 부족이 … 가난한 이들을 [지배한다]"고 말했을 때 그 결론은 명확했다. 그는 이렇게 말했다. "그들은 저축할 기회가 생겨도 '거의 실행에 옮기지 않으며, 일반적으로 말해서 그들은 당장 생필품에 들어가는 돈 이외에는 모조리 선술집에서 마셔버리고 만다."[30] 맬서스와 같은 기독교적 신사라면 이렇게 결론을 내릴 수밖에 없다. 도덕적 절제가 없는 곳에서는 악덕 또는 비참함이 인구 증가를 억제하게 되는 것이 필연이라고 말이다. 따라서 선량한 기독교인이라면 고결하게 악덕을 멀리해야 할 것이며, 그다음으로는 인구 증가가 사회의 생계 수단 증가를 앞지르는 사태를 막는 데는 피할 길 없는 비참함이 반드시 필요하다는 것을 현실주의적으로 받아들여야 한다.

따라서 맬서스는 부와 소득을 재분배하는 모든 계획을 거부했다. 그런 식의 재분배는 그저 가난한 노동자의 숫자를 늘릴 뿐이며 이들의 생활수준을 그저 간신히 목숨만 부지하는 생계 수준으로 끌어내릴 것이다. 간혹 맬서스는 심지어 그러한 재분배가 노동자가 아이를 낳을 수 있을 때까지의 짧은 기간조차도 그들의 후생을 증대시킬 수 없을 것이라고까지 주장했다.

부자가 돈을 낸 덕에 하루에 18펜스를 벌던 이가 이제 소득이 5실링이 되었다고 가정해보자. 아마도 이들은 이제 더 편히 살 수 있을 것이며 매일 저녁 고기 한 조각을 먹을 수 있을 것이라고 생각할 수도 있다. 하지만 이는 대단히 그릇된 결론이다. … 하루에 18펜스가 아니라 5실링을 받으면 모든 이들은 자기들이 이제 그전에 비해 부자가 되었으며 따라서 몇 시간, 며칠 동안을 빈둥거리며 보내도 된다고 생각할 것이다. 이는 생산적인 근면 활동을 가로막는 강력하고도 즉각적인 억제 요인이 될 것이며, 짧은 시간 안에 나라 전체도 가난해질 것이지만, 특히 하층계급 스스로가 예전에 하루 18펜스를 받던 때보다도 훨씬 더 곤궁해질 것이다.[31]

맬서스는 또한 가난한 이들의 고통을 덜어주기 위해 이런저런 형태의 구호를 입법화하려는 시도를 사실상 모조리 반대했다.

> 영국의 구빈법은 가난한 이들의 전반적 상태를 다음의 두 가지 방식으로 악화시키는 경향이 있다. 첫 번째의 분명한 경향은 인구를 증가시키면서 인구를 부양할 식량 생산은 늘리지 못한다는 것이다. … 두 번째, 빈민을 모아 일을 시키는 노역소workhouses는 전반적으로 볼 때 사회의 가장 가치 있는 부분이라고 생각할 수 있는 곳이 아니다. 따라서 여기에서 소비되는 각종 생필품의 양만큼 좀 더 근면하고 가치 있는 사회 성원들에게 돌아가는 몫이 줄어든다.[32]

물론 이때 사회의 가장 가치 있는 성원들이란 경제적으로나 문화적으로나 가치를 가진 부유한 소유자계급을 말한다. 부자가 갖는 경제적 가치를 보여주기 위해서 맬서스는 모든 인간 사회에서 무정부 상태와 전면적 불안정 상태를 피할 수 있는 유일의 가능한 탈출구는 재산권과 결혼 제도를 확립하는 것이라고 주장했다. 일단 이러한 제도가 확립되면, 높은 도덕적 인격을 가진 이들은 축적을 시작하며, 반면 그렇지 못한 사회의 대부분 성원들은 방탕한 생활 속에서 재산을 모조리 날려버릴 것이라는 것이다.

이 지점에서 도덕적이고 부유한 엘리트가 자신들이 축적한 기금을 나누지 않는다면, 하층계급은 계속 생존할 수 있는 수단을 갖지 못할 것이다. 하지만 가난한 이들의 숫자는 워낙 많기 때문에 부유한 엘리트는 자신들이 축적한 기금을 어떤 이들과 나눌 것인지를 선택해야만 한다.

> 더 많은 잉여 생산물을 생산하는 데 힘을 쏟을 수 있고 또 그럴 의지가 있다고 분명히 밝히는 사람, 그리하여 공동체에 이익을 주어 소유자계급으로

하여금 더 많은 사람을 도울 수 있게 만들 사람을 선택하는 것은…자연스럽고 또 정당한 것으로 보인다.

오늘날 우리가 아는 모든 나라에서 이러한 [소유자계급의] 자금이 얼마나 있느냐야말로 하층계급의 행복 또는 비참함의 정도를 결정하는 가장 주된 요인이다.[33]

이러한 언명 뒤에는 앞에서 인용한 주장, 즉 "피할 길 없는 자연의 법칙"으로 인해 모든 사회가 "소유자계급과 노동자계급으로 갈라지게" 되도록 정해져 있다는 주장이 이어진다.

부유한 소유자계급이 갖는 사회문화적 가치는 훨씬 더 크다. 맬서스는 인류가 이루어놓은 모든 위대한 문화적 성취는 사적 소유 시스템과 그것이 낳은 계급 간 불평등 덕에 가능했다고 생각했다.

인간이 가진 창의력이 발휘된 가장 고상한 형태, 인간 영혼의 좀 더 아름답고 섬세한 감정, 그리고 문명 국가를 야만 국가와 구별하는 실로 모든 것을 우리가 가질 수 있는 것은 다름 아닌 이 재산 소유권을 집행하는 기성의 권력 기구 그리고 분명히 협소해 보이는 이기심이라는 원리 덕분이다. 그리고 문명 상태에 들어와서도 인간이 이러한 두드러진 위치로 오르게 된 사다리를 걷어치워도 될 만큼 큰 변화가 전혀 일어나지 않았으며 앞으로도 영원히 일어나지 않을 것이다. …

이 책의 가장 주된 논지는 다름 아닌 소유자계급과 노동자계급의 분리가 필연적임을 입증하는 것 이상도 이하도 아니라는 점을 명심해야 한다.[34]

맬서스는 단지 부와 소득을 재분배 그리고 빈곤의 고통을 완화하려는 입법 운동만 반대하는 것이 아니라 그보다 한참 더 나가기도 한다.

생계 수단의 증가율이 높든 낮든 일단 식량 배분의 몫이 생명을 지탱할 수 있는 최소의 양으로까지 떨어진 상태에서는 인구 증가가 생계 수단의 증가율에 의해 제한될 수밖에 없다는 것은 명백한 진리이다. 이 수준에서 유지될 수 있는 인구의 숫자를 넘어서서 태어나는 모든 아이들은 성인들이 그들 대신 죽어서 식량을 내어주지 않는 한, 반드시 굶어죽을 수밖에 없다.

… 따라서 우리가 일관되게 행동한다면, 그러한 죽음을 낳는 자연의 작동을 방해하려고 노력하는 헛되고도 어리석은 짓을 할 것이 아니라 오히려 그러한 자연의 작동을 촉진해야 한다. 만약 우리가 끔찍한 모습의 기근이 너무 자주 덮치는 것을 두려워한다면 자연이 다른 형태의 파멸을 활용할 수 있도록 우리는 꾸준히 노력하고 장려해야 한다. 가난한 이들에게 위생을 강조하는 짓 따위는 그만두어야 하며 정반대의 습관을 장려해야 한다. 읍내에서는 도로를 더 좁게 만들어야 하며, 집 한 채에 더 많은 사람들이 바글거리며 살게 만들어야 하며, 전염병이 다시 돌아올 수 있도록 노력해야 한다. 농촌에서는 마을을 가급적 썩어가는 웅덩이 근처에 세워야 하며, 특히 정착지 건설은 건강을 해치기 딱 좋은 늪지대와 같은 곳에 장려해야 한다. 하지만 무엇보다도 우리는 창궐하고 있는 질병에 대한 맞춤형 치료약을 배척해야 한다. 또한 이런저런 무질서 상태를 완전히 근절할 수 있는 계획을 제시함으로써 스스로 인류에게 큰 봉사를 하고 있다고 생각하는 무리, 선한 의도를 갖고 있지만 아주 크게 잘못 생각하고 있는 이들을 또한 꾸짖고 배척해야만 한다. 지금 말한 것 그리고 그와 비슷한 수단을 동원하여 연간 사망률을 올릴 수 있다면 … 우리는 아마도 모두 다 사춘기에 도달하는 즉시 결혼하도록 만들면서도 또 완전히 굶주리는 사람은 거의 없는 상태에 도달할 수 있을 것이다.[35]

아마도 맬서스는 가장 무정한 보수주의자조차도 자신의 정책 제안을 너무 가혹하다고 생각할 수 있다는 점을 감지했다. 그래서《인구론》1판은 종교와 신의 뜻에 호소하면서 신앙심 깊은 분위기를 가장하며 끝을 맺는다. 마지막 장의 결론 부분으로 가면 그는 독자들에게 다음과 같은 점을 다시 한 번 확인한다.

> 일반적으로 말해서 인생은 축복이다. … 최상의 창조주이신 신께서 무수한 존재들에게 각자 최고로 삶을 향유할 수 있도록 능력을 부여하셨으며, 그 과정에서 가하신 부분적인 고통은 따라서 그가 주신 행복에 비교하면 마치 저울 접시 위의 먼지나 마찬가지로 아무것도 아니다. 그리고 우리는 이 세상에 존재하는 악은 이 거대한 과정의 한 재료로 꼭 필요한 만큼만 존재하게 되어 있다고 믿을 충분한 이유가 있다.[36]

맬서스의 인구론은 어마어마한 지적 영향력을 행사했다. 이는 찰스 다윈에게 영감을 주어 진화론을 정식화하게끔 만들었으며, 이 인구론의 다양한 변종은 오늘날 널리 받아들여지고 있고, 특히 경제적으로 발달이 덜된 나라를 다루는 경제 이론에서 그러하다. 이 이론의 규범적 방향은 오늘날에도 맬서스 당시의 그것과 다르지 않다. 빈곤은 피할 수 없는 것이며, 빈곤에 대해 할 수 있는 것은 거의 없거나 전혀 없으며, 일반적으로 말해서 빈곤이란 가난한 이들의 약함과 도덕적 열등함에서 기인하는 것임을 우리에게 확신시킨다.

교환과 계급 갈등의 경제학

1820년대와 그 이후 맬서스의 관심사는 소유자와 노동자 사이의 계급 갈등에서 적대적인 두 소유자 계급, 즉 자본가와 지주 사이의 갈등으로 이동한다. 이 기간 동안 그의 이론적 저작의 대부분은 그의《정치경제학 원리》에 통합되어 있는데, 이 장의 나머지 부분은 이 저작에 들어 있는 맬서스의 사상을 논할 것이다.

맬서스는 역사에 대해 스미스와 같은 깊은 이해를 갖지 못했다. 그의 관점은 다양한 문화를 이해하지 못했고 또 자기중심적이었기에 사회를 오로지 두 가지 상태로만 분류했다. 하나는 야생의 미개 상태요 다른 하나는 문명화된 상태다. 그는《인구론》에서 모든 문명화된 사회에서는 "소유자계급과 노동자계급의 분리가 필연적임을 증명"하기 위해 자세한 논의를 펼쳤다. 하지만 그러한 계급 분리는 화폐로 교환을 행하며 상품을 생산할 뿐만 아니라 노동력 또한 하나의 상품이 되는 사회를 전제 조건으로 한다. 그렇게 몰역사적인 관점을 취하고 있기 때문에 맬서스가 스미스와는 달리 자본주의 이전 사회에서 경제적 잉여를 전유하는 데 사용된 방법과 자본주의에서 사용된 방법을 비교할 수가 없었던 것은 당연하다. 만약 맬서스가 스미스처럼 그러한 비교를 할 수 있었다면 그도 잉여가 생산과정에서 창출된다는 것 그리고 잉여가 창출되는 것을 이해하려면 화폐와 상품이 유통되는 과정이 **아니라** 생산되는 과정을 보아야 한다는 것, 다시 말해서 교환 과정이나 시장의 수요와 공급은 결코 잉여가치의 본성과 기원에 대해 아무런 혜안을 주지 못한다는 점을 깨달았을 테지만, 실제로는 그러지 못했다.

스미스는 생산이라는 견지에서 자본주의를 검토할 때는 경제를 계급 갈등으로 바라보는 관점으로 이끌렸고, 교환이라는 견지에서 자본주의를 검토할 때에는 사회의 조화라는 관점으로 이끌렸다. 맬서스의 경우에는 비록 당시 영국 사회를 특징짓던 각종 계급 갈등을 강력하게 의식하고는 있었지만 교환 또는 수요와 공급이라는 견지를 채택했다. 그 결과 그는 현존하는 계급 갈등은 자본주의 경제의 작동에 대한 무지에서 나온다고 보았다. 따라서 제대로 된 이해에 도달하면 모든 계급은 자신들 각각의 이익이 서로의 그것과 조화롭고 공통된 것임을 알 것이라고 맬서스는 생각했다.

교환이라는 견지가 일반적으로 사회적 조화라는 관점을 지지하는 이유는, 소유권이라는 기성의 법률과 현존하는 소유권의 배분을 당연한 것으로 받아들이기 때문이다. 반대로 생산이라는 견지(또는 노동가치론)에 서면 기성의 법률과 현존하는 바의 소유권 배분이 경제의 구성 요소로 나타나게 되며, 이론을 통해 설명해야 할 문제가 되고, 따라서 이것들을 계급 분열이 법적으로 구현된 모습으로 보는 것이 보통이다. 따라서 소유권의 법률과 재산권의 배분이 당연한 것으로 여겨지면 모든 교환은 당사자들 양측 모두에게 혜택을 가져다주는 것처럼 보일 수가 있다. 노동력밖에 가진 것이 없는 노동자는 노동력의 구매자를 찾아내어 아무리 적은 임금이라도 받는 것이 굶주리는 것보다는 훨씬 낫다. 따라서 모든 교환은 자본가와 노동자 모두에게 혜택을 가져다주는 것이며, 특히 소유자계급과 노동자계급의 분리가 불가피한 것임을 받아들인다면 더욱 그러하다.

이후의 장들에서 살펴보겠지만 이렇게 교환이 보편적인 혜택을 가져다준다는 것이야말로 뒷날 신고전파 경제학의 핵심적 규범이 된다. 맬서스는 이 점을 다음과 같이 간명하게 언명하고 있다.

> 한 나라에서 일어나는 모든 교환은 그 나라의 생산물이 사회의 욕구와 더욱 잘 조응하도록 만들어주는 효과를 낳는다. 자기가 덜 원하는 것을 내놓고 더 원하는 것으로 교환하는 것은 교환 양측 모두가 마찬가지이므로, 결국 교환에 들어온 양쪽 생산물 모두의 가치를 올릴 수밖에 없다.[37]

이것이 사회적 조화를 강조하는 이론의 기초가 된다. 따라서 맬서스는 그가 살던 시대에 가득 차 있는 것으로 보였던 계급 갈등이 사실은 조화로운 해결책으로 치유가 가능하다는 것을 보여주어야 했다. 그는 이를 위하여 다음과 같은 주장을 만들어냈다. 즉 겉보기에는 그렇지 않은 것처럼 보이지만, 노동자와 자본가 모두의 장기적 이익을 증진시키는 최선의 방법은 사실은 지주의 즉각적이고 단기적 이익을 증진하는 것이다. "어떤 계급도 지주계급만큼 이해관계가 그것〔국가 또는 사회 전체〕의 부, 번영, 권력과 밀접하고도 필연적으로 연결된 계급은 없다."[38]

교환이라는 견지는 맬서스의 분석의 시작부터 등장한다. 스미스는 부를 노동의 산물이라고 정의한 반면, 맬서스는 이렇게 썼다. "나는 부를 인간에게 필요하고 유용하거나 받아들일 만한 물질적 대상으로서 개인들 또는 여러 나라들이 자발적으로 전유해놓은 것이라고 정의하고자 한다."[39] 이러한 정의에 각주를 달고서 맬서스는 또 이렇게 말했다. "아무런 노동도 투하되지 않은 물체라 해도 부로서 간주될 수 있다."[40] 그는 생산적 노동을 물질적 부를 생산하는 노동이라고 정의했다. 하지만 그는 **비생산적 노동**이라는 용어 자체에 대해 반대했는데, 그 용어는 그런 노동이 사회적으로 중요하지 않다는 의미를 함축한다고 생각했기 때문이었다. 그는 "비생산적 노동이라는 용어 대신 개인적 서비스personal services라는 용어를 쓰는"[41] 쪽을 선호했다.

스미스와 마찬가지로 맬서스는 어떤 상품이 교환을 통해 부릴 수 있는 노동의 양이야말로 상품 가치의 최선의 척도라고 생각했다. 그는 또한 생산비용 가치론을 받아들였다. 어떤 상품의 자연가격이란 그 상품의 생산비용을 구성하는 임금, 지대, 이윤이 생산과정에 노동, 토지, 자본을 내놓은 이들에게 '정상적' 수익률을 가져다 줄 때 그 임금, 지대, 이윤을 합친 것이라는 것이다. 하지만 맬서스의 생산비용 가치론의 논의는 스미스의 그것과 다음의 매우 중요한 두 가지 점에서 달랐다. 첫째, 스미스는 절대적으로 필요한 사회적 생산비용은 오로지 노동뿐이라고 보았지만, 맬서스는 임금, 지대, 이윤이 모두 똑같이 필수적이라고 주장했다. 둘째, 맬서스는 수요와 공급이라는 시장의 힘이 필연적으로 시장가격을 자연가격으로 이동시킬 것이라고 생각하지 않았다. 이 두 가지 차이는 모두 중요한 것으로, 하나씩 자세히 살펴보도록 하자.

생산이라는 견지에서 보면 어떤 주어진 사회에서 경제적 잉여가 전유되는 특정한 사회적 제도인 그 사회의 지배적 소유관계의 형태를 추상해낼 수가 있다. 그렇게 할 경우 생산은 자연 자원을 유용한 생산물로 전환시키는 일련의 노동과정이 시간에 따라 한 줄로 펼쳐지는 것으로 보이게 된다. 이는 모든 생산양식에 해당되는 이야기이다. 스미스가 노동이 유일한 사회적 생산비용이라고 단언했던 것도, 또 토지와 자본에 대한 사적인 전유가 일어나기 전에는 노동이 생산한 것 전부를 노동이 수취했다고 단언했던 것도 이 생산이라는 견지에서 나올 수 있었다.

그런데 맬서스처럼 교환이라는 견지를 택하면 재산의 소유권이 '자연적'인 것으로, 따라서 피할 수 없는 것으로 다루어진다. 생산과정은 생산 투입물의 교환으로 보이게 된다. 각각의 계급은 서로 다른 투입물을 가지고 있으며, 그 각각이 모두 똑같이 필수 요소로 보이게 된다. 맬서스는 《인구론》에서와 마찬가지로 《정치경제학 원리》에서도 '제비뽑기'의 비유를 즐긴다. 어떤 이는 순전히 우연히 오직 노동밖에는 아무것도 갖지 못한 상태로 태어나며, 다른 이는 순전히 우연히 자본과 토지를 소유한 상태로 태어난다. 그는 소유의 근본 원리는 이 세 가지 생산요소 모두에 동일하게 적용된다고 생각한다(여기서 노동자는 노예가 아니며 다른 이가 소유한 물건도 아니다. 따라서 노동자 또한 생산수단의 소유자들과 동일한 사회경제적 또는 법적 지위를 가진다). 그는 이렇게 단언한다. "노동자나 농부는 인생이라는 제비뽑기에서 토지라는 상품을 뽑지 못한 이들이다. 따라서 이들이 다른 이가 가진 것을 사용하려면 그 대가로 무언가를 주어야 한다는 점에서 부당한 고통을 받는다는 식으로 말해서는 안 된다."[42]

각각의 계급은 독특한 유형의 상품을 소유하는 셈이며, 각각은 일정한 보상을 받기 전에는 자신의 상품을 생산에 사용하도록 허용하지 않는다. "따라서 애덤 스미스가 그랬던 것처럼 자본의 이윤을 노동이 생산한 것에서 덜어낸 것으로 표현하는 것은 틀렸다."[43] 또 그는 말한다. "더욱이 지주에 대해 애덤 스미스가 했던 말 또한 비난받아 마땅하다. 그는 지주를 스스로 뿌리지도 않은 것을 거두기를 좋아하는 자로 표현하는데, 이는 상당히 기분을 상하게 하는 불공평한 말이다."[44] 자연가격의 이 세 가지 구성 요소 모두는 재산 소유와 동일한 기초를 가지고 있다는 것이다.

토지의 소유자는 … 자신들이 소유한 것과 관련하여 노동 및 자본의 소유자와 완전히 똑같은 방식으로 행동하여, 자신들이 가지고 있는 것을 수요하는 이들이 그 대가로 내놓으려고 하는 액수의 화폐를 받고서 내주거나 교환한다.

모든 교환 가능한 상품의 일반적인 가격은 다음의 세 가지 부분에 대한 보상으로 이루어진다고 볼 수 있다. 생산에 고용된 노동자의 임금으로 지불한 부분, 생산과정을 가능하게 만들어준 자본의 이윤으로 지불한 부분(노동자가 노동에 들어가기 전 임금을 선불로 받았다면 그 돈도 여기에 들어간다), 지주가 소유한 토양에 결부된 여러 가지 힘과 능력에 대한 보상, 즉 토지의 지대로 지불한 부분이 그것이다. 이 구성 요소 각각의 가격을 결정하는 요인은 전체 가격을 결정하는 요인과 정확히 동일하다.[45]

생산은 자연 자원, 과거 노동이 생산한 것, 또 지금 당장 들어가는 노동 중 어느 하나라도 빠지면 일어날 수 없다. 또 이 세 소유자는 '인생이라는 제비 뽑기'에서 각자에 고유한 소유 형태를 운명으로 뽑은 이들이다. 따라서 각각의 계급은 동등하게 자신들이 소유한 재산이 생산과정에 기여한 바에 해당하는 보상을 얻을 권리가 있다. 이러한 교환이라는 견지는 뒤에 신고전파 경제학을 지배하게 되는데, 여기에서는 생산과정에서 자연과 구별되는 인간의 기여가 생산활동으로 나타나는 것이 아니라 오로지 재산을 소유한 것, 즉 하나의 법률 관계로 나타난다. 더욱이 오로지 노동력밖에는 소유한 것이 없다는 것도 원리상 생산수단을 소유한 것과 다르지 않은 것으로 나타난다.

맬서스가 이윤을 자본가가 생산에 기여한 대가로 정당화했던 논리는 아주 간단하다. 노동자는 연장과 기계류를 갖추면 아무것도 없을 때보다 더 많은 것을 생산할 수 있다. 이러한 추가된 생산성은 자본가가 자신의 연장과 기계류를 사용하도록 허용한 것에서 기인한다. 따라서 스미스는 틀렸다. 자본가는 분명히 생산에 기여한다. 맬서스는 여기에서 연장과 기계류는 단지 과거에 투하된 노동을 현재 눈앞에서 체현해놓은 것에 불과하다는 스미스의 논점을 완전히 놓치고 있다.

맬서스는 지주의 지대 또한 생산에서 그들이 기여한 바에 대한 보상이라고 옹호했으며, 그 과정에서 당시 널리 받아들여지고 있던 생각, 즉 지대는 단지 독점에서 얻는 수익 또는 일종의 불로소득이라는 생각을 논박하는 데 힘을 쏟았다. 1815년에 그는 '지대의 성격과 증진 그리고 지대가 결정되는 원리에 대한 탐구An Inquiry into the Nature and Progress of Rent, and the Principles by Which It Is Regulated'라는 제목의 팸플릿을 출간했다. 이 팸플릿에서 그가 전개했던 이론은 그와 같은 시기에 데이비드 리카도(및 다른 이들)가 발전시켜 나중에 주로 리카도의 이론이라고 불리는 주장과 대단히 유사하다. 지대에 대한 맬서스의 생각을 여기에 아주 짧게 요약해본다. 나중에 '리카도식 지대Ricardian Rent'라고 불리는 것에 대한 좀 더 완전한 논의는 다음 장에서 할 것이다.

맬서스는 독점에서 나오는 소득을 공급에 대해 인위적으로 제약을 가함으로써 나오는 소득과 동일한 것으로 놓았다. 그는 이렇게 주장했다. "지대란 토양이 품고 있는 성질 가운데서도 신께서 인간에게 부여한 가장 귀중한 성질에서 나온 자연적 결과인데, 그것은 토양에서 농사짓는 데 필요한 사람 수보다 더 많은 사람을 먹여살릴 수 있는 성질이다."[46] 하지만 모든 토양에서 동일한 양의 축복이 쏟아지는 것은 아니다. "어느 나라에서나 토양과 위치는 다양하다. 모든 토지는 비옥도에 차이가 있다."[47] 이렇게 토양의 비옥도가 차이를 보이기 때문에 지대가 존재한다는 것이 맬서스의 주장이다.

한 나라의 인구가 적을 때는 가장 비옥한 땅만 경작해도 식량에 대한 필요를 충족시킬 수가 있다. 하지만 자본이 축적되고 인구가 늘어나면 갈수록 더 비옥하지 못한 땅을 경작하는 것이 필요해진다. 열등지를 경작하면 동일한 양의 농산물을 생산하는 이윤과 임금 비용도 늘어난다. 따라서 열등지의 경작이 수익을 내려면 그 증가된 비용을 감당할 만큼 농산물 가격 자체가 높은 수준으로 올라야 할 것이다. 하지만 일정한 양의 농산물을 생산하는 가장 비옥한 땅에서의 비용은 더 낮을 것이다. 따라서 계속 농산물 가격이 오르면 가장 비옥한 땅에서 나온 작물은 가격에서 생산비용을 뺀 잉여가 더 커질 것이다. 이렇게 토지의 비옥도 차이 때문에 생겨나는 잉여가 바로 지대의 기초이다. 따라서 지대란 공급에 대해 인위적으로 제약을 가함으로써 얻는 수익이 아니다. 이는 자연이 인간에게 준 선물이 차이가 난다는 사실에서 기인하는 것이다. 다시 한 번 말하지만, 맬서스는 재산 소유권에 대해서 문제를 제기하지 않으며, 오히려 자연이 준 선물을 마치 토지 소유자가 몸소 생산에 기여한 것처럼 여기는 것이 적절하다고 생각한다. 자연적인 토양의 비옥도 차이에 근거한 지대 외에도, 비옥도 차이의 일부는 지주가 토양을 개선한 것에서 기인한다고 맬서스는 주장한다. 지대에는 또한 이윤이 갖지 못하는 특별한 사회적 가치가 있다. 식량 생산이 늘어나면 더 많은 인구가 생존할 수 있으며, 그렇게 되면 더 많은 사람들이 먹어야 하므로 그 자체로 수요 창출의 효과가 있다는 것이다. 제조업의 경우에는 생산이 늘어나더라도 그것으로 더 많은 인구를 먹여살릴 수 있는 것이 아니므로 더 많은 수요를 창출하지 못한다는 것이 그의 주장이었다. 맬서스는 이러한 공급과잉, 또는 불황의 이론을 전개했는데, 앞으로 보겠지만 이렇게 창출된 수요는 농업이 사회에 가져오는 중요한 혜택이라는 것이다.

높은 지대의 경제적 원인을 논의하면서 맬서스는 이렇게 결론을 맺는다. 높은 이윤, 경제적 번영, 인구 증가는 보통 농업 생산의 증대로 이어지는 힘이다. 농업 생산이 증대되면 필연적으로 점점 더 비옥도가 떨어지는 토지가 경작될 수밖에 없으며 이에 따라 지대 또한 증가한다. 따라서 지대가 높다는 것은 전반적으로 경제적, 사회적 번영이 나타난 결과이자 또 그 번영의 정도를 가장 잘 보여주는 지표다.

지대는 과거의 힘과 능력에 대한 보상일 뿐만 아니라 현재의 용기와 지혜에 대한 보상이다. 근면과 재능으로 결실을 본 이들이 그 결실로 땅을 매일 구입한다. 토지야말로 칭찬할 만한 목적을 위해 땀을 흘린 모든 이들에게 주어지는 큰 상으로서, 그들에게 '품위와 여유가 있는 삶otium cum dignitate'을 허락한다. 그리고 사회가 진보함에 따라 인구와 자본이 증가하고 농업 기술의 발전이 일어나며 그에 따라 토지의 가치는 더욱 올라갈 것인데, 거기에서 나오는 혜택은 훨씬 더 많은 이들이 나누게 될 것이라고 믿을 만한 충분한 이유가 있다.

이 주제를 어떤 관점에서 생각해보든 다음과 같은 결론에 이른다. 즉 토지의 성질 중 우리 세상의 법칙에 따라 결국 지대로 귀결되는 성질은 곧 인

류의 행복에서 가장 중요한 축복으로 보인다.[48]

공급과잉 이론

스미스의 가격론에 대해 맬서스가 제한을 가했던 두 번째 문제는, 수요와 공급이라는 시장의 힘이 자동적으로 시장가격을 자연가격으로 밀어대는 것이 아니라는 맬서스의 주장이다. "어떤 상품의 가치가 평가되는 곳에서 결정되는 가치란 그 시장가격이지 자연가격이 아니"[49]라고 맬서스는 말한다. 상품의 시장가격이 자연가격과 차이가 날 경우 시장가격은 "수요와 공급이 맺는 특별한 혹은 우발적인 관계로 결정"[50]된다. 맬서스가 경제학 이론에 있어서 이루었던 가장 중요하고 오래도록 지속되었던 기여는 바로 이러한 수요와 공급의 특별하거나 우연적 관계의 분석으로서, 이것이 맬서스의 공급과잉glut 또는 불황의 이론이다.

스미스와 리카도는 생산이라는 견지를 선택했으므로 잉여가치의 성격에 대해서 맬서스가 전개한 논리보다는 훨씬 더 정교한 이해를 발전시킬 수 있었던 반면, 맬서스가 화폐 및 상품의 유통 과정에 대해 더욱 철저하고 정교한 방식의 탐구를 행하게 된 것은 아마도 맬서스가 교환이라는 관점을 견지했기 때문일 것이다. 맬서스는 모든 생산된 상품의 자연적 가치가 화폐 교환을 통해 실현되려면 이 모든 상품에 대한 총 '실효effectual' 화폐 수요(오늘날은 유효effective 화폐 수요라고 보통 부른다)가 그 상품 전체의 자연적 가치와 동일한 크기여야 한다는 사실을 알았다. 모든 상품의 자연적 가치를 이루는 구성 비용은 또한 사회의 3대 계급의 소득을 나타내는 것이므로, 동일한 기간 동안 생산된 모든 상품의 자연적 가치를 구성하는 총비용이 같은 기간 동안 이 3대 계급의 손에 들어오는 총 소득과 동일해야 한다는 점이 도출된다. 따라서 실효 수요가 어떤 해에 생산된 모든 상품의 가치와 동일해지기 위한 필요조건은 이 3대 계급 모두가 그 해에 생산된 상품을 구매하는 데 자신들의 집단적 소득 전액을 지출할 능력과 의사를 가지고 있어야 한다는 것이 된다.

소득을 지출하는 데는 두 가지 길이 있다. 첫째는 소비할 상품을 획득하는 데 쓰는 것이다. 둘째는 자본으로 축적될 상품을 획득하는 데 쓰는 것이다. 고전파 경제학자들(그리고 오늘날까지의 거의 모든 경제학자들)은 저축이란 소득 중에서 소비를 위해 지출한 뒤에 남는 것이라고 정의했다. 따라서 소득이 전액 지출되려면 자본으로 축적될 상품을 위한 지출이 저축된 소득의 양과 동일해야만 한다. (오늘날의 경제학자들은 생산된 상품을 자본축적의 목적으로 구매하는 것을 투자라고 한다. 따라서 총수요와 총공급이 동일해지기 위한 필요조건은 투자와 저축이 동일한 크기가 되는 것이다.)

애덤 스미스도 화폐와 상품이 간단없이 순조롭게 유통되기 위한 이러한 필요조건을 알았다. 하지만 그는 미래를 준비하고 싶어 하는 경우 외에는 저축을 할 사람이 없다고 가정했다. 이 저축을 통해서 자본을 축적할 수 있고 자본은 다시 본래의 저축에다 이윤까지 붙여 수익으로 되돌려줄 수 있으며, 아니면 이를 자본가에게 빌려주어 자본가가 거둔 이윤의 일부를 이자로 받을 수 있다. 어느 쪽이든 그 돈을 가만히 놓아둔 경우보다 더 많은 돈을 미래에 가질 것이다. 스미스는 따라서 이렇게 결론을 내린다.

어떤 사람이 자신의 수입에서 빼내어 저축을 하면 이것은 그 사람의 자본을 늘어나게 한다. 그는 스스로 이것을 더 많은 생산적 일꾼을 고용하는 데 쓸 수도 있고, 아니면 다른 사람에게 빌려주어 더 많은 생산적 일꾼을 고용하게 해주고서 그 사람의 이윤 일부를 이자로 받을 수도 있다. …

매년 이루어지는 저축은 매년 이루어지는 지출과 마찬가지로 정규적으로 소비되며, 게다가 그 저축의 소비 또한 거의 동시에 이루어진다. 하지만 저축을 소비하는 이들은 다른 사람들이다.[51]

따라서 스미스와 다른 거의 모든 고전파 경제학자들은 자본주의에서 생산된 모든 상품이 판매될 수 있을 만큼 충분한 크기의 총수요를 만드는 데 어려움을 겪는 일 따위는 결코 일어날 리가 없다고 주장했다. 하지만 자본주의 시스템은 그 당시에도 또 그 이후 오늘날까지도 항상 그런 문제들에 시달려온 것이 사실이다.

상품 생산과 자원 배분의 조절을 시장의 수요와 공급의 힘에 맡겨놓으면 항상 경제 위기 또는 불황의 반복이라는 결과가 나온다는 것은 자본주의의 시초부터 이미 나타났다. 그러한 불황이 닥치면 사업가는 항상 자신의 상품을 사줄 이들을 찾는 데 어려움을 겪고, 사용되지 않는 유휴 생산 장비가 나타나고, 노동자의 실업은 평소보다도 훨씬 더 악화되며, 빈곤과 사회적 궁핍의 증가가 피할 수 없는 결과로 나타났다.

1818년 영국에서는 농산물 가격이 급격히 하락했고, 1819년에는 전반적인 불황이 뒤따랐다. 이 불황의 결과 심각한 실업 사태가 벌어졌고 그러자 전투적인 노동자들이 다시 소요를 일으키면서 사회 전체가 불안해지게 되었다. 이 해 8월 수천 명의 노동자들이 맨체스터의 가두에서 시위를 벌였다. 영국 정부는 무력을 동원하여 시위자들을 잔혹하게 진압했다. 여기에서 열 명의 시위자가 죽임을 당했고 수백 명이 중상을 입었는데, 이 사태는 뒤에 '피털루 학살Peterloo Massacre'이라고 알려지게 된다. 그리고 불과 1년 만에 맬서스의 《정치경제학 원리》 1판이 출간된다. 맬서스는 자본주의 경제에서 불황이 발생할 가능성이 있을 뿐만 아니라 실제로도 얼마든지 발생한다는 사실을 너무나 잘 알았고, 그러한 노동자의 봉기가 잠재적으로 혁명의 위험을 품고 있다는 사실도 잘 알았다. 그가 《정치경제학 원리》를 집필한 최고로 중요한 목적은 이러한 경제 위기 또는 공급과잉에 대한 이해를 증진시켜 위기를 완화시킬 수 있는 정책을 제안하는 데 있었다. 물론 그러한 정책은 "어떤 계급도 지주계급만큼 이해관계가 그것 〔국가 또는 사회 전체〕의 부, 번영, 권력과 가장 밀접하고도 필연적으로 연결된 계급은 없다"[52]고 하는 그의 신념과 일치하는 것이었다.

맬서스가 보기에 보편적인 공급과잉이 일어나는 원인이 실효 수요가 주기적으로 부족하게 되는 데 있다는 점은 명백했다. 이러한 수요 부족이 발생하는 원천이 무엇이며 해결책이 무엇인가를 이해하기 위해서 그는 3대 계급 각각의 지출 패턴을 분석했다. 노동자는 가난하기 때문에 소득 전체를 생계 수단을 사는 데 지출한다. 자본가는 자본을 축적하려는 욕망에 추동되는 존재인 데다가, 이윤의 많은 액수를 소비 또는 개인적 서비스에 지출할 시간도 없고 또 그럴 성향의 인간도 아니다. 따라서 맬서스는 이렇게 결론을 내린다.

> 그러한 종류의 소비는 일반적인 자본가의 실제 습관과는 양립할 수 없다. 그들의 삶의 큰 목표는 재산을 저축하는 것이다. 가족을 부양해야 한다는 의무 때문이기도 하며 또 하루에 일고여덟 시간을 회계 사무소에서 보내야 하는 데다 남은 시간에도 그다지 편한 마음으로 돈을 쓸 수 없기 때문이기도 하다.[53]

하지만 지주는 여가 시간이 차고 넘치는 신사들이다. 지대로 계속 들어오는 확실한 소득이 있기 때문에, 이들은 소득 모두를 집을 쾌적하게 하고 하인을 거느리고 예술, 대학, 그 밖의 문화 기관을 후원하는 데 쓴다. 이들은 모든 소득을 항상 소비재나 '개인적 서비스'에다 쓰며, 그 과정에서 "인간이 가진 창의력이 발휘된 가장 고상한 형태, 인간 영혼의 좀 더 아름답고 섬세한 감정"⁵⁴을 장려한다.

이 3대 계급 각각은 소득 전부를 지출하려 한다. 하지만 자본가는 이윤 전부를 새로운 자본을 구입하는 데 지출하려 한다. 맬서스가 생각하기에, 문제는 자본주의가 진보하면 자본가가 너무나 많은 소득을 받는 경향이 있다는 것이다. 이들은 저축하는 돈 전부를 자본에 투자하더라도 적절한 수익을 거둘 수가 없으므로 모두를 투자하지 못한다. "경기가 좋을 때는 거의 모든 상인과 제조업자가 저축하는 양이 전국적 차원에서 자본이 증가할 수 있는 것보다 훨씬 빠른 속도로 늘어난다."⁵⁵

맬서스가 대답해야 하는 중요한 질문은 자본가가 자신들의 능력이 닿는 비율로 자본을 계속 확장해가는 과정에서 왜 스미스가 암시했던 것처럼 계속해서 더 많은 노동자를 고용하여 더 많은 이윤을 거두지 못하는 것인가였다. 맬서스는 이 질문에 대해 두 개의 대답을 내놓는다. 새로운 자본이 옛날 자본과 똑같은 기술을 체현하는 경우도 있고, 노동자를 더욱 생산적으로 만들 만한 기술혁신을 체현하는 경우도 있다. 그런데 어느 경우든, 문제가 생겨날 것이라는 것이었다.

경기가 좋을 때 이윤이 생겨 새로운 자본에 투자되었는데 만약 이 새로운 자본이 옛날 자본과 똑같은 기술을 체현하는 것이라면, 이 새로운 자본도 옛날 자본과 단위당 고용하는 노동자의 수는 동일할 것이다. 그리고 충분한 수의 노동자를 구할 수 있으려면 노동력이 자본과 똑같은 비율로 증가할 필요가 있다. 문제는 호황이 도래하면 자본이 즉각 증가하기 시작한다는 것이다. 하지만 맬서스는 "인구의 속성과 또 성인이 된 노동자를 시장으로 데리고오는 데 필요한 시간 등을 따져볼 때, 자본과 생산물이 급작스럽게 증가한다고 해도 이것이 16년이나 18년보다 짧은 시간 안에 그에 상응하는 노동 공급을 가져오기란 불가능한 일임이 … 분명하다"⁵⁶고 주장했다. 따라서 이 새로운 자본이 노동 공급을 앞지르면 두 가지 일이 일어날 수 있다. 첫째, 일부 자본은 노동을 찾을 수가 없어서 놀 것이다. 둘째, 일시적인 노동 공급 부족이 나타날 것이다. "만약 시장에 노동 공급이 상대적으로 부족하게 되면, 지주와 자본가는 더 많은 양의 생산물을 노동자 개인에게 주어야 할 것이다."[57] 이 경우 "임금은 … 계속해서 상승한다. 자본이 계속 증가하는 한 말이다".[58] 어느 경우든 자본가는 소득을 자본에 투자하는 것보다는 아무 이자가 없더라도 현금의 형태로 그냥 쥐고 있는 쪽을 선호한다. 자본을 더욱 축적하면 기존 자본에 대한 이윤율이 계속 떨어지기 때문이다. 따라서 자본가는 소득의 전부를 지출하는 일을 중지할 것이고, 이에 따라 실효 수요의 부족이 나타날 것이다.

화폐와 상품의 유통에서 이러한 불균형은 의심할 여지없이 분명히 나타난다. 그리고 맬서스는 그러한 불균형이 어떤 결과를 빚어내는가를 분석하는 가운데 경제를 이해하는 데 있어서 중대한 기여를 한 것이다. 하지만 그의 분석은 그의 인구론과 모순을 보인다. 자본축적률은 "급작스럽게 증가"할 수 있어도 성인 노동력의 크기가 급작스럽게 증가할 수 없다는 것은 분명히 사실이다. 하지만 그의 인구론을 전제로 한다면, 인구의 급작스러운 증가를 요구할 만큼 급작스러운 자본 증가가 도대체 왜 나타나는 것인가가 분명치 않다. 이윤율이 어찌되든 또 그로 인해 자본축적률이 어찌되든, 일단 이 두 비율이 역사적으로 확립되면 인구 증가율은 자본축적률에 맞추어져야 한다는 것은 명백하다. 만약 자본이 매년 10퍼센트의 비율로 축적된다면 매년 인구 또한 연간 10퍼센트로 증가할 것이며, 이후 16년간 벌어질 매년 10퍼센트의 자본축적으로 필요해질 노동 공급도 이것으로 충족될 것이다. 마찬가지로 이 축적률이 과거에도 일정 기간 동안 유지되어왔다면, 지난 16년간의 인구 증가로 지금 발생한 노동 수요를 충족시키는 데 충분할 것이다. 따라서 이론적 일관성이라는 관점에서 볼 때 맬서스가 화폐와 상품 유통에서 발생하는 불균형을 설명한 그의 첫 번째 방식은 그의 인구론과 양립할 수가 없다. 내가 보기에, 문제가 있는 것은 그의 공급과잉 이론 쪽이 아니라 인구론 쪽이다.

두 번째 가능한 자본축적의 유형은 노동생산성을 증가시키는 기술 변화를 수반하는 자본축적이다. 이 새로운 노동 절약 자본은 노동에 대한 대체물로서 기능할 것이다. 이제 똑같은 양의 생산물을 만드는 데 자본은 더 많이 들어가고 노동은 덜 들어간다. 하지만 노동자를 이런 식으로 내쫓으면 수요는 줄어든다. 따라서,

> 고정자본이 노동을 대체하면 그로 인해 더욱 커진 공급을 위한 시장, 그리고 그 바람에 쫓겨난 노동자가 어디에선가 만들어낼 새로운 생산물을 위한 시장도 필요해진다. 하지만 만약 고정자본이 노동을 대체하는 속도가 그러한 시장을 충분히 확보하는 속도보다 훨씬 더 빠를 경우에는 노동에 대한 수요 침체와 노동계급의 곤궁이 만연할 것이다.[59]

어떤 경우라고 해도 공급과잉의 궁극적 원인은 과도한 이윤이 결국 자본축적률을 지속 불가능하게 만든다는 점에 있다. 맬서스의 견해로는 이 문제에 대한 유일한 해법은 소득의 분배를 바꿀 정책을 추구하는 것이다. 그것을 통해서 자본가의 이윤은 낮추면서 소비에 더 많은 돈을 지출할 다른 계급에게 소득을 몰아주는 것이다. 이제 공급과잉에 대한 맬서스의 이론과 곡물법을 둘러싼 논쟁 사이의 연관 관계가 명확히 드러난다. 맬서스의 말대로,

> 따라서 자기들이 생산한 것보다 더 많은 물질적 부를 소비할 수 있는 능력과 의지를 모두 갖춘 이들로 구성된 상당한 숫자의 계급이 존재해야만 한다. 그렇지 않을 경우 자기들이 소비하는 것보다 훨씬 더 많은 것을 생산

하는 상인계급은 이윤이 남는 생산을 계속할 수가 없을 것이다. 이러한 계급의 후보로는 말할 것도 없이 지주가 유력하다.[60]

지주 스스로가 과잉의 물질적 생산물 모두를 소비하지는 않는다. 맬서스가 생각하기로, 이들은 수많은 하인과 그 밖의 비생산적 노동자, 즉 '개인적 서비스'의 공급자를 고용하며, 이 하인과 비생산적 노동자가 제조업 부문에서 생산한 물질적 생산물에 자기들 소득을 지출하게 된다는 것이다. 따라서 맬서스의 해법은 지주의 하인인 비생산적 노동자의 군대를 창출하는 것으로 이어진다. 이들은 물질적 부를 생산하지도 않으면서 그것을 소비하는 일만 하므로 결국 총수요 부족의 문제를 제거할 것이라는 것이다.

결국 충분한 실효 수요를 확보하는 유일한 방법은 일종의 재분배 장치, 예를 들어 곡물법과 같은 것을 활용하여 지주가 더 많은 지대를 얻게 만드는 것이며, 그로 인해 그들 스스로와 그들의 하인이 쓰는 지출을 통하여 생산을 증대시키지 않으면서도 그저 총수요만 늘어나도록 기여하게 만드는 것이라는 것이다. 여기서 우리는 또 다시 모든 사회의 경제적 후생은 지주의 이익을 증진시키는 데 달려 있다는 그의 주장을 볼 수 있다. 이렇게 지주가 경제적으로나 문화적으로나 영국에 없어서는 안 될 소중한 존재임을 보인 뒤 맬서스는 자신의 논리를 더욱 강고하게 만들기 위해 지주가 의회에서 정치권력을 장악하는 것이 또한 사회 성원들 전부의 최고의 이익이라고 주장한다.

영국인을 오랫동안 다른 민족과 구별짓는 현재의 헌법, 자유와 특권이 최초로 만들어지고 유지되고 개선되어온 것이 주로 토지 귀족 덕분이라는 사실은 조금도 논박할 수 없는 역사적 진실이다.[61]

마지막으로 한 가지 질문이 남는다. 총수요를 늘리는 목적이라면 임금을 올리는 재분배도 가능할 것이다. 그런데 맬서스는 이에 대해 어떠한 반대의 논리를 폈을까?《인구론》의 내용으로 봤을 때, 임금을 올린다 해도 노동자의 숫자만 늘어나고 그러면 그들의 생활수준이 다시 생계 수준으로 떨어질 압력을 받기 때문에 아무 소용이 없다고 주장했을 것이라고 추측할 수도 있다. 하지만 앞에서 보았듯이 맬서스는 공급과잉 이론을 전개하면서 자신의 인구론을 최소한 단기적으로는 포기했었다. 또《인구론》으로부터 임금인상은 "모든 사람에게 자기가 그전보다 부자가 되었다는 환상에 빠지게 만들" 것이며, 이에 따라 "생산적 산업에 대해 강력하고도 즉각적인 제동"을 걸 것이라고 맬서스가 주장했을 것이라고 생각할 수도 있다.[62]《정치경제학 원리》에 이러한 주장의 단서가 있는 것은 사실이지만, 맬서스가 임금인상을 반대한 가장 중요한 논리는 다음 구절에서 볼 수 있다.

> 노동자계급 쪽의 소비력만 가지고는…자본을 더 많이 사용하도록 장려할 수 없음을 이해하는 것이야말로 실로 가장 중요하다. 어떤 자본가도 자신을 위해 일하는 이들의 수요만을 위하여 더 많은 자본을 사용하지는 않는다. 노동자들이 자신들이 소비하는 것보다 더 많은 가치를 생산하지 않는 한… 자본가가 그들을 먹여살리는 데 자신의 자본을 쓰지 않을 것이라는 점은 아주 자명한 일이다. … 노동자계급 사이에 소비가 크게 늘어나면 생산비용이 올라가므로 이는 이윤을 낮출 수밖에 없고 결국 축적의 동기를 줄이거나 망치고 만다.[63]

이 인용문이 흥미를 끄는 것은, 우리가 앞 장에서 말한 것 하나를 분명하게 보여주기 때문이다. 강력한 영향을 행사하는 중요한 사상가가 외견상 분명한 논리적 오류를 저지를 때, 이는 순수한 논리가 아니라 그 사상가의 사회적 지향성이나 계급적 충성이 그러한 결론을 내리는 데 큰 영향을 미친다는 것을 보여주는 경우가 많다. 세 가지 계급 소득의 범주가 생산비용을 구성하는 3대 요소와 동일한 것이기 때문에, 어떤 정치적 조치든 곡물법처럼 지대나 임금의 증가를 가져오는 것이라면 결국 이윤을 낮추는 효과를 가질 것이다. 자본가들이 **임금**을 올려서 이윤을 줄이고자 했던 개혁에 내놓았던 여러 가지 반대가 **지대**를 올려서 이윤을 줄이자는 개혁에 대해 이들이 내놓은 여러 가지 반대와 동일한 것이라고 보았으며, 이는 제대로 본 것이었다.

당시 자본가계급 측을 옹호하는 대표적인 지적 대변인이던 데이비드 리카도는 맬서스의 결론에 숨은 오류를 즉각적이고 명확하게 이해했다.

> 한 무리의 비생산적 노동자라는 것은 미래의 생산이라는 목적에서 보자면, 그 필요함과 유익함은 그 비생산적 노동자 무리가 소비했을 재화들의 창고를 태워 없앨 화재와 동일하다. … 내가 생산한 재화를 소비하는 이가 있다고 해도, 그가 나에게 아무것도 되돌려주지 않는다면 그게 나에게 무슨 이득을 가져다주겠는가? 그러한 소비를 통해서 내가 내 이윤을 실현한다는 것이 어떻게 가능하다는 말인가? … 맬서스 씨는 이렇게 말한다. 자본가가 저축이라는 습관을 계속할 수 있으려면, "그들은 소비를 늘리든가 생산을 줄이든가 해야 한다"고. … 생산을 하지 않는 소비자가 소비하는 상품이란 그들에게 주어진 것이지 등가물을 대가로 얻어 판매된 것이 아니다. … 옷감 제조업자의 공장에서 100뭉치의 천을 그냥 꺼내어 그것으로 병사와 선원에게 옷을 입힌다고 한들 그것이 그 제조업자에게 이윤을 늘려주겠는가? 그래서 그로 하여금 생산에 동기를 얻도록 자극하겠는가? 그럴 것이다. 그의 창고에 불이 나서 천이 다 타버렸을 때와 똑같은 정도로 말이다. … 만약 맬서스 씨의 교리가 진리라면, 군대를 확장하고 정부 공무원의 봉급을 두 배씩 올려주는 것보다 더 지혜로운 일이 어디 있겠는가?[64]

이러한 맬서스와 리카도 사이의 논쟁에서 올바른 쪽은 누구일까? 나의 견해로는 그들 둘 다 부분적으로는 정확하지만, 서로의 주장에 들어 있는 부분적 진리를 망각하기는 마찬가지이다. 자본주의는 화폐와 상품 유통에서 불균형을 낳는 경향이 있음은 분명하다. 그러한 불균형이란 생산된 모든 상품을 구매할 만큼 총수요가 충분하지 않은 공황으로 모습을 드러낼 때가 잦다. 전체 자본가를 하나의 집단적 계급으로 본다면 그러한 상황에서는 무언가 수요를 증대시킬 원천을 찾아내는 것이 그들의 집단적 이익이 된다. 하지만 자본가 개개인은 자신의 생산비용이 자신의 상품에 대한 수요에는 아무런 직접적 영향을 미치지 못하지만 자신의 생산비용이 자신의 이윤에는 중대한 영향을 미친다는 사실을 깨닫고 있다. 따라서 자본가는 생산비용을 가능한 한 낮게 유지하려는 강력한 동기를 가지고 있다. 하지만 자본가의 생산비용이라는 것을 집단적 차원에서 생각해보면 이것이야말로 생산에 참여하는 이들의 소득을 발생시키는 원천이며 그렇게 해서 발생한 소득은 다시 자본가가 생산한 것을 구매하는 데 쓰인다는 것을 알 수 있다. 따라서 개별 자본가의 입장에서 보자면, 자신의 생산비용은 가급적 낮게 유지하는 가운데 다른 모든 자본가는 높은 비율의 임금과 지대를 지불하여 자신이 내놓는 생산물에 대한 높은 수요를 만들어주는 것이 가장 이상적인 상황일 것이다.

요컨대 개별 자본가의 필요와 집단으로서의 전체 자본가의 필요 사이에는 모순이 존재한다. 맬서스와 리카도는 각각 이 딜레마의 한쪽 뿔은 명확하게 인식하고 있었지만 다른 쪽 뿔은 무시하거나 아예 부인함으로써 문제를 풀겠다고 시도했다. 그런 식의 해법으로는 옛날이나 지금이나 문제를 해결할 수 없다. 우리는 존 메이너드 케인스와 2차 세계대전 이후의 자본주의 경제에 그의 사상이 끼친 충격을 평가하는 15장에서 이 딜레마를 좀 더 깊게 다룰 것이다.

주

1. E.J. Hobsbawm, *Industry and Empire: An Economic History of Britain Since 1750*(London: Weidenfeld and Nicolson, 1968), p. 72. 이 장에 나타나 있는 생각들 몇 개는 흡스봄의 것이다.

2. Paul Mantoux, *The Industrial Revolution in the Eighteenth Century*(New York: Harcourt Brace Jovanovich, 1927), pp. 410-11 .

3. Ibid., p. 413.

4. Ibid., p. 416.

5. Hobsbawm, *Industry and Empire*, pp. 67-68.

6. F. Engels, *The Condition of the Working Class in England in 1844*(New York: Macmillan, 1958), p. 46.에서 재인용.

7. Hobsbawm, *Industry and Empire*, p. 74.에서 재인용.

8. Ibid., p. 75.

9. Mantoux, *Industrial Revolution*, p. 417.

10. ibid., p. 449.

11. 이 《인구론》 1판과 《요약》은 다음의 한 권으로 출간되었다. T.R. Malthus, *An Essay on the Principle of Population and a Summary View of the Principles of Population*, ed. A. Flew (Baltimore: Penguin, 1970). 《인구론》 2판은 두 권으로 출간되어 있다. T.R Malthus, *An Essay on the Principle of Population*(New York: Dutton, 1960).

12. 《정치경제학 원리》 2판은 1836년에 출간되었다. 이 장에서의 모든 인용은 2판에 준한다. T.R. Malthus, *Principles of Political Economy*(New York: Augustus M. Kelley, 1964).

13. Alexander Gray, *The Socialist Tradition*(London: Longmans, 1963), p. 119.

14. Ibid., p.131.

15. Ibid., p. 119

16. Ibid.

17. Malthus, first *Essay*, pp. 68-69.

18. Ibid., p. 144.

19. Ibid., p. 143.

20. Malthus, second *Essay*, vol. 2, p. 39.

21. Ibid., vol. 2, p. 179.

22. Malthus, *Summary View*, p. 226.

23. Ibid., p. 225.

24. Ibid., p. 238.
25. Ibid., p. 242.
26. Malthus, second *Essay*, vol. 1, p. 19.
27. Ibid., vol. 1, p. 14.
28. Ibid., vol. 2, p. 13.
29. Ibid., vol. 1, p. 13.
30. Malthus, first *Essay*, p. 98.
31. Ibid., pp. 94-95.
32. Ibid., p. 97.
33. Ibid., pp. 143-44.
34. Ibid., pp. 176-77.
35. Malthus, second *Essay*, vol. 2. pp. 179-80.
36. Malthus, first *Essay*, pp. 215-16.
37. Malthus, *Principles of Political Economy*, pp. 282-83.
38. Ibid., p. 206.
39. Ibid., p. 33.
40. Ibid., p. 34.
41. Ibid., p.35.
42. Ibid., pp. 76-77.
43. Ibid., p. 76.
44. Ibid.
45. Ibid., p. 77.
46. Ibid., p. 148.
47. Ibid., p. 149.
48. Ibid., pp. 216-17.
49. Ibid., p. 78.
50. Ibid.
51. Adam Smith, *An Inquiry into the Nature and Causes of the Wealth of Nations* (New York: Modern Library, 1937), p. 321.
52. Malthus, *Principles*, p. 206.
53. Ibid., p. 400.
54. Malthus, first *Essay*, pp. 176-77.
55. Malthus, *Principles*, p. 400.
56. Ibid., p. 280.
57. Ibid., p. 279.

58. Ibid., p. 277.
59. Ibid., p. 238.
60. Ibid., p. 400.
61. Ibid., p. 380.
62. Malthus, first *Essay*, p. 95.
63. Malthus, *Principles*, pp. 404–5
64. Sydney H. Coontz, *Productive Labour and Effective Demand* (New York: Augustus M. Kelly, 1966), pp. 45–46.

5

데이비드 리카도

데이비드 리카도David Ricard(1772~1823)는 네덜란드에서 영국으로 이주한 뒤 주식 거래로 큰돈을 번 부유한 영국 자본가의 아들이었다. 리카도는 주식 거래에서 아버지보다 더 큰 성공을 거두어 서른도 안 된 나이에 아주 큰 부자가 되었다. 1799년 리카도는 애덤 스미스의 《국부론》을 읽었고 그 이후로 시간을 재산을 확장하는 일과 정치경제학의 여러 문제를 연구하고 저술하는 일로 쪼개어 살았다. 리카도야말로 고전파 경제학자 가운데서 가장 엄밀한 이론가였다는 것은 널리 인정되고 있다. 자본주의가 어떻게 작동하는지를 추상적 모델로 구축하고 논리적인 함의를 그려내는 리카도의 능력은 그의 시대에 감히 능가할 이가 없었다. 더욱이 그의 경제학 이론화 작업은 추상적이고 연역적인 경제 모델의 한 유형을 확립했고 이것이 오늘날까지도 경제학 이론을 지배하고 있다. 애덤 스미스와 마찬가지로 리카도 또한 19세기 나머지 기간과 20세기 전체에 걸쳐서 급진파 마르크스주의자와 보수파 신고전파 전통의 경제학 이론 모두에 강력한 영향력을 행사했다. 근대의 가장 중요한 경제학자를 꼽는다면 그가 최소한 대여섯째 안에 들어갈 것이라는 점은 의문의 여지가 없다.

리카도는 맬서스와 똑같은 격동의 시대를 살았으며, 맬서스와 마찬가지로 프랑스혁명, 산업혁명, 점증하는 노동계급의 불온한 기세, 영국 자본가와 지주 사이의 투쟁 등에서 많은 영향을 받았다. 노동계급에 대한 그의 태도는 본질적으로 맬서스와 다르지 않았다. 리카도는 맬서스의 인구론뿐만 아니라 노동자의 빈곤의 성격과 원인에 대한 결론도 받아들였다. 리카도는 다음과 같이 말한다.

> 맬서스 씨의 《인구론》에 대해 내가 가지고 있는 경외심을 여기에 표현할 수 있는 기회가 주어진 것을 대단히 기쁘게 생각한다. 이 위대한 저작에 대해 여러 반대자들이 해왔던 공격이 많았지만 이는 이 저작이 얼마나 강력한지를 입증하는 역할만을 했을 뿐이다. 이 저작은 실로 명불허전이며, 이 저작을 통해 크게 빛나게 된 그 과학이 발전할수록 이 저작의 명성 또한 널리 퍼져나갈 것이라고 확신하게 되었다.[1]

리카도는 개인적으로는 맬서스와 가까운 친구였지만 지적으로는 일생에 걸친 적수였다. 이들이 의견을 달리한 가장 중요한 사회적 이슈는 자본가와 지주 사이의 갈등이었다. 리카도는 일관되게 자본가계급의 이익을 옹호했다. 이들이 의견을 달리한 가장 중요한 이론적 쟁점은 가치론과 맬서스의 공급과잉 이론이었다.

리카도는 그의 저작 《정치경제학과 조세의 원리 *Principles of Political Economy and Taxation*》의 서문에서 자신이 정치경제학의 중심 문제라고 본 것을 언명한다.

> 대지의 소출, 즉 노동, 기계류, 자본을 함께 사용한 결과 대지의 표면에서 나오는 모든 것은 공동체를 이루는 3대 계급, 즉 토지 소유자, 토지 경

작에 필요한 자본 기금의 소유자, 땀 흘려 토지를 경작하는 노동자 사이에 나누어진다.

　이러한 분배를 규제하는 법칙을 결정하는 것이야말로 정치경제학의 으뜸가는 문제이다.[2]

맬서스가 1815년 《지대의 성격과 원인에 대한 탐구An Inquiry into the Nature and Causese of Rent》를 출간하자 리카도는 그 팸플릿을 즉시 읽었다. 리카도는 맬서스의 지대론이 자기 자신이 오래도록 작업해왔던 이윤론을 보충한다는 것을 인식했다.[3] 그는 이미 제조업 상품에 대한 곡물의 상대가격을 결정하는 것은 노동과 자본이 갈수록 비옥도가 떨어지는 토지에 투여되면서 곡물 생산성이 떨어지는 경향이라고 결론을 내린 상태였다. 또 그는 이윤율을 결정하는 것은 농업 노동의 생산성 체감이라는 결론에도 도달한 상태였다. 따라서 맬서스의 지대론은 이미 리카도의 이윤론에 암묵적으로 내포되어 있는 아이디어를 명시적으로 언명한 것이었다. 맬서스의 팸플릿이 출간된 지 3주 만에 리카도는 《곡물의 낮은 가격이 자본 이윤에 끼치는 영향에 대한 고찰: 곡물 수입 제한으로 빚어지는 불편함의 입증 An Essay on the Influence of a Low Price of Corn on the Profits of Stock, Showing the Inexpediency of Restrictions on Importation》이라는 팸플릿을 출간한다. 여기서 그는 분배 이론의 본질적 아이디어를 처음으로 전개한다.

지대론 그리고 이윤에 대한 최초의 접근

나중에 리카도가 그의 《정치경제학 원리》에서 개진하는 지대론은 이미

1815년의 그의 《고찰》에 나오는 관점을 일관되게 발전시킨 것이다. 그는 지대를 다음과 같이 정의한다. "원초적이고 파괴할 수 없는 토양의 힘을 사용하도록 허락한 대가로 땅의 소출 중에서 지주에게 지불하는 부분."[4] 그의 지대 결정 이론은 두 개의 전제 위에 서 있다. 첫째, 모든 토지는 비옥도가 차이가 나며 따라서 모든 토지를 가장 비옥한 것에서 가장 덜 비옥한 것까지 한 줄로 정렬할 수 있다. 둘째, 지주에게서 땅을 세내어 경작하는 자본주의적 영리 농업가들의 이윤율은 그들 사이의 경쟁으로 인해 항상 균등화된다. 그의 지대론을 가장 잘 요약한 것은 그 자신이었다. 따라서 지대가 결정되는 과정에 대한 그의 논의를 자세히 인용해보도록 하겠다. 하지만 이 인용문을 읽기 전에 독자들은 먼저 리카도가 말한 순 생산물net produce의 정의를 이해할 필요가 있다. 순 생산물이란 생산된 총량에서 생산에 필요한 모든 비용을 뺀 것으로서, 여기에는 생산과정에서 소모된 자본을 대체하는 비용과 노동자의 임금도 들어간다. 따라서 순 생산물이란 노동이 창출한 잉여가치의 전체로서 이윤과 지대로 나뉜다. 이제 리카도가 자신의 지대론을 제시하는 구절로 가보자.

토지의 사용에 대해 지대가 지불되는 이유는 오로지 하나뿐이다. 토지의 질이 균일하지 않고 또 토지의 양이 무제한이 아니므로, 인구가 늘어나면 열등한 질의 토지까지 경작에 사용되기 때문이다. 사회가 진보하는 과정에서 비옥도가 2등급인 토지가 경작되면 1등급의 토지에서는 즉시 지대가 발생하며, 지대의 양은 두 토지의 질 차이가 얼마나 나는가에 달려 있다. 3등급 토지가 경작되면 즉시 2등급 토지에서도 지대가 발생하며, 그전과 마찬가지로 지대의 양을 규제하는 것은 두 토지의 생산력 차이이다. 이와 동시에 1등급 토지의 지대는 더 오를 것이다. 1등급 토지는 항상 2등급 토지보다 동일한 양의 자본과 노동으로 생산할 수 있는 소출의 차이만 큰 더 높은 지대를 받을 것이기 때문이다. 인구가 증가하는 모든 단계마다 나라 전체는 식량 공급량을 늘릴 수 있기 위해 더 열등한 질의 땅에 의존하지 않을 수 없으므로 결국 가장 질이 나쁜 땅 이외의 모든 땅에서 지대가 오를 것이다.

1번 토지, 2번 토지, 3번 토지가 있으며, 그 각각에 자본과 노동을 똑같이 사용했을 경우 순 산출이 각각 100, 90, 80쿼터의 곡물이라고 가정해보자. 2번 토지를 경작해야 할 만큼 인구가 늘어나면 즉시 1번 토지에서는 지대가 발생한다. 왜냐면 이 경우에는 농업 자본의 이윤율이 두 개가 되든가 아니면 1번 토지의 소출에서 10쿼터를 덜어내어 자본가 이외의 누군가에게 주든가 둘 중 하나일 수밖에 없기 때문이다. 1번 땅을 경작한 것이 그 땅의 소유자이든 다른 사람이든, 10쿼터의 곡물이 지대가 되는 것은 마찬가지이다. 왜냐면 2번 토지의 경작자는 1번 토지를 경작하고서 10쿼터의 지대를 지불하든 계속해서 2번 토지를 경작하고 지대를 지불하지 않든, 자신의 자본으로 얻는 결과는 똑같기 때문이다. 또 3번 토지가 경작되기 시작하면 2번 토지에서도 10쿼터의 지대가 발생하며, 1번 토지의 지대는 20쿼터로 뛰게 된다는 것도 마찬가지로 증명할 수 있을 것이다. 왜냐면 3번 토지를 경작하는 사람은 20쿼터의 지대를 내고서 1번 토지를 경작하든 10쿼터의 지대를 내고 2번 토지를 경작하든 아무런 지대도 내지 않고 3번 토지를 경작하든, 자신이 얻게 되는 이윤이 똑같게 되기 때문이다.[5]

결국 지대가 이런 식으로 늘어나도록 만드는 것은 자본주의적 영리 농업가들 사이의 경쟁이다. 리카도가 든 예에서 3번 토지가 경작되기 시작했는데도 1번 토지를 경작하는 이가 지대를 15쿼터만 냈다고 해보자. 이 경우 1번 토지의 경작자는 85쿼터의 이윤(100쿼터의 순 생산물에서 15쿼터의 지대를 뺀 것)을 벌게 된다. 하지만 그와 똑같은 자본을 가지고서도 2번 토지와

3번 토지를 경작하는 자본주의적 영리 농업가는 80쿼터의 이윤밖에는 벌지 못한다. 그리하여 이 두 사람이 만약 1번 토지의 지주에게 접근하여 자기에게 경작을 허락해준다면 더 많은 지대, 예를 들어 18쿼터를 지불하겠다고 제안하면 이윤을 더 늘릴 수 있을 것이다. 이렇게 1번 토지에서 발생하는 지대가 20쿼터에 미치지 못하는 한 자본가는 계속해서 1번 토지에 대한 지대를 높여 부를 것이다. 그리하여 지대의 호가呼價가 마침내 20쿼터에 이르게 되면 더 이상 지대를 높여 부를 동기가 사라질 것이다. 그리고 이 지점이 되면 이윤율은 모든 자본주의적 영리 농업가에게 동일하게 될 것이다. 리카도는 일반적으로 경쟁으로 인해 모든 자본가의 이윤율이 동일하게 되는 경향이 있다고 생각했다. "자본 기금을 사용하는 모든 이들은 이윤이 덜한 사업에서 좀 더 이익이 남는 사업으로 이동하려는 끊임없는 욕망을 가지고 있으며, 이로 인해 모든 이들의 이윤율이 동일해지는 강력한 경향이 나타난다."[6]

리카도의 지대론은 그의 경제 모델이 어떤 결론에 도달하게 되는가를 이해하는 데 너무나 중요하므로 우리는 그것을 보여주기 위한 두 개의 그림을 생각해보기로 한다. 〈그림 5-1〉에서 세 개의 막대 각각의 면적은 리카도가 든 예에서의 순 생산물을 나타낸다. 순 생산물은 이윤에 지대를 더한 것으로 구성된다. 다시 말해서 이는 총 생산물에서 임금 그리고 생산으로 마모된 자본을 대체하는 데 드는 비용을 뺀 것이다. 만약 1번 토지만 경작된다면 그 토지를 경작하는 자본가는 100쿼터의 곡물을 이윤으로 얻는다. 2번 토지가 경작되기 시작하면, 1번 토지의 지대를 높여 부르는 자본가의 경쟁이 나타나고 마침내 지대가 10쿼터까지 오르게 된다. 3번 토지의 경작이 시작되면 마찬가지로 경쟁 때문에 2번 토지의 지대가 10쿼터까지 오르게 되며 1번 토지의 지대는 20쿼터까지 오르게 된다. 그리고 각각의 자본가는 모두 80쿼터의 이윤을 얻게 된다.

그림 5-1. **세 필지 땅의 순 생산물과 지대**

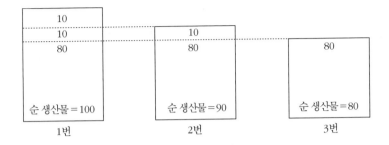

그림 5-2. **농업에서의 생산성 체감**

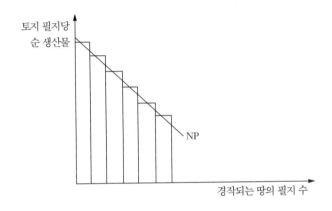

추가적인 토지가 경작될 때 추가되는 한 필지 토지의 양이 얼마인지는 정해져 있지 않았다. 가장 비옥한 토지에서 가장 열등한 토지까지 비옥도가 떨어지는 것이 연속적이라고 가정했으므로 토지 전체를 더욱 더 잘게 쪼개어 아주 작은 필지로 나눌 수 있으며, 각각의 연속적인 필지에서 얻는 순 생산물은 그 직전 필지에서 얻는 순 생산물보다 작다. 〈그림 5-1〉의 막대를

4분면으로 옮겨 X축이 경작되고 있는 땅 필지 수를 Y축이 필지당 순 생산물의 양을 가리킨다고 해보자. 그러면 우리는 〈그림 5-2〉와 닮은 그림을 얻을 수 있다. 필지의 크기를 계속해서 더 잘게 쪼갤수록 계단처럼 생긴 막대의 꼭대기들은 더 오른쪽 아래로 내려가는 직선에 점점 더 가까워질 것이다. 한 단위의 토지가 아주 작다면 토지 비옥도의 체감을 완전한 직선으로 나타낼 수 있다고 가정할 수가 있다. 〈그림 5-2〉에서 NP가 바로 그 선이다. 이 선은 경작하는 토지의 양이 늘어날수록 토지 단위당 순 생산물의 양은 감소한다는 것을 보여준다. 만약 여기에서 임금이 유일의 생산비용이라고 한다면, 경작되는 토지의 단위당 지불되는 임금을 〈그림 5-2〉의 선 NP에다 더하여 총 생산물을 나타낼 수 있을 것이다. 그 결과는 〈그림 5-3〉이며, 여기서 경작되는 토지의 양이 늘어남에 따라 토지당 총 생산물의 양을 나타내는 것이 선 P이다. NP는 단지 순 생산물(이윤 + 지대)만을 나타내지만 직선 P는 총 생산물(이윤 + 지대 + 임금)을 나타낸다. 만약 x 단위의 토지가 경작되고 있다면, 마지막으로 경작에 투입된 토지—따라서 지대가 발생하지 않는—의 단위당 총 생산물은 y가 된다. 삼각형 a의 면적은 지주 계급이 수취하는 지대의 총량이 될 것이며, 사각형 b의 면적은 농업 부문의 자본가와 노동자가 수취하는 총이윤과 임금이 될 것이다. 이 그림은 이 장 뒷부분에서 리카도 모델의 가장 중요한 결론의 하나를 보여주는 데 다시 사용될 것이다.

리카도의 전체 이론에서 아마도 이윤론이 가장 결정적이고도 중심적인 요소였을 것이다. 자신의 이윤론을 구성하는 첫 번째 시도에서 리카도는 지주, 자본가, 노동자로 구성되어 오로지 곡물만을 생산하는 단순한 경제를 가정했다. 리카도는 이윤을 잉여라고 보았다. 우리는 높은 질의 토지를 경작하는 자본주의적 영리 농업가가 얻는 이윤 또한 경쟁 때문에 지대를 발생시키지 않는 한계지를 경작하는 자본주의적 영리 농업가의 이윤과 동일해진다는 것을 보았다. 따라서 이윤은 지대가 없는 최열등지를 경작하는 자본가의 이윤에 의해 결정될 것이다.

리카도는 맬서스의 인구론을 받아들였고, 그 가장 중요한 귀결, 즉 인구 증가는 결국 노동자의 임금을 생계 수준으로 내리누르는 경향이 있다는 명제도 받아들였다. 따라서 지대를 발생시키지 않는 최열등지에서의 이윤은 그 토지에서의 총 산출에서 그 토지에서 일하는 노동자를 먹여살릴 만큼의 곡물을 뺀 것이다. 다른 말로 하자면 이윤은 임금을 지불하고 난 뒤 남은 몫이라는 것이다. 이러한 단순 상품 모델에서 자본은 단순히 곡물로만 이루어져 있고 자본가는 이를 노동자에게 임금으로 '미리 지불한다advance'. 따라서 이윤율이란 지대를 발생시키지 않는 최열등지에서의 순 생산물과 임금을 모두 곡물의 양으로 표현했을 때 그 둘의 비율인 것이다. 따라서 비옥도가 더 떨어지는 토지가 경작지로 들어올 때마다 순 생산물이 감소하는 한, 또 곡물로 표현된 임금률이 동일하게 유지되는 한, 이윤율(곡물로 나타낸 순 생산물을 곡물로 나타낸 임금으로 나눈 것)은 감소하지 않을 수 없다는 결론이 나온다.

이윤에 대한 이러한 관점은 리카도의 '곡물 이윤론Corn Theory of Profit'이라고 불려왔다.[7] 리카도는 이 모델을 제조업 상품을 포함하도록 확장하는 것은 쉽다고 생각했다. 인구 증가로 인해 농업에서의 이윤율이 낮아진다면, 또 이윤율이 지대가 발생하지 않는 최열등지에서의 자본과 노동의 생산성만으로 결정된다면, 또 경쟁을 통해 모든 부문에서의 이윤율이 동일하게 된다면, 농업뿐만 아니라 제조업 부문에서의 이윤율 또한 오로지 지대가 발생하지 않는 최열등지에서의 생산성만으로 결정된다는 결론이 나온다는 것이다.

자본가와 지주 간 갈등의 경제적 기초

이제 우리는 〈그림 5-3〉을 활용하여 리카도가 그의 《고찰》에서 했던 주장, 즉 "지주의 이익은 항상 공동체 내의 다른 모든 계급의 이익과 대립된다"[8]는 주장을 입증할 수 있다. 리카도는 경제 번영이란 자본축적 그리고 그 축적이 가져다주는 경제 성장과 번영이라고 규정한다(이는 다른 모든 고전파 경제학자도 마찬가지이다). 자본가가 이윤을 얻으면 이들은 자본을 축적하며, 이는 다시 노동에 대한 수요의 증가를 낳을 것이다. 노동에 대한 수요가 늘어나면 이는 다시 시장 임금률을 자연 임금률(즉 생계 수준의 임금률)보다 높게 증가시키며, 이는 인구 증가를 낳을 것이다. 자본가가 계속해서 이윤을 내고 있는 동안은 이러한 일련의 상황 전개가 계속해서 반복된다. 그리고 이러한 반복이 계속되는 동안에는 경제도 성장할 것이며, 전반적인 부와 함께 노동자의 임금 또한 생계 수준 위로 올라갈 것이다. 하지만 농업에서의 생산성 체감으로 인하여 지대가 발생하면 이로 인해 이윤이 압박을 받을 것이며, 전체 경제가 어려움에 부닥칠 것이다.

리카도의 논리는 〈그림 5-4〉로 나타낼 수 있다. 이 그림은 〈그림 5-3〉과 동일하지만 w라는 선이 추가되어 1단위의 토지를 경작하는 노동자에게 지불되어야 할 생계 수준의 임금을 나타내며, 자본축적이 일어나는 동안 시장을 지배할 그보다 약간 높은 수준의 임금을 나타내기 위해 w^* 선이 추가되었다는 점이 다르다. 우리의 논점을 분명하게 보여주기 위해 그래프 위의 여러 점에 알파벳 글자를 붙였다.

우리가 관찰을 시작할 때에 x_1 단위의 토지가 경작되고 있다고 가정하자. 또 과거에 자본축적이 일어났으며 임금률은 w^*라고 가정하자. 이제 x_1의 시점에서 순 생산물 전체에서 지대로 가는 양은 삼각형 abc의 면적이 될 것이다. 임금의 총량은 직사각형 $Obed$의 면적이 될 것이다(직사각형 fged

그림 5-3. **이윤 및 임금과 지대의 구별**

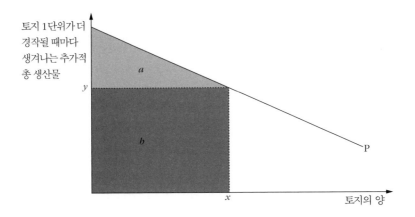

는 생계 유지에 필요한 양을 임금이 얼마나 초과하는가를 나타낸다). 이윤의 총량은 그 나머지가 되어 직사각형 *debc*의 면적이 될 것이다. 임금은 생계 수준보다 높은 w^*에 있으므로 인구 증가가 일어날 것이다. 이로 인해 더 많은 땅이 경작되어야 할 것이다.

이제 인구가 증가하여 경작되는 토지가 x_2까지 늘어났다고 생각해보자. 이 시점에서 임금의 총량은 직사각형 *Omld*의 면적으로, 지대의 총량은 삼각형 *akj*의 면적으로, 이윤의 총량은 직사각형 *dlkj*로 주어질 것이다. 여기서 임금률은 똑같이 유지되지만 이윤율[*] 그리고 전체 생산물에서 이윤 총량이 차지하는 몫은 크게 감소했다는 점에 주목하라.

---

* 이윤율과 임금률은 경작되는 토지가 추가될 때 그 한계지 경작에서 나온 총 생산물에서 이윤과 임금으로 가는 몫의 비율이 된다. 이 그림에서 x_1과 x_2의 두 지점에서 임금률은 *e*와 *l*로 동일하지만 이윤율은 *b*에서 *k*로 감소했다는 것을 주목하라.

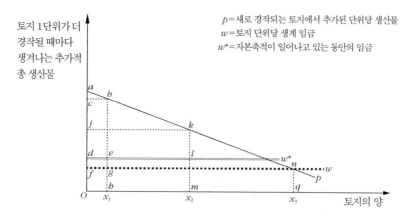

그림 5-4. 경작지의 한계가 확장됨에 따라 소득분배에 나타나는 변화들

토지 1단위가 더
경작될 때마다
생겨나는 추가적
총 생산물

p=새로 경작되는 토지에서 추가된 단위당 생산물
w=토지 단위당 생계 임금
w^*=자본축적이 일어나고 있는 동안의 임금

토지의 양

〈그림 5-4〉를 보면 이런 식의 경제 성장에 궁극적으로 한계가 있다는 것을 쉽게 알 수 있다. 일단 경작되는 토지의 양이 x_3 지점에 이르도록 경제가 성장하면 임금은 이제 생계 수준인 w로 다시 내려올 것이며, 지대의 총량은 삼각형 anf의 면적이 될 것이며, 임금의 총량은 직사각형 $Oqnf$의 면적이 될 것이다. 이윤은 소멸할 것이고, 임금은 생계 수준으로 되돌아올 것이다.

지주와 자본가가 잉여 또는 순 생산물을 놓고 벌이는 투쟁에서 농업 부문의 생산성 체감으로 인하여 지대가 갈수록 높아지고 이로 인해 이윤은 꾸준히 압박을 받을 수밖에 없다고 리카도가 생각했던 이유는 이것으로 설명할수 있다. 따라서 리카도는 그의 《고찰》에서 지대는 "모든 경우에서 해당 토지에서 이미 획득된 이윤의 일부분이다. 지대는 … 결코 새로운 수입을 창출한 것이 아니며 항상 이미 창출된 수입의 일부분일 뿐"[9]이라고 언명한다.

리카도의 모델에서 이윤을 압박하는 직접적인 책임이 지대에 있지 않았다. 직접적인 원인은 노동자의 으뜸가는 생계 수단인 곡물의 생산비용이 증가하는 데 따른 노동비용 증가였다. 리카도는 임금이 증가하면 어떻게 해서 순 생산물의 점점 더 많은 부분이 이윤에서 지대로 재분배되는가를 보여주고자 했던 것이다. 그런데 이를 위해 그는 가격의 평균 수준이 일정하다고(또는 화폐의 구매력이 일정하다고) 가정했다. 그는 경쟁 때문에 이윤율이 동일해진다고 생각했다. 그리하여 곡물과 노동의 가격이 상승하는 경우 경제의 여러 부문에서 이윤율이 동일해지기 위해서는 가격이 조정되어야 한다는 결론이 도출되었다. 경작 한계지가 확장되면서 노동생산성이 점점 떨어졌기 때문에 곡물 생산에 체현된 노동은 증가했다. 이는 농업 부문에서의 이윤을 낮추게 된다. 하지만 제조업에서의 노동생산성은 그대로 유지되며, 따라서 제조업 상품에 체현된 노동의 양은 변하지 않는다. 따라서 경쟁을 통해서 여러 부문의 이윤율이 동일해지려면 곡물에 제조업 상품의 상대 가격이 대부분 떨어져야 한다. 가격의 평균 수준은 일정하다고 리카도가 가정하고 있으므로 농업 상품의 가격 상승은 최소한 몇 가지 제조업 상품의 가격 하락으로 상쇄되어야 할 것이다. 이러한 가격 변화의 효과로서 농업과 제조업 부문 모두에서 동일한 이윤율, 하지만 그전보다 낮아진 수준의 이윤율이 다시 확립될 것이다. 한계 경작지가 늘어날 때마다 이렇게 제조업 상품의 전반적 가격 수준은 더 크게 낮아지게 될 것이며(농업 상품의 가격을 포함한 모든 가격의 수준은 동일한 평균적 수준을 유지할 것이므로), 또 전반적인 이윤율의 하락을 낳게 될 것이다. 이윤율의 하락은 곧 자본축적률의 하락을 의미하며 따라서 경제 성장의 지체와 전반적인 사회적 후생의 감소를 의미한다.

리카도는 이러한 주장에 근거하여 곡물법을 반대했다. 그가 보기에는 영국 정부가 곡물 수입을 금지해, 농업 부문이 계속해서 비옥도가 떨어지는 토지를 경작하지 않을 수 없게 만들고 있었다. 이러한 과정은 이윤을 감소시키고 있을 뿐만 아니라, 아주 오랫동안 계속될 경우에는 경제적 진보 전체를 정지시키고 말 것이다. 맬서스와 리카도가 곡물법을 놓고 벌였던 논쟁을 살펴보면 분명히 더 일관되고 논리적인 쪽은 리카도였다. 물론 당시 영국 의회의 대다수는 지주의 이해를 대변하는 이들이었으므로 리카도의 주장이 큰 호응을 얻지는 못했다.

하지만 맬서스도 리카도의 주장을 공박할 몇 가지 근거를 찾아냈다. 특히 맬서스가 내놓은 반대 논리 중 하나는 리카도 또한 아주 진지하게 받아들였다. 맬서스는 이렇게 말했다.

> 이윤은 상품의 가격에 달려 있으며, 따라서 가격을 결정하는 요인, 즉 수요에 대한 공급에 달려 있다. ··· [그런데 리카도의] 이윤론은 수많은 상품의 가격이 똑같이 유지되고 따라서 화폐의 가치 또한 변하지 않는 가운데 노동의 가격만 변한다는 상황에 전적으로 의존한다. ··· 하지만 만약 상품의 가격이 똑같이 그대로 유지되는 게 아니라 아주 다양한 크기로 영향을 받는다면, 그래서 어떤 것은 오르고 다른 것은 떨어지며 똑같은 가격을 유지하는 것은 정말 극소수의 상품에 불과하다면, 우리가 화폐 임금의 상승으로부터 이윤율에 대해서 추론할 수 있는 것은 아무것도 없다.[10]

리카도는 이러한 비판으로부터 자신의 모델을 옹호하려면 좀 더 충분한 가격론을 고안할 필요가 있다는 것을 깨달았다. 그는 《원리》에서 바로 그 일을 해낸 것이다.

노동가치론

리카도는 《원리》를 다음과 같은 명제로 시작한다. 가치를 갖는 모든 상품은 반드시 쓸모, 즉 효용을 가져야 한다. 그렇지 못할 경우에는 시장에서 판매할 수 없기 때문이다. 하지만 상품의 가치는 효용이 결정하는 것이 아니다. 그는 이렇게 말한다. "효용을 가지고 있다고 했을 때, 상품의 교환 가능한 가치는 다음의 두 가지 원천에서 나온다. 첫째는 희소성이요 둘째는 상품을 얻는 데 필요한 노동의 양이다."[11] 그다음 쪽에서 리카도는 희소성은 오직 마음껏 재생산할 수 없는 상품의 경우에만 중요하다고 말한다. 어떤 상품, 예를 들면, "희귀한 조각이나 미술품, 희소한 도서와 주화, 그리고 특별한 질을 갖는 와인 등"의 가치는 "그것들을 생산하는 데 원래 필요했던 노동의 양과는 완전히 독립된 것으로서, 그런 것들을 소유하기를 열망하는 이들의 부와 성향은 다양하므로 이에 따라 그런 것들의 가치 또한 변하게 된다".[12]

하지만 이러한 상품은 리카도의 견해로는 그다지 중요하지 않다. 그는 이렇게 주장한다. 대다수의 상품은 "그것들을 얻는 데 필요한 노동을 지출할 생각만 있다면 얼마든지 몇 배로 늘릴 수 있으며 거의 무한히 증가시킬 수 있다".[13] 리카도의 가치론이 해명하고자 하는 것은 오직 그렇게 마음대로 재생산이 가능한 상품이다.

나중에 효용가치론을 지지했던 이들이 제기했던 주장 하나는 자신들의 이론이 리카도의 이론보다 더 보편적이라는 것이었다. 효용가치론자들은 모든 상품의 가격은 궁극적으로 "그런 것들을 소유하기를 열망하는 이들의 부와 성향"에 따라 결정되는 것이라는 이론을 제기하게 된다. 하지만 이렇게 효용가치론이 더 보편적이라는 장점이 있다고 해도 리카도는 전혀 생각을 바꾸지 않았을 것이다. 그는 재생산이 불가능한 이 극소수의 사치품이 "공동체를 이루는 3대 계급 사이에 … 대지의 소출"[14]을 분배하는 것에 영향을 주는 법칙을 결정하는 데 아무런 중요성을 갖지 않으며, 따라서 이런 것이 자본축적에 끼치는 영향도 중요하지 않다고 생각했다. 자본축적이야말로 한 나라의 후생을 결정하는 으뜸가는 요소였다. 리카도는 이렇게 말했다. "한 나라의 자본이 감소하면 그에 비례하여 그 나라의 생산 또한 필연적으로 감소할 것이다. … 그리고 재생산이 끊임없이 감소하면 국가와 사람들이 의존할 자원이 더 빠르게 줄어들 것이며, 그 뒤에는 곤궁과 파멸이 따라올 것이다."[15]

노동가치론은 리카도로 하여금 자본축적에 영향을 주는 힘에 초점을 맞추도록 했다. 그런 힘을 이해하는 데 있어서 효용가치론은 오늘날까지도 전혀 기여한 바가 없다(그 이유는 뒤에 나오는 여러 장들에서 설명할 것이다). 따라서 노동가치론으로는 재생산이 가능한 상품의 가격만을 설명할 수 있는 반면 효용가치론으로는 재생산이 불가능한 극소수의 사치품의 가격까지 설명할 수 있다는 사실에 리카도가 별로 반응을 보이지 않았을 것이다. 이 책의 뒤에 나오는 여러 장들에서 노동가치론은 **상품 생산과 교환의 사회적 측면**에 초점을 두는 반면, 효용가치론은 오로지 **교환의 개별적 측면**에만 초점을 둔다는 점을 주장할 것이다. 효용가치론은 보편성이 더 클지는 모르지만, 아주 값비싼 대가를 치러야 했다는 것이다.

"만약 상품에 실현된 노동의 양이 각각의 교환 가능한 가치를 규제하는 것이라면, 노동의 양이 늘어날 때마다 그 노동이 투하된 상품의 가치는 높아질 수밖에 없으며, 반대로 줄어들 때마다 가치는 낮아질 수밖에 없다."[16] 이것의 중요성에 대해서 그는 조금도 의문을 갖지 않았다. "인간의 노력으로 양을 증대시킬 수 없는 것들을 제외한다면, 모든 것의 교환 가능한 가치의 기초는 사실상 이것이다. 이는 정치경제학에서 극도로 중요한 교리이다".[17]

리카도는 노동가치론을 전개하는 데 있어, 먼저 그 이론을 상품의 가격이 그것을 생산하는 과정에서 그 상품에 체현된 노동에 엄격히 비례한다는 단순한 가설로서 제시했다. 그는 그다음에 이 단순한 원리가 다양한 특수 상황 때문에 어떻게 수정되어야 하는가를 자세히 논했다. 그는 이러한 여러 수정을 가한다고 해도 이것을 체계적이고 일관된 방식으로 충분히 설명할 수 있고, 따라서 이런 것이 노동가치론을 반대하는 논리가 되는 것이 아니라 오히려 그 이론의 현실성과 복잡성을 보여주는 것일 뿐이라고 생각했다.

리카도는 우선 앞에서 우리가 인용했던 애덤 스미스의 주장을 긍정적으로 인용하면서 시작했다.

> 만약 사냥꾼 종족 내에서 비버를 한 마리 잡는 데 필요한 노동이 사슴을 잡는 데 보통 필요한 노동의 두 배라면 비버 한 마리가 사슴 두 마리와 교환되는 것은 당연하다. 이틀 또는 두 시간의 노동으로 보통 생산되는 것이 하루 또는 한 시간의 노동으로 보통 생산되는 것의 두 배가 되는 것은 당연하다.[18]

그런데 스미스와는 달리, 리카도는 이러한 주장이 '초기의 야만적' 사회 상태에서만 유효한 것이 아니라 자본주의 사회에서도 똑같이 유효하다고 생각했다. 하지만 자본주의 사회에서는 이렇게 상품에 체현된 노동과 상품의 가격이 단순하게 비례한다는 주장에 대해 몇 가지의 제한과 수정을 가하는 것이 필요하다. 이러한 수정으로 들어가기 전에 리카도는 먼저 노동가치론에 대한 두 가지 반대 주장을 논하고 기각한다. 첫째, 노동은 숙련도가 모두 다르고 또 임금률도 모두 다르기 때문에 다양한 유형의 노동을 더하는 것은 불가능하다는 주장이다. 둘째, 노동가치론으로는 자연 자원과 자본에 의해 가능해진 생산성 상승을 설명할 수 없다는 주장이다. 이러한 반론은 노동가치론이 처음으로 정식화된 시점부터 오늘날까지도 계속 반복되고 있다. 따라서 이러한 반대 주장에 대한 리카도의 대답이 어떠했는지는 아주 흥미로운 문제이다.

노동자 사이의 들쭉날쭉한 숙련도와 임금률의 문제를 고찰하는 가운데 리카도가 주로 관심을 두었던 것은 시간이 지나면서 상품의 상대가격이 **변동하는 현상**이었다. 즉 그가 관심을 둔 것은 왜 시간이 지남에 따라 농산물의 가격이 제조업 상품의 가격에 비해 상대적으로 올라가는가였다. 오직 이것만 목적으로 둔다면, 다양한 노동 숙련도와 임금률의 전반적 구조가 "일단 형성되면 거의 변하지 않는다"[19]고 주장했던 것도 상당히 올바른 일이었다. 이로부터 그는 다음과 같은 타당한 결론을 내렸다.

> 따라서 동일한 상품의 가치를 상이한 기간에 걸쳐서 비교할 때 그 특정한 상품을 생산하는 데 들어가는 노동 숙련도와 노동 강도의 차이를 고려할 필요는 거의 없다. 두 시기 모두 노동 숙련도와 노동 강도는 비슷하기 때문이다.[20]

하지만 한 특정 시점에서 상대가격의 구조를 정밀하게 설명하기 위해서 노동가치론을 사용한다면 이런 식으로 문제를 해결하는 것은 충분치 않다. 어떤 문장에서 리카도는 지나가면서 이런 생각을 언급했는데, 이는 나중에 이 문제에 대해 좀 더 만족스러운 해결책을 제시하는 데 결정적인 기초가 되었다. "한 종류의 손동작이 숙달되는 데 필요한 시간은 그 손동작의 종류에 따라 다르지만, 그 시간 자체는 세대가 바뀌어도 거의 똑같이 유지된다."[21] 상이한 기술은 그 기술을 습득하는 데 걸리는 시간으로 환원할 수 있다는 이 생각은 훗날 노동가치론의 발달사에서 중요한 역할을 하여, 숙련노동 자체가 노동의 지출에 의해 창출된다는 것을 입증하기에 이른다. 따라서 어떤 상품에 체현된 총 노동을 계산할 때에는 숙련노동이라고 해도 단순한 미숙련노동을 몇 배 곱한 것으로 환원할 수 있다는 것이다. 그런데 리카도 자신은 이러한 해법을 고안해내지 못했거니와, 이는 그가 노동력 자체를 하나의 상품, 즉 다른 상품과 똑같은 방식으로 가치가 결정되는 것으로 고찰하지 못했던 데 원인이 있다. 반면 마르크스의 경우에는 노동력이 하나의 상품이며 그 가격 또한 다른 모든 상품의 가격과 똑같은 방식으로 설명될 수 있다고 인식했고, 이것이 마르크스가 리카도를 넘어서서 노동가치론을 더욱 발전시켰던 중요한 항목 중 하나가 되었다.

하지만 노동가치론은 토지와 자본을 통해 가능해진 생산성 증대를 고려에 넣지 않는다는 비판에 대해 리카도가 대응했던 것은 리카도가 이루었던 더욱 중요한 기여로서, 오늘날에도 노동가치론의 불가결의 부분으로 남아 있는 것이 있다. 연장과 기계류는 노동의 중간 생산물로서, 다른 목적이 아니라 오직 궁극적으로 소비에 쓸 상품을 생산한다는 목적에 기여하기 위해서만 생산된 것이라는 게 그의 주장이었다. 생산이란 자연 자원을 인간 활동이 부여되기 이전에 존재하는 사용 불가능한 형태에서 사용가치를 가지는 형태로 변형시키기 위해 일련의 노동을 지출하는 과정이다. 그렇게 변형시킬 환경이 없다면 생산 자체가 아예 일어날 수 없으며, 인간 자체도 존재할 수 없다. 하지만 환경 자체가 생산적이라고 여기는 것은 인간 활동을 아무런 힘도 갖지 못한 물질과 동일시하는 것이다. 생산은 물론이고 교환가치의 창출 또한 엄밀히 말하여 오로지 노동만이 포함된 인간의 노력이었다. 리카도는 자연에서 찾아낸 자원은

> 각종 생산활동을 더욱 다양하게 해주고 인간을 더욱 부유하게 해주며 사용가치를 증가시켜 우리에게 유용함을 가져다준다. 하지만 공기, 물, 햇빛 따위를 사용하는 데는 아무 대가도 지불하지 않으므로 이런 자연 자원은 일을 공짜로 해준다고 말할 수 있으며, 따라서 이런 것이 우리에게 가져다주는 도움은 교환가치를 전혀 늘리지 못한다.[22]

그런데 리카도는 자연 자원의 소유자에게 지대가 지불된다는 것을 분명히 알았다. 앞에서 보았듯이 사실 그의 《원리》의 많은 부분은 지대를 분석하는 데 바쳐지고 있다. 하지만 지대는 엄밀히 말해서 노동 생산물을 분배하는 사회적 방법일 뿐이다. 생산이란 오롯이 인간 활동인 것이다. 인간적 비용이라는 관점에서 보자면, 자연 자원은 "공짜로 일을" 해주는 셈이라고 리카도가 말한 것은 분명히 올바르다. 그는 애덤 스미스로부터 다음의 문장을 인용하면서 완전한 동의와 인정을 보냈다. "만물의 진정한 가격은 그것을 얻는 데 들어가는 땀과 노고이다. … 노동은 그 첫 번째 가격이다. 즉, 어떤 것이든 그것을 위해 지불되는 가장 원초적인 구매 화폐인 것이다."[23]

　그렇다면 자연 자원은 노동이 생산을 거쳐 변형시킬 대상물이다. 하지만 이것들은 아무 대가도 없이 그저 거기에 있는 것으로, 생산을 위해 사회가 치러야 하는 비용은 아니다. 자본은 궁극적으로 유용한 형태를 가지게 되기 전에 부분적으로만 변형이 이루어진 자연 자원을 가리킨다. 베틀을 예로 들어보자. 베틀의 궁극적인 목적은 직물을 생산하는 것이며, 그것은 직물 생산에 도움을 주기 위해 노동을 통해 생산한 것일 뿐이다. 따라서 베틀에 체현되어 있는 노동은 궁극적으로 직물을 생산했을 때 직물 속에 일부가 체현되게 된다. 이러한 관점에서 보자면 베틀은 부분적으로만 생산된 직물일 뿐이라고 볼 수도 있다. 생산을 한다는 것은 인간 활동이다. 나중에 신고전파 경제학자들은 직조공과 베틀 모두가 직물 생산에 기여한다고 말하게 되지만, 리카도는 그렇게 말하지 않는 대신 직조공 그리고 베틀을 생산한 노동자가 각각 직물 생산에 기여한다고 말했다. 이 문제에 관하여 리카도가 말하는 것을 직접 들어보자.

　　예를 들어 양말의 교환가치를 평가한다고 해보자. 우리는 그 가치가 양말을 제조하고 시장으로 가져오는 데 필요한 노동 총량을 다른 사물과 비교하여 결정된다는 것을 알 것이다. 첫째, 목화를 기르기 위해 땅을 경작하는 데 필요한 노동이 있으며, 둘째, 목화로 양말을 제조할 시골로 목화를 운반하는 데 필요한 노동이 있으며(여기에는 운임을 지불하여 운반에 사용된 배를 만드는 데 투하된 노동의 일부도 포함되어 있다), 셋째, 목화에서 실을 뽑은 방적공의 노동과 실로 직물을 짠 방직공의 노동이 있으며, 넷째, 생산에 쓰인 공장 건물과 기계류를 만든 기술자, 대장장이, 목수의 노동 일부가 있으며, 그리고 소매상과 다른 많은 이의 노동이 있겠지만 여기에 더 구체적으로 적을 필요까지는 없을 것이다. 양말과 교환될 다른 물건의 수량은 이러한 다양한 종류의 노동의 총량으로 결정되며, 또 다른 것들이 양말 하나와 교환되는 양 또한 똑같이 그것들 하나하나를 생산하는 데 투하된 노동의 양—이는 물건에 따라 다양하다—으로 결정된다.[24]

리카도는 기계류가 생산에 기여하는 것은 실상은 과거에 이루어진 노동이 기여하는 것일 뿐이라는 사실을 확인하면서 스미스의 혜안을 그대로 반복하고 있는데, 노동가치론은 훗날 항상 이 혜안을 출발점으로 삼았다. 하지만 리카도는 자본주의에 대해서는 몰역사적 관점을 가지고 있었다. 그는 자본주의를 이루는 사회적 관계가 자연적인 것 또는 영구적인 것이라고 보았다. 따라서 그는 지나간 모든 역사를 간단하게 자본주의의 제도가 발달해온 역사라고 보았다. 그 결과 그는 자본을 언제 어디서나 연장, 기계류, 그 밖의 다른 생산된 생산수단과 동일한 것이라고 주장하는 근본적인 오류를 저질렀다. "자본이란 한 나라의 부 가운데서 생산에 사용되는 부분을 말하며, 식량, 의복, 연장, 원자재, 기계류 등등 노동자가 효과적으로 일하는 데 필요한 것으로 이루어진다."[25] 따라서 그는 다음과 같이 주장했다. "애덤 스미스가 언급하는 인류의 초기 상태에서조차도 사냥꾼이 짐승을 죽일 수 있으려면 일정한 자본—이는 아마 사냥꾼 스스로가 만들었고 축적

했을 것이다―이 필요했을 것이다."[26] 리카도는 만약 노동자가 자기 자신
의 자본을 만들고 소유한다고 하더라도, 그 가격 시스템은 "〔생산에〕 필요
한 모든 장비를 … 하나의 계급이 소유하고 또 생산에 들어가는 노동은 …
모두 다른 계급이 제공할 경우"[27]에 나타나게 될 가격 시스템과 다르지 않
을 것이라고 생각했다.

　이러한 결론에 이른 리카도의 논리는 이러했다. 만약 노동자가 자기 자신
의 자본을 소유한다면 그 소득은 임금과 이윤으로 구성될 것이다. 가격을
매기는 시스템은 완전히 똑같은 방식으로 작동하겠지만 각각의 사람은 노
동자인 동시에 자본가이기도 하다는 것이다. 리카도의 오류는 다음과 같은
점을 깨닫지 못한 데 있다. 인간 세상에서 생산에 연장이 사용되지 않은 적
이 없었던 것은 사실이지만, 단순히 연장을 소유한다고 해서 그것에서 이윤
이 저절로 생겨난 적은 결코 없다. 그리고 단순히 자본을 소유하기 때문에
이윤을 얻는다는 생각은 오직 생산수단의 소유권에 대해 독점적 위치를 획
득한 계급과 자신의 노동력을 시장에 내다파는 것 말고는 생존 수단이 없는
계급이 서로 별개의 계급으로서 진화하게 된 이후에야 나타난 것이며, 그
이전에는 사람들이 이러한 생각을 머릿속에서라도 상상한 적이 없다. 자본
은 오로지 이러한 계급적 관계가 발전했을 때 나타난 것이다. 하지만 연장
은 인간이 그것을 생산하기만 하면 언제 어디서든 존재해왔다. 자본의 진
정으로 본질적인 특질은 그것이 특정한 사회적 관계를 반영한다는 데 있다.
이러한 사실을 인식하는 것은 뒤에 토머스 호지스킨이 수행할 과제로 남게
되었으며, 이에 대해서 우리는 7장에서 살펴볼 것이다.

　노동가치론에 대해 앞에서 언급한 두 가지 반대 논리를 제거하고 난 뒤
리카도는 그다음으로 애덤 스미스로 하여금 노동가치론을 폐기하게 만들
었던 반대 논리를 고찰한다. 리카도가 고찰하는 것은 지대가 없는 한계 경
작지에서의 농업 생산 그리고 제조업 둘뿐이므로, 모든 가격은 임금과 이

윤으로 구성된다. 여기서 지대는 농산물 가격(이 농산물 가격은 다시 경작이 이루어지는 토지의 범위에 의해 결정된다)에 따라 결정되는 잔여 소득이라는 점을 기억해야 한다. 따라서 지대는 가격을 결정하는 비용의 구성 요소가 아니라 가격에 의해 그 크기가 결정되는 잔여분이다. 따라서 어떤 상품의 자연가격을 결정하는 생산비용을 분석할 때 리카도는 오로지 이윤과 임금만을 고찰한다. 자연가격과 시장가격에 대한 리카도의 정의는 지대가 필수적인 생산비용의 구성물이 아니라는 점만 빼면 스미스의 정의와 똑같았다. 리카도 또한 수요와 공급이 움직이면서 모든 이윤율을 동일하게 만들어 시장가격을 자연가격과 동일하게 몰아가는 경향이 있다는 것을 논의했는데, 그 논의 방식 또한 스미스와 거의 동일했다. 노동가치론에서 문제가 되는 것은, 상품의 자연가격—이는 각 상품을 생산하는 데 들어간 임금 비용과 이윤 비용의 합이다—이 어떻게 상품의 생산에 투하된 노동에 의해 결정되는가를 입증하는 것이었다.

자본구성이 상이한 경우의 가격 결정

스미스는 상품의 가격이 상품에 투하된 노동의 양에 비례하려면 모든 상품에 들어 있는 이윤과 임금의 비율이 동일해야 한다는 것을 알았다. 그런데 경쟁을 통해 상이한 자본의 이윤율은 모두 동일해지는 경향이 있으므로, 결국 이윤과 임금의 비율이 동일하다는 것은 각 상품의 생산에 들어가는 자본의 양과 노동의 양의 비율이 동일하다는 것을 함축했다. 하지만 스미스는 산업마다 노동자 1인당 사용되는 자본의 양은 들쭉날쭉하다는 점, 그리고 이러한 차이는 항상 존재할 가능성이 높다는 점을 알았다. 따라서 스미스는 어떤 상품에 체현되어 있는 노동의 양이 상품의 가치를 결정한다는 생각을 포기하고 만다. 그러고 나서 단순한 생산비용 가격 이론을 사용했다.

리카도와 마르크스 또한 경쟁으로 인해 상이한 자본의 이윤율이 동일해지는 경향이 있다고 생각했다. 또 이들은 자연가격(또는 균형가격)이란 노동과 자본이 사회적으로 평균적인 임금률과 이윤율로 보상을 받을 때의 생산비용과 동일한 것이라고 생각했다. 하지만 이 두 사람은 임금과 이윤은 모두 그 자체가 가격이거나 또는 다른 가격에서 도출된 것이기 때문에 이것으로 가격 일반을 설명할 수는 없다고 생각했다. 즉 그 자체로는 가격이 아니면서 가격을 결정하는 인자를 찾아내야만 한다고 생각한 것이다. 3장에서 우리는 애덤 스미스의 가격론을 논의하면서 왜 그의 일반적 가격론이 순환논증이며 따라서 충분한 것이 될 수 없는가를 설명했다. 리카도와 마르크스에게 있어서 그 자체로는 가격이 아니면서 가격을 결정하는 인자로 기능하는 것은 바로 상품에 체현된 노동이었다. 이 문제에 대해 해법을 제시할 수 있는 일관성 있는 이론은 오직 노동가치론과 효용가치론뿐이다(효용가치론은 이 책의 뒷부분에서 설명한다).

따라서 리카도는 생산에 들어가는 자본과 노동의 비율이 상품마다 상이하다고 해도, 노동가치론을 조금 수정하기만 하면 상품에 체현된 노동과 상품의 교환가치 사이의 체계적인 연관을 보여줄 수 있음을 증명해야만 했다. 이 문제를 쉽게 설명하기 위해서 두 개의 자본주의적 기업이 있다고 상상해보자. 첫 번째 기업에서 소유자의 자본은 생산한 상품이 팔리기 전까지의 생산 기간 동안 노동자에게 지불할 임금으로만 거의 전적으로 구성된다. 두 번째 기업에서 소유자의 자본은 주로 비싼 기계로 이루어지고 그중에서 임금으로 지불할 자금의 비중은 아주 작다. 첫 번째 생산 기간 동안 두 기업 모두 각각 100명의 노동자를 고용했다고 해보자. 그러면 첫 번째 기업의 상품 가격은 100명의 노동자의 임금을 지불할 자금 그리고 거기에다가 그 자금에 대해 붙는 이윤(10퍼센트라고 하자)을 합친 것이 된다. 두 번째 기업의 상품 가격은 이보다 높을 것이다. 왜냐면 이 상품은 100명의 노동자의 노동뿐만 아니라 비싼 기계를 생산한 노동자의 노동 일부까지를 담고 있기 때문이다. 따라서 두 번째 기업의 상품 가격은 100명의 노동자의 임금에다 그에 대한 10퍼센트 이윤을 붙인 것, 생산에서 소모된 기계의 비용, 자본가가 기계에 투자한 화폐에 대한 10퍼센트의 이윤을 붙인 것 등을 모두 합한 것이 된다. 이렇게 네 가지 비용을 모두 합친 두 번째 상품 가격이 첫 번째 상품 가격의 두 배가 된다고 가정하자.

이제 그다음 생산 기간 동안 임금률이 증가했다고 가정해보자(이유는 무엇이든 좋다). 산출의 수준도 동일하고 고용의 수준도 동일하며 똑같은 생산 기술을 사용하고 있으므로, 임금이 더 올라가면 이윤의 감소가 나타날 것임은 자명하다. 하지만 상품에 체현된 노동이 상품 가격의 유일한 결정 요소라면, 상품에 체현된 노동량이 변하지 않는 한 두 상품의 상대가격도 변하지 않고 똑같아야만 한다.

이제 두 상품의 새로운 가격을 생각해보자. 첫 번째 상품의 경우 비용의 대략 90퍼센트를 차지하는 것은 임금이었고 이윤은 10퍼센트를 차지했다. 임금의 상승은 새로운 가격이 형성되는 데 아주 큰 영향을 줄 것이며, 이윤율의 감소가 가져올 비용 하락의 영향은 상대적으로 작을 것이다. 따라서 첫 번째 상품의 가격은 크게 오를 것이 분명하다. 두 번째 상품의 경우 임금이 비교적 작은 비중을 차지하고 있으므로 전체 비용 가운데서 임금의 증가가 가져올 영향은 비교적 작을 것이다. 그리고 생산과정에서 사용되는 기계의 비용은 기계를 생산하는 기업이 임금 인상에서 받는 영향이 어떠한가에 따라 올라갈 수도 내려갈 수도 있다. 하지만 이 두 번째 상품의 비용에는 임금으로 지출된 자금에 대한 이윤은 물론 생산과정에서 마모된 비싼 기계에 대한 이윤 또한 포함된다. 따라서 이윤율 하락으로 인한 비용 하락의 효과는 첫 번째 상품의 생산비용보다는 두 번째 상품의 생산비용의 경우에 훨씬 크게 나타날 것이다.

이 두 번째 상품 가격의 변화에 대해서 세 가지 가능성이 떠오른다. 첫째, 임금 비용의 증가가 이윤율 저하로 인한 비용 감소를 상쇄하고도 남을 만큼 큰 경우이다. 이 경우에 두 번째 상품의 가격도 상승하기는 하겠지만, 첫 번째 상품의 가격 상승보다는 그 비율이 훨씬 작을 것이다. 둘째, 임금 비용의 증가와 이윤 비용의 감소가 정확하게 일치하는 경우. 이 경우에 가격의 변화는 없을 것이다. 셋째, 이윤 비용의 감소가 임금 비용의 증가보다 더 클 경우. 이 경우에 가격은 하락할 것이다.(물론 임금률이 변화하면 그 결과로 두 번째 기업이 기계를 사오는 데 치러야 할 가격도 변화할 것이지만 논의를 단순하게 하기 위해서 이는 무시했다.)

이 세 경우 모두 한 가지 사실이 분명해진다. 두 번째 상품의 가격이 오르든 내리든, 첫 번째 상품의 가격이 두 번째 상품의 가격보다 훨씬 더 크게 상승할 것이다. 따라서 가격 비율은 더 이상 2 : 1이 아닐 것이며, 첫 번째 상품이 상대적으로 비싸지게 되므로 예컨대 1.5 : 1로 비율이 변화할 수 있다. 이 예에서 우리가 연역해낼 수 있는 것은, 두 번째 상품이 여전히 더 가치가 높다는 점(임금 비용은 똑같은 상태에서 기계 비용까지 더 치러야 하므로)과 두 가격의 격차가 줄어든다는 점(첫 번째 상품의 두 번째 상품에 대한 상대 가격이 상승하므로)뿐이다. 하지만 여기서 주목해야 할 가장 중요한 점은, **두 상품 각각에 체현된 노동의 양이 변하지 않았음에도 불구하고 가격의 비율이 변화했다는 점이다.** 이것이 애덤 스미스로 하여금 노동가치론을 버리도록 만들었던 것이다.

리카도의 임무는, 상품에 체현된 노동의 양이 변하지 않았음에도 불구하고 임금률의 변화가 상품의 상대가격에 변화를 가져오는 것은 어떤 조건에서 일어나는 것인지를 설명하는 것이었다. 이것이 특히 리카도에게 중요한 이유가 있었다. 리카도는 이미 그전에 한계 농지까지 경작 지역을 확장하면 곡물 가격이 오르게 되며, 이렇게 곡물 가격이 오르면 노동자의 생계 수준을 유지하기 위해서 임금은 필연적으로 오르게 되며, 임금이 오르게 되면 제조업 상품의 평균 가격 수준이 내려갈 뿐만 아니라 전반적인 이윤율 또한 항상 하락할 것이라고 주장했기 때문이다. 리카도는 한계 농지로까지 경작이 확장되면 이러한 모든 결과가 어떻게 필연적으로 나타나게 되는지를 입증하기 위해서 노동가치론을 사용했다. 리카도는 임금률의 변화로 인해 상대가격이 변하게 되는 세 가지 상황, 즉 상품의 가격이 체현된 노동과 비례하지 않게 되는 세 가지 상황이 있다고 말했다.

첫째, "노동을 먹여살리는 데 쓰이는 자본과 연장, 기계류, 건물 등에 투자되는 자본이 결합되는 비율은 다양할 수 있다".[28] 앞에서 우리가 살펴본 예에서도 자본가가 임금으로 지출하는 자금과 기계류의 가치의 비율은 서로 달랐다. 리카도는 자본을 고정자본fixed capital과 유동자본circulating capital으로 나누었다. 유동자본에 그는 임금으로 지출할 화폐, 원자재, 그리고 한 생산 기간 동안 바로 소모되어 없어지는 모든 자본 등을 포함시켰다. 고정자본은 이 생산 기간보다 내구성이 더 긴 모든 자본이다. 두 개의 생산과정이 있다고 가정했을 때 그 각각에서 이 두 가지 자본이 결합되는 비율이 다르다고 한다면, 두 생산과정에서 나온 상품의 가격 또한 각각에 체현된 노동의 양에 비례하지 않게 될 것이다. 둘째, "상이한 업종에서 사용되는 연장, 기구, 건물, 기계류 등은 내구성의 정도가 다양할 수 있다".[29] 이 경우 설령 생산에 사용된 직접노동과 생산과정에서 실제로 마모된 기계류의 비용이 두 상품 사이에 동일하다고 해도 내구성이 큰 기계류를 가진 자본가 쪽이 기계류에 더 많은 돈을 투자한 셈이 된다. 그런데 여기서 이윤율이 동일하다는 이야기는 곧 이 자본가가 생산과정에서 상품에 체현된 노동에 대해서 받는 이윤이 내구성이 떨어지는 기계류를 가진 자본가가 받는 그것보다 더 크다는 것을 의미한다. 따라서 이 두 상품의 가격은 생산과정에서 체현된 노동과 비례하지 않게 된다. 세 번째 상황은 "〔상이한 자본가의 자본이〕 그것을 사용한 이들에게 수익을 낳는 속도가 불균등한"[30] 경우이다. 자본을 더 오랜 기간 동안 묶어두어야 하는 자본가가 얻는 이윤은 그보다 짧은 기간 동안 똑같은 노동 투입을 사용하는 자본가의 이윤보다 크며 그 차이의 비율은 그 시간 차이의 비율보다 클 것이다.

사실 따지고 보면 리카도가 말하는 이 세 가지 경우는 동일한 현상을 바라보는 세 가지 다른 방식에 불과하다. 그 동일한 현상이라는 것은 모든 형태의 노동가치론에서 아주 중요한 위치를 점하고 있으므로 우리는 이를 상세하게 논의할 것이다.

리카도가 말한 세 가지 경우 각각은 다음의 두 가지 방법 중 하나로 묘사할 수 있다. 첫째, 우리가 자본을 단지 이전 기간에 생산된 상품으로서 생산에 사용되는 투입물로만 간주한다면, 이 세 경우는 모두 생산에 사용된 상품과 노동의 비율이 상이하다고 할 수 있다. 리카도가 실제로 자본을 그저 현재 생산에 사용되고 있는 상품 투입물에 체현된 과거 노동일 뿐이라고 보았던 점을 상기한다면, 우리는 이 말을 다음과 같이 고쳐 말할 수 있다. 즉, 이 세 경우 모두에서 과거 노동(생산에 투입된 상품에 체현된)과 현재 노동의 비율이 상이하다고 말이다. 둘째, 이렇게 **과거**니 **현재**니 하는 말을 쓰면 우리는 생산에 시간이라는 차원을 도입하는 셈이 된다. 리카도가 말하는 세 경우에서 만약 생산과정을 노동 투입이 이루어지는 일련의 시간 순서로 바꾸어 바라본다면, 각각의 경우에 노동 투입이 이루어지는 시간 순서가 상이하다고 표현할 수도 있다. 리카도의 세 경우 각각에 공통된 요소를 언명하는 이 두 가지 방법은 동일한 것들이다.

이제 자본과 노동의 비율(또는 과거 노동과 현재 노동의 비율)이 상이하다는 데서 나오는 효과를 구체적으로 살펴보자. 첫째, 〈그림 5-5〉에서 우리는 자본을 날짜가 붙은 노동 투입을 한 줄로 늘어놓은 것으로 표현했다. 맨 윗줄

그림 5-5. **자본을 과거 노동으로 환원하기**

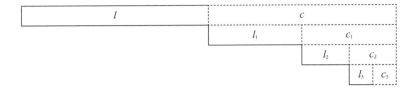

의 가로로 누운 막대는 생산적 노동 투입(l)과 그 이전에 생산된 상품(c)을 나타낸다. 그리고 이 상품은 다시 그 아랫줄의 막대에서 보듯 다시 그 이전 기간에 투입된 노동(l_1)과 상품(c_1)으로 생산된 것이다. 그리고 이 상품은 다시 그 이전의 생산 기간에 투입된 노동(l_2)과 상품(c_2)으로 생산된 것이며, 그다음도 마찬가지다. 각각의 생산 막대마다 상품을 나타내는 막대 부분은 점선으로 그려놓았다. 이 상품이 다시 그것을 생산한 이전 기간에 사용된 노동과 상품으로 대체될 수 있다는 것을 나타내기 위해서이다.

〈그림 5-6〉에서는 생산에 투입된 상품을 나타내는 점선으로 그린 직사각형을 그냥 제거했다. 이는 곧 상품을 나타내는 점선 막대 하나하나가 그것을 생산하는 그 이전의 생산과정에 들어간 노동과 상품으로 환원되었다는 것을 표현한다. 이렇게 상품 부분을 나타내는 점선 막대는 갈수록 크기가 줄어들 것이고, 어떤 지점에 이르면 크기가 너무나 작아서 무시할 수 있을 정도가 될 것이다. 그렇다면 생산과정에는 오직 날짜가 붙은 노동을 한 줄로 죽 늘어놓은 것만 남게 될 것이다. 〈그림 5-6〉에서 현재의 노동은 l이라는 이름을 붙였고, 과거의 노동에는 l에 아래첨자로 숫자를 붙여서 그 노동이 투하된 것이 몇 번째 이전인가를 나타낸다.

여기서 우리는 문제의 근원에 도달하게 된다. 자본에 대한 이윤의 수취는

그림 5-6. **일련의 날짜 붙은 노동**

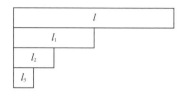

자본가가 자금을 생산과정에 묶어두는 기간 전체에 대해서 이루어진다는 것이다. 〈그림 5-6〉에 나타난 과정을 예로 들어보자. 3년 전 자본가가 고용한 노동은 l_3으로 나타난다(각 생산 기간은 1년이라고 가정하자). l_3으로 생산한 상품은 완성된 소비자 상품이 아니기 때문에, 거기에 체현된 노동이 결실을 보기 위해서는 현재의 생산 기간이 끝나야 한다. 3년 전에 자본가는 l_3의 임금을 지불했다. 그해 말 l_3의 노동으로 생산한 중간재의 가치는 그 노동 비용에다 자본가가 그 1년의 생산 기간 동안 자신의 돈을 묶어둔 것에 대해 번 이윤을 더한 것이 된다. 그다음 해의 생산 기간(즉 2년 전의 생산 기간)이 끝날 때는 자본가가 다시 자신의 이윤을 계산하는데, 이번에는 본래의 임금 비용에다가 여전히 자신의 돈이 생산에 묶여 있는 그전 생산 기간의 이윤까지 쳐서 새로 이윤을 계산한다. 이와 똑같은 계산 과정이 다음 해에도 반복되며, 그 결과 3년 전 처음 지출되었던 비용은 매년 **복리로** 불어나게 된다.

더 구체적으로 예를 들어보자. 만약 l_3의 임금 비용이 100달러이며 이윤율이 10퍼센트라고 한다면, 자본가에게는 두 가지 선택이 있다. 1년짜리 생산 기간을 한 줄로 죽 늘어세운 뒤 첫 해에 100달러를 투자하고서 그해 연말에 벌어들이는 이윤을 원금에 합쳐 다음 해의 생산과정에 또다시 투자하는 일을 반복하든가, 아니면 〈그림 5-6〉에 나타나는 4년짜리 프로젝트에 투자하든가이다. 만약 어떤 자본가가 첫 번째 방법을 선택한다면, 첫 해가 끝났을 때는 110달러를 얻을 것이다. 그 전액을 다음 해에 또 투자한 다면, 두 번째 해가 끝날 때는 121달러를, 그리고 세 번째 해가 끝날 때는 133.10달러를 얻을 것이다. 따라서 두 번째 4년짜리 프로젝트의 방법과 이 첫 번째 방법이 동일한 이윤을 내려면, 마지막 해가 시작되는 시점에서 l_3의 노동이 체현된 부분의 자본을 나타내는 상품은 133.10달러로 가치가 평 가되어야 하며, 또 마지막 해의 생산에서 나오는 그 부분의 자본으로부터 이윤도 13.31달러가 되어야 한다. 그리하여 l_3의 노동은 최초에는 자본가 에게 단지 100달러의 비용이었을 뿐이지만, 마지막에 가면 146.41달러가 되어 상품 가격에 포함될 것이다. 그 146.41달러 중에서 100달러는 자본 가가 최초에 임금 비용으로 지출했던 100달러에 해당하는 돈이며, 100달 러를 자본으로 4년간 묶어두었던 데 대한 이윤은 46.41달러라고 간주된 다. 결국 이 자본가는 최초의 100달러를 10퍼센트의 이윤율로 하여 1년짜 리 생산 기간에 투자하여 거기에서 나오는 원리금 합계를 모두 매년 새로 이 투자하는 일을 반복하는 것과 동일한 이윤을 벌어들이고 끝나게 된다.

리카도의 말로 하자면, 이것이 바로 노동자 1인당 더 많은 자본을 사용 하는 경우나 생산 기간의 길이를 더 길게 하는 경우나 동일한 결과가 나오 게 되는 이유였다. 만약 자본가가 100달러를 2년간만 묶어둔다면 마지막 해인 두 번째 해가 시작될 때 자본의 가치는 110달러(100달러에 그전 해의 이 윤 10달러를 더한 것)가 될 것이다. 하지만 만약 그 돈을 4년간 묶어둔다면 마 지막 해인 네 번째 해가 시작될 때의 자본의 가치는 133.10달러(100달러에 첫 번째 해의 이윤 10달러, 두 번째 해의 이윤 11달러, 세 번째 해의 이윤 12.10달러를 모두 더한 것)가 될 것이다. 이렇게 비록 각각의 경우에 최초에 지불한 임금 비용은 동일하지만(따라서 자본에 체현된 최초의 노동 또한 동일하지만), 자본의 가치는 2년짜리 과정에 묶어둔 것보다 4년짜리 과정에 묶어둔 편이 더 크게 되는 것이다.

가격 결정의 수치 예

이렇게 추상적인 수리적 공식에만 의존하여 설명을 하면 대부분의 독자들은 리카도가 말하는 원리의 이해에 어려움을 겪을 수도 있다. 그러므로 비록 좀 번잡하기는 하지만 가격이 결정되는 과정을 수치의 예를 들어 설명하는 것이 이해를 도울 것이다. 따라서 우리는 이를 구체적으로 보여줄 수 있는 수치 예의 계산 과정을 거쳐보도록 하자. 이 예를 통해 우리는, (1) 상품에 따라 자본 대 노동의 비율이 달라지면 그 상품에 체현된 노동과 그 상품의 가격이 어떻게 달라지게 되는가, (2) 그렇게 자본 대 노동의 비율이 상이한 여러 상품의 가격은 임금률의 변화에 따라 어떻게 변하는가를 살펴볼 것이다. 〈그림 5-7〉의 (a) 부분에서는 400단위의 노동이 들어가서 상품 x 100단위를 생산하며, (b) 부분에서는 400단위의 노동이 들어가서 상품 y 100단위를 생산한다. 상품 x를 생산하는 데는 100단위의 현재 노동(이는 l로 표시한다)과 300단위의 과거 노동(이는 c로 표시한다)이 필요하며, 이 300단위의 과거 노동은 현재 노동이 행해지기 이전 4년간에 걸쳐 매년 똑같이 75단위씩의 비율로 들어가게 되어 있다. 상품 y를 생산하는 데는 300단위의 현재 노동과 100단위의 과거 노동이 필요하며, 이 과거 노동은 현재 노동이 행해지기 이전 2년간에 걸쳐 매년 똑같이 50단위씩의 비율로 투하되게 되어 있다. 당연한 일이지만 만약 상품의 가격이 상품에 체현된 노동에 비례한다면 이 두 상품의 가격 또한 똑같을 것이다. 하지만 상품 x는 과거 노동이 더 많을 뿐만 아니라 생산 기간도 더 길다. 따라서 현재 노동에 대한 자본의 비율이 더 높다. 우리는 각각의 생산과정이 끝날 때는 생산에 투입된

그림 5-7. **노동량은 같지만 자본의 구성이 다른 두 개의 생산과정**

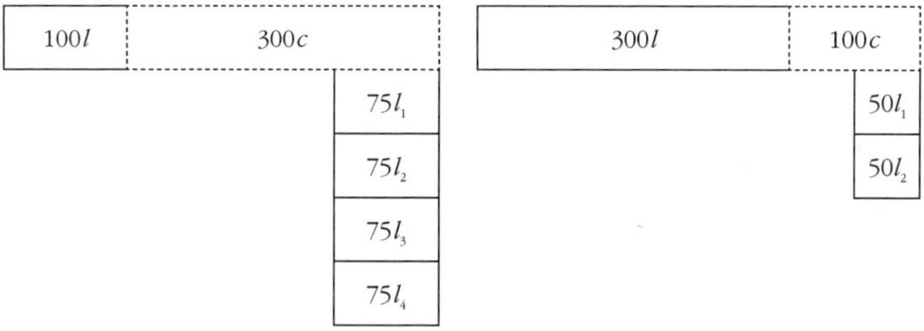

(a) 100단위의 상품 x를 생산하는 데 필요한 노동
　　단위 수(5년 동안 400단위 노동)

(b) 100단위의 상품 y를 생산하는 데 필요한 노동
　　단위 수(3년 동안 400단위 노동)

모든 상품이 완전히 소모된다고 가정하자.

　여기에서 〈그림 5-7〉에 나온 생산의 공식을 이용하여 간단한 두 가지 계산을 해보자. 첫 번째 경우, 우리는 임금률이 단위 노동당 1달러이며 이윤율은 50퍼센트라고 가정한다. 두 번째 경우, 임금률이 단위 노동당 2달러로 늘어나며 이윤율은 10퍼센트로 줄어든다고 가정한다. (우리가 보여주고자 하는 요점을 확연하게 드러내기 위해서 임금률과 이윤율의 변화를 아주 크게 만들었다.)

　우리는 〈표 5-1〉로부터 다음의 사실을 알 수 있다. 비록 두 상품 모두 100단위의 상품 속에 400단위의 노동이 체현되어 있다는 것은 동일하지만, 이윤율과 임금률이 방금 말한 첫 번째 경우의 수치로 주어졌을 때 상품 x의 가격이 상품 y의 가격의 두 배 이상이 된다는 점이다. 이 차이는 전적으로 상품 x의 생산과정의 각 단계마다 비용으로 들어가는 이윤이 점점 더 커진다는 데 있다.

　이제 우리는 임금률이 단위 노동당 2달러로 올라간다고 가정할 것이다.

표 5-1. **임금률 1달러, 이윤율 50%인 경우의 비용과 가격**

	A. 노동비용 (들어간 노동 단위 수에 임금률을 곱한 것)	B. 기계류 비용 (과거 노동 비용에 매년 이윤율을 복리로 계산)	C. 이윤 비용 (A와 B를 더한 것에 이윤율을 곱함)	D. 총비용	E. 상품 단가 (D를 100으로 나눈 것)
상품 x	100.00	914.08	507.04	1,521.12	15.21
상품 y	300.00	187.50	243.75	731.25	7.31

표 5-2. **임금률 2달러, 이윤율 10%인 경우의 비용과 가격**

	A. 노동비용 (들어간 노동 단위 수에 임금률을 곱한 것)	B. 기계류 비용 (과거 노동 비용에 매년 이윤율을 복리로 계산)	C. 이윤 비용 (A와 B를 더한 것에 이윤율을 곱함)	D. 총비용	E. 상품 단가 (D를 100으로 나눈 것)
상품 x	200.00	765.78	96.58	1,062.36	10.62
상품 y	600.00	231.00	83.10	914.10	9.14

생산량은 여전히 똑같고 이것이 자본가와 노동자에게 분배되고 있으므로 이윤율은 내려가야 할 것이다. 우리는 여기에서 이윤율이 10퍼센트로 떨어졌다고 가정했다. 리카도가 임금률이 높아지면 항상 이윤율이 낮아지게 된다고 주장할 때는 항상 생산 기술과 생산 총량은 동일하다고 가정한다. 〈표 5-2〉는 이 새로운 임금률 및 이윤율에서 행한 계산을 보여준다.

〈표 5-1〉과 〈표 5-2〉에서 나온 결과를 비교해보면 세 가지 중요한 결론을 얻을 수 있다. 첫째, 임금률이 변하면 상품 x와 상품 y의 상대가격이 크게 바뀌게 된다. 〈표 5-1〉에서는 상품 x의 가격이 상품 y의 가격의 두 배 이

상이었지만 〈표 5-2〉에서는 약간 높은 정도이다. 이는 여러 상품 간의 상대가격이 그 상품들 안에 체현된 노동의 크기와 비례하지 않게 되는 원인이 이윤율이 달라지는 데 있다는 사실을 잘 보여주고 있다. 〈표 5-2〉에서는 이윤이 훨씬 작아졌으며 따라서 두 상품의 가격 비율이 두 상품에 체현된 노동의 비율에서 괴리되는 정도도 훨씬 작다. 만약 임금률이 너무 올라서 이윤이 사라진다면 상품 x와 상품 y의 가격은 각각에 체현된 전체 노동량만을 반영하여 똑같아질 것이다.

두 번째로 주목할 점은, 이 표를 보면 왜 리카도가 임금 상승이 항상 노동에 의해 생산되는 모든 상품의 가격 상승을 가져온다는 애덤 스미스의 주장을 거부했는지가 잘 드러난다는 점이다. 〈표 5-2〉에서 임금률이 두 배로된 결과 상품 x의 가격은 15.21달러에서 10.62달러로 낮아진다. 스미스의 오류는 생산량의 수준이 올라가든 내려가든 간에 자본가와 노동자는 항상 노동의 생산물을 놓고 서로 적대적 경쟁을 벌인다는 사실을 간과한 데 있었다. 생산 기술과 생산 총량에 변화가 없는 한, 임금률의 증가는 오로지 이윤율의 감소를 통해서만 달성할 수 있다. 이 점은 리카도의 주장에서 중심적인 것이다. 임금률이 증가하면 그 결과로 반드시 이윤율이 감소하게 된다. 그렇게 되면 상품 가운데 생산비용에서 이윤이 큰 몫을 차지하는 상품의 가격은 낮아지게 될 것이다.

이 두 표로부터 분명히 드러나는 세 번째의 중요한 점은, 이윤율이 플러스인 한 상품 x의 가격은 항상 상품 y의 가격보다 높다는 것이다. 상품 x는 노동에 대한 자본의 비율이 상품 y보다 항상 더 높다. 이를 통해 리카도는 가격 비율이 노동 비율로부터 괴리되는 정도를 체계적으로 예측할 수 있는 두 개의 규칙을 얻는다. 첫째, 이윤율이 플러스인 한, 가격 비율은 노동에 대한 자본의 비율이 변화하는 것과 같은 방향으로 변한다. 다른 말로 하자면, 똑같은 양의 노동을 체현하는 두 개의 생산과정이 있다고 한다면, 그

중 현재 노동에 대해서 자본의 비율이 더 높은 생산과정의 상품이 항상 더 가격이 높을 것이다. 현재 노동에 대한 자본의 비율이 높은 생산과정은 리카도가 말하는 세 가지, 즉 유동자본에 대해 내구적 자본의 비율이 높거나, 기계의 내구성이 더 크거나, 또는 자본가가 자본에서 수익을 얻을 때까지 걸리는 기간이 더 긴 생산과정이라는 뜻이다.[31] 둘째, 이윤율이 높아질수록 가격 비율이 노동 비율로부터 괴리되는 정도가 더 클 것이다.

소득분배와 노동가치론

이제 우리는 노동가치론에 대한 리카도의 논의로 되돌아가서 그의 가치론이 리카도가 초기의 단순 곡물 이윤론의 모델에서 도달했던 결론과 어떻게 결부되는지를 살펴보도록 하자. 모델을 좀 더 단순화시켜보자. 그래서 생산되는 것은 오로지 곡물뿐이며, 이윤율은 노동자 1인당 생계유지에 필요한 곡물량에 대한 지대가 발생하지 않는 한계지에서의 노동자 1인당 순 생산물(즉 어떤 토지에서든 거기서의 노동자 1인당 순 생산물에서 지대를 뺀 것)의 비율로 주어진다. 그리고 이 모든 양의 단위는 곡물로 표현된다. 분배에 대한 리카도의 일반 이론에서 그의 노동가치론이 어떤 위치를 차지하는지에 대해서, 리카도 사상에 대한 지도적 연구자인 모리스 돕은 다음과 같이 간명하게 언명했다.

> 노동가치론을 사용하면서 … 리카도는 사실상 생산물, 임금, 잉여를 통일적으로 표현할 수량 단위로서 곡물 대신 노동을 쓰고 있었다. 이제 이윤은 잉여, 즉 전체 노동력에서 노동력의 생계 수단을 생산하는 데 필요한 노동량을 뺀 것이라고 여겨지게 된다.[32]

리카도의 말로 보자면, 노동이 생산한 총 가치 가운데서

> 지대를 지불한 뒤 생산자가 소비를 하고 남은 부분, 이것이 그리고 오로
> 지 이것만이 이윤을 결정하는 것이다. …
> 따라서 우리는 이미 앞에서 확고하게 하고자 했던 것과 똑같은 결론에
> 도달한다. 즉, 나라와 시대를 막론하고, 이윤은 지대를 낳지 않는 토지에서
> 일하는 노동자 또는 지대를 낳지 않는 자본을 가지고 일하는 노동자의 생
> 필품을 공급하는 데 필요한 노동량에 의해 결정된다.[33]

이렇게 리카도가 관심을 두었던 문제는 생산된 것의 총 가치 그리고 그
것이 사회의 3대 계급 사이에 어떻게 분배되는가이다. 가치는 상품에 체현
된 노동의 양이 결정하지만, 상품마다의 노동자 1인당 자본 가치가 가격의
편차를 낳는다. "상품의 가치가 다양하게 변하는 원인을 평가함에 있어서
… 노동[의 임금]의 상승과 하락으로 생겨나는 효과에 대한 고찰을 빼먹는
것은 완전히 잘못된 일이지만 거기에 너무 많은 중요성을 부여하는 것 또
한 마찬가지로 그릇된 일이다."[34]

리카도가 이러한 다양한 변화를 비교적 중요하지 않다고 생각한 데는 두
가지 이유가 있다. 첫째, 리카도는 그 등락폭이 아주 작을 것이라고 생각했
다.[35] 둘째, 리카도의 분배론과 자본축적론에서 관심사인 총계 차원의 수량
을 고찰하면, 모든 상품 사이의 가격 비율과 노동 비율 사이의 편차는 소멸
할 것이다. 만약 모든 상품의 생산과정에서 자본의 구성비가 똑같다면 모
든 상품 사이의 가격 비율과 노동 비율이 동일할 것임은 자명하다. 이와 똑
같은 논리로 따져보면, **사회적으로 평균적인 자본구성비**를 가진 과정에 의
해 생산된 상품이 있다면, 그 상품의 가격은 항상 거기에 체현된 노동에만
비례하여 오르내릴 것이다. 사회적 평균보다 많은 자본을 사용하여 생산

된 상품의 가격은 "임금이 오르면 떨어질 것이며 임금이 떨어지면 오를 것이다". 반면 사회적 평균보다 적은 자본을 사용하여 생산된 상품의 가격은 "임금이 오르면 오를 것이고 임금이 떨어지면 떨어질 것이다".[36] 평균의 정의를 생각해볼 때, 이 평균보다 큰 편차는 평균보다 작은 편차를 정확하게 상쇄한다. 또한 "고정자본과 유동자본의 비율이 다른 모든 것과 정확히 똑같은 생산과정에 의해 생산된", 즉 사회적 평균과 똑같은 자본 결합 비율로 생산된 상품이라면 "완벽한 가치척도가 될 것이다".[37] 왜냐면 그 가격은 오로지 거기에 체현된 노동으로만 결정될 것이기 때문이다.

　리카도가 고찰하고 있는 복합 경제에서 순 생산물과 임금의 총계는 다수의 상품으로 구성된다. 이러한 총계를 측정하고 그를 통해 이윤율을 얻기위해서 리카도는 이윤과 임금이 변한다고 해도 가격이 변하지 않는 상품을 찾아내야만 했다. 그렇게 되면 다른 모든 상품은 이 상품을 단위로 하여 측정할 수 있으며, 그렇게 하여 얻어진 여러 총계 치들은 이윤과 임금의 변화에 영향을 받지 않을 것이다. 하지만 만약 리카도가 그러한 상품을 찾지 못한다면 그가 제시하는 여러 가지 총계 치들에는 노동이 생산한 실제 상품의 양뿐만 아니라 소득분배까지 반영하게 될 것이다. 더욱이 앞의 수치 예에서 보았듯이, 어떤 상품을 생산하는 자본의 구성비가 사회적 평균과 다르다면 그 상품의 가격은 거기에 체현된 노동에만 비례하여 변하는 게 아니라 그로부터 다양한 편차를 보이게 되는데, 이때 그 편차의 크기가 얼마인가를 알 수 있는지 없는지는 이윤율의 크기를 사전에 알고 있는지에 달려 있다. 다른 말로 하자면, 리카도의 가격론에서는 이윤율을 확실하게 미리 알아야만 여러 상품들에 체현된 노동량의 비율과 그 상품들의 가격 비율의 괴리를 계산할 수 있는 것이다.

　이러한 여러 이유 때문에 리카도에게는 사회적으로 평균적인 자본구성비의 조건 아래에서 생산된 상품을 찾아 이를 '불변의 가치척도'로 이용할 수 있는지가 대단히 중요한 문제가 된다.[38] 스미스와 맬서스도 그러한 척도를 찾았지만, 그것을 찾는 게 왜, 그리고 얼마나 중요한지의 의미를 완전하게 이해한 것은 리카도가 최초였다. 노동가치론을 따르는 경제 이론가들에게는 오늘날까지도 그러한 척도를 어떻게 찾을 것인가가 중요한 문제로 남아 있다. 그런데 불행하게도 리카도는 자신이 불변의 가치척도라고 기꺼이 옹호할 수 있을 만한 어떤 상품도 찾아낼 수 없었다. 그는 그저 임시적이고 잠정적으로 황금을 그러한 척도로 여겨 이론을 전개했지만, 사실 황금이 그런 상품이 될 수 없다는 것을 잘 알았다.

리카도는 자신의 노동가치론에 기초하여, 〈그림 5-4〉에서 보여주었던 단순 분배 모델에 훨씬 더 정교한 이론적 기초를 제공할 수 있었다. 다음에 인용하는 그의 말에서 그의 이론의 핵심을 뽑아낼 수 있다.

따라서 이윤의 자연적 경향은 하락하는 것이다. 왜냐면 사회가 진보하고 부가 증가할수록 더 많은 양의 식량이 필요하고 이를 얻기 위해서는 점점 더 많은 노동이 필요하기 때문이다.[39]

하지만 곡물 생산에 더 많은 노동이 필요하기 때문에 곡물 가격이 오른다고 가정해보자. 이는 제조업 상품의 가격을 올리는 원인이 되지는 않는다. 제조업 상품 생산에 노동의 양을 더 추가할 필요가 생기는 것은 아니기 때문이다. … 하지만 만약 곡물 가격이 올라 임금이 오른다면 어떻게 될까? 이는 절대적으로 확실하게 일어날 일이며, 그 결과 이윤이 반드시 하락할 것이다.[40]

임금이 오를 때마다 항상 … 내구성이 큰 자본으로 생산된 상품들은 상대 가치가 내려갈 것이며, 좀 더 쉽게 소모되는 자본으로 생산되는 상품들

은 올라갈 것이다.[41]

상품의 가치가 다양하게 변화하는 원인들을 … 평가할 적에 … 〔임금 인상으로 야기되는 변화〕에 너무 큰 중요성을 부여하는 것은 잘못이다. … 상품 간의 상대적 가치가 크게 변화하는 것은 항상 … 그것들을 생산하는 데 … 필요한 노동량이 더 큰가 작은가에 따라 생겨난다.[42]

이윤과 임금이 오르거나 내리면 … 상품의 가격도 … 소소한 변화를 … 겪을 것이다. … 하지만[*] 이윤율의 상승이나 하락에도 여러 재화의 가격이 변하지 않는다면 그 재화들로부터 나오는 이윤 또한 서로 동일하지 않을 것이다.[43]

만약 어느 제조업자가 자신의 재화를 항상 똑같은 가격에 판다고 가정한다면, 그의 이윤은 그 재화를 제조하는 데 필요한 노동의 가격이 좌우할 것이다. … 이 경우 임금이 상승하는 것에 비례하여 이윤은 하락할 것이다. 하지만 가공하지 않은 곡물의 가격이 상승할 경우에는 비록 농부가 자신이 고용한 노동자에게 치러야 할 임금은 더 늘어나겠지만 그가 적어도 이전과 같은 이윤율은 거두지 않을까라고 물어봄직하다. 그러나 분명코 그렇지 않다. 왜냐면 농부는 제조업자처럼 자신이 고용한 모든 노동자에게 더 높은

- 이 인용문의 뒷부분은 원문의 문맥을 좀 무시하고 인용된 감이 없지 않다. 이 부분의 이해를 돕기 위해 리카도 《원리》의 해당 부분 앞의 문장도 함께 번역해둔다. "5천 파운드로 팔리는 재화와 1만 파운드로 팔리는 다른 재화가 있다고 해도 그 둘을 생산하는 자본의 양은 똑같을 수가 있으니, 이 경우라면 각각의 제조업자가 가져가는 이윤도 동일하다. 하지만 이윤율이 오르거나 내렸는데도 재화의 가격이 변하지 않는다면 두 제조업자의 이윤은 동일하지 않을 것이다."

임금을 지불해야 할 뿐만 아니라, 똑같은 양의 곡물을 얻기 위해서는 고용된 노동자의 숫자를 늘리든가 아니면 지대를 지불해야 할 것이기 때문이다. 비록 곡물의 가격이 상승하기는 하지만 그 상승분은 오직 지대 또는 추가된 숫자의 노동자에 정확히 일치하는 만큼만 생겨날 것이며, 농부가 고용한 노동자의 임금 상승까지 보상해주지는 않을 것이다.[44]

[이윤이 하락함에 따라 궁극적으로] 축적의 동기가 사라질 것이다. 왜냐면 누구나 축적을 하는 목적은 자신이 축적한 것을 생산활동에 쓰는 데 있기 때문이며, 축적된 것이 이윤을 낳는 것 또한 오로지 생산활동에 사용될 때뿐이다. 그런데 축적의 동기가 사라지면 더 이상 축적도 있을 수 없다.[45]

이렇게 축적이 멈추면 경제적 진보는 중지될 것이며, 시장 임금률은 생계 수준으로까지 침몰할 것이며, 전반적인 사회적 곤경과 빈곤이 나타날 것이다. 이것이 바로 리카도가 말하는 정지 상태stationary state이다. 어떤 경제 사상사가들은 리카도의 모델이 이러한 정지 상태가 불가항력적임을 암시하는 것으로 보이므로 그의 이론이 비관적이며 우울하다고 말했다. 또 다른 이들은 19세기와 20세기에 나타날 농업 생산에서의 기술 변화—이러한 기술 변화로 인해 농업 생산성은 지속적으로 증가했다—를 예견하지 못했으므로 그의 이론이 잘못된 것이라고 말했다. 하지만 이러한 두 가지 평가는 모두 리카도의 이론에 대한 잘못된 이해에서 나온 것이다.

리카도는 사회를 노동가치론 또는 생산이라는 관점에서 보았다. 그는 당대의 노동자와 자본가라는 양대 계급의 갈등에 날카롭게 집중했고, 그의 이론에서 그 두 계급의 이해관계는 상반되었다. "만약 임금이 오르면 … 이윤은 반드시 하락할 것이다"[46]라고 그는 반복해서 말했다. 이와 비슷하게 자본가와 지주의 이해관계도 항시 상반되었다. 그의 이론이 의도했던 것은 그

다음 100년간 일어날 일을 예언하는 것이 아니었다. 리카도는 당시에 논쟁이 벌어지고 있던 쟁점 및 정책과 관련하여 의회에 영향을 주고자 했던 것이다. 특히 그가 원했던 것은 곡물법의 철폐였다.

리카도는 지주, 노동자, 자본가라는 서로 적대적인 3대 계급을 바라보면서, 노동자는 소득이 늘어날 경우 자신의 가족의 수를 늘리는 경향을 가지고 있으므로 항상 그 생활수준이 생계 수준에 붙들려 있거나 이를 크게 벗어나지 못할 것이라고 주장했는데, 이는 맬서스의 주장과 마찬가지였다. 그리고 지주와 자본가의 갈등에 대해서는 지주의 이해관계는 항상 사회의 전반적 후생과 반대되는 것인 반면 자본가의 이해관계는 항상 그것과 일치하는 것임을 보여주고자 했다.

영국은 19세기와 20세기에 식량 생산의 위기를 겪지 않았다. 이는 영국이 곡물법을 철폐하고 식량의 자유로운 수입을 허가했고, 이 기간 전체에 걸쳐 농업 생산성이 상승했기 때문이다. 리카도의 《원리》에 나오는 다음의 두 인용문을 볼 때 리카도 자신도 이런 식의 해결책이 있음을 잘 알았다는 점은 명백하다.

> [이윤이 하락하는] 이러한 경향은 … 농업 과학에서의 발견 그리고 생필품 생산과 연관된 기계류의 개선에 의해 간헐적으로 제동이 걸리는데, 이는 실로 기쁜 일이다.[47]

> 크기가 작더라도 토양이 비옥한 나라라면, 게다가 식량의 자유로운 수입까지 허락한다면, 이윤율이 크게 감소하거나 토지의 지대가 크게 상승하는 일이 전혀 없이 거대한 양의 자본을 축적하는 일이 가능할 것이다.[48]

리카도는 그저 입법자들에게 지주의 이해관계는 영국의 사회경제적 안

녕을 개선할 수 있는 이 두 가지 원천 모두와 상반된다는 것을 설득하고자
했다. 당시 영국의 입법자들은 식량의 자유로운 수입에 명백하게 반대하고
있었다. 리카도는 또 농업 기술의 개선은 곡물 생산에 들어가는 노동의 양
을 줄이고, 농산물 가격을 낮추는 직접적 효과를 갖는다고 주장했다. 그렇
게 될 경우 직접적 효과는 지대의 감소일 것이었다. 비록 결국에는 경작되
는 토지가 늘어나서 지대도 원래의 수준을 회복하거나 오히려 더 올라가게
만든다고 하더라도, 즉각적으로 나타나는 효과는 지대의 감소라는 것이다.
그런데 지주는 지대를 즉각적으로 감소시키는 것이라면 어떤 것이든 반대
하는 것이 보통이다. 따라서 리카도는 다음과 같이 결론을 내린다.

> 지주의 이해관계는 소비자 및 생산자의 이해관계와 항상 상반된다. …
> 교역에서의 거래는 파는 쪽이나 사는 쪽이나 똑같이 이익을 본다고 말할
> 수 있지만, 지주와 공공 사이의 거래는 성격이 다르다. 한쪽은 완전히 손
> 해를 보고 다른 쪽은 순전히 이익만 보게 되어 있는 것이 이 둘 사이의 거
> 래이다.[49]

공급과잉은 일어날 수 없다

맬서스는 총수요가 부족해 주기적인 공급과잉이나 불황이 발생한다는
이론을 제시했다. 그는 이러한 이론에 기초하여 지주가 국민적 생산에서
가져가는 몫을 더 크게 만들어야 한다는 권고를 내놓았다. 따라서 리카도
는 맬서스의 이론에 반대한다. 첫째, 우리가 앞 장에서 잠깐 보았듯이, 자
본가가 자신의 상품이 팔리지 않고 넘쳐난다고 해서 스스로 지주에게 돈을
대어 그들로 하여금 비생산적 소비에 몰두하게 만들어야 한다는 것은 도무

지 이윤에 아무런 도움도 되지 않는다. 이는 자본가 입장에서 보자면 자신의 창고에 불을 질러 상품 일부를 파괴해야 한다는 말이나 다르지 않다. 둘째, 리카도는 수요와 공급의 힘이 자동적으로 상품 가격은 물론 총 산출의 내용적 구성까지도 조정해줄 것이기 때문에, 부분적으로는 몰라도 시장 전체에서 공급과잉은 일어날 수 없다고 주장했다. 이 주장에서 그는 프랑스 경제학자 세J. B. Say가 주창했던 것과 본질적으로 동일한 분석을 내놓는다. 이 분석은 보통 세와 결부되어 '세의 법칙'이라고 불리는데, 다음 장에서 좀 더 자세하게 설명될 것이다. 이 법칙은 큰 영향력을 발휘한 경제학설로서, 오늘날까지도 수많은 신봉자를 거느리고 있다.

그 주장은 비교적 단순하다. 자본가가 스스로 필요로 하지도 않는 것을 생산하는 이유는 오직 이를 시장에 가져가 자신이 진정 필요로 하는 것과 바꾸기 위해서이다. 이 교환은 물론 화폐에 의해 매개되지만 화폐 그 자체를 원하는 이는 없다. 생산자가 상품을 생산하는 이유는 다른 상품과 교환하기 위해서일 뿐이다. 생산자가 상품을 화폐와 교환한다고 해도 생산자가 의도하는 바는 그 화폐를 다시 다른 상품과 교환하는 것이다. 화폐란 다른 상품을 구매할 수 있다는 사실을 제외하면 어떤 유용한 속성도 가지고 있지 않다. 따라서 화폐를 그 자체로 축장하고자 하는 이는 없다. 그러므로 생산은 그 자신의 수요를 창출한다. 어느 자본가든, 자신이 생산한 상품의 가격에 해당하는 양만큼 다른 상품에 대한 수요를 가지고 있다는 것이다. 리카도는 이러한 주장을 아주 간명하게 말하고 있다.

인간이 무언가를 생산하는 목적은 소비하든가 판매하든가 둘뿐이며, 판매를 할 경우 그 의도는 오로지 그에게 바로 쓸모가 있는가 아니면 장래의 생산에 도움이 될 수 있는 다른 상품을 일정량 구매하고자 하는 것뿐이다. 결국 그는 생산을 통해서 자기 자신의 재화를 소비하는 이가 되든가 아니

면 다른 이의 재화를 구매하여 소비하는 이가 되든가 둘 중 하나일 수밖에 없다.[50]

상품은 항상 상품 또는 서비스에 의해 구매된다. 화폐는 단지 이 교환이 이루어질 수 있게 하는 매개물일 뿐이다. 특정한 상품의 경우에는 너무 많은 양이 생산되어 시장에서 공급과잉이 발생하고 그 결과 그 상품의 생산에 투하된 자본에 수익을 가져다주지 못할 수 있다. 하지만 모든 상품에 대해서는 이런 일이 발생할 수는 없다.[51]

하지만 리카도는 《원리》 3판이 출간되기 전 10년이 전반적인 불황으로 실업이 만연한 기간이었음을 알고 있었다. 여기서 그는 이에 대해 설명을 내놓는데, 이 설명은 그 이후 비록 자본주의에는 주기적인 위기와 불황이 없어지지 않고 계속되지만 그래도 자본주의는 자동적으로 완전고용을 창출할 것이라고 믿고 싶은 경제 이론가들이 계속해서 내놓는 이론과 비슷했다.

거대한 제조업 국가는 자본이 한 업종에서 다른 업종으로 이동함에 따라 생겨나는 일시적인 반전과 우발적 사태에 특히 크게 노출되어 있다. … 어느 특정한 제조업 상품에 대한 수요는 그것을 구매하는 이들의 욕구만이 아니라 그들의 취향과 변덕에도 좌우될 것이다. … 〔한 상품에 대한 수요가 감소하면〕 그 상품의 제조에 종사하는 이들은 상당한 어려움을 겪을 것이며, 분명히 일정한 손실도 입을 것이다. 그래서 이들은 자본을 한 업종에서 다른 업종으로 이동시킬 것이며 또 자신들이 거느릴 수 있는 노동 또한 이동시킬 것이다. 그렇게 되면 이러한 변화의 시기뿐만 아니라 그 변화와 다음 변화 사이의 기간 전체에도 사람들은 계속 그러한 어려움을 느

낄 것이다.[52]

리카도는 이렇게 당시의 불황을 단순히 이전의 전쟁 기간 동안의 비정상적인 수요와 공급의 패턴에 대한 필연적인 조정이라고 설명했다.

기계는 비자발적 실업의 원인

하지만 맬서스와의 논쟁 과정에서 리카도는 결국 그의 《원리》 3판에서 중요한 양보를 했다. 그는 이 책 3판에 '기계류에 대하여'라는 제목이 붙은 31장을 새로 추가했다. 이 장은 생산과정에서 노동을 대체하는 새로운 기계가 노동자에게 피해를 입힐 가능성을 논의했다. 리카도는 1장에서 새로운 종류의 기계를 도입하면 자본가의 생산비용이 낮아질 수 있음을 논의했다. 그는 이러한 기계의 도입으로 생산된 상품의 생산량은 증가하고 가격은 낮아질 것이라고 가정했다. 따라서 그는 이러한 기계로부터 온 사회가 혜택을 볼 것이라고 결론을 내렸다.

> 어떤 제조업자가 자신의 상품 생산에 들어가는 [비용을 감소] … 시켜줄 기계에 의지할 수 있게 되었을 때 … 만약 자신의 재화에 계속해서 똑같은 가격을 매길 수 있다면 이로부터 특별한 이익을 누릴 수 있을 것이다. 하지만 결국은 … 자신의 상품 가격을 내리지 않을 수 없을 것이다. 그러지 않을 경우 그의 업종으로 자본이 밀려들어와 마침내 그의 이윤도 일반적 수준으로까지 떨어질 것이다. 그렇게 되면 결국 기계의 혜택은 공공에게 돌아간다.[53]

이렇게 리카도는 기계를 도입하면 공공은 항상 혜택을 볼 것이라고 생각했는데, 그 생각은 시장가격이 순탄하고도 신속하게 하락할 것이며 노동 또한 순탄하고도 신속하게 다른 업종으로 이동하여 생산량을 증가시킬 것이라는 전제에 기초하고 있었다. 하지만 리카도는 맬서스와 논쟁하는 가운데서 일이 반드시 그렇게 되지는 않는다는 점을 확신했다. 리카도는 그의 《원리》 3판에 추가된 31장을 이렇게 시작했다.

> 내가 정치경제학의 문제들에 처음으로 주의를 돌린 이후로 나는 항상 … 어느 생산 부문이든 기계를 사용하여 노동을 절약하는 효과를 낳게 되면, 이는 보편적인 선이며, 이에 따라오는 불편함이란 오직 대부분의 경우 자본과 노동을 부문 간에 이동하는 데 따르는 정도일 뿐이라고 생각했다. 당시 나는 지주는 … 지대로 받은 돈을 지출하는 상품 일부가 가격이 인하되므로 이익을 볼 것이라고 생각했다. 또 자본가도 궁극적으로 이와 똑같은 방식으로 혜택을 볼 것이라고 생각했다. 더욱이 그 기계를 발명한 이는 당분간 큰 이윤을 거둠으로써 추가적 이익을 누릴 것이지만, 그 기계가 보편적으로 사용됨에 따라 그에 비례하여 그 기계로 생산된 상품의 가격은 경쟁을 겪으면서 생산비 수준으로 떨어질 것이며, 이 시점이 되면 그 자본가의 화폐 이윤도 다시 기계 도입 이전과 똑같아질 것이지만 … (그래도 그 자본가는) 비록 화폐 수입은 똑같아진다고 해도 이전보다 더 많은 양의 편의물comforts과 향유물enjoyments을 얻을 수 있을 것이다. 또 노동자계급 또한 똑같이 혜택을 본다. … 이들의 화폐 임금이 동일하다고 해도 이제는 더 많은 상품을 살 수 있는 수단을 가질 것이기 때문이다.[54]

그리고 나서 리카도는 여전히 자본가와 지주는 그러한 생산 기술의 변화로 혜택을 볼 것이라고 생각하고 있지만, "인간 노동을 기계로 대체하면 노동자계급의 이익에는 대단히 해로운 경우가 종종 있다"고 말했다.[55] 왜냐면 노동자는 처음에는 임금재 생산에서 자본재 생산으로 이동할 것이기 때문이다. 그다음 기간에는 임금재의 양이 줄어들며 이에 따라 노동에 대한 수요도 줄어들 것이다. 임금재의 양이 줄어들면 노동에 대한 수요에도 한계가 생기게 되기 때문이다. 새로운 기계가 사용되면 여기에 일정한 숫자의 노동자가 필요하겠지만, 그전에 수많은 노동자가 해고당할 것이며 새로 고용되는 노동자의 숫자는 여기에 한참 못 미칠 것이다. 왜냐면 애초에 기계가 만들어진 유일한 목적은 바로 일정한 양을 생산하는 데 필요한 노동자의 숫자를 줄여서 자본가의 임금 비용을 줄여 이윤을 늘리는 것이었기 때문이다. 따라서 사회의 총 소득(이윤, 임금, 지대)은 줄어드는 가운데 사회의 순 소득(즉 이윤과 지대)은 늘어나는 일이 벌어질 수 있다. 이 경우 수많은 노동자는 "일자리에서 쫓겨나게 될" 것이며, 노동계급의 다수는 "그들을 고용할 자금의 크기에 견주어볼 때 남아돌게 될 것이다".[56]

리카도는 이렇게 결론을 내린다. "노동계급은 기계의 사용이 자신들의 이익을 침해할 때가 잦다는 견해를 갖고 있는데, 이는 편견과 오류에 근거한 것이 아니라 정치경제학의 정확한 원리와 일치한다."[57] 이러한 결론은 곧 리카도가 맬서스와 마찬가지로, 생산 조건에 변화가 일어날 때 시장이 자원 배분에 있어서 그다지 효과적이지 못할 수 있으며 그 결과 노동시장에서는 만성적인 불황이 생겨나서 경제 전체의 총 생산을 줄일 수 있다고 생각했다는 것을 뜻한다. 또 이는 자본축적이야말로 사회 전체의 경제적 후생을 증대시키는 주된 힘이라는 리카도의 신념이 근거를 잃었음을 뜻한다. 하지만 그가 마음을 준 대상은 자본가계급이었지 사회 전체는 아니었다. 그는 이 장을 끝내면서 이렇게 단언했다. "내가 지금까지 했던 언명으로부터 기계의 사용을 장려해서는 안 된다는 추론을 끌어내지 않기를 희망한다."[58] 리카도가 이렇게 희망했던 기초는 노동자의 상태를 완화시켜줄 무슨 계획 같은 것이 있었기 때문은 **아니었다.** 그는 예전에 자신이 말한 것이 여전히 옳다고 생각했기 때문이다. 즉 "다른 모든 계약과 마찬가지로 임금 또한 공정하고 자유로운 시장의 경쟁에 맡겨야 하며 결코 입법에 의한 개입으로 통제해서는 안 된다".[59]

비교 우위론과 국제무역

리카도는 두 나라가 교역을 할 때 비록 교역되는 모든 상품을 한쪽 나라가 다른 쪽 나라보다 더 효율적으로 생산한다고 해도 자유로운 무역을 행하면 결국 두 나라 모두 혜택을 본다는 주장을 일관된 논리로 전개한 최초의 경제학자였다. 그는 또한 나라 사이에는 자본의 이동성이 상대적으로 떨어지기 때문에 별개의 국제무역 이론이 필요하다고 주장한 최초의 경제학자 중 한 사람이었다.

리카도는 두 나라가 무역을 할 때 그중 한 나라가 어떤 상품의 생산에 절대적 우위를 갖지 않는다고 해도 무역을 통해 두 나라 모두가 이익을 볼 수 있다고 주장했다. 이 절대적 우위라는 말은 생산에 있어서 효율성이 더 크다는 말 또는 노동을 덜 사용한다는 말이었다. 두 나라 모두가 생산에서 **상대적 우위**만을 가지고 있어도 두 나라 모두가 이익을 볼 수 있다는 것이 리카도의 주장이었다. 상대적 우위란 두 상품에 체현된 노동의 비율이 두 나라 사이에 다르다는 것을 뜻한다. 그래서 각각의 나라는 최소한 한 가지 상품에서는 그 안에 체현된 노동의 상대적 양이 다른 나라에 비해 적다는 것이다. 〈표 5-3〉은 이 비교 우위의 원리를 설명하기 위해 리카도가 들었던 예를 다시 제시한다. 이 표에서 포르투갈은 포도주와 옷감 모두의 생산에서 절대적 우위를 가지고 있다. 즉 어느 쪽 상품이든 생산하는 데 들어가는

표 5-3. **영국과 포르투갈에서 옷감과 포도주 1단위를 생산하는 데 필요한 노동시간**

	옷감	포도주	옷감 가격에 대한 포도주 가격의 비율	포도주 가격에 대한 옷감 가격의 비율
영국	100	120	1.20	0.83
포르투갈	90	80	0.88	1.12

노동시간이 영국보다 포르투갈 쪽이 적다. 포도주와 옷감의 가격이 영국과 포르투갈 모두에서 그 안에 체현된 노동과 비례한다면, 각각의 나라에서 두 가격의 비율은 각각의 나라에서 각각의 상품을 생산하는 데 필요한 노동시간의 비율과 동일할 것이다.

포르투갈에서는 1단위의 옷감을 생산하는 데 90시간이 들어가며 1단위의 포도주를 생산하는 데 80시간이 들어간다. 이는 곧 포도주를 만드는 데는 옷감을 만드는 노동의 88퍼센트의 노동만 있으면 된다는 것을 뜻한다. 영국에서는 포도주에 체현된 노동과 포도주의 가격 모두가 옷감의 120퍼센트이다. 이렇게 포르투갈은 포도주를 생산하는 데 상대적으로 노동이 덜 들어가며, 또 포도주의 상대가격도 영국에서의 포도주의 상대가격보다 낮다. 다른 한편, 포르투갈은 옷감을 만드는 데 포도주를 만드는 노동의 112퍼센트를 사용하며, 또 이 나라에서 옷감의 가격 또한 포도주 가격의 112퍼센트이다. 영국은 옷감을 생산하는 데 포도주를 생산하는 데 들어가는 노동의 83퍼센트만이 필요하며, 옷감의 가격 또한 포도주 가격의 83퍼센트이다. 따라서 영국은 옷감을 생산하는 데 절대적으로는 더 많은 노동을 사용하지만, 상대적으로는 더 적은 노동을 사용한다. 따라서 영국은 옷감 생산에서 상대적으로 우위에 있다.

이제 포르투갈인들이 포도주만(이것이 포르투갈인들이 비교 우위를 가진 상품이다)을 생산했는데 자신들이 옷감 또한 있어야 한다고 결정했다고 가정하자. 이들이 옷감을 얻는 데는 두 가지 방법이 있다. 포도주 생산에서 일정량의 노동을 빼내어 옷감을 생산하는 방법과 포도주로 영국의 옷감과 무역을 하는 방법이다. 여기서 무역이 이루어진다고 가정하자. 무역은 영국 국내의 가격 비율로 이루어진다. 옷감 1단위의 생산에는 노동이 90시간 필요하다. 이는 곧 포르투갈인들이 1단위 옷감을 생산할 때마다 1.12 단위의 포도주 생산을 중지해야 한다는 것을 뜻한다. 하지만 영국에서의 가격 비율로 영국인들과 무역을 한다면, 포르투갈인들은 옷감 1단위마다 0.83 단위의 포도주만 포기하면 된다. 그렇게 하여 따져본다면, 포르투갈인들이 무역을 통해 얻는 두 상품의 양을 합쳐 보았을 때 포르투갈인들이 두 상품 모두를 스스로 생산했을 때보다 더 많은 양을 얻게 되는 것은 자명하다.

이와 마찬가지로 영국 또한 옷감만 생산하여 포르투갈에서의 가격 비율로 무역을 행할 경우 포도주를 생산하지 않게 될 것이다. 만약 영국인들 스스로 포도주를 생산한다면 포도주 1단위를 생산할 때마다 옷감 1.2단위를 포기해야 할 것이지만, 포르투갈과 무역을 한다면 포도주 1단위당 옷감을 0.84단위만 포기하면 될 것이다.

만약 두 나라 모두 각각의 나라에서 이루어지고 있는 가격 비율로 무역을 행한다면 양쪽 모두 이익을 볼 것이라는 점은 명확하다. 하지만 각각의 나라에서 이루어지고 있는 가격 비율로 무역을 행한다는 것이 중요하다. 옷감으로 따진 포도주의 상대가격은 영국에서는 1.2이며 포르투갈에서는 0.88이다. 만약 두 나라 모두가 옷감 한 단위와 포도주 한 단위를 일대일로 교역한다면, 양쪽 모두 소비할 수 있는 포도주와 옷감의 총량은 두 나라가 두 상품 모두를 각각 생산하는 경우보다 더 커지게 된다.

이로써 리카도의 비교 우위 무역 이론을 설명할 수 있다. 이러한 논리에 기초하여 리카도는 자유무역은 여기에 참여하는 나라 양쪽 모두에 혜택을 가져온다고 주장했다. 무역을 확장할 때마다 이는 "아주 강력하게 상품 총 량과 향유의 총량sum of enjoyment을 늘리는 데 기여할 것이다".[60] 무역에 제한을 가하게 되면 이는 항상 마찬가지로 이 "향유의 총량"을 줄이게 될 것이다. 이러한 원리는 리카도가 곡물법에 대해 전반적인 공격을 가하는 데 있어서 또 하나의 중요한 고리가 된다.

사회적 조화와 계급 갈등

리카도의 독특한 용어 선택은 이 책에서 우리가 다루려 하는 주요 주제 중 하나를 잘 보여준다. 효용가치론 또는 가격과 효용을 등가로 놓는 경향 을 보이는 모든 경제 이론은 자유 시장의 '보이지 않는 손'을 통하여 사회적 조화가 지배할 것이라는 관점을 지지하는 것이 보통이다. 자유무역을 통해 각각의 나라의 '향유의 총량'이 증가할 것이라는 리카도의 단호한 주장은 자유로운 교환을 통하여 교환 쌍방 모두의 효용 또는 '향유'가 증가할 것이 라는 스미스의 원리를 다시 언명한 것에 불과하다. 이 원리가 경제 분석의 초점이 되면 인간의 물질적 궁핍의 거의 모든 문제에 대한 해결책은 시장 을 확장하거나, 교환과 교역을 더 자유롭게 하는 것이 된다. 이러한 정책을 따르기만 하면 모든 이들이 혜택을 보는 것처럼 보이며, 따라서 모든 이해 관계가 조화를 이루는 것처럼 보인다.

리카도는 이러한 결론을 스스로의 전제에서 끌어내기 위해서 다음과 같 이 가정해야 했다. 만약 영국이 상대적으로 더 비싼 상품을 수입한다면 그 상품의 높은 가격은 '향유의 총량'이 증가한 것을 보여주는 합리적인 지표 라는 것이다. 이를 다른 말로 해보자. 영국인들이 옷감을 생산하여 그중 일 부를 포도주와 교환해왔지만, 포도주는 오직 지주와 자본가만이 마시며 노동자는 그 때문에 옷감이 충분치 않아 헐벗게 되었다고 가정해보자. 노동 가치론의 관점에서 보자면 이 과정에서 노동 생산물의 일정량이 지대와 이윤으로 수탈되도록 만든 정황에 분석의 초점을 맞출 것이다. 하지만 효용 가치론은 일반적으로 사적 소유를 보장하는 법률과 부의 분배가 고정된 것 또는 '자연적'인 것이라고 가정하며, 그 결과 자본가와 지주가 자신들의 잉여를 옷감으로만 갖기보다는 옷감과 포도주 두 가지 형태 모두로 갖는 쪽을 선호한다는 사실에 분석의 초점을 두는 경향이 있다. 자유무역은 부와 구매력을 가진 이의 향유를 늘려주지만 노동자의 향유를 반드시 늘려주는 것은 아니다.

예를 들어 리카도는 이렇게 주장할 수도 있었다. 모든 노동자가 충분한 옷감을 가질 때까지 포도주의 수입을 금지하자고 말이다. 이렇게 하는 쪽이 자본가와 지주만을 위해 포도주를 더 많이 수입하는 쪽보다 사회적 후생을 더 많이 증대시킬 것이라고 주장할 이들도 분명히 있을 것이다. 하지만 리카도는 그렇게 하지 않았다. 그 대신 자유무역은 '향유의 총량'을 극대화할 것이라는 주장만을 고집했다.

이 점은 애덤 스미스의 저작에 대해 우리가 논의했던 것과 똑같은 모순이 리카도의 이론에서도 나타나는 것을 잘 보여준다. 리카도의 《원리》 대부분은 노동가치론이라는 생산의 관점에 기초하고 있다. 이 책은 지주, 노동자, 자본가라는 3대 계급 사이의 기본적인 계급 갈등에 대한 논의로 가득 차 있다. "임금이 오르면 이윤은 떨어질 수밖에 없다는 것만큼 명쾌하고 확고하게 증명할 수 있는 명제가 또 있겠는가?"라고 그는 묻기까지 한다.[61] 또 다른 구절을 보자. "지주의 이해관계는 항상 소비자 및 제조업자의 이해관계와 반대된다."[62] 그의 책 대부분은 이러한 갈등의 근저를 이루는 요인에 대한 분석으로 이루어져 있다.

애덤 스미스의 역사 이론은 자본주의에서 멈춘다. 스미스는 자본주의가 사회적 진화에서 달성할 수 있는 최고의 단계라고 생각했기 때문이다. 이 때문에 스미스는 자본주의 사회에서 지배적인 소유관계와 부의 분배를 주어지고 고정된 것으로 받아들이는 경향을 보였다. 그리고 이렇게 계급적 차이를 주어지고 고정된 것으로 받아들일 때만 스미스는 보이지 않는 손의 자애로움과 유익함을 주장할 수 있었다. 자본주의를 이해하는 리카도의 접근법은 스미스보다 훨씬 더 역사적 성격이 결여되어 있었다. 리카도는 자본주의의 소유관계, 부와 권력의 분배, 계급 관계를 초역사적이며 변화하지 않는 자연적인 것이라고 여겼다. 노동가치론은 갈등에 초점을 두는 관점에서 사회를 바라보며, 이는 리카도의 《원리》에서 명확하게 드러난다. 하지만 갈등은 곧 변화를 함축한다. 그리고 변화는 봉건제나 자본주의와 같은 사회경제 시스템이 태어나고 성장하여 사멸하는 스스로의 과정을 가지고 있다는 사실을 함축한다. 노동가치론의 관점에서 도출될 수밖에 없는 바로 이 부분을 리카도는 한사코 부인하고자 했다. 그의 생각을 가장 명쾌하게 밝혀주는 구절을 보자.

> 명심해야 할 점은 … 사회에서 퇴행적 상태는 항상 비자연적인 상태라는 것이다. 사람은 어린이에서 어른으로 자라고 그다음엔 약해지다가 죽는다. 하지만 나라의 진보는 이와 같지 않다. 나라가 최고의 강건한 상태에 도달했을 때 물론 더 이상의 진보가 가로막힐 수도 있지만, 보다 자연적인 경향은 여러 시대에 걸쳐서 부와 인구가 줄지 않은 상태로 계속 유지되는 것이다.[63]

이러한 몰역사적인 관점의 맥락에서 본다면, 리카도가 '향유의 총량'을 증가시키기 위해 부, 특권, 또는 권력의 분배에 변화를 주는 정책은 고려하지 않는다는 점도 쉽게 이해할 수 있다. 이러한 것의 분배 상태를 자연적 또는 영구적인 것으로 받아들이면, 일반적으로 구매력을 가진 이들의 향유를 전체 사회의 후생과 동일한 것으로 여기게 된다. 이로부터 자유 시장은 모든 이들의 후생을 극대화하는 보이지 않는 손으로 작동한다는 믿음이 거의 언제나 뒤따른다. 그리하여 리카도는 자유무역을 다음과 같이 변호했다.

> 완벽하게 자유로운 상업 시스템에서는 모든 나라가 자연적으로 스스로에게 가장 큰 혜택을 주는 향유에 자본과 노동을 바친다. 이렇게 각자가 스스로의 이익을 추구하는 것은 전체의 보편적 선과 경탄할 만하게 연관되어 있다. 이는 근면을 장려하고, 창의성에 보상을 주며, 자연이 부여한 특별한 힘을 가장 효과적인 방식으로 사용하는 것을 통하여 노동을 가장 효과적이며 경제적으로 분배한다. 그와 동시에 이는 생산의 전반적 양을 증대시킴으로써 문명화된 세계의 모든 나라에 전반적 혜택을 확산시키고 또 공통의 이해관계와 상호작용이라는 단일한 유대를 통해 하나로 묶어주기까지 한다.[64]

이 보이지 않는 손은 지역적 차원에서, 일국적 차원에서, 국제적 차원에서 작동하여 모든 사람의 이해관계가 조화를 이룬다는 것이다.

하지만 자본가의 이해관계를 옹호하고자 했던 리카도의 의도에 가장 잘 부합한 것은 역시 노동가치론이라는 관점을 택한 것이었다. 따라서 그의 저작은 자본주의가 창출하는 것이 과연 이해관계의 조화인가 아니면 갈등인가라는 문제에 관해서는 모순을 담고 있는데, 이는 필연적이다. 우리는 보이지 않는 손이 작동하지 않는 예 하나를 이미 만났다. "교역에서의 거래는 파는 쪽이나 사는 쪽이나 똑같이 이익을 본다고 말할 수 있지만, 지주와 공공 사이의 거래는 성격이 다르다. 한쪽은 완전히 손해를 보고 다른 쪽은 순전히 이익만 보게 되어 있는 것이 이 둘 사이의 거래이다."[65] 마찬가지로,

국제무역을 논의함에 있어서도 현실의 강제력이 균형을 이루고 있는 것을 주어진 것으로 받아들이지 않게 되는 순간 결과는 조화가 아니라 갈등이라는 사실이 리카도에게도 명백해진다. 예를 들어 다음과 같은 점은 그에게 분명한 사실이었다.

> 자신이 소유한 식민지에 제약을 가함으로써 … 본국은 … 혜택을 볼 때도 있다. 만약 영국이 프랑스의 식민지라고 가정한다면, 영국이 곡물, 옷감, 그 밖의 모든 상품을 수출할 때마다 거액의 공물을 바치도록 함으로써 프랑스가 이익을 볼 것이라는 점을 … 누가 의심하겠는가?[66]

다시 네 쪽 뒤에서 그는 이렇게 말한다. "따라서 식민지와의 무역은 완벽한 자유무역이 아니라 식민지보다는 본국에 더 많은 이익을 주도록 규제되고 있음은 명백하다."[67]

리카도는 자유무역을 강제력으로 제한을 가하게 되면 식민지의 희생으로 본국이 이익을 볼 수 있다는 것을 증명하기 위해 여러 주장을 펼치지만, 그 모든 주장은 마찬가지로 자본가와 노동자의 관계 또한 노동자를 희생시켜 자본가가 이득을 볼 수 있도록 강제적인 제한을 통해 규제될 수 있음을 쉽게 증명하는 것이다(또는 리카도 시대에 발흥하고 있던 노동운동의 많은 지도자가 희망했던 것처럼 그 반대 방향으로 규제를 가하는 것도 가능하다).

"시민 정부는 재산의 안전을 보장하기 위해 제도화된 것으로서, 현실적으로는 빈자에 맞서서 부자를 지켜주기 위해 제도화된 것, 즉 일정한 재산을 가진 이들을 아무 재산도 없는 이들에 맞서서 지켜주기 위해 제도화된 것"[68]이라고 말했던 애덤 스미스의 주장을 생각해볼 때, 스미스나 리카도나 자본가가 바로 이러한 방식으로 정부를 이용하지 않을 것이라고 증명할 책임이 있다. 만약 그것을 증명하지 못한다면, 시장의 보이지 않는 손이 모든 것을 조화롭게 할 것이라는 주장은 시장 그리고 자본주의 시스템에서 나오는 모든 결과를 단순히 정당화하는 논리로 이용될 수밖에 없을 것이다.

스미스와 리카도의 교조의 중심에는 이러한 모순이 있는데, 이는 결국 그들의 교조를 두 갈래로 찢어 적대적인 두 학파가 생겨나게 된다. 다음 장에서 우리는 제러미 벤담, J. B. 세, 나소 시니어의 저작을 검토할 것이다. 이들은 스미스와 리카도의 교조에 깃들어 있는 노동이라는 관점을 제거하고 그 대신 효용이라는 관점을 채워넣는 사상 발전의 과정을 시작한 선조들이라 할 만하다. 그리고 7장에서는 노동가치론에 함축된 논리를 극단까지 밀어붙이려고 했던 윌리엄 톰프슨과 토머스 호지스킨의 저작을 논의할 것이다.

주

1. David Ricardo, *The Principles of Political Economy and Taxation*(London: Dent, 1962), p. 272. 이 저서는 경제 이론을 다룬 리카도의 가장 중요한 저작이다. 1817년에 처음으로 출간되었고, 1819년에는 2판이 1821년에는 3판이 출간되었다. 내가 인용하고 있는 판본은 3판을 다시 출간한 것이다.

2. Ibid., p. 1

3. Maurice Dobb, *Theories of Value and Distribution since Adam Smith* (Cambridge, UK: Cambridge University Press, 1973), pp. 67-69. 이 장의 많은 부분은 돕의 이 뛰어난 저서에 크게 의존하고 있다. 노동가치론과 효용가치론 각각의 옹호자들 사이에 계속되고 있는 논쟁에서 이데올로기적 문제들뿐만 아니라 개념적, 분석적 문제들에 대해서도 이해하고 싶다면 나는 돕의 이 책이야말로 최고의 자원이 될 것이라고 생각한다.

4. Ricardo, *Principles*, p. 33.

5. Ibid., pp. 35-36.

6. Ibid., p. 48

7. Dobb, *Theories of Value and Distribution*, p. 70.

8. Ibid., p. 72에서 재인용.

9. Ibid., p. 71.에서 재인용.

10. Ibid., p. 74에서 재인용.

11. Ricardo, *Principles*, p. 5.

12. Ibid., p. 6.

13. Ibid.

14. Ibid., p. 1.

15. Ibid., p. 95.

16. Ibid., p. 7.

17. Ibid.

18. Ibid.

19. Ibid., p. 12.

20. Ibid.

21. Ibid.

22. Ibid., p. 191.

23. Ibid., p. 6.

24. Ibid., pp. 14-15.

25. Ibid., p. 53.

26. Ibid., p. 13.

27. Ibid., pp. 13-14.

28. Ibid., p. 18.

29. Ibid.

30. Ibid., p. 24.

31. 하지만 이 문제는 여기에서 우리가 논의한 것 이상으로 복잡한 문제이다. 오늘날 리카도를 계승한 그의 제자 한 사람이 1960년 대단히 중요한 책을 출간했다. 여기서 그는 두 개의 생산과정을 비교하면서, 일정한 임금률(또는 이윤율)의 범위에서는 한쪽이 노동자 1인당 자본의 가치가 더 높게 되지만, 임금률(또는 이윤율)의 범위가 달라지게 되면 다른 쪽 생산과정에서 노동자 1인당 자본 가치가 더 높아지는 식으로 날짜 붙은 노동 투입의 패턴이 생겨날 수 있다는 점을 증명했다. Piero Sraffa, *The Production of Commodities by Means of Commodities* (Cambridge, UK : Cambridge University Press, 1960), pp. 1-95. 우리는 이 책 16장에서 스라파의 저서가 가져온 중요한 결과 몇 가지를 논의할 것이다.

32. Dobb, *Theories of Value and Distribution*, p. 74.

33. Ricardo, *Principles*, pp. 75-76.

34. Ibid., pp. 22-23.

35. Ibid., pp. 23, 26.

36. Ibid., pp. 27.

37. Ibid., pp. 28.

38. Ibid., pp. 27-30.

39. Ibid., p. 71.

40. Ibid., p. 64.

41. Ibid., p. 25.

42. Ibid., pp. 22-23.

43. Ibid., pp. 26-27.

44. Ibid., pp. 64-65.

45. Ibid., pp. 72-73.

46. Ibid., p. 64.

47. Ibid., p. 71.

48. Ibid., p. 76.

49. Ibid., p. 225.

50. Ibid., pp. 192-93.

51. Ibid., p. 194.

52. Ibid., p. 175.

53. Ibid., p. 26.
54. Ibid., pp. 263–64.
55. Ibid., p. 264.
56. Ibid., p. 266.
57. Ibid., p. 267.
58. Ibid.
59. Ibid., p. 61.
60. Ibid., p. 77.
61. Ibid., p. 68.
62. Ibid., p. 225.
63. Ibid., p. 177.
64. Ibid., p. 81.
65. Ibid., p. 225.
66. Ibid., p. 227.
67. Ibid., p. 231.
68. Adam Smith, *An Inquiry into the Nature and Causes of the Wealth of Nations* (New York: Modern Library, 1937), p. 674.

6
합리주의적 주관주의:
벤담, 세, 시니어의 경제학

1장에서 보았듯이 자본주의적 상품 생산에는 반드시 일정한 사회경제적 제도, 인간의 행동 양식, 그리고 인간이 타인 나아가 스스로를 어떻게 생각하는가 등이 함축되어 있다. 이윤에 대한 갈망은 결코 만족을 모르며, 이는 광범위한 노동 분업과 생산의 전문화를 낳는다. 전문화는 곧 사회적인 상호의존의 증대를 의미한다. 하지만 이렇게 증대된 상호의존은 인격체로서의 인간들끼리 서로 맺는 의존 관계로서가 아니라 따로따로 떨어진 개인들이 시장이라는 비인격적인 사회적 제도에 의존하는 것으로서 경험된다. 시장을 지배하고 통제하는 이들의 행동 동기는 이윤의 획득이다. 비록 자본가는 집단으로서는 시장을 지배하고 통제하지만 자신들 집단의 그러한 지배력과 통제력을 개인적으로 또는 주관적으로 경험하거나 느끼지는 못한다. 이 개별 자본가는 이윤을 놓고 서로 격렬한 경쟁적 투쟁을 벌이며 이 경쟁을 스스로 거의 또는 전혀 통제할 수 없는 몰인격적인 사회적 힘으로서 경험하게 될 뿐이다. 시장 경쟁에서 작동하는 힘은 모든 면에서 자연의 법칙과 유사한, 자연적이고 영구불변의 법칙으로 여겨진다.

효용가치론의 전제와 사회적 기원

이러한 경쟁이라는 과정이 인간에게 끼치는 몇 가지 결과가 있다. 이러한 결과는 알고 보면 자본주의라는 생산양식에 고유한 독특한 결실들이지만, 이것들은 마치 시대와 장소를 초월하여 항상 존재하는 보편적인 인간적 조건인 양 인식되는 때가 아주 많았다. 앞의 세 장에 걸쳐서 우리는 자본주의 경제를 분석함에 있어서 노동가치론은 생산의 관점에 서 있으며, 효용가치론은 시장이라는 관점에 서 있다는 차이점을 강조한 바 있다. 효용가치론의 지적인 기초는 두 가지이다. (1) 자본주의 생산양식이 만들어내는 이러한 독특한 인간적 조건을 정신에 반영하여, (2) 그 조건을 모든 사회의 모든 인간에게 속속들이 배어 있는 영구불변의 자연적 특징으로서 보편적으로 투사하거나 일반화하는 것이다. 우리는 특히 자본주의의 다섯 가지 중요한 특징을 논의할 것이며, 효용가치론의 전통에 있는 이들이 이 다섯 가지를 어떤 식으로 생각했는지를 살펴볼 것이다.

첫째, 자본주의에서는 노동자는 각각의 업무에 특화되어 있으며 생산자는 서로 고립되어 있다. 이로 인해 개인들은 자신들이 서로 연결되고 의존하는 사회경제적 전체의 구성 요소라는 점을 보지 못하고, 시장이라는 몰인격적인 불변의 힘 앞에서 자신의 생존을 꾀하는 고립되고 독자적인 원자적 단위라고 본다. 인간적 측면에서 보자면 개인들은 상당한 정도로 고립되어 고독감을 느끼는 소외된 상태에 있다. 하지만 다른 개인들을 자신과 통합적으로 연결되어 공동의 인간성을 서로 공유하는 사람들이라고 보지 못하며, 그저 시장의 몰인격적인 힘이 눈앞에 모습을 드러내는 무수한 측면, 단면 또는 화신으로만 본다.

이리하여 각각의 개인은 근본적으로 이기주의자로 보이고, 다른 모든 이들과 자연적으로 적대 행위와 싸움을 벌이는 존재로 보인다. 이러한 새로운 인간관을 가장 명쾌하게 드러낸 것이 토머스 홉스의 저작이다. 홉스는 영국에서 자본주의적 관계가 점차 지배적인 인간 관계의 형태로 인식되던 시절에 살았던 사람이었다. 1651년 그가 출간한 《리바이어던》은 당시 이미 널리 퍼져 있던 견해 하나를 예리하고도 명확한 모습으로 제시했다. 개별 생명체(즉 개인)는 자신의 '생명 활동vital motion'을 증진시키는 모든 것에 대해 이기적 욕망을 갖고 있으며, 모든 인간 행동의 동기는 바로 이러한 이기적 욕망에서 나온다는 것이었다. 그는 모든 인간의 행동 동기, 심지어 자비심마저도 자기 이익이 이리저리 분장하여 여러 모습을 취하는 형태일 뿐이라고 생각했다. "다른 이의 불행에 대한 슬픔을 동정심이라고 하는데, 이는 그와 같은 불행이 자기 스스로에게 닥쳤을 경우를 상상하는 데서 생겨나는 것이며, 따라서 … 자비심compassion이라 부르고 … 동료적 감정이라고 부른다."[1]

사회가 제약을 가하지 않는 상태라면 이러한 인간의 선천적 이기주의는 전쟁 상태로 치달아 모든 이들이 모든 이들과 적대적 위치에 서게 되는 것을 피할 길이 없으며, 이것이 "자연 상태"라고 홉스는 생각했다. 이러한 "자연 상태"에서는 모든 이들의 삶이 "고독하고, 빈곤하며, 혐오스럽고, 야만적이며, 수명이 오래가지 못한다". 이 짐승 같은 상태에서 빠져나오는 유일한 길은 절대적 권력을 확립하는 것이다. 즉 중앙 집권 정부를 세워 여기에 모든 이들이 복종하면 그 대가로 정부는 그들을 다른 모든 이들로부터 보호해준다는 것이다.[2]

홉스가 살았던 시기는 아직 자본주의의 특징이 중세적 사회질서의 특징과 뒤섞여 있던 때였다. 따라서 홉스는 사람들 사이에 이 짐승 같은 갈등이 벌어지는 것을 회피하는 수단으로서 절대군주에 대한 복종을 옹호했던 것이다. 하지만 그보다 나중이 되면 홉스와 똑같은 인간 본성론을 가진 이들이 인간 본성에 자리잡은 경쟁심과 전투성에서 비롯되는 갈등을 화해시킬 방법으로서 시장에 내재한 '보이지 않는 손'을 옹호하게 된다.

둘째, 인간 본성이 경쟁적이며 이기적이라는 것을 받아들인 효용가치론 전통의 사상가들은 인간 행동 동기의 기초 또는 본질적 원천에 대해 어떻게 생각했을까? 이들은 점차 인간의 모든 행동 동기를 쾌락을 얻고 고통을 피하려는 욕망에서 나오는 것으로 보게 되었다. 이러한 믿음은 오늘날 공리주의utilitarianism라고 불리며, 근대 신고전파 경제학과 효용가치론의 철학적 기초가 되고 있다.* (하지만 20세기 그리고 오늘날까지도 신고전파 경제학자들은 자신들 이론의 기초가 공리주의라는 사실을 감추기 위해 상당히 주의를 기울이고 있다. 앞으로 이를 논의하게 될 것이다.) 공리주의에 대한 가장 명료하고도 고전적인 정식화는 제러미 벤담의 저작에 나오고 있는데, 아래에서 이를 살펴볼 것이다.

셋째, 경제활동의 특화와 전문화가 진행됨에 따라 개인이든 사회 전체이든 필연적으로 시장의 성공적 작동에 전적으로 의존하게 되었다. 한 가지 작업에 특화된 개별 생산자는 자신의 상품을 화폐로 팔아 여러 상품을 구매해야만 살 수 있으며, 그 여러 상품 각각의 생산자도 모두 마찬가지이다. 따라서 비교적 자유롭게 기능하는 시장이란 과거에 존재했던 생산양식이나 앞으로 다가올 미래의 생산양식에서는 어떨지 몰라도 최소한 자본주의 생산양식이 작동하는 데서는 반드시 있어야 할 일부분이다.

하지만 효용가치론 경제학의 전통에 있는 대부분 경제학자들은 자본주의적 생산양식이라는 것을 항상 당연한 것으로 받아들인다. 따라서 이들

---

* 공리주의라는 말의 utility가 효용가치론utility theory of value의 '효용'을 의미한다는 점에 주목하라. 공리주의란 인간 세상의 만사만물을 그 실제적인 쓸모utility에 따라 재평가한다는 점에서 벤담과 그 추종자들의 사상은 철학적 급진주의philosophical radicalism라고 불리기도 한다.

은 시장의 가치를 평가할 때, 시장을 포함하는 훨씬 더 큰 범주인 자본주의적 생산양식 전체를 평가할 필요를 전혀 느끼지 못한다. 이들은 자본주의를 자연적이고 영구적인 것으로 받아들인 상태에서 그저 시장이 잘 작동하면 모든 사람들이 얼마나 더 잘살게 되며 시장이 없는 사회에서는 모든 사람들이 얼마나 더 못살고 있는가에 깊은 감명을 받을 뿐이다. 이로써 시장은 보편적으로 언제 어디서나 혜택을 가져오는 사회제도라고 여기게 된다.

자본주의를 영원한 것으로 받아들이게 되면, 자본가만이 아니라 노동자 및 사회의 모든 이들도 시장으로부터 혜택을 본다는 것은 명백하다. 효용가치론 전통 내에서 이렇게 만인이 시장에 의존하고 있다는 생각은 항상 만인의 이익이 사회적으로 조화를 이루게 되어 있다는 생각의 기초가 되었다. 우리는 이미 스미스의 보이지 않는 손이라는 주장과 맬서스 및 리카도의 사상에서 이렇게 만인이 시장에 의존하는 것이 어떻게 지적으로 합리화되고 있는가를 보았다.

하지만 스미스와 리카도의 저작은 노동가치론의 접근법을 취하고 있다. 그리고 노동가치론에는 계급 갈등이라는 관점이 깔려 있기에, 여기에서 도출되는 결론은 사회적 조화라는 관점과 빈번하게 모순을 일으키곤 했다. 이 장에서 살펴볼 세 사람의 저술가는 모두 이 노동가치론—그에 따라오는 계급 갈등이라는 결론도—을 폐기하도록 만드는 데 큰 기여를 했다. 이들이 그 대신 선호했던 보수적 이론은 19세기 거의 전 기간에 걸쳐 정통 경제학의 지위를 차지했다. 이들의 영향력은 스미스와 리카도의 사상에 내재한 모순을 제거하고 정통 경제학을 본질적으로 사회적 조화의 이론으로 만드는 데 일조했다.

넷째, 생산에서의 작업 특화가 가능하기 위한 가장 중요한 전제 조건은 새롭고 더욱 복잡한 도구, 기계, 공장의 창출과 축적, 즉 한마디로 자본축적이다. 하지만 어떤 사회이든 생산수단의 생산과 축적이 이루어지려면 사회의 생산 역량의 상당한 부분이 식량, 주거, 의류, 기타 소비재의 생산이 아니라 생산 도구 및 기계의 생산에 바쳐져야 한다.

따라서 자본축적 또는 산업화에는, 소비재 가운데 생산될 수도 있었을 것들 일부를 포기하는 과정이 포함될 수밖에 없다. 이는 산업화가 이루어지는 곳에서는 어디서든 치러야만 할 필연적인 사회적 비용이다. 소수의 자본가 계급이 생산수단을 소유하고 통제하는 자본주의에서, 이는 곧 자본가계급의 소비를 지탱하면서 산업화에 필요한 자금까지도 융통할 수 있기 위해서는 임금에 대비해 이윤이 상대적으로 증가해야 한다는(달리 말하자면 임금이 이윤에 비해서 감소해야 한다는) 것을 뜻한다. 만약 이윤으로 자본축적의 자금을 댈 수 없다면 자본가계급은 생산수단에 대한 통제력을 잃게 될 것이며, 경제 시스템은 더 이상 자본주의 시스템이기를 멈추게 될 것이다. 따라서 자본주의적인 산업화란 본질적으로 이윤을 통하여 자본축적의 자금을 대는 것을 뜻할 수밖에 없다.

하지만 그래도 남는 문제가 있다. 산업화에 반드시 소비의 감소가 따를 수밖에 없다고 했을 때, 그 실질적인 사회적 비용을 자본가계급과 노동계급 중 어느 쪽이 치를 것인가의 문제가 그것이며, 이는 산업화 과정에서 이윤과 임금의 상대적인 크기가 어떻게 되느냐에 좌우된다. 자본주의의 실제 역사를 살펴보면 그 실질적인 사회적 비용은 대부분 노동계급 쪽이 치렀음이 분명히 드러난다. 경제사가들은 18세기 마지막 3분의 1의 기간 동안 영국에서 임금의 구매력이 줄어들었다는 것에 전반적으로 동의한다. 하지만 19세기의 전반부로 가면 임금의 구매력 변화와 방향을 놓고 논쟁의 여지가 있다. 어떤 역사가들은 실질임금(임금의 구매력)이 이 기간 동안 증가했다고 주장했고, 다른 역사가들은 감소했다고 주장했으며, 또 다른 역사가들은 변화가 없었다고 주장했다. 이렇게 역사적 증거가 모순적이라서 이 문제를 명쾌하게 답할 수는 없다. 하지만 설령 실질임금이 증가했다고 해도,

그 증가분이 같은 기간 동안의 생산 총량의 증가보다는 훨씬 더 적은 양이었음은 분명하다.

따라서 영국의 산업화 기간 전반에 걸쳐 이윤의 크기에 비하여 실질임금은 감소했다. 따라서 산업화에 따르는 실질적인 사회적 비용을 치른 쪽이 노동계급이라는 점은 분명한 사실이다. 그 결과 나타난 노동계급의 빈곤과 고통이 어떠한 것이었는지는 4장에서 짧게나마 기술했다.

하지만 만약 어떤 이론가가 자본주의 시스템을 당연한 것으로 받아들이고 시장에서 결정된 이윤 및 임금 수준을 자연적이고 정당한 것이라고 가정한다면, 산업화에 따르는 사회적 비용을 치르는 것이 마치 자본가인 것처럼 생각될 수밖에 없다. 임금과 이윤 사이의 소득분배가 애초에 어떻게 결정되는가를 따지지 않은 채 그저 자본축적의 자금이 이윤에서 나온다는 점만 본다면 이 현상이야말로 산업화의 사회적 비용을 치르는 쪽이 자본가라는 사실상의 증거라고 생각하게 될 것이다. 효용가치론과 사회적 조화의 전통에 서 있는 이론가들은 계급 간의 현존하는 소득분배를 언제나 당연한 것으로 받아들여 문제로 삼지 않았다. 따라서 이 장에서 곧 우리가 살펴볼 나소 시니어를 필두로 이들은 대체로 자본가가 치르는 희생에 근거하여 이윤을 도덕적으로 정당화하려고 시도했다.

다섯째, 자본주의적 시장 시스템이 발전함에 따라 자본가 사이의 경쟁 또한 점점 거세졌다. 이윤을 벌어들이는 일은 건성으로 느긋하게 목가적으로 할 수 있는 일이 결코 아니다. 각각의 자본가는 보다 저렴한 가격으로 시장을 공략하여 자신의 상품을 몰아내고 궁극적으로 자신을 경제적으로 파멸시키고자 안간힘을 쓰는 경쟁자들과 맞닥뜨리게 된다. 이 와중에서 이윤을 창출하려면 결국 원자재, 노동력(즉 노동할 수 있는 능력), 각종 생산 및 운송 비용, 시장에서의 판매 전망 등에 대해 일정하게 합리적으로 계산이 가능하며 또 예측이 가능한 통제력을 손에 쥐어야 한다. 복식부기, 복합적인 회계 시스템, 사유 재산의 균일하고 성문화된 법률, 계약 책임 그리고 각종 상법 등은 자본가가 생산과 교환의 과정에 대한 통제력을 추구하는 데 필수불가결한 것들로서, 모두 초기 자본주의 기간 동안에 생겨났다.

자본주의 시스템 내에서 자본가가 이렇게 행동하게 되는 것은 너무나 필연적이다. 그런데 효용가치론 전통의 이론가들은 이를 마치 시대와 장소를 초월하여 모든 인간의 의사결정 과정의 핵심인 양 보았다. 이들은 인간의 행동을 결코 단순히 습관, 변덕, 우연, 미신, 종교, 이타심 등에서 나오는 것으로 설명하지 않았고, 심지어 감정적이고 비합리적 동기조차도 인정하지 않았다. 이들은 모든 인간 행동이란 합리적이고도 계산된 결정에서 나온 결과라고 보았다. 어떤 특정 행동에서 나올 모든 편익(쾌락)의 무게를 잰다. 그리고 여기에서 그 행동에 따르는 모든 비용(고통)을 뺀다. 그렇게 하여 남는 쾌락의 잉여분을 극대화할 수 있는 행동이 무엇인지를 합리적으로 선택하는 일종의 회계사로 인간을 바라보게 된다. 그 결과 오늘날 미시경제학 이론을 가르치는 신고전파 경제학 교과서를 보면, 모든 인간 행동은 이윤 또는 효용을 극대화하기 위한 잘 계산된 합리적인 시도로 환원된다. 그리고 이윤 극대화는 단순한 효용 극대화의 간접적인 형태의 하나로 환원되는 때가 많다(앞으로 보겠으나 이 **효용**이라는 말 대신에 '선호 체계preference ordering' 와 같은 동의어를 쓸 때도 있다).

원자적 개인주의, 이기주의적 공리주의, 시장에 대한 의존, 이윤을 통한 산업화 자금의 융통, 계산적인 합리주의라는 다섯 가지의 측면이 19세기 말과 20세기에 효용과 사회적 조화를 말하는 신고전파 이론의 지적인 기초가 되었다. 훗날 경제학자들이 스미스와 리카도의 저작에서 아주 불편하게 동거하고 있던 노동가치론의 관점을 제거하고 사회적 조화와 시장의 사회적 혜택 등의 개념을 따로 떼어내고자 진력하며 내놓았던 생각들은 대부분 벤담, 세, 시니어의 생각을 가져온 것이었다.

효용에 대한 제러미 벤담의 사상

제러미 벤담Jeremy Bentham(1748~1832)은 저술가와 사회 이론가로서 60년 이상 활동했던 영국인으로서, 경제학의 여러 주제에 대해 수많은 신문 기사, 논고, 팸플릿 등을 집필했다.[3] 하지만 19세기 경제 이론에 가장 강력한 영향을 행사했던 그의 저작은 1780년에 출간된《도덕과 입법의 원리 서설 *An Introduction to the Principles of Morals and Legislation*》이며, 그로부터 대략 6년이 지나서야 벤담은 당면한 경제학 논쟁의 여러 쟁점에 주의를 돌리게 된다. 이《서설》은 온전한 성문 법전의 전체 서문의 일부로 쓰고자 했던 것이다. 비록 이 책은 직접 경제 이론을 다루지는 않지만, 공리주의 사회철학에 대한 상세한 언명을 담고 있으며, 이는 뒷날 19세기 말 수십 년 동안 신고전파 경제학의 철학적 기초가 된다.

《서설》의 1장은 다음과 같은 언명으로 시작된다.

> 자연은 인류를 두 명의 으뜸가는 주인의 통치 아래에 놓았으니, 이는 **고통**과 **쾌락**이다. 우리가 장차 무엇을 하게 될 것인가를 결정하는 것, 그리고 무엇을 마땅히 해야 하는가를 가르쳐주는 것도 이 둘이다. … 이 둘은 우리가 하는 모든 행동, 말, 생각에서 우리를 철저하게 통치한다. … **효용의 원리**는 바로 이렇게 우리가 이 둘에 복속되어 있음을 인정하며 이 사실을 〔사회 이론의〕 기초로 삼는다.[4]

이렇게 벤담은 시대와 장소를 초월하여 모든 인간 행동의 동기는 스스로의 효용을 극대화하고 싶은 욕망이라는 단 하나의 원리로 환원할 수 있다는 단언으로 자신의 저서를 시작한다.

효용이라는 말이 뜻하는 바는, 어떤 사물이든 그 속성 중 이익, 쾌락, 좋음, 행복 등(이것들은 모두 똑같은 것으로 귀결된다)을 산출하는 경향을 가진 속성을 일컬으며, (똑같은 것을 다시 한 번 말하는 것이지만) 어떤 집단의 이익을 고찰함에 있어서 그 집단에 해악, 고통, 나쁜 일, 불행 등이 벌어지지 않도록 막아주는 경향을 가진 속성을 일컫는다.[5]

이 여러 동기란 비록 형태는 다양하지만 모두 쾌락에 대한 욕망 그리고 고통에 대한 회피가 현실에 발현된 것에 불과하다는 게 벤담의 생각이었다. 벤담의 효용의 원리는 "모든 인간 행동은 쾌락을 극대화하고자 하는 욕망에서 나온다"는 말로 표현할 수 있을 것이다.

벤담은 이렇게 모든 인간 행동의 동기를 단일의 원리로 환원함으로써 인간의 후생 또는 행복을 다루는 과학을 건설할 열쇠를 자신이 발견했다고 생각했다. 이 과학은 수학으로 풀어낼 수 있을 뿐만 아니라 장차 물리학과 똑같은 수치적 정밀성을 가지고 작동할 수 있을 것이라고 그는 생각했다. "쾌락⋯ 그리고 고통의 회피가⋯ **목적**"이며, 그것들은 숫자로 수량화할 수 있으므로 우리가 "그것들의 **가치를**" 이해하는 것이 가능하다는 것이었다.[6]

벤담은 쾌락을 수량화할 수 있는 가능한 방법 하나를 제시한다.

개인은 쾌락과 고통의 가치를 고려하는데, 다수의 개인들에게 있어서 쾌락 또는 고통의 가치를 적게 또는 많게 평가하게 되는 것은 다음의 일곱 가지 조건에 따라서일 것이다.

1. 그 **강도**.
2. 그 **지속성**.
3. 그 **확실성** 또는 **불확실성**.
4. 그 **인접성** 또는 **원거리성**.

5. 그 **창조력**fecundity.

6. 그 **순도.**

7. 그 **범위**extent.[7]

그러고 나서 벤담은 이러한 조건 각각이 쾌락과 고통의 가치를 합리적으로 계산하는 데 어떻게 영향을 주는지를 논의한다.

벤담은 이렇게 인간을 계산에 근거하여 쾌락을 극대화하려는 존재로 보았을 뿐만 아니라 근본적으로 개인주의적인 존재로 보았다. "삶의 일반적 경향으로 보았을 때, 모든 인간들의 가슴 속에는 자기 스스로에 대한 이해와 관심이 그 밖의 모든 이해와 관심을 합친 것보다 더 우월하다. … 어떤 경우에도 자신을 우선으로 놓게 되어 있다."[8] 또한 인간은 본질적으로 게으른 존재라고 그는 생각했다. 땀을 흘린다든가 일을 한다든가 하는 것은 어떤 종류이든 고통스러운 일이라고 그는 보았다. 따라서 인간은 더 큰 쾌락의 약속 또는 더 큰 고통의 회피가 동기로 주어지지 않는 한 결코 일을 하지 않는다는 것이다. 그는 이렇게 주장한다. "**노동**labour이라는 말 자체만으로 인간에게 일으킬 수 있는 감정이란 반감, 오직 반감뿐이다. … **노동**이라는 말을 그 의미대로 쓴다면, **노동에 대한 사랑**이란 아예 성립이 될 수 없는 말이다."[9]

이러한 벤담의 사상 하나하나가 모두 뒷날 효용가치론이 발전하는 데 있어서 중요한 역할을 하게 된다. 효용을 교환가치와 체계적으로 연관시킬 수 있다는 생각을 애덤 스미스가 거부했음을 독자 여러분은 떠올리게 될 것이다. 비록 스미스, 리카도, 마르크스 모두 상품이 교환가치를 가지려면 사용가치도 가져야 한다는 것을 깨달았지만, 그렇다고 해서 상품의 사용가치를 조사함으로써 교환가치의 크기에 대한 과학적 설명을 찾아낼 수 있을 것이라고는 생각하지 않았다. 스미스는 아예 물과 다이아몬드의 예를 이용하여 그러한 체계적 연관이 존재하지 않는다는 것을 드러내기까지 했다. 이에 대해 뒷날의 효용가치론 신봉자들은 스미스의 예를 다음과 같은 논리로 다시 기각했다. 즉 상품의 교환가치를 결정하는 것은 스미스가 말하는 것처럼 상품의 **총효용**이 아니라 **한계효용**, 즉 그 상품의 적은 양을 늘렸을 때 그 증가분에서 생겨나는 추가적 효용이라는 것이다. 여기서 또다시 벤담은 뒷날의 효용가치론자들의 중요한 선구자가 된다.

> **부**와 **가치**라는 두 용어는 서로를 설명해준다. 어떤 물건이 일정량의 부를 구성하는 일부로 포함되려면 반드시 일정한 가치를 가져야만 한다. 그리고 부는 그 가치의 정도에 따라 측정된다.

> 모든 가치는 효용에 기초를 둔다. … 쓸모가 없는 것이라면 아무런 가치를 가질 수 없다.[10]

스미스와 리카도도 사용가치가 교환가치의 필요조건이라는 점에는 동의했을 것이다. 하지만 리카도가 주장했듯이, 가치를 노동이 창조하는 것이라고 본다면, 노동생산성의 증가가 개별 상품의 가치는 **낮추면서** 동시에 전체적인 부는 **증가**시킨다는 결론에 도달하게 된다. 반면 벤담은 "부는 그 가치의 정도로 측정된다"고 말하고 있다. 이 말은 효용가치론의 관점에서 나온 것이다. 노동가치론과는 달리 효용가치론의 관점에서 보자면 효용의 증대가 상품의 가치를 증대시킬 뿐만 아니라 이에 따라 그 소유자의 부 또한 증대시키는 것으로 파악하기 때문이다.

같은 글에서 조금 뒤에 벤담은 스미스의 물 - 다이아몬드의 예를 비판하면서 **한계효용**의 원리를 명시적으로 전개하는 주장에 아주 근접하고 있다. 이 한계효용의 원리야말로 뒷날 신고전파 경제학의 주춧돌이 된다.

사용에서의 가치는 교환에서의 가치의 기초이다. … 이러한 구별은 애덤 스미스에서 온 것이지만 스미스는 여기에 명확한 개념을 부여하지 않았다. …

스미스는 사용 목적에서는 큰 가치를 갖지만 교환 목적에서는 아무 가치도 없는 종류의 물건이 있다고 말했고, 그 예로서 물을 선택했다. 이 주장이 얼마나 잘못된 것인지는 런던의 경우 수도국 이사회The New River Board에 조회해보았더라면 또 스미스 스스로 목격했던 파리의 경우 집집마다 다니며 물을 파는 소매상을 기억했더라면 쉽게 알 수 있었을 것이다.

스미스는 교환 목적에서는 큰 가치를 갖지만 사용 목적에서는 아무 가치도 없는 종류의 물건의 한 예로서 **다이아몬드**를 들고 있다. 이 예도 물의 예와 마찬가지로 잘못된 것이다. …

다이아몬드의 [사용] 가치는 … 물의 사용가치처럼 본질적인 것도 불변의 것도 아니다. 하지만 그렇다고 해서 이것이 다이아몬드가 향유할 만한 쓸모가 있는지를 의심할 만한 이유가 되지는 못한다. …

물이 교환이라는 목적에서 아무 가치도 없어 보이는 이유는 그것이 사용의 목적에서도 똑같이 아무 가치도 없다는 데 있다. 만약 사람들이 스스로 필요한 양의 물을 이미 전부 얻은 상태라면 그것을 넘는 초과분의 물은 어떤 종류의 가치도 가질 수가 없다. 이는 포도주, 곡물, 그 밖의 어떤 다른 것에도 똑같이 적용된다. 인간이 전혀 노력을 기울이지 않고도 자연 상태 그대로 물을 얻을 수 있는 상태에서는 물이 풍족할 가능성이 더 높고 따라서 불필요한 것이 된다. 하지만 물이 포도주보다도 훨씬 뛰어난 교환가치를 가지게 되는 상황도 여럿 존재한다.[11]

이렇게 벤담은 뒷날 신고전파 경제학의 철학적 기초를 정식화했을 뿐만 아니라 한계효용과 가격의 관계에 대한 이론을 발전시키는 데도 대단히 가깝게 갔었다. 또 그의 사상이 발전해간 과정을 보면 정통파 효용가치론 경제학파에서 뒤에 나타나게 되는 중요한 분열이 이미 드러나고 있다. 벤담은 18세기에는 자유방임 정책의 열렬한 대변인이었으며, 자유 시장이야말로 상상할 수 있는 최상의 방법으로 사회에 혜택을 가져오도록 자원과 상품을 배분할 것이라고 믿어 의심치 않았다. 하지만 후기 저작에서는 자신의 태도를 근본적으로 바꾸었다.

사회 개혁가로서의 벤담

벤담은 초기 저작에서는 경쟁적인 자유 시장이야말로 생산 자원을 가장 생산적으로 쓰일 수 있는 산업에다 배분할 것이라는 스미스의 주장을 그대로 받아들인다. 따라서 벤담은 자유 시장에 대한 정부의 개입은 생산 수준을 낮추게 될 가능성이 아주 높다고 생각한다. 정부가 개입하면 아무리 잘한다고 해도 생산을 늘릴 가능성은 전혀 없다는 것이다. "따라서 통치자든 신민이든 어떤 규제나 어떤 노력을 들인다고 해도 일정한 기간 동안 생산되는 부의 양을 늘릴 수는 없다."[12]

또한 벤담은 이 초기 기간에는 자유 시장에서의 총공급이 항상 동일한 양의 총수요를 창출하게 되어 있다는 명제가 진리라고 생각했는데, 이는 맬서스 그리고 잘 알려지지 않은 소수의 저술가들을 제외하면 벤담 세대의 거의 모든 경제학자들이 진리라고 생각했던 것이기도 하다. 그러한 시장에서는 저축은 자동적으로 더 많은 자본으로 전환되어 더 많은 노동을 고용하게 되어 있으므로 불황이나 어떤 비자발적 실업도 존재할 필연성이 전혀 없다는 것이다. "돈을 저축한 이는 누구든 그에 비례하여 자본의 총량을 늘린다."[13]

하지만 1801년에 벤담은 경제에 대한 정부 개입에 대해 견해를 바꾼다.

나는 정부의 손에 대해 정서적인 것이든 무정부주의에 의한 것이든 어떤 공포도 갖고 있지 않다. 자연적 자유가 침해당한다고 외치거나, 이런저런 법률에 반대하는 주장을 펼치다가 결국 모든 법률을 부정하게 된다든가 하는 것은 애덤 스미스와 인간 제권리의 옹호자들*에게 맡겨두겠다(왜냐하면 여러 사상이 뒤섞이는 혼동 속에서 가장 선량한 신민들과 최악의 시민들이 동일한 지평 위에서 뒤섞이게 되어 있으니까). 정부의 간섭이 아주 최소한의 이익밖에는 낳지 못할 때가 많다는 것은 사실이지만, 그래도 나는 이를 흡족하게 바라본다.[14]

벤담에게는 견해를 이렇게 바꾸도록 재촉한 두 가지 주요한 관심사가 있었는데, 각각은 모두 뒷날 완전한 자유방임에 반대하는 중요한 논리를 제공하게 된다. 첫째, 벤담은 맬서스와 마찬가지로 저축이 반드시 신규 투자로 이어지는 게 아니라는 점을 알게 되었다. 이 경우 생산은 줄어들고 실업이 생기며 자유 시장이 공공에게 최상의 이익을 가져다주도록 작동하는 일은 벌어지지 않게 된다. "검소함의 습관이 사람들에게 늘어난다고 가정해 보라. 그 첫 번째 결과는 소비 지출의 감소가 될 것이다."[15] 그 궁극적인 효과는 저축이 어떻게 사용되는가에 따라 좌우된다. 그는 계속해서 주장한다. 화폐가 "유통에 투입되지 않는 대신 금고로 들어가서 무한정 거기 머문다"[16]고 생각해보라. 이 경우 저축은 가격 수준의 하락과 생산의 감소로 귀결될 것이며, 이윤도 감소하고 이에 따라 투자도 줄어들 것이다. 이런 경우 만약 정부가 유통되는 화폐의 양을 늘린다면, "이렇게 도입된 화폐는 … 부

● 프랑스혁명을 전후하여 나타난 토머스 페인Thomas Paine이나 메리 울스턴크래프트 Mary Wollstoncraft 등을 지칭하는 듯하다.

를 늘려주는 원천이 될 것이다".[17]

시장에 정부가 개입해야 할 두 번째 이유는 부와 소득의 큰 불평등이 사회에 끼치는 해로운 결과를 완화시켜야 하기 때문이다. 벤담은 사람이 돈을 많이 벌수록 돈을 향유할 능력의 여지가 줄어들게 된다고 생각했다. 오늘날의 효용가치론의 용어로 하자면, 벤담은 화폐의 한계효용이 감소한다고 생각했던 것이다. 따라서 다른 모든 조건이 동일하다면, 부자에게서 빈자로 화폐를 재분배하는 정부 조치는 사회의 효용 총량을 늘려주게 된다는 것이다.

> 예를 들어 한편에는 노동하는 이가 있는데, 그는 일생 내내 아주 기본적인 생필품 이외에는 거의 아무것도 없다. 다른 한편에는 이 나라의 가장 부유한 이가 있다. … [이 가장 부유한 이의 소득이] 그 노동자가 받는 것보다 5만 배 더 많다고 [가정해보라]. 이렇게 된다면 그 … [부자가] 마음속으로 느끼는 쾌락의 양이 당연히 그 노동자가 마음속으로 느끼는 쾌락의 양보다 크다는 것은 당연하다. 하지만 그 차이가 몇 배나 될까? 5만 배가 될까? 이는 누구나 분명코 너무 많다고 할 것이다. 그렇다면 1천 배? 1백 배? 10배? 5배? … 그 노동자의 다섯 배로 잡는다고 해도 이는 아주 크게 잡은 것이며 심지어 과도하다고 할 만한 것이다. 심지어 두 배조차도 후하게 잡았다 할 것이다.[18]

벤담은 결코 완전한 평등을 주장하지는 않았다. 그는 부와 소득을 재분배하면 그로 인해 생겨나는 좋은 결과가 해로운 결과보다 더 많아져서 후자를 상쇄하고도 남는 지점이 올 것이라고 생각했다. 특히 불평등 때문에 노동자가 일하고자 하는 동기 부여가 떨어지는 것은 각별히 해로운 일이라고 보았다. 이상적인 불평등의 정도는 "영국 식민지였던 미국에서 노예 소유가 존재하지 않는 주들에서 나타나는 정도의 불평등이다".[19] 오늘날의 독자들은 이 말을 들으면 벤담이 그저 최소한의 개혁 정도나 옹호했던 것으로 생각할 수도 있겠다. 하지만 벤담이 이 글을 썼을 당시에, 그가 말하고 있는 미국의 주들에서의 불평등의 정도는 영국에서의 불평등에 비해 상당히 적었다. 따라서 벤담이 제시한 기준은 정말로 대단히 급진적인 개혁을 의미했다.

이렇게 벤담의 생애를 보자면 초기의 극단적인 자유방임적 태도와 후기의 개혁주의적 태도 사이에 분열과 갈등이 존재한다. 이와 똑같은 분열이 뒤에 신고전파 전통에서도 나타나게 되는데, 그러한 분열이 형성되는 데 기초를 제공했던 것 또한 벤담의 공리주의 철학이었다.

더욱이 뒷날 신고전파적 접근에 만연하게 될 논리적 결함 하나가 벤담의 개혁주의적 기간에 이미 명확히 보이고 있다. 만약 부자에게서 빈자로 부와 소득을 재분배함으로써 전체 후생을 증대시키는 개혁의 주체가 정부라고 한다면, 이 정부는 스스로의 특수 이익이나 협소한 이익 따위를 전혀 갖지 않아야만 한다. 이러한 정부는 사회에 혜택을 가져다주는 공정한 기관으로서, 모든 개인들의 후생에 동등하게 관심을 가지고 있어야만 한다. 하지만 정부는 천사들로 이루어진 것도 또는 '철학자 군주'•로 이루어진 것도 아니다. 정부를 구성하는 것도 보통 사람들일 뿐이며, 이들도 '일반적인 인간 본성'에 따르는 이기적인 존재이며 스스로의 쾌락을 극대화하는 데 이해관계를 가진 이들에 불과하다. 입법자가 빈자의 이익을 증진시키는 데서 부자의 이익을 증진시키는 것보다 스스로 더 큰 물질적 이익을 얻게 될 것인가라고 질문을 던져보면, 공정하고도 불편부당한 정부라는 게 존재하며

• 플라톤은 그의 이상 국가를 제시하면서 우주와 인간에 대해 근본적인 깨달음을 얻은 철학자가 왕이 되어야 한다고 주장했다.

그것이 사회에 혜택이 될 개혁을 이룰 것이라는 벤담의 믿음에 어떤 난점
이 내재하고 있는지 명백해질 것이다.

효용, 생산, 소득분배에 대한 장바티스트 세의 견해

J. B. 세Jean-Baptiste Say(1767~1832)는 스스로를 애덤 스미스의 제자라
고 여겼다. 세는 자신은 그저 스미스의 아이디어를 체계화하고 스미스가 저
지른 사소한 실수를 교정한 것뿐이라고 주장했다. 하지만 그 사소한 실수
의 교정이 스미스의 가장 중요한 아이디어 몇 가지를 완전히 폐기해버렸을
뿐만 아니라, 결국은 스미스와 상당히 다른 경제 이론 전통의 초석을 닦고
말았다. 한 경제사상사가는 스미스에 대한 세의 관계를 이렇게 요약했다.
"세는 애덤 스미스의 이론을 질서정연하게 정돈했지만, 이는 세심한 아내
가 남편의 바지를 정리할 적에 아래 위를 뒤집어 주머니 속의 귀중품이 다
빠져나오도록 하는 것과 똑같은 방식이었다. 이런 방식을 거치면서 애덤 스
미스는 훨씬 더 안전한 사상가로 변했다. 그리하여 세는 스미스로부터 '위
험한 생각'을 완전히 '씻어냈다'."[20]
　세는 자신의 저서 《정치경제학 논고A Treatise on Political Economy》의
서론에서 스미스가 정치경제학에 기여한 여러 가지를 찬양했고, 그 결말 부
분에서 다음과 같은 구절로 끝을 맺는데, 이는 보통 세의 저작 대부분을 이
해하는 열쇠가 된다.

　　정치경제학이라는 과학이 스미스 박사에게 어떠한 개선을 빚지고 있는
　　가를 지금까지 보았으니 아마도 그가 실수를 저지른 논점 몇 가지를 지적
　　하는 것도 쓸모가 없지 않을 것이다. …

스미스는 오로지 인간의 노동만이 가치를 생산하는 힘을 가지고 있다고 주장했다. 이는 오류이다.[21]

어떤 상품이든 그 가격 또는 교환가치는 전적으로 그 사용가치, 즉 효용에 달려 있다고 세는 단언한다.

> 인류가 사물에 부여하는 가치는 인류가 그것들을 활용하는 쓸모에서 기인한다. … 어떤 사물은 인류의 다양한 욕구를 충족시킬 수 있는 내적인 적합성 또는 능력을 가지고 있으니, [여기에다가] 나는 효용이라는 이름을 붙이고자 한다. … 사물의 효용은 그 사물의 가치에 있어서 토대가 되며, 그 사물의 가치로 부가 구성된다. …
>
> 비록 사물의 가치를 재는 척도가 가격이며 그 사물의 가치가 그 효용의 척도이기는 하지만, 가격을 억지로 올리면 효용도 늘어날 것이라는 추론을 끌어낸다면 이는 어불성설이다. 교환가치, 즉 가격은 어떤 사물의 인정된 효용을 나타내는 지표인 것이다.[22]

세는 노동이 가치의 근원이라는 생각을 거부하면서 오로지 효용만이 가치를 창조한다고 주장했다. 이로써 그는 스미스와 리카도의 사상으로부터 극적인 이탈을 보였을 뿐만 아니라, 효용이라는 개념을 방법론적 접근법, 나아가 사회철학의 맥락 위에 올려놓았고, 이를 통해 나소 시니어와 더불어 19세기 말부터 오늘날까지 경제학을 지배해온 신고전파 전통의 가장 중요한 선구자임을 입증했다. 스미스와 리카도의 저작에서는 노동의 소득이 생산수단의 소유에서 생겨나는 소득과 근본적으로 다르다는 관점이 명확히 드러난다. 그들은 이러한 차이점의 원천이 어디에 있는가를 인식했기에 계급 갈등이 자본주의의 특징을 이룬다는 결론에 도달했다. 하지만 또 우리는 앞에서 스미스와 리카도가 교환의 관점 또는 효용의 관점에서 경제 이론에 접근하는 쪽으로 돌아설 때면 자유 시장 자본주의가 본질적으로 사회적 조화의 시스템이라는 결론으로 나아갔음을 살펴본 바 있다.

세는 생산이라는 관점 또는 노동가치론의 관점에서 경제 이론에 접근하는 것을 완전히 거부함으로써 이 딜레마를 해결했다. 그는 효용이라는 틀을 선택했고, 그 안에서 상이한 사회 계급의 소득 사이에 존재하는 이론적 구별을 완전히 지워버렸다. 세는 생산과정을 이해함에 있어서, 이를 자연의 원자재를 인간의 노력을 사용하여 쓸모 있는 재화로 전환시키는 일련의 과정으로 보는 대신, 생산과정 안에는 상이한 '생산적 인자productive agencies'가 존재하며 이들이 하나로 합쳐져서 재화를 생산하는 것이 생산과정의 본질이라고 단언했다. 이러한 생산적 인자가 궁극적으로 생산하는 것은 '효용'이며, 각각의 인자는 효용의 생산에 대해 똑같이 그 근원이 된다. 이 생산적 인자에는 "인간의 근면, 자본의 도움, 자연적 인자 및 속성의 도움" 등이 포함되며, 이것들이 합쳐졌을 때 "모든 종류의 효용"이 창출되는데, "이것이야말로 가치의 으뜸가는 원천"이라는 것이었다.[23] 달리 말하자면, 인간 노동의 **지출**을 한편으로 자본, 토지, 재산의 **소유권**을 다른 한편으로 하여 비교할 때, 양쪽은 효용의 창출이라는 관점에서 보면 아무런 질적 차이가 없다는 것이다.

세는 상품이 "얻기 위해서는 반드시 대가로 무언가를 내주어야 하기 때문에 가치를 부여받는"[24] 것이라고 주장함으로써, 노동하는 것과 소유하는 것 사이에 본질적인 유사성이 존재한다는 변론을 전개했다. 부를 구성하는 사물은 오로지 인간적 희생을 통해서만 얻을 수 있다. 그 상품을 생산한 노동자가 희생을 치렀다는 것은 자명하다. 세는 생산수단의 소유자 또한 그와 비슷한 희생을 치러 그 대가로 소득을 얻는 것임을 보여주고자 한 것이다. 그는 자본 소유권의 원천은 자본가의 검약에 있으며, 검약이야말로 노동하는 것이나 똑같은 희생을 내포하고 있다고 단언했다.

아마도 다음과 같은 사실은 거의 말할 필요조차 없을 것이다. 즉 인간의 근면이라고 불려왔으며, 또 자본이라는 일반적 명칭으로 구별되는 생산수단의 소유가 나머지 자연적 힘과 인자의 소유보다 훨씬 더 성스럽고 논쟁의 여지가 없다. 인간의 근면이라는 재능, 인간의 지성, 근육의 힘, 손재주 등은 인간에게 고유한 것이며 인간의 본성에 내재한 것이다. 그리고 자본, 즉 생산물의 축적은 단지 인간의 검약 그리고 소비의 재능을 행사하고 싶은 마음을 자제한 것의 결과물일 뿐이다. 만약 이 소비의 재능을 완전히 행사한다면 생산물은 만들어지자마자 모조리 사라지고 말 것이며 누구의 소유물로도 존재할 수 없게 될 것이다. 이렇게 볼 때, 이러한 자기 부정을 실행한 이들만이 그 결과물에 대한 권리를 가질 수 있다는 것은 당연히 정의로운 일이다. 검약은 생산물을 실제로 창출한 것과 아주 흡사한 행동으로서, 생산물에 대해 가장 의심의 여지없이 명백한 소유권을 부여한다.[25]

세는 먼저 이렇게 일하는 것과 자본을 소유하는 것이 서로 비슷한 희생을 내포하고 있기에 노동자와 자본가가 각자의 소득에 대해 갖는 도덕적 정당성도 비슷하다고 주장한다. 그리고 나서 세는 스미스가 소득분배와 상품 가치 사이에서 발견한 관계를 완전히 수정함으로써 신고전파의 분배 이론을 미리 보여준다. 스미스와 리카도는 상품의 가격이 임금률과 이윤율을 반영하며(비록 리카도에게 이 두 비율은 2차적 중요성만을 가진 것이었지만), 이 임금률과 이윤율 모두가 다른 사회적, 기술적 고려 사항(즉 노동자의 생계 수준과 노동의 총 생산성)에 의해 결정된다고 주장했던 반면, 세는 임금률과 이윤율을 결정하는 것은 노동과 자본 각각이 효용 창출에 기여한 상대적 비율이라고 주장했다.

생산물의 가치는 생산적 인자의 가치[즉 이윤율과 임금률]에 기초하지 않는다. 일부 경제학 저작의 저자들이 그렇다고 주장했지만 이는 잘못이다. … 어떤 사물에 대한 욕망은 그 효용에서 기인하며 결과적으로 그 가치 또한 그 효용에서 기인한다. 따라서 어떤 생산적 인자에게 가치를 부여하는 것은 그 생산적 인자가 효용을 창출할 수 있는 능력이며, 그 가치는 여러 인자가 협력하여 이루어지는 생산활동에서 그 인자가 차지하는 중요성에 비례한다.[26]

11장에서 보겠으나 이와 같은 소득분배 이론을 충분히 발전시켰던 이는 존 베이츠 클라크였는데, 이런 분배 이론은 중요한 이데올로기적 유용성이 있다. 모든 이들이 수취하는 소득의 크기는 사회 전체가 향유할 효용을 창출하는 데 있어서 얼마나 희생을 치렀는가라는 요소 하나만으로 결정된다는 생각을 퍼뜨려준다는 것이다. 이윤이나 임금이나 대가를 얻게 되는 이유는 양쪽 모두 대단히 흡사하다는 것이다. 그뿐만 아니라 각 개인이 사회로부터 수취하는 양은 오로지 그 스스로가 몸소 (또는 자신의 자본이) 사회의 후생에 얼마나 기여했는가만으로 결정된다는 생각은 자체에 이미 아주 중요한 사회적 정의의 의미가 내포되어 있다.

가치와 분배에 대한 이러한 효용가치론적 접근에서는 계급 갈등의 개념이 완전히 사라진다는 것이 놀랍지 않다. 세의 《논고》의 중심적 목적은 자본주의 경제의 자연적 결과가 계급 갈등이 아니라 사회적 조화임을 증명하는 것이었다. 일단 이 점만 사람들 사이에 널리 이해된다면, "사람들은 자신들의 진정한 이익이 무엇인지에 대해 더욱 계몽될 것이며 따라서 그것이 다른 이들의 이익과 다르지 않다는 것을 알 것이다".[27] 그리하여 정치경제학이 "부자와 빈자의 이익이 … 상반되는 것이 아니며 또 모든 사회집단 간의 대립이란 어리석은 것에 불과하다는 점을 … 입증"[28]한다는 것을 사람들이 깨닫게 만든다면, 정치경제학의 연구는 가장 큰 가치를 부여받을 것이라고 그는 생각했다.

세의 생각은 자본주의적 소유관계를 의문 없이 받아들이는 것에 기초하고 있다. 그는 재산 소유권이란 "성스럽고 논쟁의 여지가 없는 것"이라고 주장했으며, "실제의 소유주…또는 그 이전의 소유주가 소유권을 얻게 된 방법이 상속이었는가 폭력이었는가 또는 사기였는가는, 소유권으로부터 나온 생산물과 수입이 어떻게 생산되고 분배되는가의 문제와는 아무런 관련이 없다"[29]고 주장했다.

시장의 작동에 대한 세의 법칙

세의 저작에는 또 하나의 중요한 측면이 있다. 그것은 자유 시장은 항상 모든 자원—노동을 포함—이 완전히 사용되는 균형점, 즉 노동과 산업 생산 시설이 모두 완전고용 상태에 달하는 균형점에 이르도록 자동적으로 조정되게 되어 있다는 믿음이었다. 앞에서 보았듯이 비록 이렇게 자유롭고 경쟁적인 시장이 자동적으로 완전고용을 창출할 것이라고 주장했던 것은 스미스, 리카도, 벤담(초기 저작)이지만, 시장의 자동성에 대한 이러한 신념은 이후 '세의 법칙'이라고 알려지게 된다. 이 '법칙'을 거부한 이들도 있다. 맬서스, 벤담(후기 저작), 카를 마르크스, 존 메이너드 케인스 등이다.

세는 맬서스와 긴 서신 교환을 한 것으로 유명한데, 여기에서 세는 시장 전체가 공급과잉이나 불황에 시달려 비자발적 실업이 나타나는 일이란 결코 있을 수 없다는 자신의 믿음을 옹호했다. 그의 주장은 이러하다. 시장경제란 모든 생산자가 특정한 작업에 특화되어 각각의 생산물을 교환하는 경제이다. 화폐는 이 교환을 촉진하는 수단이라는 것 이외에는 아무런 내재적 중요성도 갖지 않는다. 따라서 세는 이렇게 주장한다. 어떤 사람이 다른 사람의 생산물을 원하여 그것과 교환할 무언가를 만들 필요성이 없다면 절대로 생산활동을 하려 들지 않을 것이다. 따라서 **공급은 그것과 똑같은 크기의 수요를 창출하게 되어 있다.** "생산은 생산의 출구를 열어준다"[30]고 그는 주장한다. 이것이 개별 생산자에게 타당한 것이라면 수요와 공급의 총계에 대해서도 타당해야 한다. 즉, 총공급은 총수요와 동일해야 한다.

　일부 상품이 **일시적으로** 공급과잉인 상태는 있을 수 있지만, 이는 아직 시장 균형이 달성되지 않았기 때문이라고 세는 주장한다. 각각의 장기적인 균형가격, 즉 생산비용에 견주어 어떤 가격은 너무 낮고 어떤 가격은 너무 높은 것이다. 이 경우 가격이 너무 높은 상품은 시장에서 판매되지 않아 과잉 상태가 될 것이며 또 동시에 가격이 너무 낮은 상품은 품귀 상태가 될 것이다. 하지만 모든 상품에 대한 수요와 공급을 더해보면 이렇게 상품마다 나타나는 과잉 상태와 품귀 상태는 서로를 완전히 상쇄할 것이다. 더욱이 가격이 너무 낮은 상태인 상품을 판매하는 자본가는 낮은 이윤을 얻을 것이며 가격이 너무 높은 상태인 상품을 판매하는 자본가는 높은 이윤을 얻을 것이다. 자본가는 이윤을 극대화하고 싶어 하므로 결국 가격이 낮은 산업의 자본가는 그 산업을 떠나 가격이 높은 산업으로 진입하게 될 것이다. 이렇게 자본가의 이동이 발생하면 두 가지 결과가 나온다. 첫째, 이는 가격을 바꾸어 너무 낮은 가격은 끌어올리며(왜냐면 생산량과 판매량도 줄어들게 될 것이며 구매자는 자기가 필요한 구매량을 확보하기 위해 가격을 높게 부를 테니까), 너무 높은 가격은 끌어내리게 될 것이다(왜냐면 생산량과 판매량이 늘어날 것이며 판매자는 이렇게 늘어난 생산물을 살 사람을 찾으려 애를 쓰다가 가격을 낮게 부르게 될 테니까). 둘째, 이렇게 되면 공급과잉인 상품의 생산량은 줄어들 것이며 또 품귀 상태인 상품의 생산량은 늘어날 것이다. 따라서 이 전체 과정을 보게 되면 총공급은 항상 총수요와 일치하게 되며, 개별 상품의 품귀나 과잉 상태는 가격 변화 그리고 이윤이 낮은 산업에서 높은 산업으로의 자본가의 이동을 통해 제거될 것이다.

세의 말을 빌리면,

> 만약 많은 종류의 재화에서 재고의 과잉이 발생한다면, 이는 다른 재화가 충분한 양으로 생산되지 않기 때문이다.[31]

> 생산비용보다 높은 가격으로 팔리는 상품은 다른 상품을 생산하는 생산자 일부를 그 [더 높은 가격의 상품] 생산으로 끌어들일 것이며, 이는 양쪽 상품 모두 생산의 서비스에 대한 지불이 동등하게 이루어질 때가 되어야 멈출 것이다.[32]

이는 총수요가 총공급과 일치하는 것을 보장할 뿐만 아니라 각각의 상품에 대한 수요와 공급이 같게 될 것을 보장한다. 따라서 시장에서 모든 상품의 공급과잉이 발생하는 일이란 **절대로 있을 수 없다**. 게다가 시장이 자유롭고 경쟁 상태에 있다면 일시적인 상품 과잉과 부족은 자동적으로 제거될 것이다. 이러한 결론으로 이루어지는 것이 바로 세의 법칙으로서, 이는 오늘날에도 여전히 다수의 경제학자와 정책 결정자가 받아들이고 있다.

나소 시니어의 사회적 지향성

나소 시니어 Nassau Senior(1790~1864)는 벤담 및 세와 마찬가지로 현대 신고전파 경제학의 중요한 선구자이다. 세와 마찬가지로 시니어 또한 그 이전의 고전파 경제학자들의 아이디어를 조심스레 선별하고 수정한 뒤 자신의 생각을 덧붙여서 19세기 자본주의의 현상유지를 정당화하는 일관된 논리 체계를 발전시켰다. 그중에서도 경제학 이론의 올바른 방법론은 무엇인가, 가치를 설명함에 있어서 효용의 위치는 무엇인가, 이윤과 지대를 지적으로나 도덕적으로 어떻게 정당화할 수 있는가 등은 뒷날 신고전파 전통에 그가 가장 큰 영향을 행사한 영역이다.

시니어는 사회적, 경제적, 정치적 문제에 강력한 관심을 가진 법조인이었다. 그는 휘그Whig당의 가장 저명한 성원들 다수와 긴밀한 친분 관계를 맺었고 사회적, 경제적 문제에 대해 휘그당의 전반적인 자문 역할을 맡았다. 1825년 그는 옥스퍼드 대학에 최초로 마련된 정치경제학 교수로 임명되었다. 그가 가장 일관되게 관심을 기울였던 사회적, 경제적 문제는 노동계급의 전반적 상태가 어떠한가 그리고 빈곤의 원인과 결과가 무엇인가였다. 그런데 노동계급과 빈곤에 대한 시니어의 생각은 1830년 극적인 변화를 겪는다. 그가 후대에 지적으로나 정치적으로 큰 영향력을 행사했던 것은 1830년 이후에 내놓은 사상이었다.

1830년 이전의 시니어는 노동계급의 빈곤에 대해 깊은 동정심과 호의적인 관심을 가진 정치적 보수주의자였다. 그의 《정치경제학 입문 강의 Introductory Lecture on Political Economy》는 1826년 출간되었고, 그의 《인구에 대한 두 개의 강의Two Lectures on Population》는 1828년 출간되었다. 이 초기 저작에서 시니어는 노동계급의 미래에 대해 낙관적 관점을 보이고 있다. 그는 맬서스의 인구론으로부터 노동자의 생활수준이 항상 생계 수준에 머물 것이라고 결론을 내리는 것이 불합리하다고 생각했다. 노동자의 도덕적 품성을 개선하게 되면 생산성 증대가 함께 따라오게 될 것이며, 그 결과 대부분의 노동자의 생활수준을 상승시킬 수 있다는 게 그의 생각이었다. 따라서 그는 가난한 이들의 지적, 도덕적 상태를 끌어올릴 수 있다고 믿는 노력에 대해 적극적인 지지를 보였고, 도덕 교육이야말로 빈곤을 제거할 수 있는 유일의 희망이라고 보았다. 하지만 1830년에 그의 관점은 돌변하게 된다.

1829년에서 1842년 사이에 영국은 오래 지속된 일련의 노동 분규를 겪었다. 산업화의 진행으로 영국의 노동계급은 거의 인간 이하의 착취와 추락을 겪게 된다. 1820년대와 1830년대에 노동계급은 마침내 반격을 시작한다. 1829년 이후에는 노동자 스스로를 조직하기 위한 노력이 대규모로 이루어졌고 이는 종종 가혹한 억압과 맞닥뜨렸다. 그 결과는 광범위한 파업, 폭동, 태업 등이었고, 이 모든 것을 보면서 시니어는 가슴 깊은 곳에서 겁에 질리게 된다. 특히 그의 관점을 바꾸는 데 중요했던 것은 "1830년의 무서운 가을, 영국 남부를 공포에 떨게 했던 방화 및 소요 사건"[33]이었다. 그리하여 시니어는 다음과 같이 확신하게 되었다. 구빈법 그리고 정부가 가난한 이들에게 나누어주는 실업 수당이야말로 빈곤의 으뜸가는 원인이며 영국 자본주의의 존속 자체를 크게 위협하는 것이라고.

1830년 출간된 《임금률에 대한 세 개의 강의*Three Lectures on the Rate of Wages*》 원고는 그해 초에 집필된 것이었다. 하지만 저 '1830년의 무서운 가을'을 겪은 뒤 시니어는 여기에 '현재 혼란의 원인과 해결책'이라는 제목의 서문을 추가했다. 이 서문에서 그는 자본가가 "노동자를 부양할 기금"[34](이러한 생각은 이후 경제학 문헌에서 '임금기금설wages fund doctrine'로 알려지게 된다)을 가지고 있다고 주장했다. 시니어는 이 기금의 크기는 순전히 노동생산성에 의해 결정된다고 단언했다. 따라서 노동자의 생활수준을 개선하는 데는 노동자의 생산성을 증가시키든가 아니면 임금기금을 분배받는 노동자의 숫자를 감소시키든가 두 가지 방법이 있을 뿐이다. 그리고 노동생산성을 높이는 길은 두 가지가 있다고 그는 말한다. 첫째, 자유로운 상업과 자본축적을 가로막는 모든 제약을 제거할 것. 둘째, "임금을 주인과 노동자 사이의 계약의 문제가 아니라 한쪽에는 권리로 다른 쪽에는 세금으로 만들어버린"[35] 구빈법을 철폐할 것.

이 서문에서 시니어의 걱정거리는 더 이상 빈곤으로 야기되는 비참이 아니라 "파업, 폭력, 단결체[즉 노동조합]에 의지하는 시건방진 노동계급의 위협"이라는 것이 분명했다. 이는 "부의 기초를 위협할 뿐만 아니라 사회의 존속 자체를 위협한다"[36]는 것이다. 시니어의 눈에 들어온 큰 위협은, 노동조합의 투쟁 때문에 임금에 대한 잘못된 생각, 즉 임금이 수요와 공급의 힘의 자유로운 작동을 반영하는 것이 아니라 각각의 노동자가 거느린 가족 성원의 필요욕구를 반영해야 한다는 생각이 계속 유지되고 확산되는 데 있었다. 구빈법은 실업자와 궁핍한 이를 위한 가족 수당 시스템에 기초한 것이었다. 이런 식의 법률은 노동자의 노동 동기를 소멸시키는 문제가 있다고 시니어는 생각했다. 그뿐만 아니라 노동자에게 일자리를 찾지 못하거나 심지어 찾지 않는다고 해도 자신의 가족은 생존할 권리가 있다는 시건방진 태도를 낳는다는 것이었다. 이 때문에 자본가와 노동자 사이에 '비자연적' 관계가 생겨난다. 자본가와 노동자의 관계가 '자연적 상태'에 있다면,

[노동자는] 궁핍에 처했을 때 … 스스로 더 많이 땀 흘리고 더 엄혹하게 허리띠를 졸라매야 한다. 그리고 그렇게 해서도 얻지 못한 것을 만약 인정 많은 이들이 베풀어준다면 이에 감사할 줄도 알게 된다. 이 상황에서는 노동자와 노동자의 주인 사이의 결연이 자발적인 연합의 친절함을 가지게 되며, 또 양쪽 모두 이 결연에서 오는 혜택을 깨닫고 있으며, 또 각자 자신의 행복이 다른 쪽의 행복에 달려 있다는 느낌을 갖게 된다. 하지만 임금이 더 이상 쌍방의 협상 결과로 결정되지 않는다면, 즉 노동자가 그 자신의 **가치**에 따라서가 아니라 자신의 **욕구**에 따라 임금을 지불받게 되면 그 순간 노동자는 더 이상 자유로운 인간이 아니게 된다. 이제 노동자는 나태함, 낭비가 심한 생활, 탐욕, 악의로 가득 차게 되며 종으로서의 복종심은 사라지게

된다. 그는 자신이 임금을 받을 권리가 있다는 이야기를 주워들은 것이다. … 하지만 노동자 스스로가 생각하는 자신의 권리라는 것은 그 자신이 멋대로 품는 소망에 따라 무제한으로 마구 늘어날 것은 분명하며, 그가 품는 소망이라는 것 또한 충족될 전망이 늘어날수록 끝없이 불어날 것이라는 점도 의심의 여지가 없다. 지금 노동자의 위협의 물결은 어느 정도 물러난 상태라서 최악의 홍수로 터지는 일까지는 벌어지지 않았다. 하지만 그렇다고 해서 물결이 썰물로 일시적으로 물러난 것을 영구적으로 물러난 것으로 착각한다면 이는 무서운 잘못이다. 이미 파도를 막는 방파제에는 균열이 생긴 상태이며, 물결이 새로 일어날 때마다 파도는 더 높고 더 넓게 퍼져나갈 것이다. 지금 우리가 겪고 있는 것은 앞으로 다가올 것으로 기대되는 것에 비하면 실로 아무것도 아니다.[37]

시니어는 주장한다. 가난한 이의 분노, 교만, 광란이 억제되지 않고 터져 나오면 종국에는 "지대, 십일조, 이윤, 자본은 이들이 먹어치워 모두 사라질 것이며, 궁핍 상태의 자연적 결과라고 할 수 있는(왜냐면 그것을 그대로 방치하면 궁극적으로 나타나게 될 결과이니까) 기근, 돌림병, 내란 등이 생겨날 것이다".[38]

이 시대에는 급진파와 사회주의자의 사상이 급속하게 퍼져나가고 있었다. 토머스 호지스킨과 윌리엄 톰프슨은 1820년대에 저술된 저서에서 이윤이란 일반적으로 노동자를 강제로 수탈한 불로소득이라고 주장했다.[39] 로버트 오언의 사회주의 교리 또한 급속하게 영향력을 확장하고 있었다. 시니어는 사회주의 사상을 실로 유감스럽게 여겼고, 불평등을 낳는 조건을 개선할 수 있다는 믿음은 잘못된 것이라고 주장했다. 이러한 잘못된 믿음을 그는 '가난한 자의 정치경제학'이라고 불렀으며, 이런 사상은 교육받지 못한 자들에게는 자연스럽게 호소력을 갖게 마련이라고 주장했다. 평등이란 극심한 불행을 가져올 뿐이라고 그는 주장했다. 왜냐면 "비록 인간의 제도는 만인을 가난하게 만들 힘은 있지만 만인을 부자로 만들 수는 없으며, … 인간의 제도는 불행을 확산시킬 수는 있지만 행복을 확산시킬 수는 없는"[40] 것이기 때문이라고 한다.

시니어는 교육받고 학식 있는 이라면 누구든 사회주의 사상이 백해무익할 뿐만 아니라 큰 위험이라는 점을 이해할 것이라고 생각했다. 사회주의 사상의 해악을 논하면서 그는 이렇게 썼다.

> 철학자 사이에서는 … [사회주의 사상이 백해무익하다는 점에 대한 이해는] 확신이며, 상류 및 중류계급은 … [그것은] 부분적으로 자신들의 명백한 이해관계에 기초한 편견을 갖게 마련이다. 하지만 하층계급의 명백한 이해관계는 정반대이다. 이들은 인생이라는 복권 게임의 상금 액수와 가치를 크게 잘못 계산한다. 그래서 자신들이 뽑은 제비는 거의 꽝에 가까운 것이라고 생각하면서, 높은 상금을 받게 되어 있는 제비를 없애면 만인이 골고루 100파운드짜리 대박을 얻을 수 있을 것이라고 떠드는 자들을 믿어버린다.
>
> 이런 것이 가난한 자의 정치경제학이므로 가난한 자가 다수를 이루는 인구 밀도 높은 나라를 통치하기 위해서는 세 가지 수단밖에는 없다고 보인다. 첫 번째는 가난한 자를 정치생활에서 배제하는 것이다. 이것이 우리 영국의 정책이다. … 두 번째는 가난한 자에게 그 나라의 법률과 관습에 대한 맹목적인 헌신을 심어놓는 것이다. … 세 번째는 군사력에 의존하는 것으로서, 상류 및 중류계급이 스스로 무장하고 군사 훈련을 익힌 위에, 여기에다 맹목적으로 충성하게끔 훈련된 정규군이 그들을 떠받치는 것이다.[41]

시니어는 휘그당의 유력자들과 연계를 가지고 있었기에 이를 이용하여 그의 사상 일부를 실행에 옮길 수 있었다. 그는 1832년 영국 의회의 구빈법 조사위원회의 일원으로 임명되었다. 이 위원회의 임무는 기존의 구빈법과 빈곤에 대처하는 방법을 연구하여 빈민 구제 시스템이 더욱 효과적이고 경제적으로 기능하도록 만들 개혁안을 마련하는 것이었다. 믿을 만한 사료에 의하면 이 위원회가 1834년에 내놓은 보고서는 대부분 시니어의 작품이었으며, 이 보고서는 결국 1834년에 통과된 새로운 구빈법의 기초가 되었다. 이 새 구빈법은 다음과 같은 위원회의 관점을 반영한 것이었다. (1) 노동자는 노동 조건이나 보수를 따지지 않고 시장에서 제공하는 일자리를 무엇이든 받아들여야 한다. (2) 일자리를 찾을 의지나 능력이 없는 이는 생리적기아 상태를 가까스로 면할 정도의 구호만을 받는다. (3) 그런 이에게 주어지는 구호는 시장에서 제공되는 최저임금보다도 실질적으로 훨씬 더 낮아야만 하며, 그들의 전반적 상태는 인간 이하의 존재로 낙인찍힐 만큼 아주비참한 것이 되어야 한다. 그래서 보수나 노동 조건에 무관하게 어떤 일자리든 구하려고 들도록 만들 수 있어야 한다는 것이었다.

이렇게 시니어가 큰 영향력을 발휘하여 만든 구빈법에 대해서 오늘날의한 경제사회사가는 이렇게 말했다.

이는 물질적인 빈민 구호의 수단이었다기보다는 모멸과 억압을 양산하는 엔진이었다. 오늘날까지도 1834년의 구빈법보다 더 비인간적인 법령은 거의 존재한 적이 없다. 이 법은 노역소에서 주어지는 모든 구호를 노역소 바깥 세계의 가장 낮은 임금보다도 '더 받기 어려운 것'으로 만들었고, 감옥이나 마찬가지인 노역소에 들어온 이에게만 베풀었다. 이 노역소는 빈민의 가난이라는 죄를 처벌하기 위해서 남편, 아내, 아이를 강제로 떼어놓았고, 또 그렇게 함으로써 이 부부가 더 많은 빈민 아이를 낳을 위험한 유혹에서 벗어나게 했다.[42]

이러한 것이 자본주의에 대한 시니어의 경제적 분석의 밑바탕에 놓인 사회철학이었으며, 그러한 분석에서 나온 정책이었다.

시니어의 이론적 방법론

시니어의 경제 분석이 가장 완성된 형태로 전개된 것은 1836년에 최초로 출간되었던 《정치경제학 개요An Outline of the Science of Political Economy》였다. 《개요》의 첫 장은 그의 방법론에 대한 언명을 담고 있는데, 이는 세 가지 이유에서 중요하다. 첫째, 이는 오늘날까지도 보수적 경향을 가진 경제학자 및 여타 사회과학자에게도 줄곧 큰 영향을 미친 독특한 방법론적 접근이 최초로 명시적으로 언명된 것이기 때문이다. 둘째, 이는 시니어(그리고 뒷날의 보수적 경제학자들)의 경제 이론에 깔려 있는 보수적인 규범적 기초를 은폐하기 위한 시도라는 게 우리의 주장이기 때문이다(이 점은 이 장과 17장에서 시카고 경제학파를 다룰 때도 나올 것이다). 셋째, 이를 통해 시니어(그리고 뒷날의 보수적 경제학자들)의 사상이 특정 개인 또는 계급의 이해를 수호한다는 낙인을 벗은 채 마치 초연하고 객관적이고 중립적이며 과학적인 기초를 가지고 있는 것처럼 보이게 만들고 있기 때문이다.

시니어는 정치경제학의 이론들 사이에 그토록 많은 논쟁이 벌어지는 이유는 경제학자가 단순히 **부**를 분석하는 것에 그치지 않고 **사회적 후생**에 관심을 두기 때문이라고 생각했다. 사회적 후생을 고찰하게 되면 즉시 규범적 또는 윤리적 명제에 휘말리게 되는데, 이런 명제는 사회적 갈등을 빚고 있는 다양한 집단의 태도를 반영하게 마련이다. 따라서 지적인 갈등이 생겨날 수밖에 없다는 것이다. 시니어는 윤리적 명제는 과학에 의한 확인도 반증도 불가능하다고 천명한다. 따라서 윤리적 명제가 경제학 이론 작업의 일부로서 계속 남게 되면 과학의 진보가 이루어진다고 해도 경제학 이론가 사이에 의견 일치는 절대로 생겨날 수 없다. 정치경제학이 정말로 과학이 되고자 한다면 우선 그 안에 포함된 비과학적인 윤리적 전제를 모조리 제거하는 것이 필요하다. 이런 것을 제거하고 나면 경제생활에서 명징하게 확립할 수 있는 몇 개의 경험적 원리가 남을 것이다. 그다음 경제학자는 연역적 논리를 활용하여 경험적으로 입증된 몇 개의 논리로부터 끌어낼 수 있는 모든 이론적, 실천적 함의를 도출할 수 있게 될 것이다. 이러한 결론을 어떻게 활용하고 적용할지는 도덕가나 입법자가 고민할 일이지 과학자로서의 경제학자가 관심을 둘 문제는 아니다. 정치경제학은 가치가 배제된 중립적인 '순수 과학'이 될 것이다. 시니어는 이렇게 말한다.

> 정치경제학자가 다루는 주제는 … 행복이 아니라 부이다. 그가 취하는 전제는 극소수의 일반적 명제로서, 이는 관찰이나 의식의 결과이지만, 거의 모든 이들이 듣는 순간 증명이라든가 심지어 공식적인 언명조차 필요 없이 바로 자신의 사유에 익숙한 것으로 받아들이거나 최소한 자기가 이미 알고 있는 것이라고 인정할 만한 명제로 이루어진다. 게다가 정치경제학자가 행하는 추론 혹은 논리 전개도 그 전제만큼 보편적이고 정확하다면, 이 또한 그 전제만큼 확실한 것이 된다. 부의 본성 및 생산에 관계된 이러한 명제들은 보편적인 진리가 된다. … 하지만 정치경제학자가 내리는 결론이 제아무리 보편적이고 진실된 것이라고 해도, 이로 인해 정치경제학자가 단 한마디라도 정책적 조언을 내놓을 권위가 생기는 것은 아니다.[43]

시니어의 방법론에는 문제가 있다. 자본주의라는 사회경제 시스템에서 매일매일 이어지는 경험적 현실은 서로 연결되고 관계를 맺고 있는 거의 무한한 숫자의 '사실'로 이루어져 있다. 그중 어떤 특정한 '소수의 일반적 명제들'이 자본주의를 이해하는 데 핵심적 중요성을 갖는지는 경험 그 자체만으로는 알 수 없다. 어떤 사회 이론 하나를 구성하는 과정은 무수하게 많은 '사실'을 추상하거나 무시하는 동시에 우리가 설명력을 갖는다고 믿는 다른 몇 개의 사실을 고립시켜서 거기에 집중적으로 초점을 맞추는 과정이다.

만약 누군가가 자신의 이론이 조금이라도 중요하다고 생각한다면(시니어뿐만 아니라 뒤에 그의 방법론을 사용한 경제학자는 항상 자신의 이론이 중요하다고 분명하게 생각한다), 그는 자신의 이론은 적실성이 없거나 중요성이 덜한 사실은 무시하거나 추상했으며 그 대신 적실성이 있고 중요한 사실에 초점을 맞춘 것이라고 생각하고 있음에 틀림이 없다. 하지만 어떤 명제의 적실성과 중요성이라는 것은 그 명제가 도대체 어떤 문제에 관련하여 발언하고 있는가를 물을 때만 의미를 가질 수 있다. 따라서 어떤 이론이 해명하고자 하는 사회적 또는 경제적 쟁점이나 문제가 무엇인가라는 질문은 그 이론가가 현실의 어떤 측면은 무시하며 또 어떤 측면에는 초점을 맞추어 '소수의 일반적 명제'로 정식화할 것인가를 결정하는 데 있어 핵심적인 것이다. 하지만 어떤 문제나 쟁점이 중요한가의 판단은 전적으로 그 이론가가 가진 가치관에 기초할 수밖에 없다.

따라서 이론화 과정의 기초 그 자체에 가치의 문제가 이미 들어 있는 것이다. 이론가가 가지고 있는 가치관은 그가 어떤 사회적 쟁점을 중요한 것으로 생각하는지를 결정할 뿐만 아니라 여러 사회문제들에 대해 어떤 유형의 해결책을 받아들일 것으로 생각하는지도 결정한다. 사회 이론이란 일반적으로 그 이론가가 중요하다고 생각하는 문제를 해명하도록 되어 있다. 더욱이 그렇게 해서 선별된 그 '극소수의 일반적 명제'를 선별하는 것도 그 이론가 자신이 품고 있는 가치들의 맥락에서 용납되는 결론들을 도출하게 만드는 방식으로 이루어지는 게 일반적이다. 마찬가지로 '소수의 일반적 명제'는 도덕적으로 또는 윤리적으로 용납될 수 없는 이론적 결론도 배제하는 것이 일반적이다. 이는 시니어에게도 명확하게 적용되며, 또 시니어처럼 자신이 경제 이론을 도덕적 또는 윤리적 가치의 오염으로부터 자유로운 고차원의 경지로 끌어올렸다고 주장하는 거의 모든 뒷날의 경제학자에게도 명확하게 적용된다.

또한 당대의 가장 중요한 사회적·정치적·도덕적 문제에 대해 의사결정의 권력을 쥐고 있는 이들이 자신의 이론을 심각하게 받아들일 것을 시니어가 원했다는 점 또한 아주 명백하다. 사실 자신의 사회적, 도덕적 가치관의 맥락 속에서, 그는 입법자가 자신의 이론의 결론에 맞게 행동하지 않는다면 재앙이 닥칠 것이라고 생각했다. 이는 자신의 방법론에 대한 논의에 들어 있는 다음의 문장에서 명확하게 드러난다. "정치경제학자가 할 일은 이런저런 정책을 추천하는 것도 만류하는 것도 아니다. 무시했다가는 치명적인 결과가 나올 수밖에 없는 보편적 원리를 명확히 언명하는 것이 그의 임무이다."[44]

자신이 제시하는 원리를 "무시했다가는 치명적인 결과가 나올 수밖에 없을 것"이라는 시니어의 말에서 '치명적'이란 도대체 무슨 뜻일까? 인류가 절멸할 것이라는 뜻으로 시니어가 이 말을 썼을 리는 없다. 인류는 시니어가 제시한 원리를 따르지 않으면서도 과거에 이미 수천년 수만년 이상을 존속해 왔으니까. 그렇다면 이 구절의 의미로서 유일한 가능성은, 그가 도덕적으로 악하다고 판단하는 결과에 이르는 사태뿐이다.

과학적인 것과 규범적인 것을 분리하려고 했던 시니어의 시도에 대해서는 이 정도로 해두자. 이 책이 진행되면서 우리는 뒷날 시니어를 따라 이러한 분리를 시도했던 경제 이론가가 보통 시니어와 동일한 이유 때문에 그렇게 했었다는 점 그리고 그들 또한 시니어나 마찬가지로 전혀 성공하지 못했다는 점을 보게 될 것이다.

시니어의 네 가지 명제

시니어는 이러한 방법론을 언명한 뒤, 자신이 보통의 경험과 성찰로부터 증명이 필요 없을 정도로 자명한 진리라고 생각한 네 가지 일반적 명제를 열거한다.

우리는 앞에서 정치경제학의 기초가 되는 일반적 사실은 관찰 또는 의식의 결과로 얻을 수 있는 소수의 일반적 명제에 담겨 있다고 말했다. 우리가 암시했던 명제는 다음과 같다.

1. 모든 사람은 가능한 한 최소의 희생으로 추가적 부를 얻기를 갈망한다.
2. 세계의 인구는 … 오로지 도덕적 또는 물질적 악惡에 의해서 제한되거나, 또는 이 세계에 살고 있는 모든 계급의 개인들이 관습적으로 꼭 가져야 할 부의 품목이 부족할 것이라는 공포에 의해서 제한된다.
3. 부를 생산하는 노동과 여타 도구의 힘은 거기에서 나온 생산물을 다시 더 많은 생산수단으로 사용함으로써 무한히 증대시킬 수 있다.
4. 농업 기술이 동일하다는 조건이라면 주어진 면적의 토지에 노동을 더 추가한다고 해도 일반적으로 수확은 비례적으로 더 적어지게 되어 있다. 달리 말하자면, 노동의 투하량을 증가시킬 때마다 총 수확은 증가하기는 하지만 증가량은 노동의 증가량에 비례하지 않는다는 것이다.[45]

이렇게 가치가 개입되어 있지 않다고 생각되는 네 가지 명제를 시니어는 분명하게 과학적으로 유효하다고 생각했고, 이에 기초하여 과학으로서의 정치경제학을 구축하고자 시도했다. 우리는 그가 이 네 가지 명제를 어떻게 다루었는가를 살펴볼 것이다. 그것은 이러한 전제가 함의하는 바를 그가 무엇이라고 생각했는가를 이해하기 위해서이며, 또 동시에 이러한 원리에 기초하여 그가 내린 결론이 과연 정말로 도덕적 고찰이 배제된 것이었는지를 살펴보기 위해서이다.

효용 극대화, 가격, 공급과잉에 대한 시니어의 견해

시니어는 첫 번째 명제를 전개하는 가운데 이 장 첫 부분에서 논의했던 주제 두 가지를 명확하게 나타냈다. 첫째, 그는 사람들이 스스로의 내면을 들여다보기만 하면 모든 경제적 행위는 계산적이며 합리적이라는 점이 분명하게 드러날 것이라고 생각했고, 또 벤담과 마찬가지로 경제적 행위는 궁극적으로 효용 극대화의 원리로 환원할 수 있다고 보았다. 비록 그가 말한 것은 부의 극대화였지만 부의 본성을 설명하면서 또 이렇게 말하고 있다. "어떤 것을 부의 품목으로 만들어주는 다시 말해서 가치를 부여해주는 성질에 … 대해 보자면, 가장 결정적인 성질은 직접적으로든 간접적으로든 쾌락을 생산하는 힘이다. … [이 성질을 표현하는] 데 가장 가까운 어휘는 … **효용**이다."[46] 그 첫 번째 명제는, 사람들은 항상 최소의 희생만으로 부를 늘리기를 갈망한다는 것이다. 나중에 시니어의 세 번째 명제를 논하면서 우리는 시니어가 부를 획득하는 모든 수단은 희생 또는 비효용·disutility(또는 마이너스의 효용)을 담고 있다고 생각했다는 것을 보게 될 것이다. 따라서 벤담과 마찬가지로 시니어에 대해서도 효용 극대화라든가 비효용 극소화 등의 용어를 쓸 수 있게 된다. 물론 이 두 가지는 모두 단순한 효용 극대화와 동일하다. 그렇지만 벤담으로 하여금 평등주의적 개혁을 주장하게 만들었던 기본적 전제에 대해 시니어는 벤담과는 다른 태도를 보였다. 벤담은 부 또는 소득이 증대됨에 따라서 연속적인 또는 한계적인 증가분이 담고 있는 효용은 갈수록 감소한다고 믿었다는 점을 기억할 것이다.

이렇게 부의 한계효용이 체감한다는 것이야말로 가장 부유한 이로부터 부를 가져가서 가장 가난한 이에게 나누어주게 되면 사회적 효용이 증대된다는 벤담의 주장의 기초가 된다. 벤담의 생각은 두 개의 전제 위에 서 있는 것으로 보인다. 첫째, 인간에게는 일정하게 부를 축적하면 부에 질려 더 이상 부를 원하지 않게 되는 지점이 존재하며, 이 지점에서는 부가 조금 늘거나 줄더라도 실제로 부로부터 얻는 효용 총량에는 거의 영향이 없다는 것이다. 둘째, 서로 다른 두 사람이 각자의 부로부터 얻는 효용을 서로 양적으로 비교하는 게 가능하다는 것이다. 뒷날의 효용 이론가는 일반적으로 벤담보다 훨씬 더 보수적으로 되었고 그리하여 평등주의적 정신을 담고 있는 이 두 개의 전제를 부정해야만 했다. 시니어도 이 두 전제 모두를 명시적으로 부정했다.

시니어는 부가 제아무리 불평등하게 분배되어 있다고 해도, "자신의 모든 욕구에 필요한 것이 충분히 공급되었다고 느끼는 이는 아무도 없다. … 모든 인간은 충족되지 못한 욕망을 가지고 있게 마련이며, 부만 더 있다면 이를 충족시킬 수 있다고 믿게 되어 있다".[47] 더욱이 "성격이 똑같은 사람이 하나도 없는 것처럼, 각 개인의 욕구는 그 성격과 급박성이 모두 다르다".[48] 따라서 개인들의 부가 늘어나거나 줄었을 때 각자가 얼마만큼의 효용을 얻거나 잃게 되는지를 서로 비교할 수가 없다는 것이다.

시니어는 또 자신의 첫 번째 명제를 논하면서 이 장의 두 번째 중요한 주제를 나타냈다. 가격이 반영하는 것은 상품에 체현된 노동이 아니라 다양한 상품을 소비함으로써 개인이 얻는 효용이라는 것이다. 비록 그는 효용이 어떻게 가격을 결정하는지에 대한 이론을 전개하지는 않았지만, 상품은 "그것에 효용을 부여하는 원인이 크냐 작으냐에 비례하여 교환된다"[49]고 언명하고 있다. 그는 리카도의 노동가치론에 대해서는 이렇게 말한다.

만약 인간이 사용하는 모든 상품이 자연에 의해 공급되며 인간 노동이 끼어들 필요가 전혀 없도록 된다면, 하지만 그렇게 해서 공급되는 양이 현재 공급되는 양과 정확히 일치한다면, 그 상품은 가치를 여전히 유지할 것이며 또 현재의 교환 비율 그대로 교환될 것이 분명하다.

리카도 씨에 대한 대답은 이러하다. … 부를 구성하는 품목 중에서 실제 생산과정에서 투하된 노동에 의해 그 가치의 큰 부분이 결정되지 않는 품목이란 실상은 부 전체에서 중요치 않은 적은 몫이기는커녕 부의 대부분을 차지한다는 것이다.[50]

마지막으로, 시니어의 첫 번째 명제는 또 맬서스에 반대하여 경제에서 공급과잉이나 불황은 불가능하다고 주장하는 데 쓰였다. 시니어는 만약 부에 대한 욕망을 완전히 채우지 못한 상태라면 상품의 전반적 과잉 따위는 절대로 있을 수 없다고 생각했다. 또 보통의 관찰로만 보아도 부에 대한 욕망을 완전히 채우는 것은 불가능하다는 것이 '증명되기' 때문에, 불황이나 상품의 전반적 과잉이 과거에 존재한 적이 있었다거나 미래에 존재할 것이라고 생각하는 것은 그릇된 일일 수밖에 없다는 것이다. 그는 이렇게 주장한다.

전반적인 과잉이 실제로 발생하는 것을 생각해볼 수 있는 유일의 가설은 전반적인 욕망의 완전 충족, 즉 모든 사람이 자신이 원하는 만큼의 물품과 정확하게 똑같은 양을 **완전히** 공급받아서 서로에게 남아도는 물건을 사고팔 시장이 전혀 생길 수 없는 상황이 되는 것이다. 하지만 이러한 원리는 우리가 내놓았던 명제, 즉 모든 인간은 더 많은 부를 얻기를 갈망한다는 명제와 상반된다.[51]

시니어는 공급과잉의 가능성을 기각하는 데 있어서 리카도나 세보다 더욱 극단적인 태도를 가진 듯하다. 리카도와 세는 최소한 전반적인 경제적 불황의 시기가 반복되었다는 것을 사실로 인정한 위에서, 경쟁적 시장이 있다면 이러한 불황을 자동적으로 해결하고 불균형 상태에 있는 다양한 산업을 다시 제대로 된 균형으로 회복시켜줄 것이라고 주장했다. 시니어의 저작을 보면 이러한 주기적 공황이 존재한다는 것 자체를 아예 인정하지 않는 듯하다. 앞에서 우리가 말했듯이, 한 이론가가 품고 있는 가치관은 그 이론가가 현실의 어떤 측면을 사상하고, 결국 현실의 어떤 측면을 중요하지 않은 것으로 무시할 것인지를 결정할 때가 아주 많다.

인구와 노동자 후생에 대한 시니어의 관점

시니어의 두 번째 명제는 맬서스의 인구론을 거의 그대로 진술한 것이었다. 그 또한 맬서스처럼 가난한 사람의 도덕적 인격을 개선하지 못한다면 비참과 빈곤이 그들의 불가피한 운명이 될 것이라고 생각했다. 하지만 그는 1830년 이전에는 영국 빈민의 도덕적 인격이 개선되고 있다고 생각했으며 장래에는 더욱 개선될 것이라고 낙관했다. 그런데 '무서운 1830년 가을'이 지나자 그의 관점이 변했다. 《임금률에 대한 세 개의 강의》의 1931년 판 서문에서도 빈곤을 경감시키는 데는 오로지 단 하나의 "효과적이고 영구적인 수단"만이 있을 뿐이며, 이는 "노동 인구의 지적, 도덕적 인격을 향상시키는 것"이라는 주장이 나오기는 한다. 하지만 이전에는 시니어가 노동자의 인격이 이미 상당히 개선되었다고 믿은 반면, 이제는 이 주장 뒤에 곧바로 다음과 같은 말이 나온다. 여기에서 반드시 필요한 "인격 개선이라는 것은 참으로 유감스럽지만 절약, 자존감, 자기 절제의 습관을 심어주는 것이다".[52] 이런 습관을 노동자에게 심어주어야 한다고 말하는 것으로 보아 결국 당시의 영국 노동자가 이런 습관을 전혀 갖지 못하고 있다는 것이 그가 주장하는 바임이 분명하다.

따라서 이 두 번째 명제를 내놓으면서 시니어는, 인구를 통제하는 데 있어서 '도덕적, 육체적 악'에 대한 유일한 대체물은 '궁핍에 대한 공포'라고 강조한다. 시니어는 노동계급이 한결같이 극도로 '궁핍에 대한 공포' 상태에 있도록 그들의 생계 수준을 낮게 유지하는 것이 절대적이라고 생각했다. 또 옛날식 구빈법은 노동자에게 최소 수준의 경제적 안정을 제공함으로써 이러한 공포를 오히려 줄였다고 생각했다. 따라서 그는 옛날식 구빈법을 반대했고 노동자에게 극도의 공포와 경제적 불안정을 유지시키는 것이 중요하다고 생각했다. 이러한 그의 생각은 1834년 구빈법의 기초가 되었다. 하지만 시니어는 맬서스와 마찬가지로 사회의 궁극적 선을 얻기 위해서는 고통이 필요할 때가 많다고 생각했다(그리고 그 고통을 감당해야 하는 것은 바로 가난한 이일 수밖에 없다고 그들은 생각했다). "선을 향한 길은 악을 통과하게 되어 있다. 일부가 고통을 겪는 일 없이 전체의 이득이 생겨나지 않으며, 어떠한 개선도 이루어질 수가 없게 되어 있다. 이것은 자연이 정해놓은 법령이다."[53]

자본축적과 절욕에 대한 시니어의 견해

시니어의 세 번째 명제는 언뜻 보면 제조업에서 수확체감이 일어나는 것을 부정하는 것에 중점이 있는 듯하다. 노동 및 자본 생산물이 자본재의 증가분으로서 축적되어 노동생산성을 올려주기만 한다면, 제조업 물품의 산출량은 거기에 들어가는 노동의 양이 늘어난다고 해도 최소한 노동량 증가에 비례하는 정도로 증가하는 것이 **가능하다**는 것이다. 시니어는 자본이 노동과 동일한 방식으로 생산적이라는 세의 의견에 동의했다. 사실 시니어는 상품을 생산하는 데 있어서 노동보다 자본이 훨씬 더 중요한 것처럼 주장하는 때가 많았다. 하지만 시니어는 톰프슨과 호지스킨의 저작(이들은 다음 장에서 논의한다)을 읽었고 그 저작의 대중적 호소력을 잘 알고 있었다. 이들의 주장은 노동이란 생산이 이루어지기 위해서는 절대로 필요한 인간 활동이라는 점에 초점을 두었다. 하지만 자본이란 단순히 법적 소유권의 사실 관계에 불과하다. 따라서 자본이란 그 자체로는 상이한 계급 간의 법적 또는 사회적 관계일 뿐이며, 생산에 필수적인 요소는 아니라는 것이다. 이들은 노동이야말로 생산에서 **실제의 인간적 비용**이며 자본은 그렇지 않다고 주장했다. 따라서 임금은 실제의 인간 노고에 대한 보상으로서 도덕적 정당화를 얻을 수 있지만, 이윤은 그런 식으로 정당화할 수 없다는 것이 이들의 주장이었다.

시니어는 다른 의견을 꺼내든다. 그리고 스스로 과학적 정치경제학에는 도덕 따위가 끼어들 자리가 없다고 주장했음에도 불구하고, 그는 거침없이 이윤에 대한 도덕적 정당화의 논리를 제시했는데, 이는 심지어 오늘날까지도 보수적 경제학자들이 흔히 사용하고 있다. 물질적 자본재가 생산적임을 입증하는 것만으로는 충분치가 않다. 왜냐면 물질적 자본재와 자본가는 동일한 실체가 아니기 때문이다. 임금과 마찬가지의 도덕적 정당화를 이윤에 부여하고자 한다면, 자본에 대한 소유권이 어떻게 노동과 마찬가지로 실제의 인간적 비용을 수반하게 되는지를 입증해야만 했다. 바로 이것이 그가 시도했던 바이다.

정치경제학자가 흔히 쓰는 용어에 따르면 노동, 자본, 토지는 생산의 세 가지 도구이며, 노동자, 자본가, 지주는 3대 생산자 계급이며, 전체 생산물은 임금, 이윤, 지대로 나누어진다고 한다. … 전체적으로 보아 우리는 이러한 분류의 기초가 되는 원리를 긍정하지만, 보통 이러한 세 가지로의 분류를 표현하는 용어에 대해서는 상당한 수정을 가하지 않을 수 없었다.[54]

예상할 수 있겠지만, 그가 언급하는 용어의 변동으로 가장 중요한 것은 **자본, 자본가, 이윤** 등의 용어이다.

> 이 용어는 생산의 도구, 그 도구를 활용하는 사람, 그 사람이 받는 보상을 표현하는 말이다. 하지만 이윤이라는 보상을 가져오는 활동, 즉 임금에 대해 노동이 갖는 관계와 똑같이 이윤에 대응하는 활동을 표현하는 친숙한 용어가 없는 상태이다. 이에 대해 우리는 이미 절욕Abstinence이라는 이름을 붙였다. … 절욕은 자본의 비생산적인 사용을 절제하는 행위를 표현하는 말이며, 또 즉각적인 결과보다는 먼 결과를 낳는 데 자신의 노동을 바치는 비슷한 행동 또한 절욕이라는 말로 표현한다.[55]

이렇게 자본가는 자신의 자본을 비생산적으로 사용하는 것을 절제한다. 자본가는 이러한 기여로 말미암아 이윤을 수취할 자격을 얻는다는 것이다. 시니어 또한 벤담처럼 노동은 고통스러운 것이라고 생각했고 따라서 노동자가 고통을 참도록 매수하기 위해서는 임금이라는 보상이 꼭 필요하다고 생각했다. 자본의 경우도 마찬가지이다. "우리가 능히 누릴 수 있는 향유를 절제하는 행위 또는 즉각적인 결과가 아닌 먼 결과를 추구하는 행위는 가장 고통스러운 인간 의지력의 행사에 속한다."[56] 그러므로 자본가도 노동자와 마찬가지로 고통을 참은 것에 대해 지불을 받아야 하며 따라서 이윤을 수취해야 마땅하다는 것이다. 그렇다면 임금이나 이윤이나 그 본성 또는 정당성에 있어서 정말로 큰 차이점은 없는 셈이다.

정부가 사람들로 하여금 절욕에 몰두하고 그를 통해 자본을 축적하도록 보장하는 데는 사적 소유권을 세심하게 보호하는 것, 그리고 그를 통하여 자본과 이윤을 보호하는 것밖에는 방법이 없다. 시니어의 세 번째 명제에서 나오는 최종적이며 가장 중요한 결론은, 어떤 나라가 최소한 인구 증가를 따라잡을 수 있는 속도로 제조업의 역량을 증가시키도록 보장하는 길은 오로지 자본축적뿐이라는 것이다. 따라서 한 나라의 번영에 있어서 가장 중요한 원천은 궁극적으로 그 나라의 자본가가 얼마만큼의 절욕을 행하느냐라는 것이다.

지대 그리고 계급 간 소득분배에 대한 시니어의 견해

시니어의 네 번째 마지막 명제는 리카도가 강하게 내세웠던 농업 생산에서의 수확체감을 다시 언명한 것에 불과한 듯 보인다. 하지만 시니어의 관심은 리카도의 관심과 아주 다른 곳에 있었다.

첫째, 시니어의 관심은 '농업 기술이 동일하게 유지될 때' 무슨 일이 벌어지는가에 있지 않았다. 맬서스처럼 시니어 또한 기술 개선이 없을 때의 수확체감을 상쇄하고도 남을 만한 농업 기술의 개선이 중요하다고 강조했다. 그는 이러한 기술 개선이 그 이전 1세기 동안 실제로 일어났으며, 영국 농업에서 수확의 증가를 실제로 가져왔다고 생각했다. "영국의 연간 농업 생산 총량은 지난 1백년간 두 배 이상으로 늘었다. 하지만 연간 고용되는 노동의 총량 또한 두 배로 늘었을 가능성이 아주 크다."[57] 여기에서도 다시 한 번, 영국이 리카도가 말하는 정상 상태의 유령을 벗어나 계속 번영할 수 있었던 것은 농업 부문에서의 절욕과 자본축적의 좋은 효과 덕분이었다는 것이다.

이 네 번째 명제를 전개함에 있어서 시니어가 리카도와 차이를 보였던 두 번째 지점은 차등적 지대의 개념을 수정한 것이다. 시니어는 지대를 "보편적으로 접근할 수 없는 자연적 인자를 활용하여 얻는 이익"[58]이라고 정의했다. 즉 지대란 독점적 권력을 갖는 모든 소유권에 붙는 수익으로서, 이러한 수익이 나오는 이유는 그 소유 물체가 아무 비용 없이 재생산할 수 있는 것이 아니기 때문이다. 따라서 시니어의 이론에서 지대는 임금 및 이윤과는 달리 도덕적인 정당화를 얻을 수 없을 것이라고 생각할지도 모르겠다. 하지만 그렇지 않다. 농업 지대는 "한 나라의 인구가 노동에 대한 수요와 비례가 맞게 해주는 수단"으로서 유일한 장치라는 게 그의 주장이었다. 다른 많은 경우와 마찬가지로, 이 경우에서도 자연은 지주의 이해와 공공의 이해가 일치하도록 정해놓았다는 것이다.[59]

하지만 지대에 대한 시니어의 논의에서 가장 중요한 부분은, 보통 임금과 이윤으로 불리는 것의 많은 부분이 실제로는 지대를 중요한 구성물로 포함한다는 주장이었다. 만약 어떤 노동자 또는 자본가가 다른 경쟁자가 재생산할 수 없는 이점을 누리고 있다면, 그 노동자 또는 자본가의 임금 또는 이윤의 일부는 사실상 지대이다. 토지 비옥도가 다양하다는 사실은 원리상 노동자나 기계 사이에 생산적 능력이 다양하다는 사실과 다르지 않다. 이는 시니어의 이론에서 아주 중요한 자리를 차지하는 주장이다. 왜냐면 시니어는 다양한 계급의 소득 사이의 차이점을 제거했고 이를 통해 모든 유형의 소득을 사실상 동일한 것으로 만들었는데, 그러한 논리의 연쇄에 있어서 출발점이 되는 주장이 바로 이것이기 때문이다. 만약 모든 소득의 원천이 동일하다면 상이한 계급을 구별하는 특징은 경제학적으로는 중요하지 않게 된다. 실제로 시니어의 영향을 받은 사상가들 사이에서는 이러한 생각이 발전하여 결국 자본주의란 본질적으로 계급이 없는 사회라는 생각으로까지 나아갔다. 이는 사회적 조화라는 관점에서 경제학 이론을 구축하는 전통에 있어서 중심적 위치를 차지하는 이론 발전이다. 계급의 구별이라는 게 중요하지 않거나 존재하지 않는다면, 계급 갈등 또한 중요하지 않거나 존재하지 않기 때문이다.

3대 계급의 소득 사이의 차이점을 시니어가 제거했던 논리는 다음의 인용문에 잘 요약되어 있다.

우리는 지대란 **자연이나 우연에 의해 저절로 제공되는 수입**이라고 정의했으며, 임금이란 **노동에 대한 보상**, 이윤이란 **절욕에 대한 보상**이라고 정의했다. 멀리서 보면 이러한 구별이 명확한 경계선을 갖고 있는 것처럼 보인다. 하지만 자세히 들여다보면 이것들이 서로 마구 뒤섞여 있기 때문에 이것들을 분류하기가 쉽지 않고, 한다고 해도 거의 항상 일관성을 결여한 모습을 띨 때가 많고, 제멋대로 임의적으로 정해진 것으로 보일 때가 더 많다. … 이윤을 지대와 구별하는 것은 아무런 쓸모도 없게 될 때가 있다. 즉 일정한 수입을 가져오는 자본을 그것을 만들기 위해 땀을 흘리거나 절욕을 행하지도 않은 이가 증여나 상속으로 가지게 된다고 생각해보라. …

특별한 재능에 의해 뒷받침되는 어떤 노동자의 특별한 수입은 … 그 노동자만 받을 수 있는 지대라고 불리든 또는 자연적 인자의 소유자만 받을 수 있는 … 임금이라고 불리든 모두 정확한 용어라 할 수 있다.

이윤과 임금 사이에 선을 긋는 것은 훨씬 더 어렵다. … 그리고 일반적으로 자본은 이윤을 낳기 위해서 사용해야만 하는 도구라고 말할 수 있으며, 또한 그러한 사용을 지휘하는 이는 **노동**을 해야만 한다고, 즉 일정한 정도로 자신의 나태를 극복하고 자기가 하고 싶은 것을 희생하며, 심지어 어떨 때는 다른 불편함까지 감당해야 한다고 말할 수 있다.[60]

이렇게 계급 간의 차이점이란 대개 환상에 의거한 것이라고 시니어는 생각했다. "자연적 상태에서는" 노동자와 그 주인 사이의 관계가 "자발적인 연합체와 같은 친절함을 갖는다".[61] 그 둘의 이해관계는 조화를 이루며, 자유 시장과 사적 소유의 보호를 통해서 최상으로 증진될 수 있다.

사회적 조화와 가난한 자의 정치경제학이 대결하다

계급은 자연적으로 서로 적대적 관계에 있으며 노동계급은 지주 및 자본가의 이익을 해치는 행동을 통하여 이익을 볼 수 있다는 주장에 대해 시니어는 '가난한 자의 정치경제학'이라는 딱지를 붙였다. 이러한 생각을 신봉하는 자는 오직 "논리적 능력이 개발되지 못했거나 감정 또는 환상 때문에 그 능력이 비비꼬인 자"[62]뿐이라는 것이다. 정확한 정치경제학의 교리에 따르면 만인의 이해관계는 조화를 이루며 자유 시장과 자본축적을 통해서 증진된다. "철학자 사이에서는 이것이 강력한 확신이며, 상류 및 중류계급 사이에서는 … 그들의 명백한 이해관계에 기반한 편견이다."[63] 노동자는 비록 이러한 명제가 부자의 '명백한 이해관계' 때문에 부자가 품는 편견처럼 보이게 마련이지만, 실제로는 철학자(시니어와 같은)가 내놓는 궁극적 진리와 일치한다는 점을 이해해야만 한다는 것이다. 그래야만 노동자는 계급 갈등이라는 잘못된 사상을 포기하고 '부자의 경제학'(이러한 경제학이야말로 궁극적으로 사회의 모든 성원의 후생을 증진시킨다)을 지지하기 시작할 것이다.

시니어가 '가난한 자의 정치경제학'이라고 불렀던 것을 지지했던 뒷날의 수많은 이론가들 대부분은 19세기 중반이 되면 지대와 이윤 사이의 구별이 중요하지 않게 되었다는 생각을 받아들인다. 17세기와 18세기에는 지주계급이 옛날 봉건제의 지배계급으로서의 특징 다수를 그대로 간직하고 있었다. 그당시에는 이들의 이해관계가 자본가계급의 이해관계와 상충될 때가 빈번했다(이는 우리가 맬서스와 리카도를 논하면서 살펴보았다). 하지만 19세기 중반이 되면 산업자본이 우위를 명확하게 확립한다. 그 결과 자본가 중에서 혁신 기업가 또는 생산 조직가로서 기능하는 것을 그만두고 이러한 기능을 수행할 경영자를 고용하기 시작하는 숫자가 갈수록 늘어났다. 그리하여 이윤이란 갈수록 지대나 마찬가지로 아무것도 하지 않는 소유권 때문에 발생하는 수익이 되었다. 그 결과 지주와 자본가의 구별 또는 지대와 이윤의 구별은 중요하지 않게 되었다.

하지만 '가난한 자의 정치경제학'을 옹호하는 사람들의 주장은 여기서 멈추지 않았다. 노동에서 비롯되는 소득과 소유에서 비롯되는 소득의 차이는 여전히 중요하다는 것이 이들의 주장이었다. 이 두 가지 소득 원천이야말로 근본적이며 지속적인 계급 적대의 기초를 형성한다고 이들은 생각했다. 따라서 이 이론가들이 자본가가 생산의 사회적 비용으로서 절욕을 감당한다는 시니어의 생각을 집요하게 공격했다는 것은 놀랍지 않다.

이 시니어 비판자들은 자본이 자본가의 절욕에서 기원하는 일이란 거의 없다고 주장했다(9장에서 마르크스에 대한 논의를 보라). 더욱이 현대 자본주의 사회에서 자본이란 대부분 상속되며 따라서 출생이라는 우연적 사건에 의해 결정된다. 시니어는 절욕을 "자본을 비생산적으로 사용하는 것을 절제하는 것"[64]이라고 종종 정의하는데, 이는 자본가가 그의 공장 (또는 다른 물질적 자본)을 이윤 생산과 더 많은 자본축적의 수단으로 사용하며 개인적 향유의 장소로 쓰지 않는다는 것을 뜻한다(도대체 어떻게 공장 기계와 건물을 개인적 향유를 위한 소비재처럼 쓸 수 있다는 것인지는 상상에 맡길 수밖에 없지만). 결국 간추려 말하자면 자본을 사용하여 이윤을 얻는다는 것이 고통스러운 일이며 그 고통으로 이윤이 정당화된다는 말이 되고 만다. 이런 생각이 얼마나 어처구니가 없는 것인지를 심지어 시니어 자신조차도 자기가 쓴 여러 구절에서 인정하고 있다. 시니어의 절욕 이론에서 기대할 수 있는 바와 달리, 실제의 자본주의 사회에서 자본가는 이윤을 얻는 것을 즐기고 있다. 사실 이윤이야말로 자본가의 삶 전체를 지배하는 강렬한 열망이다. 시니어도 돈을 써버리는 대신 저축하도록 상류계급을 장려하는 것이 허영심이며 또 교육받은 계급 사이에서 허영심이 "가장 강렬한 인간적 욕망"[65]이라는 점을 인정하고 있다. 더욱이 자본가는

> 자신의 사업체의 크기와 신용의 탄탄함을 통해 부를 보여줄 수 있다. 이들이 자신들의 가치 평가에 있어서 각별히 의식하는 계급의 사람들이 있거니와, 쓸데없는 과시와 겉치장은 그 사람들이 내리는 가치 평가를 끌어올리기보다는 오히려 떨어뜨릴 것이다. 따라서 자본가는 그저 계속해서 생산하고 부를 모으는 일만 계속할 뿐 그것을 지출하는 임무는 자신의 상속인에게 넘겨주는 쪽을 택한다.[66]

마지막으로, 시니어는 "부 그 자체를 추구하는 욕망"은 "본능적"인 것이라고 생각했다. 그러한 욕망은 "인간의 마음속에 자리잡은 나태와 사치에 대해 균형을 맞추기 위해서 자연이 심어놓은 강력한 성향"[67]인 듯 보인다는 것이다.

이렇게 이윤을 도덕적으로 정당화하기 위한 논리를 직접 펴는 순간 외에는, 절욕이야말로 "가장 고통스러운 인간 의지력의 행사"[68] 중 하나라는 스스로의 주장을 논박하는 듯한 구절을 시니어 또한 숱하게 남기고 있다.

주

1. Harry K. Guvetz, The *Evolution of Liberalism* (New York: Colliers, 1963), pp.28-29.

2. Thomas Hobbes, *Leviathan*, in *Ethical Theories*, ed. A.I. Melden (Englewood Cliffs, NJ: Prentice-Hall, 1955), pp. 192-205.

3. 벤담의 경제문제에 대한 저작들은 대부분 다음에 수록되어 있다. Jeremy Bentham, *Jeremy Bentham's Economic Writings*, 3 vols., ed. W. Stark (London: Allen and Unwin, 1954).

4. Jeremy Bentham, *An Introduction to the Principles of Morals and Legislation*, in *A Bentham Reader*, ed. M.P. Mack (New York: Pegasus, 1969), p.85.

5. Ibid., p.86

6. Ibid., p.96

7. Ibid., p.97

8. Bentham, *Jeremy Bentham's Economic Writings*, vol.3, p.412.

9. Ibid., vol.3, p.428.

10. Ibid., vol.3, p.83.

11. Ibid., vol.3. pp.87-88.

12. Ibid., vol.1, p.201.

13. Ibid., vol.1. p.196.

14. Ibid., vol.3. pp.257-58.

15. Ibid., vol.3. p.120.

16. Ibid., vol.3. p.123.

17. Ibid., vol.3. p.124.

18. Ibid., vol.3. p.441.

19. Ibid., vol.3. pp.442-43.

20. Leo Rogin, *The Meaning and Validity of Economic Theory* (New York: Harper and Row, 1957), p.209.

21. Jean-Baptiste Say, *A Treatise on Political Economy* (Philadelphia: Lippincott, 1863), p.xi. 이 영역본은 1821년에 출간된 프랑스어 4판을 번역한 것이다.

22. Ibid., p.62.

23. Ibid., p.284.

24. Ibid., p.286.

25. Ibid., p.293.

26. Ibid., p.287.

27. Ibid., pp. lii–liii.
28. Ibid., p. lix.
29. Ibid., p. 293.
30. Jean-Baptiste Say, *Letters to Thomas Robert Malthus on Political Economy and Stagnations of Commerce*(London : George Harding's Bookshop, 1936), p. 3.
31. Ibid., p. 5.
32. Ibid., p. 24.
33. Nassau Senior, *Industrial Efficiency and Social Economy*, 2 vols.(New York : Holt, 1928), vol. 2, p. 156.
34. Nassau Senior, *Three Lectures on the Rate of Wages*(New York : Augustus M. Kelley, 1966), p. iv.
35. Ibid., p. v.
36. Rogin, *Meaning and Validity*, p. 251.
37. Senior, *Three Lectures*, pp. x–xi.
38. Ibid., p. xiii.
39. 7장을 보라.
40. Nassau Senior, *Journals Kept in France and Italy*, 2 vols., 2d ed.(London : Henry S. King, 1871), vol. 1, p. 150.
41. Ibid., pp. 150–52.
42. E. J. Hobsbawm, *Industry and Empire: An Economic History of Britain since 1750*(London : Weidenfield and Nicolson, 1968), pp. 69–70.
43. Nassau Senior, *An Outline of the Science of Political Economy*(London : Allen and Unwin, 1938), pp. 2–3.
44. Ibid., p. 3.
45. Ibid., p. 26.
46. Ibid., p. 6.
47. Ibid., p. 27.
48. Ibid.
49. Ibid., p. 14.
50. Ibid., p. 24.
51. Ibid., p. 29.
52. Senior, *Three Lectures*, p. v.
53. Ibid., pp. xiv–xv.
54. Senior, *Science of Political Economy*, p. 88.

55. Ibid., p. 89.
56. Ibid., p. 60.
57. Ibid., p. 86.
58. Ibid., p. 115.
59. Nassau Senior, *Journals, Conversations and Essays Relating to Ireland*, 2 vols.(London: Longmans, Green, 1868), vol. 1, p. 153.
60. Senior, *Science of Political Economy*, pp. 128–30.
61. Senior, *Three Lectures*, pp. ix, x.
62. Senior, *Journals Kept in France and Italy*, vol. 1, p. 4.
63. Ibid., p. 150.
64. Senior, *Science of Political Economy*, p. 89.
65. Senior, *Industrial Efficiency and Social Economy*, vol. 1, pp. 67, 69.
66. Ibid., vol. 1, p. 69.
67. Ibid., vol. 1, p. 68.
68. Senior, *Science of Political Economy*, p. 60.

7
가난한 자들의 정치경제학:
윌리엄 톰프슨과 토머스 호지스킨

나소 시니어에게 노동계급의 집단행동에 대한 공포를 심어주었던 '무서운 1830년 가을'은 단지 시작일 뿐이었다. 이후 파업, 폭동, 반란이 줄줄이 일어났고, 노동자는 산업혁명이 자신과 그 가족에게 저지른 짓에 대한 증오를 표출했다. 공업화 때문에 노동자가 살아온 전통적인 삶의 방식은 완전히 파괴되었다. 기껏 애를 써서 일자리를 구하고 그것을 지킨다 한들 결국 얻는 것은 공장에서의 가혹한 규율과 도시의 한심스러운 생활 조건뿐이었다. 하지만 실업률이 대단히 높았기에 그나마 일자리를 찾고 지켜낼 수 있을지도 아주 불확실했다. 게다가 생산 기술에 중요한 변화가 일어날 때마다 노동자 다수는 강제로 기술적 실업을 겪어야만 했다. 대부분의 노동자 저항을 불러온 세 가지 해악을 들자면, 낮은 임금, 극악한 노동 및 생활 조건, 경제적 불안정이었다.

공업화에 대한 노동자의 저항

자본주의적인 공업화의 결과에 저항하고자 하는 노동자의 최초의 노력은 결사체 또는 조합을 결성하는 것이었고, 이는 대단히 빈번하게 일어났다. 4장에서 우리는 직물 공업에서의 노동자 결사체 일부가 일찍이 성공을 거두었다는 것을 언급했다. 영국에서 1790년대의 10년은 광범위한 노동자의 집단행동 그리고 빈번한 결사체 결성의 시도가 이루어진 기간이었다. 영국의 부자는 아직도 프랑스혁명의 기억이 생생한 상태에서 이러한 노동자의 단결 행동과 윌리엄 고드윈William Godwin(1756~1836)과 같은 많은 급진적 사상가의 영향력이 점점 커지는 것을 보게 되자 갈수록 겁에 질렸다. 이러한 노동자들의 운동에 대해 그들이 보였던 대응이 바로 1799년의 단결금지법이었다.

고용주는 노동자 개인은 무기력한 존재임을 깨달았다. 실업 노동자가 거대한 예비군을 형성하고 있었으므로 반항하거나 '건방진' 노동자는 즉각 손쉽게 다른 노동자로 바꿀 수 있었다. 또 이런 일이 있으면 이것이 다른 노동자에게 자신들의 처지가 얼마나 불안한 것인가를 가르쳐주는 예가 되어 그들을 좀 더 고분고분하게 만들 수 있었다. 그런데 노동자가 일단 집단적으로 협상을 하게 되면 상당히 큰 힘을 가지게 되었다. 단결금지법이 나온 목적은 단 하나, 단결 운동을 완전히 파괴하여 노동자를 계속 무기력한 상태에 머물게 하는 것이었다. 이 법은 비록 궁극적으로는 성공하지 못했지만 무려 25년 동안이나 노동운동에 아주 심각한 타격을 줄 수 있었다. 법의 집행은 믿을 수 없을 정도로 가혹했다. 검사의 주장은 심한 욕설을 빼면 거의 아무 내용도 없었고, 증거는 조작까지는 아니더라도 아주 엉성했을 뿐이며, 반면 처벌은 무시무시하고 잔인했다.

노동자 저항의 다른 형태는 기계 파괴였다. 노동자는 자신의 일자리를 뺏는 것이 기계 자체가 아니라 자본가가 이윤 극대화를 위해 기계를 사용하는 방식이라는 점을 깨닫지 못할 때가 있었다. 1758년 영국의 노동자는 최초의 양털 깎는 기계를 다수 파괴했다. 그 결과는 거의 집단적 공황에 가까운 것이었으며, 영국 의회는 공장이나 기계를 파괴하다가 잡힌 노동자는 누구든 처형할 것이라고 위협하는 법을 통과시켰다. 하지만 노동자는 계속해서 경제적 불안정과 물질적 궁핍에 직면해야 했고, 기계 파괴도 계속되었다.

단결금지법이 통과되어 노동자가 합법적인 저항 수단을 잃게 되자 기계 파괴는 더욱더 광범위하게 확산되었다. 1811년 이후 반란은 숫자에서나 강도에서나 급속하게 증가했다. 1811~13년, 1815~17년, 1819년, 1826년, 1929~35년, 1838~42년, 1843~44년, 1846~48년의 기간 동안 반란이 연쇄적으로 일어났다. 이러한 혼란의 대부분은 노동계급 스스로가 자신의 대단히 비참하고 절망적인 상태를 자생적으로 표현한 것이었다. 바이런 경Lord Byron이 1812년 그토록 신랄하게 반대를 표했음에도 불구하고 영국 정부는 기계 파괴를 사형죄로 다스리는 것으로 문제를 풀겠다는 태도를 반복했다.

하지만 1820년대가 되자 노동계급의 이익을 옹호하는 이들 중 다수는 악의 근원이 기계가 아니라는 점을 명확히 깨닫기 시작했다. 노동 대중이 처한 곤경은 경제적, 법적, 사회적, 정치적 제도가 함께 빚어낸 결과라고 이들은 주장했다. 따라서 빈민의 조건을 실질적으로 개선하기 위해서는 이러한 제도의 변형이 없어서는 안 된다는 것이었다. 그리고 노동계급은 더 나은 사회를 만들기 위해서는 자신에게 행해지는 억압의 제도적 기초를 이해해야 하며 또 집단적으로 스스로를 조직할 필요가 있다는 것이었다.

인간미가 넘치는 중간계급 자본가였던 로버트 오언Robert Owen(1771 ~1858)은 1830년대에 이 운동의 가장 영향력 있는 지도자가 되었다. 오언은 열 살 때부터 양탄자 만드는 장인의 도제로 일하기 시작했다. 그리고 스무 살에는 큰 공장의 경영자가 되었다. 사업 결정도 현명했으며 여기에 행운까지 겹쳐 그는 상당한 재산을 손에 넣게 되었다. 이에 그는 뉴 라나크New Lanark의 한 공장을 인수했다. 여기에서 그는 훌륭한 노동 조건을 만들고 임금도 살 만한 수준으로 올리면서 노동계급 아이에게는 교육까지 베푸는 것을 고집했으므로 이 공장은 영국 전역에 이름을 떨치게 되었다.

오언은 자애로운 마음을 가진 사람으로서, 노동자가 감내해야 하는 고통과 어려움을 보고 큰 충격을 받았다. 그는 처음에는 다른 자본가에게 뉴 라나크의 자신의 공장을 예로 삼아 그들이 노동자를 그렇게 대우하는 것은 근시안적이고 무식한 짓임을 보여주려 했다. 노동자를 좀 더 인간적으로 대우한다면 자본가도 노동자로부터 더 많은 생산성을 얻을 수 있고 결과적으로 더 많은 이윤을 얻을 수 있다고 그는 생각했다.

하지만 오언도 곧 그의 예를 따르는 데 관심을 가진 자본가는 거의 한 사람도 없다는 것을 알게 되었고, 해법은 생산자 스스로가 집단적으로 자신의 경제적 운명을 통제할 수 있는 자발적인 '협동조합cooperatives'을 결성하는 것에 있다고 확신하게 되었다. 그는 협동조합으로 하나의 시스템을 구축하면 이것이 현존하는 자본주의적 기업과 공존하면서 경쟁할 수 있을 뿐만 아니라 언젠가는 후자를 완전히 대체할 수 있을 것이라고 생각했다.

협동조합은 자치적인 공업 및 농업 공동체로서, 여기에서는 생산수단의 사적 소유가 폐지되고 또 이기적인 이윤 추구 또한 제거되어 있었다.

지금은 인류의 한 부분이 다른 부분을 힘과 기만으로 억압하도록 훈련되고 배치되고 있으며 그로 인해 양쪽 모두가 큰 불이익을 보고 있는 실정이다. 하지만 더 이상 이런 일은 없을 것이다. 게으름을 피우면서 자기들이 억압하는 이들의 피와 땀을 딛고 사치스러운 생활을 하도록 훈련받는 이들도 더 이상 없을 것이며, 또 매일 일하면서 빈곤하게 살아야 하는 이들도 없을 것이다. 또한 인간의 정신에 거짓을 욱여넣도록 훈련받고 그 대가로 터무니없는 거액을 지불받는 이들도 없을 것이며, 진리를 가르치지 못하도록 방해받는 이들도 없을 것이며, 그 방해를 무릅쓰고 진리를 가르치려다가 심한 처벌을 받는 이들도 없을 것이다.[1]

오언의 협동조합 운동과 그 기초가 되는 생각은 1820년대의 영국 노동 운동에서 아주 큰 영향력을 발휘했고, 특히 1824년 단결금지법이 철폐되어 노동 조직이 다시 합법화되었을 때 더욱 그러했다. 따라서 이 기간 동안 노동운동에 동정적이었던 몇몇 경제 이론가들이 오언주의 협동조합 운동의 생각 다수와 애덤 스미스 및 데이비드 리카도의 저작에서 발견되는 노동가치론의 계급 갈등적 시각을 결합시킨 것은 놀라운 일이 아니다. 이 이론가들 중에서 가장 흥미롭고 영향력이 컸던 이들은 윌리엄 톰프슨William Thompson과 토머스 호지스킨Thomas Hodgskin이었다.

톰프슨의 공리주의와 노동가치론

윌리엄 톰프슨(1775~1833)은 여러 권의 책과 팸플릿을 출간했는데 그중 가장 유명한 두 가지는 《인간 행복에 가장 크게 기여하는 부의 분배 원리에 대한 탐구An Inquiry into the Principles of the Distribution of Wealth Most Conducive to Human Happiness》(1824)와 《노동의 보상, 자본과 노동의 주장의 화해 Labour Rewarded, The Claims of Labour and Capital Conciliated》(1827)였다. 톰프슨에게 가장 큰 영향을 끼친 세 가지 지적 조류는 고전파 정치경제학자의 노동가치론, 오언주의 협동조합 운동의 철학, 제러미 벤담의 공리주의였다.

우리는 앞 장에서 벤담의 공리주의가 뒷날의 신고전파 경제학과 효용가
치론의 철학적 기초를 제공했다고 주장한 바 있다. 또 우리는 효용가치론
은 사회적 조화의 관점에서 도출되며 또 그것을 지적으로 강화시키게 되어
있고 이는 결국 자유 시장 자본주의의 현상 유지를 이데올로기적으로 정당
화하는 데서 보통 꽃을 피운다고 주장한 바 있다. 하지만 또한 앞 장에서 우
리는 벤담이 그의 이력의 나중 몇십 년 동안은 상당히 광범위한 사회적, 정
치적, 경제적 개혁을 옹호했음을 본 바 있다. 톰프슨은 벤담보다 훨씬 더 급
진적인 개혁을 옹호했다. 다음 장에서 보겠지만, 존 스튜어트 밀 또한 자신
을 벤담의 제자라고 여겼으며 법률 개혁을 통해 자유 시장 자본주의의 영
역을 철저하게 제한해야 한다고 생각했다.

따라서 우리는 톰프슨의 생각을 논하면서, 톰프슨이 벤담의 공리주의를
사용하여 자유 시장 자본주의를 개혁, 제한, 폐기할 것을 정당화하려고 들
때마다 화해가 불가능한 모순이 발생한다는 것을 보일 것이다. 우리의 견
해로는, 벤담의 공리주의가 함의하는 바를 논리적으로 일관성 있게 발전
시킨 것은 오직 자유방임 자본주의에 헌신한 보수적인 신고전파 경제학
자들뿐이며, 벤담의 철학은 그들의 보수적인 자본주의 옹호 논리만을 지
지할 뿐이다.

톰프슨은 자신이 벤담의 제자임을 공언했다. 벤담처럼 그 또한 쾌락주의
심리학과 윤리적 쾌락주의 모두를 신봉했다. 하지만 앞으로 보겠으나 그는
또한 이러한 공리주의와는 양립할 수 없는 사회 이론을 고수했다. 그의 쾌
락주의 심리학은 다음과 같은 구절에서 명백히 나타난다.

우리의 유기체는 우리를 **감정을 가진**sentient 존재로 만들었다. 즉 여러
다양한 원천으로부터 고통과 쾌락을 경험할 수 있는 능력을 부여받았다.
부의 획득은 말할 것도 없고 그 밖의 모든 다른 목적에서도, 인간이 각종

의 노력을 행하도록 만드는 유일의 합리적인 동기는 행복의 수단을 증대시키거나, 당장 닥친 것이건 미래에 닥칠 것이건 불편함의 원인을 제거 또는 경감시키는 것이다.[2]

톰프슨은 그의 윤리적 쾌락주의를 변호하는 논리를 개진하지는 않았다. 그는 그저 벤담의 저작에 나타나는 공리주의적 윤리 이론이 "영구적인 진리로 확고하게 개진되었으며 그 덕분에 스스로를 도덕의 시금석인 척하는 다른 모든 이론을 배제해버렸다"고 주장했다.[3]

톰프슨은 부의 분배야말로 사회의 다양한 성원들이 얼마나 많은 쾌락과 행복을 얻을 수 있는가를 결정하는 가장 중요한 요소라고 생각했다. 그는 또한 부가 증대되면 똑같은 양으로 부를 늘렸을 때 얻을 수 있는 쾌락의 증가분이 갈수록 줄어든다고 생각했다.[4] 더욱이 그는 사회의 모든 성원들을 평등하게 대우한다면 그들 모두가 쾌락과 행복을 경험할 수 있는 역량도 똑같이 갖추게 될 것이라고 생각했다.[5] 이러한 생각은 모두 앞 장에서 논의한 벤담의 신념과 대단히 흡사하다.

톰프슨은 또한 노동가치론을 받아들였다. 그는 부를 창출할 수 있는 것은 오로지 노동뿐이며, 한 상품에 투하된 노동량이야말로 그 상품의 가치를 결정하는 으뜸가는 요소라고 생각했다.

> **노동이 없으면 부도 없다.** 노동은 부를 부가 아닌 것과 구별해주는 속성이다. 자연적 인자 자체로는 그 어떤 것도 부를 이루는 물건이 되지 못한다. 부를 낳는 **유일의** 원천은 노동이다. …
>
> 토지, 공기, 열, 빛, 전류, 인간, 말馬, 물 등은 **그 자체로는** 부라고 불릴 자격이 없다는 점에서 모두 똑같다. 이것들은 욕망의 대상, 행복의 원천이 될 수는 있으나, 노동이라는 손길이 이것들을 변형시키기 전까지는 부가

아닌 것이다.[6]

평등주의적 시장 사회주의에 대한 톰프슨의 주장

톰프슨은 그의 공리주의적 전제로부터 다음과 같은 결론을 내린다. "인간의 노력이 생산에 관계하지 않는 경우에는 항상 분배의 평등이 정의의 규칙이다."[7] 세상의 그 어떤 불평등에 대해서도 옹호의 논리는 단 하나뿐이라고 그는 생각했다.

> 모두가 자신의 노동의 이익을 전부 배타적으로 점유할 수 있다는 안전 보장이 없다면 아무도 노동을 하지 않을 것이다. 따라서 노동이 사용된 물건 그래서 부의 구성물이라고 불리는 물건을 분배할 때에 한해서만 평등을 제한하는 원칙으로서 이러한 안전 보장이 있어야 한다. 왜냐면 다른 모든 경우에서는 평등과 생산이 모순되는 법이 없기 때문이다.[8]

불평등을 옹호할 수 있는 유일한 논리를 톰프슨이 기술하는 방식은 벤담의 그것과 흡사하다. 하지만 톰프슨은 벤담보다 훨씬 더 급진적이다. 벤담은 영국에서 부와 소득의 분배가 필요한 수준에 훨씬 못 미치게 불평등하다고 생각했음에도 불구하고 현존하는 자본주의 경제가 정의로운 부와 소득의 분배와 얼마든지 양립할 수 있다고 생각했다. 톰프슨은 여기에 강력하게 반대했다. 그는 자본주의가 모든 이들이 자신의 노동이 확보한 결실을 가져갈 수 있는 "안전 보장의 시스템"은 결코 될 수 없다고 생각했다. "부에 대한 현재의 제도는 대다수 생산자를 희생시켜서 소수를 부자로 만드는 것이며, 가난한 이의 빈곤 상태를 더욱더 절망적인 것으로 만들게 되어 있다."[9]

자본주의는 공리주의 철학으로 정당화할 수 있는 만큼을 훨씬 넘어서는 빈부의 차이를 낳았다고 톰프슨은 생각했다. 자본주의에서는,

부의 불평등에 대해 아무런 제한이 없다. 부는 이제 모든 이들을 지배하는 열정이 되었다. 부를 가짐으로써 얻는 특별함 그리고 그를 통해 다른 이들에게 일으키는 부러움 등은 모든 이들로 하여금 무슨 수를 써서라도 부를 얻도록 재촉한다. 그래서 힘과 꾀를 모두 동원하여 타인의 노동의 결실을 전유하려 들며 또 이러한 목적으로 인류의 대다수를 무지한 상태로 두어 힘들고 괴로운 일도 기꺼이 하도록 만든다. 여기에 도움이 되는 모든 장치는 관습 또는 법률로 굳건히 확립되어 있다. 자본가는 자신의 축적과 지출을 늘리려고 가급적 낮은 임금으로 가급적 많은 생산물을 노동자로부터 뽑아내기 위해 노동자를 힘든 일에 몰아넣고 있으며 이를 위해 언제 어디서나 교묘한 음모를 꾸민다. 이들의 음모는 어디에나 만연해 있다. … 하지만 이러한 이들이 사회적으로 높은 위치를 얻고자 하는 열망은 거의 광적이며 또 돈을 쓰는 것도 직접 즐기기 위한 것이 아니라 그러한 높은 위치와 평판을 얻기 위한 것이다. 그 결과 수천 명의 노동으로 만들어낸 것들이 다름 아닌 이러한 전혀 쓸데없는 욕망을 충족시키기 위해 소진되고 만다. 이러한 공동체에서는 축적된 모든 부가 결국 소수의 손에 들어가며, 이들이 가진 부는 그 주변의 빈곤과의 대조에 있어서나 그 압도적인 물량에 있어서나 모든 사람을 놀라게 한다. 반면 자신의 노동을 생산적으로 만들 자본, 연장, 건물, 재료 등을 모두 빼앗긴 생산적 노동자는 결핍과 생계 수단의 필요 때문에 허리가 휘도록 일하지만 이들에게 주어지는 보상은 항상 최저 수준을 넘지 못하여 근면의 습관을 몸에 익힌 이들만이 가까스로 생존할 수 있는 정도이다.[10]

더욱이 자본주의 하에서 자본가의 부는 "이렇게 과도한 몫의 부를 차지한 이들에게 분명한 여러 악덕을 만들어낸다".[11] 또한 동시에 이는 "[빈자의] 상상력과 경탄을 불러일으키며, 그를 통해 공동체의 모든 이들이 부자의 악덕을 따라하도록 확산시킨다".[12]

자본주의적 소유관계 때문에 자본가계급은 "노동자의 생산물의 최소한 절반 이상을 생산자가 사용하지 못하도록"[13] 강제적으로 수탈해간다. 게다가 자본주의는 본질적으로 불안정하다. 그 불안정성은 결국 공황을 낳고, 이는 다시 실업, 경제적 낭비, 고통의 확산 등을 낳는다.

> 사회의 **일반적 수준의** 욕구와 안락은 세월이 지나도 거의 동일하다. 식량, 의복, 주택의 건축 형태와 양식 등은 변하기는 해도 그 속도는 아주 느리다. … 이것을 생산하는 행위의 성격과 형식 또한 거의 변하지 않는다. …
>
> 하지만 과도한 부를 축적한 이가 열망하는 저 불필요한 사치품목은 수요가 항상 변덕에 휘둘리는 것이 당연하다. … 집단적인 변덕이 끓어오르면 관심이 된 품목의 수요는 미친 듯이 늘어나고, 이 때문에 수많은 이들이 종사하고 있던 산업을 버리고 이렇게 더욱 돈이 펑펑 흘러드는 새로운 품목의 생산에 뛰어들게 된다. 하지만 결국 유행의 열병이란 아무렇지도 않게 사라지는 것이어서, 그 사치품도 낡고 진부한 것이 되어 더 이상 즐거움을 줄 수 없게 된다. 이렇게 되면 과도하게 많은 생산자가 몰려들어와 방금까지도 활기차게 돌아가던 생산활동은 갑자기 예전에 비하면 정지 상태나 마찬가지로 멈춰서게 된다. 이 물품의 수요가 많을 때 그 생산에 사용했던 고정자본 및 유동자본은 이제 다른 산업으로 이전되어야 하며, 그 과정에서 상당한 손실을 입지 않을 수 없다. … 노동자는 일하고자 하는 성향에 있어서나 능력에 있어서나 그 이전과 변한 것이 없고 또 아무런 잘못도 저지르지 않았지만, 일자리를 빼앗기게 된다.[14]

자본주의는 착취, 인간의 타락, 불안정성, 고통, 그리고 괴기스러울 만큼 극단적인 부와 소득 불평등의 시스템이 되지 않을 수 없다고 톰프슨은 결론을 내렸다. 그는 사려 깊은 연구자가 공리주의에 입각하여 사유한다면 자신과 똑같은 결론에 도달할 것이라고 생각했다. 참으로 역설적인 일이지만, 톰프슨은 경쟁적인 자유 시장 자본주의를 도덕적으로 정당화하는 데 오늘날까지 쓰이고 있는 공리주의의 주장을 거의 모두 받아들였다. 그는 자발적 교환을 통해 교환 당사자 모두가 이득을 보게 될 것이라고 주장했다. 양쪽 모두 자신이 포기한 것보다 더 많은 효용을 얻게 되기 때문이다. "만약 교환의 양쪽 당사자 모두가 자신이 내놓는 것보다 그를 통해 얻게 되는 것을 부의 품목으로서 더 선호한다면, 이러한 **자발적인** 교환은 부를 통해 행복을 증진시키는 경향이 있으며 따라서 생산하고자 하는 동기 또한 증대시키는 경향이 있다."[15] 이 구절은 자본주의를 옹호하는 공리주의의 논리와 완전히 동일하다. 공리주의자가 시장은 자본가와 노동자를 포함하여 모든 이들의 이익을 조화시킨다고 주장할 때 논거로 삼는 것이 바로 이 자유 교환의 옹호이기 때문이다.

　톰프슨이 이러한 보수적인 자본주의 옹호론의 공리주의를 반박할 수 있었던 것은 그가 노동자가 자본주의 하에서 자신의 노동력(즉 노동할 수 있는 능력)을 **자유롭게** 판매한다는 주장을 부인했기 때문이었다. 그는 노동자가 생산에 쓸 연장과 재료를 소유하지 않는다면 이들은 자유로운 게 아니라고 주장했다. 그들이 자신의 노동력을 판매하는 것은 자유로운 교환이 아니라 강제에 의한 것이다. 굶주림의 위협이라는 것은 폭력에 의해 죽임을 당할 위협과 똑같이 강제적인 것이다.

　따라서 톰프슨은 공정하고 경쟁적인 교환 사회에서는 "모든 노동 생산물이 그것을 생산한 이들에게 확실히 주어져야 한다"[16]고 결론을 내린다. 이는 곧 자본의 소유자가 "그보다 더 활동적으로 일한 생산적 노동자와 동일한 정도의 안락을 누리는"[17] 정도로만 살아야 한다는 것을 뜻한다. 만약 이러한 규칙을 강제할 수만 있다면, 단 한 세대 안에 모든 노동자는 개인으로든 집단으로든 자본을 소유하여 자신의 노동의 결실을 모두 갖게 될 것이다.[18]

따라서 자유 교환을 통해 모든 교환자가 조화롭게 혜택을 보려면 두 가지 엄중한 조건이 꼭 필요하다고 톰프슨은 생각했다. 첫째, 노동자가 강제에 의해서가 아니라 자유롭게 생산활동을 할 수 있으려면 생산에 필요한 자본과 재료를 스스로 가져야만 한다. 이러한 사회에서는 어떤 노동자도 다른 이보다 더 많은 자본을 사용하지 않으므로, 비록 일정한 불평등은 남겠지만 그래도 자본주의보다는 부의 분배가 훨씬 더 평등하게 될 것이다. 둘째, 경쟁을 통한 혜택이 보편적으로 돌아가게 하려면 자유 경쟁에 대한 모든 제약을 제거해야 한다. 이를 위해서는 생산을 제한하거나 지시하는 법률, 어떤 시장에서든 독점적 이익을 확립하고 유지해주는 법률, 특정 생산에 세금을 물리거나 보조금을 지급하는 법률, 정부로 하여금 통화 공급을 규제하도록 허용하는 법률, 상속을 통한 부의 획득을 허용하는 법률 등을 모두 철폐할 필요가 있다.[19]

톰프슨이 묘사하고 있는 체제는, 20세기에 들어와 이론적 모델로서 또는 지적인 비전으로서 제시된 평등주의적 시장 사회주의와 대단히 흡사하다. 공리주의를 일관된 논리로 밀고나가면 자신과 비슷한 결론에 도달하게 될 것이라는 게 톰프슨의 생각이었다.[20]

시장 사회주의에 대한 톰프슨의 비판

자본주의에 비해 경쟁적인 시장 사회주의가 우월하다는 것을 입증하기 위해 공리주의적인 도덕적 논의를 펼친 뒤, 톰프슨은 다음과 같은 질문을 내놓는다.

> 이런 노동의 양식을 찾을 수는 없을까? 일하는 사람 모두에게 일한 것이 확실하게 돌아가도록 함으로써 개인 간의 경쟁에서 빚어지는 모든 해악을 예방할 뿐만 아니라, 개인 간의 경쟁을 아무리 잘 조직한다고 해도 도저히 따라잡을 수 없을 정도로 풍부한 생산과 모든 인간 재능의 개발이라는 독특한 이득을 훨씬 더 많이 제공할 그러한 노동의 양식 말이다.[21]

이 질문에 대답하기 위하여 그는 "개인 간의 경쟁이라는 **원리 자체**"에 "내재한 것으로 보이는"[22] 다섯 가지 해악을 열거한다.

경쟁적인 시장 사회주의의 첫 번째 해악은 모든 "노동자, 기술자, 무역상이 다른 모든 이를 경쟁자로, 즉 꺾어야 할 대상으로 〔본다〕"는 것이다. 게다가 각자는 "〔자신의 직업〕과 공공의 이익 사이에서 두 번째의 경쟁 또는 대립을"[23] 보게 된다는 것이다. 따라서 "이기주의라는 원리가 필연적으로 … 일상적 삶의 모든 측면을 〔지배하게 된다〕"[24]는 것이다. 예를 들어 경쟁적인 시장 사회주의 아래서는 "의사로서는 질병이 존재할 뿐만 아니라 만연하는 것을 스스로의 이익으로 삼게 된다. 그렇지 않을 경우 자신의 직종은 10분의 1, 100분의 1로 줄어들 테니까".[25] 사회 전체를 위하여 예방 의학을 펼치는 것은 결코 의사의 이익이 될 수 없을 것이다. 다른 직업 중에서도 자신의 제품이나 서비스에 대해 강력한 필요를 창출하거나 유도하려고 기를 씀으로써 비슷한 혜택을 거둘 수 있는 직업이 무수히 많다. 설령 사회 전체로 보자면 그런 제품이나 서비스가 필요하지 않은데도 말이다. 이러한 해악은 시장 사회주의에서는 치유가 불가능하다. 왜냐면 개인 차원의 보상은 ⋯ 박애의 원리와는 철저하게 반대된다. 그리고 이러한 공공의 해악에 대해 이 체제가 허용하는 유일한 해결책은 같은 직업의 개인 간 사적 경쟁이다. 이를 통해 그 해악이 확대되는 규모를 줄임으로써 그것들이 큰 규모로 나타나는 것을 완화한다. ⋯ 개인적 부의 획득을 위해 자기 이익을 추구하는 것이야말로 거의 모든 악덕과 범죄의 근원이다. 이러한 악덕과 범죄는 자신의 이익과 타인의 이익의 대립이 사라지지 않는 한 일정한 정도로 계속될 수밖에 없다.[26]

시장 사회주의 경제라고 해도 개인적 부의 추구에 내재하는 두 번째 해악은, 여성에 대한 체계적인 억압이다. 이러한 억압은 그 자체로도 해악이지만, 엄청난 경제적 낭비를 낳는다는 점에서도 해악이다. 개인주의에 입각한 부의 추구와 양립할 수 있는 가족 체제는 오로지 개별 핵가족 체제뿐이다. 개별 가족 안에서는 "모든 자잘한 가사노동이 정해진 시간에" 행해져야만 한다. 만약 "여러 가족이 서로 결합되어 음식을 준비하고 아이를 가르치는 일에 대해 공동의 자원을 〔형성〕할 수만 있다면"[27] 여성도 이러한 가사노동에서 벗어날 수 있을 것이다. 하지만 만약 그 밖의 다른 모든 생활에서는 자본주의를 방불케 하는 개인주의적 경쟁으로 기능하게끔 가족이 짜여져 있다면 이런 식의 협동 장치 또한 만들어봐야 지속될 수 없다. 경우의 수는 두 가지뿐이다. "협동을 통해 상호적인 박애가 생겨난다면", 이는 "상호 협력 그리고 연합한 노동이 낳은 생산물을 향유하는 평등"으로 귀결될 것이다. 그게 아니라면 이기주의가 지배하게 될 것이며 "개인적 지출과 향유에 대한 사랑"이 나타나 그러한 장치를 모조리 파괴하고 핵가족을 다시 확립하게 될 것이다.[28]

개인 간 경쟁의 시스템 내에서는 남성의 체력이 우월하다는 "동물적이고 육체적인 우위"에다 "지식 및 정치사회적 제반 권리"의 불평등이 결합되어 여성을 다음과 같은 상태에 확실하게 묶어둘 것이다.

> 사회로부터 격리되어 [경제적으로 낭비적인] 노예나 할 가사노동을 계속하게 되며, 일거수일투족을 다른 인간에 의해 통제당하게 되며, 이들이 힘써야 할 의무는 그저 그들의 주인과 아이를 집안에서 안락하게 돌보는 것에 제한되며, 사회적 존재로서의 위치는 … [절대로 상승하지 않게 된다].[29]

하지만 이는 순수하게 개인주의적 경쟁 체제의 결과일 뿐 남녀 간의 관계에 본질적으로 내재한 것은 아니다. 산업 기술이 발전하면서 체력이 생산성 향상의 원천이 되는 경우란 거의 완전히 사라졌으며, "여성도 동일한 훈련만 받는다면 남성과 똑같이 생산적 노동을 … [하게 될 것이다]".[30] 톰프슨은 이렇게 사회적 평등의 필수적인 전제 조건으로서 생산의 평등을 들었는데, 이는 개인주의적 경쟁이 아니라 협동과 공유에 기초한 사회를 요구한다는 것이다.

여성의 억압에 대한 톰프슨의 설명은 실로 괄목할 만하다. 여성 억압의 본질과 그 귀결에 대한 톰프슨의 이해는 거의 반세기가 지난 뒤 존 스튜어트 밀이 내놓았던 것보다 여러 면에서 더 우월하다. 하지만 불행하게도 밀의 여성 억압에 대한 분석은 널리 칭송되어온 반면 톰프슨의 분석은 거의 잊혀지고 말았다. 이 주제에 대한 톰프슨의 글이 어떤 분위기를 가지고 있었는지는 다음의 인용문에서 조금이나마 맛볼 수 있다.

> 남자들은 자신들의 육욕이 발동할 때는 인류의 절반, 즉 여성을 가장 사랑스럽고, 가장 순결하고, 가장 선하다고 말한다. 하지만 그러한 여성에 대해 오늘날 전제 왕정에서나 공화제에서나 보편적으로 퍼져 있는 제도들은

아마도 농업노예나 가사노예의 우두머리들조차도 상상하지 못할 것들이다. 남성과 여성은 서로에게 이 우주에서 가장 사랑스럽고 기쁨과 흥분을 가져오는 존재이다. 따라서 사랑스러움이나 그와 비슷한 하찮은 문제들에 있어서 남녀는 동등하다. 그런데 여성은 자연적으로 힘이 약하고, 남성이 전혀 겪지 않는 신체적인 고통과 불편함이 엄청나다. 가뜩이나 이렇게 자연적으로 피할 길 없는 불이익을 지니고 살아가야 하는 여성에게 남성이 또다시 인위적으로 만들어낸 제약을 가하고 또 얼마든지 피할 수 있는 해악을 굳이 덧붙인다는 것이 말이 되는 이야기인가?[31]

이 인용문 뒤에는 여성에 대한 억압이 여성의 안녕만이 아니라 궁극적으로는 남성의 안녕까지 파괴하고 마는 여러 방식에 대해 상세하고도 놀랄 만큼 혜안이 넘치는 논의가 이어진다. 그의 분석이 의도한 것은 행복 그리고 "여성과 남성을 포함한 전체 공동체의 전반적인 지적 수준을 떨어지게 만들고 또 왜곡하는 것"[32]은 바로 성적인 불평등을 온존시키는 제반 방식이라는 점을 보여주는 것이었다.

시장 경쟁—자본주의적이든 사회주의적이든—의 세 번째 해악은 시장의 무정부 상태로 야기되는 경제적 불안정성이다. 사회주의는 자본가의 변덕스럽기 짝이 없는 사치스러운 취향이 경제 위기와 불황의 원천이 되는 것을 제거하기는 하겠지만, 경쟁적 시장을 통해 자원이 배분되는 한 경제적 불안정성, 실업, 낭비, 사회적 고통의 결과가 나오는 것은 피할 수가 없다는 것이다.

개인 간의 경쟁이라는 원리 자체에서 기인하는 세 번째 해악은, 개인의 판단력은 제한되어 있으므로 이따금씩 개인의 노력은 수익성이 없거나 부적절한 것이 되고 만다는 점이다. … 만약 모든 이들이 자신의 노동을 생산적으로 만드는 데 필요한 물질적, 정신적 수단을 소유하고 자신의 노동 성과물을 가져갈 수 있는 기회를 평등하게 누리고 있다면 해악의 큰 부분은 분명히 사라지게 될 것이다. 하지만 개인 간의 경쟁이 존재하는 한 모든 이들은 자신이 하기로 한 직종이 성공을 거둘 확률에 대해 스스로 판단해야만 한다. 그런데 이렇게 판단을 내릴 수 있는 수단은 무엇인가? 자신의 직업에서 좋은 성과를 거두고 있는 이들은 누구나 경쟁이 심해져 이득이 줄어드는 것을 두려워해 자신의 성공을 숨기는 것을 이익으로 삼는다. 자기가 만들고 싶어서 만든 물품이 시장에서, 그것도 종종 지구 반대편에 있는 멀고 먼 시장에서 잘 팔릴 것인지를 판단할 수 있는 개인이 누가 있단 말인가? 그리고 만약 판단에 **실수**라도 있었다가는… 그가 피땀 흘려 만든 것을 원하는 사람이 전혀 없고 결국 아무 이윤도 낳지 못한다면 무슨 결과가 닥칠 것인가? 단순한 판단 착오가 … 파멸까지는 몰라도 심각한 곤란을 초래할 것이다. 개인 간의 경쟁이라는 틀이라면 아무리 최상의 형태를 띤다고 해도 이런 종류의 사건을 피할 수 없어 보인다.[33]

경쟁적인 시장 사회주의의 네 번째 해악은, 자본주의가 시장에 의존함으로써 발생했던 불안정성의 많은 것이 그대로 남게 된다는 것이다. 경쟁적인 시장 사회에서는 이기주의와 자기중심주의가 조장되며 이는 결국 "기형 및 불구, 질병, 노령, 그 밖에 인간의 삶에 따라오는 무수한 사고에 대비할 자원이 전혀 충분치 못한"[34] 상황을 낳을 수밖에 없다는 것이다.

시장 경쟁의 다섯 번째 해악은, 지식의 획득을 탐욕과 개인적 이익에 종속된 것으로 만들어 지식의 진보와 확산을 늦추게 된다는 것이다. "개인 간의 경쟁에서는 새롭고 뛰어난 것이 있어도 이를 경쟁자에게 숨기는 것이 필연적으로 따라오게 된다. … 왜냐면 개인적 이익의 극대화라는 것은 박애의 원리와는 반대되는 것이니까."[35]

이렇게 톰프슨은 경쟁적인 시장 사회주의가 비록 자본주의에 비하면 극적인 개선을 이룬 체제이지만 여전히 시장에 의존하기 때문에 수많은 사회악을 내포하고 있다고 결론을 내린다. 최상의 사회 형태는 계획과 협동에 기초한 사회주의 사회라는 것이 그의 주장이었다. 이러한 사회는 상호협조와 자치와 협동에 기초한 500명에서 2천명 사이의 공동체로 이루어질 것이다.

이러한 공동체 내에서는 사람들이 모두를 위한 가게에서 생필품을 무료로 자유롭게 가져갈 수 있다. 아이는 공동으로 양육되며 공동 기숙사에서 생활하고, 성인은 작은 아파트에서 산다. 모든 이들이 이용할 수 있는 공동 주방 설비가 있다. 노동 분업에 있어서 성적인 차이는 없을 것이며, 요리, 양육, 그 밖에 지금까지 여성이 맡아왔던 가사노동은 순번제로 모두가 똑같이 나눈다. 모든 사람은 다양한 직업에서 기술을 익히며, 정기적으로 직업을 바꾸면서 노동의 단조로움을 제거한다. 통치제 또는 협의체는 꼭 필요한 최소한의 규모로 국한되며, 각 공동체의 모든 성인은 여기에 정규적으로 참여한다. 모두에게 최고의 교육이 무료로 주어진다. 정치, 사상, 종교의 자유는 절대적으로 보장된다. 그리고 마지막으로 모든 부는 공동체적으로 통제되고 공유되므로 물질적 부의 분배로부터 질투심을 불러일으킬 만한 사회적 차별은 전혀 생겨나지 않는다.[36] 협동에 기초한 사회주의적 공동체라는 톰프슨의 관점은 일반적으로 그가 살았던 당대의 오언주의 운동에 참여한 사람들 대부분이 가지고 있었던 생각을 반영하고 있다. 오언주의 운동의 역사 전체를 볼 때 오언 이후 가장 영향력이 큰 대변인은 바로 톰프슨이었다. 계획과 협동에 기초한 사회주의 사회에 대한 톰프슨의 묘사야말로 사회주의 사상사에서 가장 풍부하게 기술된 최초의 비전이라고 할 수 있다.

하지만 톰프슨은 혁명적 사회주의자는 아니었다. 그는 폭력을 끔찍하게 싫어했으며, 그의 협동에 기초한 사회주의의 계획이 널리 사람들에게 이해된다면 전면적으로 호소력을 가지게 될 것이라고 생각했다. 그래서 일단 다수의 사람들이 그러한 사회에서 어떤 혜택이 나오게 될지를 깨닫게 된다면 사람들 스스로가 자발적으로 또 평화적으로 그러한 사회를 만들어가게 될 것이라고 그는 확신했다.

톰프슨의 공리주의에 대한 비판

공리주의는 신고전파 효용가치론의 철학적 가치를 제공한다는 것, 그리고 이 효용가치론은 모든 집단 이익의 조화라는 일반적 관점을 지지한다는 것이 이 책의 중심적 주제이다. 이 지적 전통은 시장 자본주의의 현재 상태를 옹호하고 지지하는 가장 정교하고도 심오한 지적인 논리 또는 이데올로기를 대표한다. 따라서 리카도와 같은 보수적 이론가가 노동가치론의 요소와 효용가치론의 요소를 결합시키면서 모순에 봉착했듯이, 톰프슨과 같은 자본주의에 대한 급진적 사회 비판도 그 두 가지 관점을 결합시킨 결과 그와 비슷한 모순에 빠지고 말았다. 이 절에서는 왜 공리주의가 급진적인 사회 개혁을 지지할 수 없는가, 그리고 왜 그것이 본질적으로 현상 유지를 지지하는 경향을 가질 수밖에 없는가를 보여주고자 한다.

공리주의란 사람들이 어떻게 행동하는가를 설명하는 심리학 이론이기도 하지만, 동시에 사람들이 마땅히 행동해야 하는 바를 밝히는 윤리학 이론이기도 하다. 우리는 톰프슨이 최소한 그의 주장들 중 일부에서 이 공리주의의 두 요소를 모두 받아들였다는 것을 보았다. 톰프슨(그리고 우리가 다음 장에서 논하게 될 존 스튜어트 밀)에게는 공리주의가 자신의 평등주의적 감정을 지지하는 것으로 보였다. 도덕적 판단을 내릴 때는 귀족(태생에 의해서든 부에 의해서든)의 쾌락만을 중요시할 것이 아니라 모든 이들, 즉 경제적으로 가장 불리한 위치에 있고 가장 억압받는 이들까지 포함하여 모두의 쾌락을 고려해야 한다고 분명히 말하는 것이 공리주의인 만큼 이것이 민주주의적 철학으로 보였던 것이다. 하지만 이러한 평등주의적이고 민주적인 성격을 띠는 공리주의의 겉모습은 자세히 검토해보면 환상에 불과하다는 것을 증명할 수 있다.

문제는 공리주의에서 선악을 가리는 도덕의 **유일한** 잣대가 개인의 쾌락과 고통이라는 점에 있다. 쾌락과 고통은 주관적으로 느끼는 감각일 뿐이다. 쾌락과 고통의 직접적 경험은 그 성격상 개인적이고 사적일 수밖에 없다. 개인은 스스로가 느끼는 여러 가지 주관적 쾌락을 서로 비교해볼 수도 있고 서열을 매겨볼 수도 있겠으나, 그것은 다른 사람의 쾌락의 강도와 직접 비교해볼 수단은 있을 수 없다. 게다가 어떤 개인이 자신의 여러 쾌락에 매긴 서열은 사적이고 주관적이며 상대적인 것이기에 다른 사람이 매긴 서열과 크게 다를 가능성이 높다. 그런데 공리주의에서는 궁극적인 도덕적 잣대가 개인이 느끼는 쾌락이기에 두 사람의 쾌락 사이에 도덕적 판단을 내릴 수 있는 방법이 전혀 없다. 벤담도 이러한 문제를 인식했기 때문에, "쾌락의 양이 동일하다면 압핀이나 시詩나 똑같다"고 말했다.

따라서 공리주의로는 평등주의적 시장 사회주의가 자본주의보다 낫다는 주장을 내놓을 수가 없다. 톰프슨이 정말로 일관된 공리주의자였다면 이렇게 말했어야 했다. "내가 자본주의보다 평등주의적 시장 사회주의를 선호하는 이유는 후자가 전자보다 나에게 더 큰 쾌락을 주기 때문이다." 하지만 그러면 자본가도 일제히 자신은 평등주의적 시장 사회주의보다는 자본주의를 선호한다고 응수할 것이다. 이렇게 되면 공리주의적 태도를 일관되게 유지하는 한, 이런 식의 공박은 톰프슨이 자신은 압핀보다 시가 좋다고 말하면 여기에 대고 자본가가 자신은 시보다 압핀이 좋다고 말하는 식과 다를 바가 없어진다. 두 논쟁 모두에서 주장하는 쪽 모두 스스로는 옳겠지만, 보편적으로 올바른 쪽은 없다. 공리주의는 각자가 나름대로의 선호 체계에 따라 제일 좋은 것을 판단하는 개인적 선호보다 상위에 있는 잣대를 전혀 제공할 수 없다.

하지만 톰프슨은 부의 평등한 분배로 사회의 모든 쾌락의 총계를 증대시킬 수 있다고 생각했다. 공리주의가 과연 이러한 관점을 지지할까? 대답은 아니오이다. 이러한 결론에 도달하기 위해서는 쾌락을 경험할 수 있는 모든 개인들의 개인적, 사적, 주관적 역량을 양적으로 비교해야만 한다. 이러한 비교가 어떻게 가능한지에 대해서는 아무도 제안을 내놓지 않았다. 다음의 구절을 보면 톰프슨 자신도 이 점을 깨닫고 있었음을 알 수 있다.

> 사람들마다 이러한 향유의 능력 또는 감수성이 다르다고 가정해보자. … 그렇다면 극복이 불가능한 현실적 난점이 생긴다. 이러한 감수성을 측정할 **척도**로 누구를 설정할 것인가? 빈자? 부자? 늙은이? 젊은이? 근면한 이? 열심히 공부하는 이? 글도 읽을 줄 모르는 이? … 그렇다면 우리는 본래 사람마다 다르게 마련인 향유의 능력에 대해 이런저런 억측을 내놓음으로써 부의 분배에 영향을 끼치겠다는 생각은 일고의 가치도 없는 것으로 포기해야만 한다.[37]

그렇다면 톰프슨은 평등한 부의 분배가 지극히 불평등한 분배보다 도덕적으로 우월하다는 결론에 어떻게 도달했는가? 그것은 최초의 분배가 평등했다는 전제를 **출발점**으로 삼는 것이 그 방법이었다. 그다음에 그는 이렇게 주장한다. 어떤 이가 다른 이보다 쾌락의 능력이 더 크다는 것을 입증할 수 없으므로, 그 최초의 평등한 분배에서 불평등한 분배로 넘어오는 과정의 **변화**를 공리주의에 근거해 변호할 수는 없다고. 하지만 이러한 그의 결론은 전적으로 최초의 분배는 평등했다는 자신의 가정에 기대고 있는 것이다.

톰프슨의 논리에 숨은 문제점은, 사람들이 가진 쾌락의 능력이 같지 않다는 것을 증명할 수가 없는 것과 마찬가지로 사람들이 가진 쾌락의 능력이 같다는 것을 증명할 수도 없다는 것을 깨닫지 못한 데 있다. 현재 상태에서 재분배를 새로 행한다는 것은 항상 누군가로부터 부의 일부를 빼앗아 다른 이에게 준다는 것을 뜻한다. 그런데 그 과정에서 부를 내놓는 개인들이 빼앗기게 되는 쾌락의 양을 새로 부를 받는 개인들이 얻는 쾌락의 양과 비교하는 것이 불가능하다면, 우리는 재분배를 도덕적으로 평가할 수 없게 된다. 그리고 톰프슨 스스로도 인정하듯, 그러한 비교는 불가능하다.

따라서 공리주의는 현존하는 부의 분배가 어떤 모습이든 그것을 항상 지지할 것이다. 만약 톰프슨이 가정하는 모습대로 분배가 평등한 상태에 있다면 공리주의는 평등을 지지할 것이다. 하지만 뒤에 보수적인 신고전파 경제학자들이 깨닫게 되듯이 만약 분배가 평등하지 않다면 공리주의 철학은 또 불평등을 지지할 것이다. 물론 직접적으로 불평등을 지지하는 것이 아니라 간접적인 지지이긴 하지만. 공리주의는 현재 상태가 어떤 다른 상태보다 더 우월하다고 증명하는 논리가 아니다. 단지 현재 상태에 변동을 가져올 어떤 변화도 공리주의에 근거한 논리로는 지지할 수가 없다는 것을 명확히 할 뿐이다. 하지만 공리주의자는 공리주의를 초월하는 어떤 도덕적 잣대도 갖고 있지 않기 때문에, 이 말은 현재 상태에서의 어떤 변화도 도덕적으로 옹호할 수 없다는 것을 항상 의미한다.

그런데 톰프슨이 그토록 고통스럽게 의식하고 있었듯이, 자본주의의 현재 상태란 기괴할 정도의 불평등 상태이다. 따라서 공리주의는 결국 현존하는 불평등을 정당화하는 대단히 보수적인 철학이 되고 만다. 공리주의 논리 체계 안에서는 상이한 개인들의 주관적 상태를 양적으로 비교할 방법이 없으며, 이 때문에 갈등이나 의견 불일치가 존재하는 두 가지 상황이 있을 때 그중 어느 것이 옳은지를 도덕적으로 판단하는 것 또한 불가능해진다.

공리주의는 따라서 오로지 사람들의 의견이 만장일치에 도달할 때만 판단이 가능해지는 대단히 제한적이거나 협소한 철학이라고 볼 수 있는 것이다.

만약 현존하는 부와 소득의 분배를 받아들인다면, 시장 교환은 그러한 만장일치가 존재하는 유일한 사회적 상태의 하나가 된다. 양측은 교환을 통하여 자신이 내놓는 것보다 더 많은 것을 가져가고 싶은 욕망을 갖는다. 따라서 우리가 교환만을 바라본다면 존재하는 것은 곧 만장일치요, 상황을 지배하는 것은 조화이다. 그렇기 때문에 공리주의는 곧 경제 이론에서의 교환의 관점과 동일시될 수 있으며, 또 교환이라는 관점은 항상 자본주의를 사회적 조화의 시스템으로 보게 되는 것이다.

노동가치론의 관점과 효용가치론 또는 교환의 관점 사이의 가장 중요한 규범적 차이가 무엇인지를 이제 명확히 볼 수 있다. 예를 들어 무일푼의 노동자가 자신의 노동력을 보잘것없는 임금 및 끔찍한 노동조건과 교환한다고 했을 때, 노동가치론의 관점에서는 자연을 소비가 가능한 유용한 생산물로 바꾸어주는 것이 노동뿐이라는 사실에 초점을 둔다. 우선 직접적인 초점의 대상이 되는 것은 역사적으로 진화해온 소유관계이다. 생산자로 하여금 비참한 삶을 영위하도록 강제하고, 생산과정에서 아무런 필요한 역할도 하지 않는 재산소유자가 엄청난 부를 모으게 해주는 것은 바로 이 소유관계니까. 노동가치론의 중심에는 갈등의 개념이 있다. 하지만 효용가치론의 관점은 부의 분배(즉 소유권의 배분)를 주어진 것으로 받아들이며, 따라서 똑같은 교환 행위를 두고도 조화의 측면, 즉 서로 혜택을 받는 측면에 초점을 두게 된다. 노동자로서는 굶어죽느니 적은 임금이라도 받는 편이 나으며, 자본가는 이윤을 늘리는 편을 더 좋아한다는 것이다. 따라서 노동자와 자본가가 모두 교환에서 혜택을 보는 셈이니 이 상황을 지배하는 것은 바로 조화라는 것이다.

앞서 말한 논의로부터 우리는 톰프슨이 자본주의보다 경쟁적이고 평등주의적인 시장 사회주의를 선호했던 것에 대해 그의 공리주의가 아무런 논리적 근거를 제시하지 못하고 있다고 결론을 내릴 수 있다. 게다가 그가 자본주의와 시장 사회주의보다 계획에 근거한 협동적 사회주의를 더 선호했음을 보게 되면 그의 공리주의는 그를 더욱 난처한 입장으로 몰아가게 된다.

경쟁적 개인주의보다 협동적 사회주의가 낫다는 그의 주된 논지는, 전자에서는 반사회적이고 이기적인 동기가 증진되는 반면 후자에서는 사람들이 서로에게 이익을 주고자 하는 동기가 증진될 것이라는 논리에 기반하고 있었다. 이러한 관점은 인간의 모든 동기를 자기 이익의 합리적 추구로 환원할 수 있다는 가정에 기반하는 톰프슨 자신의 공리주의적 심리학과는 전혀 양립할 수 없다. 벤담의 말을 보자면, "인생의 일반적 행로에서나 모든 인간의 마음속에서나 자기 이익에 대한 관심은 다른 모든 관심보다 더 지배적이다. … 자기 이익을 앞세우는 것은 어디에서나 나타난다".[38] 공리주의 철학 안에서 협동적 사회주의를 톰프슨이 주장하는 것이 불가능함은 명백하다.

우리는 다음과 같은 말로서 톰프슨의 저작에 대한 논의를 마치고자 한다. 그의 저작은 초기 사회주의 저작 중 가장 흥미롭고 깊이 있는 것에 들어가며 또 그의 경제 이론은 진정으로 '가난한 자의 정치경제학'이라고 불릴 만한 것이지만, 그럼에도 불구하고 그는 현재 상태를 가장 일관되게 지지할 수밖에 없는 공리주의 철학을 선택했고 그 결과 해결할 수 없는 모순에 빠져들고 말았다.

이윤의 원천에 대한 토머스 호지스킨의 이론

1820년대 영국의 노동계급 운동에 상당한 영향력을 행사했던 또 다른 저술가로서 토머스 호지스킨Thomas Hodgskin(1787~1869)이 있었다.[39] 그는 분명한 노동가치론 전통에 입각하여 자본과 이윤에 대한 이론을 발전시켰다. 나소 시니어와 대부분의 보수적 경제학자가 1820년대 후반과 1830년대에 리카도의 노동가치론을 버리게 되는 데 있어 호지스킨 이론의 급진적인 결론과 광범위한 영향력이 주된 요소였다는 것은 의심의 여지가 없다. 보수주의자들은 리카도의 이론을 톰프슨, 호지스킨, 나아가 노동운동 일반과도 연관시키게 되었다. 한 저명한 경제사상사가는 이렇게 말했다.

> 1824년 단결금지법이 철폐된 이후의 시절 토머스 호지스킨이라는 이름은 울던 아이도 잠잠하게 만들 정도로 무서운 이름이었다. 따라서 좀 더 보수적인 경제학자 대부분이 리카도의 가치론을 논리적으로 오류일 뿐만 아니라 사회적으로도 위험한 것으로 간주하게 된 것은 아마도 피할 수 없었을 것이다.[40]

호지스킨은 저술가로서 길고도 다양한 경력을 가진 이였다. 그의 책과 논문 대부분은 경제와 정치문제에 대한 것이었다.[41] 그는 최초로 출간한 두 권의 저서에서 재산 소유로부터 수취하는 소득을 정의롭지 못한 것이라고 비난했다. 1813년 출간된 《해군 기율에 대한 논고An Essay on Naval Discipline》에서 그는 소유가 "정의롭지 못할 뿐만 아니라 해로운 영향"[42]을 끼친다고 말했다. 왜냐면 소유란 "절대적으로 … 일상의 노동자로부터 빼앗아서 게으른 신사에게 가져다주는 것일 수밖에 없기 때문이다".[43] 하지만 이 저작에는 이런 주장을 논증할 논리는 거의 나오지 않았으며, 가치나 이윤의 기원을 이해하려는 시도도 없었다.

1818년과 1819년 사이에 호지스킨은 《독일 북부 여행기 *Travels in the North of Germany*》를 쓴다. 이 책에서도 이윤과 지대에 대한 저주가 나온다. "지주와 자본가는 아무것도 생산하지 않는다. 자본은 노동의 생산물이며, 이윤이란 노동자에게 스스로가 생산한 것 중 일부를 소비하도록 허락한 뒤 가혹하게 쥐어짜낸 부분에 다름 아니다."[44]

비록 "자본은 노동의 생산물이다"라는 생각에는 노동가치론의 맹아가 들어 있기는 했지만, 이 저작에서 노동가치론이 전개되지는 않았다. 이윤과 지대는 그저 합법적인 강탈로 그려지고 있을 뿐이다. 호지스킨은 이것을 계급이 분리된 사회의 결과물로 설명했다. 이런 사회에서는 부자가 입법 과정을 통제하며 이를 통해 자신의 영향력, 부, 권력을 영구화한다는 것이다.

> 법률이란… 조금만 방심하면 걸려들게 되는 함정으로서 모든 곳에 도사리고 있다. 이는 특정 계급이 다른 모든 사람들의 희생을 대가로 자신을 부자로 만들기 위해 사용하는 도구이다.[45]

> 부는 그 자체만으로도 무수한 매력을 가지고 있지만, 법을 만드는 이들의 눈에는 그것만으로는 충분치 않다. 이들은 여기에다가 수많은 특권까지 부여한다. 사실상 오늘날 모든 입법의 권력은 부자에게 찬탈당한 상태이며, 대부분의 형법은 단지 부를 보호한다는 목적 하나로 만들어지고 있다.[46]

이러한 사회적 부정의에 대한 치료책으로 호지스킨이 옹호했던 것은 정부와 법률을 제거하는 것이었다. 비록 《독일 북부 여행기》에서는 호지스킨이 자신에게 영향을 끼친 저술가들을 언급하지 않았지만, 그의 생각은 고드윈과 스미스의 영향을 반영하고 있다고 보인다.

> 오늘날 수많은 법률의 해악을 입증하는 많은 증언이 있다. 이 시대는 법률을 만들고자 하는 병적인 욕망에 지배당하고 있으며, 그 결과 모든 유럽 나라의 법령집은 무수히 많고 서로 모순되기까지 하는 법률로 꽉 차 있다.[47]

> 합법적으로 노동자를 억압함으로써 부를 얻은 이들 중에는 자비로운 입법자로서 또는 자선협회의 우두머리로서 두각을 나타내는 이들이 있다. 그런 법률이나 자선협회를 필요로 하는 나라는 실로 불쌍한 나라이다. 자연은 어떤 개인이든 스스로의 욕구를 충족시킬 능력을 가지도록 창조했다. 수백만의 행복은 자신들 스스로의 손에 달려 있으며, 자신들과 비슷한 한두 사람에게 굽신거리는 것은 자연의 섭리가 아니다. 우리의 감각과 지식이란 그저 우리 주변의 작은 동그라미 정도로나 확장될 수 있을 뿐이며, 따라서 우리의 권력과 영향력이 그보다 더 널리 확장되기를 바라는 것은 허영일 뿐만 아니라 한심한 짓이다. 우리는 슬픔으로 가득 찬 이들의 가슴에 기쁨의 기름을 붓기 위해서는 재산을 모아둘 필요가 있다고 하지만, 애초에 그 슬픔으로 가득 찬 이들이 생겨난 것이 바로 그렇게 재산을 모으는 과정이었다는 사실을 알아야 한다. 한 계급의 수탈과 입법자의 간섭이야말로 그들이 이따금 완화시키기를 갈망하는 빈곤과 비참함을 만들어냈다는 것은 아무리 반복해서 말해도 지나치지 않다. 자비와 허영이 공모하여 사람들로 하여금 자신의 형제를 억압하고 지배하도록 만든다. 이기심의 교리는 실로 지혜와 사랑으로 가득 차 있다. 인간의 감정 중에서 자비심만큼이나 의심스럽게 감시해야 할 감정은 없다. 자비심은 보호를 베풀겠다고 하면서 바로 그 보호를 통해 인간을 파멸시키는 것이니까.[48]

리카도의 《정치경제학과 조세의 원리》는 1817년에 출간되었고 호지스킨은 출간 직후부터 그 저서를 연구한다. 그 이전에 호지스킨이 이윤을 "합법화된 강탈"이라고 보았던 자신의 이론을 보강할 만한 가치론을 가지고 있었다는 증거는 없다. 리카도에 대해 처음에 호지스킨이 보인 반응은 부정적이고 적대적인 것이었다.[49] 1820년 5월 28일 프랜시스 플레이스Francis Place에게 보낸 편지에서 호지스킨은 이렇게 말하고 있다. "나는 리카도 씨의 견해가 싫습니다. 그의 견해는 우리 사회의 현재의 정치적 상황을 정당화하고, 미래를 개선하고자 하는 우리의 희망에 한계를 정해버리고 있으니까요. … 이것이 그의 견해에 대한 저의 편견의 원인임을 솔직하고 공개적으로 털어놓겠습니다."[50] 같은 편지에서 그는 애덤 스미스에서 도출한 가치론을 개략적으로 제시하면서 이것이 리카도의 가치론에 대한 논박이 된다고 주장하고 있다. 호지스킨이 자신의 가치론을 최초로 제시한 다음의 인용문은 그의 이론이 이후 정치경제학을 다룬 세 권의 저서에서 더욱 발전되고 상세해졌을 뿐 전혀 바뀌지 않았다는 점에서 중요하다. 호지스킨은 리카도의 가격 결정 이론에 대해 다음과 같이 말한다.

> 리카도 씨는 구매자가 토지의 소출을 분배하는 3대 계급, 즉 지주, 자본가, 노동자와 다르다고 **생각**함으로써 이 주제의 논의 부분에서 상당한 혼동을 담고 있습니다. … 애덤 스미스가 지대와 이윤이 가격을 올린다는 주제를 논할 때는 항상 사회가 그 세 계급으로 구성되어 있다고 생각했음이 분명히 드러납니다. 사실 그와 리카도 씨 모두 **진정한 자연가격**은 **노동**에 의해 지불되는 것이라고 보고 있으며, 따라서 노동의 **가치**가 줄어들거나* 어

---

* 이때 노동의 가치가 '줄어든다diminish'는 말은, 한 상품의 가격을 구성하는 생산비용 중 노동의 비용, 즉 임금이 차지하는 비중이 줄어든다는 의미로 보인다.

떤 상품이든 똑같은 양을 생산하는 데 노동이 더 많이 필요하게 만드는 모든 요인들은 **그 상품의 가격**을 오르게 만든다는 것이 자명한 사실입니다. … 지대는… 지대의 총액만큼 가격을 올리게 되지요. 이윤도 이와 비슷한 방식으로 노동자에게 있어서 그의 생산물 가치를 줄이는 것이므로, 이윤이 포함되는 모든 것의 가격은 노동자에게 있어 오르게 됩니다. A. 스미스가 지대 및 이윤이 가격을 올린다고 했던 것은 바로 이런 의미에서였습니다. … 따라서 지대와 이윤이 증가하면 이에 비례하여 노동자가 상품에 지불해야 하는 가격도 … 증가합니다. … 그런데 만약 리카도 씨의 설명이 … 옳다면 지대와 이윤은 가격에 포함되지 않습니다. … 나는 이것이야말로 … A. 스미스와 리카도 씨의 견해가 서로 차이가 나는 근거라고 생각합니다.[51]

호지스킨이 1825년에 출간한 《자본의 주장에 맞서 노동을 변호하다 *Labour Defended against the Claims of Capital*》는 이윤이 자본의 생산성을 통해 벌어들인 수익이라는 주장을 논박하는 것을 으뜸가는 목적으로 삼고 있다. 가격 결정 과정에 대한 그의 분석은 짧으며, 플레이스에게 보내는 편지에 나오는 앞의 인용문에 들어 있는 생각을 반복하는 것에 불과하다.[52] 1827년 호지스킨은 《대중 정치경제학 *Popular Political Economy*》에서 자신이 정리한 스미스의 가치론을 다시 상세히 논하고 있다.[53] 하지만 이 저작에서 그는 자신의 초기 저작에서 나타난 가치론에 잠재되어 있던 구별 하나를 끄집어내어 상세히 논하고 있는데, 아마도 이것으로 호지스킨의 가치론을 리카도의 가치론과 동일시하는 잘못된 생각이 왜 나타났는가를 설명할 수 있을 것이다. 그 구별은 다름 아닌 '자연가격'과 '사회적 가격'이었다.

자연적 또는 필수적 가격이란 … 어떤 상품을 생산할 때 자연이 인간에게 요구하는 노동의 양 전체를 뜻한다. … 과거에도 자연은 오로지 노동만을 요구했으며, 현재에도 오로지 노동만을 요구하며, 모든 다가올 미래에도 오로지 노동만을 요구할 것이다. 자연과 상대할 때 노동이야말로 유일한 구매력을 가진 화폐이다. 이는 과거에도 현재에도 미래에도 변하지 않는 법칙이다. 그리고 가격을 묘사하는 다른 말이 있으니, 나는 이를 **사회적**이라는 이름으로 부를 것이다. 사회적 규제를 가하면 자연가격은 올라가게 된다.[54]

'사회적 규제'를 가하면 자연가격이 '상승'하여 사회적 가격을 형성하게 된다는 말이다. 이 '사회적 규제'는 곧 지주와 게으른 자본가에게 불로소득을 낳는 법률을 말한다. 사회적 가격에는 따라서 임금뿐만 아니라 지대와 이윤까지 들어갈 수밖에 없다. 호지스킨은 현존하는 정부와 법률을 비자연적인 것으로 보았으며, 그가 말하는 '자연가격'이란 정부와 법률이 철폐되기만 한다면 달성할 수 있는 상황을 묘사하는 하나의 규범적 개념이라는 사실을 명백하게 밝히고 있다. "자연가격의 척도는 그의 〔노동자의〕 노동이며 그 밖의 어떤 것도 아니다. 하지만 노동자는 그것을 생산한 노동의 가격으로 상품을 얻게 되는 법이 결코 없다. 따라서 현재 상태에서 모든 화폐가격은 자연가격이 아닌 사회적 가격이다."[55]

따라서 호지스킨은 리카도와는 달리 현대 자본주의 사회에서는 생산과정에서 상품에 체현된 노동이 그 상품의 가치를 결정한다고 생각하지 않았다. 그는 오히려 애덤 스미스를 따라서 가격을 결정하는 것은 임금, 지대, 이윤의 총계라고 생각했다. 하지만 스미스 그리고 스미스의 보수적인 제자들 대부분과 달리 호지스킨은 이윤과 지대를 뽑아내는 사적 소유의 법률이 비자연적이며 따라서 본질적으로 정의롭지 못한 것이라고 주장했다.

호지스킨의 자본 개념

호치스킨에 따르면 이윤과 지대는 사회적으로 불필요하다. 그럼에도 불구하고 이 둘은 강제적으로 부과되는 비자연적인 생산비용으로서, 가격을 올리는 역할을 한다. 이것은 생산자에 대해 강제적 권력을 갖고 있는 이가 생산자로부터 받는 공물供物을 나타낼 뿐이며 생산과정이 진행되는 데 있어서 본질적으로 필수적인 무언가에 대한 지불을 나타내지 않는다. 호지스킨은 이 점을 증명하기 위해서는 자본이 독자적인 별개의 생산요소라는 생각을 논박하는 것이 필요하다고 느끼게 되었다.

그의 논박에 기초가 되는 것은 자본의 본성에 대한 검토이다. 고전파 경제학자의 관례를 따라서 호지스킨도 먼저 유동자본의 본성을 검토하고 그다음에 고정자본의 본성을 검토한다. 유동자본은, 노동자의 노동이 완성된 상품으로 결실을 맺게 되기 전까지의 기간 동안 노동자를 먹여살리는 축적된 생계 수단의 기금으로 여겨진다고 그는 주장한다.[56] 그러고 나서 호지스킨은 현실에서는 그런 기금이란 존재하지 않거나 기껏해야 아주 적어 무시해도 좋은 양이라고 주장한다.[57] 그는 다음과 같은 결론을 내린다.

모든 계급의 사람들이 자신들의 일상적 직업에 충실할 수 있는 것은, 각자 자신의 직종에만 종사하더라도 자신이 당장에 또 미래에 소비하고 사용하기 위해 필요한 모든 것을 다른 이들이 준비해줄 것이라고 확신하기 때문이다. 나는 이러한 확신이 우리의 자연법칙에서 나오는 것이라고 설명했다. 우리가 내일 해가 떠오를 것이라고 분명하게 기대할 수 있는 것도, 또 우리 동료들이 작년에도 어제도 내일도 내년에도 똑같이 열심히 일할 것이라고 확신할 수 있는 것도 그러한 자연법칙인 것이다. 나는 또 다음과 같은 점에 대해 독자들을 납득시켰기를 바란다. 사용할 수 있도록 축적된 과거 노동의 생산물이라는 게 정말로 있는지는 전혀 알 도리가 없다는 점, 사람들이 보통 상품의 축적에서 비롯된 것이라고 여기는 효과는 사실은 같은 시간에 함께 존재하는 다른 노동에서 비롯되는 것이라는 점, 그리고 자본가가 다른 노동자를 **먹여살리고** 그리하여 고용할 수 있는 것은 그가 상품 축적을 소유한 덕분이 아니라 **일부 노동자의 노동**에 대한 지배력을 소유한 덕분이라는 점이다.[58]

호지스킨에 따르면 '고정자본'이라는 말은 "노동자의 노고를 더 효과적으로 만들거나 노동 생산물을 보호하기 위해 노동자가 사용하는 연장, 도구, 기계, 건물"[59]을 뜻하는 것이라고 한다. 그는 여기서 몇 가지 주장을 내놓는다. 첫째, "모든 도구와 기계는 노동의 산물이다".[60] 둘째, 이 물건은 노동이 투하되지 않는 한 쓸모가 없다. 즉 그 자체로는 아무것도 생산할 수 없다.[61] 셋째, 이 물건을 유지하기 위해서는 정기적으로 노동을 투하해야 한다.[62] 넷째, 대부분의 고정자본이 자본가의 손에 있는 축적을 나타내는 것이 아니라 그 고정자본과 같은 시간에 함께 존재하는 노동이 계속해서 사용하여 마모시키고 또 재생산하는 것이다.[63]

따라서 자본이란 노동과정, 노동자 사이의 관계, 그리고 노동 생산물의 수많은 서로 다른 측면일 뿐이다. 하지만 이 측면은 어느 생산과정에나 다 있는 것이며 또 어느 사회에나 다 있는 것이다. 그럼에도 불구하고 1820년대의 서유럽 나라에서 생산과정의 이러한 보편적 측면을 '자본'이라고 부르게 되면 당대의 경제에 실제로 존재하면서 기능하는바 자본의 가장 본질적인 특징 하나가 가리워지게 된다고 호지스킨은 생각했다.

이리하여 온 나라의 생산물을 노동자가 굶어 죽지 않을 만큼만 빼고 모조리 독식하는 자본이 … '노동의 생산물'이며, '상품'이며, '노동자가 먹는

식량과 노동자가 사용하는 기계'이며, 그 결과 우리는 온 나라의 생산물 중
에서 최소한의 생필품만 얻은 채 나머지의 엄청난 덩어리는 모두 자본가에
게 내어줄 수밖에 없다는 결론이 나오게 된다. … 그 대가로 우리가 얻는
특권이라고는 우리 스스로가 생산한 식량을 먹을 특권, 그리고 더 많이 생
산하도록 우리의 노동 숙련을 발휘할 특권뿐이다.[64]

자본이란, 자기들 이외의 인류 전체를 마치 양떼처럼 벗겨먹는 자들이
양털을 깎는 자신들의 손을 가리기 위해 발명한 교회나 국가 또는 다른 일
반적 용어와 마찬가지로 신비스럽기 짝이 없는 말이다.[65]

호지스킨의 공리주의

호지스킨은 자본이란 본질적으로 한 계급이 다른 계급의 생산물을 수탈
하는 강제적 권력을 내포하는 사회적 관계라고 생각했지만, 그럼에도 불구
하고 그는 사회주의자는 아니었다. 그는 생산수단의 사적 소유는 자연이
정한 법령이라고 주장했다. 현존하는 비자연적 재산 소유권과 자연적이면
서도 정의로운 재산 소유권의 구별은 1832년에 출간된 그의 마지막 저서
《자연적 소유권과 인위적 소유권의 대조 *The Natural and Artificial Rights of
Property Contrasted*》의 주제이다. 그는 이렇게 말한다. "자연은 모두에게
각자의 육신을 준 것과 마찬가지로 각자의 노동이 생산한 것을 모두에게
부여했다."[66] 자본을 단지 생산된 생산수단에 불과한 것으로 본다면, 이는
과거 노동의 산물이며 또 현재 및 미래 노동에 꼭 필요한 조력물이라고 보
는 것이 옳다. 그렇다면 자본에 대한 자연적 소유권은 마땅히 그것을 생산
한 노동자 그리고 그것으로 생산을 행하는 노동자에게 돌아가야 한다. 호

지스킨은 자본을 생산하지 않은 이가 소유하는 것은 비자연적이며, 또 대부분의 사회악의 근저에 도사린 문제가 바로 이것이라고 생각했다. 생산을 행하지도 않은 이가 그저 소유권이 있다는 이유로 자기가 생산하지도 않은 것을 가져가도록 허용하는 법률은 모조리 비자연적이다. 호지스킨은 현존하는 소유권의 옹호자에게 저주를 퍼붓는다.

> 사람들이 자연적이라고 부르고는 있지만 존중해야 할 이유를 찾지 못하는 소유권은 단지 법적인 소유권에 불과하며, 입법자에 의해 확립되고 재가받은 것에 불과하다. … 법을 정하는 권력은 오래도록 오로지 전쟁밖에는 아무 직업도 없고 강도와 약탈 이외에는 아무 재주도 없는 자—그리고 그들의 후손—에게 부여되었다. … 현재 유럽 각국의 입법자는 바로 그런 후손으로서 자신의 견해와 관습을 소중히 여기면서 그것을 원칙으로 삼아 행동하는 자들이며, 부를 실제로 창출하는 기술은 아무것도 모르면서 남들이 생산한 것을 전유하여 생활하는 자들이다. 이들에게 자연은 아무런 소유권도 부여하지 않았다. 이들이 가지고 있는 것은 모두 남들이 자연으로부터 부여받은 것을 힘으로 빼앗은 것이다.[67]

호지스킨에게 이상적인 사회란 일도 하지 않으면서 소유권으로 소득을 얻는 게 가능하지 않은 사회였다. 자본을 소유할 수 있는 것은 노동하는 이들뿐이며, 이들도 자신들의 생산활동을 직접적으로 도와주는 자본만 소유할 수 있을 뿐이다.[68] 오직 이런 사회에서만 상품의 가격에 이윤과 지대를 계산에 넣어야 하는 필요가 비로소 사라질 것이다. 따라서 이러한 상황에서만 자연가격과 사회적 가격이 일치할 것이다. 그래야만 노동자가 자신의 생산물 전부를 수취할 것이기 때문이다. 호지스킨은 리카도의 가치론이 실제로 적용될 수 있는 것은 이러한 이상적 사회뿐이라고 생각했다.[69] 그는 노동자가 스스로를 교육하기만 하면 이러한 개혁을 충분히 가져올 수 있을 것이라고 생각했고,[70] 또 이러한 개혁 과정이 이미 자신의 시대에 한참 진행되고 있다고 생각하는 것 같은 구절을 이따금씩 남기곤 했다.[71]

이러한 이상적 사회에서는 모든 생산활동이 시장에서의 교환을 위해 이루어질 것이다. 호지스킨도 톰프슨과 동일한 논리로 자유 시장의 은혜를 옹호했다. 자발적인 교환 당사자 모두가 자신이 포기하는 물건의 효용보다는 더 큰 효용을 가진 무언가를 가져간다는 주장에 단순히 의존했다. 이런 식으로 자유 교환의 바람직함을 옹호하는 표준적인 공리주의의 논리가 호지스킨의 저작 전부에 깊이 배어 있었다. 자유 시장의 보이지 않는 손을 옹호하는 대부분의 공리주의자와 보조를 맞추어 호지스킨도 정부에 의해서이건 사적 개인이나 집단에 의해서이건 수요와 공급에 대해 제약을 가하는 것은 완전히 폐지할 것을 옹호했다. 이렇게 그의 이상적 사회는 사실상 '개인 간 경쟁의 보장'이라는 톰프슨의 시스템과 동일했다. 즉, 호지스킨의 시스템은 자본가가 없는 경쟁적 자본주의였다.

호지스킨의 분석이 톰프슨의 분석보다 우월한 부분은 자본의 본성을 생산된 생산수단이면서 동시에 강제력을 띤 사회적 관계라고 설명한 부분이다. 하지만 호지스킨의 공리주의적 태도로 인해 그가 말하는 자본가 없는 경쟁적 자본주의라는 이상적 시스템도 톰프슨의 경우와 마찬가지로 모순에 빠지게 된다. 그래서 톰프슨이 호지스킨에 대한 가장 적나라한 비판자였다는 것도 어찌 보면 놀랄 일이 아니다. 호지스킨의 저작 《노동의 옹호 Labour Defended》는 1825년에 출간되었다. 같은 해 톰프슨이 출간한 《노동의 보상 Labour Rewarded》은 호지스킨의 저서에 대한 비판이었다. 이 책을 보면 톰프슨이 그의 이전 저작인 《부의 분배 Distribution of Wealth》에서 열거한 '개인적 경쟁 시스템'의 온갖 결점이 모두 다시 나오고 있다. 물론 톰프슨이 이러한 비판을 하는 목적은 시장경제 내의 경쟁적 개인주의

는 설령 노동자의 생산물을 수탈하는 자본가가 없다고 해도 협동적 사회
주의 시스템에 비교하면 사회적으로나 도덕적으로나 열등하다는 것을 증
명하는 것이었다.

주

1. Robert Owen, "The Book of the New Moral World", reprinted in part in *Communism, Fascism and Democracy*, ed. Carl Cohen(New York : Random House, 1962), pp. 47-48.
2. William Thompson, *An Inquiry into the Principles of the Distribution of Wealth Most Conducive to Human Happiness* (London : William S. Orr, 1850), p. 15.
3. Ibid., p. 1.
4. Ibid., p. 144.
5. Ibid., p. 17.
6. Ibid., p. 6.
7. Ibid., p. 111.
8. Ibid.
9. Ibid., p. xxix.
10. Ibid., p. 133,
11. Ibid., p. 145.
12. Ibid., p. 147.
13. Ibid., p. 126.
14. Ibid., pp. 155-57.
15. Ibid., p. 35.
16. Ibid., p. 137.
17. Ibid., p. 128.
18. Ibid., p. 454.
19. Ibid., pp. 250-53.
20. Ibid., pp. vii-xxxii.
21. Ibid., p. 255.
22. Ibid., p. 258.
23. Ibid., p. 259.
24. Ibid., p. 257.
25. Ibid., p. 259.
26. Ibid., pp. 259-60.
27. Ibid., p. 260.
28. Ibid.
29. Ibid., p. 261.

30. Ibid.

31. Ibid., pp. 213-14.

32. Ibid., p. 214. 성차별에 대한 톰프슨의 논의는 그다음 몇 쪽에 걸쳐 계속된다. 또 1827년에 출간된 그의 *Labour Rewarded, The Claims of Labour and Capital Conciliated* (New York : Augustus M. Kelly, 1969)에서도 성차별에 대한 논의가 나온다. 그는 아예 여성의 억압을 분석하는 문제를 전적으로 다루는 저서를 쓴 적도 있다. 1825년에 출간된 《인류의 절반인 여성들의 호소Appeal of One-Half of the Human Race, Women》가 그것이다.

33. Ibid., pp. 261-63.

34. Ibid., p. 263.

35. Ibid., p. 267.

36. Ibid., pp. 269-367.

37. Ibid., p. 19.

38. Jeremy Bentham, *Jeremy Bentham's Economic Writings*, vol. 3, ed. W. Stark (London : Allen and Unwin, 1954), p. 421.

39. 호지스킨의 사상과 스미스, 리카도, 마르크스의 사상에 대한 비교로는 E. K. Hunt, "Value Theory in the Writings of the Classical Economists, Thomas Hodgskin and Karl Marx", *History of Political Economy* 9, no. 3 (Fall 1977): 322-45.

40. Ronald L. Meek, *Studies in the Labour Theory of Value* (New York : Monthly Review Press, 1973), p. 124.

41. 그는 다섯 권의 저서를 저술했다. 1813년에 출간된 *An Essay on Naval Discipline, Showing Part of Its Evil Effects on the Mind of the Officers and the Minds of the Men and on the Community; with an Amended System by Which Pressing May Be Immediately Abolished*, 1820년에 출간된 *Travels in the North of Germany, Describing the Present State of Social and Political Institutions, the Agriculture, Manufactures, Commerce, Education, Arts and Manners in That Country, Particularly in the Kingdom of Hanover*, 1825년에 익명으로 출간된 *Labour Defended against the Claims of Capital; or the Unproductiveness of Capital Proved with Reference to the Present Combinations amongst Journeymen*, 그리고 1827년에 출간된 *Popular Political Economy* 등이다. 그는 또 수십 편의 작은 글들을 썼고 그 대부분은 1844년에서 1857년 사이에 《이코노미스트》지에 게재되었다.

42. Thomas Hodgskin, *An Essay on Naval Discipline, Showing Part of Its Evil Effect on the Minds of the Officer and the Minds of the Men and on the Community* (London : Hurst Robinson, 1813), p. 173.

43. Ibid., p. 192.
44. Thomas Hodgskin, *Travels in the North of Germany, Describing the Present State of Social and Political Institutions, the Agriculture, Manufactures, Commerce, Education, Arts and Manners in That Country, Particularly in the Kingdom of Hanover*(Edinburgh: Archibald Constable, 1820), vol. 2, p. 97.
45. Ibid., p. 27.
46. Ibid., p. 228.
47. Ibid., p. 466.
48. Ibid., pp. 107-8.
49. 1819년 6월 호지스킨은 프란시스 플레이스에게 리카도의 경제 이론을 비판하는 편지를 썼다. 이는 다음을 보라. Francis Place, *Private Correspondence*, vol. 2(British Museum), add. MSS 35, 153, F142 ff.
50. Place, ibid., F67.
51. Ibid.
52. Thomas Hodgskin, *Labour Defended against the Claims of Capital*(London: Labour, 1922), pp. 75-76.
53. Thomas Hodgskin, *Popular Political Economy*(New York: Augustus M. Kelley, 1966), pp. 219-35.
54. Ibid., pp. 219-20.
55. Ibid., p. 233.
56. Hodgskin, *Labour Defended*, pp. 35-36.
57. Ibid., pp. 38-50.
58. Ibid., pp. 51-52.
59. Ibid., p. 52.
60. Ibid., p. 54.
61. Ibid., pp. 56-58.
62. Ibid., pp. 59-60.
63. Ibid., p. 54.
64. Ibid., pp. 31-32.
65. Ibid., p. 60.
66. Thomas Hodgskin, *The Natural and Artificial Rights of Property Contrasted*(London: B.S. Fabernoster Row, 1832), p. 28.
67. Ibid., p. 32.
68. 이러한 생각은 호지스킨의 마지막 세 권의 저서 *Labour Defended*, pp. 86-105;

Popular Political Economy, pp. 243-57 ; *Rights of Property Contrasted*, p. 101 에 나타나 있다.

69. *Popular Political Economy*, pp. 26-29, 98-102.

70. *Labour Defended*, pp. 26-29, 98-102.

71. *Rights of Property Contrasted*, p. 101.

8

순수 공리주의 대 절충적 공리주의:
바스티아와 밀의 저작

우리는 스미스와 리카도의 저작에서 효용가치론과 노동가치론의 관점이 서로 결합되면서 어떻게 자본주의가 사회적 조화와 계급 갈등 두 가지 특징을 모두 갖는 사회라는 결론에 이르게 되는가를 살펴보았다. 세와 시니어는 여기에서 노동가치론의 관점을 거부하고 정치경제학의 진정한 원리는 모든 계급의 이해관계가 조화를 이루고 있음을 보여준다고 주장함으로써 고전파 정치경제학을 '살균처리'했다. 이들은 모든 현존하는 갈등은 무지와 오해에서 비롯된 것이라고 설명했다. 세와 시니어(그리고 맬서스)의 교리는, 가난한 이의 궁극적 또는 숨겨진 이익을 '과학적' 정치경제학에 비추어 제대로 이해한다면 그것이 재산을 가진 부유하고 권력 있는 이의 직접적이고 명백한 이익과 일치한다는 것을 보여주려고 시도했다.

　톰프슨과 호지스킨은 노동가치론의 관점을 채택했다. 이들은 부를 직접 생산하는 노동자가 생산수단에 대해 아무 통제력도 갖지 못하는 한, 계급 갈등은 자본주의에 본질적으로 내재해 있다고 생각했다. 두 사람 모두 노동 계급의 운동과 한편이 되어 자본주의의 계급 구조를 변형시킬 사회 변화를 옹호했다. 하지만 두 사람 모두 공리주의 철학을 사상의 기초로 삼았기 때문에 스미스와 리카도가 처했던 것과 비슷한 모순을 안고 있었다.

1820년대와 1850년대 사이에 고전파 정치경제학의 노동가치론 관점을 이용한 급진주의와 사회주의의 영향력은 급속하게 확산되었다. 이 기간 동안 성장하던 노동계급 운동에 사회주의자는 상당한 영향력을 행사하기 시작했다. 따라서 보수주의자는 점점 더 순수하게 공리주의에 기초한 새로운 형태의 정치경제학을 애타게 찾기 시작했다. 19세기 중반에 가장 중요한 두 권의 경제 이론서는 존 스튜어트 밀John Stuart Mill의 《정치경제학 원리Principles of Political Economy》(1848)와 프레데리크 바스티아Frédéric Bastiat의 《경제적 조화Economic Harmonies》(1850)였다고 본다. 밀의 저서는 효용가치론과 노동가치론의 관점을 하나의 경제학 교리 체계 내에 함께 담아내고자 했던 최후의 위대한 노력이었다. 바스티아의 저서는 가장 본질적인 면에 있어서 순수한 경제적 공리주의를 그 논리적 귀결로까지 밀고 나간 최종 생산물이었다.

사회주의 사상의 확산

사회주의 경제사상이 으뜸가는 지적 근원을 영국 고전파 정치경제학에 두고 있다는 점은 의심의 여지가 없다. 호지스킨과 톰프슨의 저작을 통하여 고전파 정치경제학의 교리는 영국의 오언주의 운동으로 유입되었고 1830년대에는 상당한 영향력을 행사하게 된다. 하지만 사회주의 사상이 가장 빠르게 성장한 곳은 프랑스였고 그 영향력이 극에 달했던 것은 1830년대와 1840년대였다.

사회주의는 영국 사상과 프랑스 사상 모두에서 똑같이 나온 것이라고 할 수 있다. 비록 그 경제적 교리는 주로 영국에서 기원한 것이었다고 해도 말이다. 18세기의 프랑스혁명운동의 좌익 진영은 수많은 사회주의 사상을 생산했다. 그 지도자 중 하나는 그라쿠스 바뵈프Gracchus Babeuf(1760~1797)였다. 로베스피에르가 실각하고 난 뒤 바뵈프는 프랑스 정부를 전복시키고 이를 평등과 박애 정신에 헌신하는 정부로 바꾸기 위한 음모를 지휘했다. 이 음모는 배반당했고, 바뵈프는 형장의 이슬로 사라졌다.

바뵈프의 저작을 보면 모든 인간은 권리에 있어서나 필요욕구에 있어서나 평등하다는 주장이 나온다. 따라서 지금까지 진행되어온 부와 권력의 불평등은 사회에 의해서 해결되어야만 한다는 것이다. 하지만 불행하게도 대부분의 사회는 정반대의 행동을 하고 있다. 대부분의 사회는 재산 소유자와 부자의 이익을 보호하기 위한 강제적 메커니즘을 세워놓는다. 바뵈프가 보기에 불평등이 존재한다는 것은 곧 정의롭지 못한 상태가 존재한다는 것을 뜻한다. 자본주의적 상업이 존재하는 목적은 "거의 모든 이의 땀과 피를 뽑아내어 소수만이 이익을 보는 황금 호수를 만드는 것"[1]이라고 그는 주장했다. 사회의 부를 실제로 창출한 노동자는 가장 적은 것을 얻는다. 그리고 사회의 불평등은 사적 소유를 제거하기 전에는 결코 해결될 수가 없다.

앙리 드 생시몽Henri de Saint-Simon(1760~1825)도 큰 영향력을 가지고 있었다. 그는 몰락한 귀족 가문 출신으로서 당대의 부유한 자본가가 가지고 있었던 반사회적 이기주의에 대해 귀족다운 경멸감을 품고 있었다. 그는 개인주의적 경쟁으로 인해 나타나는 극히 해로운 도덕적 결과를 비난했고 계획에 근거한 협동적 생산이 갖는 사회적 가치를 강조했다. 그는 또한 근로 대중의 근면에 빌붙어 먹고사는 게으른 부자의 다수를 저주했다. 그는 사적 소유가 대중의 후생을 증진시키기 위해 쓰일 때는 이를 인정했지만, 정말 이렇게 되도록 보장하려면 생산, 분배, 상업 전체에 걸쳐 광범위한 정부의 개입이 있어야만 한다고 주장했다.

하지만 생시몽의 추종자들 다수는 스승보다 더욱 급진적이었다. 이들은 끝도 없이 팸플릿과 책을 내놓아 근로 대중에 대한 자본주의의 학대를 폭로했고, 사적 소유와 상속 제도를 공격했고, 착취를 비난했고, 정부가 공공의 후생을 위해 생산수단을 소유하고 경제적 생산을 통제할 것을 옹호했다.

프랑스에서는 1830년대 들어 샤를 푸리에Charles Fourier를 통하여 사회주의적인 협동체에 대한 생각이 대중화되었다. 그는 자본주의 사회에서는 사람들의 불과 3분의 1 정도만이 정말로 사회적으로 유용한 노동을 한다고 생각했다. 나머지 3분의 2는 시장 시스템이 초래한 타락과 왜곡으로 인하여 쓸모없는 직업을 갖거나 쓸모없이 부유하기만 한 인간 기생충이 된다는 것이었다. 그는 사회의 생산적 성원들이 자발적으로 협동체(그가 부른 이름인 '팔랑스phalanxes')을 구성함으로써 이러한 억압에서 벗어나야 한다고 촉구했다. 그는 또한 자본가 사이의 경쟁이 필연적으로 독점으로 귀결될 것임을 감지했던 최초의 사회주의자 중 한 명이었다.

> 인간의 산업적 권리를 제약하는 경향을 띠는 영향력은 여러 가지가 있지만 나는 그중에서 특권적 법인체의 형성을 언급하고자 한다. 이는 한 업종의 산업을 독점하여 지기들 마음에 들지 않는 이는 아무도 그 업종에서 일할 수 없도록 멋대로 막아버린다. … 극단과 극단은 통하는 법이다. 무정부적인 경쟁이 심화될수록 그 반대의 극단인 **전면적 독점 상태**가 점점 더 가까워진다. … 이런 독점체는 … 대토지 소유 집단과 함께 움직이면서 중간계급 및 노동계급을 상업적으로 자신들의 가신家臣으로 전락시킨다. … 영세 사업자는 이들의 상업적 동맹을 위해 일하는 심부름꾼과 같은 처지로 전락하게 될 것이다. 그렇게 되면 우리는 봉건제가 다시 나타나는 것을 보게 될 것이다. 하지만 이번에는 중세의 귀족 동맹과 같은 꼴이 전횡적 권력의 상업적 동맹에 기초하여 나타나는 셈이니, 그 서열이 거꾸로 뒤집힌 봉건제라 할 것이다.[2]

1840년대 그리고 그 뒤 수십 년 동안 가장 큰 영향력을 가진 프랑스 사회주의자는 피에르 조제프 프루동Pierre Joseph Proudhon(1809~1865)이었다. 그의 잘 알려진 저서《소유란 무엇인가What Is Property?》에서 프루동은 그 제목의 질문에 대해 그를 유명하게 만든 구호로서 대답하고 있다. "소유란 장물이다." 그는 소유야말로 '폭정의 어머니'라고 생각했다. 소유권은 소수에게는 특권이지만 다수 대중에게는 전반적인 제약과 금지이기 때문에, 이러한 권리를 확립하고 계속 실행하기 위해서는 필연적으로 강제가 들어가지 않을 수 없게 된다. 따라서 국가의 으뜸가는 기능은 강제력이다.

소유권은 또 전횡적 권력과 강제의 원천일 뿐만 아니라 경제적 불평등의 원천이기도 하다. 자본주의 사회에서는 생산이 얼마만큼 이루어지는가를 결정하는 것은 노동이 지출되는 양이지만 그 생산물을 나누는 것은 재산 소유권으로 결정되기 때문에 생산한 이는 거의 아무것도 갖지 못하게 되고, 재산을 가진 이는 사적 소유권의 법률을 이용하여 노동자로부터 '합법적으로 도둑질'을 할 수 있게 된다는 것이다. 프루동의 이상적 사회는 자본주의적 소유관계만이 아니라 산업화 또한 거부했다. 그는 농부와 노동자가 자신의 자본을 소유하며 또 누구도 재산 소유만으로는 살아갈 수 없는 소규모 농업 및 수공업 생산의 황금시대를 비전으로 제시했다.

바스티아의 공리주의 경제학의 기초와 범위

1840년대에 프랑스 사회주의는 빠르게 팽창하고 있었다. 프레데리크 바스티아(1801~1850)는 이러한 맥락 속에서 사적 소유, 자본, 이윤, 현존하는 부의 분배 그리고 나아가 경쟁적 자유방임 자본주의 전반을 신성한 것으로 확립하고자 했다. 그는 공리주의 원리를 경제 이론으로 일관되게 확장함으로써 이를 달성했다(물론 앞으로 보겠지만 효용가치론이 그 최종적인 현대적 정식화를 얻게 되는 것은 바스티아보다 20년은 더 지난 뒤의 일이다. 이 또한 사회주의 사상의 영향력이 점증함에 따라 나온 대응이었다).

바스티아의 가장 중요한 저서인 《경제적 조화》의 제목부터 이미 그가 자본주의에 계급 갈등이 본질적으로 내재한다는 생각을 논박하는 데 중점을 두고 있음을 잘 보여준다. 그는 (시니어처럼) 자신의 주장을 옹호하기 위해 **과학**의 권위를 빌리고 있다. '과학적' 정치경제학(여기에서 그가 선호하는 이는 분명히 세와 시니어이다)과 사회주의(여기에서 그가 가장 경멸하는 논적은 분명히 프루동이다)의 차이점을 논의하면서 그는 이렇게 말한다.

> 두 학파를 확실하게 갈라놓는 것은 바로 방법의 차이이다. 사회주의는 점성술이나 연금술처럼 상상력에 의존하여 논리를 펴나간다. 반면 정치경제학은 천문학과 화학처럼 관찰에 의존하여 논리를 펴나간다.
>
> 두 명의 천문학자가 똑같은 현상을 관찰한다고 해도 각자의 결론은 다를 수 있다. 하지만 이러한 의견 불일치는 일시적인 것일 뿐 이들은 공통된 방법을 사용한다는 유대감을 느끼고 있기에 그 방법의 유대를 통하여 조만간 동일한 견해에 도달하게 된다. … 하지만 관찰에 의존하는 천문학자와 상상력에 의존하는 점성술사 사이에는 도저히 메울 수 없는 깊은 간격이 있다. …
>
> 이와 똑같은 것이 정치경제학과 사회주의에 해당된다.
>
> 경제학자는 인간, 인간 본성의 법칙, 그 법칙에서 도출되는 사회적 관계를 관찰한다. 사회주의자는 자신의 상상력으로 사회를 멋대로 그려내고서 이런 사회에 걸맞는 인간의 감정을 마음대로 생각한다.[3]

바스티아는 (맬서스처럼) 또한 자신의 주장을 옹호하는 데 있어서 종교의 권위도 끌어온다.

> 　우리는 우리의 역동적인 도덕적 질서를 담은 신의 법률을 신앙의 이름으로 선포하고 또 과학의 이름으로 정식화하고자 하며, 이 경탄할 만한 메커니즘에 대해 일부 몰지각한 이들이 부주의하게 도입해놓은 제도를 전적으로 거부하고자 한다. 무신론자가 '그냥 되는대로 두어라laissez faire!' 고 외치는 것은 어불성설이다. 이 말은 곧 모든 것을 우연에 맡긴다는 뜻이다. 하지만 하나님을 믿는 우리는 이렇게 외침이 마땅하다. 넘겨 드러라 Laissez passer! 하나님의 질서와 정의가 지배하도록 하라. **나는 하나님을 믿는다.**[4]

> 　실로 나의 저작이 사회주의자의 저작과 다르다면, 그 이유는 그들의 저작이 다음과 같이 말하고 있기 때문이다. "우리는 분명히 하나님을 믿는 척하고 있지만 실제로는 우리 자신을 믿고 있다. 왜냐면 우리는 자유방임과는 완전히 절연하고 있으며 또 신의 섭리보다 무한히 더 우월한 사회적 계획을 내놓고 있으니까."[5]

　바스티아는 이렇게 자신의 사상이 과학적으로 또 종교적으로 우월하다는 것을 분명히 하고서 공리주의적인 경제학을 일관되게 전개하기 시작한다. 우리는 앞 장에서 설령 한 개인의 효용만이 감소하고 다른 모든 사람의 효용이 증가하는 상황이라고 해도 이 상황이 다른 상황보다 좋다고 판단할 근거는 공리주의에서 나오지 않는다는 점을 살펴보았다. 우리는 또한 만약 현존하는 부의 분배를 이상적이며 정의로운 것이라고 받아들인다면(또는 이 분배를 완전히 무시한다면), 자발적인 시장 교환이야말로 전체 효용이 명백하게 증가하는 전형적인 예가 된다는 것을 보았다. 교환에 참여하는 두 개인의 효용은 교환 이전 상태보다 증가했으며, 따라서 만장일치의 합의가 시장 교환의 지배적 상태라는 것이다. 바스티아는 콩디야크Condillac의 다음 구절을 긍정적으로 인용한다. "어떤 교환이 성사되었다는 사실 자체가 이미 그 교환을 통해 양쪽 당사자 모두가 이윤을 거두었음에 틀림없다는 증거가 된다. 그렇지 않았다면 교환 자체가 성사될 리도 없었을 테니까. 따라서 인류에게 있어서 모든 교환은 양쪽 모두의 이득을 의미한다."[6]

공리주의는 만장일치를 필요로 한다. '교환 가능한 것'의 최초의 분배를 정당한 것으로 받아들이기만 하면, 사회생활의 측면 중 자발적 교환이야말로 그러한 만장일치가 사회적 상호작용을 맺는 개인 사이에 존재하는 실로 보기 드문 하나가 된다. 현대의 신고전파 경제학자에게 있어서는 만장일치라는 요건도 중요하지만 나아가 그것이 교환의 현장에서 이루어져야 한다는 요건도 중요하다. 신고전파 공리주의 경제학은 인간 사이의 모든 경제적, 사회적, 정치적 상호작용은 교환 행위로 환원할 수 있다고 본다. 일단 이러한 환원이 이루어지게 되면 그 결과는 자명하다. 공리주의 경제학 이론은 다음의 3단 논법으로 환원할 수 있다.

> 모든 교환은 양쪽 당사자에게 상호 혜택을 가져다준다.
> 모든 인간의 상호작용은 교환으로 환원할 수 있다.
> 따라서 모든 인간의 상호작용은 양쪽 당사자에게 상호 혜택을 가져다준다.

효용가치론적 접근을 일관되게 전개하면 모든 경제학 이론은 단순한 시장 교환의 분석이 된다. 이것이 최초로 이루어진 것이 바로 바스티아의 저작이었다. "교환은 정치경제학이다. 교환은 사회 자체이다. 교환이 없는 사회 또는 사회가 없는 교환이란 상상할 수 없기 때문이다."[7]

"교환이 곧 정치경제학"이라는 바스티아의 선언은 스미스와 리카도로부터 한참 멀리 떨어진 주장이라 아니할 수 없다. 애덤 스미스는 거의 1천 쪽이 되는《국부론》에서 교환에 대한 논의는 처음 몇십 쪽에서만 다뤘을 뿐이다. 또 리카도는 정치경제학은 사회의 3대 계급 사이에 경제의 생산물 분배를 규제하는 법칙을 연구하는 학문이라고 규정했다.

스미스가 '보이지 않는 손'을 기술한 것은 몇 쪽에 불과하지만 이는 바스티아에게는 정치경제학의 전체가 되었다. 이로써 살균처리 작업은 완료되었다. "교환이 곧 정치경제학"이며 "정치경제학은 우리가 영리 활동이라고 부르는 영역으로 제한되며, **영리 활동**은 자기 이익의 영향력 아래에 있다"[8]고 주장하면서, 바스티아는 "모든 인간의 충동은 정당한 자기 이익을 동기로 삼는다면 조화로운 사회적 패턴으로 귀결되도록 되어 있다"[9]는 것을 증명하는 작업을 시작한다. 그는 자신의 저서의 독자를 모든 계급으로 상정하면서, 자유방임 자본주의야말로 만인을 위한 최선의 경제 시스템임을 증명하겠다고 약속한다.

> 우선 재산 소유자에게 말하겠다. 당신들의 권리는 오늘날 사람들의 강한 도전을 받고 있다. 하지만 만약 내가 당신들의 권리가 가장 단순한 노동을 하는 노동자와 마찬가지로 당신들 또는 당신들의 조상이 수행한 실질적인 서비스의 대가로 주어진 서비스를 수취하는 것뿐임을 증명한다면 당신들의 재산이 아무리 크더라도 당신들의 권리는 결코 도전할 수 없는 확고한 것이 될 것이다. …

> 자본가와 노동자에게도 말하겠다. 나는 다음과 같은 법칙을 내가 확립할 수 있다고 믿는다. "자본이 축적되는 것에 비례하여 생산의 총수입에서

자본이 차지하는 **절대적** 몫은 증가하지만 상대적 몫은 감소한다. 노동의 경우에는 **상대적** 몫도 증가하지만 **절대적** 몫은 더욱 가파르게 상승한다. 자본이 허비될 경우에는 그 반대의 효과가 관찰된다." 만약 이러한 법칙을 확립할 수 있다면, 우리는 노동자와 고용주의 이해관계가 조화를 이룬다고 결론을 내릴 수 있게 된다.[10]

효용과 교환

자본주의에서는 보편적인 조화가 지배한다는 것을 증명하는 바스티아의 논리는 몇 개의 '과학적 법칙'에 기대고 있으며, 그는 이것이 대충 보기만 해도 손쉽게 확인할 수 있는 법칙이라고 생각했다. 그는 이렇게 천명한다. "자기 이익이야말로 모든 인간 행동의 원천이라는 점을 우리는 의심할 수 없다."[11] 가장 직접적인 행동의 동기는 욕구이다. 인간의 욕망 또는 욕구는 충족을 모르는 법이지만 그것을 충족시킬 수단은 제한되어 있다. "**욕망**은 뜀박질로 앞서 나가지만, 그 **수단**은 절뚝거리며 그 뒤를 따라간다".[12] 욕망의 충족은 쾌락을 낳는다. "우리가 욕구의 충족을 낳는 모든 것에 효용이라는 이름을 붙인다면, 두 가지 다른 효용이 있다는 것을 알 수 있다. 첫 번째 종류는 신의 섭리가 우리에게 내린 것으로 우리가 치러야 할 비용이 없는 종류의 효용이다. 두 번째 종류는 그야말로 갖고 싶으면 땀 흘려 값을 치르고 사라고 종용하는 종류의 것이다."[13] 따라서 보편적인 인간 행동의 원리는 다음과 같다. "우리의 **자기 이익**은 우리의 노력에 비하여 우리의 만족 총량을 끊임없이 늘릴 것을 추구하는 것이다."[14] 이는 사실 벤담이 말했던 효용 극대화의 원리를 다시 표명한 것일 뿐이며, 바스티아 이후 오늘날까지 보수적 경제 이론의 핵심을 이루는 명제이기도 하다.

바스티아가 효용을 두 가지로 나눈 것은, 그가 가격의 결정 요인으로 효용을 들면서 스미스의 물-다이아몬드 역설이 발생하는 것을 방지하고자 했던 시도를 나타내는 것이다. 그가 만약 벤담의 저작을 좀 더 주의 깊게 읽었더라면 뒷날 신고전파 경제학자들과 같은 한계효용의 개념을 발전시켰을지도 모를 일이다. 하지만 그는 자연이 우리에게 내려준 일부 효용은 물의 경우처럼 공짜로 얻을 수 있는 효용인 반면 대부분의 효용은 다이아몬드의 경우처럼 노력과 고통을 필요로 한다고 주장했다. 후자에 해당하는 효용을 그는 '부담이 따르는 효용onerous utility'이라고 불렀다. 이 부담이 따르는 효용을 낳는 물체는 생산이라는 인간의 노력을 필요로 한다는 것이다. 이러한 생산적인 인간 노력을 그는 '서비스'라고 불렀다. 바스티아의 접근에서 중심적 위치를 차지하는 것은, 노동은 그저 서비스의 한 유형에 불과하며 지주와 자본가가 수행하는 다른 종류의 생산적 서비스와 질적으로 다르지 않다는 주장이었다.

한 고립된 개인은 모든 생산적 서비스를 스스로의 힘으로 수행하면서 살 수 있을지 모른다. 하지만 그 개인은 존속 자체가 언제 어떻게 될지 모르는 불안한 상태이며 물질적 후생 또한 볼품없는 상태에 있을 것이다. 사람이 사회 안에서 살아가는 이유는 그렇게 해야 노동 분업과 전문화를 이루어 생산을 늘리고 또 그렇게 늘어난 생산의 결실을 교환할 수 있기 때문이다. 사회에서 사람은 곧 타인을 위한 서비스를 수행하는, 즉 생산적 노력을 떠맡는다. 교환이란 사실상 서비스의 교환이며 이를 통해 사람들의 효용은 각자가 생산적 서비스를 수행했을 때 얻을 수 있는 효용보다 반드시 늘어나게 되어 있다. 따라서 교환 사회 내에서 서비스란 "어떤 사람의 편에서는 **노력**인 반면 그 **욕구**와 **충족**은 다른 사람의 것"[15]이라고 바스티아는 정의하고 있다.

위의 서비스에 대한 정의는 바스티아의 저작이 어떤 사회 계급의 지향성을 갖는지를 이해하는 데 있어서 중요하다. 그는 생산적 노력이란 고통스러운 것이라고 주장한다. 사람은 "우리가 노고勞苦라고 부르는 노력을 통해서만"[16] 욕구를 충족시킬 수가 있다. 그러한 생산적 노력은 이미 고통스러운 것이라고 정의된 상태이니 서비스와 동일한 것으로 여겨지게 된다. 따라서 서비스란 생산이 이루어질 수 있도록 하기 위해서 사람이 참아내는 노고를 뜻한다.

그런데 바스티아의 저작에 계속해서 나타나는 주요한 모순 중 하나가 여기에 있다. 그는 이렇게 서비스를 생산을 위해 인간이 참아내는 노고라고 정의해놓고, 다른 한편으로는 **물질적 대상**을 욕망의 대상으로 만들어주는 그러한 대상의 속성을 사용하는 행위를 계속해서 서비스라고 부르고 있다.

이 책에서 우리가 여러 번 만났던 명제가 있다. 한 사상가의 논리적 모순은 곧 그 사상가의 계급적 편향을 보여주는 가장 실질적인 지표일 때가 있다는 것이다. 바스티아의 경우도 그러하다. 그의 주된 목표는 자본의 사적 소유권을 옹호하는 것이다. 그렇게 하는 과정에서 그는 세나 시니어 등과 마찬가지로 자본가와 지주가 생산에 기여하는 바를 노동자가 생산에 기여하는 바와 비슷하게 보이도록 만들고 싶어 한다. 그는 자본가도 지주도 모두 서비스를 제공했으며 따라서 양쪽 모두 노고를 견뎠다고 주장한다. 하지만 앞으로 보겠으나, 자본가와 지주가 지불받고서 내놓은 서비스라는 것은 단순히 남들로 하여금 생산에 필수적인 도구와 토지를 사용하도록 허락한 것에 불과한 것임이 속속 밝혀진다. 바스티아의 논의가 이 지점에 이를 때마다, 자본가와 지주가 도대체 어떻게 무슨 고통을 겪었다는 것인지 어리둥절하게 된다.

예를 들어 인간의 생산적인 고통을 서비스로 정의하고 그다음으로 노동 분업과 교환의 중요성을 높게 평가한 뒤, 바스티아는 이렇게 말한다.

교환이 노동 분업의 원인이자 결과라는 점을 인정하게 되면, 또 노동 분업이 **노력**에 비해 그 몇 배로 **충족**을 키워준다는 점을 인정하고 나면 … 독자들은 화폐가 교환 활동을 촉진했다는 사실 하나만으로도 인류에게 얼마나 큰 서비스를 수행했는지를 쉽게 이해할 것이다.[17]

우리는 여기에서 **중요한 서비스를 제공한 것이 화폐**라는 문장을 보고 있다. 물론 이에 따라서 화폐의 소유자는 **이자**를 수취한다. 하지만 화폐를 소유하고 이자를 받는 일이 도대체 어떻게 해서 사회의 생산성을 증진시키는 데 있어서 고통스럽다는 말인가?

바스티아는 전문화와 생산적 서비스 및 재화의 교환이야말로 효용을 극대화하는 가장 효과적인 방식이라는 사실을 이기적 개인들이 발견하게 된다는 점을 분명히 한 뒤, 논의를 교환가치로 옮겨간다. 효용에 자연이 기여하는 부분이 있지만 이 부분에는 결코 가격이 붙지 않는다고 그는 주장한다. 가격이 매겨지는 것은 오직 인간이 생산적 서비스의 형태로 기여하는 부분뿐이며, 그 가격은 구매자가 그로부터 얻는 효용의 크기에 비례한다.

세의 공준은 가치의 기준이 효용이라는 것이었다.

만약 인간적 서비스와 관련된 효용을 말하는 것이라면 나는 그에 반대하지 않는다. … 서비스라는 말은 효용utility의 영역에 완전히 포함되어 있기 때문에, **서비스한다**는 뜻의 라틴어 uti를 … 단순히 옮겨놓은 것에 불과하다.[18]

생산물과 서비스는 상호 전환된다. 따라서 이들 사이에는 무언가 공통적인 것이 필연적으로 존재할 수밖에 없으며, 이 무언가에 비추어 이들이 비교되고 값이 매겨진다. 이 무언가는 바로 **가치**이다.[19]

가치는 물질적 대상에서 서비스로 이전되는 것이 아니라 서비스에서 물질적 가치로 이전된다.[20]

바스티아는 이렇게 서비스의 효용이야말로 효용의 원천이며 따라서 생산물의 가치의 원천이라고 주장하고 있거니와, 이는 이후 신고전파 효용가치론에서 표준적 관행이 되는 인과관계와는 그 방향을 거꾸로 설정한 것이다. 이 점에 있어서는 세가 바스티아보다 뒷날의 신고전파 경제학과 훨씬 가깝지만, 바스티아의 으뜸가는 목적, 즉 지주와 자본가도 노동자와 똑같은 방식으로 부와 가치를 창출한다는 것을 보여주는 데는 바스티아의 이론이 직접적으로 기여하고 있다. 그런데 바스티아는 가치의 원천은 효용이며 생산물의 가치는 그것을 생산하는 데 필요한 서비스의 가치와 동일하다고 주장했을 뿐, 효용이 정확히 어떻게 서비스의 가치를 결정하며 또 그를 통해 생산물의 가치를 결정하는지에 대한 이론은 전혀 전개하지 않았다. 이러한 이론은 마르크스의 급진적 형태의 노동가치론이 광범위한 영향력을 얻기 시작한 뒤인 1870년대가 되어서야 비로소 고안된다.

사적 소유, 자본, 이윤, 지대에 대한 바스티아의 옹호

바스티아는 토지와 자본에 대한 사적 소유권을 옹호하고, 지주와 자본가가 내놓는 서비스의 성격을 설명하고, 소유권의 법률을 엄격하게 집행하고 자유 교환을 실행하면 만인이 혜택을 보게 될 것임을 보이고, 또 자본축적에 아무런 족쇄도 채우지 않는다면 노동자 또한 자본가만큼 이득을 보게 되어 있음을 보이는 등의 작업에 착수한다. 이러한 전제 위에서 그는 자유방임 자본주의야말로 만인에게 보편적으로 혜택을 가져다주는 조화로운 시스템이라고 확신한다.

바스티아는 먼저 사적 소유의 법률이 신성불가침임을 옹호한다. 그의 논리는 단순하다. 사적 소유는 하나님께서 만드신 **자연법**이며, 인간이 만든 어떤 법률보다도 먼저 존재했다는 것이다. 따라서 이를 인정하는 인간의 법률은 자연법과 하나님의 뜻에 순응하는 것이며, 소유권을 침해하는 인간의 법률은 비자연적이며 하나님의 뜻과 반대된다는 것이다. "법이 있기 때문에 소유가 있는 것이 아니라, 소유가 있기 때문에 법이 존재하는 것이다."[21]

바스티아에 따르면 소유는 인간 본성의 필연적 결과이다.

> 인간은 글자 그대로의 의미에서 **소유자로 태어난다**. 인간은 삶의 유지에 필수적으로 충족되어야 할 욕구, 그리고 이 욕구의 충족을 위해 필수불가결하게 사용될 기관과 능력을 가지고 태어나기 때문이다. 능력은 인간의 연장일 뿐이며, 소유는 그 능력의 연장 이외의 아무것도 아니다. … 소유가 신께서 제도화하신 바라고 우리가 믿는 이유가 이것이며, 인간의 법률의 목적이 소유의 **보호** 또는 **안전 보장**에 있다고 믿는 이유가 이것이다.[22]

하지만 소유의 신성함을 주장하는 것만으로는 충분치 않았다. 호지스킨도 위의 인용문에 동의했을 것이다. 하지만 그랬더라면 사람들의 생산적 능력의 연장인 토지와 도구를 소유한 이들 중 그것을 생산적 능력의 연장으로서 **사용**하는 이들은 거의 없으며 이는 **비자연적**이며 **정의롭지 못하다**고 주장했을 것이다. 따라서 호지스킨은 재산 소유는 자연적인 것이라고 동의했을 것이지만, **자본주의적 재산 소유권**은 게으른 자가 근면한 자를 강탈하는 수단이기 때문에 비자연적이라고 주장했을 것이다.

바스티아도 이 점을 알고 있었기에 논의를 더욱 진전시킨다. 그는 우선 부자를 안심시키는 다음과 같은 말로 시작한다.

재산을 소유하고 여가를 향유하는 이들에게 말한다. … 당신들은 여전히 이상하게도 마음이 불안하다. 왜인가? 달콤한 향기를 풍기지만 목숨에 치명적인 저 유토피아라는 향수가 당신들의 생활 방식을 위협하고 있기 때문이다. [당신들의 재산은] 당신들의 형제들을 희생시켜서 얻은 것 … 이라고 말하는, 아니 악을 쓰는 자들이 있다. 이들은 당신들이 … 소유, 이자, 지대, 고용 등의 이름으로 … 공물을 뜯어냈다 … 고 말한다.

하지만 나는 그렇지 않다고 말하는 바이다. … 당신들의 손으로 넘어간 모든 것은 **보상**이었다. 정신적, 육체적 노력에 대한 보상, 흘린 땀과 고생에 대한 보상, 처해야 했던 위험에 대한 보상, 기여한 숙련에 대한 보상, 이루어진 희생에 대한 보상, 감내한 수고에 대한 보상, **주고받은 서비스에 대한 보상**이다. 당신들은 그러한 거래 속에서 그저 당신들의 이익만 생각했을 터이지만, 저 무한히 지혜롭고 모든 것을 보시는 하나님의 섭리의 손에서 심지어 당신들의 자기 이익마저도 모든 인간에게 더 큰 풍요를 가져다 주는 도구로 변하게 된다.[23]

바스티아는 자본에 붙는 이윤을 옹호하기 위해서 먼저 노동자가 사용하는 생산수단은 이미 생산되어 있는 것이라는 자명한 사실을 지적한다. 그 다음에는 그러한 생산수단이 어떻게 생겨나게 되었는가라고 묻는다. 노동가치론이라면 물론 생산된 생산수단 또한 다른 모든 상품과 마찬가지로 천연자원에다 인간 노동을 투하하여 변형시킨 결과라고 결론을 내릴 것이다. 하지만 바스티아는 자본주의적 소유관계를 영구적이고도 신성한 것으로 받아들이면서 이를 낳은 것은 자본가가 겪어야 했던 고통이라고 강력히 주장한다.

자본은 인간의 세 가지 속성에 뿌리를 두고 있다. 예지력, 지성, 검약이 그것이다. [한 자본가가] 자본 기금을 비축해두기로 마음을 먹게 되면 그를 위해서 현재를 희생해야 하며, 자신과 자신의 식욕에 대해 통제력을 행사해야 한다. … 자본을 축적한다는 것은 이후에 태어날 세대에게 생계 수단, 보호, 주택, 여가, 교육, 독립, 존엄성 등을 제공하는 것이다. 이것이 가능하려면 우리의 사회적 미덕의 대부분을 실행에 옮기지 않을 수 없으며, 더욱 어렵고 고통스러운 것은, 이를 우리의 일상적 습관으로 만들어야만 한다는 것이다.[24]

바스티아는 보통 노동자가 받는 임금이 딱 자기 가족의 생계 수단을 구매할 수 있을 만큼에 불과하다는 (때로는 그에도 미치지 못한다는) 사회주의자의 생각을 전혀 검토하지 않는다. 또 미미한 급료를 받는 노동자가 수백만 달러를 저축하여 자본가가 된다는 것은 전혀 불가능하다는 생각도, 사실상 대부분의 자본가의 재산이라는 것이 사기, 배신, 협잡, 폭력, 뇌물 등에서 생겨난 것이라는 생각도, 일단 자본주의가 확립되고 나서 한두 세대가 지나고 나면 대부분의 자본가의 재산은 상속에서 기원하게 된다는 생각도 전혀 검토하지 않는다. 미덕이 넘치는 이들이건 악덕으로 가득 찬 이들이건, 똑똑하건 멍청하건, 검소하건 방탕하건, 자본가는 자신의 자본에서 나온 이윤을 놓고 일부는 더 많은 자본의 축적을 위해—더 많은 미래의 소득과 부와 권력을 위해—바치며 또 일부는 사치와 낭비적 소비를 위해 바치게 되어 있다.

자본가가 치러야 하는 희생이자 그들이 견뎌야 하는 고통은 딱 두 가지뿐이다. 첫째, 이들은 공장을 그냥 놀게 두어서는 안 되며 자본을 이용하여 더 많은 이윤을 벌어야만 한다. 둘째, 이들의 낭비벽이 아무리 지나치다 해도 황금알을 낳는 거위를 죽일 만큼이 되어서는 안 된다. 즉, 이들은 자신들의 이윤, 이자, 지대 안에서 생활해야 하고 자신들에게 권력을 가져다준 상속 재산까지 날려서는 안 된다. 바스티아가 자본가로 하여금 그들의 이윤, 이자, 지대에 대한 도덕적 자격을 부여한다고 믿었던 고통과 박탈이라는 것은 실제 세계에서는 바로 이런 것이다.

바스티아가 자기 시대의 부유한 가문의 재산이 실제로 어떠한 역사적 기원을 가지고 있는지를 전혀 살펴보지 않았다는 것은 우연이 아니다. 그렇게 했다가는 재산 상속법의 절대적 신성불가침이라는 그의 주장은 완전히 산산조각이 났을 테니까. 바스티아는 재산권의 자연스러움, 성스러움, 신성불가침 등을 강조하고 나서 이렇게 말한다.

> 똑같은 것이 상속에 대해서도 적용된다. 세상의 어떤 이론도 어떤 현란한 웅변술도 아버지가 자식을 사랑하지 못하게 만들 수는 없다. 상상 속의 사회를 세우는 것을 낙으로 삼는 자들은 이를 아주 유감스러운 것으로 여기지만, 이는 분명한 객관적 사실이다. 아버지는 자신의 충족에 쏟는 것과 똑같은 노력을, 아니 어쩌면 더 많은 노력을 아이의 충족을 위해 쏟는 법이다. 만약 자연에 반대되는 새로운 법률이 사적 소유의 유증을 금지하는 일이 혹시라도 있다면, 이는 그 자체로도 사적 소유권에 대한 침해일 뿐만 아니라 인간 **노력**의 절반 이상을 마비시킴으로써 새로운 사적 소유의 창출을 가로막을 것이다.[25]

자본가의 공장이 자본가에게 이윤을 낳는 원천이 되게 하려면 고통과 노력이 필요하며, 그 밑바탕은 도덕적 미덕이다. 그런데 상속법을 폐지하게 되면 이 도덕적 미덕이 마비될 것이며, 그렇게 되면 공장은 그냥 멈춰 서 있거나 불타 없어진 것이나 마찬가지가 된다는 것이다. 결국 상속법의 문제에 있어서 바스티아가 옹호하고 사회주의자가 공격하는 인간의 행동 동기는 자기 이익이라기보다는 사랑이다! 여기서 톰프슨의 주장 중 하나를 기억할 필요가 있다. 즉 모든 아이들(운좋게 부자 부모를 만난 아이들만이 아니라) 그리고 정당한 이유로 생산에 기여할 수가 없는 모든 이들을 경쟁적 자본주의의 불안에서 벗어나게 할 수 있는 유일한 방법은 상호 협동에 기초한 사회를 세우는 것뿐이라는 톰프슨의 주장 말이다.

토지의 사적 소유를 옹호하는 바스티아의 논리도 똑같이 단순하다. 사람 손이 닿지 않은 자연적 토질 그대로의 땅은 지주에게 아무런 지대도 낳지 못한다. 모든 지대는 다 인간에 의해 토양의 개선이 이루어진 덕분에 나온다. 따라서 토지도 도구나 기계와 마찬가지로 함부로 없애버릴 수 없는 자본이다.

> 생산수단으로서의 토지는 신께서 만드신 그대로의 모습에서는 **효용**을 낳으며 이 효용은 공짜로 주어지는 것이기에 그 소유자가 요금을 청구할 수는 없다. 그런데 지주가 토지에 씨를 뿌릴 준비를 하고 울타리를 치고 웅덩이를 없애고 토양을 개선하고 여기에 다른 필수적 보조물까지 덧붙인 토지가 생산수단이 되는 경우에는 토지가 **가치**를 낳으며, 이는 토지 사용을 통해 얻게 된 인간의 **서비스**를 나타내는 것이고, 〔지주는〕 오직 여기에만 요금을 청구한다.[26]

스미스 및 리카도와는 달리, 바스티아는 본연 그대로의 토지를 사용하는 데는 아무런 지대도 지불할 필요가 없다는 자신의 주장을 입증할 아무런 이론도 제시하지 않는다. 그냥 그렇게 주장할 뿐이다.

게다가 바스티아는 사회주의자가 공상과 상상으로부터 멋대로 이론을 만들어내는 반면 자기는 있는 그대로의 사실을 본다고 주장하지만, 방금 본 논의에서는 그러한 주장이 완전히 무너지고 있다. 과연 그는 당대의 지주가 실제로 어떻게 살고 있는지를 둘러보기라도 한 것일까? 파리 등의 프랑스

도시에서 궁궐 같은 저택에 사는 부유하고 권력을 가진 지주가 무슨 작업복을 입고 터덜거리며 밭에 나가 씨를 뿌릴 준비를 하고 개간을 하고 울타리를 치고 웅덩이를 없애고 토양을 개선한단 말인가? 그가 정말로 밭에 나가 보았다면 지주는 부재지주로서 아예 나타나지도 않으며, 이런 일은 농부들(아니면 부재지주에게 지대를 내는 자본주의적 영리 농업가를 위해 일하는 임노동자)이 다 하면서 또 그 부재지주에게 지대까지 바치는 현실을 보았을 것이다.

결국 따져보면 지주가 겪는 고통과 노력이라는 것도 자본가의 경우와 비슷하다. 이들이 꾹 참고 견디는 고통이라는 것은 자신의 땅을 놀려두는 대신 지대를 받기 위하여 다른 이들에게 자신의 땅에다 작업을 시키는 것일 뿐이다.

교환, 사회적 조화, 정부의 역할에 대한 바스티아의 관점

지주와 자본가가 견뎌야 하는 '생산적 노고'와 사적 소유의 신성불가침을 이렇게 튼튼히 확립하고 난 뒤에는 교환에서 얻을 수 있는 보편적인 혜택에 대한 이야기를 시작한다. 자연 자원과 자본이 없다면 노동은 생산할 수 없다. 부유한 이는 이 자원과 자본이 생산에 사용되도록 용인하는 끔찍한 고통을 겪는다. 그렇게 해서 생산이 이루어질 경우 사회 전체는 더욱 부유해진다. 따라서 교환을 통해 노동자가 자신의 노동력(즉 노동 능력)을 판매하고 자본가와 지주가 각각 이윤과 지대를 뽑아내게 되면 모든 이들이 혜택을 보게 되며 이에 조화가 사회를 지배하게 된다는 것이다. 바스티아는 이러한 시스템 내에 자유가 존재한다는 것을 강조하기를 좋아한다. 노동자는 굶든가 아니면 노동력을 생계 임금과 교환하든가의 선택지를 가진다. 노동자는 자유롭게 그러한 교환에 참여하며, 따라서 교환은 자본가와 지주뿐만

아니라 노동자에게도 혜택을 준다

분명히 바스티아는 교환이 보편적인 혜택을 주기 위해서는 경쟁이 지배해야 한다는 점을 강조한다. 하지만 그는 정부야말로 그러한 경쟁에 으뜸가는 장애의 원천이라고 본다. 따라서 그는 정부가 스스로를 그저 "자유, 재산, 개인의 권리를 유지하는"[27] 것으로 제한해야 한다고 호소한다. 이리하여 정부는 개인들이 교환에 종사할 권리와 자유뿐만 아니라 사적 소유에 결부된 모든 특권을 보호하는 것으로만 스스로의 임무를 제한해야 한다는 것이다. 그는 "정부의 행동은 그 본성상 강제를 포함하게 되어 있다"[28]고 인정했지만, 자연과 신께서는 함께 힘을 모아 사람들에게 **"그들의 힘을 합쳐서라도 개인의 자유와 재산을 지킬"**[29] 절대적 권리를 내리셨다고 인정했다.

바스티아는 왜 독점과 여타 자유경쟁의 장애물이 생겨날 조건을 정부가 창출하는가에 대해서는 전혀 묻지 않는다. 만약 그렇게 했더라면, 그 이유는 독점 기업이 경쟁 기업보다 더 큰 이윤을 거두기 때문임을 발견했을 것이다. 정말로 바스티아의 말대로 모두 다 자기 이익만을 행동 동기로 삼아 움직인다면, 정부의 관리로서도 부자에게서 뇌물을 받거나 공물을 뜯어내는 쪽이 바스티아의 자유 경쟁이라는 처방을 따르는 것보다 훨씬 유리할 것이다. 자본가와 정부 관리 또한 단지 교환을 행하고 있는 것이다. 독점 권력을 보호할 법률을 만들고 그 대가로 뇌물을 받을 뿐이다. 바스티아 자신의 이론이 예견하듯이, 여기서 교환의 양측 모두 혜택을 보았다. 정부 관리는 '사치스러운' 생활과 권력을 유지하는 데 필요한 자금을 얻었고, 자본가는 단순히 소유권만 법적으로 강제될 때 가능한 정도보다 훨씬 더 큰 이윤을 자신에게 몰아줄 법적 제한의 이점을 얻었다. 교환의 양측 모두 이익을 보았다. 하지만 공공은 고통을 받는다. 바스티아가 말하는 조화의 시스템이라는 것에서는 결국 이런 종류의 교환이 무시되고 있는데, 이는 놀랄 일이 아니다. 왜냐면 바스티아는 정부 관리에게 뇌물을 바치는 자본가보다는 사회주의자를 훨씬 더 두려워하는 사람이기 때문이다.

바스티아는 자본주의의 미학적 아름다움과 정치경제학에 완전히 매료되었다. "정치경제학은 실로 그 스스로의 독특한 시학詩學을 갖추고 있다. 질서와 조화가 있는 곳에는 언제나 시학이 있다."[30] 하지만 그도 노동자가 이따금씩 고통과 가난을 겪는다는 것을 모르지는 않는다. 이에 대해서는 이렇게 말한다. "개인의 삶에 있어서도 고통이 필요하고 중요한 역할을 한다. 이는 결국 사회의 삶에 있어서도 마찬가지인 것이다."[31] 하지만 여기서 또다시 자유방임 자본주의가 구원자로 등장한다. 노동자를 안심시키면서 그는 이렇게 말한다.

> 따라서 자본이 증가할 때마다 항상 전반적 후생의 증가가 따라오게 되어 있다는 것을 분명히 입증했으니 이제 나는 그러한 부의 분배와 관련하여 다음과 같은 공준을 반박 불가능한 진리로서 감히 제시하는 바이다.
> **자본이 증가함에 따라 전체 생산에서 자본가가 가져가는 절대적 몫은 증가하지만 상대적 몫은 감소한다. 한편 노동자의 몫은 절대적으로나 상대적으로나 증가한다.**[32]

이러한 주장의 '증명'은 아주 단순하다. 바스티아는 이렇게 단언한다. "**자본이 풍족해질수록 자본의 이자율은 낮아진다.** 이 점은 의문의 여지가 없고 또 의문에 처한 적도 없었다."[33]

이는 논리적 오류일 뿐이다. 자본이 축적되면 이윤율이 떨어지는 경향이 있다는 것은 스미스와 리카도에서 시작하여 마르크스를 거쳐 20세기에는 존 메이너드 케인스에 이르도록 경제학 이론가들 사이에서 가장 일관되게 지지자를 얻어왔던 견해 중 하나이다. 하지만 자본가의 손에 있는 자본의 양이 증가함에 따라 이윤율이 떨어진다고 해서 이것이 반드시 자본가에게 돌아가는 생산의 상대적 몫이 감소하는 것을 나타내는 것은 아니다. 만약 자본 총량이 몇 퍼센트 증가하였는가가 이윤율이 몇 퍼센트 감소하였는가를 충분히 상회한다면 자본가가 생산에서 가져가는 상대적 몫 또한 증가할 것이고 노동자의 상대적 몫은 감소하게 될 것이다. 다시 한 번 한 이론가의 논리적 오류가 그의 계급적 편향을 명확히 드러내고 있는 것이다.

요약하자면, "재산 소유자와 노동자 사이에, 자본과 노동 사이에, 일반 민중과 부르주아지 사이에 … 근본적 적대관계"[34]가 있다는 사회주의자의 주장에 대한 바스티아의 대답은 아주 단순하다. "인간들의 이익은 조화를 이룬다. 따라서 대답은 **자유라는** 한 단어에 전적으로 놓여 있다."[35] 교환의 자유와 재산의 보호가 바로 모든 사회적 해악에 대해 바스티아가 궁극적으로 내놓는 해법이었다. 물론 이러한 자유는 부유한 재산 소유자가 생산수단의 소유에서 생겨나는 이윤, 지대, 이자를 뽑아갈 수 없다면 노동자가 일할 수 없도록 강제로 가로막을 자유를 말하는 것이다.

밀의 공리주의

노동가치론의 관점과 효용가치론의 관점을 통합하려는 최후의 위대한 노력은 1848년에 출간된 존 스튜어트 밀(1806~1873)의 저서 《정치경제학 원리 *Principles of Political Economy*》였다. 밀은 자신이 벤담과 리카도 모두의 제자라고 주장했다. 하지만 그의 저작에는 거의 항상 독특한 특징 하나가 있다. 우선 자신과 견해가 다른 어떤 이론이든 최대한 공정하게 귀를 기울이고자 노력한다. 그러다가 결국 자신이 내세우는 거의 모든 원리에 대해 수정과 확장과 무수한 유보 조건을 덧붙이게 된다. 문제는 이렇게 덧붙인 수정이 너무 중대한 것이라서 끝에 가면 처음에 그가 내세웠던 이론과 완전히 다른 이론이 되는 경우—벤담의 공리주의를 전개할 때도 또 리카도의 노동가치론을 전개할 때도 그러하다—가 빈번하다. 하지만 궁극적으로 밀은 공리주의자도 아니며 노동가치론의 옹호자도 아니다. 또 그가 어떤 원리를 내놓을 때마다 여기에 덧붙이는 유보 조건의 논리가 너무나 광범위하고 설득력이 있기 때문에, 결국 이것이 누적되면 독자들에게 밀이 신봉하는 원리와 크게 모순되는 원리가 타당하다는 인상을 줄 뿐만 아니라 그러한 모순되는 원리를 명쾌하고도 설득력 있게 옹호할 때도 많다. 그 결과 밀의 사회철학은 물론 경제학 이론까지도 절충적이며 종종 일관성이 없게 된다.

밀과 바스티아 사이의 차이처럼 선명한 대조를 보이는 경우도 없을 것이다. 이 둘을 같은 장에서 논의하는 이유는 이들이 공리주의 경제학이 양쪽의 극단으로 양분되는 것을 선명하게 보여주는 두 대표자이기 때문이다. 바스티아는 뒤에 오스트리아학파와 현대의 시카고학파의 선구자로서, 극단적인 보수주의와 경직되고도 비타협적인 자세로 자유방임 자본주의를 옹호한다. 밀은 그보다 훨씬 더 온건한 마셜 학파의 신고전파 경제학의 선구자로서, 진보적 개혁과 정부의 개입을 빈번하게 옹호한다. 밀은 이론가로서나 학자로서나 바스티아보다 우월한 이였다. 밀의 《원리》는 학문적 넓이로 보나 우아한 문체로 보나 스미스의 《국부론》과 같은 반열에 올라설 만한 책이다. 많은 반론으로 연마되고 세련될 뿐만 아니라 공정하기까지 한 그의 문체는 바스티아의 교조적이고 경건한 척하면서 교만하기 짝이 없는 문체와 날카로운 대조를 이룬다. 하지만 밀은 절충주의자로서 그의 이론적 명제는 주요한 모순점을 내포하고 있었던 반면, 바스티아는 공리주의 심리학과 윤리학에 잠재되어 있는 결론을 일관되게 전개했다.

밀은 그의 《원리》를 시작하면서 그 이전의 대부분의 경제학 이론가뿐만 아니라 오늘날의 신고전파 경제학까지 논박하는 주장을 내놓는다. "부의 생산은 뜻대로 바꿀 수 있는 문제가 아님은 자명하다. 이는 여러 필연의 조건들을 가지고 있다".[36] 이 말이 의미하는 바는, 물질의 여러 법칙 그리고 일정한 물리적 생산 기법의 물질적 결과는 모든 사회에서 동일하다는 것이다. "그런데 생산의 법칙과는 달리 분배의 법칙은 부분적으로는 인간 제도의 법칙이다. 어떤 주어진 사회에서 부가 분배되는 방식은 그 사회에서 통용되는 법령 또는 관습에 의존하기 때문이다".[37] 이것이 의미하는 바는, 재산 소유와 기타 부의 분배에 영향을 끼치는 제도는 인간이 만든 것으로서, 과거에도 변화했고, 그가 생각하기에는 미래에도 바뀌어갈 것이다.

밀은 바스티아와 달리 사적 소유가 자연이나 하나님이 만든 제도라고 생각하지 않았다. 이는 인간이 만든 관습일 뿐이며, 따라서 "전적으로 공공의 편의에 달린 문제이다. 사적 소유가 … 공공의 편의에 도움이 되지 않는다면, 이는 … 정의롭지 못한 것이다".[38] 이렇게 사적 소유가 신성하다는 생각을 버린 데다가 공리주의의 가장 근본적인 두 개의 공리(이는 조금 있다가 이야기할 것이다)까지 거부했으므로, 밀이 정치경제학의 핵심을 교환에 두는 것 또한 거부했다는 것은 놀랍지 않다. "교환은 생산물 분배의 근본적 법칙이 아니다. 이는 도로와 교통수단이 운동의 본질적 법칙이 아니라 단지 그 법칙을 현실에 발현시키는 기계적 과정의 일부에 불과하다는 것과 마찬가지이다. 이 점을 혼동하는 것은 논리적으로뿐만 아니라 현실적으로도 실수를 저지르는 것으로 보인다."[39]

바스티아에서 오늘날까지 모든 일관된 공리주의자에게 있어서 경제학 이론의 핵심적인 초점은 교환에 맞추어져 있었다. 이러한 접근법을 밀이 거부한 것은 그가 공리주의의 두 가지 중심적 교의를 거부했기 때문이다. 그는 항상 벤담의 제자임을 자처했으며, 밀의 가장 널리 알려진 저작의 하나는 제목이 공리주의Utilitarianism이다. 이 저작의 2장은 공리주의를 정의하고 있는데, 이는 명백하게 벤담의 정의와 모순된다. 만약 경제사상사에서 벤담의 철학과 그의 지적인 자손들의 사상을 공리주의라고 부른다면,

밀의 철학은 그렇게 부를 수 없을 것이다. 그 정도로 밀의 철학은 근본적으로 달랐다. 벤담 식의 공리주의에 있어서 두 가지 근본적인 공준은 다음과 같다. (1) 인간의 모든 행동 동기를 쾌락을 쫓는 자기 이익으로 환원할수 있다. (2) 각각의 사람은 자신의 쾌락이 무엇인지를 판단할 수 있는 유일한 사람이며 따라서 사람과 사람 사이에서 쾌락을 비교하는 것은 불가능하다(이는 앞 장에서 우리가 주장했던 바이다). 이 두 번째 공준은 쾌락의 양만 같다면 압핀이나 시나 똑같다는 벤담의 명제에 집약되어 있다. 벤담 식의 공리주의에서는 질적으로 다른 종류의 쾌락을 슬쩍 비교하는 따위의 일은 용납되지 않는다.

앞으로 보겠으나, 밀은 인간의 모든 행동 동기가 자기 이익이라고 생각하지 않았다. 그는 단지 대부분의 사람들이 그 인격이 경쟁적인 자본주의 문화에서 형성되는 바람에 경제활동에 있어서 자기 이익에 입각하여 행동하는 것뿐이라고 생각했다. 하지만 장래에 사회주의 또는 공산주의 사회가 도래하여 '더 높은' 또는 '더 고상한' 동기로 사람들이 행동하는 날이 올 것을 고대했다. 이렇게 인간의 행동 동기를 부당하게 비교하는 것은 공리주의에는 완전히 낯선 것이다. 공리주의는 모든 동기를 자기 이익으로 환원하며, 밀과 같은 식의 판단은 그저 개인적이고 주관적 편향을 반영한 것에 불과하다고 보기 때문이다.

밀은 또한 어떤 쾌락이 다른 쾌락보다 도덕적으로 우월한 것으로 판단할 수 있다고 주장했다. 만약 이게 옳다고 하자. 필자 또한 분명히 밀의 이러한 생각에 동의한다. 그렇다면 다른 여러 쾌락을 놓고 그 사이에 도덕적 판단을 내릴 수 있도록 해주는 원리로서 공리주의의 쾌락 원리보다 더 상위의 어떤 원리가 있어야만 한다. 그리고 윤리적 판단의 원천은 공리주의적 쾌락 원리가 아니라 더 상위의 원리임이 분명하다. 밀은 반복해서 단언한다. "어떤 **종류**의 쾌락은 다른 종류의 쾌락보다 더 바람직하고 가치가 있다".[40] 달리 말하자면, 쾌락의 양이 어찌되었든 시는 압핀보다 더 바람직하고 더 가치가 있다고 말할 수 있다는 것이다. 이는 분명히 공리주의와는 반대되는 생각이다. 밀과 같은 관점에 서게 되면 궁극의 규범적 기준은 쾌락이 아니다. 밀은 "만족한 바보가 되느니 불만에 찬 소크라테스가 되는 것이 낫다"[41]고 확신했다. 이는 바스티아 이후의 공리주의 경제학자가 규범적 경제학 이론을 구축하고 교환의 보편적인 혜택을 보여주려고 했던 노력의 기반을 완전히 파괴하는 것이다. 따라서 우리는 밀 스스로가 자신이 공리주의의 관점을 신봉한다고 주장하고, 그리고 공리주의가 실제 그의 관점에 상당한 영향을 끼친 것은 사실이지만, 그럼에도 불구하고 그가 분명코 일관된 공리주의자가 아니었다고 결론을 내릴 수밖에 없다.

밀의 가치론

밀은 《원리》의 1권 1장을 시작하면서 노동가치론의 관점을 언명한다. 즉 생산은 오로지 노동이 천연자원을 전환시키는 것으로 이루어진다. "생산의 필수 조건은 두 가지, 즉 노동과 적절한 자연적 물체이다. … 약간의 별로 중요하지 않은 예외를 빼면 … 자연이 공급하는 물체는 본성상 오직 인간의 노력을 통해 일정 정도의 변형을 겪고 난 뒤에야 인간 욕구에 쓸모를 갖는다."[42] 밀은 자신이 리카도의 제자라고 주장하면서, 노동가치론과 아주 유사한 주장으로 논의를 시작한다.

어떤 것을 생산함에 있어서 생산자 또는 일련의 생산자들이 비용으로 내야 하는 것은 그것을 생산하는 데 지출된 노동이다. … 언뜻 보면 이는 오직 … [한 자본가의] 비용을 이루는 일부에 불과한 것처럼 보인다. 자본가는 노동자에게 임금을 지급하는 것만이 아니라 마찬가지로 도구, 재료, 그리고 아마도 건물도 노동자에게 가져다줘야 하니까. 하지만 이러한 도구, 재료, 건물 또한 노동과 자본이 생산한 것이다. 그리고 이것들의 가치는 이것들의 생산비용으로 결정되며, 그 생산비용은 다시 노동으로 환원할 수 있다. …

　　… 따라서 상품의 가치를 결정하는 으뜸의 요인은 그것을 생산하는 데 필요한 노동의 양이다(이것이 과연 유일의 결정 요인인지의 여부는 곧 살펴볼 것이다).[43]

이렇게 밀은 자신이 리카도의 제자라는 주장에 맞게 노동가치론을 언명한 것으로 보인다. 하지만 위 인용문의 마지막 문장이 중요하다. 이 인용문 다음에는, 비록 노동이 가장 중요한 가치의 결정 요소이기는 하지만 유일의 결정 요소가 아니라는 주장이 곧바로 나온다. 그가 벤담의 쾌락 원리에 유보 조건을 가했던 것이 결국 공리주의에 대한 적대적 비판이 된 것과 마찬가지로, 노동가치론에 대해 그가 붙인 유보 조건 또한 그 절정에 가면 아예 노동가치론의 기각에 이른다.

노동가치론은 노동에 대한 자본의 비율이 모든 산업에서 동일할 때만 유지될 수 있다고 밀은 주장한다. 이 경우에는 다양한 상품에 체현된 노동이 그 생산비용에 비례할 것이다. 하지만 이는 대부분의 상품들에는 적용될 수 없는 이야기이다. 예를 들어 똑같은 양의 노동을 들여서 포도주와 옷감을 생산했다고 해도 그것들은 서로 다른 가치를 가지게 된다. 포도주는 "이윤을 내려면 더 긴 시간이 걸리기 때문이다".[44] 더욱이 "기계로 만드는 모든 상품은 최소한 근사적으로나마 앞에서 말한 포도주의 예와 흡사하다".[45]

5장에서 상당히 자세히 논한 바 있지만 리카도 또한 이렇게 상품의 가격이 그 노동가치의 비례 관계에서 이탈하게 되는 원인을 잘 알고 있었다. 하지만 그는 이것이 으뜸가는 중요성을 가진 것은 아니라고 생각했고 노동가치론을 유지하면서도 이것을 체계적으로 설명하는 것이 가능하다고 생각했다. 밀의 생각은 달랐다. 그는 여기서 다시 스미스의 생산비용 '합산 adding-up' 이론으로 되돌아간다. 이 이론은 리카도가 충분한 근거를 들어 반대했던 이론이라는 것을 독자들은 기억할 것이다.

하지만 밀의 절충주의는 고집스럽게 수많은 모순을 향해서 밀고 나간다. 간혹 이윤에 대한 그의 관점이 리카도의 관점과 동일할 때도 있다. 이윤이란 노동자를 부양하는 데 필요한 생산물을 초과하는 잉여의 노동 생산물이라는 것이다. 이러한 관점은 다음의 인용문에 명확하게 언명되어 있다.

> 이윤의 원인은 노동이 스스로를 부양하는 데 필요한 것 이상을 생산하는 데 있다. … 이를 형태만 좀 바꾸어 말하자면 다음과 같다. 자본이 이윤을 산출하는 이유는 음식, 의복, 재료, 도구 등이 그것들을 생산하는 데 걸리는 시간보다 더 오래간다는 데 있다. 따라서 한 자본가가 한 무리의 노동자들에게 그들이 생산하는 것을 자기가 다 가져간다는 조건으로 이런 것들을 공급해주면, 노동자들은 자신들의 생필품과 도구의 재생산 말고도 남는 시간이 생기게 되고 그 남는 시간의 일정량은 그 자본가를 위해 일하게 된다. 이리하여 우리는 이윤이 교환의 순간에 생겨나는 것이 아니라 노동의 생산력에서 생겨난다는 것을 알 수 있다.[46]

하지만 밀의 단순 생산비용 합산 이론에서는 시장가격이 수요와 공급에 의해 결정된다. 시간이 지나면 시장가격은 자연가격에 가까워지고(이는 스미스 이론에서와 마찬가지이다), 자연가격은 토지의 가격, 노동의 가격, 자본의 가격이라는 비용의 3대 구성 요소를 합해놓은 것과 같다. 이러한 관점은 노동가치론과 상반된다. 왜냐면 이는 **이윤이 자본의 자연가격**이며 잉여나 잔여 residual이 아니라고 가정하는 것이기 때문이다. 더욱이 이 이론은 이윤을 한 자본가가 내놓는 일정한 **서비스**를 **교환**하면서 그 **가격**으로 지불된 것이라고 본다. 따라서 위의 밀의 인용문과는 반대로, 생산비용 합산 이론은 이윤이 생산에서가 아니라 교환에서 기원하는 것으로 보는 것이다.

밀이 이렇게 생산비용 합산 이론으로 옮겨가면 그의 이윤에 대한 관점에 어떤 영향이 오는지는 명백하다.

> 노동자의 임금이 노동에 대한 보상인 것과 마찬가지로, 자본가의 이윤은 시니어 씨가 잘 고른 표현대로 절욕에 대한 보상이라고 말하는 것이 적절하다. 이윤은 자본가가 자신의 자본을 스스로를 위해 소비하는 것을 절제하고 생산적 노동자가 그들의 용도로 소비하도록 허용함으로써 얻게 되는 것이다. 이러한 절제에 대해 그는 보상을 요구하게 된다.[47]

밀의 《원리》를 지배하는 것은 이러한 관점이지 리카도의 관점이 아니다. 그는 명확하게 이윤은 서비스에 대한 보상이며 이윤에는 최저 또는 자연적 이윤율이라는 것이 존재한다고 단언한다.

> 자본에서 얻는 총이윤은… 절욕에 대한 충분한 등가가 되어야 하며, 리스크에 대해서도 충분한 보상이 되어야 하며, 생산과정의 감독에 필요한 노동과 숙련에 대해서도 충분한 보상이 되어야 한다. … 영구적으로 존재하게 될 가장 낮은 이윤율은 … 자본의 사용에 따른 절욕, 리스크, 노고에 대한 등가를 제공할 수 있도록 … 해주는 데 딱 맞는 만큼의 이윤율이다.[48]

이렇게 밀의 관점에서 볼 때 이윤은 생산에서가 아니라 교환에서 나온다. 이윤은 교환을 통하여 절욕, 리스크, 노고에 대해 주어지는 보상인 것이다.

밀은 거의 모든 자연가격은 그의 생산비용 합산 이론으로 결정된다고 생각했다. 리카도와 마르크스와는 달리 밀은 한 상품의 교환가치의 근저를 이루는 것이 노동이라는 생각을 버린다. 밀에게 있어서 가치란 단순히 교환가치 또는 상대가격을 가리킨다. 그에게는 노동가치라는 관념이 없었다. 따라서 그는 리카도가 왜 불변의 가치척도(5장을 보라)를 찾으려 했는지를 이해할 수 없었고, 그러한 리카도의 노력은 불가능할 뿐만 아니라 가치론과 무관한 것이라고 생각하여 기각했다.[49]

밀은 생산비용으로 자연가격을 설명할 수 있다는 규칙에 대해 몇 가지 예외를 논하고 있다. 그중 두 가지가 특히 중요하다. 국제 가격의 경우와 노동의 가격, 즉 임금의 경우가 그것이다. 밀의 국제 가격 결정 이론은 아마도 경제 이론에 대한 그의 가장 중요한 독창적 기여 중 하나라 할 것이다. 그의 이론은 오늘날에도 약간의 수정만 거친 채 국제 가격에 대한 주류 경제학의 중요 이론의 자리를 지키고 있다. 우리는 여기서 이 이론을 짧게만 논하고 넘어갈 것이다. 임금 결정에 대한 그의 이론은 다음 절에서 논의할 것이다.

리카도는 두 개의 상품의 생산비용이 서로 다른 두 나라가 있을 때, 각자가 상대적으로 더 저렴하게 생산할 수 있는 상품의 생산에 특화하는 데서 두 나라 모두가 혜택을 볼 수 있다는 것을 주장했다(5장). 이러한 상호 혜택은 국제적 교환 비율(즉 국제적 가격 비율)에 좌우되는데, 이는 두 나라 각각에서의 생산비용 비율 사이의 어디엔가에 있을 것이다. 하지만 리카도는 국제 가격이 현실적으로 어떻게 결정되는지를 설명하려 하지는 않았다.

한 나라 안에서는 가격이 생산비용과 동일하다고 밀은 주장한다. 왜냐면 경쟁으로 인해 생산비용이 동일해질 것이며(여기에는 이윤율의 균등화도 들어간다). 또 가격을 생산비용과 동일하게 만드는 경향이 있기 때문이다. 하지만 생산요소는 나라 사이를 자유롭게 이동할 수 없다. 따라서 나라 사이에서는 임금률이나 이윤율이 동일해지지 않게 되며, 상품들 간의 상대가격 비율도 통일되지 않으며, 따라서 국제 가격은 생산비용이 아니라 오로지 수요와 공급에 의해서만 결정된다.

밀은 국제적 수요와 공급을 분석하는 데는 각 나라가 국제수지의 균형이라는 압박을 항상 받을 것이라는 전제가 필요하다고 주장한다. 즉 한 나라가 수출로 벌어들인 소득이 그 나라의 수입을 위한 비용과 같아야 한다는 것이다. 따라서 여러 상품들 사이의 가능한 모든 상대가격 비율마다(두 나라 각국 내부에서 지배적인 상대가격의 비율들을 양극단으로 삼는다), 각 나라는 다른 쪽 나라의 수출품 일정량과 교환하고자 내놓는 그 나라의 수출품 일정량이 있을 것이다. 가격이 다양하게 변하면 내놓고자 하는 수량과 수요하는 수량이 다양하게 변할 것이다. 그래프로 나타내면, 가격이 두 나라의 생산비용 비율 사이에서 하락할 때마다 한 나라가 국제수지를 항상 맞추면서 수출 및 수입하려고 하는 수량의 다양한 변화는 곡선으로 나타날 것이다. 이 곡선은 '오퍼 곡선offer curve'이라고 알려지게 된다. 각 나라는 그러한 오퍼 곡선을 가지고 있다. 만약 이 곡선이 특정한 가격에서 서로 교차한다면 이 가격이 곧 한 나라가 수요하는 수입품의 가치와 다른 나라가 공급하는 수출품의 가치와 같게 만들어주는 지점일 것이며, 그 반대도 마찬가지이다. 이러한 조건을 만족시키는 가격이 곧 균형가격이 된다. 이 가격에서 "한 나라는 총 수출과 총수입이 정확하게 일치하도록 하는 데 필요한 가치로 자기 나라의 생산물을 다른 나라의 생산물과 교환한다".[50]

임금에 대한 밀의 견해

6장에서 우리는 시니어가 임금기금설을 이용했다는 것을 보았다. 그것은 노동자의 임금은 자본가가 임금으로 비축해놓은 기금의 크기와 그 기금을 나누어갖는 노동자의 숫자로 결정된다는 주장이었다. 고전파 경제학자는 거의 모두 어떤 형태의 임금기금설을 받아들였는데, 밀 또한 그의 《원리》에서 이를 받아들인다. "노동에 대한 수요는 노동자를 사용하기 위해 직접 따로 떼어놓은 기금으로만 이루어진다."[51] 이는 곧 임금은 노동 공급, 즉 그 기금을 나누어가질 노동자의 숫자에 의해서 결정된다는 것을 의미한다. 밀은 맬서스와 다른 대부분의 고전파 경제학자와 마찬가지로 노동자의 임금을 올리는 가장 효과적인 방법은 교육을 통하여 노동자 가족의 크기를 줄이는 것이라고 생각했다.

맬서스는 노동자가 성적 욕구의 절제를 행할 만한 '도덕적 인격'을 결여하고 있어, 비참과 악덕, 그리고 궁극적으로는 기아에 빠지게 되어 있다고 결론을 내렸다. 하지만 밀은 산아제한이 악덕이라고 생각하지 않았다. 그는 교육을 통해 노동자가 점차 다양한 산아제한 방법을 사용할 수 있을 것이라고 생각했고, 이를 통해 가족의 크기를 줄이고 생활수준을 올릴 수 있을 것이라고 생각했다.

시니어는 임금기금설을 이용하여 노동자가 단결해봐야 아무 소용도 없다고 주장했다. 밀은 하지만 대단히 다른 결론에 도달했다. 노동자가 단결하면 '파업의 경험'이 가능해지며, 이는 "임금과 노동의 수요·공급의 관계라는 주제를 노동자계급에게 교육시키는 최고의 교사"[52]라고 주장했다.

그런데 1869년 밀은 윌리엄 손턴William T. Thornton이 쓴 책에 대한 서평에서 임금기금설을 반박한다. 이 서평에서 밀은 임금이 자본가가 노동자에게 지급하려고 미리 비축해놓은 양으로 제한되는 것이 아니라고 주장한다. 임금의 한계는, 자본가가 거두는 이윤 총량에서 자본가가 "자신과 가족을 부양하기 위해"[53] 필요로 하는 것을 뺀 양이라는 것이다. 따라서 임금은 노동자와 자본가 사이의 경쟁적 투쟁에 의해 결정되는 것이지 미리 비축되어 있는 임금기금 따위로 결정되지 않는다는 것이다. 밀은 이제 임금

기금설을 거꾸로 뒤집은 것이다. 임금기금의 크기를 결정하는 것은 임금률이며, 이는 계급투쟁으로 결정된다는 것이다. 어떤 자본가가 "노동에 더 많이 지불해야 할 경우, 그 추가적 지불은 자본가 자신의 소득에서 나온다".[54]

이렇게 밀은 노동자의 단결체와 노동자 파업이 교육적 효과에서 멈추는 것이 아니라 소득을 이윤에서 임금으로 재분배하는 데도 잠재적인 중요성을 가진다는 점을 알게 된다. 맬서스, 세, 시니어, 바스티아 등과는 달리 밀이 감정적으로 동조했던 쪽은 노동자였다.

> 노동계급의 숫자가 월등히 많고 현재의 생산 기술 수준에서 보편화될 수 있는 최고 수준으로 임금률을 올린다고 해도 그 보상은 미미하다는 것을 유념할 때, 노동자들이 승리하여 최고 수준의 임금을 달성하는 것을 바라지 않는 이들이 있다면 이들은 도덕의 기준은 물론 가장 바람직한 사회 상태에 대한 생각에 있어서도 손턴 씨나 필자와는 크게 견해가 다르다고 할 수밖에 없다.[55]

밀이 임금기금설을 버린 것은 노동계급이 자본가에 맞서 노동조합으로 단결하고 집단적 투쟁을 벌여 과연 얻을 것이 있는가에 대한 그의 생각에 중대한 영향을 미쳤다. 하지만 이는 그가 《원리》에서 표명한 초기의 견해, 즉 노동의 가격 – 임금 – 은 여러 생산비용에 의해 결정되지 **않는다**는 견해까지 바꾸지는 못했다. 오히려 임금기금설을 논박하는 과정에서 임금은 협소한 의미의 경제적 요인이 아니라 사회적, 정치적 요인에 의해 결정되는 면이 크다는 그의 관점이 더욱 강화되었다.

이윤율의 저하 경향

밀이 스스로를 리카도의 제자라고 여겼던 영역 가운데 하나는 이윤율이 장기적으로 하락한다는 자신의 이론이었다. 그는 리카도의 견해에 대한 동의를 이렇게 한 문장으로 표현했다. "축적은 보통 인구 증가를 수반하게 되는데 이 두 가지가 결합돼 나타나는 효과는 식량의 가치와 가격 상승이며, 지대의 상승이며, 이윤의 저하이다."[56] 하지만 밀의 저작의 다른 부분에서도 그렇듯이 여기서도 더욱 중요한 것은 이 원리보다도 거기에 밀이 붙인 유보 조건이다. 그는 이윤율 저하 경향에 반작용의 영향을 미치는 몇 가지 조건을 논하고 있다. 그중에서 두 가지, 즉 자본수출과 주기적인 상업공황이 특히 중요하다.

자본수출에 대한 밀의 논의가 중요한 까닭은 그것이 마르크스 및 레닌의 논의와 대단히 유사하기 때문이다. 특히 레닌은 유럽 제국주의가 세계의 거대 세력이 된 이후에야 이론을 발전시켰던 이였다는 점을 기억할 필요가 있다. 밀에게 있어서 자본수출은

> 이웃 나라보다 자본이 빠르게 증가하기 때문에 이윤 또한 최저 수준에 가까운 나라에서는 이윤의 저하 경향을 막아주는 반작용의 힘 가운데 〔가장 중요한 것의 하나이다〕. 이 나라에서는 자본이 국내에서 얻을 수 있는 것보다 더 높은 이윤을 찾아서 식민지 또는 외국으로 계속해서 유출된다. … 이 작동 방식에는 두 가지가 있다. 첫째, 자본 유출은 화재, 대홍수, 또는 상업공황과 같은 효과를 가진다. 즉 이윤 감소를 낳은 만큼의 자본 증가분을 밖으로 빼내는 것이다. 둘째, 그렇게 해서 빠져나간 자본은 없어지는 것이 아니라 주로 식민지를 세우는 데 사용되며, 식민지는 값싼 농업 생산물의 큰 수출 지역이 된다. … 영국에서는 인구가 계속 증가하고 있는 상황이

다. 이러한 인구 증가에 비례하여 값싼 식량의 공급과 값싼 의복 재료의 공급을 어떻게 유지할 것인가의 과제를 안고 있는 우리로서, 주로 기대해야 할 것은 영국 자본의 해외 유출이다. 이를 통해 국내에서 자본이 늘어나도 〔우리〕 나라 안에서 이윤을 떨어뜨리지 않으면서도 계속 투자될 곳을 찾을 수 있게 된다. … 따라서 자본수출은 남아 있는 자본에게 투자할 영역을 확장해주는 데 있어 아주 효과적인 요인이다. 그리고 우리가 더 많은 자본을 해외로 보낼수록 우리는 더 많은 자본을 갖게 될 것이고 또 국내에 더 많은 자본을 유지할 수 있다고 말해도 좋을 것이다.[57]

그 두 번째 반작용의 힘은 "너무나 단순하고 눈에 띄게 드러나 있는 것이어서 어떤 정치경제학자들은 … 다른 것을 배제하고 이것에만 주의를 기울이기까지 한다. 이는 과도한 거래와 분별없는 투기의 기간 그리고 항상 그에 뒤따르는 경기의 격변commercial revulsion에 일어나는 자본의 폐기이다".[58] 이리하여 밀은 주기적인 공황이 자본을 파괴하여 이윤율이 하락하는 경향을 막아준다고 주장했다. 이 부분만 보면 밀은 맬서스 및 마르크스처럼 시장 자본주의가 자동적으로 완전고용을 낳는 경향이 있다는 세의 법칙을 거부했던 19세기 경제 이론가로 분류할 수 있을 것처럼 보인다. 그는 "과도한 거래"와 "분별없는 투기"의 기간 동안 "광산이 개발되고, 철도나 교량이 건설되고, 그 밖에도 이윤이 불확실한 수많은 공사가 시작된다"고 보았고, 이러한 기간이 반복해서 돌아온다고 주장했다. 더욱 중요한 것으로, "시장이 필요로 하는 것보다 혹은 계속 사용할 수 있는 것보다 더 많은 공장이 세워지고 기계가 만들어진다".[59] "몇 년 동안 공황 없이 지나갈 경우에는 너무나 많은 양의 자본이 추가로 축적되어 더 이상 관습적인 이윤으로는 자본을 투자하는 것이 불가능해진다."[60] 그다음에는,

공장은 폐쇄되거나 혹은 굴러가더라도 이윤이 없으며, 일꾼들은 쫓겨나게 되고, 공황이 지나가고 나면 모든 계층에서 수많은 이들이 소득을 잃고 상당히 궁핍한 상태에 처하게 된다. 경기의 격변이 낳는 효과는 이런 것이다. 그리고 이러한 격변은 거의 주기적이며 우리가 지금 고찰하고 있는 바로 그 이윤율의 경향에서 빚어지는 결과의 하나이다.[61]

그런데 이렇게 공황과 경기순환에 대해 혜안이 있는 분석을 내놓았음에도 불구하고 밀은 세의 법칙을 옹호한다.

밀은 "상품의 총공급이 총수요를 초과할 수 있다"는 맬서스의 학설을 고찰하면서 이렇게 결론을 내린다. "이 학설은 그 개념 자체에 이미 너무나 많은 모순을 안고 있는 것으로 보이기 때문에, 나는 그 학설을 명료하면서도 동시에 그 지지자들이 만족할 수 있는 방식으로 서술하기에 상당한 어려움을 느낀다."[62]

밀이 맬서스의 학설에 반대하고 세의 법칙을 옹호한 것은 두 가지 논점에 기댄 것이다. 하나는 정의상의 문제였고, 또 하나는 이론적인 문제였다. 첫째, 밀은 사람들이 "상품의 과잉생산"이라든가 "전반적 과잉"이라고 부르는 것을 단순히 "화폐의 과소공급"이라고 불러야 한다고 주장했다. "이러한 시기란 사실은 모든 상품이 화폐로 표현되는 수요보다 과도하게 존재하는 상황이다. 다른 말로 하자면, 화폐의 과소공급 상황인 것이다."[63] 하지만 맬서스나 그 어떤 이론가도 재화가 인간의 필요욕구나 욕망에 비하여 과도하게 공급되었다는 의미로 말한 적은 없다. 정확하게 말해서 이들이 주장한 것 또한 그야말로 밀 스스로가 말했던 것, 즉 화폐로 표현되는 수요보다 과도한 재화의 공급이 빈번하게 발생한다는 것뿐이었다. 밀은 맬서스의 학설에 지독한 논리적 모순이 있어서 명료하게 서술하기 힘들다고 했지만, 이렇게 과잉생산이라는 용어의 정의를 놓고 트집을 잡는 식으로 그 논리적 모순이 해명되는 것은 아닌 셈이다.

둘째, 맬서스의 학설에 대한 밀의 이론적 반박과 그를 통한 세의 법칙에 대한 옹호는 시장 자본주의가 **장기적으로 보았을 때** 공황에서 자동적으로 빠져나와 결국에는 완전고용을 달성할 것이라는 언명에 불과하다. 그는 이러한 "시장의 정신착란"이 사회적 "해악"이라는 점에는 동의하지만 이것이 그저 "일시적"일 뿐이라고 주장한다.[66] 맬서스의 학설을 20세기에 와서 상세히 논한 가장 유명한 이는 존 메이너드 케인스이다. 케인스는 밀과 밀 이후의 신고전파 경제학자들이 세의 법칙을 옹호한 것에 맞서 이렇게 응수했다. "장기적으로 보면 우리 모두가 시체다." 하지만 밀 스스로도 말했듯이, 공황이 발생하면 그때마다 수많은 사람들이 "상당히 궁핍한 상태"에 처하게 된다.

사회주의에 대한 밀의 생각

밀은 세, 시니어, 바스티아 등과 달리 생산수단의 사적 소유를 신성한 것이라고 옹호하지 않았다. 시니어 및 바스티아와 달리 밀은 실제 역사에 대한 광범위한 독서를 했다. 그래서 검소하고 근면하며 미덕이 넘치는 이는 자본을 축적했고, 방탕한 죄인은 자신과 가족이 무일푼이 될 지경까지 마구 낭비를 했다는 식의 판에 박은 사적 소유와 부의 '역사'라는 것 따위는 전혀 꺼내지 않았다. 그 대신 이렇게 말했다.

> 오늘날 유럽의 사회제도의 출발점이 되었던 것은 재산의 분배이지만, 재산의 분배는 열심히 땀 흘려 얻은 것이거나 정당한 분배의 결과가 아니라 정복 및 폭력의 결과였다. 그리고 비록 오늘날에는 산업이 등장하여 그러

한 무력의 작동을 많이 수정했지만 그럼에도 불구하고 현재의 시스템은 여전히 그러한 본래의 중요한 특징을 다수 간직하고 있다. 재산 소유를 정당화하는 원리의 기초를 충실히 따르는 재산 소유 관련 법률이란 아직까지 전혀 존재한 적이 없다.[65]

게다가 밀은 거의 모든 생산수단의 소유권이 소수의 자본가계급의 손에 집중되는 효과에 대해 도덕적으로 비난했다. 그는 이 때문에 극소수의 기생적 계급이 생겨난다는 것을 깨달았다. 이 계급은 생산적 활동과는 아무런 필연적 관계도 없는 소득을 거두면서 사치스럽게 살고 있다. 이 현존하는 계급 구조는 "결코 필연적이거나 영구적인 사회적 관계의 상태가 아니"라고 생각했다.

> 나는 일하지 않는 '계급'이 하나라도 존재하는 사회 상태, 또 일을 할 수 없는 사람과 이미 죽도록 일을 하여 공정하게 휴식의 삶을 얻어낸 이들을 빼고, 인간적 삶을 유지하는 데 필수적인 노동의 몫에서 면제된 사람이 한 명이라도 존재하는 사회 상태를 정의롭거나 건강하다고 인정할 수 없다. 하지만 이렇게 노동하지 않는 계급이라는 거대한 사회악이 존재하게 되면 일하는 사람들은 별개의 계급을 이루게 된다.[66]

밀은 극심한 빈부의 차이 때문에 당대의 자본주의적 계급 구조를 도덕적으로 거부했을 뿐만 아니라, 이것이 궁극적으로는 폐지될 것이라고 생각했다. "이렇게 인류가 고용주와 피고용인이라는 두 개의 세습적 계급으로 나뉜 상태가 영구적으로 유지될 것이라고는 기대할 수 없다."[67] 밀이 관심을 두었던 으뜸가는 질문은 자본주의가 모종의 사회주의 또는 공산주의 사회로 진화하는 사회적 변화의 방향과 속도였다. 공산주의 사회가 당대의 자본주의 사회보다 도덕적으로 우월할 것이라고 그가 생각했다는 데는 의문의 여지가 없었다.

> 따라서 만약 모든 고통과 불평등으로 가득 찬 현재의 사회 상태와 모든 기회가 주어지는 공산주의 사이에 선택을 해야 한다면, 그리고 사적 소유라는 제도 때문에 필연적으로 노동 생산물이 현재와 같이 노동에 거의 반비례하여 분배된다면, 그래서 가장 큰 몫은 전혀 일하지 않는 이들이 차지하고 그다음으로 큰 몫은 그저 일하는 시늉만 하는 이들이 가져가는 식으로 되면서, 힘들고 하기 싫은 일을 하는 이들일수록 받는 보상이 줄어들어 마침내 가장 피로가 심하고 사람을 완전히 소진시키는 육체노동을 하는 이들은 심지어 생활필수품조차 벌어들일 수 있을지 장담을 할 수가 없다면, 이러한 상태와 공산주의 둘 중 하나를 선택해야 한다면, 비록 공산주의에도 크고 작은 문제가 있겠지만 그 모든 문제는 저울 위에 먼지 한 톨을 얹어 놓은 정도에 불과할 것이다.[68]

하지만 비록 밀이 이렇게 사회주의나 공산주의가 그가 살았던 시대의 자본주의보다는 도덕적으로 더 선호할 만하며 "두 개의 세습적 계급으로" 나뉜 사회는 "영구적으로 유지"될 수 없다고 생각했지만, 과연 그를 사회주의자라고 부르는 게 적절한지는 의문스럽다. 이 점에 있어서 상이한 인격유형—또는 상이한 종류의 쾌락과 고통—에 대한 그의 반反공리주의적 판단이 중요해진다. 사회주의는 오로지 사람들의 인격이 고양될 때만 가능해질 것이다. 사회주의 사회는 "현재로서는 오로지 인류의 **엘리트에** 의해서만 작동이 가능하다"[69]고 밀은 주장했다.

한편 사회의 대다수에게 가능한 것은 경쟁적인 '부를 향한 투쟁'뿐이다.

더 나은 정신을 가진 이들이 나타나 다른 이들을 교육하여 더 나은 것에 몰두하도록 만들게 될 그 날이 올 때까지는, 부를 위한 투쟁에 인류의 에너지를 쏟아붓도록 유지하는 것이 인류가 게으르게 늘어진 채 쓸모없는 존재로 퇴락하는 것보다는 훨씬 더 바람직하다는 것은 분명하다. 정신이 아직 다듬어지지 못하여 거친 상태라면 사람들은 여러 거친 자극을 원할 것이므로 그러한 자극을 맘껏 받도록 하자는 것이다. 한편 현재와 같이 인간의 개선이 이루어지기 시작한 극히 초기 단계를 궁극적인 인간의 유형으로 받아들일 수 없는 이들이, 범상한 정치가들이 흥분하여 경하하여 마다하지 않는 종류의 경제적 진보, 즉 단순한 생산과 축적의 증가에 대해 비교적 무관심하더라도 용서해주어야 한다.[70]

밀은 오언과 푸리에 등이 제안한 작은 협동조합의 장려를 옹호했다. "이러한 다양한 계획에 어떤 장점과 단점이 있건, 이 계획이 실현 불가능하다고는 말할 수 없다."[71] 오랜 시간에 걸쳐 만약 이러한 협동체들이 경제적으로 또 사회적으로 성공적임이 밝혀진다면, "주인과 노동자의 관계는 점차 동업자 관계로 대체되어 갈 것임이 분명하다. 이 동업자 관계는 두 가지 형식 중 하나가 될 것이다. 어떤 경우에는 노동자가 자본가와 함께 연합체를 만드는 것이며, 다른 경우에는 그리고 아마도 궁극적으로는 노동자 스스로가 연합체를 만드는 것이다".[72] 하지만 이는 자생적이며 자발적인 과정이 되어야 하며 따라서 아주 긴 시간이 걸릴 것임이 분명하다. 밀이 옹호하는 것은 다음과 같다.

그러는 동안 우리는, 물론 인간 본성의 궁극적인 역량에 제한을 가해서는 안 되겠지만, 앞으로 다가올 상당한 기간 동안은 정치경제학자들이 주로 사적 소유와 개인 간 경쟁에 기초한 사회의 존속과 진보의 조건에만 관심을 갖는 것을 긍정해야만 한다. 또 인류가 개선되는 현 단계에 있어서 으뜸가는 목적으로 삼아야 할 것은 사적 소유의 시스템을 전복시키는 것이 아니라 오히려 그것을 개선하여 공동체의 모든 성원들이 그 혜택에 한껏 참여하도록 만드는 것임을 긍정해야만 한다.[73]

밀의 정부 개입을 통한 개혁주의

밀은 사회주의 사상에 동정적이었지만 그의 직접적인 목적은 자본주의의 개혁을 증진하는 것이었다. 바스티아처럼 현존하는 소유권이 신성하다고 생각했던 이들에 반대하여 밀은, "사회는 충분히 숙고하여 공공선에 합치한다고 판단을 내린다면 어떤 특정한 소유권도 바꿀 수도 있고 아예 폐지할 수도 있는 완전한 자격을 갖추고 있다"[74]고 주장한다. 소유권에 대한 이러한 관점과 일치하는 밀의 주장이 또 있다.

> 인신과 재산의 보호가 정부의 유일한 목적이라는 주장은 받아들일 수 없다. 정부의 목적은 사회적 연합체의 목적과 마찬가지로 포괄적인 것이 되어야 한다. 정부의 목적은 정부의 존재를 통해 직간접으로 부여할 수 있는 모든 좋은 것, 그리고 해악으로부터의 완전한 면역으로 구성된다.[75]

밀은 자유 시장이 사회적으로 역효과를 내는 가장 중요한 세 영역에서 이를 수정하기 위해 정부가 개입해야 한다고 생각했다. 첫째, 자유 시장 자본주의의 결과로, "압도적 다수는 기본적 생계가 전반적으로 불안정하여, 평생 끝나지 않고 잠깐이나마 멈추는 법도 없는 노역의 삶을 살아야 한다".[76] 둘째, 이러한 극단적인 빈곤에 당연히 따라오는 것으로서, "인류의 극소수는… 삶이 제공할 수 있는 모든 외적인 이익을 땀 흘려 얻은 것도 아니요 또 무슨 재주나 공덕을 내세워 얻은 것도 아니면서 마음껏 향유할 수 있도록 태어난다".[77] 셋째, 수많은 영리 사업의 경우

> 큰 자본이 있어야만 유리하게 수행할 수가 있기 때문에 대부분의 나라에서 영리 사업을 시작할 수 있는 사람들의 계급은 아주 협소하게 제한되며, 그 결과 그렇게 사업을 할 수 있는 이들은 일반적 수준보다 더 높은 이윤율을 항상 유지할 수 있게 된다. 이렇게 되면 당연하게도 교역 또한 극소수의 손에 독점되며, 이 거래상들의 담합을 통해 이윤은 항상 높게 유지된다. …[78]

> 이 독점자본가는 소비자가 지불할 수가 없거나 죽어도 지불하지 않겠다고 하는 가격에는 미치지 못하더라도, 자기가 원하는 만큼 높게 가치를 고정시킬 수 있다. 하지만 이렇게 하려면 공급을 제한하는 수밖에 없다.[79]

따라서 "자유방임은… 전반적 관행이 되어야 하며," 또 "아주 큰 선善을 위해 필요한 경우가 아닌 한 자유방임에서 이탈하는 것은 분명한 해악이다"[80]라는 자신의 주장에도 불구하고, 밀은 이 세 영역에 관한 한 정부가 능동적으로 개입할 것을 옹호했다.

밀이 빈곤을 근절하기 위한 조치로 제안한 것을 보면, 우리는 그가 "쾌락의 양만 동일하다면 압핀이나 시나 똑같다"는 공리주의의 격언과 얼마나 견해가 다른지를 알 수 있다. 우리는 이 격언에 담긴 원리—이는 공리주의의 가장 핵심적인 원리이다—가 모든 개인에게 있어서 자신의 행복이 무엇인지를 가장 잘 판단할 수 있는 것은 자기 자신이라는 것을 이미 보았다. 밀이 "불만에 찬 소크라테스"와 "만족한 바보"를 비교하는 앞의 인용문을

기억한다면, 다음과 같은 그의 말은 놀랍지 않을 것이다.

> 자기 자신의 이익을 가장 잘 판단할 수 있는 것은 그 개인 자신이라고 하지만, 그 개인은 스스로 판단을 내릴 능력이 없을 수 있다. 이런 경우에는 자유방임 원리의 기초가 완전히 붕괴하게 된다. 어떤 문제에 대해 가장 큰 이해관계를 가진 이가 항상 그 문제에 대한 최상의 심판관은 아닐 뿐더러, 아예 심판관이 될 자격조차 없는 사람일 경우도 많다.[81]

가난한 이는 자신의 이익을 증진시키는 것이 무엇인지를 제대로 판단할 수 있는 위치에 있지 못할 때가 많다고 밀은 주장했다. 가난한 이의 인격, 습관, 판단력 등을 바꾸기 위해서는

> 이들의 지적 능력과 빈곤에 동시에 초점을 맞추는 두 종류의 행동이 필요하다. 노동계급의 아이들에게 효과적인 전국적 교육 체제를 갖추어주는 것이 첫 번째이다. 그다음은 이와 함께 한 세대 전체에 걸쳐서 극심한 빈곤을 완전히 소멸시킬 체계적인 조치이다.[82]

한 세대 전체에 걸쳐서 극심한 빈곤을 소멸시키기 위해 밀이 제안한 주된 수단은, 첫째, "젊은 농촌 인구의 상당한 부분을 즉시 식민지로 이주, 정착시키는 데 충분할 만큼의 공공 자금을 제공하는 것", 둘째, "모든 공유지를 가난한 이들의 이익을 위해 … 개간"하는 데 바치는 것이다.[83]

이러한 계획에 자금을 조달하면 자본축적을 급격하게 줄일 것이라고 생각하는 이들에 맞서서 밀은 이렇게 주장한다. "이 기금은 … 노동을 유지하는 데 투자되는 자본이 아니라 투자할 곳을 찾지 못하여 … 투자를 찾아 외국으로 나가든가 국내에서 무모한 투기에 낭비되는 자금에서 끌어올 것

이다."[84]

밀의 사상에 숨어 있는 흥미로운 모순 하나를 여기서 주목해야 한다. 만약 그러한 과잉자본을 지속적으로 한 세대 동안 계속 얻을 수 있다면, 사람들이 절욕을 행하면서 저축하는 것은 오직 기존의 이윤율 때문이라는 밀의 주장은 어떻게 되는 것인가? 다시 말하지만, 이 모순은 밀의 저작이 어떠한 사회적, 계급적 지향을 갖는지를 보여주는 중요한 단서이다. 그는 정의롭지 못한 상태와 극심한 빈부 격차를 혐오했지만, 그 혐오가 자본가의 이윤 수취에 대한 이데올로기적 합리화를 완전히 버릴 만큼 크지는 않았던 사람으로서, 절충적 인본주의자였던 것이다.

여기에 더하여, 밀은 노동하는 이들이 조합을 형성할 권리를 보호하는 법률, 고용된 아동을 학대하거나 혹사하는 것을 방지하는 법률,[85] 노동자의 노동시간을 제한하는 법률[86] 등을 옹호했다. 노동일의 길이를 제한하는 법률이 특히 필요한 이유는 자본가와 협상을 할 때는 노동자 개인이 아무런 힘도 없기 때문이다. 자본가가 아무 노동자나 마음대로 내쫓을 수 있는 한, 노동자 개인이나 소수의 노동자들은 그 누구도 노동일의 길이를 줄일 힘을 가질 수 없다. 노동시간 단축이 사회 전체에 아무리 큰 혜택을 가져온다고 해도 말이다. 모든 공장에서 최소한의 안전 기준을 강제하는 법률에 대해서도 비슷하게 말할 수 있다. 마지막으로, 정부는 일할 능력과 의지가 없는 모든 이들에게 최소한의 생계 수단만을 제공해야 한다고 밀은 생각했다. 이 점에서 보자면 그는 1834년의 구빈법을 떠받쳤던 시니어의 철학을 옹호했다. 가난한 이들에 대한 부조는 좋은 것이다. 오직 "모든 이들에게 제공된다고 해도 모두에게 가급적 그것을 받지 않고 살아가고자 하는 강력한 동기를 남겨놓을 때에만 〔그러하다〕. … 이 원리를 공공 자선 시스템에 적용한 것이 1834년 구빈법의 원리이다".[87]

극단적인 부를 줄이기 위해 밀이 추구했던 으뜸가는 개혁은 상속세였다.

상속의 권력은 소유의 특권 중에서도 특히 공공의 편의를 근거로 규제하기에 적합한 문제이다. 그리고 … 땀 흘려 일하지 않은 이들의 손에 큰 재산이 축적되는 것을 제한하기 위한 가능한 방식으로서, 누구든 증여, 상속, 유증 따위로 획득할 수 있는 양에 [제한을 가해야만 한다].[88]

밀이 정부의 시장 개입을 옹호했던 마지막 중요 영역은 사회의 후생에 해를 끼치는 자연 독점이나 소수의 판매자에 의한 독점적 통제이다. "현실에서는 독점체가 등장하여 독점의 힘으로 전체 공동체로부터 세금을 뜯어내는 것을 막을 수 없는 경우가 많다"고 밀은 말한다.[89] 이러한 경우에는

공동체는 이 경영자들의 이익이라는 것 이외의 안전 보장 수단을 필요로 한다. 따라서 이 영리 사업이 보편의 이익을 위한 합리적 조건을 받아들이도록 만들든가, 아니면 최소한 독점에서 나오는 이윤을 공공이 취할 수 있도록 할 권력을 보유하는 것이 정부의 역할이다.[90]

밀의 개혁주의에 대한 비판

이 책의 중심적인 주제 하나는 공리주의 — 특히 가치와 교환에 대한 효용 이론 — 가 일관성 있게 전개될 경우 시장 자본주의의 현상 유지를 위한 강력한 지적 정당화를 제공하는 것이 일반적이라는 것이다. 하지만 밀은 개혁가이면서 공리주의자를 자처하는 사람이다. 그렇지만 앞에서 보았듯이 그의 견해는 공리주의의 가장 으뜸가는 교리 두 가지와 모순된다. 즉 모든 인간 동기는 자기 이익으로 환원할 수 있다는 교리와 각 개인의 욕망이나 쾌락은 그의 행복과 동일하다는, 즉 각 개인은 그 자신의 행복에 대한 최상

의 심판관이라는 교리 말이다.

만약 밀이 일관된 공리주의자였다면 그의 개혁주의적 관점은 쉽게 논파되었을 것이다. 공리주의는 다른 개인들의 욕망을 비교하는 부당한 일이 벌어질 가능성을 차단할 뿐만 아니라(이는 앞 장에서 논했듯이 공리주의가 오직 만장일치 상황에서만 적용될 수 있다는 심각한 제약의 기초가 된다), 너무나 극단적인 개인주의적 태도를 취하고 있어서 공리주의의 사회적 윤리가 공리주의의 개인적 윤리와 양립할 수 없다는 것을 보여줄 수도 있을 정도이다. 이 증명은 아주 간단하다. 어떤 것이 오직 어떤 특정한 개인이 욕망하거나 아니면 그 사람에게 쾌락을 주기 때문에 좋은 것이라면, 사회적 효용 총량을 극대화하는 것도 어떤 특정한 개인이 그것을 욕망한다고 할 때만 좋은 것이 된다. 물론 모든 개인들이 사회적 효용의 극대화를 욕망한다면 공리주의가 요구하는 만장일치라는 조건도 충족되는 셈이니 아무 문제가 없을 것이다. 하지만 사회 안에 인간을 혐오하는 이가 단 한 사람만 있어도 모순이 나타난다. 그 인간 혐오자는 남들의 고통으로부터 쾌락을 얻는다고 하자. 그에게 있어서 최적의 상태란 곧 인간 고통의 극대화 또는 사회적 비효용의 극대화나 사회적 효용의 최소화가 될 것이다. 하지만 공리주의에서 보면 압핀이나 시나 똑같다는 점을 기억하라. 공리주의에서는 박애주의자(물론 순전히 자기 이익으로만 행동한 끝에 이렇게 될 사람이 있을까 싶지만)의 욕망이라고 해서 그 인간 혐오자의 욕망보다 우월한 것이라고 치켜세울 근거는 전혀 없다. 그렇다면 공리주의의 사회적 윤리는 어떻게 되는가? 이는 만장일치가 충족되지 못하면 그 순간 소멸한다.

하지만 그래도 어떤 철학적 체계이든 그 기초 또는 제1 원리를 그 철학 자체를 거부하는 근거로 삼아서는 안 된다는 것을 참작하여, 일단 공리주의에 개인주의적 윤리와 사회적 윤리를 모두 허락하도록 하자. 하지만 그래도 공리주의에는 정부가 효용을 극대화하기 위한 개혁을 제도화할 것이라고 기대할 여지가 전혀 없다. 여기에는 두 가지 이유가 있다. 첫째, 정부는 오로지 모든 이들이 만장일치로 지지하는 개혁만 시행하는 것으로 스스로를 제한해야 한다. 만약 소수라도 이 개혁에 반대한다면 정부는 자신의 조치로 늘어나게 된 일부 사람들의 쾌락과 줄어들게 된 다른 사람들의 쾌락의 양을 비교해야 하는 상황에 놓인다. 오늘날의 신고전파 후생경제학을 논의하는 장에서 우리는 공리주의자들이 오늘날까지도 이러한 만장일치의 요건으로부터 전혀 빠져나갈 방법을 찾지 못했다는 사실을 보게 될 것이다. 만약 좋다는 것이 순전히 개인들의 의식이라는 주관적 상태에 달린 것이라고 한다면 그러한 상태는 결코 직접 비교가 가능한 것이 아니므로 결국 만장일치가 필요하지 않을 수 없는 것이다.

공리주의가 개혁을 옹호하는 지적인 기초가 될 수 없는 두 번째 이유는 앞에서 바스티아와 벤담을 논의하면서 언급했다. 정부란 결국 사람들로 구성되어 있다. 만약 모든 사람들이 오로지 자기 이익에만 입각하여 행동하게 되어 있다면 우리는 자본주의 시스템에서 정치가의 자기 이익이 무엇일지도 한번 생각해보아야 한다. 이 질문의 대답은 너무나 자명하다. 돈이야말로 자본주의 시스템에서 정치가의 혈액이다. 정치권력을 잡으려면 돈이 필요하고 돈이 있으면 정치권력을 영구화할 수 있다. 독점, 보조금, 세금 면제 등의 무수한 법적인 특권에다 또 사적 소유와 자유 계약을 옹호하는 법률까지 모두 힘을 합쳐 현존하는 극도의 빈부 격차를 지탱하고 영구화한다. 생각해보라. 자본주의 시스템의 정치가와 자본주의의 법적 기초에서 엄청난 부와 소득을 뽑아내는 이들 사이에 이루어지는 거래만큼 교환 양측에 모두 큰 혜택을 주는 그런 거래를 생각할 수 있는가?

이 두 번째 비판은 공리주의에 입각한 개혁주의에는 결정적인 비판이 되겠으나, 공리주의 철학을 받아들이지 않는 다른 개혁가에게는 그저 장애물—비록 대단히 극복하기 어려운 것이지만—을 하나 세우는 것에 불과하다. 이 점에서 볼 때 밀이 공리주의를 거부한 것은 단지 그의 개혁의 가능성이 인간 본성에 대한 그의 관점 때문에 가로막히지 않았다는 것을 뜻한다. 만약 그가 일관성 있는 공리주의자였다면 그 또한 모든 정치가는 오로지 자기 자신의 행복에만 관심을 갖는다고 생각해야 했을 것이다. 인간 본성에 대한 공리주의의 관점에 맞게 행동하는 정치가라면, 부자를 희생시켜 빈자의 후생을 증진시키기 위해 마련된 정치 개혁을 지지하는 것은 오로지 그러한 변화가 자기 자신에게 더 큰 이익을 가져다줄 때뿐인 것이다. 하지만 밀은 공리주의의 가장 기본적인 두 가지 교리를 거부했으므로, 보편적인 공공의 복리를 최우선으로 삼는, 공공심이 있고 자애로운 정치가가 권력을 잡을 것이라는 희망을 가질 수 있었다.

따라서 밀에게 있어서 문제는 (벤담의 공리주의를 거부하는 한) 그러한 정부가 들어서는 게 불가능하다는 게 아니라 가능성이 적다는 것이었다. 문제는 정치 또한 화폐가 권력을 낳고 권력이 화폐를 낳는 자본주의 시스템의 일부라는 점이었다. 밀 스스로의 표현을 빌리자면 자본주의에서는 "인류의 에너지"가 "부를 쫓는 투쟁에 쓰이고 있다". 그리고 "정신이 아직 다듬어지지 못하여 거친 상태라면 사람들은 여러 거친 자극을 원할 것이다".[91]

밀은 이러한 난점을 전혀 모르지는 않았다. 그는 자본가와 노동자가 서로를 적대적 계급으로 보는 한 정치는 계급투쟁의 장이 될 것이며, 여기에서는 정상적인 조건 하에서라면 자본가가 압도적으로 우세할 것이라고 예측할 수 있다고 보았다. 하지만 밀은 "부를 쫓는 투쟁"이 종국에는 부자들 사이에서 진정될 것이라고 희망했다. 이들도 이미 가지고 있는 것에 만족하게 될지도 모른다. 만약 그렇게 된다면 개혁에 대한 전망도 더 좋아질 것이다. "부자들이 자신들의 부에 만족하여 정치적인 특권을 요구하지 않게 되는 상황이라면 이들의 이익과 빈자들의 이익은 일반적으로 같아질 것이다."[92]

빈자들에게는 참으로 안된 일이지만, 밀의 《정치경제학 원리》가 출간된

지 162년이 지났건만 부자들은 "부에 만족"하는 법이 거의 없으며 "정치적 특권"에 대한 요구를 철회한 적도 결코 없었다. 사회주의에 대한 밀의 관점을 다룬 앞 절의 인용문을 다시 읽어보라. 만약 밀이 지금 다시 살아난다면 어떤 태도를 취하게 될까?

주

1. Alexander Gray, *The Socialist Tradition*(London: Longmans, 1963), p. 105에서 인용.

2. Sydney H. Coontz, *Productive Labor and Effective Demand*(New York: Augustus M. Kelley, 1966), p. 54에서 인용.

3. Frédéric Bastiat, *Economic Harmonies*(Princeton, NJ: D. Van Nostrand, 1964), p. xxv.

4. Ibid., p. 569.

5. Ibid., p. 487.

6. Ibid., p. 66.

7. Ibid., p. 59.

8. Ibid., p. 81.

9. Ibid., p. xxi.

10. Ibid., pp. xxxiii-xxxiv.

11. Ibid., p. 27.

12. Ibid., p. 46.

13. Ibid., p. 27.

14. Ibid.

15. Ibid., p. 33.

16. Ibid., p. 27.

17. Bastiat, *Economic Harmonies*, p. 75.

18. Ibid., p. 134.

19. Ibid., p. 148.

20. Ibid., p. 150.

21. Frédéric Bastiat, *Selected Essays on Political Economy*(Princeton, NJ: D. Van Nostrand, 1964), p. 97.

22. Ibid., p. 99.

23. Bastiat, *Economic Harmonies*, p. 200.

24. Ibid., p. 196.

25. Ibid., p. 29.

26. Ibid., p. 253.

27. Ibid., p. 459.

28. Ibid., p. 455.

29. Ibid., p. 457.

30. Ibid., p. 26.
31. Ibid., p. 36.
32. Ibid., p. 192.
33. Ibid., p. 193.
34. Ibid., p. xxiv.
35. Ibid., p. xxxvii.
36. John Stuart Mill, *Principles of Political Economy* (New York: Augustus M. Kelley, 1965), p. 21.
37. Ibid., p. 21.
38. Ibid., p. 233.
39. Ibid., pp. 435–436.
40. John Stuart Mill, "Utilitarianism", in *Utilitarianism, Liberty, and Representative Government* (New York: Dutton, 1951), p. 10.
41. Ibid., p. 12.
42. Mill, *Principles*, p. 22.
43. Ibid., pp. 457–58.
44. Ibid., p. 463.
45. Ibid.
46. Ibid., pp. 416–17.
47. Ibid., p. 404.
48. Ibid., pp. 406–7.
49. Ibid., pp. 564–68.
50. Ibid., p. 592.
51. Ibid., p. 80.
52. Ibid., p. 936.
53. John Stuart Mill, *Dissertations and Discussions*, 5 vols. (New York: Henry Holt, 1874), vol. 5, p. 9.
54. Ibid., vol. 5, p. 50.
55. Ibid., vol. 5, p. 75.
56. Mill, *Principles*, p. 842.
57. Ibid., pp. 738–39.
58. Ibid., pp. 733–34.
59. Ibid., p. 734.
60. Ibid.
61. Ibid.

62. Ibid., pp. 556-57.

63. Ibid., p. 561.

64. Ibid.

65. Ibid., p. 208.

66. Ibid., p. 752-53.

67. Ibid., p. 761.

68. Ibid., p. 208.

69. John Stuart Mill, "Socialism", in *Socialism and Utilitarianism*(Chicago: Belfords, Clarke and Co., 1879), pp. 123-24.

70. Mill, *Principles*, p. 749.

71. Ibid., p. 204.

72. Ibid., pp. 763-64.

73. Ibid., p. 217.

74. Mill, "Socialism", p. 136.

75. Mill, *Principles*, pp. 804-5.

76. Mill, *Dissertations and Discussions*, vol. 3, p. 59.

77. Ibid., 3: 59.

78. Mill, *Principles*, p. 410.

79. Ibid., p. 449.

80. Ibid., p. 950.

81. Ibid., p. 957.

82. Ibid., p. 380.

83. Ibid., pp. 381-82.

84. Ibid., p. 382.

85. Ibid., p. 958.

86. Ibid., pp. 963-64.

87. Ibid., p. 968.

88. Ibid., p. 809.

89. Ibid., p. 962.

90. Ibid.

91. Ibid., p. 749.

92. Mill, *Dissertations and Discussions*, vol. 2, p. 114.

9

카를 마르크스

인류 역사상 지적인 문제에 있어서나 현실의 문제에 있어서나 칼 마르크스Karl Marx(1818~1883)만큼 큰 충격을 던졌던 사상가는 거의 찾을 수 없다. 그의 사상이 끼친 지적, 정치적, 경제적, 사회적 영향력은 너무나 잘 알려져 있기에 여기에서 자세히 논할 필요는 없을 것이다. 고대 그리스에서 오늘날에 이르기까지 대부분의 지적인 천재들이 그러했듯이, 마르크스 또한 존재론과 인식론, 인간 본성, 사회의 본성, 개인과 전체 사회의 관계, 사회의 역사 과정의 성격 등에 대해서 상세한 개념을 포함하는 통합되고 완결된 지적인 체계를 정식화했다.

그의 지적인 체계가 하나의 전체로서 통합된 성격을 띠기 때문에 그 체계의 어느 부분도 전체 체계의 맥락 안에 제대로 놓지 않으면 충분히 이해할 수 없다고 주장할 수도 있다. 필자 또한 이러한 주장에 대해 일정한 공감을 가지고 있다. 하지만 이 책의 제한된 범위 안에서 이러한 작업을 할 수는 없다. 따라서 우리는 자본주의 경제의 본성, 기원, 작동 양식에 대한 마르크스의 생각을 논하면서 그의 저작들의 여러 측면 중 다수는 완전히 무시할 것이며, 또 어떤 것은 필요한 만큼만 아주 간략하게 다루게 될 것이다. 이 장에서는 오로지 자본주의 경제에 대한 그의 생각만을 다룬다.

마르크스의 자본주의 분석은 그의 《자본론》에 가장 풍부하게 전개되었다. 이 책은 세 권으로 되어 있지만 그의 생전에 출간된 것은 1권뿐이다 (1867년). 2권과 3권의 기초가 되는 초고와 노트는 대개 1860년대 중반 (1권이 완성되기 전)에 쓰인 것으로서, 마르크스가 1883년 사망할 당시 미완성의 상태로 남아 있었던 것을 다시 써서 출간한 것이다. 이것을 편집하고 조각조각을 하나로 꿰어 출간한 것은 프리드리히 엥겔스Friedrich Engels였다(1885년에 2권, 1894년에 3권). 마르크스는 그 밖에도 자본주의에 대한 분석을 담고 있는 논문, 팸플릿, 저작을 다수 집필했다. 여기서 특히 중요한 것은 1857년에서 1858년 사이에 쓴 7권의 노트로 남은 초고이다. 여기에 담긴 분석의 다수는 이후 《자본론》에서 전개될 예정이었으며, 다른 주제들은 《자본론》을 1권으로 삼는 더 큰 규모의 저작에● 포함될 예정이었다. 이 노트는 《정치경제학 비판 강요Grundrisse der Kritik der Politischen Ökonomie》의 제목으로 독일에서 출간되었다. 이 책의 영역본은 《강요 Grundrisse》라는 제목으로 출간되었다. 이 책은 마르크스의 경제사상의 주

● 《강요Grundrisse》에 남아 있는 마르크스의 본래 집필 계획은 6권의 책으로 이루어져 있었다. 1. 자본, 2. 임노동, 3. 토지 소유, 4. 국가, 5. 국제무역, 6. 세계 시장의 위기. 이 중 《자본론》 세 권의 위치가 무엇이냐는 데 대해서는 상당한 논쟁이 있었다. 공산당이나 제4인터내셔널 등의 정통 마르크스주의자들은 마르크스가 계획을 바꾸어 4권 이하는 제외했고 임노동과 토지 소유는 《자본론》에 통합시켰다고 주장한다. 하지만 뤼벨 Maximilien Rubel 등의 저명한 독립적인 마르크스주의 연구자들은 그렇게 볼 문헌학적 증거가 없다는 점을 들어서 2권 이하는 쓰이지 않은 것이라고 주장하기도 한다. 특히 리보위츠Michael Lebowitz 같은 이들은 후자의 입장에 서서, 《자본론》은 자본의 정치경제학만을 다룬 일방적인 것이며 마르크스주의의 '경제주의적' 편향의 원인이 되었다고 보고, 2권에 해당하는 '임노동의 정치경제학'을 재구성할 필요를 강조한다. 이는 마이클 리보위츠, 홍기빈 옮김, 《자본론을 넘어서: 임노동의 정치경제학》(백의, 1999)을 참조하라.

요한 자료로서 《자본론》에 대한 유용한 보충물이다.

고전파 경제학에 대한 마르크스의 비판

우리가 앞의 여러 장에 걸쳐 논했던 경제사상가들에 대해 마르크스가 맺었던 관계는 복합적이다. 그는 스미스와 리카도의 가치론 및 이윤론에 깊은 영향을 받았으며, 어떤 면에서는 마르크스의 이론이 스미스와 리카도 사상을 확장하고 정교화하여 상세하게 논의한 것이라고도 할 수 있다. 하지만 스미스와 리카도 이론의 다른 측면에 대해서 마르크스는 자신을 적대적 비판자라고 간주했다. 또 그는 톰프슨과 호지스킨의 저작들을 자주 긍정적으로 인용하고 있지만, 여기서도 마르크스는 그들의 여러 생각에 대해서 대단히 비판적이다. 그는 밀을 자신의 지적인 반대자로 진지하게 다뤘지만, 맬서스, 벤담, 시니어, 세, 바스티아 등에 대해서는 전적으로 비판적이었고 경멸적인 태도를 취했다.

마르크스가 볼 때 이 사상가들 대부분의 최대의 결점은 역사적 관점을 결여하고 있다는 것이다(물론 스미스에게는 이러한 비판이 가장 덜 해당되겠지만). 이들이 역사를 좀 더 철저하게 연구했더라면, 생산은 사회적 활동이며 그것도 지배적인 사회적 조직의 형태와 거기에 조응하는 생산 기술에 따라서 여러 가지 형태와 양식을 취할 수 있다는 점을 발견했을 것이다. 유럽 사회는 몇 개의 뚜렷이 구별되는 역사적 시기 또는 생산양식을 통과해왔으며, 여기에는 노예제 사회, 봉건제 사회가 포함되어 있고 마르크스의 당대에는 자본주의라는 역사적으로 특수한 형태로 조직되어 있다는 것이다.

이 경제학자들이 만약 다양한 생산양식을 세밀하게 연구했더라면 "모든 생산의 시대는 일정하게 공통적인 특징과 성격을 가지고 있다"[1]는 점을 발견했을 것이다. 그런데 이러한 특징 중 일부는 생산에 반드시 필요하기는 하지만, 어느 것이든 하나의 특정한 생산양식—이를테면 자본주의—을 이해하는 첫걸음은 그 생산양식에 본질적이고도 고유하게 나타나는 특징들을 포착해내는 것이다.

> 모든 형태의 생산 그 자체에 [공통적으로 나타나는 특징]으로부터 … 일반적이고 공통적이지 않은 요소를 … 분리해야 한다. 그리하여 그것들을 모두 통일—모든 주체는 동일하게 인간이며 모든 객체는 동일하게 자연이라는 점에서 이미 이 요소와 특징은 통일되어 있는 것이다—하여 본다고 해도 그들 사이의 본질적 차이점을 망각하는 일이 없도록 해야 한다. 현존하는 사회적 관계가 영구적인 것이며 조화로운 것임을 증명한 오늘날 경제학자들의 그 모든 심오함의 비밀은 바로 이 점을 망각했다는 데 있다.[2]

이렇게 모든 생산양식에 공통적으로 나타나는 생산의 특징과 자본주의에 고유하게 나타나는 특징을 구별하지 못했기 때문에 무수한 혼동과 왜곡이 나타난다는 것이다. 마르크스의 견해로는 그러한 혼동 중에서도 두 가지가 특히 중요하다. 첫째는 자본이 모든 생산과정에 보편적으로 나타나는 요소라는 착각이며, 두 번째는 모든 경제활동은 일련의 교환관계의 연쇄로 환원할 수 있다는 착각이다. 마르크스 이전의 거의 모든 경제학자들은 이 첫 번째 혼동을 범했다(이미 보았듯이 호지스킨은 예외이다). 리카도 이후(특히 시니어와 바스티아 이후)에 저작을 남긴 경제학자들 대부분은 두 번째 혼동을 범했다.

이렇게 자본을 잘못 파악하게 된 원인은, 자본이 모든 생산에 보편적인 특징 하나와 자본주의에서만 고유하게 나타나는 특징 하나를 동시에 가지고 있다는 사실에서 기인하는 것이다. 마르크스도 인정하듯이, "생산은 생

산 도구 없이는 가능"하지 않으며, 또

> 과거의 노동을 저장해놓지 않으면 생산은 불가능하다. … 자본은 무엇
> 보다도 생산 도구이기도 하며 과거의 노동이 대상화된 것이기도 하다. 따
> 라서 자본은 보편적이며 영구적인 자연적 관계이다. 단, 이렇게 말할 때 우
> 리가 완전히 빠뜨리고 있는 성질이 있으니, '생산 도구'와 '저장된 노동'이
> 자본으로 되는 것은 오로지 이 성질에 말미암은 것이다.[3]

그 유일의 독특한 성질이란 바로 특정한 사회 계급에게 **이윤을 낳는 자본
의 권력**이라는 것이다. 오로지 자본주의에서만 '생산 도구'와 '저장된 노동'
이 지배적 사회 계급의 소득과 권력의 원천이 되는 것은 오로지 자본주의
에서만 벌어지는 일이다. 마르크스는 그가 비판했던 경제학자들과는 대조
적으로 자본의 이러한 측면이 어떻게 나타나게 되었으며 어떻게 영구화되
게 되었는가를 이해하고자 애를 썼다.

마르크스 이전의 대부분 경제학자들은 소유라는 것이 신성하다고 생각
했다(물론 밀은 예외이다). 게다가 이들은 소유 일반이라는 것을 자본주의인
사적 소유라는 현존 형태와 동일한 것으로 보았다. 마르크스는 이것에 반
대했다. 그는 또한 밀이 생산과 분배를 완전히 분리했던 것에도 반대했다.
소유에는 무수히 많은 형태가 있다고 마르크스는 주장한다. 각각의 특정한
생산양식에는 그 특유의 소유 형태가 있게 마련이며, 이 소유 형태가 바로
분배를 결정한다는 것이다. 따라서 생산과 분배는 밀이 생각했던 것처럼 서
로 독립적인 것이 아니다.

> 모든 생산은 특수한 형태의 사회 내에 있는 한 개인이 그 특수한 형태
> 를 빌려서 자연을 전유하는 과정이다. 이런 의미에서 볼 때 소유(즉 전유

appropriation)가 생산의 전제 조건이라고 말하는 것은 순환논증이다. 하지만 여기에서 특정한 소유 형태, 즉 사적 소유로 바로 이야기를 비약하는 것은 전적으로 우스꽝스러운 짓이다. … 역사를 살펴보면 공동 소유(즉 인도, 슬라브인, 초기 켈트인 등등)야말로 좀 더 원초적인 형태이며, 공동 소유의 형태는 상당히 중요한 역할을 오랫동안 계속했다. …

모든 생산 형태는 고유의 법적 관계[소유의 유형], 정부 형태 등등을 창출한다. … 부르주아 경제학자들이 알고 있는 것이라고는 힘이 곧 정의인 상황보다는 현대의 경찰제도 아래에서 생산이 더욱 잘 수행될 수 있다는 것뿐이다. 그런데 이 [힘이 곧 정의라는] 원리가 법적 관계이기도 하며, 형태만 바뀌었을 뿐 그들의 '입헌 공화국'에서도 강자의 정의가 지배하고 있다는 것을 그들은 잊고 있다.[4]

부르주아 경제학자들(마르크스의 용어를 쓰자면)은 현존하는 자본주의적 소유권을 보편적이고 영구적이며 신성한 것으로 받아들이면서 자본을 모든 생산에 공통적인 것이라고 보는 바람에 자본주의를 구별짓는 여러 특징적 제도 또한 분석의 시야에서 놓치게 되었다는 것이 마르크스의 견해다. 그렇다면 이들이 자본주의를 이해하려는 작업에서 분석할 것으로 무엇이 남게 되는가? 대답은 간단하다. 바스티아의 말대로, "정치경제학 자체가 바로 교환이다". 모든 경제 현상은 상품의 구매와 판매 활동으로 환원된다. 초점은 전적으로 교환, 즉 화폐와 상품의 유통영역에만 맞추어지게 된다.

교환에서 개인들은 자신들이 소유한 상품에서 시작한다. 이 상품은 단순히 교환가치의 구현체로 보인다. 한 노동자의 노동이 그저 다른 여느 상품과 마찬가지로 교환가치를 가진 상품으로만 보인다면, 개인들 사이의 모든 경제적, 사회적, 정치적 차이점은 사라진다. 그리고 개인들 사이에는 일종의 추상적 평등(거의 동일성에 가까운)이 나타난다.

사실 상품이나 노동이 오직 교환가치로 생각되는 한, 그리고 다양한 상품이 서로 맺는 관계가 그러한 교환가치의 교환으로만 생각되는 한… 개인들은 … 단순히 그리고 오로지 교환자로만 생각된다. 형식적 성격의 차원에서 보자면 이 개인들 사이에는 어떤 구별도 있을 수 없다. … 각 주체는 모두 교환자일 뿐이다. 즉 남들이 자신과 맺는 것과 똑같은 관계를 남들과 맺고 있는 것이다. 이들의 관계는 교환의 주체로서 보자면 따라서 평등의 관계이다. 이들 사이에 모순 따위를 찾는 것은 전혀 불가능하며, 구별조차 불가능하고 심지어 무슨 차이점조차도 찾을 수 없다.[5]

물건을 파는 사람에게 있어서는 3실링을 내고 상품을 사가기만 하면 그가 노동자이든 왕이든 아무 차이가 없는 똑같은 존재로 보인다. 이들 사이의 모든 차이점은 소멸한다. 또 판매자는 판매자인 한 오직 3실링짜리 상품의 소유자로서만 보일 뿐이다. 따라서 판매자와 구매자는 완전히 평등하다. 그저 3실링은 여기서는 은의 형태를 띠며, 저기서는 설탕 등등의 형태를 띨 뿐이다.[6]

이렇게 피상적인 겉모습만 보자면 교환 시스템이라는 것은 평등의 시스템으로 보인다.

부르주아 경제학자들은 자본주의가 다른 생산양식에 대해 갖는 차별적 특징을 완전히 무시한다. 이 점을 생각해보면, 교환경제는 또한 인간의 자유가 지배하는 경제로 보인다. 교환관계에서는

평등이라는 성질뿐만 아니라 **자유**라는 성질까지 등장한다. 비록 A라는 개인은 B라는 개인이 가진 상품에 대한 필요를 느끼지만, A도 B도 서로의 것을 힘으로 전유하는 것이 아니라 서로를 소유자로서 상호적으로 인정한

다. … 누구도 다른 사람의 소유물을 힘으로 빼앗지 않는다. 각 개인은 자 발적으로 자신의 소유물을 내놓는다.[7]

마지막으로, 교환경제는 또한 순수하게 자기중심적인 개인적 이익으로 움직이는 인간들의 행동을 '마치 보이지 않는 손에 이끌리듯' 전체 사회의 조화로 모아내도록 되어 있는 시스템이다. 교환하려고 한다는 것은 개인들 누구도 자기가 욕망하고 필요로 하는 것을 생산하거나 소유하지 않는다는 것을 전제하고 있다. "교환이 생겨나는 유일한 이유는 이들의 필요욕구와 이들의 생산이 다르기 때문이다"[8]고 마르크스는 말한다. 이리하여 겉모습 으로 보면 조화가 생겨날 수밖에 없다.

> 개인 A는 자신이 소유한 a라는 상품을 통해 B라는 개인의 필요욕구 에 복무하는데, 이는 오직 B가 자신이 소유한 b라는 상품을 수단으로 A의 필요욕구에 복무하는 한에서만, 또 그렇기 때문에만 일어나며, 이는 A와 B를 바꾸어도 마찬가지이다. 양자 모두 서로에게 복무하는 목적은 자기 자 신의 필요욕구를 충족시키기 위함이며, 양자 모두는 서로를 자신의 수단 으로 이용하고 있는 것이다. … 각자는 이것이 자기 이익을 충족시켜주기 때문에 이러한 상호성에 관심을 갖는 것일 뿐 … 타인의 이익에 관해서는 아무 관심도 없으며, 이 사실에 대해 교환의 두 당사자는 전혀 개의치 않는 다. 다시 말하자면, 이 교환이라는 행동 전체의 동기로 보이는 공동의 이익 을 양쪽 모두 하나의 사실로서 인정하지만, 어느 쪽도 이러한 공동의 이익 을 자기 행동의 동기로 삼지는 않는다는 것이다.[9]

이렇게 자본주의의 경제적 조화는 "경제적 관계란 오로지 교환 한 가지 만 존재한다는 주장"[10]을 받아들이지 않으면 그 즉시 사라진다. 마르크스 의 결론은 분명하다.

하나의 단순 형태로 인식된 화폐 관계—화폐 관계가 고도로 발전한 생산관계와 무관하게, 이 지점까지 순수하게 발전한다면—에서는 부르주아 사회에 내재한 모순이 모두 사라진 것처럼 보이게 된다. 이것이 화폐 관계의 한 내재적인 성격이다. 그리고 부르주아 경제학자들보다 한술 더 떠서 부르주아 민주주의가 바로 이 지점을 피난처로 삼아 … 현존하는 경제적 관계에 대한 변호의 논리를 구축한다.[11]

상품, 가치, 사용가치, 교환가치

마르크스는 자본가와 노동자 사이의 사회적 관계의 성격을 설명하는 것에 관심을 두었다. 경제 이론의 관점에서 보자면 이는 임금과 이윤의 관계를 해명하려고 했다는 말이 된다. 교환 또는 유통의 영역만을 본다면 임금이나 이윤이나 모두 상품 사이의 단순한 교환의 결과인 것처럼 보이게 된다. 그래서 마르크스는 《자본론》의 1권(그 부제는 '자본주의적 생산에 대한 비판적 분석'이다)을 상품과 유통영역의 분석에서 시작한다.

자본주의 시스템에서는 부가 "어마어마한 상품들의 집적"으로 나타나며 "그 단위는 개별 상품"[12]이다. 상품은 두 개의 본질적 성격을 가지고 있다. 첫째, 상품은 "그 속성들을 통해 인간 욕구를 충족시키는 사물"[13]이다. 이렇게 사람들이 상품에서 효용을 얻을 수 있게 해주는 특정한 물리적 성질에 의해 그 상품은 **사용가치**가 된다. 그런데 마르크스의 견해로는, 상품을 유용하게 해주는 특정한 물리적 성질이 "그 유용한 성질을 전유하는 데 필요한 노동의 양"[14]과 명확하거나 체계적인 관련을 맺는 것은 전혀 아니다. 둘째, 상품은 "또한 **교환가치**의 물질적 담지자"[15]이다. 한 상품의 교환가치는, 일정량의 다른 상품 또는 상품들로 그 상품을 얼마나 얻을 수 있는가의 비율이다.

교환가치는 상품의 화폐 가격으로 표현되는 것이 보통이다. 즉 교환가치는 상품 한 단위를 교환하여 화폐상품을 얼마나 얻을 수 있는가로 표현된다. 그래서 만약 어떤 구두 한 켤레가 2달러라고 한다면 이는 단지 그 구두 한 켤레가 화폐상품 두 단위(이 경우에는 2달러)와 교환될 수 있다는, 또는 2달러어치의 일정량의 다른 상품과 교환될 수 있다는 것을 뜻할 뿐이다. 그래서 화폐란 단지 뉘메레르로 널리 사용되는 특수한 상품일 뿐으로 여러 상품의 교환가치를 나타내는 단위가 되며, 또 보편적인 교환 등가물로 기능하기도 한다. 보편적인 교환 등가물로서의 화폐는 교환의 매개수단으로서 기능한다. 즉 이는 거의 모든 상품의 구매 또는 판매에 사용된다. 화폐-교환경제는 이렇게 화폐를 단일의 교환 등가물로 보편적으로 사용한다는 점에서 물물교환경제와 구별된다. 화폐는 또한 부를 사용가치 형태가 아닌 순수한 교환가치 형태로 축장하고자 할 경우 부의 보유 수단이 되기도 한다. 나중에 보겠지만 화폐는 또한 특정한 상황에서는 자본의 일부가 될 수도 있다.

교환가치는 모든 상품을 직접적으로 또 양적으로 비교할 수 있는 수단이다. 교환가치는 모든 상품에 공통의 요소가 있음을 전제로 하며, 이 공통의 요소에 의해 그러한 비교도 가능한 것이다. 상품은 교환가치 이외에도 두 개의 다른 성격을 공통으로 가진다. 첫째는 그것들 모두가 사용가치를 가진다는 점이며, 둘째는 그것들 모두가 인간 노동에 의해 생산된다는 점이다.

우리가 이 책의 앞에서 주장했듯이, 경제학 이론에서 내려오는 두 개의 다른 전통은 이 두 개의 공통적 특징 중 하나씩을 취하여 그것을 교환가치의 결정자라고 가정해왔다. 하지만 마르크스는 사용가치가 가격을 결정할 수 있다는 생각을 거부했다. "상품은 사용가치로서는 무엇보다도 서로 다른 성질을 가진다는 점이 중요하지만, 교환가치로서는 단지 양만 다를 뿐이다."[16] 더욱이 사용가치는 무엇보다도 특정한 개인들과 구체적 사물들의 관계이다. 하지만 교환가치는 오로지 아주 독특한 사회적 조건에서만 존재한다. 이 때문에 마르크스는 교환가치의 기초에는 그것을 둘러싼 사회적 조건에 고유하게 결부되는 독특한 사회적 관계의 일정한 측면이 포함될 수밖에 없다고 생각했다. 이리하여 마르크스는 상품으로 하여금 고유의 사용가치를 갖게 만드는 무한히 다양한 물질적 성질은 어떤 양적인 차원에서도 서로 직접 비교하는 것이 불가능할 뿐만 아니라 자본주의 사회에만 고유하게 나타나는 사회적 관계를 반영하는 것도 아니라고 주장했다. 사용가치는 교환가치의 기초가 될 수 없다는 것이다.

따라서 모든 상품에 공통적인 요소로서 직접 양적으로 비교가 가능할 뿐만 아니라 자본주의적인 사회적 관계의 일부를 이루는 유일의 요소는 상품의 생산에 필요한 노동시간이다. 노동은 모든 형태의 사회적 생산에 보편적으로 들어가는 요소이므로 자본주의적인 사회적 관계에만 고유한 것은 아니라고 생각할 수도 있다. 하지만 나중에 다시 논하겠지만 상품의 교환가치를 창출한 노동은 자본주의적인 사회적 관계에서만 특수하게 나타나는 결과인 질적인 측면을 갖고 있다. 마르크스가 여러 상품들 사이의 모든 차이점과 특징을 무시하고서 상품들을 추상적으로 고찰할 때 그 상품들은 생산에서 지출된 노동의 물질적 체현물로 환원되는 것이다. 이렇게 추상적인 고찰 속에서 마르크스는 상품을 **가치**로 정의한다. "이 상품 안에는 인간 노동이 들어 있다. 상품들을 그것들에 공통적인 이러한 〔인간 노동〕의 결정체로서 바라본다면, 상품들은 그것들 내부에 공통적인 것, 즉 가치이다".[17]

그런데 마르크스가 이 '가치'라는 말을 사용하는 방식은 보통 심한 오해를 받고 있다. 그 이유는 이 '가치'라는 말이 마르크스 이전의 경제학자들 사이에서는 단지 교환가치, 즉 가격을 뜻하는 말로 자주 쓰였으며 또 뒷날의 경제학자들이 거의 전적으로 그 뜻으로만 쓰게 되기 때문이다.《자본론》을 읽을 때는 혼동을 피하기 위해 가치라는 개념에 대한 마르크스의 정의를 명심할 필요가 있다. 가치는 양적인 차원을 갖는 질적인 사회적 관계이다. 가치는 역사적으로 볼 때, 생산적 노동이 직접적으로 사회적이지 않은 사회에서만 존재한다. 이러한 사회에서는 비록 내가 생산한 물건을 당신이 소비하여 우리 모두가 상호의존 관계를 맺고 있다 하더라도, 우리는 우리 사이의 사회적 관계를 전혀 의식하지 못한다. 나는 오로지 교환하기 위하여 생산하며 당신은 오로지 소비하기 위해 교환한다. 당신에게 있어서는 나의 사회적 노동이 그저 그 노동을 체현하고 있는 상품의 형태, 즉 오로지 하나의 가치로만 존재한다. 이러한 특수한 사회적 관계가 바로 가치의 질적인 차원이 된다. 하지만 가치는 양적인 차원도 있다. 이 차원은 아주 단순하다. "한 상품의 가치와 다른 상품의 가치의 관계는 그 상품을 생산하는 데 필요한 노동시간과 다른 상품을 생산하는 데 필요한 노동시간의 관계와 같다."[18] 하지만 이렇게 수량화된 노동은 생산과정을 관찰하면서 그냥 잴 수 있는, 직접적으로 인지하거나 경험적으로 관찰할 수 있는 노동이 아니다. 그 수량화된 노동은 마르크스가 "추상노동"이라고 불렀던 것이다. 우리는 이 추상노동의 본성에 대해 다음 절에서 검토할 것이다.

　이러한 혼동을 더욱 더 꼬이게 만드는 것은, 《자본론》 1권에서는 **마르크스가 현실의 가격을 설명하는 것을 목표로 삼는 그 어떤 이론에도 관심을 두지 않았다**는 점이다. 1권에서 마르크스가 말하고자 했던 바는 자본의 본성과 이윤의 기원을 설명하는 것이었다. 이 목적에서 볼 때 마르크스는 생산에 체현된 노동이 교환가치를 결정하는 으뜸가는 요소라는 리카도의 관점을 받아들이는 것이 편리하다는 것을 발견한다. 리카도에게 있어서 노동에 대한 기계의 비율이나 생산과정의 길이가 산업마다 다르다는 사실은 가격에 대한 영향력에서 보자면 부차적이었다. 마르크스 또한 1권에서 이러한 관점을 받아들여 이러한 부차적 영향력을 사상해버린 것이다. 자본의 본성과 이윤의 기원을 설명하기 위해서 마르크스는 가치(즉 상품에 체현된 노동)

를 교환가치의 유일한 결정자로 볼 수 있다는 명제를 하나의 추상으로서 가정한다. 이러한 추상 수준에서는 우리가 3장과 5장에서 스미스와 리카도를 논의할 때 보았듯이, 교환가치는 항상 가치(마르크스가 정의한 의미에서의 가치)에 비례한다. 따라서 1권 전체에 걸쳐 마르크스는 **가치**라는 말과 **교환가치**라는 말을 섞어서 사용한다. 이러한 이론적 추상 수준에서는 이것이 아주 적절한 일이기는 하다. 하지만 그럼에도 이는 마르크스의 저작을 연구하는 이들의 혼동을 더욱 꼬이게 만들었다. 마르크스는 가치와 교환가치와 가격의 구별을 잘 알았다. "우리는 초기적 가치 형태의 결함을 처음 볼 때부터 잘 알고 있어야만 한다. 초기적 가치 형태는 하나의 맹아에 불과하며, 이는 번데기가 나비가 되듯 일련의 성장 변화를 거쳐야만 비로소 가격 형태로 성숙할 수 있다."[19]

마르크스가 그의 노동가치론을 확장하여 현실의 가격을 설명하는 것은, 즉 우리가 앞에서 언급한 가격에 대한 부차적 영향력까지 참작하여 설명하는 것은 《자본론》 3권이 되어서야 나타난다. 불행하게도 이 3권은 마르크스가 완성한 것이 결코 아니어서, 가치와 현실의 가격 사이의 관계에 대한 그의 논의 또한 비록 개념적으로 상당히 적절한 것이었음에도 불구하고 전반적으로 오해를 사왔다.

이 **가치**라는 용어와 **교환가치**라는 용어에 대한 마르크스의 용법을 이해함에 있어서 어떤 혼란이 있을 수 있는지를 지적했으니, 이제 우리는 상품과 상품의 교환가치에 대한 마르크스의 논의로 돌아가보자.

유용노동과 추상노동

마르크스가 노동시간이 교환가치를 결정한다고 주장했을 때, 그는 이 노동시간을 단순하고도 동질적인 노동으로 구성된 것으로 정의했다. 즉 이 노동은 노동과정의 다양한 유형에 따른 모든 구체적인 노동의 차이점이 사상된 것이다. "가치의 실체를 형성하는 노동은 동질적인 인간 노동, 즉 균일한 노동력의 지출이다."[20] 그 뒤 마르크스는 노동과 노동과정을 바라보는 두 개의 다른 방식을 구별하는 논의를 펴나간다. 구체적인 **노동과정**의 구체적인 **특징**을 살펴보면, 그 고유한 차별적 성질이 상이한 상품의 특정한 사용가치를 생산하는 데 반드시 필요하다는 것을 알게 된다. 이런 방식으로 노동을 보는 것은 **유용노동**이라고 정의되며, 이는 그 자체로 상이한 상품의 특정한 사용가치를 생산한다. 따라서 유용노동이야말로 상품이 사용가치를 가지게 되는 원인이다.

> 외투는 특정한 욕구를 충족시키는 사용가치이다. 외투가 존재하게 된 것은 특정한 생산활동의 결과이며, 이 생산활동의 성격을 결정하는 것은 그 목적, 작업 방식, 주체, 수단, 결과 등이다. 노동의 효용은 이렇게 그 생산물을 사용할 때의 가치로 표현되며, 또는 그 생산물을 사용가치로 만듦으로써 스스로를 드러낸다. 이 노동을 우리는 유용노동이라고 부른다.[21]

하지만 교환가치를 창출하는 노동은 **추상노동**이다. 여기서는 다양한 종류의 유용노동의 속성 사이에 나타나는 차이점이 사상되어 있다.

> 생산활동이란 그 특정한 형태, 즉 그 노동의 유용한 성격을 시야에서 지우면 그저 인간의 노동력을 지출한 것 이외의 아무것도 아니다. … 한 상품의 가치는 추상적 인간 노동, 즉 인간의 노동력 지출을 나타낸다. … 한 상품의 가치는 추상적 인간 노동, 즉 인간 노동 일반의 지출을 나타낸다.[22]

마르크스는 추상노동이 교환가치를 결정한다고 주장하면서 두 가지 중요한 단서를 달아놓는다. 첫째, 노동시간으로 간주되는 것은 오직 **사회적으로 필요한** 노동시간뿐이다. "사회적 필요 노동시간이란 당대의 지배적인 평균적 노동 숙련과 노동 강도를 가진 정상적인 생산 조건에서 한 물품을 만드는 데 들어가는 노동시간을 말한다."[23] 그는 또한 직종에 따라 어떤 경우에는 노동자가 그 직종에 고유한 숙련을 습득하는 데 상당한 시간을 들여야 하며, 또 어떤 노동과정은 아무런 숙련도 없는 단순노동자가 수행할 수 있다는 점을 잘 알고 있었다. 이 경우 가치의 계산을 위해서는 숙련노동을 미숙련노동의 몇 배로 환원하는 것이 필요하다.

> 숙련노동이란 단지 단순노동을 강화한 것, 달리 말하자면 단순노동을 몇 배로 곱한 것에 불과한 것으로 간주한다. 즉 어떤 양의 숙련 [노동]은 그보다 일정하게 큰 숫자의 단순노동과 동일한 것으로 간주하는 것이다. 경험적으로 볼 때 이러한 숙련노동의 단순노동으로의 환원은 끊임없이 이루어지고 있다. … 다양한 종류의 노동마다 표준이 되는 미숙련노동으로 환원되는 비율은 다양할 것이며, 이 비율은 생산자의 배후에서 진행되는 사회적 과정에 의해 확립되며, 그 결과 마치 관습으로 고정된 것처럼 보인다.[24]

노동력의 가격(즉 임금)에 대한 마르크스의 이론을 기술할 때가 되면 우리는 마르크스가 숙련노동을 단순노동으로 환원하는 임금 격차가 어떻게 결정되는가를 기술할 것이다.

이렇게 상품의 교환가치와 "그 생산에 들어가는 사회적 필요노동 시간의 양" 사이에 관계를 수립한 뒤, 마르크스는 그가 이전에 행했던 부르주아 경제학자들에 대한 비판의 연장선에서 인간 노동의 생산물이 상품이 되기 위해서는 어떠한 특정한 역사적, 사회적 조건이 필요한가를 보여준다.

상품 생산의 사회적 성격

인간 노동의 생산물은 생산자 또는 생산자와 직접 연관된 누군가가 직접 사용하거나 향유하기 위해서가 아니라 오직 시장에서 화폐와의 교환이라는 목적으로 생산되었을 때만 상품이 된다. "생산물이 상품의 형태를 취하는, 즉 직접적으로 교환을 위해 생산되는 생산양식이야말로 부르주아적 생산의 가장 일반적이고도 가장 맹아적인 형태이다"[25]라고 마르크스는 말한다. 노동자가 자기 자신의 생계에 필요한 것을 스스로 만들어내는 것이 아니라 자본가로부터 구매하는 상황이 되어야 비로소 상품 생산이 사회적 생산의 특징적인 형태가 되었다고 말할 수 있다. 이렇게 노동자가 자신에게 필요한 생필품을 자본가로부터 구입해야 한다는 것이 바로 상품 생산 사회에서 자본가가 노동자에게 갖는 권력의 원천이 된다.

> 어떤 생산물이 상품이 되기 위해서는 구체적인 역사적 조건이 반드시 충족되어야 한다. 그 생산물은 생산자 스스로의 직접적인 생계수단으로서 생산된 것이어서는 안 된다. … 물품의 대부분이 생산자의 직접적인 요구를 충족시키기 위해 생산된 것이라서 상품으로 전환되지 않으며 따라서 사회적 생산이 아직 그 길이에서나 폭에서나 교환가치에 의해 지배되지 않는 상황에서도 상품의 생산과 유통은 일어날 수 있다.[26]

한 사회가 "길이에서나 폭에서나 교환가치에 의해 지배되기" 위해서는, 즉 상품 생산이 지배적인 사회가 되기 위해서는 세 가지 역사적 전제 조건이 먼저 충족되어야 한다. 첫째, 개별 생산자 모두가 계속해서 한 가지 생산물(또는 생산물의 한 가지 부분)만 생산할 수 있을 만큼 생산의 전문화와 특화의 정도가 진보해야만 한다. 둘째, 그러한 전문화 및 특화는 반드시 완벽한

"사용가치와 교환가치의 분리"27를 필요로 한다. 사람이 살아가려면 무수히 많은 사용가치를 소비해야만 한다. 따라서 생산자는 자신의 생산물과 오로지 교환가치로서만 관계를 맺고, 자신에게 필요한 사용가치는 다른 생산자의 생산물로부터만 얻는다. 셋째, 상품 생산 사회는 광범위하고도 잘 발달된 시장을 가지고 있어야 하며, 이는 다시 모든 교환을 매개하는 보편적 가치 등가물로서 화폐의 사용이 속속들이 침투할 것을 요구한다.

상품 생산 사회에서는 모든 생산자가 서로 고립된 채로 일한다. 물론 한 생산자는 사회적으로나 경제적으로나 다른 생산자와 연결 또는 연관되어 있다. 이들 중 한 생산자가 자신의 상품을 생산하지 않는다면 이들 다수는 일상의 소비 패턴을 유지할 수 없다. 또 이 소비 패턴이 유지될 수 있으려면 무수히 많은 다른 생산자가 상품을 생산해야만 한다. 이렇게 생산자 사이에는 구체적이고도 필수불가결한 사회적 관계가 존재한다.

하지만 각각의 생산자는 오로지 시장에서의 판매를 위해서만 생산한다. 판매가 진행됨에 따라 생산자는 자기가 필요로 하는 상품을 구매한다. 어떤 생산자가 얼마나 잘살 수 있는지는 전적으로 그 생산자가 자신의 상품을 교환하여 얻을 수 있는 다른 상품의 수량에 달려 있는 것으로 보인다. "그 수량은 계속해서 변하며, 생산자의 의지, 예견, 행동과는 독립적인 방식으로 변동한다. 생산자 스스로의 사회적 행동은 사물의 행동과 같은 형태를 띠며, 이러한 사물의 행동은 생산자에 의해 지배되기는커녕 오히려 생산자를 지배한다."28 그리하여 생산자 사이에 존재하는 모든 사회적 관계는 각각의 생산자에게는 단순히 개인과 몰인격적이며 불가항력적인 사회 제도—즉 시장—의 관계로서 보인다. 시장은 단순한 물질적 사물, 즉 상품 사이의 여러 관계를 포함하는 것으로 나타난다. "그리하여 한 개인의 노동과 나머지 사람들의 노동을 연결시켜주는 관계는, 일하고 있는 개인 사이의 직접적인 사회적 관계로서가 아니라 사물 사이의 관계로서 보이게 된다."29

이렇게 상품 생산 사회에서는 시장 교환이 성공적으로 작동하지 못하면 유용노동이 생산한 사용가치가 향유되고 소비될 수 **없는** 것이다. 하지만 인간의 삶을 유지시키고 소비를 통해 생겨나는 효용 모두를 발생시키는 사용가치는 여전히 유용노동만이 생산할 수 있는 것이다. 보이지 않는 손이라는 스미스의 주장과 여타 부르주아 경제학자들이 구축한 시장 변호의 변종 논리 모두는 근시안적인 성격으로 인해 심하게 비현실적인 논리로 귀결된다. 교환 활동과 유통영역을 피상적으로만 바라보기 때문에 부르주아 경제학자들은 이러한 효용이 교환 그 자체에 의해서 생겨난다고 생각한다. 따라서 교환은 보편적인 혜택을 가져다주는 것으로, 또 모든 개인의 이해관계를 다른 모든 개인의 이해관계와 조화를 이루도록 해주는 것으로 보인다. 하지만 여기에 단순명쾌한 진리가 있다. 상품에서 나오는 모든 효용의 근원은 항상 유용노동이며, 교환이란 단지 상품 생산 사회가 작동하기 위한 필수적 전제조건에 불과하다. 부르주아 경제학자들은 상품 생산 사회 이외의 사회는 전혀 상상할 능력이 없었다. 그 결과 시장이라는 제도가 모두에게 조화와 혜택을 가져다주는 것처럼 보이는 겉모습 뒤에 은폐된 사실, 즉 그러한 사회에서는 누구든 유용노동이 창출한 효용을 향유하려면 반드시 시장이 작동해야만 한다는 사실을 보지 못하게 한다. 하지만 설령 이 사실을 인식한다고 해도, 그 자체로는 자본주의 사회에 존재하는 다양한 계급 사이의 사회적 관계의 성격에 대해서도, 또 그 성격이 조화로운 것인지 갈등적인 것인지에 대해서도 아무것도 말해주지 않는다.

단순 상품 유통과 자본주의적 유통

상품 생산에 필요한 역사적 조건이 자본주의가 존재하기 위한 필요조건과 똑같은 것은 아니라고 마르크스는 주장했다. 그는 자본이 이윤의 원천이 되는 독특한 역사적, 사회적 성격을 이해하는 데 관심을 두었다. 그는 "그것이 [자본이] 존재하기 위한 역사적 조건은 단순히 화폐와 상품의 유통만으로 충족되는 것이 결코 아니다"[30]라고 주장했다.

비非 자본주의 시스템에서의 단순 상품 생산에서는 상품 생산의 목적이 다른 상품을 획득하여 **사용**하는 것이다. 이러한 시스템에서는,

> 상품의 교환에 따라 상품의 형태에도 다음과 같은 변화가 수반된다.
>
> 상품 – 화폐 – 상품
> C – M – C
> 이 전 과정의 결과는… 한 상품과 다른 상품의 교환이며, 물질화된 사회적 노동의 유통이다. 이러한 결과가 성취되었을 때 이 과정은 종결된다.[31]

이와는 대조적으로, 자본주의 시스템에서는 사회의 한 부분을 차지하는 자본가들의 교환 과정은 이와 아주 다르다는 것을 쉽게 관찰할 수 있다.

> 가장 간단한 상품 유통의 형태는 C – M – C, 즉 상품이 화폐로 바뀌었다가 그 화폐가 다시 상품으로 바뀌는 것이며, 이를 달리 말하면 구매하기 위해 판매하는 것이 된다. 하지만 [자본주의에서는] 이러한 형태와 나란히 또 다른 독특한 형태인 M – C – M, 즉 화폐가 상품으로 바뀌었다가 그 상품이 다시 화폐로 바뀌는 형태, 달리 말해서 판매하기 위해 구매하는 형태가 존재한다. 후자의 방식에서 유통되는 화폐는 그리하여 자본으로 전화하며, 이미 잠재적으로 자본이라고 할 수 있다.[32]

하지만 이 M - C - M 이라는 형태가 "만약 똑같은 액수의 화폐를 얻기 위하여 똑같은 액수의 화폐를 교환하는 것을 의도한다면, 즉 100파운드를 교환하여 100파운드를 얻는다면 아무런 의미도 없는 바보짓이 될 것이다. 이보다는 구두쇠들 쪽이 훨씬 더 단순하고 확실한 계획을 갖고 있다고 할 것이다. 이들은 100파운드를 괜히 유통시켜서 위험에 노출하는 짓을 하느니 손에 꼭 쥐고 있으니까".[33] 그렇다면 이러한 유통에 있어서 유일한 의도라는 것은 명확하다. "더 비싸게 팔기 위해 구매하는 것"[34]이다. 따라서 이 유통은 M - C - M′(여기서 M′은 M보다 크다)이라고 기술하는 것이 더 낫다. C - M - C 유통과는 달리 M - C - M′ 유통은 처음보다 더 큰 가치의 양으로 종결된다.

잉여가치, 교환, 유통영역

이 M′과 M의 차이가 바로 **잉여가치**이다. 마르크스가 보기에 자본주의 시스템 전체를 추동하는 힘은 바로 이 잉여가치를 더욱더 많이 얻기 위한 노력이다.

이 운동의 의식적인 대표자로서의 화폐 소유자는 자본가가 된다. 그의 몸, 아니 그의 주머니가 바로 화폐 운동의 시작점이자 종착점이다. 가치의 확장은 … 그의 주관적 목적이 되며, 그가 자본가로서, 즉 의식과 의지를 부여받은 인격화된 자본으로서 기능하게 되는 것은 오로지 갈수록 더 많은 부를 추상적으로 전유하는 것을 사업의 유일한 목표로 삼는 한에서만이다. 따라서 사용가치는 자본가에게 있어서 결코 진정한 목적이라 볼 수 없으며, 어느 개별 거래에서의 이윤 또한 진정한 목적이라고 볼 수 없다. 결코 끝나는 법 없이 쉬지 않고 이루어지는 이윤 창출, 오로지 이것만이 그가 목적하는 바이다. 이렇게 부를 추구하는 무한한 탐욕, 교환가치를 향한 정열적인 추격전은 자본가와 구두쇠 모두에게 공통적으로 나타난다. 하지만 구두쇠는 단순히 미쳐버린 자본가에 불과하지만 자본가는 합리적인 구두쇠이다. 끝없는 교환가치의 증대를 이루려 기를 쓰는 것은 구두쇠나 자본가나 똑같지만, 구두쇠는 이를 위해 자기 돈을 유통에서 빼내려 드는 반면 좀 더 영리한 자본가는 계속해서 화폐를 새로이 유통 속으로 던져넣는다.[35]

마르크스는 M – C – M′ 이 "따라서 현실적으로 자본이 유통영역 내에서 언뜻 볼 때 나타나는 바를 일반적으로 정식화한 것"[36]이라고 말한다. 마르크스에게 있어서 중심적인 질문은, 잉여가치, 즉 M′이 M을 넘는 초과분을 발생시킨다고 하는 자본주의의 본질적인 특징을 과연 유통영역 안에서 해명할 수 있는가이다. 어떤 상품의 교환은 그 상품의 가치대로 이루어질 수도 있지만 그 이하로도 그 이상으로도 이루어질 수 있다. 만약 교환이 그 상품의 가치대로 이루어진다면 등가물이 교환되는 것이며 따라서 아무런 잉여가치도 생겨날 수가 없다는 것은 자명하다. 만약 상품이 그보다 높은 가치로 교환된다면, 판매자는 교환가치를 늘리겠지만 구매자는 그와 똑같은 양의 교환가치를 손해볼 것이다. 따라서 양측 사이의 잉여가치로 보자면 아무런 순 이득이 없다는 것은 분명하다. 마찬가지로 그 가치 이하로 교환된다면 구매자의 이익은 판매자의 손해와 양이 똑같을 것이다. 여기에서도 이 거래는 잉여가치에 있어서 아무런 순 증가분을 만들지 못한다. 결론은 명백하다. "아무리 뒤집어보고 꼬아보아도 이 사실은 전혀 변함이 없다. 만약 등가물이 교환된다면 아무런 잉여가치도 나타나지 않는다. 만약 비등가물이 교환된다 해도 잉여가치가 생겨나지 않는다. 유통, 즉 상품의 교환은 아무런 가치도 낳지 않는다."[37]

이렇게 마르크스는 잉여가치를 발생시킨다고 하는 자본주의의 본질적 특징이 유통의 영역에서는 해명되지 않는다고 결론을 내리고 나서, 주의를 생산의 영역으로 돌리게 된다.

따라서 우리는 모든 것이 만인의 눈앞에 그대로 드러난 채로 벌어지는 이 요란한 [유통] 영역을 잠시 떠나서 … 그 뒤에 은폐되어 있는, '관계자 외 출입 금지'라는 팻말이 우리를 노려보며 붙어 있는 생산영역의 문턱을 넘어가보자. 여기에서 우리는 자본이 어떻게 생산하는가뿐만 아니라 자본이 어떻게 생산되는가도 보게 될 것이다. 그리고 마침내 이윤 창출의 비밀 또한 캐내게 될 것이다.

우리가 버리고 떠나는 이 영역은 … 사실상 인간의 천부인권의 낙원 그 자체라고 할 수 있다. 자유, 평등, 재산, 벤담 등이 오롯이 지배하는 곳은 이곳뿐이다. 상품의 구매자나 판매자나 … 자기 자신의 자유 의지 이외에는 아무런 제약도 받지 않으니 자유가 지배한다는 것이다. … 각인은 다른 이들과 단순한 상품 소유자로서 관계를 맺으며 등가물을 주고 등가물을 받으니 평등이 지배한다는 것이다. 각인이 자기 마음대로 할 수 있는 것은 오로지 자기 소유물뿐이니 소유가 지배한다는 것이다. 그리고 모두 다 오로지 자기 자신만을 바라보고 있으니 벤담이 지배한다고 하는 것이다. 이들을 함께 묶어주고 서로 관계를 맺어주는 유일의 힘은 각자의 이기심, 이득, 사적 이익뿐이다. 모두 자기만을 쳐다보고 있을 뿐 다른 이들에게 신경을 쓰는 이는 아무도 없다. 그리고 이들이 이렇게 행동하는 것 덕분에 이들 모두는 사전에 확립된 사물의 조화에 맞게 또는 가장 명민한 신의 섭리의 가호 아래서, 이들의 상호 이익에 맞게 또 공통의 부를 위해 또 모든 이들의 이익을 위해 함께 일한다.

이러한 단순한 유통 또는 상품 교환의 영역은 '상스러운 자유 거래자'에게도 관점과 사상을 제공해주며, 또 자본과 임금에 기초한 사회를 판단할 기준을 제공한다. 하지만 이 영역을 떠나면 그 즉시 우리는 등장인물의 모습에 변화가 생겨남을 느낄 수 있다. 그전에는 화폐 소유자였던 이가 이제는 자본가로서 무대 전면에 나서며, 노동력의 소유자는 그 자본가가 고용한 노동자로 출현한다. 전자는 무게를 잡고 능글 맞게 웃으면서 사업에 열중하지만, 후자는 소심하고 기가 죽은 채 마치 자기 스스로의 살가죽hide을 시장에 내놓으면서도 그 대가로 매질hiding 말고는 아무것도 기대하지 못하는 이처럼 행동한다.[38]

자본의 유통과 생산의 중요성

자본의 유통 과정을 세심하게 살펴보면 잉여가치가 창출되는 곳은 바로 생산영역임을 확실하게 알 수 있다. M‒C‒M′의 공식에서 기술되고 있는 이윤 창출 과정은 상인자본의 이윤 창출임이 분명하다. "M‒C‒M′의 순환, 즉 더 비싸게 팔기 위해 구매하는 것은 상인의 자본에서 가장 확연하게 나타난다."[39] 마르크스는 역사적 검토와 유통에 대한 광범위한 분석을 해나가는 과정에서 상인자본도 이자 낳는 화폐자본도 잉여가치의 실제 창출 과정과는 무관하다는 결론에 도달한다. 《자본론》1권의 앞 부분에서 그는 이렇게 말한다. "우리의 검토 과정에서 우리는 상인의 자본이나 이자 낳는 자본이나 모두 파생 형태라는 점을 알게 될 것이며, 또 동시에 오늘날의 표준적인 자본 형태 이전에 이 두 형태가 역사 속에서 왜 나타나게 되었는가도 분명해질 것이다."[40]

이 두 형태의 자본은 모두 본질적으로 기생적이다. 이것들은 잉여가치가 창출되는 과정의 일부를 구성하지 않는다. 이것들은 경제적 잉여의 창출과 전유에 사용되는 그 어떤 메커니즘에도 항상 빌붙을 수 있다. 그리고 그렇게 빌붙은 뒤에는 상인과 화폐 대부자는 자신의 자본이 잉여 창출에 직접 들어가지 않는다고 해도 일정한 잉여의 몫을 이득으로 얻을 수 있다. 이 두 형태의 자본이 봉건제 생산양식에도 나타나 잉여의 분배에서 한몫을 차지할 수 있었던 것도 바로 이러한 이유에서였다.

산업자본은 이러한 자본주의적 생산양식을 가장 잘 대표하는 자본 형태이다. 이는 자본주의에서 잉여가치가 창출되고 또 전유되는 메커니즘을 이루고 있다. 마르크스의 유통 도식에서 보자면 산업자본은 세 단계로 기술될 수 있다.

> 첫 번째 단계: 자본가는 구매자로서 나타나고 … 그의 화폐는 상품으로 전환된다. …
>
> 두 번째 단계: 자본가는 자신이 구입한 상품을 생산적으로 소비한다. 그는 자본주의적 상품 생산자로서 행동한다. 그의 자본은 생산과정을 통과한다. 그 결과 생산과정에 투입된 요소의 가치보다 더 많은 가치를 가진 상품이 생산된다.
>
> 세 번째 단계: 자본가는 상품 판매자로서 시장에 돌아온다. 그의 상품은 화폐로 전환된다. …
>
> 따라서 화폐자본의 순환 도식은 $M - C \cdots P \cdots C' - M'$ 이다. 이 도식에서 점들은 유통 과정에 무언가가 끼어든다는 것을 나타내기 위함이며, C' 과 M' 은 C와 M이 잉여가치를 품어 가치가 증가했다는 것을 나타낸다.[41]

마르크스의 도식에 나오는 이 P는 생산과정을 나타낸다. 이 도식에서 M' 이 M을 초과하는 이유는 C'이 C를 초과하기 때문이라는 점은 분명하다. 덧붙이자면, M'과 C'에서 잉여의 크기는 같다.

따라서 잉여가치의 기원은 자본가가 한 묶음의 상품을 구매하여 전혀 다른 묶음의 상품을 판매했다는 사실에 기인한다. 그 첫 번째 묶음의 상품(C)은 생산의 재료로 구성된다. 두 번째 묶음의 상품(C′)은 생산과정의 산출물이다. 생산과정에서 자본가는 상품으로서 구입한 생산적 투입물의 사용가치를 소진 또는 소비한다.

> 한 상품의 소비에서 가치를 뽑아낼 수 있으려면 우리의 친구 돈가방 씨〔자본가를 상징하는 마르크스의 용어〕는 운이 좋아야만 한다. 유통의 영역, 즉 시장 안에서 가치를 낳는다는 독특한 성질을 사용가치로 갖는 상품, 즉 그 상품을 현실에서 소비하면 그것이 곧 노동의 체현이 되어 결국 가치의 창출로 이어지는 그런 상품을 찾아야만 하는 것이다. 화폐 소유자는 실제로 시장에서 그러한 상품을 찾아낸다. 그 상품은 노동의 능력을 가진 특별한 상품, 즉 노동력이다.
>
> 이 노동력, 즉 노동의 능력이라는 말이 의미하는 것은 한 인간에게 존재하는 정신적, 육체적 능력으로서, 어떤 종류이든 사용가치를 생산할 때마다 활용하게 되는 그러한 능력의 총계라고 이해하면 된다.[42]

노동, 노동력, 자본주의의 정의

그렇다면 노동력이란 노동의 능력 또는 아직 실현되지 못한 잠재적 노동이다. 노동력이 상품으로 팔릴 때 그 사용가치는 바로 노동을 수행하는 것, 즉 잠재적 노동을 현실화하는 것이다. 그리고 노동이 수행되면 노동은 상품 안에 체현되어 상품에 가치를 부여한다. 따라서 잉여가치의 원천은 상품으로서의 노동력(즉 잠재적 노동)과 노동력으로 생산되어 실현된 노동을 체현하고 있는 상품(즉 노동력이라는 상품의 사용가치를 소비한 것)의 가치 사이의 차이일 수밖에 없다. 노동력은 절대적으로 독특한 상품이다. 이 상품을 소비 또는 사용하면 그 본래의 가치를 보전할 뿐만 아니라 잉여가치까지 산출할 만큼 큰 가치를 창출한다. 노동력은 따라서 좀 더 세밀하게 검토해야 할 상품임이 틀림없다.

노동력이 상품으로서 존재하는 것은 다음의 두 가지 필수적인 조건에 달려 있다. 첫째,

> 노동력이 시장에서 상품의 하나로 나타날 수 있으려면 그 노동력을 소유한 개인이 그것을 하나의 상품으로서 팔겠다고 내놓아야 하며 또 실제로 팔아야만 한다. 그 개인이 이렇게 할 수 있으려면 우선 그 자신이 아무런 구속도 받지 않은 채 자신의 노동 능력, 즉 자기 몸을 자기 것으로 소유하는 사람이어야 한다. … 노동력의 소유자는 … 정해진 기간 동안만 노동력을 판매해야만 한다. 왜냐면 그 사람이 노동력을 영원히 송두리째 팔아버린다면 그 사람은 자기 자신을 팔아버리는 셈이며 결국 자유인에서 노예로, 상품 소유자에서 상품 그 자체로 바뀌는 셈이기 때문이다. …
>
> 두 번째 필수적 조건은 … 노동자가 자신의 노동이 체현되어 있는 상품을 직접 판매할 수 있는 위치에 있어서는 안 되며 그 대신 자신의 노동력 자체를 하나의 상품으로서 내놓아야만 하는 것으로, 이 노동력은 그의 살아 있는 몸을 통해서만 존재한다.
>
> 어떤 사람이 노동력 이외의 상품을 판매할 수 있으려면 말할 것도 없이 그 사람은 그것을 만들 원자재, 도구 등등의 생산수단을 가지고 있어야만 한다. 가죽이 없으면 장화도 있을 수 없다. 거기에다가 일하는 동안 자기를 먹여 살릴 수 있는 생계 수단 또한 있어야 한다. …
>
> 따라서 자신의 화폐를 자본으로 전환하려면 화폐 소유자는 시장에서 자

유 노동자를 만나야만 한다. 이 자유 노동자는 이중의 의미에서 자유롭다. ●
우선 그 사람은 자유인으로서 자신의 노동력을 자기가 소유한 상품으로서
처분할 수 있어야 하며, 다른 한편으로는 자신의 노동력 말고는 달리 내다
팔 상품이 없을 뿐만 아니라 자신의 노동력을 실현하는 데 필요한 어떤 것
도 갖추지 못한 상태여야만 한다.[43]

바로 이것이 자본주의를 정의하는 본질적 특징으로서, 단순 상품 생산 사
회와 구별해주는 특징이다. 자본주의는 상품 생산 사회에서 하나의 소수 계
급의 사람들—자본가—이 생산수단을 독점한 탓에 대다수의 직접 생산
자들—노동자—이 생산수단이 없어서 독자적으로 생산할 수 없을 때 존
재하는 것이다. 노동자는 다음의 두 가지 선택지 중에서 '자유롭게' 선택을
할 수 있다. 굶든가 아니면 자신의 노동력을 상품으로 판매하든가.[44] 자본
주의는 이렇게 필연적인 것도 아니며 자연적인 것도 아니며 영구적인 것도
아니다. 이는 특정한 역사적 조건 아래에서 진화해온 독특한 생산양식으로
서, 지배계급이 상품 생산자로부터 잉여가치를 전유하는 능력을 통해 피지
배계급을 통치하는 생산양식이다.

한 가지는… 분명하다. 한쪽에는 화폐 또는 상품 소유자 그리고 다른 쪽
에는 자기 노동력 외에는 아무것도 없는 사람을 만들어낸 것은 자연이 아
니다. 이러한 관계는 아무런 자연적 기초가 없으며, 그 사회적 기초 또한 모
든 역사적 시대에 공통적으로 나타나는 것이 아니다. 이는 명확하게 과거

● 이는 '자유롭다'는 뜻의 독일어 frei의 두 가지 용법을 이용한 마르크스의 언어유희이
다. 이 말은 '설탕 없음sugar free, zuckerfrei'에서 볼 수 있듯이 '없다'의 뜻도 가지고
있다. 즉 노동자는 '자유'롭기도 하지만 '아무것도 가진 게 없'기도 하다는 것이다.

의 역사적 발전의 결과이며, 수많은 경제적 혁명의 산물이며, 또 그 이전의 사회적 생산 형태가 줄줄이 절멸하면서 생겨난 것이기도 하다.[45]

잉여가치가 어떻게 창출되고 전유되는지를 설명한 뒤에, 마르크스는 《자본론》 1권의 수백 쪽에 걸쳐 자본주의를 창조한 역사적인 힘을 기술한다. 이러한 순서에 따라 우리는 잉여가치의 생산과 교환을 통해 그것의 창출과 실현에 관한 그의 설명을 먼저 논의하고, 그 뒤에 자본주의의 진화에서 그가 중요하다고 여겼던 몇 개의 힘을 간단히 언급할 것이다.

노동력의 가치

우리는 앞에서 잉여가치의 원천은 노동력의 가치와 노동력이 실현되어 생산되는 상품의 가치의 차이라는 것을 보았다. 따라서 마르크스는 이러한 차이를 설명함으로써 그의 잉여가치 개념의 논의를 시작한다. 이 점에서 볼 때 노동력과 생산과정에서 지출 또는 체현된 노동을 서로 다른 것으로 구별하는 것은 결정적인 의미를 가진다. 노동력은 단지 잠재적 노동일 뿐이다. 이는 노동자가 상품으로서 판매하는 것이기도 하다. 노동력의 사용가치는 생산과정에서 지출되는 실제 노동이다. 마르크스가 상품으로서의 노동력의 가치를 설명하는 것을 검토하고 나면 이러한 구별이 얼마나 중요한지가 더욱 명확히 드러난다.

노동력의 가치는 다른 모든 상품과 마찬가지로 그 상품을 생산하는 데 필요한 노동시간으로 결정되며, 결과적으로 이 특별한 품목을 재생산하는 데 필요한 노동시간으로 결정된다. 어떤 개인이 있다고 할 때 노동력의 생산이란 곧… 그 개인을 유지하는 것이다. 그 사람은 자신을 유지하기 위해서 일정량의 생계 수단을 필요로 한다. … 시장에 나온 노동력은 노동자 자신이 소모되거나 죽는 경우 시장에서 사라지게 되는데, 이렇게 빠져나가는 만큼의 노동은 계속해서 대체되어야만 한다. … 따라서 노동력의 생산에 필요한 생계 수단의 총량은 노동자의 대체물, 즉 그 자식에게 필요한 생계 수단까지를 〔또한〕 포함해야만 한다.[46]

노동력의 가치는 한 노동자 가족의 생계 수단의 가치와 동일하다. 따라서 노동력에 체현된 노동은 그 생계 수단에 해당하는 상품에 체현된 노동과 동일하다. 이 생계 수단은 생물학적인 또는 생리학적인 최소 생계 수단이 아니라 "역사적 발전의 산물"이며, 이는 노동계급이 익숙하게 길들여진 "관습과 편리의 정도"[47]에 의해 결정된다.

다양한 직업 사이의 임금 격차는 일부 직업에 "특별 교육 또는 훈련"이 필요하다는 사실을 반영한다. "이러한 교육의 비용"은 다양한 종류의 노동력의 "총 가치"에 들어간다.[48] 상이한 직업마다 필요로 하는 다양한 교육과 훈련을 노동비용으로 바꾸어 계산하면 모든 종류의 노동은 단순노동의 몇 배라는 식으로 환원할 수 있다. 말할 것도 없이 이는 다른 종류의 노동자의 노동시간을 합산함으로써 다양한 숙련도의 상이한 노동으로 생산된 모든 상품의 가치를 계산하는 것을 가능하게 한다.

"한 나라의 한 시대에 노동자에게 필수적인 생계 수단의 평균적 양"이 무엇인지는 상당히 쉽게 확인할 수 있다고 마르크스는 말한다.[49] 한 노동자의 가족이 1년 동안 필요로 하는 상품의 수량을 잡고 그 상품에 체현된 노동의 양을 계산할 수 있으며, 이를 365일로 나누면 한 가족에게 1일 동안 필요한 생계 수단에 체현된 노동을 찾아낼 수 있을 것이다. 이 노동량이 바로 1일치의 노동력 가치이다. 따라서 만약 노동자를 위해 의식주 등을 생산하는 다양한 노동자가 집단적으로 한 노동자의 가족을 하루 동안 부양하는 데 필요한 상품을 생산하는 데 평균 4시간을 지출했다고 한다면, 한 사람의 노동력을 하루 사용하는 데 해당하는 가치는 4시간이 될 것이다.

만약 각각의 노동자가 하루에 4시간씩만 일한다면 총생산은 노동자의 생계 수준의 필요욕구를 딱 충족시키고 끝나는 수준이 될 것이며, 잉여는 없을 것이다. 각각의 노동자는 4시간의 노동을 체현하는 상품을 생산하며, 또 동시에 이 개인의 노동력 또한 4시간짜리 노동을 체현하고 있는 하나의 상품인 것이다. 각각의 노동자는 하루 4시간을 일함으로써 자신의 생계수단과 동일한 가치를 창출하며 이로써 자기 자신의 노동력과 같은 가치를 창출한다.

필요노동, 잉여노동, 잉여가치의 창출과 실현

노동력과 노동을 구별하는 것이 얼마나 중요하며 어떤 의미를 갖는지 이제 더욱 분명해졌을 것이다. 노동력이란 노동 **능력**이다. 한 사람의 노동 능력의 상한은 물론 직종에 따라 다르기는 하겠으나 하루에 14시간에서 18시간을 넘지 못한다. 따라서 노동력을 하루 사용하여 뽑아낼 수 있는 실제 노동의 양(즉 하루의 실제 노동으로 생산할 수 있는 상품의 가치)은 노동일의 길이에 달려 있다. "노동일은 따라서 고정된 양이 아니라 가변적인 양이다"[50]라고 마르크스는 말한다. 만약 노동일의 길이가 "자본가가 노동력에 지불하는 가치가 그 정확한 등가물로 대체되는 데 그친다면 이는 단순히 가치를 생산하는 과정일 뿐이다. 하지만 만약 이 지점을 넘어서면 잉여가치를 창출하는 과정이 된다".[51]

"노동일 가운데" 노동력 가치를 생산하는 만큼의 시간을 "나는 '필요'노동 시간이라고 부를 것이며, 그 시간 동안 지출된 노동을 '**필요**'노동이라고 부르겠다"[52]고 마르크스는 말한다. 하지만 자본주의에서 노동일은 항상 이 필요노동 시간보다 더 길게 연장될 수밖에 없다. 이렇게 연장된 "만큼의 노동일을 나는 잉여노동 시간이라고 부를 것이며, 그 시간 동안 지출된 노동에 잉여노동이라는 이름을 붙이고자 한다".[53] 따라서 가치가 "일정한 시간 수의 노동이 응결된 것 ⋯ 물질화된 노동에 불과"한 것처럼, 잉여가치 또한 "잉여노동 시간이 응결된 것 ⋯ 물질화된 잉여노동에 불과"[54]한 것이다.

우리는 이제 산업자본의 유통 도식으로 되돌아가보자.

$$M - C \ \cdots \ P \ \cdots \ C' - M'$$

자본가는 화폐자본(즉 화폐에 체현된 가치의 축적)에서 시작한다. 자본가는 세 가지 다른 상품을 구입한다. 원자재, 도구, 노동력. 자본가의 자본은 이제 이 세 유형의 상품에 체현된 가치의 축적으로 바뀌었다. 그다음에 생산이 온다.

논의를 단순하게 하기 위해서 우리는 모든 도구와 원자재가 한 생산 기간 내에 모두 소진된다고 가정할 것이다. 이러한 가정은 단순화를 위한 것일 뿐 우리 분석의 기본적 논리를 바꾸지는 않는다. 마르크스는 《자본론》 2권의 거의 2백 쪽을 이 자본의 '회전 시간turnover time', 즉 내구성의 차이가 가져오는 여러 효과에 대한 논의에 바치고 있다. 하지만 우리의 간략한 설명에서는 이를 완전히 생략할 것이다(물론 이로 인해 마르크스의 가격 결정 이론에 분명한 영향이 생긴다. 이는 추후 논의할 것이다).

이 생산과정 동안 자본은 완제품으로 전환된다(그러면 자본은 이 완제품에 체현된 가치의 기금fund이 된다). 완제품의 가치는 세 가지 원천인 원자재, 도구, 노동력에서 온다. 첫째, 원자재와 도구를 보자. 상품 일반과 마찬가지로 원자재와 도구 또한 이미 그 안에 체현된 노동에 의해 그 가치가 결정된다. 이것들은 본래부터 최종 완성품의 생산을 가능하게 하려는 목적으로 생산되었다. 예를 들어 원자재는 양털이고 도구는 물레와 베틀이며 최종 완성품은 옷감이라고 해보자. 여기에서 양을 기르고 털을 깎는 노동은 우선 양털에 체현된다. 하지만 양털이 옷감으로 전환됨에 따라 그 본래 노동의 물질적 체현 또한 양털에서 옷감으로 바뀌게 된다.

최종 생산물인 옷감이 나오면 옷감은 양털을 생산하는 데 들어간 노동을 모두 체현하게 된다. 이 양털은 그 안에 체현된 노동 이상의 노동을 옷감에 이전하지는 못한다. 따라서 양털의 가치(곧 그 노동 내용물)는 정확하게 본래의 수량대로 옷감으로 이전된다. 마찬가지로 물레와 베틀에 체현된 노동 또한 그 도구들이 생산과정에서 소모된 만큼 옷감으로 이전된다. 모든 도구들이 매번의 생산 기간 안에 다 소진된다는 우리의 가정을 따른다면, 이 도구들에 이미 체현된 만큼의 노동만이 옷감으로 이전될 수 있다는 것은 명백하다. 이렇게 이것들은 가치의 전부(그 이상은 아니다)를 옷감의 가치로 이전한다.

하지만 노동력은 다르다. 우리가 앞에서 노동자의 생계에 필요한 상품의 가치에 대해 취했던 가정에 따라서, 하루의 노동력에 체현된 노동이 4시간이라고 가정하자. 그리고 노동일의 길이는 10시간이라고 가정하자. 따라서 하루의 노동력은 4시간의 가치를 가지고 있지만 실제로 노동이 수행되고 나면 이 노동은 10시간의 가치를 옷감에 더해주게 된다. 노동자가 일하는 매일 자본가는 4시간의 체현된 노동으로 교환가치가 결정되는 노동력 상품을 사용하여 그 상품을 소진한다. 하지만 하루치의 노동력에서 뽑아낼 수 있는 실제 노동이 창출하는 모직물의 교환가치는 실제로 이루어진 10시간의 노동으로 결정된다.

이렇게 생산이 끝나면 자본가의 자본은 상품(우리의 예에서는 옷감)에 체현된 가치의 합계가 된다. 이것이 마르크스의 도식인 M – C ⋯ P ⋯ C′ – M′에 나오는 C′이다.

앞서의 논의에서 이제는 상품 C′(옷감)의 가치가 상품 C(양털, 물레, 베틀, 노동력)의 가치보다, 정확히 노동일의 길이가 그 노동자의 생계 수단을 생산하는 데 필요한 노동시간을 초과하는 양만큼 더 크다는 것이 명확해졌다. (이는 자본가가 오직 하루치의 노동력만을 구매했다고 가정하고 있다. 만약 자본가가 노동력을 구매한 일수가 50일이라면 C를 초과하는 C′의 잉여가치는 50배가 될 것이다.) 이것이 바로 마르크스가 노동력 상품만이 잉여가치의 유일한 원천이라고 주장했던 이유이다.

이 유통의 마지막 단계에서 상품 C′(옷감)은 그와 동일한 가치의 화폐 M′으로 교환된다. 자본은 하나의 주기를 완결했다. 화폐에서 출발하여 상품으로 변하고, 생산을 거치면서 다시 새로운 묶음의 상품으로 변하며, 마지막에는 화폐로 되돌아오는 것이다. M′은 M에 비하여 정확히 C′이 C를 초과하는 양만큼 더 크다. 여기서 이루어진 교환은 모두 등가 교환이었지만 이제 자본가는 본래 가지고 있던 것보다 더 큰 가치의 화폐자본의 합계를 가지게 된다. 이제 자본가는 다시 이 과정을 시작할 출발점에 돌아왔다. 다른 점이 있다면 이번에는 자본이 더 많아 그 과정의 규모가 더 확장될 것이라는 것뿐이다.

자본주의는 이 과정의 무한한 반복을 나타낸다. 자본은 잉여가치를 창출하며, 이것이 더 많은 자본의 원천이 되며, 이 때문에 더 많은 잉여가치가 나오게 되는 등등의 과정. 이 과정을 추동하는 것은 더 많은 자본을 축적하고자 하는 무한하고 끊임없는 충동이다. 자본주의의 신조는 다음과 같다. "축적하라! 축적하라! 이것이 곧 모세와 선지자들의 명령이다!"[55]

불변자본, 가변자본, 잉여가치율

자본가가 자신의 화폐자본을 사용하여 생산과정에 필요한 상품을 구매할 때 그 결과로 나타나는 자본(상품의 형태를 취한다)을 마르크스는 불변자본과 가변자본으로 나눈다. **불변자본**constant capital은 모든 도구, 기계, 건물, 원자재 등 생산에 들어가는 인간 이외의 모든 수단으로 규정된다. 이를 불변자본이라고 하는 것은 이러한 상품은 최종 생산물의 가치에 대해 오로지 자신의 가치만큼만 이전하기 때문이다. 따라서 이러한 생산수단에 체현된 가치는 단일의 최종 상품으로 이전되었을 때 변하지 않고 그대로 남아 있게 된다. **가변자본**variable capital은 자본가가 구매한 노동력이라고 정의된다. 구매한 잠재적 노동이 상품을 생산하면서 실제 노동으로 상품에 체현되면 그 가치는 증가하게 된다. 또 자본이 화폐적 형태를 취하고 있을 때도 이와 비슷하게 이 두 개의 범주로 나뉜다.

> 자본 C는 두 개의 구성물로 이루어진다. 첫째는 생산수단에 지출된 화폐 총액 c이며 둘째는 노동력에 지출된 화폐 총액 v이다. c는 불변자본이 되는 부분을 나타내며 v는 가변자본이 되는 부분을 나타낸다. 그렇다면 처음에는 $C = c + v$라고 할 때 생산과정이 완료되면 우리가 얻게 되는 상품(C′)의 가치는, 잉여가치를 s라고 한다면, $(c + v) + s$가 된다.[56]

마르크스는 그다음으로 잉여가치율을 정의하는데, 이는 그의 분석에서 여러 번 다시 나타난다.

> 한편으로 가변자본의 가치와 그 가변자본으로 구입한 노동력의 가치는 동일하며, 또 노동력의 가치는 노동일에서 얼마만큼이 필요노동이 되는

지를 결정한다. 다른 한편으로 잉여가치는 노동일의 잉여 부분으로 결정
된다. 이 두 가지를 볼 때, 잉여가치와 가변자본의 비율은 잉여노동과 필
요노동의 비율과 동일하다는 결론이 나온다. 즉 다른 말로하자면, 잉여가
치율은

$$\frac{s}{v} = \frac{\text{잉여노동}}{\text{필요노동}}$$

두 비율 모두는 똑같은 것을 다른 방식으로 표현하고 있다. 첫 번째로는
물질화되고 체현된 노동을 준거로 삼으며, 두 번째로는 살아서 흘러가는
노동을 준거로 삼고 있다. 따라서 잉여가치율은 자본이 노동력을 착취하는
또는 자본가가 노동자를 착취하는 정도를 정확하게 표현한다.[57]

잉여가치율은 우리에게 노동자가 자신의 생계 수단의 가치와 동일한 가
치를 창출하는 데 걸리는 1시간마다 자본가를 위해 이윤을 창출하기 위해
일하는 노동시간이 얼마나 되는지를 말한다. 우리의 앞서의 예를 보자면 노
동일은 10시간이고 그중 4시간은 노동력의 가치를 보전하는(달리 말하면 노
동자의 생계 수단과 동일한 가치를 창출하는) 데 들어갔다. 따라서 잉여가치율은
6/4, 즉 1.5가 된다. 이는 곧 노동자가 자신을 위해 일하는 1시간마다(즉 노동
자가 자신의 생계 수단의 가치와 동일한 가치를 창출하는 데 지출하는 1시간마다) 1시
간 30분씩을 자본가에게 이윤을 생산해주기 위해 일을 한다는 뜻이다.

노동과 노동력 사이의 차이가 잉여가치의 원천이 된다는 것은 명백하다.
나중에 마르크스가 보여주듯이, 이윤, 이자, 지대(그 밖의 모든 비非 임금 소
득)는 단순히 자본가계급 내부에서 잉여가치를 분할한 것에 불과하다. 1권
의 나머지 부분에서 마르크스는 계속해서 잉여가치와 이윤을 마치 동일한
것처럼 다루고 있지만, 이는 어디까지나 오로지 재산을 소유했다는 것만으

로는 얻게 되는 소득의 기원과 그 크기를 설명하기 위한 것이었다. 잉여노동을 제공해 잉여가치를 창출하는 노동자를 고용하지 않는 모든 형태의 자본은 단지 기생적인 것에 불과하다. 이들은 옛날 봉건제 생산양식에서 생산된 경제적 잉여에서 상인자본과 이자 낳는 자본도 한몫을 얻을 수 있었던 것과 똑같은 방식으로 잉여가치의 한몫을 가져가는 것일 뿐이라고 한다. 오로지 생산적 노동자를 고용하는 자본만이 자본주의 생산양식에서의 잉여가치 창출을 가능하게 한다고 마르크스는 주장한다.

노동일의 길이

노동과 노동력의 차이의 크기는 (노동자들의 생계 수단의 필요가 정해져 있다면) 무엇보다도 노동일의 길이에 달려 있다. 《자본론》 1권에서 마르크스는 노동일의 길이를 결정하기 위해 자본가와 노동자가 현실에서 벌였던 투쟁에 대한 자세한 역사적 설명에 72쪽에 달하는 10장 전체를 바치고 있다. 노동자가 계속 번식하여 자신의 대체자를 생산하는 한, 자본가는 노동일의 길이를 인간이 견딜 수 있는 한계까지 연장하려고 기를 쓰게 되어 있다고 마르크스는 주장한다.

이 투쟁의 역사에 대한 마르크스의 서술은 세부 묘사가 풍부하여 여기에서 요약할 수 없다. 그는 역사적 연구를 통하여 이 투쟁에 임하는 자본가의 동기에 대해 다음과 같은 관점을 제시한다.

잉여노동에 대한 맹목적이고 무제한적인 열정과 늑대인간 같은 욕망을 드러내면서, 자본은 노동일의 도덕적인 한도는 말할 것도 없고 심지어 신체적인 한도까지도 넘어선다. 자본은 노동자 신체의 성장, 발육, 건강 유지에 필요한 시간까지도 빼앗는다. 신선한 공기와 햇빛을 소비하는 데 필요한 시간까지 훔쳐간다. 자본은 식사 시간을 놓고도 흥정을 벌이며 이를 가능한 한 생산과정 자체에 통합시키려 한다. 그 결과 노동자에게 음식을 줄 때도 마치 석탄을 보일러에 공급하거나 윤활유와 기름을 기계에 공급하듯이 준다. 노동자가 신체적 힘을 회복, 보충, 갱신하기 위해서는 푹 자야 하지만 이 시간마저도 줄여서 완전히 고갈된 유기체가 회생하는 데 절대적으로 필요한 최소한의 수면으로 만든다. 노동일의 한계를 결정하는 조건은 노동력의 정상적인 유지가 아니다. 노동이 노동자의 몸을 해치고 강제적이며 고통스럽더라도 무조건 노동력을 매일매일 최대한 지출하도록 만드는 것이 노동일이다. … 자본은 노동력의 수명에 대해 전혀 개의치 않는다. 자본의 관심은 노동일 동안 흘러나오게 할 수 있는 노동의 최대치에만 맞추어져 있다. 자본은 노동자의 수명을 단축시킴으로써 이러한 목적을 달성한다. 이는 탐욕스러운 농부가 토양에서 비옥함을 강탈하여 수확을 억지로 늘려서 소출을 채워가는 것과 마찬가지이다.[58]

마르크스도 자본가가 항상 이렇게 노동을 극단까지 착취할 수 있는 것은 아니라는 점을 잘 알고 있었다. 하지만 노동이 비록 자신을 자본의 탐욕으로부터 지킬 수 있다고 하더라도 이는 오직 끊임없는 투쟁을 통해서만 가능했다. "정상적인 노동일의 확립"은 "자본가와 노동자 사이의 몇 세기에 걸친 투쟁의 결과"였다.[59] 이러한 갈등의 순간마다 자본은 "사회로부터 강제를 받지 않는 한, 노동자의 건강과 수명에는 조금도 개의치 않았다".[60]

노동가치론과 전형 문제

마르크스의 가치 개념은 널리 오해되고 있다. 노동가치론은 마르크스 경제 이론의 중심부에 있으며, 그의 경제 이론의 상이한 구성 요소 거의 모두로부터 도출될 뿐만 아니라 그 구성 요소의 상호 연관을 보여주는 기초를 제공한다. 마르크스에게 있어서 상품이란 시장에서 판매하기 위해 생산된 모든 것이다. 상품은 사용가치와 가치를 갖는다. 한 상품의 사용가치는 인간에게 일정한 쓸모를 갖게 해주는 물리적, 화학적 속성으로 구성된다. 이러한 속성은 어떤 사회에서나 똑같다(예를 들어 밀이나 보리는 노예제 경제, 자본주의 경제, 그 밖의 어떤 형태의 경제에서 생산되든 똑같은 물리적, 화학적 성질을 가진다). 하지만 상품의 가치에는 물리적 기초도 화학적 기초도 없다. 가치란 전적으로 그것을 생산한 특정한 역사적, 사회적 조건의 결과물이다.

모든 사회에서 또 모든 시대에서 생산은 상호의존적인 생산자 사이의 사회적 과정이며, 자연 환경을 인간적, 사회적 삶을 지탱하게끔 변형시키는 데 필요한 육체적, 정신적 노력을 사회적으로 조직하는 과정이기도 하다. 이러한 상호의존 그리고 노동의 사회적 조정의 필요는 모든 사회에서 노동 또는 생산이 한 묶음의 활동뿐만 아니라 한 묶음의 사회적 관계라는 것을 뜻한다.

가치란 생산된 물체의 한 측면으로서, 그 물체를 상품으로서 생산한 자본주의적인 상품 생산 사회에 고유한 사회적 관계를 반영한다. 가치는 마르크스가 자본주의의 본질이라고 보았던 사실, 즉 자본주의 시스템 내에서 독립적 노동은 오직 **간접적으로만** 사회적이며 여기에 참여하는 사람들 누구도 그 독립적 노동을 하나의 사회적 관계로서 보지 않는다는 사실의 결과이다.

자본주의 이전의 경제에서는 한 생산자가 다른 생산자에게 의존하고 있다는 것이 즉각적이고도 명백하게 드러나 있었다. 예를 들어 가죽 만드는 사람은 스스로를 구두장이에게 가죽을 공급하기 위해 일하는 것으로 생각했고, 구두장이도 가죽 만드는 사람을 자기 자신에게 구두를 제공하기 위해 일하는 사람으로 생각했다. 구두장이도 이와 똑같은 상호의존의 사회적 관계를 인식하고 있었다. 이 생산자들 각각의 노동은 직접적으로 사회적이었다. 가죽을 생산한다는 것은 곧 구두장이를 위하여 가죽을 생산한다는 것과 동일한 의미였다.

자본주의에서는 이러한 관계가 더 이상 직접적이고 즉각적이지 않다. 각각의 개별 생산자는 오직 시장을 위해서만 생산한다. 누구도 자신의 상품을 소비하는 것이 누구인지 또는 자신이 소비하는 상품을 누가 생산했는지 알지 못하며 신경 쓰지도 않는다. 좀 더 중요한 사실은 생산자 사이의 사회적 관계가 직접적이거나 즉각적이지 않다는 것이다. 자본주의에서 가죽 만드는 사람은 자신의 가죽을 시장에서 팔지 못할 수도 있다. 이 경우 가죽을 생산한 그의 노동은 사회적인 것이 될 수 **없다**. 가죽을 생산한 그의 노동은 사회에 아무런 기여도 하지 못한, 혼자서 벌인 바보짓이고 개인 차원의 불행일 것이다.

노동은 오로지 그 상품이 시장에서 팔릴 때만 사회적이 된다. 그 상품이 일정한 가격에 매매되면 일정량의 사적 노동이 사회적 노동으로 전환된다. 판매가 이루어질 때 상품의 가치는 특정 가격이라는 경험적 형태를 띠며, 이는 그 상품 한 단위와 교환되는 화폐의 비율을 규정한다. 가치의 실체는, 상품의 판매를 통해서만 사회적 노동으로 전환될 수 있는 특정량의 사적 노동이다. 이 실체는 상품의 가격이라는 형태로만 경험적으로 관찰할 수 있다.

마르크스의 분석에 있어서 한 상품의 사용가치와 가치의 구별에 대응하는 것이 유용노동과 추상노동의 구별이다. 유용노동은 특정 상황에서 특정 인간의 생리학적인 힘의 행사로서 경험적으로 관찰할 수 있는 구체적인 노동이다. 오직 물리학과 화학의 법칙에 따라 일정한 원자재에 일정한 노력을 행사했을 때만 일정한 사용가치가 나오도록 정해져 있는 것이다. 이러한 특정한 형태의 인간 노력의 행사가 유용노동을 이룬다.

그런데 자본주의에서는 자본가가 궁극적으로 관심을 갖는 것은 사용가치가 아니라 오로지 시장에서의 판매를 통한 가치일 뿐이다. 노동자를 고용하여 상품을 생산하는 목적은 시장에서 판매하여 자본가가 다시 이윤을 수취하기 위함이다. 특정 노동자의 정체성은 자본가에게는 아무런 관심사가 아니다. 자본가는 또 특정 사용가치를 생산하는 특정 유용노동에 대해 거의 또는 전혀 알지 못한다. 자본가가 노동자를 고용하여 상품을 생산하는 것은 오로지 교환에서의 가치를 산출하기 위한 것이며, 이를 통해 가치의 일부를 자본가가 잉여가치 또는 이윤으로 얻는다.

만약 한 상품의 생산으로 충분한 가치와 잉여가치를 만들어내지 못한다면 자본가는 자신의 노동자들로 하여금 다른 상품을 생산하도록 지휘한다. 자본가가 신경을 쓰는 것은 오직 가치이지 사용가치가 아니기 때문이다. 자본가는 어떤 노동자들이 노동을 수행하는지 또는 어떤 구체적 인간 노력이 사용가치를 생산하는지에 개의치 않는다. 자본가가 신경을 쓰는 것은 오로지 추상노동—상품 일반을 생산하는 노동 일반—으로서 잉여가치를 생산하는 노동이다. 마르크스는 유용노동이 아니라 추상노동이야말로 가치의 실체라고 강조한다.

마르크스의 노동가치론을 이해하기 위해서는 먼저 마르크스가 속했던 독특한 철학 학파를 이해해야 한다. 이 학파는 즉각적으로 주어져 있고 경험적으로 명백하게 모습을 보이는 사회적 현상과, 그보다 깊은 데 있어서 잘 보이지 않지만 그 현상 아래에 버티고 있는 더욱 중요한 실체 또는 본질을 구별한다. 이러한 전통에서 보면 과학적 설명이란 어떤 현상의 본질이 무엇인지를 파악한 뒤 그 본질이 어떻게 현상의 모습으로 나타나게 되는가를 설명하는 것이 된다.

마르크스는 어떤 인간관계에서든 그 관계에 포함된 행위의 가장 보편적 측면은 그 관계의 본질적 측면이 되는 경향이 있다고 본다. 비록 이러한 보편적인 측면은 거의 모든 사회 또는 생산양식에 공통적이지만 그 모습은 역사적 시대와 사회에 따라 아주 달라진다. 하지만 그럼에도 불구하고 인간 행동의 이러한 보편적 본질적이고 측면은 이러한 현상 형태의 변화 속에서도 비교적 일관되게 유지된다.

예를 들어 인간의 번식은 보편적으로 보면 인류의 유지를 위해 필수적이며, 또 특정하게 보아도 어느 사회에나 필수적이다. 하지만 사회에 따라서 번식을 가능케 하는 사회적 관계는 경험적으로 관찰이 가능한 다른 형태를 띠게 된다. 경험적인 사례에서 볼 때 어떤 특정한 인간 활동이나 관계(성적 교합을 포함한)가 반드시 사회적인 번식 과정의 일부로서만 존재하는 것은 아니다. 또 번식이 항상 특정한 인간 활동이나 관계를 내포하고 있는 것도 아니다(예를 들어 인공 수정은 아주 다양한 방식으로 이루어질 수 있다).

어느 사회에서나 남녀가 만남을 갖고 구애를 하는 일련의 의례儀禮에서 개인들이 어떤 식으로 행동하는지를 보다 직접적으로 결정하는 것은 그 사회의 종교적 신앙, 동료들의 인정 여부, 경제적 제약 등과 같은 것이다. 하지만 이렇게 경험적으로 관찰이 가능한 원인의 배후까지 꿰뚫어볼 수 있다면 이러한 의례에 대한 이해는 더욱 증진될 것이다. 우리는 이러한 의례의 직접적 원인이 제아무리 다양하다고 해도 그 실체 또는 본질이 번식이라는 보편적인 인간의 필요라는 것을 알 수 있다.

마찬가지로 마르크스에게 있어서도 노동의 사회적 배분이라는 것은 모든 사회에 보편적으로 필요하다. 자본주의에서는 이것이 각종 노동 생산물의 판매를 통해 달성된다. 화폐 가격의 크기가 정해지는 데는 몇 개의 특정한 경험적 원인이 있다. 여기에는 생산비용, 시장 구조, 소비자 수요의 크기와 구성 등이 있다. 하지만 자본주의적 사회 관계의 맥락에서 볼 때 이 개인들의 사적 노동이 사회적 노동으로 전환되려면 그 가격이 실현되어야(즉 상품들이 판매되어야) 한다. 상품을 판매하여 사적 노동을 시장에서 특정한 가격에 사회적 노동으로 전환하는 것, 이것이 필수적인 사회적 노동 배분이라는 보편적 차원에서의 과제가 자본주의라는 특수한 사회에서 취하게 되는 특정한 형식인 것이다. 간략하게 말하자면, 추상노동(이는 상품의 매매를 통하여 이미 사회적인 것으로 전환된 상태이다)은 가치의 실체 또는 본질이며, 가격은 그러한 실체 또는 본질이 자본주의적 상품 생산이라고 하는 역사적 조건 하에서 취하는 경험적 현상 형태인 것이다.

즉각적이고 피상적이며 경험적인 가격의 결정요소에 대한 이론 그리고 이것들이 노동가치와 어떤 관계에 있는가에 대한 이론이 마르크스에게 중요해지는 이유는, 추상노동이 가치의 실체라는 논지를 설득력 있게 만드는 데 이러한 이론이 반드시 필요하기 때문이다. 상품의 가격은 거기에 영향을 주는 다양한 요인에도 불구하고 결국은 이 노동가치라는 실체가 현실에서 취하는 경험적 형태라는 것이다. 하지만 현실에 존재하는 가격에는 몇 개의 경험적으로 관찰 가능한 직접적 원인이 있기 때문에, 상품의 가격과 가치 사이에 명백하고도 직접적으로 관찰가능한 양적인 연관은 존재하지 않는다.

이른바 '전형 문제transformation problem'는 실체(가치)와 경험적 현상 형태(가격) 사이에 양적인 관계를 이론적 차원에서 찾기 위해, 가격에 작용하는 여러 가지 원인과 결과를 정리하는 문제이다.

이러한 구별을 염두에 둔다면 이제 전형 문제로 들어갈 수 있다. 마르크스에게 있어서 한 상품의 가치는 그 상품의 생산에 사용되어 소진된 생산수단에 체현되어 있던 노동(즉 마르크스가 이따금씩 '죽은 노동'이라고 불렀던 것) 그리고 현재의 생산 기간에 지출된 노동 ('산 노동'이라고 불린다)으로 구성된

다. 따라서

$$W = L_d + L_l \tag{9.1}$$

여기에서 W는 가치, L_d는 죽은 노동, L_l은 산 노동이다. 산 노동은 다시 필요노동 L_n과 잉여노동 L_s로 나뉜다. 필요노동은 노동자의 임금과 똑같은 가치를 창출하는 데 들어간 만큼의 산 노동이다. 잉여노동은 그러한 잉여 가치만큼의 가치가 창출되는 시간 동안의 산 노동이다. 따라서 등식 (9.1) 은 다음과 같이 쓸 수 있다.

$$W = L_d + L_n + L_s \tag{9.2}$$

현실의 가격 결정 과정에서 자본가는 생산비용을 먼저 합산한 뒤 거기에 일정한 퍼센트의 이윤 마크업을 더하며, 그 크기는 사회적 평균이윤율로 결정된다고 마르크스는 생각했다. 결국 실제의 가격 결정 공식은

생산가격 = 생산에 사용된 상품의 비용(불변자본) + 생산에 사용된 노동 비용(가변자본) + 이윤 마크업(잉여자본)

이라는 것이다. 여기서 p를 생산가격, c를 불변자본, v를 가변자본, r을 이윤율이라고 한다면 우리는 다음의 등식을 얻게 된다.

$$p = c + v + r(c + v) \tag{9.3}$$

여기서 $r = s \,/\, (c + v)$이며, 따라서 $r(c + v) = \{s \,/\, (c + v)\}\{c + v\} =$

s이다.

여기서 다양한 유형의 노동과 가격의 비용 구성 요소 사이의 일반적인 대응은 명백하다.

$$
\begin{array}{cccc}
W = & L_d & + L_n & + L_s \\
\updownarrow & \updownarrow & \updownarrow & \updownarrow \\
P = & C & + V & + r\,(c\ +\ v)
\end{array}
\tag{9.4}
$$

가격은 가치에 대응하며, 불변자본은 죽은 노동에 대응하며, 가변자본은 필요노동에 대응하며, 이윤 또는 잉여가치는 잉여노동에 대응한다. 이것이 화폐 가격이 추상노동의 경험적 현상 형태에 조응하는 논리이며, 사실상 양자가 동일하게 되는 논리이다.

그런데 이러한 조응 관계가 비례적이거나 1대 1 대응이 되지 못하게 되는 가장 중요한 이유가 있다. 이것이 바로 전형 문제가 생겨나는 원인이다. 그 이유를 이해하기 위해 이윤율 공식의 분자와 분모를 모두 v로 나누어보자.

$$
r = \frac{s}{c+v} = \frac{s/v}{(c/v)+1}
\tag{9.5}
$$

마르크스는 여기서 s/v를 '잉여가치율', 또 c/v를 '자본의 유기적 구성'(이는 노동자 1인당 생산수단의 양이다)이라고 불렀다. 자본주의 내에서는 노동자 사이의 경쟁과 고용주 사이의 경쟁으로 인해 다양한 경제 부문에서의 임금률과 노동일의 길이가 모두 동일해지는 경향이 있다. 잉여가치율은 노동일의 길이와 임금률에서 도출되는 것이므로, 잉여가치율 또한 여러 부문 사이에서 동일해지는 경향이 있다는 결론이 나온다. 경쟁과 자본의 이동성은 또한 여러 경제 부문 사이에서의 이윤율 또한 동일하게 만드는 경향이 있다. 따라서 등식 (9.5)를 보게 되면, r과 s/v 모두가 모든 부문에 걸쳐 동일해지려면 논리적으로 볼 때 자본의 유기적 구성인 c/v 또한 모든 부문에 걸쳐서 동일해져야 한다.

마르크스는 그런데 c/v가 부문마다 크게 다르다는 것을 잘 알고 있었다. 하지만 그의 이론은 부문 사이에서 r과 s/v가 동일할 것을 요구하므로 결국 명백한 모순을 갖게 된다. 이러한 명백한 모순을 극복하기 위한 마르크스의 해결책은 '생산영역'에서의 잉여가치 생산 또는 창출과 '유통영역'(즉 시장)에서의 상품 판매를 통한 잉여가치 실현을 구별하는 것이었다.

마르크스는 **잉여노동/필요노동**의 비율은 자본의 유기적 구성의 변화에 관계없이 항상 동일해지는 경향이 있다고 주장한다. 잉여가치의 비율을 이런 형태로 표현하게 되면 이는 오직 생산영역에서만 의미를 가지게 된다. 하지만 이 비율을 **잉여가치/가변자본**으로 나타내게 되면, 이는 생산영역에서 **창출된** 잉여가치를 뜻할 수도 있고 또 유통영역에서 그 상품의 판매를 통해 **실현된** 잉여가치를 뜻할 수도 있다.

잉여가치/가변자본이 창출된 잉여가치를 가리킨다면, 이는 **잉여노동/필요노동**의 비율과 동일한 것으로 놓을 수 있다. 분자와 분모는 모두 생산영역 안에서의 의미라는 것이 분명하다. 어떤 산업이든 이 둘 사이의 비율은 다른 모든 산업과 동일해지는 경향이 있다. **자본의 유기적 구성과 무관하**게 말이다.

그런데 **잉여가치/가변자본**이 시장 판매를 통해 실현된 잉여가치를 가리킨다면, 이는 유통영역에서의 의미이다. 자본의 유기적 구성이 다른 상황에서, 여러 산업 사이에 이윤율을 동일하게 만드는 바로 그 경쟁의 힘 때문에 (유통영역에서의) **잉여가치/가변자본**은 산업마다 동일하지 **않게** 될 것이다. **잉여가치/가변자본**이 모든 산업에 걸쳐서 동일하게 될 것이라는 마르크스의 주장은 모두 오로지 생산영역에서 창출된 잉여가치만을 고찰하고 있음을 분명하게 보여주고 있다.

마르크스는 자본주의의 최초 단계에서 가격은 대충 가치와 조응했으며 이윤율도 상품에 따라 들쭉날쭉했을 것이라고 생각했다. 하지만 시장이 발달하고 경제의 통합이 가속화됨에 따라 경쟁이 더욱 발달했고 자본의 이동성이 더욱 커지게 되었다. 자본가는 더 높은 이윤율을 쫓아서 이윤이 낮은 산업에서 높은 산업으로 자본을 이동시키며 이에 따라 전자에서의 이윤율은 올라가고 후자에서의 이윤율은 낮아진다. 그래서 마르크스는 이렇게 말했다. "다양한 생산 업종 각각의 지배적 이윤율은 본래 아주 달랐다. 하지만 이러한 상이한 이윤율은 경쟁에 의해 동일하게 되어 마침내 단 하나의 보편적 이윤율, 즉 모든 다양한 이윤율의 평균으로 균등화된다."[61]

경쟁이 이윤율을 균등화하는 유일한 방식은 수요와 공급의 변화로 야기되는 상품의 가격 변화를 통해서이다. 자본이 이윤율 낮은 산업에서 빠져나와(이렇게 되면 이 산업에서의 공급은 줄고 가격은 올라간다) 이윤율 높은 산업으로 이전하면서(이렇게 되면 이 산업에서의 공급이 늘고 가격은 내려간다), 수요와 공급의 변화가 야기된다. 이윤율을 균등화하는 이러한 가격 변화는 균형 생산가격을 가치로부터 이탈하게 만든다. 하지만 마르크스는 리카도를 따라 이러한 이탈이 명확한 패턴을 따르게 되어 있으며 따라서 충분히 설명할 수 있다고 생각했다. 리카도처럼 마르크스 또한 자본의 유기적 구성이 평균보다 높은 산업에서는 생산가격이 가치보다 높을 것이라고 생각했다. 그리고 자본의 유기적 구성이 평균보다 낮은 산업에서는 생산가격이 가치보다 낮을 것이라고 생각했다.

마르크스는 경쟁으로 인해 가격이 가치로부터 이탈하여 이윤율이 산업마다 동일하게 되면, 그 필연적인 결과는 잉여가치가 창출된 산업에서 다른 산업으로 **잉여가치 일부가 재분배**되는 것이라고 생각했다. 잉여가치는 잉여노동이 창출한다. 따라서 잉여가치는 각각의 산업에서 가변자본을 사용한 양에 비례하여 창출된다.

하지만 경쟁에 따른 가격 변화로 이윤율이 균등화되면서 잉여가치 일부가 자본의 유기적 구성이 평균보다 낮은 산업에서 평균보다 높은 산업으로 이전한다. 이윤율이 동일하게 되려면 이러한 잉여가치 이전을 겪는 수밖에 없다. 따라서 상품이 지배적 생산가격으로 시장에서 판매된 이후에는 s/v 가 모든 산업에서 **다르게** 된다(이 때는 잉여가치가 시장에서 실제로 실현된 이윤을 뜻하는 것으로 해석된다).

이러한 불균등이 나타날 수밖에 없다는 것을 인정하지만, 그와 동시에 생산영역에서는 잉여가치가 사용된 산 노동(즉 가변자본)과 엄격한 비례 관계를 맺으며 창출된다는 것이다. 이러한 주장에는 전혀 모순이 없다. 이는 단지 창출된 잉여가치로 해석되는 s/v 가 모든 산업에 걸쳐서 계속 동일하다는 것을 뜻할 뿐이다.

하지만 그럼에도 불구하고 마르크스의 비판자들 사이에서는 마르크스의 분석에 논리적 오류가 있다는 잘못된 공격이 광범위하게 퍼져 있다. 방금 기술한 것이 마르크스 본인이 문제를 바라본 방식이었다는 점은 《자본론》에서 가져온 다음의 인용문을 보면 의문의 여지가 없다.

> 따라서 자본가는 자신의 상품을 판매할 때 자신의 생산영역에서 소모된 자본의 가치를 회복하지만, **이들에게 상품의 생산을 통해 그들 자신의 영역에서 창출된 잉여가치, 즉 이윤이 확실하게 보장되는 것은 아니다.** 이들에게 확실히 보장되는 것은 단지 주어진 시간 동안 사회적 자본이 모든 생산영역에서 생산한 전체 사회적 잉여가치 또는 이윤을 모든 자본가에게 일률적으로 분배했을 때, 사회적 총 자본에서 자신의 자본이 차지하는 비율에 해당하는 만큼 전체 사회의 잉여가치에서 덜어낸 양만큼의 잉여가치 또는 이

윤일 뿐이다.[62]

《자본론》3권에서 마르크스는 이를 입증하기 위해 가격이 가치와 비례하지만 자본의 유기적 구성이 부문마다 다른 경우를 나타내는 표를 만든다. 가격과 가치가 비례하려면 모든 부문에서의 이윤율이 달라야만 한다. 그리고 나서 마르크스는 경제 전체의 평균이윤율을 계산하고 또 가격이 변화한 두 번째 표를 만든다.

〈표 9-1〉과 〈표 9-2〉는 마르크스의 표를 약간 바꾼 것이다. 〈표 9-1〉은 만약 모든 산업에서 자신의 산업 내에서 창출된 잉여가치를 모두 실현하기에 충분한 가격으로 생산물을 판매한다면 각 산업에서의 이윤율이 들쑥날쑥할 수밖에 없다는 것을 보여주고 있다. 하지만 기업들이 경쟁을 벌여 모든 부분에서의 이윤율이 동일해진 이후에는 상황이 〈표 9-2〉에 기술된 것으로 전환된다.

이렇게 되면 다음의 조건들이 달성된다. (1) 각 부문에서 이윤율은 사회적 평균이윤율과 동일해진다. (2) 여러 부문에서의 가격 증가와 감소(즉 두 표 사이에서의 증가와 감소)는 서로 정확하게 상쇄하므로 이 두 표 각각에서 가격 총액(또는 평균 가격 수준)은 동일하다. (3) 가격의 변화로 인해 잉여가치는 어떤 부문에서는 늘어나고 어떤 부문에서는 줄어들지만, 잉여가치의 총계는 〈표 9-1〉에서나 〈표 9-2〉에서나 변하지 않고 동일하다.

마르크스가 작성한 표는 위에서 요약한 대로, 자본의 유기적 구성의 차이 때문에 가격은 가치에서 이탈하며, 그 결과 상품마다 생산과정에서 이미 창출되어 있는 기존의 잉여가치의 수량이 다시 정렬된다는 것을 보여주고자 마련된 것이다. 하지만 마르크스의 예는 완전하지 못했다. 산출물의 가격은 전환을 했지만 투입물의 가격은 가치와 비례하는 상태 그대로 두었다는 것이 문제였다. 따라서 각각의 상품은 산출물과 투입물로서의 두 개

표 9-1. **가격과 가치가 동일할 때의 이윤율**

구분	1 총 자본 (2열+4열)	2 총 불변 자본	3 소모된 불변자본 (c)	4 가변 자본 (v)	5 잉여 가치 (s)	6 생산비용 ($c+v$)	7 상품의 가치 ($c+v+s$)	8 이윤율 (5열÷1열)
1	100	80	50	20	20	70	90	20%
2	100	70	51	30	30	81	111	30%
3	100	60	51	40	40	91	131	40%
4	100	85	40	15	15	55	70	15%
5	100	95	10	5	5	15	20	5%
전체	500	390	202	110	110	312	422	–
평균	100	78	–	22	22	–	–	22%

표 9-2. **이윤율이 동일해졌을 때 가치에서 가격의 이탈**

구분	1 총 자본	2 이윤율	3 이윤	4 생산 비용	5 생산가격 (4열+3열)	6 잉여 가치	7 잉여 가치에서 이윤의 이탈 (3열−6열)	8 가치	9 가치에서 생산가격의 이탈 (5열−8열)
1	100	22%	22	70	92	20	+2	90	+2
2	100	22%	22	81	103	30	−8	111	−8
3	100	22%	22	91	113	40	−18	131	−18
4	100	22%	22	55	77	15	+7	70	+7
5	100	22%	22	15	37	5	+17	20	+17

의 다른 가격을 가지고 있는 것이다. 사실 마르크스는 바로 이러한 문제점에 대해 주의하라는 주석을 남겨놓고 있다.

한 상품의 생산가격[즉 산출물의 가격]이 그 가치와 괴리할 수 있는 것과 마찬가지로, 한 상품의 비용 가격[즉 투입물의 가격]은 이미 다른 상품의 생산가격을 내포하고 있으므로, 그 상품의 비용 가격은 그것에 들어간 생산수단의 가치로 형성된 그 상품의 전체 가치보다 높을 수도 낮을 수도 있게 된다. 비용 가격의 의미와 중요성을 이렇게 수정해야 한다는 점을 명심할 필요가 있다. 또 따라서 한 상품의 비용 가격이 그것을 생산하는 데 소모된 생산수단의 가치와 동일하다고 놓는 것 또한 언제든 잘못이 될 가능성이 있다는 점도 명심해야 한다. 여기에서 우리의 탐구는 이 점에 대해 더 깊이 들어가지는 않는다.[63]

마르크스는 이러한 문제점이 있음을 인정했지만, 이것이 결과를 실질적으로 바꿀 만큼 중요한 것은 아니라고 생각했던 것 같다.

《자본론》3권이 출간된 직후 산출 가격과 투입 가격 모두를 전환하는 수학적 해법이 나왔다.[64] 하지만 이 최초의 해법에서는 마르크스가 내건 세 가지 조건 가운데서 오직 두 개만 충족되고 있었다. 즉 전형 이후에 부문 간의 이윤율이 동일해야 한다는 조건, 또 가치를 생산가격으로 전형하기 이전의 잉여가치 총량과 전형하고 난 가격에서의 이윤 총량이 동일해야 한다는 조건은 충족시킬 수 있었지만, 가치를 가격으로 전형하는 과정에서 평균 가격 수준이 달라지게 되는 문제, 즉 전형된 가격의 총합이 전형되지 않은 가격*의 총합과 달라지는 문제가 있었다.

그 후에도 이 전형 문제를 풀기 위하여 투입 가격과 산출 가격을 모두 전환하는 다양한 수학적 해법이 나왔지만, 모두 마르크스가 내건 세 가지 동일성의 조건 중에서 오직 두 개만 충족시킬 수 있었다. 이 문제에 관한 방대한 문헌은 무수한 수학적 공식을 담고 있는데, 각각은 모두 자신이야말로 다른 것보다 마르크스의 정신에 더 가깝다고 주장하는 것이 보통이다.

앞에서 보았듯이 생산에 들어가는 다양한 범주의 지출은 마르크스의 여

● 즉 가치의 총합.

러 추상노동의 범주들에 조응한다. 만약 이 두 종류의 범주들이 정확하게 일치한다면 상품의 가격은 가치와 비례하게 될 것이다. 이렇게 엄밀한 비례가 성립하는 것을 교란하는 요인은 다양하지만, 가격이라는 형태를 통해 (비록 왜곡된 방식으로나마) 경험적으로 모습을 드러내는 저변의 실체는 여전히 추상노동이다. 전형 문제에 내포된 진정한 쟁점은 자본주의 경제에서 사적 노동이 사회적 노동이 되려면 그 노동이 추상노동이 되어 시장에서 판매되는 상품의 가격이라는 형태를 띠어야 한다는 주장이 얼마나 보편적인 설득력을 갖는가와 관계되며, 또 왜 화폐 가격이 추상노동을 완벽하게 비례적으로 반영하지 않는지에 대한 설명이 얼마나 설득력을 갖는가와 관계된다. 우리는 19장에서 이 문제로 되돌아와, 그에 대한 다양한 해법의 상대적 장점을 짚어볼 것이다.

사적 소유, 자본, 자본주의

마르크스는 이렇게 하여 잉여가치의 본성과 기원은 무엇인가라는 자신의 최초의 질문에 대한 대답을 정식화했다. 모든 상품이 제 가치에 교환되는 일련의 교환을 통해서 그는 잉여가치가 교환을 통해서가 아니라 생산과정에서 생겨난다는 것을 보여주었다. 그는 또 잉여가치가 교환과정에서 실현되는 일은 오직 '자유로운' 노동자들이 노동력을 자본 소유자에게 판매하는 사회경제적 시스템 안에서만 가능하다는 것도 보여주었다. 따라서 의미 있는 생산수단을 전혀 갖지 못한 '자유로운 노동자들'이 전제 조건이 되어야만 자본이 존재하게 되는 것이다. 이렇게 자본에는 대단히 독특한 한 묶음의 사회적 관계가 수반된다.

하지만 마르크스 당대의 정통파 경제 이론가들은 자본을 단순히 이전에 생산된 생산수단으로, 즉 '사물'의 집합체와 동일시했다(이는 오늘날에도 마찬가지다). 마르크스도 자본이 최소한 부분적으로는 단지 더 많은 생산을 위하여 생산된 생산수단을 수반한다는 점을 인정했다. 자본의 이 **부분적인** 측면은 모든 역사적 시대의 모든 사회에서 존재했다고 말할 수 있다. 하지만 자본은 모든 시대에 존재하는 것이 아니다. 자본은 자본주의에만 존재하는 것이다. 이와 마찬가지로, 생산이 자연 자원의 전유와 변형으로 이루어진다는 것이 언제나 변함없는 사실이라면, 모든 역사적 시대와 모든 사회에서 **일정한 유형의 소유관계**가 존재한다는 것이 자연스럽게 도출된다. 하지만 마르크스가 관심을 가졌던 것은 자본주의에 독특하고 고유하게 나타나는 소유의 특징은 무엇인가라는 문제였고, 또 이러한 자본주의적 소유관계가 생산된 생산수단을 어떻게 자본으로 변형시키는가의 문제였다. 이러한 지식은 자본주의를 이해하는 데 반드시 필요한 것이었다.

> 자본은 점점 더 하나의 사회적 권력으로서 전면에 나타나며, 그 대리인은 자본가이다. 이러한 사회적 권력은 어떤 한 개인의 노동이 창출할 수 있는 것과는 더 이상 아무런 관계도 맺지 않는다. 이는 소외되고 독립적인 사회적 권력이 되며, 하나의 물체로서, 즉 자본가의 권력 원천인 하나의 물체로서 사회와 대립한다.[65]

자본의 법적인 기초는 자본주의 생산양식에 존재하는 사적 소유의 법률이다.

> 처음에는 소유권이 인간 스스로의 노동에 기초한 것처럼 보였다. 최소한 이러한 추정이 필요했던 것이 사실이다. 왜냐면 동등한 권리를 가진 상품 소유자들만이 서로를 마주보고 있는 상태에서 누군가가 다른 이들의 상품

을 가질 수 있는 유일한 수단은 자기 자신의 상품을 양도alienating(즉 교환으로 넘겨주기)하는가 아니면 노동을 넘겨주는가 하는 방법밖에 없었기 때문이다. 하지만 오늘날 소유란 자본가 측에서 볼 때는 다른 사람의 미지불 노동(이 말로 마르크스가 의미하는 것은 잉여노동이다) 혹은 그 생산물을 전유할 권리가 되었으며, 노동 측에서 볼 때는 자기 자신이 생산한 것을 전유할 수가 없다는 사실이 되었다. 분명히 소유와 노동을 동일한 것으로 여기는 데서 생겨난 듯했던 법률이 이제는 그 필연적 결과로서 소유와 노동을 분리하기에 이른 것이다.[66]

자본과 사적 소유의 법률은 자본주의 생산양식 안에서 지배계급이 노동계급이 창출한 경제적 잉여를 강제로 수탈하는 메커니즘이 되었다.

본원적 축적

일단 자본과 자유로운 노동이 생겨나게 되면 자본은 더 많은 잉여가치를 가능하게 하며, 또 더 많은 잉여가치는 더 많은 자본을 가능하게 한다. 이 과정은 연속적으로 상승하는 나선형의 과정이다. 하지만 진정으로 자본을 이해하려면 이 연속적 나선형의 배후를 꿰뚫어보고 이 과정이 실제로 어떻게 시작되었는지를 발견할 필요가 있다.

자본의 역사적 기원은 (맬서스, 세, 시니어, 바스티아, 심지어 밀조차 주장했던 것처럼) 도덕적 엘리트들의 절약, 검소, 절제와 같은 행위가 아니었다고 마르크스는 주장한다. 자본주의 시스템은 아무런 재산이 없는 노동계급과 부유한 자본가계급이 이미 존재하고 있다는 것을 전제로 삼는다. 마르크스는 이 두 계급이 처음 창출된 실제의 역사적 과정을 '본원적 축적primitive accumulation'이라고 부른다. 앞에서 언급한 경제학자들이 자본의 기원을 어떻게 보았는지를 언급하면서, 마르크스는 이렇게 말한다.

> 이 본원적 축적이라는 주제는 신학에서 원죄라는 개념이 맡는 역할과 똑같은 역할을 정치경제학에서 맡는다. 아담이 선악과를 깨무는 순간 죄가 인류에게 내려졌다. 그리고 이렇게 죄라는 것을 과거의 일화로 이야기할 때, 마치 그 기원을 설명한 것 같은 착각이 나타난다. 옛날 옛적에 두 종류의 사람들이 살았다는 것이. 첫 번째 종류의 사람들은 근면하고 지적이며 무엇보다도 검소한 엘리트들이었다. 다른 종류의 사람들은 게으른 불한당들로서 재산을 술이나 퍼마시는 방탕한 생활에 탕진했다. … 그리하여 전자의 사람들은 부를 축적했고 후자의 사람들은 자신들의 등가죽 말고는 아무것도 내다 팔 것이 없게 되었다. 아무리 일을 해도 자기 자신 이외에는 내다 팔 것이 없는 대다수 인간들의 빈곤, 그리고 일을 그만둔 지 오래지만 끊임없이 재산이 늘어나고 있는 소수 인간들의 부의 기원은 모두 이러한 원죄로 소급하여 설명할 수가 있다는 것이다. 저들은 이런 썰렁하고 유치한 이야기를 소유에 대한 옹호 논리랍시고 매일 우리에게 설교로 퍼붓고 있다. … 일단 소유의 문제가 떠오르기만 하면, 갑자기 유아의 지능 수준에나 맞을 법한 교훈적 이야기를 모든 지적 발달 단계의 인간들에게 획일적으로 떠먹이는 것이 신성한 의무가 되는 것이다. 실제의 역사에서 작용한 것은 정복, 노예사냥, 강탈, 살인 등 한마디로 말해서 무력이었다. … 본원적 축적의 방법은 결코 목가적인 것이 아니었다.[67]

본원적 축적은 두 개의 다른 관점에서 볼 수 있다(비록 동일한 하나의 보편적 사회경제적 과정이었지만). 즉 한편으로는 재산이 없고 경제적으로 아무런 힘이 없는 의존적 노동계급을 창출하는 과정으로 볼 수도 있고, 다른 한편으로는 생산수단에 대해 독점적 통제력을 가진 부유한 자본가계급을 창출하는 과정으로도 볼 수 있다. 어느 쪽 과정으로 보든, 그 역사는 "인류의 연대기에 피와 불의 문자로 쓰인"[68] 것이었다. 마르크스는 《자본론》 1권의 62쪽과 3권의 세 장을 이러한 자본주의의 양대 계급을 창출한 사건에 대한 세밀한 역사적 기술에 바치고 있다.

자본주의 이전의 봉건 사회에서는 농업이 압도적이었다. 따라서 노동계급을 창출하는 과정에는, 대부분의 일하는 이들에게 토지에 대한 접근권을 보장하고 또 이를 통해 그들의 생산 능력을 유지했던 봉건적인 사회적 결속을 파괴하는 과정이 포함되어 있었다. 봉건적 소유관계가 파괴되고 근대적 사적 소유로 전환되자 토지의 경작자들은 봉건적 전통을 통해 조상 대대로 접근이 보장되었던 토지에서 강제와 폭력으로 쫓겨나게 된다.

> 교회 재산의 강탈, 국가 토지의 사기성 불하, 공유지의 강탈, 봉건적 재산과 씨족 재산의 강탈, 그리고 이런 것들을 무자비한 공포와 테러 아래에서 근대적 사적 소유로 전환하는 것 ─ 이것이 바로 본원적 축적에 사용되었던 이른바 목가적 방법이다. 이런 방법을 통해 토지가 자본주의적 농업을 위해 정복당했고, 토지는 자본의 일부가 되었고, 읍내의 공업에 필요한 '자유로운' 프롤레타리아트의 공급이 창출되었다.[69]

이 수천의 '자유로운' 노동자들이 최초로 창출되었을 당시 이들을 기다리는 일자리가 미리 존재하고 있었을 리가 없다. 공업 쪽에서 일자리가 생겨나는 경우에도 그러한 고용에는 이들에게 전혀 익숙하지 않은 엄격한 규율이 요구되었다. 그 결과 "이들은 … 대부분의 경우 상황이 주는 압박으로 인해 … 떼거리로 거지, 강도, 부랑자로 변했다".[70] 마르크스는 봉건제에서 자본주의로의 이행기 동안 갈수록 늘어나던 이 쫓겨난 사람들을 통제하기 위해 법제화된 잔인하고도 야만적인 법을 기술한다. 이 사람들은 "괴기스러울 정도로 무시무시한 법률에 의해 채찍질당하고, 살갗에 낙인을 찍히고, 고문"을 당한 끝에 마침내 "임금제에 필요한 규율"을 순순히 받아들이도록 다시 태어나게 되었다.[71]

　토지가 자본의 일부가 되는 것만이 아니라 산업자본으로 전환될 수 있는 큰 재산이 축적될 필요가 있었다. 그러한 자본의 가장 중요한 원천 일부에 대한 마르크스의 설명은 다음에 요약되어 있다.

　　미국에서의 금과 은의 발견, 원주민을 절멸시키고 노예로 만들고 광산 속에 처박아 죽이기, 동인도 제도의 정복과 약탈의 시작, 아프리카를 상업적 목적으로 흑인을 사냥하는 토끼굴로 바꾸기 등등. 이런 것들이 자본주의적 생산의 시대가 열리는 장밋빛 새벽의 신호였다. 이러한 목가적인 사건이 본원적 축적의 주된 계기였다. 이런 것들의 뒤를 바짝 따라서 전 지구를 무대로 삼아 유럽 여러 나라들의 상업 전쟁이 벌어졌다. …

　　본원적 축적의 계기는 여러 나라에 펼쳐져 있었으며 이를 대략 시간 순서로 나열해보면 특히 스페인, 포르투갈, 네덜란드, 프랑스, 영국 등이었다. 영국에서는 17세기 말 이러한 여러 계기가 체계적으로 결합되었는데, 여기에는 식민지 개척, 국가 부채, 근대적인 조세 양식, 보호주의 무역 시스템 등도 포함되었다. 이러한 방법은 식민지 체제의 예에서처럼 부분적으로 야수적 폭력에 의존했다. 하지만 이것들은 모두 봉건적 생산양식을 자본주의적 생산양식으로 전환시키는 과정을 촉진하고 그 이행 과정을 단축시키는 데 있어서 사회의 집중되고 조직된 폭력, 즉 국가의 권력을 활용했다. 낡은 사회가 새로운 사회를 뱃속에 품고 있을 때, 이를 끄집어내는 산파는 항상 폭력이다.[72]

그리하여 마르크스는 본원적 축적의 전체 과정을 기술하면서 이렇게 말한다. 탄생의 시기에 "자본은 머리에서 발끝까지 모든 땀구멍으로 피와 오물을 뚝뚝 떨어뜨리며 태어났다".[73]

자본주의적 축적

하지만 일단 자본주의가 등장하면 이 모든 것은 변한다. 자본가의 권력은 사적 소유라는 새로운 법률로 보장되게 된다고 마르크스는 주장한다. 자본가가 지배계급이 되면 이들과 이들의 대변인들이 '법과 질서'의 옹호자가 되며, 이렇게 되면 사적 소유의 법률과 자본주의적 생산 및 유통의 양식이 함께 어우러져 자본가의 권력을 영구적인 것으로 만든다. 노동자를 모든 생산수단에서 분리시키는 것만으로도 자본주의가 자신의 '운동 법칙'에 따라 움직임을 시작하게 만드는 데 충분하다. "자본주의적 생산양식이 일단 자신의 다리로 서면 이는 그러한 분리를 유지할 뿐만 아니라 계속해서 확대 재생산한다."[74]

자본주의 시스템의 사회적, 법적, 경제적 기초가 일단 주어지면 그 '운동 법칙'은 이 시스템을 추동하는 원동력을 반영한다. 그 원동력이란 멈추는 법도 없고 끝나는 법도 없는 자본축적의 욕망이다. 자본가의 사회적 지위, 명예, 정치경제적 권력은 모두 그가 통제하는 자본의 크기에 달려 있다. 자본가는 가만히 쉴 수가 없다. 사방에서 격렬한 경쟁에 포위된 상태이다. 이 시스템은 자본가가 경쟁자를 물리치기 위해서라도 더 많이 축적하고 더 많은 권력을 가지려 기를 쓰도록 만든다. 그렇지 않을 경우 바로 경쟁자가 그 자본가를 궁지에 몰아넣고서 자본을 빼앗을 것이다. 경쟁자는 끊임없이 새롭고 더 좋은 생산 방법을 개발한다. 이 도전에 대응하려면 새롭고 더 좋은

자본을 축적하는 수밖에 없다. 그리하여 마르크스가 생각하기에, 자본가는

> 부로서의 부에 대한 욕망으로 보자면 구두쇠와 마찬가지이다. 하지만 구
> 두쇠의 경우에는 이것이 단지 개인의 괴상한 성벽(性癖)일 뿐이지만, 자본가
> 의 경우에는 이것이 거대한 사회적 메커니즘의 결과이며 오히려 자본가 자
> 신이 이 메커니즘의 작은 톱니바퀴일 뿐이다. 더욱이 자본주의적 생산의
> 발전은 산업 투자에 들어가야 할 자본의 양을 계속해서 늘릴 것을 끊임없
> 이 요구하며, 개별 산업자본가는 경쟁으로 인해 자본주의 생산의 내재적
> 법칙을 외부의 강제적 법칙으로 느낀다. 이로 인해 자본가는 자신의 자본
> 을 보존하기 위해서라도 계속해서 그것을 늘리도록 재촉을 받는다. 하지만
> 그것을 늘리는 방법은 오로지 지속적인 축적뿐이다.[75]

자본주의 발전의 패턴, 즉 '운동 법칙'의 근저에 있는 것은 바로 이러한 멈
추지 않는 축적의 욕망과 자본가 사이의 격렬한 경쟁이다.

우리는 마르크스를 따라서 경쟁과 축적이 가져오는 네 가지 중대한 결과
를 논의할 것이다. 경제적 집중, 이윤율 저하의 경향, 부문 간의 불균형과
공황, 프롤레타리아트(노동계급)의 소외와 비참의 증대.

경제적 집중

자본주의가 발달함에 따라서 부와 권력은 점점 더 소수의 자본가들의 손
으로 집중된다. 이러한 집중은 두 가지 힘의 결과이다. 첫째, 자본가 사이
의 경쟁은 강자가 약자를 분쇄하거나 흡수하는 상황을 만들어내는 경향이
있다. "여기에서 경쟁의 강도는 서로 싸우는 자본의 숫자에 정비례하며, 자

본의 크기에 반비례한다. 이 경쟁은 항상 수많은 소 자본가의 파멸로 끝나며, 이들의 자본은 부분적으로는 소멸하며 부분적으로는 그 정복자의 손으로 들어간다."[76]

둘째, 기술이 발전함에 따라서 "정상적 조건으로 사업을 수행하는 데 필요한 자본 … 의 최소량은 늘어난다". 한 회사가 경쟁력을 유지하려면 그 노동자들의 생산성을 끊임없이 높여야 한다. 이 "노동자들의 생산성은 … 생산의 규모에 〔달려 있다〕".[77] 이렇게 자본가 사이의 경쟁과 기술 변화로 인해 자본주의 시스템은 갈수록 더 소수의 자본가들이 더 큰 회사를 소유하는 쪽으로 가차없이 운동한다. 이러한 방식으로 소수의 부유한 자본가 계급과 사회의 대다수 프롤레타리아트 사이의 간격은 계속해서 넓어진다.

이윤율 저하의 경향

마르크스는 "자본구성 그리고 자본축적 과정에서 그것이 겪는 변화"야말로 자신의 이론에서 "가장 중요한 요소"의 하나라고 생각했다.[78] 자본구성은 "불변자본, 즉 생산수단의 가치와 가변자본, 즉 노동력 가치(임금의 총합)의 비율로 결정"[79]된다. 마르크스는 불변자본과 가변자본의 비율(c/v)을 **자본의 유기적 구성**이라고 정의했다. 그는 끊임없이 축적이 일어나면 시간이 지나면서 자본의 유기적 구성은 일관되게 증가할 것이라고 생각했다. 즉 생산수단의 가치는 그것을 가동하도록 구매한 노동력의 가치보다 더 빠르게 증가할 것이라는 것이다. 그러한 증가의 결과 중 하나는 이윤율이 꾸준히 하락하는 경향이다.

잉여가치를 창출하는 것은 가변자본뿐이지만, 자본가의 이윤율 계산에 기초가 되는 것은 그의 모든 자본이다.

그리하여 잉여가치는 그 기원에 무관하게, 잉여를 투자된 자본 총액으로 나눈 것이 된다. 이러한 자본 총액에 대한 잉여의 비율은 따라서 s/C로 나타낼 수 있으며, 여기서 C는 자본 총액을 나타낸다. 우리는 이리하여 잉여가치율과 구별되는 것으로서 이윤율 $s/C = s/(c + v)$를 얻는다.[80]

여기서 이윤율 공식의 분자와 분모를 모두 v로 나누면 우리는 $(s/v)/[(c/v) + (v/v)]$, 즉 $(s/v)/[(c/v) + 1]$을 얻게 된다. 여기서 이윤율은 자본의 유기적 구성에다 1을 더한 것을 분모로 하여 잉여가치율을 분자로 하는 비율이라는 것이 분명히 드러난다. 따라서 잉여가치율의 증가는 (그 자체만으로는) 항상 이윤율을 증가시킨다. 이것이 자본가가 항상 노동일을 최대로 늘리려 드는 이유라는 것이 마르크스의 주장이다. 자본의 유기적 구성의 증가는 (이번에도 그 자체만으로는) 항상 이윤율을 감소시킨다. 이 두 번째 효과는 잉여가치율의 증가가 가져오는 효과만큼 직접적으로 명확하게 머리에 들어오지 않을 수 있다. 잉여가치를 창출하는 것은 오직 가변자본뿐이라는 점을 기억한다면, 잉여가치율이 불변일 때 자본의 유기적 구성이 증가하면 일정한 양의 노동력이 창출한 잉여가치를 **더 많은** 양의 자본 총액으로 나누어 이윤율이 계산되어 나올 것이다. 따라서 잉여가치율이 일정하다는 조건 아래에서 자본의 유기적 구성의 증가는 이윤율을 감소시키게 된다.

마르크스는 잉여가치율을 증가시키려는 자본가의 노력은 일정한 현실적 한계에 부닥치게 되어 있다고 생각했다. 그런 일이 벌어지면, "가변자본에 대해 불변자본이 점차 늘어나는 것은 필연적으로 **전반적 이윤율의 점진적 하락**으로 이어질 수밖에 없다".[81] 이리하여 마르크스도 자본축적이 이윤율 저하의 경향을 낳는다고 본 스미스, 리카도, 밀, 그리고 뒷날의 케인스 등과 견해를 같이한다(사실 자본축적으로 이윤율 저하 경향이 나타난다는 생각은 가장 많은 경제학자들이 공유했던 생각이다).

물론 마르크스도 이윤율이 저하한다고 해서 반드시 총이윤이 저하하거나 전체 산출에서 이윤 몫이 하락하는 것은 아니라고 말한다(총이윤은 이윤율과 자본 총량 두 가지로 결정된다).[82] 이러한 명백한 사실을 말한 뒤, 마르크스는 이윤율이 떨어지고 있을 때라고 해도 이윤 총량은 일반적으로 늘어날 것이라고 자신의 생각을 밝힌다.[83] 더욱이 자본가는 이윤율이 하락 압력을 받고 있다는 것을 느끼면 이 경향을 뒤집기 위한 여러 조치를 취하게 된다고 한다. 따라서 다양한 기간 동안 이러한 경향을 멈추거나 심지어 뒤집을 수도 있는 '반작용의 영향력'이 몇 가지 나타난다. 이러한 이유에서 이윤율의 저하는 "절대적인 형태로 모습을 나타내는 법이 없으며, 누진적인 하락의 경향으로서 나타날 뿐"[84]이라는 것이 마르크스의 이야기다.

마르크스는 이 반작용의 영향력 다섯 가지를 논의하고 있다(그중 둘은 기본적으로 동일한 것이므로 우리는 네 가지만을 언급할 것이다). 첫째, 자본가는 "노동일을 늘리고 노동 강도를 올림"으로써 "착취 강도"[85]를 올릴 수 있다. 노동일을 늘리기 위한 투쟁은 이미 논의했으므로 마르크스는 이 반작용 영향에 대한 논의에서 오직 노동자의 작업 속도를 올리는 방법인 과학적 경영, 즉 나중에 19세기 말과 20세기 초가 되면 '테일러주의'라고 불리게 되는 것만 논의하고 있다. 노동 착취를 올리기 위한 모든 이런 형태는 "잉여가치율의 증가를 가져와"[86] 이윤율을 높이는 경향이 있다.

둘째, 마르크스는 "임금을 노동력 가치 아래로 떨어뜨리는"[87] 영향력을 여러 번 언급하고 있다. 이 범주는 마르크스의 네 번째 반작용 영향력인 노동자의 "상대적 과잉인구"를 포함하고 있다고 보인다. 과잉인구가 임금률을 저하시켜 이윤율을 높일 것이기 때문이다.

셋째, 마르크스는 "불변자본 요소의 가격이 저렴"해지는 것을 들고 있다. 이는 불변자본의 생산 방법에 기술적 변화가 일어나 "불변자본의 가치가 비록 *꾸준히 증가하기는 해도* 그 물질적 양과 똑같은 속도로까지 올라가지는 못하게"[88] 할 때 일어난다.

마지막의 반작용 영향력은 외국 무역이다. 여기서 마르크스의 분석은 밀의 분석과 아주 비슷하다. "자본이 외국 무역에 투자되면 더 높은 이윤율을 가져온다"고 그는 주장한다. 더욱이 이는 "가변자본으로 교환되는 생활필수품"의 가격을 저렴하게 만들며 이로써 "가변자본이 불변자본에 비해 그 크기가 줄어들게"[89] 만든다. 이것이 실제로 일어나면 축적으로 야기되는 자본의 유기적 구성의 증가는 그에 비례하여 상쇄된다. 이는 또한 잉여가치율도 증가시킨다.

마르크스는 이윤율 저하에 대한 반작용 영향력으로서의 외국 무역에 대한 논의로 그저 세 쪽을 할애하고 있을 뿐이다(그의 논의는 밀의 논의만큼 세련되지도 광범위하지도 않다). 하지만 이는 20세기 초가 되면 마르크스의 제자들이 다양한 제국주의론을 정식화하는 데 기초가 된다. 그는 아주 짧게나마 뒷날 제국주의론에 중심적인 것이 될 만한 원리를 언명하고 있다. "외국 무역의 팽창은 자본주의 생산양식의 유년기에는 그것을 떠받치는 기초였지만, 자본주의적 생산양식의 발전이 심화되면서부터는 그것이 낳는 생산물이 되어버린다. **이를 추동한 것은 항상 시장이 팽창해야 한다는 자본주의 생산양식의 내적인 필연성이다.**"[90]

이렇게 이윤율이 저하할 것이라는 마르크스의 주장은 경험적으로 맞았다 혹은 빗나갔다고 판단할 수 있는 예언 같은 것이 **아니다**. 이는 현실의 이윤율이 보여주는 역사적 경향에 작동하는 다양한 힘을 찾아내기 위한 이론적 또는 분류학적 도구일 뿐이며, 그 힘은 언제라도 정반대의 결과를 낳을 수 있다. 이윤을 억제하는 경향을 갖는 여러 힘의 영향에 대해서 마르크스는 이렇게 말한다. "오직 오랜 기간이 지나고 난 뒤 특정한 조건 아래에서만 … 〔그것들의〕 효과가 두드러지게 눈에 보이게 될 것이다."[91] 오늘날 돌아보면, 이러한 경향에 대한 마르크스의 분석에 있어서 가장 눈에 띄는 결점은 잉여가치율과 자본의 유기적 구성의 관계를 제대로 논의하지 않은 것이라고 볼 수 있다. 자본의 유기적 구성이 증가한다는 것은 생산의 기술이 변화하고 있다는 것을 뜻한다. 기술적 변화가 일어나고 있다면, 노동자가 소비하는 상품의 생산에도 효율성이 증진되어 노동자의 실질임금이 올라가는 동시에 잉여가치율도 올라가는 일이 일어날 수 있다. 이렇게 자본의 유기적 구성의 변화는 그 자신에 대한 반작용의 영향력을 창출할 수가 있고, 이는 심지어 이윤율의 증가를 가져올 만큼 강력할 수도 있다. 실제로 마르크스가 그의 이론을 정식화한 뒤 1세기 동안을 살펴보면 특정한 기간 동안 이런 일이 실제로 일어났을 가능성이 아주 높다고 보인다. 또 20세기에 일어난 기술 변화의 다수는 마르크스의 표현대로 "불변자본의 요소를 더욱 저렴하게" 만들었다. 이러한 기술 변화에는 오늘날의 경제학자들이 '자본 절약적' 혁신이라고 부르는 것이 들어 있다. 설령 자본재의 물질적 양이 분명히 엄청나게 늘었다고 해도, 이러한 혁신이 이루어지면, 자본의 유기적 구성이 증가하지 않을 수도 있다(아니면 아주 미미하게 증가할 뿐이다).

부문 간 불균형과 공황

마르크스는 임금이 생계 수준으로 떨어지는 경향이 있다고 단언했다. 이는 그 이전의 거의 모든 고전파 경제학자들과 같은 견해였다. 그리고 마르크스는 이러한 생계 수준이 생물학적으로가 아니라 문화적으로 결정된다고 주장했는데, 이는 밀과 같은 견해였다. 하지만 그는 임금이 이 수준으로 떨어지게 되는 메커니즘에 대해서는 이 경제학자들 누구와도 의견이 같지 않았다. 그는 맬서스의 인구론을 완전히 거부했다. "모든 특정한 역사적 생산양식은 그 한계 내에서만 역사적으로 유효한 제 나름의 인구 법칙을 가지고 있다."[92] 사회적으로 정의된 생계 수준을 지향하는 임금의 경향은 다음과 같은 사실의 결과이다.

> 잉여의 노동 인구는 자본주의적인 기초 위에서 축적이 이루어지면 반드시 생겨나는 산물이다. … 이는 처분이 가능한 산업예비군을 형성하며, 이 산업예비군은 마치 자본이 스스로 비용을 대서 길러내기나 한 것처럼 절대적으로 자본의 것이 된다. 현실에서의 인구 증가라는 한계와는 별도로 이 잉여의 노동 인구는 자본의 자기증식에서 비롯되는 변화무쌍한 필요를 위해 항상 기꺼이 착취당하고자 하는 인간 재료의 덩어리를 창출한다.[93]

노동자 사이의 경쟁은 임금을 거의 생계 수준으로 유지한다. 이 실업 노동자로 구성된 '산업예비군'의 성원들은 보통 생계 수준 **이하에서** 살고 있어 생계 수준의 임금이라도 벌기 위해 항상 일자리를 얻으려고 기를 쓰게 되어 있기 때문이다. 하지만 자본축적이 이루어지는 과정에서 호황기가 오면 노동에 대한 수요가 급격하게 늘기 때문에 산업예비군은 재빨리 고갈된다. 이런 일이 일어나면 자본가는 충분한 노동을 얻기 위해서는 임금을 올리는 수밖에 없다는 것을 알게 된다.

개별 자본가는 임금 수준을 주어진 것으로, 따라서 누구도 바꿀 수 없는 것으로 받아들일 수밖에 없기 때문에 이 상황을 최대한 이용하려고 노력하게 된다. 수익성이 가장 큰 행동 경로는 새로운 노동 절약형 기계를 도입하여 생산 기술을 바꾸는 것으로, 그 결과 각각의 노동자는 더 많은 자본을 가지고 일을 하게 되며 또 노동자 1인당 산출도 늘어나게 된다. 이러한 노동 절약형 자본축적을 통해 자본가는 똑같은 숫자의, 심지어 더 적은 숫자의 노동력으로도 산출을 확대할 수가 있게 된다. 개인으로서 행동하는 자본가가 전부 또는 대부분이 이런 식으로 행동하게 되면 고임금의 문제도

일시적으로나마 가라앉게 된다. 새로운 생산 기술로 인해 많은 노동자가 쫓겨나게 되며 이들이 산업예비군에 다시 충원되기 때문이다. 기술적 실업은 이렇게 자본가를 궁지에서 벗어나게 하지만, 새로운 문제와 딜레마를 불러들이게 된다.

노동 절약을 통한 생산 확장은 임금을 올리지 않고도 총생산을 증가시킨다. 따라서 새로운 상품이 시장에 넘쳐나게 되지만 노동자의 임금은 제한되어 있기 때문에 그 결과 소비자의 수요 또한 한계를 맞게 된다. 노동자는 여전히 상품에 체현된 잉여가치를 창출하고 있지만 자본가는 이 상품을 화폐로 전환시킬 수 없으며, 시장에서 이 상품을 판매할 수 없어 이윤을 실현하지도 못한다. 소비자 수요가 결핍되어 있기 때문이다.

이 과정을 명확히 설명하기 위해서 마르크스는 자본주의 경제를 두 개의 부문으로 나눈다. 한 부문은 소비재를 생산하는 부문이며 다른 부문은 자본재를 생산하는 부문이다.[94] 경제가 순조롭게 지속적으로 팽창하려면 이 두 부문 간의 교환이 균형을 이루어야만 한다. 즉 자본재 생산 부문의 노동자 및 자본가가 수요하는 소비재의 양이 소비재 생산 부문의 자본가가 필요로 하는 자본재 수요의 양과 균형을 이루어야 한다. 만약 그렇지 못하게 되면 두 부문 어디에서도 공급은 수요와 동일하지 않게 된다.

하지만 두 부문의 생산 능력의 상대적 크기는 이미 노동 절약형 기술을 도입하기 이전 기간에 적어도 대략 결정되어 있다. 그 결과 노동자의 임금을 제한하게 되면 임금과 이윤 사이에 생겨난 이 새로운 소득분배로 인해 두 부문 사이의 상대적인 생산 능력이 조응하지 못하게 되며, 소비재 생산 부문은 과잉 생산 상태, 즉 시장 수요가 불충분한 상태에 처하게 된다.

이러한 상황이 되면 소비재 산업의 자본가는 자신의 생산 설비를 즉각 **늘리고 싶어 할 리가 없다.** 이들은 현재의 자본 스톡도 지나치게 크다고 생각하게 되므로 이를 늘릴 계획을 모두 취소하게 된다. 물론 이러한 결정은 자본재에 대한 수요를 크게 줄이게 되며 이는 다시 자본재 부문의 생산 감소로 나타나게 된다. 경제 위기(또는 불황)를 다룬 초기의 과소소비 이론가들과는 달리 마르크스의 이론은 두 부문의 생산 설비 사이의 구조적 불균형과 임금과 이윤 간의 소득분배(이것은 두 부문의 산출물에 대한 수요를 결정하는 경향을 갖는다)를 불황의 원초적 원인으로 설정한다. 이러한 불균형이 발생할 때, 불황이 온다는 첫 번째의 명확한 징후는 두 부문 중 어디에서도 나타날 수 있다.

자본재의 생산이 줄어들면 노동자가 해고당하고 총임금도 감소하며 그 결과 소비자 수요는 줄어든다. 이는 나선형을 이루며 소비재 산업의 생산 감소, 더 많은 해고, 수요의 감소 등등으로 이어진다. 그 결과는 두 부문 모두에서의 전반적 상품 과잉이며, 경제 전체가 불황에 빠지는 것이다. 물론 이 과정에서 실업자들의 산업예비군은 다시 충원된다.

> 오늘날의 산업에 일상화된 특징으로서, 평균적 산업 활동에서 시작하여 생산을 늘리라는 높은 압력이 생겨났다가 이것이 위기와 침체의 기간으로 이어지는, 10년 정도의 주기(그보다 작은 크기의 등락이 중간에 끼어든다)를 결정하는 것은 산업예비군 또는 잉여 인구가 형성되고 그들을 많게 또는 적게 흡수하고 재형성하는 과정이다. 그러면 이번에는 산업 순환 또한 그 다양한 국면들마다 잉여 인구를 충원하며 그것을 재생산하는 가장 강력한 행위자의 하나가 된다. 이러한 현대 산업의 독특한 과정은 … 일찍이 인류 역사의 어떤 기간에도 나타난 적이 없는 것이다.[95]

프롤레타리아트의 소외와 비참함의 증대

본원적 축적 과정은 노동력 이외에는 아무것도 팔 것이 없는 노동자계급을 창출한다. 노동자 스스로가 생산한 것—즉 자본—이 자신을 통제하게 된다. 축적 과정이 계속되면서 자본이 지배하는 노동자의 숫자도 늘어나며 모든 임노동자에 대한 자본의 통제력은 강화된다. 마르크스의 견해로는 이 전체 과정이 노동자에게는 지극히 해로운 영향을 미친다. 이는 노동자가 자신의 잠재 능력을 개발하는 것을 체계적으로 가로막는다. 노동자는 정서적으로나 지적으로나 미학적으로나 충분히 개발된 인간이 될 수 없다.

인간이 동물과 다른 점은 도구를 창조하여 이것을 가지고 노동함으로써 자연 환경의 모습을 바꾸고 통제한다는 점이다. 인간의 감각과 지적 능력은 노동을 통하여 개발되고 세련되어진다. 인간은 스스로가 생산한 것과의 관계를 통하여 만족뿐만 아니라 자기실현을 달성한다. 봉건제 등 자본주의 이전의 사회 체제에서도 착취적인 계급 구조가 있었지만, 최소한 개인이 부분적으로나마 노동을 통하여 이러한 자기실현을 달성하는 것이 가능했다. 착취적인 사회적 관계 또한 인격적이고 가부장적인 성격을 띠고 있었기 때문에 노동에는 단지 사람의 노동력을 상품으로 판매하는 것 이상의 것이 포함되어 있었다. 마르크스가 볼 때 이는 자본주의로 들어오면서 완전히 바뀌었다.

> 부르주아지가 우위를 점하는 곳에서는 어디서든 모든 봉건적인 가부장적, 목가적 관계에 종지부를 찍었다. 그들은 사람을 그의 '하늘이 내린 윗사람들'에게 결속해놓았던 가지각색의 봉건적 유대 관계를 가차없이 갈갈이 찢어놓았고, 인간과 인간 사이에는 적나라한 자기 이익, 무정한 '현금 지불' 이외에는 어떤 연결 고리도 남지 않게 되었다. 그들은 천국을 꿈꾸는 종교

적 열정의 황홀경도, 기사도의 열정도, 심지어 싸구려 감상주의조차도 모두 자기중심적인 계산이라는 차가운 얼음물에 처넣어 익사시켰다. 그들은 인격적인 가치를 교환가치로 해소시켜버렸다.[96]

인간이 사물 및 다른 인간들과의 관계를 형성하는 여러 성질들이 있지만, 자본주의 사회에서의 시장은 교환가치 또는 화폐 가격을 이 여러 성질들로부터 분리하여 고립시켰다. 이는 특히 노동과정에 적용되는 이야기이다. 자본가에게 있어서 임금은 단지 이윤 계산에 있어서 원료 및 기계의 비용에 더해야 할 생산 지출 항목의 하나일 뿐이다. 노동은 이윤을 얻기 위해서 구입해야 하는 상품의 하나로 전락했다. 또 노동자가 자신의 노동력을 팔 수 있을지 어떨지도 그의 통제력을 완전히 벗어난 문제가 되었다. 이는 시장이라고 하는 차갑고 전적으로 몰인격적 조건에 좌우되었다. 그가 만든 생산물 또한 마찬가지로 자본가의 소유물일 뿐이며 그의 삶과는 전혀 관계가 없는 물건이다.

마르크스는 이러한 상태에 처한 사람들의 조건을 기술하기 위하여 소외 alienation라는 단어를 사용했다. 이들은 자신들의 노동으로부터, 자신들의 제도적·문화적 환경으로부터, 또 자신들의 동료 노동자들로부터 소외 또는 분리되어 있다고 느낀다. 노동 조건, 생산된 물체, 그리고 심지어 일을 할 수 있는 가능성 자체까지도 인간의 필요욕구나 열망에 의해서가 아니라 한 줌도 안 되는 자본가계급과 그들의 이윤 계산에 의해서 결정된다. 이러한 소외가 낳는 여러 효과는 마르크스 자신의 말로 가장 잘 요약할 수 있다.

그렇다면 노동의 소외를 구성하는 것은 무엇인가? 첫째, 노동은 노동자에게 낯선 것이라는, 즉 노동이 노동자 자신의 본질적 존재에 귀속되지 않는다는 사실, 그리하여 노동을 하면서도 스스로를 긍정하는 게 아니라 부정하며, 만족이 아니라 불행을 느끼며, 자신의 정신적, 육체적 에너지를 자유롭게 개발하는 것이 아니라 자신의 몸을 고통스럽게 하고 정신을 망가뜨리게 된다는 사실에 있다. 그리하여 노동자는 오로지 노동의 바깥에서만 자기 자신을 느끼며, 노동을 하는 동안에는 자기가 자신의 바깥에 있다고 느낀다. 그는 일하지 않을 때는 집에 있는 듯 편안함을 느끼며 일을 할 때는 그렇지 못하다. 그의 노동은 따라서 자발적인 것이 아니라 강제에 의한 것이 된다. 이는 **강제 노동**이다. 따라서 이는 필요욕구의 충족이 아니다. 이는 단지 그 노동과는 외적인 필요욕구를 만족시키기 위한 **수단**일 뿐이다. 이렇게 소외된 노동의 성격은, 물리적인 또는 다른 종류의 강박이 사라지면 그 즉시 모두들 노동을 흑사병이나 되는 양 피하려 든다는 사실에서 분명하게 나타난다. 외적인 노동, 즉 인간이 스스로를 소외시키는 노동은 자기 희생의 노동 또는 고역이다. 마지막으로, 노동이 노동자에게 외적인 것으로 나타나는 성격은 그 노동이 노동자 자신의 것이 아니라 다른 사람의 것이라는 사실, 즉 그것이 그 노동자에게 귀속되지 않는다는 사실, 그 노동자가 노동 속에서 자신의 것이 아니라 다른 누군가의 것이 된다는 사실에서 잘 나타난다. … 그 결과 인간(그 노동자)은 먹고 마시고 번식하는 동물적 기능에서, 또는 기껏해야 집을 갖고 옷을 차려입는 데서나 자신이 능동적인 존재라고 느낀다. 그리고 그는 인간으로서의 여러 기능을 수행하면서도 이제는 스스로를 동물이라고 느끼게 된다. 동물적인 것은 인간적인 것이 되고 인간적인 것은 동물적인 것이 된다.[97]

마르크스가 자본주의 사회에서 가장 신랄하게 비난했던 것은 인간의 인격적 발전을 좌절시키고 인간의 삶을 유지하는 제반 활동을 시장의 소외된 상품으로 만드는, 이러한 노동계급의 비하와 철저한 비인간화였다. 게다가 자본이 축적됨에 따라 노동자의 소외는 더욱 악화된다고 마르크스는 주장한다. 자본 집중의 증가라는 법칙의 뒷면은 마르크스가 프롤레타리아트의 '비참함 증가의 법칙'이라고 부른 것이었다. 마르크스의 말을 들어보자.

> 자본주의 시스템 내에서 노동의 사회적 생산성을 올리는 모든 방법은 개별 노동자들을 희생시킴으로써 이루어지고, 생산을 발전시키는 모든 수단은 생산자들을 지배하고 착취하는 수단으로 전환된다. 이것들은 노동자의 사지를 결딴내어 불구로 만들고, 그를 기계의 부속물 수준으로 강등시키며, 그의 노동에서 매력적인 부분은 완전히 파괴해 노동을 혐오스러운 고역으로 바꾼다. 과학이 독자적인 힘으로서 노동에 통합되면, 그에 비례하여 그 모든 생산성 향상의 방법들은 노동과정의 지적 잠재력을 노동자에게서 빼앗아간다. 이것들은 노동자의 노동 조건을 왜곡하고, 비열함 때문에 더욱 혐오스러운 압제에 노동자를 노동과정 동안 무릎 꿇린다. 이것들은 노동자의 삶의 시간을 노동의 시간으로 전환시키며, 그의 부인과 자식들을 자본이라는 저거노트Juggernaut●의 바퀴 밑으로 끌고 들어간다. 하지만 잉여가치 생산의 모든 방법은 축적의 방법이기도 하다. 그리하여 축적을 확장할 때마다 이는 다시 잉여가치 생산 방법을 개발할 도구가 된다. 따라서 자본이 축적되는 것에 비례하여, 보수가 높건 낮건 노동자의 운명은 갈수록 나빠지는 것에 틀림없다는 결론이 나온다. 이 법칙은 … 자본의 축적에 대응하는 비참함의 축적을 확립한다. 한쪽 축에는 부의 축적이 있고, 반대쪽 축에는 비참함, 고역의 고통, 노예제, 무지함, 야수성, 정신적 타락 등의 축적이 있다.[98]

● 인도의 시바신 신앙의 예식 중 나온다고 알려진 인신공양 장치. 거대한 크기와 중량의 수레로서 이를 엄청난 속도로 몰고 가서 묶어놓은 인신공양 희생자를 치어죽인다고 한다.

여기서 주목해야 할 것은 마르크스가 설령 임금이 증가한다고 해도 노동자는 더욱더 불행하게 된다고 주장했다는 점이다. 이 점을 강조해야 할 이유가 있다. 수많은 이들이 이 비참함 증가의 법칙을 노동자가 소비할 수 있는 물질적 상품의 양이 계속해서 감소한다는 의미로 해석해왔기 때문이다. 비록 마르크스가 젊었을 때 그러한 언명을 한 적은 있지만 그는 나중에 생각을 바꾸었다. 그의 성숙한 저작에서는 그가 임금이 계속해서 감소할 것이라고 생각했다고 볼 어떤 주장도 발견할 수 없다. 그와 반대로《자본론》에서는 오히려 자본축적이 진행됨에 따라 임금이 실제로 상승할 것으로 생각한다고 마르크스가 명확하게 밝히고 있는 것을 볼 수 있다. 자본이 축적됨에 따라서,

> 그들 자신의 잉여의 많은 부분이 … 지불 수단의 형태로 [노동자들] … 에게 돌아온다. … 그 결과 노동자들도 향유의 테두리를 더 확장할 수 있으며, 의복, 가구 등등의 소비 기금을 좀 더 늘릴 수 있게 되며, 적지만 예비 자금도 저축할 수 있게 된다. 하지만 옛날 로마의 노예들이 더 좋은 옷, 음식, 처우를 받고 더 많은 개인 재산peculium을 받는다고 해도 착취가 줄어드는 것은 아니었듯이, 이런 것들 또한 임노동자의 착취를 줄여주지는 않는다. 자본의 축적이 이루어진 결과 노동의 가격이 오른다고 해도 이는 사실상 단지 임노동자가 스스로 만들어낸 황금 쇠사슬의 무게와 길이를 조정하여 옥죄는 강도를 조금 느슨하게 하는 것에 불과하다. … 이러한 것들의 증가는 기껏해야 단지 임노동이 제공해야 하는 미지불 노동이 양적으로 줄어든다는 것을 뜻할 뿐이다. 하지만 이렇게 줄어들더라도 결코 시스템 자체를 위협할 정도에는 절대로 도달하지 않는다.[99]

따라서 마르크스가 "자본이 축적되면 그에 비례하여 노동자는 보수가 높

건 낮건 그 운명이 갈수록 **나빠지는 것에 틀림없다**"[100]고 말했을 때, 임금이 감소할 것이라고 주장하는 게 아니라는 점은 분명하다. 그는 명확하게 소외와 전반적 비참함의 증가를 말하고 있는 것이다. 자본이 축적됨에 따라서 노동자의 창조적, 정서적, 미학적, 지적 잠재 능력의 개발은 체계적으로 좌절당한다. 마르크스가 만약 어떤 20세기의 정신분석학자가 현대 기업의 경영자들에 대해 다음과 같이 말하는 것을 보았다면, 아마도 틀림없이 그것을 자신이 옳았다는 증거로 삼았을 것이다. "[현대 기업의 경영자들은] 노동자에게서 자유롭게 생각하고 움직일 권리를 빼앗아버린다. 삶은 부정되어, 통제의 욕구, 창의성, 호기심, 독립적인 사유 등은 방해받는다. 그 결과 노동자에게 나타나는 필연적인 결과는 도피나 싸움, 무관심이나 파괴성, 심리적 퇴행이다."[101]

이 정신분석학자의 언명에서 중요한 점은, 자본이 노동자에게 '심리적 퇴행'의 피해를 입히게 되면 그 결과는 '무관심 또는 파괴성'이라는 것이다. 마르크스는 그 결과가 궁극적으로 파괴성이 될 것이라고, 즉 노동자들이 자본주의 시스템을 파괴할 것이라고 생각했다.

이러한 전환 과정의 모든 이익을 빼앗고 독점하는 대자본가의 숫자는 끊임없이 줄어든다. 이와 동시에 비참함, 억압, 노예 상태, 타락, 착취 등에 시달리는 대중은 늘어만 간다. 하지만 이와 함께 노동계급의 반란도 성장해 간다. 이 계급은 이미 자본주의적 생산과정의 메커니즘 바로 그 자체에 의해 숫자도 늘어나고 규율도 갖추고 단결하며 조직된다. 자본주의 생산양식은 자본과 함께 생겨나고 그것과 더불어 또 그것의 지배 아래에서 번성했지만 이제 자본의 독점은 생산양식에 대한 족쇄가 된다. 생산수단의 집중화와 노동의 사회화는 마침내 자본주의라는 외피와는 더 이상 함께할 수 없는 지경에 도달한다. 이 외피는 터져서 갈갈이 찢어진다. 자본주의적인

사적 소유에 조종弔鐘이 울린다. 수탈자가 수탈당한다.[102]

하지만 이러한 파괴성은 창조적인 역사의 새 막을 열 것이라고 그는 생각했다. 낡은 착취 체제의 껍데기로부터 노동자들은 새로운 사회주의 체제를 창조할 것이며, 여기서는 협동, 계획, 인간의 발전 등이 경쟁, 시장의 무정부성, 인간의 타락, 착취, 소외 등을 대체해나갈 것이라는 것이다.

노동자들은 마르크스가 《자본론》을 쓴 이래 100년 이상을 자본가와 끊임없이 투쟁해왔다. 하지만 그러한 투쟁은 보통 국지적 영역에 국한되었고 선진 산업자본주의 국가에서는 야수적으로 진압당하는 것이 보통이었다. 그런데 인간적인 사회주의 체제를 노동자들이 세울 수 있다고 마르크스가 생각한 곳은 오직 그러한 산업적 기초와 엄청난 생산력을 가진 선진 산업자본주의 국가들뿐이었다.

자본주의는 성공했고 오늘날까지도 왕성한 생명력을 가지고 있음은 명백하다. 여기에는 마르크스가 예견하지 못했던 사태의 발전 하나가 반영되어 있다. 노동자들의 투쟁을 야수적으로 짓밟은 결과 그들의 비참함과 소외가 무관심, 절망, 정서적 불안, 초조함, 고립, 고독 등과 같은 비폭력의 형태로 바뀐 것이다.

하지만 자본주의의 본성, 기원, '운동 법칙'에 대한 마르크스의 분석은 노동자들이 비교적 짧은 시간 안에 자본주의를 없애고 자신들에게 혜택이 되도록 작동할 새로운 생산양식으로 대체할 것이라는 마르크스의 생각과는 상당히 독립적인 것으로서 그 자체로 성립하는 것이다. 마르크스의 제자들은 자본주의의 몰락이 임박했다는 여러 예언을 내놓았지만, 자본주의는 이를 모두 이겨내고 살아남았다. 이 문제에 관한 한 마르크스는 물론이고 어떤 사상가도 미래의 사건이 정확히 어떤 시기에 어떤 순서로 펼쳐질지를 예견해놓았을 것이라고 기대할 수 없다. 자본주의 — 다른 어떤 생산양식도 마찬가지이다—는 수정 구슬 예언을 허락하기에는 너무나 복잡하다. 하지만 마르크스는 무수히 많은 이론적, 역사적 혜안뿐만 아니라 분석의 틀까지도 제공했고, 이는 오늘날까지도 자본주의의 구조와 기능에 대한 이해를 제공하는 데 대단한 유용성을 여전히 발휘하고 있다.

1989년에서 1991년 사이 소비에트연방과 여타 동유럽 나라들에서 벌어진 일들 때문에, '공산주의는 사멸'했으며 마르크스와 마르크스주의는 틀린 것으로 확인되어 퇴물이 되었다는 관점이 다시 한 번 학계와 언론계에 널리 유포되었다. 마르크스는 무엇보다도 자본주의를 이해하려고 했던 이론가였다. 따라서 공산주의 국가라고 자칭했던 러시아와 동유럽 국가들에 무슨 일이 벌어졌건, 그것이 자본주의의 본성과 운동 법칙에 대한 마르크스의 빛나는 혜안을 조금이라도 깎아내릴 수 있는 것은 아니다. 만약 마르크스가 동유럽에 존재한 것과 같은 경제를 예견했고 그 본성과 운동 법칙에 대한 글을 남겼더라면, 그 지역에서 벌어진 일련의 사건들로 마르크스가 틀렸다고 말할 수 있었을 것이다. 하지만 그는 그저 자본주의에 대해 글을 남겼을 뿐이며, 따라서 그가 틀렸으며 그의 사상이 퇴물이 되었다고 증명할 수 있는 것은 오직 자본주의 경제에서 벌어지는 사건들뿐이다. 하지만 그렇게 마르크스가 완전히 틀렸다고 증명할 만한 사건들은 자본주의 경제에서 아직 벌어지지 않았다. 마르크스의 사상의 가치와 영향력을 깎아내리려는 시도는 앞으로도 많이 있을 것이다. 하지만 자본주의가 본질적으로 마르크스가 기술했던 방식으로 계속 작동하는 한, 마르크스의 사상은 그러한 시도를 이겨내고 계속 살아남을 것이다.

주

1. Karl Marx, *Grundrisse*, tr. Martin Nicolaus(New York : Vintage Books, 1973),
   p. 85.
2. Ibid.
3. Ibid., pp. 85–86.
4. Ibid., p. 242.
5. Ibid., p. 241.
6. Ibid., p. 246.
7. Ibid., p. 243.
8. Ibid., p. 242.
9. Ibid., pp. 243–44.
10. Ibid., p. 249.
11. Ibid., pp. 240–41.
12. Karl Marx, *Capital*, 3 vols.(Moscow : Foreign Languages, 1961), vol. 3, p. 35.
13. Ibid.
14. Ibid., vol. 1, p. 36.
15. Ibid.
16. Ibid., vol. 1, pp. 37–38.
17. Ibid., vol. 1, p. 38.
18. Ibid., vol. 1, pp. 39–40.
19. Ibid., vol. 1, p. 62.
20. Ibid., vol. 1, p. 39.
21. Ibid., vol. 1, p. 41.
22. Ibid., vol. 1, p. 44.
23. Ibid., vol. 1, p. 39.
24. Ibid., vol. 1, p. 44.
25. Ibid., vol. 1, p. 82.
26. Ibid., vol. 1, pp. 169–70.
27. Ibid., vol. 1, p. 170.
28. Ibid., vol. 1, p. 75.
29. Ibid., vol. 1, p. 73.
30. Ibid., vol. 1, p. 170.
31. Ibid., vol. 1, pp. 105–6.
32. Ibid., vol. 1, pp. 146–47.

33. Ibid., vol. 1, p. 147.

34. Ibid., vol. 1, p. 155.

35. Ibid., vol. 1, pp. 152–53.

36. Ibid., vol. 1, p. 155.

37. Ibid., vol. 1, p. 163.

38. Ibid., vol. 1, p. 176.

39. Ibid., vol. 1, p. 63.

40. Ibid., vol. 1, p. 165.

41. Ibid., vol. 2, p. 23.

42. Ibid., vol. 1, p. 167.

43. Ibid., vol. 1, pp. 168–69.

44. Ibid., vol. 1, p. 170.

45. Ibid., vol. 1, p. 169.

46. Ibid., vol. 1, pp. 170–72.

47. Ibid., vol. 1, p. 171.

48. Ibid., vol. 1, p. 172.

49. Ibid., vol. 1, p. 171.

50. Ibid., vol. 1, p. 232.

51. Ibid., vol. 1, p. 195.

52. Ibid., vol. 1, pp. 216–17.

53. Ibid., vol. 1, p. 217.

54. Ibid.

55. Ibid., vol. 1, p. 595.

56. Ibid., vol. 1, p. 212.

57. Ibid., vol. 1, pp. 217–18.

58. Ibid., vol. 1, p. 264–65.

59. Ibid., vol. 1, p. 270.

60. Ibid.

61. Ibid., vol. 3, p. 156.

62. Ibid.

63. Karl Marx, *Capital*, (London: Penguin Classics, 1991), vol. 3, p. 265.

64. L. Bortkeiwicz, "Value and Price in the Marxian System", *International Economic Papers*, 2 (1937).

65. Karl Marx, *Capital*, 3 vols. (Moscow: Foreign Languages, 1961), vol. 3, p. 259.

66. Ibid., vol. 1, pp. 583–84.

67. Ibid., vol. 1, pp. 713-14.

68. Ibid., vol. 1, p. 715.

69. Ibid., vol. 1, pp. 732-33.

70. Ibid., vol. 1, p. 734.

71. Ibid., vol. 1, p. 737.

72. Ibid., vol. 1, p. 751.

73. Ibid., vol. 1, p. 760.

74. Ibid., vol. 1, p. 714.

75. Ibid., vol. 1, p. 592.

76. Ibid., vol. 1, p. 626.

77. Ibid.

78. Ibid., vol. 1, p. 612.

79. Ibid.

80. Ibid., vol. 3, p. 42.

81. Ibid., vol. 3, p. 208.

82. Ibid., vol. 3, p. 219. 여기에 이를 인용해두는 것은 이 두 가지 주장 모두가 마르크스가 한 것으로 잘못 여겨지는 때가 많기 때문이다.

83. Ibid., vol. 3, p. 226.

84. Ibid., vol. 3, p. 209.

85. Ibid., vol. 3, p. 227.

86. Ibid., vol. 3, p. 228.

87. Ibid., vol. 3, p. 230.

88. Ibid., vol. 3, p. 231.

89. Ibid., vol. 3, p. 232.

90. Ibid. 강조는 인용자.

91. Ibid., vol. 3, p. 233.

92. Ibid., vol. 1, p. 632.

93. Ibid.

94. Ibid., vol. 2, chs. 20-21.

95. Ibid., vol. 1, pp. 532-33.

96. Karl Marx and Friedrich Engels, "The Communist Manifesto", in *Essential Works of Marxism*, ed. Arthur P. Mendel(New York: Bantam, 1965), p. 15.

97. Karl Marx, *Economic and Philosophic Manuscripts of 1844*(Moscow: Progress, 1959), p. 69.

98. Marx, *Capital*, vol. 1, p. 645.

99. Ibid., vol. 1, pp. 618–19.

100. Ibid., vol. 1, p. 645.

101. Erich Fromm, *The Sane Society* (New York : Premier Books, 1965), p. 115에서 인용.

102. Marx, Capital, vol. 1, p. 763.

10
공리주의의 승리:
제번스, 멩거, 발라의 경제학

1840년대 중반에서 1873년(이 해는 유럽에서의 장기 불황Long Depression●
이 시작된 해이다)에 이르는 기간은 유럽 전역에 걸쳐 급속한 경제적 팽창이
이루어진 기간이다. 미국뿐만 아니라 유럽 대륙에서도 공업화가 이루어졌
다. 영국은 공업 성장의 일대 비약을 경험했고, 이를 주도한 것은 중공업,
특히 자본재 산업이었다.

북대서양 전체의 자본주의 지역에서 이루어진 이러한 급속한 공업 성장
은 자본, 산업의 힘, 부의 집중의 지속적인 증가를 가져왔다. 어떤 경우에
는 이러한 집중의 증가가 소규모의 약한 경쟁자를 제거하려는 공격적이고
도 파괴적인 경쟁의 결과였다. 하지만 다른 경우에는 큰 규모의 강력한 경
쟁자들이 그렇게 인정사정없는 경쟁을 벌였다가는 모두 다 죽을 수 있다는

● 보통 1930년 이전에 '대공황Great Depression'이라고 불리던 장기간의 불황. 유럽과 북
　미 대륙 전반에 걸쳐 나타난 지속적인 가격 하락의 경향으로, 1873년에 시작하여 1886년
　까지 무려 13년이나 계속되었다. 이 기간 동안 가격 하락으로 인한 이윤 저하의 위험이
　실제로 나타나자 그 이전의 경쟁적 자본주의에서 각종 독점체가 지배하는 자본주의로
　전환하는 중요한 계기가 된다.

것을 이해하고 서로의 생존을 보장하기 위해 함께 카르텔, 트러스트, 합병 등의 결합을 서두른 결과이기도 했다.

이 기간 동안 교통과 통신에서도 혁명적인 변화가 있었다. 이러한 변화는 또한 산업 집중을 심화시켰다. 시장이 계속 확장되었지만 소수의 거대 기업 또는 주식회사가 시장에서 효율적으로 공급을 독점하는 것이 가능했기 때문이다. 주식회사는 일개 영리 조직이 방대한 양의 자본을 통제할 수 있는 효과적인 수단이 되었다. 유럽과 북미 지역에는 큰 규모의 잘 조직된 화폐 시장이 발전했고, 이는 수천의 개인들 및 소규모 사업가들이 가진 소규모의 자본을 모아서 대규모 주식회사의 손으로 들어가게 해주었다.

이리하여 1870년대 초가 되면 자본주의는 수정된 형태를 띠기 시작했다. 자본주의는 이제 공업, 금융, 교통, 유통 등 중요한 영역을 몇백에서 1천 정도에 이르는 거대 주식회사가 지배하는 시스템이 되었다. 20세기 초가 되면 이러한 집중이 훨씬 더 심해지지만, 이 새로운 형태의 자본주의가 뚜렷하게 출현하기 시작한 것은 1870년대였다.

이 새로운 형태의 자본주의에서 사람들 사이의 사회적 관계는 뚜렷하게 구별되는 두 가지의 모습을 띠기 시작했다. 거대 주식회사 내에서는 사회적 관계가 위계적, 관료적 형태를 띠었다. 주식회사란 피라미드형의 사회적 조직으로서, 그 내부로 들어가면 각각의 층위가 그 위에 있는 층위에 의해 엄격하게 통제 및 조정된다. 이 전체의 피라미드는 최정상에 있는 소유자들 또는 경영자들의 소집단에 의해 통제된다. 주식회사 내에서는 모든 경제적 또는 생산적 과정은 물론 모든 개인들의 행동까지도 합리적이고도 계산된 방식으로 서로 통합되고 조정되게 되어 있다. 원가회계, 품질관리, 과학적 경영 등의 정교한 시스템은 이러한 합리적 통제가 이루어지는 방법 가운데 몇 가지 예일 뿐이다. 물론 자본가의 목표는 변함없이 이윤을 극대화하고 더 많은 자본을 축적하는 것이다.

하지만 주식회사가 외부의 자본주의 경제 나머지 부분과 관계를 맺는 방식은 몇십 년 전의 소규모의 개인 자본가의 경우와 다르지 않았다. 거대 주식회사도 있었지만, 그보다 작고 중요성도 떨어지는 수천의 영리 기업과 수천만의 노동자도 있었다. 이들 사이에는 예전의 상품 생산의 사회적 관계가 여전히 지배적이었다. 이 모든 제도와 개인 사이의 엄청난 양의 복잡한 상호 의존관계의 시스템을 매개하고 중재하는 것은 여전히 맹목적이고 몰인격적인 시장의 힘뿐이었다.

이러한 역사적 맥락을 본다면, 경제학자들이 자본주의 경제에 대해서 애덤 스미스 식의 '보이지 않는 손'과 같은 관념을 버렸을 것이라고 생각할 수도 있다. 그러한 관념은 수많은 소규모 기업으로 구성된 경제에 대한 분석에 기초하고 있는 것이기 때문이다. 이런 경제에서는 어떤 개별 기업도 전체 시장에 대해 심각한 영향력을 행사할 수 없다. 모든 기업의 행동은 시장에서 드러난 소비자의 취향에 의해, 그리고 소비자의 돈을 차지하려고 다투는 수많은 다른 기업과의 경쟁에 의해 좌우된다.

우리는 자본주의에 대한 이러한 관점이 공리주의의 개인주의 그리고 도덕적 쾌락주의와 상당히 자연스럽게 결합되어 자본주의는 사회적 조화가 지배하는 경제 시스템이라는 결론을 만들어냈다는 것을 살펴보았다. 비록 스미스와 리카도의 저작은 여기에 노동가치론의 관점을 결합시키는 바람에 상당히 다른 결론에 이르게 되었지만, 벤담, 세, 시니어, 바스티아 등은 개인주의적이고 공리주의적인 관점을 크게 발전시켜서 경제학 이론을 저 '위험스러운' 노동가치론의 계급 갈등적 결론에서 해방시킨 바 있다.

만약 경제 이론의 역사가 그저 진화하는 자본주의 시스템의 현실에 대해 경제 이론이 연속적이고 점진적으로 접근하는 과정일 뿐이라고 생각하는 이가 있다면, 아마도 이러한 1870년대 이후의 주식회사 자본주의라는 사회적 경제적 형태의 변화를 반영하는 이론이 나타나서 세, 시니어, 바스티아 등의 개인주의적이고 공리주의적인 관점을 점차 대체했을 것이라고 기대할 것이다.

그런데 사정은 그렇지 않았다. 1870년대 초는 주식회사 자본주의의 경제적 집중을 향한 추동력이 엄청난 탄력을 받았던 시대였지만, 바로 이 시대에 출간되었던 대단히 유명한 경제학 교과서는 그 내용이 이러한 현실과 큰 괴리를 보이고 있었다. 윌리엄 스탠리 제번스William Stanley Jevons의 《정치경제학 이론*The Theory of Political Economy*》[1]과 카를 멩거Carl Menger의 《국민경제학의 원리*Grundsatze der Volkswirtschaftslehre*》[2]가 1871년에 출간되었고, 3년 뒤 레옹 발라Leon Walras의 《순수 정치경제학의 요소*Elements d'economie politique pure*》[3]가 출간되었다. 이 세 사람의 분석에는 물론 많은 차이점이 있었지만, 이 세 권의 책은 접근법과 내용 모두에서 놀라울 정도의 유사성을 여럿 가지고 있었다.

세 권 모두 세, 시니어, 바스티아의 개인주의적이고 공리주의적인 관점을 계속 이어가고 있었다. 이 셋은 스미스로 하여금 효용과 교환가치 사이에는 아무 직접적 연관도 찾을 수 없다는 결론을 내리게 만들었던 역설에 대해 일관된 논리의 해법을 모두 독자적으로 고안해냈다. 세, 시니어, 바스티아 등은 효용이야말로 교환가치의 결정자라고 주장했지만 이들 중 누구도 물-다이아몬드의 역설을 제대로 해결하지 못했다.

제번스, 멩거, 발라는 오늘날까지도 신고전파 주류 경제학에서 가장 중심적인 자리를 차지하고 있는 형태의 효용가치론을 정식화했다. 이들은 또한 세, 시니어, 바스티아의 사상에다 세련미와 확장을 더했다. 그중에서도 가장 중요한 확장은 바로 발라의 경제의 일반균형general equilibrium 개념이었는데, 이는 경제사상사에서 개념 또는 분석의 발전에 있어서는 가장 중요한 사건의 하나로서 아래에서 더 많은 논의를 하게 될 것이다. 뒷날의 보수적 경제학자들은 이 세 사람의 이론을 경제사상에 있어서의 '혁명'이라고 불러왔으며, 또 1870년대를 일컬어 구식의 고전파 경제학과 현대의 과학적 신고전파 경제학을 가르는 분수령이었다고 말하고 있다. 이는 이 세 사람이 보편적인 공리주의의 철학적 관점 내에서 일관된 가치론을 최초로 제공했기 때문임이 분명하다.

이 세 명의 사상가가 경제 이론에 도입한 '한계주의marginalism'의 중요성과 의의를 어떻게 평가할 것인가는 오늘날의 경제 이론을 어떻게 볼 것인가에 달려 있다고 보인다. 대학의 경제학계의 일부는 어떤 경제 이론에 있어서 내용이나 결론의 현실적 중요성 등과는 거의 무관하게 이론적, 수학적 엄밀성만 크게 강조하는 쪽으로 발전해왔다. 이러한 경향을 가진 경제학자 사이에서는 가장 복잡하고 수학적으로 엄밀한 형태를 취하여 극소수의 사람들만이 이해할 수 있는 형태로 이론을 전개할수록 더 높이 존경하는 경향이 있다.

한계효용의 체감이라는 개념(이 장에서 논의할 세 사상가는 각자 독자적으로 이를 발전시켰다)은 제번스, 멩거, 발라와 그 후예들로 하여금 효용이 어떻게 가치를 결정하는지를 구체적이고도 명시적으로 보여주었다(벤담, 세, 시니어, 바스티아도 같은 생각을 가지고 있었지만 이를 그렇게 명시적으로 보여주지는 못했다). 이는 분명히 초기 효용가치론자의 학설에 대해서 주요한 개선을 이룬 것이지만, 제번스, 멩거, 발라의 커다란 기여는 공리주의 경제학의 형식을 바꾸는 와중에도 그 내용에 대해서는 아무런 중요한 변화도 가져오지 **않았다**는 것에 있다. 한계주의는 인간 본성을 오로지 효용의 합리적 계산을 통한 극대화에만 있다고 보는 공리주의적인 비전을 미적분학을 통하여 정식화했다. 그리고 일반인은 도저히 이해할 수 없도록 경제 이론을 수학으로 정식화하는 경향은 바로 여기에서 진짜로 시작되었다(비록 멩거는 경제 이론을 표현하는 데 수학을 사용하는 것을 싫어했지만). 수학적 엄밀성 자체를 소중히 여기는 경제학자들이 제번스와 발라를 현대 경제 이론의 가장 중요한 조상으로 보는 것은 아마도 이러한 이유 때문일 것이다.

물론 이 세 사상가가 발전시킨 한계효용의 원리가 세, 시니어, 바스티아의 논리를 완결하는 중요한 연결 고리를 제공했다는 점은 의심의 여지가 없다. 하지만 이들의 사상을 혁명적이라거나(일부 경제사상가는 이때를 경제학에서의 '한계주의 혁명'이 시작된 때라고 부른다) 또는 경제학설사에 한 획을 그은 분수령이라고 볼 만큼 중요한 의미가 있다고는 보기 힘들다. 가격을 결정하는 것이 효용이라는 생각은 공리주의자 사이에 이미 널리 퍼져 있었으므로, 이 세 사람이 이룬 바는 이를 정식화하는 데서 그저 여러 수정을 덧붙인 정도라고 해야 할 것이며, 이 점에서 볼 때 이들의 위치는 그들을 마르크스의 '전형 문제'를 성공적으로 해결했던 마르크스 이후의 이론가들 정도로 보는 것이 옳다. 이러한 공리주의적 가격 이론의 정교화를 넘어서서 공리주의 전통의 경제학에 진정으로 무언가 의미있는 새로운 기여를 한 것은 발라의 경제적 일반균형이론뿐이다(물론 중농주의자들과 세는 이미 옛날에 더 단순한 경제의 일반균형이론을 발전시켰지만, 발라는 이들의 개략적이고 암시적인 방식을 훨씬 넘어섰다).

제번스의 한계효용과 교환의 이론

윌리엄 스탠리 제번스(1835~1882)는 혜성학에서 논리학을 거쳐 경제 이론에 이르도록 다양한 주제에 대해 글을 썼다. 그의 《정치경제학 이론》은 경제 이론에서 그가 내놓은 가장 중요한 저작이다. 1860년 그는 자신의 형에게 보낸 편지에서 이렇게 말한다. "지난 몇 달 동안 나는 멋진 생각이 떠오르는 행운을 맞았어. 이는 **진정한 경제 이론**이라고 할 만한 것으로, 이 생각이 너무 일관되고도 철저한 것이라서, 이제 나는 이 문제를 다룬 다른 책만 보면 화가 치밀어오르게 되었어."[4] 이 '진리의 이론'이 마침내 1871년 출간된 것이다.

《이론》의 서문에서 제번스는 이렇게 말한다. "벤담의 사상은 … 이 책에 개진된 이론의 출발점이다."[5] 그는 공리주의야말로 과학적 경제 이론의 유일하게 가능한 기초라는 점을 확신한다. "이 책에서 나는 경제를 고통과 쾌락의 적분학으로 다루려고 했으며, 경제학이 … 궁극적으로 취해야 하는 형태를 개략적으로 제시하고자 했다."[6] 그가 확신했던 궁극의 진리, 즉 다른 경제 이론에 대해 그토록 분통을 터뜨리게 만든 기초가 되었던 진리는 바로 **"가치는 전적으로 효용에 의해 결정된다"**[7]는 것이었다.

제번스가 말하는 가치라는 용어는 단순히 교환가치, 즉 가격을 말하는 것이다. 마르크스와 같은 노동가치론자는 가치를 상품에 체현된 노동이라고 정의하지만, 제번스는 이러한 정의를 경멸적으로 거부한다.

> 만약 가치라는 것을 무슨 **사물** 또는 **물체**라고 생각하거나 심지어 어떤 사물이나 물체에 들어 있는 무엇이라고 생각한다면 경제학이라는 학문은 명확하고 올바르게 정립될 가능성이 전혀 없다. … 가치라는 말을 옳게 사용한다면 이는 오로지 **어떤 다른 실체와 일정한 비율로 교환되는 정황**을 표현할 뿐이다.[8]

이렇게 제번스는 오로지 가격에만 관심을 둔다. 그는 경제 분석을 오로지 유통영역, 즉 시장에만 한정한다고 단호하고도 자랑스럽게 밝힌다. 그보다 몇 해 전에 마르크스가 밝혔듯이, 시장의 영역 안에서는 모든 사람들이 본질적으로 동일하다. 사람들에 대해 논의할 때 제번스는 여러 사회적 관계들의 위계 관계에 대해 진지하게 논의하는 것을 한사코 피하는 것을 볼 수 있다. 제번스가 보기에, 경제적 행위자로서 정의될 때 사람들은 오직 두 가지 특징만을 가지고 있다. 그뿐만 아니라 그 두 개의 특징은 모든 사람에게서 나타난다고 한다. 이런 점에서 모든 사람들 사이에는 추상적이고 암묵적인 평등이 존재한다는 것이다. 첫 번째 특징은 사람들이 상품의 소비에서 효용을 얻는다는 것이다. "어떤 개인이 무언가를 욕망한다는 것이 발견된다면 … 그것이 그에게 효용이 있다고 가정해야 한다. 과학으로서의 경제학에서 우리는 인간을 당위적인 모습으로서가 아니라 실제로 있는 모습으로서 다루어야 한다."[9] 두 번째 특징은 모든 사람이 합리적이고 계산적인 극대화 행위자라는 것이다. 그리고 이 합리적이고 계산적이며 극대화 행위야말로 경제학이 연구해야 할 유일의 인간 행동의 요소이다. "최소의 노력으로 우리의 욕구를 최대로 충족시키는 것, 즉 바라지 않는 것을 최소한으로 지출하여 바라는 것을 가장 많이 얻는 것, 다른 말로 하자면 **쾌락을 극대화하는 것**, 이것이 경제학의 문제이다."[10]

사람들은 상품을 소비하여 효용을 얻는다. 제번스는 이전의 경제학자들의 오류가 한 사람이 일정량의 상품을 소비하여 얻는 **총효용**과 그 사람이 그 상품의 **마지막의 적은 양**을 소비하여 얻는 '최종 효용도final degree of utility' (즉 뒤에 신고전파 경제학의 용어로 '한계효용'이라고 불리는 것)를 구별하지 못한 것에 있다고 생각했다. 누군가가 어떤 상품을 점점 더 많이 소비하면 어떨 때는 총효용이 계속 증가할 수도 있지만, 그 최종 "효용도는 … 그 상품의 소비량이 늘어남에 따라 궁극적으로 감소한다".[11] 제번스가 관심을 가졌던 것은 바로 이 '최종 효용도', 즉 한계효용이었다. 이러한 한계효용체감의 원리는 뒤에 신고전파 경제학이 공리주의를 다시 쓰는 작업에서 중요한 초석이 된다.

공리주의 경제학에 한계주의의 개념을 도입함으로써 제번스는 인간을 합리적이고 계산적이며 극대화 행위자로 보는 공리주의의 관점을 수학적 용어로 표현할 수 있게 되었다. 한 상품의 소비로부터 얻는 총효용이 그 소비된 양에 따라 결정된다면, 이는 $TU = f(Q)$라는 함수로 쓸 수 있다. 이는 그저 총효용(TU)이 소비된 양(Q)과 어떤 구체적인 수학적 관계를 맺는다는 말일 뿐이다. 미적분학에서 어떤 함수를 미분하여 얻는 1차 도함수는 독립변수(이 경우에는 소비된 양)가 극소량으로 변화하면 그 결과로 종속변수(이 경우에는 총효용)가 얼마나 변하는가를 보여준다. 따라서 총효용 함수를 미분하여 얻은 1차 도함수는 상품이 어떤 특정량으로 소비되었을 때의 **한계효용**을 보여준다. 극대화의 논리는 미적분으로 아주 쉽게 공식화할 수 있다. 총효용 함수가 극대치에 달하게 되는 때는 소비의 양이 증가하여 한계효용이 0이 되는 지점에 도달하는 순간이다. 이는 그렇게 어렵거나 심오한 이야기가 아니다. 누군가가 어떤 특정 상품을 소비하여 얻는 효용을 극대화하려면 (만약 소비에 비용이 따르지 않는다면) 그 상품을 질릴 때까지 소비해야 한다는 것, 즉 그 상품을 아주 조금 더 소비한다고 해도 아무런 효용을 얻을 수 없게 될 때까지 소비해야 한다는 것을 말할 뿐이다.

　이제 소비에 비용이 따를 경우를 살펴보자. 이 비용 또한 수학적 형식으로 나타낼 수 있다. 예를 들어 어떤 사람이 y라는 상품을 가지고 있는데, 다른 상품 x를 얻기 위해서는 일정량의 y를 내주어야 한다고 하자. 그러면 이 두 상품의 한계효용의 비율 MU_x/MU_y와 두 상품의 가격의 비율 P_x/P_y를 비교할 수 있을 것이다. 만약 그 사람에게 있어서 MU_x/MU_y가 P_x/P_y보다 높다면, 그는 y를 더 내놓아서 x를 더 얻는 거래를 하여 효용을 늘릴 수 있을 것이다. 그래서 이 거래를 통해 얻는 효용이 소진될 때까지 이 과정이 계속된다면, 그는 궁극적으로 $MU_x/MU_y = P_x/P_y$가 되는 지점에서 거래를 마치게 될 것이다. 똑같은 이야기를 다르게 해보자. MU_x/P_x는 상품 x를 1달러씩 더 구매할 때마다 (판매할 때마다) 얼마나 더 많은 효용을 얻게 되는지를 (잃게 되는지를) 말해준다. 두 상품을 가진 두 개인들은 각각의 상품의 한계효용이 마침내 $MU_x/P_x = MU_y/P_y$가 될 때까지 상품을 서로 사고팔 것이다. 이 지점에 이르면 x든 y든 마지막 1달러로 총효용을 늘려주는 양이 똑같게 될 것이다. 만약 한 개인에게 있어서 MU_x/P_x가 MU_y/P_y보다 크다면 그는 y를 팔아 x를 사려 들 것이며, 이를 통해 1달러어치의 y를 포기하여 잃게 되는 것보다 더 큰 양의 효용을 1달러어치의 x를 구매함으로써 얻으려 할 것이다. 하지만 y를 내놓고 x를 얻어감에 따라 한계효용체감의 원리가 작동하게 되고, 결국 MU_x는 감소하는 한편 MU_y는 증가하게 되어 마침내 $MU_x/P_x = MU_y/P_y$가 될 것이다. 이 지점이 되면 교환을 해도 더 이상의 이득을 실현할 수가 없게 된다. 만약 MU_y/P_y가 MU_x/P_x보다 크다면 동일한 과정이 반대로 진행될 것이다.

이전의 공리주의 경제 이론가들도 자발적인 교환에 참여하는 개인이 팔려고 내놓아서 잃는 물건의 효용보다 사들여서 얻는 물건의 효용이 더 크다면 계속해서 구매와 판매 활동을 벌일 것이라는 점을 알고 있었다. 이들이 자유 교환을 옹호하는 논리와 교환이 만인의 이익을 조화시켜준다는 신념의 기초가 된 것도 항상 바로 이 점이었다. 제번스는 단지 그러한 원리를 수학적으로 정식화하고 총효용과 한계효용의 차이점을 명시적으로 구분했을 뿐이다.[12] 제번스가 이전의 공리주의 경제학자들의 사상에 덧붙인 주요한 기여는 그 자신의 말로 요약할 수 있다. "부와 가치의 본성을 설명할 수 있는 것은 무한히 작은 양의 쾌락과 고통에 대한 고찰이다."[13] "나는 모든 경제학자들이 조금이라도 과학성을 띠고자 한다면 수학적 기법을 써야 한다고 주장한다."[14]

제번스는 한계효용이 어떻게 가격을 결정하는지를 보여주려고 했다. 그 방법으로서 그는 두 '교환자trading bodies'가 어떻게 두 상품에 대한 균형 가격에 도달할 수 있는지를 보여주려 했다. 하지만 그가 설정한 이론적 틀은 어떤 명확한 해법도 내지 못했으며, 결국 한계효용 이론이 어떻게 하나의 가격 이론으로 성립할 수 있는지를 보여주는 과제는 다른 신고전파 경제학자들에게 넘어가게 된다. 제번스는 그저 가격이 이미 알려져 있는 상태에서 소비자들이 각자의 효용을 극대화하기 위하여 그들 사이의 교환을 어떤 식으로 배치하는지를 보여주었을 뿐이다.

그런데 제번스는 한계효용체감이라는 벤담의 생각에서 이론을 도출했지만, 벤담이 내놓았던 평등주의적인 결론으로 가지는 않았다. 우리는 톰프슨의 공리주의를 비판하는 과정에서, 쾌락이란 순수하게 주관적이며 개인적 경험이므로 부나 소득이 가져다주는 효용의 상대적 강도를 개인들 사이에 비교하는 것은 불가능하다고 주장한 바 있다. 이로부터 우리는 또 공리주의에서 두 가지 사회적 상태에 대해 윤리적인 비교와 판단을 내리는 것은 오로지 모든 사람들 사이에 만장일치가 존재할 때만 가능해진다는 결론을 내렸다. 그리고 이 때문에 공리주의는 그 특유의 대단히 보수적인 성향을 가지게 된다고 우리는 주장했다. 그렇게 만장일치가 존재하는 극히 드문 사회적 상황 중 하나가 바로 교환의 이전과 이후이다. 만약 양측이 모두 자발적으로 교환에 참여한다면, 양쪽 모두가 교환에서 혜택을 본다고 가정할 수 있다. 이러한 결론은 별것 아닌 듯 보일 수 있을지 몰라도, 시장 자본주의에는 자연적 조화가 존재한다는 공리주의적 신념의 기초로서 항상 작용해왔다.

벤담, 톰프슨, 밀 등과는 달리 제번스는 이러한 공리주의의 한계를 명확히 인식하고 (또 의미를 이해하고) 있었다.

> 독자들은 알게 될 것이다. … 어떤 경우에도 한 사람의 정신에서 일어나는 감정의 양을 다른 사람의 그것과 비교하는 것은 절대로 가능하지 않다는 것을. 나는 그러한 비교를 달성할 수 있는 수단을 전혀 생각할 수 없다. 우리가 알고 있듯이, 한 사람의 정신은 다른 사람의 정신보다 예민함이 1천 배에 달할 수도 있다. … 따라서 모든 이의 정신은 다른 이의 정신

으로는 헤아릴 수 없으며, 감정의 공통분모를 찾는 것도 전혀 가능하지 않은 것 같다.[15]

따라서 제번스는 당연하게도 시장 자본주의의 자연적 상태가 계급 갈등이 아니라 사회적 조화라고 확신했다. 그는 "이른바 노동과 자본의 갈등이라는 것은 기만일 뿐이다"[16]라고 단언했다. 그는 보편적인 박애 정신에 호소하면서 이렇게 덧붙인다. "우리는 그러한 주제를 계급적 관점에서 보아서는 안 된다." 왜냐면 "경제학에서는 결국 〔우리는〕 **모든 인간들을 다 형제로 보아야만**"[17] 하기 때문이다. 말할 것도 없이 이 사회적 조화의 '형제애'라는 말이 나오는 이유는, 모든 사람들을 오로지 교환 당사자로만 본다면 누구나 다 본질적으로 평등하고 똑같게 보이기 때문이다.

> 각각의 지주, 각각의 자본가와 마찬가지로, 각각의 노동자 또한 시장 상황에 따라 자신이 성공적으로 청구할 수 있는 최상의 생산물 몫을 협상하면서 그 대가로 전체 생산요소의 구성물 중 하나를 내놓는 것으로 간주해야 한다.[18]

> 높은 가격을 치르는 이는 그가 구매하는 것에 대해 아주 큰 필요를 가지고 있든가 아니면 그 가격을 치르는 대가로 내놓는 것에 대해 거의 필요가 없든가 둘 중의 하나임에 틀림없으며, 어느 쪽이든 교환을 통해 큰 이익을 얻게 된다. 이러한 종류의 문제에 대해서는 오로지 한 가지 원리만을 확실하게 말할 수 있다. 즉, 구매를 통해 이익을 얻게 될 것을 기대하지 않는다면 아무도 어떤 것을 사려 들지 않을 것이라는 점이다. **따라서 교환에 완벽한 자유를 허용하면 효용의 극대화를 지향하는 경향이 있다.**[19]

다시 한 번 효용가치론의 관점은 '보이지 않는 손'의 중요성과 의미를 새삼스럽게 음미하게 되었다. 그리고 이제는 제번스의 새로운 '과학적'이고 '수학적인' 정식화를 통하여 박애와 조화의 세계 속에서 '보이지 않는 손'이 만인의 효용을 극대화한다는 것을 보여줄 수 있게 되었다.

제번스는 또 자본 이론을 전개했다. 그의 이론은 리카도와 마르크스의 자본 이론처럼 생산의 시간적 차원을 강조하는 것이었다. 그것은 뒤에 오스트리아학파와 시카고학파의 신고전파 경제학(양자 모두 멩거의 영향 아래에서 생겨났으며 또 바스티아의 정신을 반영하고 있다)에 있어서 중심적 위치를 차지하게 되는 자본 이론과 아주 비슷했다. 이 자본 이론은 몇 년 뒤 멩거의 제자인 오이겐 폰 뵘바베르크에 의해 발전된다. 뵘바베르크가 발전시킨 자본 이론이 제번스의 것보다 낫기 때문에, 또 이 이론이 주로 뵘바베르크의 이름과 연관될 때가 많기 때문에 우리는 이 이론에 대한 논의를 다음 장에서 뵘바베르크를 논할 때 함께 내놓을 것이다.

제번스의 자본 이론의 으뜸가는 목적은 이윤율이 임금률과 반비례하게 되어 있다는 리카도의 결론을 논박하는 것이었다. 리카도의 결론은 자본과 노동 사이의 근본적 적대 관계를 명백하게 증명하는 것이었으므로, 제번스는 이를 좋아하지 않았다. 리카도의 이론을 논하면서 제번스는 이렇게 말한다.

> 우리는 이에 다음의 단순한 결론에 도달한다.
>
> 생산물 = 이윤 + 임금
>
> 이 공식에서 하나의 자명한 결과가 도출된다. 흔히들 임금이 오르면 이윤은 떨어지게 되어 있고 그 반대도 마찬가지라고 이야기한다. 하지만 이러한 학설은 근본적으로 오류이다. … 노동하는 이의 임금은 궁극적으로 자신이 생산하는 것에서 지대, 조세, 자본 이자를 뺀 후 자신이 스스로 생산

한 것과 같은 크기이기 때문이다.[20]

자본가는 생산의 결과가 성취되기 전까지 노동을 부양하는 것을 고유의 기능으로 삼으며, 어떤 구체적인 결과에 도달하기 전까지 큰 비용을 필요로 하는 수많은 산업 분야가 있으므로, 자본은 결국 궁극적인 이윤이 정확하게 알려지지 않은 산업 분야에서 리스크를 감내해야만 한다는 결론이 나온다. … 자본의 양은 예상되는 이윤의 양에 의해 결정되며, 또 자본은 쓸 만한 노동자를 얻기 위해 경쟁을 벌이게 되어 있으므로 그 과정에서 노동자에게 그 최종 생산물에서 그 노동자가 응당 받아야 할 몫을 모두 받도록 보장해주는 강한 경향을 갖게 된다.[21]

경쟁이 노동자에게 '응당 받아야 할 몫'을 보장하게 되어 있으므로, 제번스는 자본가를 계급의 적으로 보는 노동조합 활동가들이 "그의 진정한 동맹자인 부유한 고용주를 향해 벌이는 배타적인 투쟁을 중지할"[22] 것을 기대했다. 자본축적은 모든 노동자에게 혜택을 주게 되어 있으므로, 제번스는 노동자도 자본가를 "자본가 스스로를 위해서가 아니라 다른 이들의 이익을 위해 자본을 보유하는 수탁인trustee"[23]으로 보아야 한다고 생각했다. 이 부유한 "수탁인"과 그 수탁인의 부를 통해 "혜택을 받는" 노동자 모두가 자유로운 교환을 증진하는 것을 공통의 이익으로 삼는다. 바스티아도 경제학은 교환이라고 단순명쾌하게 단언했다. 제번스는 이렇게 말한다.

교환은 효용 극대화에 있어서 너무나 중요한 과정이이서 … 일부 경제학자들은 자신들의 과학이 이 효용 극대화만을 다루는 것으로 간주하기도 했다. 나는 교환에 이렇게 큰 중요성을 부여하는 것에 얼마든지 동의한다. 교환의 이론을 완벽하게 종합적으로 이해하지 못한다면 경제학이라는 과학에 대해 올바르게 생각할 수 없다.[24]

하지만 제번스는 경제학을 교환만 설명하는 것으로 보는 것을 원하지 않았다. 톰프슨도 호지스킨도 공리주의에 근거하여 노동자가 스스로 생산수단을 소유한 경제에서 교환이 더 큰 혜택을 가져다줄 것이라고 주장했다. 제번스는 자본가의 자본 소유권이 신성불가침이며 또 "노동자를 부양하는 것이 자본가의 고유한 기능"[25]임을 모두가 기억하기를 원했다. 따라서 그는 경제학에 대해 바스티아가 내렸던 정의를 확장했다(그리고 바스티아 또한 그 확장의 방식에 대해 분명히 동의했을 것이다). "그렇다면 경제학은 단순히 교환이나 가치만을 다루는 과학이 아니다. 이는 자본화capitalization의 과학이기도 하다."[26]

제번스는 1860년 형에게 보낸 편지에서 이전의 모든 경제학자들에 분개하고 있는데, 이는 모든 경제학자들에 대한 것은 아니었고 주로 리카도와 밀에 대한 것이었다. 이는 놀라운 일은 아니다.

> 진정한 경제학 체계가 확립되는 날이 온다면, 저 유능하지만 생각이 틀려먹은 데이비드 리카도가 경제 과학이라는 기차를 잘못된 선로로 들어서게 만들었다는 점을 사람들은 알게 될 거야. 게다가 리카도를 경배했던, 똑같이 유능하고 또 생각이 틀려먹은 존 스튜어트 밀이 그 선로로 경제학의 기차를 한참 더 밀고 갔다는 점도 알게 될 거야. 하지만 맬서스와 시니어 같은 경제학자들은 이 진리의 학설을 훨씬 더 잘 이해하고 있었지.[27]

제번스의 《정치경제학 이론》은 리카도와 밀에 대한 비난, 그리고 맬서스, 세, 시니어, 바스티아의 학설에 대한 찬양으로 가득 차 있다. "J. B. 세는 효용을 정확하게 정의했다"[28]고 그는 말한다. 그리고 그 학설은 시니어가 "그의 경탄할 만한 논고에서", "바스티아가 그의 《정치경제학의 조화》에서" 올바르게 발전시켰다고 말한다.[29] 또 다른 글에서 제번스는 맬서스의 인구론을 논의하는 가운데 맬서스를 "모든 인간들 중에서도 가장 인간적이고도 뛰어난 사람 중 하나"[30]라고 언급한다.

존 메이너드 케인스가 맬서스의 저작에서 즐겨 인용하던 글 중 하나를 보면, 제번스가 '가장 인간적이고도 뛰어난' 인간이라고 생각했던 인간이 어떤 종류의 인간인지를 알 수 있다. 제번스는 맬서스의 인구론을 논의하는 맥락 속에서 맬서스에 대한 자신의 경탄을 표현한다. 다음의 인용문은 맬서스의 《인구론》에서 가져온 것이다.

> 우리가 태어나기 이전에 이미 이 세상 모든 것은 임자가 정해져 있으며, 따라서 우리는 정당하게 부모에게 생계 수단을 요구할 수 있다. 하지만 만약 그렇게 할 수 없고 게다가 사회가 그의 노동을 원하지도 않는다면, 그 사람은 한 조각의 음식에 대해서도 권리를 청구할 수가 없으며 자신이 태어난 이 세상에 아무런 볼일이 없는 사람인 것이다. 자연이 베푼 이 엄청난 향연에 그가 앉을 자리는 없다. 그가 만약 다른 손님들의 동정이라도 얻어내지 못하면 자연은 즉시 그에게 나가라고 말하며 그 명령을 즉각 집행한다. 혹시 이 손님들이 자리에서 일어나 그가 앉을 자리를 만들어준다고 해도 또 다른 불청객이 즉시 나타나서 똑같은 호의를 요구하며 끼어든다. 이 향연에 들어오는 모든 이들에게 무엇을 대접해야 하는지에 대한 보고가 쉴새 없이 이루어지고, 이 홀 전체가 곧 자기 좌석을 요구하는 이들로 꽉 차버린다. 이 향연의 질서와 조화는 교란당하며, 향연의 전반적인 분위기는 그전까지는 풍요였지만 이제는 희소성으로 바뀐다. 그리고 홀의 구석구석마다 동정을 구걸하는 비참한 이들의 모습 때문에 또 기대했던 대접을 받지 못해 화가 난 이들의 소란스러운 독촉 때문에 손님들의 행복은 깨져버린다. 손님들은 너무 늦게 자신들의 잘못을 깨닫게 된다. 이 향연을 주최한 자연의 여신께서는 스스로 초대한 손님들 모두 풍족하게 대접하고자 하지만 무

한히 많은 숫자를 대접할 수는 없는 것이다. 자연 스스로도 이를 알고 있기에 초대장도 없는 주제에 홀에 나타난 이들은 모두 쫓아내라는 엄격한 명령을 내렸던 것이다. 손님들도 이제 이런 사정을 이해하게 된다. 그래서 이홀의 좌석이 차게 되면, 이들은 새로운 이가 들어와도 이제는 인정 넘치는 어조로 그를 받아들이기를 거부한다.[31]

그렇다면 제번스가 비인간적이라고 생각했을 행동과 말은 도대체 어떤 것이었을까. 궁금해지지 않을 수 없다.

제번스가 가장 존경했던 네 명의 경제학자들의 학설을 다시 한 번 읽어본다면, 제번스의 사상이 왜 경제 이론의 발전에 있어서 그 이전과 오늘날의 관점을 갈라놓는 분수령을 이루는 경제 이론의 혁명이라고까지 언급되는지 이상하게 여기지 않을 수 없다. 효용가치론 관점과 노동가치론 관점의 근본적 차이는 이미 제번스가 글을 쓰기 이전부터 명확했으며, 그의 기여는 무엇보다도 한계주의를 통하여 맬서스, 세, 시니어, 바스티아 등의 학설을 수학적으로 간명하고도 논리적으로 더 일관성 있게 언명했다는 것 정도이다. 하지만 효용가치론의 관점이 담고 있는 이론적, 이데올로기적 본질은 변하지 않았다.

한계효용, 가격, 소득분배에 대한 멩거의 이론

카를 멩거(1840~1921)는 경제 이론에서의 저작(《경제학 원리*Principles of Economics*》가 주요 저작이다)과 방법론에서의 저작(방법론 저작 중 일부는 《경제학과 사회학의 문제*Problems of Economics and Sociology*》라는 제목의 영어 번역으로 출간되어 있다)으로 명성을 얻었다.[32] 그는 경제 이론에서 수학적 등

표 10-1. 한계효용 감소의 예

소비한 상품의 단위 수	상품의 유형									
	I	II	III	IV	V	VI	VII	VIII	IX	X
1	10	9	8	7	6	5	4	3	2	1
2	9	8	7	6	5	4	3	2	1	0
3	8	7	6	5	4	3	2	1	0	
4	7	6	5	4	3	2	1	0		
5	6	5	4	3	2	1	0			
6	5	4	3	2	1	0				
7	4	3	2	1	0					
8	3	2	1	0						
9	2	1	0							
10	1	0								
11	0									

식을 사용하는 것을 거부했고 자신의 이론을 그저 숫자 예만 사용하여 말로 설명했다.

총효용과 한계효용에 대한 그의 기술은 제번스의 기술과 비슷하다. 그는 이 원리를 설명하기 위하여 숫자로 구성된 표를 사용했다. 〈표 10-1〉은 멩거가 만든 표에서 가져온 숫자를 그대로 사용하면서 명확한 설명을 위해 몇 개의 표제만 붙인 것이다.[33] 이 표에서 예를 들어 II 유형 상품의 한계효용을 알고자 한다면, 두 번째 열로 가서 소비된 상품의 숫자에 해당하는 효용의 양이 얼마인지를 보면 된다. 만약 상품 II를 6단위 소비했다고 한다면 여섯 번째로 소비한 한 단위의 한계효용은 4가 될 것이다. 총효용은 이 표에는 나와 있지 않지만, 몇 단위를 소비했는지를 보아 그 전까지의 한계효용을 모두 더하면 된다. 예를 들어 상품 II를 6단위 소비하면 총효용은 39가 된다.

그림 10-1. **총효용과 한계효용의 관계**

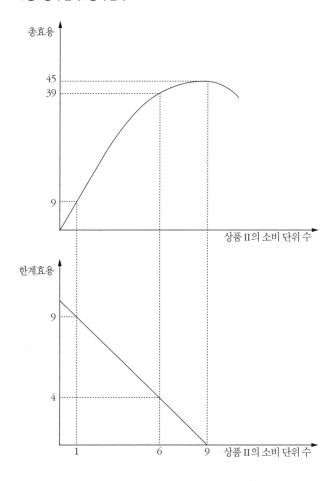

총효용과 한계효용의 관계는 그래프로 나타낼 수도 있다(단 이때는 상품의 소비된 단위수를 더 잘게 쪼갤 수 있다고 가정해야 한다. 그래야만 효용과 소비량의 관계를 나타내는 선이 부드럽게 연속으로 그려질 수 있기 때문이다). 〈그림 10-1〉은 멩거의 표에 나타난 상품Ⅱ의 한계효용과 총효용의 관계를 나타내고 있다.

총효용과 한계효용 사이의 이러한 보편적 관계는 신고전파 경제학에서 반복하여 나오고 있으며, 이를 극대화하는 문제의 몇 가지 유형도 비슷한 방식으로 분석할 수 있다.

멩거는 소비자가 자신의 효용을 극대화하는 방식을 보여주기 위해 자신의 표를 사용한다. 멩거가 자신의 표를 어떻게 설명하는지를 인용해본다.

> I열에 나오는 효용표는 어떤 개인이 식량에 대한 필요를 만족시키는 것에 스스로 부여한 중요성이라고 하자. 그 중요성은 이미 달성된 만족의 정도가 올라감에 따라 줄어들게 되어 있다. 또 V열은 비슷한 방식으로 그가 담배에 대한 필요의 중요성을 표현한다고 하자. 식량의 필요를 만족시키는 것이 그에게 있어서 일정한 정도까지는 담배의 필요를 만족시키는 것보다 단연코 더 높은 중요성을 갖는다. 하지만 만약 그의 식량에 대한 필요가 이미 일정한 정도까지 만족된 상태라면(예를 들어 식량에 대한 필요를 더 만족시키는 것에 그가 부여하는 중요성이 6이라는 숫자로 나타낼 만큼밖에 되지 않는다면), 이제는 추가로 식량에 대한 필요를 만족시키는 것과 추가로 담배를 소비하는 것이 그에게는 동일한 중요성을 갖기 시작한다. 그는 따라서 이 지점부터는 담배에 대한 필요를 만족시키는 것을 식량에 대한 필요를 만족시키는 것과 균형을 이루게 하기 위해 노력하기 시작할 것이다.[34]

멩거는 이 개인이 어느 한 상품에서 얻는 한계효용과 그가 소비하는 다른 각각의 상품마다 얻는 한계효용이 동일해질 때 비로소 효용을 극대화하는 균형에 도달할 것이라고 생각했다. 하지만 여기에서 멩거가 극대화 조건을 설명하는 방식은 상품의 가격을 무시하고 있기 때문에 제번스가 극대화 조건을 설명한 것에는 미치지 못한다. 멩거가 내놓은 극대화 해법은 오직 그의 표에 있는 각 유형의 상품의 1단위 가격이 동일할 때만 유지된다. 이 경우를 제번스의 등식인 $MU_x/P_x = MU_y/P_y$로 나타내면, 모든 상품의 비율에서 분모에 해당하는 각 상품의 가격이 모두 동일하므로 이 등식이 성립하기 위한 조건으로 그 분자에 해당하는 각 상품의 한계효용 또한 모두 동일할 것을 요구한다는 식으로 말할 수 있다. 올바른 것은 제번스의 공식이다. 비록 멩거는 이를 깨닫지 못했지만, 그가 내놓은 공식은 아주 특수하고 가능성이 극히 낮은 경우였다.

하지만 가격 결정에 대한 논의에 있어서는 멩거가 제번스보다 우월하다. 멩거는 수요와 공급에 기초하여 가격을 설명했다. 물론 고전파 경제학자들은 모두 다 수요와 공급에 기초하여 단기적 시장가격을 설명했다. 이 점에 있어서는 고전파나 마르크스주의나 신고전파나 전혀 차이가 없다. 문제는 그 수요와 공급을 떠받치는 것이 무엇인가를 어떻게 설명하는가에 있다. 스미스, 리카도, 마르크스는 가격의 영역 바깥에 있는 지대, 임금, 이윤에서 설명을 찾으려고 했다. 지대, 임금, 이윤은 전체 사회에서 계급에 따른 소득분배의 구성 요소이기도 하지만 개별 기업의 생산물을 구성하는 비용 요소이기도 하다. 이것을 비용의 구성 요소로 보아 합산한 것이 스미스의 '자연가격' 또는 마르크스의 '생산가격'이다. 어떤 산업이 균형 상태에 있다면 수요와 공급이 결정하는 시장가격은 이 자연가격 또는 생산가격과 동일하다. 이것이 노동가치론 관점에서 보았을 때의 가격 결정 과정의 성격이다. 즉, 소득의 분배는 가격에 독립적일 뿐만 아니라 사실상 가격을 결정한다는 것이다.

효용가치론의 관점은 가격 결정 과정을 완전히 다른 방식으로 바라본다. 수요와 공급이 가격을 결정하며, 수요와 공급은 효용으로 설명된다. 따라서 소비재 가격의 궁극적인 결정 요소는 효용이다. 토지, 노동, 자본 등의 '생산요소'의 가격 또한 수요와 공급으로 결정된다. 이 세 생산요소의 공급은 그것들의 소유자의 효용 계산에 따라 결정되며, 그 수요는 그 세 가지 요

소가 소비재 생산에서 얼마나 큰 생산성을 갖는가 그리고 그렇게 생산된 소비재에서 소비자들이 얼마나 큰 효용을 얻는가로 결정된다는 것이다. 따라서 효용가치론의 관점에서 보자면 임금, 지대, 이윤은 최소한 부분적으로는 소비재의 가격에 의해 결정된다. 가격 결정 과정을 바라보는 두 관점의 차이는 실로 분명하다. 제번스보다 멩거가 우월한 점은 그가 가격 결정 과정을 기술하는 방식이 이러한 효용가치론 관점을 더 잘 보여준다는 데 있다.

멩거가 소비재에 대한 수요를 설명하는 방법은, 만약 어떤 특정한 재화의 가격이 그 재화에서 대부분의 소비자들이 얻을 수 있는 한계효용보다 더 높다면 그 소비자들은 그 재화에 지출하기보다 돈을 아껴둠으로써 더 많은 효용을 얻는다는 점을 보여주는 것이었다. 하지만 재화의 가격이 하락할 경우에는 소비자들이 포기해야 할 화폐의 양이 줄어들고 따라서 그로 인해 포기해야 할 효용의 크기 또한 줄어들어서 마침내 그 상품의 소비에서 얻을 수 있는 한계효용보다도 작아지게 된다는 것을 소비자들도 알게 된다. 게다가 이미 그 재화를 소비하고 있던 소비자들의 경우에는 가격이 떨어지게 되면 효용 극대화의 원리에 따라서 그 재화를 더 구매해야 한다는 것을 알게 된다는 것이다. 이렇게 멩거는 수요의 법칙을 자신의 한계효용체감의 원리에서 도출한다. 사람들이 기꺼이 구매하고자 하는 상품의 양은 그 상품의 가격에 달려 있으며, 수요의 양과 가격은 서로 역의 상관관계에 있다는 것이다.[35]

공급에 대한 멩거의 논의는 이만큼 충실하지는 못하다. 그는 보통 공급을 이미 판매자의 손에 들어 있는 양으로 다룬다. 판매자 또한 효용 극대화를 지도 원리로 삼아 일정한 가격에 얼마만큼의 양을 팔 것인지를 결정한다. 구매하고자 하는 욕망과 판매하고자 하는 욕망(이 둘 모두 효용에 대한 고려로 결정된다)이 결합되어 가격을 결정한다. 멩거는 계속해서 한 상품을 하나의 독점적 판매자가 판매하고 있을 때는 다수의 경쟁적 판매자들이 판매할 때보다 더 높은 가격에 더 적은 양을 판매하게 될 것임을 보여준다.[36] 따라서 멩거는 자유경쟁의 혜택을 높이 치켜세운다.

멩거는 소비를 위해 생산된 상품을 "일차재goods of first order" 그리고 생산요소를 "고차재goods of higher order"[37]라고 불렀다. 그는 이 두 종류의 재화 사이에 두 가지 관계가 있음을 증명하고자 했다. 첫째, "저차재goods of lower order"를 생산하는 데는 다양한 고차재가 필요하다. 따라서 자본과 토지 또한 노동만큼 생산에 필수적이다.[38] 앞에서 보았지만, 이 주장에서는 멩거도 노동가치론과 차이가 없다. 둘째, 그는 노동가치론에 대한 직접적 논박으로서, "고차재의 가치는 항상 예외 없이 그것으로 생산되는 저차재의 예상 가치에 의해 결정된다"[39]는 것을 보여주고자 했다. 이 점에 있어서 그는 노동가치론이야말로 "지금까지의 경제 과학의 발달에서 가장 광범위한 결과를 가져온 근본적 오류 가운데에서도 가장 지독한 것에 속한다"[40]고 생각했다.

멩거는 노동, 원자재, 도구를 고차재에 포함시켰다. 제번스와 마찬가지로 멩거의 자본 개념 또한 단순히 도구와 생산 자재만 포함하는 것이 아니었다. 이는 무엇보다도 생산의 시간적 차원에 초점을 두었다. 그는 "우리들의 필요의 충족은 경제적 재화를 뜻대로 부릴 수 있는 수량과 기간(자본의 서비스)에 달려 있다. … 자본의 서비스는 그렇기 때문에 우리가 가치를 부여하는 대상이 된다".[41] 멩거는 어떤 고차재도 혼자서는 어떤 소비재도 생산할 수 없다고 생각했다. 즉 고차재는 서로 보완적이기 때문에 함께 사용해야 한다. 따라서 그는 개별 고차재 하나의 생산성을 측량할 수 있는 방법을 명확히 보여주는 데 어려움을 겪는다. 효용가치론 전통에 있는 다른 모든 사상가들과 마찬가지로 그는 모든 개별 생산 투입 요소에 지불한 가격은 그 각각이 생산에 기여한 바의 크기를 반영한다고 생각했다. 따라서 그 각각의 생산 투입 요소가 생산에 얼마만큼의 기여를 했는가를 측정하는 것은 아주 중요한 문제였다.

멩거가 이 측정 문제에 대해 제시한 해법은 다음 인용문으로 요약할 수 있다.

> 구할 수 있는 모든 고차재를 항상 가장 경제적인 방식으로 사용한다고 가정했을 때, 어느 한 고차재의 구체적 양의 가치는 그 고차재의 일정량을 우리가 뜻대로 부릴 때 얻을 수 있는 만족과 그 양만큼을 우리 뜻대로 부리지 못할 때 얻을 수 있는 만족의 차이와 같다.[42]

멩거의 분석은 의미가 있지만 부적절하다. 예를 들어 그 기업을 농장이라고 하고 우리가 고찰하는 고차재를 종자 곡물이라고 하자. 종자 곡물이 없다면 생산 자체는 아예 불가능하다. 따라서 멩거의 방법을 사용해 추론한다면, 산출물인 곡식을 생산하는 데 토지, 트랙터, 비료 등등 또한 사용됨에도 불구하고 산출물인 곡식의 가치는 모조리 종자 곡물이 생산한 것이라고 결론을 내릴 수밖에 없다. 말할 것도 없이 이는 멩거의 의도와는 다르다. 효용가치론 관점에서 투입물의 가격 결정에 관한 일관성 있는 이론을 내놓으려면, 여러 투입물이 최소한 부분적으로나마 서로를 대체할 수 있어야 하며, 또 한 투입물의 극소량의 한계 증가분까지도 그것이 산출량에 낳는 효과를 검토해야만 한다. 우리가 다음 장에서 논의할 것이지만, 이는 사실상 한계생산성 이론에서 채택하는 방법이다.

멩거는 이렇게 생산 투입물이 그 각각의 생산성에 따라 대가를 지불받게 된다는 점을 분명히 한 뒤, 훗날 대부분의 한계효용 경제학 이론에 특징이 되는 주장 하나를 내놓는다. 각각의 투입물이 그 생산적 기여만큼의 가치를 지불받게 된다면, 그 총합은 생산된 총산출물의 가치와 정확히 일치할 것이라는 것이다. 따라서 **어느 계급이나 개인이 수탈할 수 있는 잉여는 없다는 것이다.** 이러한 주장의 경제적, 사회적, 정치적, 이데올로기적 함의는 명백하다. 이는 스미스, 리카도, 톰프슨, 호지스킨, 마르크스와는 반대되는 것으로서,

> 어떤 일차재의 생산에 필요한 모든 다양한 수량을 갖는 상호 보완적 고차재(즉 모든 원자재, 노동 서비스, 토지 서비스, 기계, 도구, 등등)의 현재 가치를 합산하면 그 생산물의 예상 가치와 동일하게 된다. 하지만 여기서 생산에 기술적으로 필요한 고차재만 아니라 자본 서비스와 그 기업가의 활동 또한 총액에 포함시킬 필요가 있다. 왜냐면 이런 것들은 모든 재화의 경제적 생산에 있어서 앞에서 언급한 기술적 필요물들만큼이나 필수불가결하기 때문이다.[43]

멩거는 자본가가 고통스러운 절욕의 행동에 몰두한다고 주장하는 식으로 이윤을 정당화할 필요를 느끼지는 않았다. 그는 그저 "개별 가계들이 충족시키고자 하는 여러 필요의 조화가 그들의 소유에 반영되어 있다"[44]고만 말할 뿐이다. 그리고 나서 "경제적으로 행동하는 어느 개인이 스스로의 필요를 충족하기 위해 뜻대로 부릴 수 있는 재화의 총계를 우리는 그 사람의 **소유**라고 부른다. 하지만 그 사람의 소유는 이런저런 양의 재화를 아무렇게나 합쳐놓은 것이 아니라 그의 필요를 직접 반영한 것"[45]이라고 재차 확인한다. 그는 계속해서 이렇게 말한다.

> 인간의 경제와 소유는 그 경제적 기원이 동일하다. 왜냐면 양쪽 모두 사람들이 얻을 수 있는 재화의 양이 항상 사람들이 필요로 하는 것보다 적다는 사실 때문에 존재하기 때문이다. 따라서 소유는 인간의 경제와 마찬가

지로 자의적 발명품이 아니라, 사물의 본성이 우리에게 강제하는 문제, 즉 모든 경제적 재화는 필요한 양과 얻을 수 있는 양이 동일하지 않다는 문제에 대한 현실적으로 가능한 유일의 해결책이다.[46]

우리는 다음 절에서 멩거가 사회란 유기적 전체로서, 현재의 상태로 진화하게 된 내적인 결정론적 필연성을 가지고 있다고 생각했다는 점을 볼 것이다. 사회제도와 법률은 함부로 건드릴 수도 없고 그래서도 안 된다고 멩거는 생각했다. 따라서 멩거에게 있어서 소유의 필연성은 현존 자본주의 사회의 특정한 소유관계의 필연성을 뜻하는 것이었다.

이러한 소득분배 이론(즉 생산 투입물의 가격으로 결정된다는 이론)을 전개하고 또 사적 소유에 대해 이와 같은 주장을 내놓았기 때문에 멩거는 결국 지대와 이윤(또는 이자. 멩거는 이자가 자본 소유에 대한 총수익이라고 생각했다)을 정당화할 필요 자체를 아예 느끼지 못했다. 그러한 소득은 **절대적으로 필수적이며 절대적으로 불가피한 것**이라고 그는 생각했다. 왜 이렇게 필수적이며 불가피한 것을 저주하거나 정당화한단 말인가? 그 불가피성을 그냥 받아들이고, 이 상황에서 존재하는 조화를 기뻐할 줄 알아야 한다는 것이다.

과학적 논쟁에서 지금까지 나왔던 가장 이상한 질문 중 하나가 바로 지대와 이자가 윤리적 관점에서 보았을 때 정당화될 수 있는가, 즉 이것들이 '비윤리적'인 것은 아닌가라는 질문이다. … 토지와 자본의 서비스에 가격이 붙을 때 이는 항상 그것들의 가치의 결과이며, 또한 그것들이 인간에게 갖는 가치는 자의적 판단의 결과가 아니라 그 경제적 성격에서 우러나오는 필연적 결과이다. 따라서 이러한 재화(즉 토지의 서비스와 자본의 서비스)의 가격은 이러한 가격을 낳은 경제적 상황의 필연적 산물이며, 어떤 민족의 법적 체계가 발달할수록 그리고 그 공공 도덕이 탄탄할수록 더욱 확실

하게 얻어진다.[47]

멩거가 "탄탄한 … 공공 도덕"을 창출하고 유지하려는 노력에 과학적 기초를 제공하기 위해 전력을 바치고 있다는 점은 말할 필요도 없다.

방법론에 대한 멩거의 주장

멩거는 사회과학의 올바른 방법론을 둘러싸고 벌어졌던 광범위한 논쟁에서 가장 중요한 참여자 중 하나였다. 19세기 말 독일어권의 지도적 지식인 다수가 주의를 쏟았던 이 논쟁은 뒤에 방법론 논쟁Methodenstreit이라고 불리게 된다. 우리는 이 논쟁에서 문제가 되었던 것을 요약하려 하지는 않을 것이다. 그 대신 우리는 멩거가 옹호하려고 했던 핵심적 주장 중 두 가지만 논의하고자 한다.

그의 첫 번째 주장은 '순수 과학'은 항상 가치를 배제해야 한다는 것이었다. 규범적이고 도덕적이거나 윤리적인 가치는 과학과는 전혀 어울리지 않는 것이라고 그는 생각했다. 개인들은 가치 문제에 있어서 자신들의 개인적 상황, 계급적 위치, 감정 등등에 영향을 받게 되어 있으므로 윤리적 문제에 대한 광범위한 동의란 쉽게 얻을 수 없다. 하지만 과학은 우리가 바라는 바의 현실이 아니라 실제로 존재하는 바의 현실을 기술하고 이해하는 것이다. 따라서 과학자가 자신의 이론에서 가치를 씻어내는 정도가 높을수록 그는 궁극적으로 완전하고도 보편적인 동의에 도달할 수 있을 것이다.

따라서 경제학도 과학이 되어가는 정도에 비례하여 가치가 배제된다. 멩거는 이전의 경제학자들의 저작에 나타난 수많은 혼동은 순수 경제 이론에 윤리적 판단이 끼어들 자리가 없다는 점을 이해하지 못한 결과라고 생각했다. "이른바 정치경제학의 '윤리적 지향성'이라는 것은 따라서 정치경제학의 이론적 문제와 실천적 문제 모두에 대해 어떤 깊은 의미도 없는 애매모호한 명제일 뿐이며, 사유의 혼동에 불과하다."[48]

물론 이는 나소 시니어의 방법론적 주장의 반복이었다. 우리는 시니어를 논의하면서 모든 이론화―특히 사회과학에서의 이론화―는 가치 판단에 기초하고 있다고 주장한 바 있다. 시니어가 자신의 방법론적 주장을 준수했지만, 결국은 자가당착에 빠졌다. 그의 모든 저작은 독자들로 하여금 중대한 윤리적 문제에 있어서 자신의 견해가 올바르다고 설득하는 것을 의도하고 있었다. 시니어의 방법론적 주장에 대해 경의를 표했던 멩거와 다수의 현대 신고전파 경제학자들 또한 시니어와 매한가지로 이러한 원리를 속속들이 일관되게 위반하고 있지만, 그 방법에 있어서는 시니어보다 훨씬 더 미묘하게 이러한 사실을 은폐하고 있다. 그럼에도 그들의 저작에서 이런 식으로 그 원리를 마구 어기는 구절을 찾아내는 것은 비교적 쉽다. 멩거가 스스로 사적 소유의 법률과 소득분배를 이론적으로나 도덕적으로나 논쟁의 여지가 없는 것으로 만들려 했던 것이야말로 바로 사회과학에서의 가치 배제 원리를 위반한 가장 중요한 예가 된다.

멩거의 두 번째 방법론적 원리는 경제학자들이 과학적으로 이해할 수 있는 것은 개별 가계나 영리 기업(멩거는 이들을 '개별 경제'라고 불렀다)뿐이라는 것이었다. 경제학자들은 계급이나 민족과 같은 사회적 총합체에 대해서는 그러한 과학적 이해를 발전시킬 수 없다는 것이다. 국가적 개혁의 제안을 정당화하는 데 아주 자주 쓰이는 '국익'이라는 용어를 멩거는 싫어했다. 그런 식의 용어는 '개별 경제' 및 그것들의 개별적 이해관계와 구별되는 별도의 자기 이익을 갖는 국민경제 따위를 찾아내고 연구할 수 있다고 하는 잘못된 생각에서 나온 것이라고 생각했기 때문이다. 이러한 개혁가들의 오류는 단일한 집단으로서의 국민 "자체를 자기 스스로의 독자적 이익을 가진 개별 경제로 보며, 그 안에서 '국민'이 욕구를 가지며 경제활동과 소비 활동을 하는 주체로 나타난다"[49]고 보는 데 있다는 것이다. 이러한 잘못된 관점과 나란히 그는 '과학적' 학설을 대비시킨다.

> 흔히 '국민경제'라고 불리는 현상은 우리 눈앞에 나타날 때는 개별 경제들의 조직된 복합체로서, 수많은 경제들이 합쳐진 고위의 통일체로서 나타나지만, 그럼에도 불구하고 그 자체는 엄밀한 의미에서 단일의 경제는 아니다.[50]

우리는 벤담, 톰프슨, 밀 등을 논의하면서 공리주의는 극단적인 개인주의 지향을 갖는다고 주장했다. 그렇기 때문에 좋고 나쁨을 판별하는 유일의 기준은 개인이라는 생각에서 출발하여 모든 쾌락의 총계를 극대화할 정책을 통해 사회의 후생을 증진해야 한다는 생각으로 사유의 방향을 이동하게 되면, 여기서 무수한 논리적, 실천적 문제가 생겨난다. 멩거는 공리주의의 원리에 기초한 개혁은 공리주의의 개인주의와 모순된다는 점을 올바르게 감지했다. 따라서 그는 개혁을 통해 증진할 수 있는 전체 국민의 쾌락과 같은 것은 결코 존재할 수 없다고 거부했다.

하지만 우리는 경제 이론에서의 효용가치론이나 시장 교환적 관점에 근거한 사회적 보수주의는 항상 현존하는 재산 소유권의 법률이 자연적이고 초역사적인 것으로서 의문의 대상이 될 수 없다는 믿음이나 신념에 근거한다는 점도 살펴보았다. 따라서 멩거의 개인주의가 그의 저작 모두를 특징 짓는 윤리적 결론들로 빛을 발하기 위해서는 그 또한 현존하는 사적 소유의 법률을 도덕적으로 옹호할 모종의 논리를 갖출 필요가 있었다. 실제로 그는 그러한 논리를 가지고 있었다.

비록 국민경제라는 것은 개별 경제와 똑같은 방식으로 과학적 이해를 할 수 있는 대상은 아니지만, 그래도 그것을 이해할 수 있는 모종의 형식이 있을 수 있다고 멩거는 주장했다. 국민경제란 "여러 경제들로 구성된 단일의 유기체"[51]라고 그는 주장했다. 그는 독일의 '역사 법학파'를 찬양했다(반대로 독일의 역사 경제학파는 멩거의 공격 대상이었다). 이들은 국민과 그 고유의 제도적 장치를 정의하는 법률이 하나의 '유기적' 구조를 이루고 있다는 사실을 인식하고 있다는 것이다.

> 하나의 '유기적' 구조는 개인들이나 한 세대가 자의적으로 모습을 결정할 수도 없으며, 그렇게 해서도 안 된다. 그 반대로 이는 개인이나 모든 시대의 인간 지혜의 자의성과는 대조되는 것으로서 그보다 상위에 있는 구조이다. … 유기적으로 발생한 정치제도에 나타나 있는 '잠재의식적 지혜 subconscious wisdom'는 여기저기 쓸데없이 끼어들거나 하는 인간의 지혜와는 견줄 수 없는 높은 곳에 있다.[52]

멩거는 "법률은 **우연적으로 생겨난 것이 아니라** 그 본질적 사상에 있어서나 그 특정한 내용에 있어서나 본질적으로 인간 본성과 여러 정황의 특수성에 의해 **내재적으로** 주어지는 어떤 것"[53]이라고 결론을 내린다.

멩거는 다음과 같은 것이 발전하지 못한 상황에 대한 유감을 표명한다.

> 역사 법학파에 견줄 만한 역사 경제학파가 있었다면 경제 영역에서의 개혁 사상의 과장, 특히 사회주의에 반대하여 현존하는 경제학파들과 경제적 이해관계를 옹호했을 것이다. [이러한 학파가 있었다면] 독일에서 분명한 임무를 감당했을 것이며 수많은 퇴보를 방지할 수 있었을 것이다.[54]

이리하여 우리는 멩거의 방법론적 개인주의, 그리고 자신의 이론이 가치가 배제되어 있다는 생각이 결국은 현존하는 제도와 법률은 개혁의 대상이 될 수 없다는 결론에 이르게 되는 것을 볼 수 있다. 그의 견해로는 개혁의 노력이라는 것은 과학적이지 못하며 사회적으로 해롭다는 것이다. 그의 개인주의는 '유기적 전체'의 '잠재의식적 지혜'가 가져오는 '혜택'을 이해하고 음미하는 것으로 끝을 맺는다. 그의 가치가 배제된 '과학'은 또 사회주의자들의 '과장'에 맞서서 현존하는 경제적 이해관계를 옹호하는 것이 얼마나 도덕적으로 중요한가라는 주장으로 끝을 맺는다.

따라서 그의 《경제학 원리》에서 그가 소득분배의 결정 요소라고 생각했던 것을 논의한 뒤 멩거가 다음과 같이 말하는 것도 놀랍지 않다.

> 인류를 사랑하는 이들에게는 일정한 기간 동안 가장 격한 노동을 해야 했던 노동자가 받는 소득이 같은 기간 동안 자본이나 토지를 소유한 이가 받는 소득보다 적다는 것은 한탄할 만한 일로 보일 법도 하다. 하지만 이러한 상황의 원인은 부도덕하지 않다.[55]

어떤 것이 부도덕하지 않다고 말하는 것이나 그것이 비윤리적이라고 말하는 것이나 똑같이 하나의 윤리적 판단이라는 것은 말할 필요도 없을 것이다.

멩거의 모든 저작에 나타나는 윤리적 지향은 (가치가 배제된 이론을 전개한다고 주장했던 시니어와 오늘날의 대부분의 신고전파 경제학자들과 마찬가지로) 개혁가들 및 사회주의자들에 맞서서 기성의 경제적 이해관계를 일관되게 옹호하는 모습에서 여지없이 드러나고 있다.

> 사회가 노동자들에게 현재보다 더 많은 몫의 소비재를 얻도록 배분하는 것을 보기 원하는 이들의 선동은 … 노동자들에게 더 안락한 생활수준을

제공하고 소비재와 삶의 노고의 좀 더 평등한 분배를 달성하자는 관점에 〔입각해 있다〕. 하지만 이러한 기반 위에서 문제를 해결하는 것은 우리의 사회적 질서를 완전히 변형시킬 것을 명백하게 요구한다.[56]

현존하는 사회적, 경제적, 법적 제도에 들어 있는 '잠재의식적 지혜'의 혜택을 멩거가 신봉하고 있었다는 점을 볼 때, 그러한 사회적 변형은 도덕적으로 아예 생각조차 할 수 없는 일이었다.

경제의 일반균형에 대한 발라의 이론

발라도 한계효용체감 이론을 독자적으로 발전시켰으며(그는 한계효용 대신 희소성이란 용어를 사용했다), 소비자가 교환을 통해 달성할 수 있는 효용 극대화의 조건을 나타내는 방정식도 제시했다. 하지만 여기서 이를 다시 요약할 필요는 없을 것이다. 왜냐면 우리가 이미 제번스와 멩거의 저작에서 그와 비슷한 내용의 기여가 이루어졌던 것을 검토했기 때문이다. 발라가 경제 이론에서 이룬 가장 중요하고도 가장 오래 지속되는 기여는 경제의 일반균형에 대한 이론이다.

물론 발라 이전에도 대부분의 경제 이론가들이 상이한 시장이 서로 관계를 맺고 있음을 논의했다. 하지만 발라 이전의 어떤 경제학자도 상이한 시장 사이의 다양한 관계를 검토할 수 있는 보편적인 개념적, 이론적 구조를 제시한 적이 없었다. 발라는 어느 한 시장에서의 수요와 공급의 힘은 비록 그 의존의 정도는 다양하지만 무수히 많은 여타 시장에서의 가격에 의존하고 있음을 깨달았다.

한 예로, 어떤 특정 재화의 소비자가 갖는 수요는 제번스와 멩거가 주장했듯이 그 소비자가 그 재화의 소비량을 다양하게 바꿀 때마다 그 각각의 경우에서 얻어지는 한계효용의 양과 그 재화의 가격에 의해 결정된다. 하지만 효용 극대화의 조건은 또한 그 소비자가 그 특정한 재화에서 나오는 한계효용과 그 가격의 비율이 구매할 수 있는 다른 모든 재화와 똑같은 비율이 될 때까지 구매할 것이라는 점을 보여준다. 따라서 그 재화에 대한 소비자의 수요는 다른 모든 소비재의 가격에도 의존하는 셈이다.

이제 효용가치론자의 입장에서 볼 때, 어떤 재화이든 그 가격은 오로지 그 재화에 대한 수요와 공급에 의해서만 결정된다. 그리고 어떤 재화이든 다시 그 수요는 그 재화를 소비하는 모든 소비자들의 효용**뿐만 아니라** 모든 다른 소비재의 **가격**에 의해서도 결정된다. 그렇다면 그 재화의 가격을 결정하기 위해서는 다른 모든 재화의 가격 또한 알아야만 한다는 결론이 나온다. 하지만 그 다른 재화들에 대한 수요(그리고 그 재화의 가격) 또한 그 처음의 재화의 가격에 의존하기는 마찬가지이다. 따라서 가격 결정의 일반 이론이 필요하다. 이러한 이론에 있어서 모든 소비자의 효용 총량과 모든 시장 사이에 존재하는 수많은 상호 관계에 의해 모든 상품의 가격이 동시에 결정되어야 한다는 것이다.

하지만 이러한 상호 관계는 소비재에 대한 수요에만 존재하는 것이 아니다. 이는 소비재들의 공급에도 존재할 뿐만 아니라, 소비재 이외의 다양한 유형의 상품이나 자산의 수요와 공급에도 존재하는 것이다. 발라는 이 모든 시장 사이의 모든 상호작용을 통하여 모든 가격이 어떻게 동시에 결정될 수 있는지를 보여주는 일반적 이론틀을 정식화하고자 했다.

이러한 일반균형이론을 위해서 순수하게 논리적 차원에서 필요한 것은, (여러 개의 미지의 변수가 동시에 결정되어야 하는 모든 이론 체계에서와 마찬가지로) 미지의 변수의 숫자가 그 변수를 결정하기 위해 마련된 독립된 방정식의 숫자와 같아야 한다는 것이다. 그리고 첫째, 이 연립방정식 체계에 해解가 존재한다는 것을 보장할 수 있으려면, 둘째, 그 해가 유의미하다는 것—예를 들어 가격의 해가 음수陰數가 나오면 이 이론의 몇 가지 전제에 모순된다—을 보장할 수 있으려면, 셋째, 그 해가 하나뿐임을 보장할 수 있으려면 몇 가지 논리적 조건들이 추가로 충족되어야 한다. 하지만 발라는 우선 독립된 방정식의 숫자가 그 미지수를 모두 풀어내는 데 충분하도록 이론적 시스템을 구축할 수 있다는 것을 보이는 것에 관심을 둔다.

만약 그런 방정식 체계를 구성하는 것에만 관심을 두었다면 원하는 숫자대로의 미지수를 포함한 방정식 체계만 제시하면 끝나는 일이었고, 이는 또 그다지 어려운 일도 아니었다. 하지만 그는 자신의 방정식이 경제학적으로 의미를 가지기를 원했으며, 자신이 실제 가격을 결정하는 데 중요한 시장의 현실적 힘이라고 생각했던 것을 그것으로 기술할 수 있기를 원했다. 따라서 발라의 방정식 체계를 설명하기 전에 우리는 먼저 경제학에서의 일반균형 분석이라는 개념이 무슨 뜻인지를 논의해야 하겠다.

어떤 이론도 모든 것을 동시에 설명할 수 없다는 것은 말할 필요도 없다. 이는 이 온 우주를 완전히 이해하는 전지전능함을 필요로 한다. 모든 '일반' 이론이 자신이 설명의 목적으로 삼지 않는 현상이 무수히 많다는 의미에서 사실은 부분 이론에 불과하다는 것은 분명하다. 경제학에서 일반균형이론과 부분균형이론 사이의 차이점은, 보통 전자는 일정한 기간 내에 전체 경제 내에서 교환되는 모든 상품의 가격과 수량을 설명하려고 시도하는 반면, 후자는 한두 개만 빼고 나머지 모든 수량과 가격이 **주어져 있다고** 보고 그 맥락 안에서 그 한두 개의 시장을 설명하려고 하는 것이다. 다음 장에서 우리는 앨프리드 마셜의 부분균형이론을 논의할 것이다.

발라의 일반균형이론에서는 교환되는 모든 수량과 가격이 설명되어야 한다. 물론 이는 그것들이 사회경제적 환경 안에 있는 일정한 다른 요소와의 관계를 기초로 하여 설명되어야 한다는 뜻이다. 발라의 이론 안에는 시장 상황의 사회경제적 환경의 특징 중에서 교환되는 가격과 수량을 설명하는 데 도움이 되는 특징들에 대한 기술이 들어 있어야만 한다.

따라서 발라의 방정식에서는 교환되는 가격과 수량이 종속변수가 되며, 그러한 사회경제적 환경의 특징이 독립변수(물론 이 독립변수가 그 종속변수를 결정하는 것으로 볼 수 있다)가 될 것이다. 그 방정식의 정확한 형태는, 사회경제적 환경의 주어진 특징(발라의 독립변수)과 시장에서 교환되는 가격과 수량(발라의 종속변수) 사이에 존재한다고 발라 스스로가 생각했던 현실의 경제적 관계를 반영하게 될 것이다.

발라 이론의 제도적 환경은 경쟁적 자본주의로서, 그 안에는 "지주, 노동자, 자본가가 있다".[57] 이 세 계급은 경제학적으로 중요한 두 가지 방식으로 기능한다. 첫째, 이들은 생산 서비스(토지, 노동, 자본)의 소유자로서 시장에서 서비스를 공급한다. 둘째, 이들은 소비자로서 시장에서 소비재를 수요한다. 발라는 공리주의 전통에 있는 거의 모든 경제학자들이 그랬던 것처럼, 현존하는 '생산적 서비스'의 소유권의 분배 상태(즉 현존하는 사회적 계급 분화)를 주어진 것으로 받아들인다. 이렇게 생산과정에서 다른 사람들이 다양한 역할을 맡는다는 것, 즉 계급 구별을 주어진 것으로 받아들였으므로, 이제 발라에게 있어 사회경제적 맥락 안에서 가장 중요한 요소는 사람들의 **주관적 욕망**, 즉 그들의 한계효용표가 된다.

따라서 발라의 이론에는 세 가지 중요한 제도적 요소가 있다. 첫 번째는 현존하는 소유의 법률과 그 분배 상태를 도덕적으로 옳고 정의로운 것으로 받아들인다는 것이다. 여기서 그는 단순하게 "재산의 **소유권**은 … 합법화된 전유 또는 정의의 원칙에 순응하는 전유이다"[58]라고 말할 뿐이다. 비록 그는 간간이 왜 현존하는 소유권이 정의를 체현하고 있는지를 보여주려 한다고 말하지만,[59] 실제로는 어디에서도 그렇게 하지 않았다. 단지 현존하는 소유관계의 정의로움을 반복해서 주장할 뿐이다. 예를 들어 위 인용문의 11쪽 뒤에서 그는 이렇게 말한다. "소유는 공정하고 합리적인 전유 또는 올바른 전유이다".[60] 둘째, 그는 경제가 오직 비교적 힘이 없는 소규모의 영리 기업만으로 구성되어 완전경쟁이 지배하고 있다고 가정한다. 비록 그는 "자유경쟁의 원리를 독점체에게 일반적으로 적용할 수는 없다"[61]는 것을 알고 있었지만, 그는 자신의 일반균형이론의 논의에서 독점체의 문제를 완전히 무시하고 있다. 이 논의 뒤에 그의 저서의 끝에서 두 번째 장에 가서야 비로소 독점체에 대한 논의로 몇 쪽 정도를 바치고 있다. 하지만 그는 이 논의를 자신의 일반균형이론의 논의로 되돌아가서 연결시키려는 시도는 전혀 하지 않는다. 셋째, 사람들은 측정이 가능한 한계효용표를 가지고 있다고 그냥 가정하고 있다. 이러한 효용표가 어떻게 생겨나게 되는지 또는 이 표가 시간이 지나면서 어떻게 바뀌게 되는지에 대해서는 아무런 논의가 없다. 그는 단순히 자신이 분석하고 있는 동안에는 "효용이 … 교환의 양쪽 모두에게 있어서 **고정되어** 변하지 않는다"[62]고 가정할 뿐이다. 이렇게 효용은 형이상학적으로 주어진 궁극적 소여所與, datum로서, 이것을 통해 세상의 모든 것을 설명해야 한다.

발라는 분명히 사람들의 효용표가 시간이 지나면 변화한다고 인정했지만, 그러한 변화가 일어난다고 해도 그때 가서 일반균형의 해를 새로 구하는 것 또한 본질적으로 동일한 문제라고 가정하고 논의를 그냥 끝낸다. 이는 결코 분석을 위한 단순화의 문제에 불과한 것이 아니다. 발라는 일반균형 상태에서의 가격이 사람들의 **필요욕구**, 즉 효용을 정확히 반영하고 있으며, 여기에서 사람들의 만족이 극대화된다고 결론을 내린다. 시장 자본주의를 정당화하는 그의 공리주의 이데올로기는 여기에 기초를 두고 있다.

공리주의적 관점에 체현되어 있는 보수적 이데올로기는 만약 욕망이 사회적으로 결정되는 것이거나 계속 변화하는 유동적인 것임을 인정하는 순간 설득력을 모두 잃게 된다. 이 두 가지 가능성 어느 쪽이나 결국 욕망 자체에 대한 판단을 내리는 욕망보다 상위에 있는 기준이 필요하다는 문제로 이어지기 때문이다. 이러한 문제를 공리주의는 결코 고찰하지 않는다. 따라서 발라가 "교환가치는 일단 확립되고 나면 어떤 교환가치이든 자연현상의 성격을 함유한다. 그 기원도 자연적이며 그 현상 형태도 자연적이며 또 그 본질도 자연적이다"[63]라고 말하는 것은 따라서 놀랍지 않다. 이와는 대조적으로 노동가치론에서는 상품의 가격이 **사회적**이라는 관점을 강조한다.

현존하는 소유권의 분배 상태, 완전경쟁 시장, 그리고 형이상학적으로 주어진 고정된 효용표 등을 가정한 뒤, 발라는 다양한 상품이 어떤 수량으로 교환되며 또 그 가격은 어떻게 결정되는지를 보여주기 위한 방정식 체계를 전개한다. 그는 n개의 생산적 서비스와 m개의 소비재를 가정한다. 그러면 생산적 서비스의 가격은 n개가 되며 소비재의 가격은 $m-1$개가 된다(소비재 하나는 뉘메레르로 차출되기 때문이며, 그 상품의 가격은 정의상 1이 된다). 따라서 교환되는 생산적 서비스와 소비재의 수량은 $m+n$개가 되며, 교환에 등장하는 가격의 수는 $m+n-1$개가 된다. 그렇다면 종속변수의 숫자는 이 둘을 더하여 모두 $2m+2n-1$이 된다.

발라가 그의 종속변수의 크기에 대한 해를 찾기 위해 세운 방정식은 4개의 집합으로 묶을 수 있다고 한다.

첫 번째의 방정식 집합에서는, n개의 생산적 서비스 각각의 공급이 모든 생산적 서비스와 모든 소비재의 가격에 의존한다. 따라서 n개의 방정식이 나오게 되며, 이 방정식에서 생산적 서비스 각각의 공급량이 모든 생산적 서비스 및 소비재의 가격과 관계를 맺게 된다. 각각의 방정식이 수학적으로 어떤 구체적 모습을 갖게 되는가는 모든 생산적 서비스 소유자 각각의 한계효용표에 따라 결정된다. 모든 생산적 서비스와 소비재의 $m+n-1$개의 가격이 어떻게 정해진다고 해도 사람들은 그렇게 가격이 주어질 때마다 모두 효용을 적절하게 계산할 수 있으며, 소비재를 구매하여 각자의 효용을 극대화하기 위해서 자신들이 가진 생산적 서비스 중 정확히 얼마만큼을 판매해야 하는지도 결정할 수 있다. 따라서 가격이 어떤 조합으로 결정된다고 해도 모든 생산적 서비스의 소유자는 그 각각의 가격 조합마다 자신들의 생산적 서비스를 얼마나 공급할지의 구체적인 수량을 갖게 될 것이다. 결국 이 n개의 요소 각각의 공급량을 모든 가능한 가격 조합과 연결시키는 n개의 독립적 방정식을 얻을 것이다.

두 번째의 방정식 집합에서는 $m + n - 1$개의 가격 모두에 의해 m개의 소비재 각각에 대한 수요가 결정된다. 그리하여 m개의 방정식이 도출된다. 논리는 첫 번째 집합의 방정식의 경우와 동일하다. 생산적 서비스의 소유자는 소비재를 사기 위해 자신들의 서비스를 판매하는 것이다. 따라서 $m + n - 1$개의 가격이 취할 수 있는 모든 가격 조합 하나하나의 경우마다 자신들이 공급할 서비스뿐만 아니라 자신들이 구매하려고 하는 각각의 소비재의 정확한 양을 효용 극대화의 원리에 따라 결정한다.

세 번째 방정식 집합으로 가보자. 경제 전체가 균형 상태에 있기 위해서는 모든 생산적 서비스에 대한 수요가 모든 생산적 서비스의 공급과 똑같아야 한다. 균형에 도달하기 위한 조건의 하나로서 모든 자원의 완전고용 및 사용이 가정된다. 이로 인해 n개의 생산적 서비스 하나하나마다 그 공급량과 수요량을 동일하게 만드는 방정식이 하나씩 나오게 된다.

네 번째 방정식 집합에서는, 완전경쟁의 가정으로 인해 각각의 소비재의 가격이 그 생산비용과 일치하게 되어 있다고 발라는 생각했다. 생산비용은 생산의 '기술적 상관계수'(즉 생산에 있어서 생산요소를 얼마만큼씩 어떤 방식으로 결합시킬지에 대한 여러 종류의 기술적 계획) 그리고 생산적 서비스의 가격에 의존할 것이다.

이리하여 발라가 얻는 방정식의 숫자는 $2m + 2n$개에 달한다. 즉 두 번째와 네 번째의 방정식 집합에서 각각 m개씩을 얻고, 첫 번째와 세 번째 방정식 집합에서 각각 n개를 얻는다. 그런데 이 방정식을 풀어서 해를 얻어야 하는 미지수의 숫자는 $2m + 2n - 1$개뿐이다. 이제부터 몇 개의 단락에 걸쳐서 우리는 '발라의 법칙'이라고 오늘날까지 불려온 것을 논의하려고 한다. 이 법칙은 모든 시장이 하나만 빼고서 균형 상태에 있다면, 그 하나의 시장 또한 균형 상태에 있게 되어 있음을 증명하는 법칙이다. 결국 모든 다른 방정식을 동시에 풀어주는 해가 있다면 그 하나의 방정식에도 자동적으로 해가 나오게 되어 있다는 말이므로, 이 법칙은 곧 발라의 균형을 구성하는 방정식 중 하나는 독립된 방정식이 아니라는 것을 뜻한다. 따라서 발라가 최종적으로 얻은 독립된 방정식의 숫자는 $2m + 2n - 1$개가 되며, 이는 해를 얻어야 할 미지수의 숫자와 동일하게 된다.

그런데 발라의 법칙은 사실 개념의 정의에서 논리적으로 연역되어 나오는 항등식에 불과하다. 발라의 법칙이 말하고 있는 것은, 가격이 어떤 조합으로 결정되든 교환되는 모든 것에 대한 총수요는 교환되는 모든 것의 총공급과 동일할 수밖에 없다는 이야기이다. 이는 수요와 공급의 정의에서 논리적으로 도출되는 필연적인 명제일 뿐이다. 어떤 주어진 가격의 조합에서 교환하고자 하는 욕망이라는 것은, 정의상 곧 그러한 가격들의 조건에서 어떤 것을 얻기 위해(수요) 그와 같은 가치의 무언가를 내놓는(공급) 것이기 때문이다. 따라서 모든 개인의 수요는 동시에 그것과 똑같은 크기의 공급이다. 그리고 이 개인들의 수요와 공급을 모두 더한다면 그 양쪽의 총계는 동일할 수밖에 없는 것이다. 발라는 이 원리를 다음과 같은 방식으로 언명하고 있다(우리가 사용한 **공급**이라는 말 대신 그는 **제공**offer이라는 말을 쓰고 있다).

두 상품을 교환할 때 첫 번째 상품에 대한 유효 수요는 두 번째 상품의 유효 공급에다가 첫 번째 상품으로 표현한 두 번째 상품의 가격을 곱한 것과 동일하며, 첫 번째 상품의 유효 공급 또한 두 번째 상품에 대한 유효 수요에다가 첫 번째 상품으로 표현한 두 번째 상품의 가격을 곱한 것과 동일하다. … 두 개의 상품이 현물 교환으로 거래될 때는 수요를 주요한 사실로, 제공은 부수적인 사실로 보아야 한다. 제공 자체를 목적으로 제공하는 사람은 아무도 없다. 누가 어떤 것을 제공하는 유일한 이유는 제공을 하지 않으면 아무것도 수요할 수가 없기 때문이다. 제공은 단지 수요의 한 결과일 뿐이다.[64]

발라의 법칙이 정의상 진리일 수밖에 없다는 것은 자명하다. 하지만 세의 법칙을 옹호하는 이들 중 다수가 이를 발라의 법칙과 혼동해온 것으로 보인다. 세의 법칙이 뜻하는 바는, 새롭게 생산된 모든 상품에 대한 수요가 반드시 새로 생겨나게 되어 있다는 것이다. 이는 발라의 법칙에서 저절로 도출되는 것이 아니다. 사람들은 무엇인가를 생산하여 그 생산물로 그 이전부터 존재해온 한정된 양의 자산과 교환하고자 할 수 있다. 예를 들어 그 자산이 화폐라고 하자. 그런데 현존하는 가격의 조합에서는 사람들이 갖고자 하는 만큼의 화폐가 존재하지 않을 수 있다. 이런 경우에는 사람들이 화폐를 얻고자 하는 목적에서 새롭게 생산한 것들이 과잉 공급으로 이어지며, 또 그에 꼭 상응하는 만큼의 화폐에 대한 과잉 수요가 나타나게 된다. 따라서 비록 발라의 법칙은 여전히 관철되고 있지만, 상품의 전반적인 '과잉glut'(맬서스의 용어를 사용하면)은 얼마든지 나타날 수 있다. 사실상 가격의 조합이 어떻게 된다고 해도 발라의 법칙은 항상 관철된다. 심지어 **모든 개별 시장이 균형 상태에서 이탈해 있다고** 해도 말이다.

발라의 법칙은 비록 그저 정의에서 논리적으로 연역된 것에 불과하지만, 그래도 우리에게 무언가 유용한 것을 가르쳐준다. 이는 어떤 불균형 상태 disequilibrium에 있어서도 초과 수요의 총량(수요가 공급을 초과하고 있는 모든 시장에서의 수요)은 초과 공급의 총량(공급이 수요를 초과하고 있는 모든 시장에서의 공급)과 **정확히 일치할 수밖에 없다**는 것을 증명해준다. 만약 어떤 재화에 대해 초과 공급이 나타나고 있다면 하나 이상의 다른 재화에 대한 초과 수요가 있음에 틀림없다는 것, 그리고 전체로 보았을 때 초과 수요와 초과 공급은 동일한 크기를 갖는다는 것을 우리에게 가르쳐준다. 하지만 명심해야 할 점이 있다. 발라의 법칙은 현재 생산되는 재화뿐만 아니라 화폐, 유가증권, 그리고 이전부터 존재해온 교환 가능한 모든 자산도 포함한다는 점이다.

우리는 이제 왜 발라의 방정식 체계를 논의하는 가운데 그중에서 방정식 하나를 빼도 되는지를 이해할 수 있다. 만약 하나의 시장이 균형 상태에서 벗어나 있다면, 하나 이상의 다른 시장도 그와 동시에 균형 상태에서 벗어나 있을 것임에 틀림없다. 초과 수요와 초과 공급은 같은 크기이기 때문이다. 따라서 하나의 시장을 제외한 모든 다른 시장이 균형 상태에 있다면 그 하나의 시장 또한 균형 상태에 있을 수밖에 없다. 따라서 모든 시장에 균형 상태를 부여하는 방정식 중에는 불필요한 방정식이 꼭 하나 포함되어 있는 것이다. 이로 인해 발라는 해를 찾아야 할 미지의 가격 및 수량 변수의 숫자와 방정식의 숫자를 정확히 맞출 수 있게 되었다. 이 장 말미의 부록에서 우리는 일반균형이론의 기술적 측면 일부를 좀 더 잘 보여주기 위해서 3개의 상품만으로 구성된 간단한 예를 사용할 것이다. 이렇게 상품의 숫자가 세 개밖에 되지 않는데도 그 분석은 상당히 복잡하고 완전히 이해하려면 꽤 힘을 들여야 한다. 하지만 그 주된 논점은, 완전경쟁과 효용표에 대한 발라의 전제가 충족되기만 한다면 상품의 숫자가 몇 개가 되든 그 상품들끼리의 균형가격과 수량이 어떻게 되는지를 동시에 설명할 수 있다는 점을 증명하는 것이다.

일반균형의 안정성

일반균형이론에서의 중심적 문제는 과연 시장의 힘이 **자동적으로** 불균형 상태를 바로잡을 수 있는가이다. 즉 가격 조합이 불균형 상태에 있다고 했을 때, 수요와 공급이라는 시장의 힘이 과연 자동적으로 이 가격을 변화시켜서 결국 균형 상태를 확립하게 될 것인가의 문제이다. 그리고 설령 그렇게 되어 있다고 생각한다 해도, 그러한 일이 일어나는 데 시간이 얼마나 걸리고 그 과정에서 어떤 종류의 인간적 비용과 고통을 치러야 하는가라는 지극히 중대한 문제가 여전히 남는다.

이 문제와 관련된 정책 처방의 방향에 있어서 경제학자들은 두 개의 집단으로 나뉜다. 벤담(후기 저작), 맬서스, 마르크스, 홉슨, 케인스 등은 모두 시장에만 의지하면 엄청난 각종 인간적 비용을 치르게 될 것이며, 따라서 그러한 비용을 경감시키기 위해 여러 조치를 취해야 한다고 주장한다(물론 이들 각각이 옹호했던 해결책은 대단히 다르다). 반면 세, 리카도, 시니어, 바스티아, 나아가 거의 모든 신고전파 경제학자들은 모두 그러한 시장 조정이 신속하고도 효과적이므로 여기에 전적으로 의지해야 한다는 신앙을 가지고 있다.

모든 소비재 상품에 대해 초과 공급, 즉 공급과잉이 존재하며 이와 똑같은 액수의 화폐에 대한 초과 수요가 있다고 생각해보라. 이 상황에서는 어떤 결과가 나올 것인가? 이 질문에 대한 대답에 따라 맬서스와 세의 시대에서 오늘날에 이르기까지 경제학자들은 두 편으로 갈리게 된다. 발라는 시장이 비교적 별 비용을 치르지 않고서도 자동적으로 적절한 완전고용 균형 가격을 형성할 것이라고 주장하는 점에서, 단호하게 세 그리고 극단적인 자유방임을 지지했던 경제학자들의 편에 선다.

발라는 시장이 균형을 얻는 과정을 '모색tâtonnement, groping'의 과정으로 보았다. 이 문제를 논의하는 구절 대부분에서 그는 경제가 균형 상태에서 **출발한다**고 가정했다. 어느 한 상품에 대한 수요의 변화로 인해 이 균형 상태가 교란당한다는 것이다.[65] 그는 초과 수요는 곧바로 가격 상승으로 이어지며, 초과 공급은 곧바로 가격 하락으로 이어질 것이라고 언제나 가정했다. 이러한 가격 변화가 일어나면 자동적으로 균형 상태는 새로운 지점에서 다시 확립될 것이다. 그 경로는 사람들이 교환하고자 하는 상품 수량의 변화일 수도 있고, 기업들이 공급 초과가 발생하는 산업에서 수요 초과가 발생하는 산업으로 재빨리 옮겨감에 따라 자원이 재분배되는 것일 수도 있다. "기업가들이 손실 기업에서 수익 기업으로 옮겨가는 흐름이 현실에 나타나면 상품의 가격은 위아래로 운동하게 되는데, 이는 단지 이 문제에 포함된 방정식의 해를 찾아가기 위한 모색의 방법인 것이다."[66]

발라의 해법에는 몇 가지 문제가 있고, 이 문제는 오늘날까지도 만족스럽게 해결되지 못했다. 첫째, 앞으로 보겠지만 그의 이론이 원하는 이데올로기적 결과를 내놓기 위해서는 완전경쟁의 가정이 반드시 필요하다. 하지만 신고전파가 보는 완전경쟁의 그림에서는 모든 기업이 **가격 수용자**이다. 가격이 먼저 시장에서 확립되며, 기업은 그 뒤에 이 가격에 반응하게 된다는 것이다. 그렇다면 애초에 이 새로운 가격은 어떻게 확립되는가? 신고전파 경제학자들은 오늘날까지 이 문제로 대단히 골치를 앓아왔다.

이 문제를 해결하기 위해서 발라는 경매인 또는 '호가자呼價者'가 존재하여 모든 사람에게 모든 상품의 가격을 알린다고 가정해야만 했다.

> 경쟁이라는 관점에서 볼 때 가장 잘 조직된 시장은 경매를 통해 구매와 판매가 이루어지는 시장이다. 여기서는 호가자가 모든 교환의 조건을 공개적으로 알리는 방식을 통해 거래를 중앙으로 집중시키는 행위자로 기능하며, 판매자에게는 가격을 내릴 기회가 또 구매자에게는 입찰 가격을 올릴 기회가 주어진다.[67]

하지만 발라가 말하는 상상 속의 호가자만으로는 충분하지 않다. 이 호가자가 어떤 가격 조합을 알리고 이에 근거하여 교환이 이루어진다고 가정하자. 만약 이 가격 조합이 균형가격의 조합이 **아니라고** 한다면 많은 시장에 초과 수요와 초과 공급이 나타날 것이다. 그래서 우리의 호가자가 그다음의 가격 조합을 새로 공포하게 되면, 모든 개인들은 이 새로운 가격 조합을 통하여 균형 상태를 성취하려고 할 뿐만 아니라 그전에 공포된 잘못된 가격 조합에 기초하여 생겨났던 실수를 바로잡으려고 할 것이다. 그런데 천재일우의 행운이 따르면 모르겠거니와, 새로 공포된 가격 조합이라는 것 또한 또 하나의 불균형 상태의 가격 조합일 것이다. 이렇게 새로운 교환이 이루어지면서 과거의 실수를 바로잡을 때마다 새로운 실수가 생겨날 것이다. 모든 거래자들은 실수에 실수를 거듭하면서 일을 더 꼬이게 만들 수 있으며, 따라서 상황이 균형 상태를 향해 나아갈 확률은 그로부터 멀어져 갈 확률보다 결코 높다고 할 수 없다.

여기서 발라에게는 오직 두 개의 선택만이 있게 된다. 그가 말하는 호가자가 전지전능자이어서 (즉 하느님이어서) 균형 상태에서 가격 조합이 어떻게 될지를 미리 알고 있거나, 아니면 그 호가자가 무수히 많은 슈퍼컴퓨터를 마음대로 사용하는 사회주의 경제의 중앙 계획 기구와 같은 것이어야 한다. 후자의 경우 호가자가 가격 조합을 공포하면 그다음에는 모든 교환자들이 그 가격이라면 어떻게 구매와 판매를 할 것인지에 대한 **자신들의 의도**를 호가자에게 말해주는 식으로 반응할 수 있다. 그다음에는 중앙 계획 기구에서 이 모든 데이터를 다시 슈퍼컴퓨터에 집어넣고 돌려서 모든 시장에서의 총수요와 총공급을 계산하며, 그 동안 누구도 꼼짝 않고 그 결과가 나오기를 기다린다. 호가자가 이러한 중앙 계획 기구의 도움을 통해 어떤 시장에서 초과 수요가 생겨날 위험이 있음을 찾아내면, 그는 그 시장에서의 가격을 상향 조정한다. 이와 마찬가지로 잠재적인 초과 공급의 위험이 있는 시장은 가격을 하향 조정받는다. 이렇게 호가자가 균형 상태의 가격 조합을 찾아낼 때까지 교환자들이 자신들의 상품을 계속 보유하면서 일련의 모색 과정은 계속된다. 교환은 오로지 균형 상태의 가격을 찾아낸 뒤에야 이루어진다.

발라는 사회주의를 혐오했지만 '시장의 무정부 상태'(비록 이는 사회주의자들이 사용하는 표현이지만)의 문제를 피하는 수단으로 결국 호가자와 중앙 계획 기구 모델을 선택했다.

> 이 모든 재화 및 서비스의 교환 비율들, 즉 **가격들**이 일단 무작위적으로 공포되면 … 교환의 당사자는 그 여러 가격을 기준으로 삼아 자신이 너무 많이 갖고 있다고 생각하는 재화나 서비스는 **제공**할 것이며, 자신이 상대적으로 너무 적게 갖고 있다고 생각하는 물품이나 서비스는 수요할 것이다. … 유효하게 수요되고 제공된 모든 하나하나의 수량이 이런 식으로 결정되기 때문에, 수요가 제공을 초과하는 것의 가격은 **상승**할 것이고 제공이 수요를 초과하는 것의 가격은 **하락**할 것이다. 이제 새로운 가격이 공포되고 나면 교환 당사자는 수요하고 제공하는 것의 수량을 새로운 가격에 맞도록 변동시킬 것이다. 그리하여 가격은 계속 오르내려 마침내 모든 재화와 모든 서비스의 수요와 제공이 동일해질 때가 올 것이다. 그때가 되면 상품의 가격은 **현재의 균형가격**current equilibrium prices이 될 것이며 〔오로지 이때가 되어야만〕 교환이 실제로 이루어질 수 있다.[68]

물론 발라는 그러한 호가자가 존재하지 않는다는 것을 잘 알았다. 하지만 그는 시장의 실제 작동이 이것과 비슷할 것이라는 믿음을 가지고 있었다. 이는 결코 믿음 이상의 아무것도 아니었다. 이러한 발라의 믿음에 있어서 하나의 문제(물론 이보다 심각한 문제가 많이 있다)는, 어느 한 가격이라도 변한다면 그때마다 이 변화가 한 시장의 수요와 공급에만 영향을 끼치는 것이 아니라 무수히 많은 다른 시장에도 영향을 준다는 점이다. 두 개의 시장만 제외하고 나머지 모든 시장이 균형 상태에 있다고 하자. 이 두 개의 시장 중 하나는 초과 수요가, 또 하나는 그와 똑같은 양의 초과 공급이 있다고 하자. 발라의 논리대로 하자면 초과 수요의 시장에서는 가격이 오를 것이며 초과 공급의 시장에서는 가격이 떨어질 것이다. 만약 이러한 가격 변화에 영향을 받는 시장이 그 둘뿐이라면, 그리고 수요곡선과 공급곡선이 발라가 이론화한 그대로의 모습을 가지고 있다면, 그리고 이 불균형 상태에 대한 유일한 반응이 발라가 예견한 반응뿐이라면, 시장은 실제로 새로운 일반균형 상태를 확립하게 될 것이다.

하지만 이러한 가정의 전제 조건 자체를 기각해야 한다. 첫째, 발라의 일반균형 분석에서 가장 핵심적인 논점은 어느 한 시장에서라도 가격 변화가 나타나게 되면 다른 수많은 시장들에서도 수요와 공급에 영향을 끼치게 된다는 것을 보여주는 것이었다. 따라서 두 개의 가격들이 변화하기 시작하면 다른 많은 상품의 수요 및 공급곡선은 이동할 것이다. 그 최초의 불균형 상태는 수많은 시장으로 확산될 것이다. 이 다른 가격이 변화하기 시작함에 따라서 거의 모든 수요 및 공급곡선들도 또다시 이동하기 시작할 것이다. 따라서 그 두 시장에서의 불균형 상태는 신속하게 모든 시장의 불균형 상태로 파급될 수 있다. 그렇다면 균형 상태가 도대체 어떻게 확립된단 말인가?

발라는 주어진 가격 변화가 오로지 그 영향을 받는 상품의 시장에서만 **1차적 효과**를 가질 것이라고 주장함으로써 이러한 딜레마에서 탈출했다. 다른 시장에 미치는 효과는 **2차적**일 것이라는 것이다. 그다음으로 그는 "만약 시장의 상품 수가 아주 많다면 이러한 2차적 효과는 1차적 효과보다는 훨씬 줄어들 것이다"[69]라는 자신의 믿음을 펼치고 있다.

발라의 제자들은 발라의 가정이 모두 성립하고 2차적 효과가 충분히 작다면 시장은 실제 자동적으로 균형을 달성하게 되어 있다는 것을 보여주었다. 하지만 이들은 2차적 효과가 현실에서 그렇게 작을 수밖에 없다는 것을 결코 보여주지 않았다.

더욱이 발라의 다른 가정도 지극히 의문스럽다. 그는 경제가 완전경쟁 상태에 있기 때문에 기업이 크기도 작고 비교적 힘도 없으므로, 초과 공급의 상황이 되면 항상 가격을 낮추는 방식으로 반응하게 되어 있다고 가정했다. 하지만 실제의 경험을 보면, 큰 힘을 가진 대기업은 시장가격에 대한 상당한 통제력을 가지고 있으며 초과 공급의 상황에 직면한다고 해도 자기들이 보기에 그것이 일시적인 것이라고 판단할 경우에는 가격을 내리지 않고 그대로 유지하려 들면서 산출의 수준만 줄이는 경향이 있다는 것이 분명히 나타난다. 이러한 산출의 감소는 소득 감소를 낳으며, 이는 다시 다른 생산물에 대한 수요의 감소를 가져온다. 만약 이러한 생산자들이 자신들의 시장에서 나타나는 초과 공급에 대해 생산을 줄이는 식으로 대응한다면, 전반적인 공급과잉, 경제 위기 또는 불황이 발생할 것이다.

더욱이 발라는 새로운 가격 조합이 나타날 때마다 모든 교환자들은 그 가격 조합이 균형가격으로서 계속 현실을 지배할 것으로 기대하며 행동할 것이라고 가정하고 있다. 다시 한 번 실제 경험을 보면, 교환자들이 그렇게 행동하지 않을 때가 많다는 것이 분명히 드러난다. 이들은 현재의 가격이 아니라 미래에 얻을 수 있을 것으로 예측하는 가격을 교환의 기초로 삼는 것이다. 이 책의 뒷부분에서 보겠지만 존 메이너드 케인스는 이러한 예측 때문에 완전고용의 일반균형을 달성하는 것이 불가능하게 될 때가 많다는 것을 보여주었다.

우리는 시장이 자동적으로 완전고용의 일반균형을 창출할 것이라는 발라의 생각은 세의 생각이 그랬던 것처럼 순전히 신념의 문제에 불과하다고 결론을 내릴 수 있다. 두 사람의 생각은 이론적인 근거로나 경험적인 근거로나 도저히 정당화될 수 없다는 점에서 똑같다.

발라가 고안한 일반균형 모델의 이론적 틀은 옛날이나 지금이나 대단히 중요하다. 우리가 만약 시장의 자동성이라는 지극히 비현실적인 그의 신념만 버린다면, 여러 시장의 상호 관계로 구성된 그의 시스템은 자본주의적 시장 시스템이 완전고용의 일반균형을 달성하는 것이 얼마나 어려운 일인지를 정확히 보여준다. 이 이론은 또한 일단 경제 위기가 시작되면 이는 모든 경제 부문으로 확산되며 전반적 위기 또는 불황으로 발전하게 된다는 것도 보여준다. 발라의 일반균형이론의 틀은 시장의 무정부 상태를 분석할 수 있는 최고의 이론적 맥락을 제공한다. 자본주의 시장경제에 과소 소비가 필연적으로 나타날 것이라고 주장한 이론가들이 많았지만, 그들 중 다수의 이론은 수많은 논리적, 이론적 문제점을 안고 있다. 만약 그들이 발라의 일반균형이론과 닮은 틀로 이론을 정식화했더라면 그러한 문제점을 굉장히 많이 피해갈 수 있었을 것이다. 따라서 발라의 일반균형이론은 경제사상사에 있어서 가장 중대한 이론적 성취의 하나라고 판단해야 옳다. 이 이론은 시장의 자동성에 대한 발라의 천진난만한 신념과도 별개로 떼어놓고 볼 수 있으며, 또 그가 경쟁적 자유방임 자본주의를 정당화했던 그의 공리주의 이데올로기와도 분리할 수 있다.

자본주의에 대한 발라의 이데올로기적 옹호

발라는 세와 시니어에서 오늘날까지 이어지는 효용가치론 전통의 거의 모든 경제학 이론가들이 갖는 특징 몇 가지를 가지고 있다. 첫째, 그는 경제를 거의 전적으로 교환이라는 관점에서만 바라보고 있다. 심지어 생산을 다룰 때마저도 대부분의 효용가치론자와 마찬가지로 생산을 무엇보다도 일련의 **교환**으로 보며, 생산에 포함되어 있는 계급적 관계의 시각에서 결코 보지 않는다. 이렇게 그의 분석은 마르크스가 유통영역이라고 불렀던 것 안에 머무르고 있다.

생산과정에서의 계급 관계를 발라가 이렇게 부인한 것은 기업가에 대한 논의에서 가장 명확하게 나타난다. 생산적 서비스에는 자본, 노동, 토지 세 가지 유형이 있다. 이 서비스의 소유권 패턴은 당연한 것으로 받아들인다. 효용 극대화 행위자로서 행동하는 모든 개인은 생산적 서비스의 일정량을 기업가에게 판매하여 일정량의 소비재를 구매하려고 한다. 이 전체 과정은 단지 교환을 통한 효용 극대화일 뿐이라는 것이다. 기업가는 이 생산적 서비스에 대해 정확하게 그것이 생산에 기여한 만큼의 가치를 지불한다. 자본에는 이자가, 토지에는 지대가, 노동에는 임금이 지불된다. 균형 상태에서는 이러한 생산적 서비스에 대한 지불이 생산된 것의 가치와 정확하게 일치한다. **잉여가치도 존재하지 않으며 이윤도 존재하지 않는다.** 이윤은 오로지 불균형이 있을 때만 나타난다(그리고 이 시스템 내의 다른 어딘가에서 발생했을 손실과 정확하게 같은 양이다).

이러한 관점에서 보면 누가 기업가가 되는가는 순전히 우연의 문제이다. 이는 자본가일 수도 있다. 그래서 노동 서비스와 토지 서비스에 지불을 행한 뒤에 나오는 잔여분이 (물론 균형 상태에서) 그 자본가의 자본이 행한 서비스에 대한 이자와 정확하게 일치하게 된다. 또 마찬가지로 이는 노동자일 수도 있다. 이 경우 노동자 또한 자본 서비스와 토지 서비스에 대해 지불하고 남은 잔여분이 자신이 행한 노동 서비스와 정확히 일치하게 된다. 마찬가지로 이는 지주일 수도 있으며 또 여러 생산 서비스의 일정한 조합을 소유한 개인일 수도 있다. 균형 상태에서는 이윤이 어차피 0이므로 누가 기업가인지는 중요하지 않다. "따라서 생산이 균형 상태에 있으면 기업가는 이윤도 손실도 보지 않는다. 그는 자기 자신의 영리 활동이나 다른 영리 활동에서 기업가로서 생계비를 버는 것이 아니라 토지 소유자로서, 노동자로서, 또는 자본가로서 생계비를 버는 것이다."[70]

따라서 모든 개인들은 최초에 각자가 '부여'받은 교환 가능한 사물의 양이 모두 다른 상태에서 출발하여 각자 효용을 극대화하려는 교환자들일 뿐이다. 헨리 포드와 그의 공장 생산라인의 가장 가난한 저임금의 노동자 사이에는 아무 차이도 없다. 둘 다 모두 효용을 극대화하는 교환자들일 뿐이며, 생산은 그저 교환의 행사일 뿐이다. 이런 것이 발라 이론의 본질이며, 오늘날의 경제학계에도 무수히 많은 추종자들이 존재한다.

바스티아는 "정치경제학은 교환**이다**"라고 선언했다. 발라는 바스티아보다 훨씬 더 정교하고 세련된 이론을 발전시켰지만 그 결론은 동일하다.

> 결론은 이러하다. 완전경쟁 시장에서 두 개의 상품이 서로 교환되는 것은, 그 두 상품이 시장 전체에서 동일한 비율로 교환되어야 한다는 조건을 침해하지 않으면서 두 상품 중 하나의 소유자 또는 두 소유자 모두가 자신들의 욕구를 가능한 한 최대로 만족시킬 수 있는 작동이다.
>
> 사회적 부에 대한 이론의 주된 목적은 다음과 같은 점을 보임으로써 이러한 명제를 일반화하는 것이다. 첫째, 이 이론은 두 개의 상품이 서로 교환되는 경우뿐만 아니라 몇 개의 상품이 서로 교환되는 경우에도 적용된다는 것. 둘째, 완전고용 상태에서 이는 교환만이 아니라 생산에도 적용이 된다는 것. 즉 사회적 부의 생산을 해명하는 이론의 주요 목적은 농업, 공업, 상업의 조직 원리를 위 명제의 논리적 결과로서 연역할 수 있음을 보이는 것이다. **따라서 우리는 이 명제가 순수경제학 및 응용경제학 전체를 아우른다고 말할 수 있다.**[71]

그는 이 책 전체에 걸쳐서 비슷한 말을 반복하고 있다. 예를 들어 어느 부분에서는 이렇게 주장한다. "이 분야에서 능력이 있는 이들은 누구나 교환의 이론이 바로 경제학 전체 구조의 기초를 구성하고 있음을 알고 있다."[72]

시니어, 바스티아, 그리고 거의 모든 신고전파 경제학자들과 마찬가지로 발라 또한 자신이 도덕적 가치와 과학을 명확하게 구별하고 있다고 생각했다. 그는 자신의 저작이 순수 과학이며 그 어떤 가치 판단으로도 더럽혀지거나 손상되지 않았다고 독자들을 안심시킨다.《요소》의 첫 장에서 그는 이렇게 선언한다. "참으로 과학의 뚜렷한 특징은, 순수 진리를 추구하는 과정에서 발생하는 결과에 대해 그것이 선한지 악한지에 전혀 관심을 두지 않는 것이다."[73] 그런데 발라는 이러한 선언을 오직 궁지에 몰렸을 때만 준수한다. 이 점에서도 그는 시니어, 바스티아, 거의 모든 신고전파 경제학자들과 똑같다. 이 인용문 바로 다음 쪽에서 그는 논쟁에 휩싸여 있는 사회문제와 관련하여 '순수 진리'의 위치가 무엇인가를 보여주기 시작한다. "과거에는 길드, 거래의 규제, 가격 통제 등의 시스템 아래에서 산업이 쇠퇴하고 침체했다는 것이 관찰되었다. 오늘날에는 그 정반대로 기업의 자유와 거래의 자유 시스템 아래에서 산업이 성장하고 번영하고 있다."[74]

발라가 보기에 작금의 가장 큰 문제는 사회주의자들이 자본주의가 가져오는 혜택, 번영, 조화를 이해하지 못하고 있다는 것이었다. 물론 발라가 보기에 발라 이전에 여러 경제학자들이 자유방임 자본주의를 옹호하고 변호하여 사회주의자들의 주장에 맞섬으로써 사회에 값진 봉사를 한 것은 사실이지만, 이들은 유감스럽게도 자본주의에 대한 올바른 변호를 정식화하지 못했다는 것이다. 예를 들어 그는 중농주의자들을 비판하면서 이렇게 결론을 내린다. "특출난 심오함과 정확함을 가진 관점도 있는데 이는 이들의 여러 오류와 뒤섞여 있다. … 그중에서 지속적인 가치를 갖는 것 [중 하나는] … 부의 생산을 위해서는 자유경쟁이 최상의 규칙이며, 충분히 정당화될 수 있는 때가 아니라면 예외를 두어서는 안 된다고 이들이 선언한 것이다."[75]

또 발라는 자신의 이자론이 '영국 학파'(그는 리카도와 밀을 말하고 있다)의 이자론보다 우월하다는 점을 논하면서 또 이렇게 말한다. "이자론은… 사회주의자들이 즐겨 공격하는 표적이었다. 그리고 경제학자들이 이러한 공격에 맞서서 내놓은 대답은 오늘날까지도 압도적인 설득력을 갖추지는 못했다".[76] 마찬가지로, J. B. 세 그리고 세의 관점을 받아들인 다른 경제학자들을 우호적 입장에서 비판하는 가운데 이렇게 말하기도 한다. "그러한 관점은 특히 그들이 사회주의자들과 논쟁하는 가운데 유용했다.… 유감스럽게도 비록 그러한 관점은 편리하기는 했지만 잘못된 것이었다."[77]

사회주의자들의 사상과 전투를 벌이는 가운데 발라는 스스로의 역할을 다시 한 번 다음의 인용문에서 밝히고 있다.

> 우리가 전개한 방정식은 생산의 자유[이는 발라가 자본주의를 일컫는 표현이다]가 우월한 보편적 규칙임을 분명히 보여준다. 자유는 일정한 한계 내에서 극대의 효용을 가져다준다.… 유감스럽게도 오늘날까지 경제학자들은 자유방임의 개념을 사회주의자들에 맞서는 무기로 사용했을 뿐 그것을 옹호할 논리의 확고한 증명을 제시하는 데는 관심을 덜 기울였다.[78]

마지막으로 발라는 그의 '순수 진리'를 어떤 용도에 활용해야 하는지를 명백히 밝히고 있다. 공산주의와 자본주의를 논하면서 그는 이렇게 말한다.

> 1848년을 전후로 하여 누구보다도 프루동과 바스티아가 뜨겁게 논쟁했던 것이 윤리학과 경제학의 관계이다. 프루동은 그의 《경제적 모순 Contradictions Economiques》에서 정의와 물질적 안녕[이는 발라가 자본주의를 좋게 부르는 이름이다] 사이에 갈등이 있다고 주장한다. 바스티아

는 그의 《경제적 조화》에서 그 반대의 명제를 옹호한다. 나는 어느 쪽도 자신의 주장을 증명하지 못했다고 생각한다. 나는 바스티아의 명제를 들어서 이를 다른 방식으로 옹호하도록 하겠다.[79]

발라의 《요소》의 많은 부분은, 현존하는 자본주의 사회에서 자유로운 교환이 총효용을 극대화하고 있으며 따라서 자유방임 자본주의야말로 있을 수 있는 최상의 세계라는 바스티아의 주장에 대한 정교한 변호로 이루어져 있다.

우선 "재산의 소유권은 ⋯ 정의에 ⋯ 부합한다"[80]는 자신의 가정에서 출발하여 발라는 경제학의 모든 문제가 교환의 문제로 환원될 수 있다는 것을 보여준다. "자유경쟁이 지배하는 시장에서 몇 개의 상품이 서로 교환되는 것은, 그렇게 교환되는 하나 또는 몇 개 또는 모든 상품을 소유한 모든 소유자들이 자신들의 욕구를 최대한으로 만족시킬 수 있는 작동인 것이다."[81]

이 명제는 발라의 《요소》에서 형태만 다양하게 바꾸면서 적어도 스무 번 이상 나타난다. 그가 경쟁적 자본주의란 사회적 후생을 필연적으로 극대화하게 되어 있으며, 이는 가치 판단에 오염되지 않은 '순수 진리'를 나타내는 공리들에서 과학적으로 연역된다고 생각했음은 분명하다. 그런데 참으로 역설적인 것은, 발라의 저작에서 몇 개의 문장을 따로 떼어내면 그것들이 발라의 공리주의에 대한 대단히 곤혹스러운 도덕적 비판의 맹아를 담고 있다는 점이다. "쾌락의 양만 같다면 압핀이나 시나 똑같다"는 벤담의 명제가 다음에 나오는 발라의 명제에도 똑같이 반복된다.

다른 관점에서 보자면, 어떤 약을 의사가 환자를 치료하기 위해서 원하느냐 아니면 살인자가 자신의 가족을 죽이기 위해서 원하느냐는 대단히 심각한 문제이다. 하지만 우리의 관점에서 보자면 이는 전혀 중요하지 않다.

우리에게 있어서는 이 약이 두 경우 모두에 쓸모가 있으며 심지어 전자보다 후자의 경우에서 더 쓸모가 있을 수 있다.[82]

따라서 공리주의의 관점에서 보면 모든 약이 살인자가 자신의 가족을 죽이는 데 쓰도록 주어지고 의사가 환자를 치료하는 데는 전혀 주어지지 않을 때 사회적 만족의 총량이 극대화될 수가 있다. 이러한 벤담 식의 논리를 사용한다면, 발라는 우유가 어느 부자의 피부 미용을 위한 목욕물로 쓰이는 쪽이 가난한 부모에게서 태어나 굶주리고 있는 아기에게 주어지는 것보다 사회적 후생에 더 기여할 수 있다는 것을 보여줄 수도 있었을 것이다.

신고전파 한계주의의 지적 관점

이 장의 시작 부분에서 우리는 신고전파의 한계주의가 최초로 의미 있는 정식화를 얻는 시대(즉 1870년대 초)에 일어난 산업의 집적과 집중의 과정을 기술했다. 19세기의 마지막 30년 동안 산업의 집중은 가속적인 속도로 증가했고 신고전파 한계주의 경제학 이론은 (제번스, 멩거, 발라가 최초로 정식화한 모습으로) 정통 보수주의 전통을 완전히 지배하게 되었다. 자본주의의 사회경제적 구조의 이러한 변화와 경제학 이론에서의 한계주의의 출현이 동시에 벌어졌던 것은 전혀 무관한 일은 아니었던 것으로 보인다.

산업혁명의 최초의 기간 동안(즉 18세기 중반부터 19세기의 처음 수십년까지), 산업자본가는 토지에 뿌리박은 집단과 상인자본가에 맞서서 경제적, 정치적 우위를 얻어내기 위해 오래도록 투쟁에 몰두했다. 이 기간 동안에는 산업자본가가 실제의 생산과정을 직접 감독하고 조정하며 지휘하는 것이 보통이었다. 이들의 노력에 있어서 중심적인 초점 또는 목적은 산업자본의 신속한 축적이었고, 이들의 주된 지적인 관심은 자본축적의 원천이 무엇인가를 이해하는 것이었다. 노동가치론의 관점은 생산적 노동과 비생산적 노동의 구별에 초점을 두면서 이러한 자본축적 과정에 대해 가장 유용한 지혜를 제공했다. 노동가치론은 생산적 노동이 어떻게 잉여노동의 원천이 되며 이것이 어떻게 자본의 팽창을 가능케 하는지를 보여주었다. 따라서 노동가치론이 최초로 정식화되었을 때는 산업자본가계급의 관점을 반영했고, 그들의 객관적 필요를 충족하는 데 쓸모가 있었다.

이 기간 동안 상인자본가와 지주는 소유권과 시장 교환에서 소득을 수취하고 있었다. 이들은 자신들이 처해 있는 상황 때문에, 자본과 토지의 사적 소유권을 신성한 것으로 인정하고 교환의 사회적 혜택을 높게 평가하는 경제 이론을 가장 쓸모있는 것으로 받아들였다. 맬서스, 세, 시니어의 저작으로 대표되는 교환 또는 효용의 관점은 바로 이러한 필요를 가장 잘 충족시켰다.

그런데 이 장의 초입에서 기술한 것처럼 산업화의 으뜸가는 형태로서 주식회사가 성장하고 또 이에 따라 산업의 집중이 증가하면, 산업자본의 축적의 성격과 산업자본가의 역할에 있어서 중대한 변화가 생겨난다. 자본축적은 이제 체계화되었고, 제도화되었고, 정규화되었다. 기업을 지휘하고 감독하며 거기서 나온 이윤을 자동적으로 영속적인 축적 과정의 일부에 다시 집어넣는 등의 업무는 갈수록 고용된 기업 경영자에게 맡겨지게 되었다. 산업 생산과정에서 자본가 기업주 개인이 맡는 역할은 갈수록 그 중요성이 줄어들게 되었다.

산업자본의 소유자는 사회경제적 기능에 있어서 갈수록 지주계급을 닮아가게 되었다. 점차 이윤과 이자 또한 수동적 소유권에서 나오는 결과물이 되어갔다. 따라서 산업자본의 소유자의 이론적, 이데올로기적 필요는 지주 및 상인자본가의 그것과 갈수록 동일해졌다. 이들 모두는 이제 자신들의 소유권을 신성한 것으로 인정하고 교환경제의 미덕을 높이 내거는 이론을 필요로 하게 된 것이다.

그리하여 카를 마르크스의 저작의 노동가치론이 노동계급의 이익과 동일시되기 시작한 바로 그 시점에 효용 이론 또는 시장의 관점은 생산수단을 소유한 계급의 모든 요소의 (토지, 상인자본, 금융자본, 산업자본 무엇이든) 공통된 이익에 복무하기 시작한 것이다.

신고전파 한계주의가 그려내는 개인, 즉 합리적이며 계산적인 극대화 행위자로서의 개인이라는 개념은 실제의 자본주의 사회에 존재하는 대부분 사람들의 행태를 정확하게 반영하는 것이었던 적이 결코 없다. 대부분의 노동계급 사람들은 자라나면서 이미 가정에서 소비 패턴이 사회화되어 습관이 되며 상대적으로 표준화된다. 물론 그들이 습관적으로 소비해왔던 상품 가격이 크게 오르면 그들의 구매력은 제한되어 있으므로 어쩔 수 없이 소비 패턴을 조정할 수밖에 없게 된다. 하지만 합리적으로 한계효용을 계산하며, 효용 비율을 가격 비율과 비교하고, 그리하여 '극대의 쾌락'을 달성하기 위해 구매를 조정한다는 식의 생각은 대부분의 노동계급 사람들의 정신적 과정에는 언제나 전혀 낯선 것이었다.

그런데 이렇게 합리적이며, 계산적인 극대화 행위자, 즉 극대화를 항상 추구하면서 이 정도 마진에서는 사고 저 정도 마진에서는 파는 개인이라는 묘사가 아주 적확히 들어맞는 집단이 자본주의 경제에 하나 있다. 그것은 아무 기능도 하지 않으면서 투자 자산의 광범위한 포트폴리오를 가진 소유자 계급이다. 이러한 개인은 소유권만으로 소득을 발생시키는 주식, 채권, 토지 및 기타 자산을 소유한다. 이러한 개인은 보통 전문적인 중개인을 통해서 끊임없이 이 주식을 얼마 샀다가 저 주식을 얼마 판다든가 단기 국채를 장기 국채로 옮기든가 또는 시간의 변화에 따른 소득 또는 소유 자산 가치의 증가율을 극대화하는 재산 보유의 조합을 합리적으로 계산하기 위해 쉬지 않고 노력하면서 자산 포트폴리오에 대해 영속적으로 **한계적 조정**을 행한다. 이것이 바로 신고전파 한계주의 경제학이 가장 잘 묘사하는 유형의 개인이며, 신고전파 한계주의 경제학은 이러한 유형의 개인의 필요에 가장 잘 복무하는 이데올로기적 결론을 내는 데서 그 절정에 도달한다.

부록

방정식만 논의해서는 일반균형의 진정한 의미가 무엇인지를 머릿속에서 파악하기가 대단히 어렵다. 그리고 $2m + 2n - 1$개의 방정식만 들여다본다면 (특히 이것이 아주 큰 숫자라면) 일은 더욱 어려워진다. 따라서 우리는 단순한 3개 상품의 일반균형 모델을 그래프로 제시해보겠다. 이 그래프는 일반균형 모델의 성격을 보여주는 데도 도움이 되며 또 경제가 불균형 상태에서 출발하는 경우 어떻게 균형 상태가 달성될 수 있는지의 여부를 보여주는 데도 도움이 된다. 우리의 모델은 생산적 서비스와 소비재 사이에 아무런 구별을 두지 않을 것이다. 이는 단순히 교환 모델이며 생산 모델이 아니다. 그리고 여기서 한 상품이 뉘메레르로 기능할 것이다. 여기에는 다섯 개의 미지수가 있다. 상품 a, b, c의 교환된 수량과 상품 a의 가격인 P_a와 상품 b의 가격인 P_b이다. 상품 c는 뉘메레르가 되어 두 상품의 가격을 표시한다.
우리의 방정식은 다음과 같다.

$$ED_a = f(P_a, P_b), \tag{10A.1}$$

즉 상품 a에 대한 초과 수요인 ED_a는 두 가격 모두에 의해 결정된다. 이는 단순히 말하자면 두 가격의 조합이 어떻게 된다고 해도 상품 a의 시장에는 세 가지 상황 중 하나가 발생할 것이라는 의미이다. $ED_a = 0$이 되면 수요와 공급의 양이 똑같다는 말이다. $ED_a > 0$이면 수요가 공급을 초과한다는 말이다. $ED_a < 0$이라면 수요가 공급보다 적다는 말이다. 초과 수요의 양이 마이너스라는 것은 초과 공급이 발생하고 있다는 것과 같은 말이다.

$$ED_b = f(P_a, P_b), \tag{10A.2}$$

즉 상품 b에 대한 초과 수요는 두 가격 모두에 의해 결정된다. 상품 a의 경우에 적용되었던 이 함수의 의미가 상품 b와 c에도 똑같이 적용된다.

$$ED_c = f(P_a, P_b), \tag{10A.3}$$

즉 상품 c의 초과 수요 또한 두 가격 모두에 의해 결정된다.

$$ED_a = 0 \tag{10A.4}$$

즉 상품 a에 대한 초과 수요가 0이 되어야 한다는 것이 균형의 한 조건이다.

$$ED_b = 0 \tag{10A.5}$$

똑같은 균형의 조건이 상품 b에도 적용되어야 한다.

우리는 이제 다섯 개의 미지수와 다섯 개의 방정식을 가지고 있다. 발라의 법칙은 상품 a와 상품 b가 균형 상태에 있다면 상품 c 또한 균형 상태에 있다는 것을 보증한다. 그리고 우리는 미지수와 방정식의 숫자를 각각 8개라고 말할 수도 있다. 두 개의 가격이라는 미지수 그리고 세 상품 각각에 대해 수요 함수와 공급 함수가 하나씩 있다고 보면 된다. 사실 따지고 보면 10A.1, 10A.2, 10A.3의 세 방정식은 각각 수요 방정식 하나와 공급 방정식 하나를 합쳐놓은 것이다. 이것들을 각각 합쳐놓는 것은 균형 상태에서는 어떤 재화이든 수요량이 공급량과 일치하며 양쪽 모두 교환된 양은 동일하기 때문이다.

우리는 이제 부분균형 분석에서 얻은 단순한 수요곡선과 공급곡선을 사용하여 일반균형을 보여줄 수 있다. 그 방법은 다음과 같다. 먼저 상품 b의 가격이 일정하게 주어져 있다고 **가정**할 수 있다. 그다음에는 상품 a의 시장에서 상품 a의 가격이 달라질 때마다 그 수요량과 공급량이 어떻게 달라지는지를 보여주는 수요곡선과 공급곡선을 그릴 수 있다. 그다음에 상품 b의 가격이 **달라졌다**고 가정하면 다른 가정이 동일하다는 전제 아래 전혀 다른 상품 a의 수요곡선과 공급곡선을 얻게 된다. 계속해서 상품 b의 가격을 다양하게 변화시키면 우리는 상품 a의 수요곡선과 공급곡선 한 묶음을 얻게 된다. 이 곡선들은 자신들을 발생시킨 상품 b의 여러 가격과 함께 방정식 10A.1에 잠재되어 있는 정보를 우리에게 전달해준다. 상품 b의 가격이 주어질 때마다 상품 a의 시장에는 하나의 공급곡선과 하나의 수요곡선이 있게된다. 이 두 곡선은 상품 a의 특정한 가격에서 교차하게 될 것이다. 그리고 이 가격에서 다시 **b의 가격을 주어진 것으로 가정하게 되면** 방정식 10A.4를 풀 수 있게 된다. 상품 b의 가격이 주어져 있고 여기에다 방정식 10A.4를 만족시키는 상품 a의 가격, 즉 상품 a의 수요와 공급을 동일하게 해주는 상품 a의 가격을 새로 얻게 되었으므로 이로써 우리는 방정식 10A.4를 만족시키는 가격 **조합 하나를** 얻게 된다. 이렇게 하면 상품 **b**의 가격을 변화시킬 때마다 우리는 방정식 10A.4를 만족시키는 다른 가격 조합 하나씩을 얻게 될 것이다.

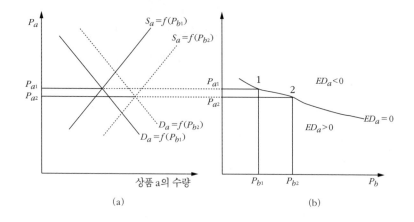

그림 10A-1. **상품 a에 대한 수요 및 공급의 균형가격**

그림 〈10A-1〉은 지금까지의 설명을 그림으로 나타낸 것이다. 상품 b의 가격이 P_{b1}으로 주어졌을 때의 첫 번째 수요곡선 및 공급곡선은 실선으로 그려져 있다. 그리고 상품 b의 가격이 P_{b2}으로 주어졌을 때의 두 번째 수요곡선 및 공급곡선은 점선으로 그려져 있다.

〈그림 10A-1〉의 (a) 부분에서 우리는 P_{b1}에 대응하는 상품 a의 수요곡선 및 공급곡선들은 P_{a1}에서 수요와 공급의 균형을 이루는 것을 알 수 있다. 이와 마찬가지로 P_{b2}에서는 균형이 P_{a2}에서 달성된다. 따라서 우리는 두 상품에 대해 방정식 10A.4를 만족시키는 두 개의 가격 조합을 얻게 된다. 이 과정을 계속 반복한다면 우리는 방정식 10A.4를 만족시키는 일련의 가격 조합을 모두 얻게 될 것이다. 〈그림 10A-1〉의 (b) 부분은 이러한 **모든** 가격 조합을 그래프로 나타낸 것이다.

$ED_a = 0$이라는 말이 붙어 있는 선은 방정식 10A.4를 만족시키는 모든 점을 모은 선이다. 이 그래프는 상품 a의 가격(수직 축)과 상품 b의 가격(수

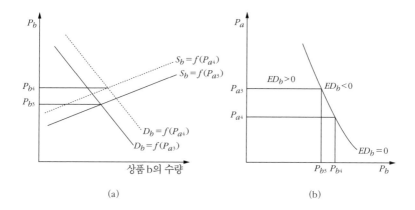

(a)   (b)

평 축)의 관계를 나타낸다. 선 $ED_a = 0$ 위의 모든 점은 상품 a의 수요와 공급을 균형 상태로 만들어주는 가격 조합이다. 이 선 위의 점 1은 (a) 부분 그래프의 첫 번째 수요 및 공급곡선(실선) 위의 점에 대응하며, 점 2는 두 번째 수요 및 공급곡선(점선) 위의 점에 대응한다.

(b) 부분 그래프에 대해 말해야 할 것이 하나 더 있다. $ED_a = 0$ 선 오른쪽 위의 공간은 상품 a에 대한 초과 수요가 마이너스가 되는(즉 초과 공급이 발생하는) 가격 조합의 점들에 대응한다. 그리고 이 선 왼쪽 아래의 공간은 상품 a에 대한 초과 수요가 발생하는(즉 초과 공급이 마이너스가 되는) 가격 조합의 점들에 대응한다.

〈그림 10A-2〉는 상품 b에 대해 똑같은 그림을 그려본 것이다. (a) 부분과 (b) 부분의 그래프는 〈그림 10A-1〉의 경우와 똑같은 논리를 가지고 있다. 〈그림 10A-3〉은 앞의 두 그림의 (b) 부분 그래프 두 개를 결합시킨 것이다. 여기서 우리는 두 상품 모두의 수요와 공급을 균형 상태로 만들어줄

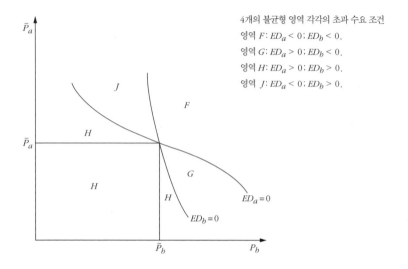

4개의 불균형 영역 각각의 초과 수요 조건

영역 F: $ED_a < 0$; $ED_b < 0$.

영역 G: $ED_a > 0$; $ED_b < 0$.

영역 H: $ED_a > 0$; $ED_b > 0$.

영역 J: $ED_a < 0$; $ED_b > 0$.

모든 가격 조합을 같은 그래프 안에서 보고 있다. 그리고 두 시장 모두를 동시에 균형 상태로 만들어줄 가격 조합은 $\bar{P}_a$와 $\bar{P}_b$뿐이라는 점도 알 수 있다. 두 선 위에 있지 않은 모든 점들은 네 개의 영역으로 나누어진다. 그 각각의 영역에 있는 모든 점들이 두 상품에 대한 초과 수요와의 관계가 어떻게 되는지는 그래프 오른쪽에 요약되어 있다.

〈그림 10A-3〉에 나타난 정보와 발라의 법칙에 기초하여 우리는 상품 c에 대한 초과 수요(ED_c)를 0으로 만들어주는 모든 가격 조합을 나타내는 선 하나를 또 그릴 수 있다. 첫째, 발라의 법칙으로부터 우리는 상품 a, b의 ED = 0 선 두 개가 교차하는 점 ($\bar{P}_a$, $\bar{P}_b$)에서 상품 c에 대한 초과 수요 또한 0이 될 수밖에 없다는 것(즉 $ED_c = 0$)을 알 수 있다. 우리의 일반균형 시스템에 필요한 5개의 방정식 중에서 상품 c에 대한 균형 조건의 방정식은 들

어 있지 않았다. 만약 다른 모든 상품이 균형 상태에 있다면 상품 c 또한 균형 상태에 있을 수밖에 없음을 알고 있었기 때문이다. 상품 c가 불균형 상태에 있으려면 나머지 두 상품 중 최소한 하나가 불균형 상태에 있어야 한다. 발라의 법칙에 따라 총수요는 총공급과 일치해야 하기 때문이다. 따라서 점 $(\bar{P}_a, \bar{P}_b)$는 $ED_c = 0$ 선 위의 한 점인 것이다.

하지만 $ED_c = 0$ 조건만을 충족시키는 다른 가격 조합이 더 있을 것이며, 그런 조합을 나타내는 모든 점을 모으면 $ED_c = 0$ 선이 나오게 될 것이다. 우리는 점 $(\bar{P}_a, \bar{P}_a)$ 이외의 모든 가격 조합에서는 상품 a 시장이나 상품 b 시장 또는 두 시장 모두가 불균형 상태에 있을 것임을 알고 있다(왜냐면 $\bar{P}_a$와 $\bar{P}_a$가 상품 a 시장과 상품 b 시장 **모두를** 균형 상태로 만들어줄 유일한 가격 조합이기 때문이다). 따라서 $ED_c = 0$ 선 위에 있는 점들로 표현되는 가격 조합들 중 점 $(\bar{P}_a, \bar{P}_b)$의 가격 조합 이외에는 모두 상품 c 시장에서의 균형 상태와 상품 a 시장과 상품 b 시장 모두에서의 불균형 상태를 함축하는 것일 수밖에 없다(왜냐면 발라의 법칙으로부터 우리는 오직 한 시장만 불균형 상태에 있는 것은 불가능하다는 것을 알고 있기 때문이다).

또한 발라의 법칙에서 총수요는 총공급과 동일하게 유지되어야 하므로, 우리는 $(\bar{P}_a, \bar{P}_b)$을 제외하고 $ED_c = 0$ 선 위에 있는 모든 점에서 생겨나는 상품 a 시장과 상품 b 시장의 불균형 상태는 서로를 정확하게 상쇄할 수밖에 없다는 것도 알고 있다. 따라서 $(\bar{P}_a, \bar{P}_b)$을 제외하고 $ED_c = 0$ 선 위에 있는 모든 점에서 만약 $ED_a > 0$이라면 $ED_b < 0$일 수밖에 없으며, 전자의 초과 수요는 후자의 마이너스 초과 수요(즉 초과 공급)의 크기와 정확히 일치하게 된다. 마찬가지로 만약 $ED_a < 0$ 이라면 $ED_b > 0$일 수밖에 없으며 전자의 초과 공급과 후자의 초과 수요 또한 동일하게 된다.

〈그림 10A-3〉에서 우리는 $ED_c = 0$ 선이 F나 H 영역을 지나갈 수 없다는 것을 알 수 있다. 왜냐면 이 두 영역에서는 상품 a 시장과 상품 b 시장이

모두 초과 공급을 갖게 되거나(F 영역), 아니면 모두 초과 수요를 갖게 되기 (H 영역) 때문이다. 오직 J와 G 영역에서만 상품 a 시장과 상품 b 시장이 서로를 상쇄하는 것이 가능해지며 따라서 상품 c 시장이 균형 상태가 되는 것도 가능해진다.

따라서 만약 J 영역에서 상품 a 시장의 초과 공급을 상품 b 시장의 초과 수요와 정확히 일치시켜주는 모든 가격 조합의 점을 찾아낸다면, 그리고 만약 G 영역에서 상품 a 시장의 초과 수요를 상품 b 시장의 초과 공급과 정확히 일치시켜주는 모든 가격 조합의 점을 찾아낸다면, 그 결과로 나오는 점들의 위치는 $ED_c = 0$ 선을 구성하게 될 것이다.

〈그림 10A-4〉는 세 상품 각각에 대한 균형가격의 조합을 나타내는 세 개의 선을 보여주고 있다. 가격 $\bar{P}_a$와 가격 $\bar{P}_b$는 이 세 시장 모두를 균형 상태로 만들어준다. 따라서 이 가격은 일반균형가격이다. 우리가 처음에 시작했던 5개의 미지수 가운데 이제 두 개의 해를 찾았다. 이 두 개의 가격을 가지고 우리는 세 상품 각각의 수요곡선과 공급곡선(〈그림 10A-1〉과 〈그림 10A-2〉의 (a) 부분)으로 되돌아가면 각각의 상품이 정확히 얼마만큼 교환되었는지 알 수 있다. 우리는 상품 c에 대한 수요곡선과 공급곡선은 그리지 않았다. 이 곡선은 상품 a 및 상품 b의 경우와 한 가지 차이점만 빼고 완전히 동일할 것이다. 왜냐면 상품 c는 뉘메레르로 정의되었고 따라서 그 가격은 항상 1이기 때문에, b의 가격이 주어져 있을 때는 a의 가격에 의해 c에 대한 수요표와 공급표를 만들 수도 있고(그다음에 새로운 공급표와 수요표를 만들려면 b의 가격을 변화시키면 된다), 또 반대로 a의 가격이 주어져 있을 때는 b의 가격에 의해 만들 수 있다(그다음에 새로운 공급표와 수요표를 만들려면 a의 가격을 변화시키면 된다). 두 방법 모두 동일한 결과를 낳게 될 것이다. 이로써 우리는 5개의 미지수와 5개의 방정식에서 출발하여 이 세 상품 각각의 교환된 수량과 가격 모두에 대한 일반균형의 해를 어떻게 결정하는지를 살펴

그림 10A-4. **상품 a, b, c 시장에서의 균형과 6개의 불균형 영역**

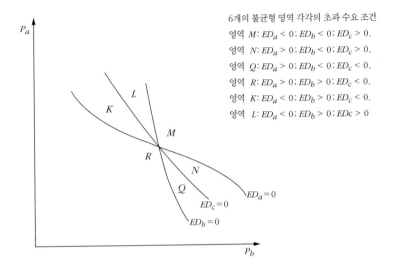

6개의 불균형 영역 각각의 초과 수요 조건

영역 $M: ED_a < 0; ED_b < 0; ED_c > 0.$

영역 $N: ED_a > 0; ED_b < 0; ED_c > 0.$

영역 $Q: ED_a > 0; ED_b < 0; ED_c < 0.$

영역 $R: ED_a > 0; ED_b > 0; ED_c < 0.$

영역 $K: ED_a < 0; ED_b > 0; ED_c < 0.$

영역 $L: ED_a < 0; ED_b > 0; ED_c > 0$

보았다. 이 단순한 세 상품의 일반균형 모델조차도 이렇게 복잡하다는 것을 이해한다면, 소비재와 생산 서비스 모두가 많은 숫자로 구성될 경우 각각의 교환된 수량과 가격을 설명하는 일반균형이론이 얼마나 복잡할지를 느껴볼 수 있을 것이다.

〈그림 10A-4〉는 세 개의 $ED = 0$ 선 모두를 나타내고 있다. 우리는 이제 이 세 선 사이의 공간을 6개의 영역으로 분할한다. 그래프 오른쪽에는 각각의 영역에서 초과 공급 및 초과 수요의 조건이 어떻게 되는지가 요약되어 있다. 〈그림 10A-4〉는 불균형 상태가 있을 때 시장의 힘이 과연 자동적으로 이를 교정할 것인지의 문제를 보여주는 데 도움이 된다. 예를 들어 상품 c가 화폐이며 세 상품의 가격이 모두 M 영역에 있다고 하자. 상품 a와 상품 b는 모두 초과 공급 상태(또는 마이너스의 초과 수요 상태)에 있는 반면,

상품 c는 초과 수요 상태이다. 따라서 모든 상품에 대한 초과 공급—또는 전반적 공급과잉—이 존재하며 같은 양의 화폐에 대한 초과 수요가 존재한다. 모두 뉘메레르인 상품 c를 단위로 해서 보았을 때 상품 a와 상품 b의 가격은 하락하여 시장을 균형 상태의 해—이는 그래프에서 보면 세 선의 교차점이다—로 이동시켜야만 한다. 이는 그래프에서 보면 세 선의 교차점이다. 그렇다면 문제는 과연 이러한 균형을 향한 운동이 실제로 일어날 것인가, 그리고 만약 일어난다면 정확히 시간이 얼마나 걸릴 것인가가 된다.

주

1. William Stanley Jevons, *The Theory of Political Economy*, 2d ed., ed. R.D. Collison Black (Baltimore : Penguin, 1970).

2. Carl Menger, *Principles of Economics* (New York : Free Press, 1950).

3. Leon Walras, *Elements of Pure Economics* (Homewood, IL : Irwin, 1954).

4. William Stanley Jevons, *Letters and Journal of W Stanley Jevons*, ed. Harriet A. Jevons (London : Macmillan, 1886), p. 151

5. Jevons, *Theory of Political Economy*, p. 55.

6. Ibid., p. 44.

7. Ibid., p. 77.

8. Ibid., p. 127.

9. Ibid., pp. 101-2.

10. Ibid., p. 101.

11. Ibid., p. 111.

12. 제번스가 사용한 상징과 기호는 우리의 것과는 다르다. 하지만 그의 공식은 우리가 여기에 내놓은 것과 동일한 뜻을 담고 있다(Ibid., pp. 142-43.). 우리는 독자들의 혼동을 피하기 위하여 오늘날 사용되고 있는 표준적인 방정식 형태를 사용했다.

13. Ibid., p. 44.

14. Ibid., p. 52.

15. Ibid., p. 85.

16. William Stanley Jevons, *The State in Relation to Labour* (London : Macmillan, 1882), p. 98.

17. Ibid., p. 104.

18. Jevons, *Theory of Political Economy*, pp. 68-69.

19. Ibid., p. 173.

20. Ibid., p. 256.

21. Ibid., pp. 257-58.

22. Jevons, *State in Relation to Labour*, p. 127.

23. William Stanley Jevons, *Methods of Social Reform and Other Papers* (London : Macmillan, 1883), p. 108

24. Jevons, *Theory of Political Economy*, p. 126.

25. Ibid., p. 257.

26. Ibid., p. 225.

27. Ibid., p. 72.

28. Ibid., p. 101.

29. Ibid., p. 103.

30. Jevons, Methods of Social Reform, p. 196.

31. John Maynard Keynes, *Essays in Biography* (London: Macmillan, 1933), pp. 126-27에서 재인용.

32. Carl Menger, *Problems of Economics and Sociology* (Urbana: University of Illinois Press, 1963).

33. Menger, *Principles of Economics*, p. 127.

34. Ibid.

35. Ibid., ch. 5.

36. Ibid., pp. 222-25.

37. Ibid., pp. 80-87.

38. Ibid., p. 85.

39. Ibid., p. 150.

40. Ibid., p. 149.

41. Ibid., p. 156.

42. Ibid., pp. 164-65.

43. Ibid., p. 161.

44. Ibid., p. 75.

45. Ibid., p. 76.

46. Ibid., p. 97.

47. Ibid., pp. 173-74.

48. Menger, *Problems of Economics and Sociology*, p. 237.

49. Ibid., p. 194.

50. Ibid., p. 195.

51. Ibid., p. 194.

52. Ibid., p. 91.

53. Ibid., p. 230.

54. Ibid., pp. 91-92.

55. Menger, *Principles of Economics*, p. 174.

56. Ibid., p. 174.

57. Walras, *Elements of Pure Economics*, p. 42.

58. Ibid., p. 67.

59. Ibid., pp. 75, 80.

60. Ibid., p. 78.

61. Ibid., pp. 115-17.

62. Ibid., p. 117.

63. Ibid., p. 69.

64. Ibid., p. 89.

65. Ibid., pp. 146-47, 178-79.

66. Ibid., p. 44.

67. Ibid., pp. 83-84.

68. Ibid., p. 179.

69. Ibid.

70. Ibid., p. 225.

71. Ibid., p. 143. 마지막 문장의 강조는 인용자.

72. Ibid., p. 44.

73. Ibid., p. 52.

74. Ibid., p. 53.

75. Ibid., pp. 396-97.

76. Ibid., p. 422.

77. Ibid., pp. 54-55.

78. Ibid., p. 256.

79. Ibid., pp. 79-80

80. Ibid., p. 67.

81. Ibid., p. 173.

82. Ibid., p. 65.

11
기업과 소득분배에 대한 신고전파의 이론:
마셜, 클라크, 뵘바베르크의 저작

경제 이론에서 효용적 관점은 그 전통에서 그려내고 정의하는 전체 경제 과정을 모두 개인들의 합리적이고 계산적인 극대화 행위의 결과로서 보여줄 수 있어야 비로소 완성될 수 있다. 이 관점에서는 경제 과정을 가계와 영리 기업이라는 두 개의 중요한 초점을 가지고 있는 것으로 그려낸다. 이 두 초점 사이에 두 개의 순환적 흐름이 있다. 첫째, 경제학자들이 '실물 흐름'이라고 부르는 것으로서, 가계는 '생산요소'를 소유한 이들로, 또 최종 소비재를 소비하는 이들로 그려진다. 이들은 각각의 한계효용의 계산에 근거하여 자신들이 가지고 있는 다양한 생산요소를 각각 얼마만큼 영리 기업에 판매할 것인가 그리고 다양한 소비재를 각각 얼마만큼 구매할 것인가를 결정한다. 결국 실물 흐름이란 생산요소가 가계에서 영리 기업 쪽으로 흘러가면서 활용되는 흐름이며, 또 소비재가 영리 기업에서 가계 쪽으로 흘러가면서 활용되는 흐름이다.

두 번째 흐름은 '화폐 흐름'이다. 가계는 자신의 생산요소를 사용할 수 있도록 판매함으로써 화폐 소득을 얻는다. 그러면 이 화폐는 가계가 소비재를 구매할 때 그 지불로서 다시 영리 기업 쪽으로 돌아간다. 영리 기업도 합리적이고 계산적인 극대화 원리에 입각한 결정을 내리며, 그 방식은 가계와 놀라울 정도로 비슷하다.

가계는 소비재로부터 얻는 효용을 생산요소를 판매하는 과정에서 자신이 포기해야 했던 효용과 비교하여 그 초과량을 극대화하려고 노력한다. 반면 영리 기업은 생산요소를 구매할 때 지불하는 화폐와 소비재를 판매하여 얻는 화폐 사이의 차액을 극대화하려고 노력한다. 따라서 가계는 실물 흐름의 초점이 되며, 여기서 합리적 극대화의 대상이 되는 것은 효용이다. 마찬가지로 기업은 화폐 흐름의 초점이 되며, 여기서 합리적 극대화의 대상이 되는 것은 이윤이다. 극대화를 이루는 수학의 논리는 어디에 적용되든 동일하므로, 신고전파 경제학의 가계에 대한 분석과 기업에 대한 분석은 대단히 유사하다.

효용 이론과 수요 이론에 대한 마셜의 기여

앨프리드 마셜Alfred Marshall(1842~1924)은 수학자 출신으로 나중에 경제학자로 돌아선 사람으로서 캠브리지 대학에서 수십 년 동안 경제학을 가르쳤다. 그가 자신의 아이디어 대부분을 전개하고 가르쳤던 것은 1870년대 초이지만 그 완성판은 1890년이 되어서야 출간되었다. 그의 《경제학 원리 Principle of Economics》는 영어권 세계의 대학에서 점차 밀의 《정치경제학 원리》를 대체하여 지배적인 경제학 교과서의 자리를 차지하게 되었다. 그가 정식화한 신고전파 이론의 다수는 오늘날까지도 여러 대학에서 신고전파 미시경제학 입문 과정의 내용을 지배하고 있다.

일반적으로 볼 때 마셜은 정신적으로나 이데올로기적으로나 시니어, 세, 바스티아보다는 존 스튜어트 밀에 좀 더 가깝다. 물론 마셜은 밀보다는 분명코 더 보수적이었다. 20세기의 신고전파에는 여전히 자유방임 자본주의를 옹호하지만 경제 시스템의 기능을 덜 가혹하게 만들기 위한 소소한 개혁에 상당한 여지를 허용함으로써 부드러워진 분파가 있는데, 마셜은 바로 그 창시자였다. 이 전통은 오늘날에도 경제정책이 좀 더 우월한 결과를 얻도록 더 많은 정보를 주려는 의도에서 정보의 불완전성과 같은 시장의 불완전성을 분석하고 있다. 오늘날의 이른바 진보적인 주류 경제학자들의 다수는 이 전통에서 나온다고 할 수 있다.

앞 장에서 이미 효용가치론을 논의했으므로, 마셜의 경우에는 제번스, 맹거, 발라가 말한 것과 중복되는 것은 빼고 그가 고유하게 내놓은 이론적 기여에 논의를 제한할 것이다. 이 세 사람의 경제 이론가들과 마찬가지로 마셜 또한 교환에서 소비자 효용을 극대화하기 위해서 필요한 조건을 정식화했고 한계효용체감의 개념 또한 정식화했다. 제번스도 맹거도 자신들의 효용 이론을 직접적으로 수요 이론으로 연결시키지는 못했다. 발라는 그러한 연결을 보여주기는 했지만, 마셜이 자신의 한계효용체감 개념에서 수요 이론을 도출한 방식이 훨씬 더 성공적이었으며, 오늘날의 신고전파 이론이 가르치는 것도 마셜의 이론이다.

마셜은 다음과 같은 방식으로 우하향하는 수요곡선을 도출했다. 첫째, 모든 효용가치론자들과 마찬가지로 그 또한 분석의 대상이 되는 기간에는 분석 대상인 개인의 한계효용표가 변하지 않는다고 가정했다. "그 사람의 성격이나 취향 자체가 변할 만한 시간은 전혀 상정하지 않는다."[1] 우리는 신고전파 경제학의 근저를 이루는 윤리학 이론에 있어서 이 가정이 얼마나 중요한 것인가를 이미 지적했다. 이는 또한 마셜이 수요곡선을 도출하는 데도 반드시 필요한 위치를 점하고 있다. 둘째, 마셜은 한 개인의 화폐에 대한 한계효용 또한 분석 기간 동안 주어져 있고 변하지 않는다고 가정했다. 화폐의 한계효용이 고정되어 있다고 가정함으로써 그는 효용표와 가격표 사이의 연관 관계를 찾아낸 것이다.

예를 들어 어떤 이가 1달러의 화폐에 대해 2'유틸'*의 한계효용을 갖는다고 해보자. 그리고 이 사람은 지금 빵 한 덩어리를 취하면 4유틸의 효용을 얻고 스테이크 1파운드를 취하면 6유틸의 효용을 얻는다고 가정하자. 그러면 이 사람은 빵 한 덩어리를 위해 2달러(즉 4유틸) 그리고 스테이크 1파운드를 위해 3달러(즉 6유틸)를 지불할 용의가 있을 것이다. 빵을 다시 한 덩어리 더 취하면 그 마지막 한 덩어리에서 나오는 효용은 2유틸로 떨어질 것이며 또 스테이크를 1파운드 더 취하면 그 마지막 스테이크에서 나오는 효용 또한 3유틸로 떨어질 것이다. 이 경우에 그 소비자는 두 번째 빵 한 덩어리에 대해서는 1달러(2유틸)를, 두 번째 스테이크 1파운드에 대해서는 1.5달러(3유틸)를 지불하려고 할 것이다. 이는 "그에게 화폐의 한계효용은 양이 고정되어 있으므로, 그가 두 상품에 대해 지불할 용의가 있는 가격의 비율이 두 상품의 효용과 같은 비율이 되기"[2] 때문이다.

이로부터 마셜은 개인의 수요표를 도출한다. 어떤 상품이든 총수요곡선은 단순히 개인들의 무수한 수요곡선들을 합쳐놓은 것일 뿐이다. "널리 사용되는 상품의 가격이 조금이라도 떨어지면, 다른 조건이 동일한 한 그 상품의 매출 총액은 늘어난다."[3]

이 "다른 조건이 동일한 한"이라는 구절이 중요하다. 비록 마셜은 일반균형에 필요한 조건을 짧게 논의하기는 하지만 그의 이론은 대부분 **부분균형** 분석으로서, 오직 한두 개의 상품 시장만을 검토할 뿐 이 시장과 다른 모든 상품 시장이 맺고 있는 상호연관은 무시했다.

마셜은 수요표를 효용표에서 도출하는 것을 설명할 뿐만 아니라 "수요의

---

* 효용('utility')의 양을 객체로서 잴 수 있다고 가정하고서 그 양을 측정하는 가상의 단위로서 간혹 이야기되는 양.

가격 탄력성"[4]의 개념을 정교하게 정의했고, "소비자 잉여"[5]의 개념 또한 정의하고 논의했으며, 또 예외적 상황에서는 어떻게 해서 우상향의 수요곡선upward sloping demand curve[6]이 나타나게 되는지를 보여주었다. 만약 우리의 목적이 현대 신고전파 분석의 세부 사항 하나하나가 어떻게 기원했는지를 상술하는 것이라면 이러한 개념도 설명해야 할 것이다. 하지만 우리의 목적은 그것이 아니며 따라서 이러한 논의를 할 필요가 없다. 관심이 있는 독자들은 적절한 교과서를 찾아볼 것을 권한다.[7]

이렇게 마셜은 제번스, 멩거, 발라의 아이디어를 확장하고 정교화함으로써 가계의 효용 극대화 과정의 절반을 설명하는 논리를 발전시켰다. 나머지 절반은 생산요소의 판매에 관계된 것이다. 마셜은 세 가지 전통적 생산요소—토지, 노동, 자본—가운데 오직 노동과 토지의 공급에서만 마이너스의 효용, 즉 비효용disutility이 함축되어 있다고 생각했다. 지대에 대한 그의 논의는 기본적으로 리카도 및 밀의 논의와 유사하다. 지대란 토양의 비옥도가 서로 달라서 생겨나는 잉여일 뿐으로 아무런 사회적 비용을 담고 있지 않다는 것이다.[8] 다른 경우와 마찬가지로 이 경우에도, 소득이 소유권에서 비롯되는 것을 옹호하는 논리를 제시하는 데 있어서 마셜의 논리는 맬서스, 세, 시니어, 바스티아, 그 밖의 다른 신고전파 경제학자들만큼 완벽하지도 극단적이지도 않다.

가계는 노동과 자본의 서비스를 판매할 때도 효용을 계산해야 한다. 마셜은 물론 일정한 제한 조건을 붙이기는 했지만, 다음과 같은 명제를 원리로 제시한다. 노동을 판매할 적에는 "노동의 양이 늘어날 때마다 노동의 비효용이 일반적으로 증가하기"[9] 시작하는 일정한 지점이 항상 존재한다는 것이다. 이러한 노동의 비효용의 증가는

정신적, 육체적 피로에서 생겨날 수도 있고, 건강하지 못한 환경에서 또

는 달갑지 않은 동료들과 노동을 수행하는 데서 생겨날 수도 있고, 재생산 활동이나 사회적, 지적 활동에 쓰고 싶은 시간을 노동에 써야 하는 데서 생겨날 수도 있다. 하지만 이 비상품discommodity이 어떤 형태를 취하건 그 강도는 거의 항상 노동의 엄혹함과 지속 기간이 늘어나면 증가한다.[10]

노동이 생산에 따르는 사회적 비용임은 모든 경제학자들이 항상 명확히 알고 있었지만, 시니어 이후의 보수적 경제학자들은 계속해서 자본가의 절욕 또한 그와 비슷한 사회적 비용과 비효용을 담고 있다고 주장해왔다. 마셜은 시니어에 전반적으로 동의했지만 그러한 생각에 담긴 함의 때문에 꽤 당혹스러워하고 있는 것이 확연하다.

카를 마르크스와 그의 추종자들은 도대체 어떻게 해서 로스차일드 남작이 고통스러운 절욕을 감행하면 거기서 부가 생겨나서 축적되는 걸까에 대해 사색하면서 이를 웃음거리로 삼는다. 그들은 또 이를 노동자의 방탕스러운 사치와 대비시키기도 한다. 노동자는 일주일에 7실링을 벌어 일곱 명의 가족을 먹여 살려야 하는 판이니 한푼도 남는 돈이 없어 어떤 경제적 절욕의 고통도 감수할 필요가 없다는 것이다.[11]

마셜은 이러한 당혹스러움을 피하기 위해 **절욕**이라는 말 대신 **기다림**waiting이라는 말을 쓰고자 했다.

인간 본성이 지금과 같다면, 자본에 붙는 이자를 물질적 자원의 향유를 참고 기다리는 희생에 따르는 보상이라고 부르는 것은 정당한 일이다. 보상이 없는데도 저축하고자 하는 이들은 거의 없기 때문이다. …
미래를 위해 현재의 쾌락을 희생하는 것을 경제학자들은 절욕이라고 불러왔다. … 하지만 이 용어는 오해받기 쉬우므로 사용하지 않는 편이 유리할 것이다. 그 대신 우리는 부의 축적은 일반적으로 향유를 연기한 결과, 즉 향유에 대한 기다림의 결과라고 말하는 것이 좋을 것이다.[12]

가계에 대한 마셜의 이러한 분석에 따르면, 사람들은 노동이나 기다림의 고통을 상품 소비에서 얻는 쾌락과 견주어 고통을 최소화하는 적절한 교환을 항상 머릿속에서 계산하고 있다. 그렇게 함으로써 "이들은 마치 과일을 깎을 때 버려지는 과육이 최소화되도록 껍질을 얇게 깎으려 하듯이, 교환에서 잃게 되는 효용 총계를 최소한으로 만들기 위해 내주어야 하는 양을 조절하려고 애를 쓴다".[13] 노동자가 노동을 하면 자신이 견뎌야 하는 고통스러운 고생이 얼마나 되는가를 결정할 때도 효용 계산을 사용하며 또 자본가가 얼마나 고통스러운 기다림을 견뎌야 하는가를 결정할 때도 효용 계산을 사용하는데, 그 계산 방식은 어느 쪽이나 동일하다. "미래를 생각하면서 검약할 줄 아는 사람이라면 현재 얻을 한계효용과 미래에 얻을 한계효용이 동일하도록 현재와 미래 사이에 자신의 재산을 배분하려고 노력할 것이다."[14] 따라서 가계 부문에서 기업 부문으로 자본과 노동의 서비스가 흘러가고 또 기업 부문에서 가계 부문으로 소비 상품이 흘러가는 실물의 흐름을 통제하는 것은 효용 극대화 계산이라는 것이다. 하지만 화폐의 흐름을 이해하려면 영리 기업의 이윤 극대화 행동을 검토하는 것이 필요하다.

신고전파 가계 이론과 기업 이론의 대칭성

사고파는 상품의 수량을 조금씩 한계적으로 조정함으로써 효용을 극대화하는 것이 신고전파 이론에서 가능한 이유는, 한 상품 대신 다른 상품을 쓸 수 있다는 **대체 가능성**substitutability 개념 덕분이다. 상품은 오직 소비자에게 효용을 만들어줄 수 있을 때만 구매된다. 효용을 극대화하는 가운데 소비자는 수많은 상품 가운데 하나의 상품에서 효용을 끌어낼 수 있다. 만약 그 상품의 가격이 오르면 그 상품에서 효용을 끌어내는 비용도 오른다. 효용은 질적으로 동질적인 것으로 생각되므로(이는 벤담의 관점과 일치하는 것이지만 밀의 관점과는 반대이다), 소비자의 유일한 고려 사항은 상품에서 얻는 한계효용이 얼마인가 그리고 그 상품을 얻는 비용은 얼마인가이다. 따라서 어떤 상품의 비용이 증가하면 소비자는 그 비싸진 상품의 소비 일부를 줄이는 대신 **다른 상품**의 일정량으로 그것을 **대체한다**. 소비자는 이런 방식을 통해서 한계효용을 끌어내기가 더 비싸진 상품의 구매를 줄이고 한계효용을 끌어내기가 비교적 싸진 다른 상품의 구매를 늘린다. 따라서 한 상품의 가격이 상승한 뒤에는 이렇게 소비자의 판매 및 구매에 변동이 생겨서 효용 극대화의 조건 또한 새롭게 확립된다(즉 모든 상품에 대해서 $M_a/P_a = M_b/P_b$ 등등). 이는 효용을 낳는 데 있어서 상품이 대체 가능성을 가지기 때문이다.

영리 기업의 이론을 가계에서의 효용 극대화 문제와 비슷한 방식의 극대화 문제로서 풀어내려면, 생산요소를 소비재에 비유하고 그 요소가 생산한 산출물을 판매하여 얻는 수입을 효용에 비유할 필요가 있다. 가계는 소비재를 구입할 비용을 얻기 위해서 생산요소 서비스를 판매했으며 그 과정에서 효용을 포기했다. 그리고 그렇게 해서 사들인 소비재는 효용을 낳는다. 가계는 그 재화의 소비에서 얻는 효용과 그 소비재를 획득할 비용을 지불하느라고 잃어버린 효용의 차이를 극대화하려고 든다.

마셜의 분석에 나오는 기업에 있어서도 문제는 동일하다. 한 기업은 상품 판매에서 얻는 화폐 수입과 그 상품을 생산하는 데 들어가는 생산요소 서비스를 구하는 데 치른 화폐 비용의 차이를 극대화하고자 한다. 이 기업은 생산요소를 구매하며, 그것들로 판매 가능한 상품을 생산함으로써 수입을 창출한다. **만약 여러 소비재가 효용을 생산할 때 서로 대체 가능했던 것과 같은 방식으로, 여러 생산요소들이 수입을 생산하는 과정에서 서로 대체 가능하다면**, 이 기업에 있어서 극대화 문제란 본질적으로 가계의 극대화 문제와 동일하다.

하지만 대부분의 고전파 경제학자들은 생산에는 생산의 **고정된 기술적 계수**가 내포되어 있다고 가정했다. 즉 이들은 하나의 생산 기술에는 거기에 사용되는 서로 다른 생산요소의 고정된 비율을 명령하는 '조리법'이 내포되어 있다고 가정했다. 이들은 일반적으로 한 생산요소를 다른 생산요소로 대체함으로써 생산요소의 비율을 다양화할 수 있는 가능성을 무시했다 (비록 리카도는 열등지까지 경작하게 되면 더 비옥한 토지에서는 일정 토지량에 대해 자본과 노동을 상대적으로 더 많이 사용함으로써 더 강도 높게 농사가 이루어질 것이라고 주장했지만).

멩거 또한 생산의 기술적 계수가 고정되어 있다고 가정했다. 이것이 그가 생산요소가 서로를 보완하면서 함께 쓰여야 하는 관계에 있다고 가정한 이유이며, 또 개별 생산요소들이 시장에서 어떻게 가격이 매겨지는가를 설명할 때 애를 먹었던 이유이다. 발라 또한 그의 《요소》 1판과 2판에서 생산의 기술적 계수가 고정되어 있다고 가정했다. 《요소》 3판(1896년 출간)에 가서야 비로소 발라는 생산요소의 상대가격이 변화할 때 그에 대응하여 하나의 요소를 다른 요소로 대체하면서 생산요소의 비율을 다변화시킬 수 있다는 가능성을 도입했다.

따라서 마셜이 공리주의적 경제학 이론에 내놓은 가장 중요한 기여의 하나는 두 개의 밀접하게 연결된 개념을 도입한 것인데, 첫째는 영리 사업가가 하나의 생산요소(또는 마셜이 가끔 쓴 용어로 '인자agent')를 다른 생산요소로 대체하여 생산비용을 줄이려고 한다는 개념이다.

모든 영리 사업가는 생산에서 자신이 사용하는 인자 하나하나의 상대적 효율성과 그중 일부를 대체할 수 있는 다른 인자의 상대적 효율성을 파악하기 위해 항상 노력한다.[15]

그리고 자신이 사용하는 요소에 대해 지불하는 가격의 총계는 그 요소를 대체할 수 있는 다른 생산요소의 묶음에 대해 그가 지불해야 하는 가격의 총계보다 일반적으로 더 적다.[16]

둘째, 기업이 한 요소(예를 들어 노동)의 사용량을 다른 요소(예를 들어 자본)의 사용량에 비해 증가시키면, 전자(노동)를 같은 양만큼 추가적으로 증가시킬 때마다 총생산에 덧붙는 한계적 증가분은 일정한 지점 이후에는 크기가 줄어들기 시작한다. "모든 생산 인자의 한계 사용량의 개념에는 그 사용량을 증가시키면 수확이 체감하는 경향이 함축되어 있다."[17]

기업에 있어서 생산요소의 대체 가능성은 이렇게 가계에 있어서 소비재의 대체 가능성과 비슷하다. 마찬가지로, 생산요소의 사용 증가에서 수확체감이 나타난다는 법칙 또한 한 상품의 소비량 증가에서 한계효용체감이 나타난다는 법칙과 유사하다. 마셜 이후로 기업의 극대화 이론은 가계의 극대화 이론과 분석적으로 거의 동일한 것이 되었다.

기업은 투입물을 구매하고 산출물을 판매한다. 기업은 투입물에 들어가는 비용과 산출물에서 나오는 수입 사이의 차액을 극대화하려고 노력한다. 따라서 기업의 극대화 문제는 기업의 투입물 또는 산출물이라는 두 개의 관점 중 하나에서 파악할 수 있다. 산출물의 관점에서 보자면, 그 기업이 판매하는 산출물의 수량이 바뀔 때마다 가격이 어떻게 변하는지를 검토한 뒤 그 산출물 판매에서 나온 **총수입**, 판매된 산출물 한 단위당 **평균수입**, 판매된 산출물이 소량의 단위로 늘거나 줄었을 때 거기서 생겨나는 **한계수입** 등을 계산할 수가 있다. 마찬가지로 그 기업이 그 산출물을 생산하는 데 쓴 **총비용**, 생산된 산출물 한 단위당 **평균비용**, 또 생산된 산출물의 단위수가 소량으로 늘거나 줄어들 때 생겨나는 **한계비용** 등을 계산할 수가 있다. 이번에는 기업의 투입물의 관점에서 보도록 하자. 기업이 구입한 한 생산요소의 모든 단위를 투입하여 얻은 총생산물을 판매해 얻는 수입을 검토한 후, 생산요소 한 단위에서 나오는 평균생산물 가치, 기업이 구입하는 생산요소의 양을 소량 늘이거나 줄었을 때 생겨나는 생산의 증가분 또는 감소분의 가치 등을 검토하게 된다. 마찬가지로 생산요소의 서비스를 구입하는 데 드는 총비용, 구매한 생산요소의 단위당 평균비용, 생산요소의 구매량을 소량 늘이거나 줄었을 때 나오는 한계비용 등을 검토하게 된다.

현대의 경제학 문헌에 나오는 기업 이론은 보통 기업의 극대화 문제를 산출물의 관점에서 보는 것과 연관되어 있다. 마셜의 분석에 있어서 바로 이 측면이 그 이후에 나온 거의 모든 신고전파 미시경제학 이론의 초보적 설명에 기초가 된다. 따라서 우리는 기업이 이윤을 극대화하려는 노력을 마셜이 산출물의 관점에서 설명한 방식을 검토할 것이다.

기업의 극대화 문제를 투입물의 관점에서 바라보는 것은 소득분배에 대한 신고전파 소득분배 이론의 기초가 된다. 이 이론은 한계생산성 분배 이론이라고 불리지만 마셜은 이를 충분하게 발전시키지 못했다. 이 이론에 관한 한 영국인인 윅스티드P. H. Wicksteed와 미국인인 클라크John Bates Clark가 독자적으로 정식화한 것이 더 뛰어나다. 마셜의 분배 이론의 결함이 어떤 것인지 보인 뒤, 우리는 이 이론을 클라크가 설명한 방식으로 검토할 것이다. 마지막으로 우리는 클라크의 자본 개념과 뵘바베르크의 자본 개념 사이의 차이점을 검토할 것이다(오늘날까지도 이 차이점은 신고전파 이론에서 중요한 것으로 남아 있다).

마셜의 기업 이론

기업에 대한 마셜의 분석은 가격 결정 과정에 대한 분석의 일부를 이루고 있다. 상품의 가격은 수요 및 공급에 의해 결정된다. 수요는 소비자의 효용표에 의해 결정되며, 공급은 기업의 비용표에 의해 결정된다. 비록 마셜은 특정 생산물의 판매와 관련하여 독점체를 짧게 논의하고 있지만, 그의《원리》대부분은 한 산업이 무수히 많은 경쟁 기업으로 이루어진 상황을 분석하는 데 바쳐지고 있다. 어떤 산업에서 경쟁이 이루어지고 있다면 상품의 가격은 산업 전체의 총수요와 총공급에 의해 결정된다. 이 산업의 기업들은 보통 상품 가격을 주어진 것으로 받아들이며(곧 그 예외를 논의할 것이다), 생산량과 비용을 조정하여 이윤을 극대화하려고 할 것이다.

마셜은 어떤 산업에서 경쟁이 지배하고 있다면 기업은 자신이 기술하는 바대로 행동할 것이라고 보았으며, 그렇게 행동하는 기업을 그 산업의 '대표 기업'이라고 불렀다. 이 대표 기업은 "어떤 의미에서는 평균적 기업"[18]이다. 이 기업은 특별히 유리한 것도 불리한 것도 갖고 있지 않으며 따라서 그 생산비용은 이 산업 내의 다양한 기업의 평균비용을 반영한다. 그의 분석에 기초가 되는 것은 세 가지 시간을 구별하는 것이다. 첫째, '시장 기간 market period'에는 공급이 고정되어 있으며 따라서 상품의 가격은 그 고정된 공급에 대해 수요가 얼마나 강하게 나타나는가에 의해 전적으로 결정된다. 둘째는 '단기'이다. 이 시간 지평에서는 자본(즉 한 공장 또는 여타 생산 시설의 생산 능력)은 고정되어 있지만 생산 시설에 결부되어 일을 하는 노동자의 숫자는 늘리거나 줄일 수 있고 그에 따라 공급량도 늘리거나 줄일 수 있다. 셋째는 '장기'이다. 이때는 노동과 자본을 모두 늘리거나 줄일 수 있고 공급량도 그에 따라 변하게 된다. 이 시간 지평에서는 생산 시설을 어떤 양으로도 갖출 수 있다.

마셜의 분석에서 시장 기간이라는 시간 지평은 상대적으로 중요하지 않다. 따라서 우리는 단기와 장기에서의 기업의 행태에 대해서만 논의할 것이다. 이 논의 전체에 걸쳐 기업은 많은 경쟁자를 가지고 있으며 따라서 자신이 구입하는 투입물에 지불해야 할 가격에 대해서나 자신의 산출물 가격에 대해서나 직접 영향을 끼칠 수 없다고 가정할 것이다.

단기에서의 기업의 생산 곡선과 비용 곡선

단기에서는 기업의 생산 시설의 크기가 고정되어 있다. 따라서 산출을 확장하거나 줄이는 것은 오로지 노동자의 고용량을 늘리고 줄이는 것으로만 가능하다. 하지만 그 공장(우리는 이 기업을 제조업 기업으로 가정할 것이다)을 건설하던 시점에 염두에 둔 생산 기술이 있게 마련이다. 따라서 그 공장이 설계될 때 염두에 둔 노동자의 숫자도 있을 것이며, 그 기업은 그 숫자대로 노동자를 고용할 때 비로소 노동자 1인당 평균 산출을 극대화할 수 있다. 그 기업은 자본에 대한 노동의 비율(즉 그 공장에서 일하는 노동자의 숫자)을 변화시킬 수 있지만, 이렇게 노동자의 숫자가 변하면 노동자 1인당 평균생산성 또한 영향을 받는다. 이는 곧 노동과 자본이 비록 **대체 가능**하지만 완벽하게 대체 가능한 것은 아니라는 것을 뜻한다. 따라서 자본가는 노동자의 고용량을 늘려가다 보면 마침내 그 공장이 최적의 효율성으로 작동하게끔 설계된 바의 노동자 숫자에 이르게 될 것이다(즉 노동자 1인당 산출이 극대화되는 지점). 이 지점을 지나고 나면 노동자 1인당 산출은 감소할 것이다.

〈그림 11-1〉은 이른바 가변 비례의 법칙, 즉 가변 생산요소에 대한 수확체감의 법칙을 나타내고 있다.[19] **노동의 한계생산물**(MP_L) 곡선은 이 공장 내에서 노동자 고용의 수준을 다양하게 바꿀 때 그 마지막의 노동자 고

그림 11-1. **가변 비례의 법칙**

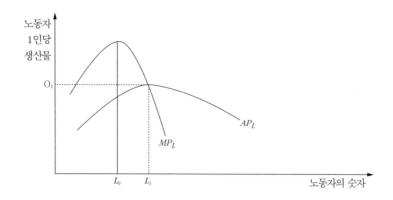

용으로 생겨나는 총산출 증가분을 보여준다. **노동의 평균생산물**(AP_L) 곡선은 고용 수준이 다양하게 변할 때마다 노동자 1인당 평균산출의 변화를 보여준다. 만약 공장이 아무런 생산도 하지 않는 지점에서 시작한다면, 노동의 한계생산물은 이 기업이 고용한 노동자의 숫자가 이 그래프의 L_0로 나타난 지점에 이를 때까지 계속 증가할 것이다. 이 점을 지나면 노동자의 한계생산물은 노동자를 더 고용할수록 감소한다. MP_L이 AP_L보다 높은 수준에 있는 동안은 노동자 1인당 평균생산성이 계속 증가한다. 그러다가 이 그래프의 L_1으로 나타난 숫자의 노동자를 고용하게 되면 노동의 평균생산물은 극대점(그래프의 O_1)에 도달한다. 만약 그 이상으로 노동자를 고용하게 되면 MP_L은 AP_L의 아래로 들어가게 되며 노동자 1인당 평균생산물은 줄어들기 시작한다.

이 기업이 다양한 생산량 수준에 해당하는 생산물 1단위당 비용을 계산한다면, 그 비용 곡선은 〈그림 11-1〉에 그려져 있는 생산 곡선을 거꾸로 뒤집어놓은 것에 가까운 모습을 띤다. 노동자 1인당 평균생산성이 증

그림 11-2. **기업의 비용 곡선**

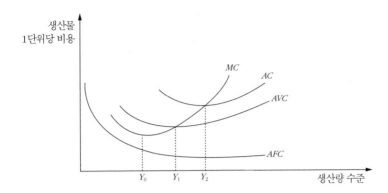

가하는 동안에는 생산물 단위당 체현된 노동의 양은 감소한다. 따라서 〈그림 11-1〉에서 이 기업의 생산물 단위당 **평균 가변비용**average variable cost (우리는 단기에서 투입량을 변화시킬 수 있는 유일한 생산요소를 노동이라고 가정했으므로 이 말은 평균 노동비용이라고 해도 좋다)은 L_1에 해당하는 수의 노동자를 고용하기 전까지는 계속해서 감소한다. 그러다가 고용된 노동자의 숫자가 이 지점을 넘어서게 되면 평균 가변비용은 증가하게 된다(이는 노동의 평균 생산성의 감소를 반영한 것이다). 이 기업의 자본은 단기에는 고정되어 있는 것으로 가정했으므로, 자본비용 또한 고정되어 있다. 이 기업이 더 많은 노동자를 고용하고 생산을 확장함에 따라 생산물 단위당 **평균 고정비용**은 계속해서 감소할 것이다. 똑같은 수준의 총고정비용이 점점 더 많은 상품에게로 나누어지기 때문이다. 이 기업의 **평균비용**은 단순히 평균 가변비용과 평균 고정비용을 더한 것이 된다.

이 기업의 비용 곡선은 〈그림 11-2〉에 그려져 있다. 생산 수준 Y_1은 〈그림 11-1〉에서의 노동자 1인당 생산인 O_1에 대응한다(Y_1는 〈그림 11-1〉에서 O_1

에다 노동자 숫자 L_1을 곱한 것이다). Y_1에서 평균 가변비용은 최소화된다. Y_2에서는 평균비용이 최소화된다. Y_2는 항상 Y_1보다는 좀 더 큰 양이 된다. 왜냐면 평균 가변비용의 최소화 지점이 지났다고 해도 잠깐 동안은 생산량이 계속 늘어남에 따라 평균 고정비용의 감소분●이 커서 평균 가변비용의 상승분을 상쇄하고 남을 정도로 큰 구간이 존재하기 때문이다. Y_2를 지난 지점부터는 평균 가변비용의 상승분이 평균 고정비용의 감소분을 상쇄하고 남는 크기가 되며 따라서 Y_2를 지나고 나면 생산량이 늘어남에 따라 평균비용은 계속해서 증가하게 된다. 한계비용은 Y_0 수준이 될 때까지 계속해서 감소하며, 이는 〈그림 11-1〉에서 노동자 숫자 L_0가 생산한 산출량에 대응하는 지점이다. 한계비용 또한 이 점을 지나면 계속 증가한다. 평균비용 곡선과 평균 가변비용 곡선 모두 각각의 극소점에서 한계비용 곡선과 교차한다.

단기에서의 균형

이 기업은 이윤을 극대화하기 위해서 상승하는 한계비용이 가격(이는 산업 전체 차원의 시장에서 결정된다)과 일치하는 지점에서 생산량을 결정하려고 한다. 만약 생산이 그보다 낮은 수준에 있다면, 생산을 더 늘릴 경우 추가적 생산에서 나오는 한계비용이 가격보다 낮기 때문에 이윤도 증가하게 될 것이다. 하지만 한계비용과 가격이 일치하는 지점을 넘도록 생산을 늘리게 되면 추가적 생산에 들어가는 한계비용이 가격보다 더 크게 될 것이다. 따라서 한계비용 곡선은 이윤을 극대화하려는 경쟁 기업이 가격 수준

● 곡선 AFC로 나타나 있다.

그림 11-3. 한 산업과 그 대표 기업에 있어서 단기 균형

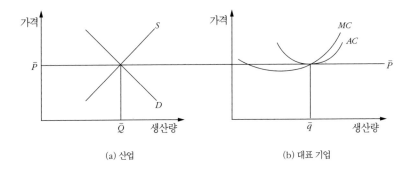

(a) 산업   (b) 대표 기업

이 변할 때마다 얼마만큼을 생산하려고 하는지를 보여주게 되며, 기업의 **공급곡선**이 된다.

〈그림 11-3〉은 한 산업의 공급곡선(이는 그 산업 내의 모든 개별 기업의 한계비용 곡선을 더한 것이다)과 그 산업에 대한 수요곡선(이는 소비자의 효용표에 의해 결정된다)을 나타내고 있다. 이 그림의 (a) 부분은 이 산업의 가격이 수요곡선과 공급곡선의 교차를 통해 결정되는 것을 보여준다. (b) 부분은 이 대표 기업의 단기에서의 균형을 보여준다. 물론 이 산업 전체의 생산량은 이 대표 기업의 생산량보다 훨씬 더 크다. 〈그림 11-3〉에서는 대문자 Q로 이 산업의 생산량을, 그리고 소문자 q로 이 기업의 생산량을 나타내 각각의 생산량이 아예 단위 자체가 다르다는 것을 나타내고 있다(예를 들어 전자는 톤이고 후자는 파운드).

이 대표 기업에 있어서 평균비용은 산업 전체에서의 가격과 일치하게 된다. 물론 그렇다고 해서 이 대표 기업이 균형 상태에서는 이윤을 얻지 못한다는 뜻은 아니다. 신고전파 경제학은 자본에 대한 정상 또는 평균 이윤율

이 그 기업의 자본비용에 있어서 필수적인 부분이라고 강력히 주장하기 때문에 그러한 이윤은 평균비용에 (평균 고정비용의 한 구성 요소로서) 포함되어 있는 것이다. 이 산업에서 이 대표 기업보다 비용이 더 큰 기업은 모두 정상 이하의 이윤을 얻게 될 것이고, 비용이 더 작은 기업은 정상 이상의 이윤 또는 초과 이윤을 얻게 될 것이다.

마셜은 이 후자의 기업의 경우 다른 기업이 얻을 수 없는 어떤 자연적 유리함을 누리고 있기 때문에 비용이 낮아지는 것이라고 생각했다. 따라서 그는 이러한 초과 이윤을 '준 지대quasi-rents'라고 불렀으며, 이는 우월한 토지를 소유한 이가 수취하는 '리카도식 지대'와 비슷한 것이라고 주장했다. 그런데 장기 균형으로 가게 되면 이러한 준 지대는 통상적인 지대 비용으로서 그 기업의 생산 곡선에 통합될 것이며, 모든 기업은 결국 오직 정상 이윤만을 얻게 되어 있다는 것이 마셜의 주장이었다.

장기와 경쟁의 문제

마셜이 말하는 장기에서는 모든 생산요소가 가변적이며, 모든 비용이 가변적이며, 모든 준 지대는 사라진다. 모든 산업의 모든 경쟁 기업이 얻는 장기 균형은 〈그림 11-3〉에 나타난 대표 기업의 단기 균형과 유사하다. 〈그림 11-3〉에 그려진 균형과 장기 균형의 주된 차이점은, 후자의 경우 최적의 생산 효율성을 반영하여 그 기업의 공장의 크기 또는 생산 능력 일반의 크기가 조정된다는 점이다.

균형을 설명하는 마셜의 해법은 '보이지 않는 손'의 옹호자들이 애덤 스미스 이래로 주장해온 것을 보여주었다. 경쟁은 모든 기업의 이윤율을 균등화할 뿐만 아니라 생산비용 또한 최소화하며(즉 생산 효율성을 극대화하며), 그 결과 소비자는 모든 상품을 가장 싼 가격 ―사회적으로 필수적인 생산비용에 해당할 뿐 어느 계급이 다른 계급을 수탈하는 잉여 따위는 전혀 낳지 않는 가격 ―으로 구입할 것이다. 마셜은 자신이 "소비자 잉여"와 "생산자 잉여"라고 부른 두 개념을 정립했다. 하지만 이 개념은 스미스, 리카도, 마르크스의 저작에서 발견되는 경제적 잉여의 개념과는 아무런 공통점이 없다. 이것들은 단지 모든 공리주의적 경제사상가들이 다루었던 주제를 다시 언급한 것에 불과하다. 구체적으로 말하자면 이것들은 모든 교환자들이 교환을 할 수 없었을 경우에 갖게 되는 것보다 더 큰 효용을 얻는다는 혜택 ―효용 측면에서의 ―을 보여주었다. 마셜의 잉여 이론은 기업의 균형 상태에 대한 그의 이론처럼 경쟁적 교환 과정에 내재하고 있다고 그가 생각했던 '보편적 이익'과 사회적 조화를 보여주는 것에 불과하다.

마셜이 자신의 장기 분석에서 다루어야 했던 문제는, 모든 생산요소가 비례적으로 증가했을 때 기업의 생산도 과연 비례적으로 증가하느냐, 아니면 그 이상 또는 이하로 증가하느냐였다. 이에 대한 상식적인 결론(그리고 아주 옛날부터 오늘날까지도 많은 경제학자들의 결론이기도 하다)은 모든 투입물이 비례적으로 늘어나면 산출물 또한 그에 비례하여 늘어난다는 것이다 (이러한 상황은 **규모에 대한 수확 불변**이라고 정의되며 여기서는 생산활동의 규모가 팽창해도 평균비용은 변하지 않는다). 이러한 경우라면 마셜의 장기 균형에 있어서 어떤 크기의 기업이든 자기가 왜 그러한 크기를 가지게 되었는지를 생산적 효율성이라는 관점에서 정당화할 경제적 논리를 찾을 수 없다. 공리주의적 경제학자들의 저작에서 경쟁을 강조하는 논리를 보면, 이들은 경쟁을 유지하기 위해서 기업의 크기에 법으로 정한 한계를 두는 것을 선호하는 듯한 인상을 받는다. 특히 19세기 말에 발전되었던 경제적 집중을 염두에 둔다면 더욱 그러하다.

하지만 마셜은 규모에 대한 수확 불변이 일반적 법칙이라고 생각하지 않았다. 리카도를 따라서 그 또한 토지나 천연자원이 생산과정에서 중요한 역할을 하는 경우에는, 규모에 대한 수확체감의 (또는 장기적으로 평균비용이 증가하는) 경향이 존재한다고 생각했다. 하지만 자본과 노동이 생산의 일차적 요소일 때는, 이들에 대해서는 규모에 대한 수확체증의 (또는 장기적으로 평균비용이 감소하는) 경향이 존재한다고 그는 생각했다. 그래서 그는 이렇게 결론을 내린다. "생산에서 자연이 수행하는 역할은 수확체감의 경향을 보이는 반면, 인간이 수행하는 역할은 수확체증의 경향을 보인다."[20]

크기가 늘어남에 따라 효율성이 증가하는 것은 두 가지 원천에서 비롯된다. 첫째는 마셜이 '내부적 경제internal economies'라고 부른 것이다. 규모의 내부적 경제란 기업의 조직을 개선한 결과로 생겨나는 것이다. "노동과 자본의 증가는 일반적으로 조직의 개선을 가져오며, 이는 노동과 자본 활동의 효율성을 증가시킨다."[21] 효율성 증가의 두 번째 원천은 마셜이 '외부적 경제external economies'라고 부른 것이다. 외부적 경제는 다른 기업 (또는 산업)의 생산 및 가격 결정 때문에 그 기업(또는 산업)에 더해지는 이득에서 비롯된다. 규모의 외부적 경제의 예로서 마셜은 산업 입지의 혜택, 그리고 2차 산업 및 3차 산업이 긴밀하게 상호 연결되었을 때 발생하는 혜택을 논한다.[22]

마셜의 외부적 경제라는 개념(그리고 이와 긴밀히 연결된 외부적 비경제external diseconomies라는 개념)은 뒤에 신고전파 후생경제학에서 대단히 중요한 역할을 하는데, 이를 우리는 14장에서 살펴볼 것이다. 마셜의 분석에 있어서 외부적 경제의 개념이 어떤 중요성을 갖는가는 다음의 인용문에 선명히 드러난다.

이 책의 전반적 논의는, 무엇을 생산하든 그 총량이 늘어나면 그 기업의 크기 또한 증가하게 되며 따라서 그 기업의 내부적 경제 또한 증가하게 된다는 것, 그리고 이는 항상 그 기업이 접근할 수 있는 외부적 경제 또한 증가시키며 이에 따라 생산에서 노동과 희생의 비용을 비례적 수준 이하로 감소시킬 수 있다는 것을 보여준다.[23]

그런데 경제의 제조업 부문에서는 생산 규모가 커질수록 효율성도 커지게 되므로 필연적으로 이는 독점체나 과점체를 낳게 될 것으로 보일 수 있다. 따라서 마셜의 이론은 그를 다음 세 가지 결론 중 하나로 이끌게 되었을 것이다. 첫째, 그는 공리주의의 일반적 논지(즉 경쟁적 시장의 보이지 않는 손이 모든 이해관계를 조화시키고 사회의 총효용을 극대화시킨다)를 버리고 거대한 과점 기업이 사회적으로 유리하다는 것을 강조하는 새로운 이데올로기에 기초하여 자본주의를 옹호할 수도 있다. 둘째, 그는 경쟁에서 오는 사회적 이득이 대규모 생산의 효율성이라는 사회적 이득보다 더 중요하다고 주장할 수도 있다. 따라서 정부가 경제에 개입하여 대규모 주식회사를 해체하여 완전경쟁적 시장 구조를 확립하는 것을 지지할 수도 있다. 물론 그러한 구조에서는 기업의 크기를 제한하는 법률에 의해 생산의 비효율성이 강제된다. 셋째, 그는 경쟁이 필연적으로 산업 집중을 낳게 되어 있으며 자본주의 정부는 이러한 경향에 맞서는 게 아니라 오히려 조장하게 되어 있기에, 대규모 생산의 효율성 증대를 최대한 이용할 수 있는 유일의 선택 가능한 수단은 모종의 사회주의일 수밖에 없다는 마르크스의 관점을 채택할 수도 있다.

현실적으로 가능한 결론이 이 세 가지뿐임에도, 마셜은 어느 것도 받아들이려 하지 않았다. 그도 밀처럼 보이지 않는 손에 의해 시장이 조화를 이룰 것이라는 공리주의 이데올로기를 유지하고자 했다. 또한 밀과 마찬가지로, 가난한 이들의 상태를 개선할 수 있는 유일한 희망은 부자들의 물질적 이득에 대한 무제한적인 이기적 추구를 장려하는 것뿐이라는 생각(이는 마셜보다 좀 더 극단적인 자유방임 공리주의 전통에 있는 대부분의 신고전파 경제학자들 그리고 맬서스와 시니어 등이 옹호했던 생각이다)을 거부하고자 했다. 따라서 그 또한 밀과 똑같은 방식으로, 자신의 공리주의와는 도저히 양립할 수 없는 도덕철학과 사회철학의 특정한 원리들을 자신의 지적인 체계에 통합시키고자 노력하게 되었는데 이는 놀랍지 않다.

자본주의에 대한 마셜의 이데올로기적 옹호

자본주의에 대한 마셜의 이데올로기적 옹호의 논리는 진화론 및 사회적 다윈주의의 중요한 요소를 자신의 이론에 통합시킨 것에 기초하고 있었다. 그와 동시대의 미국인이었던 소스타인 베블런 또한 철저한 진화론자였지만, 마셜은 그와 달리 공리주의적인 사회 윤리학이 경제 이론에 대한 진화론적 접근과 전혀 양립할 수 없는 것이라는 점을 깨닫지 못했다.

마셜은 "생존을 위한 투쟁 때문에 환경에서 이익을 취하는 데 가장 적합한 조직이 번성하게 된다는 법칙이 경제학에 던지는 중요한 의미를 고찰하는"[24] 작업에 착수한다. 그가 진화론적 접근에서 도출한 중요한 결론은 그의 《원리》 표지에 나와 있는 라틴어 문구 "자연에는 비약이 없다Natura non facit satum"에 함축되어 있다. 모든 인간의 진보는 아주 느리고 오직 미세한 한계적 변화를 통해서만 앞으로 나아간다는 것이다. 급격하게 사회를 바꾸고자 하는 시도는 반드시 실패하게 되어 있으며, 만약 누군가 이를 실행에 옮긴다면 비참함만을 낳을 뿐이라는 것이다. 사회적 진보는 일반적으로 한 인종이나 한 민족을 유전적으로 개선해나가는 느린 과정이다. "이러한 유전적인 영향이 다른 어디에서보다도 가장 두드러지게 나타나는 곳이 바로 사회조직이다. 사회조직이란 여러 세대가 만들어낸 산물이므로 느리게 성장할 수밖에 없다. 이는 아주 많은 사람들의 관습과 소질에 기초한 것으로서, 빠르게 변할 수 없다."[25]

사회제도의 느린 진화 과정에서 어떤 특정한 사회 구조가 표면적으로 착취적 성격을 가진 것으로 보이기 쉬울 수 있다. 하지만 그 사회 구조가 오랜 시간 동안 존속해온 것은 곧 그것이 존재해온 시간과 상황 속에서 긍정적인 진보적 특징이 여러 결함을 압도했다는 증거라는 것이다.

> 인류의 초기 시절에는 … 당시 최선두에서 세계 진보의 마차를 끌고 가던 모든 민족들이 한결같이 엄격한 신분 체제를 정도는 달라도 채택했다는 것이 발견되었다. 그리고 이 사실 하나만으로도 신분의 차별이 그 환경에 아주 잘 들어맞았으며 전체적으로 보았을 때 이러한 차별이 그것을 채택한 인종들과 민족들을 강화시켰다는 것을 입증하고도 남는다. 왜냐면 신분 차별이야말로 삶을 통제하는 요소이므로 만약 그것이 끼친 영향의 주된 효과가 혜택이 아니었다면 그것을 채택한 민족들이 다른 민족들을 누르고 살아남는 일이 일반적으로 벌어질 수가 없었을 것이기 때문이다. 이러한 민족들이 두드러진 위치를 점했다는 사실이 입증하는 것은 신분 차별에 아무런 결함이 없었다는 게 아니라, 특정한 진보의 단계에서 신분 차별의 장점이 그 결함을 압도했다는 것이다.[26]

이와 똑같은 주장이 현대 자본주의에도 적용된다고 마셜은 생각했다. 표면적으로 보면 자본주의 체제는 신분 체제와 "놀라울 정도의 대조"가 되는 것처럼 보인다. 하지만 그것은 "그와 똑같이 놀라울 정도로 신분 체제와 닮은 모습"[27] 또한 보인다. 마셜은 "고통 받는 이들에게 마르크스가 보였던 동정 … 의 힘에 대해 우리는 항상 마땅히 경의를 표해야 한다"[28]고 주장했지만, 그럼에도 불구하고 마르크스의 동정은 잘못된 것이라고 생각했다. "물질적 부의 생산과 관련한 사회의 절박한 사정 앞에서 개인들이 희생해야 한다는 것은 어떤 면에서 하나의 격세유전, 즉 먼 옛날 신분 지배로 다스려지던 시절의 조건으로 되돌아가는 것처럼 보인다."[29] 하지만 신분 체제에서와 마찬가지로 자본주의에서 현존하는 사회 구조는 결함보다 장점이 압도적이다.

사회주의자들은 자본주의를 옹호하는 경제 학설을 공격했지만, "사회주의자들은 자신들이 공격하는 학설에 대해 연구하지 않았다. 그래서 그들이 현존하는 사회의 경제조직의 성격과 효율성을 이해하지 못했다는 것은 아주 쉽게 보여줄 수 있다".[30] 또 사회주의자들은 자본주의를 옹호하는 경제 학설을 잘못 이해했을 뿐만 아니라, 경제학자들이 자본주의를 옹호하는 동기 또한 잘못 이해하고 있다.

사실 현대 경제학의 기초를 쌓은 이들 거의 모두가 인류애에 대한 열성으로 감화를 받은 점잖고 동정적인 기질을 가지고 있다. … 이들은 예외 없이 모든 사적인 노력과 모든 공공 정책의 궁극적 목적은 만인의 행복이 되어야 한다는 원리에 헌신하는 이들이다. 하지만 이들은 대단히 용감하고 신중하다. 이들이 차가운 인간들로 보이는 이유는 이들이 책임감이 있는 이들이어서, 아무도 가본 적이 없는 길로 급속하게 진보를 이루는 게 가능하다는 생각을 옹호하려 하지 않기 때문이다. 이런 식으로 진보를 이루려는 노력이 과연 안전한 것인가에 대해 주어진 보증이라고는 열정적인 상상력을 가진 이들의 확신에 찬 희망뿐인데, 그 상상력은 지식으로 뒷받침되는 것도 아니며 엄밀한 사유로 훈련된 것도 아니다. …

따라서 다음을 주목하는 것이 좋을 것이다. 신중한 경제학 연구의 경향은 사적 소유권의 기초를 무슨 추상적 원리 따위에 두는 것이 아니라 과거에 이루어진 튼튼한 진보와 사적 소유의 권리가 불가분의 관계에 있었다는 관찰에 두어야 한다. 따라서 책임감 있는 이들이라면, 비록 이상적인 사회적 삶의 조건에 적절치 못하다고 보이는 사적 소유의 권리일지라도 그것을 철폐하거나 수정할 때는 조심스럽고 시험적으로 해나가야 한다.[31]

그렇다면 사회주의자들이 "엄밀한 사유의 훈련"이 없어서 전혀 이해하지 못하고 있는 가장 중요한 학설은 무엇일까? 그것은 다름 아닌 보이지 않는 손이라는 학설이다.

만약 어떤 이가 사업을 경영할 재능이 있다면 그는 틀림없이 그 재능을 인류의 혜택을 위해 쓰도록 인도될 것이다. 자기 이익을 추구하면 각 개인이 가장 잘 활용할 수 있는 종류의 자본을 다른 사람들이 사용하도록 제공할 것이며, 자신이 고용하고 있는 이들을 각자 능력이 닿는 분야에서 최고의 일을 하도록 배치할 것이며, 또 모든 기계류와 그 밖의 보조물을 생산에 사용하기 위해 구매하여 이것들이 그의 손에서 그 비용에 해당하는 것 이상의 가치를 세상의 욕구를 충족시키는 데 공급하게 될 것이다.

이러한 자연적 조직이라는 학설은, 적절한 연구도 하지 않은 채 심각한 사회문제를 논의하는 이들의 이해력이 미치지 못하는 듯한 다른 어떤 학설보다도 인류에게 가장 중요한 진리를 많이 담고 있다. 그리고 성실하고 사려 깊은 정신을 가진 이들에게는 이것만큼 매력적인 원리는 없다.[32]

그렇다면 "성실하고 사려 깊은 정신을 가진 이들은" 대규모 영리 기업의 효율성이 더 크다는 마셜의 생각을 보이지 않는 손의 작동에 필수적인 완전경쟁이라는 조건과 도대체 어떻게 화해시킬 수 있는 것일까? 이것이 마셜의 가장 어려운 문제였다. 왜냐면 그 또한 아주 크고 빠르게 성장하는 기업을 소유한 자본가가 "다른 경쟁자들에 비해 초과 이익을 더 빠르게 늘려가며", 또 이 "과정은 계속되어 … 마침내 그 자본가와 비슷한 두세 사람 정도가 자신들이 종사하고 있는 산업 부문 전체를 분할한다"는 점을 인정했기 때문이다.[33]

다시 한 번, 마셜은 자연적 유기체의 생명주기에 대한 그의 진화론에서 탈출구를 찾는다. "여기서 우리는 숲에서 자라나는 어린 나무들한테서 교훈을 배울 수 있다. 이 나무들은 더 오래된 키 큰 경쟁자 나무들이 만들어내는 컴컴한 그늘에서도 그것을 뚫고 위로 자라나기 위해 투쟁한다"고 그는 주장한다. 비록 더 크고 뿌리도 더 큰 나무들은 "경쟁자들보다 빛과 공기를 얻는 데 더 유리하지만, 조금씩 생명력을 잃어간다".[34]

나무들의 경우는 영리 기업에게도 적용된다.

> 자연은 사적 기업에게도 똑같이 압력을 행사하는데, 그 방법은 창립자들의 수명을 제한하는 것 그리고 그들의 모든 능력이 왕성하게 활용되는 삶의 기간은 그보다도 더 짧게 제한하는 것이다. 일정한 시간이 지나면 기업의 지도권은, 번영에 대한 적극적 관심은 똑같을지 몰라도 정력과 창조적 천재성은 떨어지는 이들의 손으로 들어간다. … 하지만 이 기업은 탄력성과 진보의 힘을 너무나 많이 잃어서 보다 젊고 작은 경쟁자들과의 경쟁에서 더 이상 유리한 위치를 독점하지 못하게 될 가능성이 크다.[35]

이렇게 마셜은 산업이 숲과 같다고 생각함으로써 완전경쟁이 영속적으로 작동한다는 그의 믿음을 구출해낼 수 있었다. 나무들이 계속해서 자라나고 죽어가듯이, 영리 기업의 경우에도 한 기업의 "쇠퇴가 다른 기업의 성장을 통해 상쇄되고도 남는다".[36]

거대 기업의 생산적 효율성 또한 노동자가 자본가가 되는 것을 가로막는 힘이 아니라고 마셜은 생각한다. 자본주의에서는 "계급 간의 사회적 관계는… 이제 완벽하게 다양해질 수 있으며 시대의 상황이 변함에 따라 그 형태를 바꾸어간다"[37]고 그는 주장한다. 노동자를 생산수단에서 분리시킨 결과 노동자와 자본가 사이에 한쪽은 힘이 없어지고 다른 한쪽은 막강한 권력을 가지게 되었다는 사회주의자들의 주장에 대해서도 마셜은 이렇게 말한다.

> 노동하는 사람이 사업 능력을 완전히 발휘할 수 있는 위치에 오르는 데 어떤 어려움이 있는가를 말할 때 보통 가장 크게 강조되는 것은 노동자에게 자본이 부족하다는 것이다. 하지만 이것이 항상 그의 주된 어려움은 아니다. … 진정한 어려움은 그 노동자가 주변의 충분한 숫자의 사람들로 하여금 자신이 (자본가가 되는 데 필수적인) 드문 자질을 갖추고 있음을 확신시키는 데 있다. 이는 어떤 개인이 사업을 시작하는 데 필요한 자본을 일반적인 자금원에게 대출받기 위해 애쓰는 것과 별반 다르지 않다.[38]

노동자도 적절한 도덕적 미덕만 갖추고 있다면 쉽게 자본가가 될 수 있다는 것이다. 현재의 영국 자본가들 또는 적어도 그들의 조상들이 그들의 지위를 얻게 된 것은 이들이 "엄격한 인생관을 가졌기 때문이었다. 이들은 노동에 방해가 되는 오락을 거의 즐기지 않았으며, 오직 끊임없고 힘든 노동을 통해서만 얻을 수 있는 물질적 편리품에 대해서도 높은 기준을 가지고 있었다. 이들은 견고하고도 오래가는 효용을 가진 물건을 생산하기 위해 진력했다".[39] 이러한 성격적 특징을 가진 노동자라면 누구든 여전히 자본가가 될 수 있다고 마셜은 생각했다.

하지만 마셜도 자본주의 체제가 초기 단계에서는 노동자들에게 가혹했다는 점을 인정한다. 이 기간 동안에는 "자유 기업이 빠르고 맹렬하게 성장했지만, 그 행동은 일방적이었고 가난한 이들에게 잔인했다".[40] 하지만 마셜은 가난한 이들에게는 다행스러운 일로서, 이러한 잔임함은 옛 이야기가 되었다고 독자들을 안심시킨다. 자본가는 점점 "기사도 정신이 투철"해지고 있으며, 가난한 이들에게 도움을 주고자 하는 관심을 키워가고 있다고 그는 생각한다.

> 〔대부분의 사회적〕해악은, 경제적 기사도가 사회적으로 갖는 여러 가능성에 대한 이해가 좀 더 폭넓게 이루어진다면 크게 진정될 수 있다. 계몽이 확산됨에 따라서 부자들 쪽에서도 공공의 안녕에 대해 헌신하게 될 것이며, 이것은 부자들이 가진 자원을 가난한 이들을 위해 훌륭하게 사용하는 데 큰 기여를 할 수 있고 또 이 땅에서 빈곤의 가장 끔찍한 해악을 제거할 수 있다.[41]

마셜은 "우리 시대의 경제적 사회악을 과장하고자 하는 유혹"[42], 그리고 경제적 기사도 정신이 실질적으로 사회적 개선을 이루어내는 데 오랜 시간이 걸린다고 해서 이를 못 참는 조급성에 대해 경고하고 있다. 사회적 개선은 궁극적으로는 인간 본성을 고양시키는 데 달려 있기 때문이다.

> 하지만 오랜 세월에 걸친 … 야비하고 구역질나는 쾌락에 찌들어서 생겨난 인간 본성의 요소를 단 한 세대 안에 크게 바꿀 수는 없는 노릇이다.
> 항상 그렇듯이, 사회를 재조직하고자 하는 고상하고도 열정적인 계획가들은 삶에 대해 아름다운 그림을 그리지만, 이는 어디까지나 그들이 상상 속에서 손쉽게 만들어낸 제도에서나 가능한 그림이다. 하지만 이러한 상상은 무책임하다. 새로운 제도 아래로 들어가기만 하면 엄청난 속도로 인간 본성이 변화할 것이라는 숨은 가정에 근거하고 있기 때문이다. 하지만 인간 본성이 그렇게 변화하는 일이란 가장 좋은 조건을 가정한다고 해

도, 또 무려 1백년의 시간을 잡는다고 해도 불가능하다. 만약 인간 본성이 그렇게 이상적으로 바뀔 수 있는 것이라면, 현존하는 사적 소유의 제도 아래서도 경제적 기사도 정신이 삶을 지배하는 일 또한 얼마든지 가능할 것이다. 사적 소유라는 것도 그 필요성은 인간 본성의 특질이라는 아주 근본적인 차원과 닿아 있는 것이다. 따라서 만약 인간 본성이 그렇게 빨리 변할 수 있다면 불필요한 것이 되기 이전에 이미 전혀 해가 없는 것으로 변하게 될 것이다.[43]

마셜이 인간의 쾌락 중에서 일부는 "야비하고 구역질나는" 것이라고 말한 순간, 보이지 않는 손의 주장—마셜이 "인류에게 최고의 중요성을 가지는 진리"라고 내세웠던 주장—을 떠받치는 공리주의적 전제를 완전히 폐기해버린 셈이 된다. 앞에서 우리는 윌리엄 톰프슨과 존 스튜어트 밀의 사상을 논의하면서, 인간의 쾌락을 구별하여 어떤 것은 이익이 되고 고상한 것으로 또 어떤 것은 야비하고 구역질나는 것으로 부르는 것은 공리주의의 지적 기초 가체를 모순에 빠뜨리는 일임을 보았다. 그러한 논의를 여기서 다시 반복할 필요는 없다. 그저 다시 한 번 이것이 한 사상가의 모순이 그 사상가의 계급적 지향을 드러내는 실마리가 될 때가 많다는 일반적 원칙을 보여주는 예라고 말하는 것으로 충분할 것이다.

클라크와 한계생산성 분배 이론

이 장 앞부분에서 우리는 신고전파 한계주의에 대해 두 개의 중요한 관찰을 제시했다. 첫째, 생산과정에 사용되는 생산요소 사이에 연속적인 한계대체 가능성의 원리를 받아들이면 신고전파 기업 이론과 가계의 효용 극대화 이론이 분석적으로 완벽한 대칭을 이룬다. 둘째, 이러한 생산요소들의 대체 가능성이 주어지면 기업의 이윤 극대화 이론은 판매된 생산물의 단위당 수입과 비용이라는 관점에서 볼 수도 있고 아니면 생산 투입 요소의 구매와 사용에서 기인하는 수입과 지출의 관점에서 볼 수도 있다. 신고전파의 소득분배 이론에서 기초가 되는 것은 바로 이 후자의 관점이다.

마셜은 생산물의 관점에서 신고전파 기업 이론을 발전시켰는데, 분배 이론에 있어서는 그의 이론이 존 베이츠 클라크John Bates Clark(1847~1938)의 이론보다 뒤떨어진다. 왜냐면 마셜은 생산요소의 가격이 어떻게 결정되는지를 분석할 때 생산의 기술적 계수가 고정되어 있다고 가정했으며, 또 투입물들의 결합 비율 자체가 한계적으로 변화할 때 나타나는 효과를 탐구하지 않았기 때문이다.[44] 마셜은 생산요소를 대체하는 원리를 논할 때 다른 생산 기술끼리의 대체만을 분석했을 뿐, 똑같은 생산 기술 내에서 투입물의 비율이 다양하게 변할 때의 효과를 검토하지는 않았던 것이다.[45]

하지만 클라크에게 있어서는 노동과 자본이 서로 대체할 수 있다는 원리가 명쾌하게 전개된다. 그는 "제조업뿐만 아니라 운송업에서도, 자본재의 양이나 성격에 아무 변화가 없을 때도 그것과 결부되어 사용되는 노동력은 감지할 수 있는 정도로 다양하게 변할 수 있다"[46]고 주장한다. 자본의 양을 일정하게 고정시킨 상태에서 노동의 양만을 다양하게 변화시킴으로써 우리는 상이한 고용 수준에 상응하는 노동의 한계생산물표를 얻을 수 있다. 이 표에서 노동의 한계생산물을 나타내는 그래프를 그린다면 〈그림 11-1〉과 비슷하게 될 것이다. 일정하게 고정된 양의 자본으로 일하는 노동자의 한계생산물이 노동자가 늘어날수록 계속적으로 감소한다고 가정한다면, 우리는 〈그림 11-4〉의 (a) 부분에 그려져 있는 곡선을 얻게 된다.

자본가는 이윤을 극대화하기 위해서는 노동의 **한계생산물 가치**와 노동의 가격을 알아야 한다. 경쟁이 지배하는 산업 내에서라면 노동의 한계생산

그림 11-4. **기업의 한계생산물과 한계생산물 가치 곡선**

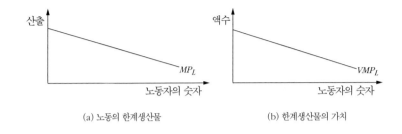

(a) 노동의 한계생산물　　　　　　　(b) 한계생산물의 가치

물 가치는 단순히 그 한계생산물의 화폐 가치, 즉 한계생산물에 단위당 판매 가격을 곱한 것이 된다. 따라서 (b) 부분에 그려진 VMP_L 곡선은 단순히 (a) 부분의 MP_L 곡선을 생산물 단위 가격으로 곱한 것일 뿐이다. 이 VMP_L 곡선은 다양한 고용 수준마다 노동자 한 사람을 더 고용함으로써 수입이 얼마나 더 늘어나는가를 가르쳐준다.

　경쟁이 지배하는 산업 내의 기업의 입장에서 보면, 노동의 가격은 전체 노동시장에서 결정되며 그 기업은 노동의 가격에 대해서나 판매하는 생산물의 가격에 대해서나 어떤 감지 가능한 영향도 끼칠 수 없다. 〈그림 11-5〉는 (a) 부분에서 노동시장을 나타내고 있으며, (b) 부분에서 기업의 고용에 있어서 이윤을 극대화하는 고용 수준을 나타내고 있다. 이러한 고용 수준은 곧 노동의 한계생산물 가치가 노동시장에서 결정되는 임금률과 정확히 일치할 때 나타난다. 따라서 VMP_L 곡선은 다양한 임금 수준이 주어질 때 거기에 맞추어 기업이 고용하고자 하는 노동량을 나타낸다. 다시 말해서, VMP_L 곡선은 기업의 **노동 수요곡선**이다. 따라서 〈그림 11-5〉의 (a) 부분에 그려진 노동 총수요는 모든 기업의 VMP_L 곡선을 모두 더한 것이다. 노동의 공급곡선이 수직이라는 것은 어떤 주어진 시점에서의 노동 공급은

그림 11-5. **임금률 그리고 기업의 노동 고용 수준의 결정**

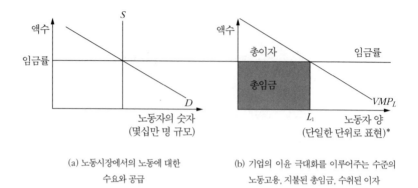

(a) 노동시장에서의 노동에 대한
수요와 공급

(b) 기업의 이윤 극대화를 이루어주는 수준의
노동고용, 지불된 총임금, 수취된 이자

노동력의 크기에 의해 고정되어 있다는 것을 나타낸다.

〈그림 11-5〉에서 어둡게 칠해진 사각형은 기업이 지불한 총임금(임금률에 고용된 노동량을 곱한 것)을 나타내며, 삼각형은 총이자(총생산물의 가치에서 임금을 지불하고 남은 부분)를 나타낸다. 이 그래프에서 중요한 점은, 각각의 기업은 노동의 한계생산물 가치가 임금과 동일해질 때까지 노동의 고용량을 늘린다는 것이다. 이는 기업이 이윤을 극대화하기 위한 필수 조건이다.

이는 클라크에게 있어서 대단히 중요한 결론이었다. 그의《부의 분배 *The Distribution of Wealth*》의 서문 첫 쪽은 이러한 언명으로 시작한다.

사회의 소득분배는 자연법에 의해 통제되며, 자연법이 마찰 없이 작동한다면 생산의 모든 인자에게 그 인자 스스로가 창출한 만큼의 부를 가져다주게 되어 있음을 보이는 것이 이 저작의 목적이다. 임금이 개인들 간의 자유로운 협상을 통해 조정된다 하더라도, 그런 거래에서 생기는 임금률은

그림 11-6. **이자율과 기업의 자본 사용 수준**

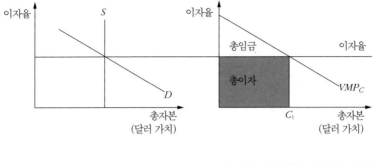

(a) 자본시장에서의 자본에 대한
수요와 공급

(b) 기업의 이윤 극대화를 이루어주는 수준의
자본 사용, 수취된 총 이자,
자본 임금의 수준

그 산업의 생산물 중에서 노동 자신에서 기인하는 부분과 동일해지는 경향을 가지며, 마찬가지로 이자도 자유로운 협상을 통해 조정된다 해도, 이 또한 자본에서 기인하는 생산물의 몫과 동일해지는 경향을 갖는다는 것이 이 저서의 주장이다. 경제체제에서 재산권이 처음으로 생겨난 시점—자본과 노동이 양이 늘어나서 마침내 국가가 그것들을 자본과 노동으로서 인정하게 된 시점—이후에는 사회적 절차가 소유권의 기초를 이루는 원리에 따르게 된다. 그리고 이러한 사회적 절차가 방해받지 않는 한, 모든 사람은 자신이 구체적으로 창출한 것을 할당받는다.[47]

이렇게 클라크는 세와 시니어에서 시작된 과제, 즉 자본가와 노동자 각각에 돌아가는 보상은 정확히 똑같은 원리에 기반하고 있다는 것을 입증하는 과제를 완수했다. 노동자와 마찬가지로 자본가 또한 자신이 창출한 만큼 보상받는다는 것이다.

〈그림 11-5〉에 나와 있는 이자가 잉여처럼 보일 수 있지만, 이는 우리가 MP_L 곡선을 얻기 위해서 자본을 고정시키고 노동의 양을 다양하게 변하게 했다는 것 때문에 생겨나는 착시 현상이다. 신고전파 경제학 이론에서 자본과 노동은 대체가 가능하기 때문에 우리는 마찬가지로 노동을 고정시키고 생산에 사용된 자본의 양을 다양하게 변화시킬 수도 있다. 〈그림 11-6〉은 〈그림 11-5〉와 완전히 동일하다. 가변적인 생산요소의 자리에 노동 대신 자본을 놓기만 한다면 말이다.

경쟁이 지배하는 균형 상태에서는 만약 〈그림 11-5〉와 〈그림 11-6〉에 나타난 총생산이 서로 동일하다면 양쪽 그림에 나타난 임금 몫과 자본 몫 또한 동일하다. 즉 〈그림 11-5〉에서 총임금을 나타내는 어둡게 칠해진 사각형과 〈그림 11-6〉에서 삼각형으로 나타난 임금의 양은 정확히 똑같을 것이다. 양쪽 그림에 나타난 이자 또한 동일할 것이다.

각각의 생산요소는 그 한계생산물의 가치와 동일한 소득을 얻는다. 비록 클라크는 단지 이를 가정했을 뿐이지만 나중에 경제학자들은 이를 엄밀하게 증명했다. 즉 완전경쟁 시장이 균형 상태에 있다는 조건에서 각각의 요소가 그 한계생산물의 가치를 지불받고 있다면, 그 모든 요소가 얻는 소득을 모두 합한 것은 **총생산물의 가치와 정확하게 동일하다**는 것이다. 착취의 가능성은 절대로 있을 수 없다. 각각의 개인은 자신의 생산요소가 생산한 것과 같은 가치를 수취하며, 누군가가 수탈할 잉여는 존재하지 않는다.

교환으로서의 경제학과 기업가의 역할

교환이나 효용의 관점에서 보자면, 이윤은 균형 상태에서는 소멸한다. 임금은 노동의 기여에 대한 대가이며 이자는 자본의 기여에 대한 대가이다.

계급의 구별은 스미스, 리카도, 톰프슨, 호지스킨, 마르크스, 밀의 저작에서는 대단히 중요하지만, 신고전파 경제학자들의 저작에서는 완전히 제거된다. 대부분의 고전파 경제학자들과 마르크스는 이윤이란 생산에 필요한 모든 비용을 다 지불한 뒤에 자본가의 손에 남는 잉여라고 정의했다. 신고전파 경제학자들 또한 이윤을 이렇게 비용을 초과한 잔여분으로 정의하는 전통을 유지했다. 하지만 신고전파에서 상정하는 완전경쟁의 균형 상태에서는, **모든 소득은 생산에 필요한 비용의 지불에서 생겨난다. 잔여분도 존재하지 않으며, 잉여도 존재하지 않으며, 이윤도 존재하지 않는다.**

신고전파 경제학은 세, 시니어, 바스티아의 전통이 극점에 달한 것으로서, 그 핵심은 **경제학은 교환이다**라는 것이다. 경제 과정 전체는 다음의 시나리오로 설명할 수 있다. 가계 단위로 뭉친 이기적이고 합리적이며 효용을 극대화하는 개인들은 본래부터 생산요소에 대한 양도할 수 없는 사적 재산권을 부여받는다. 이러한 생산요소를 사용하는 것을 포기하면 여기에 일정한 효용의 희생이 따른다. 그런데 여기에 소수의 이상한 종류의 개인들이 나타난다. 이들은 기업가가 되는 데 필요한 다종다기한 재능과 미덕을 갖춘 이들이다. 앞으로 보겠지만, 이 기업가들은 이 전체 이야기 틀에서 이상하고도 모순적인 (하지만 절대적으로 필요한) 기능을 수행하는 가상의 기계신 deus ex machina●의 역할을 맡는다.

생산요소가 최초로 인간들에게 부여되면 그들은 즉시 두 종류의 동기에 의해 추동되어 합리적이며 효용을 극대화하는 교환을 미친 듯이 행한다. 첫째, 가계는 효용을 극대화하고자 한다. 이들은 이를 위해 자신들이 판매하

● 고대 그리스 비극에서 사용된 연극적 장치로서, 이야기가 진행되면서 상황이 도저히 해결의 가능성이 없는 파국으로 치달을 때 갑자기 하늘에서 기계 장치를 이용하여 신이 내려오고 단칼에 문제를 해결하는 경우가 많았다.

는 모든 생산요소와 자신들이 구매하는 모든 상품에 대해 가격 대비 한계효용의 비율이 똑같게 될 때까지 구매 및 판매 행위를 계속한다. 둘째, 기업가는 이윤을 극대화하고자 한다. 이들은 이를 위해 생산요소를 사들이고 소비재를 판매한다. 이들은 생산요소를 결합하며 이렇게 결합된 생산요소는 생산함수의 힘을 빌려서 소비재로 변형된다. 이 생산함수는 생산요소가 부드럽게 연속적으로 대체 가능하도록 허용하는 것이어서 각각의 요소의 한계생산성을 분명히 확인할 수 있다.

완전경쟁의 균형 상태에서 기업가가 이윤을 극대화하는 조건은, 각각의 생산요소에 그 한계생산물에 해당하는 가치를 지불하고 생산물의 1단위를 그 비용과 동일한 가격에 판매하는 것이다. 생산요소에 치른 가치가 생산물의 가치와 정확히 일치하므로, 생산요소의 소유자들이 가져가는 소득의 합은 생산된 소비재를 전부 구매할 수 있는 액수와 정확히 일치한다. 그리고 이 순환적 과정은 언제까지나 계속된다. 생산요소의 소유자는 자신이 원하는 소비재를 구매하므로, 거기서 얻는 효용은 자신의 생산요소를 판매하여 잃는 총효용보다 더 크다. 따라서 교환을 통해 모든 이들이 혜택을 보며, 모든 이들이 효용을 늘리게 되며, 공정하고도 공평한 이익의 조화가 확보된다. 그 누구도 다른 사람을 착취하지 않는다. 각 개인은 상품을 그 균형가치대로 판매하고 구매한다. 각 개인은 교환의 보이지 않는 손이 주는 혜택을 통해 자신의 효용을 극대화한다. 바스티아와 클라크가 신께서 내려주신 자애로움으로밖에 설명할 수 없다고 생각했던, 아름다운 대칭적 조화가 세상을 속속들이 지배한다.

하지만 이러한 분석을 위해서는 두 개의 아주 중요한 기계신이 있어야만 한다. (물론 사람, 생산함수, 경제제도에 대해서도 전혀 현실적이지 못한 가정을 무수히 해야 하지만 논외로 한다. 이는 신고전파 후생경제학을 다루는 장에서 논의할 것이다.) 이미 발라의 사상을 논하면서 우리가 살펴보았던 이 두 기계신은 거의 모든 신고전파 분석에서 항상 되살아난다. 그 첫 번째는 기업가 entrepreneur로서, 극대의 이윤을 쫓는 이들의 지칠 줄 모르는 충동이야말로 자본주의 시스템을 돌아가게 만들고 그 결과로서 생산요소를 소비재로 변형하여 효용 극대화를 가능하게 만든다.

시시포스의 신화에 맞먹는 현대의 신화가 있다면, 이는 바로 기업가라는 신고전파의 신화이다. 발라의 이론에서 보았던 것처럼, 기업가란 생산을 조직하는 이이다. 그는 계급성이 탈각된 존재로서 자본가일 수도 노동자일 수도 지주일 수도 있다. 만약 자본가라면 자신이 소유한 자본에 따라오는 이자를 수취하며 그 크기는 다른 모든 자본가가 수취하는 것 이상이 되지 못한다. 만약 기업가가 노동자나 지주라면 기업가가 아닌 다른 모든 노동자와 지주가 가져가는 임금이나 지대와 똑같은 만큼을 임금 또는 지대로서 가져간다. 물론 자본주의에는 실제로 기업가가 존재한다. 하지만 신고전파 경제 이론에 나오는 기업가는 순전히 신화적인 존재이다.

이 기업가를 움직이는 영원한 동기는 이윤의 추구이다. 하지만 신고전파가 그려내는 경쟁적 균형 상태에서는 이윤이란 존재하지 않는다. 따라서 신고전파 이론에 나오는 기업가란 영원히 환상 속의 신기루를 쫓아서 끊임없이 획책과 노심초사와 판매와 구매를 계속하는 존재인 것이다. 이 기업가는 이를 전혀 알지 못한 채 이러한 시시포스와 같은 임무를 계속해서 열심히 추구한다는 것이다. 클라크의 말을 들어보자.

> 정상가격이란 이윤이 없는 가격이다. 이 가격은 그 재화를 생산하는 데 들어간 모든 노동에 임금을 지급할 수 있으며, 이 노동에는 공장을 감독하고 자금을 융통 관리하고, 회계 장부를 챙기고, 빌려준 돈을 받으러 다니고, 사업 전략을 지휘하는 모든 활동 등의 노동이 포함된다. 또한 이 가격은 이 사업에 사용된 모든 자본—기업가 자신의 소유이든 아니면 다른 이

에게서 빌려온 것이든—에 대해 이자를 지급할 수 있다. 그런데 모든 상품의 시장가격이 정확하게 그 정상가격과 일치한다면, 그 이상의 아무런 수익도 존재하지 않는다. 그 이유는 기업가가 자신의 재화를 판매하면서 서로 경쟁을 벌여 가격을 아무런 순 이윤이 남지 않는 수준으로까지 떨어뜨리기 때문이다.[48]

두 번째 기계신은 발라가 말하는 호가자이다. 일반균형 상태에서 수요와 공급의 힘이 자유롭게 작동할 때 그러한 균형적 정상가격 조합이 확립되며, 그러한 가격 조합에서는 각각의 개인이 자신의 생산요소가 창출한 것과 정확히 일치하는 만큼을 얻게 되고, 공황이나 비자발적 실업 따위는 더 이상 걱정할 필요가 없다고 신고전파 경제학자들은 주장한다. 하지만 이 전지전능의 호가자에 의지하지 않고서는, 그러한 가격 조합이 확립되는 구체적인 과정이 무엇인지에 대해서 설명하지 못한다.

이리하여 정당하고 자연적인 것으로 보장된 사유 재산이 애초에 모두에게 주어지고, 우주 전체를 꿰뚫는 호가자가 나타나 모든 상품의 균형가격을 수립하고, 신화적인 기업가가 존재하지도 않는 이윤을 쫓아서 끊임없이 분투한다면, 모든 개인이 언제 어디서나 수만 가지의 한계효용 및 가격 계산에 몰두하여 달러당 효용이 적은 재화를 내놓아 달러당 효용이 큰 재화와 교환함에 따라, 교환의 보이지 않는 손이 모든 개인의 효용을 극대화해준다는 것이다. 모든 개인의 이익은 다른 모든 이들의 이익과 조화를 이루며, 각각의 개인은 자신의 효용을 극대화한다. 교환 또는 효용의 관점에 따르면 이것이 바로 자본주의가 작동하는 방식이다. 물론 현실에서는 어떤 교환자들은 운전기사가 딸린 롤스로이스를 타고 호화로운 30층 사무실로 나가며, 어떤 이들은 손에 도시락을 들고 버스 정류장으로 터덜터덜 걸어가며, 또 어떤 이들은 도시락도 없이 실업자 무료 급식 줄에 서 있다. 하지만 이러한 사실은 클라크의 이론에서는 아무런 중요성도 갖지 못한다.

사적 소유에 대한 클라크의 옹호

보이지 않는 손의 자비는 궁극적으로는 현존하는 사적 소유의 법률과 분배가 정당하고도 공정한 것이라는 생각에 기초하고 있다.[49] 클라크는 사적 재산을 소유하려는 것이 본능적 행위에서 나온다고 생각했다. "토지를 소유하려는 본능이야말로 노동자로 하여금 부를 소유한 계급이 되도록 이끄는 가장 효과적인 동기이다."[50] 사적 소유의 법률은 사람들의 도덕적 감정의 구현물인 사회적 에토스를 반영한다. "자유로운 나라에서는 사람들이 자신들의 권리에 대해 갖는 생각이 법률에 표현되어 있다. 그리고 현대 국가들에서는 그 생각이 실제 토지의 사적 소유에 대한 호의로 표명되어 있다. … 그리고 미국 연방정부 또한 전체 국민의 의지를 반영하여 그것을 확인했다."[51]

클라크는 토지의 사적 소유를 옹호하는 것이 각별히 중요하다고 느꼈다. 왜냐면 사회주의자들의 주장이 가장 설득력을 갖는 것이 토지 소유에 대한 비판이라고 생각했기 때문이다. 따라서 토지의 사적 소유를 옹호할 수만 있다면 이는 결국 모든 종류의 생산요소에 대한 사적 소유를 옹호하는 것이 될 것으로 생각했다. "토지 재산에 반대하는 논리는 무엇이든 결국 모든 재산에 반대하는 논리와 하나가 되고, 또 급진적 사회주의의 논리와 하나가 된다"[52]고 그는 선언한다.

클라크가 볼 때, 유감스럽게도 "전체 국민의 의지" 또는 "사람들이 자신들의 권리에 대해 갖는 생각"을 대다수의 사람들이 모르고 있는 상태라고 한다. 그리고 사람들이 이를 잘 알지 못하는 바람에 많은 사람들이 사적 소유의 권리를 공격하는 일이 벌어졌다는 것이다. "사적 소유를 공격하는 이들이 그것을 옹호하는 이들보다 압도적으로 더 많다는 것은 충분히 예상할수 있다. 이는 큰 도덕적 힘을 가진 제도에 대해서 흔히 벌어지는 일이다."[53] 따라서 클라크가 발견한 '자연법'을 모든 이들이 이해하는 것은 대단히 중요한 일이 된다. "사회적 절차는 소유권의 기초를 이루는 원리를 충실히 따른다. … 그것은 모두에게 그 자신이 구체적으로 창출한 것을 할당한다."[54]

클라크의 자본 개념

신고전파의 한계생산성 분배 이론은 임금과 이자의 수준을 설명함에 있어서, 생산에 사용된 자본과 노동의 **물리적 수량** 그리고 그렇게 투입된 생산요소가 창출한 한계생산물의 **물리적 수량** 사이에 모종의 관계를 설정한다.

노동의 경우에는 물리적 수량을 합산하는 방법이 명확하다. 한 사람의 노동자가 하루에 일하는 양을 노동 한 단위로 정의한다면 그저 노동일의 수를 더하기만 하면 생산에 지출된 노동의 양을 얻을 수 있다. 물론 노동자 사이에 이런저런 차이점이 있기는 하지만, 대부분의 제조업에 있어서 이러한 차이점은 별로 중요하지 않다.

> 어떤 고용주가 부리는 사람들은 서로 교체가 가능하며, 고용주에게 있어서는 설령 그들 중 누가 떠나더라도 아무런 문제가 되지 않는다. 그렇게 떠난 사람이 그전까지 영업에 아주 필수적인 노동을 해왔다고 해도, 고용주는 그저 그 사람 대신 지금까지 가장 필요성이 덜한 일을 해온 사람을 그자리에 집어넣기만 하면 되는 것이다.[55]

그리고 리카도와 마르크스를 다룬 장에서 이미 보았듯이, 전혀 다른 숙련과 훈련이 필요한 경우에는 필수적 숙련을 습득하는 데 들어간 노동시간을 사용하여 숙련노동을 미숙련노동으로 등치시킬 수가 있다. 따라서 노동의 물리적 수량을 합산하는 데 있어서는 일반적으로 극복할 수 없는 문제는 없다.

그런데 자본으로 가면 이야기가 전혀 다르다. 생산에 사용된 자본의 물리적 수량을 합산하려고 하면 우리는 대단히 다양한 물건을 더해야만 한다. 예를 들어서 나사돌리개, 외바퀴 손수레, 컨베이어 벨트, 용광로, 트럭, 그 밖의 수많은 물건을 어떻게 더할지를 결정해야 한다. 자본가가 자신의 자본을 측정하는 보편적 잣대는 자본의 가치이다. 다시 말하면 자본 스톡을 구성하는 모든 항목의 가격을 합산하면 되는 것이다. 자본가의 관심사는 그저 이윤 획득일 뿐이지, 이윤 획득을 지적으로 합리화하는 논리를 제공하는 것이 아니기 때문에, 이러한 방식은 자본가에게는 완벽하게 충분하다. 하지만 이러한 측정 방식은 한계생산성 분배 이론에는 절대적으로 불충분하다.

신고전파 분배 이론에서 **자본의 가치는 자본의 생산성에 의해 결정된다.** 자본의 생산성을 확인하기 위해 자본의 가치를 가정할 수는 없다. 만약 그렇게 한다면 자본의 가치가 자본의 생산성을 결정하는 꼴이 되지만, 신고전파 이론에서는 이러한 인과관계의 방향을 거꾸로 뒤집어야만 한다. 즉 자본의 생산성이 자본의 가치를 결정해야 한다. 따라서 신고전파의 한계생산성 분배 이론이 논리적으로 성립하려면(즉 이론적으로 순환논증이 아니냐는 공격에서 벗어나려면), 생산에 사용된 자본의 수량을 자본의 가격과는 전혀 무관하게 측정할 수 있는 방법이 존재해야만 한다.

이 문제를 다루는 클라크의 방법은 지극히 아리송하다. 그럼에도 불구하고 나중에 보게 되겠지만 일부 신고전파 경제학자들은 오늘날까지도 클라크의 정식화를 사용하고 있다. 클라크는 자신의 이론을 이해하기 위해서는 자본과 자본재의 구별을 반드시 이해해야만 한다고 강하게 주장한다. "자본은 생산 도구로 구성된다. 그리고 이 도구는 항상 구체적이고 물질적이다."[56] 생산 도구를 개별적, 물질적, 구체적 형태로 고찰할 때 이것들은 자본재라는 이름을 얻는다. 따라서 자본은 자본재로 이루어진다고 말할 수 있다. 하지만 그와 동시에 자본은 자본재의 수량과는 전혀 다른 성질을 가지고 있다.

> 이 온 세계의 자본은 말하자면 노동하는 인류의 손에 쥐어진 단일의 거대한 도구라고 할 수 있다. 이것을 무기로 사용하여 인류는 자신의 뜻에 저항하는 자연의 여러 요소를 굴복시키고 변형시킨다.
>
> 우리가 자본이라고 불러온 것에 있어서 가장 독특한 사실은 그것이 영구성과 연속성을 가진다는 사실이다. 자본은 지속성을 가진다. 그리고 산업이 성공을 거두려면 자본은 지속성을 가지고 있어야만 한다. … 하지만 실패를 보지 않으려면 **자본재는** 파괴되어야만 한다. …
>
> 자본재는 파괴하는 것이 **허용**될 뿐만 아니라 산업이 성공을 거두려면 **반드시** 파괴되어야만 한다. 또 자본이 지속성을 가지기 위해서는 자본재가 반드시 파괴되어야만 한다. 밀이 계속 밀로서 남아 있으려면 밀의 씨앗은 사라져야만 하는 것과 같다.[57]

다른 점이 또 하나 있다. "자본은 완벽한 이동성을 가지고 있지만, 자본재는 전혀 그렇지 못하다."[58] 그래서 자본은 파괴할 수도 없고, 영구적, 연속적이며, 유동적이며, 이동성을 가진 존재이지만, 자본재는 마모되며 구체적이고 이동성도 없다. 이런 식의 개념은 신고전파 분배 이론에서는 분명히 유용한 것이겠으나 자본을 측정할 방법을 찾고 있던 우리에게는 큰 도움이 되지 못한다. 클라크가 들고 있는 밀과 씨앗의 예도 마찬가지이다.

물론 밀의 경우에는 뿌려져 없어진 씨앗의 양을 측정하여 그것을 일정 시간 동안 우리가 보유한 평균적인 밀의 재고량과 비교해보는 것이 가능하다. 하지만 밀은 밀이라는 단일한 존재이지만, 자본재는 믿을 수 없을 만큼 다종다기하다.

클라크는 자본이 하나의 추상이라고 대답한다. 자본은 "생산적 부의 추상적 양quantum이며, 영구적인 기금fund"[59]이다. 여기서 클라크가 양이라는 말을 쓴 것을 보면 무언가 수량화할 수 있는 것인 듯하다. 하지만 수량화란 보통 구체적 사물들에 대한 구체적 절차이지 추상물의 속성은 아니다. 하지만 클라크는 자본의 정의로서 오로지 다음과 같은 말을 내놓고 있을 뿐이다.

> 부의 양 또는 기금이다. 이 가운데 어느 것으로 말하든, 일단 그것을 구성하는 구체적 사물들과 분리하여 생각하면 이는 하나의 추상물이다. 하지만 만약 이를 구체적 사물에 실제로 체현되어 있는 것으로 생각한다면 이는 추상물이 아니라 물질적 실체이다. …
>
> 우리는 자본이 한순간이라도 자본재에서 탈각된 상태로 존재한다는 생각에 빠지지 않도록 세심하게 주의를 기울였지만, 사업가가 사용하는 공식을 과학적 목적에서 사용해도 안전하다. 우리는 자본을, 그 기금은 지속성을 유지하더라도, 계속해서 변화—영속적으로 나타났다 사라졌다 한다—하는 물질적 사물에 투자되는 생산적 부의 총계라고 생각한다. 말하자면, 자본이 살아가는 방식은 윤회輪回, transmigration라고 할 수 있다. 한 묶음의 물체에서 빠져나와 다른 묶음의 물체로 들어간다.[60]

클라크는 '하나의 지속되는 실체'로 인식된 추상적 자본이라는 자신의 생각에 대해 무언가 불편함을 느꼈던 것으로 보인다. "계량단위로 측정된 생산력이란 추상적인 것"[61]이라고 클라크는 인정한다. 하지만 그는 독자들을 안심시킨다. "이러한 추상적인 정식화는 어떤 구체적 사물을 제대로 기술하기 위해서 모든 사유 영역에서 공통적으로 행해진다."[62] 클라크는 그런데도 혹시 아직도 무슨 의혹이 남아 있는 독자가 있을까봐 마지막으로 심오한 생각 하나를 내놓는다. "인생 그 자체가 하나의 추상이다."[63] 하지만 클라크는 하나의 추상인 인생 그 자체에 대해서든 또 지속적인 실체로서 하나의 추상인 자본에 대해서든 이를 양적으로 어떻게 측정할지의 방법에 대해서는 아무것도 제시하지 못한다.

하지만 클라크 이후 오늘날까지도 수많은 신고전파 경제학자들은 생산 이론에서(나중에는 성장 이론에서까지) 자본의 총계를 측정 가능한 물리적 수량인 것처럼 계속해서 사용해오고 있다. 이들이 신고전파 이론의 일관성을 유지하는 한 자본의 수량을 측정하는 수단으로서 자본의 가치를 사용할 수는 없다. 왜냐면 신고전파의 이론에서는 자본의 수량이 자본의 한계생산성을 결정하는 것으로 되어 있고 이것이 다시 자본의 가치를 결정하도록 인과관계의 방향이 설정되어 있기 때문이다. 하지만 "인생 자체도 하나의 추상"인 판이니, 이들은 그러한 척도를 마치 찾아낸 척하면서 계속 이런저런 이론을 구축해올 수 있었다. 물론 실제로는 이들은 그런 척도를 전혀 찾아낸 적이 없다.

뵘바베르크의 자본 척도

마르크스에 대한 결정적 비판을 정식화했다고 스스로 생각했던 오이겐 폰 뵘바베르크Eugen von Böhm-Bawerk(1851~1914)는 모든 가격과 독립적으로 자본의 수량을 잴 수 있는 척도를 정식화하고자 노력했다. 뵘바베르크는 대다수 보수적 경제학자들의 자본에 대한 정의가 충분치 못하다는 점을 알았지만, 그의 가장 큰 관심은 자본에 대한 마르크스의 관점이 불충분함을 보이는 것이었다.

> 마르크스는 … 노동자 이외의 사람들이 소유하고 있으며 노동자를 착취하는 데 사용되는 생산 도구로 자본의 개념을 제한하고자 했다. 따라서 그에게 있어서 자본이란 '착취 도구'와 같다. 만약 그의 착취 이론이 올바른 것이라면 그러한 구별도 중요하고 의미가 풍부한 것이었을 것이다. 하지만 나의 이전 저작에서 보였듯이 그의 착취 이론은 올바른 것이 아니며, 따라서 그것을 기초로 삼아 이루어진 이러한 구별 또한 정당화될 수 없다.[64]

뵘바베르크는 마르크스의 이론을 비판하는 것으로 만족하지 않았으며, 자본과 이자에 대한 스스로의 이론을 발전시켰다. 그는 "이 문제를 공정하고 냉정하게 탐구한다면 이를 둘러싼 논쟁을 종식시킬 수 있으리라는 희망을 품은 채 이 뜨거운 논란의 길을 다시 밟아야"[65] 한다고 생각했다. 그는 이자는 필연적인 것임을 자신이 증명할 수 있다고 확신했다. "이자의 폐지를 요구하는 사람들은 … 사회주의자들이 오늘날 하는 것처럼, 그러한 소득이 본질적으로 정당화될 수 없다는 주장을 [자신들 요구의 기초로 삼을 수는] 없을 것이다."[66]

그는 '본원적' 생산요소는 토지와 노동 오직 두 가지뿐이라고 주장했다. 그러다가 사람들이 생산에 **시간**이 걸린다는 점을 깨닫게 되는 순간 자본이 출현한다. 노동을 한 순간에 모두 투하하는 것은 불가능하다. 노동은 시간 흐름에 따라 투하되는 순서가 있게 마련이다. 나아가 사람들은 곧 한 가지 재화를 생산하는 데 상이한 방법이 있다는 것을 알게 된다. 그중 어떤 방법은 짧고 직접적이어서 비교적 시간이 덜 들어간다. 다른 방법은 좀 더 '우회적 roundabout'이고 좀 더 간접적이어서 더 많은 시간을 필요로 한다. 그는 여기서 얻을 수 있는 교훈은 자명하다고 생각했다.

> 우회적인 방식으로 재화를 생산하면 직접 생산하는 것보다 더 큰 결과를 얻는다. 어떤 재화를 생산하는 데 두 가지 방식이 있을 경우, 간접적인 방식으로 생산하면 똑같은 노동으로도 더 많은 생산물을 얻을 수 있으며 더 적은 노동으로도 같은 양의 생산물을 얻을 수 있다. …
>
> 우회적 방법이 직접적 방법보다 더 큰 결과를 낳는다는 사실이야말로 생산 이론 전체에서 가장 중요하고 근본적인 명제의 하나이다.[67]

노동의 양이 고정되어 있을 때 생산 기간이 길수록 노동의 산출량이 더 커진다고 뵘바베르크는 생각했다. 물론 궁극적으로는 수확체감이 일어나게 될 것이다. 즉 우리가 시간의 투입량을 똑같은 양만큼씩 늘려서 생산 기간을 연속적으로 늘려갈 경우 생산량도 계속해서 늘어나겠지만 생산 기간 한 단위가 더 추가될수록 그 증가분의 크기는 점점 줄어들 것이다.

따라서 만약 생산의 유일한 목적이 생산량을 극대화하는 것이라면 사람들은 항상 가장 긴 생산 기간을 선택하려고 들 것이다. 하지만 실제로는 그렇지 않다. 뵘바베르크의 주장에 따르면 그 이유는 이러하다. 현재 눈앞에 다양한 재화가 있다고 해도 거기서 끌어낼 수 있는 효용의 크기는 사람에 따라서 다양하게 마련이다. 이와 마찬가지로 재화를 지금 당장 가질 것인가 장래에 가질 것인가를 놓고서도 사람마다 각각의 경우에서 끌어낼 수 있는 효용의 크기 또한 다양하다. 즉 **사람들에게는 저마다의 시간 선호time preferences가 있다.** 더욱이 거의 모든 사람들은 지금 눈앞에 있는 재화를 미래의 재화보다 더 선호한다. 뵘바베르크는 여기에 몇 가지 이유가 있다고 생각했다. 첫째, "당장의 괴로움과 필요의 경우"[68]가 있는데, 이때는 현재가 미래보다 더 중요하게 보인다. 둘째, 사람들은 "상상력 부족", 또는 "의지력 결핍" 또는 "인생의 짧음과 불확실성" 때문에 "미래의 쾌락을 실제보다 과소평가"하는 경향이 있다.[69]

생산의 시간적 패턴은 두 가지 정반대 방식으로 사람들의 효용에 영향을 준다는 결론이 나온다. 첫째, 더 많은 재화는 더 많은 효용을 낳으며, 생산 기간이 길어질수록 나중에 더 많은 재화를 소비할 수 있을 것이다. 둘째, 사람들이 재화를 일찍 얻을수록 더 많은 효용을 기대할 것이며, 생산 기간이 길다는 것은 곧 소비의 지연도 더 길어진다는 것을 뜻한다.

이제 노동생산성은 낮고 생산 기간이 아주 짧은 경우부터 살펴보자. 여기서 생산 기간을 늘린다면 기다리는 기간은 약간 더 늘어나는 대신 더 많은 재화를 얻을 수 있을 것이며, 후자에서 발생하는 효용의 증대는 전자에서 나오는 비효용을 압도할 만큼 클 것이다. 하지만 똑같은 양만큼의 시간을 계속 늘려가면 두 가지 일이 생겨날 것이다. 첫째, 생산물의 한계적 증가량은 계속해서 감소할 것이다. 둘째, 기다리는 시간의 한계적 증가에서 오는 비효용의 양은 계속 증가할 것이다. 그러다가 어느 시점이 되면 생산물의 한계적 증가에서 오는 효용의 양이 기다리는 시간의 한계적 증가에서 오는 비효용의 양과 동일해질 것이며, 생산 기간의 확장은 이 지점까지 계속될 것이다. 전체 생산 기간에서 발생하는 사회의 총효용은 바로 이 지점에서 극대화된다.

이러한 식으로 생각한다면, 자본의 양이란 생산과정이 갖는 별개의 세 측면을 하나로 합쳐놓은 지수이다. 첫째, 사용된 본원적 생산요소의 양, 둘째, 생산 기간의 길이, 셋째, 전체 생산 기간에 걸쳐 본원적 생산요소를 언제 얼마나 활용하는가의 시간적 패턴 등이다. 생산과정을 길게 하는 것은 자본의 양을 늘리는 것이다. 균형 상태에서 각각의 개인의 시간 선호는 MU_t/MU_{t+1}의 비율(여기서 아래첨자 t와 $t+1$은 두 개의 연속된 생산 기간을 지칭

한다)로 주어진다. 이 비율은 또한 자본의 한계생산성(즉 $t+1$기의 투입물들 가치를 t기의 투입물들 가치로 나눈 것)과 동일하다. 이 두 비율은 모두 (1 + 이 자율)과 동일하다. 그리고 사실 이 두 비율은 (1 + 이자율)의 균형 가치의 결정 요인이다.

이렇게 뵘바베르크의 분석에서는 시간이라는 요소를 도입한다는 간단한 방법을 통하여 자본의 성격에 대한 정의가 효용 극대화 과정에 완전히 포함되었다. 뵘바베르크는 자본을 어떻게 측정할 것인가라는 클라크의 문제에 대한 해법을 제시했던 것처럼 보일 수 있다. 생산에 사용된 본원적 요소의 수량, 생산 기간의 길이, 투입물 활용의 시간적 패턴 등은 어떤 상품 가격과도 무관하게 직접 확인하는 것이 가능하기 때문이다. 하지만 앞으로 16장에서 보겠지만, 이러한 자본 측정은 전혀 만족스럽지 않다. 이는 몇 가지 수치를 하나로 합쳐놓은 지수이다. 따라서 일정한 조건 아래에서는 이 수치가 한계생산성 분배 이론의 전제들과 모순되는 지수를 산출하기도 한다. 따라서 신고전파 경제학은 오늘날까지도 상품 가격과 독립적으로 자본을 측정하는, 논리적으로 일관된 방법을 찾아내지 못한 상태이다. 하지만 그렇다고 해도 한계생산성 분배 이론의 이데올로기적 가치가 너무나 크기 때문에 신고전파 경제학자들 대다수는 계속해서 이 이론을 옹호한다는 점 또한 우리는 보게 될 것이다.

신고전파 분배 이론에 있어서의 자본주의적 계급 관계

뵘바베르크가 자신의 이론이 시니어의 이론과 완전히 다르다고 강하게 주장했음에도 불구하고, 전자는 후자의 이론을 단지 확장하고 상술한 것에 불과한 것으로 보인다. 뵘바베르크는 자본주의적 생산을 우회 생산과 동일한 것으로 보았다. 그리하여 그는 도구와 중간재를 사용하는 생산과 정이라면 모두 자본주의적 생산과정이라고 가정했다. 다음의 인용문에는 자본가와 노동자의 본질적 차이점이 무엇인지에 대한 그의 관점이 잘 요약되어 있다.

> 자본주의적 생산 방식을 채택하면 똑같이 특징적이며 중요한 두 가지 결과가 나온다. 하나는 유리한 점이며 다른 하나는 불리한 점이다. 유리한 점은 … 이러한 생산 방법에 따르는 기술적 생산성의 증대이다. …
>
> 자본주의적 생산 방식과 연관된 불리한 점은 이것이 시간을 희생시킨다는 점이다. 자본의 우회적 방식은 큰 결실을 가져오기는 하지만 오랜 시간이 걸린다. … 완성된 최종 생산물을 얻으려면 오랜 시간, 그것도 종종 아주 오랜 시간을 기다려야 하는 성격의 기술적 조건 아래에서 자본주의적 생산의 우회적 방식을 밟아나가야 하는 경우가 압도적으로 많다. … 노동자가 자본가에 의존하는 상태에 처해 있다는 것은 많이 논의되고 또 많은 이들이 개탄하는 바이지만, 자본주의적 과정이 이렇게 시간의 손실과 불가분의 관계에 있다는 것이 그러한 의존 상태가 생겨나는 유일한 기초이다. … 노동자가 자본가에게 경제적으로 의존하게 되는 유일한 이유는, 노동자는 자본가와 달리 그 우회 생산과정을 모두 거쳐 생산물이 나오게 될 때까지 기다리지를 못한다는 것이다.[70]

달리 말하자면, 노동자를 자본가와 구별 짓는 것은 오직 정신적이고 감정적 태도뿐이다. 이들은 서로 다른 시간 선호를 가지고 있다. 노동자는 당장의 보상을 원하는 반면 자본가는 오래 기다릴 수 있는 도덕적 인격을 갖추고 있다. 하지만 뵘바베르크가 말하는 기다림의 개념 또한 마셜의 그것만큼이나 시니어가 말하는 절욕의 개념과 본질적으로 동일한 것이다. 하지만 뵘바베르크 또한 마셜처럼 이 **절욕**이라는 말을 쓰는 것을 상당히 곤혹스럽게 생각했다. 이는 절욕이 생산에 따르는 고유한 사회적 비용이라는 시니어의 주장을 마르크스가 비판한 것에 대해 뵘바베르크가 불편함을 느꼈던 데서 알 수 있다. 뵘바베르크는 마르크스에게서 다음과 같은 구절을 인용했다.

> 이 속류 경제학자들에게는 모든 인간의 활동은 그 활동의 반대쪽 관점에서 보면 모두 삼가는 것, 즉 '절욕'일 수 있다는 단순한 생각조차 전혀 떠오르지 않았던 것이다. 단식의 관점에서 보면 식사는 절욕이며, 가만히 서 있는 것의 관점에서 보면 걷는 것도 절욕이며, 게으름 피우는 것의 관점에서 보면 노동 또한 절욕이며, 노동의 관점에서 보면 게으름 피우는 것이 절욕이며 등등. 이 신사분들께서는 이따금씩 스피노자Spinoza의 "규정하는 것은 곧 부정하는 것이다Determinatio est Negatio"라는 말을 곰곰이 생각해 보는 것이 좋을 것이다.[71]

뵘바베르크는 마르크스의 논점에 대해 "내 생각에는 이러한 주장은 진리라기보다는 변증법의 말장난일 뿐이다"[72]라고 말하면서 간단히 기각한다.

우리는 이 장의 결론으로 앞에서 주장했던 것을 반복하고자 한다. 신고전파 경제학자들은 경제 과정을 단순히 등가물을 등가물과 맞바꾸는 일련의 교환으로만 바라본다. 모든 사람은 혜택을 본다. 각각의 개인은 가치로 보자면 자신이 내놓는 것과 똑같은 것을 얻지만, 자신이 내놓는 것에서 얻는 효용보다 자신이 받는 것에서 얻는 효용이 더 많기 때문이다. 따라서 시장은 모든 사람의 이익을 조화시키고 또 모든 사람의 효용을 극대화한다. 이 이론에서는 계급도 존재하지 않고 계급 사이의 적대 행위 또한 존재하지 않는다. 어떤 교환자들은 다른 이들보다 더욱 높은 도덕적 인격을 가지고 있지만(즉 어떤 이들은 절욕을 행하지만 어떤 이들은 절욕을 행하지 않는다), 각각의 개인은 교환을 통하여 자신의 생산요소가 창출한 것과 동일한 가치를 수취한다. 한계생산성 분배 이론은 일반적인 신고전파 교환 이론의 필수적인 부분인 것이다.

마셜이 자신의 분배 이론을 논의하면서 내놓은 결론은 이 장에서 논의한 세 이론가 모두(그리고 그들 이후의 거의 모든 신고전파 이론가들)가 공유했다. 마셜은 생산요소의 가격 결정(즉 소득분배)에 대한 자신의 이론을 논의한 뒤 이렇게 결론을 내리고 있다. "이러한 언명은 우리가 일상생활에서 흔히 말하곤 하는 '만물은 스스로의 수준을 찾아가게 되어 있다'라든가 '대부분의 사람들은 자신들의 가치에 꼭 맞는 만큼 벌게 되어 있다'는 속담과 아주 긴밀한 조화를 이루고 있다."[73]

마셜의 말은 한계생산성 분배 이론에 내재한 도덕적 결론을 압축하여 보여주는 반면, 클라크의 《부의 분배》에서 가져온 다음 인용문은 그의 시대부터 오늘날까지 신고전파 경제학자들로 하여금 한계생산성 분배 이론을 발전시키도록 추동했던 중심적인 관심사가 무엇이었는지를 가장 명확하게 보여준다.

노동계급의 후생은 그들이 얻는 것이 많으냐 적으냐에 달려 있지만, 그들이 다른 모든 계급에 대해 갖는 태도―그리고 이것에 의해 결정되는 사회 전반의 안정성―는, 그들이 얻는 것이 많건 적건 그것이 그들이 생산하는 만큼인가 아닌가에 의해 주로 결정된다. 만약 그들이 생산하는 부의 양이 적은데도 그 부 전체를 가져간다면 그들은 사회혁명을 일으키려 들지는 않을 것이다. 하지만 그들이 생산하는 양이 큰데도 그 일부만을 가져갈 뿐이라면 그들 중 다수는 혁명가가 될 것이며, 노동자라면 누구든 그렇게 될 수밖에 없을 것이다. 사회 전체에는 "노동을 착취한다"는 고발장이 드리워져 펄럭일 것이다. 그 고발장은 이렇게 말한다. "노동자는 자신이 생산한 것을 정규적으로 강탈당하고 있다. 이는 여러 형태의 법률 안에서 합법적으로 벌어지며 경쟁의 자연적 작동에 따라 벌어진다." 만약 이러한 공격이 옳다고 판명된다면, 제 정신인 사람이라면 누구든 마땅히 사회주의자가 될 수밖에 없을 것이다. 그리고 정의감이 강한 사람일수록 이 산업 체제를 변혁하겠다는 열정을 더욱 강렬하고 생생하게 표출할 것이다.[74]

주

1. Alfred Marshall, *Principles of Economics*, 8th ed.(London : Macmillan, 1961), p. 79.
2. Ibid., p. 80.
3. Ibid., p. 83.
4. Ibid., pp. 86-97.
5. Ibid., pp. 103-9.
6. Ibid., pp. 109-14.
7. 예를 들어 M. Blaug, *Economic Theory in Retrospect*, rev. ed.(Homewood, IL : Irwin, 1968), pp. 327-430.
8. Marshall, *Principles*, pp. 120-43.
9. Ibid., p. 117.
10. Ibid.
11. Ibid., p. 193.
12. Ibid.
13. Ibid., p. 99.
14. Ibid., p. 100.
15. Ibid., pp. 336-37.
16. Ibid., p. 335.
17. Ibid., p. 337.
18. Ibid., p. 265.
19. 이 절의 나머지 부분 그리고 클라크의 분배 이론과 뵘바베르크의 자본 이론을 기술하는 절들의 일부의 문장은 현재 시제로 씌어 있다. 이러한 분석들이 오늘날의 경제원론 교과서에서 표준적인 것이 되어 있기 때문이다. (영어 문법에서는 비록 문법학자들 사이에 약간의 논란이 있기는 하지만 역사적 사실을 과거 시제로 쓰는 반면 발화 시점이 과거라 해도 문장의 내용이 현재에도 통용되는 것이라면 현재 시제로 쓰는 것을 규범으로 삼고 있다. 하지만 한국어로 번역하는 과정에서 이러한 현재 시제 사용을 엄밀하게 옮기는 것은 문장을 어색하게 만들 뿐이라고 생각되어 번역문을 이 책의 다른 부분과 특별히 다르게 만들지는 않았다―옮긴이)
20. Marshall, *Principles*, p. 265.
21. Ibid.
22. Ibid., pp. 222-31.
23. Ibid., p. 265.
24. Ibid., p. 201.

25. Ibid., p. 203.

26. Ibid., pp. 203-4.

27. Ibid., p. 204.

28. Ibid., p. 488.

29. Ibid., p. 204.

30. Ibid., p. 631.

31. Ibid., pp. 39-40.

32. Ibid.

33. Ibid., p. 263.

34. Ibid.

35. Ibid., pp. 263-64.

36. Ibid., p. 264.

37. Ibid., p. 204.

38. Ibid., p. 257.

39. Ibid.

40. Ibid., p. 615.

41. Ibid., p. 599.

42. Ibid., p. 600.

43. Ibid.

44. Ibid., p. 318.

45. Ibid., pp. 335-37.

46. John Bates Clark, *The Distribution of Wealth* (New York: Augustus M. Kelley, 1965), p. 101.

47. Ibid., p. v.

48. Ibid., p. 111.

49. 클라크의 저작에 나타나는 이러한 측면과 그 밖의 여러 다른 측면들에 대한 뛰어난 논의로는 다음을 보라. John F. Henry, "John Bates Clark and the Origins of Neoclassical Economics", Ph.D. diss., McGill University, 1974.

50. John Bates Clark, "The Ethics of Land Tenure", *International Journal of Ethics* (October 1890): 69.

51. Ibid., p. 62.

52. Ibid., p. 77.

53. Ibid., p. 62.

54. Clark, *Distribution of Wealth*, p. v.

55. Ibid., p. 103.

56. Ibid., p. 116.

57. Ibid., p. 117.

58. Ibid., p. 118.

59. Ibid., p. 119.

60. Ibid., pp. 119-20.

61. Ibid., pp. 121.

62. Ibid.

63. Ibid.

64. Eugen von Böhm-Bawerk, *The Positive Theory of Capital* (New York : Stechert, 1923), p. 57.

65. Ibid., p. 23.

66. Ibid., p. 364.

67. Ibid., pp. 19-20.

68. Ibid., p. 249.

69. Ibid., pp. 254-55.

70. Ibid., pp. 82-83.

71. Ibid., p. 123.

72. Ibid.

73. Marshall, *Principles*, p. 335.

74. Clark, *Distribution of Wealth*, p. 4.

12

소스타인 베블런

19세기 말과 20세기 초에 자본주의는 중요하고도 근본적인 변형을 겪었다. 비록 자본주의 체제의 기초—사적 소유의 법률, 기본적 계급 구조, 시장을 통한 상품 생산과 배분—는 그대로였지만, 이제 자본축적은 대규모 주식회사의 내부에서 일어나도록 제도화되었다. 자본주의 발전의 초기 단계에서는 축적 과정의 중심적 역할을 개별 자본가가 맡았다. 이 개별 자본가의 관점에서 보자면 자본축적의 과정은 조직의 기술, 교활함, 뛰어난 사업 감각, 냉혹함에 달려 있었고 또 운도 상당히 중요했다. 하지만 사회 전체의 관점에서 보자면 어느 특정 자본가의 운은 중요한 문제가 아니었다. 자본축적은 아무도 막을 수 없고 결코 중지하는 법도 없이 계속 나선형으로 발전하는 과정으로서, 그 발전의 패턴과 원동력은 어느 특정 자본가의 행동과는 전혀 무관했다.

19세기 후반이 되자 이 축적 과정은 대규모 주식회사의 형태로 합리화, 정규화, 제도화되었다. '테일러주의'와 과학적 경영이 나타나 좀 더 개인적 차원이었던 예전의 자본축적 양식을 대체했다. 새로 출현한 경영자계급은 갈수록 중요성이 커져갔다. 생산수단의 소유권은 여전히 자본주의에서 경제적, 사회적, 정치적 권력의 으뜸가는 원천이었다. 이 새로운 경영자계급도 적어도 그 최정상의 집단을 보자면 무엇보다도 중요하고 막강한 자본 소유자들로 구성되어 있었다. 이 경영자계급은 명확히 그리고 결정적으로 전체 자본가계급에 종속되어 있었다.

이러한 제도적 변형으로 나타난 결과 중 각별히 중요한 두 가지 변화가 있었다. 첫째는 자본의 국제화였다. 이는 다음 장에서 논의할 것이다. 두 번째는 자본가계급의 구조에 있어서의 변화이다. 자본가계급의 사회적, 정치적, 경제적 지배력은 전혀 변하지 않았지만, 축적 과정의 제도화로 인하여 자본가들의 대다수는 가만히 앉아서 부재 소유권absentee ownership만 보유하고도 지위를 영구화시킬 수 있었다. 자본가들의 대다수는 이제 순수한 금리 수취 계급이 되었으며, 그들 중 오직 소수만이 관리(경제와 정치 모두에서)의 기능에 종사하면서 전체 자본가계급의 이익을 보호하는 일종의 집행위원회 역할을 맡게 되었다. 이 집행위원회는 이 새로운 기업 구조의 '관리자들을 관리함'으로써 그 기능을 수행했다.

경제조직과 제반 경제활동에서 나타난 이러한 변화는 경제학 이론의 영역에서도 다양한 방식으로 반영되었다. 10장에서 우리는 이 금전적 이득만 수취하는 부재 자본가가 자신의 소유권에서 나오는 수익을 극대화하기 위해 계속해서 포트폴리오를 합리적으로 조정해나가는 사회적 관점을 신고전파의 한계주의가 어떻게 반영하고 있는가를 논의했다. 13장에서는 이 시대에 나타났던 제국주의적 팽창주의의 분석을 시도한 경제학 이론을 논의할 것이다. 하지만 이 시대의 제도적, 문화적 전환을 가장 풍부하게 반영하고 기술하고 있는 경제학 저작은 소스타인 베블런Thorstein Veblen(1857~1929)의 저작이다. 베블런은 아마도 미국 역사상 나타났던 가장 중요하고 독창적이며 심오한 사회 이론가였다고 해야 할 것이다.

작가들 중에는 저술의 내용만큼이나 문체를 통하여 자신의 메시지를 소통했던 이들이 많다. 이는 특히 베블런에 적용되는 이야기이다. 그의 문체는 당대의 미국 자본주의에 대해 한발 떨어져서 아무 편도 들지 않는 중립적 관찰자의 위치와 같은 분위기를 짐짓 꾸며내고 있지만, 실제로는 '기득권 집단vested interests'에 맞서서 '보통 사람common man'을, '약탈적인 위업predatory exploit'에 맞서서 이성적이고 평화적인 인간관계를, 부당이득을 취하는 '비즈니스의 사보타지sabotage'에 맞서서 땀 흘려 건설적인 일을 즐겨 떠맡는 일꾼 근성workmanship을 근본적으로 옹호했던 정열적인 작가였다. 그의 글은 그 구절을 그대로 인용하는 것 말고는 도저히 달리 전달할 방법이 없는 통렬하고 냉소적인 아이러니로 가득 차 있다. 그가 가장 자주 사용하는 수사학적 도구가 있다. 어떤 제도나 인간 사회의 관행을 기술할 때 우선 분명하게 도덕적인 분노를 품고 있는 용어를 사용한다. 하지만 그리고 나서는 곧 이런 구절을 덧붙인다. "하지만 그것은 좋은 것이며, 지금 그대로이어야 한다." 또는 분노에 찬 구절 뒤에 다음과 같은 문장이 나온다. "물론 이 모든 것에는 흠이 없다. 하지만 사실을 사실대로 주목할 필요는 있다." 베블런의 문체가 워낙 독특하여 우리는 이 장에서 특히 그의 글을 그대로 길게 인용했다.

베블런의 개인사는 아주 재미있고 독특하지만 여기서는 거론하지 않을 것이다. 나소 시니어 같은 일부 경제학 이론가들과는 달리, 베블런의 경우에는 그의 삶과 활동에 대해 알아봐야 그의 사상을 이해하는 데 거의 아무런 도움이 되지 않는다. 다음과 같은 정도만 알아두면 충분하다. 베블런은 많은 사회문제에 대해 정열을 가지고 있었지만, 그의 사생활과 관련해서는 학계에서나 사회에서나 이상한 사람으로 취급을 받았고 그리하여 고독하고 소외된 인생을 살았다. 그의 소외감은 분명히 그의 문체에 영향을 주었을 것이다. 그의 문체는 종종 사회의 아웃사이더와 같은 분위기나, 당대의 미국 문화에 비해 사회적으로나 지적으로나 도덕적으로나 훨씬 앞선 외국

문화에서 사회화된 사회과학자의 분위기를 담고 있다. 그리하여 미국 문화의 이상하고도 '야만적' 특징을 마치 당시의 인류학자가 '원시적' 부족들의 문화를 보고하는 것과 똑같은 방식으로 기록하고 보고하고 있다는 느낌이 든다.•

베블런은 시카고 대학과 스탠포드 대학에서 가르쳤는데 두 대학 모두에서 푸대접을 받았고 특히 스탠포드 대학에서 그러했다. 그는 많은 글을 발표했다. 책을 10권이나 출간했고 저널과 간행물에 게재했던 논문과 서평은 무수히 많았다. 위대한 천재성을 가진 그의 글에 독특한 문체가 더해져 있어서, 그의 모든 저작은 지적인 가치는 말할 것도 없고 글을 읽는 즐거움 또한 막대하다.

베블런의 일반적 진화론의 사회철학

19세기 말에 찰스 다윈의 진화론은 철학과 사회 이론에 깊고도 강력한

• 이 대목에서 베블런의 사생활과 개인적 특성을 둘러싸고 그동안 전승되어온 '베블런 신화'의 허구성에 대하여 지적하고 넘어갈 필요가 있다. 베블런이 괴짜였고 성적으로 방종한 아웃사이더였다는 기존의 관념은 실제 사실이 아니라 미국의 주류 담론계에서 만들어낸 '신화'에 불과하다는 것이다. 이에 대해서는 다음의 최신 연구를 참조하라. Stephen Edgell, *Veblen in Perspective: His Life and Thought*(Lodond: M. E. Sharpe, 2001); Erik Reinert, *Thorstein Veblen: Economics for an Age of Crises*(New York: Anthem Press, 2012); Jonathan Nitzan and Shimshon Bichler, *Capital as Power: A Study of Order and Creorder*(London: Routledge, 2009). 특히 닛잔과 비클러는 베블런의 이론적 배경에서 그들의 '권력으로서의 자본Capital as Power'이라는 독특한 정치경제학 이론을 발전시키고 있다. 홍기빈 옮김, 《권력 자본론: 정치와 경제의 이분법을 넘어서》(삼인, 2004) 참조.

영향력을 끼친다. 그 충격을 가장 명확하게 볼 수 있는 곳이 바로 베블런의 저작이다. 그는 사회를 대단히 복잡한 유기체로 보았다. 이 유기체는 쇠퇴하기도 하고 성장하기도 하며, 언제나 변화하며, 새로운 상황에 적응하기도 하고 적응하지 못하기도 한다. 마르크스의 경우와 마찬가지로 베블런의 분석 또한 모든 면에서 역사적 지향성을 가지고 있다.

> 경제학처럼 인간이 자신의 물질적 삶의 수단을 다루는 행태를 연구 주제로 삼는 경우, 그 과학은 필연적으로 물질문명의 생활사에 대한 탐구가 될 수밖에 없다. … 경제학자의 탐구는 물질문명을 인간 문화의 다른 모든 국면과 측면으로부터 분리하지 않는다. … 하지만 그 탐구가 경제 과학인 한, 특히 그 관심은 물질적 삶의 틀로 수렴될 것이며, 문명의 다른 단계에 대해서는 오직 그러한 물질문명의 틀과의 상관관계 속에서만 관찰할 것이다.[1]

베블런에게 있어서 인간의 역사는 사회제도의 진화의 역사이다. 인간의 행위는 역사의 모든 시대에 공통된 특정한 패턴에 기초하고 있다. 하지만 이 공통된 패턴은 대단히 일반적인 것이며, 구체적으로 표현될 때는 서로 다른 역사적, 사회적, 제도적 장치 속에서 실로 놀랄 만큼 다양한 방식으로 나타난다. 베블런은 그의 저작 다수에서 이러한 인간 행위의 공통된 패턴을 '본능'이라고 부르고 있다. 현대 과학은 인간의 행위가 본능적이라는 생각은 전혀 성립할 수 없는 주장으로 기각한다. 따라서 많은 경제학자들 또한 베블런 이론의 많은 부분이 과학적으로 유효하지 않다고 생각해왔다. 그러나 그렇지 않다. 베블런이 **본능**이라는 말을 쓸 때는 인간의 행위가 동물의 행위와 마찬가지의 의미에서 본능으로부터 나온 것이라고 말하는 것이 결코 아니다. (당대의 사회과학자들은 다윈의 강한 영향 아래에 있었기에 그들 사이에 이 본능이라는 말은 대단히 흔하게 사용되고 있었다.) 사실상 그의 이론 전체는 바로 이러한 관점을 논박하는 반대의 주장인 것이다.

베블런은 인간의 행위가 유전적으로 결정된다는 의미에서 본능적이라는 생각을 명시적으로 거부한다.

> 인간 행동의 다른 분야에서도 그렇듯이 경제생활에 있어서도 습관적인 habitual 행동 양식과 관계가 자라났으며, 인습은 이를 여러 제도들로 이루어진 하나의 구조로 정착시켰다. 이러한 제도들은 … 그 자체의 규범적이고 습관적인 힘을 가진다. … 만약 그 반대가 사실이라면, 그래서 인간이 보편적으로 볼 때 여러 제도들의 구조에서 나오는 인습에 근거하여 그 가치에 따라 행동하는 것이 아니라, 유전적인 인간 본성에서 나온 것이지만 인습이 되지 못한 성향과 소질에서 나오는 근거와 가치에만 직접 근거하여 행동하는 것이라고 한다면, 어떤 제도도 어떤 문화도 존재할 수 없을 것이다. 하지만 실상은 사회라는 제도적 구조가 존속하고 있으며 사람들은 그것이 그어놓은 선 안에서 삶을 펼쳐나간다.[2]

인간 행동의 공통적 패턴들이 구체적이고도 특정한 특징을 띠는 것은 오로지 특정한 역사적인 제도적 틀 안에서이다.

> 모든 인간 문화와 마찬가지로 우리의 물질문명은 여러 제도들이 하나의 설계도에 따라 짜여진 틀이다. 제도들의 구조도 그러하고 제도들의 성장 또한 그러하다. … 문화의 성장이란 사람들이 습관을 들이는 작업이 연속되어 누적되는 것이며, 그렇게 하는 수단과 방법은 절박한 상황에 대한 인간 본성의 대응을 습관화하는 것이다. 그 절박한 상황이란 실로 다양한 것으로 그 다양성은 어디로 갈지 예측도 할 수 없고, 누적적이며, 또 그 누적적인 변화들 속에서도 일관된 연속성을 가지고 앞으로 나아가는 어떤 것이

다. 어디로 갈지 모른다고 한 것은, 이 절박한 상황에 대해 인간들이 새로운 대응을 할 때마다 이것이 또다시 새로운 상황을 만들고 이로 인해 습관적인 대응 방식이 또다시 변동을 일으키기 때문이다. 누적적이라고 한 것은, 모든 새로운 상황은 그 이전에 지나갔던 일들이 변화한 것이며 과거에 일어났던 것들로 말미암아 나타난 모든 것들을 다시 그 원인 요인들로 담고 있기 때문이다. 일관성을 가지고 있다고 한 것은, 인간들의 대응이 벌어지도록 해주는 힘이자 그들에게 습관을 들일 수 있는 토대가 되는 인간 본성의 근본적 특징(성향, 소질, 기타 등등)이 실질적으로 변하지 않고 동일하기 때문이다.[3]

따라서 베블런은 모든 역사적 상황 속의 모든 인간들을 본질적으로 동일하다고 (즉 합리적 계산에 의해 효용을 극대화하는 이들이라고) 보는 공리주의 전통과, 인간이란 아무런 자연적 본성이 없으며 환경에 의한 변화 가능성이 무한하여 전적으로 또 절대적으로 자기가 처한 특정의 문화적, 제도적 환경의 산물이라고 보는 이론가들(여기에는 마르크스의 제자들 일부가 들어가지만 마르크스 자신은 아니다) 사이의 중간 어딘가에 서 있는 것이다. 베블런이 보기에 모든 인간들은 자신들이 처한 문화나 역사적 시대와 무관하게 유전적으로 물려받은 일정한 공통적 특징, 충동, 성향, 잠재적 능력을 가지고 있으며 이 점에서는 다른 동물 종들과 다를 바가 없다.

인간을 다른 동물들과 구별해주는 것은 바로 문화와 사회제도이다. 모든 인간들에게 공통적인 특징은 동물들의 특징보다 환경에 따라 훨씬 더 쉽게 변하는 특성을 갖고 있으며, 그것이 구체적이고 현실적으로 표출되는 양상은 오로지 문화적 환경 내에서만 찾을 수 있다. 그리고 이러한 특징의 가능한 표현 형태는 실로 광범위하다(하지만 불확정적이거나 무한하지는 않다). 더욱이 특정한 사회제도에 따라서 어떤 특징은 중요성이 과장될 수도 있고 또 어떤 특징은 억압되거나 질식당할 수도 있다. 어떤 잠재적 능력은 현실화될 수도 있지만 다른 것은 실현되지 못한 채로 남게 될 수도 있다.

베블런이 **본능**instinct이라는 말을 사용하는 것은 바로 이렇게 역사상 존재한 모든 인간들이 공유하는 특징과 잠재적 능력을 언급하는 가운데서이다. 지금까지의 논의를 염두에 둔다면 우리는 베블런의 가장 중요한 제자 중 한 사람이 남긴 다음과 같은 언명에 흔쾌히 동의할 수 있을 것이다.

> 소스타인 베블런은 1급의 사회 이론가였고, 그의 가장 중요한 기여는 무엇보다도 그의 본능 이론이다. 이 본능이라는 개념 자체가 오늘날에는 과학적으로 낡은 것이 되었다는 사실에도 불구하고 나는 이렇게 주장한다. 말할 것도 없이 베블런에 적대적인 비판자들의 한 세대 전체가 이 점을 집중적으로 조롱거리로 삼았다. 이 본능 이론이야말로 겉보기에는 베블런의 주장 중 가장 변호하기 힘든 부분으로 보이기 때문이다. 하지만 그렇게 하는 과정에서 그 비판자들은 베블런에 대해서는 말할 것도 없고 인간 행위에 대해서도 얼마나 이해가 부족한지만을 보여주었을 뿐이다. 설령 '타고난' 또는 유전적으로 결정된 행위 패턴이라는 식으로 설명하려는 잘못된 단순함을 우리가 제거한다고 해도, 인간의 행위가 다른 어떤 동물의 행위와도 대단히 실질적으로 차이가 난다는 사실, 그리고 그러한 차이점은 어딘가 다른 곳에 근원을 가지고 있음에 틀림없다는 사실은 여전히 남는 것이다.[4]

인간들의 공통적 특징에 대한 베블런의 관점을 짧게 요약하는 것은 어려운 일이다. 그가 다양한 저작마다 사용하는 분류법과 용어 사용법이 다르기 때문이다. 하지만 그러한 특징에 대해 그의 모든 저작에서 명확하게 떠오르는 중심적인 개념 하나가 있다. 인간 행위의 근저에 있는 모든 특징은 거의 모든 사회에서 일정한 형태로 존재하는 근본적이며 상반되는 두 개의 이분법과 상호 연결되어 있다는 것이 그것이다. 인간 행위에 나타나는 모든 특징은 두 개의 덩어리로 분류할 수 있으며, 그 사이에는 영원한 갈등이 존재한다. 그중 한 덩어리의 본능에서 중심적인 것은 '일꾼 본능instinct of workmanship'이라는 베블런의 개념이다. 다른 한 덩어리의 본능에서 중심적인 것은 '위업exploit' 또는 '약탈자 본능predatory instinct'이라는 베블런의 개념이다. 일꾼 본능과 연관된 특징으로는 베블런이 '낳고 돌보는 본능parental instinct'이라고 부른 것과 '쓸모없는 호기심 본능instinct of idle curiosity'이라고 부른 것이 있다. 이러한 특징은 생산성의 발전과 자연에 대한 인간 지배력의 확장에 있어 주요한 원인이 되었다. 이것들은 또한 애정, 협동, 창조성에 대한 인간의 필요가 얼마나 충족되는지도 결정한다. 위업 또는 약탈적 본능과 연관된 것으로는 인간 갈등, 정복을 통한 복속, 성적·인종적·계급적 착취 등이 있다. 사회제도와 습관적 행위 중에는 간혹 베블런이 '불한당 근성sportsmanship'●과 '의례주의ceremonialism'라고 부른 것, 즉 멋진 겉모습을 두르고 있지만 그 속에 숨은 진정한 본성은 착취와 약탈적 행위인 경우가 종종 있다.

인간 행동에서 보이는 이 두 묶음의 특징 사이의 대립 그리고 그 대립을 구현하고 있는 사회제도야말로 베블런의 사회 이론에서 중심적인 초점이다. 베블런은 당대의 자본주의 시스템을 이러한 사회 이론의 맥락 안에서 분석하는 것에 무엇보다도 관심을 가졌다. 우리는 먼저 그가 신고전파 경

● 베블런의 용어 사용법은 신랄한 야유와 냉철한 과학적 분류를 동시에 담고 있는 경우가 많다. 불한당 근성이란 자기는 먹고사는 데 필요한 일을 할 필요가 없으며 이를 과시하기 위해 사냥 및 놀이sport처럼 비생산적인 일이나 하면서 빈둥대고 싶은 본능과 관계가 있다. 불한당不汗黨이란 말 그대로 "땀을 안 흘리며 살아가는 족속들"이라는 뜻이다.

제 이론을 어떻게 비판했는지를 논의한 뒤 그의 자본주의 분석으로 들어
갈 것이다.

신고전파 경제학에 대한 베블런의 비판

신고전파 경제학에 대한 베블런의 근본적 비판은, 그것이 인간 본성과 사
회제도에 대해 철저하게 몰역사적이고 단순화된 관점을 가지고 있다는 점
에 있었다. 그는 신고전파 이론이 단지 벤담의 공리주의의 산물임을 분명
하게 인식했다. 신고전파 경제학은 합리적이고 이기적인 극대화 행동으로
모든 것을 설명하려고 들다가 결국 아무것도 설명하지 못했다는 것이다.

신고전파 경제학의 실패에 핵심을 이루는 것은 바로 인간 본성에 대한
잘못된 관념이다.

> 쾌락주의적인 인간관은 인간이 쾌락과 고통을 번개처럼 계산한다고 본
> 다. 이는 마치 행복을 욕망하면서 여러 자극의 충동에 따라 이곳저곳 굴러
> 다니지만 스스로는 아무런 변화도 겪지 않는 균질의 물방울과 같은 것으로
> 인간을 파악한다. 그에게는 선행 사건도 결과도 없다. 그는 그저 고립되고
> 유한한 인간적 소여所與로서, 그의 상태를 침해하는 힘이 그를 때려서 이
> 방향 저 방향으로 옮겨가게 만들기 전까지는 안정적 균형 상태에 있다. 스
> 스로를 추상적인 기하학적 공간에 묶어둔 그는 스스로의 정신적 축을 중심
> 으로 대칭적으로 자전하지만 그러다가 두 개의 힘이 그에게 작용하면 그는
> 두 힘의 벡터를 평행사변형으로 그려서 나타나는 방향으로 운동하게 된다.
> 그 충격의 힘이 소진되면 그는 다시 휴식에 들어가며, 그전과 같이 자족적
> 인 욕망의 방울로 돌아간다.[5]

베블런은 신고전파 경제학 이론의 관심 방향을 결정하는 가장 중요한 문제가 무엇인가에 대해 분명하게 답한다.

> 쾌락주의가 경제 과학을 지배하게 된 이후로 이 과학은 주로 분배—소유의 분배와 소득의 분배—에 관한 이론이 되었다. … 그리고 이 분배 이론은 쾌락주의의 정신과 궤를 같이하여 주로 교환가치(또는 가격)에 관한 학설을 중심으로 삼아 왔으며, (정상적) 가격의 개념을 바탕으로 하여 (정상적) 분배의 틀을 구축했다. 이들의 이론적 관심이 수렴되는 규범적인 경제 공동체란 곧 비즈니스 공동체로서, 이는 시장을 중심으로 삼으며 그 삶의 틀은 이윤과 손실에 의해 결정된다.[6]

신고전파 이론의 궁극적인 목적은 세 가지라고 베블런은 말한다. 첫째, 자본이 효용을 생산한다는 것을 근거로 삼아 자본이 거두는 수익을 정당화하는 것. 둘째, 모든 종류의 소득은 소유권이 사회에 내놓는 생산적 기여를 나타내는 것이라는 점에서 동일하므로, 사회적으로나 경제적으로나 도덕적으로나 구별이 불가능하다는 것을 보여주는 것. 셋째, 경쟁적 자본주의 체제에서는 사회적 조화가 자연적 또는 정상적인 상태임을 보여주는 것.

> 〔신고전파 이론에서〕 경제생활이라는 개념의 핵심이자 경계선이 되는 것은 … '즐거운 기분'을 생산하는 것이다. 즐거운 기분은 오로지 유형의 물리적 물체(여기에는 인간도 들어간다)가 인간의 감각기관에 작용함으로써 생겨난다. … 자본의 목적은 바로 이러한 목표—즐거운 기분의 증가—에 복무하는 것이며, 진정한 쾌락주의의 틀에서 보자면 어떤 사물이든 이러한 목표에 합치하는 한 그 정도만큼은 자본인 것이다.[7]

이러한 공리주의 이론에서는 모든 종류의 소득 원천은 사회에 대한 유용하고 도움이 되는 기여를 나타내는 것이다. 소득을 발생시키는 것이라면 그 어떤 것도 사회적으로 쓸모가 없거나 파괴적일 수 없다.

> 쾌락주의에서 정상으로 여기는 삶의 틀에서는 낭비적이고 손해를 끼치며 무익한 행동은 끼어들 여지가 없다. 쾌락주의의 관점에서 본다면 오늘날의 경쟁적인 자본주의적 비즈니스의 삶의 구조는 정상적이다. 이러한 자본주의적 비즈니스에서는 (정상적으로 작동하고 있다면) 낭비적이고, 손해를 끼치며, 무익한 성격의 것은 아무것도 없다. … 다종다기한 현상이 모두 그러하듯, 자본 또한 그 규범적인 목표는 쾌락의 생산과 고통의 예방이다.[8]

자본 소유권으로 발생하는 모든 수익을 포함하여 모든 소득은 효용의 창출에서 파생되는 것이기 때문에 모든 신고전파 이론이 도달하는 최종 결론은 다음과 같다.

> 모든 사업가의 이익은 아무리 커봐야 공동체의 삶과 행복을 유지하는 모든 서비스의 총계에서 자신이 기여한 크기를 넘지 않는다는 것이 이들의 주장이다. 쾌락주의의 공리公理가 비즈니스 세계에 비추는 이 낙관주의의 빛이야말로 쾌락주의에 입각한 분류학에서 나온 이론적 결과물 중 최고로 높게 평가되는 것의 하나이며, 특히 현명한 경건주의자들은 이를 단연코 가장 값진 것이라고 단언한다. … 하지만 이 빛이 비추고 있는 동안 쾌락주의 경제학자들은 또 다음과 같이 말할 수 있다. 자신들이 정상적이라고 생각하는 경제생활의 틀은 경쟁 시스템이지만, 그 경쟁자들이 거두는 이득은 경쟁적 성격이 전혀 없다고. (정상적으로는) 그 누구도 다른 이를 희생시키거나 또는 공동체 전체를 희생시켜서 이득을 얻는 법이 없다는 것이다.

… 이러한 견지에서 보면 저 경쟁적 투쟁이라는 것도 현실에서는 인류 전체에 이득을 가져다주는 선의의 경쟁으로서, 오직 최대 다수의 최대 행복만을 유일의 목표로 삼아 작동하는 것으로 보이게 된다.[9]

신고전파 경제학자들은 모든 시대, 모든 사회의 모든 인간 행동이 효용 극대화 행동이라고 가정한 덕에 이러한 이데올로기적 결과를 성취할 수 있었다고 베블런은 말한다. 시대와 장소와 사회를 초월하여 더 많은 효용을 얻고자 하는 모든 노력은 결국 토지, 노동, 자본을 상품과 교환하는 활동으로 환원되게 마련이다. 따라서 시대와 장소와 사회를 초월하여 모든 인간들이 얻고 향유하는 모든 효용은 지대, 임금, 이자 중 하나로 환원되게 마련이다. 신고전파의 관점에서 보면, 자본주의와 다른 모든 사회의 유일한 차이점은 이러한 보편적인 인간 활동 그리고 그 활동에 보상이 주어지는 보편적 양식이 가장 효과적으로 작동하는 것이 자본주의라는 것이다.

이윤, 지대, 이자의 범주는

쾌락주의의 견지에서 볼 때 어느 것이든 분류할 수 있는 힘을 가진 '자연적' 범주들이라서, 이 기초적인 구별의 경계선은 그 어떤 경제적 상황에서의 사실들도 확실하게 갈라낼 수가 있다. … 심지어 누가 보아도 그 상황이 도저히 그런 범주로 분류할 수 없어 보이는 것이라고 해도 상관없다. … 그래서 알류시안 열도의 원주민들이 떼를 지어 해초와 파도 사이에서 갈퀴로 배를 저으면서 조개를 많이 잡게 해달라고 주문을 외우는 모습이라고 해도, 분류학이 본 현실에서는 이것이 지대, 이자, 임금의 쾌락주의적 균형을 달성하기 위한 위업에 몰두하는 중이라고 주장한다. 그러고는 끝이다. 사실상 이러한 종류의 경제학 이론에서는 그 어떤 경제적 상황에서도 이것으로 끝이다.[10]

하지만 실제로는 생산이란 항상 사회적이며 문화적인 현상으로서, 산출물을 순전히 어떤 개인 또는 어떤 하나의 생산요소가 만든 결과라고는 절대로 말할 수 없다고 베블런은 강하게 주장한다. 생산이란 하나의 사회적 과정이며, 여기서 인간들은 지식과 기술을 공유하고 또 세대에서 세대로 전수하며, 자연을 인간의 필요와 쓸모에 맞도록 변형시키는 일련의 과정 속에서 사회적으로 협동한다. 이러한 과정을 분리하는 것, 게다가 그 과정에 들어가는 상이한 요소를 오로지 토지, 노동, 자본으로 범주화하는 것은 한마디로 자본주의의 역사적 시대에만 고유하게 나타난 현상이라는 것이다. 인간들이 사회적 차원에서 행한 노력의 결실로 각자 얻은 것을 오로지 임금, 지대, 이자로 분배하는 것 또한 자본주의에만 고유하게 나타나는 역사적 현상이라는 것이다.

베블런은 클라크의 저작에서 "'자본'과 '자본재'라는 두 개의 사실을 개념적으로는 구별하면서도 실질적으로는 동일한 것으로 보는 학설이 중요하게 다루어지는"[11] 것에 주목한다. 자본이란 보편적이고 물질적인 '지속되는 실체'여서 개별 자본재가 여기서 나오고 또 여기로 들어간다는 생각은 이해하기 어렵다고 베블런은 덧붙인다. 그는 이렇게 강하게 주장한다. 사실상,

> 자본이라는 '지속되는 실체'가 깃들어 있는 연속체란 곧 소유권의 연속성일 뿐이지 물리적 사실이 아니다. 사실상 그 연속성은 법적 권리, 계약, 구매와 판매 등의 문제로서 무형의 것이다. 그럼에도 불구하고 도대체 왜 이 명백한 사실이, 그것도 어느 정도는 고의적으로 간과되고 있는지는 쉽게 이해하기가 어렵다. … 물론 [이러한 자명한 사실을 간과하지 않고 받아들인다면] 클라크 씨의 주장이 처음부터 목적으로 삼았던 것, 즉 노동과 자본에 대해 주어지는 '자연적' 보상의 법칙을 확립하는 일은 좌절되고 말 것

이다. 또한 독점이라는 '비자연적' 현상까지도 영리 기업이 정상적으로 발전한 것으로 불러들이게 될 것이다.[12]

자본이 모든 사회에 존재했던 보편적인 물리적 실체가 아니라 자본주의 고유의 법률 및 제도의 결과인 것과 마찬가지로, 이자 소득 또한 자본주의에만 독특하게 나타난다.

> 역사적 사실의 견지에서 보았을 때, 영리적 거래가 일정한 발전 정도에 도달하기 전에는 일정하게 유지되는 이자율이라는 생각은 결코 인류의 의식에 떠오른 적이 없다. 그리고 이러한 영리 기업의 발달은 이른바 화폐 경제라는 것을 기초로 하여 그 경계선 안에서만 일어났다. … 하지만 화폐 경제는…소유 제도의 성숙한 발달을 기초로 해서만 나타날 수 있다. 결국 이 모든 문제는 인간 문명사 중에서 비교적 짧은 기간에만 발견되는 특정한 제도적 상황의 범위에 국한된 문제가 된다.[13]

마찬가지로 임노동과 임금은 오직 상업적 화폐 경제에서 자본가가 생산수단의 소유권을 독점했을 때만 존재할 수 있다. 이렇게 되어야만 자본이 존재하게 되며, "오직 이렇게 되었을 때만 '임금'이라는 용어를 그 엄격한 기술적 의미에서 제대로 사용할 수 있다".[14] 대부분의 신고전파 경제학 범주와 마찬가지로, '임금' 또한 자본주의에만 고유한 사회적 관계의 반영물이며 또 그 관계에서 자라난 범주인 것이다. "임금이란 고용주와 피고용자의 관계에 결부되어 있는 사실이다. 이는 … 오로지 그러한 관계에 기초한 방법으로 수행되는 생산의 이론 내로만 그 범위가 제한되는 경제적 범주이다."[15]

따라서 신고전파 경제학 이론의 기능은 자본주의의 가장 근본적 적대 관계인 소유자와 노동자 간의 갈등의 성격을 모호하게 만드는 것이다. 이를 수행하는 방법은 첫째, 그러한 갈등이 단지 겉모양일 뿐 실제로는 존재하지 않는 것처럼 보이게 만드는 것이며, 둘째, 노동자-자본가의 관계를 초역사적이고 영구적인 것처럼 보이게 만드는 것이다. 현대 자본주의를 다른 시대와 구별하는, 역사적으로 독특하면서도 지배적인 특징 중 하나는 "고용주와 부재 소유자가 자신들의 편안함과 이득을 위해 고용한 노동자들이 그들에 맞서 전투 대형을 짜고서 가슴 깊이 악의에 찬 적대감을 품고 있는 것"[16]이라고 베블런은 주장한다. 이런 상황에서 신고전파 경제 이론이 내놓는 사회적 조화라는 결론은 다른 누구보다도 영리 사업가, 부재 소유자, 그리고 권력과 특권을 가진 사회의 '기득권 집단vested interests' 일반에게 가장 가치 있고 유용하다는 것이다.

공공심이 있는 많은 시민들 그리고 비즈니스에 이해관계를 가진 재산 있는 많은 시민들은 대규모 산업들에서 소유자와 노동자의 관계에 속속들이 파고든 분열의 기풍과 양쪽의 목적이 상반되는 사태를 개탄한다. 이 문제에 대해 유행하는 교훈적 설교를 들어보면, 이러한 감정의 분열은 불필요하며, 공동선에 해악을 끼치며, '노동과 자본의 이익은 실질적으로 동일'하며, 태업과 작업 방해 전술은 분쟁 중인 양쪽 모두에게 손해와 불만만 가져오고 전체 공동체에도 손실과 불편을 끼치게 된다는 식의 주장이 주조를 이룬다. 이러한 설교는 보통 노동자 쪽을 향해 행해지고 있다. 산업 생산을 관리하는 영리 사업가가 시장 수요를 고려하여 산출과 고용을 제약할 자유를 누려야 한다는 것은 태곳적부터 관습에 뿌리박은 평범한 상식이라는 것이다. 이는 진실하고도 상찬할 만한 건실한 영리 사업이 결정할 문제라는 것이다. 반면 자신들의 특수 이익을 추구하는 노동자들이 공모하는 바람에 생겨나는 실업은 질서 있는 영리적 수익에 훼방을 놓으며, 이에 따라 비즈니스 공동체에 좌절과 고난을 가져오며, 나아가 수익의 원천이 되는 산업의 과정을 지체시키고 교란하게 된다는 것이다.[17]

이는 모든 공리주의와 신고전파 이론이 궁극적으로 도달하게 되는 피할 수 없는 목적이다. 이렇게 베블런은 신고전파 경제학에 대한 단순한 논리적 또는 경험적 비판을 넘어서서, 신고전파 이론이 부재 소유자와 '기득권 집단'의 필요에 맞도록 어떻게 역사적으로, 그리고 제도적으로 기능하는가를 스스로의 이론 틀 안에서 보여주고 있다.

자본주의의 적대적 두 요소

우리는 앞에서 베블런은 인간 행동의 특징에는 보통 서로 적대되는 두 개의 축이 있으며, 이는 서로 다른 역사적 시대마다 그에 고유한 사회적 제도와 행동 양식을 통해 모습을 나타낸다고 생각했다는 것을 살펴보았다. 베블런의 주된 관심은 자본주의를 분석하고 이해하는 것이었다. 19세기 중반의 마르크스가 영국을 자본주의 사회의 원형으로 삼았던 것처럼, 19세기 마지막 10년과 20세기의 처음 25년 동안 저작 활동을 했던 베블런은 미국을 원형으로 삼았다. 그에게 있어서 중심적인 질문은 서로 적대적인 이두 축의 인간 행동의 특징이 어떻게 자본주의의 제도를 통해서 또 그 속에서 구현되고 있는가였다.

이 질문은 몇 가지 관점에서 접근할 수 있다. 베블런은 적어도 세 개의 관점을 사용한다. 우선 사회심리학적 관점에서 그는 착취 또는 약탈적 본능의 성향에 의해 행동이 지배되는 개인 및 계급을 한편으로 그리고 일꾼 본능, 무언가를 낳고 돌보는 성향, 쓸모없는 호기심의 개발에 의해 행동이 지배되는 개인 및 계급을 다른 편으로 구별한다. 베블런은 경제학의 관점에서 이와 똑같은 이분법을 그가 '비즈니스'라고 불렀던 여러 힘과 '산업'이라고 불렀던 힘들 사이에서 발견한다. 사회학의 관점에서는 이 이분법이 '유한계급'의 특징인 '의전주의ceremonialism' 및 '불한당 행태'와 '보통 사람'의 특징인 좀 더 창조적이고 협동적인 행동의 구별로 나타난다. 이 세 수준의 분석 각각은 나머지 두 개의 분석과 합쳐지는 경향이 있다. 왜냐면 베블런은 사실상 두 개의 주요 계급으로 구성되는 사회를 분석하기 때문이다. 즉 그가 '기득권 집단', '부재 소유자'•, '유한계급', '산업의 우두머리captains of industry'로 다양하게 부른 자본가와 그가 '엔지니어', '노동자', '보통 사람'이라고 부른 노동계급이 그것이다.

사적 소유, 계급으로 나뉜 사회, 여성의 복속

계급구조의 기초에는 사적 소유의 제도가 있다. 베블런은 사적 소유에 대한 '자연권적' 접근을 거부함으로써 그의 분석을 시작한다.

> 널리 받아들여지고 있는 경제학 이론에서 소유권의 근거는 그 소유자의 생산적 노동에 있다고 생각되는 것이 보통이다. 이는 성찰이나 문제 제기의 대상이 되는 일 없이 소유의 정당한 기초로서 여겨지고 있다. … 고전파 경제학자들에게 있어서 이 공준은 가치 있는 만큼 골칫거리이기도 했을 것

• 부재 소유자absentee owner는 베블런의 독특한 조어로서, 땅을 소작 주고 도시로 간 '부재 지주'와 마찬가지로 산업의 생산과정에 전혀 개입하지 않고 이를 오로지 자신의 금융자산으로만 다루는 대주주 및 금융기관 등의 현대 자본주의의 소유권자를 일컫는다.

이다. 어떻게 해서 자본가가 자기 소유의 재화를 '생산한 사람'이냐를 설명하는 것, 그리고 어떻게 해서 노동자가 자신이 생산한 만큼을 얻는다는 말이 사실이냐를 설명하는 것은 그들에게 끊임없는 두통거리였다.[18]

베블런은 이런 식의 사적 소유의 관점은 보수주의자들이 자본주의를 옹호할 때도 사용되며 또 사회주의자들이 자본주의를 공격할 때도 사용되지만, 어느 경우든 이런 관점은 근본적으로 틀린 것이라고 생각했다. 왜냐면 이런 생각의 근저에는 소유의 기초인 생산과정을 개인이 수행한다는 전제조건이 깔려 있기 때문이다. 생산은 어느 시대에나 또 어디에서나 사회적 과정이며 결코 개인적 과정이 아니라고 베블런은 항상 주장했다.

이렇게 자연권에 근거한 소유 이론은 개인이 행하는 창조적 노력이 그 개인에게 부여된 소유권의 기초라고 주장하고 있다. 그 과정에서 이 이론은 고립되고 자급자족적인 개인이란 존재하지 않는다는 사실을 간과하고 있다. … 생산은 오로지 사회 안에서만, 즉 한 산업 공동체 전체의 협동을 통해서만 이루어진다. 이 산업 공동체는 클 수도 있고 작을 수도 있지만… 산업을 조직하는 데 필수불가결할 뿐만 아니라 개인들이 서로 그리고 주어진 환경과 경제적 관계를 맺는 데도 필수불가결한 도구, 전통, 기술적 지식, 사용법 등을 보존하고 전수하는 데 충분한 크기를 가진 집단을 품게 되어 있다. … 기술적 지식이 없으면 생산은 있을 수 없고, 따라서 개별적이든 아니면 다른 방식이든 소유할 수 있는 부나 축적은 있을 수 없다. 그리고 산업 공동체와 별도로 기술적 지식이 존재할 수 없다. 이렇게 개인의 생산이라는 것도 개인의 생산성이라는 것도 존재할 수가 없으므로, 자연권이라는 선입관에 근거하면 … 설령 그 스스로의 여러 가정들의 논리를 따른다고 해도 결국 말도 안 되는 논리로 끝나게 된다.[19]

하지만 생산은 항상 사회적인 반면, 자본주의에서 사회적 생산의 분배를 결정하는 사적 소유의 법률은 사적이며 개인적인 성격을 띤다. 베블런이 보기에 이는 기본적인 사회적 적대 관계를 표상하는 것이다. 인간 세상의 모든 진보는 사회적 생산의 진보를 통하여 달성되어왔다. 그리고 그러한 진보는 일반적으로 '일꾼 본능'의 결과이자 '쓸모없는 호기심'이 작동한 결과였다. 사적 소유는 '약탈자 본능'의 결과이며 '일꾼 본능'과는 반대의 위치에 있다.

역사적으로 볼 때 일꾼 본능은 약탈자 본능보다 좀 더 근본적인 것이며 시간적으로도 먼저 나타난 것이라고 베블런은 생각했다. 베블런의 사회철학 전체에 있어서 중심을 이루는 명제는 이런 것이다. "인간의 삶은 활동이다. 인간이 사유하고 느끼는 것은 그가 활동하는 가운데 벌어진다."[20] 인간들의 생각과 감정이 그들의 활동을 결정하는 주된 요인이 아니다. 오히려 인간 생활의 과정과 활동이 그들의 생각과 감정을 결정하는 것이다. 더욱이

> 인간 문화의 전 역사에 걸쳐 거의 모든 곳에서 수많은 사람들이 일상생활에서 사물을 인간적 용도로 전환시키기 위해 작업해왔다. 모든 산업적 개선의 주된 목적은 일꾼의 과제를 더욱 잘 수행하는 것이었다.[21]

인간 사회의 최초의 단계에서는 생산성이 낮았기 때문에 사회 자체가 생존하기 위해서라도 일꾼 본능이 지배적 위치를 차지하지 않을 수 없었다. 이 기간 동안에는 "인류의 생활 습관은 분쟁적이고 파괴적인 것이 아니라 평화적이고 산업적인 성격의 것이었다".[22] "약탈적 삶이 가능해지기 이전"인 이 초기의 시대, 즉 사회를 지배하는 것이 여전히 "일꾼 본능이었던 이때는, 효율적인 것 [또는] 유익한 것은 칭찬을 받았으며, 비효율적인 것 또는 무익한 것은 혐오의 대상이었다".[23]

생산이 실질적으로 좀 더 효율적이 되고 기술적 지식과 도구가 사회적으로 축적된 이후가 되어서야 비로소 약탈적 착취가 가능해진다. 사회의 다른 성원들을 깔보며 차별하는 것도 이 지점에 와서야 가능해진다. 생산성이 높아지면 야수적 강탈과 약탈적 착취로 살아가는 것도 가능해진다. "강탈과 강제적 압류는 그 대상물을 사용할 정당성을 아주 신속하게 획득하며, 이로 말미암아 생겨나는 보유권은 관습화를 거치면서 침해할 수 없는 것이 된다."[24]

사적 소유의 기원은 야수적인 강제적 폭력이며, 이를 영구화한 것은 폭력과 제도적, 이데올로기적 정당화이다. 사적 소유가 발달함에 따라 계급으로 나뉜 사회가 필연적으로 나타나게 된다. "이렇게 용감무쌍한 폭력으로 얻는 보유권이 지배적인 현실이 되는 곳에서는 전 인구가 두 개의 경제적 계급으로 나뉜다. 하나는 산업적 업무에 종사하는 이들이며 다른 하나는 전쟁, 통치, 재미로 하는 사냥, 종교 의식 등과 같은 비 산업적 목적을 추구하는 데 골몰하는 이들이다."[25] 자본주의 이전의 사회에서는 계급 분리가 자본주의에서보다 좀 더 날카로웠고, 더 명확히 느낄 수 있었다. "농노제와 노예제 시대에는 일하는 이들이 무언가를 소유하는 일도 있을 수 없었고, 또 소유하는 이들이 무언가 일을 하는 것도 있을 수 없었다."[26]

계급으로 나뉜 사회는 약탈적 사회이다. 이 사회에서는 약탈적 본능이 일꾼 본능을 지배한다. 지배하는 약탈적 계급이 일하는 보통 사람들보다 항상 수적으로 적다고 해도 그러하다. 이러한 약탈적 사회는 노동하는 이를 무수히 많은 굴욕과 억압 아래 무릎을 꿇게 만들어서 그들의 일꾼 본능을 억압하고 좌절시키며, 대부분의 일을 하기 싫은 것으로 만들었다. 일꾼 본능 자체에는 본질적으로 자기실현이라는 즐거움의 느낌이 내재하고 있음에도 불구하고 말이다. 계급으로 나뉜 사회에서 노동의 지긋지긋함은 정신적인 사실이다. 노동이 지긋지긋하게 느껴지는 이유는 노동이 모욕적이고 경멸스러운 것으로 대접을 받기 때문이다. 물론 이것이 정신적 사실이라는 것 때문에 더욱 현실적이고 절실한 문제가 된다. 사실상 그것이 정신적인 사실이라는 이유 때문에 더욱더 실질적이고 도 치유가 불가능한 문제가 되고 마는 것이다.[27]

사적 소유에 기반하고, 계급으로 나뉜 사회에서는 일꾼 본능과 연관된 과거의 가치가 침식당하고 새로운 가치로 대체된다.

약탈적 문화가 더욱더 발전함에 따라 여러 직업 사이의 구별이 생겨난다. 군사적 무용武勇의 전통은 여러 미덕 중에서도 특출한 미덕으로 여겨지면서 그 범위와 내실을 더하게 되어 마침내 거의 유일무이의 미덕으로까지 인정되기에 이른다. 그러면 이 미덕의 행사를 포함하는 직업만이 가치 있고 평판이 좋다. 자연의 여러 모습의 물질을 길들여 인간이 쓸 수 있도록 만드는 다른 직업은 가치 없는 것이 되고 종국에는 수치스러운 것이 되고 만다. 명예로운 남성이라면 누구나 약탈적 착취의 능력을 과시해야만 하며, 또 그러한 착취를 포함하지 않는 직종과 얽히는 것 자체를 피해야만 한다. 유순한 직업, 즉 눈에 띄도록 삶을 파괴하는 것과 다루기 힘든 적대자들을 멋지게 제압하는 것을 포함하지 않는 직업은 불명예스러운 것이 되며, 이런 일들은 공동체 성원들 중 약탈적 능력에 결함이 있는 이들, 즉 당당한 체격, 민첩함, 잔인함 등을 갖지 못한 이들이 맡는다. 이런 일에 종사한다는 것은 곧 그 사람이 훌륭한 지위의 남성으로 분류될 자격을 부여하는 군사적 무용을 거의 갖추지 못했다는 것으로 사람들은 생각한다.

… 따라서 약탈적 문화에 들어선 사회 내에서 성한 몸을 가진 야만인은 자신의 명성에 신경을 쓰게 되고 … 전쟁과 관련된 남성들의 기술을 익히

는 데 시간을 쓰며, 또 평화를 교란하는 수단과 방법을 고안하는 데 자신의 재능을 바치게 된다. 이러한 길로 나아가는 것에는 명예가 기다리고 있다.[28]

사적 소유와 약탈적 문화가 나타나면서 남성에 대한 여성의 복속 또한 생겨난다.

> 싸움 그리고 심각한 착취적 요소를 포함한 여타의 일들은 몸 성한 남성들의 일이 된다. 그리고 잡다한 일상의 일은 여성들과 병약자들에게 떨어진다. … 병약함이란 착취를 수행할 능력이 없다는 것이며 경멸의 대상이 된다. 병약함을 이렇게 가치 절하하는 데서 나타난 초기의 결과는 여성들에 대한 그리고 여성들의 여러 일들에 대한 금기禁忌이다.[29]

이로부터 여성들과의 과도한 접촉은 "남성에게 의례상 깨끗하지 못한 것"이라는 관념이 생겨난다. 이는 "이후에 나타나는 문화에서도 가치 없음의 관념 또는 구약 성경 레위기에 나오는, 여성들은 온전한 인간이 아니라는 관념 등으로 지속된다. 그 결과 심지어 오늘날까지도 우리는 여성들이 남성들과 동등한 지위를 갖는다든가 또는 어떤 식으로든 위엄과 의전상의 자격을 필요로 하는 관계에서 공동체 전체를 대표한다든가 하는 것은 적절치 않다는 감정을 가지고 있다".[30]

비록 약탈적 문화에서 대부분의 남성들 또한 전사들—이들은 오직 소수의 남성들로만 구성 된다—에게 비굴하게 굴복하는 상태이지만, 이 보통 사람들도 여성들과의 관계에서는 전사들의 약탈적 특징을 일반적으로 흉내 낸다. "약탈적인 사고방식으로 훈련된 남성들은 습관에 의하여 이런 형식의 양성 관계를 선하고 아름다운 것으로 여기게 된다."[31] 이런 형태의 여성 억압은 사적 소유와 계급 분리가 나타난 사회에서 결혼 제도라는 기이한 형태로 이어지게 된다. 이러한 결혼은 그 기원이 강제와 폭력에 있으며 항상 일정한 "소유권 개념"[32]을 함축하고 있다.

베블런은 오직 일꾼 본능이 다시 약탈적 본능을 사회적으로 지배하게 될 때만 여성의 복속이 완전히 종식될 것이라고 생각했다. 그는 자본주의가 일꾼 본능의 발전을 촉발시켰다고 생각했다. 물론 앞으로 보겠으나 일꾼 본능은 여전히 오늘날에도 약탈적 행위에 의해 지배받고 있기는 하지만 말이다. 여러 사회적 힘이 "오늘날 여성에 대한 소유권 관념에 뿌리박은 결혼 제도를 해체하도록 작동하고 있음이 명백한데, 이것들은 또한 그것과 밀접한 관계인 사적 소유의 제도 또한 해체하도록 작동할 것으로 기대할 수 있다".[33]

자본주의의 계급 구조와 산업에 대한 비즈니스의 지배

사적 소유와 약탈적 본능은 노예제 시대와 봉건제 시대의 약탈적인 계급 사회를 낳았다. 자본주의는 서유럽에서 봉건제로부터 생겨났다. 노예제와 봉건제에서는 약탈적 본능이 사회를 총체적으로 지배했지만, 자본주의에서는 일꾼 본능의 중요하고도 근본적인 성장이 나타났다. 자본주의—베블런이 자본주의를 언급하면서 간혹 사용한 표현으로 "부재 소유제absentee ownership와 고용 노동"[34]이라는 말이 있다—는 그 시작이 '준 평화적' 사회였으며 여기서 처음에는 일꾼 본능의 힘이 아주 빠르게 발전했다. 하지만 시간이 지나면서 이러한 일꾼 본능의 힘과 착취를 이루려는 약탈적 힘이 서로 맞붙어 싸우게 된다.

이러한 적대 관계를 베블런은 '비즈니스business'와 '산업industry' 사이의 갈등 또는 '장사꾼 근성salesmanship'과 '일꾼 근성' 사이의 갈등이라고 표현한다. 자본주의가 처음에 서유럽의 봉건제로부터 진화하게 된 까닭은, 서유럽 봉건제의 문화에서는 약탈적 본능과 그에 수반되는 가부장적 문화가 완전히 발전하지 않았기 때문이다. "약탈적인 사유 습관에 대한 충분한 훈련이 없었기 때문에(이는 북유럽인들의 불완전한 가부장제에서 잘 드러난다), 유럽의 봉건제에서는 약탈적 문화가 그 정상적인 성숙도라고 할 만한 정도에 도달하지 못했다."[35] 그 뒤에 나타나는 '자유 노동'의 시대에는 노동하도록 만드는 강박이 폭력에 의해 강제된 필요가 아니라 생계비를 벌어야 하는 필요에서 나왔으며, 일꾼 본능이 번성하여 산업 기술 또한 큰 진보를 이루었다. 19세기가 되면 노예제와 봉건제 사회에서 내려온 약탈적 힘이 더 많은 권력을 얻기 시작한다. 이는 19세기 말까지 계속되어 마침내 자본주의 시스템에서는 일꾼 본능의 힘과 착취를 행하려는 힘 모두가 강력한 사회적 힘으로 자라난다.

이 두 가지 사회적 힘은 각각 자본주의에 살고 있는 전혀 다른 계급의 사람들에게 체현되어 나타난다. "이 두 개의 전형적 계급의 관심과 주의는 서로 갈라져서 서로 멀어지는 두 개의 선을 따라 점차 분화되는 과정으로 들어서게 된다."[36] 그 첫 번째 계급은 일꾼 본능을 체현한다.

> 노동자, 일꾼, 직공, 기술자—표현은 다양하지만 공동체의 기술적 능력이 직접 산업적 효과로 작동하게끔 하는 인간 재료를 가장 잘 나타내는 일반 범주라면 어떤 용어든 좋다—이들은 노동과 관련을 맺으며 이를 통해 생계를 해결한다. 그리고 이들은 일상적 노동의 기율뿐만 아니라 이익과 관심 또한 물질적 사실을 기술적으로 이해하는 것을 중심으로 삼는다.[37]

그 두 번째 계급은 약탈적 본능을 체현한다.

소유자, 투자자, 주인, 고용주, 모험 사업가, 영리 사업가는 유리한 협상을 하는 것과 관계가 있다. … 이러한 직업에서 제공되는 훈련 그리고 이 직업을 효과적으로 추구하는 데 필요한 훈련은 금전적인 관리와 혜안, 금전적 이득, 가격, 가격-비용, 가격-이윤, 가격-손실 등의 관점, 즉 자기 이익이라는 성향과 감정의 관점에서 이루어진다.[38]

노동자의 성공의 본질에는 생산적 창의성이 들어 있지만, 소유자와 사업가의 성공의 본질에는 다른 사람들에 대한 착취를 통해 이익을 거두는 것이 들어 있다.

금전적 이득은 곧 차액의 이득이며, 비즈니스란 그러한 차액의 이득을 얻기 위해 협상을 벌이는 것이다. … 일반적으로 이는 영리 사업가에게 있어서 비용과 수입 사이의 차액과 마찬가지이다. 즉, 영리 사업가가 자기와 직간접으로 거래하는 일반 사람들, 즉 비즈니스적이지 못한 사람들로부터 거두는 차액과 같은 것이다. 그러한 차액을 얻으려는 협상의 목적에서 보자면, 한쪽의 약점(금전적 측면에서의)은 다른 쪽의 강점이다. 이 둘은 실질적으로 동일한 사실이다.[39]

이러한 훈련은 약탈적 관점에서의 이상을 조장했고, 노동자의 훈련은 일꾼의 관점에서의 이상을 조장했다. 그런데 일꾼 본능의 이상은 사회 전체의 입장에서 보면 대단히 쓸모가 많지만, 그렇다고 해도 만약 이런 이상이 정말 사회를 완전히 지배하게 되면 사치스럽고 나태한 부재 소유자 계급이라는 기생적 존재를 지탱하는 제도적 기반 자체를 파괴하게 될 것이다. 따라서 일꾼 본능의 이상이 과도하게 성장하는 것을 견제할 필요가 항상 제기된다.

다른 문제와 마찬가지로 이 문제에 있어서도 상층 계급이 공동체 전체에 강제하는 타당성의 기준이 보통 사람들의 생각 틀에 상당한 교정 효과를 가져오며, 전체 경제가 전반적으로 상업적인 성격을 띠게 된 이후에는 약탈적 본능의 이상과 선입견이 효과적으로 통용되도록 유지하는 역할을 한다.[40]

이윤 창출 또는 비즈니스는 산업 또는 일꾼 본능과는 완전히 동떨어진 행위를 창출한다. 소유자는 갈수록 생산의 방향을 지도하는 활동과는 거리가 멀어지게 되며, 이는 "'능률 엔지니어efficiency engineers'라는 전문 직종 계급"[41]에게 위탁된다. 하지만 능률 엔지니어라는 새로운 경영자계급의 관심사는 결코 생산성 그 자체나 공동체 전체에 대한 쓸모에 있지 않다. "이 능률 엔지니어의 작업은 … 항상 가격과 이윤이라는 관점에서 … 비즈니스에 복무하는 방향으로 이루어진다."[42]

바로 이를 통해서 베블런이 '새로운 질서'라고 불렀던 것이 진화해 나온다. 일꾼 본능이 장려되고 발전되는 것은 오로지 산업 안에서인데, 이 '새로운 질서'에서는 산업이 비즈니스—여기서는 이윤 창출이 유일의 관심사이다—에 완전히 종속당한다. 한편 비즈니스는 부재 소유자의 부를 확대하는 것을 존재 이유로 삼으며 이 목적에 철저하게 종속당한다.

미국의 비즈니스와 산업의 새로운 질서는, 운송 시스템을 포함한 이 나라의 산업 자원 대부분의 작동이 부재 소유의 손에 확고하게 들어간 순간에 나타났다고 할 수 있다. 그것도 이 국가적 자원과 그 자원을 사용하는 산업을, 이 부재 소유자를 대표하는 극소수의 기득권 집단의 합의된 감시와 통제 아래에 종속시킬 수 있을 만큼 충분히 큰 규모로 또 충분히 큰 소유의 크기로 말이다.[43]

베블런의 관점에서 볼 때 현대 자본주의의 으뜸가는 적대적 모순은, 이렇게 생산적 효율성과 전체 공동체에 대한 유익함을 지향하는 새로운 생산의 사회적 형식을 한편으로 하고, 산업의 통제를 부재 소유자들의 손에 확고하게 넘겨서 그들로 하여금 산업을 이윤의 방향으로 지휘하도록 하는 사적 소유의 법률을 다른 한편으로 하는 두 축 사이의 모순이다.

> 따라서 이 새로운 질서는 부적응 상태에 있다. 그것은 산업적 과정과 인력의 차원에서 보자면 새로운 방식과 수단을 조직화한 것이다. 하지만 그것은 쓸모없는 목적을 위해 구식의 전략 노선에 따라 움직이는, 늙은이들로 구성된 영리 사업가들의 합동 참모본부의 무책임한 통제 아래에 있다.[44]

이렇게 산업을 비즈니스가 통제하는 사태의 성격을 베블런은 단 한마디의 단어로 기술한다. 그것은 '사보타지sabotage'이다. 비즈니스는 이윤을 목적으로 산업에 대해 사보타지를 한다. 이는 "효율성의 주의 깊은 철회 conscientious withdrawal of efficiency"[45]라고 정의된다. 영리 사업가에게 "합리적인 이윤이라는 말은 항상 사실상 획득 가능한 최대의 이윤을 뜻하는 말이다".[46] 자본주의가 항상 골치를 앓는 문제는, 주어진 양의 자원과 노동자로 생산할 수 있는 산출의 양이 계속 늘어난다는 점이다. 현재의 소득분배가 지극히 불평등하다는 점을 감안한다면 이렇게 늘어난 생산물이 모두 판매되려면 크게 인하할 수밖에 없다. 물론 그렇게 가격을 인하하면 더 많은 양이 팔리게 되겠지만, 현재의 소득분배 상태에서는 상품이 팔릴 수 있도록 하려면 가격을 워낙 큰 폭으로 내려야 하기 때문에 그렇게 낮은 가격으로 더 많은 양을 팔아봐야 더 적은 양을 더 높은 가격에 파는 경우보다 이윤이 더 떨어지게 되어 있다. 따라서 현대 자본주의에서는 효율성의 철회가 갈수록 늘어난다. 산업 시설은 점점 더 놀거나 반쯤 노는 곳이 많아지며, 그 가동률은 갈수록 생산 능력에 못 미친다. 노동자들은 해고를 당하고 있다. … 그런데 이렇게 해고당한 이들은 온갖 종류의 재화와 서비스를 필요로 하지만, 그런 것들을 생산하도록 되어 있는 산업 시설과 노동자들은 놀고 있다. 하지만, 이 놀고 있는 산업 시설과 노동자들을 다시 돌리게 만드는 것은 비즈니스의 이익과 관련된 이유 때문에 불가능하다. 그 이유란 여기에 투자한 영리 사업가들에게 돌아가는 이윤이 충분치 못하다는 것, 다른 말로 하자면, 기득권 집단에게 돌아가는 소득이 불충분하게 된다는 것이다.[47]

비즈니스의 산업에 대한 사보타지는 말할 것도 없이 공공 일반에게 광범위한 고통과 빈곤을 가져온다. 하지만 부재 소유자는 그러한 고통에 눈길을 줄 필요도 없으며, 이러한 고통을 가져온 자신들의 역할에 대해 생각할 필요도 없다. 이들이 배운 경제학 이론이란 온통 신고전파 경제학뿐이지 않은가. 비즈니스가 산업을 통제하는 자본주의 체제에서는,

이러한 통제, 그리고 그 주된 통제의 방법이자 그 주된 물질적 결과인 사보타지 균형의 유지는 모두 일상적인 비즈니스의 문제로서 몰인격적이고도 냉정한 방식으로 실행된다. 이렇게 거대한 규모로 행사되는 부재 소유권에는 이웃과의 인간관계와 같은 감상적인 생각이나 양심의 거리낌 따위는 끼어들 여지가 없다. … 부재 소유자는 작업장에서 일하는 사람들과는 접촉하는 일이 없도록 떨어져 있다. 이들이 그들과 접촉하는 유일한 경우는 불로소득을 계속 수취하기 위해 어쩔 수 없는 경우뿐이며, 그나마 대리자를 통해 이루어지는 쌀쌀맞고 냉정한 접촉뿐이다. … 그리하여 부재 소유자와 그들의 부재 경영자는 수많은 혐오스러운 경험을 피해갈 수 있으

며, 수많은 사람들의 생사가 걸려 있기는 하지만 따분하기 짝이 없는 하찮은 문제를 고민해야 하는 번거로움을 덜어낼 수 있다. 이들에게는 그것이 대차대조의 하찮은 문제에 불과하지만 기층 민중들에게는 생사가 걸린 문제로서, 그 충격을 뒤집어쓰게 되는 이들에게는 너무나 심각한 문제이다.[48]

베블런에게 있어서 자본주의의 이러한 모습은 결코 공황이나 비상 시기의 모습이 아니다. 이는 자본주의가 일상적으로 돌아가는 방식을 그린 것이다. 더욱이 이러한 작동 양식은 부재 소유자가 본질적으로 비도덕적이어서 생겨나는 것은 결코 아니다. 이는 단지 자본주의의 본질적인 구조 안에 제도적으로 내장되어 있을 뿐이다.

모든…비즈니스적 전략은 사보타지라는 항목 아래에 분류하는 것이 적절하다는 점을 주목하게 될 것이다. 물론 이는 사실상 빈곤 속의 거래이다. 이는 일상적 사업 활동business-as-usual이기도 하다. 이에 대해 트집을 잡을 필요는 없다. 이는 피할 수 있는 것이 아니기 때문이다. 이는 영리 사업가의 개인적 선호에서 생겨나는 문제도 아니고, 도덕적으로 올곧지 못하여 생겨나는 문제도 아니다. 이렇게 생산에 대해 유익한 소량의 사보타지를 투약하는 것을 임무로 삼고 있는 빅 비즈니스Big Business의 우두머리들이 못돼 먹은 것은 아니다. 이들이 이웃들에게 빈곤을 증대시키는 것을 획책하여 그 사람들의 수명을 단축시키거나 고통을 증가시키는 것을 목표로 삼는 것은 아니다. 이들은 자신들도 알고 보면 인간적이라고 주장하고 있는데, 사실 그 말도 맞다고 해야 할 것이다. 그저 이들은 사람들이 필요로 하는 물건의 공급을 줄여 빈곤을 위급한 지점까지 증대시킴으로써 자신들의 … 소득을 충분히 증가시킬 수 있는 것뿐이다. 그리고 이들은 양심에 거리낌 없이 성공을 거두며, 부재 소유자가 자신들에게 위탁했던 신뢰를 정당화할 수 있다. 이들은 일상적 사업 활동이라는 그물을 피해갈 수 없고, 효율성의 주의 깊은 철회를 행사하지 않을 수 없는 상황이다. 이들에게 정말로 중요한 문제는 이렇게 빈곤 속의 거래를 가져오는 것이 과연 인간적인 것인가 아닌가가 아니라, 이것이 견실한 영업 경영인가 아닌가이다.[49]

현대 자본주의는 불황이 반복되는 게 정상적인 상태라고 베블런은 생각했다. "이러한 관점에서 보자면, 완숙하게 발전한 기계제 공업 체제 하에서는 만성적 불황—그 심각한 정도는 다양하지만—이 비즈니스의 정상적 상태가 된다."[50] 게다가 경기순환을 넘어서 항시적으로 자본주의는 반드시 소유자와 노동자 사이의 끊임없는 계급투쟁을 수반한다.

소유자와 노동자 사이의 협상에서는 장사꾼이 물건을 팔 때 펼치는 감언이설 따위는 아무 소용이 없다. … 따라서 이들 사이의 협상은 말 돌리는 법이 거의 없이 곧바로 실업, 빈곤, 노동과 생산량의 제한, 파업, 공장 폐쇄, 스파이 행위, 피켓, 이와 비슷한 상호 교란을 위한 책략으로 이어지며, 을러대는 언사와 서로에게 사보타지를 행사하겠다는 위협에 주로 의존하게끔 된다. 이를 일상용어로 '노사 분쟁labor troubles'이라고 부른다. 양측은 사업상 적대적인 관계를 맺으며, 이들의 적대 관계는 비록 상황에 따라 잠복할 때도 있고 터져 나올 때도 있지만, 그 본질은 상호간의 사보타지이다. 이는 법과 사업의 테두리 안에서 관습적으로 허용되는 훼방과 불허 즉 수동적인 저항이나 효율성의 보류와 같은 합법적 사보타지를 기반으로 행해지기도 하지만, 폭력을 동원한 인신과 재산에 대한 공격으로 치닫는 불법의 사보타지 단계로 종종 옮겨가기도 한다. 이들의 협상은 … 습관적으로 갈등, 무력, 군사적 전략 등의 모습으로 이루어지기에 이르렀다.

이는 적대적인 두 힘의 갈등으로서, 양쪽 모두가 이 갈등을 벌이면서 상대편의 손해는 바로 자기 쪽의 이익이라는 전략적 원리를 공공연히 내건다.[51]

정부와 계급투쟁

자본주의 체제에서 권력은 궁극적으로 소유자들의 손에 있다. 어떤 사회이든 물리적 강제를 제도적으로 합법화한 수단이 바로 정부이며 이 정부를 소유자들이 통제하기 때문이다. 정부는 그야말로 현존하는 사회질서와 계급 구조를 보호하기 위해 존재한다. 이는 곧 자본주의 사회에서 정부의 주된 임무가 사적 소유의 법률을 집행하고 소유권과 관련된 특권을 보호하는 것임을 뜻한다. 베블런은 반복해서 강력하게 다음과 같이 주장한다.

> 현대의 정치는 비즈니스의 정치이다. … 이는 국내 정책에나 대외 정책에나 똑같이 적용된다. 입법, 경찰의 감시, 사법활동, 군사 및 외교활동, 이 모든 것은 무엇보다도 비즈니스 관계, 금전적 이해관계를 주된 관심사로 삼으며 그 밖의 다른 인간적 관심사에 대해서는 별로 중요하게 생각하지 않는다.[52]

자본주의 정부의 첫 번째 원리는, "개인의 자연적 자유는 소유권이라는 규범적 권리를 방해해서는 안 된다. 소유권은 자연권에 결부되어 파기할 수 없는 성질을 가지고 있다".[53] 자본주의의 으뜸가는 자유란 사고파는 자유이다. 자유방임 철학은 다음과 같다. "노골적으로 남의 생명이나 사고팔 자유를 빼앗고자 하는 경우 이외에는 … 법은 개입해서는 안 된다. 소유권을 침해할 가능성을 미연에 방지하는 예방적 방식으로만 법의 개입은 허용된다."[54] 따라서 다른 무엇보다도 "입헌 정부constitutional government는 비즈니스의 정부다".[55]

그렇다고 해서 베블런이 미국 정부가 민주적이라는 것을 부인한 것은 아니다. 그는 여러 정당들이 있으며 미국인들이 자신들이 선택하는 정당에 자유롭게 투표할 수 있다는 것을 알고 있었다. 그는 또 정부가 모든 상이한 비즈니스 집단의 이익을 항상 평등하게 대표할 수 있는 게 아니라는 점도 알고 있었다. 영리 사업가 사이의 갈등은 상이한 정당들에 반영된다.

> 정부 안으로 들어온 비즈니스 집단은 각각 암묵적 서클 또는 신디케이트라고 부를 수 있는 형태의 느슨한 조직을 갖추며, 이들은 자신들 비즈니스 집단의 외부에 대해서는 함께 맞서서 뭉친다는 이해를 공유하여 움직인다. 이러한 비즈니스 집단의 서클이 스스로의 조직과 계획을 명시적으로 내건 것에 가장 가까운 것이 명시적, 암묵적 강령을 가진 현대의 정당이다. 정당은 세부적 목적에서는 다르지만, 최소한 잠깐 있다가 없어지는 정당이나 현실에 영향을 못 미치는 정당이 아니라면 비즈니스 정책의 여러 다른 노선을 각각 대표한다. 하지만 이런 정당은 각각 공동체 전체에 최상의, 최대의 그리고 가장 지속적인 비즈니스의 이익을 증진시키는 데는 항상 합의를 이룬다. 이러한 비즈니스 집단의 서클 가운데서 대중들에게 가장 폭넓은 지지를 얻는 서클이 헌법에 따라서 정부 기관들의 책임을 맡는다.[56]

부재 소유자와 영리 사업가의 돈은 정치를 통제하는 데 있어서 물론 중요한 요소이지만, 베블런의 관점은 영리 사업가가 단순히 정치가를 뇌물로 매수한다(물론 이는 아주 자주 벌어지는 일이지만)는 일차원적인 것이 아니었다. 자본가의 정치적 통제력은 사회화 과정과 이념 주입 과정의 통제에 의존하는 훨씬 더 근본적인 것이다.

대의제 정부라는 말은 무엇보다도 비즈니스 집단을 대표하는 것을 뜻한다. 정부는 아주 일관되게 영리 사업가의 이익이라는 단일한 목적에 맞추어 작동하는 것이 보통이다. 정부는 영리 사업가의 이익을 배려하기 위해 노력을 펼치며 이는 당대의 공공의 정서에 의해서도 지지를 받는다. 왜냐면 사람들 사이에 널리 퍼져 있는 실로 순박하면서도 좀처럼 의심받지 않는 믿음이 있기 때문이다. 거의 모든 국민들의 실질적 이익이 같은 정부 아래에서 살고 있는 영리 사업가의 금전적 이익과 불가사의한 방법으로 서로 일치하게 되어 있다는 것이 그 믿음이다. 이러한 믿음은 양쪽의 이해관계가 일치한다는 전혀 무비판적인 가정에 기초하고 있다는 점에서 통속화된 형이상학의 한 항목이다. … 이러한 믿음은 사회주의나 아나키즘 사상에 물든 저속한 사람들과 대립되는 영리 사업가(높은 위치든 종속적 위치든) 및 전문직 계급 사이에 확고하게 뿌리 내리고 있다. 그런데 보수적 분자들 중에는 재산과 권력을 가진 시민들뿐만 아니라 법을 준수하는 다수의 시민들, 심지어 그러한 보수주의에서 아무런 금전적 이득을 보지도 못할 이들까지 포함되기 때문에, 입헌 정부라는 것은 주로 비즈니스 조직의 한 부서가 되며 사업가들의 조언에 따라 인도된다. 정부는 대부분의 활동, 심지어 비즈니스의 목적과는 가장 거리가 멀어 보이는 활동에 있어서도 비즈니스 집단의 감독 아래 있다.[57]

이렇게 비즈니스가 정부를 통제하는 것은 정부의 모든 기관 그리고 모든 단계에 속속들이 침투해 있다. 베블런이 볼 때, 미국인들은 '실제적인' 사람들이다. 미국 사회에서 비즈니스가 중심적 위치를 차지하고 있다는 점을 감안한다면, 실제적이라는 말은 항상 비즈니스적이라는 것을 뜻한다. 따라서 모든 정부 기관에서 고위 공직에 있는 책임자들은 필연적으로 비즈니스의 이력을 가진 이들로 채워지며, 이들을 지배하는 것은 소유권의 논리, 특히 부재 소유권의 논리이다. 입법부, 행정부, 사법부의 공직자들 모두 … [이러한] 편향 … 에서는 동일한 뿌리를 가지고 있다. 물론 그렇다고 해서 공직을 맡고 있는 책임자들의 성실성이나 지적 능력을 의심할 필요는 전혀 없다. 이 점에 있어서는 이들 모두가 보통 평균은 되며 적어도 크게 떨어지지 않는 이들이다. … 이렇게 부재 소유제의 필요에 맞는 방향으로의 법령, 결정, 판례, 헌법 해석이 주를 이루고 또 갈수록 현실을 지배하면서 끊임없이 확산되고 있는데, 이것이 탄탄한 원리에 기초하여 진정성을 가지고 추진되고 있음은 의심의 여지가 없다.[58]

이렇게 노동자와 부재 소유자 사이의 끊임없는 계급투쟁에서 거의 항상 이기는 것은 소유자 쪽이다. 제도적으로 합법화된 물리적 강제의 수단인 정부가 그들 손에 확고하게 들어 있기 때문이다. 숫자로 보면 노동자가 소유자를 압도하기 때문에 소유자의 지배력을 유지하기 위해서는, 즉 현존하는 자본주의 계급 구조를 유지하기 위해서는 부재 소유자가 정부를 통제하는 것이 절대적으로 중요하다. 어떤 특정 산업에서 혹시라도 노동자가 우세해지는 것으로 보일 때는 언제든 정부가 계급투쟁에 개입하도록 요청된다.

이런 상황이 되면 국가 기관이 연방 차원과 지방 차원 모두에서 감시와 처벌의 권력을 행사하는 헌법적 권위를 가지고서 개입한다. … 소유자와 노동자 사이의 협상에 정부 기관이 개입할 경우 이는 전자에 유리한 결과를 낸다. 이는 세상의 이치로 볼 때 필연적이다. … 어떤 민주주의 나라에서도 정부 기관의 관리를 맡는 것은 비즈니스적인 인간들로서, 비즈니스의 여러 원리—소유권의 여러 원리, 즉 현재의 상황에서는 곧 부재 소유자에게 주어지는 권리, 권력, 면책권의 원리—에 습관적 편향으로서 푹 젖어 있는 이들이다. 노사 분규라는 사안의 성격상 이러한 공직자들은 비즈니스 공동체의 성원인 변호사, 은행가, 상인, 하청업자 등등의 '실제적인 사람들practical men'에서 충원된다. 이들은 비즈니스를 수행하는 오랜 경험 속에서 단련되고 성공한 이들로서 그 경험에서 생겨난 확신과 선입견을 갖고 있는 이들이다. 변호사와 행정관은 소유권과 관련하여 법적으로 미묘한 사항에 걸려 있는 소송과 행정 절차를 성공적으로 수행한 덕에 능력을 입증한 이들이며, 이 과정에서 소유권의 논리를 제2의 본성으로 내화한 이들이다.[59]

이러한 정부 관리, 변호사, 판사가 노사 분규에 개입하면, 이들이 그전에 받아온 훈련으로 인해 다음과 같은 생각을 품을 것은 확실하다.

똑같은 공모, 음모, 패거리 짓기라고 해도 그것이 (부재) 소유권의 형태를 띠고 있다면 옳고 선한 것으로 여겨진다. 따라서 이런 것들은 소유권에 결부되어 있는 모든 권능과 면책권으로 수호되어야 할 뿐만 아니라 전체 공동체에 어떤 희생이 따르더라도 반드시 수호되어야 한다. 자본 수익의 증대는 반드시 수호해야 하며, 필요할 경우에는 심지어 적절한 폭력 사용까지도 불사해야 한다고 이들은 생각한다.

그런데 그러한 공모의 조직이 노동자의 것일 경우에는 … 사정이 완전히 달라진다. 이들의 공모는 소유권에 근거를 둔 것이 아니기 때문에, 이들이 거래를 제한하기 위해 음모를 꾸밀 법적 권리는 최소한 의심쩍은 것으로 여겨진다.[60]

기업은 일반적으로 이 싸움에서 승리한다. 노동자는 일꾼 본능에 좀 더 강하게 젖어 있으며, 이 본능은 보통 평화적인 사유 습관과 연결된다. 영리 사업가는 약탈적 본능 그리고 경쟁적인 불한당 근성의 윤리에 강하게 젖어 있다. 노동자가 삶에서 익히는 습관은 창조적이고 건설적인 것이다. 영리 사업가가 삶에서 익히는 습관은 파괴적이며 사보타지의 각종 기술들을 자유자재로 구사하는 것에 기초하고 있다. 영리 사업가는 정부와 법원을 자기들 편으로 만들고 있다. 마지막으로 영리 사업가와 그 대리인은 죽음까지 불러올 수 있는 폭력의 사용도 거의 독점한다.

> 법과 관습과 공적 편애는 상당한 재산을 갖지 못한 개인들 또는 개인들의 연합체가 무기를 소유하거나 사용하여 폭력을 행사하는 것은 금지해야 한다고 가정하고 있다. 현실에 있어서 무기의 사용은 소유를 보호하고 그에 따르는 권리를 수호하기 위한 것이라고 가정된다. 그리고 이러한 가정은 정부의 폭력뿐만이 아니라 사적 개인들이 무기를 사용하는 문제에도 적용된다. 무기의 소유와 사용을 규제하는 법령들을 보면, 무기 소지의 허가증은 주로 재산이 있는 시민들〔많은 재산을 가진 부재 소유자들〕, 기업, 그리고 점잖게 말해서 용역 회사detective agencies라고 불리는 용병 단체에게 발급된다는 것을 알 수 있다. 이 용역 회사는 파업이나 노동자에 의한 공장 폐쇄에 휘말렸을 때 대기업이 사용하는 보조적 폭력 집단의 성격을 갖는다. 이는 모두 마땅히 그래야 하는 것이며, 그 의도는 아주 건강한 것이다. 이를 추호도 의심해서는 안 된다.[61]

사적 소유에 따르는 권리와 특권이 어떤 식으로든 위협을 받으면 소유 계급은 무력으로 대응한다. 사적 소유권은 이 계급의 권력과 그 '불로소득'의 기초이므로 어떤 대가를 치르더라도 보호되게 마련이다. "그리하여 무력에 호소하게 될 경우 대가를 치르는 것은 보통 사람들 쪽이라는 점은 잘 알려져 있는 사실이며, 또한 그것은 법률과 관습의 입장에서 볼 때는 아주 올바르고도 선한 일이다. 보통 사람들은 일자리 상실, 불안감, 빈곤, 유혈, 부상 등의 형태로 그 대가를 치른다".[62]

자본주의적 제국주의

19세기의 마지막 25년 그리고 20세기 초에 걸쳐서 공격적인 제국주의의 팽창이 산업자본주의의 지배적 특징의 하나가 되었다. 다음 장에서 우리는 제국주의를 다룬 경제 이론을 논의할 것이다. 베블런 또한 이 문제에 관해 광범위한 저작을 남겼다. 그는 이윤 추구에는 국경이 없다고 생각했다. 비즈니스의 부재 소유자는 지구상의 다른 지역들을 자본주의 국가들의 직접 지배하에 두든가 아니면 현지에 외국인들이 이윤을 뽑아가도록 허용하는 정부를 두면 이윤의 기회가 풍부하게 펼쳐진다는 것을 알게 된다. 이 부재 소유자는 자기 나라 민중들에게 자신의 기업의 이익이 국민의 이익과 동일하다고 믿게끔 만든다. 애국주의란 정부가 비즈니스 집단을 위하여 공격적인 제국주의 정책을 펼치는 것을 지지하게끔 활용하는 배타적 감정이다. "제국주의란 왕조 시대의 정치가 새로운 이름 아래 부재 소유자의 이익을 위해 수행되는 것이다."[63] 베블런은 "비즈니스 입장에서 보면 이러한 국가적 차원의 도움이 갈수록 절실해진다"[64]고 확신했다. 제국주의가 절실해지는 이유는

이 나라의 영리 사업가는 … 외국에서도 이익이 남는 거래를 하는 것에 관심을 둔다. 즉 제국주의는 그 나라의 부재 소유자의 지배 영역을 국경선 너머로 확장하기 위해 고안된 것이다.

그리고 애국주의 감정이 흥미로운 재주를 피우는 덕에 충직한 시민들로 하여금 이렇게 자기 나라 영리 사업가가 영토 밖에서 이득을 취하면 공동체 전체가 어떻게든 이익을 본다고 믿을 수 있게 된다. 영리 사업가들이 이런 방식으로 추구하는 이득이 그들의 사적 이득이라는 점은 말할 것도 없다. 이러한 부재 소유자의 이익이 납세자를 희생시켜서 얻은 것임에도 불구하고 충직한 시민들은 국민 일체라는 환상 때문에 모종의 신비로운 방식 ─ 어떤 충직한 시민이라도 자세히 캐묻지 않을 정도로 꽤 불투명한 방식 ─ 으로 납세자도 이익을 얻을 것이라고 믿게끔 되는 것이다. … 이렇게 부재 사업가가 외국에서 더 큰 이익을 거두고 또 그 나라 국위를 더욱 선양하기 위해 정치가들이 시민들의 재산과 생명까지 요구하는 판이 벌어졌으니, 만에 하나 누군가가 그것도 큰 재산을 가진 부재 소유자도 아닌 이름 없는 시민 따위가 자신의 생명과 재산을 아낌없이 내놓지 않고 주저하기라도 한다면, 그 사람은 '재수없는 뺀질이slaker'가 되고 만다.

사방에 퍼져 있는 이러한 애국주의적 편견과 그러한 망상에 기초한 편협함 덕분에 문명 세계의 사람들에게 온 국민이 실질적으로 동일한 이익을 공유한다고 믿게 만들 수 있기 때문에, 오늘날 모든 민주주의 국가에서 정부 기관들의 으뜸가는(사실상 유일한) 관심사는 어떻게 하면 그 나라의 재산 많은 시민들의 사업이 이윤을 내도록 만들 수 있는가가 된다. … 그리하여 이 민주주의 공화국의 정부 기관들은 사실상 영리 사업가 대표자들의 소비에트가 되며, 그 나라 부재 소유자의 특별한 이익을 수호하고 확장하는 것이 그들의 임무이자 특권이 된다. 그리고 이 모든 부재 소유자의 이득은 기층 민중들의 희생을 통해 이루어진다.

이런 이야기를 무슨 악의에서 하는 것이 아니라는 점은 아마 말할 필요가 없을 것이다. 어떤 때는 그저 단순히 현상을 일일이 기술했을 뿐인데도 그것이 마치 비난처럼 보일 때가 있다.[65]

하지만 베블런이 볼 때 제국주의의 가장 중요한 특징은 부재 소유자에게 가져다주는 이윤이 아니다. 제국주의는 보수 세력의 힘이라는 차원에서 극도로 중요하다. 자본주의 시대에 들어 기계제 생산의 기술이 발달하면서 인간의 생산성은 급속하게 확장되었다. 생산성의 증대에 자연적으로 따라오는 것은 인간의 일꾼 본능과 그에 관련된 사회적 특성이 성장하는 것이다. 일꾼 본능과 그에 따르는 특성이 문화에서 지배적으로 되면 부재 소유제와 약탈적인 비즈니스의 관행을 떠받치는 사회적 기초는 위태로워진다. 일꾼의 윤리는 경쟁보다는 협동을 강조하며, 복종과 복속보다는 개인의 평등과 독립을 강조하며, 의례상의 역할 분담보다는 논리적이고 사회적인 상호관계를, 약탈적인 성향보다는 평화적인 성향을 강조하는 것이 일반적이다. 이렇게 일꾼 본능과 연관된 특성은 현존하는 계급 구조의 기반 자체를 뒤엎는 성격을 지니고 있다. 이에 부재 소유자로서는 일꾼 본능의 결과인 협동, 개인적 독립성, 평화와 박애의 추구 등이 가져올 전복적인 효과에 맞설 모종의 수단을 찾지 않으면 안 된다.

부재 소유자는 이 중대한 과업의 해결을 제국주의에 기대한다. 제국주의의 이러한 사회적 역할은 자본주의가 어떻게 작동하는가에 대한 베블런의 관점에서 너무나 중심적인 위치를 차지하므로 우리는 그의 글을 길게 인용하도록 한다.

비즈니스 원리가 지배하는 문화적 훈육에서 가장 중요하고 가장 유망한—인습 타파를 불러올지도 모를 예측 못할 사회적 변덕을 바로잡는 데 있어 가장 유망한—요소는 바로 대외 정치이다. … 비즈니스 집단은 공격적인 대외 정책을 강력하게 촉구하며 영리 사업가는 그것을 지휘한다. 이러한 정책은 애국주의적이며 호전적이다. 이러한 호전적인 비즈니스 정책이 직접적으로 어떠한 문화적 가치를 갖는가는 아주 명확하다. 이는 민중들에게 보수적인 적대감을 만들어낸다. 전쟁 기간 동안 … 계엄령하에서 시민의 권리들이 중지되며, 전쟁이 깊어지고 무장이 강화될수록 이는 더욱 심해진다. 군사적 훈련이란 의례상의 절차, 자의적인 명령, 이의없는 복종에 의거한 훈련이다. 군사 조직이란 본질적으로 복종의 조직이다. 불복종은 죽음에 이르는 대죄이다. 이러한 군사적 훈련이 일관되고 포괄적으로 행해지면 그에 비례하여 공동체 성원들은 더욱더 효과적으로 복종의 습관으로 훈련되며, 개인적 권위를 우습게 아는 성향을 사회적으로 증대시키는 민주주의의 큰 병폐에도 제동이 걸린다. 물론 이는 우선 군인들에게 가장 결정적으로 적용되지만, 나머지 국민들도 정도만 덜할 뿐이지 똑같이 적용된다. 이들은 이제 서열, 권위, 충성 등의 전쟁 용어로 말하고 생각하는 법을 배우며, 점차 자신들의 시민권이 침해당하는 것도 아무렇지 않게 받아들인다. … 호전적 정책의 추구에 따른 훈육적 효과에 의해, 사람들의 관심사는 부의 불평등한 분배라든가 먹고사는 천한 문제가 아닌 고상하고 제도적으로도 위험이 덜한 문제로 향한다. 호전적이고 애국적인 문제에 몰두하면, 이런 건 하고 이런 건 하지 말라를 명령하는 권위에 순종을 바치는 야만적 미덕이 더 강화된다. 평화로운 산업과 기계제 생산과정으로 인해 현대 생활이 갈수록 세속화되고 있는데, 여기에 맞설 가장 강력한 훈육적 요소로서 호전적이고 약탈적인 생활의 틀에 습관을 들이는 것만큼 강력한 것은 없다. 또 사람에게는 엄연한 신분과 위계의 차이가 있다는 생각이 점차 쇠퇴하는 경향도 이를 통해서 역전시킬 수 있다. 전쟁은 복종과 지배를 강조하며 또 군사 조직에서처럼 위엄과 명예에 등급이 있어야 한다는 것을 강조한다. 이러한 전쟁은 결국 야만적인 사유 방법을 습득시킬 수 있는 효과적인 학교임이 항상 입증된다.

바로 이 방향에서 '사회적 불안'과 문명 생활에서의 무질서 등을 교정할 희망을 찾을 수 있다. 충성, 경건함, 복종, 위계, 계급적 특권, 해야 할 것과

하지 말아야 할 것을 명령할 권위 등 옛날의 케케묵은 미덕으로 끊임없이 돌아가도록 만들면 대중들도 잠잠해지고 영리 사업의 경영 또한 더 순조롭게 될 것이라는 점은 의문의 여지가 없다. 강경한 대외 정치가 약속하는 가능성이 바로 이런 것이다.[66]

금전적 문화의 사회적 관습

일꾼 본능이 지배적인 곳에서는 지식의 추구, 협동, 평등, 상호부조 등의 사회적 경향이 나타난다. 하지만 자본주의의 계급 분열은 약탈적 착취와 연관된 특징―약탈적 기술에 대한 경외심, 서열에 대한 순종, 어디에서나 지식을 불신하는 대신 신화와 의례에 의존하는 것 등―이 사회적으로 계속 두드러진 특징이 되어야만 존속할 수 있다. 부재 소유자의 불로소득은 궁극적으로 약탈적 관습이 문화적, 사회적으로 지배적인 것이 되느냐에 달려 있으며, 이를 자본주의적 용어로 옮기자면 금전적 또는 비즈니스적인 문화가 사회를 지배하느냐에 달려 있는 것이다.

약탈적 본능이 사회를 지배할 경우, 사회는 유한계급의 관습에 의해 지배된다. 베블런은 "유한계급의 출현은 소유권의 시작과 동시에 일어났다. … 이 둘은 단지 사회적 구조의 동일한 일반적 사실의 다른 측면에 불과하다"[67]고 생각했다. 계급으로 나뉜 모든 사회에서는 유한계급이 종사하는 직업과 보통 사람들이 종사하는 직업 사이에 항상 근본적 중요성을 갖는 차별이 존재했다. "이러한 태곳적부터의 차별 아래서는 가치가 있는 직업은 착취라고 분류할 수 있는 직업이 되며, 가치가 없는 직업은 일상생활에 필요한 일로서 착취의 요소가 거의 들어 있지 않은 직업이 된다."[68]

계급으로 나뉜 모든 사회에서 한 사람 또는 한 집단이 보유한 각종의 약탈적 권능은 가장 높은 평가를 받는다. 착취와 관련된 능력을 크게 발전시킨 사람들에게는 사회에서 가장 영예로운 지위가 주어진다. 그리하여 자본주의 사회에서

경제제도는 대략 두 개의 구별되는 범주로 분류할 수 있다. 하나는 금전적pecuniary 제도이고 다른 하나는 산업적industrial 제도이다. 직업에 있어서도 마찬가지이다. 금전적이라고 불릴 범주에는 소유권 또는 재산의 획득에 관련된 직업이 들어가며, 산업적이라고 불릴 범주에는 일꾼 또는 생산과 관련된 직업이 들어간다. 유한계급의 경제적 이해는 금전적 직업과 직결되어 있으며, 노동계급의 경제적 이해는 … 주로 산업적 직업과 결부되어 있다. 유한계급으로 진입하는 입구는 먼저 금전적 범주의 직업을 잡는 것이다.

이 두 개의 직업군은 각각에 요구되는 적성에 있어서도 실질적인 차이가 있다. … 금전적 직업군에 따르는 훈육과 훈련은 일정한 약탈적 적성과 약탈적 적대감을 보존하고 배양하도록 되어 있다. … 사람의 사유 습관이 그러한 재산 획득과 보유라는 경쟁적 과정에 의해 형성되는 한, 그래서 그들의 경제적 기능이 소유권과 부를 관리하여 거기서 한푼이라도 더 뽑아내는 것에 있는 한, 〔그 정도에 비례하여〕 그들의 경제적 생활은 약탈적인 기질과 사유 습관을 더욱더 존속시키고 강조할 수밖에 없다. 현대의 체제 아래서는 … 전반적으로 사기와 협잡이라고 분류해야 할 관행을 금전적 직업이 눈부시게 발전시키고 있다.[69]

자본주의 아래서는 가장 영예로운 직업—부재 소유—에서 가장 천하고 역겨운 직업—창조적 노동—까지 펼쳐진 직업의 위계가 존재하게 된다.

직업은 평판에 따라 등급이 매겨진 위계구조를 이룬다. 대규모의 소유권과 직접 관련된 직업이 가장 높은 평판을 얻는다. … 그다음으로 평판이 높은 것은 소유권과 금융에 직접 종사하는 직업, 이를테면 은행업이나 법률업 등이다. 은행업의 직업 또한 대규모 소유권과 관련이 있음을 암시하며, 은행업이 누리고 있는 명예는 바로 이러한 사실 때문이라는 점은 의심할 여지가 없다. 법률 전문직은 대규모 소유권을 함축하고 있지는 않지만, 법률가의 직무는 철저하게 경쟁적 목적에 복무하는 것으로서 유용성 따위의 오점汚點은 한 방울도 묻어 있지 않으므로, 관습적인 위계의 틀에서 높은 위치를 차지한다. 변호사는 속임수를 달성하든가 아니면 상대의 속임수를 제압하든가 오로지 약탈적 사기의 세부 사항에만 관심을 쏟으며, 따라서 이 직업에서 성공한다는 것은 곧 인류 역사에서 항상 남성들의 존경과 공포를 자아냈던 야만적 교활함을 많이 지니고 있다는 증표로서 받아들여진다. … 물론 육체노동은 물론이고 심지어 기계적 과정의 지휘자들마저도 사회적 존중이라는 점에서 보자면 그 기반이 아주 위태롭다.[70]

하지만 부유한 부재 소유자는 보통 대도시에 살면서 대부분의 시간을 변호사, 회계사, 주식 중개인, 기타 자문역과 만나 주식과 채권을 사고팔고 금융 관련 흥정을 조종하면서 사보타지와 사기의 계획을 짜는 데 시간을 보내는 것이 보통이다. 따라서 옛날의 야만적 문화에서는 약탈적 미덕이 직접적으로 눈에 드러나 있어서 민중들의 경외심을 쉽게 불러일으킬 수 있었지만, 자본주의 사회에서의 약탈적 미덕은 대부분 보이지 않게 가려져 있어서 경외심을 쉽게 일으키지 못한다.

사람들에게 높은 존경을 얻고 지키기 위해서는 단순히 부나 권력을 가지고 있는 것만으로는 충분치가 않다. 부나 권력을 명확히 보여줄 증거가 있어야만 한다. 존경과 평판이라는 것은 오로지 증거가 있을 때만 주어지기 때문이다. 부를 입증할 증거는 남들에게 자기가 얼마나 대단한 사람인지를 내세우고 또 그들이 자기를 계속 알아주도록 유지하는 데 도움이 될 뿐만 아니라, 자기 만족을 쌓아올리고 보존하는 데도 쓸모가 덜하지 않다.[71]

《유한계급론 *The Theory of the Leisure Class*》의 대부분은 이 유한계급이 과시적 소비conspicuous consumption와 과시적 여가 사용을 통해서 어떻게 자신들의 약탈적 능력을 보여주는가를 자세하게 기술하는 데 바쳐지고 있다. 베블런에 의하면 과시적 소비는 과시적 낭비와 동시에 이루어질 때가 있다. 예를 들어 부자들의 저택은 "보통 사람들의 주택보다 건축 양식과 장식이 더 화려하고 과시적 낭비가 많다".[72] 부자들은 항상 비싸고, 화려하고, 대체로 쓸모없는—무엇보다도 비싼—잡동사니들을 눈에 띄게 보여줄 필요가 있다. 부자들에게는 어떤 물건이 쓸모가 없으면서도 값이 비쌀수록 과시적 소비의 품목으로서 더욱 소중한 물건이 된다. 쓸모가 있으면서 보통 사람도 손에 넣을 수 있는 것이라면 저속하고 천박한 물건으로 여겨진다.

부인의 아름다움과 우아한 의상을 과시하는 것은 재산이 많으면서도 취향이 고상한 시민이라면 반드시 필요한 일이다. 많은 하인을 거느리는 것은 보통의 주부가 해야 하는 천한 일을 그 집 부인은 전혀 할 필요가 없으며 그녀는 무엇보다도 그저 남편의 명성을 더해주는 아무 쓸모도 없이 아름다움만 눈에 띄는 트로피와 같은 존재라는 점을 나타내는 지표이다. 해변가의 별장, 요트, 산 위의 화려한 성채 등등은 실제로 사용할 일은 거의 없지만 눈에 확 띄는 것으로서 사람들의 존경을 얻는 데 꼭 필요하다.

부자들의 과시적 소비 행태를 기술하면서 베블런은 단지 재미난 일화를 늘어놓는 것보다 훨씬 더 중요한 것을 생각하고 있었다. 금전적 문화는 무엇보다도 남의 질투를 유발하는 차별의 문화이다. 어떤 개인의 인간적 가치가 무엇보다도 금전이라는 질투 유발의 차별 시스템에서 측정된다면, 사회 안에 작동하는 가장 강력한 힘의 하나는 경쟁적 모방emulation이며, 이는 사회적, 경제적, 정치적 보수주의를 확고하게 해주는 가장 중요한 장치가 된다.

부자들은 "약탈 또는 기생적 착취의 원리"[73]를 영구화함으로써 지위를 유지한다. 이들의 활동은 자동적으로 "존재하는 것은 무엇이든 옳은 것이다"[74]라는 믿음으로 이어진다. 이들은 본질적으로 그리고 근본적으로 보수적이다. 그리고 사회의 극빈자들의 경우는 이 약탈적이며 금전적인 사회적 질서에 거의 아무런 위협도 되지 못한다.

> 비참한 삶을 사는 빈민들 그리고 하루하루 먹고사는 투쟁에 온 정력을 쏟으면 기진맥진할 수밖에 없는 이들은 모두 보수적이다. 왜냐면 이들은 당장 내일에 대해서조차도 생각할 여유가 없는 처지이기 때문이다. 고도의 부를 누리는 이들도 보수적이다. 왜냐면 이들은 현재의 상황에 대해 불만을 느낄 일이 거의 없기 때문이다.[75]

따라서 현재의 상태에 대해 잠재적 위협이 되는 것은 노동계급 중 상대적으로 경제적으로 안정된 집단들이다. 이들은 고도의 상품성을 가진 생산기술을 획득하는 데 성공한 이들일 경우가 많다. 이는 즉 이들이 대체로 일꾼으로서의 능력에서 상당한 자부심을 가진 이들임을 뜻한다. 그리고 일꾼본능과 연관된 특징 —명쾌한 논리적 사고, 협동, 상호부조, 보편적 인본주의 등—이 사회적으로 성장하게 되면 마침내 이런 노동자들이 금전적, 약탈적 특징보다 일꾼의 특징이 우위를 누려야 한다고 생각하여 아나키즘이나 사회주의로 돌아서는 지점까지 도달할 위험이 항상 존재한다. 모방적 소비emulative consumption야말로 이러한 위협을 줄일 수 있는 으뜸가는 수단이다. 모방적 소비란 사람을 가두어놓는 다람쥐 쳇바퀴 같은 것이어서 여기에 일단 걸려든 상태라면 영원히 앞으로 나아가지 못하며, 여기서 탈출하는 것은 불가능까지는 몰라도 지극히 어렵다. 어떤 사람이 한번 이 쳇바퀴에 걸려들게 되면 그 사람은 약탈적, 금전적 문화의 도덕과 기풍에 완전히 무릎을 꿇게 된다. 모방적 소비에 대한 베블런의 관점은 애국주의, 군국주의, 제국주의의 사회적, 심리적, 이데올로기적 중요성에 대한 그의 관점과 더불어서 자본주의에 대한 부재 소유자와 비즈니스 집단의 사회적, 경제적, 정치적 지배에 대한 그의 이론의 최중심부를 이룬다.

자본가의 '불로소득'과 특권 및 권력이 재산 소유의 법률, 부재 소유자의 손으로 재산 소유가 집중되는 것, 부재 소유자가 정부와 모든 합법적 폭력을 통제하는 것 등에서 직접 도출되는 것은 분명한 사실이다. 하지만 장기적으로 볼 때 이들이 사회를 지배하는 권력은 무엇보다도 근로 민중들 대부분의 정서, 사상, 이데올로기적 성향을 통제할 수 있는 그들의 능력에 달려 있는 것이다.

만약 근로 민중들 대부분이 자본가는 생산과정에 기여하는 것이 아무것도 없다는 것을 깨닫게 된다면, 자본가의 사업과 금전적 활동이야말로 불황 및 여타 산업 체제의 기능부전의 원인임을 깨닫게 된다면, 어처구니없이 많은 몫의 부와 소득이 자본가에게 돌아가는 것이 사회 대다수의 빈곤화의 원인임을 깨닫게 된다면, 노동과정의 질이 계속 떨어지는 것은 자본가의 약탈적 기풍이 지배하게 된 결과라는 점을 깨닫게 된다면, 만약 노동자들이 이러한 사실들을 모두 깨닫게 된다면 이들은 분명코 법률, 정부, 금전적 비즈니스 문화의 제도라는 억압적이고 케케묵은 족쇄에서 산업 체제를 해방시키려 들 것이다. 자본주의는 혁명적으로 전복되고 말 것이다.

자본가는 문화적 훈육과 사회적 통제라는 두 개의 주요한 수단에 의존한다. 앞에서 보았듯이 전자는 애국주의, 국수주의, 군국주의, 제국주의로 이루어진다. 사람들을 정서적으로 또 이데올로기적으로 통제하는 후자의 수단은 모방적 소비를 통해서이다(이 현상은 뒤에 '소비주의consumerism'라는 용어로 불리게 된다). 베블런의 전체 이론에 있어서 이러한 현상의 중요성은 너무나 크기에 그의 말을 길게 인용한다.

일정한 기준의 부와 … 능력을 갖추는 것은 … 명성을 얻기 위한 필수 조건이다. 게다가 그러한 정상적 양을 넘어서는 것은 칭찬할 만한 것이다.

재산이나 능력에 있어서 이 정상적 정도가 얼마만큼인가를 정의하는 데는 불명확한 점이 있지만, 어쨌든 공동체 성원들 중 이것이 부족한 이들은 동료들 사이에서 좋지 못한 평판을 얻으며 그 결과 자신에 대한 스스로의 평가도 낮아진다. 보통 자존감의 기초는 이웃들이 그 사람에게 주는 존경이기 때문이다. 동료들이 평가를 좋지 않게 내리는데도 자기 평가를 장기적으로 유지할 수 있는 것은 기질이 이상한 개인들뿐이다. …

따라서 재산의 소유가 사람들이 내리는 평가의 기초가 되면, 우리가 자존감이라고 부르는 자기 만족을 위해서라도, 재산의 소유는 그 즉시 필수 조건이 된다. 어떤 공동체에서나 개인이 마음의 평화를 얻기 위해서는 자기의 동류라고 익숙하게 여겨온 타인들이 갖고 있는 만큼의 재화를 가지고 있어야 하며, 타인들보다 무언가 더 가지고 있다면 이는 지극히 만족스러운 일이 된다. 하지만 그렇게 해서 새로운 재산을 획득하고 거기서 비롯되는 새로운 부의 기준에 익숙해지고 나면, 그 즉시 이 새롭게 성취한 부의 기준에서 얻는 만족이 예전의 부의 기준에서 얻던 만족과 비슷하게 되어버린다. 어떤 경우에나 부를 새롭게 늘리려고 마음을 먹을 때는 현재 상태가 금전적 기준이 되게 되어 있다. 그리고 이는 다시 새로운 충족의 기준을 낳게 되고 또 자신을 이웃들과 비교했을 때 금전적으로 어떤 위치에 놓을지에 대해서도 새로운 기준을 낳게 되어 있다. 지금 논의하고 있는 문제와 관련해서 보자면, 자본축적이 추구하는 목적은 공동체의 누구보다도 금전적 힘이라는 차원에서 높은 자리를 차지하겠다는 것이다. 그렇게 비교해보아 만약 자신이 현저하게 낮은 위치에 있다면, 보통의 평균적 인간의 경우 자기의 현재 운명에 대해 만성적으로 불만족 상태에서 살아가게 될 것이다. 공동체의 또는 그가 속한 계급의 평균적인 금전적 기준이라 할 만한 것에 도달하게 되면 그 만성적 불만족은 사라지지만, 이번에는 그 대신 평균적 기준과 자기 자신의 금전적 위치의 격차를 갈수록 더 벌려야만 한다는 쉴 새 없는 압박에 굴복하게 된다. 이런 식의 질투 어린 비교에 말려들면, 금전적 명성을 얻기 위한 투쟁에서 자신이 월등히 우월하다고 여유있게 웃을 수 있는 이 이외에는 모두 다 열패감을 느끼게 된다.[76]

사람들이 이러한 모방적 소비 또는 소비주의라는 쳇바퀴에 갇히면 이들은 이제 얼마의 소득을 얻든 '만성적 불만족'의 삶을 산다. 베블런이 보기에 노동자들 가운데서 물질적 빈곤이 지배적인 비참함이 되는 것은 정말로 절망적인 가난에 처한 이들에게만 해당되는 일이다. 노동계급의 나머지에게 있어서 비참함이란 노동의 사회적 지위 강등 그리고 모방적 소비와 연관된 '만성적 불만족'에 있다. 물질적으로 혜택을 받은 노동자들의 경우 비참함은 정신적인 성격의 것이다. 하지만 베블런은 이러한 비참함이 "정신적 사실이라는 것 때문에 현실성과 절실함이 떨어지는 것은 결코 아니다. 정말로 이는 정신적 사실이기 때문에 더욱더 실질적이고도 치유가 불가능한 문제가 되고 마는 것"[77]이라고 강하게 주장한다.

이것이 치유가 불가능하게 보이게 되는 이유는, 이 비참함에 대해 노동자들이 이런 식으로 대응을 하게 되면 이것이 다시 그 비참함을 더 심화시키고 영구화시키며, 그럼에도 불구하고 노동자들은 더 많이 얻어서 더 많이 소비하면 더 행복해질 것이라고 생각하기 때문이다. 그래서 노동자들은 빚을 지게 되며, 갈수록 더 승진과 그것을 통한 소득 증대에 목을 매게 되며, 결국은 만성적 불만족 상태를 넘어설 수 있는 유일한 가능성은 고용주를 즐겁게 하고 급진적이거나 분열을 조장할 만한 말과 행동은 일체 삼가는 것이라고 확신하게 된다.

하지만 이 쳇바퀴는 결코 끝나는 법도 멈추는 법도 없다. 자신의 만성적 불만족과 비참함을 극복하기 위해 열심히 노력할수록 불만족과 비참함은 더 커져만 간다. 사람들의 질투를 유발하는 사회적 서열화와 과시적 소비의 시스템에서는 노동자가 자신이 처한 곤경의 원인을 결코 '시스템', '기득권 집단', '부재 소유자'에 돌리는 법이 없다. 노동자는 보통 스스로를 탓하게 되며, 이는 다시 이들의 자존감과 자신감을 더 낮추며 또 금전적 문화의 가치에 더 심하게 집착하도록 만드는 결과를 낳는다.

하지만 일꾼 본능과 연관된 가치는 이러한 금전적 문화의 가치에 맞서서 작동하고 있다. 대부분의 사람들의 존엄과 궁극적인 행복은 약탈적이고 금전적인 비즈니스의 가치에 대해 일꾼 본능의 가치가 종국적으로 승리를 거두느냐 마느냐에 달려 있다. 베블런은 일꾼 본능의 가치가 승리를 거두기 위해 필요한 것이 무엇인가에 대해 분명하게 말한다.

경쟁적 모방의 목적이 안락함이나 탁월함의 절대적 정도를 올리는 것이 아니므로, 공동체 전체의 평균적인 후생이 증가하더라도 경쟁적 모방의 투쟁은 끝나지 않으며, 그 압박도 완화되지 않는다. 이 불안함의 원천은 모두가 자신의 이웃과의 비교에서 승자가 되겠다는 갈망에 빠져 있는 것이므로, 모두가 더 나아진다고 하더라도 이 불안함이 없어지지는 않는다.

인간 본성이 그렇기 때문에, 모두가 자신의 이웃보다 더 많은 것을 갖겠다고 벌이는 투쟁은 사적 소유의 제도와 불가분의 관계를 맺고 있다. … 자기 만족의 기준은 대체로 실질적인 소유나 향유의 양이 얼마나 되는가이다. 그런데 현재 많은 민중들—덜 소유한—사이에서 확산되는 정서는 더 많이 가진 이들의 이익과 상반되는 방향의 재조정을 지지하고 있다. 합법적으로 '더 많이' 소유하고 향유할 가능성과는 반대되는 방향으로의 재조정을 지지하고 있는 것이다. … 즉 사회주의 운동을 지지하는 정서가 확산되고 있다. 사회주의를 지향하는 이 불온한 움직임의 근거는 사적 소유라는 제도에서 찾을 수 있다. 현대의 조건에서의 사적 소유에서는 질투와 사회불안을 피할 길이 없기 때문이다.

현대 산업 체제의 초석은 사적 소유라는 제도이다. … 더욱이 이는 사회불안과 불만의 궁극적인 바탕이며, 현대의 조건에서는 그렇게 되는 게 필연적이다. 이러한 사회불안과 불만의 주된 원인은 경제적인 존경을 얻고자 하는 투쟁이다. 인간 본성이 그렇기 때문에, 이 저열하다고 할 수밖에 없는 형태의 모방적 경쟁으로부터 또는 그에 수반되는 불만으로부터 평화를 얻는 것은, 사적 소유를 철폐하지 않는 한 불가능하다고 추론할 수 있을 것 같다.[78]

1892년에 쓰인 이 인용문에서 베블런은, 상황이 사회주의 세력에게 유리하게 그리고 비즈니스, 즉 금전적 가치와 약탈적 본능의 세력에게 불리하게 돌아가고 있다고 생각했다. 1904년에도 그는 여전히 상당히 낙관적으로(하지만 낙관주의는 약간 줄어들었다) 산업 고용은 "인습 타파의 사유 습관을 사람들에게 심어주어 사회주의적인 편향으로 생각이 돌아가도록 각별히 고안된 것"[79]이라고 말한다. 하지만 약탈적이고 금전적 비즈니스 문화의 가치는 여전히 대단히 강력했다.

두 개의 적대적 요소 가운데서 장기적으로 어느 쪽이 더 강력할지는 아무도 알 수가 없다. 하지만 계산할 수 있는 정도의 가까운 미래에는 둘 중 하나로 결판날 것으로 보인다. 최소한 이 정도까지는 말해둘 수 있을 듯하다. 영리 기업이 완전하게 통제권을 행사하는 일은 필시 일시적일 거라고.[80]

그런데 그다음 20년 동안 베블런은 1차 세계대전이라는 애국주의와 제국주의의 광란을 목격했고, 그 맹목적이고 광기어린 민족적 배외주의를 목격했고, 그것이 지나간 뒤 벌어진 히스테리적 진압을 목격했다. 그중에는 빨갱이 대소동Great Red Scare과 팔머의 대습격Palmer raids도 있었고,* 정부가 모든 진보적 운동과 사회주의 운동에 체계적으로 공격을 가하는 것에 대해 대다수의 사람들이 아무 소리 않고 맹목적으로 순종하던 상황도 있었다. 베블런은 조심스러운 낙관주의자에서 절망한 비관주의자로 점차 변해갔다. 그는 자본주의가 과연 제대로 된 인간적 사회로 개혁될 수 있을까에 대해 거의 아무런 희망을 보지 못했던 듯하다. 즉 그는 사회주의에 대한 희망을 거의 보지 못했던 듯하다. 하지만 그는 그래도 사적 소유와 거기서 비롯된 금전적, 약탈적 문화가 시대착오적인 낡은 것으로서 결국은 무너질 운명을 가지고 있다고 여전히 생각했다. 그래서 그가 본 미래는 아주

• 1917년 러시아 혁명이 일어나자 미국 사회 전체는 볼셰비키에 대한 공포 그리고 미국 내에서도 강하게 성장하고 있었던 급진적 노동운동과 사회주의 및 아나키즘 운동에 대한 공포가 널리 확산되었고, 이는 유럽으로부터 급진적인 사상을 가지고 미국에 들어오는 이민자들에 대한 공격으로 나타나게 되었다. 특히 중요한 계기가 되었던 사건은 1919년 6월 2일 미국 전역의 주요 도시의 관공서 등에서 동시에 폭탄 테러가 벌어졌던 일이었다. 이때 테러의 대상 중 하나는 수도 워싱턴의 검찰청사였고, 이에 미국 검찰총장이었던 미첼 팔머Mitchell Palmer는 "미국에도 급진주의자들의 혁명적 봉기가 임박했다"고 주장하면서 전국의 경찰 조직을 동원하여 민권을 무시하고 위험 분자로 여겨지는 이민자들의 가옥으로 밀고들어가 가차없이 색출하여 외국으로 추방하는 조치를 취했다.

암울했다.

> 물론 장기적으로 보면 물질적 조건의 변화에 따른 압력으로 인간들은 멸종되지 않기 위해서 자신들의 행동 방식을 바꾸어야 할 것이다. … 이 물질적 필요의 압력은 복종하지 않는 개인들에게 사형을 집행하는 방식으로 가시적으로 강요되겠지만, 그렇다고 해서 그것이 한 나라 전체를 사형 집행에서 구할 수 있을 정도로 그 법과 도덕의 세부 사항까지 확실하게 변화시킬 것일지는 알 수 없다. …

> 어떤 집단의 사람들이 과연 그러한 변화가 강제로 집행되는 일정한 기간에 피해를 입지 않고 살아남아 삶에 적응하게 될지는 우연의 문제인 것으로 보인다. 거기서 인간이 가진 지혜 따위는 아주 소소한 역할밖에는 할 수 없을 것이며, 앞을 내다보는 인간의 예지력 따위는 어떤 역할도 할 수 없을 것이다.[81]

베블런 사상에 대한 평가

베블런을 마르크스의 제자라고 생각하는 것은 온당하지 않지만, 위대한 두 사상가 사이의 일치점은 놀랄 만하다. 둘 다 자본주의 연구에 있어서 역사적 접근을 주장했고, 자본주의란 기생적인 소유자로 구성된 소수의 지배 계급이 직접 생산자를 착취하는 데 기반한, 역사적으로 독특할 뿐만 아니라 역사 속에서 언젠가 소멸할 사회라고 보았다. 둘 다 자본가의 사적 소유권을 자본가의 권력과 노동자의 지위 강등의 기초라고 보았다. 둘 다 자본주의가 근로 민중들의 삶을 피폐하게 만든다고 보았으며, 그렇게 생각한 관점과 사용한 용어까지도 아주 비슷했다. 둘 다 산업 집중이 증가하는 것을 경쟁에서 비롯된 피할 수 없는 결과라고 보았고, 둘 다 경제 위기와 불황이 자본주의의 기능 자체에 본질적으로 내재하고 있다고 보았다. 마지막으로 둘 다 자본주의 정부가 본질적으로 자본가계급의 이윤과 특권을 보장하고 강제로 집행하는 기관이라고 보았다.

물론 이 두 사람의 이론 사이에는 중요한 차이점도 여럿 있다. 베블런은 자본주의의 역사적이고 진화적인 성격을 크게 강조했기에 경제의 균형이라는 관점에 안주하는 대부분의 경제 이론을 거부했다. 비록 마르크스 또한 자본주의에 대한 역사적 이해가 필수적이라고 믿었지만, 그는 그럼에도 불구하고 자본주의 체제의 단기적인 작동을 탐구하려는 목적에서 자본주의에 특수하며 역사적으로 계속 변해가는 조건의 다수를 고정된 또는 주어진 것으로 여기는 것을 아주 적절한 일이라고 생각했다. 마르크스는 그 과정에서 균형 분석을 빈번하게 사용했다(비록 그 목적은 그의 공황 이론의 경우와 마찬가지로 단지 균형을 연속적으로 달성하는 것이 얼마나 가능성이 희박한 일인지를 보여주기 위함이었지만). 이러한 차이점은 마르크스의 분석이 베블런의 분석보다 분명히 우월한 영역의 하나가 된다. 이러한 차이점에서 비롯되는 두 개의 중대한 결과가 있는데, 그 둘 다 마르크스의 이론을 우월한 것으로 만들고 있다.

첫째, 비록 마르크스와 베블런 모두 임금 및 이윤이 자본가와 노동자 사이의 장기적인 계급투쟁의 결과로 결정된다고 보고 있지만, 베블런은 이러한 투쟁의 결과를 임금률과 이윤율의 결정 과정을 밝히는 구체적인 이론으로 전혀 전환시키지 못했다. 이는 베블런이 균형이론을 한사코 회피했기 때문이었다. 베블런에게는 가치론이 없다. 효용가치론(이는 베블런과 마르크스 똑같이 싫어했다)이나 노동가치론(베블런은 이 또한 거부했었다)이나 기본적으로 균형이론이다. 마르크스는 어떤 주어진 시점에서 자본과 노동 사이의 투쟁이 노동자에게 널리 받아들여지며 문화적으로 정의되는 최저 생활수준을 만들어낸다고 생각했다. 마르크스는 단기적 지평에서 이 최저 생활수준을 고정된 것으로 놓았기에 그는 자신의 노동가치론을 통해 이윤의 본성과 기원, 노동력의 가치, 이윤의 크기와 비율 등을 설명할 수 있었다. 베블런의 이론은 이런 문제를 전혀 다루지 않는다. 그는 단지 이러한 수치가 시간에 따라 변화하게끔 만드는 힘을 (대단히 지각있고 적확한 방식으로) 그저 상세히 열거할 뿐, 어떤 주어진 시점에서의 이윤과 임금의 정확한 성격과 크기에 대해서는 전혀 설명하지 않는다.

둘째, 마르크스의 경제 위기와 불황에 대한 이론은 베블런의 이론보다 좀 더 포괄적이다. 두 사상가 모두 금융적 투기가 자본 가치의 근거 없는 상승으로 이어지고 이것이 다시 금융 위기와 산업 위기로 이어지는 방식에 대해 세밀하고도 혜안이 넘치는 기술을 내놓고 있다. 하지만 마르크스는 균형이론을 기각하지 않기 때문에 부드럽고 연속적인 '확대재생산', 즉 경제성장에 필수적인 균형 조건이 무엇인지를 보여줄 수 있었다. 이를 통해 그는 자본주의 체제 자체가 이러한 조건을 전혀 충족시키지 못하면 즉시 경기 위기 또는 불황이 나타나게 되는 과정을 보여줄 수 있었을 뿐만 아니라 자본주의 체제 안에서 그러한 조건을 계속적으로 충족시키는 것이 현실적으로 불가능하다는 것도 보여줄 수 있었다. 베블런의 이론에는 외견상의 모순(실제적인 모순이 아닌)이 있는데, 이를 해결하기 위해서는 분명히 마르크스와 비슷한 이론이 필요했다. 모방적 소비 또는 '소비주의'에 대한 그의 통찰력 있는 기술은 총수요가 영구적으로 확실히 충분할 것처럼 말하는 것으로 보인다. 하지만 이는 베블런이 자본주의에 본질적으로 내재한다고 생각했던 지속적인 위기와 전반적 침체와는 모순되는 것으로 보이며, 결국 전자가 지속된다면 후자는 절대로 일어나지 않게 될 것처럼 생각할 수도 있다. 만약 그가 마르크스의 부문 간 불균형이론과 같은 무언가를 자신의 이론에 통합시켰더라면 이러한 외견상의 모순도 사라졌을 것이며, 모방적 소비와 공황 둘 다 자본주의에 본질적으로 내재한 지속적인 특징임을 보일 수 있었을 것이다.

하지만 베블런의 분석이 마르크스의 분석보다 결정적으로 우월한 영역이 있다. 두 사람 모두 자본주의가 노동자의 물질적, 정신적, 정서적, 미학적 안녕에 대단히 해로운 결과를 가져온다고 보았는데, 마르크스는 노동자가 반란을 일으켜 자본주의를 뒤집어엎을 날이 가까이 왔다고 잘못 생각했다. 이러한 마르크스의 잘못된 진단은 그가 노동자가 사회화되는 과정에서 사회적, 문화적 규범과 기풍이 얼마나 큰 영향을 끼치는지에 대해 충분히 주의를 기울이지 못했던 것에서 비롯된 것으로 보인다. 노동자는 이러한 사회화의 영향을 적극적으로 받아들이며 그리하여 자본가의 이익을 증진시킨다. 그러한 영향이 궁극적으로는 노동자 자신의 이익을 파괴하는 것임에도 불구하고 말이다. 베블런은 이러한 자멸적 태도를 노동자가 왜 받아들이는가를 설명하면서 애국주의적 광기와 경쟁적 소비의 힘 때문에 그렇게 되는 것이라고 분석했는데, 이는 실로 놀랄 정도로 예리하고 통찰력 있는 것이었다. 이는 노동자가 착취와 소외를 참고 견디기만 하는 것이 아니라 그 스스로가 자신에게 착취와 타락을 가져오고 영구화시키는 제도, 법률, 정부, 보편적인 사회적 도덕 등을 지지할 때가 아주 많다는 사실에 대해 오늘날까지 나온 가장 정확하고도 강력한 설명들 중 하나로 남아 있다.

마르크스의 통찰력은 거의 모든 사회주의적 정치운동에서 중심적 위치를 차지하고 있으며, 마르크스는 모든 정치적, 이데올로기적 성향의 다양한 사회주의자들로부터 거의 보편적으로 존경을 얻고 있다. 반면 베블런의 통찰력은 많은 사회주의자들에 의해 지속적으로 과소평가돼왔던 것으로 보인다. 물론 이러한 상대적인 무시의 이유를 완전히 설명할 수는 없을 것이지만, 최소한 부분적이나마 두 가지 정도의 이유를 생각해볼 수 있을 것이다. 첫째, 대부분의 사회주의자들은 정치적 활동가여서 정치적으로 활동적인 이들을 존경하는 경향이 있다. 베블런은 정치적으로 무심하고 활동적이지 못했던 것처럼 보일 수 있고, 따라서 대단히 정치적으로 활동적이었던 마르크스만큼의 존경을 자극하지는 못한다. 하지만 이러한 관점은 상당히 근시안적인 것이라 하겠다. 자본가와 노동자 사이의 투쟁은 단지 조직화와 구체적인 정치 행동 수준에서의 투쟁만 있는 것이 아니다. 이는 또한 사상의 투쟁이기도 하다.

사상의 투쟁으로서 본다면, 두 계급 사이의 갈등은 자본주의를 언젠가 인간의 잠재력을 완전히 실현하는 데 기여할 좀 더 인간적인 사회로 실질적으로 전환시키는 데 충분할 만큼 자본주의를 명쾌하게 이해하려는 탐구일 뿐만 아니라, 노동자와 여타의 모든 사회적 집단의 마음과 생각을 얻기 위한 투쟁이기도 하다. 자본주의의 계급 갈등이 사상의 투쟁이라는 모습으로 나타나게 되어 있다고 본다면, 베블런은 일급의 정치 활동가였다. 그는 신고전파 경제 이론의 이데올로기적 요소를 폭로하는 데서 빛나는 성공을 거두었을 뿐만 아니라, 자본주의가 착취의 성격을 가지고 있고 역사적으로 언젠가 종말을 맞을 것이라는 점을 명확하고도 통찰력 있게 이해하는 데 큰 힘이 되었다.

역설적인 일이지만, 많은 사회주의자들이 베블런의 통찰력을 무시했던 두 번째 이유는 베블런의 통찰력이 마르크스보다 우월한 지점이라고 우리가 주장한 것에서 비롯된다. 많은 사회주의자들이 베블런을 싫어하는 이유는 그의 말기 저작에서 비치고 있는 비관주의 때문이다. 하지만 우리가 앞에서 보았듯이 그 비관주의는 자본주의적 문화가 어떤 방식으로 노동자를 그 스스로의 이익과 반대되는 이익을 증진시키도록 만드는가에 대한 깨달음뿐만 아니라 1차 세계대전의 기간 동안과 그 직후에 노동계급이 물들어 있었던 애국주의의 광기를 목격한 것에서 비롯된 것이었다. 당시 미국에서는 가장 진보적이고 전투적인 노동 조직들과 사회주의 조직들이 존재했던 바, 정부는 전쟁 직후 이 조직들에 대한 공격을 감행했다. 하지만 사람들 대다수는 전쟁 기간의 애국주의적 광기의 결과로 이러한 가혹하리만치 억압적인 정부의 조치를 묵묵히 받아들였다. 하지만 이 경우에도 베블런은 그가 알고 있었던 유일한 방법, 즉 신랄하고 표독스러우면서도 통찰이 가득한 규탄의 글로 정부의 정책을 공격하는 것으로 자신의 반격을 보여주었다.

베블런의 비관주의에 대해 우리가 내놓을 수 있는 최상의 평가로 우리는 사회철학자이자 경제학자였던 조앤 로빈슨의 저서에서 마지막 두 문단을 인용해두고자 한다. 우리는 이 두 문단은 베블런이 걸어간 길의 끝에서 그 자신의 손으로 썼을 법한 글이며, 그의 저작의 정신과 영향을 정확하게 반영하고 있다고 생각한다.

누군가 책을 쓴다면 비록 그 메시지가 아무리 음울한 것이라 해도 그 사람은 반드시 낙관주의자일 수밖에 없다. 비관주의자들은 정말로 자기들 이야기가 진실이라고 믿는다 해도 이걸 말해봐야 무슨 소용이 있겠는가라고 여겨 입을 열지도 않는다.

자유방임 학파의 경제학자들은 각 개인이 자기 이익을 추구하면 그 결과로 모든 이들이 이익을 보게 될 것임을 입증함으로써 도덕적 질문을 없애버렸다고 주장했다. 〔새로운〕 세대의 임무는 도덕이 기술을 호령할 권위를 가지고 있음을 다시 내세우는 것이다. 그리고 사회과학자들의 할 일은 이 젊은 세대로 하여금 그러한 과제가 얼마나 필요한 것인가, 하지만 또한 얼마나 어려운 것인가를 알 수 있도록 돕는 것이다.[82]

주

1. Thorstein Veblen, "The Limitations of Marginal Utility", in *The Place of Science in Modern Civilization, and Other Essays*(New York: Russell and Russell, 1961), p. 241.

2. Thorstein Veblen, " Fisher's Rate of Interest", in *Essays in Our Changing Order*(New York: Augustus M. Kelley, 1964), p. 143.

3. Veblen, "Limitations of Marginal Utility", pp. 241-42.

4. C.E. Ayres, "Veblen's Theory of Instincts Reconsidered", in *Thorstein Veblen: A Critical Reappraisal*, ed. Douglas F. Dowd(Ithaca, NY: Cornell University Press, 1958), p. 25.

5. Thorstein Veblen, "Why Economics Is Not an Evolutionary Science", in *Place of Science in Modern Civilization*, pp. 73-74.

6. Thorstein Veblen, "Professor Clark's Economics", in *Place of Science in Modern Civilization*, pp. 182-83.

7. Thorstein Veblen, "Fisher's Capital and Income", in *Essays in Our Changing Order*, p.163.

8. Ibid., p. 164.

9. Ibid., pp. 166-67.

10. Veblen, "Professor Clark's Economics", p. 193.

11. Ibid., p. 195.

12. Ibid., p. 197.

13. Veblen, "Fisher's Rate of Interest", p. 142.

14. Thorstein Veblen, "Böhm-Bawerk's Definition of Capital", in *Essays in Our Changing Order*, p. 136.

15. Ibid., p. 135.

16. Thorstein Veblen, *Absentee Ownership and Business Enterprise in Recent Times*(New York: Augustus M. Kelley, 1964), pp. 402-3.

17. Ibid., p. 407.

18. Thorstein Veblen, "The Beginnings of Ownership", in *Essays in Our Changing Order*, p.32.

19. Ibid, pp. 33-34.

20. Thorstein Veblen, "The Instinct of Workmanship and the Irksomeness of Labor", in *Essays in Our Changing Order*, p. 85.

21. Ibid., p. 84.

22. Ibid., p. 86.
23. Ibid., pp. 87, 89.
24. Veblen, "Beginnings of Ownership", p. 95.
25. Ibid., p. 43.
26. Ibid., p. 42.
27. Veblen, "Instinct of Workmanship", p. 95.
28. Ibid., p. 93–94.
29. Veblen, "The Barbarian Status of Women", in *Essays in Our Changing Order*, pp. 51–52.
30. Ibid., p. 52.
31. Ibid., p. 55.
32. Ibid.
33. Ibid., p. 64.
34. Veblen, *Absentee Ownership*, p. 291.
35. Veblen, "The Instinct of Workmanship", p. 202.
36. Ibid., pp. 187–88.
37. Ibid., p. 188.
38. Ibid., pp. 189–90.
39. Ibid., p. 191.
40. Ibid., pp. 185–86.
41. Ibid., p. 222.
42. Ibid., p. 224.
43. Veblen, *Absentee Ownership*, pp. 210–11.
44. Ibid., p. 210.
45. Thorstein Veblen, *The Engineers and the Price System* (New York: Augustus M. Kelley, 1965), p. 1.
46. Ibid., p. 13.
47. Ibid., p. 12
48. Veblen, *Absentee Ownership*, pp. 215–16.
49. Ibid., pp. 220–21
50. Thorstein Veblen, *The Theory of Business Enterprise* (New York: Augustus M. Kelley, 1965), p. 234.
51. Veblen, *Absentee Ownership*, pp. 406–7
52. Veblen, *Theory of Business Enterprise*, p. 269.
53. Ibid., p. 272.

54. Ibid., p. 278.
55. Ibid., p. 285.
56. Ibid., pp. 293-94.
57. Ibid., pp. 286-87.
58. Veblen, *Absentee Ownership*, pp. 405-6.
59. Ibid., p. 404-5.
60. Ibid., pp. 409-10.
61. Ibid., p. 411.
62. Veblen, *Essays in Our Changing Order*, p. 413.
63. Veblen , *Absentee Ownership*, p. 35.
64. Ibid., p. 35.
65. Ibid., pp. 35-37.
66. Veblen, Theory 01 Business Enterprise, pp. 391-93.
67. Thorstein Veblen, *The Theory of the Leisure Class* (New York: Augustus M. Kelley, 1965), p. 22.
68. Ibid., p. 8.
69. Ibid., pp. 229-30.
70. Ibid., p. 231-32.
71. Ibid., pp. 36-37.
72. Ibid., p. 120.
73. Ibid., p. 209.
74. Ibid., p. 207.
75. Ibid., p. 204.
76. Ibid., pp. 30-32.
77. Veblen, "Instinct of Workmanship", p. 95.
78. Thorstein Veblen, "The Theory of Socialism", in *Place of Science in Modern Civilization*, pp. 396-98.
79. Veblen, *Theory of Business Enterprise*, p. 351.
80. Ibid., p. 400.
81. Veblen, *Absentee Ownership*, pp. 17-18.
82. Joan Robinson, *Freedom and Necessity* (New York: Pantheon Books, 1970), p. 12.

13
제국주의에 대한 여러 이론:
홉슨, 룩셈부르크, 레닌의 저작

자본주의는 예나 지금이나 항상 국제적 규모에서 작동하는 경제체제이다. 아프리카인들을 포획하여 판매했던 것은 자본주의 초기 단계에서 자본의 본원적 축적의 중요한 원천이었다. 남북아메리카 대륙과 아프리카의 강제 정복은 유럽에 귀금속이 유입되는 중요한 원천이었다. 이 귀금속은 유럽 경제의 많은 부분의 화폐화를 가능케 했으며, 화폐화는 상품 생산이 나타나기 위한 필수적인 전제 조건의 하나였다. 그리고 자본주의 초기 단계에 유럽 국가들이 만들고 보호한 다수의 무역 회사는 수많은 식민 지역의 민족들을 강제로 복속시켰고, 그 민족들이 살던 곳을 자신들의 이윤을 위한 불가침의 특권 구역으로 만들었다.

　하지만 18세기 말과 19세기의 전반기에는 공업화를 추진하는 문제에 자본가들의 거의 모든 관심과 시간과 돈이 다 빨려들어가는 듯했다. 자본주의가 탄생한 북대서양 지역 바깥의 지역을 정복하고 식민화하고 복속시켜서 착취하고자 하는 자본가의 충동이 이 기간 동안에는 가라앉았던 것이다. 하지만 이것은 어디까지나 일시적이었다. 19세기의 마지막 3분의 1 동안에는 산업, 금융, 상업의 권력이 점차 거대 주식회사의 손에 집중되었고 거의 모든 주요 자본주의 국가 내에서 금융 제국이 건설되었다. 그러자 전 세계는 자본주의적 제국주의의 난장판이 되었다. 공업화된 주요 자본주의 국가들은 거대 주식회사의 이윤 또는 잠재적 이윤의 기회를 위해 지구 위의 전 영역을 야수적이고 폭력적으로 복속시켰다.

예를 들어 아프리카에서는 이전에도 피범벅의 악질 범죄인 노예무역이 몇 세기 동안이나 계속되었지만, 19세기 초까지만 해도 유럽의 자본주의 국가들은 해안 지역을 넘어서 내륙으로 침투하는 일은 거의 없었다. 그런데 20세기 초가 되자 이들은 피도 눈물도 없는 야만적인 공격을 감행했고, 그 결과 아프리카의 약 93퍼센트에 해당하는 1천만 제곱 마일의 면적이 무력으로 외국 자본가의 지배에 복속되고 말았다. 프랑스는 약 40퍼센트를 정복했고(그 대부분은 사하라 사막 내의 면적이었다), 영국은 30퍼센트, 그리고 남은 23퍼센트는 독일, 벨기에, 포르투갈, 스페인 등이 장악했다.

영국의 동인도회사는 인도에서 이미 오랫동안 착취적인 상업에 종사하고 있었는데, 18세기 후반과 19세기의 대부분의 기간 동안에는 이러한 상업 대신 야수적인 군사적 정복과 가혹한 경제적, 사회적 착취가 주종을 이루었다. 19세기 말이 되면 이러한 착취가 너무나 심해서 인구의 3분의 2 이상은 심각한 영양실조 상태에 있었다. 기근과 전염병이 만연하면서 생활의 비참함이 늘어났고, 1891년 당시 인도인들의 평균수명은 26세가 채 되지 않았을 뿐만 아니라 비참한 상태에서 죽어가는 것이 보통이었다.

19세기 말에는 아시아의 나머지 지역 대부분이 유럽 자본주의 강대국들 사이에 분할되었다. 1878년 영국인들은 아프가니스탄을 짓밟고 이를 자신들이 지배하는 인도 정부의 통치 아래에 두었다. 1907년 페르시아는 러시아와 영국 사이에 분할되었다. 1887년 인도차이나의 전 영토는 프랑스의 지배 아래로 들어갔다. 말레이 반도와 말레이 제도(이는 거의 3천 마일에 걸쳐 있다)는 무력으로 복속되어 찢겨져나갔다. 영국인들은 싱가포르와 말레이 국가들, 보르네오 섬의 북부와 뉴기니의 남부를 가져갔다. 보르네오 섬의 다른 일부분은 독일인들이 가져갔고 나머지 대부분(약 735,000 제곱 마일)은 네덜란드인들에게 돌아갔다.

미국 제국주의 또한 이 기간 동안 기승을 부렸다. 미국은 일련의 계략, 침략, 원주민에 대한 피비린내 나는 군사적 복속 등을 통하여 1차 세계대전이 벌어질 무렵에는 사모아, 미드웨이 제도, 하와이, 푸에르토리코, 괌, 필리핀, 투투일라, 쿠바, 도미니카공화국, 아이티, 니카라과, 파나마 운하 지역 등을 통제했다.

19세기 마지막 3분의 1동안의 제국주의 광란 기간 동안 대영제국은 강제로 450만 제곱 마일의 면적을 장악하여 제국 영토를 넓혔고, 프랑스는 350만 제곱 마일, 독일은 100만 제곱 마일, 벨기에는 90만 제곱 마일, 러시아는 50만 제곱 마일, 이탈리아는 18만 5천 제곱 마일, 미국은 12만 5천 제곱 마일 등이었다. 전체로 보았을 때 전 세계 인구의 4분의 1이 유럽과 북아메리카의 자본주의 정부의 지배 아래로 들어갔다.

자본주의 정부에게 이런 식의 복속과 지배가 바람직한 두 가지 이유가 있었다. 첫째, 정복 지역의 사람들 대부분은 전통적, 비자본주의적, 비시장적 사회에 살고 있었기 때문에 전통적인 비화폐적 문화에 길들여져 있었고 이는 대규모 자본주의 주식회사가 갈망하는 상업적 착취와 자원 장악에 장애가 되고 있었다. 따라서 이러한 문화는 강제적으로라도 마르크스가 "본원적 축적"이라고 불렀던 것과 비슷한 과정을 통과해야만 광범위한 상업적 관계와 시장에 대한 보편적인 의존 상태로 들어갈 수 있었고, 이는 이지역에서 체계적인 상업적 착취를 가능케 하기 위해서는 필수적인 것이었다. 물론 이러한 사회에서 벌어졌던 전통적 삶의 제도와 유대의 파괴는 유럽에서 벌어졌던 본원적 축적과 마찬가지로 야수적이고 피비린내 나는 과정이었다.

둘째, 이 저개발 지역에서 전통적 제도와 생활 방식이 파괴되고 시장에 대한 광범위한 경제적 의존이 확립된 뒤에도, 이 지역을 자본주의 국가들이 효과적으로 지배하게 될 경우에는 공업화된 자본주의 국가들에게 훨씬 더 유리한 교역 조건을 확립할 수 있게 된다.

신고전파 경제학자들은 이 제국주의라는 문제에 대해 어떤 이론적 탐구도 하지 않았다(오늘날까지도 그러하다). 이들에게 있어서 모든 경제 이론은 단지 교환 이론의 확장이요 발전일 뿐이므로 이는 놀랍지 않다. 제국주의의 측면들 가운데 순수하게 자발적인 경제적 교환에 들어가지 않는 문제는 "경제문제가 아니다"라고 정의되었고 따라서 아무런 관심도 두지 않았다. 그리고 경제적 교환에 해당하는 부분은 제국주의와 식민지 관계라고 해봐야 세상의 다른 교환관계와 다를 것이 없다고 보았다. 양측 모두 교환을 통해 이득을 보며 조화가 지배하게 되어 있는 것은 똑같다는 것이다. 신고전파 경제학 이론 내에는 '국제경제학'이라고 불리는 특별 분과가 생겨나게 되었다. 이는 스미스, 리카도, 밀의 아이디어를 발전시키는 것에만 거의 전적으로 관심을 묶어두었다. 이 이론은 국제무역에서의 이득이 다른 모든 전문화 및 교환에서 생겨나는 이득과 본질적으로 동일하다는 것을 보여주는 이론이다. 신고전파 경제 이론 내에서 국제적 교환과 일국 내의 교환 사이의 으뜸가는 차이점은 첫째, 각국 정부가 자유로운 국제무역에 대해 관세나 여타의 규제를 입안할 수가 있다는 점, 둘째, 다른 통화들이 등장한다는 점뿐이다. 신고전파 국제경제학 이론은, 자유무역을 통해 조화로운 방식으로 모든 나라의 모든 사람들이 혜택을 보기 위해서는 모든 무역 규제를 없애야 한다는 것을 효용가치론으로 증명하는 것을 주된 내용으로 하고 있다. 또 이는 순수한 경쟁과 국제적 조화라는 조건 아래서 여러 통화들의 환율이 어떻게 결정되는지에 대한 정교한 연역적 이론도 내용으로 담고 있다.

신고전파 이론에서는 그 이론적 범주들—효용, 교환, 지대, 이윤, 임금—을 모든 사회에 편재하는 보편적 특징으로 보며, 자본주의를 '자연적'이며 '영원한' 것이라고 본다. 따라서 신고전파 이론가들이 비자본주의적 사회의 전통적인 문화적 제도를 탐욕스럽게 파괴하는 과정을 분석하여 정식화할 것을 기대하는 것은 무리일 수밖에 없다. 일단 이러한 사회가 개방되어 자본주의적 착취가 가능해지기만 하면 시장경제가 들어서서 '거대한 혜택'과 '조화'의 축복을 내려줄 것이지만, 이 전통 사회에 살고 있는 사람들은 이 점을 전혀 이해하지 못하는 경우가 너무 많다는 게 이들의 생각이다. 게다가 신고전파의 공리주의 이론가들은 가진 것이 없는 노동자가 교환을 회피하여 굶주리느니 노동력을 교환하여 생계 임금이라도 버는 것을 거대한 혜택이라고 보는 것과 마찬가지로, 제국주의 세력이 복속시킨 지역의 사람들 또한 그로 인해 빈곤에 빠지고 시장 교환을 하지 않으면 생존할 수조차 없게 되었으므로 그러한 교환이 그들에게도 혜택이 된다고 본다(이들이 외국의 지배자들에 대해 도대체 무슨 협상력을 가지고 있는지는 관심을 두지 않는다). 따지고 보면 교환을 행하면서 빈곤, 박탈, 궁핍 속에 살아가는 것이 그래도 교환을 하지 않아 굶어죽는 것보다는 낫지 않느냐는 것이다.

하지만 중요한 신고전파 이론가들 가운데서 군사적 정복을 직접적이고 명시적으로 변호했던 이들은 거의 없다는 점도 말해두어야 공평할 것이다. 이들은 그저 이런 문제는 경제학자가 다룰 일이 아니라고 무시했을 뿐이다. 그리고 일단 정복이 완성되면 이들은 또 교환 당사자들의 상대적인 협상력의 격차라는 문제를 무시하고(사실 교환에 대한 이들의 모든 분석이 그러하다), 교환에서 생겨나는 보편적 혜택과 조화를 높이 찬양할 뿐이다.

하지만 신고전파 전통 밖으로 나가보면 제국주의에 관심을 두었던 수많은 경제 이론가들이 있었다. 이들은 제국주의를 이해하고자 노력했고 그러한 노력이 제국주의의 착취를 끝장내기 위한 투쟁에 도움이 될 것을 기대했다. 앞 장에서 우리는 제국주의의 성격, 원인, 결과에 대한 베블런의 관점을 논의했다. 이 장에서는 홉슨J. A. Hobson, 로자 룩셈부르크Rosa Luxembourg, 레닌V. I. Lenin 등이 제국주의의 성격과 원인을 어떻게 이론 화했는지에 대해 간략하게나마 논의해보자.

자본주의적 제국주의에 대한 홉슨의 이론

존 A. 홉슨(1858~1940)은 괄목할 만큼 생산력이 뛰어난 지식인으로서 30권이 넘는 저작을 남겼다. 그는 또한 다양한 진보적인 사회운동을 일 생 동안 지지했던 전투적인 십자군이었다. 그의 저서《제국주의: 한 연구 *Imperialism: A Study*》는 1902년에 처음 출간되었는데, 아마도 오늘날까 지 나온 제국주의의 연구 가운데 가장 큰 영향력을 가진 저서일 것이다. 그 이후 제국주의를 이해하고자 한 모든 노력은 홉슨의 선구자적 저작에 크 게 영향을 받았다.

홉슨은 제국주의를 다음과 같이 정의했다. "국가 내부의 부유한 집단이 정부의 통제력을 찬탈하여 제국적 팽창을 이루며, 이를 통해 해외 나라의 몸체에 경제적 빨대를 꽂아 그들이 가진 부를 빨아들여서 자국 내의 사치 를 유지하도록 만드는 사회적 기생 과정."[1] 그는 제국주의가 복합적이고도 수많은 측면을 가진 현상임을 알고 있었다. 이는 자본가의 끊임없는 이윤 추구만이 아니라 민족주의, 애국주의, 종교적 열정, 군국주의 등 서로 별개 인 수많은 사회적 힘이 합쳐진 결과였다. 그는 따라서 제국주의를 만들고 영구화하는 과정에 다양한 사회적 힘이 어떻게 작용하는지를 탐구하는 데 관심을 둔다.

제국주의를 정당화하는 공식적인 프로퍼갠더에 따르면, 제국주의는 '하 급 인종들'을 '문명화'하고 '기독교인으로 교화'하기 위한 선의의 노력이라고 흔히 묘사된다. 예를 들어 미국 대통령 매킨리는 필리핀 독립운동을 미국 군대가 야수적으로 진압한 유혈 사태를 "필리핀인들을 교육시키고 고상하게 만들어 기독교인으로 만드는" 선의에서 나온 노력이라고 묘사한다. 이와 비슷한 합리화는 거의 모든 제국주의적 자본주의 나라들에서 반복된다. 홉슨은 이렇게 "전 세계의 뒤처진 민족들"을 "기독교인으로 만들고" 또 "고상하게 만든다"는 명분이 꼭 프로퍼갠더 용도의 거짓말이라고만은 할 수 없지만, 그럼에도 불구하고 이는 기만적이고 사기에 가득 찬 교만으로서, 그 뒤에 있는 제국주의의 진짜 동기를 은폐하는 것이라고 생각했다.

하지만 대부분의 영국 선교사들이 정치적 동기와 상업적 동기의 혼합물에 오염되지 않고 상당히 깨끗하다는 것을 우리는 잘 알고 있다. 또 이들은 오로지 이교도들의 영혼을 구원하고자 하는 자기 희생의 정신과 열정 하나만으로 일하고 있으며, 영국의 상업을 증진시킨다든가 또는 "제국주의의 정신을 신성한 것으로 만드는" 것은 조금도 관심사가 아니라는 것도 잘 알고 있다.[2]

이러한 선교 활동이 장려되는 이유는 이것이 제국주의 착취에 몰두하는 정치가들과 사업가들에게 고상한 동기로 보일 만한 것을 제공하기 때문이라는 게 홉슨의 생각이다. "자신들은 고상한 동기를 가지고 있기 때문에 이익을 볼 자격도 생기는 것이라는 게 정치가들이 항상 갖는 생각이며 사업가들도 이런 생각을 갖는 경우가 드물지 않다."[3] 그런데 사실 제국주의의 이러한 기독교적 요소야말로 최악의 특징 중 하나이다.

제국주의의 가장 중대한 악덕과 가장 현저한 폐해는 바로 이렇게 제국주의적 동기의 진짜 의미를 잘못 보게 만드는 데 있다. 제국주의를 추동하는 동기에는 수없이 많은 것들이 섞여 있지만, 그중에서도 가장 미약한 동기를 순전히 그것이 가장 내세울 만한 것이라는 이유에서 골라내어 맨 앞에 내세운다. 어떤 정책을 실제로 수립한 이들에게는 본래 안중에도 없었던 쟁점을 끄집어내어 마치 그것이 그 정책이 생겨난 으뜸가는 원인인 듯 다루기도 한다. 이런 일이 계속된다면, 영국 국민의 도덕적 가치는 타락하고 말 것이다. 제국주의의 모든 정책은 이러한 기만으로 가득 차 있다.[4]

이 시대의 일부 이론가들은 제국주의를 단지 군국주의와 맹목적 애국주의jingoism의 결과로만 보았고 이런 것은 인간 본성에 내재한다고 생각했다. 홉슨도 이를 인정한다. "물론 군부는 직업적 이해관계로도 또 신념상으로도 제국주의적이며, 〔군사력을〕 증강할 때마다 … 그들이 행사하는 정치적 권력도 신장된다."[5] 하지만 이는 모든 시대의 군부에 해당되는 보편적 특징이기 때문에 제국주의의 지배가 왜 하필 최근 들어 이토록 극적으로 터져나왔는가를 설명할 수는 없다고 생각했다. 군 장교들은 사회 내의 지도적인 정치 세력이 아니다. 게다가 애국심과 맹목적 애국주의가 인간 본성에 내재한 특징도 아니라고 그는 주장한다. 이런 것은 사회적으로 학습된 것이다. "맹목적 애국주의란 그저 구경꾼의 욕망일 뿐이다. 그는 구경꾼에 불과하기 때문에 자기 스스로 위험이나 희생이나 노력 따위를 해야 하는 것도 아니므로 자신이 알지도 못하는 동료 인간들이 살육과 참변과 고통을 겪는 것을 보면서도 아무 부담 없이 즐길 수가 있으며, 그저 맹목적이고 인위적으로 자극된 증오와 복수의 격정 속에서 그 동료 인간들이 파멸하는 것을 욕망하는 것이다."[6]

이러한 맹목적인 증오를 "인위적으로 자극하는" 까닭은, "제국의 침략과 팽창과 … 강압적 착취를 위해 싸움, 지배, 탐욕 등과 같은 원초적인 욕망을 자극하는 것이 필요한데, 이에 정당, 언론, 교회, 학교 등이 그러한 원초적 욕망에 대한 그릇된 이상화를 통해 여론과 공공 정책을 형성하기"[7] 때문이라는 것이다.

또 어떤 이론가들은 정치가 본질적으로 맹목적이고 비합리적인 성격을 갖는다는 것에 제국주의의 원인을 돌리기도 한다. 홉슨의 의견은 다르다.

> 이런 전쟁은 재난을 불러오는 어리석은 짓이며 승전국이라 해도 심각한 물질적, 도덕적 손상을 입게 되어 있다. 냉철한 관찰자라면 이 점이 너무나 분명하기 때문에 국가가 몇 년씩 신중한 고심을 한 끝에 전쟁 결정을 내리는 것을 보면 십중팔구 절망을 느끼게 되어 있다. 이들은 절망한 나머지 이러한 자연적 지각 변동들을 정치라는 것이 궁극적으로 모종의 비합리주의에 지배되는 증거라고 생각하는 경향이 있다. 하지만 영리 활동과 정치 사이의 기존의 관계를 조심스레 분석해보면, 우리가 이해하고자 하는 공격적 제국주의라는 것이 결코 이런 맹목적 격정의 산물이 아니며 정치가들의 어리석음과 야심이 뒤섞여 생겨나는 것도 아니라는 점을 알 수 있다. … 이는 겉보기보다는 훨씬 합리적이다. 즉 온 나라의 입장에서 보자면 비합리적이지만, 이 나라의 특정 계급의 입장에서 보면 충분히 합리적이다.[8]

홉슨의 관점에서 보았을 때, 제국주의를 조장하고 그 방향을 이끌어가는 일차적 힘은 자본축적을 향한 끊임없는 충동 그리고 이 자본에서 나온 이윤을 똑같이 이윤을 내줄 새로운 자본으로 투자하려는 충동이다. 문제는 자본이 축적됨에 따라 투자의 배출구를 찾기가 점점 더 어려워진다는 데 있다.

> 공격적 제국주의는 납세자들에게는 큰 비용을 안기며 … 또 시민들에게는 계산조차 불가능할 정도로 심대한 위험과 해로움을 듬뿍 안긴다. 하지만 이는 국내에서 자본의 사용처를 찾지 못하여 안정적이고도 이윤이 좋은

외국의 투자처를 확보하도록 도와달라고 정부에 우겨대는 투자자들에게
는 큰 이득의 원천이 된다.[9]

그리고 투자는 더 이상 개인에 의해 지배되는 것도 아니며 심지어 제조
업 주식회사(물론 이들의 중요성은 분명하지만)에 의해 지배되는 것도 아니라
는 것을 홉슨은 보여주었다. 선진 자본주의 경제에서 해외 투자를 지배하
는 것은 거대 은행과 금융기관이다.

　　이러한 대규모 영리 사업—은행업, 어음 할인업, 채권 발행업, 주식 공
모업—은 국제적 자본주의의 중심축을 이루고 있다. 이들은 최강의 조직
적 유대로 단결하며, 모든 나라의 경제 수도의 최중심지에 자리 잡고 항상
긴밀하고 신속하게 접촉하며, 수세기에 걸친 금융 경험을 가진 이들에 의
해 주로 통제된다. 그렇기 때문에 이들은 여러 나라의 정책을 조종할 수 있
는 독특한 위치에 있다. 자본을 빠르고 큰 규모로 움직이는 것은 이들의 합
의가 있어야만 또 이들의 기관을 통해야만 가능하다. …
　　신규 자본의 흐름을 만들거나 기존의 자본 투자의 가치를 크게 변동시
킬 만한 큰 규모의 정치적 행동은 언제나 이 금융왕들의 소집단에게 재가
와 실제적 도움을 얻어야만 한다. 이 금융왕들은 자신들의 실현된 부와 사
업 자본을 주로 주식과 채권으로 보유할 수밖에 없는데, 첫째는 투자가로
서, 둘째는 보다 주되게 금융 딜러로서 이중의 이해관계를 가지고 있다. …
　　이들의 사업이 이윤을 거두기 위한 세 가지 조건은 첫째, 신규 국채를 발
행하는 것, 둘째, 새로운 회사를 상장시키는 것, 셋째, 증권의 가치를 항상
크게 등락시키는 것 등이다. 이 각각의 조건 모두가 이들을 정치 쪽으로 몰
아가며 결국 제국주의의 편에 서도록 떠민다. … 다른 나라의 공격에 대한
공포와 국가 간 상업 경쟁을 부채질하는 정책을 취하게 되면 이는 막대한

규모의 군비 지출을 가져오며, 이에 따라 국가 부채는 쌓여만 간다. 한편 이러한 정책에서 생겨나는 의심과 리스크는 증권의 가치를 끊임없이 오르내리게 만드는데, 훈련된 금융가들은 이런 가치 등락의 상황을 이용하여 큰 이윤을 거두게 된다. 전쟁이건 혁명이건 무정부주의자의 암살이건 공공에 충격을 가져오는 사건은 모두 이들에게 이익을 가져다준다. 이들은 정부가 신규 지출을 할 수밖에 없을 때마다 또 공공의 신용이 급작스레 교란당할 때마다 거기서 이득을 빨아먹는 괴물harpies이다.[10]

홉슨은 통상적인 수출 및 수입에서 나오는 이윤과 해외 투자에서 나오는 이윤에 대한 경험적 데이터를 검토한 뒤 다음과 같은 결론을 내린다. "해외 투자에 대한 이자로 나오는 소득은 통상의 무역에서 나오는 이윤을 엄청나게 초과한다."[11] 이러한 엄청난 수익성을 볼 때, 그리고 대은행가들과 금융가들의 엄청난 경제적, 정치적 권력을 볼 때, 제국주의의 으뜸가는 원인은 기독교 선교사들도 비합리적 정치가들도 군국주의와 맹목적 애국주의에 물든 민중들도 아니라 바로 이 대은행가들과 금융가들이라고 홉슨은 결론을 내린다.

제국주의적 팽창에 있어서 애국주의, 모험, 군사적 기획, 정치적 야욕, 박애주의 등이 모두 역할을 맡는다는 점을 볼 때, 금융가에게 그렇게 큰 권력이 있는 것처럼 이야기하는 것은 역사를 너무 협소하게 경제적 관점에서 보는 것으로 느껴질 것이다. 그리고 제국주의의 으뜸가는 추동력이 금융이 아니라는 점도 사실이다. 금융은 제국주의의 추진 엔진을 통제하는 존재로서 그 작동을 결정하고 그 에너지의 방향을 지휘할 뿐이며, 그 엔진의 연료가 되는 것도 그 추진력을 직접 발생시키는 것도 아니다. 애국적 힘을 만들어내는 것은 정치가, 군인, 박애주의자, 무역상이며 금융은 이를 조종할 뿐이다. 전자의 여러 세력에서 나오는 팽창에 대한 열의는 비록 강력한 진짜의 힘이기는 하지만 불규칙적이며 맹목적이다. 금융 집단은 제국주의를 움직이는 데 필요한 집중과 명쾌한 계산의 자질을 갖추고 있다. 야심적인 국가 지도자, 변경의 군인, 열성이 넘치는 선교사, 모험적인 무역상은 제국주의적 팽창의 한 발자국을 제시하거나 개시할 수도 있고 새롭게 팽창적 진출을 할 필요가 절실하다고 여론을 교육하는 것을 도울 수도 있다. 하지만 마지막 결정은 금융 권력이 내린다.[12]

비록 거대 금융자본가가 제국주의의 지휘자요 통제자이기는 하지만 여기서 혜택을 보는 유일의 수혜자도 아니며 또 그 궁극적 원인도 아니라는 것이다. 제국주의에서 혜택을 보는 세 개의 주요 자본가 집단이 있다. 첫째의 가장 중요한 집단은 금융가이다. 둘째는 "전함을 건조하고, 대포, 장총 및 여타 군수물품을 제조하는 소수의 대기업"[13]이다. 셋째는 "우리가 새로이 병합하거나 개방시키는 나라들에 실제로 존재하거나 인위적으로 창출되는 욕구에 물품을 공급하여 이득을 취하는 대규모 수출업체"[14]이다.

하지만 제국주의에서 누가 이득을 얻는가를 지적하는 것만으로는 충분하지 않다. 홉슨은 왜 이 자본가들이 이윤을 창출하는 데 제국주의가 필수적인가를 보이고자 했다. 즉 이들이 국내 또는 다른 자본주의 국가에 투자하고 교역을 하는 것으로는 이윤을 얻을 수 없는 이유를 보이고자 했다. 왜 하필 비자본주의 문화를 복속시켜서 그 전통적 제도를 파괴하고 경제적으로는 시장에, 정치적으로는 그 제국주의 정복자에게 의존하게끔 만드는 것이 반드시 필요한가? 제국주의의 궁극적 원인은 무엇인가? 다시 말해서 '제국주의의 경제적 뿌리'는 무엇인가?

홉슨의 견해로는, 그 대답은 19세기 마지막 3분의 1의 기간 동안 일어난 산업 권력과 부의 급속하고도 가속적인 집중에서 찾아야 한다. 너무나 큰 부가 극소수의 사람들에게 집중되는 바람에 연간 소득의 분배는 엄청나게 불평등해졌다. 자본가들이 그 어마어마한 부의 보유에서 얻는 연간 소득은 너무나 커서, 아무리 낭비적이고 사치스럽게 소비를 하더라도 여전히 엄청난 양의 과잉 소득—또는 저축—이 남게 되어, 이들은 이를 어쩔 수 없이 더 많은 자본축적에 투자하는 것밖에 다른 도리가 없게 된다는 것이다.

> 목줄 끊기 경쟁의 시대*에 엄청난 양의 부가 소수의 산업 지배자들의 손으로 들어갔으며, 급속한 기업 합병 과정이 뒤따랐다. 이 계급은 그 어떤 사치스러운 생활로도 소득 상승의 속도를 따라갈 수 없었고, 이에 자동적인 저축 과정이 실로 전대미문의 규모로 시작되었다. 이 저축을 다른 산업들에 투자하자 이번에는 그 다른 산업들에서도 똑같은 산업 집중의 힘이 생겨났다.[15]

이러한 경제적 상황은 불가피하게 불균형을 가져왔다. 소득의 분배는 너무나 불평등하여 심지어 노동자의 소비 지출 모두에다 자본가가 실제로 소비할 수 있는 (이들이 아무리 사치를 부린다고 해도 상품을 사와서 소비하는 데 걸리는 시간이라는 궁극적 제약 요소가 있기 때문에 그 양에는 한계가 있다) 모든 돈을 다 합친다고 해도, 자본가가 강제로 저축하게 되는 양은 여전히 엄청나다. 그리고 만약 이 저축을 모두 생산 설비를 늘리는 데 썼다가는 소비재를 생산할 수 있는 생산 능력의 성장 속도가 그 수요(이는 노동자의 소득과 자본가가 실

• '목줄 끊기cutthroat 경쟁'이란 보통 경쟁 관계에 있는 기업들 간에 싸움이 격화되어 서로를 파괴하여 시장을 독점하기 위한 목적으로 치닫고 있을 때이며, 흔히 출혈을 감수한 가격 인하 경쟁이 될 때가 많다. 1870년대와 1880년대의 물가 하락과 경기 불황기를 대표적인 시대로 이야기한다.

제로 소비할 수 있는 최대 능력으로 제한된다)의 성장 속도를 훌쩍 뛰어넘게 된다. 생산 능력이 소비자 수요보다 빠르게 늘어나면 금방 생산 능력의 과잉 상태(소비자 수요에 비추어)가 나타나며, 따라서 국내에는 이윤이 나올 만한 투자처를 찾기가 거의 불가능해진다. 해외 투자가 그 유일한 대안이다. 하지만 모든 공업화된 자본주의 나라에서 이와 똑같은 문제가 존재하므로, 그러한 해외 투자는 오직 비자본주의 나라들이 '문명화'되고 '기독교화'되며 '고상해질' 때만, 즉 그들의 전통적 제도를 강제로 파괴하고 사람들을 시장 자본주의의 '보이지 않는 손'의 지배 아래로 강제로 끌고올 때만 가능하다.

홉슨의 일부 비판자들은 홉슨을 '순진한 과소소비론자'라고 불렀다. 즉 생산 그 자체에서 생산량과 정확히 일치하는 가치의 소득이 창출되므로 그 모든 소득을 지출하기만 하면 모든 생산물이 판매되게 되어 있다는 진리를 깨닫지 못했다는 것이다. 이런 비판자들 중에는 홉슨의 저서를 실제로 공들여 읽은 이는 단 한 사람도 없다고 보아야 한다. 홉슨은 세의 법칙을 옹호하는 어떤 보수주의자들보다도 이러한 단순한 사실을 훌륭하게 이해하고 있었다.

> 생산된 것 또는 생산될 수 있는 것은 모두 소비될 수 있다. 왜냐면 그것들에 대한 청구권은 지대, 이윤, 임금의 형태로서 공동체 일부 구성원의 실질 소득을 이루기 때문이다. 따라서 그 구성원은 그 생산된 것을 직접 소비할 수도 있고 아니면 그것을 소비할 다른 이에게 넘겨주고 다른 소비 가능한 것으로 바꿀 수도 있다. 어떤 것이든 새로이 생산되면 그와 함께 소비의 힘도 함께 창출된다. 그럼에도 불구하고 실제로는 소비되지 못하는 재화도 있고, 소비될 수 없음이 분명하여 아예 생산조차 되지 못하는 재화도 있고, 그리고 생산을 해봐야 소비되지도 않을 것이므로 아예 사용되지도 못하고 유휴 상태에 있는 자본과 노동이 넘쳐나고 있으니, 이는 참으로 이해하기

힘든 상태라 할 것이다. 이러한 역설에 대한 유일한 설명은 소비력의 소유
자들이 그 힘을 상품에 대한 유효 수요로 제공하기를 거부한다는 것이다.[16]

물론 원리상으로는 부유한 자본가일지라도 소득의 전부를 지출하기를
꼭 거부하라는 법은 없다. 이들은 사치스러운 생활에 지출할 수 있을 만큼
모두 지출한다. 그러고도 남아서 발생하는 저축은 자본에 투자하기를 선
호한다. 그러면 이렇게 투자된 돈은 다시 미래에 더 많은 소득을 가져다줄
것이다. 문제는 소비로 가게 되어 있는 자금과 투자로 가게 되어 있는 자
금 사이의 불균형이다. 현재의 괴기스러울 정도로 불평등한 소득분배 때
문에 소비가 제한당하고 있으므로, 이윤이 좋은 투자처는 금세 부족해지
게 된다. 자본가는 수요를 초과할 만큼의 소비재를 생산하도록 생산 능력
을 무한정 확장할 수가 없으며, 재화가 팔리지 않으면 이윤을 뽑아낼 수도
없다. 따라서 이들에게는 세 가지 선택이 남게 된다. (1) 계속해서 자신의
소득 전부를 지출하고 팔리지 않는 재화는 재고로 쌓아둔다. (2) 자신의 소
득 전부를 지출하기를 거부하고(즉 그중 일부를 축장하고) 이를 통해 유효 수
요를 줄인다. 그러면 그전에 생산된 재화들 일부는 판매될 수 없으며 이에
전반적 공급과잉 또는 경제 침체가 시작된다. (3) 제국주의적 정부 정책을
통하여 해외에서 투자 배출구를 찾는다.
　현재와 같은 소득분배가 계속되는 한, "부자들은 과잉 생산을 막을 정
도로 지출할 수 있는 방법을 도저히 생각해낼 수가 없을 것"[17]이라고 홉슨
은 생각했다. 부자들이 자신들의 잉여 소득 전체를 수익성 있게 투자할 수
가 없게 되자, 그 불가피한 결과는 경기순환, 불황, 그리고 탐욕스러운 제
국주의였다.

　　과도한 생산 능력 그리고 투자처를 찾아 헤매는 과잉 자본은 도처에 널

려 있다. 모든 영리 사업가들은 자국 내의 생산력 증가가 소비 증가를 초과
하고 있으며 이윤을 내는 가격으로 판매할 수 있는 것보다 더 많은 재화가
생산되고 있고 또 좋은 이윤으로 투자할 수 있는 것보다 더 많은 양의 자본
이 존재하고 있다는 점을 인정하고 있다.

바로 이러한 경제적 상황이 제국주의의 뿌리를 이룬다.[18]

자본주의는 노동계급 사이에 광범위한 빈곤과 박탈이라는 광경을 만들
어놓았는데, 바로 그 옆에는 더 많은 재화를 생산할 수 있는 생산 설비가 아
무 일 없이 놀고 있다. 이 때문에 부유한 자본가들은 필연적으로 자신들의
노동계급만 착취하는 게 아니라 "매년 점점 더 큰 규모로 … 외국에서 오는
공물에 의존하여"[19] 화려한 생활을 한다.

홉슨에게는 어떤 자본주의 국가가 제국주의가 되더라도 국민 전체가 혜
택을 보는 게 아니라는 점은 자명했다. 이는 노동자에게 세금도 뺏고 생명
까지 뺏는 비싼 대가를 치르게 하여 부자만 혜택을 보도록 하는 것이 보통
이다. 이렇게 부유한 자본가들이 노동자들을 이데올로기적으로 통제하고
조종하는 현존 체제는 결국 영국의 민주주의를 빛 좋은 개살구로 만들었
다. 제국주의에 고삐를 채우기 위한 싸움에서 유일한 희망은 노동자들이 더
많은 권력을 장악하고 진정한 민주주의를 창출하는 것이라고 홉슨은 생각
했다. 진정한 민주주의(홉슨이 목도한 자본주의 아래에서의 금권정치plutocracy
와 반대되는)에서라면 부와 소득이 그토록 집중되는 일은 결코 있을 수 없기
때문이다. 이로써 "제국주의의 뿌리"도 뽑아낼 수 있을 것이다. 홉슨은 이
렇게 일관되게 주장했다. "노동조합과 사회주의 운동은 따라서 제국주의
의 천적이다. 왜냐면 이런 것들은 제국주의의 경제적 자극제를 이루는 잉
여 소득을 '제국주의적' 계급으로부터 뺏기 때문이다."[20] 그래서 홉슨은 이
렇게 확신했다. "완전한 사회주의 국가가 들어서서 장부를 잘 정리하고 정

기적으로 지출과 자산의 대차대조표를 제시하게 된다면 제국주의는 즉시 사라지게 될 것이다."[21]

룩셈부르크의 자본주의적 제국주의 이론

제국주의에 대한 가장 통찰력 있는 분석의 하나를 내놓은 이는 로자 룩셈부르크(1870~1919)였다. 그녀는 독일의 노동계급 사회주의 운동의 좌익 진영에서 가장 중요하고 영향력이 큰 정치적, 지적 지도자였지만, 1919년 독일의 우익 군인들에 의해 공격당하여 심한 구타로 죽음을 당했다. 룩셈부르크의 제국주의 분석은 그녀의 가장 잘 알려진 저작인 《자본축적론*The Accumulation of Capital*》(1913)에 담겨 있으며, 비판자들에 대한 반비판은 《자본축적론-반비판*The Accumulation of Capital-An Anti-Critique*》에 실려 있다.

《자본축적론》에서 룩셈부르크의 의도는 마르크스의 두 부문으로 구성된 자본주의 확대재생산 모델에 기초하여,[22] 자본가와 노동자로만 구성된 경제에서는 균형 잡힌 경제성장이 불가능하다는 것을 증명하는 것이었다. 그녀는 두 부문(I 부문은 생산수단을 생산하며 II 부문은 소비재를 생산한다)이 성장하게 되면 둘 사이의 불균형이 자본주의의 기능 자체에서 필연적으로 빚어질 수밖에 없다는 것을 보여주려고 했다. 특히 그녀는 II 부문에서 생산된 소비재에 대한 수요는 그 부문의 생산 능력의 성장보다 항상 속도가 뒤처지게 되어 있다는 점을 보여주려고 했다.

그녀는 이로부터 자본주의가 끊임없이 또 영구적으로 새로운 비자본주의 시장을 포획하는 것이 절대적으로 필요하다는 것을 보여주려고 했다. 자본가가 이윤을 실현할 수 있으려면 잉여 상품을 팔 수 있어야 하고 그러기 위해서는 상품 시장이 반드시 있어야 한다. 자본주의의 초기 단계에서는 모든 자본주의 나라들 내부에 비자본주의적 생산의 잔존물이 많이 남아 있었다. 그 결과 이 단계에서는 자본주의의 필연적 팽창 또한 대개 그 나라 내부에서 진행될 수 있었다. 즉 하나의 경제체제로서의 자본주의는 수공업이나 노동자 스스로가 생산수단을 소유하는 소상품 생산과 같은 영역을 끊임없이 착취할 수 있었고 이들을 계속 자본주의적 생산영역으로 끌어들여 일국의 정치적 경계선을 넘지 않고도 충분히 팽창할 수 있었다. 하지만 자본주의가 성장하면서 이러한 국내적 팽창의 잠재적 원천은 모두 소진되었다. 따라서 대외적인 제국주의적 팽창이 자본주의의 존속에 필수적인 요소가 된다는 것이다.

이러한 유형의 팽창을 논리적으로 도출하려고 했던 룩셈부르크의 논리에는 결함이 있었다. 그녀의 결론이 도출될 수 있었던 것은 오직 그녀가 몇 가지 비현실적 전제를 가정했기 때문이었다. 이 책에서는 자본주의가 팽창할 수밖에 없는 논리적 필연성을 도출하려는 그녀의 이론을 제시하지도 않을 것이며 그녀의 이론이 가진 여러 결함을 논하지도 않을 것이다. 관심 있는 독자들은 《자본축적론》에 실려 있는 조앤 로빈슨의 경탄할 정도로 짧고 명쾌한 서문을 읽기 바란다.[23] 하지만 룩셈부르크의 저서는 그 결함에도 불구하고 여전히 중요하면서도 설득력 있는 제국주의 이론을 담고 있다.

조앤 로빈슨은 《자본축적론》을 연구한 뒤, 룩셈부르크가 내놓았던 이론 관련 주장과 사실 관련 주장 가운데 변호할 만한 다수의 주장에 기초하여 "룩셈부르크가 생각했던 논리적 필연성은 포기하고 그 대신 실제로 현실에서 일어난 일들의 성격에 대한 개연성 있는 가설로 대체할 수 있으며, 이렇게 되면 그 뒤에 나오는 주장들도 살릴 수 있게 된다"[24]고 결론짓고 있다. 그런데 로빈슨에 의하면 룩셈부르크가 자본주의적 제국주의에 대해 우리의 이해를 심화시켜주는 기여는 바로 그 "그 뒤에 나오는 주장"에 있다는 것이다. 따라서 우리는 로빈슨이 말하고 있는, 자본주의적 제국주의의 성격과 기원에 대한 룩셈부르크의 "개연성 있는 가설"을 짧게 살펴보고 그 다음에 룩셈부르크의 "그 뒤에 나오는 주장"을 좀 더 자세하게 논의하도록 하자.

룩셈부르크는 경제의 소비재 생산 부문의 생산 능력을 확대하는 데 충분하도록 소비재 수요를 유지하기가 어려운 이유가 있음을 보여주려고 했는데, 그녀의 주장은 임금과 자본가의 행태에 대한 자신의 관점에 기초를 두고 있다. 개인이 아닌 계급 차원에서 보면 노동자는 사실상 소득의 전부를 소비에 지출한다고 그녀는 생각했다(그리고 데이터를 구할 수 있는 가장 옛날부터 오늘날까지를 조사해보면 이는 상당히 합리적인 가정임이 분명히 드러난다). 자본가는 이윤을 소비에 쓸 수도 있고 투자에 쓸 수도 있다.

자본가의 입장에서 보자면, "노동자는 단순한 노동력이다. 자본가가 보기에 자신의 생산물 일부를 털어 이 노동자를 부양해야 한다는 것은 어쩔 수 없지만 참으로 불행한 일이 아닐 수 없다. 따라서 이들은 그 부양에 들어가는 몫을 사회가 허용하는 최소한으로 줄이게 된다."[25] 따라서 생산성이 증가함에 따라 노동계급의 구매력과 생산 가능한 소비재의 산출량 사이의 격차는 계속해서 벌어지게 된다. 물론 자본가는 분명히 이 잉여의 소비재를 구매할 잠재력이 있다. 하지만 자본가계급은 "비록 사치에 대한 변덕스러운 욕망을 가지고 있지만",[26] 두 가지 이유 때문에 결코 그렇게 하지는 않는다. 첫째, 시간적으로나 액수로 보나 한 개인이 소비할 능력에는 상한선이 있는데, 자본가의 다수는 이 상한선을 훌쩍 넘는 연간 소득을 얻고 있다. 둘째, 룩셈부르크가 훨씬 더 중요하게 본 이유로서, 자본가를 움직이는 으뜸가는 욕망은 소비가 아니라 더 많은 자본을 축적하여 더 많은 이윤을 얻는 것이다. 게다가 마르크스가 보여주었듯이 자본가 사이에는 경쟁이 있기 때문에 자본가라면 어느 누구든 경쟁자들에게 박살이 나고 싶지 않다면 계속해서 자본을 축적하는 것이 절대적으로 필요하다. 따라서 한 개별 자본가가 다른 동료 자본가에게 보이고 싶어 하는(또 보일 필요가 있는) 것과 그 자본가가 경쟁 체제로 인해 어쩔 수 없이 행동해야 하는 것 사이에는 근본적인 모순이 있다. 자본가는 누구든 개인으로서는 동료 자본가들이 향유하는 "상류 사회'의 사치를 … 바람직한 매출의 증대, 즉 더 많은 축적의 빛나는 기회로"[27] 볼 것이다. 하지만 이와 동시에 그 개별 자본가는 자신이 그렇게 과도한 사치를 즐기는 것은 "완전히 미친 짓이며 경제적 자살 행위라고 볼 것이다. 왜냐면 이는 자본축적을 그 뿌리까지 결딴내는 짓이기 때문이다".[28]

따라서 자본가는 절대로 자신의 소비를 생산 능력이 팽창하는 속도만큼 팽창시키지 않는다. 이들은 자본을 축적하려는 끊임없는 갈망을 가지고 있기 때문이다. 그리하여 두 생산 부문 사이에는 불균형이 생겨나며, 자본가는 이윤이 좋은 투자처를 찾아내기가 갈수록 어려워진다는 것을 알게 된다. 여기서 제국주의는 이 불균형에 유일한 해법을 제시하는 것으로 보인다. 제국주의가 논리적인 필연임을 증명했다는 룩셈부르크의 변호할 수 없는 주장을 버린다면 거기서 남는 그녀의 이론은 홉슨의 이론과 거의 똑같다. 실로 우리도 "순수하게 분석적인 차원에서만 보자면 그녀와 친화성을 가진 쪽은 홉슨으로 보인다"[29]는 조앤 로빈슨의 결론에 동의한다.

만약 룩셈부르크의 논의가 여기까지만이라면 우리는 이 장에서 그저 홉슨과 레닌만 이야기하고 말았을 것이다. 하지만 룩셈부르크는 여기서 멈추지 않고, 제국주의의 본성에 대하여 홉슨에게서도 레닌에게서도 찾아볼 수 없는 풍부한 혜안을 발전시킨다.

룩셈부르크도 자본주의가 지배하는 지역에서는 어디서나 결국 자본의 과잉 상태가 발생한다는 것을 깨닫는다. 이윤이 좋은 투자처를 계속 확보할 수 있는 유일의 방법은 전통적인 비시장경제(그녀의 용어를 빌리자면 '자연적' 경제)를 무력으로 파괴하는 것이다. 이 전통적 경제를 자본주의의 착취에 개방함으로써 값싼 재료와 값싼 노동력의 풍부한 새 저수지를 착취할 수 있게 된다. 하지만 이러한 잠재적인 착취의 원천을 개발하려면 대규모의 투자가 필요하다. 이러한 새로운 투자처는 국내에서의 자본 과잉도 줄일 수 있고 제국주의 나라의 수출에 대한 수요도 자극할 수 있다. 즉 항만, 철도, 도로, 나아가 정복 영토를 착취하는 데 필요한 물질적 수단 모두를 수출할 수 있다. 그 결과 제국주의 나라에서 새로이 자극된 수출은 항상 정복 영토로부터의 수입으로 상쇄되지 않을 만큼 클 것이다(게다가 제국주의 나라에는 이미 소비재 상품의 과잉이 존재하므로 수입도 크지 않을 것이다). 더욱이 이 수출은 정복 영토의 부를 점차 제국주의 나라의 자본가가 소유하게 되는 것으로 상쇄된다. 다른 말로 하자면, 제국주의는 사실은 마르크스가 '본원적 축적'이라고 불렀던 것의 연장이다. 이 점이 자본주의적 제국주의를 이해하는 데 있어서 룩셈부르크가 이룬 가장 지속적이고도 중요한 기여라고 우리는 생각한다. 따라서 우리는 그녀 분석의 이러한 측면을 좀 더 길게 살펴볼 것이며, 그녀의 통찰력을 보여주기 위해서 《자본축적론》에서 중요한 구절을 인용할 것이다.

마르크스는 본원적 축적 과정이 오직 자본주의의 역사적 기원만을 설명하는 것으로 보았던 반면, 룩셈부르크는 그것이 자본축적에 내재한 본질적 특징이라고 보았다. 자본주의적인 사회경제적 관계를 팽창시키는 것이야말로 항상 기존의 자본주의 지역 안에서조차도 자본축적을 가능케 하는 수단이었다는 것이 그녀의 생각이다. "자본주의는 역사적으로 비자본주의 사회의 한 가운데서 생겨나고 발전한다."[30]

자본주의의 존속과 발전에는 비자본주의적 형태의 생산을 환경으로 삼는 것이 필수적이지만, 그런 형태 하나하나가 모두 그 목적에 부합하는 것은 아니다. 자본주의는 그 잉여가치를 실현할 시장을 필요로 하며, 그 생산수단이 될 자원의 공급처를 필요로 하며, 그 임금 시스템을 유지하기 위한 노동력의 저수지를 필요로 한다. 이러한 모든 목적에 대해서는 자연적 경제(즉 비시장경제)에 기초한 생산 형태가 자본에게 아무런 쓸모가 없다. 자연적 경제가 지배하는 모든 사회조직들에서는 원시적인 농민 공동체가 토지의 공동 소유에다 신분을 구속하는 봉건 체제라든가 그와 비슷한 성격의 체제를 이루며 살고 있기 때문에, 경제조직 또한 본질적으로 그 내부의 수요에 호응하도록 되어 있고 따라서 잉여 생산물을 처분해야 한다는 절박한 필요 따위도 없다. 하지만 더욱 중요한 것은, 모든 자연적 경제에서 생산수단과 노동력 모두가 어떤 형태로든 하나로 묶여 있기 때문에 생산이 계속된다는 점이다. 봉건적인 강제 노동 농장 및 그와 비슷한 제도는 물론이고 공산주의적인 농민 공동체조차도 경제조직을 유지하기 위해서 노동력과 가장 중요한 생산수단인 토지를 법과 관습의 통치 아래에 둔다. 이렇게 자연적 경제는 자본주의의 요건을 충족시키는 데 있어서 도처에서 넘기 힘든 장애물이 된다. 따라서 자본주의는 항상 어디에서나 자기와 마주치는 모든 자연적 경제의 역사적 형태 ─ 노예 경제, 봉건제, 원시 공산주의, 가부장적 농민 자급자족 공동체 등 ─ 를 절멸시키기 위한 전투를 치른다. 이 투쟁에 쓰이는 주된 방법은 정치적 힘(혁명, 전쟁), 국가에 의한 억압적인 조세, 값싼 재화 등이다. 이것들은 부분적으로는 한꺼번에 적용되며, 또 부분적으로는 선후를 두고 서로를 보조하면서 적용된다.[31]

자연적(즉 비시장) 경제를 복속시키려는 제국주의의 투쟁에는 네 개의 목적이 있다. 첫째, 이 나라들에 부존되어 있는 방대한 양의 원자재를 얻기 위해서이다. 여기에는 원자재를 직접 소유하는 방법도 있고 이 원자재를 값싼 상품으로 만드는 방법도 있다. 둘째, 전통적 생산 방식을 파괴하고 모든 노동자를 생산수단에 접근하지 못하게 만듦으로써 생존하기 위해서는 노동력을 팔아야 하는, 경제적으로 의존적인 임노동자들을 창출하는 것이다. 셋째, 자연적 경제를 상품 또는 시장경제로 전환시키는 것이다. 넷째, 자연적 경제에서는 상호 연관된 통합체를 이루고 있는 공업, 상업, 농업을 분리하는 것이다.

다른 말로 하자면, 자본가들은 잉여가치를 추출하는 데 필수적인 시장의 상품 관계를 창출하기 위하여 강제력을 사용해야 한다. 이는 바로 본원적 축적 과정이다. 대부분의 마르크스주의자들은 일단 자본주의가 굳건히 확립되면 본원적 축적은 끝나는 것이라고 여긴다. 하지만 룩셈부르크의 생각은 다르다. 그녀는 이렇게 주장한다. 본원적 축적의 과제가 분명히 자본주의의 시원에 있어서는 필수적이었지만,

> 심지어 오늘날에도 권력을 행사하는 자본은 그와 똑같은 과제를 수행하며, 게다가 현대의 식민 정책이라는 더 크고 중요한 규모로 수행한다. 제국주의가 그저 상품 교환을 통해 얻을 수 있는 생산수단에 만족할 것이라고 희망하는 것은 환상일 뿐이다. 이 점에 있어서 자본은 이미 어려움에 봉착하고 있다. 지구 위의 광대한 면적의 땅덩어리는 지금 상품 교환에 대해서는 아무런 욕망도 없는 사회조직들의 소유 아래에 있기 때문이다. 이 조직들은 전체 사회 구조와 소유 형태로 인하여 자본의 가장 큰 관심 대상인 생산력을 전혀 상품으로 내놓을 수 없다. … 원주민들의 원시적인 결합체야말로 그들의 사회조직과 생존의 물질적 기초를 보호하는 가장 강력한 장치이므로, 자본은 처음부터 자신의 발전을 가로막는 모든 비자본주의적 사회 단위를 체계적으로 파괴하고 절멸시킬 것을 계획해놓고 시작하지 않을 수 없다. 우리는 본원적 축적의 단계를 이미 지나왔지만, 그 과정은 지금도 어디선가 계속 진행되고 있다. … 이따금씩 발작적으로 팽창을 일으키는 자본축적은 노동 인구의 자연적 증가만으로 만족할 수 없는 것과 마찬가지

로, 비자본주의적 사회구성체들이 자연적으로 해체하여 상품 경제로 이행하는 것을 마냥 기다리고 있을 수만은 없다. 자본이 취할 수 있는 유일의 해결책은 폭력이다. 자본축적을 역사적 과정으로 파악한다면, 자본이 폭력을 무기로 사용하는 것은 자본이 창조될 때만 벌어졌던 일이 아니라 항시적인 일이며, 오늘날에까지도 내려오고 있는 것이다. 여기에 휘말린 원시 사회들의 관점에서 보면 이는 생사가 걸린 문제이다. 이들로서는 완전히 끝장을 볼 때까지 그래서 완전히 기진맥진하여 집단 전체가 절멸할 때까지 싸우는 것 말고는 다른 선택이 없는 문제이다.[32]

이러한 분석 뒤에 룩셈부르크는 제국주의가 정복, 무력, 사기, 도둑질, 무역 등을 사용하여 전통적 경제를 어떻게 파괴했는지에 대한 생생하고 가슴 아프고 신랄한(하지만 정확한) 이야기를 전개한다. 어떤 전통적 문화는 식민지가 되었고, 다른 문화는 비록 정치적 독립은 명목적으로 유지했지만 제국주의적 자본주의 경제에 의존하는 시장경제로 전락했다. 이렇게 제국주의적 자본주의 나라의 경제는 외국의 경제를 강제로 전환시키게 되면 일시적으로나마 경제적 불균형의 문제가 해소된다. 제3세계의 사람들은 제국주의 국가의 소비재 부문 내에서 생산된 상품에 부분적으로 의존하게 된다. 이러한 상황에서는 "자본주의적 생산은 그 스스로가 필요로 하는 노동자 및 자본가의 수요를 넘어서는 양의 소비재를 공급하며, 이는 비자본주의 계층들과 비자본주의 나라들이 구매한다".[33] 이는 곧 제국주의 나라의 수출 산업에서 자본재를 더 많이 필요로 한다는 것이며, 이는 다시 그 나라 자본재 생산 부문에 영향을 끼친다. 게다가 이 새로운 영토를 제대로 착취하기 위해서는 항만, 도로, 철도 등과 같은 대규모의 투자 지출이 필요하다. 이 상황에서는 "자본주의적 생산은 그 스스로가 수요하는 양을 초과하는 생산수단을 생산하며, 이는 비자본주의 나라들에서 구매자를 찾게 된다".[34]

이러한 수출은 다음 두 가지를 자금의 원천으로 삼는다. 첫째, 국내에서는 얻을 수 없는 값싼 원자재를 복속된 영토로부터 공급받는다. "축적 과정은 필연적으로 갈수록 새로운 원자재 공급 지역을 자유롭게 얻을 것을 요구하게 된다."[35] 두 번째 방법은 제국주의 나라의 자본가가 복속된 영토 내에서 자원과 자본에 대한 소유를 늘려나가는 것이다. 덜 발달된 지역에서의 자본 소유권은 대단히 좋은 이윤을 낸다. 이렇게 복속된 지역에서의 노동자가 아주 끔찍한 상태로 전락하므로 대단히 높은 착취율이 가능하기 때문이다.

> 수많은 농민들에게 일을 시킨다. 이들은 필요에 따라 이 일에서 저 일로 이리저리 끌려다닌다. 이들은 사람이 참을 수 있는 한계까지 착취당하며 심지어 그 너머까지 착취당한다. 현대적 자본의 목적을 위해 강제 노동을 고용하는 데는 기술적 한계가 있다는 것이 모든 단계마다 분명해졌지만, 그러한 한계는 노동력의 풀에 대해, 얼마나 오랫동안 그리고 어떤 조건에서 일을 하고 삶을 영위하고 착취당할지에 대한 자본의 무한한 권력에 의해 충분하게 보상받는다.[36]

하지만 자본주의에서 생겨나는 경제적 불균형이 단 한 번의 정복의 물결이 지나간다고 해서 영구적으로 해결될 리는 없다. 결국 이 전통적인 비시장경제 또한 완전히 자본주의 시스템에 동화될 것이다. 그렇게 되면 이 자본주의 시스템 — 그리고 새롭게 동화된 영토까지 포함하여 — 은 또다시 애초에 제국주의적 팽창을 낳았던 것과 똑같은 문제에 봉착하게 될 것이다. 따라서 자본주의는 그 경계선을 끊임없이 확장하기 위해 노력해야만 한다. 이리하여 제국주의적 복속과 그에 뒤따르는 비자본주의적인 사회경제적 구조의 파괴의 형태로 본원적 축적이 계속 확장되는 것은 자본주의의 영구적 특징이 된다는 것이 룩셈부르크의 견해이다.

자본주의적 제국주의에 대한 룩셈부르크의 분석에서 언급해야 할 마지막 중요한 특징은 군국주의에 대한 논의이다. 그녀는 군국주의가 이미 오래전부터 자본주의를 구성하는 한 요소라는 점을 깨달았다.

> 군국주의는 자본의 역사에서 축적의 역사적 단계마다 수반되는 아주 구체적 기능을 만족시킨다. 우선 군국주의는 유럽 자본주의의 최초의 단계, 즉 '본원적 축적'이라고 불리는 단계에서는 신대륙과 향료를 생산하는 인도의 여러 나라들을 정복하는 수단으로서 결정적인 역할을 했다. 뒤에는 현대적 식민지들을 복속시키고 원시 사회의 사회조직들을 파괴하여 그들의 생산수단을 전유하고, 상품 무역에 적대적인 사회 구조의 나라에 무역을 강제로 도입하며, 식민지의 원주민들에게 임금을 위해 일하도록 강요하여 프롤레타리아로 전환시키는 데 군국주의가 사용되었다. 비유럽 지역들에서 유럽 자본의 이해가 관철되는 영역을 창출하고 팽창시킨 것도, 후진국들에서 철도 부설권을 강제로 빼앗아낸 것도, 국제적 대부자로서의 유럽 자본의 청구권을 강제로 집행하는 것도 모두 군국주의이다. 마지막으로 군국주의는 비자본주의 문명 지역들을 놓고 자본주의 나라들끼리 벌이는 경쟁적 투쟁에서의 무기이기도 하다.[37]

그녀의 혜안은 이렇게 팽창하는 자본주의를 낳는 데 군국주의가 필수적 역할을 맡는다는 점을 인식하는 것에 그치지 않았다. 그녀는 또한 군국주의가 20세기에 들어오면서 성숙한 자본주의를 좀먹고 있는 만성적인 수요 부족을 부분적으로나마 상쇄할 수 있는 중요한 원천이 되고 있음을 명확히 보았던 최초의 경제학자 중 한 사람이었다. 《자본축적론》의 마지막 장의 중심 명제는 다음과 같다. "군국주의는 또 다른 중요한 기능을 가지고 있다.

순수하게 경제적 관점에서 보았을 때 이는 잉여가치의 실현을 위한 두드러진 수단이다." 군국주의가 이러한 기능을 수행할 수 있는 이유는, 그것이 "자본화된 잉여가치를 담고 있는 생산물의 덩어리에 대해 구매자로서"[38] 기능하기 때문이다.

이는 성숙한 단계에 들어선 자본주의의 본질적 성격을 꿰뚫어본 실로 놀라운 혜안이라 아니할 수 없다. 룩셈부르크가 그녀의 저서를 저술한 1913년만 해도 대부분의 자본주의 나라들에서 군수 시설은 2차 세계대전 이후 몇십 년간 확장되었던 것과 비교해보면 아직 훨씬 작은 크기였다. 뒤에 수많은 경제학자들이 룩셈부르크가 군국주의의 중요성을 얼마나 정확하게 평가했는가를 명확하게 보게 되었지만, 이는 어디까지나 존 메이너드 케인스의 저작(15장에서 논의할 것이다)이 1940년대와 50년대에 널리 영향력을 획득하고 또 2차 세계대전 이후에 자본주의 나라들에서 영구적인 '군산복합체'가 어마어마한 크기로 커져 경제적으로 지배적 위치를 확립한 뒤에야 비로소 일어난 일이었다.

하지만 제국주의 분석에서와 마찬가지로, 여기서도 그녀의 이론적 능력이 그녀의 날카롭고도 총기 있는 혜안을 따라오지 못하고 있다. 그녀는 군대를 유지하는 비용은 대부분 간접세를 통하여 노동계급에게서 강탈한다고 주장했다.[39] 하지만 그녀도 인정했듯이 노동계급은 사실상 소득의 전부를 소비에 지출한다. 군국주의의 비용을 노동계급에게서 조세를 통해 충당한다면 그에 해당하는 만큼의 총수요에 대한 기여는 사라지게 된다. 군국주의가 총수요를 유지하는 데 중요한 역할을 한다는 룩셈부르크 자신의 직관력 있는 혜안을 지지하는 더 탄탄한 이론적 근거가 따로 있음에도 그녀는 그것을 깨닫지 못했다. 그것은 이윤의 상당한 부분이 군국주의의 자금을 대는 데 들어간다는 사실이다. 이 점에서 볼 때 군국주의는 맬서스가 말하는 지주계급의 사치재 지출과 거의 똑같은 기능을 한다. 이것들은 모두 이윤의 일부를 경제적으로 비생산적인 투자로 돌리는 수요의 원천이기 때문이다. 이러한 비생산적인 투자는 현재의 부와 소득의 불평등한 분배를 유지하면서도 총수요를 받쳐줄 수 있고, 그럼에도 불구하고 경제의 생산 능력—이는 항상 총수요보다 빠르게 증가하는 경향이 있다—을 증가시키지는 않는다는 장점을 가지고 있다.

룩셈부르크는 군국주의가 자본주의의 불안정성을 완화하는 방식에 대해서도 비상할 정도의 명민하고도 예지력 있는 혜안을 내놓고 있다. 윌리엄 톰프슨 이후 수많은 경제 이론가들이 깨달았듯이, 자본주의 경제는 심지어 총수요 부족이 발생하지 않는 경우에도 시장의 무정부성으로 인하여 경제적 불안정성과 경기순환이 발생하는 문제를 안고 있다. 그 이유는 어느 특정한 자본가의 이윤이 수천 명의 다른 자본가와 소비자가 어떠한 구매와 판매의 결정을 내리는가에 달려 있다는 사실 때문이다. 이들의 결정은 그 개별 자본가가 미리 알아낼 수 있는 것이 아니다. 그 결과 자본가들은 어쩔 수 없이 종종 잘못된 추정을 하여, 여기에는 너무 많이 저기에는 너무 적게 투자를 한다. 더욱이 만약 다른 자본가 모두가 이 잘못된 투자 결정을 내린 자본가가 잘못된 패턴을 계속 유지할 것이라고 가정하고 행동한다면, 문제는 빈번하게 더욱 꼬이게 된다. 따라서 투자 결정은 잘못된 가정에 근거하고 있으며, 실수는 실수를 더 심각하게 만든다. 그 결과 경제 위기 또는 경제적 붕괴가 나타나는 것도 (그 결과 사회의 자원 활용은 비합리성과 낭비가 지배하게 된다) 드물지 않다.

룩셈부르크는 이 점을 깨달았다. 그리고 그녀는 이러한 시장의 무정부성은 거대 주식회사가 등장하여 수억 달러(뒤에는 수십억 달러가 된다)의 투자 결정을 내리는 시대에 특히 더 큰 비용을 초래하게 된다는 점도 깨달았다. 이러한 상황에서 거대 주식회사가 볼 때 군국주의는 시장의 무정부성을 덜어주는 대단히 이롭고 환영할 만한 것으로 보이게 된다. 룩셈부르크의 말을 들어보자.

상품 전체에 대한 무수히 많은 개별적이고 자잘한 수요는 시장에서 막상 유효 수요로 나타나게 될 시점도 들쭉날쭉하다. 그런데 군국주의가 지배하면, 이 수요가 … 이제 포괄적이고도 동질적인 국가의 수요로 대체된다. 그리고 이러한 수요의 충족은 최고 수준의 대규모 산업의 존재를 전제로 한다. 그리고 이러한 산업이 존재하기 위해서는 잉여가치의 생산과 자본축적에 대해 가장 우호적인 조건이 갖추어져 있어야만 한다. 군수품에 대한 정부의 계약이라는 형태를 통하여 이제 무수히 많은 소비자들에게 흩어져 있던 구매력은 대량으로 집중될 뿐만 아니라 개인들의 소비에 특징적으로 나타나는 변덕과 주관적인 변동도 사라지게 되고, 그 대신 거의 자동적인 규칙성과 리듬을 가진 성장을 달성할 수 있게 된다. 자본 자신은 궁극적으로 이른바 '여론'이라는 것을 만들어내는 입법부와 언론을 통해 이 군국주의적 생산의 자동적이고 율동적인 운동을 통제한다. 이것이 이 자본주의적 축적이라는 특수한 영역이 얼핏 보면 무한히 팽창할 수 있는 것처럼 보이는 까닭이다. 시장을 팽창시키고 자본이 작동할 수 있는 기초를 닦고자 하는 여타의 모든 시도는 역사적, 사회적, 정치적 요소에 의해 결정되며, 이런 요소에 대해서 자본은 도저히 통제할 수가 없다. 하지만 군국주의를 위한 생산만큼은 자본 스스로가 규칙적이고 점진적인 팽창을 결정하는 것으로 보이는 영역에 해당한다. 이러한 방식으로 자본은 역사적 필요를 하나의 미덕으로● 전환시킨다.[40]

● 여기서 이 "미덕"이라는 말의 의미를 음미할 필요가 있다. 서양의 미덕virtue 개념은 본래 군사적 용기를 의미한다. 즉 적군이 쳐들어왔을 때 혼자 도망가거나 공동체의 책임을

말할 필요도 없이 룩셈부르크는 자본주의적 소유 관계(따라서 자본주의적 계급 관계도)를 그대로 두면서 제국주의, 군국주의, 억압, 착취는 제거하는 식의 개혁이란 가능하지 않다고 생각했다. 이 네 가지 해악은 하나의 시스템으로서의 자본주의의 사회경제적 구조 자체에 본질적으로 내재하는 것이라고 보았기 때문이다. 하지만 룩셈부르크는 자본주의가 무한히 지속되지는 않을 것이라고 확신했다.

> 발전의 일정한 단계가 되면 사회주의적 원리를 적용하는 것 말고는 출구가 없게 될 것이다. 사회주의의 목적은 축적이 아니라 지구 전체의 생산력을 발전시킴으로써 땀 흘려 일하는 인간들의 욕구를 충족시키는 것이다. 그리하여 우리는 사회주의란 본성적으로 조화롭고도 전 세계적인 경제 시스템이라는 점을 알게 된다.[41]

레닌의 자본주의적 제국주의 이론

레닌(1870~1924)은 볼셰비키의 가장 영향력 있는 지도자였으며, 그의 저작은 현대의 거의 모든 공산당에서 가장 큰 영향력을 유지하고 있다. 그의 가장 많이 읽히고 인용되는 저작 중의 하나가 1916년에 쓰인 《제국주의, 자본주의의 최고 단계*Imperialism, the Highest Stage of Capitalism*》이

방기하지 않고 자기 희생으로 공동체를 지킬 줄 아는 힘을 기원으로 삼고 있으므로, 군사적인 능력이나 공동체에 대한 책임(즉 공덕심 civic virtue)과 깊게 결부되어 있는 개념이다. 룩셈부르크는 지금 자본축적의 제약으로 나타나는 역사적 필요를 공동체 전체의 군국주의로 전환시키는 자본의 행태를 이렇게 압축적으로 표현하고 있다.

다. 이 책의 서문에서 그는 홉슨의 책이 자신에게 끼친 영향을 인정하고 있다. 자신의 책을 쓰면서 "나는 제국주의에 대한 으뜸가는 영어 저작인 J. A. 홉슨의 저서를 주의 깊게 연구했다. 이 저서는 그럴 만한 가치가 충분히 있다"[42]고 말한다. 뒤에 레닌의 제자들은 그렇지 않다는 주장을 무수히 내놓았지만, 많은 본질적인 면에서 레닌의 설명은 홉슨의 설명과 놀랄 정도로 비슷하다. 우리의 설명에서는 레닌의 제국주의론을 요약하면서 홉슨의 이론과의 유사점을 보여주는 한편, 홉슨 및 룩셈부르크와 다른 점도 논의하도록 한다.

레닌은 홉슨과 마찬가지로 19세기 말과 20세기 초에 산업화된 자본주의 나라들에서 벌어졌던 산업의 엄청난 집중을 강조하면서 이야기를 시작한다. "산업의 엄청난 성장 그리고 갈수록 더 큰 규모의 기업으로 생산이 대단히 급속하게 집중되는 것은 자본주의의 가장 독특한 특징의 하나이다."[43] 그는 그다음에 선도적 자본주의 나라들에서 독점체, 과점체, 카르텔, 트러스트가 발흥하는 것에 대해 광범위한 통계와 서술적 데이터와 설명을 내놓고 있다. 그리고 홉슨과 마찬가지로 레닌은 자본주의적 제국주의라는 현상을 낳는 데 은행과 금융자본이 중요하다는 점을 강조한다.

> 은행업이 발전하여 소수의 기관으로 집중되면서 본래 작은 규모의 중개인이었던 은행은 이제 강력한 독점체가 되어 모든 자본가와 소규모 사업가의 화폐자본 전체는 물론이고, 수많은 나라들에서 원자재의 원천과 생산수단의 대부분까지 마음대로 부릴 수 있게 되었다. 무수히 많던 작은 중개인들이 이렇게 한줌밖에 안 되는 독점자본가들로 전환된 것이 자본주의가 자본주의적 제국주의로 성장하는 근본적 과정의 하나이다.[44]

레닌이 볼 때, 은행 또는 금융자본의 중요성은 자본가가 산업 기업의 일상적 경영에서 철수하는 역사적 추세에서 생겨난 것이다. 갈수록 그러한 일상적 경영은 전문 경영자계급으로 넘어가고 대부분의 자본가는 순수하게 기생적이고 아무 기능도 하지 않으면서 사치스럽게 생활하는 금리 수취 계급이 되었다. 하지만 경영자계급은 자본가계급에게 계속 순종해야만 한다. 따라서 일부 자본가는 전체 자본가계급을 대표하여 자본가가 아닌 경영자들을 관리하고 통제해야만 한다. 레닌이 볼 때, 이렇게 모든 자본가의 이익이 제대로 관철되고 있는지를 감독하는 기능을 수행하는 것이 바로 은행업 또는 금융 부문이다. 레닌이 볼 때, 이러한 산업자본에 대한 금융자본의 통제야말로 자본주의 발전의 제국주의 단계를 보여주는 본질적 특징이다. 레닌은 이 제국주의 단계의 자본주의는 자본주의 발전의 다른 단계와는 뚜렷하고도 중요한 차이점이 있다고 생각했다.

> 자본의 소유권과 생산에 대한 자본의 적용이 분리되며, 화폐자본과 산업자본 또는 생산자본이 분리되며, 화폐자본에서 얻는 소득만으로 살아가는 금리 수취자가 기업가 및 자본의 관리에 직접 관여하는 모든 이들과 분리되는 것이 자본주의 일반의 특징이다. 제국주의는 곧 금융자본의 지배이며 이는 이러한 분리가 큰 비율에 이르게 되는 자본주의의 최고의 단계이다. 다른 모든 형태의 자본에 대해 금융자본이 우위를 점하는 것은 곧 금리 수취자와 금융 과두제가 지배력을 갖게 됨을 뜻한다.[45]

비록 통제력을 행사하는 은행은 여럿이지만 이들은 결국 단일의 금융 과두제를 형성한다. 왜냐면 은행이 산업과 상업에 종사하는 주식회사에 대해 복잡하고 촘촘히 짜여진 단일한 통제 네트워크를 창출하기 때문이다. 이는 주식 소유를 통해서도 이루어지지만, 그보다 더욱 중요하게는 은행과 여타 주식회사 사이 그리고 그 밖의 다양한 비은행 주식회사 사이의 겸임 이사회 interlocking boards of directors를 통해서도 이루어진다.

> 은행과 최대의 산업 및 상업 기업 사이에 그야말로 인적인 연관 고리가
> 생겨나며, 주식의 소유를 통하여 또 은행의 이사를 산업 및 상업 기업의 감
> 독위원회(즉 이사회)의 임원으로 임명하여 은행은 이 산업 및 상업 기업과
> 하나로 합쳐지게 된다.[46]

바로 이런 방식을 통하여 "소수에게 집중되어 사실상의 단일 독점체의
힘을 행사하는 금융자본은 회사의 상장, 주식 발행, 국채 등을 통하여 어마
어마한 이윤을, 그것도 갈수록 더 커져가는 이윤을 짜내며, 금융 과두제의
지배력을 강화할 뿐만 아니라 독점자본가의 이익을 위하여 온 사회로부터
공물을 징수한다".[47]

제국주의의 경제적 기초에 대한 레닌의 분석은 홉슨의 '뿌리'와 거의 똑
같다.

> 20세기의 초입에서 우리는 새로운 유형의 독점이 형성되는 것을 보고
> 있다. 첫째, 자본주의적으로 발달한 모든 나라에서 자본가의 독점 연합체
> 가 등장하고 있으며, 둘째, 소수의 아주 부유한 나라들이 독점적 위치를 차
> 지하고 있고 이런 나라들에서 자본축적은 거대한 규모에 달하고 있다. 발
> 전된 나라들에서는 엄청난 양의 '잉여 자본'이 생겨난다.
> 놀라운 기술 진보가 이루어졌음에도 대중들의 생활수준은 어디에서나
> 여전히 빈곤에 찌들어 있다. 만약 자본주의가 이들의 생활수준을 끌어올
> 릴 수만 있다면 잉여 자본의 문제가 생길 리 없다는 것은 말할 필요조차 없
> 다. … 하지만 이렇게 할 수 있다면 이미 자본주의가 아닐 것이다. … 자본
> 주의가 현재의 본질을 유지하는 한, 잉여 자본은 한 나라의 대중들의 생활

수준을 올리는 목적으로 쓰이지는 않을 것이다. 이는 자본가들의 이윤 감소를 의미하는 것이니까. 이는 후진국으로 자본을 수출함으로써 이윤을 얻기 위한 목적으로 쓰일 것이다. 이 후진국에서는 자본이 희소하고, 토지 가격이 비교적 낮고, 임금도 낮고, 원자재 가격 또한 싸기 때문에 이윤이 대체로 높다.[48]

따라서 레닌과 홉슨은 둘 다 이윤이 좋은 투자처를 잉여 자본에 찾아주어야 한다는 필요가 바로 제국주의를 낳는 절박한 경제적 필요라고 결론을 내린다. 양자 모두 자본수출이 상품 수출보다 더 중요하다는 데 동의하며, 자본수출은 그와 관련된 또 그것이 유발하는 상품 수출량의 증가를 낳는다는 데도 동의한다.

자본주의의 제국주의 단계에서는 이러한 자본수출 때문에 두 가지 서로 다른 종류의 '세계 분할'이 나타난다. 첫째의 분할은 국제적 비즈니스 카르텔이나 거대한 규모의 다국적기업과 같은 "자본가 연합체 사이의 세계 분할"이다.

독점자본가 연합체, 카르텔, 신디케이트, 트러스트는 먼저 국내시장을 분할하여 자기 나라의 산업에 대한 거의 완벽한 지배권을 손에 넣는다. 하지만 자본주의 아래에서 국내시장은 불가피하게 외국 시장과 뒤섞이게 되어 있다. 자본주의는 오래전에 세계 시장을 창조했다. 자본수출이 증가하고 또 대규모 독점자본 연합체의 외국 및 식민지와의 연관과 '영향권'이 사방팔방으로 팽창하면서, 사태는 '자연적으로' 이러한 연합체 사이의 국제적 협정으로 그리고 국제적 카르텔의 형성으로 흘러갔다.[49]

하지만 국제적이든 국내적이든 자본가 또는 자본주의 기업의 권력이 나오는 궁극적인 원천은 국가의 강제력이다. 따라서 금융자본의 통치는 산업과 상업의 주식회사에 대한 통제력만이 아니라 정부에 대한 통제력에도 달려 있다. "은행과 산업 사이의 '인적인 결합'은 이제 그들 양자 모두와 정부 사이의 '인적 결합'으로 보완된다."[50] 그런데 대부분의 국제 비즈니스 카르텔은 한두 나라에 본부를 둔 극소수 주식회사가 지배하게 되어 있으므로, 비즈니스 카르텔의 경제적인 세계 분할은 정치적인 "강대국 사이의 세계 분할"로 반영되기도 하고 또 그것에 의해 촉진되기도 한다.

> 자본주의의 최근 단계에 들어서서 우리는 경제적 세계 분할에 근거하여 자본가 연합체 사이에 일정한 관계가 성장하고 있음을 보고 있다. 이들의 이러한 관계와 나란히 또 그것과 연관되어, 전 세계의 영토적 분할, 식민지를 위한 투쟁, '세력 영역을 위한 투쟁'의 기초 위에서 정치적 동맹체 사이에 그리고 국가 사이에 일정한 관계가 자라난다.[51]

두 번째 종류의 세계 분할은 자본주의 국가 사이의 분할로서, 이는 대규모 트러스트와 카르텔 사이에 벌어지는 첫 번째 종류의 세계 분할을 반영하는 동시에 또 그것을 촉진하는 것이기도 하다. 이 때문에 제국주의의 변호자들 다수(그리고 영향력 있는 독일 마르크스주의자 카를 카우츠키와 같이 제국주의를 온건하게 비판했던 소수)는 이러한 정치적인 세계 분할이 결국은 장기간의 세계 평화로 이어질 것이라고 결론을 내리기도 했다. 하지만 1차 세계대전이 한창일 때 이 책을 쓴 레닌은 그게 사실이 아니라는 것을 잘 알았다. 그는 대규모 자본가 권력체 사이의 제국주의적 갈등의 결과가 바로 1차 세계대전이라는 것을 명확하게 깨달았다. 게다가 그러한 갈등은 제국주의의 본성 자체에서 빚어지는 불가피한 것이라고 그는 생각했다.

갈등의 원천은 어떤 자본가, 자본주의 기업, 트러스트, 카르텔도 현재의 이윤 수준에 만족하는 법이 절대로 없다는 사실에 있다. 자본주의는 항상 모든 자본주의 기업이 더욱더 큰 이윤을 추구하는 만족할 줄도 모르고 멈출 줄도 모르는 광란의 집착을 갖도록 만든다. 이 때문에 이 대규모 트러스트는 경쟁 관계에 있는 트러스트로부터 영토 일부를 빼앗을 때 금융적 이익보다 손실이 더 클 것이라고 확신하는 경우가 아닌 한, 절대로 세계 시장에서 자신들이 현재 점유하고 있는 몫에 평화적으로 만족하지 않는다. 게다가 모든 트러스트는 경쟁 지역의 장악을 수익성 있는 것으로 만들어줄 국가 간의 세력 균형의 변동에 항상 신경을 곤두세우고 관찰한다. 전 세계 시장을 분할하는 단 두 개의 경쟁 트러스트만 있다고 해도 갈등은 피할 수 없다. "전 세계를 단 두 개의 강력한 트러스트가 분할하고 있다고 해도, 불균등 발전, 전쟁, 파산 등의 결과로 세력 관계가 변한다면 **재분할**이 벌어질 가능성을 배제할 수 없다."[52]

따라서 제국주의 그리고 '세력 영역'으로의 세계 분할이 세계 평화에 도움이 되는 세력 균형을 낳을 것이라는 주장은 제국주의를 옹호하는 이데올로기적인 궤변일 뿐이다.

> 어떤 부르주아 저술가들은 (그리고 이제는 카를 카우츠키까지 여기에 가세했는데 그는 1909년까지만 해도 유지하고 있었던 마르크스주의적 태도를 완전히 버렸다) 국제적 카르텔이야말로 자본의 국제화를 보여주는 가장 뚜렷한 표출 형태로서 자본주의 아래에서 여러 나라들이 평화를 유지하게 될 희망을 보여준다는 견해를 내놓았다. 이론적으로 이러한 견해는 완전히 헛소리이며, 실제에 있어서 그것은 최악의 기회주의를 은폐하는 궤변이요 정직하지 못한 변명일 뿐이다. 국제적 카르텔은 자본주의의 독점체가 어느 지점까지 발전했는가 그리고 다양한 자본가 연합체 사이의 투쟁이 무엇을 **목적**으로 삼는가를 보여줄 뿐이다. … 이 투쟁의 **형태**는 다양하게 변하며 또 상

대적으로 특수하고 일시적인 원인에 따라서 계속 변할 수 있으며 또 실제로 변하기도 한다. 하지만 그 투쟁의 **내용**과 그 계급적 **내용**은 계급이 존재하는 한 절대로 변할 가능성이 없다. 현재의 경제적 투쟁의 내용(즉 세계 분할)을 은폐하고 그때그때 이런저런 형태의 투쟁을 강조하는 것이 부르주아의 이익임은 당연하다. … 자본가가 세계를 분할하는 것은 무슨 특별한 악의가 있어서가 아니라 현재 도달한 자본 집중의 정도로 인해 이윤을 얻기 위해서는 그러한 방법을 택하지 않을 수 없게 되기 때문이다. 그리고 이들은 세계를 '자본에 비례하여', '힘에 비례하여' 분할한다. 상품 생산과 자본주의 아래에서는 다른 분할 방법이 있을 수 없기 때문이다. 하지만 힘이란 경제적, 정치적 발전 정도에 따라 다양하게 변하게 마련이다. 무슨 일이 벌어지고 있는지를 이해하고자 한다면 힘의 변화를 통해서 해결되고 있는 문제가 어떤 것인지를 반드시 알아야 한다. 이러한 변화가 '순수하게' 경제적인 것인지 아니면 비경제적인(즉 군사적인) 것인지는 부차적 문제이며 자본주의의 최근 시대에 대한 근본적 관점에 조금도 영향을 줄 수 없다. 자본가 연합체 사이에 벌어지는 이 투쟁과 협정의 **내용**의 문제는 차치하고 그저 그 투쟁과 협정의 형태(이는 오늘은 평화적이지만 내일은 호전적인 것으로 또 모레는 다시 호전적인 것으로 바뀔 수 있다)에만 논의를 집중하는 것은 궤변론자들이나 할 짓이다.[53]

그 투쟁의 내용은 지구 위의 모든 주민들의 노동력과 자원을 통제하는 것이다. 레닌이 보기에 자본주의는 수익성이 더 좋은 투자처의 전망이 존재하는 한 결코 멈출 수 없다. 그래서 국제 분쟁과 전쟁이 반복되는 것은 자본주의 최고의 단계인 제국주의에서는 피할 수 없는 일이다. 제국주의적 자본주의 강대국 사이에서의 "동맹이란 제아무리 형태가 다양하더라도 결국 전쟁과 전쟁 사이의 기간 동안 벌어지는 '휴전' 이상의 것이 될 수 없다

는 것은 **불가피하다**".[54]

당시 경제성장이 가파르게 진행되고 자본주의 국가들의 힘은 전 세계를 뒤덮고 있었지만, 레닌은 제국주의가 자본주의의 마지막 단계 — 또는 레닌의 표현을 쓰면 "죽어가는 자본주의"[55] — 에 해당하는 것이라고 주장했다. 선도적인 자본주의 강대국들은 이제 레닌이 "금리 수취 국가"[56]라고 부르는 것이 되고 있었다. 더욱이 그 "금리 수취 국가는 기생적이며 쇠퇴해가는 자본주의의 국가"[57]라는 것이다. 하지만 자본주의가 "쇠퇴해가고" 있으며 "죽어가고" 있는 국가라는 레닌의 말이 정확하게 무슨 뜻인지를 이해하는 것은 쉽지 않다. 레닌이 다음과 같이 말하기 때문이다.

> 이러한 쇠퇴의 경향으로 인해 자본주의의 급속한 성장이 불가능할 것이라고 생각한다면 이는 오류이다. 급속한 성장은 얼마든지 가능하다. 제국주의 시대에는 일정한 산업 부문들과 일정한 부르주아 계층들과 일정한 나라들이 때에 따라 서로 전혀 다른 경향을 다양한 정도로 표출한다. 전체적으로 볼 때 자본주의는 그전보다 훨씬 더 빠르게 성장한다. 하지만 이러한 성장은 일반적으로 점점 더 불균등해지며, 그 불균등성은 또한 특히 가장 자본이 풍요한 나라(영국)의 쇠퇴로서 모습을 드러낸다.[58]

레닌은 성장을 기록하면서 자본주의 국가 사이의 세력 균형의 변화를 보여주고 있던 당시의 전 세계적 자본주의 체제를 기술하고 있는 듯하다. 하지만 레닌은 이것이 자본주의의 마지막 단계이며 체제 전체의 피할 길 없는 붕괴의 전주곡이라고 강하게 주장했다.[59]

홉슨, 룩셈부르크, 레닌의 이론을 비교한다

로자 룩셈부르크는 자신의 이론이 자본주의가 제국주의적 팽창으로 나아갈 수밖에 없는 절대적인 논리적 필연성을 보여주었다고 생각했지만 그녀의 이론은 오류와 비현실적 가정을 담고 있었다. 룩셈부르크의 이론에서 변호할 수 없는 측면을 버리면, 그 나머지 설명에서의 제국주의의 뿌리는 본질적으로 홉슨의 설명과 동일하다. 게다가 제국주의의 기원에 대한 레닌의 이론 또한 홉슨의 생각에 대해 새로 추가하는 것이 거의 없다. 하지만 홉슨을 한편에 놓고 룩셈부르크와 레닌을 다른 한편에 놓고 볼 때, 중요하고도 결정적인 차이점이 존재한다. 그 차이점을 레닌은 명확히 인식하고 다음과 같이 정식화한다.

> 제국주의 비판에 있어서 근본적인 질문은 제국주의의 기초를 개혁하는 것이 과연 가능한가, 그리고 그것이 발생시키는 적대 행위를 더욱 강화시키고 심화시키는 쪽으로 나아가는가 아니면 이를 완화시키는 쪽으로 물러서는 것인가의 질문이다.[60]

레닌과 룩셈부르크는 모두 제국주의의 힘이 자본주의 시스템에 내재해 있다고 생각했고, 그 기초(즉 사적 소유의 법률, 시장, 계급의 분리)를 그대로 남겨두는 개혁으로는 절대로 제국주의의 해악을 제거할 수 없다고 생각했다. 두 사람 모두 자본주의의 기초를 허무는 사회주의 혁명을 통해서만 제국주의를 제거할 수 있다고 생각했다. 홉슨도 사회주의자였고 사회주의 아래에서는 제국주의적 정복의 동기가 사라질 것이라고 생각하기는 했지만, 그는 자본주의의 개혁을 통해 제국주의의 해악을 완화시킬 수 있고 또 자본주의를 조금은 더 인간적인 사회로 만들 수 있다고 생각했다. 실제로 홉슨은 제국주의를 제거하고 자본주의를 좀 더 정의로운 사회로 만들기 위해 고안된 사회적 저항 운동과 개혁 운동을 적극적으로 지지했다.

룩셈부르크와 레닌의 이론에는 오류가 있다. 룩셈부르크의 이론의 오류에 대해서는 이미 이야기했다. 이와 마찬가지로 우리는 자본주의가 비록 역사상 어느 시대보다도 빠르게 성장하고 있지만 그럼에도 불구하고 쇠퇴하고 죽어가고 있다고 레닌이 생각했음을 기술했다.

이 책에 등장한 많은 이론가들의 경우 그들의 오류를 통해서 그들의 이론이 가지고 있는 이데올로기적 선입견을 꿰뚫어볼 수 있었다. 레닌과 룩셈부르크 또한 마찬가지이다. 두 사람 모두 제2 인터내셔널(19세기 말과 20세기 초에 있었던 세계적 차원의 마르크스주의적 노동계급 정치조직)에 참여하면서 마르크스주의를 배웠다. 제2 인터내셔널의 마르크스주의는 마르크스의 사상이 가지고 있는 풍부한 복잡성과 예리하고 섬세함을 단순히 자본주의는 필연적으로 그것도 조만간 사망하게 되어 있다는 기계적이고 결정론적인 관점으로 전락시키는 경향이 있었다. 룩셈부르크도 레닌도 이러한 피할 수 없는 자본주의의 사망이 실제로 임박했음을 보여주기 위한 목적으로 자신들의 이론을 정식화한 것이다. 그리고 이 점에서 이들은 틀렸다.

레닌의 오류는 제3 인터내셔널(볼셰비키혁명 직후에 결성된 국제 공산주의 운동 조직으로, 레닌은 가장 중요한 지도자의 하나였다)의 성원들로 하여금 값비싼 대가를 치르게 만들었다. 정확성과 학문적 성격이 뛰어난 공산주의 운동사의 저자인 페르난도 클로댕 Fernando Claudin은 자본주의가 죽어가고 있다는 레닌의 생각이 제3 인터내셔널의 지도자들이 조직 문제와 전술 문제에서 수많은 중요한 오류를 범하는 데 일조했음을 보여주었다. 클로댕의 견해에 따르면 이러한 오류는 최소한 부분적으로 다음과 같은 사실의 결과였다. "레닌은 로자 룩셈부르크처럼 … 독점 제국주의 단계의 세계 자본주의가 사멸의 단계에 이르렀다고 보았다."[61] 이러한 기계적이고 결정론적인 이데올로기가 마르크스주의에 침투하게 되면, 마르크스는 물론이며 마르크스주의 전통에 있는 사상가들이 발전시켰던 자본주의에 대한 심오하고 통찰력 있는 분석은 심각하게 약화되게 되어 있었다.[62]

하지만 이러한 약점에도 불구하고, 우리는 룩셈부르크와 레닌이 자본주의적 제국주의가 왜 그리고 어떻게 기능하는가에 대한 우리의 지식을 크게 늘려주었다고 결론을 내려야 한다. 이들의 혜안이 주로 어디에 강점을 갖는가는 서로 아주 크게 다르다. 레닌은 홉슨의 제국주의 분석에 멈추지 않고, 소득의 불평등—이는 홉슨과 레닌 모두가 자본주의적 제국주의의 토대에 있다고 보았던 요소이다—뿐만 아니라 거대 주식회사, 트러스트, 카르텔의 성장도 성숙한 자본주의의 본성에 내장되어 있다는 것을 설득력 있게 증명함으로써 홉슨의 분석을 더욱 개선했다. 레닌은 자본주의가 왜 성숙한 단계로 들어서면 초기 단계의 모습에서 크게 바뀐 사회경제 시스템으로 돌변하는지를 보여주었다. 물론 자본주의를 개혁하여 좀 더 인간적 사회로 만드는 것이 절대적으로 불가능하다고 레닌이 증명했다고 말할 수는 없지만, 그러한 개혁이 최소한 전체 자본주의 체제의 경제적, 사회적 토대의 근간 자체를 흔들 수밖에 없으며, 이에 대해 현존하는 자본주의 국가와 기업들—일반적으로 말해서 자본가계급—이 무슨 수를 써서라도 반대하여 싸울 것이라는 점은 분명히 보여주었다.

룩셈부르크의 분석이 갖는 강점은 여러 면에서 레닌의 분석이 갖는 강점과 반대이다. 레닌이 자본주의가 독점 단계에 들어서면 경제적 후진 지역에 대한 자본주의적 착취를 강화하는 특징을 갖는다는 점을 강조한 반면, 룩셈부르크는 20세기 초의 제국주의와 자본주의의 초기에 있었던 본원적 축적과 같은 피비린내 나고 억압적인 사회 격변 사이에 뚜렷한 연속선이 존재한다는 것을 보여주었다. 후진국에 외국 투자가 이루어지면 그곳에서도 자본이 축적되고 이에 따라 생산성과 경제적 후생도 증대하여 혜택을 보게 된다는 지배적인 보수적 신고전파의 관점에 대해 레닌의 제국주의 분석은 아무런 직접적 논박을 제시하고 있지 않다. 하지만 룩셈부르크는 그러한 투자는 오로지 전통적인 사회제도와 인간관계의 패턴을 초토화한 뒤에만 가능하다는 것을 설득력 있게 보여주었다. 사실상 룩셈부르크, 레닌, 홉슨 모두가 후진국에 대한 자본주의의 투자는 강제력에 의해 이루어질 뿐만 아니라 그곳 사람들 다수에게는 아무런 직접적 혜택도 주지 않으며, 그 나라에 거의 아무 대가도 주지 않으면서 원료를 빼앗고 사람들을 극단까지 착취하고자 하는 것임을 보여준 셈이다. 하지만 이러한 전통 사회를 자본주의 국가로 만드는 데 극단적 형태의 사회 파괴가 포함되어 있다는 것을 뚜렷이 보여준 것은 오직 룩셈부르크뿐이다.

주

1. J.A. Hobson, *Imperialism: A Study* (Ann Arbor: University of Michigan Press, 1965), p. 367.
2. Ibid., p. 203.
3. Ibid., p. 197.
4. Ibid., p. 198.
5. Ibid., p. 50.
6. Ibid., p. 215.
7. Ibid., p. 221.
8. Ibid., p. 47.
9. Ibid., p. 55.
10. Ibid., p. 53.
11. Ibid.
12. Ibid., p. 59.
13. Ibid., p. 49.
14. Ibid.
15. Ibid., pp. 74-75.
16. Ibid., pp. 81-82.
17. Ibid., p. 84.
18. Ibid., p. 81.
19. Ibid., p. 53.
20. Ibid., p. 90.
21. Ibid., p. 47.
22. 9장을 보라.
23. Joan Robinson, "Introduction", in *The Accumulation of Capital*, by Rosa Luxemburg (New York: Monthly Review Press, 1964), pp. 13-28.
24. Ibid., pp. 25-26.
25. Rosa Luxemburg, *The Accumulation of Capital--An Anti-Critique* (New York: Monthly Review Press, 1972), p. 55.
26. Ibid., p. 55.
27. Ibid., p. 56.
28. Ibid.
29. Robinson, "Introduction", pp. 20-21.
30. Rosa Luxemburg, *The Accumulation of Capital* (New York: Monthly Review

Press, 1964), p. 368.

31. Ibid., pp. 368–69.
32. Ibid., pp. 370–71.
33. Ibid., p. 352.
34. Ibid.
35. Ibid., p. 435.
36. Ibid.
37. Ibid., p. 454.
38. Ibid.
39. Ibid., p. 455.
40. Ibid., p. 466.
41. Ibid., p. 467.
42. V. I. Lenin, "Imperialism, the Highest Stage of Capitalism", in *V. I. Lenin: Selected Works*, by V. I. Lenin, 3 vols.(Moscow: Progress Publishers, 1967), vol. 1, p. 677.
43. Ibid., vol. 1, p. 685.
44. Ibid., vol. 1, p. 697.
45. Ibid., vol. 1, p. 721.
46. Ibid., vol. 1, p. 706.
47. Ibid., vol. 1, p. 716.
48. Ibid., vol. 1, pp. 723–24.
49. Ibid., vol. 1, p. 728.
50. Ibid., vol. 1, p. 706.
51. Ibid., vol. 1, p. 734.
52. Ibid., vol. 1, p. 730.
53. Ibid., vol. 1, pp. 733–34.
54. Ibid., vol. 1, p. 770.
55. Ibid., vol. 1, p. 776.
56. Ibid., vol. 1, p. 774.
57. Ibid., vol. 1, p. 756.
58. Ibid., vol. 1, p. 774.
59. Ibid., vol. 1, p. 776.
60. Ibid., vol. 1, p. 763.
61. Fernando Claudin, *The Communist Movement*, 2 vols.(New York: Monthly Review Press, 1975), vol. 1, p. 58.

62. 기계적 결정론이 마르크스주의적 분석을 어떻게 약화시켰는지의 예로서는 다음을 보라.
Lucio Colletti, *From Rousseau to Lenin: Studies in Ideology and Society*(New
York: Monthly Review Press, 1972), pp. 45-108; E.K. Hunt, "Socialism
and the Nature of Soviet Society", *Socialist Revolution*, no. 32(March-April
1977): 143-60; J. O'Malley and K. Algozin, eds., *Rubel on Karl Marx: Five
Essays*(Cambridge, UK: Cambridge University Press, 1981)

14
보이지 않는 손의 완성, 신성화, 그리고 파괴:
신고전파 후생경제학

제번스, 멩거, 발라의 저서가 출간된 뒤 반세기 동안 자본주의는 급속한 변화와 엄청난 격동을 겪었다. 첫째의 가장 명백한 변화는 산업 집중 그리고 전 세계에 트러스트와 카르텔을 거느린 거대 주식회사를 향한 운동의 출현이었다. 두 번째 변화는 주요 자본주의 국가의 제국주의적 광란이었다. 세 번째 변화는 단지 정도의 문제이다. 자본주의는 본래 항상 불안정한 경제체제로 번영기와 불황기가 교차하는데, 불황의 길이와 강도가 갈수록 악화되어 마침내 1930년대의 세계 대공황에서 절정에 이르렀다. 이런 변화들에다 자본주의의 불안정성이 점증함에 따라 생겨난 혼돈과 사회불안이 겹치면서 전 세계적인 사회적 혼란이 생겨났으며, 이는 1차 세계대전, 소비에트 혁명, 이탈리아와 독일에서의 파시즘 출현 등, 전 세계적인 사회적 격동으로 모습을 드러냈다.

앞의 두 장에서 우리가 검토한 이론가들은 모두 이러한 중대한 변화를 이해하고자 노력했다. 경제적 불안정성의 증가, 특히 대공황은 또한 존 메이너드 케인스로 하여금 자신이 지금까지 배운 신고전파 경제 이론을 다시 평가하고 자본주의 체제에서의 불황의 성격과 원인을 이해하는 데 있어서 자신의 사유의 방향을 새로이 정립하도록 만든다(그의 사상은 다음 장에서 검토할 것이다).

하지만 이 기간 동안 공리주의와 신고전파 전통을 고수했던 경제학자들의 저작을 검토하면 자본주의가 이러한 심각한 혼란의 시기를 통과하고 있다는 인식을 거의 찾아볼 수가 없다. 세, 시니어, 바스티아는 스미스와 리카도의 이론을 살균 처리했고 고전파 경제학에 깃들어 있는 노동가치론 관점의 요소는 모조리 기각했다. 그 대신 이들은 철저하게 효용의 관점에만 초점을 두어 시장 교환, 합리적 계산에 기초한 효용 극대화 행위, 모든 유형의 소득이 본질적으로 유사하다는 것(따라서 자본주의에 상이한 계급이 존재하지 않는다), 자유로운 시장 교환의 '보이지 않는 손'이 보편적인 혜택을 가져오는 조화를 창출한다는 것 등을 강조했다. 바스티아는 "정치경제학은 교환이다"라고 선언한 바 있다. 제번스, 멩거, 발라의 한계주의적 분석 방법이 발견되면서 바스티아의 슬로건은 거의 모든 정통 신고전파 이론을 기술하는 말이 되었다. 수많은 작고 비교적 무기력하며 합리적인 효용 극대화 행위자들이 똑같은 조화로운 사회적 과정을 끊임없이 반복하는 것으로 사회가 구성된다는 공리주의의 비전을 수많은 학자들이 모여들어서 끝없이 세련화하고, 발전시키고, 정교화하고, 아름답게 꾸며가고 있었다. 이 면에서 신고전파 경제 이론은 점차 중세 스콜라 철학을 닮아가고 있었다.

아마 이 이론에서 가장 무지몽매하리만치 미신적인 세 가지 측면은 기업가의 개념, 생산의 성격, 경쟁적 균형가격이 결정되는 과정일 것이다. 우리는 이미 11장에서 신고전파 이론에서 기업가가 어떤 존재인가라는 문제를 살펴보았다. 기업가란 영속적으로 생산요소를 구해서 완성된 상품으로 전환시키고 이 상품을 판매하는 이들이다. 기업가의 동기는 전적으로 이윤 극대화의 욕망이지만, 신고전파의 이론 틀에서는 경제가 경쟁적 균형 상태에 도달하면 아무 이윤도 생겨나지 않게 되어 있다. 하지만 기업가는 이런 슬픈 사실을 절대로 알지 못하며, 이렇게 존재하지도 않는 이윤을 찾아서 끊임없이 생산요소를 사들이고 상품을 판매하는 존재라는 것이다. 각 생산 기간이 끝날 때마다 (만약 균형 상태가 유지된다면), 기업가는 생산요소의 소유자 각각에게 그 생산요소가 생산과정에서 창출한 가치를 모두 지불하고 나면 생산된 것의 총가치에 해당하는 것을 다 지출해버리게 된다는 것을 알게 된다. 이 기업가에게 주어지는 유일한 보상은 생산과정에서 사용된 자기 소유의 생산요소에 대한 정상적 수익을 수취하는 것이다. 기업가는 아무 이윤도 얻지 못하며, 결국 이윤 따위에 아무 관심도 없이 그저 가만히 앉아서 자기 소유의 생산요소를 다른 기업가가 가져다 쓰도록 했을 경우와 똑같은 만큼의 돈벌이로 끝나게 된다는 것이다.

이러한 신고전파의 기업가 개념만큼이나 미신적인 것이 신고전파의 생산과정의 개념이다. 신고전파 경제학자들이 생산에 대해 이야기할 때, 사장과 노동자, 파업, 공장 폐쇄, 작업장 안전이나 노동일을 놓고 벌어지는 투쟁, 노동 강도 강화, 공장 기율, 조립 라인, 조업 중단, 테일러주의, 그 밖의 자본주의적 생산과정에 나타나는 수많은 부정적 특징 중 어느 하나도 언급되지 않는다. 신고전파 이론에 나오는 생산이란 일종의 연금술이다. 기업가는 '생산함수'라 불리는 복잡한 수학 등식으로 쓰인 처방전을 들고 나오며, 다양한 수량의 다양한 생산요소가 어떻게 다양한 수량의 완성된 상품의 산출물로 변형되는가는 이것이 설명해준다고 한다. 기업가는 생산요소의 가격(이것은 시장 또는 발라의 '호가자'가 제공한다)을 한 번 보고 또 완성된 상품의 가격(이 또한 시장 또는 '호가자'가 제공한다)을 한 번 보고, 어떤 생산요소를 구하여 어떤 상품을 판매할지를 선택한다. 기업가가 위에 말한 제약 조건 안에서 이러한 선택을 행하는 목적은 항상 이윤을 극대화하는 것이다. 일단 그러한 선택이 이루어지게 되면 생산의 문제는 끝나게 된다. 투입물은 생산함수의 연금술을 통하여 산출물로 그냥 변형되며, 그 결과 교환의 주기는 완결된다는 것이다. 경쟁적 균형 상태가 유지되는 한, 투입물과 산출물을 이윤 극대화의 원칙으로 결합해도 아무런 이윤도 나오지 않는다. 투입물과 산출물을 다른 방식으로 결합하면 되레 손실만 볼 것이다.

이것이 신고전파 이론에서의 기업가의 성격과 생산과정의 성격이다. 이는 허구의 이야기에 불과하지만, 보편적으로 혜택을 가져다주는 조화로운 시장 교환이 영원히 반복적으로 일어나도록 하는 점에서 대단히 유용한 것이다. 이러한 이유에서 우리는 신고전파 경제학 이론이 비록 생산과 생산함수에 대해 이론화를 시도하고 있음에도 불구하고 결국은 바스티아의 공리주의적 비전을 현대판으로 바꾸어놓은 것에 불과하다고 말했다. 이는 교환의 이론일 뿐이다. 그리고 그야말로 애덤 스미스의 보이지 않는 손이라는 주장을 더 정교하고 더 난해하게 만든 것으로, 실제의 생산과정에 대해서는 거의 전혀 관심을 두지 않는다.

신고전파 이론에서 나타나는 세 번째의 주요한 미신은 경쟁적 균형가격이 결정되는 과정에 대한 것이다. 신고전파 이론에서는 소비자, 생산요소의 소유자, 기업가는 그저 수동적인 '가격 수용자'일 뿐이다. 모든 가격은 개인이나 개별 기업이 어떤 행동을 취하는가와는 완전히 독립적으로, 경쟁적 시장에 의해 결정된다. 이 문제는 발라의 《요소》가 출간된 이후 상당한 관심의 대상이 되었음에도 불구하고, 신고전파 이론가들은 이 문제를 풀기 위한 발라의 노력에 실질적인 개선을 이루지는 못했다. 이들은 '모색' 과정을 통하여 이러한 균형가격이 달성된다고 주장할 수는 있었지만, 그러한 모색이 경제를 균형 상태로 이끄는 대신 균형 상태에서 더 이탈시키지 않을 것인가에 대해서는 경험적으로나 이론적으로나 설득력 있는 주장을 전혀 내놓을 수 없었다. 이들은 호가자라는 발라의 유용한 허구에 의지할 수 있었다. 하지만 순전히 이론의 붕괴를 막아보려는 목적에서 꾸며낸 그런 기계신deus ex machina 같은 허구의 이야기에 노골적으로 의존하면 당장에는 유용할지 몰라도 자유 시장 자본주의를 이데올로기적으로 옹호하는 이론으로서의 효과는 되레 더 떨어진다.

　신고전파 경제학자들끼리 보는 학술 잡지는 일반인이 알아볼 수 없는 난해한 논문으로 가득 차 있다. 여기서 그들이 증명한 것은 자신들이 자의적으로 설정한 초기 전제들만 주어진다면 그러한 균형가격의 조합의 존재가 논리적으로 꼭 불가능하지는 않다는 정도이다. 그런데 이러한 학술지 논문을 정당화의 근거로 삼아 경제학 교과서에서는 그러한 균형가격의 조합이 실제로 존재할 뿐만 아니라 모든 개인과 영리 기업이 이를 다 알고 있다고 그냥 가정해버리는 관행이 정착되고 말았다.

　이것은 특히 결정적으로 중요한 가정이다. 왜냐하면 자유 시장 자본주의를 변호하는 신고전파의 이데올로기는 다음의 세 가지 기둥으로 구성되어 있기 때문이다. 한계생산성 분배 이론(이는 16장에서 더 논의될 것이다), 보이지 않는 손의 주장, 그리고 자유 시장의 수요와 공급의 힘들은 자동적이고 효과적으로 경제를 완전고용의 균형 상태로 이끌어준다는 **순전히 신앙에 근거한** 믿음(앞으로 살펴보겠지만, 신고전파 경제학의 한 분파는 케인스의 사상에 호응하여 이 세 번째 논점을 최소한 부분적으로나마 버렸다)이 그 세 가지이다 . 그런데 만약 시장이 자동적으로 균형가격을 창출하는 게 아니라면 이 세 가지 이념적 기둥 그 어느 것도 지탱될 수 없다. 따라서 호가자라는 세 번째의 유용한 허구는 처음 두 가지 허구만큼이나 중요하다.

　신고전파 후생경제학은 애덤 스미스의 보이지 않는 손을 가장 정교한 논리로 신격화한 최종적인 결정판이다. 이에 대한 논의로 넘어가기 전에 먼저 신고전파 경제학 전체의 맥락 안에서 신고전파 후생경제학이 차지하는 위치에 대해, 그리고 이 장의 서술 스타일이 이전의 여러 장들과 다를 것이라는 점에 대해 세 가지 정도 말해둘 것이 있다. 첫째, 이 장에서는 중요한 경제학 이론가의 저작을 거의 언급하지 않을 것이다. 신고전파 후생경제학은 본질적으로 발라의 분석에다 비교적 소소한 수정 사항을 덧붙여서 더 상세하게 만든 것이며, 별도로 논의할 만큼 발라의 이론에 크게 무언가를 추가한 경제학자도 없기 때문이다. 여기에 예외가 있다면 아마도 발라의 제자였던 빌프레도 파레토Vilfredo Pareto(1848~1923)를 들 수 있을 것이다. 일부 경제학자들은 파레토의 기여를 아주 중요하게 생각한 나머지 신고전파 후생경제학을 아예 '파레토' 후생경제학이라고까지 부른다. 하지만 파레토의 주된 업적은 발라의 생각을 '무차별곡선' —이는 영국인 에지워스Francis Y. Edgeworth가 최초로 전개했던 개념이다— 으로 세련화한 것뿐이다.

우리는 신고전파 후생경제학을 설명할 때 파레토의 논리(그리고 이는 대부분의 오늘날 교과서에서 설명하는 방식이기도 하다)를 따라서 무차별곡선을 사용할 것이며 또 신고전파 생산 이론에서 이와 비슷한 개념에 해당하는 '등생산량곡선isoquants'을 사용하여 그 개념을 설명할 것이다. 하지만 우리는 저명한 경제사상가인 슘페터Joseph A. Schumpeter가 말했던, "순수 이론으로서 보자면 파레토의 이론은 기초에 있어서나 아주 세세한 부분에 있어서나 발라 식 이론이다"[1]라는 생각에 동의한다. 따라서 제한된 분량상 파레토와 그 이후 발라의 보이지 않는 손의 주장을 정교화한 이들은 따로 다루지 않겠다. 따라서 우리는 이런저런 신고전파 경제학자들이 어떤 기여를 했는지를 자세히 논하지 않고 그저 신고전파 후생경제학을 전반적으로 요약하는 논의만을 제시하도록 한다.

둘째, 이 이론의 정교화 작업은 대부분 1940년대에 이루어지기는 했지만('외부성externalities' 개념을 다루는 작업은 예외로서 1950년대와 1960년대에 더욱 정교화되었다), 우리는 현재 시제로 이야기할 것이다. 이 분석은 오늘날까지도 신고전파 분석의 핵심을 이루고 있기 때문이다.

셋째, 지난 1세기 동안 발라의 후생경제학은 신고전파 경제학의 지배적인 흐름이 되었다(특히 미국에서 그러하다). 그렇지만 신고전파 후생경제학에는 두 개의 조금 다른 버전이 있으며, 여기서는 지배적인 버전만을 제시하고 있다. 하지만 발라뿐만 아니라 멩거로부터도 큰 영향을 받았던 또 하나의 버전은 오늘날까지도 작지만 중요한 흐름을 끈질기게 이어오고 있다. 이 흐름은 20세기 초 수십년 동안 '오스트리아학파'로 알려졌으며, 1950년대와 그 이후로는 '시카고학파'라고 알려져 있다. 우리는 이들의 사상을 17장에서 살펴볼 것이다.

효용 극대화와 이윤 극대화

신고전파 미시경제학 이론은 신고전파 후생경제학의 기초가 되며 일반적으로 두 개(하지만 비슷하고 대칭적인)의 부분으로 나누어진다. 하나는 소비자 효용 극대화의 '이론'이며 다른 하나는 기업 이윤 극대화의 '이론'이다. 두 '이론' 모두는 제약 조건하에서의 극대화 논리를 각각의 부문에서 시연한 것에 불과하다.

교과서에 나오는 설명을 보면 이 이론들은 몇 가지 결론을 내고 있다. 예를 들어 소비자 효용 극대화 이론은 상품 가격이 보통 (항상 그런 것은 아니다) 상품의 수요량과 반대 방향으로 움직인다는 것을 연역적으로 보여준다. 이 이론은 수요량을 '대체 효과'에서 기인하는 부분과 '소득 효과'에서 기인하는 부분으로 분리할 수 있다는 것을 보여준다. 이 두 효과가 개념적으로 동일하다는 것을 수학적으로 증명할 수 있지만 이는 경제학과 학생들 말고는 이해하기 힘들게 되어 있다. 경제학과 학생들은 보통 이를 필수 과정으로 배우게 되어 있지만, 그런 식으로 둘을 나누는 것이 무슨 이론적 의미가 있으며 나아가 현실적으로 어떤 의미를 갖는지에 대해서는 거의 배우지 못한다. 이는 단지 자신이 신고전파 경제이론가로서 얼마나 유능한가를 증명하기 위한 분석적 훈련일 뿐이다. 그리고 이는 효용 및 이윤 극대화 이론의 전제에서 나오는 여타 분석적인 연역 작업 대부분에도 적용되는 이야기이다.

하지만 이러한 미시경제학 이론에서도 중요한 몇 가지 결론이 없는 것은 아니며, 이러한 결론이 기초가 되어 신고전파 후생경제학이 이루어지고 있다. 하지만 말할 것도 없이 이것들의 중요성이라는 것은 순수히 이데올로기적인 차원이다. 우리는 이 장에서 그 몇 가지 측면만을 살펴보도록 한다.

소비자의 효용 극대화를 분석하는 한계효용 이론에서 무차별곡선 indifference curve을 도입하게 되면 효용의 양을 객관적으로 측정하여 기수적基數的으로 수량화할 수 있다는 가정을 버리는 것이 가능해진다. 그저 소비자가 상이한 상품에 대해 무엇을 무엇보다 더 좋아하는지처럼 각각의 재화에 대해 그 사람이 가지고 있는 선호에 서열을 매길 수만 있으면 그것으로 족하다. 이는 효용을 그저 서수적序數的으로만 수량화하는 것(즉 서열 매기기)을 말하는 것으로서, 개인들 사이의 효용 비교는 요구하지 않는다. 만약 효용을 기수적으로 파악한다면 개인들이 저마다 느끼는 효용의 크기를 상이한 개인들 사이에서 서로 비교해야 하는데, 이는 우리가 주장했듯이 개념적으로 불가능한 일이다. 그런데 무차별곡선을 도입하면 이러한 과정이 필요가 없어지는 것이다. 무차별곡선이 〈그림 14-1〉에 그려진 것과 같은 일반적 형태를 취하며 또 소비자가 행동에서 '일관성'을 지키기만 한다면, 우리는 신고전파 경제학에서 주장하는 여러 결과를 얻게 된다. 행동의 일관성이란, 만약 어느 개인이 X를 Y보다 더 선호하고 Y를 Z보다 더 선호한다면, 그는 항상 X를 Z보다 선호해야 한다는 것으로 정의된다.

신고전파 경제학자들은 무차별곡선을 사용하여 상품이 두 개뿐인 경우 소비자가 자신의 효용을 어떻게 극대화하는지를 그림으로 보여준다. 상품의 수가 많아져도 수학적으로는 똑같은 결론을 도출할 수 있지만, 상품이 둘 뿐인 경우가 훨씬 간단하면서도 핵심을 보여주는 데는 충분하므로, 여

그림 14-1. **소비자의 효용 극대화**

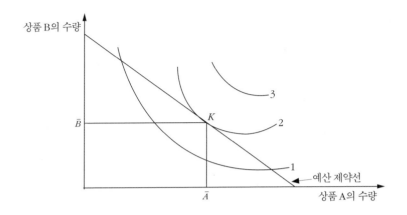

기서는 상품이 두 개인 경우만을 논의한다. 〈그림 14-1〉에서 두 좌표축은 상품 A 와 상품 B 의 수량을 나타낸다. 이 개인은 자신이 소비하는 A 와 B 의 모든 가능한 조합에 대해 자신이 선호하는 서열을 매길 수 있다고 가정된다. 만약 이 개인이 A 와 B 모두를 더 얻는다면 그의 효용은 항상 증가할 것이다. 만약 A 는 더 얻고 B 는 덜 얻는 경우(또는 그 반대의 경우), 늘어난 A 에서 얻는 효용의 증가분과 줄어든 B 에서 생겨나는 효용 손실의 양이 정확히 서로 일치하는 지점을 그 사람이 찾아내는 것이 항상 가능하다고 가정하자. 〈그림 14-1〉의 세 곡선은 무차별곡선이다. 각각의 곡선 위에 있는 무수한 점은 똑같은 양의 효용을 발생시키는 A 와 B 의 '묶음'을 나타낸다. 이 곡선을 따라 그 위의 한 점에서 다른 점으로 이동하면, 한 상품을 더 얻어 늘어나는 효용의 양과 다른 상품을 잃어 줄어드는 효용의 양이 정확히 서로 상쇄된다. 따라서 이 소비자는 똑같은 무차별곡선 위의 다양한 점으로

나타난 A 와 B 의 모든 조합 사이에서 아무런 선호의 차별도 느낄 수 없다.

한 개인이 갖는 무차별곡선은 그래프에서 무한히 많이 그릴 수 있다. 〈그림 14-1〉에는 세 개의 무차별곡선이 있다. 곡선 1은 가장 낮은 효용 수준을 나타내며, 곡선 2는 그보다 높은 효용 수준을(곡선 1에서 곡선 2로 옮겨가면 상품 A 와 상품 B 를 둘 다 더 많이 가져갈 수 있으므로), 곡선 3은 그보다 더 높은 효용 수준을 나타낸다.

이 그림의 직선은 이 소비자의 '예산 제약선'으로서, 이는 그가 자신의 생산요소를 판매하여 얻은 소득으로 살 수 있는 A 와 B 의 모든 조합을 나타낸다. 좌표축의 원점과 예산 제약선 사이의 거리는 그 개인의 소득이 갖는 구매력의 크기를 나타낸다. 예산 제약선의 기울기는 재화 A 와 B 의 가격 비율을 나타낸다(〈그림 14-1〉에서 예산 제약선의 기울기는, 즉 상품 A 의 가격을 상품 B 의 가격으로 나눈 것이다).

〈그림 14-1〉에 그려진 상황에서 소비자는 상품 A 와 B 의 구매 및 소비량을 무차별곡선 2 위에 있는 점으로 결정함으로써 효용을 극대화할 수 있다는 것이 분명하다. 이 소비자의 예산 제약을 감안할 때 이보다 높은 무차별 곡선으로 뛰어오를 수는 없다. 이 소비자의 예산 제약선 안에서 가능한 모든 구매 및 소비량 조합의 점은 무차별곡선 2보다 아래에 있다. 따라서 점 K 에서 이 소비자의 효용은 극대화되며, 신고전파 경제 이론에 나오는 개인들은 모두 항상 점 K 를 선택하도록 되어 있다.

어떤 특정한 점에서의 무차별곡선의 기울기는 B 의 한계효용에 대한 A 의 한계효용의 비율(MU_a/MU_b)을 측정하는 척도이다. 예산 제약선의 기울기는 두 상품의 가격 비율, 즉 P_a/P_b 가 된다. 점 K 에서 무차별곡선 2는 예산 제약선과 정확하게 접하고 있다. 따라서 이 개인에게 있어서 점 K 를 보면, $MU_a/MU_b = P_a/P_b$ 이다. 같은 이야기이지만, $(MU_a/P_a) = (MU_b/P_b)$ 이기도 하다. 이리하여 우리는 점 K 가 제번스와 발라가 정식화한 효용 극대화

그림 14-2. **이윤 극대화**

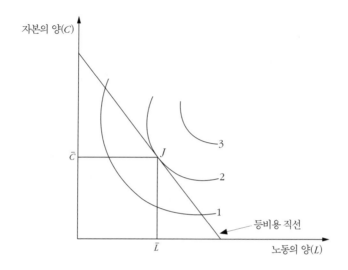

조건을 충족한다는 것을 알 수 있다.

　게다가 완전경쟁 상황에서는 각 개인이 상품 A 와 B 에 대해 동일한 가격에 직면하므로, 각 개인은 자신의 여러 무차별곡선 중 모두 동일한 극대화 조건을 충족시키는 곡선 위의 한 점으로 이동할 것이다. 따라서 경쟁적 시장에 의해 (또는 호가자에 의해) 결정된 재화 A 와 B 의 균형 시장가격은 **두 상품 A 와 B 에 대한 모든 개별 소비자의 한계적 심리 평가를 완벽히 반영한다.** 다시 말해서 예를 들어 상품 A 의 균형가격이 상품 B 의 균형가격의 두 배라면, 모든 개인은 일단 스스로가 원하는 최적의 소비 수준을 달성한 뒤에는 심리적으로 상품 A 가 상품 B 보다 두 배의 한계효용을 낳는 것으로 여긴다. 따라서 여러 가격은 모든 소비자의 한계효용을 완벽하게 반영한다.

그리고 자유 시장에서 이러한 결과가 달성되는 것이야말로 바로 신고전파 경제학자들이 말하는 '소비자주권'을 의미한다.

기업의 이윤 극대화도 한 개인의 효용 극대화와 거의 똑같은 방식으로 보여줄 수 있다. 〈그림 14-2〉에서 그래프의 두 좌표축은 어느 기업의 생산 과정에서 사용된 노동의 양(L)과 자본의 양(C)을 나타낸다. 이 세 개의 곡선은 등생산량곡선isoquant curves으로서, 주어진 산출 수준을 생산하는 데 필요한 자본과 노동의 다양한 조합을 보여준다(산출은 상품 A일 수도 있고 B일 수도 있다). 각각의 곡선은 일정한 생산 수준을 나타내며 그 기업의 생산함수에서 도출된다. 이 곡선이 그래프의 원점에 가까울수록 곡선이 표현하는 산출량은 더 작다는 이야기이다. 직선은 '등비용isocost' 직선으로서, 기업이 주어진 화폐 지출로 구매할 수 있는 자본과 노동의 다양한 조합을 나타낸다.

〈그림 14-2〉의 기업은 등생산량곡선 2 위의 점 J에서 C만큼의 자본과 L만큼의 노동을 고용하여 생산하고 있다. 첫째, 이 기업이 만약 등생산량곡선 2로 나타나는 산출 수준으로 생산하기로 결정했다면, 그만큼의 양을 생산할 수 있는 가장 적은 비용은 그 등비용 직선이다. 둘째, 만약 이 기업이 등비용 직선이 나타내는 만큼만 생산비용으로 지출하기로 결정했다면, 그만큼의 지출로 달성 가능한 최대 생산량은 등생산량곡선 2가 나타내는 만큼이다. 그리고 C와 L은 그만큼의 비용으로 구매가 가능하고, 또 그 비용 안에서 그 기업이 생산을 극대화할 수 있는 자본과 노동의 양을 각각 나타낸다.

완전경쟁의 균형 상태에 있는 기업들은 모두 자본과 노동에 대해 동일한 가격에 직면할 것이다(자본과 노동의 가격은 시장 또는 호가자가 결정한다). 따라서 모든 기업은 그들의 등생산량곡선 위에 있는 J와 같은 점에서 생산할 것이다. 등비용 직선의 기울기는 P_L/P_C(즉 임금과 이자의 비율)이다. 등생산량

곡선의 기울기는 MP_L/MP_C(즉 노동의 한계생산물과 자본의 한계생산물의 비율) 이다. 따라서 균형 상태에서 모든 기업에게는 $MP_L/MP_C = P_L/P_C$가 된다. 만약 완전경쟁이 지배적인 상황이라면, $VMP_L = P_L$ 그리고 $VMP_C = P_C$ 또한 모두 적용된다는 사실은 비교적 보여주기 간단하다. 즉 각 생산요소의 한계생산물 가치는 각 요소의 가격과 정확히 일치한다. 한계생산성 분배 이론이 여전히 적용되는 것이다. 각 생산요소는 그것이 마지막 투입에서 생산한 것과 정확히 똑같은 가치를 얻는다. 생산은 극대화되며, 각 생산요소의 소유자는 자신의 생산요소가 마지막 투입에서 생산에 기여한 것과 정확히 똑같은 가치의 소득을 수취한다.

지복직관과 천상의 영원 복락

신고전파 경제학자들은 효용 극대화와 이윤 극대화의 조건에 기초하여 정교하고 대칭적이고도 미학적인 즐거움까지 안겨주는 연역적인 수학적 이론 체계를 구축했다. 이 체계는 경쟁의 조건이 주어져 있다면, 효용을 극대화하기 위해 교환하는 소비자와 이윤을 극대화하기 위해 교환하는 기업가는 자동적으로 사회적 후생을 극대화하는 방식으로 행동하고 상호작용할 것임을 '증명한다'. 우리는 이러한 결론의 수학적 또는 기하학적 '증명'으로 들어가지는 않을 것이며, 단지 그 논리 전개의 각 단계의 성격 그리고 그러한 분석이 의도하는 의미 등을 말로 서술할 것이다. 그러한 증명에 관심이 있는 독자들은 프랜시스 베이터Francis M. Bator가 쓴 분석적으로 논리정연한 학술 논문에서, 경쟁적인 자유 시장 자본주의 사회가 어떻게 해서 사회 전체의 후생이 극대화되는 '지복점至福點, bliss point'에 도달하게 되는지를 볼 수 있을 것이다.[2]

증명의 시작은 어느 시점에 사용할 수 있는 자본과 노동의 총량을 주어진 것으로 받아들이는 것이다. 소비재 각각의 생산함수에서 도출한 등생산량 곡선을 사용하면, 위에서 서술한 이윤 극대화 조건이 사회 전체로 하여금 이른바 '생산 가능 곡선'이라고 불리는 것에 도달하기 위한 필요충분조건임을 증명할 수 있다. 생산 가능 곡선이란 사회 전체의 노동과 자본을 **효율적으로** 사용했을 때 생산 가능한 모든 상품 조합을 보여주는 복잡한 수학적 정식이다. 모든 상품 조합에 대해, 한 상품의 생산을 늘릴 때 반드시 다른 상품의 생산을 줄일 수밖에 없는 상태라면 이 조합에서는 효율성이 달성된다.

생산 가능 곡선 위에 있는 점은 생산된 각 상품들의 수량을 다양하게 결합시킨 특정한 조합으로 구성된 총생산을 나타낸다. 이 곡선 위에 있는 어떤 점에서 어떤 두 상품의 조합에 대해서든 '생산의 한계 전환율'을 계산할 수 있다. 예를 들어 상품 A와 상품 B의 한계 전환율이 2 : 1 이라고 한다면, 이는 곧 상품 A를 2 단위 포기하면 상품 B를 1단위 더 생산할 수 있다는 것을 뜻한다.

경쟁의 조건에서는 상품 B의 균형 시장가격이 상품 A의 그것보다 항상 두 배일 때 앞에서 말한 생산 가능 곡선 위(이 곡선 위에서는 한계 전환율이 2 : 1 이다)의 점을 얻을 수 있음을 증명할 수 있다. 따라서 경쟁 상태에서는 상품 A와 상품 B의 생산 한계 전환율은 항상 두 상품의 가격을 반영할 것이다. 일단 산출물이 이러한 특정 수준과 구성으로 생산되면 소비자들은 자신들의 효용을 극대화할 수 있는 상품 조합을 교환하고 획득할 것이다. 만약 앞에서 말한 2 : 1 가격 비율이 균형가격의 비율이라고 한다면, 모든 소비자들은(자신들에게 주어진 예산 제약선에 입각하여) 두 상품을 원하는 만큼 교환할 수 있을 것이며, 이에 따라 모든 시장은 균형을 이룰 것이다. 즉 모든 시장에서 공급은 수요와 정확히 일치할 것이다.

우리는 소비자들이 자신들의 효용을 극대화하기 위해 교환을 행한다면,

모든 소비자에게 있어서 상품 A의 한계효용에 대한 상품 B의 한계효용의 비율을 정확히 반영한 B와 A의 비율이 2 : 1이 될 것임을 보았다. 따라서 경쟁 상태에서는 상품 A와 상품 B의 한계효용 비율과 함께 두 상품 사이의 한계 전환율 또한 상품 A와 상품 B의 가격 비율을 반영한다. 만약 그렇지 않아서 한계 전환율과 한계효용 비율이 동일하지 않다면, 최소한 소비자 한 사람은 교환을 더 행하거나 또는 생산물의 구성을 바꾸는 등의 방법을 통해서 다른 사람의 효용을 줄이지 않고도 자신의 효용을 늘릴 수 있을 것이다. 하지만 만약 경제가 균형 상태에 있다면 완전경쟁 하에서 이 모든 비율이 동일할 것임을 증명할 수 있다. 따라서 이는 곧 생산량의 수준과 생산물의 구성이 균형 상태에 도달하여 그 결과 나타나는 교환은 사회의 **효용 가능 곡선** 위에 있게 된다는 증명이기도 하다.

효용 가능 곡선 위의 모든 점은 다음과 같은 상태를 나타낸다. 즉, 아무리 생산을 변화시키고 상품 교환 수량을 변화시킨다고 해도 누구든 자신의 이익을 증진시키게 되면 반드시 다른 누군가의 이익을 해치게 되는 상태이다. 생산요소 소유권의 초기 '자원부존endowment'(즉 최초의 부의 분배 상태)이 주어지면, 그 최초의 부의 분배와 모순되지 않으면서 도달할 수 있는 극대의 수준까지 생산과 교환을 통하여 효용이 늘어나게 된다.

이러한 효용 가능 곡선 위의 한 점이 바로 신고전파 경제학자들이 '파레토 최적Pareto optimum'이라고 부르는 상태이다. 이는 사회가 특정한 부의 분배 상태에서 끌어낼 수 있는 극대의 후생을 나타낸다. 경쟁을 통한 효용 극대화 및 이윤 극대화 행위가 행해지면 자동적으로 이러한 점에 도달한다는 것이 '증명'되었다. 하지만 최초의 부의 분배가 달라질 때마다 파레토 최적의 점 또한 달라지게 된다. 여기서 어떤 이들은 그 효용 가능 곡선 위에서 서로 상이한 최초의 부의 분배 상태를 나타내는 상이한 점들 중 특정한 점들이 더 바람직하다고 판단할 수도 있다.

하지만 우리가 이미 톰프슨의 사상을 논의하면서 살펴보았듯이, 이러한 판단은 상이한 개인들이 느끼는 효용을 개인들 사이에 비교한다는 것을 함축하는데, 이는 본질적으로 불가능하다. 대부분의 신고전파 경제학자들의 관점에서 보면, 어떤 사람이 좀 더 평등한 부의 분배를 원하는지 아니면 덜 평등한 분배를 원하는지는 단순히 그 사람의 개인적 편향 또는 편견의 문제일 뿐이다. 신고전파 경제학자들은 그래서 자신들의 공리주의 철학에 나오는 개인주의의 가정과 논리적으로 모순되지 않으면서도 부가 어떻게 분배되어야 적절한지를 판단할 수 있는 '과학적' 또는 '객관적' 기준을 전혀 고안해낼 수 없었는데, 이는 실로 당연한 일이다. 공리주의 경제학을 논하면서 우리가 무수히 반복했던 주장을 다시 한 번 반복한다. 쾌락주의 또는 공리주의로는 상이한 개인들의 욕망과 쾌락을 비교하는 것을 가능케 할 기초를 전혀 마련할 수 없다.

하지만 만약 기존의 부의 분배 상태를 싫어하지 않는다면 아무 문제가 없다. 그래서 개인들의 극대화 행위를 통해 사회 전체가 자동적으로 도달하게 되어 있는 파레토 최적점은 신고전파 경제학 저작들에서 '지복점至福点' 또는 '제약 하의 지복점constrained bliss point'◆이라고 불린다.[3] 대부분의 신고전파 경제학자들은 현존하는 자본주의 사회에 근본적으로 잘못된 것이 거의 없다고 생각하는 경향이 있다. 그렇다면 신고전파 후생경제학은 성 아우구스티누스가 말하는 '천상의 영원 복락eternal felicity'에 대한 '지복직관

◆ 지복점은 아무런 예산 제약이 없는 상태에서의 효용 극대화 지점이다. 즉 이론상 돈이 무한히 많은 부자가 자신이 질려서 고통이 생겨나기 전까지 원하는 모든 재화와 서비스를 다 취한 상태를 말한다. 이와 달리 예산 제약하의 지복점은 예산 제약이 존재하는 상황에서 효용을 가장 크게 하는 지점을 말한다.

beatific vision'●●의 현대판이라고 말해도 정당할 것이다.⁴

미시경제학 이론, 신고전파 경제학, 후생경제학

앞의 절은 신고전파 후생경제학에 익숙하지 않은 사람에게는 좀 너무 짧아 이해하기 어려웠다. 그 이유는 이렇다. 오늘날 대부분의 대학에서 가르치고 있는 현대의 정통 주류 미시경제학 이론은 신고전파 경제학이다. 더욱이 정통 주류 미시경제학 이론의 최중심부에 있는 것도 후생경제학이며 또 그것이 거의 필연적으로 도달하게 되는 최종 목적지 또한 신고전파 후생경제학이다. 이는 현대 경제학 이론을 이해함에 있어서 너무나 중요한 것이기에 아무리

●● 여기서 복락이라고 옮긴 felicity는 라틴어 felicitas에서 온 말로서 약간의 설명을 요한다. 고대 로마인들에게 있어서 이는 여신의 이름으로서, 살다보면 생겨나는 행운과 기쁨에서 오는 쾌락을 뜻한다. 따라서 펠리키타스는 한때의 기쁨과 쾌락으로서 그 행운이 지나가면 또 그 기쁨의 순간이 지나가면 덧없이 사라지게 되어 있다. 비록 포르투나 Fortuna 여신처럼 재앙으로까지 변하지는 않지만, Felicitas는 계속 인간에게 머물러주지 않으며 여신이 나타나는 순간에만 기쁨이 오게 되어 있는 것이다. 반면 천국에서 누리게 되는 복락은 그러한 사바세계와는 달리 시간이 지나도 또 사물의 운행 질서로서의 포르투나의 상하 운동에도 지배받지 않고 항상 똑같이 최상의 기쁨을 영원히 유지하는 것으로 되어 있다. 이는 성 아우구스티누스의《신국론》30장을 참조하라. 또 지복직관이란 천국에서 신의 모습을 눈으로 똑똑히 보는 것을 말한다. 본래 구약성서에 나오는 신은 무한대의 빛으로 존재하기 때문에 인간 존재로서는 직접 보는 것이 불가능하며 항상 플라톤의 동굴의 비유처럼 그림자로서만 볼 수밖에 없는 것이 사바세계에서의 현실이다. 하지만 구원받은 자들은 나중에 천국에 올라 신과 얼굴을 맞대고 보게 되어 있다. 그리고 그 완벽한 신의 모습을 눈으로 똑똑히 보는 순간 인간은 최상의 또 영원히 지속되는 행복의 극치점에 도달하게 된다. 여기에서 토마스 아퀴나스가 말하는 바, "쾌락이 결코 줄어들지 않으면서 동시에 쾌락이 결코 더 늘어날 수도 없는 상태"라는 지복직관 상태의 묘사가 이 장에서 논의되고 있는 파레토 최적의 개념과 흥미로운 유사점을 보인다.

강조해도 지나치지 않다. 신고전파 후생경제학을 충분히 세련되게 이해하려면 최소한 현대의 정통 주류 미시경제학을 다룬 중급 수준의 교과서 전체를 익힐 필요가 있다. 그런 교과서 중에서도 일관성 있는 짜임새를 가지고 그런대로 잘 쓰인 책은 이미 많이 나와 있다. 이 문제를 더 파고드는 데 흥미를 갖는 독자는 이런 책을 읽을 수 있을 것이다.

우리가 할 일은 이러한 교과서 중 하나를 잡아 토론하는 것이다. 비록 좀 해묵은 책으로 보이지만 그래도 여전히 학계의 정통 주류에서 미시경제학을 다루는 방식을 지극히 전형적으로 보여주는 (따라서 신고전파 공리주의 경제학의 핵심 내용의 현재 상태에 대한 정확한 요약을 보여주는) 훌륭한 교과서가 하나 있다. 퍼거슨C. E. Ferguson이 저술한 《미시경제학 이론*Microeconomic Theory*》의 개정판으로서, 이 책은 16개의 장으로 구성되어 있다. 그 마지막 장은 '후생경제학 이론'이라는 제목을 달고 있으며,[5] 그 앞의 15개의 장의 대부분은 신고전파 후생경제학을 다룬 이 마지막 장을 위한 분석적 기초를 마련하도록 짜여져 있다는 것이 확연히 드러나 있다. 따라서 이 마지막 장이야말로 책 전체의 절정을 이루는 대단원이다. 이 마지막 장 서두에서 퍼거슨은 이렇게 쓰고 있다.

> 우리는 이제 다음과 같은 사실을 보여주고자 한다. … 완전경쟁의 자유기업 체제는 극대의 사회적 후생의 달성을 보장한다는 것이다. 이 증명은 생산자와 소비자의 극대화 행위에 기초하고 있다. 애덤 스미스의 격언을 빌리자면, 각 개인은 그 자신의 자기 이익을 추구하는 가운데 마치 '보이지 않는 손'에 이끌리는 것처럼 만인의 전반적 후생을 증진시키는 일련의 행동으로 이끌려가게 된다.[6]

그 뒤에는 우리가 앞 절에서 말로 요약한 내용을 아홉 쪽에 걸쳐서 개략적으로 설명하고 있다. 이 아홉 쪽의 가장 중요한 측면은, 신고전파 후생경제학에 대한 설명을 지복점의 달성이라는 하나의 주장으로 묶어내는 작업을 그토록 일관되면서도 간략하게 이루어낸다는 점이다. 이는 그가 내놓는 각 논점의 구체적인 설명에 대해서는 그 책의 앞 장들 또는 절들을 참조하라고 독자들에게 말할 수 있기 때문이다. 결국 정통 주류 미시경제학 이론에 대해 그가 내놓은 표준적 설명이 전개해놓은 모든 개념과 분석적 도구는 **필연적으로 신고전파 후생경제학의 결론으로 이르게 되어 있다는 것을 알수 있다.** 사실 그 앞의 15개 장들을 아무리 살펴보아도 그것 이외의 다른 지향점을 찾을 수 없다. 후생경제학을 설명하는 아홉 쪽은 책 전체를 한데 묶어내면서 이렇게 결론을 내린다. "이 독특한 균형점은 … '예산 제약하의 지복점'이라고 불린다. 이 점은 생산, 교환, 분배를 조직함에 있어서 **도달 가능한** 극대의 사회적 후생을 낳는 독특한 상태를 나타내기 때문이다."[7]

더욱이 이 신고전파는 오늘날의 경제학에 있어서 지배적인 (그리고 아마도 수적으로 볼 때 가장 큰) 학파이다. 신고전파 경제학자들에게 있어서 미시경제학 이론(또는 후생경제학)은 자신들이 도달하는 모든 이론적, 실천적, 정책적 결론 그리고 모든 이론적 특수 분야의 근간을 이루는 것이다. 이들이 행하는 모든 비용-편익 분석, 외국 무역에 참여하면 모두에게 혜택이 발생한다는 증명, 응용경제학의 모든 분야에서 만나는 시장 효율성의 개념, 그뿐만 아니라 이들이 주장하는 합리적 가격의 개념까지 모두, 자유 기업의 경쟁적 시장 시스템은 파레토 최적의 상황을 향할 것이라는 자신들의 신앙고백 이외의 **그 어떤 의미도 없다.** 만약 파레토 최적의 상황이 실제로 나타나지 않는다면 이러한 어구와 개념은 전혀 옹호될 수 없다. 파레토 최적의 상황이 나타나지 않는다면 이러한 어구는 실로 **아무런 의미도 없는 것이다.** 이것들이 의미를 가지려면 우선 파레토 최적이 실제로 존재한다고 신고전파 경제학자들이 가정해야만 한다. 그렇게 되면 **정의에 의하여**by definition,

모든 교환자는 이득을 얻으며 모든 자원은 '효율적으로 배분되며', 모든 가격은 '합리적'이며, 따라서 다양한 정부 프로젝트의 사회적 비용과 편익을 정확하게 평가—공리주의적 근거에서—할 수 있도록 한다는 이야기가 나오게 된다. 모든 이론적, 실천적 문제에 대한 거의 모든 신고전파의 분석은 공리주의에 입각한 신고전파 후생경제학에 지배되고 있으며, 후자는 전자의 모든 곳에 속속들이 파고들어 있다.

신고전파 경제학 이론은, 스미스와 리카도의 사상에서 효용의 관점 또는 교환의 관점이 지배하는 부분을 다시 맬서스, 세, 시니어, 바스티아, 제번스, 멩거, 발라, 마셜, 클라크 등이 발전시키고 정교화한 것을 직접 물려받은 것이다. 하지만 신고전파 경제학은 점점 더 외부의 사람들이 이해할 수 없는 수학적 분석의 형식을 취해왔고, 급기야 경제학과 학생들은 그저 분석 도구와 기술을 배우는 데만 여러 해를 바치면서 그 분석의 근저에 있는 철학적이고 사회적인 가치에 대해서는 전혀 알지 못하는 지경에 이르렀다. 이것이 위에 언급한 이들의 사상을 검토하는 것이 지극히 유용하고 중요하게 되는 이유의 하나이다. 신고전파 경제학이 아무리 일반 사람들이 이해할 수 없는 수학으로 '연막'을 친다고 해도 경제사상을 공부하면 그것이 지향하는 가치를 꿰뚫어볼 수 있기 때문이다. 이 철학적, 사회적, 도덕적 가치는 오늘날의 신고전파 경제학자들의 저작 속에 모호하게 은폐되어 있지만 그럼에도 불구하고 절대적으로 필수적인 부분을 이루고 있으며, 맬서스, 세, 시니어, 바스티아의 저작에 명쾌하게 나타난 가치와 여전히 본질적으로 동일하다. 그런데 제번스, 멩거, 발라, 마셜, 클라크 등의 저작으로 오면 이러한 가치가 점차 모호한 형태로 흐려지기 시작하며, 결국에는 정교하고도 난해한 논리로 세워진 눈부신 아름다움의 수학적 체계의 건축물이 출현하면서 이 경향은 절정에 이르렀다. 예전의 사상가들의 저작에서는 그토록 명쾌하고 단호하게 표현된 가치가 이제는 그 수학적 체계의 건축물 뒤에 완전히 숨어버린다.

이러한 까닭에, 지금까지 우리가 명시적이거나 암묵적으로 내린 결론을 더 다듬고 확장하여 오늘날의 신고전파 후생경제학에 대한 비판을 구축하는 것은 중요한 작업이다. 이 장의 나머지 부분은 그러한 비판에 쓰도록 하겠다.

후생경제학의 쾌락주의적 기초

신고전파 후생경제학은 명백하게 쾌락주의라는 선입관에 기초한다. 이는 심리학적 쾌락주의와 윤리학적 쾌락주의를 둘 다 포함한다. 심리학적 쾌락주의는 19세기 말에 나타난 것으로서 인간의 행태를 설명하는 상당히 조야한 이론이다. 한 개인과 그에게 외적으로 주어진 소비 가능한 물품 사이에 기수적으로 수량화가 가능한 관계가 존재한다고 가정하며, 이것을 포착하는 개념으로서 효용을 제시한다. 이 관계는 마치 형이상학적으로 주어지고 고정된 것처럼 치부되기 때문에 더 이상 탐구 대상이 되지도 않는다. 그 다음에 인간의 모든 행위를 각 개인이 자신에게 주어진 생산 자원의 사용과 상품 교환을 통해 효용을 극대화하려는 노력으로 환원한다(최초에 그 개인에게 주어진 자원의 기원과 정당성은 효용으로 포착된 사회적 관계와 마찬가지로 분석의 대상으로 삼지 않는다).

하지만 19세기 말이 되면 이미 심리학적 쾌락주의는 철저하게 불신을 받게 된다. 지난 1세기 동안에 걸친 후생경제학의 발전이라는 것은, 행동에 대한 여러 가정을 개발하고 세련화해 심리학적 쾌락주의에 대한 반대를 제거하면서 또 동시에 그 불신받은 이론에서 나온 결론과 동일한 결론을 계속해서 끌어내는 과정이었다. 효용의 기수적 수량화는 무차별곡선을 이용한 서수적 수량화로 대체되었다. 게다가 이 **효용**이라는 말조차도 **선호**preferences라는 말로 대체되는 일이 빈번해졌다. 개인들의 선택이 일관된다고 가정하기만 하면 그들의 선호라는 것 또한 경험적으로 관찰하는 것도 가능해진다고 신고전파 경제학자들은 주장한다. 하지만 그 일관성이라는 개념은, 형이상학적으로 주어진 '선호 순서'라는 게 이미 사전에 존재하며 개인들이 행하는 선택은 그저 이를 반영하게 되어 있다고 가정하는 것 이상의 무엇도 아니다(물론 사람들의 선택 행위를 경험적으로 관찰해보면, 그런 유형의 일관성 따위는 존재하지 않는다는 것이 분명하게 드러난다. 경제학자들 또한 조금만 상식을 되찾아도 금방 이러한 사실을 알 수 있을 것이다). 기수적으로 수량화할 수 있는 효용이든 서수적으로 수량화할 수 있는 선호이든, 그 심리학적, 윤리학적 의미는 동일하다. 따라서 후생경제학은 극대화 행동을 하는 경제적 인간이라는 쾌락주의적 이론의 성격을 그대로 간직하고 있다. 이 경제적 인간의 극대화 행동은 선호 순서와 최초의 자원부존이라는 두 가지 실체에 의해 미리 결정되고 프로그램된다. 그런데 그 두 가지 실체는 형이상학적으로 주어져 있으며 결코 변하지 않는다.

후생경제학의 윤리학적 쾌락주의를 알렉산더S. S. Alexander 교수는 "돼지 원리pig principle"라고 불렀다. 이 "돼지 원리"란 단지 다음과 같은 것을 뜻한다. "좋아하는 것이라면 많을수록 더 좋다."[8] 후생경제학의 가장 기초적인 규범적 원리는 몇 가지 다른 방식으로 언명할 수 있다. 쾌락은 더 많은 편이 더 적은 편보다 윤리적으로 선하다(벤담이 말한 방식). 더 많은 효용이 더 적은 효용보다 윤리적으로 선하다(19세기 말 신고전파의 방식). 한 사람의 선호 순서에서 더 선호되는 위치가 덜 선호되는 위치보다 윤리적으로 선하다(오늘날의 신고전파 방식). 이 각각의 경우마다 어떤 사물의 쾌락, 효용, 선호도를 제대로 평가할 자격을 갖춘 유일한 판단자는 고립되고 원자화된 개인이다. 왜냐면 이러한 후생의 크기는 오로지 그 개인과 소비 대상 사이의 관계로만 결정된다고 가정되기 때문이다. 개인이 가진 욕망에다 시장의 구매력을 가중치로 계산한 것이 사회적 가치의 궁극적인 기준이다. 한 개인의 효용이 순수하게 개인적 문제가 아닐 때마다, 즉 한 사람의 효용이 다른 사람들의 소비(또는 영리 기업의 생산)에 의해 영향을 받을 때마다 이러한 개인 간 효과는 항상 '외부성externalities'이라는 이름이 붙는다. 선호 순서의 상호의존성(즉 일종의 사회적 활동으로 간주되는 소비)이 빚어내는 외부성의 사례는 모두 별개의 예외적 사례로서만 다루어질 수 있다(이는 나중에 더 자세히 살펴본다). 후생경제학은 개인의 욕망이라는 것 자체가 특정한 사회적 과정 그리고 그 속에서 개인이 차지하는 위치에서 생겨나는 산물이라는 사실을 완전히 무시한다. 만약 신고전파 경제학자들이 이러한 사실을 인정하게 되면, 전혀 다른 사회 경제적 시스템과 거기서 생겨나는 개인들의 욕망 패턴에 대해 여러 다른 규범적 가치 평가가 있을 수 있다는 사실 또한 인정해야만 하게 된다. 후생경제학은 마르크스가 "자신들의 세상이야말로 존재할 수 있는 가장 좋은 세상이라는 자기 만족에 푹 빠진 부르주아지가 품고 있는 진부하기 짝이 없는 사상을 영구불변의 진리라고 선언하면서 이를 현학적인 방식으로 체계화하는 작업에만 몰두하는"[9] 관점이라고 딱지를 붙였던 '속류 경제학'의 직접적 후손이라고 할 수 있다.

파레토 최적이라는 규범의 본질적 성격

이러한 심리학적, 윤리학적 쾌락주의를 기초로 하여 파레토 최적이라는 후생경제학의 핵심 개념이 구성된다. 우리는 앞에서 신고전파 미시경제학 이론이 어째서 필연적으로 파레토 최적이라는 규범에서 절정에 이르는지를 살펴보았다. 이 이론의 결론은 다음과 같다. 자유 시장과 경쟁이 지배하는 자본주의 시스템에서 자원 배분과 소득분배와 소비재 배분이 이루어질 경우, 소비나 교환이나 생산에서의 변화에 의한 자원의 재배분이라는 방법으로 생산되고 교환된 상품의 가치를 **분명하게** 증가시킬 수 없는 상태에 필연적으로 이르게 된다는 것이다. 이것이 바로 신고전파 경제학의 기본적 규범인 파레토 최적이다.

파레토 최적의 기본적 원칙은 다음과 같다. 어떤 변화가 생겨서 한 개인의 위치가 개선되면(개선 여부의 판단 주체는 그 개인 자신이다) 그에 따라 반드시 다른 누군가의 위치가 악화되거나 해를 입도록 되어 있는, 그러한 경제적 상태가 최적이라는 것이다. 파레토 개선이란 최적이 아닌 위치에서 최적의 위치에 근접하도록 사회를 움직이게 만드는 변화이다. "누구에게도 피해를 주지 않으면서 일부 사람들을(당사자들의 평가로 보았을 때) 더 잘 살게 만드는 변화라면 모두 개선이라고 간주되어야만 한다."[10]

파레토의 원칙에서 주목해야 할 가장 중요한 점은 그것이 합의에 기대는 보수적 성격을 띤다는 점이다. 모든 갈등의 상황은 이 원칙의 정의定意 자체에 의하여 배제된다. 계급 갈등, 제국주의, 착취, 소외, 인종주의, 성차별주의, 그 밖의 수많은 갈등으로 꽉 찬 이 인간 세상에서 다른 이들의 상태를 악화시키지 않으면서 일부만 더 잘 살게 만드는 변화라는 게 도대체 어디에 있단 말인가? **억압받는 이들의 곤란한 상태를 개선하게 되면 억압자들의 상황은 악화되게 마련이다**(물론 이는 억압자들이 느끼는 바를 기준으로 한 것이다)! 한 사회적 단위의 운명을 분명히 개선시킴에도 불구하고 그 단위와 자연적으로 적대적 관계에 있을 수밖에 없는 다른 사회적 단위들조차 반대하지 않는 그런 사회적, 정치적, 경제적 상황은 정말로 찾아보기 힘들다. 이 이론으로 설명할 수 있는 범위는 사실상 너무나 제한적이어서 더 이상 진지하게 살펴볼 가치도 없어 보인다. 하지만 이 이론을 중요하게 생각하는 것은 신고전파 경제학자의 압도적 다수이며, 게다가 마르크스와 베블런의 전통에 입각하여 작업하는 경제학자들조차도 그렇게 여기는 부주의한 이들이 부지기수인 상태인 실정[11]이다.

후생경제학의 근저에 있는 사회적 가치

우리는 앞에서 신고전파의 효율성과 합리성 개념은 파레토 최적의 개념과 불가피하게 그 의미가 연결되어 있다고 말했다. 자원 배분의 문제에서 자유 시장이라는 해법을 합리적이거나 효율적이라고 받아들이려면, 이러한 신고전파 분석의 근저에 있는 경험적이고 행태주의적인 가정뿐만 아니라 그것이 전제하는 사회적 가치까지도 받아들여야만 한다. 앞에서 논의한 쾌락주의의 문제 또한 그렇게 신고전파의 사회적 가치의 일부를 암묵적으로 담고 있다. 우리는 그러한 가치를 하나하나 명시적으로 드러낼 필요가 있다.

파레토 분석에서 유일하게 중요한 가치는 고립된 각 개인의 선호에다 그 개인의 구매력으로 가중치를 매긴 것이다. 이 두 요소, 즉 개인주의의 문제와 분배에 대한 가정의 문제를 따로따로 고찰해보자.

개인의 선호라는 공리公理는 놀라울 정도로 이 이론의 손발을 철저히 묶어버린다. 신고전파 분석에서는 상이한 개인들이 가지고 있는 선호를 서로 비교하여 어느 쪽이 어떤 장점을 가지고 있는지를 가늠할 방법이 없다. 따라서 그 어떤 개인의 선호에 나타나는 변화에 대해서도 그것이 좋은 변화인지 나쁜 변화인지 가치 판단을 내릴 기준이 있을 수 없다. 후자가 가능하려면 전자도 가능해야만 한다. 이러한 이론의 추상 수준에서 보자면, 개인들은 선호 순서에서 차이가 있을 뿐이다. 그렇기 때문에 한 개인의 선호 순서 내에서 변화가 일어난다고 보는 대신 사회에서 그 사람을 빼내고 전혀 다른 사람으로 채워넣어도 완전히 똑같다. 따라서 이 이론으로는 사회적 가치 및 개인의 가치의 역사적 진화는 고사하고 매일매일의 변화조차 고찰할 수 없다. 그렇다면 이 이론으로는 시간적으로 다른 시점에 생겨난 어느 두 사건 또는 두 상황을 동일한 규범에 비추어 비교하는 것이 불가능하다는 것을 인정할 수밖에 없으며, 결국 실제로 존재하며 살아가는 사람들의 거의 모든 생명 현상을 이 이론의 적용 범위에서 배제해야 한다는 것을 인정하지 않을 수 없다. 반대로 만약 그러한 규범적 비교를 허용하게 되면 그 순간 윌리엄 톰프슨과 같은 급진파 공리주의자들 및 사회주의자들의 평등주의적 결론으로 되돌아가게 될 것이며, 현존하는 사회질서를 지적으로 떠받치는 신고전파 경제학의 성격은 심각하게 약화될 것이다.

따라서 이 이론은 개인들의 선호나 취향이 시간이 지나도 변하지 않는 경우에만 적용할 수 있다는 것이 분명하다. 또 모든 사람들은 광신도이든 정신이상자이든 가학성 성도착자이든 피학성 성도착자이든 정신지체아이든 아동이든 심지어 신생아이든 항상 자기 스스로의 후생에 대한 최상의 판단자여야만 한다(또한 모든 결정은 개인 스스로가 해야지 결코 가장이나 집단의 우두머리가 결코 대신해서는 안 된다). 모든 사람은 모든 주어진 가능한 선택에 대해 완벽한 지식을 가지고 있어야 하며 미래의 불확실성도 존재하지 않아야 한다. 이런 조건들이 실현되지 못한다면 사람들은 행동에 들어가기 전에 기대한 효용이 행동 이후에 실제로 얻은 효용과 아무런 필연적 관계가 없다는 것을 알게 될 것이며, 개인의 선택과 선호는 그 개인의 후생과 전혀 연관이 없게 될 것이다. 이러한 극단적인 개인주의는 또 우리가 질투심이나 동정심의 존재를 인정하게 되면 모조리 무너지게 된다. 이런 심정을 품게 되면 한 개인이 자신의 후생에 대해 갖는 생각 자체가 그가 다른 이들의 후생에 대해 갖는 생각에 의해 좌우될 것이기 때문이다(물론 이는 외부성이라는 일반적 문제의 특수한 경우라고 할 수 있다. 외부성의 문제는 아래에서 좀 더 자세히 다룰 것이다).

모든 파레토 최적은 부와 소득분배의 상태가 특정하게 주어졌을 때만 논리적으로 성립할 수 있다는 사실은 아마도 이 이론이 규범적인 차원에서 갖는 가장 결정적인 약점일 것이다. 신고전파 경제학자들도 보통 파레토 최적의 현실 적합성이 지극히 제한적이라는 점을 인정하지만, 그다음에는 바로 그러한 제한을 무시하고 자신들에게 더 안전한 주제로 잽싸게 이야기를 돌리는 경향이 있다. 파레토 분석의 규범적 가정을 사용함으로써, 만약 현재의 부와 소득의 분배가 사회적으로 최적이 아니라면, 파레토 최적인 상태가 파레토 최적은 아니지만 부와 소득의 분배가 더 바람직한 상태보다 사회적으로 열등한 경우가 얼마든지 있음을 보일 수 있다. 신고전파 경제학자들은 이 골치 아픈 문제를 피해가기 위해서 다음과 같은 표준적인 문장 하나를 슬쩍 집어넣는다. "현존하는 부와 소득의 분배가 이상적인 상태라고 가정하라. 아니면 **정부가 조세 및 보조금의 시스템을 사용하여 그렇게 만들어준다고** 가정하라."

이러한 표준적인 문구를 집어넣은 뒤 신고전파 경제학자들은 표준적인 파레토 분석이 규범적으로나 경험적으로나 타당하다고 가정하는 비용—편익 분석 기술이라는 것을 사용하여 정책 분석의 방향으로 나아간다. 정부가 그러한 부와 권력의 정의로운 분배를 달성하기 위해 스스로의 조세 및 지출 권력을 사용한 적은 **전혀** 없었다는 사실을 이들은 전혀 인정하지 않는다. 이는 놀라운 일이 아니다. 왜냐면 그렇게 되면 정통 주류 경제학자들도 별 수 없이 사회적 권력, 경제적 권력, 정치적 권력 같은 것의 성격을 논의하지 않을 수 없을 것이기 때문이다. 그런데 기득권 집단의 경제적 이익과 그들의 정치권력과의 관계를 분석하는 일은 신고전파 경제학자들에게는 항상 금기 사항이었다(말할 것도 없이 이것이야말로 이들의 이론이 스미스, 리카도, 톰프슨, 호지스킨, 마르크스, 베블런, 홉슨, 룩셈부르크, 레닌 등의 이론과 차이가 나는 많은 것 중 하나이다). 부와 소득의 좀 더 정의로운 분배를 달성하기 위한 진지한 노력이 결코 이루어지지 않은 이유는—그 이유는 극도로 분명한 것으로 보인다—, 보통 그러한 재분배를 행하는 데 쓰이는 사회적, 법적, 정치적 수단 자체가 최초에 주어진 부의 분배의 핵심적 요소라는 점에 있다. 자본주의 시스템에서 부를 소유한다는 것은 정치권력을 소유하는 것이다. 부의 불평등한 분배를 싫어하는 신고전파 경제학자들에게 있어, 현재 정치권력을 쥐고 있는 이들이 현재의 경제적 불평등을 치유해줄 것이라는 희망은 이들의 이론적 맹점이 가장 적나라하게 드러나는 지점이다.[12]

실제로 대부분의 경제학자들은 현재의 부의 분배를 두말 않고 그저 받아들인다. 현재의 부의 분배를 받아들인다는 것은 곧 현재의 법적, 도덕적, 지배 체제(여기에는 사적 소유의 법률도 들어간다)를 받아들이는 것을 뜻하며, 좀 더 일반적으로 보자면 사회적 권력의 체제 전체, 군림과 종속의 관계 속의 모든 역할, 그리고 권력을 보장하고 영구화하는 강제력의 도구 및 제도를 모두 받아들이는 것을 뜻한다는 사실을 이들은 거의 인정하는 법이 없다. 그리하여 계급 갈등적 접근법을 취하는 경제학자들이 관심을 갖는 중요한 문제들은 대부분 파레토 접근의 초기 가정에 의해 신고전파 경제학자들의 분석에서 제거된다.

후생경제학의 경험적, 분석적 가정

신고전파 후생경제학은 개인주의와 분배 정의에 대한 가정 이외에도 수많은 경험적, 분석적 가정을 요구한다. 이것들은 중급 미시경제학 이론 교과서에서 순수 경쟁 하에서의 균형 상태 도달에 필요한 조건으로서 암송하라고 나오는 익숙한 가정이다(그리고 어떤 신고전파 경제학자도 자본주의 경제에서 파레토 최적을 달성하기 위한 어떤 다른 수단에 대해서 논의한 적이 없다). 자본주의 경제가 포함하고 있는 가정은 다음과 같다.

1. 다수의 판매자들과 구매자들이 있을 것. 그리고 그들 중 누구도 시장에 큰 영향을 줄 만한 힘을 갖고 있지 않을 것.

2. 모든 영리 기업은 어떤 산업이든 진입과 탈출이 용이할 것.

3. 투입물들과 생산물들은 모두 동질적이며 각각 원하는 어떤 크기로도 분할이 가능할 것.

4. 미래에 대해 전혀 불확실성이 없을 것.

5. 생산에서나 소비에서나 가능한 모든 대안들에 대해 완벽하게 알고 있을 것.

6. 생산함수가 '적절한 2계 최적 조건들appropriate second-order optimality conditions'을 가지고 있을 것(즉 부드러운 곡률을 가지며, 규모의 수확체증이 없으며, 등량 곡선을 따라가면 한계 대체율이 감소할 것).

7. 효용 곡선 또한 마찬가지로 적절한 모습일 것. 그리고 시간이 지나도 안정적일 것.

8. 생산성이 부, 소득, 권력의 분배에 일반적으로 영향을 받지 않을 것.

9. 외부적 경제 또는 비경제(즉 '외부성')는 조세, 보조금, 새로운 재산권의 창출을 통해서 시정하거나 없앨 수 있을 것.

10. 시장은 항상 균형 상태에 있을 것. 여기서 생겨나는 모든 변화는 하나의 균형 상태에서 다른 균형 상태로 순식간에 일어나는 이동으로 해소될 것.

이러한 전제는 단지 경쟁적 균형이라는 신고전파 분석이 적용될 수 있는 현실의 범위를 좁게 만들 뿐만 아니라 아예 분석 자체를 완전히 짓눌러버리고 만다. 가정 1과 2는 경쟁에 대한 정통 주류 경제학의 기초가 된다. 하지만 자본주의에 대한 역사적 분석으로 들어가면 경쟁의 현실 때문에 제일 먼저 날아가는 것이 바로 이것들이다. 현실의 자본주의적 경쟁은 경쟁자들을 제거하고 독점을 달성하기 위한 생사를 건 전쟁이며 신고전파 경제학 교과서에 나오는 것과는 전혀 다르다. 경쟁이 지배하는 신고전파적 균형은 간혹 '장기 균형'이라고 불린다. 하지만 현실의 자본주의적 발전은 독점과 과점이 모든 곳을 지배하는 전혀 반대 방향으로 가차 없이 운동한다.

가정 10은 균형이 연속적으로 존재한다는 것으로서, 경제적 현상의 역사적 전개는 일반적으로 신고전파 경제학이 다룰 수 없다는 것을 보여준다. 경제성장의 이론을 정식화하려는 시도가 무수히 이루어졌음에도 불구하고 신고전파 경제학자들은 오늘날까지도 후생의 분석과 성장의 분석을 일관되게 결합시키지 못했다. 일단 경제성장이라는 개념을 받아들이면 불안정성은 불가피한 결과라는 점을 신고전파 경제 분석 스스로가 보여주기도 했다.[13] 불안정성과 실업의 존재를 인정하게 되면 파레토 기준은 심지어 대부분의 신고전파 경제학자들에게조차도 중요하지 않아 보이게 된다. 게다가 이 시스템 안에서는 부드럽고 균형 잡힌 완전고용 경제성장을 보장하는 것도 존재하지 않을 뿐만 아니라, 성장하는 경제에서 후생을 극대화한다는 게 도대체 **무엇인가**라는 본질적 문제조차 명쾌하지가 않다. 성장률을 극대화하는 것인가? 이윤을 극대화하는 것인가? 총소비를 극대화하는 것인가? 아니면 1인당 소비를 극대화하는 것인가? 이러한 질문들에 대해 여러 대답이 나오기도 했지만, 그중 어떤 것도 아직 태어나지 않은 세대들의 후생―이들의 후생은 지금 살고 있는 이들의 소비와 투자 결정에 의해 결정적인 영향을 받게 되어 있다―을 고찰하고 또 그 비중을 적절하게 평가할 수 있는 방법이 있는지 또 있다면 그 성격과 의미는 무엇인지의 문제를 푸는 데는 도움을 주지 못한다. 성장하는 경제에서의 후생을 미리 판단하는 데 사용할 수 있는 기준은 신고전파 후생경제학과는 아무런 필연적 관계가 없으며 또 정태 이론에 필요한 여러 가정과 아무런 필연적 일관성을 갖지 못한다.[14] 한마디로 신고전파의 파레토 기준은 이러한 문제를 전혀 다룰 수 없다. 신고전파의 파레토 기준은 본성적으로 정태 이론이며, 성장하면서 변해가는 경제를 기술하는 기준으로 확장할 수 없다.

남은 가정(3에서 9까지)은 모두 비슷한 난점을 안고 있다. 확실성과 완변한 지식에 대한 가정 4와 5는 자유 시장 자본주의의 두 가지 필연적인 결과인 불확실성과 지식의 불완전성의 문제를 완전히 사상해버린다. 하지만 불확실성과 지식의 불완전성이야말로 자본주의 시스템이 빚어내는 자원의 잘못된 배분과 경제의 불안정성이라는 인간적 비용을 이해하는 데 있어 결정적으로 중요한 문제들이다. 여러 투입물들(특히 자본)의 동질성에 대한 가정 3과 '적절하게 행동하는 생산함수'에 대한 가정 6은 최근 피에로 스라파Piero Sraffa의 이론적 작업을 통해서 더 이상 지탱될 수 없다는 점이 밝혀졌다(이는 16장에서 논의한다). 마지막으로, 외부성에 대한 가정 9는 아마도 이 전체 분석에서 가장 옹호하기 힘든 부분일 것이다. 이는 아래에서 더 자세히 살펴보도록 하자.

정책 수립의 길잡이로서의 신고전파 후생경제학

경쟁적 균형의 이론을 떠받치고 있는 가정이 현실적이라고 주장하는 신고전파 경제학자들은 거의 없을 것이다. 하지만 이들은 거의 모두 파레토적인 후생 기준의 저변에 깔려 있는 사회적, 도덕적, 철학적 전제를 받아들인다. 그런데 이러한 이론적 모델에 이렇게 현실주의가 결여되어 있음에도 불구하고, 신고전파 경제학자들은 아무 거리낌 없이 이것을 정부 관리들의 정책 수립에 기초로 쓸 수 있다고 옹호한다. 자신들의 분석은 현실에 대한 기술이라기보다는 규범적 모델로 보아야 하며, 이 규범적 모델은 앞에서 우리가 살펴본 경쟁적 균형이 요구하는 가정들이 충족되지 않는 상황이 발생할 때마다 정부가 시장에 개입하여 무엇을 해야 하는가를 가르쳐주는 길잡이로 쓸 수 있다는 것이다.[15] 자본주의 경제에서의 정부의 개입을 이렇게 보는 관점에 대해서는 두 가지 비판을 할 수 있다.

첫째, 이 관점은 정부를 그림자 같은 존재 이상의 것으로 보지 않는다. 파레토 최적이 존재하는 한 정부는 전혀 언급되는 법이 없다. 그러다가 불완전성(이는 보통 본래 완벽한 이 세상에 어쩌다가 일어나는 고립된 사건이라고 간주된다)이 생겨나면, 정부가 갑자기 무슨 기계신처럼 시장 위에 내려와서 그 시스템에 일종의 지복 상태를 회복해준다는 것이다. 정부는 시장에서 한걸음 떨어져 있는 불편부당한 중재자로서, 이따금씩 무대 위로 내려와 파레토 최적을 회복하기 위하여 소비세를 부과하거나 보조금을 주는 존재라는 것이다. 만약 신고전파 경제학자들에게 기득권 집단, 부패(이는 시장의 작동에서 반드시 나타나는 측면이다), 경제적·정치적 권력, 통치 과정에 대한 계급적 통제 등의 문제들을 놓고 질문을 던지면, 이들은 오만한 태도를 취하며 이런 문제는 사회학자와 정치학자가 다룰 문제라고 대답할 것이다(하지만 대부분의 보수적 주류 사회과학에서는 어디에서도 이러한 문제에 대한 대답을 찾을 수 없다).

파레토 최적을 정부 정책의 규범으로 삼는 것에 대한 두 번째 비판은 더욱 심각한 것이다. 파레토 최적에 필요한 가정들을 꼼꼼히 살펴보고, 현대 자본주의 경제를 이루는 수십만 개의 상호의존적인 시장들을 생각해본다면, 현실에서는 어느 시점에서나 파레토 최적으로부터의 이탈이 무수히 존재함을 확신하게 될 것이다. 신고전파 경제학자들 스스로도 자신들의 이론의 가정에 현실성이 결여되어 있다는 수많은 비판에 직면하자 이를 좀 더 현실적으로 만들려는 의도로 자신들의 이론에 수정을 가했다. 그 수정은

'차선의 이론'이라는 이름이 붙어 있으며, 여전히 본래의 신고전파 후생경제학과 동일한 공리주의에 굳건히 기초하고 있다. 그런데 이 수정된 이론은 예기치 못한 논리적 결론으로 이어지게 된다. '차선의 이론'에 따르면, 결함의 전부가 아니라 그저 일부만 시정하려고(모든 결함들을 동시에 시정한다는 것은 당연히 불가능하다) 고안된 정책은 본래 의도한 효과와는 정반대의 결과를 가져올 때가 있다는 것이다. 유명한 경제학 이론가인 윌리엄 보멀William J. Baumol의 말을 들어보자.

> 요컨대 이 [차선의] 이론은 수학적 논의에 기초하여 다음과 같이 언명한다. '완벽한' 최적 상태에서 조금이라도 벗어나는 구체적 상황에서는, 최적의 질서에서 벗어나는 것 몇 가지만 제거하려는 부분적 정책이 사회적 후생의 순 감소를 낳을 가능성이 높다.[16]

이 주장이 옳다면 규범적 이론으로서의 파레토 최적의 개념은 어떻게 되는가? 시장 효율성과 합리적 가격이라는 신고전파의 개념(자유방임 자본주의를 지지하는 고전파의 자유주의적 주장은 말할 것도 없다)은 모두 파레토 최적이라는 규범적 이론에 근거하고 있지 않은가? 대답은 자명하다. 파레토 최적이란 가장 가능성이 없고 가장 비현실적인 기초 위에 구축된 규범적인 이상에 불과하며, 이를 고수하는 이들은 어떤 주어진 정책 결정이 과연 경제를 그러한 이상에 더 가깝게 만들어줄지 아니면 더 멀리 떼어놓을지조차(심지어 이론상으로도) 보여줄 수 없다. 파레토 최적의 이론은 그 이론의 원천이자 또 그 이론을 이데올로기로 삼아 은폐하면서 옹호하고자 한 경제적 현실보다 오히려 더 날카로운 모순으로 꽉 찬 수수께끼에 휩싸이고 말았다.

후생경제학과 외부성

후생경제학의 최악의 치명적인 급소는 외부성의 문제이다. 신고전파 이론을 떠받치고 있는 모든 비현실적 가정 중에서도 이 외부성 문제를 다루는 데 기초가 되는 가정이 가장 억지가 심하다. 통상적인 신고전파 접근법에서는 생산과 소비의 과정이 생산이나 소비를 행하는 사람에게 '직접적' 영향을 주는 것은 딱 한 명 또는 극소수의 사람들이라고 가정하고 있다.[17] 그런데 한 소비자의 효용함수가 다른 소비자의 소비에 의해 영향을 받을 때, 한 기업의 생산함수가 다른 기업의 생산에 의해 영향을 받을 때, 그리고 가장 중요한 경우로서 한 개인의 효용이 자신과 아무런 관련이 없는 생산과정에 의해 영향을 받을 때 발생하는 것이 바로 외부성이다. 전통적인 신고전파 접근법은 외부성이란 단 한 군데서만 발생하며 다른 모든 곳에서는 파레토 최적이 지배한다고 가정한다. 시장가격이 '완벽한 시장 합리성'을 반영하는 게 아닐 경우에는, 항상 외삽법과 보간법을 통해서 외부성의 영향을 제거할 수 있고, 이를 통해 올바른 합리적 시장가격이 어떠했을지 모의실험으로 알아낼 수 있다는 게 이들의 주장이다(이를 흔히 비용-편익 분석이라고 부른다).

외부성을 바로잡는 데 쓰일 수 있다는 이 비용-편익 분석 자체는 자원배분의 효율성에 대한 파레토 이론의 연장에 불과하다. 한 중요한 현대 신고전파 이론가가 말했듯이,

> 배분 효율성의 원리를 적용하기로 동의했다면 기존의 비용-편익 분석을 적용하기 위해 다시 새로운 가정을 둘 필요가 없다. 요약해보면 경제적 효율성의 원리나 비용-편익 분석의 원리나 모두 파레토 기준에서 영감을 받은 것이며, 그중 하나를 받아들이면 다른 하나도 받아들이는 것이 논리

적으로 일관된 것이다.[18]

물론 분석의 대상이 되는 외부성만이 현실 세계에서 파레토 최적으로부터의 유일한 이탈이라고까지는 하지 않는다. 이 접근법은 그저 현실에 대해 그럭저럭 가까운 근사치일 뿐이라는 것이다. 이 신고전파 이론가는 더 나아가 이렇게 주장하고 있다. "수요와 공급의 조건에서 나타나는 변화에 따라 경제는 계속적으로 조정되는 과정에 있으며 그중 어떤 시점에 최적의 위치에 도달할 것이라고 기대할 수는 없다. 하지만 장기적으로 보면 경제는 전반적으로 최적의 위치에서 크게 벗어나지는 않을 것이다."[19]

따라서 우리가 어떤 외부성을 발견하는 경우에, 자애롭고 불편부당한 정부가 개입하여 그 외부성을 없애거나 최소한 중립화할 수 있는 양의 조세를 매기든가 보조금을 지급해야 한다고 호소한다. 이를 통해 파레토 최적이 회복된다. 하지만 외부성 문제에 대한 이 조세-보조금 접근의 기초를 이루는 비용-편익 분석이라는 것 또한 아무런 외부성도 존재하지 않는다고 단언하는 것만큼이나 비현실적이다. 왜냐면 비용-편익 분석은, 문제가 되는 단 하나의 시장을 뺀 다른 모든 시장에서는 파레토 최적 가격이 지배한다는 가정에 의존하고 있기 때문이다.[20]

이보다 훨씬 더 곤혹스러운 비판은, 외부성이란 모든 곳에 속속들이 침투하고 있다는 것을 깨달을 때 제기된다.[21] 외부성 이야기가 나올 때마다 항상 나오는 틀에 박힌 예는, 인근 주민들에게 호흡기 질환을 일으킬 각종 황산화물 등의 물질을 생산하는 공장이나 교외의 경관에 회복 불능의 흉한 상처를 남기는 노천 채굴 광산 등이다. 하지만 우리가 일상적으로 종사하는 수백만 가지의 평범한 생산과 소비 활동 대부분 또한 외부성을 낳는다. 베블런이 대단히 설득력 있게 증명했듯이, 생산이란 사회적 문화적 과정이지 한 개인이나 심지어 개인들로 이루어진 고립된 집단이 수행하는 과정이 아니다(이는 심지어 오늘날의 대기업들처럼 성원의 숫자가 수십만을 헤아리는 경우라 해도 그러하다). 마찬가지로 소비를 포함한 모든 인간 활동 또한 사회적이다. 모든 개인의 안녕은 누가 무엇을 어떤 식으로 소비할 것인가를 결정하는 사회적 패턴과 제도에 따라 수천 가지 방식으로 영향을 받게 되어 있다. 사람들은 서로 고립되고 아무 관계도 없는 원자들이 아니라, 대부분 사회적 존재들이다.

신고전파 후생경제학에 따르면, 시장경제에서 어떤 개인이나 기업의 행동이 다른 개인이나 기업에 쾌락이나 고통을 일으킨다고 해도, 이 행동에 대한 가격이 시장에 의해 매겨지지 않는 경우는 모두 외부성의 개념에 해당한다. 그런데 생산 및 소비 활동의 대부분은 사회적인 것이기 때문에 모두 어느 정도씩은 많은 사람들에게 영향을 주게 되어 있으며 결국 이런 활동 모두가 외부성을 낳게 되어 있다. 레스토랑에서 우리가 밥을 먹을 때의 예절은 어떤가, 우리들이 집과 마당과 몸을 꾸민 모습은 어떤가, 개인적 위생 상태는 어떤가, 놀러 갈 때는 어떤 길로 차를 몰고 가는가, 하루 중 세탁기를 돌리고 잔디를 깎는 시간대는 언제인가 등은 모두 다른 이들의 쾌락 또는 행복에 영향을 준다. 더욱이 우리들이 하는 생산활동의 대부분은 거기에 직접 참가하지 않는 헤아릴 수 없이 많은 이들에게 영향을 주며, 그 범위와 깊이는 소비 활동보다 훨씬 더 넓고 깊다. 어떤 영리 기업이 공장을 이전하기로 결정하면 공동체 전체가 경제적 곤경에 처할 수 있다. 어떤 공장이 공기를 오염시키면 이 공장과는 아무런 직접적 연관이 없는 많은 사람들이 큰 불편을 겪고 많은 세탁비를 치르고 질병을 얻으며 심지어 죽기까지 할 수 있다. 수질 오염과 노천 채굴은 값진 사회적 자원을 파괴하고 사람들이 살아가야 할 지리적 지역 전체의 생태적 균형을 파괴할 수 있다. 하지만 신고전파 효용론자들의 '보이지 않는 손'의 세계에서는 각 개인은 오로지 자기 스스로의 활동에만 관심을 두며, 전반적 후생은 모든 이기적 활동에 의해 증가한다.

이렇게 외부성이라는 것이 도처에 스며들어 있는 것임을 깨달으면, 조세-보조금 해결책이라는 것은 분명히 환상에 불과한 것으로 보인다. 이런 식으로 해결하려면 조세와 보조금의 액수는 글자 그대로 수억 달러에 이를 것이다(미국만 계산하더라도). 게다가 어떤 것에 조세나 보조금을 부과하는 것은 완전히 새로운 외부성을 반드시 창출할 것이다. 왜냐면 이것이 질투와 동정심의 새로운 패턴을 창출하기 때문이다. 이러한 질투와 동정심이 새로운 외부성을 창출하면 이를 해결하기 위한 또 다른 조세와 보조금이 있어야 할 것이다. 이 과정은 영원히 계속될 것이며, 이렇게 조세와 보조금의 무한 진행이 계속된다고 해도 우리는 개인주의와 공리주의가 낳은, 현실에는 없고 상상 속에서만 존재하는 키메라와 같은 괴물들 중에서도 가장 찾기 힘든 괴물인 파레토 최적에는 결코 가까이 갈 수 없다.

그런데 정통 주류 경제학 이론가들 가운데서도 더욱더 반동적인 집단인 오스트리아학파와 시카고학파(이는 17장에서 논의할 것이다)는 어떤 시장 과정에 대해서도 정부의 재량적 개입이라는 원리를 전혀 용납하지 않는다. 따라서 이들은 오랫동안 외부성의 문제를 그냥 무시했다. 그러다가 1950년대 말과 1960년대 초가 되자 새로운 학설의 정식화를 고안해냈고, 이 새로운 학설을 통해서 그들은 1960년대 말에 유행했던 외부성 논쟁에 끼어들 수 있었다. 60년대 말 당시는 미국 자본주의로 인한 환경의 파괴가 너무나 심하게 진행되어 주류 경제학 이론가들조차 이를 더 이상 무시할 수 없는 상황이었다. 1960년대 10년 동안 시카고학파의 이론가들은 외부성 문제를 다룰 자신들의 정책 제안을 정식화했고, 이 정식은 오늘날까지도 변함없이 그대로 남아 있다.

시카고학파의 정책은 환경을 오염시킬 새로운 재산권을 창출하고, 그러한 권리를 자유롭게 사고팔 수 있는 새로운 시장을 창출하자는 것이다.[22]

이런 식의 거래가 계속되면, 환경을 1달러어치 오염시킬 때 환경 오염자가 얻는 한계효용과 그 오염으로 인한 희생자들의 한계비효용이 정확히 일치하는 지점에 도달할 것이다. 이 지점이 되면 오염을 증가시키거나 감소시키거나 하여 파레토 개선을 이루는 일이 불가능하게 될 것이며, 오염 문제까지 감안한 새로운 자유방임의 경쟁적 파레토 최적이 달성될 것이다.

그렇다면 이 극단적 보수주의 신고전파 이론가들에게 이런 질문을 할 수 있다. 중립적이고 불편부당한 존재인 정부가 이 오염권을 누구에게는 부여하고 누구에게는 부여하지 않을 수 있는 것인가? 오염당한 빈민가의 가난한 주민들에게 부여할 것인가? 무작위로 추첨하여 부여할 것인가? 아니면 그 오염을 행하고 있는 거대 독점체 및 과점체에게 부여할 것인가? 오스트리아학파와 시카고학파가 지난 1세기 동안 모든 정책 질문에 대해 내놓았던 대답이 어떤 것인지를 알게 된다면 이들이 이 질문에 무어라고 답할지도 예상할 수 있게 된다. 완전경쟁을 가정한다면, 그리고 만약 모든 생산자와 모든 소비자가 완벽한 지식을 가지고 있으며 거래 비용이 없다고(즉 오염의 희생자들이 오염을 일으킨 대기업에 맞서 협상을 벌이기 위해 자신들을 조직하는 데 아무 비용이 없다고) 가정한다면, "재산권을 최초에 어떻게 배분하는가는 배분적 효율성에 아무 영향도 미치지 않는다"는 것을 증명할 수 있다는 것이 이들의 대답이다. 이러한 가정이 전제된다면 그 필연적인 결론은, 자유방임 자본주의의 시장에서 "상호적 합의에 도달하지 못한다는 것 자체가 … 잠재적인 순 파레토 개선이 가능하지 않다는 명백한 prima facie 증거라고 간주할 수 있다는 것이다".[23] 하지만 신고전파 경제학자들 중에서 좀 더 정직한 이들이 보기에도 이는 너무 심한 변명임이 명백하다. 한 예로, 가장 중요한 신고전파 이론가 중 한 사람(시카고학파는 아니다)은 이렇게 말한다. "이런 식으로 현상 유지를 합리화하면, 경제학자들은 위태로울 정도로 현상 유지의 옹호에 너무 가까이 가는 것이다."[24] 정말로 위태롭기 짝이 없다!

하지만 이 말을 한 사람이 언급하지 않고 있는 진실이 있다. (본인처럼) 좀 더 온건한 신고전파 후생경제학 이론가들이 현상 유지를 위해 제공하는 합리화가 훨씬 더 효과적이라는 사실이다. 이들의 주장은 그렇게까지 뻔뻔스럽거나 노골적이지는 않으면서도 거의 동일한 결과를 얻어내기 때문이다.

오스트리아 및 시카고학파의 극단적인 개인주의적 편향은 외부성의 성격에 대한 관점에 잘 반영된다. 이들은 외부성이라는 것을 형이상학적으로 주어진 고정된 것으로 치부한다. 이들은 외부성을 다룰 때조차 소유권과 시장의 확립을 옹호한다. 이들의 이론은 사회적 삶에는 사람들 사이의 관계라는 측면이 있다는 점을 완전히 무시함으로써, 개인들이 마음만 먹으면 거의 얼마든지 외부성을 만들어낼 수 있다는 사실까지도 무시한다. 만약 사람들이 정말로 공리주의 경제학에 나오는 극대화 행동의 경제적 인간이라고 가정하자. 또 정말로 정부에서 외부성의 비경제가 발견될 때마다 그러한 외부성을 창출할 권리를 소유권으로서 확립해주고 시장까지 마련해준다고 하자. 그러면 각 개인은 고의적으로 타인들에게 가지가지의 외부적 비경제를 뒤집어씌우려 할 가능성이 높다. 왜냐면 그렇게 하면 정부가 조만간 확립을 공언할 이 새로운 시장을 통해 분명히 한몫 잡을 수 있다는 것을 알기 때문이다. 그리고 이웃들에게 뒤집어씌우는 사회적 비용이 더 크고 더 끔찍할수록 그것을 해결할 협상 과정에서 자신이 챙길 수 있는 보상도 더 커질 것이다. 경제적 교환자의 극대화 행동에 대한 정통 주류 경제학의 가정으로부터, 각 개인은 자신이 남들에게 가할 수 있는 혐오스럽고 해로운 사회적 비용을 극단까지 밀고 나가려 할 것임을 도출할 수 있다. 이런 행태가 보편화되는 과정은 자유방임 자본주의 시장의 '보이지 않는 발'이라고 부르는 게 적절할 것이다. 이 보이지 않는 발이라는 명제는, 자유 시장의 자본주의 경제에서는 자기 자신의 최대한의 이득을 추구하는 각 개인이 공공의 보편적 불행을 극대화하기 위해 자신의 역할을 자동적으로 또 가장 효율적으로 수행할 것임을 보장한다.

　이 원리가 상당히 타당한 이유를 이해하려면, 자기 이익을 추구하는 계산적인 극대화 행위자라면 남들을 해치는 비시장 상품 또는 외부적 비경제를 창출하는 신종의 생산함수를 고안함으로써 이 새로운 종류의 시장에 뛰어드는 자신의 가치를 극대화할 것이라는 점에 주목하라. 이 생산함수에서 생산 가능 곡선을 얻을 수 있으며, 이는 남들을 괴롭히고 해치고 손해를 입히고 심지어 불구로 만드는 외부적 비경제 또는 비시장 상품을 최대한 생산할 수 있는 여러 조합을 나타낸다. 그 개인은 이 생산 가능 곡선 위의 여러 점 중에서 자신이 시장 거래에 종사하여 얻을 수 있는 한계수익보다 더 큰 한계수익을 얻게 해주는 비경제의 점만을 선택할 것이다. 하지만 이렇게 하는 가운데 그 개인은 남들에게 가하는 괴로움, 고통, 불행, 또는 간단히 말해서 비용을 극대화할 것이다. 왜냐면 그 개인의 이득은 항상 남들의 손해가 될 것이기 때문이다. 이렇게 합리적으로 계산된 사회적 잔혹 행위, 또는 외부적 비경제를 떠안게 되는 사람은 그 즉시 통상의 파레토 최적의 한계적 조건이 충족될 때까지 수세적 지출, 즉 뇌물을 바칠 것이다. 그것을 통해 그 사람이 치러야 할 비용도 최소화될 것이며, 외부적 비경제 또는 사회적인 상호 불구 만들기에도 효율적인 패턴이 등장할 것이다.

　하지만 사회 안에서 이러한 외부적 비경제가 그것을 유발한 사람에게 주어지는 가치로 보아 극대화된다면, 그리고 그것을 뒤집어쓰게 될 이들이 여기에 효율적으로 대처한다면, 합리적인 극대화 행동의 개인과 파레토 효율이 완벽하게 거꾸로 작동할 것이다. 즉 효용이 가장 높고 비용이 최소화된 재화가 생산되는 대신, 비효용, 괴로움, 고통을 최대한 담은 재화가 생산될 뿐만 아니라 그 재화로 가할 수 있는 고통을 가장 끔찍하게 만들 수 있는 방식으로 배분될 것이며, 그 가운데 그런 재화의 생산비용과 그 재화를 수취하는 이들이 치르는 비용의 충격은 극소화되는 방식이 될 것이다. 널리 통용되는 신고전파 미시경제학 이론의 원리가 확인해주는 것처럼, 이러한 경제는 효율적이다. 단지 그렇게 효율적으로 조달되는 것이 효용이 아니라 고통과 불행이라는 것만 다를 뿐이다. 신고전파 미시경제학 이론의 유명한 선구자 한 사람의 말을 반대로 뒤집어서 이러한 상황을 표현해보겠다. **모든 개인은 반드시 사회의 연간 외부적 비용이 최대가 되도록 온 힘을 다해 노력한다. 사실상 그는 공공의 불행을 증진시키려는 의도도 없으며 또 자신이 얼마나 그렇게 만들고 있는지조차도 모른다. 그의 유일한 의도는 단지 스스로의 이익일 뿐이며, 이 점에서 그는 다른 많은 경우들과 마찬가지로 자신이 조금도 의도하지 않았던 목적을 증진시키기 위해 보이지 않는 발에 의해 인도될 뿐이다. 그리고 이렇게 그의 의도가 아니었다는 것이 사회에 좋은 것도 아니다. 그가 정말로 사회의 불행을 증진시키겠다고 의도할 때보다 이렇게 자기 자신의 이익을 추구할 때, 사회의 불행이 더욱 효과적으로 증진될 때가 더 많기 때문이다.** 만에 하나 보수적인 오스트리아 및 시카고학파의 미시경제학자들이 외부성을 다룰 자신들의 방법을 받아들이도록 정부를 설득하는 데 성공한다면, 바로 이러한 내용의 보이지 않는 발의 원리가 자본주의를 지배하게 될 것이다.[25]

신고전파 경제학자들이 이러한 문제를 만족스럽게 해결하는 데 완전히 실패하게 되는 까닭은, 자본주의 내에서는 모든 생산 및 소비 활동이 사회적임에도 불구하고(이는 자본주의 이외의 모든 경제 시스템에도 적용되는 진리이다), 생산과 소비를 지배하는 동기 부여의 시스템은 거의 전적으로 개인적인 것이라는 사실(이는 다른 경제 시스템에서는 반드시 그런 것일 이유도 없고 또 실제로도 그렇지 않다)을 인식하지 못하는 데서 비롯된다. 물론 모든 유형의 물리적, 생물학적, 사회적 상호의존에 대해 법적인 소유권을 개발한다든가 생산과 소비의 사회적 측면(즉 외부적 비경제)을 제거할 합리적인 조세 시스템을 개발하는 일은 완전히 불가능하다. 오히려 인간의 필요욕구를 더 만족스럽고 더 정의롭게 충족시킬 수 있는 경제 시스템을 향해 나아가기 위해서는 현재의 사적 소유 시스템 자체도 바뀌어야 하며, 자본주의를 떠받치는 동기 부여 시스템 자체도 바뀌어야 한다. 하지만 말할 것도 없이 이는 정통 주류 신고전파 경제학의 시야를 멀리멀리 넘어서는 과제이다.

조금이라도 이성을 갖춘 사람이라면, 이렇게 도처에 퍼져 있는 외부성의 문제를 신고전파 후생경제학 이론이 전혀 다룰 능력이 없다는 것만 보아도 이 이론의 현실 적합성을 어떻게 평가할 것인지를 분명하게 알 수 있을 것이다. 특히 파레토 최적을 부분적으로 달성하기 위한 시도는 그 정반대의 효과를 낳을 것으로 보는 '차선의 이론'의 결론에 비추어보면 더욱 분명하게 알 수 있을 것이다. 하지만 파레토 최적의 이론은 현실 적합성이 없다는 것보다 훨씬 더 나쁜 문제점을 안고 있다. 정통 주류 경제학자들 중에서도 정직한 소수의 경제학자들은 스스로 이를 인정한다. 그중 가장 저명한 이의 말을 들어본다.

경제학 이론이 성취한 것은 … 인상적일 뿐만 아니라 여러 면에서 아름답다. 경제가 처할 수 있는 여러 종류의 상태에 대한 분석을 수많은 이들이 세련화하는 모습은 장관이라 아니할 수 없다. 하지만 그들이 분석하는 그러한 상태가 현실에서 실제로 일어날 것이라든가, 아니 지금까지 단 한 번이라도 일어난 적이 있다고 생각할 만한 이유는 전혀 제시하지 못하고 있다. 이는 또한 위험할 수도 있다. 균형 경제학은 잘 알려진 그 후생경제학의 결론 때문에 기존의 경제제도 및 장치에 대한 변호론으로 쉽게 전환될 수 있으며 또 실제로 자주 그렇게 전환되고 있다. 하지만 그 반대쪽 끝에서는 최근 들어 항상 균형 상태에 머물러 있는 특이한 경제를 위한 최적의 계획들에 대해 아주 정교한 분석이 이루어지고 있으며, 이로 인해 우리가 경제를 어떻게 통제해야 할지를 정말로 알고 있다고 착각하게 만드

는 결과를 낳고 있다. … 이는 참으로 만족스럽지 못하고 … 정직하지 못한 사태이다.[26]

파레토 분석에 대한 규범적 비판

상대적으로 진보적인 일부 신고전파 경제학자들은 이러한 사태를 개탄한다. "우리의 이론은 논리정연하고 분석적으로 정교하며 보편적인 규범으로서의 호소력만큼은 대단히 뛰어나다. 그래서 이렇게 현실 적합성이 떨어진다는 점이 너무나 안타깝다." 우리가 이 책 전체를 통틀어 보여주려고 했듯이, 이렇게 개탄하는 사람들은 무언가 착각하고 있다. 신고전파의 공리주의 경제 이론은 실용적, 경험적, 분석적 차원에서 제기된 모든 반대 논리보다도 규범적 차원에서 제기된 반대 논리에 의해 가장 심각한 타격을 받는다. 신고전파 후생경제학은 **현존하는** 사회의 제도, 가치, 사회적 과정에 의해 생겨나고, **현존하는** 소득, 부, 권력의 분배로 가중치를 매긴 **현존하는** 개인적 욕망을 사회적 가치의 궁극적인 윤리적 기준으로 받아들인다. 그리하여 이 이론은 윤리적으로 선한 사회의 성격은 무엇이며 그런 사회에서 생산될 윤리적으로 선한 사람의 성격은 무엇인가라는 질문은 아예 던질 수조차 없게 만든다. 공리주의적 이론의 규범적 기준이 설득력을 얻는 주된 원천은, 개인들의 선택과 행위 패턴을 자의적이고 변덕스럽게 명령하는 전지전능한 중앙 정부라는 것에 대해 도덕적 거부감이 널리 퍼져 있다는 데 있다. 그러나 조지 오웰의 소설에 나오는 이러한 전체주의 국가의 망령을 도덕적으로 거부하다가 현재의 사회를 마치 그 망령의 대립물의 반영인 것처럼 여기는 또 다른 환상에 빠져서는 안 된다. 따지고 보면 오웰의 《1984년》은 그가 당대의 자본주의 경제에서 보았던 여러 경향을 확대해놓은 것일 뿐이며, 21세기의 산업자본주의 나라들 대부분에 대한 상당히 정확한 묘사로 남아 있다.

공리주의에서는 자본주의 시스템에서 사회화된 개인들의 욕망을 모든 도덕적 판단의 기초로 삼고 있으므로, 이러한 욕망이 어떤 것인지 먼저 논의해보자. 자본주의 사회가 낳은 욕망의 시스템에 휩쓸려 심한 정신적 손상을 입은 사람들을 위해 정신 분석을 행하는 데 일생을 바쳤던 에리히 프롬은 이렇게 말하고 있다.

> 오늘날의 인간은 더 많고, 더 나은, 그리고 특히 새로운 상품을 살 수 있다는 가능성에 매혹당한다. 그는 소비에 굶주려 있다. 구매와 소비의 활동은 강박적이고도 비합리적인 것이 되었다. 왜냐면 소비는 이제 그 자체가 목적이며, 그렇게 사서 소비하여 얻는 쓸모나 쾌락과는 거의 무관하기 때문이다. 최근에 나온 새 전자 제품을 사는 것, 나아가 무엇이건 시장에 막 나온 신상품 모델을 사는 것은 모든 이가 꾸는 꿈이며, 이것에 비추면 그것을 사용하여 실제로 얻는 쾌락은 상당히 부차적이다. 만약 현대의 인간이 천국에 대해 스스로 생각하는 바를 잘 정리한다면, 그것은 새로운 상품, 새로운 전자 제품을 보여주는 세계 최대의 백화점의 모습이 될 것이며, 거기서 그것들을 살 수 있는 돈을 잔뜩 갖고 있는 자신의 모습이 될 것이다. 만약 구입할 상품이 더 새롭게 더 많이 나오기만 한다면, 그리고 아마도 자신이 이웃들보다 약간이나마 더 나은 특권을 가지기만 한다면, 현대의 인간은 입을 헤 벌린 채 이러한 새로운 상품과 새로운 전자 제품으로 가득 찬 자신의 천국을 한없이 헤매고 다닐 것이다.[27]

우리가 살고 있는 경제 시스템이 순탄하고 수익성 있게 작동하려면 소비에 굶주린 채 극대화의 계산을 따라가는 자동인형과 같은 사람들이 절실히 필요하지만, 이런 인간들은 인간 본성에서 자동적으로 생겨나는 것이 아니다. 자본주의에 물든 인류 그리고 그들이 갖는 욕망의 대부분은 사회적 통제, 조종, 기만, 그리고 세상 전체를 뒤덮은 언어의 오염으로 이루어진 정교한 시스템을 통해 창출된다.

타락과 기만에 기초한 이 경제적, 정치적 시스템 안에서 외롭고 고립된 개인은 다른 모든 개인들과 적이 되어 무자비한 경쟁을 벌이게 되어 있다. 그 결과가 거의 보편적으로 방향 상실, 무관심, 절망으로 나타난다는 것은 너무나 당연하지 않은가? 인생의 공허와 덧없음의 감정이 도처에 속속들이 스며드는 것, 이것이 바로 기업의 광고 담당 이사들이 자본주의적 인간의 욕망을 창출해낼 수 있는 기초가 된다. 광고에서는 밝고 행복하고 발랄한 사람들이 새 차, 새 집, 새 음향기기 등을 구매하며, 자본주의적 인간들은 그러한 광고를 TV에서 매일 본다. 이들은 이런저런 불행과 불안을 구매를 통하여 털어내려고 기를 쓴다. 구매하라, 구매하라, 구매하라. 이것은 그의 지상명령이 되며, 자본가의 이윤이 된다. 하지만 이는 그에게 어떤 구원도 제공하지 않는다. 그리하여 그는 다시 더 큰 차, 더 비싼 집 등등에 눈길을 준다. 그리하여 그는 이상한 나라의 앨리스에 나오는 쳇바퀴와 꼭 닮은 소비주의라는 이름의 쳇바퀴에 올라타게 된다.

이것이 자본주의 사회 시스템이 만들어낸, 고립되고 이기적이고 소외되고 조종당하는 자본주의적 개인이 갖는 욕망의 성격이다. 바로 이러한 욕망을 도덕적 기반으로 삼아서 신고전파 후생경제학이 구축된다. 그리고 각 개인의 욕망이 도덕적으로 얼마나 큰 중요성을 갖는가는 오로지 그 개인의 부와 소득이 얼마인가만을 고려하여 결정된다. 신고전파 경제학자들 중 많은 이들은 이 장에 나오는 우리의 주장(다른 모든 다양한 비판에 대해서도 마찬가지이다)에 부딪히게 되면 후생경제학이 규범적으로나 경험적으로나 분석적으로나 옹호할 수 있는 근거가 없다는 점을 인정할 것이다. 하지만 그럼에도 불구하고 대부분의 응용경제학 분야에서는 파레토 분석을 받아들이지 않고서는 절대로 쓸 수 없는 개념이 전혀 아랑곳없이 사용되고 있다. 파레토 효율의 개념은 1) 국제무역 이론에서의 비교 우위론, 2) 신고전파 재정 이론에서 나오는 대부분의 규범적인 결론, 3) 대부분의 비용-편익 분석, 4) 신고전파 경제학의 영향 아래 정책 권고가 이루어지는 거의 모든 분야에서 그 근간을 이루고 있다. 이보다 더욱 끔찍한 것은 '합리적 가격'이니 '시장 효율성'이니 하는 말이다. 이러한 개념은 지금까지 쏟아진 비판에 대해 제대로 반박한 적이 거의 없음에도 불구하고, 마치 성스러운 진리나 되는 양 사람들이 줄줄이 외워대는 진부한 문구가 되었고, 또 자신들과 한편인 사람들끼리 서로를 알아보기 위해 쓰는 암구호 같은 것*이 되었다. 이런 말이 가장 많이 쓰이는 곳이 바로 신고전파 경제학의 하위 분야 중에서도 가장 이데올로기적 오염이 심한 분야인 경제체제 비교 연구, 즉 사회주의 경제에 대한 분석이다. 1980년대 말과 1990년대 초 동유럽의 경제 개혁에서 가장 흥미로운 측면이 있다면, 지금까지 이야기한 수많은 약점에도 불구하고 이러한 신고전파의 논지를 많은 개혁가들이 순진하게 아무 비판도 없이 신봉했다는 점일 것이다. 이 개혁가들은 동유럽 공산주의에 산재한 수많은 결함으로 볼 때 자본주의가 결함은 있어도 자신들의 경제 시스템보다는 나을 것이라는 절망적인 희망을 품고 자본주의의 결함을 은폐하

---

* 원문에는 shibboleth라고 되어 있다. 이 말의 뜻은 구약성서 사사기 12장 5절과 6절을 참조하라. "길르앗 사람이 에브라임 사람에 앞서 요단 나루턱을 잡아 지키고 에브라임 사람의 도망하는 자가 말하기를 청컨대 나로 건너게 하라 하면 그에게 묻기를 네가 에브라임 사람이냐 하여 그가 만일 아니라 하면 그에게 이르기를 십볼렛shibboleth이라 하라 하여 에브라임 사람이 능히 구음을 바로 하지 못하고 씹볼렛sibboleth이라 하면 길르앗 사람이 곧 그를 잡아서 요단 나루턱에서 죽였더라. 그때에 에브라임 사람의 죽은 자가 사만 이천 명이었더라."

고 호도하는 이론을 받아들인 것으로 보인다. 1990년대와 21세기 초의 기간 동안 이 나라들의 경제는 예외 없이 대중적 빈곤, 대량 실업, 대규모의 조직 폭력 범죄, 대규모의 성 매매, 소름끼칠 정도로 불평등한 부와 소득분배 등의 상태에 빠지고 말았다.

이 장을 끝맺으면서 우리는 현대 신고전파의 후생경제학이 시니어와 바스티아의 관점을 직접 이어받은 후손들이라는 앞의 주장을 다시 한 번 반복하고자 한다. 신고전파 경제학자들은 이 두 19세기 사상가처럼 자본주의 시스템을 자연적 조화와 보편적 혜택의 시스템이라고 본다. 이러한 관점을 유지하기 위해 치러야 했던 대가가 있다. 모든 중요한 사회문제 그리고 모든 중요한 사회적 갈등을 무시하거나 아예 부인하는 것이 그것이다. 물론 이러한 관점을 유지하게 되면 주어지는 보상도 있다. 이 세계의 모든 불편한 진실을 잊은 채 뒤로 물러앉아 두 다리를 쭉 펴고 지복직관과 영원 복락이라는 자신의 꿈을 즐길 수 있다는 것이다.

주

1. Joseph A. Schumpeter, *History of Economic Analysis*(New York: Oxford University Press, 1954), p. 860.

2. Francis M. Bator, "The Simple Analytics of Welfare Maximization", *American Economic Review* 47(1957): 22-59.

3. 이 문장에 대해 신고전파 비판자들은 반대할 수 있다. 신고전파 문헌에서 '지복점'이란 어떤 '사회적 후생함수'에서 가장 높은 지점에 있는 효용 가능 곡선 위의 한 점이라고 정의되기 때문이다. 하지만 부의 분배에 대해 판단을 내릴 수 있게 하면서도 개인주의적 공리주의의 기초적 교리와 논리적 모순을 일으키지 않는 분명하고 명쾌한 원리를 담고 있는 그러한 '사회적 후생함수'라는 것은 정식화할 수 없다는 것을 신고전파 문헌 스스로가 보여주었다. 따라서 신고전파 경제 이론에 나오는 그런 '사회적 후생함수'라는 것은 단지 말하는 사람 자신의 편견과 편향을 언명한 것에 불과하다는 우리의 주장은 정당하다.

4. 이 장의 제목은 영향력 있는 5세기의 기독교 철학자 성 아우구스티누스가 쓴 《신국론》의 두 장의 제목에서 따왔다. 벤담은 자신의 철학이 '복락의 계산법'이라고 여겼으며 벤담의 관점을 상세하게 전개한 신고전파의 모델은 초시간적이며 '영원한eternal' 모델이기 때문에, 이렇게 아득한 옛날 책에서 제목을 따오는 것도 적절한 일이라고 보인다.

5. C. E. Ferguson, *Microeconomic Theory*, rev. ed.(Homewood, IL: Irwin, 1969), pp. 442-66.

6. Ibid., pp. 444-45.

7. Ibid., p. 454.

8. S.S. Alexander, "Human Value and Economists' Values", in *Human Values and Economic Polity*, ed. S. Hood(New York: New York University Press, 1967), p. 107.

9. Karl Marx, *Capital*, 3 vols.(Moscow: Foreign Languages Publishing House, 1961), vol. 1, p. 81.

10. W.J. Baumol, *Economic Theory and Operations Analysis*, 2d ed.(Englewood Cliffs, NJ: Prentice-Hall, 1965), p. 376.

11. E.K. Hunt, "Orthodox and Marxist Economics in a Theory of Socialism", *Monthly Review* 24, no. 8(1973): 50-56.

12. 이 점은 다음에서 풍부하게 전개되어 있다. W. J. Samuels, "Welfare Economics, Power and Property", in *Perspectives on Property*, ed. Gene Wunderlich (Philadelphia: Pennsylvania State University Press, 1972).

13. F. H. Hahn and R. C. O. Matthews, "The Theory of Economic Growth:

A Survey", in *Surveys of Economic Theory*, vol. 2, ed. American Economic Assoc.(New York: Macmillan, 1966), pp. 95-99.

14. Ibid., pp. 99-113. 또한 다음을 보라. Richard Goodwin, *Elementary Economics from the Higher Standpoint*(New York: Cambridge University Press, 1972).

15. 이러한 관점에 대한 논의로는 E. K. Hunt, "Orthodox Economic Theory and Capitalist Ideology", *Monthly Review* 19(1968): 50-55.

16. William J. Baumol, "Informed Judgment, Rigorous Theory and Public Policy", *Southern Economic Journal*(October 1965): 138. 이 차선의 이론을 명확하게 정식화한 것으로는 R. G. Lipsey and Kelvin Lancaster, "The General Theory of the Second Best", *Review of Economic Studies* 24(1956): 63, 64, 65.

17. 여기서 "직접적"이라는 형용사를 쓰는 것은 내가 다음의 논지를 따르고 있기 때문이다. E. J. Mishan, "The Postwar Literature on Externalities: An Interpretative Essay", *Journal of Economic Literature* 9, no. 1(March 1971): 2. 발라의 일반균형 시스템에서의 상대가격의 변화로 얻어지는 "간접적 효과indirect effects"는 제외된다.

18. E J. Mishan, *Economics for Social Decisions: Elements of Cost-Benefit Analysis* (New York: Praeger, 1973), p. 17.

19. Ibid., p. 80.

20. Ibid., pp. 79-83.

21. 도처에 스며드는 외부성pervasive externalities의 여러 함의에 대한 분석으로는 R. C. d'Arge and E. K Hunt, "Environmental Pollution, Externalities, and Conventional Economic Wisdom: A Critique", *Environmental Affairs* 1, no. 2 (June 1971): 266-86.

22. 이러한 관점을 명확히 정식화한 것으로는 Thomas Crocker and A. J. Rogers, III, *Environmental Economics*(New York: Holt, Rinehart and Winston, 1971).

23. Mishan, *Economics for Social Decisions*, p. 17.

24. Ibid.

25. 이 보이지 않는 발의 원리는 다음의 글에서 처음으로 전개되었다. E. K. Hunt and R. C. d'Arge, "On Lemmings and Other Acquisitive Animals: Propositions on Consumption", *Journal of Economic Issues* 7, no. 2(June 1973): 337-53.

26. F. H. Hahn, "Some Adjustment Problems", Econometrica 38, no. 1(1970): 1-2.

27. Erich Fromm, *The Sane Society*(New York: Fawcett, 1965), p. 123.

15

신고전파 이데올로기와 자기 조정 시장의 신화:

존 메이너드 케인스의 저작

공리주의 경제학의 가장 복잡하고 가장 완전하면서도 가장 미학적으로 깔끔한 상태는 자유방임 자본주의에 대한 신고전파의 이데올로기적 변호에서 절정을 이루었다. 신고전파 공리주의의 가장 중요한 세 가지 이데올로기적 요소는 다음과 같다. (1) 한계생산성 분배 이론. 이는 경쟁적 자본주의를 이상적인 분배 정의가 실현되는 모습으로 그려낸다. (2) '보이지 않는 손'의 주장. 이는 자본주의를 이상적인 합리성과 효율성의 모습으로 그려낸다. (3) 시장이 본래부터 자동적 자기 조정성을 가지고 있다는 신앙. 이는 정부의 주된 기능은 계약에 법적인 강제력을 부여하는 것과 사적 소유의 권력 및 특권을 수호하는 것에 머물러야 함을 증명한다.

공리주의적 보수주의의 이 세 교리 하나하나는 자본주의의 현실을 호도하는 대표적인 명제이지만, 이 세 가지 모두가 이윤 창출 행위에 아무런 속박을 가해서는 안 된다는 생각을 널리 받아들여지게 만든다. 처음 두 교리는 자본가의 입장에서 보면 순수한 축복이다. 이 두 교리는 자본주의가 좋은 것이라는 공공의 신앙을 증진시키는 방식으로 현실을 호도하지만, 자본주의의 작동이나 이윤 창출을 방해하지 않는다. 하지만 세 번째 교리(시장의 자동성)는 축복과 재앙이 뒤섞여 있다.

자본주의적 산업화가 시작되던 동안에는 자본가가 산업에서 이윤을 추구하는 것을 정부가 가로막을 때가 많았다. 정부는 자본가보다 오래된 기득권 집단인 상인과 토지 세력을 대표했다. 게다가 초기 자본가가 기존의 정부에 대해 더욱 애정이 없었던 이유가 있었다. 이 정부는 유럽의 몇몇 왕들에 의해 지배되고 있었는데, 이들은 타락, 전제 정치, 변덕, 폭정을 무수히 행했다. 비록 영국에는 의회가 있었지만, 이 의회는 민의를 대변하지도 못하고 종종 횡포까지 부리는 것으로 악명이 높았다. 따라서 자본가는 자유방임의 깃발을 높이 들고 제약 없는 이윤 창출을 효과적으로 장려해줄 정부를 요구하는 운동을 벌였지만, 자신들의 운동을 폭압적인 정부의 전횡에서 공공의 보편적 자유를 지켜내는 인본주의 운동인 것처럼 보이게 만들었다. 시장이 스스로 조정한다는 주장(세의 법칙)은 기존의 정부의 기능을 제한해야 한다는 주장을 효과적으로 펼 수 있는 장치였다. 하지만 실제로 자본주의 시장 시스템이 완전고용의 균형 상태로 부드럽게 또 자동적으로 조정된 적은 결코 없었다. 실상을 보자면 발라가 말하는 식의 '호가자'란 결코 존재한 적이 없으며, 자본주의 시장 시스템은 언제 어디서나 무정부 상태였고, 자본주의의 역사는 경제적 불안정성의 역사였다.

게다가 19세기 말을 경과하면서 전 세계적인 자본시장이 출현하고 생산과 운송에서의 개선이 이루어지면서 거대 주식회사, 카르텔, 트러스트로 산업 권력이 엄청나게 집중되었다. 이러한 산업 집중의 증가에서 빚어진 두 개의 중요한 결과가 있다. 첫째, 거대 주식회사의 입장에서 볼 때 규제가 없는 자유로운 경쟁은 지극히 큰 비용을 초래할 뿐만 아니라 위험천만한 것이기도 했다. 둘째, 이제 거대 주식회사가 나타나면서 시장이 가지고 있던 그나마의 탄력성과 적응성조차도 크게 줄어들었고 그 결과 시장의 무정부성은 더욱 심해졌다. 경제 불황의 회복 기간은 더 길어졌고 강도도 심해졌으며 빈도도 상당히 늘어났다.

따라서 시장이 자기 조정성을 가지고 있다는 믿음이 정부 정책에까지 영향을 미치게 되자 자본가는 점점 더 값비싼 대가를 치르기 시작했다. 더욱이 18세기 말과 19세기 초까지만 해도 자본가가 기존의 정부를 완전히 자신들의 통제 아래에 두지는 못했지만, 19세기 말과 20세기 초에 오면 이 상황이 완전히 변하여 자본주의 국가의 정부는 이제 확고하게 자본가의 통제 아래로 들어오게 된다. 이러한 상황을 생각해보면, 자본가가 19세기 말에 벌어진 파멸적인 경쟁과 시장의 무정부성에서 비롯되는 불황이라는 지극히 큰 희생에서 벗어날 수 있는 유일의 수단을 정부에 의지하게 되었다는 것은 놀라운 일이 아니다.

예를 들어 미국에서는 1887년의 주간 상법Interstate Commerce Act을 통하여 주간 통상위원회Interstate Commerce Commission가 만들어졌는데, 이는 겉보기에는 공공 이익을 증대하기 위하여 철도 산업을 규제하는 것을 목표로 마련된 것처럼 표방했다. 이후에도 이와 똑같은 목표를 내건 정부 규제위원회가 줄줄이 생겨나게 되며, 주간 통상위원회는 그 긴 목록의 첫 번째였을 뿐이다. 그런데 실상을 보면 이 규제 기관은 애초부터 그것이 통제 대상으로 삼아야 할 산업의 중역 출신들로 자리가 채워졌으며, 결국 그 산업의 이익을 보호하고 증진하는 정부 기관으로 변했다. 이와 마찬가지로 1890년의 셔먼 반트러스트 법Sherman Antitrust Act(이 법은 단 한 표의 반대만 있었을 뿐 상하 양원을 곧바로 통과했다) 또한 겉으로는 경쟁을 증진하기 위해 마련된 것처럼 표방하는 일련의 반트러스트 법을 줄줄이 만들어냈다. 하지만 실상을 보면 이 또한 노동 조직을 억제하는 수단이자 법원이 '불공정 경쟁'이라고 딱지를 붙인 것에서 기업을 구제해주는 수단으로 전락했다.

하지만 신고전파의 자유방임 경제학의 맥락 안에서도 정부의 임무 확장은 아주 쉽게 합리화할 수 있었다. 오히려 정부의 임무가 이렇게 확장되는 것은, 거대 주식회사가 지배하고 있는 당시의 경제적 상황에서도 모든 산업마다 규모가 작고 상대적으로 힘이 약한 수많은 기업들이 존재한다고 가정하는, 보이지 않는 손의 주장이 경험적으로 여전히 유의미하다고 주장하는 빌미로 쓰일 수 있었다. 이 규제 기관과 반독점법 덕분에 거대 주식회사가 마치 작은 경쟁자들처럼 행동하게끔 강제되어, 완전경쟁에 그런대로 가까운 것이라고 주장되는 '작동 가능한 경쟁'이 창출된다는 것이 그 논리였다. 정부가 경제 상황에 개입하는 것은 오로지 보이지 않는 손이 조화롭고도 혜택을 줄 수 있도록 작동하게 만드는 것을 보장하기 위해서라는 것이다.

하지만 그러는 동안에도 자본주의의 불안정성은 갈수록 악화되었고, 시장의 자기 조정에 대한 신앙 때문에 사회의 다른 성원들은 물론이고 자본가조차 갈수록 더 큰 대가를 치르게 되었다. 예를 들어 19세기 전반기에는 미국에서 심한 경제 위기가 단 두 번뿐이었고(1819년, 1837년), 영국에서는 네 번뿐이었다(1815년, 1825년, 1836년, 1847년). 그런데 19세기 후반에 들어오면 그 숫자가 늘어서 미국에서는 다섯 번(1854년, 1857년, 1873년, 1884년, 1893년), 영국에서는 여섯 번(1857년, 1866년, 1873년, 1882년, 1890년, 1900년)이나 되었고 그 강도 또한 더욱 심해졌다. 20세기에 들어오면 이 상황은 더욱 악화된다. 경제 불황은 점점 더 빈번해지면서 자본주의를 괴롭혔고, 마침내 1930년대의 대공황에서 절정을 이루었다.

1930년대의 대공황은 전 세계적 현상이었고 모든 주요 자본주의 국가들이 영향을 받았다. 예를 들어 미국에서는 1929년 10월 24일(이 날은 이후 '검은 목요일'로 알려진다) 뉴욕 증권거래소에서 증권의 가치가 곤두박질쳤는데, 이 현상은 결국에는 경제 전반의 자신감을 파괴했다. 그 결과 영리 사업가는 생산과 투자를 삭감했다. 이는 다시 국민소득과 고용을 줄여서 경제 전반의 자신감을 더욱 악화시키는 악순환을 빚었다. 이 과정은 수천 개의 주식회사가 파산하고 수백만 명이 직장을 잃을 때까지 계속되었다. 역사상 최악의 국가적 재난 중 하나가 진행되고 있었다.

1929년과 1932년 사이에는 8만 5천 개의 기업이 파산했고, 5천 개 이상의 은행이 영업을 정지했으며, 뉴욕 증권거래소의 주가 총액은 870억 달러에서 190억 달러로 떨어졌으며, 실업자는 1천 2백만 명이 되어 전 인구의 거의 4분의 1이 먹고살 방법이 없는 처지가 되었고, 농장의 소득은 절반 이하로 떨어졌고, 제조업 생산도 거의 절반으로 떨어졌다.[1]

전 세계에서 가장 부유한 나라였던 미국은 이제 수천만의 사람들이 절망적이고 비참한 빈곤 속에서 살아가는 나라가 되었다. 특히 심한 타격을 입은 이들은 흑인을 비롯한 소수 집단들이었다. 실업자 가운데서 흑인이 차지하는 비율은 전체 인구에서 흑인이 차지하는 비율의 60퍼센트에서 400퍼센트가 높았다.[2] 지리적으로도 어떤 지역은 다른 지역보다 더 큰 고통을 받았다. 앨라배마 주의 하원의원인 조지 허들스턴George Huddleston은 1932년 1월 이렇게 보고했다.

내 지역구에는 약 십만 8천 명의 임금 및 봉급 노동자가 있다. 이 가운데 정상적인 소득이 있는 이들은 내가 보기에는 8천 명을 넘지 못한다. 적어도 2만 5천 명의 남성은 전혀 일자리가 없다. 이들 중 일부는 12개월 동안 전혀 일자리를 가져본 적이 없으며, 아마도 6만 명에서 7만 5천 명은 주당 노동일이 1일에서 5일 사이이며, 사실상 모두 다 임금이 크게 삭감되었고 이들 중 다수는 하루 임금이 평균 1.5달러를 넘지 못한다.[3]

많은 도시에서는 실업 구호 기금이 매우 작아서 지급 기간이 극히 짧았고 1주일에 불과한 경우도 종종 있었다. 뉴욕 시 복지이사회의 이사장은 실업자의 곤궁을 이렇게 기술한다.

한 가족의 가장이 일자리를 잃게 되면 보통 저축이 있는 경우 저축을 먼저 다 쓴다. 그러고 나서 만약 보험에 들어 있다면 그 현금 가치의 한도까지 돈을 빌린다. 그는 친구들과 친척들에게 돈을 꾸며 마침내 그들이 더 이상 견딜 수 없도록 만든다. 그다음에는 동네의 식료품 가게와 정육점에 외상을 지며, 집주인도 방세를 걷기를 포기하는 지경이 된다. 그러나 이자와 세금 독촉에 견딜 수 없게 되면 무언가 하지 않을 수 없다. 시간이 지나면 이 모든 자원이 마침내 바닥나게 마련이며, 그전에 빈곤이라고는 전혀 겪어보지 않은 이들도 결국 구호를 요청하지 않을 수 없게 된다.

상당히 오랫동안 무직자 신세가 된다든가 당장 끼니를 굶게 된다든가 하는 상황은 꿈에서조차 상상해본 적이 없던 수백만 명의 사람들이 지금 굶주림의 유령과 얼굴을 맞대고 있다.[4]

이러한 수백만의 사람들이 어떤 비참과 절망 속에 있었는지를 보여주는 것이 1932년 시카고 시의 쓰레기 폐기장에서 쓰레기를 풀어놓는 장면을 묘사했던 한 신문 기사이다. "쓰레기와 여타 폐기물을 실은 트럭 주변에는 35명 정도의 남자들, 여자들, 아이들이 둘러서 있었다. 트럭이 쓰레기 더미를 쌓아놓고 떠나자 이들 모두가 막대기나 맨손으로 쓰레기 더미를 뒤져 음식과 채소 쪼가리라도 미친 듯이 움켜쥐었다".[5]

도대체 무슨 일이 있었길래 재화와 서비스의 생산이 그토록 줄어든 것일까? 천연자원은 어느 때와 마찬가지로 풍부했다. 미국 전체의 공장, 도구, 기계의 양은 어제와 전혀 변함이 없었다. 사람들도 어제와 똑같은 기술을 가지고 있었고 또 어제와 마찬가지로 그 기술로 일을 하고 싶어 했다. 그런데도 수백만의 노동자들과 그 가족들은 구걸하고 빚을 지고 도둑질을 하고 자선 단체의 구호 앞에 줄을 서야 했다. 그리고 수천 개의 공장들은 전혀 돌아가지 않는 상태였고, 돌아가는 공장들도 그 생산 능력보다 한참 아래 수준에서 돌아가고 있었다. 이에 대한 설명은 결국 자본주의 시장 시스템의 제도 안에서 찾을 수밖에 없었다. 공장들을 다시 돌리고 사람들을 다시 일하게 만드는 것은 얼마든지 가능한 일이었지만, 그렇게 될 수 없었던 이유는 그것이 영리 사업가에게 수익성이 없었기 때문이었다. 자본주의 경제에서 생산에 관한 결정이 내려지는 근거는 사람들의 필요가 아니라 이윤 창출의 가능성이다.

이러한 재난 상황이 닥치자 많은 신고전파 경제학자들(하지만 결코 전부는 아니다)도 자기 조정 시장이라는 신화가 이제 그 이데올로기적 수명을 다했다는 점을 확실하게 보았다. 규제받지 않는 시장이 갖는 무정부성은 이제 자본주의의 존속 자체에 위협이 되기 시작했다. 이념과 신조를 초월하여 많은 경제학자들이 큰 규모의 특단의 조치가 필요하며 이러한 규모를 감당할 수 있는 것은 정부뿐이라는 점을 명백히 알게 되었다.

하지만 신고전파 경제학은 시장의 자동성을 강조하기 때문에 자본주의의 병폐에 대해서는 아무런 해결책을 제시할 수 없었다. 신고전파 이론에서는 애초에 불황 자체가 일어나지 않게 되어 있으니 그 치료책이 필요할 리도 없었다. 현존하는 질서를 옹호하기 위해 정교하게 발전된 신고전파 경제학이 이런 위기 상황에서 무슨 쓸모가 있으려면 아주 크게 수정되어야 했다. 이러한 과제에 도전했던 이가 20세기의 가장 천재적인 보수파 경제학자의 하나인 존 메이너드 케인스John Maynard Keynes(1883~1946)이다. 1936년에 출간된《고용, 이자, 화폐의 일반 이론The General Theory of Employment, Interest, and Money》에서 케인스는 자본주의 체제를 보존하기 위해서는 어떤 조치를 취해야 하는지를 알아내기 위해 자본주의에 무슨 일이 일어났는가를 보이고자 했다.

케인스는 불황을 이해하려고 노력하는 가운데 맬서스의 저작 이외에 사회주의 전통의 모든 경제학자들, 특히 마르크스의 저작을 검토할 수도 있었지만 그렇게 하지 않았다. 비록 케인스는 마르크스에 대한 언급을 몇 차례 남기기는 했지만 그가 마르크스를 진지하게 읽었다는 것을 보여주는 증거는 그의 저작 속에서 전혀 찾을 수 없다. 케인스는 마르크스와 맬서스가 계급투쟁에서 어느 편에 섰는지를 아주 잘 알고 있었다. 하지만 마르크스의 사상은 "오직 논리적 오류… 의 특징만을"[6] 갖는다고 미리 결론을 내린다. 그에게 있어서 마르크스주의는 과학적 이론으로서는 아무런 관심 대상이 아니었고, 그저 하나의 사회적 현상으로서만 흥미를 끌 뿐이었다. "인간의 생각을 연구하는 역사가들은 마르크스주의적 사회주의를 항상 무서운 가능성을 암시하는 존재로 받아들여야 한다. 어떻게 이토록 비논리적이고 우둔한 학설이 수많은 사람들의 정신에 그토록 강력하고 지속적인 영향력을 행사했으며 또 그 사람들을 매개로 하여 역사의 사건들에까지 영향을 끼칠 수 있었는가 말이다."[7]

케인스는 혁명적 사회주의를 호소하는 학설에는 무엇이든 공포를 느꼈기 때문에 마르크스주의를 싫어했다.

> 나는 반드시 혁명을 도구로 써야만 달성할 수 있는 경제적 개선 따위란 없다고 생각한다. 오히려 우리는 폭력적 변화를 방법으로 쓸 경우 잃게 되는 것이 너무나 많다. 서방의 산업 국가의 상황에서 적색 혁명의 전술을 쓰는 것은 온 인구를 빈곤과 죽음의 구렁텅이로 몰아넣게 될 것이다.[8]

게다가 마르크스를 자본주의의 불안정성을 제대로 이해하고 있던 사람이라고 조금이라도 칭송한다면, 이는 자본주의를 구원하는 데 전혀 도움이 되지 않고 되레 그것을 전복시키는 것만 조장하게 될 것이라고 그는 생각했다. "좋은 쪽으로든 나쁜 쪽으로든 정작 위험한 것은 사상이지 기득권이 아니다"[9]라고 그는 생각했다.

그런데 자본주의적 불황의 이론을 구축한 이로서는 마르크스 이외에도 맬서스가 있었고, 마르크스보다는 맬서스 쪽이 훨씬 더 안전한 경제학자였다. 맬서스는 "소유계급과 노동자계급으로 갈라진 사회, 그리고 인간의 이기심이 사회라는 거대한 기계의 원동력인 사회"[10]가 반드시 필요하다고 자신의 이론을 통해 보여주었다는 것을 독자들은 기억할 것이다. 비록 케인스가 맬서스의 모든 생각을 지지했던 것은 분명코 아니었지만, 자본주의가 불가피한 것이라는 이러한 생각만큼은 케인스에게 큰 위로가 되었다.

> 내 입장에서 본다면, 나는 소득과 부에 상당한 불평등—오늘날 존재하는 만큼 커다란 불평등이 아닌—이 존재하는 것을 사회적, 심리적으로 정당화할 수 있다고 생각한다. 가치 있는 인간 활동 중에는 돈벌이라는 동기 부여와 부의 사적 소유라는 환경이 받쳐주어야만 제대로 결실을 볼 수 있는 것이 있다. 게다가 돈벌이와 재산 축적의 기회는 인간이 가진 위험스러운 성향을 비교적 해악이 덜한 방향으로 끌고나갈 수 있다.[11]

그런데 케인스는 마르크스의 사상이 절망적일 정도로 비논리적이라고 기각하면서도 맬서스의 이론에 대해서는 놀랍게도 다음과 같은 주장을 내놓는다. "만약 19세기 경제학이 리카도가 아니라 맬서스라는 줄기에서 뻗어나올 수만 있었다면 오늘날의 세상은 얼마나 더 현명하고 부유한 곳이 되었을 것인가!"[12]

케인스 분석의 이론적 환경

케인스의 이론은 기본적으로 발라의 일반균형이론과 동일한 개념적 맥락에 놓여 있다. 이는 생산, 유통, 소비가 연속적으로 일어나는 과정에 대한 분석이다. 주어진 생산 기간 동안 한 기업은 일정한 액수의 재화를 생산한다. 이 재화를 판매하는 과정을 통하여 그 기업은 생산비용을 지불하며, 여기에는 임금, 봉급, 지대, 비품 및 원자재, 빌려온 자금에 대한 이자까지 들어간다. 이러한 비용을 지불하고 남은 것이 이윤이다.

여기서 기억해야 할 중요한 점은 다음과 같다. 영리 기업에게는 생산비용인 것이 개인 또는 다른 기업에게는 소득을 나타낸다. 이윤 또한 그 기업의 소유자들에게 돌아가는 소득이다. 생산물의 가치는 생산의 비용과 이윤을 합한 것과 같고, 비용과 이윤은 모두 소득이므로, 생산된 것의 가치는 그것을 생산하면서 발생한 소득과 동일할 수밖에 없다.

전체 경제를 총계 차원에서 그려본다고 해도 개별 기업의 경우와 동일하다. 어느 기간 동안 이 경제에서 생산된 모든 것의 가치는 그 기간에 수취된 모든 소득의 총액과 동일하다. 따라서 생산된 모든 것이 팔리려면 사람들은 총계 차원에서 소득을 전부 지출해야만 한다. 만약 사회에서 발생한 전체 소득과 똑같은 액수가 재화 및 서비스에 지출된다면 생산물의 가치는 판매를 통해 실현된다. 이 경우에 이윤은 여전히 높으며, 따라서 사업가들은 그다음 기간에도 똑같은 양 또는 그 이상을 기꺼이 생산하려 할 것이다.

이 과정은 **순환적 흐름**circular flow이라고 볼 수 있다. 화폐는 기업에서 사람들에게 임금, 봉급, 지대, 이자, 이윤의 형태로 흘러간다. 이 화폐는 다시 사람들이 재화와 서비스를 기업에게 구매하게 되면 기업에게로 돌아간다. 기업이 스스로 생산한 것을 모두 판매하고 만족스러운 이윤을 얻을 경우 이 과정은 계속된다.

하지만 이는 자동적으로 일어나는 일이 아니다. 기업에서 사람들에게로 화폐가 흘러갈 때 그중 일부는 기업들에게 되돌아오지 않는다. 이 순환적 흐름에는 돈이 빠져나가는 누출leakages의 구멍이 있다. 우선 사람들 모두가 소득의 전부를 지출하는 것은 아니다. 그중 일정한 분량은 보통 은행에 저축하게 되며, 따라서 이 돈은 지출의 흐름에서 빠져나오게 된다. 누출의 구멍은 두 개가 더 있다. 사람들이 외국 기업에게 재화와 서비스를 사들이는 경우 이 수입품에 지출된 돈은 국내에서 생산된 재화에 지출되지 않게된다. 그리고 사람들은 세금을 내야 하는데, 이 돈 또한 소득-지출의 흐름에서 빠져나가게 된다.

이 세 가지 누출(저축, 수입, 조세)을 상쇄하는 것으로서 이 소득-지출 흐름에 들어오는 세 가지 지출의 주입injection이 있다. 첫째, 수입을 상쇄하는 것으로 수출이 있다. 한 예로 한 나라에서 구매한 수입품의 가치와 정확히 똑같은 액수로 그 나라에서 생산된 제품을 외국인들이 사간다면 이 둘은 정확히 상쇄될 것이다. 둘째, 정부는 스스로가 필요로 하는 재화 및 서비스를 조달하는 데 조세로 걷은 돈을 사용한다. 만약 정부가 걷은 세금 전액을 그 목적에 사용하여 예산이 정확히 균형을 이룬다면, 이 지출의 흐름에서 정부의 지출이 조세를 정확히 상쇄할 것이다. 셋째, 만약 영리 사업가가 자본을 확장하고자 한다면 이들은 이미 저축되어 있는 자금에서 대출을 행하여 자본재에 대한 투자 자금을 댈 수 있다. 이렇게 되면 투자는 저축으로 인한 누출을 정확하게 상쇄할 수 있다.

만약 소득-지출 흐름에 주어지는 이 세 가지 주입이 앞의 세 가지 누출과 정확히 크기가 같다면 지출은 생산물 가치와 정확히 일치할 것이다. 현재의 모든 상대가격의 구조가 모든 산업에서 수요와 공급이 일치하도록 다양한 산업 사이에 수요를 배분하고 있는 상태라고 가정한다면, 생산된 모든 것은 판매될 것이며 번영이 지배하게 될 것이다.

이것이 경쟁적 자본주의가 정상적으로 기능하는 바로서 정통 신고전파 경제학에서 내거는 그림이다. 전체 고용 수준과 전체 생산량은 생산함수 그리고 여러 생산요소의 소유자가 행하는 자유로운 선택에 의해 결정된다.

그림 15-1. **임금률과 총생산량의 결정에 대한 신고전파의 이론**

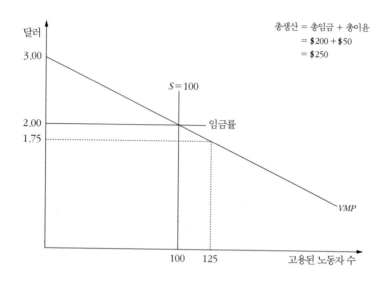

단기적으로는 자본의 양이 정해져 있으며, 노동에 대한 수요는 11장에서 보았듯이 노동의 한계생산물의 가치에 의해 결정된다. 이렇게 노동에 대한 수요가 주어지면, 신고전파 이론은 임금률과 노동 공급에 의한 총생산량을 설명할 수 있게 된다. 이러한 분석을 보여준 것이 〈그림 15-1〉이다. 여기서 *VMP*는 노동의 한계생산물의 가치이며 *S*는 노동 공급이다.

〈그림 15-1〉에서 만약 100명의 노동자가 일하고 싶어 한다면, 이들은 노동자 1인당 2달러의 임금(이는 그들의 한계생산물의 가치로 결정된다)을 받아들여야 한다. 이 경우 임금 총액은 200달러이며, 50달러는 이윤으로 간다(이에 대한 설명은 11장을 보라). 이 예에서 총생산량은 250달러의 가치를 가진다. 이제 만약 일하고자 하는 노동자가 125명으로 늘어난다면 노동의 한계

생산물의 가치는 1.75달러로 떨어지게 된다. 더 많은 노동자가 일자리를 찾을 수 있으려면 **임금률이 떨어져야만 한다**. 만약 125명의 노동자가 고용된다면 총임금은 218.75달러(125×1.75 달러)가 되며, 총이윤은 78.12달러가 되고, 총생산량은 296.87달러가 된다. 이렇게 신고전파 분석에서는 단기적으로 볼 때 생산함수가 주어져 있고 이것에서 노동에 대한 수요곡선(여기서 노동은 그 한계생산물의 가치에 따라 보수를 받는다)이 도출되며, 임금률과 총생산량 수준을 결정하는 것은 노동 공급이다(총임금 및 총이윤도 이에 따라 결정된다). 이것이 1930년대에 정통 신고전파 경제학자들 대부분이 내놓았던, 생산과 고용 수준에 대한 표준적 분석이었다.

이 분석에서 실업이 존재하는 이유는, 노동자가 자신들의 한계생산물의 가치보다 **더 많이** 받을 때에만 일하려 하기 때문이다. 예를 들어 〈그림 15-1〉에서 임금률이 2달러라면 노동자들은 100명만 고용될 수 있다. 만약 125명의 노동자가 일하고 싶다면 이들은 1.75달러의 임금률을 받아들여야만 한다. 만약 이들이 기꺼이 그렇게 하겠다고 한다면 이윤 극대화 행동을 하는 자본가라면 125명의 노동자를 분명히 고용할 것이다. 만약 노동자가 임금 삭감을 거부한다면 25명은 일자리를 잡지 못하게 될 것이며, 신고전파 경제학자들은 이 25명을 자발적 실업이라고 **정의**하여 완전고용이 달성되었다고 주장한다.

신고전파 경제학자들이 비자발적 실업이 존재한다고 인정하는 경우는, 노동자가 자신들의 한계생산물의 가치에 맞는 임금을 기꺼이 받아들이려 하지만 그 임금률로도 일자리를 찾지 못할 때뿐이다. 하지만 이윤을 극대화하려고 하는 자본가는 노동자의 한계생산물의 가치가 임금률과 동일한 지점까지는 계속 노동자를 고용하려 들 수밖에 없다. 따라서 신고전파 경제학자들은 이윤 극대화의 원칙만 작동한다면 비자발적 실업이란 결코 있을 수 없게 된다고 결론을 내린다. 실업으로 보이는 상황이 현실에 존재한다면 이는 단지 노동자가 임금 삭감을 받아들이기를 거부하기 때문이라는 것이다. 즉 더 많은 노동자를 고용하면 이로 인해 노동의 한계생산물의 가치가 더 떨어지게 되고 이에 맞게 임금률도 낮아지게 되므로 노동자가 이러한 임금 삭감을 거부하기 때문이라는 것이다.

만약 노동자가 자신들의 한계생산물 가치의 임금을 기꺼이 받아들인다면, 총수요와 총공급이 일치하는 데 그 어떤 문제도 생길 이유가 전혀 없다. 모든 소득은 정상적으로 지출된다. 소득-지출 흐름의 세 가지 주입 항목은 세 가지 누출 항목과 정상적으로 일치할 것이다. 그 이유는, (1) 신고전파 이론은 수요와 공급의 자유로운 작동을 통해 국제적 거래 또한 균형에 이르게 될 것임을 보이고 있으며, (2) 신고전파 경제학자들이나 대부분의 정치가들이나 '건전 재정정책'의 규칙 때문에 정부로서는 조세로 거둔 것과 정부의 지출이 일치하는 균형 예산을 유지하지 않을 수 없으며, (3) 저축과 투자는 이자율의 등락을 매개로 하여 항상 일치하게 되어 있기 때문이다.

이 마지막 논점이야말로 신고전파 경제학자들과 케인스 사이의 결정적 차이점을 보여주는 것이므로, 이에 대한 신고전파의 관점을 좀 더 자세히 알아보자. 신고전파에 의하면 사람들은 항상 미래의 소비보다는 현재의 소비를 선호한다(11장을 참조). 따라서 사람들은 보상이 따라오는 경우가 아니라면 저축을 하지 않게 되어 있으며, 이 보상이 바로 저축에 붙는 이자이다. 이자율이 높을수록 이들은 더 많이 저축할 것이며, 이자율이 낮을수록 이들의 저축은 적어질 것이다. 한편 새로운 공장과 설비 또는 여타 자본재에 투자하는 사람들은 빌려와서 투자한 자금에 대해 대가를 지불해야 한다. 이들이 지불해야 하는 대가의 크기는 이자율에 의해 결정된다(만약 이들이 돈을 빌리지 않고 자기 소유의 돈으로 투자했을 경우, 이자율은 이들이 그 돈을 그냥 남들에게 대출해주는 대신 자본재에 투자하기로 선택함으로써 포기해야만 했던 소득의 크기를 보여주는 척도이다). 이자율이 낮을수록, 투자 자금은 싸게 구할 수

그림 15-2. **이자, 저축, 투자**

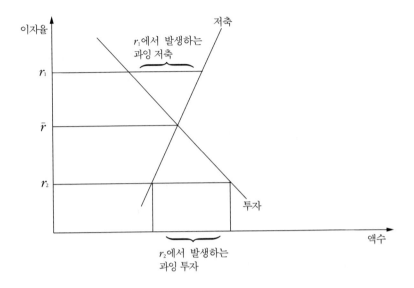

있고 더 많은 투자가 이루어질 것이다. 〈그림 15-2〉는 이러한 이자율과 저축의 관계 및 이자율과 투자의 관계를 보여주고 있다.

〈그림 15-2〉에서 만약 현재의 이자율이 r_1이라면 저축은 투자를 초과하게 될 것이다(따라서 총공급은 총수요를 초과할 것이다). 저축을 한 이들은 자신들이 저축한 자금을 완전히 흡수할 수 있을 만큼 충분한 투자를 찾지 못한다. 이들은 자신들의 자금을 꾸어갈 이들을 찾기 위하여 경쟁적으로 가격을 낮추어 부르게 되고 이에 이자율은 $\bar{r}$까지 떨어지게 된다. 이자율이 다시 저축과 투자를 일치시키도록 하락하면서 상품의 총공급에서 발생했던 과잉은 제거된다. 만약 현재의 이자율이 r_2라면, 투자자들은 투자에 돈을 댈 충분한 저축을 찾지 못한다. 이들은 따라서 있는 자금을 놓고 경쟁적으

로 가격을 올려 부를 것이므로 이자율은 $\bar{r}$로 올라가게 된다. $\bar{r}$에서 저축은 투자와 일치하게 된다.

따라서 신고전파 이론에서는 경쟁이 자동적으로 저축과 투자가 일치하는 이자율을 만들어낸다. 이는 곧 소득-지출 흐름에서의 세 가지 누출 모두가 자동적으로 세 가지 주입과 일치하도록 움직이게 되어 있으며, 총수요는 자동적으로 총공급과 일치하게 되어 있다는 것을 의미한다.

따라서 거의 모든 신고전파 경제학자들에게 있어서 비자발적 실업으로 보이는 것의 원인이라고 생각할 수 있는 것은 노동자가 충분한 임금 삭감을 받아들이기를 거부하는 상황뿐이었다. 따라서 대공황이 진행되는 기간 정부에서 신고전파 경제학자들에게 공황을 퇴치할 가장 효과적인 방법에 대해 자문을 받았을 때, 그들 중 심지어 가장 인간적이고 노동자의 곤경에 동정적인 이들조차도, 제안이라고 내놓은 것은 오로지 모든 임금을 전반적으로 삭감하라는 것뿐이었다.[13]

한계생산성 분배 이론에 대한 케인스의 옹호

케인스는 신고전파의 한계생산성 분배 이론에 기본적으로 동의했다(앞으로 보겠으나, 그는 사실상 신고전파 이론의 거의 모든 교리에 동의했다. 오직 예외는 총수요가 항상 완전고용 소득 수준에서 총공급과 자동적으로 일치하게 되어 있다는 믿음뿐이었다). 그는 《일반 이론》의 초입에서 신고전파(케인스는 이들을 고전파라고 불렀다)의 "고용 이론"은 "두 가지 기본적 공준"에 기초한다고 말하고 있다. 첫 번째는 "**임금은 노동의 한계생산물과 일치한다**"[14]였다. 케인스는 신고전파 경제학과 자신이 불일치하는 지점을 설명하면서 이 첫 번째 공준에 대해서는 자신이 동의한다고 독자들을 안심시킨다. 즉, 노동자는 자신들의 한계생산물만큼의 가치를 수취한다는 것이다.

우리가 고전파 이론 체계와 단절하는 지점을 강조함에 있어서 결코 잊지 말아야 할 일은 우리가 중요한 한 지점에서는 고전파에 동의하고 있다는 것이다. 지금부터 나오는 이야기에서 우리는 이 첫 번째 공준에 대해 고전파 이론 스스로가 가하고 있는 제한 이외에는 똑같이 주장할 것이다. 그리고 이것이 무엇을 뜻하는지를 잠깐 설명하고 넘어가겠다.

이는 곧 일정한 생산 조직 내에서 장비와 기술과 실질임금과 생산량(그리고 따라서 고용량)은 고유의 상관관계를 가지고 있기 때문에 고용이 늘어나게 되면 일반적으로 실질임금의 감소가 수반될 수밖에 없음을 뜻한다. 따라서 나는 고전파 경제학자들이 절대로 건드릴 수 없는 것이라고 (올바르게) 주장했던 이 절대적으로 중요한 사실에 대해 왈가왈부하지 않을 것이다. … 따라서 고용이 늘어난다고 했을 때 단기적으로 노동자 1인당 주어지는 보상을 임금재로 나타내보면, 이는 일반적으로 감소하게 되어 있고 이윤은 늘어나게 되어 있다.[15]

케인스의 고용 이론은 그와 동시대의 신고전파 경제학자들의 이론과 동일하며, 따라서 고용 증대를 위한 그의 제안 또한 신고전파 경제학자들과 마찬가지로 임금을 줄이고 이윤을 늘리라는 것인 듯도 보인다. 이는 사실이기도 하고 사실이 아니기도 하다. 케인스는 여기서 하나의 모순에 걸려든다. 신고전파처럼 케인스 또한 고용을 늘리기 위해서는 임금을 삭감하고 이윤을 증가시켜야 한다고 주장했다(그럼에도 불구하고 당시의 수많은 보수주의자들은 케인스가 급진주의자라고 생각했다!). 자본가의 동기는 이윤 극대화이므로 이들로 하여금 그들의 한계생산물의 가치와 임금이 일치하는 지점까지 노동자를 고용하고 싶도록 만들려면(케인스와 다른 모든 신고전파 경제학자들이

동의했듯이), 노동자의 실질임금을 낮추는 것이 실업에 대한 유일의 대책이 될 수밖에 없다. 케인스는 신고전파 경제학자들에 동의하고 싶어 했고 또 동시에 동의하지 않고 싶어 했던 셈이다.

그가 자신의 다른 견해를 피력한 방식은 지극히 설득력이 모자라는 것이었다. 그는 실질임금은 두 가지 방식 중 하나를 통해 줄일 수 있다고 주장했다. 첫째, 임금재의 가격을 일정하게 유지하거나 천천히 떨어지게 만들면서 화폐 임금률을 더 빠르게 줄이면 된다는 것이었다(이는 대부분의 신고전파 경제학자들이 추천한 방식이다). 둘째, 화폐 임금률이 동일하거나 천천히 증가한다면 임금재의 가격을 더 빠르게 증가시킬 수도 있다는 것이었다. 케인스는 첫 번째 방법으로 임금을 줄이는 것은 노동자들이 절대로 받아들일 리가 없지만, 두 번째 방법은 그럭저럭 평화적인 가운데 용납될 것이라고 주장했다.[16]

이 주장이 별로 설득력이 없는 이유는, 실제의 임금 협상에서 노동자는 화폐 임금만큼이나 생계비에도 관심을 두는 것이 보통이기 때문이다. 그리고 노동자가 협상에서 강력한 위치를 차지하고 있다면 이들은 생계비의 상승이 있을 때마다 이를 보충할 수 있는 화폐 임금의 인상을 요구하는 것이 보통이다. 더욱이 1930년대와 같이 전반적으로 빈곤이 지배하는 상황에서 수백만의 노동자가 기를 쓰고 찾은 것은 생활이 가능한 임금의 일자리였던 것이다.

만약에 대공황이 덮치기 이전에 케인스가 생각했던 대로 노동자가 그들의 한계생산물의 가치와 동일한 임금을 수취하고 있었다면, 1930년대 들어 실제로 벌어졌던 바는 기존의 물질적 자본의 수준이 비교적 변함이 없는 상태에서 고용량만 급격하게 줄어들었던 것이므로, 케인스가 완전히 받아들인 한계생산성 분배 이론에 따르자면 이는 곧 **노동의 한계생산성이 급증하는 결과**를 가져왔어야 한다. 하지만 1930년대의 현실을 보자면 실질

임금은 증가하지 않았고 많은 경우 오히려 감소했다. 그렇다면 한계생산성 이론으로부터 논리적으로 따져볼 때, 고용되어 있던 노동자는 **그들의 한계 생산성보다 크게 낮은 수준의 실질임금을 수취**하고 있었다는 결론을 내릴 수 밖에 없다. 게다가 수백만의 노동자가 낮은 수준의 임금이라도 받아보려고 기를 썼지만 전혀 일자리를 찾을 수 없었다.

자본주의적 불황에 대한 케인스의 분석

《일반 이론》의 나머지 부분을 통틀어서, 케인스는 불황기에 물질적 자본의 생산 능력 가동률이 급감할 뿐만 아니라 고용된 노동자의 숫자도 급감한다고 케인스는 일관되게 가정하고 있다. 케인스의 이론은 통찰력과 일관성을 겸비한 방식으로 경제공황에서 명백하게 나타나는 여러 현실과 정면 대결한다. 그런데 고용이 감소함에도 불구하고 노동자의 실질임금이 증가하지 않는다는 것 또한 자본주의 불황에서 항상 나타나는 명백한 사실이다. 따라서 케인스가 임금이 항상 노동자의 한계생산성과 일치하게 되어 있다는 한계생산성 이론을 고수했던 것은 그의 이론 나머지 부분과 모순을 일으키게 된다.

이 책에서 여러 번 지적했듯이, 어떤 위대한 사상가의 이론에 들어 있는 모순은 (참고로 케인스는 사유를 논리적으로 전개하는 데 있어서 최고급의 인물이었다) 그 사상가의 이데올로기적 지향성을 가장 잘 꿰뚫어볼 수 있는 기회를 제공한다. 케인스는 자본주의적 정부에게 자본주의를 구출하는 데 도움이 될 이론적 혜안을 제공하고자 했다. 그렇게 하려면 신고전파 이론의 일부 교리를 폐기할 수밖에 없었다. 하지만 앞으로 보겠지만 그는 또한 신고전파 이데올로기를 가능한 한 유지하고자 했다. 그래서 그는 한계생산성 분배 이론뿐만 아니라, (일단 완전고용이 달성되기만 하면) 자유 시장이 자원을 효율적으로 배분하게 되어 있다는 믿음 또한 고수하고자 했다. 신고전파 이데올로기의 이 두 교리는 모두 자유 시장이 자동적으로 파레토 최적이라는 완전고용의 상황을 창출하게 되어 있다는 믿음과 논리적으로 연관되어 있음에도 불구하고 말이다. 케인스만큼 특출한 논리적 능력을 가진 이론가의 경우에서조차도 이데올로기는 아주 빈번하게 논리를 짓눌렀다.

케인스가 거부했던 신고전파의 믿음은, 만약 자본주의 경제가 완전고용 상황에서 출발한다면 이자율이 자동적으로 이자와 저축을 동일하게 만들어주고 이에 따라 총수요는 총공급과 일치하게 되어 있다는 명제였다. 그가 신고전파의 시장의 자동조정 이론과 단절한 주요한 지점은 두 가지이다. 첫째, 비록 그는 저축이 이자율의 영향을 받는다는 신고전파의 생각을 받아들였지만, 저축량을 결정하는 데 이자율보다 훨씬 큰 영향을 주는 것은 총소득의 수준이라고 강하게 주장했다. 둘째, 그는 이자율을 결정하는 것이 저축과 투자가 아니라고 주장했다. 이자율이란 화폐의 수요와 공급을 동일하게 만들어주는 가격이며, 투자 및 저축과는 상당히 다른 문제(물론 전혀 무관한 것은 아니지만)라고 케인스는 생각했다.

이것들은 정말로 아주 중요한 단절이었다. 왜냐면 비록 케인스가 의식하지 못하고 있었지만, 이것들은 시장의 자동성이라는 신고전파 이론뿐만 아니라 신고전파 이데올로기의 다른 두 기둥을 무너뜨렸기 때문이다. 즉 시장에 자유와 경쟁이 주어지면 파레토 최적의 자원 배분이 생겨나게 된다는 주장 그리고 각 생산요소의 한계생산성이 분배를 결정한다는 주장을 함께 무너뜨렸다. 케인스는 시장의 자동성이라는 믿음은 무너뜨리고자 했으나 다른 두 개념은 아무 탈 없이 유지되기를 원했음에도 불구하고 말이다.

케인스는 자신이 신고전파 저축 이론에서 단절하게 된 근간의 원리를 "소비함수"라고 불렀다. 그는 소비 수준과 저축 수준이 무엇보다도 "소득 수준의 함수"라고, 즉 소득 수준에 의해 결정된다고 주장했다. 그도 저축 수준이 "이자율에 큰 변동이 생기면 일정하게 변할"[17] 수 있다는 점을 인정했다. 하지만 그러한 영향력은 소득 수준의 영향력에 비하면 중요성이 훨씬 떨어진다.

> 왜냐면 어떤 사람의 소득에서 가장 큰 비중을 차지하는 것은 그의 관습적인 생활수준이며, 그 관습적 수준을 유지하는 데 들어가는 돈과 그의 실제 소득 사이의 차액이 저축으로 가기 십상이다. … 또 소득의 절대 수준이 높아지면 일반적으로 이것이 소득과 소비 사이의 차이를 벌려놓는 경향이 있다는 것도 자명하다. 어떤 사람과 그 가족의 적절적인 일차적 필요를 충족시키려는 동기가 보통 축적을 지향하는 동기보다는 더욱 강력하게 되어 있다. … 이러한 이유 때문에 일반적으로 실질 소득이 증가하면 그중 저축으로 가는 몫도 늘어난다.[18]

소비함수는 소득 수준에 대한 저축 및 소비의 관계를 묘사한다. 소득의 변화와 그로 인한 저축의 변화 사이의 관계(또는 소득의 변화에 대한 저축의 변화의 비율)는 '한계 저축성향'이라고 정의된다. 한계 소비성향과 한계 저축성향은 둘 다 1보다는 작으며, 어느 쪽도 이자율에 따라 결정되는 것은 아니며, 심지어 이자율을 주된 결정 요소로 삼는 것도 아니다.

신고전파의 시장 자동성 이론에 대한 케인스의 두 번째 주요한 단절은 신고전파의 이자율 결정 이론을 거부한 것이었다.

> **소비성향은** … 각 개인이 얼마만큼을 소비하고 얼마만큼을 미래 소비에 대한 모종의 형태의 지배력으로서 예비해 [저축해]두느냐를 결정한다. 하지만 이러한 결정이 이루어지고 난 뒤 그를 기다리고 있는 결정이 또

있다. 즉 미래 소비에 대한 지배력을 보유함에 있어서 **어떤 형태**를 선택할 것인가이다. … 직접적인 유동성의 지배력 형태(즉 화폐 또는 화폐에 해당하는 것)로 보유할 것인가? 아니면 직접적인 지배력과 일정한 또는 구체적으로 정해지지 않은 기간 동안 헤어져 지낼 준비가 되어 있는가? 다른 말로 하자면, 그의 **유동성 선호**liquidity preference의 정도는 무엇인가? 여기서 한 개인의 유동성 선호를 결정하는 것은, 상황이 변할 때마다 그가 자신의 자원 중에서 화폐 형태로 보유하려는 만큼의 변화를 나타내는 계획표이다.

이자율이란 저축이나 기다림 그 자체에 돌아오는 대가일 수 없다는 점은 자명하다. 어떤 이가 자신의 저축을 현금 그대로 쌓아두고 있다면 저축을 하는 것은 마찬가지이지만 아무런 이자도 벌지 못한다. 오히려 이자율이라는 정의 자체는 이자율이 일정 기간 동안 유동성과 헤어지는 것에 대한 보상임을 우리에게 가르쳐주고 있다. 왜냐면 이자율이란 그 자체로 보면 일정 액수의 돈과 그 돈을 꾸어주는 바람에 그 돈에 대한 통제력을 잃게 되는 대가로 얻을 수 있는 것의 비율을 역으로 표현한 것에 불과하기 때문이다.

따라서 이자율이란 유동성과 헤어지는 것에 대한 보상이므로, 이는 항상 돈을 가진 이가 그 돈에 대한 자신의 유동적 통제력을 놓치기 싫어하는 마음을 재는 척도이다. 이자율이 '가격'이라 한다면, 이는 투자할 자원에 대한 수요와 그 자원을 지금 당장 소비하는 것을 기꺼이 참는 절제심 사이에 균형 상태를 만들어준다는 의미에서가 아니다. 이는 부를 현금의 형태로 보유하려는 욕망과 현재 얻을 수 있는 현금의 양 사이에 균형 상태를 만들어준다는 의미이다. … 만약 이러한 설명이 올바른 것이라면, 주어진 상황에서 현실의 이자율을 결정하는 데 있어서 유동성 선호와 함께 작용하는 나머지 다른 하나의 요소는 화폐의 수량이다.[19]

이자율은 곧 화폐에 대한 수요와 화폐의 공급으로 결정된다는 것이다. 어떤 시점에서나 화폐의 공급은 중앙은행이나 통화 당국의 행동에 따라 결정된 수준으로 일정하다. 화폐에 대한 수요—이는 유동성 선호와 동일한 것이다—는 케인스에 따르면 다음의 세 가지 동기에 의해 결정된다고 한다.

(i) 거래의 동기. 즉 개인적 교환과 사업적 교환에서 일상적으로 행해지는 거래에 쓰기 위한 현금의 필요. (ii) 예비의 동기. 즉 미래에 대한 안전 보장으로 전체 자원에서 일정한 부분에 해당하는 현금을 쥐고 있고자 하는 욕망. (iii) 투기적 동기. 즉 미래에 어떤 일이 일어날지에 대해 시장보다 더 뛰어난 지식을 가짐으로써 이윤을 얻으려는 목적.[20]

화폐 수요 중 투기적 동기에서 나오는 부분은 이자율과 관련되어 있다. 이러한 관계를 이해하기 위해서는 채권(또는 어떤 종류이든 이자를 지불하는 차용 증서) 가격이 어떻게 이자율을 반영하는지를 이해해야 한다. 만약 1년 뒤에 1천 달러를 지불하기로 약속하는 채권이 있는데 이자율이 3퍼센트라고 한다면 그 채권의 현재 가치는 대략 970달러가 될 것이다(차액인 30달러는 우리가 1년 동안 얻게 되는 이자인 셈이다). 하지만 채권을 구매한 다음날 이자율이 6퍼센트로 뛰었다고 한다면, 그 1천 달러 채권의 가치는 대략 940달러 정도로 떨어진다(이제는 6퍼센트 이자율로 벌어들이는 차액이 60달러가 되었기 때문이다). 만약 우리가 그 시점에서 그 채권을 억지로 팔게 된다면 손실을 보게 될 것임은 분명하다. 그리고 현재 이자율이 3퍼센트인데 앞으로 이자율이 6퍼센트로 오를 것을 예상하는 경우에도 그 채권을 사지 않는 것이 더 이익이다. 만약 우리가 현금을 그대로 쥔 채로 이자율이 오를 때를 기다린다면(그리고 이자율에 대한 우리의 예상이 맞는다면) 우리는 이 채권을 970달러가 아닌 940달러에 살 수 있게 되며, 그 남는 30달러로 또 다른 채권을 사서 더 많은 이자를 벌 수 있을 것이기 때문이다.

따라서 케인스가 보기에 화폐에 대한 수요는 부분적으로 장래에 이자율이 어떻게 될지에 대한 기대에 의해 좌우된다. 이자율이 (그전 이자율에 비해서 또는 정상적 이자율이라고 생각되는 것에 비해서) 아주 높다면 장래에 이자율이 더 올라갈 것이라고 예상하는 사람은 극소수일 것이며 따라서 투기적 목적으로 볼 때 대부분 현금을 쥐고 있느니보다는 앞으로 가격이 오를 채권을 사려 들 것이다. 그러다가 이자율이 낮아지면 이자율이 오를 것이라고 생각하는 사람이 늘어나며, 그 결과 그렇게 예상하는 사람은 투기적 목적으로 볼때 채권보다는 더 많은 화폐를 손에 쥐려고 할 것이다. 그러므로 투기적 목적의 화폐 수요량은 이자율이 오르면 감소하며 이자율이 떨어지면 증가하게 된다.

〈그림 15-3〉은 이자율 그리고 그것이 저축 및 투자와 어떤 관계인가에 대한 케인스의 이론을 나타낸다. 이는 〈그림 15-2〉에 그려진 정통 신고전파의 관점과 대조하여 이해하는 것이 좋다. 이 그림의 (a) 부분에서 화폐의 수요량은 부분적으로 투기적 수요를 포함하고 있으므로 이자율이 떨어지면 늘어난다. 애초의 화폐 공급 곡선에서(이는 통화 당국이 결정한다) 화폐의 공급과 수요를 일치시켜주는 이자율은 r_1이었다. 하지만 (b) 부분에서 보듯이, 이 r_1의 이자율에서는 저축이 투자를 초과한다. 만약 이러한 상황이 계속된다면 총수요는 총공급보다 적게 될 것이다. 그리고 생산물이 모두 판매되지 못할 것이다. 기업이 생산한 것을 모두 팔 수 없게 되었으므로 안 팔린 재화의 재고는 늘어나는 것을 보게 될 것이다. 하지만 각각의 기업은 오직 자기의 문제만 눈에 보이게 되어 있어서 자기가 팔리는 것보다 너무 많이 생산한 게 문제라고 생각하게 된다. 따라서 기업은 그다음 기간에는 생산을 줄이게 된다. 대부분의 기업은 서로 비슷한 상황에 있으므로 대부분이 이렇게 행동한다. 그 결과는 생산의 큰 폭 감소, 고용의 감소, 소득의 감소이다. 그런데 소득이 감소하게 되면서 그다음 기간에 재화와 서비스에 지출되는

그림 15-3. **이자율의 결정 그리고 저축과 투자의 불일치**

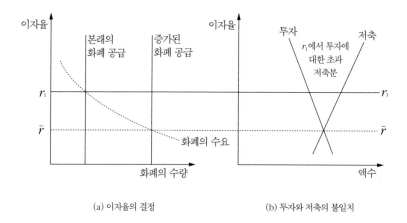

(a) 이자율의 결정　　　　　　　　　　　　(b) 투자와 저축의 불일치

총액은 더욱 적어진다. 따라서 기업은 생산 수준을 낮추었음에도 불구하고 그나마 생산한 것조차 모두 판매할 수 없다는 것을 알게 된다. 기업은 다시 한 번 생산을 축소하게 되며, 이리하여 하락의 나선형 악순환이 계속된다.

　이러한 상황에서 기업은 자본재를 확충할 아무런 유인도 갖지 못한다(이미 있는 생산 설비도 과잉인 상태이니까). 따라서 투자는 큰 폭으로 줄어든다. 모든 유형의 지출은 수직으로 떨어진다. 소득이 감소하게 되면 저축은 이보다 더 큰 비율로 떨어지게 된다. 이 과정은 소득의 감소가 저축을 감소시켜, 저축이 그나마 줄어든 투자 수준보다도 작게 줄어들 때까지 계속된다. 소득이 이 정도로까지 떨어지게 되면 균형이 회복된다. 소득-지출 흐름에서의 누출 항목은 다시 주입 항목에 의해 상쇄되기에 이른다. 이에 경제는 안정을 되찾지만, 그 수준은 높은 실업률과 사용되지 않는 생산 설비가 상당한 양으로 존재하는 수준으로 떨어진다는 것이다.

하지만 〈그림 15-3〉에서 제기되는 문제는 군이 이렇게까지 될 이유가 없으며 아주 손쉬운 해결책이 있다는 게 케인스의 주장이다. 그것은 통화 당국이 화폐 공급을 늘리는 것이다. 이 늘어난 통화량에 해당하는 이자율 F에서는 저축과 투자가 일치하며, 총수요는 총공급과 일치하게 된다. 따라서 아무런 문제가 없다. 케인스가 보기에 완전고용을 달성하는 데는 통화정책(통화 공급의 증감)만으로도 충분한 때도 있다. 하지만 통화정책만으로는 충분하지 못할 때도 있다. 그리고 케인스가 더 관심을 두었던 것은 바로 이 후자의 상황이다. 자본주의 나라들에서 불황을 야기하고 불황을 지속시키고 있는 실제 조건의 특징을 이 후자의 상황이 더 생생히 담고 있다고 그가 생각했기 때문이다.

그 첫 번째 상황은, 소득분배가 너무나 불평등하고(이렇게 되면 노동자보다 훨씬 더 저축하게 마련인 부자들의 손으로 더 많은 소득이 들어가게 되기 때문에 저축도 증가하게 된다), 완전고용 수준에서의 생산과 소득이 너무나 높아서 이자율이 아무리 내려가도 저축과 투자가 일치될 수가 없을 때이다. 이 상황은 〈그림 15-4〉에 나오며, 설명이 따로 필요 없을 정도로 자명하다.•

하지만 케인스는 저축과 투자 사이에 이 정도로 심한 불일치가 생겨나지

• 약간의 설명을 붙이자면, 소득 불평등으로 인해 저축성향이 지극히 높은 부유층에게 소득 중 아주 많은 부분이 들어가므로 전체 경제의 저축량은 이자율이 아주 낮아도 큰 액수를 보이게 되어 있다. 따라서 〈그림 15-4〉에서처럼 저축 곡선은 한참 오른쪽으로 치우치게 된다. 반면 생산과 소득이 아주 높은 수준이라면 자본을 1단위 더 쓴다 해도 거기에서 얻어지는 수익―즉 자본의 한계효용 ―도 아주 적기 때문에, 이자율이 아주 낮아도 투자는 잘 벌어지지 않는다. 따라서 〈그림 15-4〉의 투자 곡선은 왼쪽으로 크게 치우치게 된다. 이렇게 극단적인 상황에서는 이자율을 0으로 떨어뜨려봐야 투자와 저축을 일치시킬 수 없고 따라서 총수요와 총공급이 일치하는 균형 상태 또한 이자율 인하로는 달성할 수 없게 된다.

그림 15-4. **이자율로는 저축과 투자의 완전고용 수준을 일치시키지 못하는 상황**

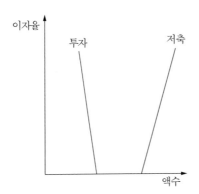

않는다고 해도, 재난에 가까운 불황을 통화정책으로는 막을 수 없는 상황이 얼마든지 발생할 수 있다고 생각했다. 만약 투자와 저축의 완전고용 수준을 일치시킬 이자율이 아주 낮은 상태라면, 통화 당국이 아무리 이자율을 낮추어봐야 균형 상태에 도달할 수 없을 수 있다. 그런데 그렇게 하던 중에 통화 당국이 이자율을 너무나 낮게 만들어서 거의 모두가 장래에는 이자율이 크게 오를 것이라고 예측하는 상태가 된다면, 설령 통화 당국이 유통 화폐량을 크게 늘린다고 해도 각종 유가증권을 사기보다는 현금을 그대로 쥐고 있는 쪽을 선호할 것이다.

　　화폐의 양이 크게 늘어난다고 해도 이자율에는 영향이 비교적 적은 상황이 생길 수 있다. … 장래의 이자율 향방에 대해 세간에 만장일치에 가까운 견해의 통일이 존재할 수 있으며, 이렇게 되면 현재의 이자율에 조금만 변화가 생겨도 엄청난 양의 현금이 [개인 금고로의 퇴장을 향하여] 이

그림 15-5. **통화정책으로는 저축과 투자의 완전고용 수준을 일치시키지 못하는 상황**

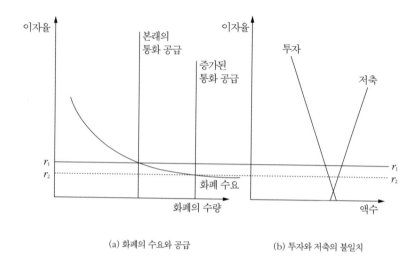

(a) 화폐의 수요와 공급　　　　　(b) 투자와 저축의 불일치

동할 수 있다.[21]

　이러한 상황을 그려놓은 것이 〈그림 15-5〉이다. 이자율이 최저점에 가까워지면 화폐에 대한 수요가 거의 수평으로 되어 통화 공급을 크게 늘린다고 해도 그 돈이 대부분 개인들의 금고 속으로 퇴장될 것임을 보여준다. 〈그림 15-5〉에서는 통화 공급이 크게 늘었음에도 불구하고 이자율의 감소는 극소량에 불과하며 여전히 투자에 대한 초과 저축이 남아 있게 된다.
　〈그림 15-4〉와 〈그림 15-5〉에 나타난 상황 가운데 어느 쪽이든, 자유롭고 경쟁적인 시장은 사회를 재난에 가까운 불황으로 끌고 갈 것이다. 이 경우들에서는 통화정책이 그러한 사회적 참극을 막는 데 아무 쓸모가 없다.

무언가 좀 더 근본적이고 강력한 조치가 필요하다는 것이 명백하다.

케인스의 분석은 그 본질적인 사항에 있어서는 마르크스(9장 참조)나 홉슨(13장 참조)이 내놓은 것과 크게 다르지 않다. 이 세 명의 사상가는 모두 불황의 으뜸가는 원인이 경제성장에서 생겨나는 저축 수준의 상승을 상쇄하는 데 충분할 만큼의 투자 기회를 자본가가 찾을 수 없다는 데 있다고 생각했다. 케인스의 독특한 기여는 소득에 대한 저축의 관계가 어떻게 하여 안정적이지만 불황 수준의 낮은 소득을 낳게 되는가 그리고 광범위한 실업으로 이어지는가를 보여준 것이었다.

마르크스는 이 질병은 치유할 수 없다고 생각했다. 홉슨은 소득분배를 평등하게 하여 저축을 줄일 수 있는 조치가 치료약이라는 처방을 내렸다. 과연 홉슨의 처방이 효과가 있었을까? 이는 아마도 그다지 의미 있는 질문은 아닐 것이다. 대부분의 산업자본주의 국가들에서 부와 경제적 권력은 정치 권력을 결정하며, 권력을 가지고 있는 이들은 경제 시스템을 구출하기 위해 자신들의 권력을 희생할 생각 따위는 하지 않을 테니까.

예를 들어 미국의 경우 1925년에 존재한 3십만 개의 비금융 기업 가운데 가장 큰 2백 개의 기업은 나머지 29만 9천8백 개의 기업을 합친 것보다 훨씬 더 많은 이윤을 냈다. 인구의 상위 5퍼센트가 사실상 주식과 채권 전부를 소유했고, 그들이 수취하는 소득은 전체 소득의 30퍼센트를 넘었다. 말할 것도 없이 미국의 정치를 지배하는 것은 이 5퍼센트였다. 이러한 상황에서 만약 부와 소득이 근본적으로 재분배되었다면 어떻게 되었을까를 놓고 상상을 펼치는 것은 그야말로 백일몽일 뿐이다. 케인스가 이 문제에 대해 내놓은 대답은 좀 더 현실적인 것이었다. 저축이 투자를 초과할 때는 정부가 개입하여 그 과잉 저축을 차입한다. 그리고 그 돈으로 비록 사회적으로 유용한 프로젝트이지만 경제의 생산 설비를 늘리거나 장래의 투자 기회를 줄이거나 하지 않을 만한 것에 지출한다는 것이다. 이러한 정부 지출은 지출의 흐름으로 들어가는 주입 항목을 늘릴 것이며 완전고용의 균형 상태를 창출할 것이다. 그리고 그러면서도 기존에 축적된 자본 총량을 늘리지 않을 것이다. 따라서 정부 지출은 투자 지출과 달리 다음 기간에 생산을 완전고용 수준으로 만드는 것을 어렵게 만들지 않을 것이다. 케인스는 이러한 자신의 입장을 다음과 같이 요약하고 있다.

> 고대 이집트는 피라미드 건설과 귀금속 탐색이라는 두 개의 활동이 있었다는 점에서 이중으로 복 받은 나라였고, 우화에나 나올 법한 엄청난 부도 이것들 덕이었다는 점은 의심의 여지가 없다. 이 두 가지 활동의 결과물은 소비를 통해 인간의 필요를 해소해주는 것이 아니기 때문에 풍족하게 생산된다고 해도 가치가 시들해지지 않는다. 중세 사람들은 성당을 지었고 장송곡을 불렀다. 두 개의 피라미드와 두 번의 미사는 한 개의 피라미드와 한 번의 미사보다 두 배가 좋다. 하지만 런던에서 요크로 가는 철도가 두 가닥이 있다고 해서 두 배로 좋아지는 것은 아니다.[22]

정부는 어떤 유형의 지출을 해야 하는가? 케인스는 학교, 병원, 공원, 여타 공공시설 등의 건설과 같은 유익한 공공사업을 지향했다. 하지만 그는 이것이 또한 부자보다는 중간 및 하층 소득자에게 훨씬 더 큰 혜택을 준다는 것을 알고 있었다. 부자에게는 정치권력이 있기 때문에 이들은 아마도 자신들의 소득을 가져가지 않는 종류의 재분배를 강하게 주장했을 것이다. 그래서 케인스는 정치적으로 볼 때 이러한 정부 지출을 대규모 주식회사의 손으로 몰아줄 수밖에 없음을 깨달았다. 그렇게 될 경우 사회에 혜택이 될 만한 일은 직접적으로는 거의 이루어지지 않겠지만.

> 만약 재무부에서 은행권을 잔뜩 찍어 낡은 유리병들에 꼭꼭 채우고 이

를 폐광된 탄광 갱도 속에 적절한 깊이로 묻고 그 위를 도시의 쓰레기로 덮는다고 해보자. 그리고 그다음에 저 자유방임이라는 검증된 방법을 동원하여 사기업에게 이 은행권을 다시 파내는 작업을 맡긴다고 해보자. … 더 이상 실업이 생겨날 이유가 없다. … 물론 그 돈으로 주택 등등을 짓는 것이 훨씬 더 지각 있는 행동임은 분명하지만 정치적이고 실제적인 난관들 때문에 그렇게 할 수 없다면, 앞에서 말한 것이라도 하는 편이 아무것도 안 하는 것보다는 낫다.[23]

케인스적 정책의 효력

1930년대의 공황은 2차 세계대전이 발발할 때까지 계속되었다. 1936년 (이 해에 《일반 이론》이 출간되었다)에서 1940년까지 경제학자들은 케인스의 이론과 정책 처방이 어떤 장점이 있는지를 놓고 뜨거운 논쟁을 벌였다. 하지만 다양한 나라의 정부들이 전쟁에 임박하여 무기 생산을 급속히 늘리기 시작하자 실업은 눈 녹듯 사라졌다. 대부분의 자본주의 나라들은 전쟁 기간 동안 엄청난 규모의 정부 지출의 자극을 받아 심각한 실업 상태에서 심각한 노동 부족 상태로 급속히 전환했다.

미국 군대는 1천4백만 명을 징발하여 무장시키고, 숙소에 재우고, 먹여야 했다. 1939년에서 1944년 사이에 제조업, 광산업, 건설업 생산은 두 배로 늘어났고 생산 설비는 50퍼센트 증가했다. 미국 경제는 296,000대의 비행기, 5,400대의 화물선, 6,500척의 군함, 64,500척의 상륙정, 86,000대의 탱크, 2,500,000대의 트럭, 그 밖에 엄청난 양의 다른 군수품과 전쟁 물자를 생산했다.[24] 1939년에는 노동력의 약 20퍼센트가 실업 상태에 있었다. 지속적이고도 심각한 실업 상태가 10년 동안 지속되었던 것이다. 그런데 전쟁이 발발하자 문제는 거의 순식간에 역전되었고, 미국 경제는 절박하고도 심각한 노동 **부족**을 겪었다.

대부분의 경제학자들은 이러한 전시의 경험을 통해 케인스의 사상이 입증되었다고 생각했다. 자본주의는 정부의 조세, 차입, 화폐 지출 능력을 현명하게 사용함으로써 구원될 수 있다고 이들은 선언했다. 자본주의는 다시 한 번 지속가능한 사회경제적 시스템이라고 주장되었다. 공공의 신뢰 또한 회복되었다.

1945년 정치가들 다수는, 이 새로운 케인스주의를 정통 경제학이라고 선언한 경제학자들의 목소리에 동조했다. 1946년 의회는 고용법Employment Act을 통과시켰다. 이 법은 조세, 차입, 지출의 권한을 활용하여 완전고용을 달성할 법적인 책무를 정부에 부과했다. 낙관주의가 지배했다. 경제 불황이 완전히 사라지고 번영이 정상적인 상태가 되는 이 새로운 케인스주의 시대에 정부 정책을 인도해야 할 '우선적인 사회적 목표'와 '국가적 목표'는 무엇인가를 놓고서 수많은 회의가 열렸다.

정부가 엄청난 규모로 군비 지출을 한 것이 미국 경제를 10년간의 침체와 불황에서 끌어냈다는 데는 아무런 의심의 여지가 없다. 하지만 케인스주의 경제학자들의 낙관주의는 전쟁이 끝나자 그다지 근거가 완벽한 게 아니라는 점이 드러났다. 물론 2차 세계대전 이후에 미국에서 일어난 경제 불황은 1930년대의 대공황에 비하면 그 심각성이 크게 덜했다(그래서 경제학자들과 정치가들은 **불황**deperession이라는 말을 없애고 그 대신 **경기후퇴**recession라는 현대적인 완곡어법을 썼다). 1948~49년에는 '경기후퇴'가 11개월 간 지속되었다. 1953~54년에는 13개월, 1957~58년에는 9개월, 1960~61년에는 9개월 등이었다. 1960년대에는 베트남전쟁 때문에 미국 경제의 부양이 이루어졌지만 60년대가 끝날 무렵에는 옛날의 패턴이 다시 돌아왔다. 1969~71년의 경기후퇴는 2년 내내 계속되었다. 1973년과 1980년대 초

사이에는 더욱 심각하고 훨씬 더 당혹스러운 새로운 위기가 미국 자본주의를 덮쳤다. 이 기간 동안 미국 경제(그리고 거의 모든 다른 선진 산업자본주의 나라들)는 심각한 경기후퇴(미국 정부의 보수적 통계에 따른다고 해도 실업률은 6퍼센트에서 거의 10퍼센트에 이르렀다)와 심각한 인플레이션(미국의 연평균 물가 상승은 5퍼센트에서 11퍼센트로 높아졌으며 식량, 주택, 의료, 노동계급의 여타 생필품 가격은 훨씬 더 빠르게 상승했다)을 동시에 겪어야 했다. 이 상황은 다른 많은 자본주의 나라들에서 훨씬 더 심하게 나타났다.

1981~82년의 경기후퇴는 당시 1930년대 이후 최악의 경기후퇴였지만, 그 이후 80년대의 나머지 기간 동안 인플레이션은 가라앉고 경제 조건은 개선되었다. 1990~91년의 경기후퇴는 8개월간 지속되었고, 그 이후에는 완만한 장기적인 경기 확장이 따라왔다.

1980년대 말 소비에트 러시아와 동유럽에서의 사태 전개는 냉전의 종말로 널리 평가되었으며, 군비 지출을 위한 자극도 줄어들 것으로 보였다. 하지만 소비에트 러시아 대신 소위 '불량 국가rogue states'니 '테러리즘 네트워크'니 하는 것이 엄청난 군비 지출 명분의 자리를 차지하였고, 군비 지출도 유지되었다.

하지만 2차 세계대전 이후 실업률은 대공황기의 실업률(공식적 숫자로는 20~25퍼센트에 달했지만, 실업의 정의나 통계 자료 수집을 좀 더 현실적으로 해보면 30~35퍼센트에 가까웠을 가능성이 크다) 근처에도 가지 못했다. 1960년대 중반 베트남전쟁에 따른 경기 부양으로 이 숫자는 3.5퍼센트까지 떨어졌으며, 1970년대와 1980년대에는 5퍼센트와 10퍼센트 사이에 있었다. 1990년대에 이 숫자는 90~91년 경기후퇴 직후 7.9퍼센트로 절정에 달했고 90년대가 끝날 때까지 꾸준히 하락했다. 이 숫자는 다시 2000년대 초의 경기후퇴 속에서 2003년 6.3퍼센트로 정점에 달했다. 그리고 2007년 말에 시작된 최근의 경기후퇴에서 미국의 실업률은 10퍼센트를 넘었다.

2차 세계대전 이후의 실업률 기록은 1940년대에 글을 남긴 케인스주의 경제학자들의 낙관적 비전만큼 훌륭한 것은 물론 아니었지만, 1930년대의 자본주의의 침체와 해체를 생각해보면 지난 70년 동안 케인스주의 정책은 꽤 잘 작동해왔다고 말할 수 있다. 하지만 의학에서 종종 그런 것처럼, 한 번도 시험을 거치지 않은 새로운 치료법이 개발되었을 경우 그것으로 고치려 했던 질병만큼 나쁜 부작용이 따라올 수 있다. 단순히 국민총생산GNP과 실업 통계만 볼 것이 아니라 그 너머까지 뚫어본다면 케인스주의 정책은 그저 자본주의 위기의 특정한 형태를 완화시켰을 뿐이라는 점을 알게 된다. 그 대신 두 가지 새로운 형태의 자본주의 위기가 나타났다. 즉 항시적인 군사 또는 전쟁 경제로의 구조적 변화가 하나요, 깨어지기 쉬운 부채 구조를 만들어 이것을 전체 경제의 기초로 만들어 그 바람에 1930년대의 위기보다 더 심하고 광범위한 경제 붕괴의 가능성을 만들어냈다는 것이 다른 하나이다. 1989~91년의 미국 저축은행 사태Savings and Loan Crisis는 최근에 발생한 금융 시스템의 융해meltdown에 비하면 좀 옛날 이야기로 보일 것이다. 최근의 금융 위기의 원인에 대해서는 뜨거운 논쟁이 진행 중이지만, 그 주요 요인까지는 몰라도 적어도 사태에 기여한 요소 중 하나로 취약한 부채 구조를 드는 것에 의문을 제기할 사람은 없을 것이다. 그리고 이른바 '냉전의 종말'이라는 것도 군비 지출에 대한 경제의 의존에 아무런 영향도 주지 못했다.

군사 경제

1947년과 1970년대 중반 사이에 미국 정부는 거의 2조 달러(이 숫자를 머리에 그리기는 쉽지 않다. 이는 십억 달러의 2천 배이다)를 군사 지출에 사용했다.[25] 과거, 현재, 미래의 전쟁 및 전쟁 가능성에 대한 준비를 위한 총지출은 전쟁과 그와 관련된 지출 항목을 모두 포함하여 1947년 연간 279억 달러에서 1971년에는 1천123억 달러로 증가했다.[26] 이는 1947년에는 GNP의 12.2퍼센트, 1971년에는 11.1퍼센트를 차지하는 숫자였다. 게다가 이러한 군비 지출이 총수요에 창출하는 '승수multiplier' 효과까지 분석한다면 그 충격은 더욱 커질 것이다. 이러한 효과에 대해 이루어진 가장 조심스러운 연구는 상한과 하한의 두 추정치를 내놓았다. 보수적으로 추정했을 때 1947년에는 군비 지출이 직접적으로 또 간접적으로 (유발 효과 또는 승수 효과를 통하여) 총수요의 24.4퍼센트를 차지했고 1971년에는 22.2퍼센트를 차지했다. 이보다 높은 추정치는 1947년에는 총수요의 30.5퍼센트, 1971년에는 27.8퍼센트로 나오기도 했다.[27] 그 사이에 비록 몇 년 동안 이 숫자가 아주 약간 낮아진 때가 있었지만 또 다른 몇 년 동안은 더 높기도 했다. 1970년대에 들어오면 군비 지출의 증가율이 조금 낮아지기는 하지만, 1980년대에 들어오면 사실상 폭발에 가깝도록 늘어난다.

1970년대 말에는 많은 경제학자들이 심각한 경기후퇴가 임박했다고 예견하고 있었다. 실제로 1981~82년의 경기후퇴는 1930년대 이후 최악이었다. 하지만 이는 대부분의 경제학자들이 예견한 것만큼 그렇게 끔찍하지는 않았다. 그리고 1980년대의 나머지 기간 동안은 경제적 번영의 시기였다. 이 번영의 이유를 멀리서 찾을 필요가 없다. 1980년과 1987년 사이에 미국의 군비 지출은 두 배 이상 늘었다. 국방 지출은 1980년 1천3백4십억 달러에서 1983년에는 2천1백억 달러로 치솟았다. 1982년 한 해만 보아도 두 척의 핵 추진 항공모함, 두 척의 핵 추진 잠수함, 다섯 척의 전함이 건조되었고, F-15 전투기의 조달이 이루어졌다. B-1B와 스텔스 폭격기와 MX 미사일 작업이 약 3십만 개의 새 일자리를 창출했다. 제너럴다이내믹스는 M1 탱크 프로젝트로 4천 명의 직원을 추가로 고용했다. 보잉, 록히드, 레이디온, 맥도넬 더글러스, 유나이티드 테크놀로지스, 제너럴일렉트릭 등도 모두 새로운 군사 장비를 생산하기 위해 노동력을 크게 증대시켰다. 미국 국방부는 1981년과 1985년 사이에 25만 5천 개의 새 일자리를 창출하여 고용을 늘렸다.[28] 1980년대의 번영이 무엇보다도 군사 부문의 엄청난 증강에 기인한다는 것은 의심의 여지가 없다. 부시 대통령이 1991 회계연도의 예산안으로 제출한 것을 보면 직접적인 국방 관련 예산이 3천3십억 달러가 넘으며, '국제 문제', '과학, 우주, 기술', '전역 군인 수당' 등 대부분 위장된 군비 지출인 항목들에 6백5십억 달러가 책정되어 있음을 볼 수 있다.

1990년에서 1999년까지 국방 지출은 평균적으로 연간 2천8백억 달러에 근접하는 높은 수준을 유지했다. 비록 사후적인 이야기이기는 하지만, 1990년대는 전형적인 군비 지출이 잠시 유예된 기간이었다고 볼 수 있다. 예산관리국Office of Management and Budget, OMB에 따르면 1990년대 동안의 국방 지출의 평균 성장률은 거의 0이었으며, 이는 80년대의 연평균 9.6퍼센트의 성장률과 비교되는 것이었다. 게다가 전체 정부 지출에서 국방 지출이 차지하는 비율 또한 실제로 아주 꾸준히 감소하여 1990년에는 23.9퍼센트였던 것이 1999년에는 16.1퍼센트로 떨어졌다. 이에 반해 80년대에는 1980년의 22.7퍼센트에서 1989년의 26.5퍼센트로 지속적인 증가가 나타났다. 국방 지출의 크기를 짐작하는 다른 방법으로 GDP에서 차지하는 비율을 보자. 1980년대의 대부분 기간 동안 GDP에 대한 군비 지출의 비율은 5퍼센트 후반에서 6퍼센트 전반 사이였으며 10년간을 평균해보면 5.8퍼센트였다. 이 숫자가 1990년대에 들어오면 계속 떨어져서 1999년에는 결국 3퍼센트로 끝이 났고, 90년대 전체를 평균해보면 연간 4퍼센트였다. 하지만 2000년대에 들어서면 이 숫자가 모두 반대 방향으로 전환한다. 국방 지출의 연간 성장률은 2000년에서 2009년까지 연평균 9.5퍼센트가 된다(이는 1980년대와 견줄 만한 수치이다). 전체 정부 지출에서 국방 지출이 차지하는 비중도 다시 아주 꾸준히 증가하여 2000년에는 16.5퍼센트였던 것이 2009년 추정치로 볼 때 21.7퍼센트로 증가한다. GDP에서 국방 지출이 차지하는 비중 또한 이와 비슷하게 움직여서 2000년대 시작 무렵에는 3퍼센트였던 것이 2009년의 추정치로는 4.5퍼센트까지 증가한다. 1940년까지 거슬러 올라가서 좀 더 긴 역사적 시각에서 보자면, 1990년대는 전체 예산에서나 GDP에서나 국방 지출의 비중이 낮았던 기간을 나타내는 것으로 보인다. 그러나 불행하게도 미국은 현재 보다 전형적인 수준으로 천천히 회귀하고 있는 것으로 보인다.

게다가 군비 지출의 변화와 자본주의의 주기적 불안정성 사이의 상관관계 또한 대단히 중요하다.[29] 군사주의가 이집트의 피라미드와 중세의 대성당에 대한 현대 자본주의의 등가물임은 거의 의문의 여지가 없다고 보인다.

이러한 군사주의는 과연 국제적인 긴급 사안에 대한 어쩔 수 없는 대응이었을까? 아니면 군비 지출 자체에 정부 지출 가운데서도 유별나게 효과적이고 바람직한 형태로 만들어주는 독특한 특징이 있는 것일까? 이 질문에 완전히 대답하려면 냉전과 그 사멸이라고 여겨지는 것에 대한 광범위한 논의가 필요하며, 이는 이 책의 범위에서는 가능하지 않다. 하지만 점차 늘어나는 역사 문헌을 통해 냉전이 미국 정치가, 자본가, 그리고 자본가가 통제하는 언론 매체가 공모하여 고의적으로 만들어낸 기만적인 작품이었다는 것을 보여주는 중요한 증거가 상당히 축적되어 있다.[30] 만약 이러한 입장이 옳다면, 냉전은 반드시 부활되어야 할 것이며 그것이 아니라면 적절한 대체물을 반드시 찾아내야만 한다. 이라크와 아프가니스탄의 전쟁은 미국이 맡게 될 새로운 세계 경찰의 역할을 보여주는 원형일지도 모른다. 이는 우리의 새로운 냉전일 수도 있다. 냉전의 성격에 대해 어떤 입장을 취하건 간에 미국의 군사주의를 연구해보면 두 가지 사실만은 분명하게 나타난다. 첫째, 군사주의는 다른 어떤 형태의 정부 지출보다도 자본가에게 몇 가지 독특하고도 뚜렷한 이익을 가져다준다. 둘째, 군사주의는 미국 경제의 구조에 너무나 속속들이 파고들어 있기 때문에, 그것을 근절한다는 것은 미국의 사회적, 경제적, 군사적 시스템 전체의 구조 자체를 완전히 바꾸지 않고서는 상상조차 하기 힘들어지고 있다.

군사주의는 대기업에게 많은 이익을 가져다준다. (1) 이는 부자에게서 가난한 이들로 소득을 재분배하지도 않으면서 총수요를 자극한다. (2) 정교한 무기의 개발과 확충에는 끝이 있을 수 없다. 정부가 돈을 댄 연구를 통해 군사 기술은 계속 발전하고, 그러면 기존의 군사 장비는 계속 퇴물이 되며, 세계 곳곳에서 들려오는 끔찍한 이야기들을 통해 대부분의 여론은 무기 경쟁을 계속 가속화하는 것이 생존을 위해 절대적으로 필요하다는 것을 확신하게 된다. (3) 자본재 산업은 자본주의 경제에서 가장 변동이 심하고 불안정한 부문인데, 군수 물자 생산을 통하여 이를 거의 정상적 가동률에 가깝게 굴리면서도 자본주의 경제의 생산 능력 증강은 피할 수 있다. 그 결과 군사주의는 생산 능력 초과라는 만성적인 문제를 악화시키는 것도 피할 수 있게 된다. (4) 사실상 모든 군수 물자 생산은 대규모 민간 기업이 행하거나 그보다 작은 민간 기업에 하청으로 주어지기 때문에, 이는 민간 부문의 이윤 창출과 경쟁하지 않으며 오히려 대기업에게 시장의 변덕에 휘둘리지 않는 안정적인 수요의 핵심을 제공함으로써 자유 시장의 무정부성을 상당히 줄여준다. (5) 비록 확실하게 증명할 정확한 통계 자료는 얻을 수 없지만, 여러 증거로 보았을 때 군수품의 생산은 자유 시장을 위한 생산보다 이윤이 더 높다. (6) 로자 룩셈부르크가 지적했듯이, 대규모 군사 시설은 전 세계에 걸친 자본주의 국가들의 '세력권'을 유지하고 확장하는 데 꼭 필요하다. 이 영향권 안에서 해외 투자의 이윤과 교역 조건을 아주 좋은 상태가 되도록 보장할 수 있다. (7) 베블런이 지적했듯이, 호전적 국수주의, 애국주의, 군사주의 등은 아마도 노동자들을 길들이고 그들 사이에 자신들의 이익이 자본가의 이익과 조화를 이루게 되어 있다는 관점을 조장하는 데 가장 효과적인 수단일 것이다.

하지만 이러한 군사주의를 위해 우리가 치른 대가는 군산복합체military-industrial complex의 진화 과정에 반영되어 있다. 이것이야말로 군사주의가 미국 산업 구조의 최중심부에 영구적으로 뿌리박은 암 덩어리가 되었음을 잘 보여주고 있다.

가장 크고 가장 권력이 큰 미국 기업들 다수가 군수 물품 조달 계약에 크게 의존하고 있다. 이와 똑같이 중요한 사실은, 지금과 같이 높은 실업률이 계속되어 경제가 병들어가는 시점에서 수많은 도시, 지역, 심지어 주 전체의 입장에서는 지역 경제를 지탱하고 일자리를 유지하는 데 이러한 기업이나 대규모 군사 기지에 의존할 수밖에 없다는 점이다. 군사 장비 생산을 크게 줄인다든가 군사 기지의 숫자나 크기를 줄인다든가 하게 되면 이러한 지역 사회 전체가 경제적으로 파멸하게 될 것이다. 따라서 군사주의를 줄여야 한다는 소리를 조금이라도 꺼내기만 했다가는 군부 인사, 대기업, 정치가, 노동조합 지도자에게 거센 항의를 받을 수밖에 없다.

1989년과 1990년에는 냉전의 종식이라는 이야기가 정말로 많이 나왔다. 소비에트 러시아를 포함하여 대부분의 동유럽 국가들은 시장 자본주의를 지향하는 개혁을 밀고나가기 시작했다. 그러자 엄청난 군비 지출을 정당화할 구실로서 공산주의의 공포라는 명분을 활용하는 것은 어려워졌다. 하지만 이러한 지출을 줄이는 것에 반대하는 강력한 저항의 힘은 아예 구조 자체에 내장되어 있다. 이는 2000년 이후 국방 지출에 들어가는 예산의 비중이 다시 늘어나고 증가율도 더 높아졌다는 데서 잘 드러난다. 만약 군사 지출이 크게 줄어들게 된다면 미국 경제는 침체와 불황의 전망에 직면하게 된다. 미국은 '공산주의의 위험'의 역할을 대신할 무언가를 찾지 못한다면 냉전을 '식히는cool off' 것도 허용할 수 없는 셈이다. 하지만 문제는 이라크, 아프가니스탄, 기타 어떤 나라도 소비에트 러시아를 대체할 새로운 적의 역할을 할 수 없다는 것이다. 왜냐면 이 나라들은 모두 파괴가 가능한 대상이기 때문이다. 군비 지출을 정당화할 적을 어떻게 찾을 것인가의 문제는 갈수록 더 골치 아파질 가능성이 높다.

부채 경제

2차 세계대전 이후 미국 경제가 그런대로 실적이 좋아지게 된 것은 부채의 팽창에 크게 힘입었다. 케인스는 어떤 경제의 생산을 제약하는 요인으로서 자원보다는 수요가 어떻게 힘을 발휘하는가를 보여주었다. 자본주의 경제는 그 잠재력에 도달하지 못한 상태에서 상당 기간 동안 작동할 수 있다. 기업은 높은 이윤을 낼 수 있는 매출의 가능성이 아주 높을 때가 아니고서는 그 논리상 생산을 늘리고 현재의 자원(노동 포함)을 제대로 활용하려 들지 않는다. 마르크스의 용어를 쓰자면, 생산영역에서 잉여가치를 뽑아낼 수 있는 능력과 유통영역에서 잉여가치를 실현할 수 있는 능력 사이에는 항상 간격이 존재한다는 말이 된다. 케인스는 어떤 경제의 잠재적 소득 수준에서 가능한 저축의 양에 투자가 미치지 못할 수 있으며, 이 때문에 그 경제가 수요 측의 제약을 겪게 되는 과정을 보여주었다. 더욱이 만약 이자율이 이러한 상황을 바로잡을 수 있을 만큼 충분히 떨어질 수 없다면, 이러한 간격을 메워줄 다른 수요 원천을 찾아야만 한다. 이것이 바로 케인스주의적 재정정책의 기초이다. 정부가 지출을 늘릴 때, 그 자금을 조세보다는 차입을 통해 조달하는 쪽이 더 효과적이다(어차피 지출되었을 자금의 일부가 조세 때문에 시중에서 사라진다면 여기에 해당하는 만큼은 민간 지출의 감소로 이어질 터이니 정부 지출이 증가한다고 해도 그만큼은 상쇄되고 만다). 우리는 부채를 통해 자금을 융통하여 소비 지출을 늘리는 것 또한 필요한 수요를 창출하는 데 도움이 된다고 말했다. 그렇지만 자원이 모두 확실히 사용될 수 있도록 만들어줄 수요의 자금을 융통하는 것을 공공 부문에서나 민간 부문에서나 부채에 의존했다가 그 역작용에 시달리는 일도 여러 나라에서 일어났다.

미국 정부는 2차 세계대전이 끝났을 때 엄청난 양의 채무를 안고 있었다. 1946년 미 연방정부의 부채는 GDP 대비 109퍼센트에 달했다.[31] 이후 연방 부채의 명목 가치는 계속해서 늘었지만 GDP에 대한 비율은 1970년대 중반까지 꾸준히 떨어져서 1974년에는 24퍼센트 아래로 내려갔다. 이렇게 GDP 대비 연방 부채 비율이 감소하게 된 것은 경제가 아주 탄탄했기 때문이었다. 1946년에서 1974년에 이르도록 미국의 평균 연간 GDP 성장은 7퍼센트 정도였다(우리의 관심사가 국가 채무 명목 가치와의 비교이기 때문에 이 7퍼센트라는 수치 또한 명목치이다). 하지만 부채의 추세는 1980년 초입부터 급격하게 변화했다. 1980년 레이건 대통령이 취임했을 때 GDP에 대한 연방 부채의 비율은 26퍼센트였다. 그런데 레이건 대통령이 대통령직을 떠나게 되는 불과 8년 후에는 이 숫자가 41퍼센트까지 올라갔다. 이 기간의 중간에 해당하는 불과 몇 년 사이에 연간 부채 증가율은 16퍼센트에서 거의 20퍼센트에 달했다. 2차 세계대전으로 인한 정부 지출 증가로 대공황을 극복할 수 있었다는 것이 케인스주의적 재정정책의 효과를 입증하는 증거라는 식으로 종종 언급되었는데, 레이건 시대의 부채 증가 또한 똑같이 케인스주의적 재정정책을 지지해주는 증거가 될 수 있다. 당시 미국은 1930년대 이후 최악의 경기후퇴를 겪고 있었지만 레이건 임기의 부채 증가와 더불어 경제가 회복되었기 때문이다.

GDP에 대한 연방 부채의 비율은 1993년까지도 계속해서 늘었다. 그런데 클린턴 대통령이 집권하여 변화가 생겼다. 클린턴은 자신의 경제 자문(골드만삭스의 공동 대표였던 로버트 루빈Robert Rubin의 목소리가 중요했다)과 명망 높은 연방준비제도의 의장(앨런 그린스펀Alan Greenspan)이 한목소리로 부채를 줄이면 장기 이자율이 낮아져서 경제에 자극이 된다는 충고를 내놓자 그때까지의 부채의 추세에 변화를 주게 된 것이다. GDP에 대한 연방 부채의 비율은 1993년에서 1995년까지 약 49퍼센트 정도에서 멈추었다가 그 이후에는 크게 떨어지기 시작하여 2001년에는 32.5퍼센트로 바닥을 형성했다. 이러한 부채 비율의 하락은 단순히 GDP 성장이 강세를 보였기 때문은 아니었다. 연간 부채 증가율은 1992년 이후 꾸준히 떨어져서 1998년에는 심지어 오히려 마이너스가 되기까지 했다.

얼핏 보면 이렇게 1992년 이후 정부 부채의 증가가 둔화되면서 경제의 성장이 함께 나타난 것이 케인스주의적 분석을 논박하는 것 같다. 그런데 비록 연방 부채가 이 기간 동안 전환점을 맞는 것은 사실이지만, GDP에서 전체 부채가 차지하는 비중을 보면 이는 상당히 일정하다. GDP에 대한 총부채(여기에는 정부뿐만 아니라 기업 부문, 가계 부문도 들어간다)의 비율은 1992년에는 186퍼센트였고 90년대가 끝나는 시점에서도 185퍼센트였다.[32] 연방 부채의 증가가 둔화되었던 바로 그 기간 동안 기업 부문 부채의 증가율은 1992년의 마이너스 2퍼센트에서 1998년의 플러스 11퍼센트로 크게 증가한다. 게다가 총부채의 크기를 유지하는 데 중대한 역할을 했던 부문이 기업 부문 이외에 또 하나 있었다.

미국의 가계 부문은 2차 세계대전이 끝났을 무렵 채무 부담이 낮은 상태였다(가처분소득의 22퍼센트). 이것이 1960년대 중반까지 꾸준히 증가한 뒤(1965년에는 68퍼센트), 1980년대 중반까지는 같은 수준을 유지하고 있었다. 그러다가 가처분소득에 대한 가계 부채의 비율이 1984년 67퍼센트에서 1990년대 말에는 94퍼센트로 크게 증가했다. 주목해야 할 점은 가계 부채의 증가가 일어난 시점이 가처분소득에 대한 주택담보대출의 비율이 상대적으로 일정한 시점이었다는 사실로서, 이는 이러한 증가의 원인이 소비자 신용이었다는 것을 암시한다. 1992년 가처분소득에 대한 소비자 신용의 비중은 약 17퍼센트였지만 1990년대 말이 되면 이 숫자가 약 23퍼센트로 올라가게 된다. 그리하여 1990년대는 케인스주의적 분석에 대한 논박을 나타내는 것이 결코 아니며, 단지 경제를 활성화하는 데 필요한 미국 총부채의 구성에 변화가 나타났음을 뜻할 뿐이라고 말할 수 있다.

비록 케인스는 생산과 고용을 결정하는 데 있어 수요의 중요성을 강조했지만, 재정정책에서는 사실상 상당히 보수적이었다. 경기 하락 시기 동안에는 정부의 적자가 필요할 때가 종종 있지만, 이는 장기에 걸쳐서 경기 상승기 동안 흑자 재정을 운영하여 균형을 맞출 필요가 있다는 게 그의 생각이었다. 당시의 실정을 볼 때 이것이 정당화될 수 있는 것이었는지는 차치하고, 케인스는 경제정책의 결정을 내려야 할 때가 되면 정부 관료가 불편부당한 기술자로서 행동할 것이라는 비전을 가지고 있었다. 하지만 재정 상태가 위기 상황이 아닌 한, 정치가는 예산 균형에 필요한 지출 삭감과 세금 인상 등의 긴축정책을 취하고 싶어 하지 않을 것이다. 더욱이 앞에서 여러 번 말했듯이, 자본주의 내의 정부란 부유한 개인 및 힘 있는 대기업의 영향을 받는 경향이 있다. 미국 이외의 여러 나라들은 정부 부채로 인해 재난에 가까운 결과를 경험했다. 정부 발행 부채가 너무나 커져서 이를 흡수할 시장이 말라붙고 그 결과 이자율이 계속 오르고 종국에 가면 국가 파산이 나타날 것이라는 공포까지 조장되었다.

민간 부채의 증가에 대해서도 케인스는 상당히 근시안적이었던 것으로 보인다. 경제가 수요 측에서 압박을 받는다는 것의 의미를 보여주기는 했지만, 여기에 대해 기업 쪽에서 장기적으로 어떤 반응을 보일지에 대해서는 분석하지 않았다. 이 점에 있어서 케인스는 베블런이 한 것처럼 '장사꾼 근성salesmanship'과 '일꾼 근성workmanship'을 구별한 뒤 자본가가 어떻게 전 인구를 조종하여 소비주의(또는 경쟁적 모방의 소비)로 몰고 가는지를 분석할 수도 있었을 것이다. 소비주의가 일단 튼튼히 뿌리를 내리면 기업은 잠재적 고객들이 욕망하는 물건을 살 수 있도록 자금을 융통해줄 방법을 고안할 필요가 생기게 된다. 이에 소비주의를 발생시키는 엄청난 규모의 광고와 함께 그러한 소비에 자금을 꾸어주는 소비자 신용의 팽창이 나타나게 된 것이다. 그런데 케인스는 이렇게 분석을 더 밀고나가지 않아서 민간 부채의 팽창에서 나타날 수 있는 위험을 잡아내지 못했다. 예를 들어 대출 기관 내부에는 신용 피라미드가 형성된다. 한 기관이 더 위의 기관에서 돈을 꾸어 더 높은 이자율로 아래의 기관에 꾸어주는 식이다. 여기서 차입자 하나가 크게 파산하는 일이 발생하면 그 채권자들(이들은 동시에 대규모 차입자들이기도 하다)도 자신들이 갚아야 할 이자와 원금 분할 상환금 등을 갚지 못하게 만들 수 있다. 이 채권자들은 또한 차입자이기도 하기 때문에 이 과정은 무한히 확산되어 전 세계적 규모에서 연쇄 반응이 발생하는 재난 사태가 올 수 있다. 최근의 금융 위기 또한 이런 식으로 일어난 사건으로 보인다.

미국에서의 가계 부채는 2000년에 급격히 늘기 시작하여 2007년까지 연평균 증가율이 10퍼센트나 된다. 가처분소득에 대한 가계 부채의 비율은 2000년에 95퍼센트였던 것이 2007년이 되면 거의 133퍼센트까지 치솟는다. 이러한 부채 증가의 대부분은 주택담보대출 부채였다. 2000년대 초에 가계의 주택담보대출은 가처분소득 대비 약 65퍼센트였지만 2007년이 되면 101퍼센트 이상으로 치솟는다. 우리는 여기서 이것이 어떻게 금융 위기로 연결되었는가를 세부적으로 다룰 수는 없다. 하지만 대부업 전반, 특히 은행이 주택담보대출 자금을 융통할 새로운 방법을 찾아낸 것은 명백하다. 게다가 위기가 발생하기 전까지는, 돈을 꾸어주는 기관은 자신들의 채권을 한데 묶어서 전 세계에 걸쳐 판매함으로써 리스크를 완화시킬 방법을 찾았거나 적어도 찾아냈다고 생각했고, 엄청난 이윤을 계속해서 벌어들일 수 있었다.

일단 위기가 발발하자 신용 시장이 얼어붙어 가계 부채의 증가는 0으로 떨어졌으며 2009년에는 마이너스 성장으로 돌아섰다. 이 위기에 대한 정책 대응은 중앙은행이 돈을 풀고 이자율을 낮추는 등 케인스주의적 노선에 따라 진행되었다. 이러한 조치에 더하여 민간 부채(가계와 기업의 부채)의 증가의 부족을 공공 부채의 증가가 대신했다. 연방 정부 부채는 2001년에 GDP의 32.5퍼센트로 바닥을 친 뒤 증가하기 시작했다(그 주된 원인은 부시 정권의 감세 조치였다). 2007년에 연방 부채가 GDP에서 차지하는 비율은 36퍼센트가 된다. 하지만 파산한 은행들에 대한 구제금융에다 경기 부양을 위한 노력 때문에, 이 비율은 금세 53퍼센트로 올라갔고 2008년에서 2009년 사이에 연간 20퍼센트가 훨씬 넘는 증가율로 늘어났다. 이 기간 동안에는 금융 시스템의 융해와 1930년대 식의 공황이 재발하는 것을 막기 위해 통화정책과 재정정책에서 비상 조치가 취해졌고, 이는 금융 위기가 경제 전체를 얼마나 심하게 폐허로 만들었는가를 잘 보여주었다. 물론 위기가 발생한 데는 수많은 이유가 있다. 하지만 여러 경제 주체 사이에 복잡하게 서로 얽히고설킨 부채가 이렇게 엄청난 규모로 불어나지 않았더라면 상황이 이렇게까지 위태롭게 되지는 않았을 것임은 분명하다.

따라서 우리는 케인스 이론을 근거로 하여 많은 이들이 옹호하고 정당화한 정부 지출의 대폭 증가가 2차 세계대전 이후 공황의 심각도를 줄여왔다는 점을 한 번 더 확인하면서 이 절을 끝맺을 수 있을 것이다. 하지만 이러한 번영(실업률이 이따금씩 10퍼센트에 근접한 것도 번영이라고 불러야 하는지는 잘 모르겠지만)은 큰 대가를 치르고 얻은 것이었다. 첫째, 이는 전 세계에 걸친 신용 구조의 기반 위에 세워진 것으로서, 이 신용 구조는 주기적으로 재난에 가까운 경제적 붕괴를 낳곤 했다. 둘째, 이는 영구적인 전쟁 지향적 경제를 낳았으며, 여기서 사회의 생산적 자원의 상당 부분은 갈수록 더 정교해지는 인류 파괴의 수단과 방법에 바쳐지고 있다.

만약 자본주의 정부가 완전고용을 이루는 자신의 처방을 따른다면, "기존 체제가 생산요소를 심각히 그릇되게 사용할 것이라고 생각할 이유가 없다"[33]고 케인스는 말했다. 케인스 식 정책을 시행한 지 70년이 지난 오늘날 되돌아보면, 아무리 관대하게 보아준다고 해도 이러한 케인스의 낙관주의는 거의 근거가 없다고 말할 수밖에 없다.

케인스 사상의 이데올로기적 기초

우리는 앞에서 실질임금이 불변이거나 감소할 때는 자본주의 사회에서의 실업이 크게 증가하는 현상을 한계생산성 분배 이론으로 설명하는 것이 논리에 맞지 않는다는 것을 지적했다. 덧붙여 말하자면, 만약 임금이 노동의 한계생산성을 반영하지 않는다면(방금 말한 상황에서라면 그럴 리가 없다), 그리고 사용되지 않고 있는 생산요소가 존재한다면(불황시에는 항상 그러하다), 신고전파 이론의 논리적 근거에 엄밀히 입각하여 볼 때 파레토 최적, 효율적인 자원 배분, 합리적 가격 결정 등(한마디로 말해서 보이지 않는 손의 주장 전체)은 어떤 현실적, 경험적 의미도 전혀 가질 수 없다.

이 장 첫머리에서 우리는 자본주의에 대한 신고전파의 이데올로기적 옹호가 세 개의 주요한 요소로 이루어져 있다고 주장했다. 즉 자유로운 시장이 자동적으로 완전고용 수준의 생산으로 조정된다는 믿음, 이상적인 분배 정의의 모델로서 또 실제로 일어나는 소득분배 과정에 대한 설명 이론으로서의 한계생산성 분배 이론, 경쟁이 지배하는 자본주의 경제에서는 상품의 가격이 '합리적'이며 자원이 '효율적으로 배분되는' 파레토 최적이 저절로 달성된다는 보이지 않는 손의 주장 또는 믿음이 그것이다. 우리는 마지막 두 가지 요소에 대한 신앙이 전파되고 확산되는 것은 자본가계급에게 이로울 뿐 아무런 해도 끼치지 않는다는 것을 보았다. 하지만 첫 번째 요소는 축복과 저주가 뒤섞여 있는 것이었다. 자본주의 시장 체제가 보편적인 이익을 가져다준다고 가르칠 수는 있겠지만, 그러한 이데올로기를 믿고 자본주의 경제가 계속되는 경련을 겪는데도 수수방관하고 있다가 마침내 자본주의 자체가 사멸하는 것까지 그냥 지켜볼 수는 없는 일이다. 하지만 신고전파 이데올로기의 이 세 요소는 논리적으로 통합되어 있을 뿐만 아니라 서로 일관된 전체를 이루는 지적인 체계로서, 그중 하나에 대해서는 침묵을 지키면서 다른 두 가지만 뽑아내어 주장하는 것은 논리적으로 가능하지 않다.

그런데 케인스가 하고자 했던 바가 바로 이것이었다. 그는 자본주의를 자기 파괴에서 구출하기 위하여 시장의 자동성이라는 가정을 버리고자 했다. 하지만 그는 동시에 한계생산성 분배 이론에 대한 신앙과 시장의 배분적 효율성에 대한 신앙은 지키고자 했다. 그는 자본가의 이윤 추구에 정부가 개입하되 오직 재난을 피한다는 목적에서 가능한 한 최소한의 개입만을 할 것을 원했다. 하지만 그가 지나가면서나마 자신이 개인적으로는 부와 소득의 분배에 있어서 불평등의 극단적인 정도가 덜할 것을 선호한다고 말했던 점은 분명히 해두어야겠다(하지만 여기서도 우리는 안타깝지만 공리주의의 보편적 격언인 "압핀이나 시나 똑같다"의 문제가 다시 생겨난다는 점을 상기해야 할 듯하다).

일부 신고전파 경제학자들은 케인스의 저서가 출판되기 전에 자신들에게 보낸 초고를 읽고서 그의 사상에 경악을 표시했다. 그래서 케인스는《일반 이론》의 끝 부분에서 신고전파 경제학자들에 대한 이데올로기적 연대를 표시하는 언급을 붙였다.

만약 우리의 중앙 통제가 성공하여 생산 총량을 완전고용 수준에 가능한 한 일치하도록 확립한다면 고전파 이론(즉 신고전파 이론)은 그 시점부터 다시 제자리를 찾게 될 것이다. 만약 생산 총량이 주어지는 것 즉 고전파 사유 틀의 밖에 있는 힘에 의해 결정되는 것이라면, 구체적으로 어떤 것을 생산할 것이며 생산요소를 어떤 비율로 결합하여 생산할 것이며 최종 생산물의 가치를 그 생산요소 사이에 어떻게 분배할 것인가 등을 사적 개인들의 이기적 행동이 결정한다고 보아 그렇게 결정되는 방식을 분석 대상으로 삼는 고전파의 논리에 반대를 제기할 이유가 전혀 없다. 다시 한 번 말하지만, 사람들의 검약이라는 문제만 다르게 대처한다면, 사적 이익과 공적 이익이 서로 얼마나 일치하는가에 대한 현대의 고전파 이론에 대해 이의를 제기할 이유가 전혀 없다. …

이 점을 좀 더 구체적으로 밝히자면, 나는 지금 쓰이고 있는 생산요소를 현존 체제가 심각하게 잘못 사용하고 있다고 생각할 이유를 찾을 수 없다. 물론 인간의 예견에는 항상 오류가 있을 수 있지만, 이러한 오류는 의사 결정을 중앙화한다고 해서 피할 수 있는 것도 아니다. … 이 분야에서는 개인주의의 전통적인 장점이 … 여전히 유효하다.

따라서 19세기의 시사평론가들과 오늘날의 미국 금융가들은 소비성향과 투자 유발을 서로 조정하는 과제를 수행하면 나타날 수밖에 없는 정부의 기능 확대를 개인주의의 심각한 침해라고 느끼겠지만, 나는 오히려 이를 기성의 경제 형태가 완전히 파괴당하는 것을 피할 유일의 현실적 수단으로서뿐만 아니라 개인의 창의성(즉 이윤 창출)이 성공적으로 작동하기 위한 조건으로서도 옹호한다.[34]

케인스를 급진적 개혁가로 그릇되게 그리려고 노력했던 몇몇 저술가들은 케인스가 만들어낸 공허한 말장난 구절인 "금리 수취자의 안락사"를 놓고 아주 크게 의미를 확대하려고 했다. 우리는 이미 케인스가 "소득과 부의 상당한 불평등에 대해 사회적, 심리적 정당화"[35]가 가능하다고 생각했다는 것을 살펴보았다. 하지만 그는 자본주의 시스템에는 장기적으로 극단적인 불평등을 완화시켜주는 자동적 경향이 내장되어 있다고 생각했다. 그는 한계생산성 분배 이론의 논리를 따라서, 자본이 축적되면 자본에 대한 수익률이 감소하는 것은 피할 수 없다고 결론을 내렸다. 이것이 소득 불평등의 정도를 낮추는 경향이 있다는 그의 생각은 바스티아의 생각(이를 우리는 8장에서 비판했다)과 거의 동일하다. 이러한 관점의 오류는 마르크스가 자신의 이윤율 저하 경향 이론의 맥락에서 지적했듯이(9장을 보라), 설령 자본 수익률이 감소한다고 해도 자본 소유자에게 돌아가는 소득 몫은 얼마든지 더 증가할 수 있음을 간과하는 데 있다. 하지만 자본주의 안에서 소득의 평등이 증대할 수 있는 유일한 희망으로서 케인스가 명시적으로 말한 것은 이러한 자본 수익률의 감소뿐이다. 더욱이 앞에서 보았듯이 케인스는 단기적으로는 고용을 증대시키기 위해서 실질임금이 하락해야 하고 이윤이 증가해야 한다고 생각했다.

"금리 수취자의 안락사"라는 케인스의 구절은 아래에 인용해놓았다. 이 인용문과 거의 동일한 구절을 바스티아—아마 19세기의 가장 보수적인 경제학자—의 저작에서도 찾을 수 있다. 관심 있는 독자는 8장으로 돌아가서 바스티아의 사상에 대한 논의를 다시 읽어보면서 이 점을 음미할 수 있을 것이다.

> 자본의 한계 효율성이 아주 낮은 숫자로 떨어지는 지점까지 자본 스톡을 증가시키는 것은 어렵지 않다고 나는 확신한다. 자본재의 사용에 들어가는 비용이 거의 0으로 떨어진다는 말은 아니다. 그저 그것들에서 거두는 수익이 그것들의 마모와 노후화로 인한 가치 고갈을 보전하고 거기에 덧붙여서 리스크를 감당하고 기술 및 판단력을 행사한 것에 보상을 할 만큼의 마진을 합한 정도에 불과하게 된다는 말이다. …
> 이러한 사태는 일정한 정도의 개인주의(즉 자본주의)와 양립할 수 있는

것이기는 하지만, 그래도 이는 금리 수취자의 안락사를 뜻하는 것이며 결과적으로 자본가가 자본의 희소 가치를 이용하는 누적적이고 억압적인 권력을 안락사시킨다는 것을 뜻한다.[36]

이것보다 사람들을 미몽에 빠뜨리는 구절이 있을까. 케인스는 자본의 수익률이 줄어드는 것과 자본가에게 돌아가는 소득의 몫이 증가하는 것이 얼마든지 양립할 수 있다는 것을 분명히 잘 알고 있었다(그는 일급의 논리학자였다). 그는 또 대부분의 자본가들과 수많은 보수파 경제학자들이 자본의 수익으로 오직 "자본재의 마모와 노후화로 인한 가치 고갈을 보전하고 거기에 덧붙여서 리스크를 감당하고 기술 및 판단력을 행사한 것에 보상을 할 만큼의 마진을 합한 정도에 불과"한 것을 자본가가 수취하는 시점은 이미 자본주의 역사에서 옛날이야기가 되었다고 믿고 있었다는 사실을 분명히 알고 있었다. 그는 또 자신이 이 안락사라는 용어를 순전히 이데올로기적인 호도를 위해 쓰고 있음을 분명히 알고 있었다. 현재의 자본주의 체제 아래에서 "최종 생산물의 가치가 어떻게 분배되어야 하는가 … 에 대한 고전파의 분석에 대해 이의를 제기할 이유가 전혀 없다"고 말하던 케인스가 어떻게 똑같은 입으로 "자본의 희소 가치를 이용하는 자본가들의 억압적 권력"에 대해 이야기할 수 있겠는가?

이런 식의 혼란과 호도를 염두에 둔다면, 케인스가 곧바로 아무 기능도 하지 않는 금리 수취 자본가들을 안심시키기 위해 다음과 같이 말하는 것 또한 잘 이해할 수 있다. "금리 수취자, 즉 아무 기능도 하지 않는 투자자들의 안락사라는 것은 전혀 급작스러운 것이 아니라 이미 영국에서 우리가 근자에 목도한 바가 점진적으로 하지만 오래도록 계속되는 것뿐이며, 무슨 혁명 따위를 필요로 하는 것이 아니다."[37] 또 케인스는 이 자본가들에게 자기가 그들의 이익을 망각하고 있는 게 아니라는 확신을 주기 위해 애를 쓰면서, "국가 사회주의 체제는 전혀 설득력이 없다. … 국가가 떠맡아야 할 중요한 문제는 생산 도구에 대한 소유권이 아니다"[38]라고 말한다. 그는 단지 정부가 지속적인 이윤 창출을 가능케 하는 방식으로 행동할 것을 원했을 뿐이다. 그리고 그러한 정부의 기능은 "점진적으로 그리고 사회의 일반적 전통에 아무런 단절도 만드는 일 없이 도입"[39]하는 것이 가능하다고 그들에게 약속했다.

부록

《일반 이론》이 출간된 직후 케인스는 그의 새 이론의 여러 측면들에 비판을 가한 논자들을 상대했다. 그중에서도 중요한 논쟁 주제는 그의 이자율 이론이었다. 케인스는 또한 고용 수준의 결정에 대한 그의 이론에서 새로운 것이라고 스스로 생각했던 바를 요약하는 긴 논문을 출간했다. 하지만 케인스는 전쟁 중에는 직업상 수많은 의무와 활동에 묶여 있었고 전쟁이 끝날 무렵에는 전후 기간 동안 국제 통화 체제를 확립한 브레튼 우즈 회담에서 중요한 역할을 해야 했기에, 경제 이론을 놓고 새로운 중요한 기여를 할 만한 시간을 찾을 수 없었다. 다행히도 케인스의 뒤를 잇는 한 무리의 젊은 경제학자들이 그의 새로운 사상을 확산시키고 또 그의 이론적 기초 위에서 체계를 확장하는 과제를 이어받았다.

케인스의 젊은 추종자들 중 몇 명은 경제학에 독자적인 중요한 기여를 이루었다. 조앤 로빈슨Joan Robinson(1903~1983)과 니컬러스 칼도Nicholas Kaldor(1908~1986)는 아마도 케인스의 초기 추종자들 중에서도 가장 큰 영향력을 가진 경제학자였을 것이다. 이들은 경제학의 다양한 주제를 다루었지만, 케인스의 사상을 발전시키는 데 있어서 각별히 흥미로운 두 개의 영역이 있다. 첫째, 《일반 이론》에서 사용된 분배 이론은 다시 고찰될 필요가 있다는 점이 곧 인식되었다. 케인스 자신도 실질임금과 고용량 사이에 가정된 관계에 대해(이는 이 장의 앞부분에서 설명했다) 이와 모순되는 경험적 증거에 직면하자 이러한 분배 이론에 대해 스스로 의문을 표시한 바 있었다.[40]

둘째, 《일반 이론》은 성장에 대한 논의를 거의 완전히 무시했으므로, 이틀이 과연 성장 이론의 문제를 다룰 수 있을 만큼 탄력적인지를 연구하는 것이 필요했다. 로빈슨과 칼도어는 각각 이 두 영역에서 기여했다(우리는 곧 18장에서 그 결과의 일부를 볼 것이다). 하지만 《일반 이론》을 성장 이론의 영역으로 확장하는 데 진보를 이룬 첫 번째 사람은 로이 해러드Roy Harrod (1900~1978)였다. 에브세이 도마Evsey Domar(1914~1997)는 케인스의 초기 추종자는 아니었지만 이와 비슷한 분석 방법을 개발했다. 이들의 저작은 발전 이론과 성장 이론에서 아주 중요하게 되었기에 함께 묶여서 '해러드-도마 모델'이라는 이름으로 불린다. 우리는 이 부록에서 두 사람 각각의 저작에서 중요한 논점을 제시하겠다.

경기순환에 대한 해러드의 저서는 케인스의 《일반 이론》과 거의 동시에 출간되었다. 케인스는 자신의 책이 출간되기 전에 그 교정본을 해러드에게 보여주었지만, 그 내용이 해러드의 《경기순환Trade Cycle》(1936)에 반영되기에는 너무 늦은 시점이었다. 그 대신 해러드는 케인스의 더 먼저 나온 저서인 《화폐론A Treatise on Money》(1930)에서 크게 도움을 얻었고, 이 저서가 '동학 이론'을 구성하는 데 중요한 영감의 원천이 될 것이라고 계속 생각했다. 1939년 해러드는 자신의 주장의 형식적 부분을 케인스의 《일반 이론》의 기본 틀을 이용하여 훨씬 더 단순한 방식으로 다시 정립할 수 있었다. 우리는 해러드의 1939년 논문인 〈동학 이론의 한 논고An Essay in Dynamic Theory〉를 좀 자세히 살펴보도록 하자.[41] 이 〈논고〉의 목적은 경기순환을 설명하는 데 도움이 될 새로운 경제학 방법(즉 동학)의 기초를 마련하는 것이었다. 그런데 결과적으로 그가 제시한 것 가운데 많은 것은 이후 여러 경제학 저서에서 성장 이론이 발전하는 데 있어 추동력이 되었다.

해러드에게 중요한 세 가지 성장률이 있다. 실제 성장률, 적정 성장률, 자연 성장률이 그것이다. 해러드는 그의 〈논고〉 대부분을 앞의 두 성장률에 대한 논의에 바치고 있으며 자연 성장률은 논문 후반부에 도입할 뿐이다. 그 본질적 아이디어는 투자 승수 그리고 자신이 가속도 원리라고 이름 붙였던 것을 결합하려는 시도라고 할 수 있다. 우리는 그 각각을 하나의 방정식으로 나타낼 수 있다.

$$Y = \frac{1}{s} \times I \qquad\qquad\qquad (15A.1)$$

$$I = \alpha \times \Delta Y \qquad\qquad\qquad (15A.2)$$

이 첫 번째 방정식은 투자 승수를 단순히 나타낸 것으로서, Y는 총생산(소득), s는 저축성향, I는 투자량이다. 두 번째 방정식은 가속도 원리로서, 이는 투자(I)가 생산량 변동분(ΔY)에 좌우된다는 것을 나타내고 있다. α(뒤에 더 자세히 논의한다)는 생산량의 변동에 대한 전체 기업이 투자하고 싶어 하는 총량의 비율을 나타낸다.* 이 두 방정식에서 I를 소거하여 승수 방정식과 가속도 방정식을 결합하여 정리하면 우리는 해러드의 기본 방정식

---

* 투자 승수란 자본축적의 변화, 즉 투자가 일어났을 때 이것이 총생산, 즉 소득에 어떤 영향을 미치는가를 표현하는 것ㄹ으로서, 저축성향의 역수가 된다. 반면 가속도 원리는 거꾸로 소득의 변화가 벌어졌을 때 이것이 자본축적의 변화, 즉 투자에 어떤 영향을 미치는가를 표현하는 것으로서, 자산계급이 소득 변화에 반응하여 투자를 늘리고자 하는 성향으로 결정된다. 즉 전자가 투자→소득이라면 투자는 소득→투자로서, 해러드는 이

을 얻게 된다.

$$\frac{\Delta Y}{Y} = \frac{s}{\alpha} \tag{15A.3}$$

이 기본 방정식은 성장률(좌변)이 저축성향(s)과 생산량 증가분 당 투자량
(α)에 달려 있다는 것을 언명하고 있다.

방정식 (15A.3)에서 성장률을 규정하는 우변의 두 변수를 어떻게 정의
하느냐에 따라 이 기본 방정식에 대한 이해가 전혀 달라지게 된다. 이 변수
들을 사후적인 것으로 정의한다면 이 기본 방정식은 당연한 사실을 언명하
는 항등식에 불과한 것이 된다. 먼저 저축성향은 해당 기간 동안의 소득 수
준이 어떻게 나타나는지와 무관하게 소득에서 실제로 저축된 부분을 나타
내는 것으로 된다. 그리고 α는 생산이 변화할 때 그에 대응하여 실제로 이
루어진 투자를 나타낸다. 이런 식으로 두 변수를 이해하면 이 방정식(또는
항등식)은 실제로 이루어진 생산의 증가율을 나타낸다. 그런데 이 변수를 사
전적으로 정의할 수도 있다. 이제부터 나올 이야기의 많은 부분은 사전적
저축성향과 사후적 저축성향의 구별로 설명할 수도 있지만, 우리는 해러드
를 따라서 α에 집중해보자. 우선 방정식 (15A.2)를 다시 정리하여, 생산이
일정하게 변동할 때 '필요한' 혹은 '바람직한' 투자, 즉 α의 가치를 $I/\Delta Y$로
정의할 수 있다. 물론 이 α의 실제 값은 이 바람직한 투자 수준에서 이탈할
수 있다. 원치 않았던 재고량의 감소 또는 증가가 있을 수도 있고 생산 장비

둘을 연결시켜 투자와의 관계 속에서 성장의 역동성을 해명하고자 했던 것이다. 여기에
자본/투자만이 고려될 뿐 노동이라는 생산요소가 빠져 있음이 약점으로서 비판받았고,
16장의 부록에 나오는 솔로의 성장 이론이 이를 말미암아 나타나게 된다.

의 수준이 의도한 대로 되지 않을 수도 있기 때문이다(다음의 논의에서는 재고량 변동에 초점을 둘 것이다). α를 이렇게 사전적인 개념으로 정의한다면 이 기본 방정식은 해러드가 말하는 적정 성장률의 정의가 된다. 즉 현재 이루어지고 있는 생산량에 비추어서 기업이 적절하다고 만족하는 양으로 투자(재고량 포함)가 이루어질 때의 성장률이 바로 적정 성장률이다.

이렇게 성장률을 여러 가지로 정의하는 함의가 무엇인지 이제 논의해보자. 어떤 이유에서 실제 성장률이 적정 성장률 위로 올라갔다고 가정해보자. 저축성향이 사람들이 바라는 수준, 즉 사전적 수준에 머물러 있다고 가정한다면, 이렇게 실제 성장률이 적정 성장률을 상회했다는 것은 생산이 늘어나면서 그에 상응하여 늘어난 추가적인 실제 투자량이 바람직하다고 여겨지는 투자 수준에 이르지 못했음을 뜻한다. 다른 말로 하자면, 성장률이 올라가면서 기업이 더 높아진 수준의 소비에 대응하려다가 원치 않는 재고 수준의 감소가 나타나게 되었다는 것이다.* 그렇다면 이 기업은 이렇게 늘어난 수요를 따라잡기 위해서 생산의 증가율을 올릴 것이며 또 생산에 대한 투자의 비율이 바라는 수준으로 회복될 때까지 재고량을 다시 늘리려 들 것이다. 하지만 이런 식의 대응은 곧 실제 성장률이 적정 성장률을 더욱 상회하게 될 것임을 함축한다. 실제 성장률이 적정 성장률보다 낮은 경우에 대해서도 마찬가지의 과정이 반대 방향으로 일어나는 것을 생각해볼 수 있다. 이렇게 되면 기업은 α의 값이 자신들이 바라는 수준보다 더 높다는 것(즉 재고량이 의도하지 않은 수준으로 증가하게 되었다는 것)을 알게 될 것이며, 이에 생산의 증가율을 낮춤으로써 이를 조정하려 들 것이다. 그런데 이렇게 되면

---

* 재고를 늘리는 것도 투자(재고 투자)이다. 생산자는 생산의 규모를 확대함에 있어서 원자재, 반제품, 완제품의 재고 규모도 일정하게 확대하게 된다.

실제 성장률은 적정 성장률보다 더욱 아래로 떨어지는 사태가 발생하게 될 것이다. 기업이 생산량 변화에 대해 자신들이 바라는 만큼의 투자가 정확하게 실제로 이루어지고 있음을 보고 현재의 성장률을 유지하는 것에 만족하는 경우는 오로지 실제 성장률이 적정 성장률과 정확하게 일치하는 경우뿐인 것이다. 이것이 뒤에 '해러드의 칼날 Harrod's knife-edge'이라고 불리게 되는 것의 기초가 된다. 하지만 해러드는 이 용어에 강하게 저항했고, 문제를 적정 성장률의 불안정성이라는 관점에서 논의하는 편을 더욱 선호했다.

해러드의 〈논고〉는 자본주의의 불안정성에 대해 완전한 모델을 제시하는 것은 아니었다. 해러드가 하고자 했던 것은 동태적 분석의 방법론적 기초를 닦는 것이었다. 왜 이러한 목표를 해러드가 세웠는지를 이해하려면 우리는 케인스 모델의 논리가 정태적 성격이라는 점을 감안해야 한다. 예를 들어 재화에 대한 총수요가 총공급을 넘어서고 있을 때 기업은 자신들의 재고량이 의도했던 수준보다 줄어드는 것을 보게 되고 그 대응으로 생산을 늘린다. 이렇게 생산이 늘어나면 여기서 추가로 소득이 발생하고 이는 다시 수요 증대로 이어진다. 하지만 한계 소비성향은 1보다 작다고 여겨지므로 소비의 증가분은 소득의 증가분보다 작을 수밖에 없다. 그리하여 경제 전체가 종국에는 생산과 고용의 균형 수준에 도달하게 되지만, 이는 반드시 완전고용의 균형 상태인 것은 아니다. 이 균형 상태는 실제의 생산량이 이로부터 이탈하게 되면 반드시 본래 상태로 되돌아온다는 의미에서 안정적이라고 할 수 있다. 기업은 자신들이 바라는 수준의 재고량을 획득하고자 하므로 이렇게 변화된 상황에 대응하여 생산량을 조정할 것으로 가정되기 때문이다. 케인스 식의 틀은 이를 통해 생산과 고용의 **수준**을 결정한다. 하지만 해러드의 동태적 방법은 성장률이라는 관점에서 분석을 행한다. 해러드가 발전시킨 틀은 균형의 생산 수준이 아니라 균형(또는 적정) 성장률을 결정하는 요소들을 기술하는 것이 그 목적이다. 이러한 동태적 분석을 해보면, 균형 성장률은 실제 성장률이 그것으로부터 이탈할 경우 그 이탈 상태가 지속되도록 만든다는 의미에서 불안정한 것임이 밝혀진다고 해러드는 생각했다. 정태적 틀에서는 의도하지 않은 재고 변화에 대응하여 기업이 생산량을 조정하면 이것이 안정된 균형 상태를 회복하도록 보장하는 것이었지만, 해러드의 동태적 틀에서는 똑같은 대응이 동태적 균형의 불안정성을 야기하는 원인이 된다는 점을 주목하라.

현재의 저축성향 그리고 생산 증가량에 대해 자본가들이 바라는 투자량이 주어져 있을 경우 적정 성장률의 공식을 따르면 경제 전체의 '유일의' 균형 성장률을 구할 수 있다. 하지만 실제 성장률은 적정 성장률에서 한번 이탈하게 되면 경제 전체를 그 적정 성장률에서 점점 더 멀리 이탈하는 쪽으로 움직이게 한다는 점에서 불안정하다. 문제를 더욱 복잡하게 하는 것은, 실제 성장률과 적정 성장률이 일치한다손 치더라도 이것이 자연 성장률과 동일할 것이라는 보장은 여전히 존재하지 않는다는 것이다. 자연 성장률은 여러 자원과 기술 변화로 규정되는 최대한의 잠재 성장률을 나타낸다. 단순화하면 우리는 자연 성장률을 노동력 증가에 의해 결정되는 것으로 생각할 수도 있다. 이것이 최대치로 주어졌을 때, 만약 노동력 증가율(즉 자연 성장률)이 적정 성장률에 미치지 못한다면 그 결과 실업이 나타나게 될 것이다. 이는 피상적으로 보면 이해하기 힘들 수 있으나, 자연 성장률이 실제 성장률이 넘어설 수 없는 최대치라는 점을 인식한다면 그렇지 않다. 그 실제 성장률은 적정 성장률보다 낮을 수밖에 없으며, 앞에서 본 불안정성의 원리에 따른다면 시간이 지날수록 적정 성장률보다 훨씬 더 낮아질 수밖에 없다. 반대로 만약 자연 성장률이 적정 성장률을 넘어선다면 실제 성장률은 적정 성장률을 넘어설 수도 있으며, 언젠가는 자연 성장률까지 치달아 오르면서 인플레이션을 야기할 수도 있다. 해러드는 그의 1939년 〈논고〉에서 자연 성장률이 어떻게 결정되는지에 대해서 자세한 설명을 시도하지 않았고, 또 실제 성장률 및 적정 성장률에서 이탈할 경우 이것들 사이에 벌어질 수 있는 조정 과정에 대해서도 설명하려 들지 않았다. 고전파 경제학자들이 맬서스의 인구론을 활용했던 것을 방불케 할 만한 인구 증가의 이론은 여기에 없었다. 또 자본가가 빡빡한 노동시장에 직면하게 되면 노동 절약 기술을 도입하게 될 것이라는 마르크스의 생각과 비슷한 논지는 잠깐 지나가며 언급되는 것 이상으로는 전개되고 있지 않다. 이 점이야말로 당시의 해러드가 아직 동태적 분석 방법을 구축하는 아주 초기 단계에 있었다는 것을 가장 잘 보여주는 것이라고 하겠다.

도마는 해러드와는 약간 다른 각도에서 자본주의의 불안정성에 접근한다.[42] 도마는 경제의 실제 생산이 그 잠재 생산과 맞먹도록 증대되려면 자본축적률이 어떻게 되어야 하는가를 질문으로 삼는다. 그가 내놓은 대답을 거칠게 단순화하여 간략하게 살펴보자. 도마의 접근법은 투자가 총생산에 미치는 영향이 소비의 측면뿐만 아니라 공급의 측면도 있다는 것에 착목한다. 그 수요 측면은 승수 효과를 단순하게 표현한 것으로 나타낼 수 있다.

$$\Delta Y = \frac{1}{s} \times \Delta I \qquad\qquad (15\text{A}.4)$$

즉, 실제 생산의 변화량(ΔY)은 저축성향(s)과 투자 지출의 변화량(ΔI)에 의해 결정된다. 다른 한편 투자는 곧 자본축적을 의미하며, 자본축적은 다시 경제의 잠재 생산을 증대시키게 된다. 도마는 투자(즉 자본 스톡의 변화)와 잠재 생산(ΔY_p)의 변화 사이에 일정한 관계(σ)가 존재한다고 가정했다.

$$\Delta Y_p = \sigma \times I \qquad\qquad (15\text{A}.5)$$

케인스는 투자가 수요 측면에 끼치는 충격만을 강조했다. 이는 케인스의 이론이 단기의 시간 지평을 염두에 두었기 때문에 투자를 통해 생산 설비가 생성되는 효과가 나타나지 않는다고 가정했기 때문이다. 요컨대 케인스는 생산 설비의 양이 일정하다고 가정한 반면, 도마는 투자를 통해 경제 전체의 생산 설비에 변화가 일어나면 이것이 경제성장에 어떤 의미를 갖는지를 연구하고자 한 것이다.

설명을 쉽게 하기 위해서 경제 전체가 실제 생산이 잠재 생산과 일치하는 지점에 있다고 생각하자. 우리의 두 개 방정식을 사용하면 그렇게 되는 데 필요한 자본축적률을 얻을 수 있다. 계속해서 잠재 생산으로 경제가 작동하기 위해서는 실제 생산의 변화가 잠재 생산의 변화와 일치해야만 한다. 따라서 우리는 (15A.4)와 (15A.5) 방정식의 우변을 동일하게 놓을 수 있다.

$$\frac{1}{s} \times \Delta I = \sigma \times I \qquad\qquad (15A.6)$$

이 식을 다시 정리하면 우리는 실제 생산과 잠재 생산이 일치하는 가운데 성장이 계속되는 데 필요한 투자 증가율을 얻는다.

$$\frac{\Delta I}{I} = s \times \sigma \qquad\qquad (15A.7)$$

도마의 글에 나오는 수치 예를 따라서 저축성향이 12퍼센트이며 투자 생산성은 30퍼센트라고 가정한다면, 실제 생산과 잠재 생산이 동일한 상태에서 성장이 계속되려면 투자가 계속 3.6퍼센트의 비율로 증가해야만 한다. 그렇게 되면 실제 생산과 잠재 생산 또한 3.6퍼센트의 비율로 증가할 것이다.

해러드는 뒤에 도마의 모델에 대해 논평하는 가운데 자신과 도마의 균형 성장 방정식이 동일하다고 주장한다. 두 방정식 모두 저축성향에 대해 동일한 정의를 사용하고 있다. 더욱이 자신의 적정 성장률 방정식에 나오는 α항을 생산의 추가적 증가에 대해 바라는(즉 사전적인) 투자 수준으로 본다면 이는 결국 도마가 사용한 σ항의 역수(즉 $\sigma = 1/\alpha$)이며 따라서 두 방정식은 동일한 것이 된다는 것이다. 따라서 우리는 도마의 접근법에 내재한 불안정성에 대해서도 해러드의 경우와 거의 동일한 논의를 내놓을 수 있다. 사실상 불안정성에 대해 보다 직설적인 분석을 위해서는 도마의 접근을 약간 다듬은 것을 따르는 것이 좋다. 생산 설비가 얼마나 가동되고 있는가는 잠재 생산에 대한 실제 생산의 비율(Y/Y_p)로 나타낼 수 있다. 자본에 대한 잠재 생산의 비율이 투자에 대한 추가적 잠재 생산의 비율과 동일하다고 가정한다면, 우리는 다음과 같은 식을 얻을 수 있다.•

$$\frac{Y}{Y_p} = \frac{I/K}{s \times \sigma} \qquad (15\text{A}.8)$$

우변의 분자는 실제의 자본축적률이며, 분모는 실제 생산과 잠재 생산이 일치하도록 하는 데 필요한(또는 적정한) 자본축적률을 나타낸다.•• 만약 실제의 자본축적률이 필요 축적률에 미치지 못한다면, 실제 생산은 잠재 생산에 미치지 못할 것이며 사용되지 못하는 과잉 생산 설비가 생겨나게 된다. 이렇게 과잉 생산 설비가 나타나게 되면 자본축적률은 더욱 줄어들 가능성이 높다고 보이지만, 도마는 만약 실제의 자본축적률이 계속 유지된다면 그것이 반드시 필요 축적률보다 아래로 떨어지지는 않더라도 계속해서 과잉 설비가 나타날 수 있다는 점을 짚고 있다. 다른 한편, 만약 실제 축적률이 필

• 이 가정을 수식으로 나타내면 $\frac{Y_p}{K} = \frac{\Delta Y_p}{I}$가 된다. 여기서 방정식 (15A.1)과 (15A.5)를 사용하여 ΔY_p를 소거하라.

•• 식 (15A.7)을 보라.

요 축적률을 초과하게 되면 생산 설비 부족(즉 인플레이션 압력)이 나타나고 기업은 생산 설비를 확대하기 위해 그전보다 더 많은 자본의 필요를 느끼게 될 것이며, 이는 또 다시 자본축적률을 상향시킬 압력을 만들어내게 된다. 그리하여 우리는 도마의 모델에 나오는 필요(또는 적정) 축적률 또한 경제 전체의 자본축적률이 여기서 일단 벗어나게 되면 더욱더 멀어질 압력이 존재한다는 의미에서 불안정성을 가지고 있다는 사실로 되돌아오게 된다.

케인스는 왜 시장이 자동적으로 스스로를 조정하지 못하는가를 설명하려고 노력했다. 그의 이자율 이론은 이자율이 저절로 조정되지 않을 수 있으며, 그 결과 저축을 낳는 경제의 잠재력이 수익성 있는 투자 기회를 찾아내는 능력을 계속 앞지르는 일이 얼마든지 가능하다는 것을 증명했다. 게다가 저축과 소득의 관계 또한 낮은 수준의 소득으로 안정되어 지속될 수 있으며 그 결과 광범위한 실업을 낳을 수 있다. 하지만 이러한 케인스의 분석은 모두 정태적이며 단기적 차원에서 이루어졌고 따라서 경제 전체의 생산 설비 자체가 변화하게 되면 어떤 일이 일어날지는 탐구되지 않은 채 남아 있었다. 이를 탐구하는 과업이 해러드에게 그리고 그 뒤에 도마와 다른 이들에게 주어졌다.

해러드와 도마가 케인스가 닦아놓은 기초를 확장하여 경제성장의 문제를 설명할 수 있는 동학의 문제에 대해 완전한 모델을 내놓지 못했음은 명백하다. 해러드는 계속해서 자신의 동태적 분석 방법에 기초해 작업을 해나갔다(그리하여 이 주제에 대한 저서 한 권과 후속 논문 한 편을 발표했다). 하지만 그의 이 후기 저작은 포스트 케인스주의 학파(18장을 참조하라)를 예외로 하면 경제학자들에게 큰 인상을 남기지 못했다. 이른바 해러드-도마 모델은 오늘날에도 대학에서 가르치고 있으며 최소한 언급은 되고 있다. 하지만 이는 보통 신고전파 성장 이론의 본격적인 논의로 들어가기 전에 서론 격으로 다루어지는 정도일 뿐이다. 본론으로 들어가면 이렇게 해러드와 도마의 모델에서 암시되고 있는 가능성, 즉 균형 성장의 경로가 지극히 불안정한 것일 수 있다는 가능성이 신고전파 성장 이론에서 어떻게 극복되는가에 대한 이야기가 나올 뿐이다(16장의 부록 참조).

경제학의 역사에는 가지 않은 채 남아 있는 길이 무수히 많다. 해러드와 도마가 초기에 이루었던 기여 또한 그러한 길의 하나이다. 이들은 불안정한 균형 성장의 경로에 대한 이론화 작업을 개시하면서 자본주의가 호황과 거품 붕괴를 겪으면서 끊임없이 변해가는 시스템이라는 비전을 포착할 수 있었다. 그 변화가 항상 폭력적인 것은 아니라는 점 그리고 호황이 거품 붕괴로 또 거품 붕괴가 호황으로 전환되는 이유 등에 대해서는 물론 설명이 부족했다고 할 수 있다. 하지만 이 작업은 분명히 해나갈 수 있는 것이었고 일부 경제학 집단들에서 실제로 이루어지기도 했다. 하지만 신고전파 경제학자들은 해러드-도마와는 다른 길을 선택했다. 이들은 자본주의의 불안정성을 얌전하게 길들여서 외생적 요인의 변화 이외에는 어떤 변화도 생겨나지 않는 안정된 균형 성장의 경로로 회귀했다.

주

1. 이 수치들은 다음에서 취했다. Louis M. Hacker, *The Course of American Economic Growth and Development* (New York: Wiley, 1970), pp. 300-301.

2. Lester V. Chandler, *America's Greatest Depression* (New York: Harper and Row, 1970), pp. 40-41.

3. U.S. Congress, *Senate Hearings before a Subcommittee of the Committee on Manufacturers*, 72d Cong., 1st sess. (Washington, DC: Government Printing Office, 1932), p. 239.

4. Chandler, *America's Greatest Depression*, pp. 41-42에서 인용.

5. Leo Huberman, *We the People* (New York: Monthly Review Press, 1964), p. 260에서 인용.

6. John Maynard Keynes, *Laissez-Faire and Communism* (New York: New Republic, 1926), p. 47.

7. Ibid., pp. 47-48.

8. Ibid., pp. 130-31.

9. John Maynard Keynes, *The General Theory of Employment, Interest and Money* (New York: Harcourt, Brace and World, 1936), p. 384.

10. T.R. Malthus, *An Essay on the Principle of Population and a Summary View of the Principle of Population*, ed. A. Flew (Baltimore: Penguin, 1970), p. 144.

11. Keynes, *General Theory*, p. 374.

12. John Maynard Keynes, *Essays in Biography* (New York: Norton, 1963) p. 120.

13. 이러한 예에 대해서는 다음을 보라. Robert Lekachman, *The Age of Keynes* (New York: McGrawHill, 1975), pp. 59-61.

14. Keynes, *General Theory*, p. 5.

15. Ibid., p. 17.

16. Ibid., pp. 13-14.

17. Ibid., pp. 95-96.

18. Ibid., p. 97.

19. Ibid., pp. 166-68.

20. Ibid., p. 170.

21. Ibid., p. 172.

22. Ibid., p. 131.

23. Ibid., p. 129.

24. Hacker, *Economic Growth and Development*, p. 325.

25 군사 지출에 대한 데이터는 계산하기가 힘들다. 그 돈의 많은 액수는 정부 통계에서 비
    군사 지출로 분류된 것 속에 숨어 있기 때문이다. 여기에 나온 수치와 이 절에서 사용된
    데이터의 많은 부분은 지금까지 나온 연구 중 미국 군사 지출에 대한 가장 철저하고 종합
    적인 연구인 James M. Cypher, "Military Expenditures and the Performance of
    the Postwar U.S. Economy: 1947-1971", Ph.D. diss., University of California,
    Riverside, 1973에 기초하고 있다.

26. Ibid., pp. 136-37.

27. Ibid., pp. 164-65.

28. 이 데이터는 다음에서 취했다. Benjamin Friedman, *Days of Reckoning*(New
    York: Random House, 1988), pp. 273-74.

29. Cypher, "Military Expenditures", pp. 328-32.

30. 예를 들어 다음을 보라. D.F. Fleming, *The Cold War and Its Origins*, 2 vols.(New
    York: Doubleday, 1961); Gar Alperovitz, *Atomic Diplomacy: Hiroshima
    and Potsdam*(New York: Simon and Schuster, 1965); David Horowitz, ed.,
    Corporations and the Cold War(New York: Monthly Review Press, 1969);
    David Horowitz, *Empire and Revolution*(New York: Random House, 1960);
    Gabriel Kolko, *The Politics of War*(New York: Vintage, 1970); I.F. Stone, *The
    Hidden History of the Korean War*(New York: Monthly Review Press, 1952);
    Stephen E. Ambrose, *Rise to Globalism*(London: Penguin, 1971).

31. 이 절에서 미국 연방정부 부채에 대한 데이터는 미국 예산관리국(Office of Manage
    ment and Budget: OMB)에서 가져왔다.

32. 이 절에서 총부채 및 그 다양한 구성 요소에 대한 데이터는 연방준비제도의 자금 흐름표
    에서 가져왔다.

33. Keynes, *General Theory*, p. 379.

34. Ibid., pp. 378-80.

35. Ibid., p. 374.

36. Ibid., pp. 375-76.

37. Ibid.

38. Ibid., p. 378.

39. Ibid.

40. John Maynard Keynes, "Relative Movements in Real Wages and Output", *The
    Economic Journal*, vol. 49(March, 1939): 34-51.

41. R.F. Harrod, "An Essay in Dynamic Theory", *The Economic Journal*, vol.
    49(March 1939): 14-33.

42. 여기서의 논의는 다음을 따르고 있다. Evsey D. Domar, "Capital Expansion, Rate
    of Growth, and Employment", *Econometrica*, vol. 14(April 1946): 137-47.

16
자본이 측정 가능한 생산성을 가진다는 신화의 폐기: 피에로 스라파의 저작

신고전파의 공리주의 이데올로기에는 세 가지의 근본적 신조가 있다. 첫째는 완전경쟁 시장의 보이지 않는 손이 자유 교환을 통하여 모든 이들의 이익을 조화시키며, 합리적 가격을 산출하며, 효율적인 자원 배분을 가져온다는 신앙이다. 둘째는 자유 시장이 자동적으로 완전고용의 균형을 창출할 것이라는 신앙이다. 셋째는 임금률이 노동의 한계생산물의 가치와 동일하며 이윤율(또는 이자율)이 자본의 한계생산물의 가치와 동일하다는 믿음으로서, 각 사회 계급이 스스로의 생산요소가 창출한 가치만큼을 소득으로 얻게 되어 있다는 것이 여기에 함축되어 있다. 14장과 15장에서 우리는 앞의 두 가지 신조에 대해 논의했다. 이 장에서는 마지막 신조인 한계생산성 분배 이론을 논의해보자.

신고전파 분배 이론의 현재 상태

신고전파 경제학은 오늘날 학계를 완전히 지배하고 있다. 물론 18장에서 살펴볼 포스트 케인스주의는 별개의 전통을 형성하여 신고전파에 강력하게 반대하고 있지만, 정통 케인스주의 경제학은 이제 신고전파 이론의 한 분파에 불과한 것이 되었다. 한계생산성 개념에 입각한 분배 이론은 거의 모든 신고전파 경제학자들 사이에서 완전히 안착되어 누구도 의문을 표시하지 않는 신앙이 되었다(여기에는 몇 가지 조심해야 할 점이 있는데 이는 다음 장에서 논의할 것이다). 클라크와 뵘바베르크가 정식화했던 분배 이론(11장을 보라)은 오늘날의 신고전파 경제학자들의 저술에서도 수학적 논리만 훨씬 더 정연해졌을 뿐 내용의 본질은 바뀌지 않은 채 그대로 남아 있다.

마틴 브론펜브레너Martin Bronfenbrenner 교수가 쓴《소득분배론Income Distribution Theory》이라는 제목의 책은 1971년에 출판되었는데, 오늘날에도 신고전파 분배 이론이 도달한 상태를 보여주는 명쾌하고도 완벽한 요약으로 남아 있다. 저자는 이 책의 서문을 이렇게 시작하고 있다.

> 이 책은 구식의 소득분배 이론을 다룬 책이다. 이 책의 저자는 이론 경제학자이며, 따라서 이 책은 경제학 이론에 집중하고 있다. 이 책은 존 베이츠 클라크의 저서《부의 분배》(1899)의 전통을 따르고 있다. …
>
> 이 책은 내용을 새롭게 정식화하고 새롭게 설명하는 책이라는 점에서 구식이라고 할 수 있다. … 나는 한계주의 이론이 되었든 생산함수가 되었든, 또 미시경제학의 수준이든 거시경제학의 수준이든, 신고전파 경제학을 버릴 생각이 없다.[1]

실제로 브론펜브레너는 내용에 있어서나 논지 전개의 수순에 있어서나 신고전파 정통 이론을 그대로 답습하고 있다. 이 책은 이윤 극대화 기업의 이론에서 시작한다. 이윤 극대화 기업은 투입물을 구매하여 그것들을 조합하여 생산활동을 벌이고 (표준적이며 "정상적으로 작동하는" 신고전파의 "생산함수"에 일치하게끔) 생산물을 다시 시장에서 판매한다. 이 생산함수는 여러 생산요소들을 원하는 만큼 얼마든지 서로 대체할 수 있도록 되어 있으며, 그 결과 생산요소의 결합에 있어서 이윤을 극대화시켜줄 조합을 마음대로 골라내는 것도 가능하게끔 되어 있다. 미시경제학의 수준에서 보자면, 노동자도 자본가도 존재하지 않는다. 오로지 a, b, c 등등의 이름이 붙은 여러 다른 생산 투입물과 그 소유자만이 있을 뿐이다.

개별 기업이 수행하는 미시경제학적인 생산과정은 다음과 같은 생산함수로 표현할 수 있다.

$$x = F(a, b, c \cdots)$$

… [이 생산함수]의 1차 편미분 값은 투입물 a, b, c, … 각각의 한계생산성 또는 한계생산물이다. … a와 b라고 하는 두 개의 투입물은 생산과정에서 얼마든지 서로를 대체할 수 있다고 통상적으로 가정한다. … 생산함수의 2차 편미분 값은 마이너스가 되는 것이 보통이다. … 이는 투입물에 대한 수확체감의 원리를 표현하는 한 형식이다.[2]

이러한 가정을 통해 각각의 투입물에 대해서 한계생산물 가치(VMP)의 곡선이 나온다. 클라크에 대한 논의에서 보았듯이, 이러한 곡선은 우하향의 형태를 취하고 있으며, 이윤을 극대화하고자 하는 기업이 한 개별 생산요소에 대해 갖는 수요곡선을 이루게 된다. 그렇다면 다음과 같이 말할 수 있게 된다. "모든 가격이 알려져 있다면 생산 투입물들을 사용하는 최적[즉 이윤을 극대화하는]의 방식은 투입물의 가격과 각각의 한계생산물 가치가 일치해야 한다는 원리에 의해 결정된다."[3] 즉 각각의 생산요소는 그것이 한계 수준에서 창출한 것에 정확히 일치하는 만큼을 얻는다.

그다음으로 거시경제학 수준으로 분석을 이동한다. 미시경제학 수준에서는 생산요소를 단지 a, b, c로 구별했을 뿐 여기에 아무런 사회적, 정치적, 경제적 의미를 결부시키지 않았지만, 이제 이것들은 자본이 되고 노동이 된다. 이것들에게 주어지는 보상은 이제 이자와 임금이 된다. 브론펜브레너에 따르면, "고전파 및 신고전파 경제학자들은 경제 전체를 하나의 기업이나 산업을 크게 확대한 것으로 다룬다는 점에서 일치한다".[4] 이 "확대된 기업"이 만들어낸 생산물을 모두 구매할 수 있을 만큼 총수요가 충분한가의 문제는 나오지 않는다. 한계생산성 분배 이론은 세 J. B. Say로 대표되는 시장 자동 균형의 전통에서나 케인스주의의 전통에서나 그 이데올로기적 가치가 똑같이 크기 때문이다. "총수요와 지출의 유지는 세의 법칙에 따라 자연적으로 이루어지든가 … 통화 및 재정정책 등을 맡아보는 경제 관리 부서에 의해 제공된다."[5]

이러한 상황에서는 자본이나 노동이나 우리의 저 거대한 "확대된 기업"이 이윤을 극대화할 수 있는 방식으로 사용하는 두 개의 생산요소일 뿐이다. 노동에 대한 수요는 미시경제적 분석에서의 a, b, c의 경우와 마찬가지로 우하향하게 되어 있으며 그 한계 수준에서는 노동이 생산에 기여한 가치를 반영하게 된다. "노동 수요 함수는 … 한계생산성 체감으로 인하여 우하향한다."[6] 따라서 노동자는 자신이 생산한 한계생산물의 가치만큼을 받는다는 결론이 논리적으로 도출된다. 자본에 대한 분석 또한 마찬가지이다. 자본이든 노동이든 미시경제 분석으로 가면 모두 a, b, c 등이 될 것이다. 두 가지 모두 자신이 낳는 한계생산물의 가치만큼을 수취한다.

그런데 여기서 문제가 생겨난다. (노동의 한계생산성을 알아보려고) 고용된 노동의 양을 모두 더하여 총계를 낸다고 말할 때는 그 의미에 전혀 불명확한 점이 없다. 하지만 자본의 총계를 낸다고 말할 때는 전혀 그렇지 않다.

100명의 노동자가 1주일간 일했다는 말에는 의미가 모호한 부분이 전혀 없다. 하지만 100개의 자본이 1주일간 일했다고 말하면 이것은 도대체 무슨 의미인가? 100개의 공장? 그 공장들의 크기가 제각각일 텐데 이것을 그냥 합산하여 100개라고? 그러면 100개의 삽? 아니면 공장 50개와 삽 25개와 정유 공장 25개? 말할 것도 없이 이는 말도 안 되는 이야기이다. 자본 한 조각이란 나사 드라이버 한 개도 될 수 있고 수만 명을 고용하는 거대한 공장일 수도 있기 때문이다. 물론 이윤을 극대화하려는 자본가처럼 관심이 실용적인 데 있다면 이 문제의 해법은 아주 명확하다. 자본 장비를 각각의 품목의 가격에 따라 합산하는 것이다. 만약 나사 드라이버의 가격이 1달러이고 거대한 공장의 가격이 5억 달러라면, 이것들은 5억 1달러 가치의 자본을 이룬다. 이윤을 벌기 위해 바쁘게 일하는 자본가라면 여기까지만 알면 충분하다. 그런데 자본가는 이윤을 만들지만, 신고전파 경제학자는 이데올로기를 구축한다.

신고전파의 이데올로기적 목적에서 보자면 자본가가 이렇게 총자본을 측정하는 방식은 전혀 해결책이 될 수가 없다. 한계생산성 이론에 따르자면, **자본의 가격은 자본의 수익성으로 결정되며, 자본의 수익성은 다시 자본의 생산성에 좌우되기 때문이다.** 따라서 브론펜브레너가 정확하게 지적하고 있듯이, 신고전파의 자본 이론에서는 "자산…가격이란 그 자산이 가져오는 소득의 **자본화된 가치**capitalized value라고 말한다."[7] 다른 말로 하자면, 어떤 재화를 자본화할 때, 그 가격은 그 자본재가 앞으로 낳을 모든 소득을 현재 가치로 할인한 것이다(이것이 자본화된 가치이다). 하지만 신고전파 자본 이론에서는 자본이 앞으로 낳을 소득을 결정하는 것이 바로 자본의 생산성이라고 보고 있다.

따라서 신고전파 경제학자들은 자본의 생산성을 알아보기 위해서는 먼저 자본을 모두 더해야만 한다. 하지만 이들의 경우에는 서로 다른 자본재를 그 가격에 따라 합산할 수는 없다. 왜냐면 자본의 가격은 그 생산성으로 결정되는 것이라며, 하지만 자본의 생산성은 자본을 먼저 합산하기 전에는 계산할 수 없기 때문이다. 이 문제는 베블런이 비판한 클라크의 문제점과 동일하다. 클라크는 자본재를 이야기하면서, 동시에 모종의 "물질적으로 지속되는 실체"의 "연속체"로 구성되는 일반적 자본이라는 것도 이야기했다. 이에 대해 베블런은 다음과 같이 정확하게 지적했다.

> 자본이라는 '지속되는 실체'가 깃들게 되는 그 연속체란 소유권의 연속성일 뿐 물질적 사실의 연속성이 아니다. 실상을 따져 보면 그 연속성이란 계약, 구매, 판매와 같은 법적 권리의 문제로서 비물질적 성격을 띤다. 이렇게 명명백백한 사실이 도대체 클라크의 논의에서는 왜, 그것도 상당히 고의적으로 간과되고 있는 것일까. 이는 쉽게 답하기 어렵다. … 물론 [이 명백한 사실을 직시했더라면] … 클라크 씨의 주장이 애초부터 목적으로 삼았던 자본과 노동의 "자연적" 보상의 법칙이라는 것은 다 뒤집히고 말았을 것이다.[8]

자본의 양은 어떤 가격에도 의존하지 않고 완전히 독자적으로 측정될 수 있어야 한다. 그렇지 못할 경우 신고전파의 한계생산성 분배 이론은 물론이고 그것을 통해 현재의 임금률과 이윤율을 설명하고 합리화하는 주장도 완전히 무너지게 된다. 그래서 뵘바베르크는 자본을 측정할 척도로 '평균적 생산 기간'을 사용하자고 제안했다. 하지만 대부분의 신고전파 경제학자들은 이를 거부했는데, 여기에는 두 가지 이유가 있었다. 첫째, 그가 말하는 '평균적 생산 기간'이란 토지의 양, 노동의 양, 생산 기간의 길이, 전체 생산 기간의 각 단계에서 토지와 노동이 사용되는 분포라는 네 가지의 이질적인 크기들로 구성된 복잡한 지수이다. 뵘바베르크가 제시한 해법은 대단히 번잡하여, 대부분의 신고전파 경제학자들은 여기에 '지수 문제'[*]라는 극복할 수 없는 문제가 포함되어 있다는 것을 처음부터 알았다. 따라서 대부분의 신고전파 경제학자들은 자본을 물질적 지속성을 갖는 모종의 신비스러운 실체의 연속으로 보는 클라크의 자본 개념을 그대로 고수했다. 이러한 실체를 합산하기만 하면 자본의 총량도 구할 수 있으며, 이에 따라 자본의 한계생산성, 자본이 산출하는 소득, 자본의 현재 가치 등을 모두 계산할 수 있다고 본 것이다.

뵘바베르크의 해법을 기각해야 하는 두 번째 이유가 있다. 그의 해법은 기본적으로 자본을 파악하는 방식에 있어서 노동가치론과 위험할 정도로 유사했다. 뵘바베르크가 볼 때 본래적 또는 궁극적 생산요소는 오직 토지와 노동뿐이다. 자본은 그저 생산에 시간 요소가 들어간다는 이유 하나 때문에 존재하는 것이다. 생산을 이런 식으로 파악하게 되면, 생산이란 이미 존재하는 천연자원을 변형하는 것일 뿐이며 이러한 변형을 일으키는 것은 노동, 그것도 오로지 노동뿐이라는 관점으로 아주 쉽게 넘어가버릴 수 있다.

따라서 브론펜브레너는 신고전파의 지배적 학설을 따라서 뵘바베르크의

- 지수index란 양의 상대적 변화를 알아보기 위해 기준이 되는 양을 고정시켜 비교하고자 하는 양을 그에 대한 배수로 표현하는 방식이다. 즉 절대적 양의 표현을 포기하는 대신 상대적 양의 비교를 얻는 방식이다. 그런데 이렇게 바꾼 수량이 지수의 기능을 제대로 하기 위해서는 그 수량으로 표현되는 것에 질적인 변화가 전혀 없어야 한다. 예를 들어 1950년의 물가를 지수화하여 그 이후 매년 물가를 그에 대해 얼마나 변화했는가로 표현하여 인플레이션을 나타낼 수 있지만, 이를 위해서는 매년 물가 산정에 쓰이는 생활 필수품 바스켓에 들어가는 물품이 동일해야만 한다. 만약 1950년에 없었던 무선전화 요금 등이 2013년의 바스켓에 들어갈 경우 두 해의 물가를 지수화하여 비교하는 것은 무의미해지게 된다. 단일한 양에 기초한 지수도 이러하니 상이한 양 몇 가지에 기초한 지수의 경우에는 이러한 문제가 더욱 커지게 된다. 뵘바베르크가 말하는 것처럼 서로 이질적인 수량을 네 개나 놓고서 지수화하여 비교할 경우 이 문제를 어떻게 피해갈 수 있을지가 막막할 수밖에 없다는 것이다.

자본 정의를 기각하고 있다. "노동과 토지를 생산의 '본래적' 투입물 또는 요소로 간주하며, 자본과 같은 '파생된' 투입물의 생산성은 이 두 가지 투입물의 생산성 안에 체현되어 있다고 보는 전통도 있다. … 우리는 이 전통을 따르지 않는다. … 달리 말하자면, 자본의 한계생산성은 노동과 토지 각각의 생산성과는 별개의 의미를 갖는다."[9]

그렇다면 현실에 존재하는 여러 가격을 전혀 모르더라도 독자적으로 자본을 합산하게 해주는 그 "연속체" 또는 "물질적으로 지속되는 실체"란 도대체 무엇일까? 클라크는 그러한 실체가 실제로 존재한다는 신앙을 가지고는 있었지만 거기에 이름을 붙이지는 않았다. 뒷날의 신고전파 경제학자들은 클라크의 신앙을 이어받았을 뿐만 아니라 그 실체에 다양한 이름을 붙이는 시도를 멈추지 않았다. 브론펜브레너는 다양한 신고전파 경제학자들이 그 실체에 붙였던 이름 네 가지—'유리창 접착제 putty', '젤리 jelly', '리츠 leets', '메카노 조립 세트'*—를 열거한다. 물론 이름을 붙이는 것은 자유지만, 그렇게 이름을 하나 (또는 네 개) 붙이면 마치 그에 해당하는 실체가 현실에 저절로 생겨나는 양 착각하는 경향이 나타나는 게 문제이다. 그는 독자들에게 자신의 이론이 몇 가지 가정을 전제로 한다고 말한다. 그 가정 중 하나는 이렇다. "자본으로 쓰이는 여러 도구는 … 동일한 수명의, 전방위적 목적의 기계—'유리창 접착제', '젤리', '리츠', '메카노 조립 세트'—로 동질화할 것이다. 이는 즉 자본을 장기적으로 모습을 마음대로 변

---

* 앞의 두 가지는 마음대로 원하는 모양으로 변하는 가단성을 가진 물체라는 의미에서 "자본"의 별칭으로 사용되고 있다. 리츠는 케임브리지 논쟁(뒤의 논의 참조) 당시 조앤 로빈슨이 그러한 가단성을 가진 물체로서 강철 steel의 반대말로 그 철자를 거꾸로 뒤집어 생긴 말이다. 메카노 세트란 20세기 초 영국에서 나온 장난감 세트로 나사와 각종 기계 부품으로 이루어져 아이들이 여러 가지 물건을 조립할 수 있도록 만들어져 있다.

형시킬 수 있는 가단성을 가진 것으로 취급하며 또 그러면서도 항상 동일한 한계생산성을 가진 것으로 취급할 것이라는 말이다."[10] 이러한 가정을 기초로 하여 자본 또한 노동과 마찬가지로 그 한계생산성에 맞먹는 가치를 보상으로 수취한다는 발견이 이루어진다.

신고전파의 생산 및 분배 이론에 대해 가장 완전하고 일관되게 수학과 언어로 요약한 사람의 하나인 퍼거슨C. E. Ferguson 또한 브론펜브레너의 논리적 순서를 정확하게 따른다. 퍼거슨은 생산요소를 단지 "$x_i's$"로만 언급하는 미시경제 이론에서 논의를 시작한다. 그 뒤에는 거시경제 이론으로 옮겨간다.

> [퍼거슨 책의] 6장, 8장, 9장에 전개되어 있는 생산 투입물에 대한 파생 수요 이론은 미시경제학의 분배 이론을 이룬다. 이와 비슷한 유비를 사용하고 거기에 또 완전경쟁 하에서 한계생산물과 실질임금이 일치한다는 등의 관습적인 "규칙"을 함께 사용하면, 거시경제학의 분배 이론 또한 얻을 수 있다. 노동과 자본이라는 두 개의 동질적인 투입물에 대한 특수 이론을 얻고자 한다면 그저 6장과 9장에 나온 $x_i's$ 대신에 K와 L을 써넣기만 하면 된다.[11]

퍼거슨은 여기서 자신의 미시경제 이론에 나온 생산요소, 즉 구체적으로 명시되지도 않았고 또 다른 것들과 무슨 차이가 있는지도 밝혀지지 않은 채 그냥 $x_i's$라고 부른 것을 그대로 가져다가 다른 여러 자본재도 분화되기 이전 상태의 순수한 자본 총계, 즉 현실의 자본재 가격을 전혀 모르는 상태에서도 자본을 독자적으로 합산할 수 있도록 만들어주는 그 "지속되는 실체"를 담고 있는 자본 총계로 쓰고 있다. 물론 이는 퍼거슨 이전에도 무수히 벌어졌던 일이다(그리고 오늘날에도 통용되고 있는 신고전파 경제학 책에서 이와 동일한 분석을 수백 개씩 찾아내어 인용할 수 있다).

신고전파의 분배 이론의 핵심에서 이자란 (경제 전체가 일반균형의 위치에 있으면 모든 이윤은 이자인 것으로 가정된다) 자본에 대한 수익에 불과하며 따라서 자본의 생산성을 반영할 뿐만 아니라 그것에 의해 결정된다고 여겨지고 있다. 따라서 자본에 대해 자본재 가격과 완전히 독립적으로 순수하게 물질적인 총계를 도출하는 일은 반드시 필요하다. 하지만 자본을 합산하는 것 그리고 그 한계생산성을 결정하는 것의 중요성은 결코 한계생산성 분배 이론의 틀에만 국한되지 않으며 그것을 넘어 신고전파 경제 이론 전체로 확장된다. 앞 장에서 우리는 케인스가 시장의 자동성이라는 믿음을 기각하면서도 보이지 않는 손 이론과 분배 이론은 계속 옹호하려 한 것을 살펴보았다. 그러면서 우리는 신고전파의 이 세 가지 이론적 교리 가운데서 하나를 기각하면 다른 두 가지 또한 논리적으로 유지하는 것이 불가능해진다고 말했다. 이 세 가지 교리는 이론적으로나 논리적으로나 서로 연결되어 있으며, 세 가지 교리의 이론적 상호 연관에서 다른 것보다 월등하게 중요한 것은 바로 신고전파 자본 이론이다.

자본재 가격과 무관하게 자본을 합산할 수 있음을 보이는 것이 분배 이론에서 얼마나 중요한지는 자명하다. 자본을 자체적으로 합산할 수 없다면 자본이든 노동이든 한계생산물 표를 도출할 수조차 없다(왜냐면 신고전파 이론에서 노동생산성 또한 생산에 쓰이는 자본의 양에 부분적으로 의존하기 때문이다). 자유 시장이 자동적으로 완전고용을 가져올 것이라는 이론에서 중심적인 주장은, 만약 저축이 크게 증가하여 이자율이 낮아지게 된다면 큰 규모의 투자가 이루어져 자본의 한계생산성이 이자율과 같아지도록 떨어질 때까지 자본의 양 또는 노동자 1인당 자본의 비율을 늘리게 되어 있다는 것이다. 다른 말로 하자면, 시장의 자동성에 대한 신고전파 이론은 이자율과 노동자 1인당 자본의 비율 사이에 항상 **역비례** 관계가 존재한다는 것에 전적으로 의존하고 있다. 그런데 만약 우리가 자본을 합산하여 그 양을 얻을 수 없고 그 결과 자본의 한계생산성도 결정할 수 없다면 이런 식의 이론은 아무런 의미도 가질 수 없다. 마지막으로, 보이지 않는 손의 이론, 즉 신고전파의 후생경제학의 경우도 마찬가지이다. 여러 다른 산업 사이에 자본이 효율적으로 배분된다는 생각 그리고 서로 다른 시점 사이에 자원이 효율적으로 배분된다는 생각은 (이 둘 모두가 신고전파 후생경제학에서 절대적으로 필요하다) 다음 세 가지가 성립할 경우에는 전혀 의미를 가질 수 없으며 게다가 논리적 모순에 부닥치고 만다. (1) 자본을 합산하지 못하고 이에 따라 자본의 한계생산성을 결정할 수 없다. (2) 자본의 양이 (노동량과 비교하여) 증가해도 자본의 한계생산성이 감소하지 않는다. (3) 이자율이 낮아져도 반드시 노동에 대한 자본의 비율이 증가하지는 않는다.

지금 보았듯이, 자본이란 모종의 지속되는 실체를 담은 물리적 연속체라는 생각은 신고전파 이데올로기 전체에서 중심적 위치를 점하고 있다. 신고전파 경제학 이론을 구성하는 것은 정교한 수학 체계이지만, 그 근저에 있는 의미가 무엇인지를 이해하는 신고전파 경제학자들은 이 점을 인식하고 있으며 또 기꺼이 인정한다. 그래서 퍼거슨의 다음과 같은 진술은 올바르다.

신고전파의 분배 이론과 성장 이론은 다른 이론에서 도출된 이론임이 명백하다. 전자는 대부분 생산 이론에 의존하고 있으며, 후자는 자본 이론에 의존하고 있다. 자본 이론과 생산 이론 쪽이 더 긴밀하게 통합되어 있고 더 근본적인 이론이다. 하지만 복잡한 형태이든 단순한 형태이든 최종적으로 분석해보면 신고전파 이론을 결정하는 것은 결국 **자본**이라고 불리는 '사물'의 기본적 성격이다.[12]

그렇다면 자본의 기본적 성격이란 무엇인가? 신고전파 경제학자들은 클라크의 《부의 분배》가 출간된 때부터 1950년대가 다 지나가도록 자본이라는 지속되는 실체의 기본적 성격이라는 문제를 전혀 탐구하지 않았으며, 그래도 별 탈 없이 삶을 살 수 있었다. 하지만 1960년대가 되자 상황이 하루아침에 돌변하고 말았다. 이제 신고전파 경제학자들은 보수적인 자기 만족과 교만을 빼앗긴 채 수세에 몰리게 되었다.

1962년 현대의 신고전파 경제학자 중에서 가장 큰 영향력을 지닌 폴 새뮤얼슨Paul Samuelson(그에 대해서는 다음 장에서 논의할 것이다)은 클라크의 자본 개념에 대해 "J. B. 클라크가 만들어낸 신고전파 요정 동화fairy tale"라는 딱지를 붙이지 않을 수 없게 되었다. 새뮤얼슨은 클라크의 자본 개념은 논리적으로나 경험적으로나 변호가 불가능한 것임을 인정했지만, 그래도 이는 직접적으로 정식화할 수도 옹호의 논리를 펼 수도 없는 "진리"를 비유를 통해 선명하게 보여주기 때문에 너무나 유용한 "우화parable"라고 주장한다. 새뮤얼슨의 1962년 논문의 제목은 〈자본 이론에서의 우화와 현실주의: 대리 생산함수Parable and Realism in Capital Theory: The Surrogate Production Function〉'이다.[13] 이 논문은 신고전파의 생산 이론과 자본 이론이 과학적 진리가 아니라 진리를 잘 보여주기 위한 우화에 불과하다는 주장을 담고 있다.

신고전파 경제학자 중에서 가장 명민하고 혜안이 있는 이들 중 하나인 퍼거슨 또한 새뮤얼슨이 옳다는 것을 인정했다. 신고전파의 생산 이론과 자본 이론은 그저 우화일 뿐이다. 하지만 그는 또한 그러한 우화가 신고전파 경제 이론 전체의 중심에 있다는 것도 알고 있었다.

클라크의 비유를 사용한다면, 자본은 폭포와 같다. 낭떠러지를 넘어 떨어지는 물은 매초 다른 물이지만 폭포 자체는 항상 똑같이 유지된다. 즉, …

고갈된다고 해도 계속 교체되기 때문에 결국 그 자체는 동질성을 유지하는 실체가 **현실적으로** 존재하며, 이것이 자본이라는 이름으로 불린다.

이렇게 단순한 개념을 활용함으로써 이름조차 언급하기 힘든 무수한 경제학자들이 줄줄이 대를 이어 이 "J. B. 클라크 식 신고전파 요정 동화"라는 단순한 신고전파 이론의 현대판을 발전시켜왔다. 물론 이 이론을 정교하게 전개하도록 설명을 구성할 수도 있지만, 이 단순한 설명 방식 쪽이 우리가 현실의 경제 세계 대부분을 이해함에 있어서 기초로 삼을 수 있는 단순한 우화를 낳는다. 특히 이 우화는 생산영역과 시장 사이의 직접적 관계를 가르쳐주며 또 미시경제학의 가격 이론 전체의 기초를 확립하는데, 이것이야말로 말할 것도 없이 신고전파 이론의 핵심이 된다.[14]

하지만 이런 언급을 보고서 새뮤얼슨과 퍼거슨을 신고전파 경제학의 비판자라고 착각해서는 안 된다. 오히려 이들은 그 이론을 옹호했다. 퍼거슨은 자신의 이론이 "신고전파의 생산 이론과 … 분배 이론, 즉 새뮤얼슨이 'J. B. 클라크의 신고전파 요정 동화'라고 부른 것의 일반화된 형태이다. 생산과 분배에 관한 한, 이 모델은 현실에 대한 유용하고도 만족스러운 근사치로 보인다"[15]고 주장했다.

그렇다면 1960년대에 무슨 일이 있었기에 이 신고전파 경제학자들이 이토록 쩔쩔매면서 수세에 처한 것일까? 신고전파 이론의 가장 유능한 옹호자들이 어쩌다가 자신들의 진리가 요정 동화와 우화에 기초한 것이라고 인정하고 말았던 것일까? 대답은 간단하다. 경제사상의 역사에 있어서 가장 중요한 저서의 하나가 1960년에 출간되었는데, 피에로 스라파Piero Sraffa의 《상품에 의한 상품 생산Production of Commodities by Means of Commodities》[16]이었다. 이 저서의 본래 목적은 불변의 가치척도를 어떻게 찾을 것인가라는 리카도의 문제를 해결하는 것으로서, 이 문제는 오늘날까지도 항상 노동가치론을 괴롭혀 온 문제이다. 이 책은 착상에서부터 출간까지 거의 40년이라는 믿을 수 없을 정도로 긴 시간이 걸렸지만,[17] 일단 출간되자 그 본래의 목적(불변의 가치척도를 찾는 것)을 달성했을 뿐만 아니라 신고전파의 자본 이론과 분배 이론을 완전히 초토화하는 결정적인 비판을 제공했다. 길이가 불과 본문 80쪽에 부록 세 개가 전부인 이 짧은 책이 말이다. 스라파의 이 두 가지 성취 모두가 경제학 이론의 발전사에 심대한 의미를 갖는 사건이다. 이 장의 나머지 부분에서는 우선 그의 신고전파 이론 비판을 고찰할 것이다. 그리고 불변의 가치척도를 스라파가 어떻게 구성했는지는 18장에서 고찰할 것이다.

신고전파 이론에 대한 스라파의 비판

신고전파 경제학자들은 시장 교환의 보편적 명제 그리고 생산함수에 체현된 기술적 생산 조건을 기초로 삼아 분배 이론을 구축하려고 시도했다. 이들은 이 때문에 자신들의 이론이 보편적인 것이라서 경제제도와 경제사 또는 사회제도와 정치제도에 대해 아무 지식 없이도 소득이 어떻게 분배되는지를 설명할 수 있다고 생각했다. 이들은 미시경제의 수준에서 최종 소비재에 대한 가치 평가(이는 효용에 기초하여 이루어진다)가 어떻게 생산요소에 대한 수요표(이는 생산함수가 결정하는데 그 요소의 한계생산성에 기초하고 있다)를 창출하는지를 보여주려고 시도해왔다. 이러한 생산요소에 대한 수요가 그 요소의 공급(이는 보통 불변이며 고정되어 있다고 여겨진다)과 결합하여 그 요소의 가격을 결정하며, 따라서 그 요소 소유자의 소득분배까지 결정한다.

이에 대해 당연히 나올 수밖에 없는 비판이 지난 몇십 년간 이루어져왔지만, 계속해서 묵살되어왔다. 그 비판은 상품에 대한 수요나 생산요소의 공급 자체가 소득의 분배에 의해 상당히 영향을 받는다는 것이었다. 이로 인해 이 이론은 미시 수준에서는 결코 빠져나올 수 없는 순환 논리에 빠지게 된다는 것이었다. 그럼에도 불구하고 신고전파 이론가들은 거시경제 수준에서 이윤과 임금이라는 계급 간 소득분배를 정당화할 이데올로기를 제공하기 위해서 이렇게 한계생산성 분배 이론의 소득 범주를 마구 합산하는 일을 서슴지 않았다.

신고전파 분배 이론은 존 베이츠 클라크 이래로 크게 세련되어왔지만, 그것을 이끄는 길잡이는 클라크 시절과 마찬가지이다. 우리의 세상은 존재할 수 있는 모든 세계 중 가장 공정한 세계로서, "모든 사회 계급은 자연법에 따라 그 계급이 산업의 전체 생산물에 기여한 만큼을 수취한다"[18]는 믿음이 바로 그 길잡이이다.

이 이론에 최초로 공박을 가한 이가 바로 조앤 로빈슨 교수이다.[19] 물론 이러한 비판을 다시 살려내는 데 있어서 그녀가 기여한 공로를 충분히 인정해야 하겠지만, 그녀는 자신의 가장 중요한 이론적 논점 일부를 스라파에게 빚지고 있다는 것을 인정했다.[20] 로빈슨이 내놓은 가장 중요한 논점은 "자본을 상대가격 및 소득분배와 무관한 수치 또는 지수로서 측정하여, 자본이 국민총생산의 수준을 설명할 수 있는 생산함수에 노동과 함께 투입되도록 할 수 있는 그러한 단위를 찾는 일"[21]이 불가능하다는 것이었다.

앞에서 보았듯이, 생산함수에서 자본의 한계생산성을 계산할 수 있으려면 자본을 단일의 동질적인 수량으로 환원해야만 한다. 하코트G. C. Harcourt는 자본 이론에 대한 현대의 경제학 문헌을 가장 철저하고 통찰력있게 개괄하여 저서로 냈다. 이 장의 첫 절에서 우리가 진술한 바와 마찬가지로, 하코트 또한 신고전파 경제학자들은 그러한 동질적 실체가 존재한다고 그저 가정하고 거기에 이름을 부여한 것에 불과하다는 것을 밝혀냈다. 그들은 이 동질적 실체가 마음만 먹으면 아무 비용도 없이 모든 구체적인 형태의 자본으로 즉각 전환될 수 있다고 가정한다. 이러한 가정은 터무니없다는 것이 분명하므로, 자본을 수량화함에 있어서 자본이란 이질적인 것들로 구성되어 있으며 또 생산함수는 부드럽게 연속적인 미분 가능 함수가 아니라는 인식에서 출발하는 여러 방법들에 대한 논쟁이 야기되었다.[22]

이 문제를 검토하기 위한 첫 번째 단계는 신고전파 경제학자들이 말하는 '생산함수'를 치워버리고, 생산 투입물과 거기서 나오는 산출물 사이에 가능한 모든 조합의 '요리법들'의 목록을 그 자리에 채우는 것이다. 그다음으로 자본가들은 그중 어떠한 생산 기술을 선택할 것인가를 결정함에 있어서 이윤 극대화를 추진력 삼는다는 생각을 받아들이도록 하자. 이 가정은 신고전파 경제학자들이나 마르크스주의 경제학자들이나 (그리고 그 밖의 거의 모든 이들도) 받아들이는 가정이다.

이윤 극대화에 따라 생산 기술 중 특정한 기술(이윤을 극대화하는 생산 기술)이 선택될 것이며, 생산을 조직하는 요리법 중에서 특별히 이 기술을 선택하게 만드는 고려 사항은 이자율과 임금률이다. 그렇다면 이자율과 임금률이 변동하게 되면 이 생산 기술, 즉 생산의 요리법에 어떤 변화가 일어나는가의 질문이 즉시 제기된다.

스라파는 자신의 저서의 3부[23] —'생산 방법 사이의 전환Switch in the Methods of Production'이라는 제목이 달린—에서 먼저 이 문제에 대한 대답을 효과적으로 증명했다. 그러자 스라파의 증명 이후 '기술 전환switching techniques'의 문제에 대해 논쟁을 벌이는 수많은 논문들이 산사태처럼 쏟아져나왔다.[24] 이 논문들의 주장은 극히 한정된 이들 말고는 도저히 이해할 수 없도록 난해한데, 이 논쟁에서 확립된 일반적 원리는 상당히 단순하면서도 또 경제학설사에 있어서 기념비적 중요성을 가지는 것이다. 이 원리는 지난 1세기 동안 지배적 위치를 점해왔던 정통 신고전파 경제학에 구현되어 있는 효용 개념에 바탕한 공리주의 경제학의 지적 전통 체계 전체를 논리적, 이론적으로 완전히 초토화했다.

생산 기술 사이의 전환(좀 더 정확하게는 재전환reswitching) 문제에 대한 우리의 증명은 두 부분으로 나누어진다. 첫째, 우리는 자본을 뵘바베르크의 정의에 따라 '생산 기간' 개념으로 다룰 것이다. 이 경우에는 기술 재전환 문제에 대한 우리의 증명을 순전히 말로 표현할 수 있다. 그다음 우리는 상품 형태를 띤 기존의 생산 투입물을 자본으로 간주할 것이며, 이 경우 기술 재전환이 어떻게 이루어지는가를 증명할 것이다. 이 증명에는 몇 개의 단순한 수식과 그래프가 필요하게 될 것이다.

생산 기간을 자본 측정의 척도로 보는 뵘바베르크의 이론이 논리적으로 모순임을 증명하기 위해 우리는 먼저 뵘바베르크가 정의한 자본 개념을 써서 한계생산성 분배 이론의 결론과 일치하는 결과를 얻을 수 있는 상황 하나를 기술할 것이다. 그다음에는 뵘바베르크의 자본 정의가 한계생산성 이론 내에서 논리적 모순을 낳는 또 하나의 상황을 기술할 것이다.

어떤 상품을 생산하는 데 두 가지의 기술이 있다고 하자. 기술 A에는 많은 양의 노동이 들어가지만 노동시간은 생산과정의 후기 단계에 집중된다. 기술 B에는 적은 양의 노동이 들어가지만 노동시간은 생산과정의 초기 단계에 집중된다. 만약 임금이 아주 낮고 이자율이 아주 높다면, 이윤이 훨씬 높은 쪽은 기술 A여서 이 기술이 선택될 것이다. 그런데 임금이 상승하기 시작하고 이자율이 떨어지기 시작하면 결국에는 기술 B가 이윤이 더 높아지는 시점이 나타나게 될 것임은 자명하다. 이자율과 임금의 추세가 계속 이 상태를 유지한다면 기술 B는 임금이 아무리 높이 올라가더라도 (또는 이자율이 아무리 낮게 내려가더라도) 이윤에 있어서 우월한 위치를 계속 유지할 것이다. 이것은 흔히 있는 경우이며, 신고전파 이론의 결론과 완벽하게 일치한다.

하지만 이제 기술 A에 있어서 노동의 압도적 양이 생산과정의 극히 초기에 투입된다고 가정해보라. 기술 B는 생산 기간이 **더 길며** 노동량은 생산 기간 시작 지점에는 적은 양이 투입되고 끝 부분쯤 가서 다량으로 투입된다고 하자. 기술 B에 들어간 노동 투입량은 전체로 보면 기술 A에 들어간 양보다 더 많지만, 그 앞부분의 노동량과 뒷부분의 노동량을 떼어내 비교해 보면 어느 쪽이든 기술 A에 들어간 노동량보다 적다고 하자.

이자율이 아주 높다면 (그리고 임금률이 아주 낮다면) 복리 계산의 효과로 인하여 기술 B에서 초기 투입되는 노동에서 생기는 비용이 아주 커지게 되며 (기술 B의 생산 기간이 기술 A보다 더 길다는 점을 기억하라), 그 결과 기술 A에 들어가는 임금과 이자 비용을 합한 것보다도 더 높아지게 된다. 따라서 기술 A가 비용이 더 낮은 기술이 되므로 이것이 사용될 것이다.

그런데 이자율이 조금씩 떨어지게 되면 (그리고 임금이 조금씩 오르게 되면) 기술 B에 들어가는 전체 비용이 기술 A의 전체 비용보다 적어지는 지점에 이를 것이다. 왜냐면 기술 B에 들어가는 노동의 대부분은 생산 기간 끝부분에 투입되며, 초기에 투입된 노동의 비용은 그 양 자체가 작아서 비록 복리로 계산한다고 해도 그다지 중요하지 않게 되기 때문이다. 따라서 이윤 극대화를 노리는 자본가라면 기술 B로 전환하게 된다.

하지만 이자율이 계속해서 떨어지고 임금률은 계속 올라간다면, 이자율의 복리 계산 효과는 더욱더 중요성이 떨어지게 된다. 반대로 임금의 상승은 갈수록 더 중요한 문제가 된다. 그 결과 총량으로 보면 노동 투입량이 더 많은 쪽인 기술 B가 종국에는 비용이 더 많이 드는 생산과정이 될 수밖에 없다. 자본가는 이에 기술 A로 재전환하게 될 것이다. 그런데 신고전파의 자본 이론 및 분배 이론에서 보자면, 이렇게 두 가지 기술 사이에서 한번 전환했다가 다시 전환하는 일은 전혀 불가능하다. 따라서 이렇게 기술 재전환이 일어날 수 있다는 것을 증명하게 되면 결국 신고전파 자본 이론 및 분배 이론이 오류라는 것을 증명하게 되는 것이다. 즉, 신고전파 분배 이론의 결론 중 어느 것도 유지될 수 없다.

신고전파 이론에 따르자면, 이자율이 떨어지게 되면 이윤 극대화 기업은 항상 더 많은 자본을 사용하게 될 것이다. 마찬가지로 임금률이 오르면 신고전파 경제학(케인스 경제학도 마찬가지다)은 이윤 극대화 기업이 항상 노동 고용을 줄이게 될 것이라고 말한다. 리카도 이래의 거의 모든 경제학자들은 생산량 수준이 주어져 있을 때 임금률이 오르면 이는 항상 이자율의 하락을 수반한다고 명확히 인식해왔다. 신고전파의 한계생산성 이론에 따르면 (그리고 신고전파의 후생경제학과 시장의 자동 조정 이론도 마찬가지다) 임금률 상승에 이자율 하락이 수반될 경우 이는 이윤 극대화 기업으로 하여금 **언제나 반드시** 생산과정에 사용되는 노동에 대한 자본의 비율을 증가시키도록 만들게 되어 있다. 즉, 기업은 **반드시** 노동을 자본으로 대체하고서 더 자본 집약적인 생산 기술로 전환하게끔 되어 있다.

그런데 우리가 방금 기술한 예에서 보자면, 뵘바베르크가 내놓는 자본의 정의를 신고전파 이론에서 사용하는 것이 논리적으로 불가능하다는 것이 명백하게 드러난다. 앞에서도 말했지만, 뵘바베르크의 자본 측정 척도는 생산과정에 들어가는 시간과 그 기간의 다양한 시점에서 사용되는 노동량 **두 가지 모두**를 측정하는 지수이다. 신고전파 이론이 (이러한 자본 측정 척도를 사용하여) 여하튼 타당성을 가지려면, 우리가 제시한 예에서 생산 기술 A와 B 중 어느 쪽이 더 자본 집약적인지를 분명히 가려낼 수 있음을 보이는 것이 절대적으로 필요하다.

기술 B는 생산 기간도 더 길고 노동 투입도 더 많다. 그렇다면 이로 인해 기술 B는 자본 집약적이 되는가, 아니면 노동 집약적이 되는가? 이 질문에 대해 명확하고도 논리적이면서도 추호의 모호함도 없는 방식으로 대답할 수 있어야만 한다. 그렇게 하지 못한다면, 신고전파 경제 이론의 정교한 구조 전체가 와르르 무너져내리게 된다.

하지만 그 대답은 전혀 분명하지 않다. 신고전파 이론은 오늘날까지도 기술 A와 B 중 어느 쪽이 더 자본 집약적인가를 판단할 어떤 기준도 제시하지 못했다. **오로지** 이자율이 떨어지고 임금률이 오르면 이윤 극대화 기업은 항상 자본 집약도가 낮은 기술에서 높은 기술로 전환할 것이라는 말만 되풀이할 뿐이다. 하지만 우리가 앞에서 본 예에서는 이자율이 아주 높을 때 (그리고 이에 상응하여 임금률이 아주 낮을 때) 기술 A가 더 비용이 낮았고 따라서 이윤을 극대화하는 기술이었다. 그러다가 이자율이 낮아지면 (그리고 임금률이 올라가면) 기술 B 쪽이 비용이 덜 드는 기술이 되었다. 따라서 이윤 극대화 기업은 기술 A에서 기술 B로 전환했다. 신고전파는 여기서 이렇게 **말해야만 한다.** 이자율이 떨어져서 (그리고 임금률이 상승해서) 이윤 극대화 기업이 기술 A에서 기술 B로 전환했다면, 기술 B 쪽이 기술 A보다 더 자본 집약적이라고 말이다. 그렇지 않다면 신고전파 이론은 전혀 타당하지 않으며 이론적 일관성 또한 전무하게 될 것이다.

하지만 우리는 이 예에서 이자율이 계속해서 아주 낮은 수준으로 떨어지면 (그리고 임금이 계속해서 오르면), 마침내 어느 지점에서는 기술 A가 다시 이윤을 극대화하는 기술이 된다는 것도 보았다. 그래서 이 기업은 기술 B에서 기술 A로 전환하게 (또는 재전환하게) 된다. 이제 이자율이 떨어지면서 이윤 극대화 기업이 기술 B에서 기술 A로 전환했으므로, 신고전파 이론에 따르면 기술 A가 기술 B보다 더 자본 집약적인 기술이라고 정의하지 않을 수 없게 된다.

이 전체 과정에서 기술 A와 기술 B 자체는 변함없이 똑같은 기술이다. 그럼에도 불구하고 우리는 신고전파 이론이 기술 B가 기술 A보다 더 자본 집약적이라고 정의하면서 또 동시에 기술 A가 기술 B보다 더 자본 집약적이라고 정의하는 것을 보았다. 이에 신고전파 이론은 절대로 빠져나갈 수 없는 논리적 모순 위에 세워져 있다는 것이 입증된다.

요점은 이러하다. 똑같은 종류의 물리적 자본재를 똑같이 조합하여 똑같은 시간적 구조로 똑같은 조건에서 사용했는데도, 거기서 창출된 자본의 가치는 현행 이자율과 임금률이 얼마인가에 따라 천양지차로 달라진다는 것이다. 게다가 생산의 물질적 조건이 동일하다고 해도 상이한 상품 사이의 생산비용의 비율 또한 변할 수 있다는 것이다. 스라파는 자신이 다음과 같은 작업에 성공했다고 결론을 내리는데, 이는 올바르다.

> 상이한 노동량을 내포한 여러 "기간들"을 합산하여 이것으로 자본의 양을 표시하는 것으로 간주할 수 있는 단일한 수량을 만들어내는 것은 불가능하다. 생산 방법에 아무런 변화가 없음에도 불구하고 상품 사이의 상대 가격 변동 방향이 거꾸로 뒤집히는 현상은, 자본을 분배 및 상품 가격과 무관하게 측정할 수 있는 수량으로 보는 그 어떤 생각과도 화해가 불가능하다.[25]

이렇게 뵘바베르크의 자본 측정이 논리적 모순을 품고 있다는 것을 증명했으니, 과연 논리적으로 일관된 자본 측정이 가능한지를 확인하기 위해서는 이제 클라크의 자본 개념 또한 살펴보아야 하겠다. 즉 생산 기간이 길게 연결되어 있지 않고 그저 당면한 생산 기간 동안 노동이 이전에 생산된 상품으로 구성된 자본으로 일하는 자본 개념이다. 이 작업에는 몇 개의 등식과 간단한 그래프를 사용해야 한다.

설명을 극히 간단하게 하기 위해서, 우리는 자본재 하나와 소비재 하나를 생산하는 경제를 가정한다(자본재와 소비재의 숫자가 아무리 많은 경우라 해도 여기에 나오는 증명을 수학적으로 확장하면 모두 적용된다). 우리는 여기서도 두 개의 생산 기술이 있으며 각각의 경우마다 자본재와 소비재를 생산하는 고유의 요리법이 있다고 가정한다.

균형 상태에서 두 재화 모두 가격은 임금 비용에다 생산에 사용된 자본에 대한 이자를 더하고 여기에 다시 생산과정에서 사용되거나 파괴된 자본과 동일한 양을 더한 것이 될 것이다. 따라서 우리는 이 두 재화에 대한 두 개의 가격 (또는 비용) 등식을 쓸 수 있다.[26] 이 등식은 어떤 생산 기술을 사용하든 변함없이 적용된다.

$$1 = l_a w + c_a p_c(r + d), \tag{16.1}$$

그리고

$$p_c = l_c w + c_c p_c(r + d), \tag{16.2}$$

여기서 소비재의 가격은 1(즉 계산 척도인 뉘메레르)이며, l_a와 c_a는 소비재를 생산하는 데 들어간 노동과 자본의 양이다. p_c는 자본재의 가격이며, l_c와 c_c는 자본재의 생산에 사용된 노동과 자본의 양이다. w는 임금률이며 r은 이자율이다. d는 생산과정에서 실제로 사용되거나 파괴된 자본의 비율이다.

이 두 개의 등식으로부터 이자율과 임금률 사이의 수리적 관계를 도출할 수 있다.

$$w = \frac{1 - c_c(r + d)}{l_a + (l_c c_a - l_a c_c)(r + d)} \tag{16.3}$$

임금률(w)과 이자율(r) 사이의 이러한 수학적 관계는 그래프로 나타낼 수 있다. 이자율과 임금률의 관계를 나타내는 선은 세 가지 모습 중 하나를 띠며, 이는 〈그림 16-1〉의 세 부분에 그려져 있다. 이자율과 임금률의 관

그림 16-1. **이자율과 임금률 사이에 있을 수 있는 세 가지 관계**

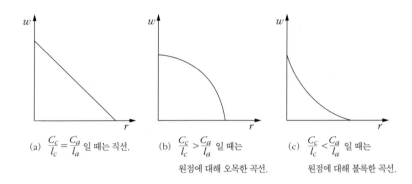

(a) $\dfrac{C_c}{l_c} = \dfrac{C_a}{l_a}$ 일 때는 직선.　　(b) $\dfrac{C_c}{l_c} > \dfrac{C_a}{l_a}$ 일 때는
원점에 대해 오목한 곡선.　　(c) $\dfrac{C_c}{l_c} < \dfrac{C_a}{l_a}$ 일 때는
원점에 대해 볼록한 곡선.

계를 나타내는 선이 어떤 모습을 띠는가는 전적으로 두 산업의 생산과정에 투입되는 물질적 자본과 노동의 비율(마르크스의 용어로 하자면 두 산업에서의 자본의 유기적 구성)에 달려 있다. 자본재 산업에서 물질적 자본과 노동의 비율은 c_c / l_c이며, 소비재 산업에서는 c_a / l_a이다. 이 두 비율이 동일하다면 그 선은 직선일 것이며 이는 〈그림 16-1〉의 (a) 부분에 나타나 있다.[•] 그 비율이 동일하지 않다면 그 선은 원점에 대해 오목하거나 볼록할 것이며, 이는 (b) 부분과 (c) 부분에 그려져 있다.

〈그림 16-2〉는 〈그림 16-1〉의 (a) 부분을 전제로 했을 때 두 기술 중 비용이 적어서 이윤 극대화 기업이 선택하게 될 기술을 알아내는 방법을 보여준다. 그래프의 원점에서 더 멀리 있는 선이 항상 비용이 더 낮은 생산 기

• $\dfrac{C_c}{l_c} = \dfrac{C_a}{l_a}$ 이면 $l_c C_a = l_a C_c$이므로 식 (16.3)의 분모의 뒷부분은 0이 되어 이 식은 w와 r 의 일차함수, 즉 직선이 된다. 그렇지 않을 경우 원점에 대해 오목하거나 볼록한 분수함수가 된다.

그림 16-2. 비용이 덜 드는 생산 기술을 선택하기

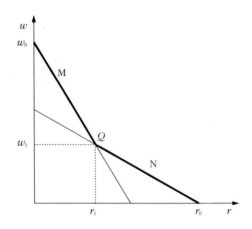

술을 나타낸다(왜냐면 임금률이 주어질 때 원점에서 더 먼 곡선 쪽이 더 높은 이자율을 낳기 때문이다). 이 그림에서 선 M과 N은 두 개의 다른 생산과정을 나타낸다.

이자율이 r_1보다 높을 때는 (그리고 이에 따라서 임금률이 w_1보다 낮을 때는) 기술 N이 비용이 덜 들어서 이윤 극대화 기업이 선택하는 기술이 된다. 이자율이 r_1과 r_0 사이에 있을 때의 선 N의 부분은 굵은 선으로 그려져 있으며, 이자율이 N 영역에 있으면 기술 N이 비용이 더 낮고 이윤이 높은 기술로서 선택될 것임을 보여준다. 이자율이 r_0까지 올라갈 수는 없다. 이 경우 임금률이 0이 되기 때문이다. 선 M에서 이자율이 0과 r_1 사이의 부분은 굵은 선으로 그려져 있으며 이 영역에서는 기술 M이 비용이 더 낮고 이윤이 더 높은 기술로 선택될 것임을 나타낸다.

〈그림 16-2〉에서 이자율이 r_1보다 높은 영역에서 시작해보자. 여기서는

기술 N이 선택될 것이다. 이자율이 r_1 아래로 내려가게 되면 이윤 극대화 기업은 기술 M으로 전환할 것이다. 이자율이 r_1이 되는 점 Q를 전환점이라고 부르자. 이 전환점은 기업이 더 큰 이윤을 얻기 위해 생산 기술을 전환하는 지점이다.

결국 〈그림 16-2〉에서는 신고전파 이론이 완벽하게 일관된 결과를 내놓는다. 기술 M은 기술 N보다 더 자본 집약적이라는 것이 명백하며 추호의 모호함도 없다(왜냐면 이자율이 내려감에 따라 이 기업이 후자에서 전자로 기술을 전환했으므로). 두 기술 모두에서 두 산업 부문에서 동일한 자본과 노동의 비율을 가지고 있다고 가정했다. 따라서 두 기술 모두 이자율과 임금률 사이의 관계를 보여주는 선이 〈그림 16-1〉의 (a) 부분에 나타난 것과 같은 직선이 된다.

하지만 이제 〈그림 16-3〉을 살펴보자. 이 그림에서는 기술 M이 〈그림 16-1〉의 (b) 부분에 나타난 조건을 포함하는 것으로, 즉 $(c_c/l_c) > (c_a/l_a)$라고 가정되고 있으며, 기술 N은 같은 그림의 (c) 부분에 나타난 조건을 포함하는 것으로, 즉 $(c_c/l_c) < (c_a/l_a)$라고 가정되고 있다. 이자율이 다양하게 변할 때마다 비용이 더 낮은 기술이 되는 것을 우리는 여기서도 굵은 선으로 표시하고 있다. 여기서는 전환점은 Q와 P 두 개이다. 즉 이 경우에는 재전환이 일어난다. 그리고 이 경우 신고전파 이론은 다시 한 번 논리적 일관성이 없는 것으로 입증된다.

이자율이 r_1보다 높은 영역에서는 기술 N이 선택된다. 이자율이 떨어져서 r_1과 r_2 사이에 있으면 기술 M이 선택된다. 따라서 신고전파 분석의 논리에 따르자면 우리는 기술 M을 기술 N보다 더 자본 집약적인 기술이라고 정의해야만 한다(이자율이 떨어지는 동안 이윤 극대화 기업이 후자에서 전자로 기술을 전환했으므로). 하지만 이자율이 계속 떨어져서 마침내 r_2보다 아래로 내려가면 이윤 극대화 기업은 기술 M에서 다시 기술 N으로 전환하게(또는 재

그림 16-3. **생산 기술의 재전환**

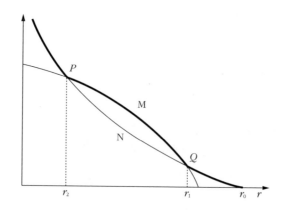

전환하게) 된다. 따라서 신고전파 분석의 논리에 따르자면 우리는 기술 N이
기술 M보다 더 자본 집약적인 기술이라고 정의해야만 한다. 이렇게 되면
우리는 해결할 수 없는 모순에 빠져든다. 우리는 한쪽 기술이 다른 쪽 기술
보다 더 자본 집약적이라고 정의하는 동시에 그 다른 쪽 기술이 또 더 자본
집약적이라고 정의해야만 하는 꼴이 된다.

　그렇다면 이렇게 신고전파 경제학자들을 해결할 수 없는 논리적 모순으
로 몰고 가는 기술 재전환이라는 것이 과연 통상적으로는 일어나는 일인가
아니면 아주 특별한 경우에만 일어나는 일인가의 문제가 나온다. 만약 후
자라면 이는 동떨어진 예외이므로 군이 경제 이론이 취급할 필요가 없다고
할 수 있다. 하지만 기술 재전환이 일반적 경우라고 한다면, 자본의 측정 가
능성이라는 개념과 자본의 한계생산성이라는 개념에 기초한 모든 신고전
파 이론(그리고 신고전파 이데올로기의 세 가지 주요 교리는 모두 다 이 두 가지 개념

에 기초하고 있음을 기억하라)은 논리적으로 모순이며 따라서 논리적으로 성립할 수 없는 것이 된다.

기술 재전환이 불가능한 경우는 〈그림 16-2〉 하나뿐이다. 이는 두 기술 모두 자본재 생산 부문과 소비재 생산 부문에서 자본-노동 비율이 동일할 때만 나타난다. 그 이외의 모든 경우에서는 기술 재전환이 얼마든지 가능하며, 이에 신고전파 경제 이론은 논리적 모순에 휘말려든다.

여기에는 최고의 역사적 아이러니가 있다. 신고전파 경제학자들은 거의 항상 노동가치론을 가격이 노동가치에 비례한다는 명제와 동일시해왔다. 우리가 이 책의 5장과 9장에서 보았듯이, 자본의 유기적 구성(즉 물질적 자본과 노동의 비율)이 산업마다 다르다면 노동가치론의 기본 원리가 그대로 관철될 수 없으므로, 현실의 상품 가격은 그 노동가치와 엄밀한 비례 관계에서 이탈하게 된다는 것을 설명하는 수정 원리가 나와야 한다. 그리고 노동가치론의 옹호자들은 그러한 수정 원리를 상당히 일관되게 발전시켜왔다.

스라파의 영감으로 이루어진 신고전파 비판에는 다음과 같은 아이러니가 들어 있다. 신고전파 경제학자들은 노동가치론에 대해 제출된 수정 원리가 논리적, 이론적으로 성립 가능하다는 사실을 한사코 거부해왔다. 이들은 노동가치론은 모든 산업에서 자본의 유기적 구성이 동일할 것을 요구하는 결함이 있다고 생각하여 그 이론을 비웃고 거부했다. 이런 비현실적인 가정이 도대체 어떻게 실제의 경제 현실에 대한 기술이 될 수 있겠느냐며 한심한 것으로 치부했던 것이다. 그런 일이 현실에서 결코 벌어질 수 없다는 것은 분명한 사실이다. 그런데 스라파의 비판을 통하여 형세는 완전히 반전되었다. 노동가치론은 자본의 유기적 구성이 모두 동일할 것을 요구하지 않으며, 이를 요구하는 것은 오히려 신고전파 이론 쪽이 되어버린 것이다. 신고전파 경제학자들이 기술 재전환의 딜레마를 피할 수 있는 유일한 경우는 모든 산업에서 자본의 유기적 구성이 동일할 때뿐이다. 그런

그림 16-4. **기술 재전환의 일반성**

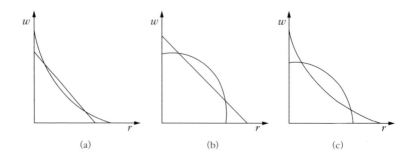

(a)   (b)   (c)

데 그런 경우라면 노동가치론의 기본 원리(마르크스가 《자본론》 1권에서 사용했던 노동가치론의 원리)도 아무런 수정 원리를 필요로 하지 않으며 언제나 그대로 적용될 수 있을 것이다. 그럼에도 불구하고 노동가치론자들은 그런 일은 결코 있을 수 없다는 것을 항상 인정해왔으며, 그렇기 때문에 이에 노동가치론의 수정 원리를 발전시켰던 것이다.

신고전파 경제학자들과 마르크스주의자들 모두가 자본의 유기적 구성이 모든 산업에서 일치하는 일은 절대로 일어나지 않을 것이라는 점을 인정해왔다. 따라서 우리는 기술 재전환이 일어나는 것이 현실에서 더 일반적인 경우라고 결론을 내려야만 한다. 그리고 이에 따라 자본의 한계생산성이라는 개념에 근거한 모든 신고전파 이론은 무효가 된다.

〈그림 16-4〉에는 우리는 왜 기술 재전환의 가능성이 일반적인 경우인지를 보여준다. 두 개의 생산 기술이 있다고 하자. 두 기술 모두 〈그림 16-1〉에 그려져 있는 세 가지 유형의 선 중 하나에 해당하게 되어 있다. 그중 전환점이 두 개가 생길 수 없는 경우(즉 기술 재전환의 가능성이 없는 경우)는 〈그

림 16-2〉에 그려져 있는 것처럼 두 기술 모두가 이자율 및 임금률의 관계가 직선으로 표시되는 경우뿐이다. 두 기술 사이에 일어날 수 있는 다른 모든 가능한 경우는 〈그림 16-4〉에 그려져 있다. 여기에 그려진 세 부분 모두에서 전환점은 두 개이다. 즉 기술 재전환이 일어날 가능성이 있으며, 신고전파 이론은 논리적 모순에 빠진다.

신고전파 경제학자들은 자신들의 이론을 구출하려 안간힘을 쓰면서 자신들 중 가장 수학에 뛰어난 이론가들을 논쟁에 내보냈다. 하지만 이들이 내놓은 모든 시도는 오직 스라파의 논점만 더 강화시켜줄 뿐이었다. 즉 노동과 합산된 자본의 비율 그리고 이자율과 임금률의 비율 사이의 관계에 대해서 연역적 결론을 내리는 것은 **불가능**하다는 것만 반복해서 확인되었다. 그런데 이것이야말로 신고전파 가치 이론 및 분배 이론의 핵심이 아닌가.

폴 새뮤얼슨은 자신의 논문 〈자본 이론에서의 우화와 현실주의: 대리 생산함수〉에서 신고전파 이론(그리고 이데올로기)을 구출하기 위한 멋진 시도를 보여주었다. 그는 스라파의 비판을 인정했지만, 단순하면서도 비현실적이라고 할 수 있는 '우화' — 논리적으로 일관성을 가진—를 구축하는 것이 가능하며, 이 우화의 유비를 통해 J. B. 클라크의 '진리'를 잘 보여줄 수 있다고 생각했다. 이 진리는 그 자체만으로는 경험적 비판도 논리적 비판도 견뎌낼 수 없었다. 이 점에 있어서 하코트의 말을 인용할 가치가 있다.

> 고전파 전통에서는 기독교 전통과 마찬가지로 심오한 진리를 우화를 빌려 설명할 수 있다고 생각한다. 이 신고전파의 우화는 신자들이나 비신자들 모두에게 이윤 소득자와 임금 소득자 사이의 소득분배를 결정하는 힘에 대해서, 장기간에 걸친 자본축적과 경제성장의 패턴에 대해서, 또 이러한 발전과 연동된 생산 기술의 선택 등에 대해서 깨달음을 주기 위한 의도에서 고안되었다. … 기술의 이중 전환에 관한 최근의 논쟁 과정에서 진짜

예언자와 거짓 예언자가 드러나기 전에는 … 이러한 진리가 분명하게 확립된 것으로 여겨졌다.[27]

새뮤얼슨의 우화는 현재의 소득분배를 편리하고도 정교하게 정당화하는 이데올로기를 구축하려는 최후의 절박한 시도였기에 망정이지 그게 아니었다면 모든 사람에게 너무 극단적이라고 조롱받았을 일련의 가정과 단순화에 기초한 것이었다. 기술 재전환에 대한 앞의 논의를 볼 때 충분히 예상할 수 있는 일이지만, 새뮤얼슨 또한 자신이 만든 우화가 논리적으로 일관성을 갖는 것은 오로지 자본-노동 비율과 이 투입물의 시간적 패턴이 "모든 생산과정에 걸쳐 모두 똑같으며", 따라서 "모든 상품의 가격이 노동시간에 비례"[28]한다고 가정할 때만 가능하다는 것을 발견했다.

새뮤얼슨은 이러한 이론적 위기가 얼마나 심각한 것인지를 이해하고 있었다. 이는 그가 《계간 경제학 저널 *Quarterly Journal of Economics*》의 1966년 심포지엄에서 기술 재전환 논쟁을 요약하며 쓴 글에 잘 드러나 있다.

병리학을 연구하면 건강한 생명체의 생리학에 대해 많은 것을 알게 된다. 파시네티 Pasinetti, 모리시마 Morishima, 브루노-버마이스터-쉐신스키 Bruno-Burmeister-Sheshinski, 가레냐니 Gargnani는 기술 재전환이 분해 가능성과 무관하게 모든 기술에서 논리적으로 가능하다는 것을 증명했다는 점에서 우리의 감사를 받아 마땅하다. 기술 재전환은 그 경험적 가능성이 얼마나 되느냐와 무관하게 분명히 우리에게 몇 가지 절대적 중요성을 가진 가능성을 일깨워준다.

이자율이 낮아질 경우 정상 상태 steady-state의 소비도 낮아지고 또 자본/생산 비율 또한 낮아질 수 있으며, 그렇게 낮은 이자율로 넘어가는 과정에서 수확체감이 부인될 수 있고 또 현재의 소비가 희생되기는커녕 오히려 늘어나는 역 자본 심화reverse capital deepening가 나타날 수 있다.

다른 과정들을 놓고서 아무런 애매모호함 없이 좀 더 '자본 집약적'이라든가 좀 더 '기계화'되었다든가 좀 더 '우회적'이라고 명확하게 특징지을 수 있는 방법이 전혀 없음이 밝혀지는 경우가 존재한다. 이런 말들은 그저 나중에 돌이켜보니 어떤 기술이 이자율이 낮고 임금률이 높은 상황에서 채택되는 기술이라는 것을 달리 표현하는 사후적인ex post 동어반복의 의미밖에는 가질 수 없다. 하지만 기술 재전환의 경우에는 이러한 동어반복적 이름 붙이기를 통해 매긴 서열도 일관성을 잃게 된다. 기술 자체에는 아무런 변화가 없는데도 시장 이자율이 변화하게 되면 그에 따라 기술 사이의 서열이 마구 뒤바뀌게 되기 때문이다.

어떤 이들은 이런 골치 아픈 사실 때문에 두통을 앓으면서, 저 옛날의 신고전파 저작에 나오는 우화들에 향수를 느낄지도 모른다. 하지만 학자들이란 본래부터 편한 인생을 살려고 태어난 존재가 아니라는 점을 명심해야 한다. 우리는 인생의 사실을 있는 그대로 존중하고 음미해야만 한다.[29]

하지만 신고전파 이론의 열정적 추종자 입장에서 보면 이것이 그저 이론적으로 일관성이 없다는 이유에서 내팽개치기에는 이데올로기적 가치가 너무나 크다. 그래서 하코트는 신고전파 분배 이론과 가치 이론의 논리적 불충분함을 설득력 있게 증명한 다음에 이렇게 결론을 내린다. "여기서 지금 위협에 처한 것은 신고전파 분석에서 나온 어떤 개별적 결과가 아니라 **방법론 일반** 자체이다. … 도박꾼으로서의 나는 어느 편에다가 돈을 걸어야 할지를 알고 있다. 그러나 신인God-man으로서의 나는 이승에서 미덕이 승리할 것이라고 결코 기대해본 적이 없다."[30]

이 장 앞부분에서 논의한 C. E. 퍼거슨의 저서 서문을 보면, 신고전파 이론에 몸 바친 열정적 추종자에게서는 좀처럼 찾아볼 수 없는 솔직한 이야기가 나온다. "신고전파 경제 이론에 의지할지 말지는 신앙의 문제이다. 나 개인은 이 이론을 믿는다. 하지만 현재로서 내가 다른 이들도 이 이론에 믿음을 갖게 하기 위해 할 수 있는 최선의 것은 새뮤얼슨의 권위에 호소하는 것뿐이다".[31]

조앤 로빈슨은 퍼거슨의 저서에 대한 서평을 다음과 같이 끝맺고 있다.

> 분명하다. 퍼거슨 교수가 다시 정리한 '자본' 이론은, 새로운 세대의 연구자들로 하여금 스스로 정의하지도 못할 용어를 사용하여 겉모습만 우아해 보이는 주장을 세우도록 훈련시키고, 또 계량경제학자들로 하여금 아예 성립조차 할 수 없는 엉터리 질문에 대한 답을 찾도록 확신을 주는 데 사용될 것이다. 비판을 해봐야 무슨 소용이 있으랴. 퍼거슨 교수 스스로의 말에 따르면, 이는 신앙의 문제일 뿐이라는데.[32]

부록

현대 경제학에서 성장 이론의 발전에 관한 이야기는 보통 해러드-도마 모델에서 시작하지만(이는 15장의 부록을 보라), 곧 1956년에 발표된 로버트 솔로Robert Solow의 저작으로 넘어간다.[33] 이 이야기에서 솔로는 해러드-도마 모델에서 나오는 이른바 '칼날'이라는 것을 추방하는 반反 영웅의 역할을 한다. 이 이야기에 따르면, 솔로는 생산 기술이 탄력적이라는 가정을 용인함으로써 이러한 위업을 달성할 수 있었다고 한다. 해러드와 도마는 모두 자신들의 기본 방정식에서 자본 상관계수가 외생적으로 주어져 있다고 가정했음을 기억할 것이다. 그런데 솔로는 노동과 자본 사이에 한쪽을 얼마만큼 다른 쪽으로 대체할 것인지를 선택할 수 있다는 표준적인 신고전파 생산함수를 사용한다. 생산 기술 중 하나를 선택할 수 있다는 가능성을 도입하고 이와 연관되어 나타나는 요소 가격의 변화를 도입하게 되면 해러드의 칼날은 사라지게 되며, 경제성장이란 생산의 성장률이 노동력 성장률에 적응해가면서 완전고용을 낳는 것을 특징으로 삼는다는 주장이 가능해진다.

좋은 이야기에는 보통 무엇인가 일리가 있게 마련이다. 해러드와 도마 모두가 자신들의 기본 방정식에서 고정된 자본 상관계수를 사용했던 것은 분명 사실이다. 그런데 공정하게 말하자면, 해러드는 자본(투자) 상관계수(α)에 변화가 나타날 수 있음을 분명히 논의하고 있다. 그러한 변화가 나타날 수는 있지만 그렇다고 해서 시스템의 불안정성을 제거하는 데는 도움이 되지 않을 것이라고 결론을 내렸을 뿐이다. 해러드는 자신의 변수가 보여주는 어느 한 시점에서의 변화율에 초점을 맞추기를 원했지만, 소득에 변화가 나타날 때 거기서 귀결될 수 있는 결과에 대해서도 기꺼이 고찰하고자 했다. 도마의 틀에 대해서도 비슷하게 이야기할 수 있다. 즉 자본 상관계수에 변화가 얼마든지 나타날 수 있지만, 이는 성장의 경로를 균형 성장 경로에서 더 멀어지게 하는 힘을 발생시켜 오히려 사태를 더 악화시킬 것이라는 게 도마의 이야기였다.

그렇다면 솔로가 탄력적인 생산 기술을 해러드-도마 모델에 도입한 것이 왜 해러드의 칼날을 제거하는 것일까? 한마디로 말하자면, 솔로가 해러드의 칼날(즉 불안정성 원리) 자체를 다시 정의했기 때문이다. 솔로는 이 문제를 다음과 같은 방식으로 해석했다.

해러드의 용어로 말하자면, 성장의 균형이라는 결정적인 문제는 결국 자연 성장률과 적정 성장률을 비교하는 문제로 귀결된다. 전자는 기술 변화가 없는 경우에는 결국 노동력 증가에 의해 결정되며, 후자는 가계와 기업

의 저축 및 투자 습관에 의해 결정된다.[34]

이는 물론 해러드가 썼던 용어다. 하지만 이는 결코 해러드가 결정적인 문제로 삼았던 것은 아니다. 만약 이것이 정말로 해러드의 '결정적 문제'였다면, 자신의 글에서 이 이야기를 꺼내려고 그렇게까지 질질 끌었을 이유가 없다. 그의 논문은 불과 20쪽에 불과한데 그의 자연 성장률 개념은 불안정성 문제의 논의가 다 끝나고 나서 17쪽이 되어야 비로소 처음으로 등장하기 때문이다. 해러드가 주로 문제로 삼았던 것은 실제 성장률과 적정 성장률의 괴리였다. 그런데 솔로는 해러드의 칼날을 자연 성장률과 적정 성장률의 괴리의 문제로 재해석해버린 것이다. 곧 보게 되겠지만, 이는 곧 솔로가 실제 성장률과 적정 성장률을 항상 동일한 것으로 가정하고 있음을 뜻한다. 그런데 성장 이론의 발전이라는 맥락에서 보자면 솔로가 이렇게 한 것은 완벽하게 정당했다. 해러드가 관심을 두었던 것은 경제학에 동태적 분석 방법의 기초를 닦는 것이었음을 기억할 것이다. 따라서 그는 애초부터 경제에서 나타나는 경기순환에 대해 자신이 가졌던 생각을 성장의 추세라는 문제에 투영하여 보여주고자 했다. 반면 솔로는 유효 수요라는 (단기적인) 문제는 존재하지 않는 것으로 가정하여 간단하게 처리했고, 이를 위해 실제 성장률과 적정 성장률을 하나로 뭉뚱그렸다. 사실 솔로의 가정은 수많은 경제학자들이 오늘날까지 하고 있는 바이기도 하며, 또 저 옛날 리카도가 세의 법칙을 장기적으로 유효한 경향이라고 받아들인 것으로까지 거슬러 올라간다. 사실상 솔로의 성장 모델은 대단히 고전파적인 특징 몇 가지를 보여준다.

솔로의 모델은 그래프를 사용하면 이해하기 쉽다. 솔로의 본래 논문은 가정이 여러 가지로 달라지는 경우와 다양한 제한 조건에 대해서 논하고 있지만 여기서는 솔로 모델의 본질적인 점에만 설명을 집중할 것이다. 솔로는 애초부터 저축과 투자의 관계가 항상 동일하다고 받아들이며 또 저축이

그림 16A-1. **솔로의 성장 모델**

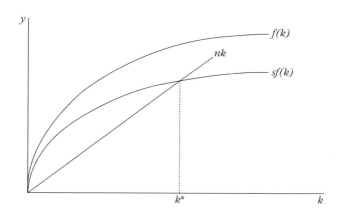

투자를 결정하는 것으로 가정함으로써 해러드 및 도마와의 차이를 보여준다. 이렇게 되면 세의 법칙이 적용되게 된다. 일정한 생산함수와 저축성향을 도입하면, 투자와 저축의 기본적 관계는 $I = sF(K, L)$이라고 쓸 수 있다. 그리고 이때의 생산함수는 솔로를 따라 노동자를 단위로 삼아 다시 쓰는 것이 더 편리하다. 그리하여 노동자 1인당 생산(y)은 노동자 1인당 자본(k)의 함수가 된다. 이 함수를 그림으로 그린 것이 〈그림 16A-1〉이다. 솔로는 단일 상품 모델─이 모델에서는 하나의 상품이 소비될 수도 있고 추가적 자본으로 사용될 수도 있다─을 가정하고 있다.[•] 여기서의 저축-투자

[•] 예를 들어 리카도가 한 것처럼 옥수수 농장을 생각해보라. 여기서 옥수수는 최종 생산물로 소비되는 물건이기도 하지만, 노동자에게 지급되는 임금재가 될 수도 있고 또 땅에 뿌리는 씨앗, 즉 자본이 될 수도 있다.

관계 또한 노동자 수를 단위로 하여 그릴 수가 있으며, s를 저축성향이라고 할 때 노동자 1인당 자본의 추가량은 $sf(k)$가 될 것이다. 수평축의 한 점에서 수직 방향으로 이 생산함수에 이르는 거리는 곧 노동자 1인당 생산량을, $sf(k)$까지 이르는 거리는 노동자 1인당 자본의 추가량(투자)을, 그리고 두 함수 사이의 수직 방향 거리는 노동자 1인당 소비량을 각각 나타낸다.

노동력의 증가율이 n으로 주어져 있다고 가정해보자(이것이 해러드의 자연 성장률이 된다). 수평축의 어떤 점에서든, 그 점에서의 자본-노동 비율이 그대로 유지되려면 자본 스톡은 노동력 증가율과 똑같은 비율로 늘어나야 한다. 이렇게 특정 수준의 노동자 1인당 자본이 그 수준을 유지하는 데 요구되는 추가적인 투자량은 직선으로 그려져 있다. 이 그림에도 나타나 있지만, 실제로 행해지는 노동자 1인당 자본의 추가량과 노동력 증가 때문에 필요해지는 1인당 자본의 추가량이 일치하는 점은 하나뿐이다. 이 점은 저축함수인 $sf(k)$가 nk 직선과 만나는 곳이다. 이 점에서는 적정 성장률이 자연 성장률과 일치한다.

솔로가 말하는 '결정적 문제'는, 경제가 과연 자연 성장률과 적정 성장률이 수렴한다는 의미에서 균형으로 회귀하는 경향을 가지고 있는가의 문제이다. 여기서 생산과정에서 자본과 노동을 서로 대체할 수 있는가가 중요한 문제가 된다. 우리는 우선 순수하게 기계적인 적응 과정을 논의하고, 그다음에 경제적인 논리를 살펴볼 것이다. 첫째, 경제가 작동하고 있는 자본-노동 비율(또는 앞에서 쓴 용어로 말하자면 노동자 1인당 자본량)이 k^*보다 오른쪽에 있다고 가정해보라. 그래프에 기초해볼 때 우리는 1인당 자본 스톡이 실제로 늘어난 양이, 노동자 인구가 늘어나는 상황에서 자본-노동 비율이 동일한 수준을 유지하기 위해서 필요한 투자량보다 작다는 것을 알 수 있다. 노동력의 증가율이 자본 스톡 증가율보다 크며 그 결과 자본-노동 비율도 더 낮아지게 된다. 이는 k^*에 도달할 때까지 계속된다. k^*보다 왼쪽에 있는 어떤 자본-노동 비율에 대해서도 마찬가지 실험을 해볼 수 있다. 노동자 1인당 자본의 추가량 $sf(k)$는 자본 스톡에 대해 노동력 증가가 요구하는 추가량인 nk를 초과할 것이며, 이에 자본-노동 비율의 증가를 야기할 것이다. 따라서 시작 시점에서 경제가 어떤 상태에 있든 간에 적정 성장률과 자연 성장률이 일치하는 k^* 점으로 이동하려는 경향이 존재할 것이다.

이렇게 성장 경로가 안정성을 향하여 운동한다는 것을 뒷받침하는 경제학적 논리는 한계생산성 분배 이론에서 직접적으로 도출된다. k^* 점의 오른쪽에서 출발했을 때는 실제의 노동자 1인당 자본의 추가량이 추가된 노동력에게 자본 장비를 갖추어주는 데 필요한 자본 추가량에 미치지 못했다. 새로 추가된 노동자에게 전과 같은 양의 자본 장비를 갖추어주는 데 필요한 만큼 추가적 자본의 투자가 이루어지지 못했으므로, 노동의 한계생산성은 떨어질 것이며 이는 반드시 임금률의 하락으로 이어지게 될 것이다. 반대로 보자면, 추가된 자본에 대해 더 많은 노동이 생겨났으므로 자본 생산성은 올라갈 것이며 따라서 이자율도 올라갈 것이다. 이러한 과정은 시장의 반응을 통해서 기술할 수도 있다. k^* 점의 오른쪽에서는 현재의 자본-노동 비율로 볼 때 노동이 풍족하며 자본은 희소하다. 따라서 우리는 노동의 가격(임금률)은 하락하고 자본의 가격(이자율)은 상승하는 현상이 나타날 것을 예상할 것이다. 이러한 요소 가격의 운동은 기업이 좀 더 노동 집약적인(즉 자본-노동 비율이 낮아지는) 생산 기술을 선택하는 현상을 불러올 것이다. k^* 점의 왼쪽에 있는 점에 대해서도 마찬가지로 설명할 수 있다.

솔로 모델은 해러드-도마 모델의 중요한 측면 하나를 취한다. 적정 성장률이 어떻게 자연 성장률과 수렴하게 되는지를 보여준 것이 그것이다. 하지만 솔로는 실제 성장률과 적정 성장률 사이에 괴리가 발생할 가능성은 없다고 가정함으로써 성장 이론을 다시 세의 법칙에 압축된 고전파 경제학자들의 비전으로 되돌려놓았다. 소비되지 않는 생산물이 저축이며 이는 곧

바로 자본 스톡의 증가로 이어진다는 것이다. 그런데 솔로의 모델과 고전파 이론은 인과관계를 둘러싸고 다시 둘 사이의 차이점을 보여준다. 고전파의 관점에서 자연 임금률은 생물학적 생계 수준 또는 사회적으로 용납될 수 있게끔 결정된 수준에 달려 있었다. 현재의 생산 기술을 주어진 것으로 볼 때, 일단 임금률이 결정되고 나면 임금률이 이윤율을 결정했다. 고전파 경제학자들은 또 저축을 하는 것은 자본가뿐이라고 가정하는 경향이 있었으므로, 이윤율과 저축성향이 자본 스톡의 성장률과 총생산의 성장률을 결정한다고 보았다. 또 이윤에서 조금이라도 저축이 생길 경우 저축은 모조리 추가적 자본 투자로 사용될 것이라고 보았다. 여기에 맬서스의 인구론을 매개로 하여 노동력의 증가는 자본 스톡의 증가율에 조정되어가는 경향이 있는 것으로 여겨졌다.[*] 반면 솔로는 노동력의 증가율을 주어진 것으로 간주하고 오히려 자본 스톡의 증가율이 거기에 어떻게 조정되어가는지를 보여주었다. 그리고 자본과 노동의 시장 상대가격에서 일어나는 변화를 매개로 삼아[**] 자본-노동 비율을 변화시키는 것을 그 조정의 방법으로 삼았다. 솔로와 고전파의 마지막 차이점은 저축성향에서 나타나는 변화의 귀결에 대한 것이다. 고전파 경제학자들에게 있어서 저축성향의 증대란 곧 자본 스톡 증가율이 계속적으로 높아지는 결과를 낳았다. 하지만 솔로의 모델에서는 그 효과가 일시적일 뿐이다. 〈그림 16A-1〉에서 보듯 저축성향이 높아지면 $sf(k)$ 함수가 위로 올라가게 되고, 이는 다시 자본-노동 비율의 상승으로 이어지도록 되어 있다. 이러한 조정 과정에서 자본 스톡의 증가

- 맬서스의 인구론은 인구, 즉 노동자의 숫자를 생산성, 특히 식량 생산의 생산성에 의해 결정되는 것으로 보았음을 기억하라.
- 임금률→이윤율이라는 일방적 결정을 상정한 고전파와 달리 임금률과 이자율의 비율을 가변적인 관계로 본 것이다.

율과 생산의 성장률이 모두 높아질 것이다. 하지만 일단 자본-노동 비율이 새로운 균형 수준에 도달하면 모든 성장률은 자연 성장률로 회귀하게 될 것이다. 우리는 다시 한 번 솔로 모델에서 자연 성장률이 얼마나 중요한 역할을 하고 있는지를 볼 수 있다.

솔로의 모델은 신고전파 경제학의 세 가지 교리 중 두 가지를 명시적으로 포함하고 있다. 첫째, 장기적인 수요 측면의 문제가 생겨날 가능성을 가정을 통하여 모조리 배제함으로써 시장은 자동적으로 자기 조정하는 본성을 갖고 있다는 신앙을 노골적으로 드러낸다. 둘째, 자본과 노동의 상대적 수확을 결정하는 데 있어서 한계생산성 분배 이론을 가정한다. 또 이 모델에서는 그 두 가지 교리가 긴밀히 결합되어 있음이 명확해진다. 시장은 자동적으로 완전고용으로 조정되게 되어 있다. 자본과 노동의 가격이 그 상대적 희소성과 한계생산성에 조응하여 조정되기 때문이다. 예를 들어 만약 가계가 소비를 줄이고 저축을 늘리기로 결정하는 경우라 해도 소비의 부족과 결부된 실업 문제는 전혀 생기지 않는다. 저축률이 올라가면서 이것이 곧바로 투자 수요의 증가로 바뀌어 자본축적률을 올릴 것이기 때문이다. 자본은 노동력보다 더 빠른 비율로 증가하기 시작한다. 기업이 더 자본 집약적인 생산 기술을 채택하면서 이자율은 임금률에 비해 떨어진다. 종국에 가면 자본-노동 비율은 더 높아지며 또 자본의 한계생산성이 낮아진 것을 반영하여 이자율은 더 낮아지는 한편, 노동의 한계생산성이 높아진 것을 반영하여(노동자 개인이 이제 더 많은 자본 장비를 갖추게 되었으므로) 임금률은 높아진 상태에서 안정이 이루어진다. 물론 성장률은 본래의 자연 성장률로 돌아온다. 어떤 문제가 있다고 해도 이는 일시적일 뿐이며, 일단 생산 요소의 가격이 조정되고 이를 반영하여 기업이 생산 기술을 조정하면 그 문제도 바로 사라질 것이다.

이 장과 이전의 몇몇 장에서 논의했듯이, 신고전파 경제학의 세 가지 교리 중 두 가지가 솔로의 모델에 명시적으로 나타나 있다. 나머지 하나의 교리는 경쟁적 시장이 자유 교환을 통해 모든 이익을 조화시키며 합리적 가격을 산출하여 이것이 마침내 효율적인 자원 배분으로 이어진다는 신앙이다. 이 교리가 솔로의 모델에서 명시적으로 나타날 수 없는 이유는 그가 단일 상품 모델을 가정하기 때문이다. 하지만 솔로의 논문과 그 논문이 낳은 수많은 다른 논문들을 읽다보면 이 이론가들의 마음속에는 여전히 이 교리가 도사리고 있다는 의심을 갖게 된다. 단일 상품 모델은 수리 모델 구축을 위해서 유용할 때가 있으며 최소한 거시경제학에서는 그러하다. 이러한 유형의 단순화가 얼마나 오래된 전통인지를 이해하려면 리카도가 곡물 모델을 사용하여 복잡한 분석을 헤쳐나갈 수 있었던 것만 생각해보면 된다. 5장에서 보았듯이 리카도는 자신의 모델을 단일 상품의 경우를 넘어서도록 확장함으로써 노동가치론의 얽히고설킨 복잡한 문제를 풀어나갈 수 있었다. 하지만 솔로의 모델은 단일 상품의 경우를 넘어서 확장될 수 없다. 이 장에서 우리가 살펴본 자본 논쟁이 그것을 증명한다.

이 장에서 논의했던 신고전파 자본 이론에 대한 긴 논쟁을 살펴보고 나면, 솔로의 단일 상품 모델이 설명을 단순화하기 위한 것 이상의 것이라는 점이 분명해진다. 본격적으로 논의하기 이전에 먼저 솔로 스스로가 이론 전개에 있어서 가정이 차지하는 역할에 대해서 말하는 것을 들어보도록 하자.

모든 이론은 전혀 진실이 아닌 가정에 의존한다. 그래서 이론은 이론일 뿐이다. 성공적인 이론화 작업의 묘는 단순화를 위하여 불가피한 가정을 하더라도 그 최종 결과가 그 가정에 크게 민감하지 않게 만드는 데 있다. '결정적' 가정이란 결론이 민감하게 의존하는 가정을 말하며, 따라서 결정적 가정은 현실적이라고 납득할 만한 가정이 되도록 하는 것이 중요하다. 특히 어떤 이론의 결과가 어떤 특별한 결정적 가정 때문에 도출되는 것으

로 보이는 경우, 그 가정이 의심스럽다면 그 결과 또한 의심을 받는다.[35]

이는 솔로의 1956년 논문의 첫 문단에서 인용한 것이다. 솔로가 이러한 문장으로 논문을 시작한 의도는, 해러드-도마 모델에 나오는 고정된 생산 상관계수라는 가정이 "그 결론이 민감하게 의존하는 것이 분명한" "결정적" 가정임에도 불구하고, "현실적이라고 납득할" 만하지 못하다는 것을 보여주는 기초를 마련하는 것이었다. 하지만 솔로 자신의 기준에서 볼 때 우리는 단일 상품 경제라는 솔로의 가정 또한 현실적이라고 납득할 만한 것이 전혀 아니라는 점을 아주 쉽게 확인할 수 있다. 더 중요하게는, 솔로 모델의 결론이 실제로 이 가정에 민감하게 의존하고 있다. 첫째, 단일 상품 모델을 일단 벗어나게 되면 생산함수에 들어가는 자본을 합산하는 것이 가능한가라는 문제가 바로 나오게 된다. 우리는 이미 상품이 하나 이상 등장하는 모델에서 자본을 합산하기 위해서는 다양한 자본재들의 명목 가치를 단위로 삼아 더하는 것 말고는 방법이 없다는 점을 살펴보았다. 둘째, 우리가 〈그림 16A-1〉의 수평축을 따라 왼쪽에서 오른쪽으로 움직여가는 과정에서 자본-노동 비율이 높아지게 되면 임금률에 대한 이자율의 비율이 한치의 모호함도 없이 하락해야 한다. 그런데 자본의 유기적 구성이 모두 동일한 특수한 경우를 예외로 하면, 이러한 두 비율 사이의 엄격한 역의 상관관계란 무너지게 된다는 것을 우리는 기술 재전환을 통해 본 바 있고, 이는 솔로가 내세우는 조정의 과정을 완전히 물거품으로 만든다. 단일 상품이라는 가정에 변화를 주게 되면 그 순간 솔로 모델의 결론은 즉시 사라지게 된다. 이를 벗어나려면, 오로지 모든 산업에서 자본의 유기적 구성이 동일하다는 비현실적 가정을 다시 추가하는 수밖에 없다.

새뮤얼슨이 자본 논쟁에 대해서 자신의 유명한 '요약' 논문을 출간한 지 거의 반세기가 지났다. 하지만 거시경제학, 국제경제학, 또는 발전경제학

수업을 듣는 학생들은 오늘날에도 거의 어김없이 생산함수, 그것도 합산된 자본 스톡을 일컫는 K 단 한 글자의 변수만이 투입되는 총생산함수의 개념을 배우며, 또 자본이라고 불리는 사물의 한계생산성과 수량이 어떻게 이자율을 결정하는지를 배운다. 또 거시경제학 수업에 들어간 학생들은 솔로의 모델을 배울 것이며 그 모델이 어떻게 해러드의 칼날을 추방했는가의 이야기까지 듣게 될 것이다. 최근에 출간된 거시경제학 학술 논문을 들쳐보면, 장기 분석에서건 단기 분석에서건 비슷한 도구들(생산함수, 총자본, 한계생산성에 의해 그만큼의 양으로 결정되는 요소 가격 등)이 등장한다. 사실상 거시경제학에서 단일 상품 모델의 활용은 시간이 지나면서 줄어들기는커녕 더 늘어났던 듯하다. 아마도 단일 상품이라는 가정은 그저 단순화를 위한 가정에 불과하다는 믿음을 통해 신고전파 경제학의 세 번째 교리까지 고스란히 유지되고 있다고 볼 수 있다.

자본 논쟁에서 그렇게 철저한 비판을 받았던 도구들이 왜 이렇게 계속 사용되고 있는 것일까. 이에 대한 설득력 있는 설명 하나는 이 도구들이 현실에서 작동하는 것처럼 보인다는 것이다. 즉 어떤 모델의 가정에 대한 판단 기준으로서 솔로가 내놓았던 합리적인 기준은 사라지고 그 자리에 좀 더 실용적인 기준이 들어선 것이다. **현실에서 작동하는 것이라면 얼마든지 사용하라.** 일찍이 1957년 솔로는 생산함수 위에서의 운동과 기술 변화로 인한 생산함수 자체의 이동을 어떻게 경험적으로 구별할지에 대해 획기적인 논문을 발표했다.[36] 그 논문에 나오는 절차를 통해 솔로와 다른 연구자들은 생산함수를 추정할 수 있게 되었다. 솔로는 미국 경제의 20세기 전반기 동안의 생산함수를 추정했는데, 이는 생산함수와 연관된 단순한 우화들의 교훈과 일치하는 듯 보였다. 그때 이후 생산함수는 경험적 연구에 계속해서 활용되었고, 데이터 및 한계생산성 곡선에 따른 소득분배와 잘 맞아 떨어진다는 의미에서 큰 성공을 거두기도 했다. 이렇게 단순한 우화들이 실제의 데이터와 맞아 떨어지는 것으로 보였으므로, 자본의 측정 가능성이라든가 기술 재전환이라든가 하는 문제는 그저 알쏭달쏭한 이론적 문제 정도로 치부하는 일이 가능해졌고, 따라서 전혀 개의치 않고서 진짜 연구 작업을 해나가자는 태도가 나올 수 있었던 것이다.

하지만 이렇게 생산함수를 사용하여 이루어진 경험적 연구가 과연 정당한가를 놓고서 이미 오래전에 펠프스 브라운E. H. Phelps Brown이 경종을 울렸고, 그 뒤를 레비Ferdinand Levy와 노벨상 수상자 허버트 사이먼 Herbert Simon 등이 이었다.[37] 이들과 비슷한 방식으로 총생산함수와 한계생산성 분배 이론이 왜 경험적 연구에서 성공적으로 성립할 수 있었는지를 가장 정교하게 설명한 이는 솔로의 1957년 저작을 노골적으로 비판한 안와르 샤이크Anwar Shaikh이다.[38] 샤이크는 가장 자주 사용되는 총생산함수(즉 콥-더글러스 생산함수)가 사실은 소득 항등식을 단순히 수학적으로 조작해놓은 것에 불과함을 증명했다. 따라서 샤이크 논문의 제목을 빌려서 말하자면, 경험적 연구를 통해 확인되었다고 여겨져온 생산 법칙은 사실은 몇 개의 대수학의 법칙에 불과했다. 총생산함수를 사용하여 이루어진 경험적 연구가 성공을 거두는 듯 보였던 것은 오직 거기에서 추산된 변수들이 애초부터 항등식 관계를 맺는 것들이기 때문일 뿐이라는 것이었다.

샤이크와 오늘날의 다른 이들의 설명의 배후에 있는 추론에 대해서는 간단하게 살펴볼 것이다. 두 가지 기본적인 문제를 논의함으로써 그 추론을 소개해보도록 하자. 첫째, 경험적 연구로는 총생산함수의 논리를 현실에서 똑같이 전개할 수 없다. 생산함수란 **물질적** 투입물을 결합하여 최대한의 **물질적** 생산물을 생산할 수 있는 방법을 표시해야 한다. 하지만 실제 사업에 바쁜 자본가들이 자신들의 자본 스톡과 생산물을 합산하기 위해서 그냥 가격이라는 단위를 사용하는 것처럼, 이론을 현실에 적용하는 연구를 행하는 경제학자들 또한 실용적 사고방식을 가지고 있다면 합산을 위해서는 가격을 사용하는 것밖에 달리 방법이 없다. 물론 경제학자들은 가격 변동에 따른 필요한 조정을 데이터에 해놓을 것이다. 하지만 설령 이런 조정을 거친다고 해도 자본 스톡과 생산물에 대한 데이터는 여전히 화폐 단위로 되어 있다. 예를 들어 솔로가 내놓은 데이터에서는 노동자 1인당 1시간 생산량이 1909년에서 1949년까지 모두 1939년의 달러 가치로 나타나 있는 것을 볼 수 있다(그의 표에서 생산량과 자본을 나타내는 열의 머리 부분에는 달러 단위의 표시가 있다). 이는 얼핏 보기에는 대수롭지 않고 쉽게 처리할 수 있는 문제 같지만, 그 의미가 얼마나 놀라운 것인가를 곧 보게 될 것이다.

둘째, 첫 번째 문제에서 직접 도출되는 또 하나의 문제가 있다. 데이터가 화폐 단위로 표시될 수밖에 없으므로, 그 데이터에 기초하여 나오는 모든 경험적 결론의 표면 아래에는 소득 항등식이 버티고 있다. 소득 항등식은 생산물의 가치가 소득을 임금 및 이윤 사이에 분배한 총액과 일치함을 언명한다. 이를 수식으로 쓰면 다음과 같다. Y를 소득의 가치, w를 평균 임금률, L을 노동자 숫자, r을 자본에 돌아가는 수익, K를 자본의 가치라고 했을 때, $Y = wL + rK$가 성립한다. 샤이크는 어떻게 이 소득 항등식을 조작하여 생산함수와 수리적으로 똑같은 표현을 얻어낼 수 있는지를 보여주었다. 저 유명한 콥-더글러스 생산함수의 경우, 샤이크는 이러한 항등식을 생산함수로 변환하기 위해서는 임금과 이윤이 총소득에서 차지하는 몫이 불변이라는 핵심 가정이 필요하다는 것을 먼저 보여주었다. 따라서 만약 현실의 데이터에서도 임금과 이윤이 각각 소득에서 차지하는 몫이 비교적 일정하다면(실제로 그러할 때가 종종 있다), 그러한 특징을 갖는 데이터를 사용하여 얻은 경험적 결과는 생산함수와 항상 강력한 일치를 보일 것이다(만약 소득 몫이 완전히 일정하다면 완벽하게 일치한다). 게다가 이를 통해서 한계생산성 분배 이론까지도 확인되는 것처럼 보일 것이다. 하지만 이런 결과는 무슨 심오한 생산 이론 덕분에 얻어진 것이 아니라 당연히 성립하게 되어 있는 소득 항등식에서 직접 도출된 것에 불과하다. 샤이크는 자신의 논점을 설득력 있게 보이게 하기 위해서 〈그림 16A-1〉과 비슷한 그래프를 그려놓고 거기에다 실제로 존재할 가능성이 극히 희박한 HUMBUG라는 데이터를 사용했는데, 그런데도 그 연구 결과가 역시 적절한 한계생산성 성질을 갖춘 콥-더글러스 생산함수가 마치 저변에 존재하는 것처럼 나온다는 점을 보여주었다. 펠프스 브라운, 레비, 사이먼, 샤이크 등이 제시한 기본적인 혜안을 더욱 발전시킨 것은 매콤비J. S. L. McCombie와 펠리페Jesus Felipe이다. 매콤비와 펠리페는 많은 논문을 통하여, 최근 다양한 생산함수를 사용하여 나온 경험적 연구가 알고 보면 모두 하나같이 현실의 데이터에 대한 특정하고 공통된 가정하에서 기본 소득 항등식을 확인하는 꼴이 되고 만다는 점을 보여주었다.[39]

주

1. Martin Bronfenbrenner, *Income Distribution Theory*(Chicago: Aldine-Atherton, 1971), p. xi.

2. Ibid., p. 122.

3. Ibid., p. 134.

4. Ibid., p. 268.

5. Ibid., p. 271.

6. Ibid., p. 269.

7. Ibid., p. 301.

8. Thorstein Veblen, "Professor Clark's Economics", in *The Place of Science in Modern Civilization, and Other Essays*(New York: Russell and Russell, 1961), p. 197.

9. Bronfenbrenner, *Income Distribution Theory*, p. 299.

10. Ibid., p. 298.

11. C.E. Ferguson, *The Neoclassical Theory of Production and Distribution* (Cambridge, UK: Cambridge University Press, 1969), p. 235.

12. Ibid., p. 251.

13. Paul Samuelson, "Parable and Realism in Capital Theory: The Surrogate Production Function", *Review of Economic Studies* 29, no. 3(1962): 193-206.

14. Ferguson, *Neoclassical Theory*, p. 252.

15. Ibid., p. 250.

16. Piero Sraffa, *Production ofCommodities by Means of Commodities* (Cambridge, UK: Cambridge University Press, 1960).

17. Ibid., p. vi.

18. John Bates Clark, "Distribution as Determined by Rent", *Quarterly Journal of Economics* 5(1891): 313.

19. Joan Robinson, "The Production Function and the Theory of Capital", *Review of Economic Studies* 21, no. 2(1953-54): 81-106

20. Joan Robinson, "Capital Theory up to Date", *Canadian Journal of Economics* 3, no. 2(1970): 309-10.

21. G.C. Harcourt, "Some Cambridge Controversies in the Theory of Capital", *Journal of Economic Literature* 7(1969): 370.

22. Ibid., pp. 369-405.

23. Sraffa, *Production of Commodities*, pp. 81-88.

24. 이 논문들 대다수는 난해한 수학이 사용되고 있어서 접근하기가 어렵다. 관심 있는 독자들은 Harcourt, "Some Cambridge Controversies", pp.386-395에 의존할 것을 권한다. 다음 논의는 하코트의 설명에서 큰 도움을 얻고 있다.

25. Sraffa, *Production of Commodities*, p.38.

26. 이제부터 나올 증명은 스라파가 처음으로 증명한 원리를 포함하지만, 스라파의 분석을 확장하고 있는 대단히 중요한 논의를 담은 다음의 글에 기초하고 있다. P. Garegnani, "Heterogeneous Capital, the Production Fund and the Theory of Distribution," in *A Critique of Economic Theory*", ed. E. K. Hunt and Jesse G. Schwartz(Baltimore: Penguin, 1972).

27. Harcourt, "Some Cambridge Controversies", p.387.

28. Robinson, "Capital Theory up to Date", p.311.

29. Paul A. Samuelson, "A Summing Up", *Quarterly Journal of Economics* 80, no.4(1996): 582-83.

30. Harcourt, "Some Cambridge Controversies", p.398.

31. Ferguson, *Neoclassical Theory*, pp.xvii-xviii.

32. Robinson, "Capital Theory up to Date", p.317.

33. Robert M. Solow, "A Contribution to the Theory of Economic Growth", *The Quarterly Journal of Economics*, vol.70, no.1(1956): 65-94.

34. Ibid., p.65.

35. Ibid., p.65.

36. Robert M. Solow, "Technical Change and the Aggregate Production Function", *The Review of Economics and Statistics*, vol.39, no.3(1957): 312-20.

37. E.H. Phelps Brown, "The Meaning of the Fitted Cobb-Douglas Function", *The Quarterly Journal of Economics*, vol.71, no.4(1957): 546-60. Herbert A. Simon and Ferdinand K. Levy, "A Note on the Cobb-Douglas Function", The Review of Economic Studies, vol.30, no.2(1963): 93-94. Herbert A. Simon, "On Parsimonious Explanations of Production Relations", *The Scandinavian Journal of Economics*, vol.81, no.4(1979): 459-74.

38. Anwar Shaikh, "Laws of Production and Laws of Algebra: The Humbug Production Function", The Review of Economics and Statistics, vol.56, no.1 (1974): 115-20.

39. 이 절에서의 논의는 맥콤비와 펠리페의 뛰어난 저작에 영향을 입고 있다. 그들이 출간한 저작은 대단히 많지만 여기서는 몇 개만 언급하겠다. Jesus Felipe, "Endogenous Growth, Increasing Returns and Externalities: An Alternative Interpretation of the Evidence", *Metroeconomica*, vol.52, no.4(2001): 391-427. Jesus Felipe

and J.S.L. McCombie, "Some Methodological Problems with the Neoclassical Analysis of the East Asian Miracle", *Cambridge Journal of Economics*, 27 (2003): 695–721. Jesus Felipe and J.S.L. McCombie, "How Sound Are the Foundations of the Aggregate Production Function?", *Eastern Economic Journal*, vol. 31, no. 3 (2005): 467–88.

17

오늘날의 경제학 I:
정통파 경제학의 양분

1차 세계대전과 2차 세계대전 사이의 기간 동안 일어난 두 개의 중요한 역사적 사건은 20세기의 나머지 기간 동안 경제사상의 발전 과정에 강한 영향을 끼쳤다. 첫 번째 사건은 1917년의 볼셰비키혁명(그리고 그 뒤에 벌어진 내전) 및 이후 몇십 년간 소비에트연방에서 이루어진 유례없이 신속한 공업화였다. 소비에트연방은 거의 내전에 준하는 1930년대의 혼란의 장애를 넘고 게다가 2차 세계대전 동안 독일이 가했던 충격적인 초토화까지 극복하면서 이러한 성장을 이루었기에 더욱 그 인상이 강력했다. 두 번째 사건은 1930년대의 대공황이었다. 이 장에서 우리는 두 역사적 사건의 전개를 짧게 살펴볼 것이며, 이번 장과 다음 장에서 그 사건이 이후의 경제 이론 발전에 끼친 충격을 살펴볼 것이다.

볼셰비키혁명과 소비에트 공업화

1차 세계대전은 러시아의 경제적, 정치적 구조를 결정적으로 약화시켰고 차르 정부는 1917년 무너지고 말았다. 이를 대체하여 나타난 임시 정부 또한 이 혼란 상황을 대처할 능력이 없다는 것이 드러났다. 1917년 10월 레닌이 이끄는 볼셰비키는 마르크스주의의 이름을 내걸고 거의 유혈 사태 없이 정권을 장악했다. 하지만 차르 정부와 임시 정부를 짓눌렀던 경제문제 는 정말 대처하기 힘든 심각한 규모의 것이었으며, 볼셰비키는 대부분 정치 활동가일 뿐 통치에는 아무런 경험이 없었다. 따라서 이들은 처음 권력을 잡자 이 문제에 직면하여 엄청난 어려움들을 겪어야 했다.

새로운 정부가 들어섰을 때 경제의 기반은 전쟁으로 초토화되어 있었고, 교통과 통신은 속도가 떨어져 거의 정체 상태였고, 사회는 무정부 상태에 준하는 상황이었다. 반혁명 세력은 주요 자본주의 강대국들의 지원을 받고 있었다. 이 강대국들은 백군white army이라 불리던 반혁명 세력의 군대에 물질적, 금전적 지원뿐만 아니라 군대까지 보내 소비에트 정부를 무너뜨리 고자 했다. 당시의 미국인들은 거의 몰랐지만, 윌슨 대통령 또한 수백만 달 러의 혈세와 수천 명의 미국 군인들을 보내 선전포고도 없이 전쟁을 벌였 다. 이 점에서 이는 반세기 뒤 벌어질 베트남전쟁의 선례라고 할 것이다. 적 군red army이라고 불리던 볼셰비키 군대는 3년간의 지난한 싸움으로 아주 큰 희생을 치른 뒤에 결국 전쟁에서 승리할 수 있었다.

마르크스는 공산주의가 이미 공업화된 자본주의 체제의 공업적 기반 위 에서 창출될 것이라고 생각했다. 하지만 러시아 경제는 무너져가는 봉건주 의와 막 생겨나는 자본주의가 뒤섞여 있는 공업화 이전 단계였다. 마르크 스는 이러한 경제가 공산주의 사회를 떠받칠 수 있을 것이라고 절대로 생 각하지 않았을 것이다. 따라서 조속한 공업화야말로 선택의 여지가 없는 필수적 과제라는 데 공산주의자들은 모두 동의했다. 하지만 이렇게 모두가 동의했다고 해서 문제가 풀린 것은 아니었다. 레닌이 죽고 난 뒤 1920년 대 말이 되자 그러한 신속한 공업화의 자금을 조달할 가장 효율적인 방법을 놓고서 심각한 논쟁이 벌어졌다. 공업화를 위해서는 자본재를 생산하는 노동자를 입히고 먹여야 하며, 또 공장과 기계를 만드는 데 필요한 물적 자원도 마련해야 했다. 이를 위해서는 정부가 사회 전체의 생산물에서 그러한 용도를 위해서 큰 몫의 잉여를 따로 떼어두어야 했다. 그리고 만약 이 잉여를 서방 세계에 판매할 수 있다면 그 돈으로 외국의 자본재를 사오는 것도 가능했다. 소비에트 노동력의 압도적 다수는 농업에 종사하고 있었으므로(또 그중 대다수는 자급자족형 농업에 종사하고 있었다), 그러한 잉여의 대부분은 농업에서 가져올 수밖에 없다는 것 또한 자명했다. 하지만 소비에트 경제학자들과 정치 지도자들은 이러한 농업 잉여를 가져다 쓸 수 있는 최상의 방법을 놓고 분열을 겪었다.

그중 보수적 공산주의자 집단은 경제학자 니콜라이 부하린Nikolai Bukharin이 이끌었다. 그는 농업용 기계와 농민에게 판매할 소비재의 생산 증대를 강조하는 방향으로 공업을 계획해야 한다고 생각했다. 농민의 곡물에 대해서는 높은 가격을 지불하고 그들이 구매할 소비재와 농업용 기계에는 낮은 가격을 매긴다면 이들은 생산량을 더 확대하려 할 것이며 또 점점 더 많은 양의 잉여 농산물을 시장에 내놓도록 유도할 수 있다는 것이 그의 주장이었다. 공업 발전이란 결국 농업 생산의 팽창률에 의해 제한된다고 부하린은 생각했다.

두 번째 집단은 적군의 사령관 출신이자 내전 기간 동안 레닌의 수석 보좌관이었던 급진적 공산주의자 레온 트로츠키Leon Trotskii와 당대의 지도적 마르크스주의 경제학자였던 유게니 프레오브라젠스키Eugenii Preobrazhensky가 이끌었다. 이들은 농업 생산물의 가격을 농민들에게 낮게 지불하는 대신 공산품에 대해서는 높은 가격을 지불하며, 게다가 농업의 이윤에 대해서는 무거운 조세를 매기는 등의 방법으로 농업에서 최대한의 잉여를 뽑아내는 방법을 선호했다. 또 개인들이 조각조각 나누어 가지고 있는 땅뙈기를 대규모 집단 농장으로 합쳐서 농업을 더 효율적으로 조직해야 한다고 이들은 생각했다. 중공업의 신속한 팽창에 최대한의 자원과 노동력을 바쳐야 하며 그러기 위해서는 경제의 많은 다른 부문들을 의도적으로 무시하거나 홀대해야 한다는 것이다. 나중에 중공업이 충분히 작동하게 되면 공업화 초기에 무시된 산업들의 발전을 따라잡는 데 필요한 자본을 효율적으로 생산하게 될 것이라는 게 이들의 생각이었다.

이오시프 스탈린Josef Stalin은 이 논쟁에서 생겨난 적대 관계를 권력을 장악하는 수단으로 활용했다. 처음에는 보수주의자들과 동맹을 맺어 트로츠키와 그의 좌파 동조자들을 몰아냈다. 그다음에는 부하린과 그 추종자들을 적으로 몰아 그들의 권력을 박탈하는 데 성공했고 결국 완벽한 통제력을 장악했다. 스탈린은 권력을 거머쥔 뒤에는 트로츠키와 프레오브라젠스키가 옹호한 노선을 따랐으며 그것도 그들이 제안한 것보다 훨씬 빠르고 가혹한 방식으로 진행해나갔다.

1929년 11월, 정부는 농업 생산 증대를 위한 수단으로 집단 농장을 장려하는 정책을 발표했다. 처음에는 집산화collectivization 과정이 자발적인 것이라고 발표했다. 하지만 1930년 초가 되자 갑자기 정부는 집산화를 가능한 한 광범위하게 강제하여 상대적으로 부유한 농민이 보유한 토지를 빼앗아 집단 농장으로 집산화시킴으로써 그들의 계급으로서의 존재를 제거했다. 그 결과는 아주 근본적인 것이었다. 1929~34년 사이에 일어난 일들은 인류 역사의 가장 거대한 드라마 중 하나를 이룬다.

자발적으로 집단 농장에 합류하라는 말에 설득되는 것은 가난한 농민뿐이었다. 하지만 이들이 소유한 가축과 자본은 너무나 적은 양이어서 이것만 가지고서는 집단 농장이 성공할 수 없었다. 중간 소득의 농민과 부유한 농민은 강제적 집산화에 대단히 격렬하게 저항했다. 때때로 이들의 저항이 너무나 광범위하여 2차 내전이라고 부를 수 있을 지경이 되었다. 부유한 농민은 정부를 이기는 것이 불가능하다는 것을 깨닫자 건물 방화, 장비 파괴, 가축 도륙 등을 자행하기 시작했다. 1931년이 되면 러시아 소의 3분의 1, 양과 염소의 절반, 말의 4분의 1이 도륙당했다.

이 집산화를 둘러싼 전투의 드라마는 수많은 책의 주제가 되었다. 여기서는 그저 이로 인해 엄청난 사회적 비용을 치러야 했지만 소비에트 농업에 분명한 혁명이 일어났고 이로 인해 공업화가 가능해졌다고만 말해두겠다. 집산화는 정부의 곡물 수거량을 급격하게 증가시키는 데 성공했다. 1930~31년의 수확에서 거두어들인 정부의 곡물 수거량은 2천2백십만 톤에 달했고, 이를 1928~29년에 정부가 수거한 곡물량을 톤수로 바꾸어 비교해보면 두 배보다 더 늘어난 크기였다.

집산화를 통해 대량의 경제적 잉여가 정부의 손에 들어가자 소비에트의 공업화는 1930년대에 걸쳐 이루어진 몇 차례의 5개년 계획에 기초하여 아주 빠르게 진행되었다. 실제로 그렇게 빠른 속도로 진행된 공업 성장은 역사에서 유례가 없었다. 1930년대 동안 소비에트연방의 공식 통계를 보면 공업 생산의 연평균 성장률이 약 16퍼센트 정도이다. 서방의 경제학자들이 공업 생산 지수를 산출하는 다양한 방법을 써서 진행한 연구를 보면 성장률이 좀 낮게 나오기는 하지만(약 9퍼센트에서 약 14퍼센트 사이), 그중 어떤 추정치를 따른다고 해도 이러한 실적은 역사적으로 전례가 없는 것이었다.

소비에트가 거두었던 주요한 성취는 단순히 공업 성장률만이 아니었다. 그 진정한 의미는, 공업 성장이 시작되고 또 지속될 수 있는 방향으로 사회 전체가 중대한 변혁을 이루었다는 점에 있다. 1928년 이전의 소비에트연방은 대부분 농업 지역이었다. 하지만 1938년이 되면 도시 인구가 세 배로 늘어난다. 사람들의 물결은 끊임없이 시골에서 도시로 이어졌고, 지식과 정보의 물결은 끊임없이 도시에서 시골로 이어졌다. 1928년 이전에는 인구의 80퍼센트가 문맹이었다. 그러나 1938년이 되면 90퍼센트 이상이 일정하게 읽고 쓸 수 있는 능력을 갖추게 되었고, 성인 교육 운동이 대대적으로 벌어졌으며, 청소년들은 모두 학교에 다니게 되었다. 다른 말로 하자면, 1928년에 저개발 국가였던 소비에트연방은 1938년이 되면 주요 선진국의 하나가 된 것이다. 이 대단한 고도 성장의 행진은 2차 세계대전으로 멈추게 되는데, 전쟁 기간 동안 소비에트연방이 입어야 했던 손실 또한 유례를 찾을 수 없을 정도의 크기였다. 2차 세계대전 동안 살해당한 소비에트 국민들의 숫자는 보통 2천만 명 정도로 추산되며 어떤 전문가들은 3천만으로까지 잡기도 한다. 전쟁 초기에 히틀러는 전쟁 발발 이전 소비에트연방의 생산 설비 절반 이상을 포함하는 지역을 신속하게 점령했다. 독일에 점령당한 영토만 해도 소비에트 탄광업의 70퍼센트, 철광석 생산의 60퍼센트, 제철 생산의 50퍼센트, 곡물 생산의 33퍼센트를 차지할 정도로 넓었다.

소비에트 군대는 후퇴하면서 많은 생산 설비를 스스로 파괴하여 독일군이 사용하지 못하도록 만들었다. 독일군이 밀려날 적에는 독일군 또한 초토화 정책을 사용하여 후퇴하는 지역들에서 가치가 있는 것은 모조리 파괴했다. 특히 큰 타격을 입은 것은 공장과 가옥이었다. 소비에트 사람들 2천만 이상을 죽인 것도 모자라서 독일군은 2천5백만 채의 가옥을 파괴했고 약 2천 개의 도시와 7만 개의 촌락을 완전히 불모지로 만들었다.

이렇게 이루 헤아릴 수 없을 만큼의 사람, 가옥, 공장이 파괴되었고, 죽임을 당한 가축의 숫자는 파악조차 할 수 없었다. 여기에 다시 철도, 교통, 통신 시스템의 파괴까지 겹쳤으니, 소비에트연방은 2차 세계대전을 승리로 끝내기는 했지만 그야말로 완전히 상처뿐인 '승전국'이었다. 1930년대에 그토록 엄청난 사회적, 인적 비용을 치르고 얻은 경제적 진보를 소비에트연방을 정복하려던 나치 군대가 거의 다 말소시켜버렸다.

하지만 이러한 손실에도 불구하고 소비에트 사람들은 자신들의 경제조직과 일반적인 기술 숙련을 계속 보유하고 있었고, 1930년대 기간 동안 행해졌던 경제계획의 경험을 발판으로 삼아 실로 기적적인 속도로 경제 회복을 이루었다. 1950년경이 되면 공업 생산량이 전쟁 이전 수준보다 훨씬 더 높아졌으며 농업 또한 전쟁 이전 수준을 회복했다. 마르크스는 공산주의가 오로지 선진 자본주의 사회의 기초 위에서만 건설될 수 있다고 생각했다. 소비에트 경제는 이러한 선진 자본주의 사회들에 비하면 너무나 저개발 상태에서 출발했기에, 이 기간의 놀라운 실적이든 아니면 몰락 직전에 보여준 실적이든 소비에트 경제의 예를 근거로 마르크스적인 사회주의가 건설될 가능성을 짚어보는 시금석으로 삼을 수는 없다. 그럼에도 불구하고 제3세계와 경제적인 저개발 국가들에게 이러한 신속한 공업화는 실로 강력한 인상을 남겼다. 소비에트의 공업화 속도는 유례를 찾아볼 수 없는 것이었다. 이러한 공업화 과정에서 그들이 어떤 장애를 극복해야 했는지를 생각해보라. 2차 세계대전 직후의 기간 동안 강력한 민족주의, 반식민주의, 반제국주의의 격변을 겪고 있었던 가난한 제3세계 국가들이 소비에트의 경험을 자신들에게 바람직한 공업화 모델로 받아들일 것이라는 점은 너무나 분명했다.

대공황

방금 논의한 기간 동안 자본주의 옹호자들은 소비에트의 공업화가 제3세계 자본주의 나라들에게 위험한 선례가 될까봐 노심초사했다. 이러한 걱정을 더욱 증폭시킨 것은 바로 1930년대의 대공황이었으니, 우리가 앞에서 언급한 두 번째 중요한 역사적 사태 전개가 바로 이것이다.

20세기 들어 처음 30년 동안 전 세계의 자본주의 경제는 몇 번의 경기순환을 겪었다. 하지만 그 순환의 하강 국면은 비교적 견딜 만했고 전반적으로 그 30년간은 대부분의 자본주의 나라들에 있어서 번영기에 해당했다.

하지만 이 기간은 1930년대에 끝이 난다. 미국 경제가 이 파괴적인 공황으로 무너지면서 1929년과 1932년 사이에 8만5천 개의 사업체가 파산했다. 이 3년간 영업을 멈춘 은행의 숫자는 5천 개 이상이었으며, 뉴욕 주식시장의 주가 총액은 8백7십억 달러에서 1백9십억 달러로 내려앉았으며, 1천2백만 명의 노동자가 직장을 잃으면서 아무런 생계 수단이 없는 미국 인구의 비율은 4분의 1을 넘어섰고, 농업 소득은 절반 아래로 떨어졌으며, 제조업 생산은 거의 50퍼센트 감소했다.

공황은 처음에는 미국을 강타했지만 곧 빠른 속도로 전체 자본주의 세계로 확산되었다. 실질 소득은 미국에서 1929년의 수치를 100으로 놓아 지수화했을 때 1931년에는 68로 떨어졌다. 서유럽의 자본주의 나라들도 이와 비슷한 하락을 겪었다. 서유럽의 실업은 3백만이 조금 넘는 수준이었다가 1932년이 되면 1천5백만이라는 미증유의 숫자로 치솟는다. 1932년 독일에서는 노동력의 43퍼센트가 직업이 없었다. 세계 무역은 급작스럽게 감소하여 자본주의 세계 전체가 빈곤, 굶주림, 전반적인 경제적 궁핍의 위기를 겪었다.

이 기간의 경제적 고통은 그 어떤 전쟁과 자연 재해의 기간 때보다도 극악한 것이었지만, 천연자원만큼은 그 어느 때보다도 풍족했고, 노동력은 그 어느 때보다도 많았고 또 생산과정에 고용되기를 갈망하고 있었으며, 공장, 가게 및 여타 생산 시설은 그 어느 때보다도 많이 남아돌아 가동되기만을 애타게 기다리고 있었고, 각종 상품에 대한 사람들의 욕망과 필요는 분명코 그 어느 때보다도 더 강렬하고 다양했다. 하지만 이렇게 천연자원, 공장, 도구, 기계가 펑펑 놀고 있는 가운데 실업자는 집을 잃고 자신도 가족들도 배를 곯고 있는 게 현실이었다.

자유 시장의 자본주의 경제가 자동적인 조정 과정을 내장하고 있다는 신앙은 땅에 떨어졌다. 수백만의 사람들은 우파로 전향하여 나치즘이나 파시즘을 옹호하거나, 좌파로 선회하여 사회주의 또는 공산주의를 옹호했다. 자유방임 자본주의를 열성적으로 지지하는 이들은 극소수였다. 경제학자들과 정치가들은 거의 모두 정부의 광범위한 시장 개입을 선호했다. 1936년 케인스의 《고용, 이자, 화폐에 대한 일반 이론》이 출간되어 대단한 성공을 거둔 것은 이를 반영한다.

하지만 자본주의 경제는 2차 세계대전을 통하여 이렇게 위태로운 상태에서 구출되었다. 거의 모든 자본주의 경제에서 무기, 탄약, 전쟁 관련 물자의 생산이 여러 해에 걸쳐 급격하게 늘어났으며, 이에 따라 시장 시스템에 대한 엄청난 양의 정부 개입을 겪었다. 예를 들어 미국에서는 1940년만 해도 군사 관련 지출이 32억 달러로서 국민총생산의 3.2퍼센트에 불과했다. 2차 세계대전이 절정에 달한 1943년에는 국민총생산의 규모도 훨씬 커졌음에도 불구하고 거기서 군비 지출이 차지하는 비중은 거의 40퍼센트에 달했다. 이윤 또한 미증유의 수준으로 치솟았으며, 자본가는 이 엄청난 군비 지출이 얼마나 신속하게 공황을 종식시키고 자신들의 자본에 얼마나 큰 수익을 보장하는지를 알게 되었다.

1950년대 초가 되면 신고전파 경제학 이론은 수세에 몰린다. 우리는 신고전파 경제 이론이 자본주의를 이데올로기적으로 옹호하는 세 개의 기본적 주장을 담고 있음을 살펴보았다. 첫 번째 주장은 자유 시장이 모든 사람들의 이익을 조화시키고 '합리적 가격'을 창출하여 마침내 효율적인 자원 배분을 가져온다는 보이지 않는 손의 주장이었다. 후생경제학 비판의 기초가 되는 이론적 작업(14장을 참조)은 대체로 1930년대와 1940년대에 이루어졌다. 이러한 작업으로 인해 신고전파 이데올로그들은 수세에 몰리게 된다. 두 번째 이데올로기적 교리는 자유 시장이 자동적으로 완전고용 균형으로 조정되게 되어 있다는 신앙이었다. 1930년대의 대공황과 케인스의 작업은 이러한 명제에 근본적인 의문을 던졌다. 세 번째의 이데올로기적 기둥은 소득의 분배가 상이한 생산요소의 한계생산성에 의해 결정되며 각 개인은 오직 자신의 생산요소가 생산에서 한계적으로 창출한 가치만큼만을 소득으로 수취하게 된다는 믿음이었다. 이 명제가 스라파의 《상품에 의한 상품 생산》의 출간으로 공격을 받아 이론적으로 숨통이 끊어지는 것은 1960년 이후의 일이지만, 이미 그전부터 한계생산성 분배 이론은 자본주의 비판자들에게 전혀 설득력을 가지지 못했다. 게다가 제3세계 자본주의 나라들로 가보면 대다수의 사람들은 비참할 정도의 빈곤에 처해 있는 반면 부유한 엘리트들은 이와 극적인 대조를 이루는 엄청난 풍요를 누리고 있다. 이 대조가 너무나 극심한 탓에 그 이론을 이런 나라들에 적용할 수 있다고 생각하는 사람은 거의 찾을 수 없었다. 이 이데올로기는 따라서 이미 지적으로 해체 상태에 있었고, 자본주의는 (선진국들에서도 그랬지만 특히 제3세계에서) 심각한 정당성 위기에 처해 있었다.

신고전파 이론의 선구자인 세, 시니어, 바스티아 등은 이 이데올로기적 학설 하나하나를 사용하여 극단적인 자유방임 정책을 지지하는 논지를 펼쳤다. 이들은 정부가 사유 재산과 자유 계약의 법률을 집행하여 현존하는 권력과 부의 불평등을 수호하는 데만 그 권력을 사용하기를 원했다. 정부가 강제력으로 이러한 불평등을 처음 한 번만 보호해주면 그다음에는 자유 시장 교환 자체만으로도 그러한 불평등이 영구화될 수 있다는 것이었다. 노동자로 하여금 시장에다 자신의 노동력을 판매하지 않으면 굶어 죽을 수밖에 없게 만들고 또 상당한 크기의 실업자 집단을 유지함으로써 시장에 나온 일자리를 놓고 이들이 경쟁을 벌이는 상태를 항시적으로 유지할 것이다 (이는 자본주의에서 거의 항상 벌어지는 일이다). 그렇게만 된다면, 비록 자본가 계급의 숫자는 한줌도 되지 않지만 그들의 극단적인 부와 권력을 자유 시장이 영구화하게 된다는 것이었다. 하지만 이러한 자본주의의 기본적 조건이 충족되는 상황에서의 자유 시장이란 부자들이 빈자들의 살을 저며 자신들의 부를 불리는 금융 도살장일 뿐이었다.

신고전파 경제학자들은 항상 자본주의에 대한 이 세 가지 이데올로기적 옹호를 채택했다. 하지만 지난 20세기에 신고전파 경제학은 두 개의 상당히 다른 (그리고 종종 서로 적대적인 태도를 취하는) 전통으로 분열되었다. 이 분열은 현재의 사회적, 경제적, 정치적 상황의 힘뿐만 아니라 이러한 신고전파 이데올로기에 끝없이 쏟아진 비판의 소나기의 결과였다. 이러한 분열은 최소한 1870년대부터 존재해왔지만, 소비에트의 공업화, 대공황, 냉전, 제3세계에서의 반제국주의 운동 등이 가져온 사회적, 정치적, 경제적 결과로 인하여 훨씬 더 악화되었다.

신고전파 경제학은 계속해서 자본주의를 지지하는 세련된 지적 이데올로기의 기초를 이루고 있었지만, 대부분의 경제학자들과 정치학자들이 이 이론에서 도출되는 자유 시장, 자유방임적인 정책적 결론에 대한 신념을 잃어버린 상태라는 게 문제였다. 이는 1940년대와 1950년대에 경제학 이론에서 급속하게 발전한 두 개의 중요한 조류에서 가장 명확히 드러나고 있었다. 첫 번째는 거의 순식간에 그리고 거의 만장일치로 케인스 경제학이 받아들여진 것이었고, 두 번째는 '발전'경제학이라는 새로운 분야에서 엄청난 양의 문헌이 폭발적이라 할 만큼 쏟아진 것이었다. 케인스 경제학과 이 새로운 발전경제학은 자유방임 자본주의에 대한 신념을 전반적으로 포기한다는 점을 공유하고 있었고, 양자 모두 경제 과정에 정부가 광범위하고도 근본적 차원에서 역할을 확장하는 정책을 옹호했다.

하지만 자유방임을 옹호하는 신고전파의 주장은 이 기간 전체에 걸쳐 여전히 중요한 위치를 차지하고 있었다. 이 주장은 이미 자본주의를 이데올로기적으로 옹호하는 가장 정교한 과학적 논리의 포장을 갖추고 있었다. 그리고 이렇게 자유 시장 자본주의에 대한 신뢰가 땅에 떨어진 기간에조차 신고전파의 자유방임 교리가 끈질기게 버틸 수 있었던 이유가 또 있었다. 미국과 같은 곳에서는 정부의 개입이 보통 다양한 정부 규제기관의 형태 아니면 우주 계획이나 군사 전략 등의 분야에 대한 '군사적 케인스주의' 지출의 형태를 띠고 있었다. 이러한 개입으로부터 다양한 자본주의 기업이 받는 영향은 서로 아주 달랐다. 규제기관은 보통 거대 과점 기업의 힘을 보호하고 확장하는 방식으로 활동해왔으며, 그 과정에서 중소기업을 희생시키는 일이 적지 않았다. 우주 계획과 군수 분야의 하청에서 나오는 이윤의 대부분은 규모와 힘이 가장 큰 대기업에게 갔다. 더욱이 미국이라는 경제 제국이 전 세계에서 거두어들인 이윤 또한 다국적기업 중에서도 규모와 힘이 가장 큰 것들에게 가는 게 보통이었다.

수천에 달하는 중소기업의 입장에서 보자면, 정부가 경제로 팽창해 들어오는 것은 곧 거대 기업과 경쟁할 수 있는 자신들의 능력을 꾸준히 잠식하는 것이었다. 이들은 팽창일로에 있는 정부의 경제활동으로부터 자신들이 거의 혜택을 보지 못한다고 보았다. 이들이 보기에 정부가 더 커진다는 것은 거대 기업들과 비교하여 자신들의 경쟁적 위치가 악화된다는 것을 뜻하며, 사업의 진입을 가로막는 '쓸데없는 과도한 규제red tape'가 산더미처럼 쌓인다는 것을 뜻하며, 관료적 절차만 복잡해지는 것을 뜻하며, 세금만 늘어난다는 것을 뜻했다. 이러한 중소기업의 경영자들은 보통 경제에서 정부 역할의 강도와 크기를 줄일 것을 옹호하는 극도로 보수적인 자유방임 정치철학의 열렬한 지지자였다. 하지만 거대 기업을 지배하는 이들은 경제철학과 정치철학에 있어서 보통 좀 더 '현실적'이며 '리버럴한liberal' 이들이었다. 미국 정치의 독특한 맥락은 이상한 은어와 보통 사람은 이해하기 힘든 용어로 가득 차 있다. 이 맥락에서는 더 많은 정부 개입을 옹호하는 것이 보통 자유주의, 즉 리버럴과 연결되며, 정부 개입을 줄이자는 주장은 보통 보수주의와 연결된다. 민주당과 공화당 모두에서 이 두 가지 정치적 경향의 경제적 기초는 무엇보다도 비즈니스 세계에 뿌리박고 있다.

노동조합 관료들의 지지를 받는 대기업은 보통 두 당 양쪽에 포진한 리버럴들을 지지한다. 독립적인 전문직들과 여타 중산층 집단의 지지를 받는 소규모 기업은 보통 보수주의자들을 지지한다. 미국 정치에서는 리버럴들이나 보수주의자들이나 자본주의의 제도적 기초에 대해서는 비판은 물론 의문조차 제기하지 않는다. 즉, 양쪽 모두 근본적으로 보수주의자들이며 그저 자본가계급 내부의 상이한 집단(서로 적대적일 때가 많다)을 대표할 뿐이다.

신고전파 경제학자들 사이에도 차이점이 있다. 하지만 그럼에도 불구하고 이들이 단일한 '신고전학파'라고 불리는 이유가 있는데, 그것은 모든 신고전파 경제학자들의 저작에 공통적으로 나타나는 몇 가지 명제 때문이다. (1) 이들 모두는 자본주의의 모든 기본적 제도와 자본주의적인 사적 소유 시스템을 옹호하거나 당연한 것으로 받아들인다. (2) 이들이 생각하는 경제 행위는 여전히 고립되고 이기적이며 계산적인 개인의 효용 극대화 행위. 즉 베블런이 말하는 "행복에 대한 욕망으로 가득 찬 동질적인 물방울"의 행위이다. (3) 이들 모두는 신고전파 이데올로기의 세 가지 기본적 교리를 버전을 조금 바꾸거나 그와 비슷한 대체물을 옹호한다. 따라서 이들 사이의 차이점에도 불구하고, 개인과 사회를 바라보는 이들의 전반적 관점은 부재 소유 금리 수취자의 사회적 관점을 계속해서 반영하고 있다(10장의 논의를 참조하라).

이 장에서는 세 사람의 경제사상을 짧게 살펴볼 것이다. 세 사람 모두 노벨 경제학상을 수상했으며 정통 주류 경제학의 기초에 근본적인 영향을 주었다. 아서 루이스W. Arthur Lewis(1915~1991)는 발전경제학이라는 하위 분야를 창조하는 데 있어서 근본적인 추동자 역할을 한 이들 중 한 명이다. 밀턴 프리드먼Milton Friedman(1912~2006)은 대공황의 책임 추궁을 오롯이 정부 정책의 어깨 위에 쏟아부음으로써 대공황을 설명하고 대공황 때문에 신고전파의 자유방임 정책이 겪어야 했던 신뢰의 위기를 해소했다. 프리드먼은 정통 주류 경제학 이데올로기의 극단적인 형태를 열정적이고 전투적으로 지지한 수호자로 남았다. 이 세 사람 가운데 아마도 가장 중요한 경제 이론가는 폴 새뮤얼슨Paul A. Samuelson(1915~2009)일 것이다. 그는 신고전파 이론을 고도로 훈련된 신고전파 경제학자 이외에는 아무도 이해할 수 없도록 만드는 데 큰 역할을 했다. 더욱 중요한 업적은 전통적인 신고전파 이데올로기와 새롭게 나타난 케인스 경제학 및 발전경제학이라는 서로 상극으로 양분화된 상태를 극복하여 화해시킨 것으로서, 이것이 나중에 표준적인 정통 주류 신고전파 경제학의 자리를 차지하게 된다.

아서 루이스와 발전경제학의 기원

1945년 이전에는 '발전경제학'이라는 말은 누가 입에 올린 적조차 없었다고 보아야 한다. 경제학 이론이란 본성상 보편적인 것이기에 시대와 장소를 초월하여 모든 경제에 적용된다는 것이 표준적인 관점이었다(12장에 나오는 신고전파 경제학에 대한 베블런의 비판을 보라). 그런데 1945년 이후 불과 10년도 지나기 전에, 경제학계에서 연구와 논문 발표가 가장 광범위하게 이루어지는 분야는 당시 경제학자들이 '후진backward' 국가들이라고 불렀던 나라들에서의 경제 발전이 되었다.

1940년대 이후 아시아, 아프리카, 라틴아메리카의 제3세계 나라들에서는 방대하고도 강력한 운동이 나타났다. 이 운동은 제국주의와 식민주의에 대한 반대를 민족주의와 결합했다. UN 헌장 또한 식민지의 해방을 목표로 내걸었다. 1950년이 되면 인도, 파키스탄, 실론, 버마, 필리핀, 인도네시아,

요르단, 시리아, 레바논, 이스라엘 등이 모두 명목적인 독립국의 지위를 획득했다. 1950년대에 들어서도 캄보디아, 라오스, 베트남, 말레이시아, 리비아, 소말리아, 수단, 모로코, 튀니지아, 이집트, 가나, 토고, 카메룬, 기니아 등에 명목적 독립이 주어졌거나 독립될 것이라는 약속이 이루어지면서 이러한 경향은 지속되었다. 라틴아메리카의 경우에는 제국주의가 그렇게 노골적인 식민주의의 형태를 취하지 않는 것이 일반적이었지만, 그래도 이곳의 민족주의적인 반제국주의 물결 또한 아시아와 아프리카의 식민 지역에서만큼 강력했다.

이러한 제3세계 나라의 국민들은 인종주의와 정치경제적 착취에 반대했다. 이들은 이것이야말로 대부분의 나라에서 사람들을 짓누르고 있는 빈곤의 원인이라고 보았다. 하지만 금세 분명해진 사실이 있었다. 명목상의 독립과 실질적인 독립은 전혀 다른 것이라는 점, 경제적 착취는 새로운 형태를 얼마든지 취할 수 있다는 점, 이들이 그토록 독립과 생산 수준 향상을 갈망하고 있었지만 이를 완전히는 아니어도 심하게 지체시키는 중대한 장애가 현실에 여전히 존재한다는 점 등이었다. 제3세계 나라에 살고 있는 대부분의 정치가들과 경제학자들은 그냥 자유 시장에만 의존하는 것으로는 자신들의 상황을 절대로 개선할 수 없다고 느끼게 되었다. 여기서 소비에트 경제가 보여준 급속한 공업화의 예는 강력한 매력을 던지고 있었다. 따라서 정통 주류 경제학자들은 중대한 임무를 띠게 되었다. 한편으로 제3세계 나라들에게도 생활수준 향상의 희망을 가질 수 있도록 계획을 통한 강제적 공업화의 매뉴얼과 같은 것을 제시하는 것이며, 또 그와 동시에 이 나라들이 선진 자본주의 세계의 거대 다국적기업에게 안전하고도 이윤 좋은 투자 기회를 보장할 수 있도록 그에 필요한 법률적, 경제적, 국가적 제도와 장치를 갖추도록 만드는 것이었다.

아서 루이스는 일련의 책과 논문을 통하여 바로 이러한 임무에 필요한 이론적 틀을 제공했다. 가장 유명한 것이 1954년에 발표된 논문 〈노동의 무한 공급 하에서의 경제 발전 *Economic Development with Unlimited Supplies of Labour*〉과 1955년의 저서 《경제성장의 이론 *Theory of Economic Growth*》[1] 이다. 루이스는 이미 역사가들과 경제학자들 사이에서 상식이 된 명제에서 시작한다. 어떤 나라의 경제가 공업화로 들어서기 위해서는 그 생산 설비의 방향을 새롭게 설정해야 한다는 것이다. 이 나라는 이제 식료품, 주거, 의복, 기타 생필품과 같은 소비재 대신 공장, 기계, 도구 등의 생산재를 생산해야만 한다. 다른 말로 하자면, 억지로라도 인구의 다수에게 더 적은 양의 생필품으로 생존하라고 강제함으로써, 필수 소비재를 빼고난 경제적 잉여의 양을 늘려야 한다는 것이다.

자본주의적 공업화의 고전적 예라 할 영국의 경우, 상류층의 탐욕은 맹렬한 기세로 늘어났기에 이러한 필수적인 박탈은 도시와 농촌의 노동계급에게 강제되었는데, 이는 무수히 많은 역사가들이 광범위하게 기록했던 바이다. 소비에트연방의 경우는 이와 대조를 이룬다. 공업화 기간 동안 노동자들 또한 분명히 고통을 겪은 것은 사실이지만, 그럼에도 불구하고 공업화에 필요한 경제적 잉여의 대부분은 자본가와 부유한 지주계급의 자산과 엄청난 소득을 수탈함으로써 얻어졌기 때문이다.

대부분의 제3세계 나라들에서 농민과 노동계급은 눈뜨고 볼 수 없을 정도로 가난한 상태였다. 왜냐면 이들은 이미 거대한 경제적 잉여를 창출하고 있었는데, 이것을 토착 엘리트와 외국 자본가가 나누어 가졌기 때문이다. 문제는 이 외국 자본가가 이윤의 대부분을 농업과 자원 추출에서 얻으면서도 그 이윤을 그 나라의 다른 부문의 공업화를 증진시키기 위해 쓰는 데는 전혀 관심이 없었다는 점이다. 토착 엘리트는 심성과 사고방식이 '전자본주의적'이어서 산업자본가라기보다는 예전의 봉건 영주와 더 닮은 이들이었다. 이리하여 노동계급은 이미 도달할 수 있는 극단의 착취에 놓여 있으며 거기서 나오는 경제적 잉여의 수취자는 이를 전혀 전반적 공업화의 수단으로 쓰려 들지 않았다. 이 기간 동안 소비에트 모델이 왜 그렇게 큰 호소력을 가지고 있었는지는 이해하기 어렵지 않다.

하지만 루이스는 이 논쟁의 초점을 바꾸어놓았다. 그는 우선 거의 완전고용에 가까운 선진 자본주의 나라에서는 신고전파의 한계생산성 분배 이론이 옳으며 노동자의 임금은 그들의 한계생산성을 반영한다고 주장했다. 하지만 제3세계 경제에서는 자본주의가 아직 충분히 발전하지 못했고 임금은 한계생산성으로 결정되지 않는다. 여기서 임금을 결정하는 것은 전통이라는 게 그의 주장이다. "대부분의 사람들이 농부인 나라에서는 … 〔자본주의적 고용주가〕노동을 고용할 수 있는 최소한의 임금은 농부의 평균생산물로 결정된다."[2] 하지만 그는 "자급자족 부문에서의 소득이 자본주의 부문에서의 소득에 대한 바닥을 형성해주기는 하지만, 실제로는 임금이 이것보다 더 높다. 보통 자급자족 부문에서의 소득과 자본주의적 임금 사이에는 30퍼센트 또는 그 이상의 격차가 존재하는 게 보통이다"[3]라고 생각한다.

루이스의 관점에서 볼 때 제3세계 나라들의 빈곤의 원인은 자본 부족에 있다. 대부분의 노동자는 자급자족 부문에서 일하고 있기 때문에, 이 전통적 경제에서의 한계생산성은 "무시할 만큼 적어서 제로 또는 심지어 마이너스"[4]라고 그는 주장한다. 루이스가 이러한 결과를 얻은 이유는 그가 자본가를 위해 일하지 않는 노동자를 '비생산적'이라고 정의했기 때문이다. 이는 마르크스가 고전파 경제학자들의 오류라고 주장한 것과 본질적으로 동일한 오류로서, 루이스는 기존의 생산된(또는 재생산이 가능한) 생산수단과 자본을 혼동한 것이다. 전자는 시대와 장소를 초월하여 누구든 사용할 수밖에 없는 것이지만, 자본은 그렇지 않다. 자본은 오로지 자본주의적 생산양식에서만 나타나며, 따라서 기존의 생산된 생산수단이 모두 다 자본이 되는 것은 결코 아니다. 자본주의를 이데올로기적으로 옹호하는 이들은 거의 빠짐없이 이러한 혼동을 겪었다. 루이스는 자본가를 위해 일하지 않는 노동자는 비생산적이라는 자신의 주장이 엄격하게 자본가의 관점에서 본 것임을 보여준다.

> 자급자족 부문이란 … 전체 경제에서 재생산이 가능한 자본을 사용하지 않는 부분이다. 이 부문의 1인당 산출량은 자본주의 부문보다 낮은데, 그 이유는 자본이 투자되어 결실을 맺는 부분이 아니기 때문이다. … 더 많은 자본을 사용할 수 있게 되면 더 많은 노동자가 자급자족 부문에서 자본주의 부문으로 유입되며, 이들의 1인당 산출량은 전자에서 후자로의 유입이 일어날수록 더 올라가게 된다.[5]

그렇다면 문제는 간단하다. 제3세계 나라들이 필요로 하는 것은 자본에 투자할 수 있는 더 많은 저축이다. 그렇게 되면 전통적 부문에서 "무시할 만큼 적어서 제로 또는 심지어 마이너스"의 한계생산성으로 일하던 비생산적 노동자를 자본주의적 부문으로 끌어들일 수 있고, 그러면 이들의 한계생산성이 훨씬 더 높아져서 경제 전체의 생산을 증가시키고 종국에 가면 모든 이들의 경제적 후생을 증대시키게 되기 때문이다.

> 이 나라들이 처한 기본적 문제는 저축이 낮다는 것이다. 자본주의 경제에서 자본이 늘어나게 되는 원천은 자본가의 이윤에서 저축이 나온다는 데 있다. 저개발 경제에서 국민소득에 비해 저축이 낮은 이유는 사람들이 가난해서가 아니라 국민소득에서 자본가의 이윤이 차지하는 몫이 적기 때문이다. 자본주의 부문이 팽창하게 되면 이윤의 몫도 늘어나게 되며, 이에 따라 국민소득의 더 많은 부분이 재투자된다.[6]

이 문제는 곧 마르크스가 '본원적 축적'이라고 이름 붙였던 과정을 어떻게 하면 증진시킬 수 있는가의 문제가 된다. 즉 어떻게 하면 자본이 통제하는 부문을 팽창시키는 한편 전통적 경제는 축소시켜 결국 파괴하는 과정을 증진시킬 수 있는가의 문제인 것이다. 이것이 1950년대와 1960년대에 발전경제학이 연구한 중심적 문제가 되었다. 정통 주류의 '발전경제학자들'은 거의 모두 문제를 이러한 방식으로 보았으며, 사회주의와 공산주의의 확산과 싸우기 위하여 거의 모든 발전경제학자들은 광범위한 정부 개입—제3세계 나라의 정부들뿐만 아니라 제1세계 자본주의 나라의 정부들까지—만이 유일한 해결책이라고 옹호했다.

발전경제학이 대부분 이러한 반공이란 관심사에 의해 지배되었다는 점은 이 당시의 중요한 교과서 중 거의 어느 것을 펼쳐보아도 쉽게 느낄 수 있다. 아마도 이는 로스토Walt W. Rostow의 저작에서 가장 명확하게 볼 수 있을 것이다. 1960년에 출간된 그의 《경제성장의 단계: 비공산당 선언The Stages of Economic Growth: A Non-Communist Manifesto》은 아마도 1960년대의 통상적인 발전경제학자가 내놓은 가장 영향력 있는 책이라고 할 수 있을 것이다. 로스토는 1983년에 쓴 글에서 공산주의와 대결하여 싸우는 것이 자신의 사명이었다고 술회하고 있다. 그는 "공산주의가 권력을 팽창하는 위협을 저지하고 예방하는 싸움은 길고 오랜 과정이 될 것이며 따라서 미국의 외교 정책을 떠받쳐줄 새로운 개념이 필요할 것"[7]이라고 생각했다고 한다. 또 그는 보수적 경제학자들 사이에서는 보기 드문 솔직함을 발휘하여, 공산주의에 대한 자신의 공격에 돈을 댄 것은 바로 미국 중앙정보국 CIA이었음을 시원하게 인정했다.[8]

발전경제학도 케인스 경제학과 마찬가지로 신고전파의 자유방임 보수주의를 폐기하는 것처럼 보인다. 하지만 대부분의 발전경제학자들은 이러한 상황은 그저 일시적일 뿐이라고 주장한다. 일단 이 제3세계 경제들도 자본주의 시스템을 충분히 만들어내면 그다음에는 신고전파 이론을 적용할 수 있을 것이라는 것이었다.

리버럴 신고전파 경제학과 보수적 신고전파 경제학

19세기 말 이후부터 현재에 이르도록 신고전파의 지적 전통 내에는 리버럴 분파와 보수적 분파 사이의 분열이 있어왔다. 이 용어는 간혹 혼동을 낳는다. 19세기의 자유방임 학설은 당시에는 '리버럴리즘'으로 알려져 있었지만 오늘날에는 보수적이라고 불린다. 반면 '시장의 불완전성' 또는 '시장 실패'를 바로잡기 위해 정부 개입을 옹호하면서 자신들의 분석을 상당히 완화하는 신고전파 경제학자들이 오늘날에는 리버럴이라고 불린다.[•]

2차 세계대전 직후부터 20년간, 신고전파의 이 두 분파는 세계 어디서든 공산주의를 파괴하고, 제3세계 나라들이 어떤 형태든 사회주의의 실험을 삼가도록 하는 외교 정책을 옹호하는 데 똑같이 열성적이었다. 그리하여 심지어 가장 완고한 자유방임 옹호자들일지라도 대규모의 군사 정책과 공격적 외교 정책을 지지했다.

보수주의자들은 대공황에도 그다지 놀라지 않았다. 이들은 자유방임 자본주의에 대한 신앙을 여전히 보유하고 있었다. 반면 리버럴들은 자유방임 자본주의에 대해 수많은 의심과 유보 조항을 가지고 있었다. 이들은 정부가 국민경제의 후생을 증진시키기 위해 능동적으로 개입해야 할 네 개의 보편적 영역이 있다고 생각했는데, 케인스가 지적한 자본주의의 본질적인

• 이는 미국의 담론 구도 내에서의 이야기이다. 유럽에서는 여전히 자유방임을 견지하는 보수적 자유주의자들을 "리버럴"이라고 부른다.

불안정성이라는 문제는 그중 하나에 불과했다. 리버럴들은 자본주의가 그러한 불안정성을 없애지는 못해도 재정정책과 금융정책을 통해서 완화시키는 것은 분명히 가능하다고 생각했다.

둘째, 리버럴들은 강력한 거대 기업의 존재를 인식하고 있었고, 이들은 그냥 내버려두면 완전경쟁의 이론에서 기술한 방식으로는 결코 행동하지 않는다는 것을 알고 있었다. 여기서 리버럴들은 정부의 반 트러스트 법률과 규제기관을 통하여 이 거대 기업으로 하여금 보편적인 공공 이익에 맞게 행동하도록 강제하는 것이 가능하다고 생각했다. 이렇게 정부의 도움을 약간 빌리기만 하면 기본적으로 보이지 않는 손이 여전히 그 조화와 혜택 창출의 임무를 수행할 것이었다.

셋째, 리버럴들은 '사회적으로 소비되는' 상품이 있으며, 이것들은 비록 민간 자본가가 생산하여 이윤을 얻지 못한다고 해도 사회적 차원에서는 바람직한 상품이라는 점을 인식하고 있었다. 여기서도 이들은 정부가 이 문제를 해결할 수 있다고 생각했다. 사회의 보편적 후생이 극대화될 수 있도록 정부가 이러한 상품을 생산하고 분배할 수 있다는 것이다.

넷째, 리버럴들은 '외부성'(14장을 참조할 것)으로 인하여 사적 비용과 사회적 비용(사회 비용에는 공해 등과 같은 비용이 들어간다)이 차이가 난다는 점을 인식하고 있었다. 이들은 이 경우에서도 정부가 조세와 보조금의 시스템을 이용하여 사적 비용과 사회적 비용이 같아지도록 만들어서 문제를 해결할 수 있다고 생각했다.

이렇게 리버럴 신고전파 경제학자들은 1950년대부터 오늘날까지 극단적인 자유방임에 대한 옹호를 삼갔을 뿐만 아니라 경제에 대한 정부의 개입을 열성적으로 신봉했다. 이들은 정부를 일종의 기계신으로 활용함으로써, 신고전파 이론에 대한 수많은 비판과 반대 주장을 유효한 것으로 인정하면서도 신고전파의 세 가지 근본적인 이데올로기적 교리에 대한 신앙을 수호할 수 있었다. 이들은 보이지 않는 손은 자체만으로는 충분치 않다는 점을 인정했다. 이들은 자유방임에 대한 수많은 반대 주장을 공정하게 경청하는 듯 보일 때가 많지만, 결국에 가면 어김없이 신고전파 이데올로기의 세 가지 교리 모두를 옹호하는 것으로 끝나고 만다. 비록 보이지 않는 손은 눈에 보이는 정부의 주먹의 도움을 받아야 하며 따라서 완벽한 것이 아니지만 현재 인간의 지식 수준으로 볼 때 완벽에 가장 가까운 것이라고 결론—명시적이라기보다는 암묵적인 형태로 제시될 때가 더 많다—을 내린다. 오늘날에도 여전히 시장경제는 여러 문제점을 안고 있지만 그저 지난 세기에 시도된 개혁을 계속해나가기만 하면 얼마든지 해결이 가능한 것처럼 보는 것이다.

폴 새뮤얼슨 대 밀턴 프리드먼 및 보수적 신고전파

신고전파 경제학의 리버럴 전통과 보수적 전통에서 2차 세계대전 이후의 기간 동안 가장 큰 영향력을 가진 두 명의 사상가가 있었는데, 폴 새뮤얼슨과 밀턴 프리드먼이 그들이다. 새뮤얼슨의 영향력은 다른 어떤 경제학자보다도 더 컸다. 그는 리버럴 신고전파 경제학에 있어서 교육은 물론 이론의 발전 또한 지배하다시피 했다. 2차 세계대전 이후에는 리버럴 신고전파 경제학이 학계의 경제학을 지배했으므로, 새뮤얼슨은 이 기간 동안 가장 영향력이 큰 경제학자였다고 말할 수 있다.

프리드먼이 극단적 자유방임 전통의 신고전파 경제학에 끼쳤던 영향도 대단히 크기는 하지만, 새뮤얼슨이 리버럴 전통에서 갖는 영향력만큼 결정적인 것은 아니었다. 이러한 이유에서 다음 절에서는 새뮤얼슨을 현대 리버럴 신고전파 경제학의 유일한 대표자로서 논의할 것이며, 그다음 절에서는 프리드먼뿐만 아니라 극단적 자유방임을 옹호한 다른 이들의 사상도 논의할 것이다.

새뮤얼슨과 보수적 신고전파 경제학자들의 관계는 19세기 중반의 존 스튜어트 밀과 프레데릭 바스티아의 관계(8장을 참조)와 놀랄 만큼 비슷하다. 새뮤얼슨은 밀과 마찬가지로 절충주의자로서, 그의 약점 일부와 그의 강점 다수는 모두 이 절충주의로 설명할 수 있다. 밀처럼 새뮤얼슨도 세련되고 유연하며 교조에 얽매이지 않는 스타일을 가지고 있었다. 그는 신고전파 경제학에 대한 반대 주장을 진지하게 고찰했고 대범하게 그 유효성을 인정했다. 새뮤얼슨을 읽으면 밀을 읽을 때처럼 그가 자본주의를 실제로 존재하는 것보다는 좀 더 인간적인 시스템이 되기를 바라고 있다는 것을 느끼지 않을 수 없다. 밀처럼 새뮤얼슨 또한 현존하는 불평등의 다수가 자본주의에서 빚어지는 부당함이라는 점을 기꺼이 인정한다. 하지만 또 밀과 마찬가지로 그도 자본주의의 제도적 틀 내에서의 점진적 개혁을 신봉한다. 이는 그의 접근법에 나타나는 절충주의를 차분히 벗겨내면 그의 신고전파 경제 사상이 공리주의 경제학의 세 가지 주요한 이데올로기적 교리를 모습만 좀 바꾸어 모두 받아들이고 있음을 알 수 있다는 사실에서 극명하게 드러난다.

자유방임 신고전파 경제학자들은 그 반대로서, 공리주의를 옹호하는 그들의 주장은 바스티아에게서 볼 수 있는 외골수의 일관성을 과시한다. 바스티아의 저작처럼 이들의 글도 경직되고 독단적이고 교조적이다. 이들은 현실이 자신들의 이론에 맞지 않을 때는 간단히 현실을 부인하며, 자본주의의 현실뿐만 아니라 자본주의에 대한 신고전파 이론에서 나타나는 난제에 대한 새뮤얼슨의 유연성과 열린 마음을 전혀 갖고 있지 않다. 하지만 밀에 비해 명백하게 지적으로 열등했던 바스티아가 공리주의의 전제에 내재하는 결론을 옹호하는 논리적 일관성에 있어서만큼은 밀보다 더 뛰어났던 것처럼, 이 보수적 자유방임 신고전파 경제학자들 또한 공리주의를 헌신적

으로 옹호하는 데 있어서만큼은 새뮤얼슨보다 더 명쾌하고 더 논리적 일관
성을 가지고 있다.

새뮤얼슨의 공리주의 옹호

새뮤얼슨은 아주 젊었을 때 내놓은 저서 《경제 분석의 기초 *The Foundations of Economic Analysis*》[9]에서 다양한 종류의 신고전파 분석을
체계화하고 수학적으로 정식화했고 이를 통해 경제학계에서 대단한 영향
력을 행사했다. 1947년 미국 경제학회American Economics Association가
그에게 존 베이츠 클라크 메달을 수여한 것도 주로 이 저서의 업적에 기반
한 것이었다. 이 상은 40세 이하의 소장 경제학자로서 경제 이론에 가장 뛰
어난 기여를 한 이들에게 수여하는 상이다. 또 이 저서는 그가 1970년 노벨
경제학상을 수상하는 데도 큰 기여를 한다.

하지만 경제학이라는 직종에 그가 미친 가장 큰 영향력은 그의 교과서
《경제학 *Economics*》에서 나왔다. 이 책은 1948년 처음 출간되어 17판까지
개정되었다(그 마지막 몇 판은 노드하우스William Nordhaus와 함께 저술했다).
제1판은 주로 케인스의 사상을 설명하고 단순화하는 것이 주된 목적이었
다. 하지만 우리가 15장에서 살펴보았듯이 케인스 또한 신고전파 경제학자
였으며, 더 이상 옹호하는 것이 불가능하게 된 자기 조정 시장의 자동성이
라는 교리에서 공리주의 이데올로기를 해방시키려 한 것뿐이었다. 새뮤얼
슨은 케인스의 의도를 수행하는 데 있어 찬탄할 만한 성공을 거두었다. 《경
제학》은 판을 거듭할 때마다 신고전파의 전통적인 자본주의 이데올로기를
더 많이 도입했다. 그러다가 마침내 1955년이 되면 새뮤얼슨은 '거대한 신
고전파 종합grand neoclassical synthesis'을 내놓아서 케인스 경제학과 신

고전파 경제학을 통합하기에 이른다. 케인스의 이론은 완전고용 경제를 유지하는 데 필요한 지식을 제공하는 것일 뿐이며, 이러한 케인스 이론의 틀 내에서 작동하기만 한다면 시장 시스템은 저 오랜 전통의 신고전파 이데올로기의 원리들에 따라서 자원을 배분하고 소득을 분배하게 된다는 것이다.

대부분의 리버럴 신고전파 경제학자들과 마찬가지로, 새뮤얼슨 또한 최소한 네 영역에서 자유방임 이데올로기가 명백하게 설득력이 떨어진다는 점을 인정했다. (1) 자유 시장 자본주의 시스템은 본질적으로 불안정하다. (2) 과점체와 독점체의 존재로 인해 경쟁에 의한 효율성이라는 신고전파의 비전은 완전히 비현실적이 된다. (3) 사회가 반드시 소비해야 하지만 개인들이 효율적으로 생산하지 못하는 '공공재'가 존재한다. (4) 이 공공재의 문제와 밀접히 연관된 것으로서, 개인들은 자신들이 전혀 통제하지 못하는 수많은 생산 및 소비 활동들로 인하여 언제 어디서나 영향을 받으며 이러한 외부적 경제와 외부적 비경제가 어디에나 속속들이 스며들어 있다. 하지만 새뮤얼슨은 이러한 네 가지 문제 영역 때문에 신고전파 이데올로기에 대한 우리의 신앙이 흔들려서는 안 된다고 생각했다.

첫째, 자유방임 자본주의는 경제적으로 불안정하다. 하지만 정부의 확장을 통해 오늘날에는 "혼합 경제, 즉 시장의 보이지 않는 손과 정부의 눈에 보이는 주먹의 혼합물"이 창조되었다. 이 혼합 경제는 불안정성을 완전히 제거한 것은 아니지만 부드럽게 완화시켜 견딜 만한 것으로 만들었다.

경기순환을 완전히 없애지는 못했지만 그래도 얌전하게 길들일 수 있었다. 민주적 혼합 경제 국가들에서는 오늘날에도 여전히 경기후퇴와 상대적 침체의 기간이 생겨나겠지만, 옛날식의 장기 불황을 다시 겪을 가능성은 낮아 보인다. 또 경기후퇴와 상대적 침체의 기간 또한 재정 및 통화정책으로 그 빈도, 강도, 지속 기간을 완화시킬 수 있다.[10]

이렇게 정부의 재정정책과 통화정책이 더해진다면 세의 법칙도 어느 정도 수정된 상태에서 유지될 수 있다는 것이다.

둘째, 새뮤얼슨은 거대 과점 기업의 존재를 인정했다. "과점의 의미를 평가함에 있어서, 자신들의 과거의 투자에 대해 정당한 수익을 거두려는 대기업의 욕망과 소비자의 후생이 일치하지 않을 때가 있다는 점에 주목해야만 한다."[11] 예상할 수 있는 일이지만, 그는 독자들을 다음과 같이 안심시킨다. "정부의 규제와 반 트러스트 법률은 혼합 경제가 가격 시스템의 작동을 개선하기 위해 사용할 수 있는 주요한 무기이다."[12] 따라서 공리주의의 자유방임 교리에 대한 이 두 번째의 제한 조건에 대해서 또 새뮤얼슨은 이렇게 결론을 내린다.

> 우리는 경쟁이 모든 곳에서 경제학자들이 말하는 엄격한 의미에서 '완벽하게 완전할' 것이라고 기대할 수는 없다. 하지만 우리는 타계한 클라크J. M. Clark 교수가 오래전에 '실현 가능한 경쟁workable competition'이라고 불렀던 것을 얻기 위해 분투해야 한다. … 그러나 이 목적에서 볼 때 자유방임을 신뢰해서는 안 된다. 트러스트를 막기 위한 공공의 감시와 지원이 필요할 것이다.[13]

이렇게 다시 한 번 정부라는 기계신의 도움을 얻는다면 '공공의 감시'와 정부 개입을 통해서 '실현 가능한 경쟁'이라고 불리는 무언가를 달성할 수 있다는 논리를 내놓음으로써, 그는 두 번째 반론을 피해간다.

셋째, 새뮤얼슨은 사회적으로 필요하지만 자본가가 생산하여 판매하기에는 이윤이 남지 않는 '공공재'의 존재를 인정한다. 그리고 혼합 경제에서 이 공공재에 대한 우리의 필요를 표출하는 방식은 "우리가 **매일매일 행하는** 사적인 구매의 방식이 아니라 선거날 투표를 통해 정부를 선출하고 그 정부가 마련하고 시행하는 법령에 순종하는 방식"[14]이라고 말한다. 다시 한 번, 공리주의 이데올로기는 시민들에게 혜택을 주고자 하는 불편부당한 정부라는 개념을 통해 구출된다.

넷째, 새뮤얼슨은 모든 소비와 생산활동은 그 활동에 직접 연관되지 않은 사람들에게도 중대한 결과를 가져온다는 사실을 무시하지 않는다. 이러한 외부성은 결국 신고전파 경제학자들이 사적 비용과 사회적 비용의 불일치라고 말하는 것을 낳는다. 14장에서 보았듯이, 이러한 불일치가 커질수록 시장의 보이지 않는 손이 합리적 가격을 낳고 자원의 효율적 배분을 가져온다고 주장하는 것은 더욱 어려워진다(우리는 또한 이것이 불가능하게 되는 다른 이유가 무수히 많다는 것을 살펴보았다). 따라서 새뮤얼슨이 다음과 같이 주장하는 것은 놀라운 일이 아니다. "'외부성'이 포함된 문제를 혼자서 풀 수 있는 자본가란 없으며, 또 설령 있다고 해도 그렇게 할 유인이 있을 수 없다. 여기서 우리는 이 문제에 대해 공적 개입이 필요하다는 명확한 논리를 얻을 수 있다."[15] 하지만 여기서도 경제를 신고전파 경제학에서 말하는 '지복점'(14장을 보라)에 상당히 가깝게 회복할 수 있는 방법이 있다. 시민들에게 혜택을 주겠다는 선의로 가득 찬 정부라는 기계신이 또다시 내려오면 된다. 그러한 정부가 사용하는 방법은 다음과 같다. "외부적 경제로 가득한 상황이 있다면 이를 증대시키기 위해 보조금 또는 공적 통제를 사용할 것이며 … 외부적 비경제를 포함하는 활동에 대해서는 이를 축소시키기 위해 조세나 명령 및 허가 등을 사용"[16]할 것이다. 물론 새뮤얼슨은 우리가 14장에서 살펴보았듯이 이러한 조치가 글자 그대로 수백만 개의 또 다른 조세와 보조금을 초래하고 말 것이라는 말은 독자들에게 하지 않는다. 그는 그저 파레토 최적에 그럭저럭 가까운 상황을 정부가 창출할 수 있고 또 그렇게 할 것이라는 신앙을 피력할 뿐이다.

새뮤얼슨은 이렇게 정부가 경제에 절대적으로 개입해야만 할 상황이 글자 그대로 수백만 가지에 이른다는 것을 인정한 뒤, 신고전파 이데올로기의 세 가지 기본 교리 하나하나를 약간씩 변주하여 이것들에 대한 옹호 작업을 시작한다.

첫째, 우리가 이미 보았듯이, 케인스적 혜안으로 무장한 정부에 의해 인도되어 시장은 자동적인 완전고용에 그럭저럭 가까운 상황에 도달할 수 있다.

둘째, 시민들에게 혜택을 주기 위해 정부가 재량에 의해 시장에 개입함으로써 파레토 최적의 합리적 가격과 효율적 자원 배분에 상당히 근접한 상황에 도달할 수 있다. 새뮤얼슨은 이렇게 말한다.

> 애덤 스미스는 보이지 않는 손을 논하면서 이것이 개인들의 이기적인 행동을 아주 조화로운 최종 결과로 이끌게 되어 있다고 말하고 있는데, 여기에는 분명한 진리가 있다. 스미스는 그 진리가 정확히 무엇인가를 언명하거나 증명하는 일은 전혀 하지 못했지만, 현대 경제학자들은 이를 이상적인 경쟁적 가격을 산정해주는 성질이라고 언명할 수 있다. 즉 완벽하게 완전한 경쟁에서는 모든 상품의 가격이 모든 한계비용과 일치하며, 모든 요소 가격 또한 한계생산물의 가치와 일치하며, 모든 총비용은 최소화되며, 개인들의 진정한 욕망과 행복은 그들의 달러 투표로 표시된 그들의 한계효용으로 모두 나타난다. 그 결과 나타나는 균형은 "다른 사람을 해치지 않고서는 어느 누구도 더 잘 살게 만들 수 없다"는 효율성의 성질을 갖는다.
>
> 이것은 무엇을 의미하는가? 그것이 의미하는 것은 정책입안자는 자유방임적 해결책—만인의 후생을 개선할 수 있는—이외에 그 어떤 계산자와 해결책도 찾을 수 없다는 것이다.[17]

하지만 새뮤얼슨은 앞에서 보았듯이 자유 시장이 이렇게 만인에게 혜택을 주는 조화로운 지복의 상태에 자동적으로 도달할 수 있다고 주장하지는 않는다. 여기에는 그가 말하는 혜택을 주고자 하는 기계신, 즉 정부의 도움이 필요하다. 독자들은 여기서 이 책의 14장에 나오는 논의로 돌아가 신고전파 후생경제학을 지탱하고 있는 믿기 힘들 정도로 비현실적이며 인위적인 가정을 먼저 살펴보아야 한다. 그러고 나서 과연 새뮤얼슨의 기계신이 그 임무를 할 수 있을지(심지어 그렇게 하는 게 과연 바람직한지)를 스스로 판단해보기 바란다. 새뮤얼슨의 《경제학》을 보라. 현실의 경제가 완전경쟁의 그림에서 이탈할 때마다 이를 이 선의의 정부 활동으로 그럭저럭 바로잡을 수 있다는 명제를 미처 증명하기도 전에 이미 새뮤얼슨이 다음과 같이 말하는 것을 볼 수 있다.

> 말할 것도 없이, 이러한 절대적인 완전경쟁이라는 필요조건은 물리학에서 마찰이 완전히 배제된 진자 운동이라는 필요조건만큼이나 충족되기 힘들다. 우리는 완벽한 상태에 점점 더 가깝게 다가갈 수는 있지만 거기에 도달하는 것은 결코 가능하지 않다. 하지만 이것이 사실이라고 해도 그러한 이상화된 개념을 사용하는 것의 유용성을 심하게 손상시킬 이유는 전혀 없다.
>
> 그 어떤 곳에서도 오늘날의 시장이 모두 다 경제학자들이 말하는 의미에서 완전하게 경쟁적인 상태에 가까운 것은 아니라는 점은 분명하다. 우리는 나중에 독점력의 요소나 시장 불완전성의 요소가 논의에 등장하게 되면 이러한 불완전성으로 인해 완전경쟁의 모델을 수정해야 할 것이다. 그러한 경우를 [정부라는 선의의 기계신을 불러들임으로써] 다루는 방법을 배운 뒤에는… 그 완전경쟁의 분석에 적절한 제한 조건을 붙이기만 하면 이것이 여전히 현실을 해석하기 위한 필수불가결의 도구임을 인정하게 될 것이다.[18]

신고전파 이데올로기의 세 번째 교리는 한계생산성 분배 이론이다. 기술 재전환 논쟁(16장을 보라) 당시 새뮤얼슨이 자신의 주장을 철회할 수밖에 없었던 것을 기억하는 독자들은 그가 이러한 자신의 이론 또한 폐기할 수밖에 없었을 것이라고 생각할지도 모르겠다. 하지만 새뮤얼슨은 퍼거슨과 마찬가지로 자신의 '요정 동화'와 '우화'가 자본주의의 심오한 진리를 보여준다는 신앙을 가지고 있었다. 그래서 그는 독자들에게 "자본에 대한 수요는 그 **순 생산성** 곡선이다"[19]라고 말한다. 마찬가지로 모든 생산요소에 대한 수요는 각 생산요소의 생산성에서 도출되며, 여기서 자본가는 "[어떤 요소든] 그 한계생산물 수입이 그 시장 비용과 동일해지는 지점까지 … 사용량을 늘리려 할 것이다".[20]

새뮤얼슨은 또 자신의 '공정한 정신'과 절충주의에 입각하여, 단 두 쪽짜리 짧은 부록을 붙여서 기술 재전환 논쟁을 다루고 있다.[21] 하지만 그 부록의 결론이 되는 문장을 보면 이 논쟁의 쟁점이 무엇인지를 전혀 알아볼 수 없도록 되어 있다. "(a) 신고전파의 우화냐, (b) 단순한 재전환 패러다임이냐로 대표되는 두 개의 이상화된 양극의 경우 중 현실 세계가 어느 쪽에 더 가까운지를 결정할 수 있을 만한 경험적 지식을 가진 정치경제학이라는 과학은 없다."[22]

이 문장이 기술 재전환 논쟁을 고의적으로 혼란스럽게 만드는 것이라고 하는 데는 두 가지 이유가 있다. 첫째, 우리가 앞 장에서 보았듯이, 기술 재전환 논쟁이 증명한 것은 상이한 생산 기술 중 어떤 것이 더 자본 집약적인지를 **규정**하는 것조차도 논리적으로 일관적인 방법이 없을 때가 많다는(그리고 이미 보았듯이 이러한 경우가 오히려 일반적이라는) 사실이었으며, 이는 새뮤얼슨 자신도 인정한 바였다. 이는 곧 아무리 경험적 증거를 축적하더라도 그것으로는 '더 큰 자본 집약도'가 나타나면 신고전파 우화가 예견한 결과가 나올 것이라는 증거가 될 수 없음을 뜻한다. 새뮤얼슨도 난해한 학술지 논문에서는 이를 스스로 인정했다. 하지만 헤아릴 수 없이 많은 이들이 읽었으며 그들에게 지대한 영향을 끼친 자신의 경제원론 교과서《경제학》에서는 이를 완전히 부인했다. 그가 문제를 혼란스럽게 만드는 두 번째 지점은, 기술 재전환 가능성의 증명을 통하여 보이지 않는 손의 주장을 펼치는 대부분의 신고전파 이론뿐만 아니라 신고전파 우화의 기초 자체가 완전히 파괴되었다는 점을 독자들에게 알리지 않고 있는 점이다. 이 또한 난해한 학술지 논문에서는 그가 분명히 인정한 것이다.

하지만 새뮤얼슨이 현실을 호도하는 데 있어 가장 중대하고도 광범위한 문제는 바로 그가 정부를 다루는 방식이다. 그는 경쟁이 가져다주는 지복 상태로부터 현실이 어긋날 때마다 이를 완벽하지는 않아도 그런대로 참을 만한 방식으로 때워주는 선의의 중립적인 기계신이 바로 정부라고 본다. 그는 정부의 규제기관은 일반적으로 규제 대상인 과점 기업체의 이익을 증진시키는 식으로 행동한다는 사실을 언급하지 않는다. 그는 제국주의와 군국주의가 케인스적 정책의 주요 도구였다는 사실을 언급하지 않는다. 그는 이러한 도구 때문에 또 다른 위기가 나타날 가능성이 생겨났으며, 이는 그 도구에 의해 회피한 위기보다 더 끔찍한 것일 수 있다는 사실도 언급하지 않는다. 그는 정부의 조세 및 보조금 시스템이 외부성을 공평하게 없애려고 한 적이 결코 없다는 사실도 언급하지 않는다. 이런 식의 문제점은 얼마든지 더 나열할 수 있지만, 마지막으로 하나만 더 지적하자. 그는 정부가 부와 소득의 극단적인 불평등을 크게 줄이기 위해 행동을 취한 적이 거의 없다는 사실 또한 언급하지 않는다.

이렇게 그가 언급하지 않은 것이야말로 리버럴 신고전파 경제학이 현실을 호도하는 문제의 핵심으로서, 자본주의 시스템에서의 정부의 성격에 대한 이들의 관점을 드러내고 있다. 이러한 정부의 문제를 언급하지 않고 또 정부의 성격을 이렇게 그릇되게 사고한 탓에 리버럴 경제 분석의 근저에 깔려 있는 극단적인 보수주의는 은폐된다. 새뮤얼슨이 언급하지 않는 여러 가지 중에서 이 마지막 문제, 즉 정부가 과연 부와 소득의 공평한 분배를 창출한 적이 있는가에 대해 좀 더 자세히 살펴보자.

새뮤얼슨은 자신의 저서 전체에 걸쳐서 '시장 효율성'은 부와 소득분배의 공정성 문제를 고려하지 못한다고 여러 번 말하며, 이를 통해 시장에 대한 자신의 열성적 찬양에 제한을 가한다. 하지만 그는 설령 시장 효율성의 개념을 옹호할 수 있다고 해도 (물론 14장에서 우리가 주장했듯이 이는 불가능하다), 바로 그러한 불공정성 때문에 자유 시장의 효율성이 규범으로서 의미를 가질 수 없다는 점을 전혀 독자에게 설명하고 있지 않다. 게다가 새뮤얼슨은 권력, 부, 소득의 재분배에 있어서 중대한 영향을 주는 구체적인 조치들이 어떤 게 있는지에 대해 어떤 조언도 내놓고 있지 않다. 그저 "민주주의 사회의 사람들은 자유방임 하에서 달러 투표권이 이룩한 분배 상태가 마음에 들지 않을 경우 그 상황을 바로잡기 위해 재분배적 조세를 활용한다"[23]고만 말할 뿐이다. 그렇다면 과연 정부가 그러한 목적에서 재분배적 조세를 체계적이고 의미 있는 방식으로 집행한 적이 있는가? 결단코 그런 적이 없다.

그런데 새뮤얼슨은 자산에 대한 이자만으로도 어마어마한 소득을 모을 수 있게 되는 까닭이 부(특히 생산수단)가 인구의 한줌도 안 되는 이들에게 독점되어 있기 때문일 뿐이라는 사실은 인정할까? 생산에 종사하는 대다수 사람들은 소비를 지속할 수단도 자신들의 생산과정에 대해 통제력을 행사할 수단도 전혀 없으며, 바로 이것 때문에 소유권을 독점하고 있는 이들의 이익을 위해 노동하게 되는 것이다. 하지만 새뮤얼슨은 자본주의의 이러한 기초적인 사실조차 완전히 호도하고 있다.

그의 책에는 '공정성과 이자의 불가피성'이라는 제목의 절이 있다. 여기서 새뮤얼슨은 묻는다. 이자를 받는 사람은 무언가 가치 있는 서비스를 수행하여 그에 대해 공정한 대가를 지불받는 것이라고 볼 수 있을까? 그의 대답은 이러하다.

> 현실적인 가정을 해보자. 내가 당신에게 돈을 빌린다면 그 돈을 그냥 손에 쥐고 있으려는 목적이 아니다. 나는 빌린 돈으로 자본재를 구매한다. 앞에서 보았듯이, 중간재인 이 자본재는 아주 희소하므로 그 대체 비용을 뛰어넘는 순 생산물을 창조하게 된다. 따라서 내가 만약 그 수익에서 얼마를 떼어 당신에게 이자로 지불하지 않는다면 나는 사실상 당신에게 사기를 치는 셈이다! 그 돈은 내게 빌려주는 대신 당신이 직접 그러한 생산적 투자 계획에 넣어서 얻어낼 수도 있는 돈이기 때문이다.[24]

몹시도 공정하다! 이러한 리버럴 경제학의 장황한 수다에 은폐되어 있는 뒷면을 살펴본다면, 새뮤얼슨이 왜 생산수단의 계급적 독점을 논의하지 않으며, 왜 그가 기술 재전환 증명의 중요성을 은폐하고 있는지 알 수 있다. 자본주의 사회의 계급적 소득분배의 성격을 공정한 것이라고 옹호하는 게 그 목적이다. 새뮤얼슨이 소유로부터 생겨나는 소득을 이데올로기적으로 옹호하는 논리는 세, 시니어, 바스티아, 클라크, 그 밖의 보수적 신고전파 경제학자들의 논리와 본질적으로 다르지 않다.

오스트리아학파와 시카고학파

극단적인 자유방임 자본주의를 옹호하는 신고전파 경제학자들의 학파가 있는데, 이들은 시니어와 바스티아를 오늘날에 재현한 이들이라고 할 만하다. 이 집단은 사실 두 개의 비슷하지만 사실은 별개의 학파인 오스트리아학파와 시카고학파로 나눌 수 있다. 오스트리아학파는 그 계보를 카를 멩거(10장을 보라)로까지 직접 거슬러 올라갈 수 있다. 멩거의 극단적인 방법론적 개인주의야말로 오스트리아학파의 사회철학의 기초이다.

멩거의 1세대 제자 중에는 보수주의자들만이 아니라 사회 개혁가들도 있었지만, 오스트리아학파는 극단적 보수주의의 성격을 가지게 된다. 사실 이 학파는 멩거의 2세대 제자 중 두 사람인 루트비히 폰 미제스Ludwig von Mises와 프리드리히 하이에크Friedrich A. Hayek가 만들어낸 것이라고 보는 것이 옳다. 미제스와 하이에크는 둘 다 다양한 시기에 시카고 대학에서 교편을 잡았다. 이 두 사람은 시카고 대학에서 오랜 기간 재직한 프랭크 나이트Frank H. Knight와 함께 시카고학파의 형성에 가장 중요한 영향력을 행사했다. 최근 세대 중에서는 밀턴 프리드먼Milton Friedman이 시카고학파에서 가장 영향력 있는 학자였다. 1976년 프리드먼은 노벨 경제학상을 수상했다.

오스트리아학파와 시카고학파를 함께 분류하는 것에는 문제점이 없지 않다. 비록 이들 모두가 교환의 보편적 혜택, 극단적 개인주의, 자유방임에 대한 교조적인 옹호 등을 강조하는 점에서는 동일하지만, 방법론에 있어서는 차이점이 있다. 오스트리아학파는 보통 경제 이론에 대한 합리주의적 접근을 옹호하는 반면, 밀턴 프리드먼과 그 추종자들은 보통 경험주의적 접근을 옹호한다. 경제학계 내에서는 극단적인 개인주의적 입장에서 자유방임을 옹호하는 주장이면 모두 '시카고학파'라고 부르는 것을 볼 수 있지만, 오늘날의 신고전파 경제학자들 중 보수파들은 방법론적인 이유에서 오스트리아학파를 따르는 이들과 프리드먼의 시카고학파를 따르는 이들로 거의 엇비슷하게 나누어져 있다고 하는 게 옳을 것이다. 우리는 이러한 방법론적 차이점이 무슨 대단한 중요성을 가진 것이라고 보지 않는다.[25] 따라서 우리는 오늘날의 이 극단적 자유방임 옹호자들을 구별하지 않고 고찰할 것이다.

이 두 학파에서 가장 자주 나오는 주장 중 하나는 자신들의 이론이 모든 가치를 배제한 순수 과학으로서 어떤 규범적 판단도 담고 있지 않다는 것이다. 이는 옛날 시니어와 바스티아가 한 주장과 거의 동일하다. 예를 들어 프리드먼은 "원리상 경제학에는 어떤 가치 판단도 없다"[26]고 주장한다. 마찬가지로 리처드 매켄지Richard McKenzie와 고든 털록Gordon Tullock은 이렇게 말한다. "경제학자의 접근법은 **도덕과 무관한** 것이다. 경제학의 관심사는 어떻게 **되어야 하는가**가 아니라 … 현실에서 나타나는 사람들 행동의 이유를 이해하는 것이다."[27] 이들은 이렇게 주장한다. "우리들의 분석은 우리들 각자가 개인적으로 품고 있는 가치를 (가능한 한 최대한) 배제한 채 나온 것이다."[28] 아먼 알키언Armen Alchian과 윌리엄 앨런William Allen이 오스트리아 및 시카고학파의 관점에서 저술하여 널리 쓰이는 교과서에는 이런 문장이 나온다. "경제 이론은 '실증적' 또는 '비규범적'이다."[29]

이 두 학파의 이론은 순수한 가치중립적 과학을 표방하고 있을 뿐만 아니라, 오로지 자신들의 이론만이 순수 과학으로서의 경제학의 이름을 내걸 자격이 있으며 자신들의 이론은 모든 국민, 모든 사회 시스템, 모든 시대에 똑같이 적용된다고 주장한다. 한 예로 매켄지와 털록은 자신들의 책 서론에서 다음과 같은 주장을 내건다. "실로 이제부터 〔자신들의 책에서〕 전개되는 사고 과정 또는 정신적 기술을 익히고 활용하는 이는 경제학자이며, 그렇지 않은 자는 경제학자가 아니다."[30] 시카고 및 오스트리아학파에 몸을 바친 이 두 저자가 이토록 겸손한 분들이니 그들이 내거는 이론의 적용 범위 또한 엄청나다. 이들의 이론은 "경제학 이론의 유효한 핵심으로서 **모든 경제 시스템과 나라에 적용될 수 있다**".[31]

독자들은 자신들이야말로 모든 사회, 모든 장소, 모든 시대의 모든 인간 행동을 설명할 수 있는 유일한 가치중립적 경제 이론을 구성한다는 오스트리아 및 시카고학파의 이러한 주장에 주눅들지 않을 도리가 없을 것이다. 하지만 그전에 조앤 로빈슨(그녀는 나중에는 신고전파 경제학을 버리지만,

1930년대까지만 해도 신고전파 이론에 많은 독창적인 이론적 기여—리버럴 신고전
파라고 할 수 있을 것이다—를 했다.)이 내놓은 다음과 같은 언명을 찬찬히 음
미하기를 바란다.

> 사회과학에서 '가치 판단'의 문제에 대한 논쟁에는 상당한 혼란이 있었
> 다. 이데올로기적, 도덕적, 정치적 관점을 갖지 않은 사람은 이 세상에 아
> 무도 없다. 그런데도 누군가가 마치 자신은 아무런 관점을 갖지 않은 양, 그
> 래서 **순수하게 객관적인** 양하고 있다면, 이는 필시 자기 기만에 빠져 있는
> 것이든가 아니면 의도적으로 타인들을 기만하기 위한 술책일 수밖에 없다.
> 정직한 이라면 자신이 가지고 있는 선입견이 어떤 것인지를 명백하게 밝혀
> 야 하며, 자신의 선입견을 받아들이지 않는 독자들에게는 그 점을 충분히
> 감안하여 자신의 주장을 이해하도록 해주어야 한다. 이는 과학자의 정직한
> 직업윤리에 관한 문제이다.[32]

하지만 오스트리아 및 시카고학파의 문헌을 실제로 읽어보면 이들의 저
작은 전혀 가치중립적이지 않으며 이 점에서 시니어, 바스티아, 멩거의 분
석과 똑같다는 점이 확연히 드러난다. 실제로는 이 학파가 보수적 공리주
의 전통의 변함없는 가치에 토대를 두고 있다는 사실이 너무나 명확하게 드
러난다. 이 두 학파의 저작은 바스티아의 이데올로기를 한계 이익을 극대화
하는 관점으로 언명한 것이라고 말하는 게 정확할 것이다.

오스트리아 및 시카고학파는 리버럴 신고전파 학자들이 자유방임 이론
으로는 현실을 제대로 나타내지 못한다고 생각하는 네 가지 주요 영역(앞
절에서 살펴보았다)에 크게 괘념치 않는다. 따라서 이들은 리버럴 신고전파
와는 달리 정부 활동의 고유한 영역을 현존하는 시장 시스템을 보호하는
것(즉 사적 소유를 보호하고 계약을 법적으로 강제하는 것) 이상으로 확장해야 할

이유가 없다고 생각한다. 앞으로 보겠으나, 이들은 보통 모든 인간 행위는 교환 활동으로 환원할 수 있다고 생각한다. 마르크스가 이 학파의 선구자라 할 바스티아 등등에 대해 말했듯이, 교환만을 보게 되면 자본주의야말로 자유, 평등, 소유, 벤담의 공리주의 등이 살아 숨 쉬는 진짜 낙원이라는 환상에 휘둘리게 된다(이 문장은 마르크스에서 따온 것으로, 본래의 인용문은 9장을 보라).

리버럴 신고전파 학자들로 하여금 극단적인 자유방임에 반대하게 만들었던 네 가지 문제를 오스트리아 및 시카고학파는 그야말로 단칼에 해치운다.

첫째, 이들은 시장이 자동성을 가지고 있다는 세의 법칙에 대한 신앙을 굳건히 유지한다. 이들은 자본주의에서 지금까지 관찰된 모든 불안정성은 모조리 정부의 지나친 개입의 결함이라고 간명하게 단언한다. 그래서 프리드먼은 이렇게 말한다. "사실을 보자면 대공황 또한 다른 모든 심각한 대량 실업의 기간과 마찬가지로 민간 경제에 무슨 본질적인 불안정성 따위가 있어서가 아니라 정부가 잘못 관리되었기 때문에 생겨난 사건이었다."[33]

둘째, 이들은 거대 기업이 일반적으로 중대하고 유의미한 독점력을 가지고 있다는 것도 한마디로 부인한다. 다시 한 번 프리드먼의 말이다. "기업 독점에 있어서 가장 중요한 사실은, 경제 전체에서 보면 그것이 별로 중요한 문제가 아니라는 점이다."[34] 물론 이들도 비록 작고 별로 중요하지 않다고 해도 독점력이 존재한다는 것은 분명히 인정한다. 하지만 이는 결코 자본가의 행동에서 기인한 것만큼은 아니다. 민간 자본가 쪽에서 독점력을 확보하려는 시도가 있다고 해도, "이는 일반적으로 안정적이지 못하며 잠깐 있다가 사라질 뿐이다. 만약 계속 이런 것이 존속한다면 이는 이들이 정부를 이용하여 도움을 얻어낼 수 있는 경우뿐이다".[35] 여기서도 다시 한 번 죄인은 자본가가 아니라 정부인 것이다(그리고 그 해악 또한 크지도 대수롭지도 않다). "오늘날까지 독점력의 가장 중요한 원천은 정부의 지원이었다고 보아야 할 것이다."[36]

셋째, 정부가 마땅히 공급해야 한다고 이 두 학파가 생각하는 유일하게 '정당한' 사회적 소비재는 국방이다. "사람에 따라 자신이 원하는 국방의 양이 다르다고 해서 다른 양을 얻을 수 있는 것은 아니다."[37] 따라서 이 특별한 경우에서만큼은 정부가 우리에게 국방을 제공해야겠지만, 다른 거의 모든 경우에서는 "정부의 개입이 개인적 자유의 영역을 제한"[38]하며 따라서 바람직하지 못하다.

넷째, 우리는 이미 이 두 학파가 외부성 문제에 대해 어떻게 반응했는지를 논의했다(14장을 보라). 이들이 제시하는 대답은 오염 행위에 대한 사적 소유권을 창출하여 이를 자유롭게 사고팔 수 있는 시장을 확립하라는 것이다. 우리는 이러한 제안이 외부성을 단순히 형이상학적으로 주어진 것이라고 보는 이 두 학파의 개인주의적 신앙에 기초하고 있음을 이미 보았다. 하지만 현실에 있어서는 개인들이 마음만 먹으면 얼마든지 외부성을 창출할 수 있다 (왜냐면 우리가 실제로 살고 있는 현실은 개인들로 이루어진 수억 개의 세상이 아니라 단 하나의 사회이기 때문이다). 일단 이 점을 인정한다면, 이 두 학파의 제안을 따르게 될 경우 자유 시장은 인간 세상의 불행과 비참을 자동적으로 극대화하는 '보이지 않는 발'로 변할 것이다(14장을 보라).

오스트리아 및 시카고학파는 이렇게 리버럴 신고전파 경제학자들의 걱정을 모조리 날려버리고 극단적인 자유방임을 옹호한다. 예를 들어 밀턴 프리드먼은 그의 《자본주의와 자유 Capitalism and Freedom》에서 다음과 같은 것들을 모조리 제거할 것을 옹호한다. (1) 법인세, (2) 소득에 따른 차등적 조세, (3) 무상 공공 교육, (4) 사회보장, (5) 식품 및 약품의 안전성에 대한 각종 정부 규제, (6) 의사 및 치과 의사의 자격증, (7) 공공의 우편업 독점, (8) 천재지변시 정부가 지급하는 구호, (9) 최저임금 법률, (10) 고리

대금업자에 대한 이자율 상한제, (11) 마약 판매를 금지한 법률, (12) 사적 소유와 계약 관련 법률의 집행과 국방을 넘어서는 거의 모든 형태의 정부 개입. 이것이 바스티아의 지적 후손들이 과학이라고 내린 결론이다. 보이지 않는 손은 합리적이며 효율적이라 할 만한 거의 모든 것을 다 이루면서도 최대한의 자유를 유지해준다는 것이 이들의 믿음이다.

그렇다면 이들은 자신들의 주장을 완전히 파괴하는 기술 재전환 문제의 증명(16장을 보라)에 대해서는 어떤 태도를 취할까. 이들 대부분은 이 문제를 회피할 수 있는 논리를 대고 있지만, 아주 값비싼 지적 대가를 치르게 된다. 이들은 자본주의의 존재 자체를 아예 부인한다. 이들의 관점에서 보면, 애초부터 자본이라고 부를 만한 보편적 사물이 존재하는 것이 아니며 따라서 자본의 생산성을 계산해야 할 이유도 없다. 이미 오래전에 세, 시니어, 바스티아가 시작한, 노동과 자본의 차이를 모호하게 만드는 작업 과정을 이들이 완성한 셈이다. 이들의 이론에서는 노동자도 자본가도 존재하지 않는다. 오로지 교환을 행하는 개인만이 있을 뿐이다. 한 예로 알키언과 앨런은 이렇게 말하고 있다. "모든 개인은 … 자본재의 한 형태이다. 그리고 거의 모든 물리적 재화는 그것이 지금 눈앞에서 갖는 가치를 갖기 위해서는 누군가의 노동이 들어가지 않을 수 없었다는 의미에서 볼 때 노동의 한 형태이다."[39]

각각의 개인이나 가계를, 자율적이며, 계산적이며, 합리적인 극대화의 교환 행위자라고 보는 공리주의의 사회적 관점을 가장 완벽하고 가장 일관되게 발전시킨 것이 바로 오스트리아 및 시카고학파이다. 프리드먼에 따르면,

> 자발적 교환에 의해 조직된 사회에 가장 근접한 모델이 있다면 바로 자유 기업 교환경제인데, 이것이 우리가 경쟁적 자본주의라고 불러온 것이다.

이러한 사회의 가장 단순한 형태는 수많은 독립적인 가계로 구성되어 있는데, 비유를 들자면 로빈슨 크루소들을 한데 모은 것이라고 할 수 있다. 각각의 가계는 자신이 통제하는 자원을 사용하여 재화 및 서비스를 생산하며, 이를 다른 가계들과 협상하여 받아들일 수 있는 조건으로 다른 가계가 생산한 재화 및 서비스와 교환한다.[40]

이렇게 고풍스럽고 예쁜 그림이 또 있을까. 각각의 독립적인 가계는 모두 가족이 운영하는 작은 공장이다. 자본가도 없고 노동자도 없다. 교환을 통해 자신의 효용을 극대화하는 가계에는 오로지 개인들만 있을 뿐이다. 파업도 없으며 공장 폐쇄도 없으며 어떤 갈등도 없다. 오로지 조화롭고 효용을 극대화하는 개인들만 있을 뿐이다.

그렇다면 이자율은 도대체 무엇인가? 이 두 학파에 따르자면 이자율이란 단지 교환을 다스리는 가격의 하나일 뿐이다. 개인들은 시간 속의 한 지점에서 교환을 하기도 하며, 또 일정한 기간에 걸쳐서 교환을 하기도 한다. 즉, 이들이 상품의 판매와 구매를 행하는 시점과 실제 인도가 일어나는 시점은 다를 수 있다는 것이다. 상품을 지금 당장 소비하지 않고 놓아둘 경우 상품이 갖는 능력은 늘어나게 된다(상품이 능력을 갖는다니, 이쯤 되면 거의 마술이다). 어떤 개인이 미래의 소비에 비해 현재의 소비를 얼마나 더 선호하는가는 그 개인의 주관적 척도이며, 상품을 소비하지 않고 놓아두면 시간이 지나면서 그 능력이 얼마나 더 늘어나는가는 객관적 척도이다. 이자율은 이 두 수량(이 둘은 균형 상태에서는 동일하다)으로 구성되는 단일의 척도이다. 따라서 이러한 관점에서 보자면 자본을 합산할 필요조차 없다. 왜냐면 보기에 따라서는 모든 것이 자본이기도 하며 또 어떤 것도 자본이 아니기도 하기 때문이다.

"정치경제학은 교환이다"라는 바스티아의 명제는 이 이론에서 그 논리적 극단에 도달한다. **모든 인간 행동과 상호작용은 단순하고 합리적이며 효용을 극대화하는 교환으로 환원된다.** 이 세상은 자신들의 이론이 취하는 개념 정의와 가정 덕분에 항상 파레토 최적이라는 지복 상태에 있다. 모든 것은 항상 합리적이며 효율적이다.

이렇게 모든 인간 행동과 상호작용을 단순한 교환으로 환원하는 경향은 우선 이들의 기업 개념과 생산과정의 개념에서 시작된다. 이러한 이 자론의 최고의 결정판이라고 할 허시라이퍼J. Hirschleifer의《투자, 이자, 자본 *Investment, Interest and Capital*》은 각 개인에게 '최초의 자원부존', 즉 "최적화 선택을 위한 출발점[참으로 편리한 장치이다!]을 제공하는 재화의 조합"[41]을 부여하는 신의 섭리(또는 맬서스가 말하는, 인생이라는 거대한 제비뽑기)에서 이야기를 시작한다. 그다음으로 개인들은 이 '최초의 자원부존'으로 자신에게 주어진 재화를 직접 다른 효용 극대화 교환자와 교환하든가, 아니면 그것으로 생산활동을 행하든가 하여 자신의 효용을 극대화할 재화를 획득할 수 있다.

영리 기업이란 "각종 생산활동(다른 경제 행위자와의 교환을 통해서가 아니라 자연을 다루는 것을 통하여 상품 조합을 변형시키는 행위)에 전문화된 한 명 이상의 개인들의 집단"[42]으로 정의된다. 따라서 신고전파 경제 이론의 두 주요한 분과—소비 이론과 생산 이론—에서 소비란 단순히 사람들 사이의 교환만을 포함하는 반면, "생산은 자연과의 '교환'이다".[43] 따라서 모든 경제활동은 교환일 뿐이다. 이 책 전체에 걸쳐서 누누이 말했지만, 공리주의 경제학의 위대한 '심오함'은 전적으로 만약 교환이 자발적이라면 양쪽 모두 이득을 보며 조화가 지배하게 될 수밖에 없다는 명제에 의존하고 있다. 자본주의 시스템에서 어떤 교환자들은 커다란 협상력을 가지고 있으며(사회적으로 유용한 일은 별로 하지도 않는데도), 다른 교환자들은 전혀 협상력을 갖지 못하거나 심지어 절망적인 상태에서 교환을 행한다. 하지만 이 이론은 자본주의 시스템이 어떻게 이러한 상황을 만들어내는가는 완전히 간과한다. 여하튼 일단 '최초의 자원부존'— 공리주의 경제학에 나오는 용어이다. 이렇게 현실을 신비화하는 어구가 또 있을까! —이 주어져 있는 상태라면 양쪽 교환자 모두가 분명히 이익을 보게 되어 있다. 이를 쉬운 말로 풀어보자. 앉아서 굶어 죽는 것보다는 아무리 끔찍한 노동 조건이든 아무리 한심한 임금이든 받아들여서 일하는 편이 더 낫다는 것이다. 자본과 이자에 대한 오스트리아 및 시카고학파의 접근법에서는 모든 상품에 현재의 가격과 미래의 가격이 존재한다. (지금 당장 사용되는 노동이나 미래에 사용되는 노동에 대한) 임금률도 다른 모든 상품 가격과 마찬가지이다. 투자란 자연 또는 다른 교환자와 현재의 재화를 미래의 재화로 교환하는 것일 뿐이다. 자본은 모든 미래 소비재의 현재 가치(그 개인이 그 소비재를 소비할 수 있는 미래 시점까지의 이자율로 할인한 가치)에 불과한 것으로 정의된다. 따라서 미래에 무언가 향유할 재화가 있다면 정의상 모든 개인은 다 자신의 자본을 가지고 있는 셈이며, 따라서 모든 개인은 미래와 현재 사이에 걸쳐서 효용을 극대화하기 위한 교환을 하고 있으므로 모두 다 자본가이다.

　이러한 이론의 본질적 성격은 신고전파 경제학의 비판자 중 한 사람인 누티 D. M. Nuti가 가장 잘 기술했다.

　　이러한 접근법의 한계는 다음 한 문장에 집약되어 있다. "생산은 자연과의 '교환'이다." 즉 생산적 투자는 자연과의 선물先物 교환으로 취급된다. 이 때문에 이 분석의 유효성은 다음의 경우로만 제한된다. 우선 아무 노력 없이 씨가 저절로 땅에 뿌려져서 수확도 저절로 이루어지기 때문에 생산이란 곧 시간에 따른 씨앗의 성장을 의미하는 그런 기술의 경우. 노동자가 말 등의 가축과 마찬가지인 노예 경제의 경우(노동자를 매매하는 것은 현재이지만 노동 서비스의 인도는 미래에 이루어지는 경우).* 일도 하고 자기 증식도 하는 로봇으로 이루어진 경제의 경우. 개인 또는 협동조합과 같은 생산자로 이루어진 경제의 경우[즉 노동력이 매매되지 않고 생산자가 생산수단을 통제하는 경제의 경우]. 이 경우 이외에는 노동자를 고용하게 되며, 최초의 자원부존에는 오로지 소유자 자신의 노동만이 들어간다. 따라서 주어진 최초의 '자원부존'(이것이 재화들 묶음의 형태인지 '자금'의 형태인지는 상관없다)에 대응하는 생산 가능 집합 자체가 날짜 붙은 노동의 임금률 [의 변화]과 함께 변할 수밖에 없다. 최초의 자원부존에 포함된 자신의 노동에 대해서는, 모든 상품 중에서도 노동력이라는 상품은 자본주의 시스템에서 선물 시장을 상상조차 할 수 없는 상품이라는 점을 기억해야 한다. 이는 노동이 투입물로서 갖는 특별한 성질 때문인데, 노동자는 농노, 노예, 말과 가축, 로봇과 달리 자신이 원하면 언제든 일을 그만두고 떠날 수 있다.[44]

이러한 비판은 오스트리아 및 시카고학파의 이론을 완전히 파괴한다. 앞에서 보았듯이, '자유' 노동자의 존재야말로 자본주의를 규정하는 특징 중 하나이다. 노동자의 '자유'란, 노동자가 계약으로 명확히 규정된 한정된 기간 동안만 자신의 노동을 판매할 수 있다―즉 노동자는 자신을 노예로서 팔 수 없다―는 사실에 있으며, 또 대부분의 노동자는 생산수단에 대해 어떤 통제력도 '없다free'●●는 사실에 있다. 다시 말해서, 노동자는 살아가기 위해서 자신의 노동을 이렇게 한 번에 한정된 한 기간씩으로 잘라서 팔아야만 한다는 것이다. 이는 자본주의를 규정하는 특징 중 하나일 뿐만 아니

● 즉 노예를 일단 노예 시장에서 사오면 그 노예가 죽을 때까지 주인이 원하는 순간 어느 때든 부려먹을 수 있는 경우.

●● 8장에서 설명했지만, 독일어의 frei나 영어의 free는 '자유롭다'는 뜻도 있고 또 '…이 없다'는 뜻도 있다. 이것은 마르크스가 말한, 근대적 노동계급이 '이중적인 의미에서 자유롭다'는 말이다.

라, 신고전파 경제 이론에 있어서도 매번의 시기에 '완전경쟁' 노동시장이 존재하기 위해서는 필수적인 조건이기도 하다.

이렇게 기술 재전환 증명(16장을 보라)의 파괴적인 비판을 피해보려다가 이들의 이론은 보편적이지 **않을** 뿐만 아니라 더욱이 자본주의에는 적용할 수 없는 것이 되고 만다. 이들의 이론이 기술할 수 있는 종류의 경제는 오직 상업적 지향성을 갖는 노예 경제이거나 아니면 모두 다 스스로의 생산수단을 가지고 있는 작은 규모의 독립적 생산자로만 이루어진 경제뿐이다. 그리고 우리가 앞에서 인용한 프리드먼의 문장에서 보았듯이, 이 후자의 비전, 즉 작고 독립적인 생산자가 무수히 존재한다는 비전이 바로 이 두 학파의 관점에서 특징적으로 나타나는 비전이다.

하지만 이 두 학파는 자신들이 기술하는 경제가 자본주의인 것처럼 독자들이 믿게 만들고 싶어 한다. 이 딜레마에서 빠져나오는 방법으로 보통 쓰이는 것은, 이 이론을 자본주의에 적용할 수 없다는 사실을 모호하게 하는 것이다. 이는 알키언과 앨런의 저서에 나오는 다음의 인용문에 잘 드러난다.

> 물론 현실에 존재하는 투입물의 유형은 무한히 다양하지만, 우리는 보편적으로 단 두 가지의 투입물만을 논하는 것이 편리하다는 것을 알게 될 것이다. 그 각각에 특정한 투입물의 이름을 붙이는 대신 우리는 그저 이 둘을 A와 B라고 부를 수 있다. 좀 더 일반적으로 행해지는 바는 이 두 가지의 가장 광범위한 투입물의 종류에 **노동**과 **자본**이라는 표준적인 이름을 붙이는 것이다.[45]

이렇게 노동과 자본이라는 두 개의 '표준적인 이름'을 사용하는 것이 알키언과 앨런에게 각별히 '편리한' 이유가 있다. 이 인용문 뒤에는 분배에 대한 논의가 전개되는데, 거기서 이들은 자본이란 합산이 가능한 수량이며, 그 한계생산물 또한 명확히 규정할 수 있으며, 그 한계생산성으로 결정되는 단일한 양의 '보상'을 가지고 있음을 보여주기 때문이다.[46]

알키언과 앨런은 '몇 가지 주의를 요하는 논평'을 붙이면서 논의를 끝낸다. 그러한 논평 중 하나는 이런 것이다. "이 분석은, 서로 다르지만 내적으로는 동질적인 … 자원의 집합이 존재한다는 가정을 필요로 하지 않는다."[47] 하지만 이들은 만약 자본이 어떤 동질적인 '지속되는' 실체를 포함한다는 가정을 없애면 이 이론을 더 이상 자본주의에 적용할 수 없다는 사실은 굳이 말하지 않는다. 또한 만약 이러한 가정을 없애지 않고 유지할 경우에는 저 기술 재전환의 증명을 통한 비판으로 이론 전체가 파괴되는 것을 막을 길이 없다는 사실도 말하지 않는다.

그런데 알키언과 앨런은 이 문제를 정면으로 다루지 않고서 이 논의에 뒤이은 다음 쪽에서는 그저 교조적으로 "한계생산성 이론은 모든 경제에서 유효하다"[48]고 단언한다. 만약 독자들 중에 베블런이 존 베이츠 클라크를 비판하면서 그를 조롱하기 위해 들었던 예가 (즉 "떼를 지어 해초와 파도 사이에서 갈퀴로 배를 저으면서 조개를 많이 잡게 해달라고 주문呪文을 외우는 알류시안 열도의 원주민들"도 클라크의 이론 속에서는 서로 조화를 이루는 신고전파 경제학의 효용 극대화 행위자로서 이해할 수 있다는 구절) 좀 심하다고 생각하는 독자가 있다면, 알키언과 앨런을 읽어보기 바란다. 그들이 아니더라도, 자신들의 이론은 가치중립적이며 어디에나 적용되는 보편적 과학이라고 엄숙하게 선언하는 오스트리아 또는 시카고학파의 이론가 누구의 저작을 읽어도 마찬가지이다.

이들의 과학이 어디에나 적용될 수 있는 것은, 그것이 아무 데도 적용될 수 없는 이론이기 때문이다. 이 두 학파가 내놓는 이론화 작업은 대부분 완전히 순환논증에 기초하고 있다. 그 논지는 다음과 같이 전개된다.

1. 모든 인간 행동은 선택을 포함한다.

2. 모든 선택 상황에서 어떠한 것을 선택하든 여기에는 이득과 비용이 포함된다(명시적 비용이든 암묵적 '기회' 비용이든 상관없다).

3. 따라서 모든 인간 행동은 비용을 대가로 이득을 얻는 과정을 포함하는 한, 교환을 포함한다.

4. 모든 인간은 합리적으로 선택한다. 즉 이들은 비용의 비효용(또는 기회 비용으로 포기해야 하는 효용)보다 이득에서 오는 효용이 더 크도록 그 초과량을 극대화하는 방식으로 교환을 수행한다.

5. 따라서 모든 선택은 합리적이며, 교환 과정에서 택할 수 있는 모든 선택지 가운데서 최상의 것을 나타낸다(공리주의의 신고전파 경제학자들은 자본주의 사회에서 어떤 개인들은 너무나 많은 선택지를 갖는 반면 다른 이들은 너무나 적은 선택지를 갖는다는 문제를 항상 회피한다).

6. 모든 선택 또는 모든 교환(이 둘은 동일하다)은 합리적이며, 각각의 선택자 또는 교환자의 효용을 극대화한다. 따라서 총효용은 항상 극대화된다.

7. 따라서 자본주의 사회에서의 자유 교환은 모든 개인들의 이익을 조화시키며, 효용을 극대화하며, 합리적 가격을 산출하며, 효율적인 자원 배분을 산출하며, 일반적으로 모든 가능성 중에서 최상의 세계를 자동적으로 만들어준다.

8. 더욱이 모든 인간 활동은 사실상 교환이므로, 자본주의 사회의 모든 측면은 하나도 빠짐없이 모두 합리적이며 최고의 행복을 약속한다.

어떤 독자들은 우리가 이렇게 여덟 개의 논점으로 정리한 명제를 보면서 그들의 주장을 너무 과장되게 표현한 것 아니냐고 생각할 수도 있겠다. 아무렴 설마 자본가와 노동자 사이의 모든 교환까지도 노동자에게 유의미한 큰 혜택을 준다고 진짜로 생각하겠는가? 아무렴 모든 인간 행동이 다 계산적이며 합리적인 효용 극대화라고 생각하겠는가? 그렇다면 우리는 오스트리아 및 시카고학파의 경제학자들 스스로가 대답하도록 그들의 말을 그대로 인용하겠다.

자본가가 생산수단을 독점해 노동자에게 커다란 혜택이 돌아간다는 주장의 예로서, 오스트리아 및 시카고학파의 창시자 중 하나인 루트비히 폰 미제스의 말을 들어보자. 이 경제학자는 인간 복지의 모든 증진은 세 가지 '진취적' 계급이 만들어내는 것이라고 생각한다. 저축가, 자본에 투자하는 소유자, 혁신가가 그들이다.

> 모든 사람은 자본주의 사회의 이 세 가지 진보적 계급에 합류할 자유를 가지고 있다. … 자본가[저축가], 기업가[투자가 또는 자본재의 소유자], 새로운 기술적 방법의 발명가가 되기 위해 필요한 것은 두뇌와 의지력이다. 부자의 상속인은 분명 다른 이들보다 유리한 조건에서 시작하므로 일정한 이점을 갖는 것은 사실이다. 하지만 그가 시장에서 경쟁에 부닥치며 맡게 되는 임무는 만만한 것이 아니며, 종종 새로 합류한 이들보다 임무는 더 고달프면서 보수는 더 적은 경우도 있다.[49]

가엾어라, 자본가의 부를 상속한 불쌍한 이들이여. 우리보다 더 '고달픈' 일을 하면서 '보수는 더 적다'니. 그런데 어찌된 일인지 (우월한 유전자 덕분일까) 록펠러와 같은 집안은 이러한 불리한 조건에도 불구하고 대대손손 성공을 거두고 있는 듯하다. 노동자는 이렇게 출중한 '두뇌와 의지력'을 소유한 '진취적인' 이들에게 그저 노동을 판매하여 교환만 하면 되므로 결국 큰 혜택을 보고 있는 셈이다. 그렇다면 우리는 애덤 스미스의 명제를 거꾸로 뒤집어서 이렇게 말할 수도 있을 것이다. 노동자는 씨앗을 뿌리지도 않고서 수확을 거두어 간다고. 노동자는 시장의 조화가 가져다주는 혜택 덕분에 자본가가 이룩한 '성취물'의 '결실을 향유'할 수 있는 셈이라고. 실제로 폰 미제스는 이렇게 말한다.

> 시장경제의 독특한 특징은 다음과 같은 사실에 있다. 저축하는 이, 자본재에 투자하는 이, 자본의 새로운 활용 방법을 만들어내는 이라는 세 가지 진취적 계급의 노력으로 개선이 생겨나며 그 개선의 더 큰 부분은 대다수의 진취적이지 못한 사람들에게 분배된다는 것이다. … 시장의 작동 과정은 일반 사람들에게 다른 사람들이 이룩한 성취물의 결실을 향유할 기회를 제공한다. 이 과정에서 앞에서 말한 세 가지 진취적 계급은 진취적이지 못한 대다수 사람들에게 최상의 방법으로 봉사하도록 강제당하는 것이다.[50]

그러니까 이자를 받는 채권 소유자, 배당금을 받는 주식 소유자, 그 밖에 아무 경제적 기능도 하지 않는 다양한 금리 수취자가 얻는 엄청난 액수의 소득은 단지 이들이 '두뇌와 의지력'을 '고달프게' 행사한 데 대한 '정당한 수익'일 뿐이며, 온갖 생산활동을 다 떠맡는 보통 사람들은 이들이 이룩한 '성취물'을 그냥 노동자로서 '결실만 향유'한다는 이야기이다. 이 보통 사람들은 얼마나 대단한 행운아인가! 그리고 아무 기능도 하지 않는 금리 수취자가 알고 보니 이렇게 큰 혜택을 가져다주는 계급이었을 줄이야. 그러니 이들이 없다면 과연 노동자가 제대로 먹고살 수나 있겠는가? 폰 미제스는 그럴 수 없다고 생각했다. 톰프슨, 호지스킨, 마르크스, 홉슨, 룩셈부르크, 레닌, 베블런과는 생각이 전혀 다른 셈이다.

마지막으로, 오스트리아 및 시카고학파는 인간의 모든 행위를 합리적 계산으로 효용을 극대화하는 교환으로 환원한다. 그 덕분에 이들은 자유 시장에 근거한 자본주의 시스템이야말로 경제적인 면에서나 비경제적인 면에서나 이 세상에 존재할 수 있는 최상의 세계라는 것을 증명할 수 있다.

오로지 자신들의 사상을 따를 때만 경제학이 성립할 수 있음을 우리에게 일깨워준 매켄지와 털록은 이러한 심오하고도 영원한 진리를 증명해나간다. 그들 저서의 '왜 사람들은 잔디밭에 들어가는가'라는 제목의 장을 보자. 여기서 그들은 잔디밭을 밟고 지나갈까 말까를 선택하려 하는 (또는 그행위에서 생겨나는 교환을 행할 것인지를 결정하려 하는) 개인을 기술하고 있다. "잔디를 밟기 전에 그는 그 행위에서 얻는 편익을 재빨리 생각해보고 그다음에는 비용을 계산해야 한다. 그 결과 계산된 편익이 비용을 초과할 경우그는 잔디를 밟는다. 그는 이를 매우 합리적으로 행하는 것이다!"[51] 자본주의에서는 심지어 잔디밭을 밟고 지나가는 행동마저도 만인의 이익이 조화를 이루면서 쾌락의 지복점에 이르는 데 기여하는, 합리적이고 효용을 극대화하는 행위인 셈이다. 참으로 마음 든든해진다.

하지만 설마 이 공리주의자들은 우리 대부분이 정열passion의 결과라고 생각하는 종류의 행동에서조차도 인간이 합리적이고 계산적인 쾌락 기계일 뿐이라고 생각하는 것일까? 매켄지와 털록은 인간의 행동 중 합리적이고 효용을 극대화하는 교환의 결과가 아닌 것은 단연코 없다고 분명히 말한다. 이들은 성행위를 예로 든다. 한번 들어보자. "성행위는 생산되어 조달되는[즉 교환을 통해 얻는] 서비스이다. 다른 모든 생산과정과 마찬가지로 … 성적 경험은 비용을 수반한다."[52] 우리는 모두 다 합리적인 효용 극대화의 로봇이므로,

> 성행위에 대한 수요량은 가격의 역함수라는 결론이 도출된다. … 이러한 역관계가 생겨나는 이유는 단순하다. 합리적 개인이라면 성행위에 있어서도 한계편익과 한계비용이 일치하는 지점까지만 소비를 계속할 것이기 때문이다. … 만약 성행위의 가격이 다른 재화에 비해 더 상승하게 되면 소

비자는 다른 재화를 더 소비하고 성행위 소비는 줄이는 쪽을 '합리적으로' 선택하게 된다. (만약 상대가격이 변한다면, 다른 재화뿐만 아니라 아이스크림이 성행위를 대신할 수 있다.)[53]

매켄지와 털록은 성매매뿐만 아니라 '보통의 성관계'도 논의한다. 성매매에서는 지불이 '화폐적'으로 이루어지지만, '보통의 성관계'에서는 지불이 '비화폐적'[54]으로 이루어진다는 차이가 있을 뿐이다. 합리적이고 효용을 극대화하는 쾌락 기계의 입장에서 보면, 어느 쪽이든 성행위는 원리상 모두 동일하다. 이들은 한술 더 떠서 결혼 상대자를 선택할 때 그리고 이들 표현으로 '자식 생산'을 할 때도 우리가 어떻게 합리적인 효용 극대화의 교환 행위를 하는지를 설명하며, 그 행위의 유형은 다른 경우와 동일하다고 말한다. 한번 더 들어보자. "자식 또한 경제적 재화이다."[55] 자식을 기르는 모든 활동—심지어 아이를 때리는 것도 포함하여—도 그저 합리적이고 효용을 극대화하는 일련의 교환 행위라는 것이다.

스미스와 리카도는 자본주의 사회 전반의 비전을 제시하는 장엄한 업적을 이루었다. 그 가운데 이들은 자본주의를 효용(또는 교환)의 관점에서 또 노동(또는 생산)의 관점에서 모두 조망했음을 우리는 앞에서 보았다. 신고전파 경제학은 그중 효용의 관점을 끝판까지 확장한 것을 대표한다. 이 효용의 관점을 발전시켜온 사상사의 자취라는 것이 리카도 이후로 어떠한 지적 퇴화 과정이었는지를 우리는 이 책 전체에서 살펴보았다. 이러한 퇴화 과정을 모면할 수 있었던 것은 오직 밀, 케인스, 새뮤얼슨과 같은 절충주의자들뿐이었다. 이들은 비록 효용의 관점에 서 있었지만 좀 더 현실적인 관점을 결합시킬 정도의 양식을 갖추었기 때문이다. 매켄지와 털록이 내놓고 있는 주장은 예전부터 나온 진부한 것들로서, 이는 순수한 개인주의적 공리주의를 논리적으로 일관되게 구성하면 그 발전 과정에서 필연적으로 나올 수밖에 없는 결론이며, 그러한 공리주의가 궁극적으로 완승을 거두었음을 보여주는 것이라고 할 수 있다.

우리는 매켄지와 털록이 이토록 진부한 명제를 이토록 공격적인 방식으로 내걸고 있는 것을 보면서 깊은 슬픔을 느낀다. 단순히 이들이 진부한 명제를 다시 내걸고 있다는 점 때문만이 아니다(따분한 생각을 지지하는 이들은 언제나 있으며 앞으로도 그럴 것이다). 이 진부한 명제가 어느 정도는 현실을 반영하는 것이라는 사실 때문이다. 우리 사회에 횡행하고 있는 소외의 정도가 너무나 극심하여, 자본주의 사회에 사는 이들 중 일부의 행동이 매켄지와 털록의 '이론'이 기술하는 것과 어느 정도 일치한다는 점 때문에 우리는 슬픔을 느끼지 않을 수 없다. 이러한 사람들은 심한 심리적 억압에 시달려 단지 합리적이며 계산적인 로봇과 같은 존재가 되어가고 있는 것이다.

공리주의적 한계주의 경제학은 이 극심한 소외라는 사회적 현실의 한 증상임이 분명하다. 이는 인간 행위 가운데서도 가장 소외되고 억압당하고 정서적으로 파편화되고 병리학적으로 망가진 인간 행동을 들어서, 이것이야말로 보편적인 인간 본성이라고 가정하고 이를 인간 잠재력의 극치라고 치켜세우는 철학이다.

마르크스와 베블런의 전통에서 본다면 중요한 문제는 어떻게 하면 가장 유리한 조건으로 성행위를 구매할 것인가도 아니며, 어떻게 하면 '자식 생산'에 있어서 가장 영리한 투자를 할 것인가도 아니다. 이 전통에서 보았을 때 정말로 중요한 문제는 어떻게 하면 사람들 모두가 자신들에게 내재되어 있는 정서적, 미학적, 지적, 신체적 잠재력을 최대한으로 끌어낼 수 있는 사회를 만들 것인가이다. 그 과정에서 사람들은 서로는 물론 자기 자신까지도 모두 세상에 하나밖에 없는 귀중한 인간 존재로서, 즉 상품으로서가 아니라 목적 그 자체로서 대하지 않을 수 없게 될 것이다. 우리의 가장 진정한 인간적 필요를 흡족하게 충족시켜줄 수 있는 종류의 인간적 상호작용과 정확히 반대가 되는 것이 있다면, 이는 바로 오스트리아 및 시카고학파가 드높이 찬양하는, 인간을 상품으로 보아 상업적이고 합리적으로 취급하는 것이다. 슬픔을 느끼게 하는 것이 하나 더 있다. 우리 사회의 소외가 도대체 얼마나 극심한 정도에 이르렀으면 이 두 학파가 계속 번창하여 경제학계의 주요한 분파를 이루었단 말인가. 인간의 가치를 이토록 깔보는 태도가 순수한 가치중립적 과학인 양 통용되는 일은 오로지 극심하고 만성적인 소외가 광범위하게 퍼진 사회에서만 가능한 것이니까.

싸움은 계속된다

정통 주류 경제학은 오래전부터 두 갈래로 갈라져 있었다. 이는 19세기 중반 밀과 바스티아에서 유래하여 20세기 중후반에는 새뮤얼슨과 프리드먼의 저작을 거쳐서 오늘날에 이르고 있다. 이러한 양분은 오늘날 거시경제학에서 가장 명확하게 드러나고 있다. 각 나라의 자본주의 경제가 자유방임 상태에 있으면 내재적으로 안정성을 가지게 되는지의 문제에 대해 거시경제학 분야에서 또다시 의견 차이가 발생하고 있음을 볼 수 있다. 비록 이는 거시경제학의 맥락에서 생겨나는 질문이지만, 오늘날의 정통 주류 경제학 안에서 의견 차이를 보이는 집단들은 이 문제를 자신들 모델의 '미시적 기초'라는 방식으로 제기하는 경향이 있다.

1970년대 들어와 정통 주류 경제학 내의 흐름은 보수적 분파 쪽으로 기울기 시작했다. 선진 자본주의 국가들은 인플레이션과 실업을 동시에 겪었다(특히 미국). 이는 리버럴 분파의 경제학으로는 설명하기 힘든 상황이었던 반면, 프리드먼은 이 사태를 예견했다. 정통 주류 경제학자들은 거시경제학에 엄밀한 미시적 기초를 제공하는 작업을 그전부터 오랫동안 희구해왔다. 이 엄밀한 미시적 기초란 말할 것도 없이 우리가 이 책에서 여러 번 만난 효용을 극대화하는 개인을 의미한다. 새뮤얼슨의 신고전파 종합을 따르던 리버럴 분파는 1970년대의 경험에 대해 설득력 있는 설명을 내놓지 못했는데, 이 때문에 효용 극대화 개인의 개념이 정통 주류의 거시경제학 이론에 등장하는 계기가 주어진다.

시카고 대학의 경제학자이자 노벨 경제학상 수상자인 로버트 루카스 Robert E. Lucas는 거시경제학에 합리적 기대의 개념을 도입하여 오늘날 새 고전파New Classical 경제학이라고 알려진 학파의 선구자가 되었다.[56] 여기서 개인들은 효용을 극대화하는 존재일 뿐만 아니라 한 번 저지른 종류의 실수는 결코 되풀이하지 않는 존재라고 가정된다. 따라서 이 개인들을 한 번은 속일 수 있어도 두 번 이상 속이는 일은 절대 불가능하다. 벤담은 인간을 쾌락과 고통을 놓고 계산하는 존재라고 했는데, 그 측면에서 보자면 이 개인들은 그야말로 슈퍼컴퓨터라고 할 만하다. 이 개인들은 모든 관련된 정보를 수집하고, 자신들이 살고 있는 세상을 묘사한 정교한 수량 모델을 이해하며, 설령 그 계산 결과가 부분적으로 불확실한(확률적 의미에서) 경우에도 효용을 극대화하는 결정에 도달한다. 더욱더 인상적인 것은, 현재 시점에서 효용을 극대화할 선택을 하는 데 그치는 것이 아니라 남은 생애에 대해서도 모두 미리 내다보고 현재의 결정을 내릴 수 있다는 점이다. 이렇게 대단한 개인들의 개념을 도입하면 어떤 결과가 나오는가. 자본주의의 불안정성에 대한 구세주로서 새뮤얼슨이 이야기한 기계신으로서의 정부는 더 이상 존재할 이유가 없어진다. 재정정책이든 통화정책이든 정부가 취하는 행동은 모조리 이 개인들의 정보 집합 안에 포착되어 고려되며 그 결과 새로운 결정을 낳게 된다. 예를 들어 경제가 내리막에 있을 때 경기를 부양하기 위해서 정부가 팽창적인 통화정책을 취한다고 해보자. 이렇게 되면 개인들은 이 새로운 정책이 가격 및 임금에 가할 충격을 모두 예측하게 될 것이며 이에 따라 즉시 자신들의 기대를 조정할 것이다. 이렇게 되면 그러한 통화정책은 고용과 산출과 같은 실물 경제의 변수에 아무런 충격도 줄 수 없게 된다. 정부 정책은 새뮤얼슨과 리버럴 진영의 추종자들이 가정하는 것과 같은 유익한 영향을 이제 더 이상 미칠 수 없을 것이다.

1980년대에는 정통 주류 경제학 내에서 좀 더 보수적인 분파가 계속해서 진출했다. 1980년대의 경제적, 정치적 환경은 이들이 진출하는 데 거의 완벽한 배경을 제공했다. 1980년대 초기의 인플레이션은 혹독한 경기후퇴와 함께 종말을 고하고 그 뒤에는 경기 회복이 찾아왔다. 미국의 레이건 대통령과 영국의 마거릿 대처 수상은 정치에서 보수주의 운동을 시작했다. 이들은 강렬한 반공주의적 수사에다 작은 정부와 경제 영역에서의 규제 철폐의 비전을 결합시켜 내놓았다. 루카스의 저작에 기초한 새로운 보수주의 경제학 이론은 이러한 정책적 입장에 엄밀한 이론적 정당화 논리를 제공했다. 그리고 노벨상 수상자인 핀 쉬들란Finn Kydland과 에드워드 프레스콧 Edward Prescott은 일련의 논문을 통하여 또 다른 보수주의 경제 모델을 내놓았다.[57] 이 모델은 오늘날 실물 경기변동 모델Real Business Cycle Model 이라고 불리고 있다. 이 모델은 우리가 16장의 부록에서 논의한 솔로의 성장 모델을 장기의 시간 지평에 놓고 사용하여 경기순환의 단기적 문제를 분석한다. 솔로의 성장 모델은 경제가 장기적으로 스스로를 바로잡는다고 가정하여 세의 법칙을 다시 들여옴으로써 총수요의 문제를 의도적으로 무시했다. 실물 경기변동 이론은 극도로 명민한 효용 극대화의 개인들을 가정하고 여기에다 수요 측 문제가 더 이상 존재하지 않는 성장 모델의 구조를 결합시킨다. 경기변동의 단기적 등락, 즉 자본주의의 불안정성은 이 개인들이 기술적 변화의 충격에 대해 합리적으로 반응하는 것에 의해 설명된다. 이 이론 자체는 그다지 널리 오랫동안 성공을 거두지는 못했지만, 모델을 구성하는 기법은 큰 영향력을 발휘해왔다.

그런데 정통 주류 경제학 내의 리버럴 분파 또한 전투를 완전히 포기한 것은 결코 아니다. 이들은 이 새로운 보수주의 경제 이론을 자신들의 앞마당으로 끌어들여 대결하기로 했다. 루카스의 아이디어가 확산되고 실물 경기변동 모델이 발전을 이루자 새뮤얼슨의 전통을 따르는 경제학자들은 거시경제학에다 자신들의 미시적 기초를 삽입하기 시작했다. 그 결과 나온 이론은 새 케인스New Keynesian 경제학이라고 불린다.[58] 새 케인스 경제학파에서 나온 모델은 보수주의 경제학의 모델에 나오는 명민한 효용 극대화 개인들을 상당히 불완전한 환경에 가져다놓는다. 이 새 케인스 경제학자들은 새뮤얼슨을 따라 설령 모든 개인들이 각자의 효용을 극대화한다고 해도 자본주의 내에는 일정한 불완전 요소가 있어서 그 결과는 최적에 도달하지 못할 수 있다는 점을 강조한다. 이들이 도입하는 불완전 요소의 몇 가지 예는 시장 지배력을 갖는 기업, 명시적 또는 암묵적 명목 계약, 정보 비대칭성 등이다. 노벨 수상자인 조지프 스티글리츠Joseph Stiglitz와 조지 애컬로프 George Akerlof는 정보 비대칭성에 대한 연구에서 각각 중요한 진전을 이루었다.[59] 위에 든 예 중에서도 특히 정보 비대칭성의 주제에 착목해보면 새 케인스 경제학자들이 어떤 전술을 취하는지를 이해하는 데 도움이 된다. 애컬로프의 예를 들자면, 중고차 판매상은 항상 잠재적 구매자보다 더 많은 정보를 가지고 있다. 그리고 그가 가진 정보는 중고차 시장에서 '올바른' 가격 형성이 이루어지는 데 장애가 될 가능성이 있다. 스티글리츠는 이와 비슷한 문제가 금융시장에서 어떻게 발생하며, 그리하여 어떻게 불완전한 자본시장과 신용 할당이 나타나는가를 입증했다. 이를 좀 더 넓은 방법론의 관점에서 보자면, 새 케인스 경제학자들 또한 엄밀한 미시적 기초를 통해 자기들 나름의 거시경제 모델을 구축할 수 있음을 보였다는 것이 요점이다. 하지만 중요한 차이는 이들이 경제 안에 존재한다고 가정하는 미시적 기초의 종류이다. 새 케인스 학파는 시장의 불완전 요소를 연구하는 미시경제학을 강조하는 경향이 있다. 따라서 이들은 새 고전파 또는 실물 경기변동 모델과 마찬가지로 미시적 기초를 엄밀하게 밝히는 이론적 틀을 사용하여, 그 틀 내에서 옛날의 케인스 학파와 같이 총수요의 등락이 고용 및 생산에서의 등락을 낳는다는 결론을 끌어낼 수 있게 된다. 그 결과 이들은 더욱 일관된 방식으로 정부의 경제 개입을 주장할 수 있게 된다.

최근에 이 싸움은 좀 가라앉았다. 양쪽 모두 자신들의 이론을 전개하는 틀로서 공통의 모델을 사용하기로 합의를 본 것이다. 양쪽이 제시하는 각각의 미시적 기초는 효용 극대화 개인들이라는 공통의 특징을 가지고 있어, 이 모델(동태적 확률 일반균형 모델dynamic stochastic general equilibrium model)을 사용하여 양쪽을 통합하는 것이 가능해진다.[60] 보수파 쪽은 임금과 물가가 모두 탄력적인 완전경쟁의 환경을 가정할 수 있다. 또 리버럴 쪽은 시장 지배력이나 여타의 특징(예를 들어 정보 비대칭성)이 임금과 물가의 '경직성'을 낳는다는 가정을 삽입할 수 있다. 이렇게 미시적 기초에 있어서 완전성을 가정하느냐 불완전성을 가정하느냐에 따라서 정부 정책에 대한 함의가 각각 논리적으로 도출된다. 따라서 이제 논쟁은 불완전성을 가정하는 것이 과연 경험적으로 유의미한가 아닌가에 기초하여 이루어질 수 있게 된다. 연구에서 보편적으로 받아들여지는 모델을 활용하는 것은 예전에 새뮤얼슨의 신고전파 종합 모델이 한 것과 비슷한 기능을 한다. 덕분에 연구에 참여하는 이들이 서로 소통을 할 수 있게 된다. 더욱이 이는 거시경제학 영역에서 학문적으로 받아들여질 수 있는 연구의 기준을 설정했다. 이데올로기적 편향의 문제는 오직 가정된 미시적 불완전성이 경험적으로 얼마나 힘을 갖는가라는 측면에서만 던져진다. 따라서 연구자는 자신이 이데올로기적으로 완전히 중립적이라고 생각할 수 있다. 그가 사용하는 모델은 보편적으로 받아들여지는 것으로 이 모델은 보수적인 결론을 낼 수도 있고 또 리버럴한 결론을 낼 수도 있다고 믿기 때문이다. 이제는 거시경제학의 논의가 존재하는 영역을 이 모델이 규정한다. 그리하여 이 모델에 나타나지 않는 질문(예를 들어 소유권의 문제)은 아예 제기되지도 않는다.

우리는 정통 주류 경제학의 발전이 방금 이야기한 것뿐이라는 인상을 독자들이 받지 않기 바란다. 수많은 발전이 있었지만 여기서는 불가피하게 논의하지 못했을 뿐이다. 이 장에서 우리의 목적은 요즘 쓰이고 있는 정통 주류 경제학 교과서에 나오는 이야기의 역사적 배경을 제시하는 것일 뿐 그 교과서를 대신하려는 것은 아니다. 하지만 정통 주류 경제학과 맞닿아 있는 연구 분야 하나만큼은 마지막으로 짧게나마 언급하는 것이 옳을 듯싶다. 방금 보았듯이 거시경제학 논쟁의 양측은 이제 모두 대단히 명민한 효용 극대화 개인이라는 비전을 받아들이고 있다. 하지만 이렇게 거시경제학 모델에 명민한 개인의 개념이 도입된 바로 그 시기에 다른 한편에서는 현실의 개인이 실제로 어떻게 결정을 내리는가에 대한 연구가 진행되었다. 그 연구의 많은 부분은 심리학에서 도입한 방법론을 사용하여 수행되었다. 사실상 이러한 연구가 이루어지게 된 추동력의 상당 부분은 심리학자인 대니얼 카너먼Daniel Kahneman과 아모스 트버스키Amos Tversky가 수행한 연구에서 나왔다.[61] 이러한 방향으로의 연구에 있어서 중요한 경제학자를 몇 명만 들어보면 버넌 스미스Vernon Smith, 리처드 탈러Richard Thaler, 로버트 실러Robert Schiller 등이 있다. 이들의 연구는 마침내 행동경제학Behavioral Economics이라는 새로운 분야를 이루게 된다.

행동경제학은 현실의 개인들이 결정을 내리는 방식 자체를 이해하고자 한다. 이 연구는 사람들을 통제된 환경 안에 놓고서 특정한 문제에 직면하게 하여 그 행동을 관찰하는 것이 전형적인 방법이다. 실험을 반복한 결과, 현실에 존재하는 개인들은 일정하게 공통된 집합의 실수를 저지르는 경향이 있다는 것이 입증되었다. 다시 말하자면, 정통 주류 경제학 이론에서 가정하는 것과 같은 명민한 효용 극대화 개인들처럼 결정을 내리는 게 아니라는 것이다. 현실의 개인들은 결정을 내리기 위해 주먹구구식 계산에 의존할 때도 있고, 자신들의 능력을 과신하는 경향도 있으며, 문제를 보는 틀을 어떻게 정해주느냐에 따라 빗나간 판단을 내릴 수도 있으며, 확률을 제대로 다루지 못하며, 공정성의 측면을 고려하기도 하는 등 다양한 행태를 보인다는 것이다. 이러한 방향의 연구에서 우리가 도출할 수 있는 중요한 점들이 있다. 인간의 의사결정 행태에는 비록 예전에 가정했던 식의 일관성은 아니라고 해도 나름의 일관성이 있다는 것을 확인했고, 이를 통해서 극도로 명민한 효용 극대화 개인이라는 비현실적 가정을 폐기한다고 해도 모든 인간 활동이 완전히 무작위적이 되는 것은 아니라는 점을 밝힌 것이다. 오히려 이론 구축의 방향이 반대가 된다. 먼저 현실에 존재하는 인간들이 비슷한 유형의 문제에 부닥쳤을 때 행동하는 결과를 관찰하고서 이를 기초로 삼아 인간 행동에 대한 가정을 마련하여 이론을 구축할 수 있을 것이다.

행동경제학에서 이루어지고 있는 새로운 연구가 정통 주류 경제학에 궁극적으로 얼마나 큰 영향을 미칠 것인가는 현재 시점에서는 말하기 어렵다. 정통 주류 경제학자들 일부는 분명히 여기에 영향을 받아 자신들의 연구를 수행하는 방식에 일정한 변화를 이루었다. 하지만 정통 주류 경제학에서는 수학적 모델 구축에 큰 가치를 부여하므로, 행동경제학이 실험을 통해 얻는 결과를 수학적으로 정교한 모델에 통합할 수 있을지가 결정적인 문제가 될 것이다.[62] 우리는 정통 주류 경제학 이론에서 사용되는 개인 행위자의 개념이 지금까지의 이론에서 그리고 있는 것과 같은 한심한 캐리커처를 제발 벗어나서 조금이라도 현실에 존재하는 인간들의 모습에 근접하기를 바랄 뿐이다. 좀 더 큰 소망을 가져본다면, 현재의 경제 시스템이 현실의 인간들에게 어떤 심리적 억압과 소외의 감정을 낳으며, 그래서 결국 그들의 인간적 잠재력이 충분히 발휘되는 것을 어떻게 가로막는가를 이해하는 다음 단계로까지 나아가기를 바랄 뿐이다.

주

1. W.A. Lewis, "Economic Development with Unlimited Supplies of Labour", Manchester School, May 1954; and W.A. Lewis, *Theory of Economic Growth* (London: Allen and Unwin, 1955).

2. Lewis, "Economic Development", p. 148.

3. Ibid., p. 150.

4. Ibid., p. 141.

5. Ibid., p. 147.

6. Ibid., p. 190.

7. W.W. Rostow, "The Marshallian Long Period", in *Pioneers in Development*, ed. G.N. Meier and D. Seers (New York: Oxford University Press, 1983), p. 240.

8. Ibid., p. 241.

9. Paul A. Samuelson, *The Foundations of Economic Analysis* (Cambridge, MA: Harvard University Press, 1947).

10. Paul A. Samuelson, *Economics*, 10th ed. (New York: McGraw-Hill, 1976), p. 267.

11. Ibid., p. 521.

12. Ibid., p. 523.

13. Ibid., p. 531.

14. Ibid., p. 160.

15. Ibid., p. 811.

16. Ibid., p. 479.

17. Ibid., p. 634.

18. Ibid., pp. 69-79.

19. Ibid., p. 603

20. Ibid., p. 560.

21. Ibid., pp. 617-18.

22. Ibid., p. 618.

23. Ibid., p. 47.

24. Ibid., p. 605.

25. E. K. Hunt, "Rationalism and Empiricism in Economic Theories of Value", *Social Science Journal* 14, no. 3 (1977): 11-26.

26. Milton Friedman, "Value Judgments in Economics", in *Human Values and*

Economic Policy, ed. S. Hook (New York: New York University Press, 1967), p. 86.

27. Richard B. McKenzie and Gordon Tullock, *The New World of Economics, Explorations in Human Experience* (Homewood, IL: Irwin, 1975), p. 6.

28. Ibid., p. 7.

29. Armen A. Alchian and William R. Allen, *University Economics* (Belmont, CA: Wadsworth, 1964), p. 5.

30. McKenzie and Tullock, *New World of Economics*, p. 5.

31. Alchian and Allen, *University Economics*, p. 5.

32. Joan Robinson, *Freedom and Necessity* (New York: Pantheon, 1970), p. 122.

33. Milton Friedman, *Capitalism and Freedom* (Chicago: University of Chicago Press, 1962), p. 38.

34. Ibid., p. 121.

35. Ibid., p. 131.

36. Ibid., p. 129.

37. Ibid., p. 23.

38. Ibid., p. 32.

39. Alchian and Allen, *University Economics*, p. 433.

40. Friedman, *Capitalism and Freedom*, p. 13.

41. J. Hirshleifer, *Investment, Interest and Capital* (Englewood Cliffs, NJ: Prentice-Hall, 1970), p. 2.

42. Ibid., p. 12.

43. Ibid.

44. D. M. Nuti, "Vulgar Economy in the Theory of Income Distribution", in *A Critique of Economic Theory*, ed. E. K. Hunt and Jesse G. Schwartz (Baltimore: Penguin, 1972), pp. 230–36.

45. Alchian and Allen, *University Economics*, p. 433.

46. Ibid., pp. 433–51.

47. Ibid., p. 452.

48. Ibid., p. 453.

49. Ludwig von Mises, *The Anti-Capitalistic Mentality* (New York: Van Nostrand, 1956), pp. 40–41.

50. Ibid., p. 40.

51. McKenzie and Tullock, *New World of Economics*, p. 28.

52. Ibid., p. 52.

53. Ibid., p. 51-52.

54. Ibid., p. 52.

55. Ibid., p. 108.

56. 루카스의 작업을 잘 보여주는 초기의 좋은 예는 Robert E. Lucas, "Expectations and the Neutrality of Money", *Journal of Economic Theory* 4(1972): 103-124. 루카스의 전체 프로젝트에 대한 폭넓은 이해를 위해서는 Robert E. Lucas, "Methods and Problems in Business Cycle Theory", *Journal of Money, Credit, and Banking*, 12(1980): 696-715.

57. 초기 논문의 하나로서 F. E. Kydland and E. C. Prescott, "Time to Build and Aggregate Fluctuations", *Econometrica*, 50, no. 6(1982): 1345-1369. 좀 더 방법론적인 서술을 보려면 F. E. Kydland and E. C. Prescott, "Business Cycles: Real Facts and a Monetary Myth", *Federal Reserve Bank of Minneapolis Quarterly Review*, 14, no. 2(1990): 3-18. 우리는 또 다음에 나오는 뛰어난 요약을 보면서 많은 도움을 얻었다. James E. Hartely, "Kydland and Prescott's Nobel Prize: The Methodology of Time Consistency and Real Business Cycle Models", *Review of Political Economy*, 18, no. 1(2006): 1-28.

58. 새 캐인스 경제학의 발전에 대한 초기의 개괄로는 B. Greenwald and J. E. Stiglitz, "Keynesian, New Keynesian and New Classical Economics", *Oxford Economic Papers*, 39, no. 1(1987): 119-133. 좀 더 최근에 나온 개괄로는 N. Gregory Mankiw, "The Macroeconomist as Scientist and Engineer", *The Journal of Economic Perspectives*, 20, no. 4(2006): 29-46.

59. Joseph E. Stiglitz, "The Contributions of the Economics of Information to Twentieth Century Economics", *The Quarterly Journal of Economics*, 115, no. 4(2000): 1441-1478. 애컬로프의 독창적인 기여는 George A. Akerlof, "The Market for 'Lemons': Quality Uncertainty and the Market Mechanism", *The Quarterly Journal of Economics*, 84, no. 3(1970): 488-500.

60. 이 공통의 모델에 대한 읽기 쉽고도 뛰어난 소개는 Jordi Gali and Mark Gertler, "Macroeconomic Modeling for Monetary Policy Evaluation", *The Journal of Economic Perspectives*, 21, no. 4(2007): 25-46.

61. Amos Tversky and Daniel Kahneman, "Judgment under Uncertainty: Heuristics and Biases", *Science*, 185, no. 4157(1974): 1124-31. Daniel Kahneman and Amos Tversky, "Prospect Theory: An Analysis of Decision under Risk", *Econometrica*, 47, no. 2(1979): 263-92. Richard H. Thaler, Amos Tversky, Daniel Kahneman, and Alan Schwartz, "The Effect of Myopia and Loss Aversion on Risk Taking: An Experimental Test", *The Quarterly Journal of*

Economics, 112, no. 2(1997): 647-61.

62. 한 예로 애컬로프는 정체성의 여러 문제를 자신의 모델에 통합하기 시작했다. 한 예로 다음을 보라. George A. Akerlof and Rachel E. Kranton, "Economics and Identity", *The Quarterly Journal of Economics*, 115, no. 3(2000): 715-53. 이러한 아이디어가 거시경제학에 어떻게 영향을 줄 수 있을지에 대한 훌륭한 소개로는 George A. Akerlof, "Behavioral Macroeconomics and Macroeconomic Behavior", *The American Economic Review*, 92, no. 3(2002): 411-33.

오늘날의 경제학 II:
제도주의와 포스트 케인스주의

1930년대의 대공황 그리고 같은 기간에 있었던 소비에트 경제의 급속한 공업화는 신고전파 경제 이론의 신뢰성에 일대 위기를 낳았다. 그렇게 되자 그 대안으로서 이단적 경제 이론들이 번성하게 되었다. 우리는 앞에서 케인스 경제학이 대단히 빠른 속도로 수용되었으며 경제학자들 사이에서 그 영향력은 신고전파 경제학의 그것에 근접하거나 아마도 초월하게 되었을 것이라는 사실을 언급했다.

폴 새뮤얼슨이 이룬 중요한 업적의 하나는 신고전파 경제학(오늘날 미시경제학 이론이라고 알려져 있다)과 케인스 경제학(오늘날 거시경제학 이론이라고 알려져 있다)이 전혀 서로 경쟁하는 관계가 아니라는 확신을 경제학자들에게 심어주어, 이 두 이론적 시각의 옹호자들끼리 경제학자들의 마음과 생각을 자기 쪽으로 끌어오기 위해 서로 싸우는 사태를 미연에 방지했다는 것이다. 이 둘은 정통 주류 경제학을 떠받치는 두 개의 기둥이다. 둘 사이의 차이점은 사실 해결 불능의 모순일 때가 많다. 하지만 미시경제학의 쟁점을 볼 때는 케인스적 아이디어는 무시하고 거시경제학의 쟁점을 볼 때는 신고전파의 아이디어를 무시하는 방식으로 그러한 모순을 안전하게 무시할 수가 있었다. 이렇게 하여 새뮤얼슨의 교과서 《경제학》은 (케인스주의적) 거시경제학 이론과 (신고전파의) 미시경제학 이론을 정통 주류 경제학의 양대 기둥으로서 아무도 건드릴 수 없는 위치에 올려놓았다.

하지만 이런 식의 화해에 모두 다 만족한 것은 아니었다. 사실 새뮤얼슨의 해결 방식은 애초부터 신고전파 경제학의 옹호자들 다수와 그 비판자들 다수에 의해 양쪽에서 공격을 받았다. 제도주의 경제학자들과 마르크스주의 경제학자들은 신고전파 이론을 거의 전적으로 거부했다. 이들은 신고전파의 비전에 대신하여 자본주의 시장경제의 본성과 기능에 대해 전혀 다른 사회적 비전을 제시했다. 그리고 이들이 신고전파의 비전을 거부한 논리는 신고전파 경제학을 근원적으로 부수어버릴 만한 논리에 근거하고 있었다 (물론 받아들여지지 않아서 문제이지만).

또 대부분의 케인스주의자들은 정통 주류 경제학의 두 기둥 중 하나로 자신들의 위상이 격상된 것에 만족했지만(조앤 로빈슨은 두드러진 예외였다), 자유방임 자본주의를 옹호하는 신고전파 경제학자들 다수는 새뮤얼슨이 자신들의 전통을 가져다가 자신들 눈에는 전혀 논리적으로나 이론적으로나 일관성이 없을 뿐만 아니라 정치적으로나 이념적으로나 적대적으로 보이는 다른 전통과 합쳐놓은 것을 대단히 불쾌하게 여겼다.

한 가지 아이러니는, 케인스에 대한 신고전파 입장에서의 공격이 나온 기원의 하나가 사회주의자라고 자처하는 오스카르 랑게Oscar Lange의 글이었다는 점이다. 케인스의 《일반 이론》이 출간된 직후 랑게는 케인스의 생각을 당시 지배적 위치에 있던 신고전파 발라의 일반균형 접근법과 화해시키려고 시도했다. 케인스 또한 상당한 양의 비자발적 실업이 존재하는 경제적 균형, 즉 크기도 아주 크고 경제적으로도 아주 중요한 시장인 노동시장이 불균형인 상태에서 경제적 균형이 어떻게 되는지를 설명하고자 노력했다. 랑게의 결론은 케인스의 균형 개념은 발라 식의 균형 개념과 양립할 수 없다는 것이었다. 후자의 경우 일반균형이란 곧 모든 시장에서 균형이 달성된 상태를 함축하기 때문이다. 1940년 랑게는《가격 유연성과 고용 *Price Flexibility and Employment*》이라는 저서를 출간한다. 여기서 그는 케인스의 주장을 발라 식의 일반균형 모델의 맥락에서 다시 전개하고자 시도한다. 랑게는 케인스 작업의 기본 성격은 시장의 힘이 균형을 확립하려는 경향을 갖지 않으며 따라서 불균형 상태가 지속되는, 비자발적 실업을 내포한 특별한 상황—따라서 발라의 시스템에서 보자면 불균형 상태—을 분명히 밝혀낸 것이라고 주장했다. 그러한 특별한 상황에서는 이러한 랑게의 해석에 영향을 받은 일련의 경제 이론가들이 1940년대에서 1970년대까지 있었는데, 여기에는 돈 패턴킨 Don Patinkin, 로버트 클라우어 Robert Clower, 악셀 레이욘후프부드 Axel Leijonhufvud 등이 들어간다. 1970년대와 80년대가 되면 정통 케인스 이론이 우위를 잃게 되는 대신 랑게의 영향을 받은 이론가들의 생각이 경제학계에 중요한 영향을 미치게 된다. 그리하여 많은 경제학자들은 이제 케인스 경제학을 그저 신고전파 경제학의 특별한 경우 정도로 보기 시작한다. 거시경제학은 단지 시장이 어떤 일반적 조건에서 발라의 일반균형에 도달할 자동적 능력이 늘어나거나 줄어드는가, 그리고 문제가 발생하는 특별한 조건은 무엇인가에 대한 연구에 불과한 것으로 변해간다. 그리고 시장의 자동적 성격을 강조하는 '합리적 기대 이론'이 거시경제학에서 지배적 위치를 차지하게 된다. 이 이론이 자유방임 이데올로기를 새롭게 옹호하는 것임은 명백하다. 비록 일부 대학의 경제학 교과서는 계속해서 전통적인 케인스 경제학에 한두 장을 할애하지만, 1990년이 되면 케인스 경제학은 더 이상 정통 주류 경제학의 두 기둥 중 하나라는 특권적 지위를 누리지 못한다. 신고전파 이론은 다시 한 번 정통 주류 경제학을 총체적으로 지배한다. 그러다가 최근 대규모 금융 위기가 발생하고 그 뒤로 장기 침체가 찾아와 세계 경제 대부분이 큰 타격을 입게 되자 케인스 경제학이 어느 정도 다시 떠올랐다. 하지만 다른 한편에서는 경제학계의 많은 이들이 최근의 경제 위기를 계기로 오히려 정통 주류 경제학을 맹렬하게 옹호하기 시작했다. 최근의 경제 위기가 신고전파 경제학에 어떤 충격을 가져올지는 좀 더 시간이 지나봐야 알 수 있을 것이다.

2차 세계대전 이후의 기간을 통틀어 마르크스주의 경제학과 제도주의 경제학이라는 두 개의 이단적 경제학 전통이 계속해서 자체적인 발전을 이루었으며, 그 과정은 신고전파 경제학 또는 케인스 경제학과는 어느 정도 독립적인 것이었다. 이 장 전반부에서는 제도주의 경제학이라는 큰 제목으로 함께 분류되지만 서로 조금씩 다른 몇 개의 경제 이론의 분파 또는 흐름을 논의할 것이다. 즉 소스타인 베블런, 존 듀이John Dewey, 클래런스 에이레스Clarence E. Ayres 등의 이론을 기초로 삼는 전통을 논의할 것이다. 이 장의 후반부에서는 '포스트 케인스주의post-keynesian' 경제학을 논의할 것이다. 이는 케인스의 제자들 중 신고전파 경제학에 동조하지 않으며, 또 케인스를 신고전파의 틀에 통합시키는 것에 반대한 이들이 1970년대와 1980년대에 설립한 이단적 경제학의 새로운 전통이다.

클래런스 에이레스의 제도주의 경제학

베블런이 전통적인 경제학 이론과 단절한 방식은 날카롭고도 극단적이었다. 그는 균형 분석 자체를 거부했고 효용 극대화의 교환자로 사회가 가득 차 있다는 신고전파의 비전을 거부했다. 그는 인간의 생물학적 본성을 이해하고자 했으며, 이 생물학적 본성으로 인해 인간이 항상 상호의존적인 사회적 존재가 된다고 강조했다. 하지만 인간이 이러한 사회적 성격을 갖는다고 해서 사회적 관계와 사회적 행동까지 생물학적으로 결정된다는 의미는 아니었다. 사람들이 살아가는 사회적 조건은 실로 대단히 다양하다. 그리고 개별 인간은 변화 가능성이 대단히 크다. 근본적으로 상이한 사회 제도들에 적합하거나 일치하는 인간의 행위는 근본적으로 상이한 태도, 가치, 행동을 요구한다. 인간이 그러한 상이한 태도, 가치, 행동에 적응하여 습관으로 만들 수 있는 것은 바로 이러한 변화 가능성 덕분이다.

효용 극대화의 개인이라는 신고전파 이론은 갈수록 일반인들이 이해하기 힘든 것이 되었을 뿐만 아니라, 완전히 익히는 것이 점점 더 어려워졌다. 대부분의 대학에서 경제학으로 박사학위를 받으려면 우선 수학적 훈련을 많이 쌓아야 하며 그 뒤에는 여러 해에 걸쳐 신고전파 경제학에 나오는 알쏭달쏭한 분석적 개념들을 공부해야만 한다. 이 과정에 몰두하면 대부분의 경제학과 대학원생들은 철학, 인류학, 역사, 사회학 등은 공부할 시간이 거의 없게 된다. 그런데 베블런의 아이디어 다수는 바로 이러한 학문에서 도출된 것이어서 경제학과 대학원생들이 베블런을 이해하기란 무척 어렵다. 게다가 대부분 대학의 경제학과에서는 보수적인 신고전파 경제학자들이 이데올로기적인 지배력을 행사하고 있기 때문에 여기서 베블런의 저작을 혼자 연구한다는 것은 인간적으로도 정치적으로도 이데올로기적으로도 마르크스의 저작을 연구하는 것만큼이나 '현명하지 못한 짓'이 될 수밖에 없다. 혹시 어떤 젊은 경제학자가 마르크스나 베블런을 진지하게 받아들인다면, 경제학과 대학원에서는 이것이 그 사람이 지적으로 무능하다는 증거로 해석될 때가 많다. 그 결과 제도주의 경제학과 마르크스주의 경제학은 학파로서는 오늘날에도 소수일 뿐이다. 그럼에도 불구하고 이 두 경제학은 오늘날에도 영향력을 유지하고 있다.

클래런스 에이레스(1891~1972)는 1917년 시카고 대학에서 철학박사 학위를 받았다. 에이레스는 인간 존재의 모든 측면에 대해 관심을 가진 '웅대한' 체계적 사상가였다. 처음부터 그는 철학만큼이나 경제학에 대해서도 관심을 보였다. 그는 박사학위를 받고서 1년 뒤에 '경제 이론의 기능과 문제들The Function and Problems of Economic Theory'[1]이라는 제목으로 많은 생각을 자극하는 논문을 발표했다. 애머스트 대학Amherst College에서 처음으로 학생들을 가르치는 위치에 있었을 때, 그는 제도주의institutionalism라는 용어를 만든 천재적인 젊은 경제학자 월턴 해밀턴 Walton Hamilton에게서 큰 영향을 받았다. 에이레스는 학생 시절 이미 표준적인 신고전파 경제학을 배웠으므로 해밀턴의 조교로 일하도록 배정되었다. 에이레스는 해밀턴이 자신의 사유에 끼친 초기의 충격을 다음과 같이 기술했다.

> 해밀턴 교수가 애머스트 대학에 들어온 신입생들에게 강의를 하고 있을 때 … 나는 도대체 저렇게 다른 이야기만 풀어놓으면 '한계효용'과 같은 기초 개념은 언제 가르치려나라는 의아심을 품기 시작했다. 마침내 나는 용기를 내어 그에게 질문을 던졌다. 그로부터 44년이 지났지만, 나는 그가 재미있다는 광채를 눈에서 뿜어내며 했던 대답을 결코 잊을 수 없다. "그 개념을 내가 이해하기만 한다면 지금 바로 가르치기 시작할 겁니다!" 동화책 속의 헤니 페니Henny Penny처럼, 나는 하늘이 내 머리 위로 무너져내리는 것을 느꼈다. 나는 이미 이 특별한 젊은 교수의 사유 능력에 대해 엄청난 경외심을 품고 있었기 때문이다. 그런데 그런 그가 한계주의 경제 분석에 나오는 모든 정교한 도구가 사실상 아무 의미도 없는 것이라고 말하고 있는 것이다. 정말 그럴까?[2]

실제로 에이레스는 신고전파 경제 이론은 무의미한 것이라고 결론을 내렸다. 그는 효용의 개념 그리고 시장 자본주의에서 효용 극대화 개인들이 **자동적으로** 최적의 상태를 창출한다는 이론이 신고전파 경제학의 지적 핵심을 이룬다는 것을 알았다. 그리고 이러한 이론이 본질적으로 완전히 공허한 순환논증에 기초하고 있음도 알았다.

> … 효용의 개념은 특히 순환논증이라는 이유로 비판받기에 꼭 좋은 개념이다. … 효용이 인간의 모든 욕구를 충족시키는 성질이라고 말하는 것까지는 좋다. 하지만 그 욕구라는 것이 측정은 말할 것도 없고 무엇인지 알 방법조차 없는 것이라고 한다면, 효용을 어떻게 측정할 것이며 그게 무엇인지는 어떻게 알 수 있단 말인가? 가격이 바로 효용을 측정하는 척도라고 말할 수도 있다. 하지만 효용을 독립적으로 측정할 수 있는 척도가 없다면(실제로 이런 척도는 없다), 이 말은 곧 우리가 가격과 효용을 똑같은 것으로 정의한다는 것을 의미할 뿐이다. 그렇다면 이 둘이 일치한다고 해봐야 이로부터 추론할 수 있는 것은 아무것도 없다.[3]

에이레스의 관점에서 볼 때, 신고전파 경제학이란 그저 사회적, 정치적, 경제적 권력의 현재 상태를 보존하기 위해 꾸며낸 옛날이야기에 불과하다.

초기 저작의 하나인 《독선 *Holier Than Thou*》에 나오는 에이레스의 사상은 베블런의 영향을 뚜렷이 보여준다. 그는 겉보기에는 지적인 것처럼 보이는 이들이 실제로는 미신에 기반한 생각, 태도, 관습, 관행 등 냉철하고 합리적인 개인이라면 결코 받아들일 수 없을 것을 도대체 어떻게 그대로 받아들일 수 있는지 묻는다. 그 대답은 이러한 생각, 태도, 관습, 관행 등이 부유한 지배적 사회 계급의 권력을 유지하는 데 도움이 되기 때문이라는 것이다.

에이레스는 옷의 패션이 빠르게 바뀌는 이유를 베블런이 설명한 것을 논하면서 자신의 논의를 시작한다. 베블런은 부자들의 의상은 가난한 이들로부터 자신들을 뚜렷이 차별화해 보여주는 기능을 해야 한다고 주장했다. 의

상 디자이너의 동기는 따라서 부자들과 가난한 이들의 옷에 날카롭고도 뚜렷한 차이점들을 만들어내는 것이다. 디자이너가 진정으로 미적인 관심이나 기준에 따라 동기를 부여받는 일은 거의 없다. 올해 유행한 스타일이 미적으로 보기 싫었다면 다음 해에는 이에 대한 반란이 일어나 패션에 극적인 변화가 생겨나는 일이 매년 벌어질 것이다. 하지만 그 동기가 아름다움 자체가 아니라 남의 질투를 불러일으키는 구별인 한, 그러한 반란은 계속될 것이며 따라서 부자들의 의상 스타일은 영원히 계속 변화하게 될 것이라는 게 베블런의 생각이었다.

에이레스는 분명히 베블런에게 강력한 영향을 받았고 그에게 엄청난 존경심을 품었지만, 이러한 분석에 대해서는 다음의 두 가지 근거로 반대한다. 첫째, 에이레스는 의상 스타일을 추하다고 판단할 수 있는 본질적이거나 초월적인 미적 기준이 없다고 생각했다. 둘째, 그는 부자들 패션의 변화 속도는, 노동자들에게 싼 옷을 파는 자본가들이 부자들의 스타일을 흉내 내어 만든 짝퉁 옷을 부자들을 따라 하고 싶어 하는 가난한 이들에게 판매하는 속도에 따라 전적으로 결정된다고 주장했다. 만약 부자들이 이러한 새롭고도 극적인 패션의 변화를 이루어내지 못한다면, 바로 이러한 가난한 이들의 모방 행위 때문에 부자들과 가난한 이들 사이의 구별은 줄어들게 될 것이다.

에이레스는 계속해서 아름다움에도 보편적 기준이 없을 뿐만 아니라 도덕적 옳음이나 선에도 보편적 기준이 없다고 주장한다. 이러한 문제에 대해 사람들이 갖는 태도는 단지 그들 사회의 관습과 전통에서 우연적으로 빚어지는 것에 불과하다. 게다가 진리나 과학을 받아들이는 대부분 사람들의 태도 또한 그저 미신을 받아들이는 태도와 차이가 없다.

하지만 에이레스의 관심은 허무주의라든가 극단적인 문화 상대주의의 주장을 내놓는 것은 아니었다. 사람들이 왜 문화적인 전승과 미신을 믿는지를 어떻게 설명할 것인가의 문제가 여전히 남게 되며, 또 어떤 믿음이 다른 믿음보다 더 진리값이 높은가의 문제도 남게 된다. 여기서 에이레스에게 영향을 끼친 두 번째 사상가가 등장한다. 바로 철학자 존 듀이이다.

듀이는 당대의 철학과 사회과학에서 지배적이었던 관점, 즉 목적과 수단은 질적으로 상이하며 항상 명확하게 구별할 수 있다는 생각에 반대했다. 에이레스는 목적과 수단은 결코 완전히 분리할 수 없다는 듀이의 주장에 영향을 받았다. 특정한 수단이 선택되는 것은 바라는 특정한 목적에 그것이 도움이 되기 때문이다. 하지만 어떤 목적을 바라는 이유를 찾아보면 거의 항상 그 목적이 또 다른 목적의 수단으로 여겨지기 때문이라는 사실을 발견한다. 만약 나의 목적이 식료품 가게에 가는 것이라면 나는 여러 가지 운송 수단 중에서 선택을 한다. 이 운송 수단은 '수단'이지만, 나는 가게(또는 다른 곳)에 갈 수 있으려면 그 운송 수단을 정기적으로 필요로 할 것이라는 점을 알고 있기 때문에 그것에 목적으로서의 가치를 부여한다. 가게에 가는 것은 목적인 것처럼 보인다. 하지만 이 또한 내적 가치를 지니고 있지 않다. 가게에 가는 것은 내가 식료품을 얻기 위한 **수단**이다. 그러면 식료품의 획득은 목적인 듯 보인다. 하지만 이 또한 내적 가치를 지니고 있지 않다. 이는 단지 나의 배고픔을 해결하기 위한 수단으로서만 가치를 부여받는다. 듀이의 주장은, 대부분의 목적은 그것이 또 다른 목적에 대한 수단으로서 복무할 수 있기 때문에 바라는 대상이 된다는 것이다. 게다가 같은 이유에서 대부분의 수단 또한 목적으로서 여겨진다. 인생이란 원인과 결과, 목적과 수단이 계속 이어지는 하나의 연속체를 이룬다는 것이 듀이의 주장이다. 따라서 모든 사건은 그 이전 원인의 결과이며 그 뒤에 이어질 결과의 원인이다. 특정 사건이 원인 또는 결과이기만 한 것은 아무것도 없으며, 모두 원인인 동시에 모두 결과라고 보아야만 한다. 마찬가지로 사물, 환경, 상황, 활동 그 어떤 것도 사람들은 그저 목적으로만 혹은 수단으로만 보는 법이 거의 없다. 만약 이런 것이 어떤 가치 있는 것을 위한 수단이라면 이것 또한 가치를 부여받는다. 마찬가지로 거의 모든 목적은, 다른 목적 또는 목적들에 대한 수단으로 쓰임새가 있다는 사실에서 자신의 가치를 끌어낸다.

에이레스는 다음과 같은 관점을 받아들인다. "일상의 경험에서 보면, '목적'과 '수단'을 아예 다른 범주로 볼 정도의 차이점은 드러나지 않는다. 우리가 경험하는 모든 항목은 목적인 동시에 수단이다. 이러한 일상의 경험의 연속체 속에서는 '목적'과 '수단'을 구별해줄 수 있는 '실체' 또는 '본질'의 차이란 존재하지 않는다."[4]

에이레스는 베블런을 따라서, 대부분의 인간 활동과 가치는 두 개의 이분법적이며 적대적인 범주로 정리할 수 있다고 생각했다. 한쪽 극단은 미신적이며 의식儀式과 결부된 의전적ceremonical 가치 및 활동이다. 이러한 가치 및 활동은 사회적, 경제적 지위의 위계적 구별을 창출하고 보존하는 것을 사회적 기능으로 삼는다. 이 이분법의 다른 쪽에는 기술적 가치 및 활동이 있다. 이러한 가치 및 활동은 에이레스가 '사회 전반의 생활 과정 general life process'이라고 부른 것을 발전시키기 위해 필요한 수단을 제공하는 데 있어 중요하다.

에이레스는 인식론에서나 윤리학에서나 절대주의와 허무주의적 상대주의 모두를 거부했다. 그는 듀이를 따라서, 절대주의와 상대주의의 장점만을 취하면서 단점은 모두 피해가는 중간 지점을 찾아냈다고 생각했다.

우리는 사회의 발전이 하나의 연속적 과정이라는 점을 알고 있으며, 가치와 후생을 상당히 객관적으로 규정하고 이해하는 일 또한 이 연속체를 준거로 삼을 때 가능하다. 사회적 과정은 단지 시간적인 의미에서만 연속적 과정인 것이 아니다. 기술적 측면에서 보자면 이는 논리적 연속체이며 일정한 시간적 진행으로서, 그것을 구성하는 모든 항목은 그 일련의 연결

속에서 그 이전의 항목에서 도출되며 그와 동일한 과정을 통해 그 이후의 항목을 포함한다. 진리와 가치가 깃드는 장소는 바로 이러한 기술적 연속체이다.[5]

진리와 가치는 이 '사회 전반의 생활 과정'을 발전시키면서 자연을 기술적으로 정복하는 것에서 도출된다. "우리가 어떤 사물을 좋은 것 또는 나쁜 것으로 판단할 때 또 어떤 활동을 옳은 것 또는 그른 것으로 판단할 때, 우리가 뜻하는 바는 그 사물 또는 활동이 우리가 그려낼 수 있는 모습의 삶의 과정을 발전시키는 데 도움이 되는가 되지 않는가라는 게 우리의 견해이다."[6] 에이레스는 그의 마지막 중요 저작에서 이렇게 주장한다. "가치를 분리한 것이야말로 20세기의 도덕적 위기를 규정한다."[7] 이러한 분리가 일어나면 진리는 사라지고 그 자리에 미신이 들어선다. 그중 가장 광범위하게 신봉되는 미신은 사회적 지위의 위계적 구별을 보존하기 위해 기능하는 의식상의 가치 및 활동에서 나온 것이라고 그는 생각했다. 에이레스의 저작은 이러한 기술적 가치와 의전적 가치라는 이분법적 성격에 기초하지만, 아마도 이를 가장 간명하게 언명하고 설명한 것은 에이레스를 따르는 오늘날의 주도적인 제자 한 사람의 말일 것이다.

가치 구조가 그 근거를 도출하는 가치 형성의 시스템은 둘 중 하나이다. 가치의 근거는 의식儀式이든가 아니면 도구적 논리이다. 의식에 의해 그 근거가 주어지든가 도구적 논리에 의해 그 근거가 주어진다. 제도적 이분법의 본질은 바로 이렇게 사회 안에 존재하는 두 가지의 사회적 가치 평가 양식을 구별해내는 것에 있다.

의전적 가치는 공동체 안의 다양한 계급의 여러 개인들 간의 상대적 '가치worth'에 따라서 지위의 위계와 불공평한 차별을 내재화는 관습 및 관행에서 그 근거가 주어진다. 이러한 가치는 기존 질서에 들어 있는 권력 관계와 권위의 패턴을 합리화한다.

따라서 의전적 가치와 연결된 행동 패턴은 인간사에서 명시적으로 권력과 강제를 행사하는 사회적 관행임이 관찰된다. 즉 스스로의 존속을 정당화하기 위해 부당한 구별과 지위 관계를 필요로 하는 사회적 관행인 것이다. 다른 한편 도구적 가치와 상호 연결된 행동 패턴은 공동체의 생활 과정에 기초가 되는 문제 해결 활동에서 그 모습을 드러낸다.[8]

이러한 베블런과 에이레스의 사상은 수많은 현대 경제학자들에 의해 발전되고 정교해지고 확장되어왔다. 이들 중 일부만 열거한다면 폴 부시Paul D. Bush, 토머스 드그레고리Thomas R. DeGregori, 윌리엄 더거William M. Dugger, 데이비드 해밀턴David Hamilton, 그레고리 헤이든F. Gregory Hayden, 루이스 융커Louis Junker, 필립 클라인Philip Klein, 앤 메이휴Anne Mayhew, 월터 닐Walter C. Neale, 볼드윈 랜슨Baldwin Ranson, 워런 새뮤얼스Warren Samuels, 로버트 솔로Robert Solo, 마크 툴Marc Tool 등이다. 부시와 융커는 '의식儀式에 의한 캡슐화ceremonial encapsulation'라는 개념을 만들어서 이러한 제도주의의 기본적 분석을 확장하는 중요한 작업을 전개했다. 부시의 말을 들어보자.

공동체는 스스로가 부닥친 문제를 해결함으로써 공동체 전체의 지식 자원을 확장하며, 이것이 역동적 힘이 되어 공동체의 제도를 계속 현실에 맞게 적응시킨다. 그런데 의식儀式에 의한 캡슐화의 원리는 다르다. 새로운 지식이 나타난다고 해도 그것은 오직 의식에 적합하게끔 할 수 있는 만큼만 제도적 구조로 통합될 수 있다. 즉 그 새로운 지식이 공동체의 기존 가치 구조에 의식에 의한 지배가 내재되어 있는 정도를 건드리거나 위태롭게 하

지 않는 한에서만 지식의 통합이 허용된다.[9]

　다른 말로 하자면, 어떤 사회가 새로운 문제 해결의 지식을 사용할 수 있는 정도는 그 사회의 권력과 부를 가진 개인들이 행사하는 사회적, 정치적, 경제적 지배의 패턴에 의해 제한된다는 것이다. 그리고 지배 엘리트의 기득권은 그 사회의 지배적 제도에 묻어 들어 있기 때문에, 이 지배적 제도에 종사하면서 생계를 해결하는 수백만의 일반 개인들 또한 현재의 권력 상태를 보존하는 의식상의 가치를 수호하게 된다. 부시는 미국의 군산복합체를 한 예로 들고 있다.

　　미국 경제의 탈군사화는 군산복합체의 거대 기업의 기득권만이 아니라 군사적인 계약에 크게 의존하게 된 전국의 크고 작은 수백 개 지역 사회의 경제적 기반에도 심각한 위협이 된다.

　　이렇게 자원과 기술에 대한 군산복합체가 행하는 의식에 의한 캡슐화에는 경제적 낭비가 본질적으로 내재되어 있다. 하지만 냉전 이데올로기가 미국인들의 세계관을 지배하는 한, 이는 또한 수백만의 보통 미국인들의 소득 원천이 된다. 수백만 미국인들이 경제적으로 지속적인 생계를 얻는 문제가 반공이라는 악마 신앙, 이윤이 보장된 군사적 계약, 독선과 자만에 빠진 애국심 등과 의식儀式을 통해 결합되면서 하나의 캡슐로 합쳐지게 된다.[10]

　그레고리 헤이든 또한 이와 비슷하게 화학 공업, 농기계 공업, 기업형 농업 등의 거대 기업이 자신들의 이윤을 증대시키고 산업을 통제하려는 목적에서 각자 분야에 해당하는 과학과 기술에 대한 통제력을 장악했음을 보여주었다. 이윤 증대는 종종 토지 보호구역을 희생시키고, 절대적으로 중

요한 사회 생태적 시스템의 보존을 희생시키면서 이루어질 때가 많다는 것이다.[11]

윌리엄 더거는 오늘날의 미국에서 대기업이야말로 의전주의ceremonialism의 핵심 요새가 되었음을 보여주었다. 대기업은 미국의 권력, 특권, 부당한 구별 등을 유지하고 영구화하는 데 필요한 사회적 관계 및 개인적 행동 양태를 확고히 하고 보존하는 주된 제도이다. 그 결과 대기업은 미국적 삶의 다른 모든 제도를 지배하는 경향이 있다. 이러한 대기업의 헤게모니를 유지해주는 네 가지 사회적 메커니즘이 있다. 복속, 전염, 경쟁적 모방, 신비화이다. 더거의 말을 들어보자.

> 복속은 모든 제도를 하나로 묶어서 기업 이외의 제도들까지도 기업의 목적에 복무하는 수단으로 사용되게 만든다. 전염은 기업의 행동 동기를 전 사회의 행동 동기로 만든다. 경쟁적 모방은 대기업의 지도자로 하여금 기업 이외의 영역에서도 지도적 역할을 할 수 있도록 사회적 용인 심지어 존경까지 가져다준다. 마지막으로 신비화는 기업 헤게모니를 보호의 (마술) 외투로 감싸준다.[12]

이러한 메커니즘을 통하여 대기업은 기술에 대한 통제력을 확보하며, 기술에서 자신들이 쓸 수 있는 것만 자신들 것으로 복속시키고 쓸 수 없는 것은 폐기할 수 있다. 그 결과 의식을 통한 캡슐화는 기술상의 가치를 권력과 특권의 구조를 영구화하는 의전적 가치에 복속시킨다.

이 과정에서 프로퍼갠더와 생각의 통제는 결정적 중요성을 가진다. 이 점과 관련하여 더거는 대학이 어떻게 대기업의 이해에 복속되는지를 보여준다. 대학은 자유로운 탐구 그리고 교수 및 학생의 지적인 지평을 확장하는 것을 목표로 삼는 사회의 도구이지만, 이제는 의식儀式으로 전락한 보수적 이데올로기 교육, 직업 훈련, 특정 산업의 필요에 의한 연구의 진흥 등에 전반적으로 복속된다. 따라서 이제 대학의 사회적 임무는 산업의 필요에 복속되며, 그 결과 공동체는 손상을 입는다.

제도화된 학계란 사실상 부당한 구별이 속속들이 스며든 경직된 위계 시스템으로서, 보수적 이데올로기를 영구적인 것으로 선전하는 의식을 위해서는 이상적인 시스템이라고 할 만하다. 이 위계의 최상층에는 아이비리그의 대학 그리고 몇 개의 사립 및 주립 대학이 있다. 이 대학들은 학계에서 '존경받을 만한' 사상이 무엇인지를 결정한다. 이들은 또한 주요 주립대학 state colleges과 사립 연구 대학에서 가르칠 교수를 훈련시킨다. 그리고 다시 이 주요 주립 대학과 사립 연구 대학에서는 그 위계의 맨 아래에 있는 주립 대학과 연구 기능 없이 교육만 하는 사립대학에서 일할 교수들을 훈련시킨다.

이 위계의 꼭대기에서는 이데올로기적 순수성이 유지된다. 보수적 이데올로기는 학문적으로나 지적으로나 '과학적'인 것이라고 선언되며, 비판적 이론은 무시된다. 경제학계라는 직종만 보더라도 이는 분명히 나타난다. 상층의 아이비리그 대학에서는 제도주의, 포스트 케인스주의, 마르크스주의 등과 같은 비판적 학파를 사실상 전혀 가르치지 않는다. 다른 한편 보수적인 신고전학파에서 제일 영향력이 큰 이론가들, 저술가들은 대부분 이 엘리트 대학에서 가르친다. 제도주의자들, 포스트 케인스주의자들, 마르크스주의자들은 이 위계의 중간 및 하층 수준의 대학에 있으며 그렇기 때문에 항상 자신의 '학자로서의 위상'을 유지하기 위해 몸부림쳐야 한다. 이렇게 학계의 위계라는 것이 의전적 가치가 도구적 가치를 지배하도록 장려하는 것이므로, 이는 또한 사회의 차등적 권력과 특권의 기초이자 사회적으로 중요할 뿐만 아니라 개인들 사이의 부당한 구별에도 기초가 되는 사회적, 경제적, 정치적 위계 구조를 장려하고 옹호하는 기능을 하게 된다.

마지막으로, 존 멍커스John Munkirs는 미국에서의 대기업 지배는 그가 민간 부문의 중앙 계획CPSP: centralized private sector planning 시스템이라고 부른 것에 의존하고 있음을 보여주었다. 이러한 경제 계획 시스템은 대규모 금융 및 산업 기업에 의해 지배된다. 멍커스는 이러한 지배의 현실을 은폐하는 것이 보수적인 자본주의 이데올로기의 기능이라고 주장한다. 멍커스의 말이다.

> 미국에서는 우리의 기술적 지식으로 가능한 현실적 선택지(상이한 생산 및 분배 시스템 사이에서의 선택지, 예를 들어 중앙 집권화냐 탈 중앙 집권화냐 같은 것)가 있어도, 이러한 선택지들은 우리가 가진 자본주의 이데올로기, 특히 개인의 이익, 이윤 추구, 자유방임과 같은 가치들과 결합되어 하나의 캡슐이 되거나 스스로의 한계선을 정한다. 요컨대 오늘날 미국에 존재하는 특정한 유형의 중앙 계획은 기술적 결정론에 기인하는 것도 무슨 음모 조직체 같은 것에 기인하는 것도 아니다. CPSP는 개인의 이익, 이윤 추구, 자유방임 등의 가치들이 특정한 기술적 가능성들과 결합되면서 생겨난 직접적 결과물이다.[13]

우리는 이렇게 짧게나마 에이레스 그리고 오늘날 활동하고 있는 그의 제자들의 생각을 살펴보았지만, 이는 현대 제도주의의 수많은 측면 중 극히 일부일 뿐이다. 제도주의 경제학자들은 시장에서 수요와 공급의 작동이라는 것의 너머에 있는 많은 것들을 보려고 애쓰고 있다. 이들이 관심을 두는 것은 사회 전체의 진화이다. 이들은 정치적, 경제적, 사회적 권력이 어떠한 제도들에 기반하고 있는가, 그리고 이러한 권력이 시장에 의해 어떻게 영향을 받으며 어떻게 시장에 강력한 통제력을 행사하는가를 연구한다. 이 짧은 개괄을 통해서도 보았겠지만, 제도주의 경제학자들은 경제를 그보다 더 큰 사회적 가치 평가 과정의 일부로 보며, 이 과정은 상품의 가격 결정보다 훨씬 더 크고 훨씬 더 중요한 과정이라고 본다. 다시 말하지만, 이들은 도구라는 것과 의식儀式이라는 것을 가치 평가의 두 가지 사회적 기초로서 그려낸다. 인류의 진보는 도구적 가치들이 우위를 점하는 것에 달려 있지만, 현재의 경제 질서는 의전적 가치 평가 과정이 지배하는 것을 그 특징으로 삼고있다. 정통 주류 신고전파 경제학은 이 점과 관련하여 거의 도움이 되지 않을 것이다. 그 교리의 대부분은 현재의 상황을 떠받치며 수호하고 그 안에있는 차등적 권력과 부당한 구별을 강조하는 의전적 가치들을 더 강화하는것을 그 사회적 기능으로 삼기 때문이라는 점이다.

제도주의자들은 또한 노동경제학, 산업조직론, 법과 경제학, 비교 경제체제론, 공공 선택, 농업경제학, 정부의 영리 활동 규제 등의 영역에서 많은 양의 연구를 이루었다. 제도주의는 오늘날 독자적 경제학파로서 건강한생명력을 유지하고 있다.

포스트 케인스주의 경제학

케인스는 자신의 이론을 신고전파 경제학에 대한 비판으로 보았다. 1940년대와 1950년대 초 사람들은 '케인스주의 혁명'을 이야기했다. 하지만 이 장 첫머리에서 보았듯이 신고전파 경제학자들은 케인스의 《일반 이론》에서 몇 가지 아이디어만을 선별적으로 취하여 그것만 더 세밀하게 발전시켰고, 마침내 1970년대가 되자 정통 주류 경제학자들은 신고전파 이론이 더 보편적인 이론이며 케인스의 사상은 단지 그 안에서의 특별한 경우를 다룬 것에 불과하다고 보기에 이른다.

1970년대와 1980년대에 걸쳐 케인스의 아이디어 가운데서 신고전파 경제학과 양립할 수 없는 것들을 소생시킨 일군의 경제학자들이 있었다. 이들은 이 아이디어들을 미하우 칼레츠키Michal Kalecki, 조앤 로빈슨, 피에로 스라파 등의 이론과 결합시켜 케인스주의 전통의 급진적 측면을 다시 내세우기에 이르렀다. 이 전통은 오늘날 '포스트 케인스주의 경제학'이라고 알려져 있는 새로운 경제학파를 형성하게 된다.

포스트 케인스주의 경제학자들의 중심적인 관심사는 경제성장이다. 경제성장의 거의 모든 이론은 $G = s/v$라는 '해러드-도마' 성장 공식에서 논의를 시작한다. 여기에서 G는 성장률이며 s는 평균 저축성향(즉 국민소득 및 생산에 대한 저축의 비율), v는 자본/생산 비율(즉 1단위의 생산물을 생산하는 데 필요한 평균적 자본 단위 수)이다. 이 공식을 설명하기 위해 우리는 전체 경제뿐만 아니라 각각의 시장에서도 수요가 공급과 같다고 단순하게 가정하자. 이는 경제에서의 저축 총량이 자동적으로 새로이 생산된 자본재로 체현된다는 것을 뜻한다. 이러한 가정에서 보면, 소득에 대한 저축의 비율인 s는 소득에 대한 투자의 비율과 자동적으로 동일하게 된다. 즉 소득에 대한 자본 스톡의 증가량(즉 투자)의 비율과 동일해지는 것이다.

하지만 자본 스톡의 증가는 경제 전체의 생산 능력을 증대시킨다. 따라서 모든 시장이 균형을 유지하려면 모든 생산 설비가 가동되어야 하며, 생산 및 소득은 그전 기간보다 더 커질 수밖에 없다. 성장률이란 이렇게 필연적으로 발생하는 생산 및 소득의 증가의 크기를 총소득에 대한 비율로서 표현한다.

자본/생산 비율인 v가 1이라고 가정하자. 즉 새로 투자된 1달러로 생겨난 자본 스톡이 꼭 1달러만큼의 추가적 생산물을 내놓을 수 있을 만큼만 늘어난다고 가정하자. 그렇다면 추가적인 생산 설비를 (그리고 우리의 가정에 따라서, 새로 생겨난 생산 및 소득을) 달러로 표현한 수치는 총저축과 똑같을 것이다. 따라서 이 가정 아래서는 성장률이 평균 저축성향과 동일하게 될 것이다.

v가 2라고 가정해보자. 즉 자본 스톡이 2달러만큼 늘어날 때마다 늘어난 생산 능력으로 생산할 수 있는 신규 상품이 1달러에 불과하다고 가정해보자. 저축을 통해 증대된 생산 능력의 양은 화폐 액수로 볼 때 저축 총량의 절반이 될 것이다. 이 가정 아래에서는 평균 저축성향을 반으로 나누어야 경제의 성장률을 얻게 될 것이다(이러한 아이디어의 역사적 발전 과정에 대해서는 15장의 부록을 보라).

해러드-도마 공식은 이론이 아니다. 이는 단지 저축, 투자, 자본 스톡, 생산, 소득, 성장률 등의 변수 사이의 관계를 양적으로 고찰할 수 있는 개념적 틀일 뿐이다. 이러한 보편적 틀은 거의 모든 학파의 경제학자들이 사용한다. 예를 들어 신고전파 경제학자들은 자신들 이론의 핵심에 있는 자본주의 이데올로기의 기둥(즉 시장의 자동성, 효율성, 한계생산성 분배 이론)이 시간에 따라 성장하는 경제에 있어서 모두 유효하다는 것을 보여주기 위해 이 틀을 사용한다. 사람들의 선호(이는 소득분배와 함께 저축을 결정한다)와 생산함수와 자원부존(이는 선호와 소득분배와 함께 생산량과 생산물의 구성을 결정한다) 등이 외생적으로 결정되며 여기에 한 묶음의 비현실적인 가정을 더한다면 경제가 자동적으로 적절한 완전고용 성장률에 적응해가는 방식을 보여줄 수 있다는 것이다. 또한 이러한 성장률이 어떻게 해서 자원을 효율적으로 활용하며, 여러 범주의 생산요소(천연자원, 노동, 자본) 각각이 어떻게 해서 그 한계생산성에 맞먹는 보상을 얻는지도 보일 수 있게 된다는 것이다.

이러한 증명 전체는 분석적 논리의 추상적인 훈련일 뿐이다. 여기에 들어가는 '시간'이란 '논리적 시간'이지 실제의 시간이 아니다. 이 시간은 신고전파 경제학자들이 말하는 논리적, 수학적 관계가 그들이 원하는 방식대로 작동하는 데 필요한 만큼으로 규정된다.

반면 포스트 케인스주의 이론은 구체적인 역사적 상황 속에 존재하는 실제의 경제가 현실의 역사적 시간이 빚어내는 과정에서 균형을 흐트러뜨리는 힘에 어떻게 적응하는지에 관심을 둔다. 이러한 적응 과정은 무엇보다도 특히 경제적 행위자들이 과거를 어떻게 해석하고, 미래에 무엇을 예측하는지에 따라 결정된다. 이들이 예측하는 것이 얼마나 정확하게 맞아떨어지게 될지는 과거와 현재에 대한 이들의 평가가 얼마나 정확한지에도 좌우되지만, 또한 이들이 그러한 예측에 근거하여 내린 결정이 그들과 경제적 상호의존 관계를 맺고 있는 다른 많은 경제 행위자들의 결정과 조응하는지 모순되는지에도 좌우된다. 따라서 어떤 기업가가 제아무리 아는 것이 많고 제아무리 주의 깊고 정밀한 계산을 행하여 아주 조심스럽게 투자한다고 해도, 투자의 성공 여부는 항상 부분적으로는 그와 같은 시점에서 경쟁자, 부품 및 재료 공급자, 고객 등이 내리는 결정에 좌우되며, 그 밖에도 도저히 예견이 불가능한 다른 요소들에도 좌우된다. 경쟁자, 공급자, 고객은 그 기업가만큼 충분한 지식에 기반한 예측에 입각하여 행동하는 것이 아닐 수도 있고, 또 완전히 비합리적으로 행동할 수도 있다. 이런 경우에는 그 기업가가 제아무리 조심스럽게 미래의 상황에 대한 예측을 구축한다고 해도 빗나갈 수 있다.

가장 저명한 포스트 케인스주의 경제학자의 한 사람인 크라겔 J. A. Kragel 교수는 이 이론의 이러한 측면을 다음과 같이 요약한다.

> 불확실한 세계를 어떻게 분석할 것인가의 문제에 대하여 케인스가 선택한 방법론은 불확실성과 실망이 가져오는 결과를 상세하게 살펴보는 것이었다. … 실제로 케인스는 자신의 접근법에서는 완벽한 예견과 충분한 정보를 가정할 수 없다고 주장했다. 그런 가정을 둔다면 케인스의 주된 이론적 기여인 유효 수요의 이론은 아무 의미도 없게 될 것이다.
>
> 더욱이 케인스는 자신의 이론적 접근법이 그가 가장 절박한 문제라고 여

겼던 생산과 고용 수준의 결정 문제뿐만 아니라 그 밖의 문제를 분석하는 데도 사용될 수 있다고 보았다. 물론 여러 다른 문제가 갖는 각각의 성격에 따라 시스템의 종속 변수, 파라미터, 독립 변수 등에 대해 서로 다른 기본적 가정을 두어야 한다는 것이었다.

　마지막으로 … 오늘날 '포스트 케인스주의'라고 불리는 이론은 자본축적, 소득분배 등과 같은 다양한 경제문제를 케인스의 방법론을 통해 분석하고자 하는 시도라고 볼 수 있다.[14]

　특히 포스트 케인스주의자들은 케인스뿐만 아니라 칼레츠키의 이론 또한 추종하여 소득분배와 경제성장 사이의 관계를 분석했다. 니컬러스 칼도의 공식에 따라 다시 한 번 저축과 투자가 같다고 가정해보자. 케인스의 공식에서 s는 "저축성향이며, S와 Y는 한 기간 동안의 저축과 소득이다". 따라서 $S = sY$는 '저축함수'로서, 소득이 변하면 저축이 어떻게 변하는지를 나타낸다. 칼도는 소득을 두 개의 범주로 나누었다. 우선 노동자의 소득은 자신들이 수행한 노동에 대가로 주어지는 임금과 봉급으로 구성된다. 다음으로 자본가의 소득은 생산수단의 소유권에서 수취하는 이자, 지대, 배당금, 이윤 등으로 구성된다.

　이제 케인스의 저축함수 대신 다음을 얻을 수 있다.

$$S = s_w Y + (s_p - s_w)P \qquad\qquad (18.1)$$

　여기서 s_w는 노동자의 저축성향, s_p는 자본가의 저축성향이며, P는 이윤이다. 균형 상태에서처럼 투자가 저축과 같다고 가정하면 우리는 또 다음을 얻는다.

$$I = s_w Y + (s_p - s_w)P \qquad (18.2)$$

Y로 양변을 나누고 다시 정리하면

$$\frac{P}{Y} = \frac{1}{(s_p - s_w)} \cdot \frac{I}{Y} - \frac{s_w}{(s_p - s_w)} \qquad (18.3)$$

고전파 경제학자들은 노동자가 생계 수준 근처에서 생활하며 따라서 소득을 전부 소비한다고 주장했다. 이들은 또 자본가는 소득 전부를 저축한다고 생각했다. 이를 가정한다면 $s_w = 0$이 되는 셈이다. 더 나아가 자본가의 소득이 아주 커서 그중에 소비가 차지하는 몫은 중요하지 않은 정도의 크기라고 가정한다면, 그래서 이들은 자신들 소득의 거의 전부를 저축한다고 가정한다면, $s_p = 1$의 상태에 근접할 것이다. 만약 $s_w = 0$이고 $s_p = 1$이라면, 위의 등식 (18.3)은 다음과 같이 환원할 수 있다.

$$\frac{P}{Y} = \frac{I}{Y} \qquad (18.4)$$

등식을 이렇게 바꾸어 놓으면 자본주의 경제에서 국민소득의 자본가 몫(즉 이윤 몫)과 투자율 사이에 존재하는 기본적 관계가 잘 드러나는 유리함이 있다. 투자의 수준이 높을수록 자본가의 소득 몫도 커지는 한편 노동자의 소득 몫은 줄어들 것이다.

좀 더 현실에 가까운 공식을 얻으려면 자본가의 저축성향이 1이 되지 않는다고 가정해야 한다. 이 경우 위의 등식 (18.3)은 다음과 같이 된다.•

$$\frac{P}{Y} = \frac{1}{s_p} \cdot \frac{I}{Y} \;•• \qquad (18.5)$$

이 공식에서 우리는 포스트 케인스주의 경제학의 가장 중요한 결론 하나를 보게 된다. 투자 수준이 주어져 있을 때 자본가의 저축성향이 낮을수록 국민소득에서 그들의 몫은 더 많아지며 노동자의 몫은 더 작아진다. 이는 자본가가 높은 소득을 즐길 수 있는 것은 그들이 저축에 따르는 고통을 치르기 때문이라는 오래된 신화와 정면으로 모순된다. 이 공식에서 우리는 자본가 저축을 덜 할수록 소득의 더 많은 몫을 가져가게 된다는 것을 뚜렷이 보고 있다. 이렇게 얼핏 보면 이해하기 힘든 결과가 나온 것은 투자와 저축을 결정하는 인자가 무엇인가에 대한 포스트 케인스주의 특유의 관점 때문이다. 투자는 투자 계획의 미래 이윤에 대한 자본가의 예측뿐만 아니라 자본가들이 미래에 대해 낙관적으로 보고 있는가 비관적으로 보고 있는가에 의해 결정된다는 것이 그들의 주장이다. 다른 한편 저축은 소득 수준이 변화하면 이에 따라서 상당히 수동적으로 변화한다는 것이다.

따라서 만약 자본가가 미래에 대해 대단히 낙관적이어서 투자 수준을 늘리기로 결정한다면 투자는 생산과 소득의 (그리고 자본가가 가져가는 소득 몫의) 증대를 자극할 것임을 알 수 있다. 자본가의 소득이 증대함에 따라 이들의 저축 또한 늘어난다. 이러한 과정은 계속되어 마침내 자본가의 소득 증대로 인해 늘어난 저축이 케인스적 균형을 창출하는 데 들어간 투자 증가

- 이때 s_w, 즉 노동자의 저축성향은 여전히 0이라고 가정해야 (18.5)를 얻을 수 있다. 이 가정은 최초에 니컬러스 칼도가 다음에 나올 '케임브리지 등식'을 발표하면서 취했던 것으로서, 노동자 다수가 저축을 행하는 현대 산업 경제에 맞지 않는 가정이라는 비판에 직면했다. 이에 파시네티Luigi Pasinetti는 노동자가 저축을 행한다고 해도 장기적으로 노동자의 저축성향은 이윤율에도 또 전체 국민소득에서 자본가들이 가져가는 몫에도 영향을 주지 않는다는 점을 증명하여 이 비현실적인 가정을 군이 하지 않아도 칼도가 처음에 내놓았던 케임브리지 등식이 보편성을 가질 수 있다는 것을 확인한다.
- •• 원서에는 'I'가 '숫자 일(1)'로 잘못 표기되어 있다.

량을 완전히 상쇄하는 지점까지 자본가의 소득은 계속 늘어나게 된다. 만약 자본가의 저축성향이 아주 높다면, 소득이 비교적 조금만 늘어도 투자 증가량을 상쇄하는 데 필요한 만큼의 저축을 쉽게 얻을 수 있다. 만약 저축성향이 아주 낮다면, 저축 수준에서의 균형을 얻기 위해서는 이들의 소득이 비교적 크게 늘 필요가 있을 것이다.

이렇게 해서 미래에 대한 자본가의 예측 그리고 거기서 비롯되는 투자 수준이 주어졌을 때, 자본가가 자신들의 소득에서 소비로 돈을 더욱 펑펑 쓴다면 이들이 국민소득에서 가져가는 몫도 더 커지게 된다는 것이다. 그리고 이들이 소박하고 절제된 생활을 하게 되면 국민소득에서 이들이 가져가는 몫이 오히려 줄어들게 된다. 적어도 나소 시니어 이후로 신고전파 경제학에서는 누구나 비효용이라고 생각하는 절제를 자본가가 실천하기 때문에 그들의 높은 소득도 정당화된다는 관점이 지배해왔지만, 포스트 케인스주의 경제학에서는 그 논리가 완전히 거꾸로 뒤집힌다.

등식 (18.5)에 약간의 조작을 가하면 성장에 대한 포스트 케인스주의적 이론을 역사적 맥락에 놓는 유용한 방법 하나를 얻을 수 있다. 여기서 소득 (Y)의 자리에 자본 스톡 (K)을 놓으면, 저축성향이 주어져 있다고 가정할 때 자본 스톡의 증가율($g = I/K$)이 이윤율($r = P/K$)을 결정하는 것으로 나타낼 수 있다. 이를 다시 약간 조작하면 우리는 $rs = g^{\bullet}$라고 하는 케임브리지 등식Cambridge equation을 얻을 수 있다. 해러드-도마와 칼도의 분석에서와 마찬가지로, 이 케임브리지 등식 또한 저축과 투자의 균형 상태에서 출발하여 이러한 결과를 얻기 위해 적절한 가정들을 취한다(이 등식을 도출하거나 표현하는 데는 더욱 정교한 방식이 있지만 위의 논의만으로도 우리 논의

● s_p가 s로 바뀌어 있는 것에 대해서는 앞의 옮긴이 주에서 설명한 것을 참조.

에서의 목적에는 충분하다). 이 케임브리지 등식은 동태적 분석에서 저축과 투자 사이의 균형에 해당하는 것이라고 생각할 수 있다.

이렇게 케임브리지 등식을 아주 거칠게 단순화해서 보면 포스트 케인스 주의적 성장과 분배 이론의 특징이 그대로 드러난다. 리카도와 같은 고전파 경제학자들은 자연적으로 결정되는 임금률이 이윤율을 결정한다고 주장했다. 따라서 임금의 증가는 (또는 감소는) 이윤율의 감소를 (또는 증가를) 가져온다는 것이었다. 자본가의 저축성향이 (따라서 투자성향 또한) 주어져 있다고 하면, 그 증가율은 이윤율에 의해 결정될 것이다. 이러한 시각은 이윤율과 저축성향을 곱한 것(rs)이 자본 스톡의 증가율(g)을 결정한다는 주장으로서, 케임브리지 등식을 왼쪽에서 오른쪽으로 읽어나가는 것에 해당된다. 하지만 포스트 케인스주의자들은 이러한 인과관계를 거꾸로 뒤집어서 그 등식을 오른쪽에서 왼쪽으로 읽어나간다. 불확실성의 조건 아래에서 자본가가 선택하는 것은 자신들의 자본 스톡을 얼마나 늘릴 것인가(g)와 자신들의 저축성향(s)이며, 이윤율(r)은 그 두 가지에 따라 결정된다는 것이다. 따라서 그 등식은 $r = (1/s)g$가 되며, 이는 이윤율과 자본 스톡 증가율의 관계로 표현된 것 말고는 등식 (18.5)와 비슷하다. 그리고 임금률은 이윤율이 결정된 이후에 그 결과로서 결정되는 잔여일 뿐이다.

또 조앤 로빈슨은 자본가가 선택하는 자본 스톡 증가율의 결정을 순전히 그들의 '야성적 충동animal spirits'에만 맡겨두는 것에 만족하지 못했다. 그래서 그 대신 자본가의 투자 결정은 (그들이 예상하는) 이윤율의 함수라고 볼 것을 제안했다. 그 결과 투자와 저축의 균형을 더욱 완전한 동태적 모델로 나타낼 수 있게 되었다. 이제 케임브리지 등식은 동태적 모델에서 저축함수에 해당하는 $g^s = rs$로 쓰이게 된다(이때 g^s는 저축 증가율을 나타낸다). 또한 자본가의 투자 결정이 이들이 원하는 투자의 증가율을 결정한다. 이를 수식으로 쓰면 $g^I = f(r)$이 되는데, (자본가가 예상하는) 이윤율이 증가하게 되면 투자 증가율 또한 증가하게 된다는 것이다. 〈그림 18-1〉은 오늘날 유명해진 바나나 그림으로 이 모델을 나타내고 있다.

자본가가 선택하는 투자 증가율은 g^i 곡선으로 주어지므로, 만약 최초에 자본가가 예상하는 이윤율이 r^*보다 낮다면 그들이 선택한 투자 증가율 또한 g^*보다 낮을 것이다. 하지만 실제로 실현된 이윤율은 g^s 곡선에 의해 결정되기 때문에, 자신들이 선택한 투자 증가율이 g^*보다 낮은 수준인 상태에서는 막상 실현된 이윤율이 자신들이 예상한 이윤율보다 높다는 것을 알게 될 것이다. 실현된 이윤율이 더 높다면 자본가는 또 자신들이 선택하는 투자 증가율을 상향 조정하게 되며, 이렇게 되면 실제의 이윤율은 다시 더 높아지게 된다. 이 과정은 또한 저축과 투자의 증가라는 관점에서 볼 수도 있다. 예를 들어 이윤율이 r^*보다 낮은 구간에서는 투자의 증가가 저축의 증가를 초과할 것이며 이에 팽창을 초래하게 된다. 이 과정은 r^*와 g^*에서 균형에 도달할 때까지 계속될 것이다. 이윤율이 r^*보다 큰 구간에서는 그 반대의 과정이 나타날 것이다. 여기서는 저축의 증가율이 투자의 증가율을 초과하므로 변수가 하락 압력을 받게 된다. 이렇게 이윤율의 변화에 대해 투자보다 자본가의 저축이 더 크게 반응하는 한, 이윤율과 투자 증가율 모두 이 교차점으로 끌려오게 된다는 의미에서 균형에 도달하게 된다.

우리는 〈그림 18-1〉을 이용해서 포스트 케인스주의 성장 이론에 담겨 있는 가장 흥미로운 함의 하나를 보여줄 수 있다. 예를 들어 만약 자본가가 이윤에서 저축으로 돈을 돌리는 성향을 증가시킴으로써 저축을 늘리고자 한다면 그 결과는 이윤율과 투자 증가율의 저하로 나타나게 될 것이다. 그림에서 보자면, 저축성향의 증가는 g^s 곡선을 오른쪽으로 더 기울여서 모든 수준의 이윤율에 대해서 저축 증가를 높이게 될 것이다. 하지만 저축 증가가 높아진다는 것은 곧 전체 수요에 부족이 생겨난다는 말이며, 더 낮은 이윤율 및 이와 연관된 낮은 투자 증가율에서 균형이 다시 확립되도록 이윤을

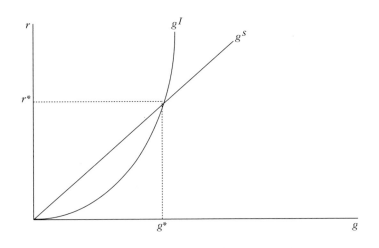

그림 18-1. **균형 성장과 이윤율**

낮추게 될 것이다. 이는 동태적 모델에서 케인스가 말하는 절약의 역설에 해당한다. 그 결과 이는 거의 모든 다른 성장 이론과 모순을 일으키게 된다. 예를 들어 고전파 성장 이론의 현대적 버전에서는 저축성향의 증가가 곧바로 투자의 증가로 이어지며 따라서 축적률도 올라가게 된다. 신고전파 이론에서는 저축성향의 증가가 투자 증가율을 일시적으로 높이게 되어 있으며, 좀 더 최근 버전의 이론들에서는 영구적으로 높이는 것으로 되어 있다. 포스트 케인스주의 이론에서 이렇게 색다른 결과가 나오게 되는 이유는 독립적인 투자함수를 도입한 데 있다. 다른 이론들은 저축에서 투자로 향하는 일방적 인과율의 진행 관계를 가정하는 데 반하여, 포스트 케인스주의자들은 그 인과관계의 방향을 반대로 뒤집는 투자함수를 설정한다.

포스트 케인스주의 이론에서 독립적인 투자함수가 갖는 중요성은 자본가의 미래 예측이 좀 더 낙관적인 경우의 함의를 생각해보면 알 수 있다. 어떤 이유에서건 자본가가 낙관적으로 된다면 g^i 곡선은 원점에서 바깥으로 이동할 것이며, 이는 (예상되는) 이윤율이 어떻게 주어지든 자본축적을 늘리고자 하는 욕망이 더 커진다는 것을 나타낸다. 그 결과는 더 높은 이윤율과 투자 증가율일 것이다. 이러한 결과가 나오는 데는 두 가지 설명이 있을 수 있다. 첫째, 만약 예측의 변화가 일어나기 전에 경제가 최고 능력으로 가동되고 있었다면, 자본가의 예측이 더욱 낙관적이 되면서 수요 증가가 생겨나게 되고 이는 가격 수준을 더 올리게 될 것이다. 명목 임금이 고정되어 있다고 가정하거나 최소한 가격 수준의 변화를 따라잡을 만큼 빨리 변하지 못한다고 가정한다면, 이렇게 가격 수준이 상승할 경우 실질 소득은 노동자에서 자본가에게로 이동하게 될 것이다. 이것이 등식 (18.5)를 낳는 칼도의 분배 이론의 기초가 된다. 요컨대 가격 수준이 충분히 상승해야만 이윤 몫이 증가하며 그 결과 저축 증가율이 투자 증가율의 상승을 따라잡을 수 있게 된다는 것이다. 이 경우 노동자에게 가는 소득 몫은 낮아졌으므로, 자원은 소비재 생산에서 자본재 생산으로 방향을 바꾸게 된다. 만약 미래에 대한 예측이 변화하기 이전에 경제가 최고 능력 이하로 가동되는 상태였다면 두 번째 설명이 나온다. 이 경우에는 과잉 생산 설비가 남아 있기 때문에 소비재 생산에서 자원을 빼내지 않고도 자본재 생산을 늘릴 수 있다. 또 기존의 자원에 대한 활용을 늘리는 것만으로도 자본재에 대한 수요 증가를 충족시킬 수 있다. 이 경우에는 자본가와 노동자 사이의 소득 몫에 변화가 생겨날 필연성은 없다. 이윤은 여전히 자본가의 소비와 투자 결정에 의해 결정될 것이며, 따라서 투자 수요가 늘어남에 따라 이윤도 증가할 것이다. 이윤과 함께 총소득도 증가할 것이므로 총소득에서 이윤이 차지하는 몫이 반드시 증가할 이유는 없다.

오늘날 나오고 있는 포스트 케인스주의 성장 이론은 투자함수에 이윤율, 이윤 몫, 생산 가동률(여기에다 비록 그 역할은 좀 떨어지지만 자본-설비 비율) 등이 일정하게 조합되어 들어가는 것이 전형적인 모습이다. 성장, 분배, 가격 책정 등의 문제를 하나로 엮어내기 위해서는 이윤 몫의 항을 다양한 형태의 생산비 가격 이론에 나오는 마크업과 바로 연관시키면 된다. 그런데 장기적 균형 상태에서 이러한 변수를 어떻게 규정할 것인지의 문제로 가면 이들 내에서 의견의 차이가 이미 나타나고 있다. 예를 들어 생산 가동률이 정상적 또는 의도된 수준에 있지 않을 때 장기 균형을 규정하는 것이 가능한가의 문제는 흥미로운 질문을 낳는다. 마찬가지로, 균형 상태의 이윤율과 이윤 몫(따라서 이윤 마진)은 경쟁적 균형 이윤율 및 마진과 조화될 것인가 또는 그렇게 될 필연성이 있는가에 대해서도 질문이 있다. 일반적으로 볼 때, 단기와 장기의 구별에서 생겨나는 이 여러 난제들은 포스트 케인스주의 이론에 일관성을 제공하기 위해서는 반드시 풀어야 할 문제이다.

포스트 케인스주의 이론이 역사적 시간을 강조한다는 것은 나아가 불확실성을 더욱 강조한다는 것을 뜻하며, 이렇게 되면 곧바로 화폐 및 자산 일반—즉 부를 미래까지 보유하는 다양한 수단—이 중요한 역할을 맡게 된다. 이러한 일반적 접근법은 수요의 분석, 특히 그 구성물 중에서도 투자에 대한 분석에 초점을 두게 되며, 저축과 투자의 관계에 있어서도 우리가 방금 보았듯이 장기와 단기 모두에서 후자가 전자를 결정하는 것으로 이해하게 된다. 하지만 인과관계의 방향을 이렇게 강조하게 될 경우, 단순히 저축이 투자로 흘러들어온다고 가정할 수가 없게 되며 따라서 투자 자금이 어떻게 조달되느냐가 중요한 문제로 떠오른다. 포스트 케인스주의 이론은 역사적 시간 안에서의 경제의 운동을 분석하는 이론이기 때문에 불확실성이라는 조건을 전제로 하고 있다. 이러한 조건 아래에서는 화폐 및 금융 시스템 일반이 중요하게 되지 않을 수 없다. 이로써 이 분석은 한 바퀴 돌아 원점으로 돌아오게 된다.

따라서 포스트 케인스주의 경제학자들은 항상 화폐 및 금융시장을 자신들 이론에 통합시키고자 노력한다. 이들은 실물 상품과 노동의 흐름이 경제에서는 화폐의 흐름으로 표현된다는 사실을 강조한다. 이들은 화폐가 독특한 특징 하나를 가지고 있다고 본다. 이는 다른 모든 가치 저장 수단 또는 다른 모든 교환 수단에 대한 대체 탄력성이 무시할 수 있는 정도로 작다는 사실이다. 이러한 가정으로 인하여 포스트 케인스주의 경제학자들은 신고전파 통화 이론가들과 차이를 갖게 된다. 상업 은행에서 투자 중개기관에 이르는 다양한 금융 기관이 시중의 통화 스톡을 집단적으로 불태화 혹은 활성화하는 방식 그리고 그를 통해 경제 시스템 전체에 가해지는 외생적인 충격의 강도를 늘리거나 줄이게 되는 방식 등을 이들이 상당히 정교한 논리로 보여줄 수 있게 되는 것도 이 때문이다. 또 이러한 통화적 조정이 어떻게 하여 화폐 임금률이 실질임금률과 무관하게 운동하는 상황을 낳는지도 포스트 케인스주의 경제학자들은 보여주었다.[15]

스라파의 가격 이론

가치론의 영역에서는 많은 포스트 케인스주의자들이 피에로 스라파가 이루어놓은 것을 기초로 삼는다. 16장에서 우리는 신고전파의 자본 이론, 성장 이론, 분배 이론, 효율 이론에 대해 스라파가 행한 강력한 비판을 살펴보았다. 만약 스라파가 해놓은 것이 이러한 비판뿐이었다고 해도 그는 경제 이론에 있어서 기념비적인 기여를 한 이로 남았을 것이다. 하지만 그의 작업은 이를 훨씬 뛰어넘어 새롭고 정교한 고전파 가치론을 제시했다. 스라파가 《상품에 의한 상품 생산》을 쓴 주된 목적은 신고전파 한계효용 이론을 대체할 이론으로서 리카도의 가격 이론을 발전시키는 것이었다. 그렇게 하는 가운데 그는 불변의 가치척도를 찾고자 한 리카도의 문제를 해결했다.

스라파 분석의 출발점은 오직 두 개의 상품만을 생산하는 자급자족 경제라는 단순 모델이다.[16] 두 상품은 모두 서로를 생산하는 데 필요한 상품이다. 예를 들어 두 상품을 밀과 철이라고 했을 때, 이 둘이 생산되는 양은 다음 생산 기간에 그 각각을 똑같은 양만큼 생산하는 데 필요한 투입량에 겨우 미치는 정도라고 가정하자. "노동자들의 생활에 필요한 양까지 포함하여 전부 따져 보았을 때, 280쿼터(qr.)의 밀과 12톤(t.)의 철을 사용하여 400쿼터의 밀을 생산한다고 가정하자. 그리고 120쿼터의 밀과 8톤의 철을 사용하여 20톤의 철을 생산한다고 가정하자."[17] 이 한 기간 동안의 생산은 다음과 같이 요약할 수 있다.

$$\begin{array}{ll} \text{밀 280쿼터 + 철 12톤} \rightarrow \text{밀 400쿼터} & (18.6) \\ \text{밀 120쿼터 + 철 8톤} \rightarrow \text{철 20톤} \\ \quad \overline{400} \qquad \overline{20} \end{array}$$

생산을 이렇게 똑같은 수준으로 영원히 유지하려면 생산된 총량 전부가 생산 투입물로 사용되어야 한다.

이 과정이 계속되려면 밀 경작자가 120쿼터의 밀을 철 생산자에게 가져가서 12톤의 철과 교환해야만 한다는 것은 자명하다. 따라서 철 1톤의 가격은 밀 1쿼터의 12배가 되어야 한다. 이러한 설명에는 효용 개념은 물론 어떤 유형의 한계 개념도 계산에 등장하지 않는다. 하지만 여기서 노동이 분석에 등장하는지 어떤지 또한 바로 분명하게 드러나지 않는다. 우리는 상품 투입물에 노동의 생필품이 포함되어 있다고 앞에서 말했다. 스라파는 자신의 저서 뒷부분에 나오는 '날짜 붙은 노동량으로의 환원Reduction to Dated Quantities of Labou'[18]이라는 제목의 장에서, 상품을 유일한 투입물 종류로 놓는 분석에서 노동을 유일한 투입물로 놓는 분석으로 전환하는 게 어떻게 가능한지를 보여준다.

이러한 전환을 위해서 우리는 상품 생산에 직접적으로 사용된 노동량에서 시작하자. 생산에 직접적으로 들어가는 상품은 이 상품을 생산한 직접 노동과 생산에 사용된 다른 상품으로 나눌 수 있다. 그리고 이 다른 상품 또한 마찬가지의 방식으로 계속 나눌 수 있다. 이 과정을 계속한다고 해도 끝까지 노동으로 환원되지 않는 상품의 몫이 조금은 남겠지만, 이는 최초의 상품과 비교해보면 그것이 차지하는 몫이 아주 적어서 무시할 수 있을 만큼이 될 것이다. 그 나머지는 모두 날짜 붙은 노동이 될 것이며, 이것들이 모두 합쳐지면 그 최초의 상품이 생산되는 것이다. 하지만 이러한 논리를 상품으로 바꾸어 설명해보면 더 간단하고 이해하기도 쉽다. n개의 상품을 생산하는 자급자족 경제가 있다고 하자. 그리고 이 n개의 상품 각각은 최소한 그 일부가 다른 모든 상품의 생산에 투입물로 들어간다고 하자. 이렇게 하면 앞의 철과 밀의 예에서와 비슷한 n개의 등식이 주어질 것이며, 이 등식을 풀면 그 해로서 각 상품의 가격이 결정될 것이다.

그다음으로 스라파는 자급자족 수준을 넘어 잉여를 생산하는 경제를 고찰한다. 다음과 같은 가설적인 생산과정이 존재할 수 있다.

$$\begin{array}{ll} \text{밀 280쿼터 + 철 12톤} \rightarrow \text{밀 575쿼터} & (18.7) \\ \text{밀 120쿼터 + 철 8톤} \rightarrow \text{철 20톤} \end{array}$$

$$\underline{400} \qquad \underline{20}$$

다시 말하자면, 400쿼터의 밀과 20톤의 철로 노동자의 생계 유지가 가능하다고 가정한다면, 175쿼터의 밀이 잉여로 남는 것이다. 그 총잉여가 이윤으로 분배되며, 철과 밀 두 산업에서의 이윤율은 경쟁을 통해 똑같아진다고 가정한다. 만약 밀의 가격을 1(즉 뉘메레르)로 놓고 철 1톤의 가격을

p_i로, 이윤율을 r로 놓는다면 위의 등식은 다음과 같이 된다.

$$(280 + 12p_i)(1 + r) = 575 \tag{18.8}$$
$$(120 + 8p_i)(1 + r) = 20p_i$$

이 등식에 대한 해는 $p_i = 15$ 그리고 $r = 0.25$가 된다.

이 또한 일반화할 수 있다. n개의 상품이 주어져 있으면 여기서 n개의 방정식을 얻을 수 있으며 이것으로 n개의 미지수(그중 한 상품은 뉘메레르가 되며 그 가격은 1이 된다. 이에 따라 미지수는 $n{-}1$개의 가격과 이윤율로 구성된다)를 풀 수 있다는 것이다. 여기에는 임금이 생계 수준에서 미리 결정되어 있다는 가정이 전제되므로, 이는 '고전파 및 마르크스식 해법classical and Marxian solution'이라고 불린다.

하지만 문제는 이렇게 간단하지가 않다. 마르크스의 이론에서 생계 임금은 사회적으로 결정되며, 생물학적으로 결정되지 않는다. 따라서 노동자와 자본가 사이의 계급투쟁에서 세력 균형이 어떻게 변동하는가에 따라서 생계 임금이 되는 실질임금 수준이라는 것도 다양하게 변하게 된다. 게다가 그 상품 투입물 중에는 노동자가 전혀 소비하지 않는 것도 있으므로, 다양한 상품 사이에 생산 조건에 변화가 일어날 때 (따라서 상품 사이의 상대가격이 변할 때) 노동자의 실질임금 수준이 동일하려면 화폐 임금 또한 변해야 한다. 따라서 마르크스의 이론에서는 화폐 임금의 변동이 실질임금률의 변동에 따라서 일어날 수도 있지만, 실질임금이 일정한 상태라고 해도 여타 상품의 상대가격의 변동 때문에 화폐 임금의 변화가 벌어질 수도 있는 것이다.

임금률의 변화는 마르크스주의 노동가치론에서 각별한 중요성을 갖는다. 위의 예에서 모든 가격은 밀을 단위로 하여 표현되었다. 즉 밀이 뉘메레르였던 것이다. 하지만 밀의 생산과정에 들어간 자본의 유기적 구성이 사회적인 평균이 아니라면, 임금률의 변화는 두 가지 결과를 가져올 것이다. 첫째, 이는 밀의 가격과 밀의 노동가치가 일치하지 않게 만들 것이다. 둘째, 이는 밀 산업에서 발생한 화폐 이윤과 노동 단위로 나타낸 밀 산업에서의 잉여가치가 일치하지 않게 만들 것이다(이 두 가지 결과는 모두 다양한 산업마다 자본의 유기적 구성이 다르다는 데 기인한다. 5장과 9장의 논의를 보라).

이는 마르크스주의 노동가치론에 문제 하나를 가져온다. 가치와 가격의 괴리를 설명할 수 있는 두 번째 원리에 따르면(9장을 보라), 그러한 괴리를 다양한 산업마다 자본의 유기적 구성이 다양하다는 것을 통해서 설명할 수 있어야 한다. 하지만 **만약** 밀의 가격이 단순히 그 노동가치를 반영하는 것이 아니라면, 그리고 **만약** 다른 모든 가격이 밀을 단위로 하고 있다면, **그 논리적 귀결로** 가격과 노동가치의 괴리는 단순히 다양한 산업에서의 자본의 유기적 구성의 차이만을 반영하는 것이 아니게 된다. 이 경우 가격과 노동가치의 괴리는 자본의 유기적 구성의 차이뿐만 아니라 밀 가격과 밀 노동가치의 괴리 또한 반영하는 것이다(왜냐면 다른 모든 가격은 밀을 가격의 단위로 삼고 있으니까). 이 경우 가격과 가치의 괴리 중 얼마만큼이 노동가치론의 제2 원리에 의해 설명할 수 있는 것이며 또 얼마만큼이 척도로 쓰이는 잣대인 밀의 가격 변화로 야기된 것인지를 확실하게 알 길이 없게 된다. 따라서 우리는 5장과 9장에서 도달한 결론, 즉 노동가치론이 성립하려면 가격과 노동가치가 항상 일치하는 불변의 가치척도가 필요하다는 결론으로 되돌아오게 된다. 그게 아니라면 (19장에서 보겠으나) 노동가치와 가격 사이에 존재한다고 마르크스가 제시한 두 개의 고유한 연계 고리(즉 총가치는 총가격과 일치하며, 총잉여가치는 총이윤과 일치한다) 중 하나를 포기하고서 노동가치를 단위로 한 분석과 가격을 단위로 한 분석을 연결시킬 수 있는 새로운 방법을 찾아내야 한다는 결론으로 갈 수도 있다.

그런데 스라파는 이 지점에서 리카도와 마르크스 둘 모두와 방향을 달리한다. 그는 생계 임금이 사회적으로 규정된다는 생각 자체를 폐기한다.

> 우리는 지금까지 임금이란 노동자의 생필품으로 구성된다고 보았으며, 이에 임금은 엔진에 대한 연료의 위치, 또는 가축에 대한 사료의 위치와 같은 것이라고 보았다. 하지만 이제는 임금의 반대 측면을 고려해야만 한다. 임금은 매순간 존재해야 하는 필수적인 생계 요소이기도 하지만, 여기에는 잉여 생산물의 일정한 몫을 포함하고 있을 수 있다. 임금은 이러한 이중적 성격을 가지고 있는데, 잉여를 자본가와 노동자가 나누어갖는 것을 고찰할 때는 임금을 이루는 이 두 가지 구성 부분을 분리하여 그중 오직 '잉여' 부분만을 변수로 보고 노동자의 생계에 필요한 재화는 계속해서 연료 등등과 함께 생산수단에 넣는 것이 적절할 것이다.
> 그럼에도 불구하고, 이 책에서 우리는 전통적인 임금의 개념을 건드리는 일은 삼갈 것이며, 임금 전체를 하나의 변수로 취급하는 통상의 관행을 따를 것이다.[19]

이 구절에서 스라파는 마르크스와 확연하게 결별한다. 스라파에게 있어서 노동력이란 다른 상품의 가치가 결정되는 것과 동일한 방식으로 그 가치가 결정되는 상품이 아니다. 노동을 필요노동과 잉여노동으로 나눌 수 없으므로 잉여노동이 잉여가치의 원천이라고 보여주는 것도 불가능하다. 스라파는 임금과 이윤 모두의 합계를 잉여라고 규정한다. 생산에서 소모된 물질적 상품을 보전하고 남는 생산물은 모조리 잉여라고 규정된다. 따라서 스라파의 이론은 마르크스주의 이론이 아닐 뿐만 아니라 (최소한 이 점에 있어서만큼은) 리카도의 이론도 아니며, 아예 노동가치론 자체가 아니다. 하지만 앞으로 보듯이, 그는 리카도식이든 마르크스주의식이든 노동가치론에 반드시 필요한 분석적 도구 하나를 제공한다.

이렇게 잉여를 임금과 이윤 모두를 포함하는 것으로 정의하고 나면 임금률 w는 이제 미지수가 되며, 전체 방정식 체계에서 미지수의 숫자는 방정식의 숫자보다 하나 더 많게 된다. 이 방정식 체계가 일정한 해를 가지려면 변수 중 하나는 고정된 크기라고 가정해야만 한다. 그래서 스라파는 이렇게 결론을 내린다. "이 방정식 체계는 1의 자유도를 가지고 움직일 수 있다. 그리고 만약 변수 중 하나가 고정된다면 다른 변수도 고정되게 된다."[20]

그다음으로 스라파는 노동이 잉여에서 아무것도 받지 못하는 지점에서 잉여 전부를 가져가는 지점까지 임금률을 변화시켜가면서 그때마다 상품의 상대가격과 이윤에 어떠한 변화가 나타나는가를 고찰한다. 스라파의 저서에서 노동가치론에 절대적으로 결정적인 의미를 가지는 것이 바로 이 부분이다. 왜냐면 여기서 스라파 또한 전통적으로 노동가치론에 따라붙는 논리적 숙적宿敵이라 할 문제와 조우하기 때문이다. 그것은 생산수단과 노동의 비율이 달라질 때, 즉 마르크스의 용어로 말하자면 자본의 유기적 구성이 달라질 때 어떤 결과가 나타나는가의 문제이다. 임금 증가로 인해 상이한 상품의 생산비용에 나타나는 효과는, 상품마다 생산에 들어가는 노동과 상품 투입물의 비율에 따라 달라지게 된다는 것은 자명하다(이 점에 대한 좀 더 온전한 논의는 5장과 9장을 보라). 상대적으로 더 많은 노동으로 생산되는 상품의 생산비용은 상대적으로 더 적은 노동으로 생산되는 상품의 생산비용보다 더 큰 비율로 증가할 것이다. 하지만 모든 상품은 또한 다른 상품을 생산하는 데 들어가는 투입물이기도 하다. 어떤 상품이 노동 집약적 방식으로 생산된다고 해도 그 생산에 투입물로 들어가는 주된 상품이 자본 집약적 방식으로 생산된 것이라면, 임금의 증가는 그 상품에 들어가는 노동비용은 상승시키겠지만 그 생산에 들어가는 상품 투입물들의 생산비용은 상대적으로 낮추게 될 것이다. 결국 이 상품의 가격은 이렇게 서로 맞서면서 서로를 상쇄하는 힘이 복잡하게 작용한 최종 결과로 주어질 것이라는 점은 자명하다. 따라서 임금률의 증가가 어떤 결과를 가져올지를 선험적으로 미리 결정하는 것은 불가능하다. 모든 상품의 생산에 들어가는 노동 투입물과 상품 투입물에 대해서 완전히 알고 있다고 하더라도, 이것만으로는 상품 사이의 상대가격을 결정하는 데 충분치 않게 될 것임이 분명하다.

또 설령 우리가 생산수단과 노동의 비율이 사회적 평균인 기술로 생산된 상품을 찾아낸다고 해도, 그 상품의 생산수단으로 쓰인 투입물도 모두가 똑같은 사회적 평균의 조건에서 생산된 게 아닌 한, 그 투입물의 가치도 임금률의 변화에 영향을 받는다는 것 또한 자명하다. 따라서 어떤 상품의 가격이 임금률 변화로 초래되는 변화는 빼고 오로지 그 노동 투입물만을 반영할 수 있으려면, 그 상품은 (1) 노동과 여타 상품 투입물의 비율이 사회적 평균인 방식으로 생산되어야 하며, (2) 그 생산에 들어간 상품 투입물 또한 모두 그와 똑같은 사회적 평균의 생산 조건으로 생산되어야 하며, (3) 이 똑같은 사회적 평균의 생산 조건을 그 상품의 생산으로 이어지는 상품 생산의 연쇄 관계 내 모든 시점의 모든 상품 투입물로까지 소급하여 연장해야만 한다. 그래야만 이 상품을 불변의 가치척도로 쓸 수 있다.

스라파는 이렇게 불변의 가치척도로 쓸 수 있는 상품을 찾는 어려움이 리카도나 마르크스는 물론 노동가치론 전통에 있는 어떤 이론가들이 생각한 것보다도 훨씬 더 심각하다는 것을 입증한다. 이 난제를 스라파가 해결하는 방법이야말로 그의 저서에서 가장 천재적인 기여라고 할 수 있다. 유감스럽게도 그 주장의 세세한 부분은 너무나 복잡하고 장황하여 여기서 정리할 수 없다.[21]

스라파는 종횡무진으로 이론을 전개한 끝에 최종 결과물로 다음과 같은 사실에 대한 증명을 내놓는다. 즉, 다양한 산업의 생산과정에서 노동과 다양한 상품이 결합되는 비율이 어떻게 되든, '복합적composite' 또는 '표준적standard'이라고 불리는 산업이 항상 존재하며, 이를 통해 앞에서 나온 방정식 체계에 대해서도 해를 제시할 수 있다는 것이다. 미크R. Meek의 말을 빌리면, "R(즉 그 '표준' 산업에서 생산수단과 순 생산물[잉여]의 비율)과 w(즉 그 '표준' 산업의 순 생산물 중에서 임금으로 가는 비율)를 우리가 알기만 하면, 그 즉시 **경제 전체의** 이윤율이 결정된다"[22]는 것이다. 이 **경제 전체의** 이윤율의 결정이야말로 노동가치론에 있어서 결정적 중요성을 갖는 문제이다. 5장과 9장에서 우리는 리카도와 마르크스 모두 개별의 경쟁적 자본주의 기업이 자신의 비용을 합산하고 거기에 이윤 마진을 더하여 '자연가격' 혹은 '생산가격'을 얻는다고 생각했음을 살펴보았다. 그리고 그 이윤 마진을 결정하는 것은 바로 경제 전체의 지배적 이윤율이었던 것이다.

하지만 리카도와 마르크스가 알고 있었듯이, 이러한 비용과 이윤은 단순히 기존의 가격을 기초로 하여 설명될 수 없다. 그렇게 한다면 진정한 가치론이 될 수 없다. 생산비용에는 생산에서 사용된 노동비용과 자본재 비용이 들어간다. 그리고 9장에서 보았듯이, 노동비용은 노동자의 생필품 재화를 생산하는 데 필요한 노동량으로 결정된다. 자본은 우리가 살펴본 노동가치론의 모든 논의에서처럼 이전에 지출된 노동에 날짜를 붙여서 한 줄로 늘어놓은 것으로 환원할 수 있다. 하지만 이 과거 노동을 더하여 현재의 자본비용을 얻기 위해서는 그 과거 노동이 행해진 시점에서 생산과정이 최종적으로 완결되는 시점까지의 기간 동안의 지배적 이자율로 그 과거 노동비용을 복리로 계산해야 한다. 마지막으로, 이 노동비용과 자본비용에다 생산과정의 마지막 기간 동안 자본가에게 덧붙는 이윤(이는 전체적인 경쟁 이윤율로 결정된다)을 더해야 한다. 이러한 계산을 모두 끝낸 뒤에야 비로소 우리는 한 상품의 최종적인 균형가격(또는 자연가격 또는 생산가격)을 얻을 수 있다.

만약 이 최종적 균형가격을 노동량과 그것이 생산과정에서 투하된 시간 순서로 설명하는 것이 가능하다면, 이윤율 또한 생산의 기술적 조건을 기초로 하여(즉 생산과정에서의 노동량과 그 노동이 행해진 시간 순서의 과정을 기초로 하여) 설명할 수 있어야 한다. 스라파는 바로 이 일을 해낸 것이다(최소한 생산과정에 필수적으로 들어가는 상품 투입물로 노동자의 소비가 구성되는 그의 모델 안에서는). 그가 말하는 표준 산업의 생산의 기술 조건만 알 수 있다면 우리는 상품의 가격에 대해 전혀 모르는 상태에서도 경제 전체의 이윤율을 결정할 수 있게 된다. 그렇다면 이 표준 산업이라는 것이 과연 존재하는가 그리고 그것을 찾아낼 수 있는가의 문제가 스라파 이론에서 결정적인 질문이 된다는 것은 자명하다. 스라파의 저서에서 가장 중대한 의미를 갖는 핵심 부분의 하나는, 바로 모든 현실의 경제에서 이러한 '산업'(이는 사실 여러 산업이 하나로 결합된 복합물이다)이 존재하며 또 찾아내는 것이 가능하다고 명징하고 정연한 논리로 증명하는 부분이다.[23]

이러한 표준 산업을 구성하기 위하여 스라파는 자신이 '기초 상품'이라고 부른 것을 추려서 따로 떼어놓는다. 기초 상품이란 직간접으로 모든 상품의 생산에 등장하는 상품이다. 스라파는 이 모든 기초 상품의 생산의 기술적 상관계수로부터, 기초 상품 하나하나마다 표준 산업 내에서 각각의 상품이 생산수단으로 들어가는 것과 산출물로 나타나는 것이 똑같은 비율이 되도록 하는 양을 찾아낸다.•

• 처음 스라파 이론을 대하는 이들은 이 부분을 이해하기 어려울 수 있어서, 스라파가《상품 생산에 의한 상품 생산》에서 든 예를 그대로 옮겨온다. 어떤 경제의 기초 산업이 철, 밀, 석탄으로 구성되어 있다고 하자. 그리하여 철 180톤, 석탄 285톤, 밀 410쿼터를 투입하여 철 180톤, 석탄 450톤, 밀 480쿼터를 생산하고 있다고 하자. 여기서 철 산업의 전부, 석탄업에서는 4분의 3, 밀 농업에서는 4분의 3을 취하여 철 180톤, 석탄 270톤, 밀 360쿼터로 구성된 혼합체를 '표준 복합 상품standard composite commodity'으로 놓는다. 이 세 상품의 생산에 있어서 현재의 기술적 상관계수를 그대로 쓴다면, 이를 생산하기 위해서는 철과 석탄과 밀이 각각 150톤, 225톤, 300쿼터가 투입물로 들어가야 한다. 이렇게 되면 세 상품의 투입물로서의 비율, 즉 150 : 225 : 300은 산출물로서의 비율인

이 표준 산업 내에서는 설령 임금이 오른다고 해도 잉여 생산물의 가치와 생산수단의 가치 사이의 비율이 변동없이 유지될 것이다. 왜냐면 그 내부에서 (노동 집약적 생산과정 때문에) 일어나게 될 비용 상승과 그 내부에서 (자본 집약적 생산과정 때문에) 일어나게 될 비용 감소가 정확하게 서로를 상쇄하기 때문이다. 이로써 스라파는 잉여 생산물과 생산수단의 비율에 있어서, 임금률 및 이윤율의 등락과 무관하게 기술적으로만 결정된 수치를 얻게 된다.

여기서 중요한 점은, 전체 경제 또한 이 표준 산업과 비율만 다를 뿐 동일한 기본적 방정식을 담고 있다는 점이다. 따라서 다양한 산업에서 노동과 상품 투입물이 어떻게 들어가는지를 알게 되고 여기에다 표준 산업 내에서의 잉여 생산물 중 노동의 몫이 얼마나 되는지에 대한 지식을 결합한다면 경제 전체의 지배적인 이윤율을 결정할 수 있게 되며, 그 결과 효용이나 한계 분석을 전혀 동원하지 않고서도 모든 상품의 가격을 결정할 수 있게 된다. 게다가 이러한 가격 체계는 생산에 대한 수확의 규모가 체증할 것인지 체감할 것인지 등에 대해 어떤 가정도 할 필요가 없다는 이점 또한 가지고 있다.

이렇게 스라파의 표준 상품은, 리카도와 마르크스가 찾으려 했지만 끝내 찾지 못했던 이상적인 '평균적 상품'의 기능을 수행하는 것으로 보인다. 스라파는 노동가치론에 대단히 중요한 기여를 했지만(이 점은 19장에서 더 살펴볼 것이다), 그가 제시한 전형 문제의 해법은 마르크스가 제시한 해법과는 그 방식과 맥락에 있어서 동일한 것은 아니다. 왜냐면 표준 상품은 오직 제한적인 특정한 의미에서만 불변이기 때문이다. 표준 상품의 가격이 임금 및

---

180 : 270 : 360 과 동일한 비율이 된다. 즉 철 1톤 : 석탄 1.5톤 : 밀 2쿼터가 표준 상품의 비율인 것이다.

이윤율의 변화에 대해 불변인 것은 오직 그 가격을 표준 상품을 생산하는 생산수단으로 표현할 때의 경우뿐이다. 만약 그 이외의 다른 상품으로 그 가격을 표현한다면 그 가격은 소득분배의 변화에 따라 변하게 된다. 더욱이 표준 상품의 형태가 아무 수정 없이 계속 동일하게 유지되려면 아무 기술 변화도 없어야 한다. 그럼에도 불구하고, 스라파가 표준 상품을 구축한 방법은 이윤의 본성과 기원에 대한 마르크스의 분석(이는《자본론》1권에서 순전히 노동가치만을 단위로 삼는 분석이다)은 생산가격에 대한 마르크스의 분석(이는《자본론》3권에서 화폐 가격을 단위로 삼는 분석이다) 사이의 연관을 확립하는 데 핵심적인 수단을 제공한다. 우리는 19장에서 이러한 노동가치와 생산가격 사이의 연관을 간략하게 살펴볼 것이다.

스라파의 가격 이론과 포스트 케인스주의 경제학의 거시경제 이론이 어떻게 직접적으로 연결되는지 또는 그런 연결 자체가 있는지 없는지도 분명하지 않다. 포스트 케인스주의자들 모두가 스라파의 이론을 신봉하는 것은 아니다. 하지만 스라파의 이론을 발전시키고 정교화하고 확장해온 많은 이들이 또 동시에 포스트 케인스주의 경제 분석에 주된 기여를 한 이들이기도 하다. 아마도 둘 사이의 연결이라는 것은 단순히 두 흐름의 이론 발전이 모두 영국 케임브리지 대학을 중심으로 한 공통의 지적 전통 내에서 일어났다는 것뿐일 수도 있다.

주

1. C. E. Ayres, "The Function and Problems of Economic Theory", *Journal of Political Economy* 26(January 1918): 69–90.

2. C. E. Ayres, *Toward a Reasonable Society*(Austin: University of Texas Press, 1961), p. 28.

3. C. E. Ayres, *The Industrial Economy*(Boston: Houghton Mifflin, 1952), pp. 337–38.

4. C. E. Ayres, "Instrumental Economics", *New Republic*, October 1949, p. 19.

5. C. E. Ayres, "The Significance of Economic Planning", in *Development of Collective Enterprise*, ed. S. Eldridge(Lawrence: University of Kansas Press, 1943), p. 477.

6. Ayres, *Toward a Reasonable Society*, p. 113.

7. Ibid., p. 49.

8. Paul D. Bush, "An Exploration of the Structural Characteristics of a Veblen-Ayres-Foster Defined Institutional Domain", *Journal of Economic Issues* 17, no. 1(March 1983): 36–37.

9. Paul D. Bush, "On the Concept of Ceremonial Encapsulation", *Review of Institutional Thought*, 3(December 1986): 30.

10. Paul D. Bush, "The Concept of Progressive Institutional Change and Its Implications for Economic Policy Formation", *Journal of Economic Issues* 23, no. 2(June 1989): 460, 461.

11. F. Gregory Hayden, "A Geobased National Agricultural Policy for Rural Community Enhancement, Environmental Vitality, and Income Stabilization", *Journal of Economic Issues* 18(March 1984): 181–221.

12. William M. Dugger, *An Alternative to Economic Retrenchment*(New York: Petrocelli Books, 1984), p. 57.

13. John Munkirs, *The Transformation of American Capitalism*(Armonk, NY: M.E. Sharpe, 1985), p. 179.

14. J.A. Kragel, "Economic Methodology in the Face of Uncertainty: The Modelling Methods of Keynes and the Post-Keynesians", *Economic Journal* 86(June 1976): 222.

15. 통화 이론에 있어서 가장 중요한 포스트 케인스주의 저작들의 예로는 Paul Davidson, *Money and the Real World*(London: Macmillan, 1972); J. A. Krege, *The Reconstruction of Political Economy: An Introduction to Post-Keynesian*

Economics(New York: Wiley, Halsted Press, 1973); and Hyman Minsky, *John Maynard Keynes*(New York: Columbia University Press, 1975).

16. 우리의 설명은 스라파 이론에 대한 로널드 미크의 뛰어난 해설에서 큰 도움을 얻었다. Ronald Meek, "Mr. Sraffa's Rehabilitation of Classical Economics", in R. Meek, *Economics and Ideology and Other Essays*(London: Chapman and Hall, 1967).

17. Piero Sraffa, *Production of Commodities by Means of Commodities* (Cambridge, UK: Cambridge University Press, 1960), p. 3.

18. Ibid., pp. 34-42.

19. Ibid., pp. 9-10.

20. Ibid., p. 11.

21. 스라파의 결론을 간명하게 수학적으로 증명한 것에 관심이 있는 독자들은 다음을 보라. Peter Newman, "Production of Commodities, a Review" in *The Subtle Anatomy of Capitalism*, ed. Jesse Schwartz(Santa Monica, CA: Goodyear, 1977), pp. 346-62.

22. R. Meek, *Economics and Ideology*, p. 173.

23. Sraffa, *Production of Commodities by Means of Commodities*, pp. 26-33.

19

오늘날의 경제학 III:
비판적 정치경제학의 부활

2차 세계대전 직후의 15년은 거의 모든 자본주의 국가에서 보수주의가 밑바닥까지 지배한 기간이었다. 전쟁으로 가장 심하게 파괴된 자본주의 나라들이 흔히 기적이라고 묘사될 정도의 경제성장을 이룩했다. 자본주의 진영의 승전국들은 상당히 꾸준한 (그리고 대공황과 비교하면 상당히 만족스러운) 경제적 진보를 이룩했다. 자본주의 강대국들이 지배하고 있던 제3세계의 식민지 대부분에서는 광범위하고도 강력한 정치적 운동이 나타났으며 이로 인해 대부분의 나라는 명목상의 정치적 독립을 이루었고, 이는 자본주의적 제국주의가 종말을 고한 것이라고 널리 선전되었다.

　　대부분의 유럽 나라들에 있는 노동당, 사회당, 사회민주당, 공산당 등은 점점 보수적으로 되어 자본주의의 기본적 사회경제 제도의 구조에 적응했으며, 자본주의 시스템 내에서 노동자의 운명을 개선하도록 고안된 개혁을 옹호하는 존재가 되었다. 미국에서는 맹렬한 반공주의가 급속히 확산되고, 냉전이 시작되고 사회적, 정치적, 지적인 차원에서 매카시즘의 억압이 지배하게 되면서, 급진적 운동 및 사회주의 운동은 조직 노동과 대학, 나아가 미국 사회 내에서 이 운동의 영향력이 미치던 다른 모든 영역에서 파괴당했다.

이 시대는 낙관주의와 비관주의가 교차하던 시기였다. 한편으로는 냉전 시대에 행해진 프로퍼갠더로 인하여 대부분의 사람들은 공산주의 나라들과 자본주의 나라들 사이에 인류를 파멸시킬 최후의 결전이 불가피하다고 확신하고 있었다. 그런데 다른 한편으로는 대부분의 사람들은 그냥 내버려 둔다면 자본주의가 자신의 길을 밟으면서 결국은 빈곤, 계급 차별, 제국주의, 경제적 불안정성 등을 완전히 제거하게 될 것이라고 생각했다. 리버럴 지식인들은 **자본주의**라는 용어는 이제 아무 의미도 없다고 주장했다. 북대서양 지역의 나라들에서는 이제 사회 계급이 소멸했으며 계급적 이해관계와 무관하게 모든 이들에게 혜택을 주는 정치적, 경제적 민주주의로 빠르게 변해가고 있다고 이들은 주장했다. 그래서 이들은 '이데올로기의 종언'의 시대가 도래할 것이라고 선전했다. 정치적, 경제적 논쟁은 대개 1930년대의 개혁—이것은 이때가 되면 이미 자본주의 구조의 한 부분으로 통합되어 있었다—을 옹호하는 리버럴들과 이 개혁을 모두 철폐하고 대공황 이전의 일반적 상태로 회귀하자고 주장하는 보수주의자들의 논쟁만으로 국한되어 있었다. 여기서 압도적 우위를 점한 것은 리버럴들이었다.

경제학계에서 이러한 전반적인 사회적 상황은 케인스와 새뮤얼슨 사상의 압도적인 지배력이라는 모습으로 나타났다. 마르크스와 베블런의 전통에서 가르치고 저술하는 경제 이론가들은 극소수로 줄어든 데다가, 대학에서 쫓겨나지 않고 자리를 유지하기 위해 사상을 숨겨야 하는 경우가 많았다.[1] 오스트리아학파와 시카고학파는 급진파보다는 훨씬 컸지만 그래도 몇 개의 대학에서 몇 개의 학과를 지배하는 데 그쳤고, 여기에 속한 학자들은 보통 괴짜까지는 아니어도 극단주의자라고 여겨졌다. 엘리트 대학의 경제학과는 거시경제학에서는 케인스 경제학, 미시경제학에서는 리버럴 신고전파 경제학을 종합한 새뮤얼슨의 방식을 추종하는 이들이 지배적이었다.

이 모든 것이 1960년대와 1970년대가 되자 극적으로 변했다. 70년대는 사회적, 경제적, 정치적, 이데올로기적 위기가 격렬하지는 않았어도 만연한 시기였다. 이 위기는, 그 영향의 크기는 같지 않았지만, 모든 자본주의 나라들에 영향을 미쳤다. 국제적인 통화 위기가 반복되는 데다가 만성적인 인플레이션과 높은 실업이 함께 발생하는 국내적 위기까지 겹치게 되자 한때 보편적인 신앙의 대상이던 케인스 정책의 효력이 심각한 타격을 입게 되었다. 게다가 미국의 경우 민권 운동, 1960년대의 도시 빈민지역 봉기, 반전 운동 등에서 전형적으로 나타나는 사회적 위기가 발생하면서 자본주의가 사회적 조화를 가져다주게 되어 있다는 믿음도 무너졌다. 제3세계 나라들에 대해 미국이 정부 전복과 군사적 침략을 비밀리에 꾀한 수많은 활동이 밝혀지자 자본주의적 제국주의의 시대가 정말로 끝났다는 사람들의 믿음도 약화되었다. 게다가 베트남에서 미국이 패전하게 되자 냉전 이데올로기에 대한 공공의 신앙 또한 심하게 교란되었다. 마지막으로, 이 기간 전체에 걸쳐 행해진 정부의 기만, 거짓말, 사기행위에 대한 폭로가 수없이 이루어졌고 이는 결국 워터게이트 사건에서 절정을 이루었다. 이는 자본주의 정부가 중립적이면서 사람들에게 혜택을 가져다주고자 하는 민중의 민주적 공복公僕이며, 오로지 만인의 후생을 극대화하고 전 세계적으로 평화와 조화와 형제애를 증진시키는 데만 관심을 두는 존재라는 많은 사람들의 믿음을 완전히 파괴했다.

이러한 경제적, 사회적, 정치적 위기는 리버럴들의 냉전 이데올로기에 심각한 위기를 가져왔고 또 그러한 이데올로기의 위기 속에 고스란히 반영되었다. 경제학계의 경우, 리버럴 이데올로기의 위기로 인하여 오스트리아 및 시카고학파의 영향력과 성원의 숫자가 급속하게 늘어났을 뿐만 아니라 마르크스와 베블런의 비판적 전통이 부활하는 결과를 낳았다. 이 책의 마지막 장은 비판적 정치경제학의 부활에서 나타난 몇 가지 이론적 발전을 간략하게 개괄하도록 한다.

노동가치론의 부활과 발전

노동가치론의 '전환 문제'에 대해서는 개념적으로 설득력 있는 해법이 이미 20세기 초에 나왔음에도 불구하고, 정통 주류 학계의 경제학자들은 1960년대에 들어서도 노동가치론을 보편적으로 무시했다(그리고 아주 경멸적으로 다루는 것이 보통이었다). 이들 중에서 학식이 떨어지는 이들의 경우, 이는 경제학 문헌에 대한 무지에서 비롯된 것이었다. 이들은 노동가치론을 단순히 상품의 가격이 항상 그 노동가치에 비례하는 것으로 주장하는 이론이라고 생각하기에 일고의 가치도 없다고 비웃으면서 기각했다. 따라서 이들은 노동가치론은 진지하게 여길 이론이 못 된다는 잘못된 생각을 갖게 되었다.

하지만 이들 중에서 좀 더 학식이 뛰어난 이들은 전형 문제에 대해 개념적으로 설득력 있는 해법이 이미 정식화되어 있다는 점을 잘 알고 있었다. 그래서 이들의 경우 노동가치론을 기각한 근거는 이 이론에 불변의 가치척도를 찾아야 하는 문제가 따라온다는 것에 있었다. 우리가 5장과 9장에서 보았듯이, 불변의 가치척도를 찾아내야 한다는 문제는 리카도 시절부터 1950년대까지 노동가치론자들을 괴롭혀온 문제였다. 하지만 18장에서 본 피에로 스라파는 리카도가 정식화한 노동가치론의 맥락 속에서 작업을 계속해왔으며, 모든 자본주의 경제에서 불변의 가치척도는 실제로 존재할 뿐만 아니라 찾아내는 것도 가능하다는 것을 증명했다.

이러한 스라파의 증명이 마르크스주의 경제 이론에 대해 어떤 중요성을 갖는가의 문제는 최소한 일부 경제학자들에게는 즉각 알아볼 수 있을 만큼 자명한 것이었다. 하지만 마르크스주의 경제학이 전형 문제를 풀면서 정식화한 것과 스라파의 이론적 정식화 사이에 존재하는 차이점이 정확하게 어떤 성격의 것인가는 (그리고 그 중요성이 무엇인가는) 마르크스 경제학자들뿐만 아니라 정통 주류 경제학자들까지도 뜨겁게 논쟁을 벌인 문제였다. 알프레도 메디오Alfredo Medio는 1972년에 발표한 논문 〈이윤과 잉여가치: 자본주의적 생산의 겉모습과 실제Profits and Surplus Value: Appearance and Reality in Capitalist Production〉[2]에서 스라파가 정식화한 이론과 마르크스주의의 정식화 사이에는 중요한 관계가 있다고 주장했다.

메디오는 마르크스의 이론과 '신 리카도neo-Ricardian' (즉 스라파의) 이론 사이에 가장 본질적인 차이점이 무엇인지를 포착한 뒤, 다음과 같이 지적했다.

가치에서 가격을 도출하는 것, 즉 '전형 문제'의 해법은 보조적인 문제일 뿐이며, 마르크스의 **가치론**에 있어서 그 일관성에 대한 형식적 증명 이상은 아니다. 이 문제가 설령 해결된다 하더라도 이윤 자체가 어떻게 존재하게 되는가는 여전히 설명이 되지 않은 채 남는다. 그래서 어떤 의미에서 보면 신 리카도 이론은 경제 분석을 마르크스 이전의 단계로 끌고 간 것이다. 비록 그 경제 분석의 형식만큼은 훨씬 더 세련되고 엄격해졌지만 말이다. 하지만 자본주의 사회에서 이윤은 본질적인 역할을 하는 것이며, 따라서 이윤을 설명할 수 있는 **어떤** 이론은 분명히 필요하다. 이는 남아프리카공화국처럼 인종 차별에 근거하여 세워진 국가에서 인종에 대한 이론이 필요한 것과 마찬가지이다.

이 점에서 볼 때, 마르크스의 **잉여가치론**은 중대한 의미가 있으며, 자본가가 얻는 이득의 기원과 본성에 대한 신고전파의 설명을 대체할 수 있는 유일하게 유효한 이론으로 오늘날에도 남아 있다.[3]

하지만 스라파의 접근은 생산과정에서 마모된 물질적 생산수단을 초과하는 모든 생산물을 잉여라고 정의하고서, 생산의 기술적 조건이 주어져 있다고 할 때 임금률과 이윤율의 변화가 어떻게 가격에 영향을 주는가를 보여주는 것이다. 따라서 스라파는 자신의 분석에서 노동가치의 개념을 필요로 하지도 않았으며, 따라서 그에게는 전형 문제가 발생하지도 않았다. 만약 "가치론의 '고유한' 목적이 임금, 이윤율, 상대가격 사이의 수량적 관계를 연구하는 것이라는 관점을 받아들인다면, 가치 분석과 이와 연관된 가치 및 잉여가치의 개념은 불필요한 우회迂廻가 되는 셈이며, '전형 문제'를 둘러싼 모든 논의는 '헛소동much ado about nothing'●이 되고 마는 것이다".⁴

하지만 우리가 9장에서 살펴보았듯이, 자본주의적 계급 구조의 성격 그리고 이윤의 성격과 기원에 대한 마르크스의 분석에서는 가치와 잉여가치의 개념이 꼭 필요하다. 따라서 마르크스의 이론은 스라파의 분석과는 달리 가치에서 가격으로의 전형을 필요로 한다. 마르크스의 이론은 더 중요한 문제들을 다루는, 훨씬 더 폭이 넓은 이론이기 때문이다. 그래서 메디오는 스라파의 사상과 마르크스의 사상의 관계에 대한 자신의 관점을 다음과 같은 문장으로 간명하게 말한다. 스라파의 "이론은 '전형 문제'에 대한 올바른 해법을 내놓을 분석적 도구를 제공하지만 동시에 그 문제의 유의미성을 부인한다".⁵

메디오는 스라파의 표준 상품(이는 우리가 18장에서 보았듯이 어떤 경제에서도 찾아낼 수 있다)이 마르크스가 이윤의 기원과 성격에 대해 노동가치를 단위로 하여 수행한 분석과 마르크스의 생산가격 분석을 연결하는 결정적 고리를 제공하며, 이를 통해 전통적인 전환 문제 해법의 특징 대부분을 갖춘 새

● 셰익스피어의 희곡 제목.

로운 해법을 정식화할 수 있다는 것을 수학적으로 증명한다.

리카도와 밀 모두는 임금률과 평균이윤율이 주어져 있으면 생산의 기술적 조건이 가격을 결정한다는 것을 보여주었다. 가격은 생산비용에다 현행 이윤율에 합당한 이윤을 합한 것이 된다. 마르크스는 리카도나 밀 누구도 이윤의 기원과 성격에 대해 설명하지 않는다는 것을 깨달았다. 마르크스는 상품을 단지 노동가치로서만 고찰함으로써 이윤의 사회적, 경제적 기초에 대한 본질을 꿰뚫고 통찰력 있는 분석을 전개했다.

마르크스는 리카도와 밀이 발전시킨 생산비용 가격 이론이 생산가격의 결정 과정에 대한 최고의 분석이라고 생각했다. 하지만 여기에는 유보 조항이 있다. 그렇게 말하기 위해서는 생산비용 가격 이론 이전에 노동력의 가치에 대한 이론과 이윤에 대한 이론을 먼저 전개해야만 한다는 것이었다. 이 두 가지 전제 요건에 해당하는 작업은 《자본론》 1권에서 상품을 노동가치로 간주함으로써 전개된다. 하지만 마르크스는 또한 가치 단위로 이루어진 자신의 분석을 가격에 대한 분석과 연결시켜야 한다는 것을 알았다. 9장에서 우리는 마르크스가 다양한 산업마다 자본의 유기적 구성이 다를 때 가격이 가치에서 이탈함을 의식하고 있었음을 보았다. 마르크스 또한 리카도를 따라서, 상품 간의 가격 비율이 그것들 간의 가치 비율에서 이탈하는 크기는 다양한 산업들 사이의 자본의 유기적 구성의 차이에 달려 있음을 보여주었다.

마르크스는 가격과 가치의 관계를 두 가지 방식으로 수립하고자 했다. 첫째, 그는 가치 총계가 가격 총계와 같을 것이라고 보았다. 둘째, 그는 이윤 총계가 잉여가치 총계와 같을 것이라고 보았다. 하지만 그는 전형 문제에 대한 자신의 해법을 보여주는 과정에서 투입물의 가치 또한 가격으로 전환하는 작업을 무시했다. 마르크스 이후의 이론가들이 이러한 문제점을 바로잡았다. 하지만 문제가 있었다. 마르크스는 노동가치와 가격 사이에 두 개의 연결 고리를 상정해놓았는데, 이 둘을 모두 유지하면서 투입물의 가치를 가격으로 전환하는 해법은 일반적으로 불가능하다는 것이 발견된 것이다. 노동가치의 총계가 가격 총계와 같아지는 방식으로 문제를 풀게 되면 잉여가치의 총계는 일반적으로 이윤 총계와 일치하지 않게 된다. 마찬가지로 잉여가치의 총계가 이윤 총계와 같아지는 방식의 해법에서는 가격 총계가 일반적으로 노동가치의 총계와 일치하지 않게 된다. 더욱이 우리가 9장에서 보았듯이, 노동가치를 가격으로 전형한 다음 이 두 개의 일치 관계 중어느 쪽이든 얻기 위해서는 합산을 하기 위한 뉘메레르를 찾아내야만 한다. 이 척도는 가치를 가격으로 전형한 뒤에도 가격이 항상 가치와 일치하는 상품이어야만 한다.

18장에서 우리는 스라파의 표준 상품은 제한된 의미에서 불변의 가치척도라는 점을 보았다(즉 표준 상품의 가격을 그 상품을 생산한 생산수단을 단위로 하여 표현한다면 이는 이윤율과 임금률의 변화에도 불구하고 변하지 않을 것이다). 스라파의 표준 상품은 이렇게 그 불변성이 대단히 독특하고 제한적이기 때문에 노동가치의 총계와 가격 총계 또는 잉여가치의 총계와 이윤 총계의 일치를 측정할 수 있는 이상적인 뉘메레르로 기능하기에는 너무나 제한적이다(아주 제한적이고 비현실적인 가정을 전제할 때만 그렇게 될 수 있다). 따라서 표준 상품을 이용하는 메디오의 접근법은 노동가치와 가격 사이에 마르크스가 설정한 두 개의 등가 관계를 모두 다 기각할 수밖에 없었다.

그런데 마르크스는 가격과 노동가치를 연결하는 세 번째 방법을 제시했다. 이 세 번째 방법의 맥락에서라면 스라파의 표준 상품이 마르크스주의 노동가치론을 위한 중요한 분석적 도구를 제공한다는 것을 메디오는 보여주었다. 마르크스는 만약 자본의 유기적 구성이 사회적으로 평균인 기술로 생산된 상품을 찾을 수 있다면(우리는 여기에다가 스라파의 지혜를 따라서, 이 평균적 상품의 생산을 최종 도착점으로 삼는 생산과정의 모든 투입물 하나하나가 똑같은 사회적으로 평균적인 조건 아래서 생산된 것이어야만 한다는 조건을 덧붙여야 한다), 그 상품을 생산, 판매하여 얻는 이윤율은 모든 상품이 노동가치대로 판매되든 전환된 화폐 가격으로 판매되든 항상 동일할 것임을 깨달았다. 따라서 이 상품의 이윤율은 전적으로 노동가치에 의해 결정될 것이다. 더욱이 경쟁으로 인하여 모든 상품의 이윤율이 동일해지는 경향이 있으므로, 사회적으로 평균적인 이윤율(생산비용 가격 이론에서는 이 개념 덕분에 비로소 모든 상품의 가격 계산이 가능해진다는 것을 기억하라)은 이 평균적 상품의 이윤율에 조응할 것이다. 그리고 이 상품의 이윤율은 전적으로 노동가치 계산으로 결정된다.

메디오는 이것이 마르크스의 가치론에서 요구되는 노동가치와 가격 사이의 유일한 연관이라고 생각했다. 노동가치론 분석의 의도는 이윤의 본성과 기원이 잉여가치에 있음을 보여주는 것 이상이 아니라는 것이다. 그다음 경쟁으로 인하여 다른 산업 사이에 이윤율이 동일해지도록 잉여가치가 자본가들 사이에 재분배되는 경향이 나타나는 방식은 생산비용 가격 이론이 보여주게 된다. 이윤 총계와 잉여가치의 총계가 동일함(또는 가치 총계와 가격 총계가 동일함)을 보여주는 뉘메레르를 찾을 수 없다고 해도, 노동가치로 이윤율이 결정되는 평균적 산업만 있어도 노동가치를 단위로 한 분석과 가격을 단위로 한 분석을 연결하는 데는 충분하다.

메디오는 스라파의 표준 상품을 생산하는 산업의 경우 마르크스의 이윤율 공식인 $p = (s/v) / (c/v + 1)$이 항상 성립함을 증명했다. 메디오의 증명에 나오는 이윤율(p)은 자본가가 자신의 화폐 비용에다 이윤을 덧붙여서 가격을 산정할 때 쓰는 화폐 이윤율이다. 착취율 또는 잉여가치율(s/v)은 노동가치를 단위로 정의된다. 이는 생산영역에서 잉여가치가 창출되는 비율이며 따라서 모든 산업에서 동일하다. 그런데 자본의 유기적 구성(c/v)은 메디오의 공식에서 특별한 의미가 있다. 이는 노동가치로만 정의되지만, 표준 상품을 생산하는 산업을 구성하는 모든 생산과정의 일종의 가중 평균이다. 각각의 생산과정은 가중치를 부여받으며, 이 가중치는 그 과정이 표준 상품 생산의 표준 산업으로 통합되는 수학적 승수에 의해 결정된다. 물론 표준 산업은 개념상의 것이지 실제 존재하는 것은 아니다. 하지만 스라파는 표준 상품을 구성하는 것의 계산에 도달하는 절차를 현실의 어떤 경제에나 적용할 수 있다는 것을 증명했다. 따라서 표준 산업에서의 자본의 유기적 구성의 가중 평균을 메디오가 산정한 것을 통해서 우리는 전체 경제에서의 총자본의 유기적 구성을 하나의 지수로 얻을 수 있다(이는 엄밀하게 노동가치 단위로 규정된다). 또 이로써 노동가치론은 노동가치 분석과 가격 분석 사이의 지극히 중요한 연결 고리를 얻게 된다. 이로써 리카도의 《원리》가 처음 출간된 이후 불완전한 채로 남아 있던 노동가치론의 논리 체계를 완결하는 작업이 한 세기 반 만에 완성되었다.

스라파의 분석은 마르크스주의 경제 이론에 있어서 큰 중요성을 갖는다. 그의 분석은 노동가치론을 더욱 엄밀하고 설득력 있게 만들었을 뿐만 아니라, 신고전파 이론이 오로지 모든 산업에서 자본의 유기적 구성이 동일한 때만 방어할 수 있는 것임을 보였기 때문이다. 이리하여 마르크스의 이론이 엉터리라는 주장을 입증하는 데 쓰였던 원리가 사실은 신고전파 이론이 성립하기 위한 필수 조건이라는 점을 증명한 것이다. 이는 곧 학계의 경제학자들이 마르크스주의 경제학자들을 고용하거나 해고할 때, 무슨 과학이니 학문의 중립성이니 하는 근거를 들어 차별할 수가 없게 되었음을 뜻했다. 신고전파 경제학자들 스스로도 인정할 수밖에 없었던 것에 근거하여 본다면, 그런 차별은 항상 이데올로기적인 편견과 편협함을 반영하는 것일 수밖에 없다.

1980년대에는 전형 문제에 대한 다른 해법이 제시되었다. 그중 가장 영향력이 컸던 것 하나는 안와르 샤이크Anwar Shaikh가 제안한 것이었다. 그의 해법은 1977년과 1984년에 각각 중요한 논문으로 출간되었다.[6] 1977년에 출간된 샤이크의 논문에서는 1907년 라디슬라우스 폰 보르트키에비치 Ladislaus von Bortkiewicz의 고전적 논문에서 나오는, 샤이크가 '정확한' 가격이라고 생각한 것과 마르크스의 방법 사이에 연결 고리를 수립하는 것이 관심사였다. 보르트키에비치는 자신의 논문에서 금을 생산하는 산업은 가치와 생산가격이 일치하도록 만드는 생산 조건을 가지고 있다고 가정했고, 따라서 금을 뉘메레르로 쓸 수 있다고 가정했다. 이러한 가정을 통해서 그는 전형 문제에 대한 일관된 해를 계산할 수 있었다. 그런데 그의 해법에서는 잉여가치의 총계는 항상 이윤의 화폐 가치 총계와 일치하지만, 생산물의 가치 총계가 항상 생산가격 총계와 일치하는 것은 아니었다.

샤이크에 따르면, 이렇게 새로운 수학적 장치를 개발하는 대신 그저 마르크스의 절차를 취하여 그 절차에 따라 수없이 계산을 반복하면 된다는 것이다. 마르크스의 생산가격을 취하여 이를 투입물로 잡아서 마르크스의 절차를 다시 한 번 밟아나가면 새로운 생산가격을 얻을 수 있고, 이를 계속 반복하면 된다. 그렇게 하면 보르트키에비치가 얻은 가격 집합과 점점 수렴하게 된다. 하지만 샤이크가 그렇게 하면서 실제 취한 절차를 보면, 보르트키에비치에만 있고 마르크스에는 꼭 있다고 보기 힘든 수많은 가정을 취하고 있다. 그는 각 단계마다 가격 총계가 가치 총계와 일치하는 것으로 놓고 또 화폐 임금을 조정하여 노동자가 일정한 상품 묶음을 이전 기간의 가격으로 소비하도록 만들고 있다. 샤이크의 절차를 따르면 보르트키에비치의 방법과 일치하는 가격 집합을 얻게 되는 것은 분명하지만, 샤이크도 보르트키에비치와 마찬가지로 마르크스가 말하는 두 가지 총계 일치 중 하나만을 얻었을 뿐이다. 샤이크의 해법의 경우 총잉여가치가 총이윤과 일치하지 않는다. 이것이 그가 1984년 논문에서 다루는 문제이다.

샤이크는 1984년 논문에서 전형 문제의 해법이 마르크스의 두 가지 총계 일치를 모두 얻어내기 위해 특별 ad hoc 가정을 취해서는 안 된다고 주장했다. 오히려 총잉여가치와 총이윤이 차이가 나는 것을 당연한 것으로 여겨야 한다는 것이다. 이 차이는 가격-가치의 이탈뿐만 아니라 사치재 생산 부문의 크기에서 기인하는 것이다. 사치재 부문에서 가치-가격 이탈이 존재한다면 그 수입의 회전 과정에서 잉여가치는 얻을 수도 있고 잃을 수도 있다는 것이다. 샤이크는 이러한 주장을 증명하는 가운데서 균형 성장의 가정을 사용한다. 균형 성장의 상황에서는 잉여가치와 이윤의 차이가 사치재를 생산하는 부문에서의 가격-가치 이탈에 비례함을 보일 수 있다는 것을 그는 보여주었다.

전형 문제에 대한 세 번째의 새로운 접근은 마르크스주의 경제학자들 중 지지하는 이가 소수였지만 갈수록 숫자가 늘고 있다. 이 접근은 '새 해법'이라고 불리지만, 아마도 '새 해석'이라고 부르는 편이 더 정확할 것이다. 후자의 명칭을 사용하는 이들은 소수이지만 갈수록 그 숫자가 늘고 있다. 이는 1982년 리피에츠 Alain Lipietz에 의해 처음으로 영어권 독자들에게 소개되었는데, 본래는 1980년 제라르 뒤메닐 Gerard Duménil에 의해 정식화되었고, 1982년에 던컨 폴리 Duncan Foley가 독자적으로 이를 발견했다.[7] 이 새 해법은 두 가지 중요한 가정을 취하며, 그 가정의 기원을 마르크스에게로 소급한다. 첫 번째 가정은 "가격 총계가 가치 총계와 일치한다"는 명제를 "순 생산물(이는 부가가치로 정의된다)의 가격 총계는 순 생산물의 가치 총계와 일치한다"로 고쳐야 한다는 것이다. 두 번째 가정은, 분배란 노동자가 수취하는 화폐 임금의 가치로서 또는 노동자가 구매하는 소비재 묶음을 현행 가격으로 가치를 매긴 것으로, 즉 사후적인 ex post 것으로 정의해야 한다는 것이다. 일단 이렇게 두 가지 가정을 취하게 되면 어떤 가치 집합이든 마르크스가 말하는 두 개의 총계 일치를 모두 만족시키면서 어느 가격 집합으로든 전형이 가능하다는 것이다.

뒤메닐과 폴리는 어째서 순 생산물에 대한 자신들의 독특한 규정이 채택되어야 하는지를 설득하기 위해 두 개의 주장을 내놓는다. 첫째, 이러한 규정을 통해서 이중 계산을 피할 수 있다고 주장한다. 게다가 이러한 규정은 가치가 무엇인가에 대한 마르크스의 관점과 일치한다고 이들은 주장한다. 가치란 "일정한 기간 동안 지출된 총노동을 그것과 연결된 생산, 즉 순 생산물과 연계시키는 것"[8]이다. 더욱이 임금은 가격을 기초로 평가해야지 임금재 묶음의 가치로 평가되어서는 안 된다고 이들은 주장한다. 분배를 이러한 관점으로 보게 되면, 상품 가격이 가치에서 이탈할 때 화폐로 나타낸 착취율이 생산과정에서 완전히 결정되지 못하고 어떤 재화를 임금재 묶음에 넣을 것이냐에 좌우되는 문제도 이를 통해 피해갈 수 있다는 것이다. 나아가 이들은 또 예전의 정식화에서는 만약 임금의 일부가 저축될 경우에는 잉여가치율을 계산하는 게 불가능해진다고 주장한다. 뒤메닐과 달리 폴리는 임금을 아예 재화 묶음으로 생각해서는 안 된다고까지 주장한다. 임금이란 어떤 재화든 현재의 가격 집합으로 구매하는 데 쓸 수 있는 일정액의 화폐라는 것이 폴리의 주장이다. 더욱이 화폐 임금은 임금재 묶음과는 달리 자본주의적 관계의 착취적 성격을 은폐하며, 따라서 시장의 정상적인 작동은 자본주의적 사회적 관계의 진정한 성격을 은폐하는 경향이 있다는 마르크스의 주장을 확인해주는 것이라는 것이다.

이러한 견해에 대한 비판으로 제기된 주장으로, '새 해법'의 생산가격 집합에서는 불변자본의 가치 총계가 그 가격 총계와 일치하지 않는다는 것이 있다. 이러한 결과를 정당화할 수 있는 설득력 있는 주장이 나와야 한다. 게다가 분배에 대한 이러한 가정은 사후적인 지식을 필요로 한다. 그런데 임금률을 확립하려면 그전에 이미 현실의 가격 집합을 알고 있어야만 한다. 가격에서 가치로 단계적으로 이동하는 것은 불가능한 일이다. 이 두 영역은 각각 그 자체로 고찰되어야 함에도 불구하고, 새 해법은 단지 가치의 영역에서 가격의 영역으로 넘어가는 절차를 확인하는 것뿐이라는 것이다.

노동가치론에 이러한 발전이 있었던 데는 같은 기간 동안 마르크스주의 경제 이론이 크게 회생하고 있었다는 배경이 있다(그중 일부는 이 장에서 짧게 언급할 것이다). 이렇게 전반적으로 마르크스주의 경제학이 회생하는 가운데 노동가치론의 또 다른 요소인 숙련노동을 어떻게 미숙련 '단순' 노동으로 환원할 것인가의 문제에도 커다란 개선이 이루어졌다. 이 문제에 있어서 더욱 엄격하고 체계적인 접근을 발전시킨 여러 명의 마르크스주의 경제학자들이 있지만, 아마 그중에서도 가장 분석적으로 세련된 것은 밥 로손Bob Rowthorn이 발표한 〈마르크스주의 이론 체계에서의 숙련노동〉[9]이라는 논문일 것이다. 이 논문은 숙련노동은 단순히 미숙련노동과 교육 및 훈련 활동이 결합된 것이라는 점을 말과 수학으로 증명했다. 이러한 방식을 통하여 숙련노동은 생산된 상품의 하나이며 훈련 및 교육의 비용은 생산비용의 일부라고 볼 수 있게 된 것이다. 로손은 마르크스주의 가치론을 통하여 숙련노동의 가치 또한 여타 상품의 가치와 정확히 똑같은 방식으로 설명할 수 있음을 (즉 숙련노동을 미숙련노동으로 환원할 수 있음을) 증명했다.

자본주의 노동과정에서 일어난 변화

마르크스의 자본주의 이론은 그의 노동가치론에 기초하는데, 노동가치론에 따르면 따로 떨어지고 독자적이며 형이상학적으로 주어진 생산요소라는 것을 논하는 것은 무의미하다. 생산이란 사용이 불가능한 환경을 인간 노동을 통해 사용 가능한 생산물로 변형하는, 순수하게 사회적이며 인간적인 활동이다. 물론 인간이 삶을 유지하려면 환경이 먼저 있어야 한다. 이 지구는 인간이 존재하기 전에 얼마나 오래되었는지를 정확히 알 수도 없는 과거부터 있어 왔으며, 사람들은 그 지구 위에 살고 있다. 지구가 원자재를 공급해주면 이것을 인간 노동이 변형해야만 인간은 삶을 영위할 수 있다. 이런 이야기는 사실 너무나 당연하여 하나마나한 것이지만, 공리주의 이데올로기가 지배해온 지난 두 세기 동안은 형편이 다르다. 공리주의 이데올로기는 토지와 자본 또한 노동과 똑같은 방식으로 상품을 생산하며, 따라서 토지 소유자와 자본가도 노동자가 임금을 받을 자격이 있는 것처럼 자신들의 생산요소 덕분에 나온 생산물의 가치 등가물을 가져갈 자격이 있다고 생각하도록 우리를 훈련시켰기 때문이다.

본래 사용할 수 없는 모습으로 오래전부터 존재하고 있었던 지구의 껍데기를 생산물로 변형하여 인류를 먹여살리고 향유물을 제공할 수 있도록 만드는 것은 인간의 노동과정임이 자명한 사실이다. 하지만 앞에서 말한 공리주의의 관점으로 인하여, 이렇게 너무나 자명한 사실조차 완전히 모호하게 된다. 토지가 생산을 행한다거나 어떤 방식으로든 스스로를 변형한다는 생각은 한마디로 웃음거리도 못 된다. 자본을 생산의 물리적 수단이라고 본다면, 이것이 과거에 행해진 인간 노동의 산물에 불과하다는 것 또한 자명하다. 그 생산수단 안에 무언가 알 수 없는 '지속되는 실체' 같은 게 있어서 이것을 빌려서 자본의 생산성을 측정할 수 있다는 생각은 터무니없다. 자본이 생산을 행한다는 생각 자체 또한 똑같이 터무니없다. 이 주장을 면밀히 검토해보면 인간 노동의 과정 중에서 시간이 더 많이 들어가는 우회적인 과정이 더 짧고 더 직접적인 과정보다 더 효과적이라는 생각으로 환원될 뿐이다.

인간 노동이 상품의 지위로까지 추락한 자본주의와 같은 사회에서만 여타의 상품이 인간의 수준으로 격상될 수 있으며 그래서 인간들이 생산하는 것과 똑같은 방식으로 생산을 행하는 것인 양 여겨질 수 있다. 하지만 이는 공리주의 경제학에서 생겨나는 반계몽주의일 뿐이다.

마르크스가 주장했듯이, 자본이란 특정한 사회적 관계로서, 사회의 비생산적인 부문이 직접 생산자들로부터 그들이 생산한 것 대부분을 뜯어가도록 하는 권력이다. 자본이 하나의 사회적 관계로서 출현하는 데는 몇 개의 역사적, 사회적, 기술적 전제 조건이 필요하다. 이것들 가운데서 광범위한 노동 분업이 지극히 중요하다. 한 예로 노동 분업이 진전되면, 마침내 구두장이가 가죽이나 구두 제작 도구를 만들지 않으며, 옷감 짜는 이가 베틀을 만들지 않으며, 다른 모든 생산과정들도 이와 비슷하게 서로 연결되고 의존하게 된다. 이렇게 되면 노동자는 생산에 필요한 물리적 수단(이는 다른 노동자가 생산한다)에 대한 접근이 체계적으로 거부당할 경우 생산할 능력이 없어지게 된다. 생산수단에 대한 자본주의적 소유권은 그러한 거부를 구성한다. 노동자에게 생산할 능력을 주지 않을 권력을 쥠으로써 자본가는 노동자로부터 생산물 일부를 뜯어낼 권력을 가지게 된다. 이윤, 이자, 지대 등 자본주의 사회에 존재하는 대부분의 소득은 단순히 이렇게 노동자의 생산물을 뜯어낸 결실의 형태일 뿐이다.

자본가계급에 돌아가는 소득은 전적으로 노동자가 아무 힘도 없고 무언가에 의존해야만 하는 상태를 강제로 창출하고 유지하는 데서 비롯하는 것이다. 자본주의의 초기에는 생산수단을 피비린내 나는 무력을 사용하여 강탈한 것(즉 본원적 축적)만으로도 자본가들에게 이러한 권력을 주는 데 충분했다. 하지만 노동자가 계속해서 지식과 도구를 가지고 있는 한, 이들은 계속 일정한 정도의 독립성과 권력을 보유하게 된다. 자본가계급의 궁극적 권력은 이러한 지식과 기술을 일하는 이들과 분리시킬 것을 필연적으로 요구하게 된다. 산업혁명과 공장제 생산의 발흥에 따라 노동자를 무기력하고 의존적인 상태로 만드는 과정은 더욱더 심화된다.

《자본론》 1권에서 마르크스는 자본주의적 공업화 과정이 생산과정에서의 노동 분업의 성격에 극적이고도 역사적으로 유례가 없는 변화를 포함하고 있음을 서술하고 있다. 자본주의 이전에는 노동 분업이 한두 가지 생산물을 만드는 데 필요한 지식과 기술을 단위로 하여 이루어졌다. 그래서 구두장이는 구두를 만드는 데 필요한 모든 지식과 기술을 가지고 있었지만, 의복, 식량, 그 밖의 필수품을 만드는 일은 다른 특화된 생산자에 의존했다. 모든 특화된 노력에 있어서 노동은 정신적 재능과 육체적 재능 모두를 결합한 활동이었다. 하지만 자본주의적 공장제 생산에서는 이와 완전히 다른 형태의 특화가 이루어지는데, 정신노동이 육체노동에서 분리된다.

단 한 가지 상품을 생산하는 공장에서의 노동조차도 수많은 짧고 반복적인 작업으로 다시 나누어진다. 한 노동자는 매일 매시간 매분 똑같은 단조로운 작업을 한다. 이러한 종류의 생산은 자본가에게는 이중의 이익을 준다. 첫째, 이를 통해 자본가는 훨씬 더 가혹하면서도 효과적인 훈육을 행할수 있다. 둘째, 이를 통해 노동자로부터 상품 생산에 필요한 지식과 기술을 빼앗을 수 있고 이로써 노동자의 무력함과 자본가에 대한 의존성을 더욱 강화시킬 수 있다. 기계 파괴 운동가들이 왜 자신들의 공장과 기계를 파괴하는 광란 행위를 계속했는지, 그리고 왜 자본가의 정부가 기계 파괴를 사형으로 다스리는 법률을 통과시켰는지를 쉽게 이해할 수 있다.

노동의 특화 및 전문화 과정이 이렇게 정신노동과 육체노동의 분리를 가져오면서 공장 노동의 많은 형태는 도저히 인간이 할 활동이라고 볼 수 없는 수준으로 떨어지게 되었다. 이 때문에 화이트칼라 노동자 또는 정신노동자는 노동계급 중에서도 특권층이라는 생각이 나왔다. 19세기 초의 자본주의적 공장제 시스템에서는 이러한 생각이 어느 정도 일리가 있었지만, 20세기 초가 되면 사무직 노동자가 특권적 지위에 있다는 것은 실정과 다른 이야기가 되었다.

1960년대 말에서 1980년대에 걸쳐 마르크스주의 경제 이론이 부활하는 가운데 해리 브레이버만Harry Braverman의 《노동과 독점자본: 20세기 노동의 지위 하락 *Labor and Monopoly Capita, The Degradation of Work in the Twentieth Century*》[10]은 하나의 전범이 되었다. 브레이버만은 다양한 종류의 노동과정에 대한 여러 연구를 검토하고, 20세기에 들어 여러 노동과정에서 나타난 성격 변화와 관련된 수많은 데이터를 수집하여 다음과 같은 사실을 발견했다. 화이트칼라 노동(또는 정신노동, 또는 사무노동)에서 일어난 대부분의 생산성 향상의 시도는 노동일을 자잘하고 단조로운 작업의 무한 반복으로 만들었고, 그 결과 이들의 노동 또한 공장 노동자가 겪었던 것과 똑같이 사람의 지위를 하락시키는 것이 되었다. 게다가 사무직 노동자는 공장 노동자보다 보수까지 더 낮은 게 보통이다. 브레이버만은 이렇게 말했다.

> 최초에는 정신노동의 장소가 사무실이었고 육체노동의 장소가 작업장이었다. 과학적 경영이 생겨나면서 사무실은 구상, 계획, 판단, 결과의 평가 등을 독점하게 된 반면 작업장에서는 사무실에서 생각해낸 모든 것의 물리적이고 육체적인 실행만이 이루어지게 되었다. 이것이 사실이라면 사무실 노동을 교육받은 이들은 생각하는 노동을 하며, 좁은 의미의 생산과정은 교육받지 못한 노동자가 아무 생각 없이 하는 노동이라고 보는 것도 일리가 있다. 하지만 일단 사무실 자체가 합리화 과정에 들어가게 되면 이런 식의 대조는 힘을 잃게 된다. 사고와 계획의 기능은 사무실 안에서도 갈수록 소수의 집단으로 집중되며, 사무실에 고용된 대부분의 사람에게 있어서 사무실은 노동자에게 있어서 공장이나 똑같은 장소가 된다. 기업의 경영을 관리적 노동과정으로 변형하게 되면, 사무실 전체로 육체노동이 확산되며 조만간 사무직 노동자 대다수의 작업 또한 육체노동의 성격을 띠게 된다.[11]

이렇게 브레이버만은 마르크스의 분석을 확장하여, 자본주의가 발달하면 공업 노동자의 지위 하락(마르크스가 역사적으로 세세하게 기술했다)이 모든 직종으로 확산되어 하나의 규준이 된다는 것을 보여주었다. 브레이버만의 말을 들어보자.

　　노동하는 인간을 '노동력', '생산요소', 자본의 도구로 변형하는 것은 중단되지도 끝나지도 않는 과정이다. 이러한 조건은 그 희생자들이 보자면 보수가 많든 적든 실로 반감이 치밀어오르는 것이다. 이는 노동의 인간적 조건을 침해하기 때문이다. 그런데 인간적 존재로서의 노동자는 그저 비인간적 방식으로 이용당하는 것일 뿐 파괴당하지 않는다. 따라서 이들이 보유하고 있는 비판적, 지성적, 개념적 능력을 제아무리 줄이고 죽인다고 해도 언제나 일정 정도씩은 남아 있게 마련이며, 이는 자본에게는 위협이 된다.[12]

　노동자가 가진 인간으로서의 잠재력은 파괴할 수 없으며 이것의 내적 핵심은 자본주의 시스템에 위협이 되므로, 항상 지속적으로 이것과 전투를 벌일 필요가 있다. 이 투쟁은 작업장뿐만 아니라 가정, 학교, 사회 전체에서 벌어진다. 자본가의 목표는 항상 노동자를 아무 생각 없이 말 잘 듣고 고분고분하며 순종적인 생산의 로봇으로 만드는 것이다. 한편 노동자 쪽에서 보자면 투쟁은 자신들을 인간으로 만드는 정서적, 육체적, 미적, 지성적 성질을 보호하고 키워내는 것이 된다. 그런데 만약 노동자가 이러한 투쟁을 순전히 자신들의 내면에서 여러 요소끼리 벌이는 싸움으로, 또는 '인간 조건'의 불가피한 결과로서, 또는 자신들을 갉아먹는 공허함, 권태, 불안, 좌절, 열등감에서 벗어나기 위한 순전히 개인적 차원에서의 문제라고 느낀다면, 다시 말해서, 노동자가 이 투쟁을 계급투쟁의 하나로서가 아니라 순전히 개인적인 문제로 본다면, 이 투쟁에서 우위를 점하는 것은 자본가 쪽이 된다.

신고전파 경제학자들과 급진파 경제학자들 사이의 가장 극적인 차이점은, 전자는 사회의 경제적 측면을 사회학, 심리학, 정치학을 전혀 모르더라도 독자적으로 충분히 이해할 수 있다고 생각하거나, 합리적인 효용 극대화 행위의 '경제적 인간'을 상정하면 인간 행위의 모든 측면을 설명할 수 있다고 생각하는 데 반하여, 후자는 비록 자신들이 사회의 경제적 측면의 연구에 전문화되어 있기는 하지만 현실에서는 사회의 경제적 측면이 심리적, 사회적, 정치적 측면과 서로 연결되어 있다고 인정한다는 사실이다. 전체 사회는 유기적 총체를 이루고 있으므로 그 여러 측면 중 어떠한 것도 유기적 총체의 맥락에서 떼어놓으면 충분히 이해하고 설명할 수 없게 된다는 것이다.

따라서 브레이버만의 책이 비록 작업장에서의 계급투쟁이 낳는 충격과 효과를 분석 대상으로 삼지만, 이는 그 즉시 가정, 학교, 정부, 사회 전반에서 나타나는 계급투쟁의 문제를 제기한다. 우리는 작업장 바깥에서 벌어지고 있는 이 계급투쟁의 여러 측면 중 일부를 짧게 살펴보고, 그 뒤에 작업장에서 이러한 투쟁이 낳는 결과에 대한 브레이버만의 분석으로 되돌아올 것이다.

오늘날의 마르크스주의 이론가들은 빌헬름 라이히Wilhelm Reich의 초기 저작과 1930년대 중반까지의 저작(1930년대 후반과 1940년대의 저작을 무시하는 것은 이 기간 동안 라이히가 신경쇠약증을 앓은 것으로 보이기 때문이다)에 나타난 선구적인 연구에 기초하여 가정 생활을 지배하는 문화적 규범, 특히 성적 역할의 사회화 등이 인간의 가장 근원적인 필요욕구의 다수를 체계적으로 부인하게 되는 과정을 보여주려 했다. 이러한 필요욕구가 부인된 결과 정신적 억압이 나타나는데 이것이 자본주의에는 근원적인 유용성을 갖게 된다는 것이 이들의 주장이었다. 라이히의 관점에서 보자면, 억압의 가장 근본적인 형태는 성적 억압이다. 라이히는 자본주의에서의 성적 억압은 가정 생활에서의 성적 역할의 사회화에 그 뿌리를 가지고 있으며 수동적이고 순종적인 유형의 성격을 만들어낸다고 생각했다. 본질적으로 강제적이고 비민주주의적이며 권위적인 방법으로 작동하는 자본주의의 본질을 은폐하고 호도하기 위해서는 민주주의라는 제도적이고 이데올로기적인 포장이 있어야 한다. 하지만 이러한 민주주의가 힘을 발휘하지 못하고 그저 포장으로만 머물게 하기 위해서는 이러한 유형의 성격이 필요한 것이다. 라이히의 말을 들어보자.

> 성적 욕구를 억압하면 지적이고 감정적인 기능이 전반적으로 약화된다. 특히 이는 사람들의 독립[의 능력], 의지력, 비판적 재능이 결핍되도록 만든다. … 강박적이고 가부장적인 가정은 이런 방식으로 성원들의 정신의 중심을 성적 도덕에 속박시킨다. 이는 다시 그들 유기체 내부에 변화를 가져오며, 모든 권위적 사회질서에 대한 대중 심리의 기초를 형성하는 독특한 구조를 창출한다. 이 예종의 구조는 성적 무능력, 속수무책의 무력감, 지도자에 대한 갈망, 권위에 대한 공포, 삶에 대한 공포, 신비주의 등이 뒤범벅이 된 혼합물이다. … 이러한 심리적 구조를 가진 민족은 민주적 삶을 영위할 수 없다.[13]

지난 몇십 년간 일부 마르크스주의 이론가들은 성적 억압을 강조한 라이히의 관점을 넘어서서, 자본주의 시스템의 가정 생활을 통제하는 지배적 문화의 기풍이라는 것 자체에 소외되고 수동적이고 순종적인 성격을 창출하는 경향이 있으며, 이는 다시 자본주의적 생산과정이 성공적으로 기능하는 데 반드시 필요한 것임을 보여주려 했다. 이러한 저작의 대표적인 것으로는 브루스 브라운Bruce Brown의 《마르크스, 프로이트, 일상생활의 비판Marx, Freud, and the Critique of Everyday Life》과 엘리 자레츠키

Eli Zaretsky의 논문 〈자본주의, 가족, 개인 생활Capitalism, the Family, and Personal Life〉[14] 등이 있다.

마르크스주의 이론가들은 또한 자본주의적 교육 시스템을 광범위하게 연구했다. 이들은 자본주의 시스템에서의 학교교육이라는 것이 학생들의 호기심을 질식시키고 수동적이고 순종적이며 복종적인 태도를 뿌리깊게 심어주며, 자본주의 내부에 존재하는 기성의 계급 구조와 그 하위의 계층 구조를 영구화하는 데 필요한 성격 유형과 지식 및 기술을 계속해서 창출하고 있음을 발견했다. 이러한 저작의 대표로는 미리엄 웨이서만Miriam Wasserman의 《학교의 신화를 벗긴다Demystifying School》[15]와 새뮤얼 볼스Samuel Bowles 및 허버트 긴티스Herbert Gintis의 《자본주의 미국에서의 학교교육Schooling in Capitalist America》이 있다.[16] 학교교육은 자본주의의 현상 유지를 수호하는 다양한 지적인 논리를 학생들의 마음속에 영구적으로 뿌리 깊게 심어놓는 데 지극히 중요하다. 우리가 이 책에서 내놓은 분석만 보아도 그 상당 부분은, 경제학이라는 학문 분야를 지배해온 학문적 전통이 어떻게 해서 자본주의에 대한 이데올로기적 옹호를 받아들이는 작업을 체계적으로 진행해왔는가를 보여주고자 하는 시도였다.

자본주의를 용인하는 태도를 형성하는 데 있어서 마찬가지로 중요한 것은 대중 매체이다. 물론 이 매체를 통제하는 기업들은 현상 유지를 수호하는 데 직접적 이해관계를 가지며, 이는 이 산업의 가장 중요한 수입원인 주요 광고주들도 마찬가지이다. 수많은 급진적 저술가들은 이 대중 매체가 여론을 조종하기 위하여 뉴스 보도와 여타 기사를 어떻게 왜곡하고 검열하는지를 광범위하고도 세밀하게 설명했다. 그 대표적인 저작은 제임스 아론슨James Aronson의 《신문과 냉전The Press and the Cold War》,[17] 로버트 치리노Robert Cirino의 《민중들을 탓하지 마라Don't Blame the People》[18] 등이 있다. 이러한 연구 가운데서 가장 학문적이고 철저한 것은 말할 것도 없이

에드워드 허먼Edward S. Herman과 노엄 촘스키Noam Chomsky의 《합의를 제조한다: 대중 매체의 정치경제학*Manufacturing Consent: The Political Economy of the Mass Media*》[19]이다.

마지막으로, 급진적 지식인들은 정부가 비록 민주주의의 겉모양을 띠지만 실제로는 얼마나 자본가에게 통제당하고 있으며 그들의 이익을 증진하기 위해 작동하는가를 꼼꼼한 근거를 대면서 연구했다. 자본주의적 사회관계를 영구화하는 가장 으뜸가는 수단의 하나는 자본가가 경제적, 사회적 과정에 대해 행사하는 권위적 통제에 도전하지 않을 만한 문제로만 합법적인 정치 논쟁을 제한하는 것이다. 이 영역에서의 급진적인 연구를 대표하는 것으로는 윌리엄 돔호프G. William Domhoff의 《누가 미국을 지배하는가? *Who Rules America?*》와 하워드 리터Howard L. Reiter의 《기업 국가 미국의 정당과 선거 *Parties and Elections in Corporate America*》[20]가 있다.

노동계급의 생각을 제한하고 통제하는 이러한 경제외적인 방법은 자본주의의 계급 구조를 더욱 강화한다. 하지만 자본가의 권력의 가장 중요한 기초는 생산과정에 대한 통제이며, 이는 이 모든 통제 형태 하나하나가 궁극적으로 지향하는 목적이기도 하다. 브레이버만의 연구는, 그러한 통제가 작업장에서 시작하여 다른 모든 업무 영역으로 확산될 경우, 노동자가 인간으로서 갖는 정서적, 미적, 지적인 욕구를 만족시켜주는 노동의 측면이 어떻게 해서 체계적으로 박탈당하는가를 보여주고자 했다. 이 경향으로 인하여 화이트칼라의 업무조차도 단조롭고 반복적이며 기계적인 고역이 되었고, 거의 모든 노동자는 기계의 부속물이라는 인간 이하의 역할로 전락했다. 이렇게 극단적인 정도의 경제적 통제를 유지하기 위해서는 다른 형태의 수많은 정서적, 지적 통제가 절대적으로 필요하다.

자본주의는 개별 기업의 수준에서 보면 지극히 복잡하고 합리적으로 계

산된 형태의 경제 계획을 특징으로 삼는 경제 시스템으로 나타난다. 브레이버만의 말을 빌리면,

> 현대의 기업 경영이 채택한 통제의 개념은, 경영 중심부에 모든 생산활동에 대응하는 활동을 몇 개씩 둘 것을 요구하고 있다. 각각의 생산활동은 고안되고, 미리 계산되고, 시험을 거치고, 설계되고, 누구에게 시킬 것이며 어떻게 순서를 매길 것인지가 결정되고, 점검과 감독을 거치고, 그 활동이 끝나는 순간까지 모조리 기록되어야 한다. … 인간 존재의 차원에서 보면 노동과정은 노동자의 육체적 활동만이 아니라 두뇌에서도 진행되어야 한다. 이와 마찬가지로, 이제 노동과정의 이미지는 생산 현장과 분리되어 별개의 장소에 있는 별개의 집단으로 넘어가서 아예 노동과정 자체를 통제하기에 이르게 된다.[21]

그런데 자본주의는 이렇게 개별 기업의 수준에서는 합리적이고도 잘 계산된 계획을 특징적인 모습으로 보여주지만, 전체 경제는 항상 그랬듯이 오늘날에도 여전히 시장의 비합리성과 무정부성을 보여준다.

총체적 수준에서 본 자본주의의 양상

자본주의의 계급 구조는 자본가가 생산수단의 소유권을 독점하는 것을 기초로 삼는다. 이러한 독점은 필연적으로 소득분배에 있어서의 극심한 불평등을 낳는다. 맬서스에서 마르크스를 거쳐 케인스에 이르는 수많은 경제학자들은 자본주의의 작동에 특징적으로 나타나는 전반적인 불안정성, 경기 침체로의 경향, 비합리성과 혼돈 등의 원인 중 하나가 바로 이러

한 불평등이라는 사실을 의식했다. 케인스 이후 대부분의 정통 경제학자들은 이러한 불안정성과 비합리성을 정부의 개입주의를 통해 제거까지는 아니더라도 크게 완화할 수 있을 것이라고 생각했다. 하지만 1960년대에 비판적 정치경제학이 소생하자, 케인스주의로는 자본주의의 그러한 본질적인 비합리성을 제거한 적도 없으며 또 제거할 수도 없다는 점을 수많은 경제학자들이 깨닫기 시작했다.

1966년 폴 배런Paul A. Baran과 폴 스위지Paul M. Sweezy는 큰 영향을 미친 《독점자본Monopoly Capital》을 출간했다. 배런과 스위지는 자본주의 하에서 경제 잉여economic surplus(이 개념의 정의는 "한 사회가 생산하는 것과 그것을 생산하는 데 들어간 각종 비용의 차이"[22]이다)가 시간이 지나면서 지속적으로 상승하는 경향이 있다고 주장했다. 그리고 자본주의에서의 엄청난 소득분배 불평등으로 인하여 영리 기업은 충분한 총수요를 찾아내는 데 갈수록 큰 어려움을 겪는다. 총수요가 부족한 상황이라서 계속 늘어나는 이러한 경제 잉여를 판매할(또는 '흡수할absorbed', 또는 활용할utilized) 수 없다는 것이다. 배런과 스위지에 따르면,

> 경제 잉여의 크기는 생산성과 부의 지표이며, 한 사회가 스스로 설정한 목적을 달성하는 데 얼마나 자유로운가를 보여주는 지표이다. 이 경제 잉여의 구성을 보면 그 사회가 그러한 자유를 어떻게 사용하는지를 알 수 있으며, 그 사회가 자신의 생산 역량을 확장하는 데 얼마나 투자하는지를 알 수 있으며, 그 사회가 행하는 다양한 형태의 소비에 대해서도 알 수 있으며, 그 사회가 얼마나 또 어떤 방식으로 낭비를 행하는가도 알 수 있다.[23]

《독점자본》의 대부분은 미국 자본주의가 경제 잉여를 어떻게 흡수하는지를 이해하는 데 논의를 집중하고 있다. 첫 번째의 가장 명백한 흡수의 원

천은 자본가의 소비와 투자이다. 배런과 스위지는 맬서스, 마르크스, 홉슨과 비슷한 분석을 통하여, 자본주의의 계급 구조를 떠받치는 제도적 불평등이 너무나 크기 때문에 자본주의가 성장함에 따라서 자본가가 자신들의 소비와 투자에 쓰는 지출은 이 경제 잉여를 흡수하는 데 있어 갈수록 불충분한 크기가 되며, 또 그 격차 또한 갈수록 확대된다는 사실을 발견한다.

아무리 이리저리 꼬아보고 돌려본다고 해도, 독점자본주의는 자기모순을 안고 있는 시스템이라는 결론을 피할 길이 없다. 독점자본주의는 갈수록 더 많은 잉여를 만들어내는 경향이 있지만, 이렇게 늘어나는 경제 잉여를 흡수하는 데 필요한 소비와 투자 배출구를 제공하지 못하게 되며, 이에 따라 이 시스템의 원활한 작동 자체도 문제에 봉착하게 된다. 흡수될 수 없는 잉여는 생산되지 않을 것이기 때문에, **독점자본주의의 정상적 상태는 경기 침체라는** 결론이 도출된다. … 그리고 이는 사용가능한 인적, 물적 자원이 제대로 활용되지 못하는 상태가 만성적이 된다는 것을 뜻한다. … 만약 독점자본주의를 그대로 둔다면, 즉 다시 말해서 이 시스템의 '기본적 논리'라고 할 만한 것 외부에서 무언가 이런 경향에 맞서 상쇄하는 힘이 개입하지 않는다면, 독점자본주의는 만성적 불황의 늪 속으로 점점 더 깊게 가라앉게 될 것이다.

그런데 이렇게 외부에서 개입하여 바로잡아주는 힘이 분명히 존재한다. 만약 이런 힘이 없었다면 이 시스템은 이미 오래전에 자신의 무게 때문에 침몰했을 것이다. 따라서 이러한 힘의 성격과 그것들이 가져오는 귀결을 이해하는 것이야말로 가장 중요한 문제로 떠오른다.[24]

이러한 힘의 첫 번째는 거대 기업의 '판매 노력'이다. "무자비한 경쟁이 격렬하게 벌어지는 데다가 경쟁자의 숫자까지 적어서 가격 인하 전략도 쓸 수 없는 경제 시스템에서는 광고가 점점 더 경쟁적 투쟁의 으뜸가는 무기가 된다."[25] 배런과 스위지가 말하는 '광고advertising'란 판매를 촉진하기 위한 모든 노력을 뜻한다. 이러한 방법에는 "광고 활동, 제품 외양과 포장의 다양화, '계획적인 제품 구식화', 모델 변화, 신용 계획 등등"[26]이 모두 포함된다.

이러한 판매 노력은 잉여의 흡수를 증대시키기는 한다. 하지만 그 주된 이유는 그러한 노력이 없었더라면 소비 대신 저축했을 사람들이나 기관들이 큰 비율로 지출을 늘리기 때문이 아니다(물론 이 때문에 지출이 늘어나기는 하지만 그 정도는 제한되어 있다). 그것의 가장 중요한 효과는 엄청난 양의 낭비를 창출하는 것이다. 계획적인 제품 구식화에 들어가는 막대한 지출, 비싸기만 하고 쓸데없는 모델의 변화, 판촉과 광고 부문에 수백만의 노동자를 고용하는 것은 사실상 생산이나 상품의 실제 쓸모에 아무런 기여도 하지 않는다. 사회적 관점에서 보자면 이 모든 항목의 지출은 순전히 낭비라고 할 수 있다. 하지만 자본주의 시스템에서는 이러한 엄청난 양의 낭비적인 지출을 "수많은 기업은 '생존을 위한 절대적 필요'라고 부르고 있다."[27] 이러한 경제적 낭비의 모든 형태는 잉여의 일부를 흡수한다. "잉여 가운데서 순 이윤의 형태를 취하는 구성 부분과 달리, 이렇게 각종 판매비용의 형태를 취하는 부분은 그에 상응하는 자본가의 소비나 투자 배출구를 필요로 하지 않는다. 말하자면 이 부분은 스스로 상쇄하며 배출하는 것이다."[28]

두 번째의 힘은 정부이다. 배런과 스위지에 따르면, 대부분의 자본주의 나라들에서 "투표는 정치권력의 명목상의 원천에 불과하며, 진정한 원천은 돈이다. 다른 말로 하자면, 이 시스템은 형식상으로는 민주적이지만, 내용상으로는 금권정치이다".[29] 자본가가 정부에서 압도적인 영향력을 가지고 있기 때문에 정부는 기존의 부 및 소득의 구조적 불평등을 더욱 확대하는 방식으로, 아니면 적어도 그것을 방해하지 않는 방식으로 경제 잉여를 흡수하도록 재정을 지출한다. 배런과 스위지가 보기에 이는 '민간을 위한 정부 지출'의 범위를 엄격하게 제한한다.

공원, 도서관, 빈민가 청소, 전반적 복지 지출 등과 같은 항목에 대한 정부 지출은 그저 가난한 이들과 실업자들이 대충 말 잘 듣는 정서적 상태에 머물러 있도록 보장하는 동시에 기존의 부와 소득분배 상태를 그대로 유지하는 수준으로 제한될 수밖에 없다. 배런과 스위지에 따르면, "**미국 독점자본주의의 권력 구조라는 조건으로 인하여**, 민간을 위한 지출의 증가는 이미 1939년경에 그 한계에 도달했다. 이를 더 확대하는 것을 반대하는 힘이 너무나 강력하여 극복이 불가능했다".[30] 이 시점이 지나면 GNP에 대한 비율로 따져 정부 지출 증가의 큰 뭉치가 군사주의와 제국주의의 영역으로 들어가게 된다는 것이다.

군사주의에 대한 정부 지출이 갖는 의미는 자명하며, 우리는 15장에서 이미 이를 논했다. 그래도 배런과 스위지가 자본주의적 제국주의에 대해 내놓은 논의는 아주 중요하므로 다시 소개할 필요가 있다. 이들의 저서가 나온 시점은 베트남전쟁이 절정에 달한 때였으므로 이 책은 자본주의적 제국주의라는 주제를 부활시키도록 사람들의 관심을 촉발하는 역할을 했다. 이들의 설명은 짧지만 강력하고도 설득력이 있다. 이로 인해 이 주제에 대한 연구와 저술이 새롭게 이루어지기 시작했는데, 그 대표적인 예 몇 개만을 언급하도록 하겠다.

배런과 스위지는 독점자본주의의 침몰 경향에 맞서 그것을 상쇄하는 지출이 지금까지는 큰 불황이나 사회적 재난을 피해가는 데 충분한 크기였지만, 미래에도 그렇게 충분한 지출이 가능할지는 의문이라고 결론을 내린다. 이들의 견해로는 이러한 지출의 지속적인 확대를 반대하는 가장 중요한 힘이 있는데, 그것은 바로 제3세계 나라들의 민족해방 운동이다. 이 운동은 보통 사회주의자들이 지배하고 있으며, 이들의 목표는 자신들의 나라를 다국적기업의 이윤 창출 영역에서 빼내는 것이다.

하지만 비록 자본주의의 종말이 눈에 보이는 것이 아니라고 해도(배런과 스위지는 자본주의의 붕괴가 임박했다고 예언하지 않는다), 이렇게 자본주의가 침체와 불황의 늪으로 빠져드는 것을 막아주는 상쇄의 힘은 자본주의의 낭비와 비합리성을 급격하게 증가시킨다. 배런과 스위지의 결론은 이러하다.

> 사회의 생산 방식 그리고 그것을 구현하는 조직은 갈수록 비합리성이 증가한다. 그런데도 전체 시스템의 기능과 상황 인식에 있어서의 광포함과 비합리성은 감소하지 않는다. 이 둘 사이의 모순 때문에 독점자본주의의 특징인 이데올로기적 불모지가 만들어진다. 현상 유지를 옹호하는 일부 논자들은 이를 '이데올로기의 종언'이라고 믿게 만들려 하지만, 우리는 이 상황은 그런 게 아니라고 주장할 수밖에 없다. 지금은 자본주의 상승기의 이데올로기는 사라지고, 세계 자본주의 질서의 전반적 위기와 쇠퇴의 이데올로기가 그 자리를 대신한 상황이다. 그 주된 기둥이 반공주의라는 사실은 결코 우연이 아니며, 정치적 힘이 빚어낸 일시적 국면에서 비롯된 것도 아니다. 이는 현대 자본주의의 정치경제적 정책의 주요한 내용이 무장과 냉전이라는 사실 또한 결코 그러한 일시적 국면에서 비롯된 것이 아니라는 것과 마찬가지이다. **이러한 정책은 그저 무엇엔가 맞서는 부정적인 것일 뿐, 이제 이들에게 긍정적이고 적극적인 정책의 여지는 남아 있지 않다.**[31]

배런과 스위지는 경제학자들 사이에 자본주의적 제국주의라는 현상에 대한 관심이 널리 되살아나는 데 일조했다. 이러한 흐름에서 가장 영향력이 컸던 저작은 아마도 1969년에 출간된 해리 맥도프Harry Magdoff의 《제국주의의 시대: 미국 외교정책의 경제학*The Age of Imperialism: The Economics of US.Foreign Policy*》[32]이었을 것이다. 맥도프는 13장에서 우리가 살펴본 이론을 넘어서는 자본주의적 제국주의 이론을 제시했다기보다는 엄청난 양의 데이터를 수집하고 해석하여 그 이론이 계속해서 현실에서 유의미하다는 것을 증명했다. 제국주의에 대한 데이터의 대부분은 이를테면 GNP와 비교해볼 때는 큰 양이라고 볼 수 없지만, 미국 경제의 자원에 대한 필요 그리고 거대 다국적기업의 이윤을 평가할 때는 결정적이며 전략적인 중요성을 갖는 것으로 볼 수 있다는 점을 그는 명백하게 입증했다.

맥도프는 미국 자본주의와 제3세계 나라들의 경제의 경제적, 정치적 관계를 평가하면서 다음과 같은 사실을 보여주었다. 미국은 미국 국방부이 '전략적이고 결정적'이라고 분류한 62가지 유형의 원료 대부분을 수입에 의존했다. 이 가운데 38가지는 신규 공급의 80~100퍼센트가 수입되며 14가지 이상의 것은 40~79퍼센트가 수입된다. 나아가 그는 또 37개의 저개발 국가들이 자국 수출의 58~99퍼센트를 단지 6개 이하의 상품의 판매에만 의존하여 벌어들이는 것을 보여주는 제3세계 경제에 대한 연구도 인용한다.[33]

이러한 상황에서 미국은 (자신에게) 지극히 유리한 교역 조건을 이 나라들에게 강요하여 저렴한 원자재와 수익성 좋은 투자처를 확보한다. 미국 기업 부문의 매출과 이윤의 큰 부분은 미국 기업의 해외 자회사―물론 그 다수는 제3세계 나라들에 있다―의 수출과 매출에서 나오며, 그 비중은 높아지고 있다.[34] 하지만 이렇게 미국에 유리한 교역 조건은 이 나라들의 보통 사람들의 생활수준이 악화되는 것의 대가로 얻어지는 것이 보통이다. 그렇기 때문에 이 나라들의 민족해방 운동은 대부분 반미, 반자본주의의 성격을 띤다. 그리고 미국 정부는 이 나라들에서 미국 기업의 이익을 보호하고 증진시키는 정부를 강압적으로 세우고 유지하려 들 수밖에 없다. 맥도프는 미국이 이 나라들의 기존 정부를 유지하기 위한 목적에서 군사력을 그 나라 국민들에게 사용하는 것이 대부분의 내용을 차지하는, 무려 53개에 이르는 '미국 방위 책임과 보장U.S. Defense Commitments and Assurances'을 지적한다.[35]

맥도프는 제너럴일렉트릭의 한 중역으로부터 다음과 같은 말을 인용한다. "이리하여 우리는 이윤을 찾아다니다 보니, 공산주의와 대결하는 냉전에서 자유세계를 강화하기 위한 수단으로서 국제무역을 굳건히 한다는 미국의 국가 정책과 꼭 들어맞게 되었습니다." 그리고 나서 맥도프는 결론을 내린다. "공산주의에 맞서는 싸움이 이윤 추구에 도움을 주는 것과 마찬가지로 이윤 추구는 공산주의에 대한 싸움에 도움을 준다. 이보다 더 완벽한 이익의 조화는 상상조차 불가능하다."[36] 1890년대에 제국주의는 제3세계의 사람들을 "기독교인으로 만들고, 희망을 주고, 교육시키는" 노력이라고 불렸다. 2차 세계대전 이후에 제국주의는 이제 이 사람들의 영혼을 공산주의로부터 구원하고자 하는 노력이라고 불린다. 양쪽 다 그럴싸한 명분을 내걸고 있지만 양쪽 다 본질을 호도하는 이야기이며, 제3세계 나라들에 대한 미국의 경제적 착취를 도덕적으로 정당화하는 데 복무하는 것은 똑같다는 것이다.

1970년대에 급진파 경제학자들은 제국주의에 대해 수많은 사례 연구와 이론적 논의를 내놓았다. 그러한 저작의 뛰어난 대표작을 보고 싶은 독자들은 《급진 정치경제학 리뷰Review Radical Political Economics》의 1971년 봄, 1972년 겨울, 1973년 봄의 특별호를 참조하면 좋다. 1980년대에도 미국 제국주의의 방법과 범위를 상세히 다룬 수많은 논문과 저서가 쏟아졌다. 그중에서도 가장 충격적일 뿐만 아니라 가장 설득력이 강한 것 하나는 에드워드 허먼Edward S. Herman의 《진정한 테러 네트워크: 테러리즘의 사실과 선전The Real Terror Network: Terrorism in Fact and Propaganda》[37]이었다. 허먼은 수많은 자료를 인용하고 또 신뢰할 만한 정보원에게 얻은 조심스러운 서술과 다양한 조직에서 내놓은 공식 보고서에 기초한 서술을 길게 내놓는다. 그리고 이 모든 것은 참으로 우울하고 일관되게 다음과 같은 일반적 결론을 향하고 있었다. 미국은 수많은 제3세계 나라들에서 인기가 없고 부패하고 짐승처럼 악독한 정부를 (경제적으로 또 군사적으로) 세우고 유지했다는 사실, 또 이 정부는 극소수의 토착 엘리트와 다국적기업의 이익을 대표한다는 사실, 이 나라들에서는 이미 눈뜨고 볼 수 없을 정도로 부와 소득분배가 불평등한 상태이지만 이 정부는 이를 더욱 악화시키는 정책을 빈번하게 추구한다는 사실, 이 정부는 인기가 없고 억압적인 통치를 유지하기 위해서 자신들에게 비판적인 시각을 가진 시민들은 누구든 잡아다가 광범위하고도 체계적인 고문, 테러, 살인을 자행한다는 사실 등이다. 미국 정부는 직간접으로 이러한 테러, 고문, 살인 행위를 지원하고 교사했으며(이따금씩은 심지어 이를 지휘, 감독하기까지 했다), 이는 모두 '공산주의'와 싸우고 '민주주의'를 수호한다는 명분으로 행해졌다는 것이다. 이렇게 해서 살해당하는 이들 중 공산주의자는 거의 없으며(설령 공산주의자를 죽였다고 해도 민주 국가라면 모든 이들에게 어떤 정치사상이든 신봉할 권리를 보호해야 한다는 것을 기억할 필요가 있다), 그렇게 해서 수호되는 현지의 정부는 전체주의적인 군사 정부이며 민주적 성격을 띠는 경우는 전혀 없다고 해도 과언이 아니다. 한마디로 말해서, 미국은 모든 수단을 동원하여 이윤과 이윤 획득을 지원하며 그 과정에서 고문과 살인조차 서슴지 않는다는 것이다.

이단적 전통은 계속된다

18장과 19장에서 우리는 비주류 경제학의 역사적 발전에 대한 개괄을 제시하고자 했다. 오늘날 이단적 경제학heterodox economics이라는 용어는 이 두 장에서 논의된 다양한 사조와 학파를 총칭하여 부르는 말로 쓰인다. 그 각각의 학파는 자신이 영감의 원천으로 삼는 특정한 경제학자들이 있으며, 연구를 발표하는 특정한 학술 저널을 가지고 있다. 그런데 최근 상황에서 눈에 띄는 사실은 이들과 정통 주류 경제학자들이 맞붙어 논쟁하는 일이 없다는 점이다. 그전에는 새뮤얼슨이나 윌리엄 보멀과 같은 정통 주류 경제학자들이 이 학파들 중 하나와 중요한 논쟁을 벌이기도 했다(전형 문제가 그 예이다). 또 반대로 조앤 로빈슨이나 폴 데이비드슨Paul Davidson 과 같은 이단 학파의 경제학자들의 기고를 주류 저널에서 환영하기도 했다. 하지만 자본 논쟁이 벌어진 직후 정통 주류와 이단 학파 사이의 소통은 거의 사라졌다. 자신들 학파의 바깥에 있는 이들과 기꺼이 맞붙어 논쟁하려고 한 경제학자들은 은퇴하기 시작했고, 그들의 자리를 채운 새 세대는 그런 논쟁을 할 의사가 전혀 없었다. 주류 경제학에서도 자본 논쟁을 회고하는 저작물이 나오기도 했지만 그 논쟁의 함의는 대부분 무시되었다.[38] 이단 학파 경제학자들은 자본 논쟁을 통해서 정통 주류 경제학 이론의 논리적 결함을 찾아내는 일을 계속한다는 게 무의미하다는 것을 깨닫게 된 것으로 보인다. 따라서 이러한 이단적 경제학자들은 대부분의 경우 자신들의 자본주의 이론을 계속 발전시키는 데로 되돌아갔다. 이러한 발전이 나타난 방향은 여러 갈래로 뻗어 있지만, 이 절에서 우리는 그 가운데 몇 가지만을 부각시키고자 한다. 당연한 이야기이지만 이러한 몇 가지 이외에도 발전의 방향은 얼마든지 있다. 이 절에서의 논의는 그저 이단적 경제학의 역동성과 활력을 보여주기 위한 것이다.

노동가치론은 오늘날까지도 계속 여러 방향에서 연구의 결실을 내놓는다. 이러한 연구 방향을 따라간 경제학자들의 일부는 경제를 경험적으로 측정하기 위한 척도를 개발했다. 예를 들어 안와르 샤이크와 아메트 토나크Ahmet Tonak의 저서《나라의 부를 측정한다Measuring the Wealth of Nations》(1996)는 현행의 국민소득 계상에 대한 대안적인 이해와 표현 방식을 발전시키는 데 중요한 기여를 했다. 이와 비슷한 방향에서 샤이크는 노동가치론이 상품의 상대가격을 설명하는 데 있어서 경험적으로 강점을 가진다는 것을 보여주었다.[39] 또한 좀 더 범위를 좁혀서 마르크스의 잉여가치율에 초점을 두는 흥미로운 경험적 작업도 있었다. 이러한 작업은 마르크스의 개념의 중요성뿐만 아니라 경제학자들이 이 개념을 현실에 적용하는 방법을 계속해서 보여준다.[40] 최근에 가장 많이 연구되는 주제 하나는 선진국 경제에서의 이윤율이다. 9장에서 논의했듯이, 마르크스는 자본주의가 발전함에 따라 이윤율이 저하하는 경향이 나타날 것이라는 생각을 제시했지만 약점이 조금 있었다. 많은 연구가 보여준 것은, 이윤율 저하의 경향이 상당한 기간 동안 분명히 나타나다가 회복되고 다시 저하하는 경향이 있다는 것이다. 연구는 이윤율 저하를 낳는 힘뿐만 아니라 이윤율의 회복을 가져오도록 이를 상쇄하는 경향을 찾아내는 데 맞추어졌다. 제라르 뒤메닐Gerard Duménil과 도미니크 레비Dominique Levy는 자신들의 저서 《이윤율의 경제학: 자본주의에서의 경쟁, 위기, 역사적 경향The Economics of the Profit Rate:Competition,Crises and Historical Tendencies in Capitalism》 (1993)에서 이윤율에 대해 종합적인 이론적, 경험적 연구를 제시했다. 학술저널 《뉴 레프트 리뷰New Left Review》는 로버트 브레너Robert Brenner가 이윤율에 대해 내놓은 저작에 대해 한 권 전체를 할애하기도 했다.[41] 그 이후 브레너에 대한 비판과 옹호가 계속 나왔는데, 이는 이 주제가 계속해서 중요성을 가지고 있을 뿐만 아니라 현실의 경제의 맥락에서 이 문제를 연구하는 것이 흥미진진한 일임을 보여주었다.

스라파의 가격 이론은 고전파 및 마르크스 전통을 따르는 수많은 경제학자들에게 계속 영감의 원천이 되고 있다. 한 예로 하인즈 쿠르츠Heinz D. Kurz와 네리 살바도리Neri Salvadori는 자신들의 저서 《생산의 이론: 장기분석 Theory of Production:A Long-Period Analysis》(1995)에서 스라파의 가격 이론을 종합적이면서도 이론적으로 정교한 방식으로 논의한다. 쿠르츠와 살바도리는 경제사상사와 순수 이론의 지평에서 각각 설명을 제시한다. 이들은 이러한 체계가 어떻게 새로운 미시경제학의 기초와 성장 및 분배 이론과의 연관 고리로 쓰일 수 있는지를 보여줄 수 있었다. 던컨 폴리 Duncan Foley와 토마스 미클Thomas Michl은 자신들의 교과서《성장과 분배 *Growth and Distribution*》(1999)에서 비슷한 방향의 작업을 계속했다. 폴리와 미클의 저서는 고전파–마르크스 전통, 신고전파 전통, 포스트 케인스주의 전통에서 성장과 분배의 이론이 어떻게 전개되는지에 대한 이론적 구조를 제시한다.[42] 이들은 또한 세계 경제의 데이터를 사용하여 생산성과 노동-자본 비율의 관계, 임금률과 이윤율의 관계, 저축률과 성장률의 관계 등에 대해 이러한 이론이 함의하는 바를 연구한다.

이단적 경제학자들은 또한 자본주의 나라들의 경제의 장기적 성장을 개념화할 새로운 방식을 발전시켰다. 한 예로 '축적의 사회적 구조Social Structures of Accumulation'라는 연구틀은 축적의 '장기 파동long-waves'의 기간 동안 생겨나서 성장을 촉진시킨 제도에 초점을 맞춘다. 또 다른 연구틀도 있다. 에드워드 넬Edward J. Nell이 제시한 '변형적 성장 Transformational Growth'의 틀은 스라파와 케인스로부터 얻은 혜안을 결합하여 자본주의 성장의 여러 단계를 설명한다.[43] 이러한 새로운 이론은 모두 자본주의의 생산영역 내에서 일어난 변화를 강조한다. 한 예로 넬의 경우에는 자본주의적 생산의 초기 단계를 '직공 기반craft-based' 생산이라고 범주화하며, 이것이 뒤에 자본가가 노동과정에 대해 장악력을 늘리려고 함에 따라 '대량 생산'으로 변형되었다고 본다. 그는 생산영역 내에서의 변화가 총계 수준에서 경제가 작동하는 방식에도 중대한 변화를 낳았음을 발견한다. 이 모든 연구틀은 자본주의 발전의 특정 단계에 존재한 지배적 생산과정의 역사를 세밀히 살펴보는 한편, 이를 생산 수준에서 변화가 일어날 때 어떤 제도가 자본축적 과정을 증진시켰는지 아니면 그것과 갈등을 일으켰는지에 대한 연구와 결합시킨다. 그리하여 생산은 단순히 수학적 함수(즉 신고전파의 생산함수)로 포착되는 기술적 관계 이상의 것으로서 특징을 부여받게 된다. 초점은 다시 마르크스가 생산관계라고 부른 것으로 돌아가며, 여기서 전체 경제와의 관련 속에서 일어나는 변화에 대해 어떤 함의를 끌어낼 수 있는가로 논의가 나아간다.

이단적 경제학의 최근 발전을 개괄만 하더라도 훨씬 더 많은 이야기를 할 수 있다. 이 전통 내에서 이루어진 작업을 대략 살펴보는 것으로도 책 한 권을 써야 할 것이다. 우리의 이야기에서 다루지 못한 최근 발전이 무수히 많다는 것을 우리도 잘 알고 있다. 하지만 우리가 말하고자 하는 요점은 단지 독자들에게 이단적 전통 안에서도 다양하고도 지적인 자극을 담고 있는 작업이 수행되고 있음을 알리고자 하는 것이다. 이들의 작업은 이론적, 경험적, 역사적 방면에 걸쳐 다양한 방식으로 진행되고 있다. 이단적 경제학자들이 이루어놓은 이론적, 경험적 작업 또한 수학이 필요하다 싶은 지점에서는 정통 주류 경제학 연구에서 나오는 정도의 수학적 세련미를 얼마든지 보여준다. 역사적 작업은 제도로서의 시장(끊임없이 변화하는 시장), 경제제도(중앙은행에서 노동조합에 이르도록 다양하다), 그리고 노동과정 자체 등에 걸쳐 다양하게 이루어진다. 이렇게 이단적 전통에 속하는 여러 학파들은 모두 자본주의 안에서 살고 있는 사람들이 직면하는 절박한 문제를 다루기 위해 각자의 독특한 이론과 방법론을 계속해서 발전시키고 있다. 어떤 때는 이러한 문제가 정통 주류 경제학자들이 중요하다고 여기는 것과 겹칠 때도 있지만(예를 들어 인플레이션, 환율 등), 또 어떤 때는 정통 주류 경제학자들에게는 별 관심이 없는 것일 때도 있다. 후자의 유형에 속하는 문제의 한 예로서 우리는 사회주의가 취할 수 있는 가능한 형태에 대해 이루어진 연구를 들 수 있다. 존 로머John E. Romer는 '사회주의의 미래A Future for Socialism'(1994)

라는 제목의 영향력 있는 저서를 출간했는데, 거기서 시장에 기초한 사회주의를 어떻게 건설할 수 있는지를 연구하는 데 일반균형의 틀을 활용한다. 마이클 앨버트Michael Albert와 로빈 하넬Robin Hahnel의 저서《참여 경제학의 정치경제 *The Political Economy of Participatory Economics*》는 시장에 그다지 중요한 위치를 내줄 필요가 없는 대안적 사회주의의 형태를 제시한다. 이러한 저작 하나하나는 모두 자본주의를 대체할 수 있는 대안의 영역에서 더 많은 연구가 이루어지는 자극제가 되었다. 물론 아직 존재하지도 않는 경제 시스템에 대한 연구가 쉬울 리는 없다. 그래도 이는 자본주의에 대한 대단히 다양한 대안의 가능성을 열어두게 만들며, 사람들로 하여금 만인의 인간적 잠재력이 펼쳐질 수 있게 하려면 어떠한 유형의 경제 시스템이 가장 유익한가를 생각하도록 계속 자극한다.

이 다음에 나올 마지막 절은 이 책의 최초의 저자인 E. K. 헌트가 쓴 글이다. 그 목적은 이 책 전체를 떠받치는 전반적인 방법론적, 사회적, 윤리적 관점을 독자들에게 명확히 제시하기 위한 것이다. 이단적 경제학자들은 서로 다른 다양한 관점을 가지고 있으며, 이 글은 절대로 그들의 다양한 관점을 대표하는 언명으로 의도된 것은 아니다. 이 책 전체에 걸쳐서 우리는 경제학자의 이론이 자신의 이데올로기에 따라 크게 영향을 받아온 지점들을 찾아냈다. 우리는 경제학이란 가치중립적 학문이었던 적이 한 번도 없었으며 또 그렇게 될 수도 없다고 주장했다. 이 점을 감안할 때, 저자(이제는 저자가 둘이 되었다)가 개인적으로 이 책에서 경제사상사를 제시함에 있어서 영향을 받은 관점을 독자들과 공유하는 것은 중요하다. 다음 절은 이 책의 1판에서 이를 언명하기 위해 쓰인 글이지만, 이는 3판에서도 여전히 이 책을 떠받치는 관점이다.

이 책의 근저를 이루는 사회적 관점

모든 사회 이론은 인간 행동의 심리학에 대한 일정한 선입견, 그리고 인간에게 어떤 상황이 벌어질 수 있으며 어떤 상황이 윤리적으로 바람직한가에 대한 일정한 선입견에 근거한다. 시니어, 바스티아, 멩거, 프리드먼 등과 같은 사상가들의 저서를 읽어보면 효용 개념에 근거한 경제학이 가치중립적이라는 주장을 빈번하게 볼 수 있지만, 이는 성립할 수 없는 이야기이다. 세심하게 연구해보면 모든 사회 이론은 특정한 심리학 및 윤리학 이론에 의존하고 있음이 드러난다. 그 이론이 명시적으로 언명될 수도 있고 암묵적으로 전제될 수도 있다. 대부분의 고전파 경제학자들과 모든 신고전파 경제학자들은 인간의 심리학과 윤리학에 있어서 공리주의적이고 쾌락주의적인 관념에 근거하여 자신들의 경제 이론을 전개한다.

공리주의적 심리학과 윤리학은 자본주의에 보수적 이데올로기를 제공하는 임무에 특히 잘 들어맞는다. 자본주의를 역사적으로 살펴보면 그 거대한 힘은, 바로 자본주의가 자연에 대한 인간의 통제력을 엄청나게 늘려놓았고 생산에 혁명을 가져왔으며 그렇게 하는 가운데서 인류 역사상 최초로 모든 사람들이 물질적으로 안정되고 안락하게 살 수 있는 현실적 가능성을 열어젖혔다는 데 있다. 하지만 그와 동시에 자본주의는 대단히 큰 사회적, 심리적, 정서적, 미적 손상을 가져오는 사회 시스템이기도 하다. 그렇기 때문에 그렇게 생산성이 향상된다고 해도 이를 사회나 개인의 충족을 가져올 수 있는 방식으로 사용하고 조직할 수 없게 된다.

공리주의는 이러한 사회 시스템에 대한 이상적인 지적 옹호를 제공하는데, 여기에는 두 가지 이유가 있다. 첫째, 공리주의에서는 개인의 느낌, 감정, 생각, 행동 패턴, 욕망 등이 단순히 형이상학적으로 주어진 것으로 여겨진다. 사람들이 인간으로서 성장하고 발전하는 데 있어 어떠한 사회적 한계가 씌워지는가에 대한 분석 그리고 사람들이 사회화되는 패턴에 대한 분석은 탐구 영역에서 배제되며, 인본주의적 관심에 기초하여 자본주의를 규범적으로 비판하는 것은 무의미한 일이 된다. 왜냐면 이는 공리주의적 심리학과 윤리학에 기초한 모든 사회과학의 범위를 벗어나는 것이기 때문이다. 둘째, 공리주의는 인간의 욕망을 사회적 상호작용과 독립된 것으로 볼 뿐만 아니라 인간의 행복이란 욕망의 충족과 같은 것이라고 보며 또 욕망의 충족이란 상품의 소비와 동일한 것이라고 본다. 따라서 공리주의적 경제학 이론이 인간의 행복을 그토록 협소하게 생각하는 한, 자본주의—이는 전체적으로 보았을 때 상품의 생산을 영구적으로 확장하는 데 엄청난 성공을 거두었다—가 인간 행복의 증진에 있어서 가장 크게 기여하는 경제 시스템이라고 보게 되는 것은 당연하다.

이 책 전체에 걸쳐 우리의 공리주의 비판이 기초로 삼는 몇 가지의 믿음이 있다. 인간의 욕망이란 대개 사회적으로 결정되며, 또 그 욕망이 충족된다고 해도 인간의 후생은 늘어날 수도 늘어나지 않을 수도 있다는 것이 그 하나이다. 또한 인간의 생산은 사회적 현상으로서, 그렇게 생산된 것을 놓고 어떤 개인도 특정량을 두고서 자기 혼자 오롯이 생산한 것이라고 말할 수 없을 뿐만 아니라, 생산의 결실의 귀착과 사용은 사회적으로 결정되며, 인간의 행복에 득이 될 수도 있고 또 해가 될 수도 있다는 믿음이 다른 하나이다.

만약 우리가 시민으로서 공리주의에 완전히 물들지 않았더라면 방금 말한 명제는 즉각적으로 자명한 것으로 보였을 것이다. 우리 중 누구도 마약 중독자나 정신병자의 욕망 중 일부는 충족시키더라도 인간의 후생을 증진시키지 못한다는 사실을 모르지 않는다. 또 우리 중 누구도 마약 중독자나 정신병자가 되도록 그냥 애초부터 형이상학적으로 결정된 사람은 없다는 것을 모르지 않는다. 비록 내가 내 논지를 밝히기 위해 극단적인 예를 들기는 했지만, 이 주장의 논리는 인간의 후생을 평가하는 데 있어서 보편적으로 적용될 수 있다. 우리의 욕망을 충족시킬 사회적 수단에 대한 윤리적 평가, 그리고 욕망 자체에 대한 윤리적 평가는 얼마든지 가능할 뿐만 아니라 반드시 해야만 하며, 또 우리가 실제로 행하고 있기도 하다. 공리주의는, 비록 우리의 생각에 속속 파고들어 영향을 미치고는 있지만, 일상생활에서 반복되는 실제 생활의 필요에 부딪히면 거의 모든 사람들이 거부하게 되는 사고방식이기도 하다. 인간이란 항상 무엇보다도 도덕적 감정, 교훈, 개념에 기초하여 기능하며 생각하고 글을 쓴다. 공리주의는 우리 삶의 모든 곳에 파고들어 우리를 세뇌시키는데, 이는 자본주의의 현상 유지에 있어서 아주 큰 가치를 갖는다. 하지만 그럼에도 일상생활에서 우리가 행하는 바의 근저에 어떤 본질적 감정이 깔려 있는지를 성찰한다면, 우리들 대부분은 공리주의와 일치하는 방식으로는 기능하거나 생각하지 않는다는 것이 드러난다. 이러한 이유에서 나는 이 책의 기초를 이루고 있는 심리학적, 윤리학적 선입견 몇 가지를 명시적으로 밝히고자 한다. 지면상 이것들을 짧게 제시할 수밖에 없으며 충분히 논증하는 일은 전혀 할 수 없다. 이를 위해서는 더욱 길고 자세한 논의가 필요할 것이다.

이 책의 기초가 되는 윤리적 관점은 다음의 세 가지 믿음에 기초하고 있다. 첫째, 나는 베블런과 마르크스를 따라서, 모든 사회의 모든 사람들은 단순히 인간이라는 이유만으로도 일정한 공통의 필요욕구를 공유한다고 믿는다. 베블런은 유감스럽게도 이러한 보편적 필요욕구에 대해 '본능'이라는 이름을 붙였고, 그 바람에 본의 아니게 동물적 본능과의 본질적 차이점을 모호하게 만들었다. 인간의 보편적인 필요욕구는 우리 모두에게 있어서 살아 있는 동안 근본적으로 영향을 미치며 피할 수 있는 것이 아니다. 하지만 이는 인간 스스로가 의식하는 욕망과는 별개의 것이다. 예를 들어 알코올 중독자가 의식하는 욕망에는 알코올 이외의 것에 대한 소비의 욕망이 거의 없지만, 그렇다고 해서 그 사람의 신체가 필수 영양소에 대해 갖는 필요욕구가 조금도 줄어드는 것은 아니다. 하지만 인간의 기본적인 필요욕구가 인간 스스로가 의식하는 욕망으로 전환되는 것은 오로지 특정한 사회적 환경에서만 일어나며, 또 한 개인이 사회적 과정에 참여한 결과로서만 일어난다.

사실 개인은 사회화의 과정을 거치는 가운데 본래 타고난 보편적인 필요욕구로부터 생겨나고, 또 그 필요욕구의 충족으로 이어질 수 있는 의식적인 욕망을 전혀 느끼지 못하는 상태가 될 수도 있다. 이러한 상황에 빠지면 개인은 보통 신경증적 불안에 시달린다. 또 사회화에 의해 만들어지는 의식적 욕망은 인간의 보편적인 필요욕구가 충족되지 못하도록 체계적으로 가로막는 작용을 할 수도 있다. 이 경우에도 그 결과는 신경증적 불안이다. 사회 심리학자인 카렌 호나이Karen Horney에 따르면 그러한 불안은 "스스로가 왜소하고 무의미하며 무기력하다는 느낌"[44]으로 나타난다. 하지만 자본주의 사회라는 형태를 띠는 이 세상은 어떤 의미에서 볼 때 개인의 인간성을 남용하고 기만하고 공격하고 모욕하며 배반하고 있다. 이러한 감정이 신경증이 되는 것은 오직 개인이 이 상황을 '자연적'이며 '불가피한' 것이며, 그 개인 스스로의 인간으로서의 '본질'과 사회의 '본질'에서 비롯하는 것이고 그 두 가지의 본질은 고정되어 바꿀 수 없는 것이라고 느끼기 때문일 뿐 다른 이유는 없다. 만약 그 개인이 이러한 감정의 원인이 그 개인의 진정한 본질이 사회적으로 부인당하는 데 있으며 또 인간 존재의 인간성을 부인하는 종류의 사회는 실로 집단적인 인간 행동에 의해 변혁할 수 있다는 점을 깨닫게 되면, 그 감정이 신경증이 되지는 않는다.

둘째, 나는 인간의 보편적인 필요욕구에 서열이 존재한다고 믿는다. 어떤 필요욕구는 다른 것들에 대해 우선하는 경향을 갖는다는 사실에 의해서만 우리는 어떤 필요욕구는 '더 높은' 또는 '더 낮은' 것으로 분류할 수 있다.

인간의 모든 보편적인 필요욕구는 더 이상 환원할 수 없고, 기본적이며 자율적인 완전체를 이룬다. 그리고 이 각각의 보편적 필요욕구는 만족스러운 인간의 삶에 있어서 절대적으로 필수적이다.[45]

인간의 필요욕구에 나타나는 서열에 있어서 가장 아래에 있는, 또는 가장 기초적인 것은 식량, 물, 거처, 의복, 휴식, 운동, 성행위에 대한 생리적 필요욕구이다. 그 바로 위의 수준에 있는 것은 안전과 안심에 대한 필요욕구이다. 이 두 수준의 필요욕구는 인간이 그저 신체적으로 존속하고 생존하기 위해서라도 비교적 적절하게 충족되어야만 한다. 만약 이런 것이 최소한으로라도 충족되지 못한다면 그보다 상위에 있는 필요욕구의 충족에도 심각한 교란이 일어나는 것이 일반적이다. 사실 이러한 교란이 일어나면 그 충격은 아주 크기 때문에, 그 상위의 필요욕구는 "대개 의식조차 되지 못한 상태"[46]로 남게 된다. 그래서 에이브러햄 매슬로Abraham Maslow는 "이러한 생리적 필요욕구는 모든 필요욕구 가운데서 가장 강력한 것임이 분명하다"[47]고 말했다. 만약 이 필요욕구가 계속해서 충족되지 못한다면, 인간이 의식하는 욕망의 수준에서는 "다른 모든 필요욕구가 전혀 존재하지 않게 될 수 있다".[48]

세 번째 수준의 필요욕구는 매슬로가 "귀속감과 사랑의 필요욕구"라고 부른 것으로 이루어진다. 이는 인간적인 따뜻함, 애정, 사랑 등에 대한 필요욕구이다. 이러한 필요욕구를 충족시키려면 우리를 우리 자신의 본질로 받아들여야 하며, 자본주의에서 너무나 빈번하게 일어나는 것처럼 수단 또는 상품으로서가 아니라(매켄지와 털록은 인간의 가치에 대해 천박한 평가를 내리는 가운데 이 현상을 오히려 신격화한다), 엄밀하게 목적 자체로서 받아들여야 한다. 자본주의에서는 상품 관계가 모든 곳에 침투하여 이러한 종류의 필요욕구가 충족되지 못하게 한다. 그 바람에 우리들 중 이러한 필요욕구를 완전히는 고사하고 심지어 적절하게라도 충족시킬 수 있는 이들이 극소수에 불과하다. 게다가 매슬로에 의하면, "우리 사회의 사회 부적응이나 이보다 더 심각한 정신 병리 현상의 경우에 있어서 가장 공통적으로 발견되는 핵심은 바로 이러한 필요욕구가 좌절당하는 것이다".[49]

네 번째 수준은 다른 이들로부터의 인정, 감사, 높은 평가에 대한 필요욕구로 구성된다. 이런 것은 명성이나 유명 인사의 지위를 얻고자 하는 필요욕구가 아니다. 이는 베블런이 '일꾼 본능'과 결부시킨 특징들로서, 개인이 발전하는 데 있어서 결정적으로 중요하다. 이러한 필요욕구는 "숙달과 적성, 세상과 마주할 때의 자신감, 독립과 자유에 대한"[50] 욕망으로 나타난다. 이러한 특징을 개발했을 때 비로소 동료 인간들의 평가가 건강한 자기 평가와 일치할 수 있다. 이 건강한 자기 평가는 "외적인 명성과 근거 없는 아부가 아니라 타인들로부터 받을 만한 존경"[51]을 기초로 삼는다. 우리가 이 장에서 논의한 브레이버만의 저작, 그리고 베블런과 마르크스를 다룬 장에서 보았듯이, 자본주의의 역사는 우리 사회의 거대한 다수가 이러한 형태의 자기 평가와 사회적 평가를 얻어낼 가능성이 갈수록 줄어드는 것을 특징으로 삼는다.

다섯 번째의 가장 높은 수준의 필요욕구는 다른 목적을 달성하기 위한 수단으로서가 아니라 아름다움 자체를 목적으로 삼아 경험하고 이해하며, 지식 자체를 목적으로 습득하고 감상하는 필요욕구로 이루어진다. 말할 필요도 없지만, 이러한 필요욕구는 자본주의에서는 거의 언제나 충족되지 못한다.

또한 이 책의 윤리적 관점은 다음과 같은 나의 (세 번째) 믿음에 기초하고 있다. 인간에게 또는 인간의 행복에 있어서 선이란, 모든 사람들이 다른 사람들을 그저 수단으로서 또는 상품으로서가 결코 아니라 사람 자체를 목적으로서 바라보도록 우리의 사회적 삶의 구조를 만들어나가는 데 있다는 것이다. 모두가 모두를 목적으로서 바라본다는 말의 뜻은, 곧 모든 개인이 각자를 최대한으로 충족시키는 것, 또는 모든 개인이 자신의 생물학적, 정서적, 지적, 창조적, 미적 잠재력을 가능한 한 최대로 개발하는 것이 보편적인 욕망이 된다는 것이다. 이렇게 개인의 발전이 이루어지는 것은 오로지 특정한 사회적 환경에서 다른 인간들과의 상호작용을 통해서만 달성할 수 있다. 사실, 사회가 정상적으로 작동해 사람들이 자신에 대해 갖는 관심과 사회에 대해 갖는 관심을 상호적으로 증진시키는 적절한 사회적 환경에서, 자신에 대한 관심과 다른 인간들에 대한 관심이 하나로 통일될 때 이것을 달성할 수 있다. 또한 다음의 명제도 도출된다. 개인에게 있어서 선은, 자기 스스로의 충족만을 추구하는 것이 아니라 모든 인간들도 궁극적으로 그러한 사회적이고 개인적인 충족을 이룰 수 있도록 사회 구조를 집단적으로 바꾸는 과정에 참여할 때만 비로소 제대로 추구할 수 있다.

말할 것도 없이 이 책 전체의 근간에는 다음과 같은 확신이 깔려 있다. 가치중립적인 사회과학이란 불가능하고, 설령 가능하다고 해도 이는 바람직하지 않다. 우리 모두 인간인 이상 다른 사람들 또는 사회 전반에 대해서 객관적이며 편견 없이 초연하고 아무 이해관계 없는 관찰자가 될 수 있는 사람은 아무도 없다. 우리는 어떤 저술가에게도 불가능한 일을 하라고 즉 불편부당하고 아무 이해관계도 없는 관람객이 되라고 요구할 수 없다. 이러한 경지에 도달했다고 주장하는 이는 누구든 자기 기만에 빠져 있든가 아니면 고의적으로 다른 이들을 기만하고자 하는 것이다. 어떤 저술가에게 우리가 요구할 수 있는 최상의 것은 그저 지적으로 솔직한 태도를 취해 달라고 말하는 것이다.

나는 이 책에서 다양한 사상가들의 저작을 요약하고 비판하는 가운데서 내가 가장 중요하다고 생각하는 측면을 솔직하게 독자들과 함께 나누려고 최선을 다했다. 하지만 불편부당하고 이해관계를 넘어선 관람객이라는 가능하지도 않은 역할을 하려고 들지는 않았다. 나는 편파적이며, 이해관계를 가진 사람이다. 나는 일생을 미국 자본주의라는 맥락 안에서 보낸 사람이다. 일생 동안 내가 느꼈고, 생각했고, 토론했고, 읽었고, 내적으로 성찰했고, 경험적으로 관찰했고, 또 삶에서 직접 경험했던 것이 모두 합쳐져서 자본주의의 성격에 대해 내 나름의 관점을 형성했다. 나는 그러한 내 관점을 명시적으로 밝히고 싶다. 그래야 이 책에서 내가 자본주의에 대해 내놓는 비판을 놓고 독자 여러분이 알아서 스스로 취사선택을 할 수 있을 것이기 때문이다.

첫째, 자본주의란 갈등과 착취에 기반을 둔 사회 시스템이다.

둘째, 자본가와 노동자 사이의 사회적 관계는 자본주의의 모든 사회적 관계 가운데에서 가장 근본적인 것이다. 이는 곧 우리의 압도적 다수에게 있어서, 우리가 가진 보편적인 인간적 필요욕구 가운데 가장 하위에 있는 가장 기초적 수준의 것을 충족시키기 위해 우리의 생산적 잠재력을 노동력이라는 상품으로 왜소화시켜서 시장에 내다 팔아야만 한다는 것을 뜻한다.

셋째, 우리의 삶을 창조하는 활동 자체가 우리의 노동력을 상품으로서 판매할 것을 요구하고 있기 때문에 우리는 다른 이들을 상품으로, 즉 목적이 아닌 수단으로 보며, 또 그들도 우리를 상품으로 본다. 자본주의에서 사회화의 압력이란 거의 전적으로 상품 관계를 인간관계의 모든 측면에 보편적으로 적용하는 방향만을 향하고 있다. 이러한 비인간화에 저항하여 우리의 기본적인 인간성이 반란을 일으킨다면(의식적으로건 무의식적으로건), 매켄지와 틸록과 같은 공리주의적 경제학자의 저작은 천박하고 오만불손한 것으로 전락할 것이다. 하지만 우리의 상품 지향적 사회화 과정이 계속 지배적 위치를 차지한다면, 그들의 사상이 우리 행동의 어떤 측면들을 정확하게 기술하는 것으로 남을 것이며, 이러한 비통한 상태는 지속될 것이다.

넷째, 시장의 무정부성 그리고 수백만의 실업자가 만성적으로 존재하는 사태는 우리들 대부분에게 항시적인 경제적 불안정을 만들어내며, 우리가 가진 더 고차적인 보편적 인간적 필요욕구의 다수를 충족시키는 것을 체계적으로 가로막는다.

다섯째, 인간관계를 상품 관계로 환원하면 진정한 인간적 따뜻함, 애정, 사랑으로 우리를 채우고자 하는 필요욕구는 한사코 좌절당한다. 자본주의 사회에서조차도 이러한 인간적 특성이 분명히 존재한다는 사실은, 우리가 완전히 상품에 불과한 존재로 왜소화되는 것을 가로막는 인간적인 생명의 불꽃이 우리 모두의 마음속에 여전히 얼마나 강렬하게 타오르고 있는가를 보여주는 증거이다.

여섯째, 창의적 생산의 과정은 그저 일련의 엄격히 통제되고 부자유스럽고 지겹고 반복적인 고역으로 왜소화된다. 그리하여 우리들 대부분은 생산에서의 숙달과 능력 그리고 그러한 창의성에 합당하게 주어지는 자기 평가와 사회적 평가에 대한 필요욕구를 충족시킬 기회를 빼앗긴다.

일곱째, 이러한 소외 그리고 그에 따라오는 사회적, 정서적 파편화는 우리 대부분의 마음속에 전반적인 불안, 공포, 불신을 낳으며, 이러한 감정은 해소되지 못하다가 종종 인종주의와 성차별주의의 방향으로 물길을 틀게 된다. 주지하다시피, 이 인종주의와 성차별주의는 소수 인종과 여성에 대한 체계적 착취를 정당화하는 데 일조하도록 이용된다. 이는 또한 호전적 애국주의와 민족주의의 감정으로 이어지며, 이는 다시 제3세계에서 수백만의 사람들을 가혹하게 억압하는 경제적 제국주의를 정당화하는 데 일조하도록 이용된다.

여덟째, 우리의 소외와 파편화로 인하여 대기업의 광고 책임자들은 우리를 만만한 먹잇감으로 여겨 맘대로 조종한다. 이는 베블런이 '경쟁적 모방 소비'라고 부른 행태로 이어진다. 우리는 고독, 공포, 불안, 권태를 경험하며, 이 때문에 더 많은 상품을 소비하고 싶은 필요욕구 그리고 이웃들을 따라잡고 추월하고 싶은 필요욕구를 갖는다. 이로 인해 우리는 우리의 불행이 자본주의의 멈출 줄 모르는 소비주의의 쳇바퀴 때문에 생겨나는 결과라는 점을 보지 못하게 되며, 오히려 그 쳇바퀴를 충분히 빨리 돌리도록 뛰지 못한 결과라고 즉 충분히 많은 상품을 소비하지 못한 결과이며 또 봉급이 인상되도록 일을 잘하지 못한 결과라고 생각하게 된다.

아홉 번째, 이윤 동기가 생산과정을 지배하게 되면서 우리의 자원과 인간적 생산 능력을 활용하여 공원, 문화센터, 어린이집, 대중교통 등을 만족스럽게 만들고 지켜내는 일은 불가능하게 된다. 이런 것은 모두 사회적으로 이용되지만, 보통 자본가가 생산하고 판매하여 큰 이윤을 남길 수 없는 것이기 때문이다.

열 번째, 대부분의 사람들의 경우 자본주의 내에서 괜찮은 삶을 살려면 노동력을 판매하는 것이 유일한 방법이므로, 우리의 시스템은 미성년자, 노인, 장애인, 아이를 돌보아야 하는 한부모 가정의 어버이 등 노동력을 판매할 수 없는 이들은 빈곤 속에서 허덕이게 만든다.

열한 번째, 사람들이 외적인 제약에서 독립하여 미적, 지적 잠재력을 발전시킬 중심지여야 할 우리의 교육 시스템과 여타 문화 제도는 자본주의 시스템의 필요에 의해서 자본주의의 사회경제적 구조를 유지, 영구화하는 데 도움이 되는 사상, 훈련, 정서 패턴 등을 전파하는 기관으로 바뀌었다.

열두 번째, 대기업은 오로지 이윤만을 추구하다 우리의 물, 공기, 환경 전반을 오염시키며 이로 인해 우리들이 살아가는 공간을 미적으로 혐오스러우며, 건강을 해치며, 잠재적으로 살지 못할 곳으로 만든다.

공리주의 경제학은 우리에게 이렇게 가르친다. 우리의 지각이 무어라고 말하든 우리의 감정이 무어라고 말하든, 자본주의는 합리적이며 효율적이며 공정한 시스템이라고. 공리주의 경제학은 또 우리에게 이렇게 말한다. 소수의 부유한 개인들, 즉 오로지 더 많은 부의 축적이라는 동기 하나만으로 움직이는 이들이 우리의 자원, 활동, 사회적 상호작용 등을 엄격한 통제까지는 아니더라도 상당한 영향을 끼칠 수 있도록 만들어주는 것이 모든 이들에게 최상의 이익을 항상 가져다준다고.

이 책을 쓰는 가운데 나는 다양한 경제학 이론가들의 가장 중요한 사상이라고 생각되는 것을 있는 그대로 보여주려고 노력했다. 하지만 나는 중립적이지도 불편부당하지도 않다. 나는 자본주의가 인간 합리성의 절정이라고 믿지 않는다. 나는 역사적으로 볼 때 자본주의가 자연에 대한 인간의 통제력을 증가시킴으로써 대단히 중요하고 진보적인 기능을 했다고 믿는다. 하지만 그 가운데서 자본주의의 진보적이고 합리적인 것은 결국 퇴행적이고 비합리적인 것으로 되었다. 오늘날 존재하는 시스템은 인간들이 스스로의 잠재적 가능성을 충분히 발전시키는 것을 체계적으로 좌절시킨다. 이러한 이유에서 이 시스템은 비효율적이며 비합리적이다.

나는 베블런 및 마르크스와 함께 자본주의는 인간 발전의 최고 단계가 아니라고 믿으며, 만약 사람들이 자본주의의 비합리성에 맞서서 집단적 인간성을 앞세우게 된다면 이들은 자본주의가 통치하는 동안은 감히 꿈도 꿀 수 없었던 열정적인 가능성의 지평을 열어젖히게 될 것이라고 믿는다.

주

1. 한 예로 폴 배런Paul Baran은 스탠포드 대학에서 교직을 갖고 있던 영향력 있는 마르크 스주의 경제학자였다. 1950년대에 그의 저작 다수는 가명으로 발표되어야만 했다. 이 기간 동안 좌파 저널과 간행물에서는 학계의 인사들이 가명으로 쓴 논문을 자주 발견할 수 있다.

2. Alfredo Medio, "Profits and Surplus-Value: Appearance and Reality in Capitalist Production", in *A Critique of Economic Theory*, ed. E.K. Hunt and Jesse G. Schwartz(Baltimore: Penguin, 1972), pp. 312-46.

3. Ibid., p. 326.

4. Ibid., pp. 325-26.

5. Ibid., pp. 325-26.

6. A. Shaikh, "Marx's Theory of Value and the 'Transformation Problem'" in *The Subtle Anatomy of Capitalism*, ed. J. Schwartz(Santa Monica: Goodyear, 1977); and A. Shaikh, "The Transformation from Marx to Sraffa", in *Ricardo, Marx, Sraffa*, ed. E. Mandel(London: Verso, 1984).

7. A. Lipietz, "The So-called 'Transformation Problem' Revisited", *Journal of Economic Theory* 26, no. 1(1982); G. Duménil, *De la valeur aux prix de production*(Paris: Economics, 1980); D. Foley, "The Value of Money, the Value of Labor Power and the Marxian Transformation Problem", *Review of Radical Political Economics* 14, no. 2(Summer 1982): 37-49.

8. G. Duménil, "Beyond the Transformation Riddle: A Labor Theory of Value", *Science and Society* 47, no. 4(Winter 1983): 442.

9. Bob Rowthorn, "Skilled Labour in the Marxist System", *Bulletin of the Conference of Socialist Economists*(Spring 1974): 25-45.

10. Harry Braverman, *Labor and Monopoly Capital, The Degradation of Work in the Twentieth Century*(New York: Monthly Review Press, 1974). 브레이버만의 저서에 자극을 받아 나타난 학문적 연구의 몇몇 예를 보려면 다음에 수록된 논문을 참고 하라. Samuel Bowles and Richard Edwards, eds., *Radical Political Economy*, vol. 1(Hants, UK: Edward Elgar, 1990).

11. Ibid., pp. 315-16.

12. Ibid., p. 139.

13. 다음에서 재인용. Bruce Brown, *Marx, Freud, and the Critique of Everyday Life* (New York: Monthly Review Press, 1973), p. 56.

14. Eli Zaretsky, "Capitalism, the Family and Personal Life", *Socialist Revolution*

3, no. 3 (January–April 1973): 69–125.

15. Miriam Wasserman, comp., *Demystifying School* (New York: Praeger, 1974).

16. Samuel Bowles and Herbert Gintis, *Schooling in Capitalist America* (New York: Basic Books, 1976).

17. James Aronson, *The Press and the Cold War* (Indianapolis, IN: Bobbs-Merrill, 1970).

18. Robert Cirino, *Don't Blame the People* (New York: Vintage, 1971).

19. Edward S. Herman and Noam Chomsky, *Manufacturing Consent: The Political Economy of the Mass Media* (New York: Pantheon Books, 1988).

20. G. William Domhoff, *Who Rules America?* (Englewood Cliffs, NJ: Prentice-Hall, 1967), 그리고 Howard L. Reiter, *Parties and Elections in Corporate America* (New York: St. Martin's Press, 1987).

21. Braverman, *Labor and Monopoly* Capital, p. 125.

22. Paul A. Baran and Paul M. Sweezy, *Monopoly Capital* (New York: Monthly Review Press, 1966), p. 9.

23. Ibid., pp. 9–10.

24. Ibid.

25. Ibid., pp. 115–16.

26. Ibid., p. 115.

27. Ibid., p. 119.

28. Ibid., p. 126.

29. Ibid., p. 155.

30. Ibid., p. 161.

31. Ibid., p. 341

32. Harry Magdoff, *The Age of Imperialism: The Economics of U.S. Foreign Policy* (New York: Monthly Review Press, 1969).

33. Ibid., pp. 99–100.

34. Ibid., p. 57.

35. Ibid., pp. 203–6.

36. Ibid., pp. 200–1.

37. Edward S. Herman, *The Real Terror Network: Terrorism in Fact and Propaganda* (Boston: South End Press, 1982).

38. Avi J. Cohen and G.C. Harcourt, "Retrospectives: Whatever Happened to the Cambridge Capital Theory Controversies?" *The Journal of Economic Perspectives*, 17, no. 1 (2003): 199–214.

39. Anwar Shaikh, "The Empirical Strength of the Labor Theory of Value", in *Conference Proceedings of Marxian Economics: A Centenary Appraisal*, ed. Riccardo Bellofiore(London: Macmillan, 1998).

40. 초기의 연구로는 다음을 보라. Edward N. Wolff, "The Rate of Surplus Value, the Organic Composition, and the General Rate of Profit in the U.S. Economy, 1947-1967", *American Economic Review*, 69, no. 3(1979). 좀 더 최근에 나온 연구로는 Fred Moseley, "Estimates of the Rate of Surplus-Value in the United States: 1947-1997", *Review of Radical Political Economics*, Spring-Summer (1986).

41. Robert Brenner, "The Boom and the Bubble", *New Left Review*, no. 6(2000).

42. 비슷한 주제를 다룬 초기의 연구는 오히려 더욱 전진된 방식을 보여준다. Stephen A. Marglin, *Growth, Distribution and Prices*(Cambridge, MA: Harvard University Press, 1987).

43. 사회적 축적 구조론에 대한 이해하기 쉬운 입문서로는 David Gordon, Richard Edwards, and Michael Reich, *Segmented Work, Divided Workers: The Historical Transformation of Labor in the United States*(Cambridge, UK: Cambridge University Press, 1982). 변형적 성장 이론에 대한 입문서로는 Edward J. Nell, *The General Theory of Transformational Growth: Keynes After Sraffa* (Cambridge, UK: Cambridge University Press, 2005).

44. Karen Horney, *The Neurotic Personality of Our Time*(New York: Norton, 1937), p. 92.

45. 인간의 보편적인 필요욕구에 대한 나의 논의는 전반적으로 다음을 따르고 있다. A.H. Maslow, *Motivation and Personality*(New York: Harper, 1954). 하지만 이러한 필요욕구를 궁극적으로 충족시킬 최상의 수단이 무엇인가라는 문제에 대해서는 매슬로의 견해를 달리한다.

46. Ibid., p. 101.

47. Ibid., p. 82.

48. Ibid.

49. Ibid., p. 89.

50. Ibid., p. 90.

51. Ibid., p. 91.

이 책에 이미 소개된 문헌을 보충하기 위해 다음의 목록을 제시한다. 이 책에서 논의된 경제학자들의 주요 저작은 여러 장의 주석에서 밝혀놓았다. 다음의 목록은 그 저작을 보충할 수 있는 2차 문헌만을 담고 있다. 이는 각각의 주제에 대한 문헌을 종합적으로 제시한 목록이 아니라, 이 책에서 논의한 문제들 일부에 대한 이해를 얻는 데 유용하다고 우리가 생각하는 문헌을 약간 제시하는 것일 뿐이다.

[1장]

Aston, T.H. and C.H.E. Philpin, eds. *The Brenner Debate: Agrarian Class Structure and Economic Development in Pre-industrial Europe*. Cambridge, UK: Cambridge University Press, 1987.

Dobb, Maurice. *Studies in the Development of Capitalism*. New

York: International Publishers, 1963.

Edwards, Richard C.; Michael Reich; and Thomas E. Weisskopf, eds. *The Capitalist System*. 2d ed. Englewood Cliffs, NJ: Prentice-Hall, 1978.

Wood, Ellen Meiksins. *The Origin of Capitalism: A Longer View*. UK: Verso, 2002.

[2장]

Letwin, William. *The Origins of Scientific Economics*. London: Methuen, 1963.

Meek, Ronald L. *Studies in the Labour Theory of Value*. 2d ed. New York: Monthly Review Press, 1976, ch. 1.

[3장]

Dobb, Maurice. *Theories of Value and Distribution since Adam Smith*. Cambridge, UK: Cambridge University Press, 1973, ch. 2.

Macfie, A.L. "The Scottish Tradition in Economic Thought". *Scottish Journal of Political Economy* 2 (June 1955): 81–103.

Meek, Ronald L. *Studies in the Labour Theory of Value*, ch. 2.

Rogin, Leo. *The Meaning and Validity of Economic Theory*. New
York: Harper and Row, 1958, ch.3.

Samuels, Warren J. "Adam Smith and the Economy as a System
of Power", *Review of Social Economy* 31 (October 1973):
123-37

[4장]

Blaug, Mark. *Economic Theory in Retrospect*. 3d ed. New York:
Cambridge University Press, 1978, ch.3.

Rogin, Leo. *The Meaning and Validity of Economic Theory*,
ch.5.

[5장]

Blaug, Mark. *Ricardian Economics*. New Haven, CT: Yale
University Press, 1958.

Dobb, Maurice. *Theories of Value and Distribution since Adam
Smith*, chs.3 and 4.

Kurz, Heinz D. and Neri Salvadori. *Theory of Production:
A Long-Period Analysis*, Cambridge, UK: Cambridge
University Press, 1997.

[6장]

Bowley, Marian. *Nassau Senior and Classical Economics*.
    London: George Allen and Unwin, 1937.

Halevy, Elie. *The Growth of Philosophical Radicalism*. Boston:
    Beacon Press, 1955.

Hutchison, T.W. "Bentham as an Economist". *Economic Journal*
    66 (June 1956): 288-306.

Schumpeter, Joseph. *History of Economic Analysis*. Oxford:
    Oxford University Press, 1954, pp. 615-25.

[7장]

Blaug, Mark. *Ricardian Economics*, pp. 140-50.

Halevy, Elie. *Thomas Hodgskin*. London: Ernest Berm, 1956.

Hunt, E. K. "Value Theory in the Writings of the Classical
    Economists, Thomas Hodgskin and Karl Marx". *History of
    Political Economy* 9 (Fall 1977): 322-45.

Pankhurst, R.K.P. *William Thompson*. London: Watts, 1954.

[8장]

Blaug, Mark. *Economic Theory in Retrospect*, ch. 6.

Mitchell, Wesley C. *Types of Economic Theory*. New York:
    Augustus M. Kelley, 1967, ch. 5.

Rogin, Leo. *The Meaning and Validity of Economic Theory*,
    ch. 8.

[9장]

Catephores, George. *An Introduction to Marxian Economics*.
    New York: New York University Press, 1989.

Dobb, Maurice. *Theories of Value and Distribution since Adam
    Smith*, ch. 6.

Foley, Duncan K. *Understanding Capital: Marx's Economic
    Theory*. Cambridge, MA: Harvard University Press, 1986.

Hunt, E.K. "Philosophy and Economics in the Writings of Karl
    Marx", In *Marx, Schumpter and Keynes, A Centenary
    Celebration of Dissent*, ed. S.W. Helburn and D.F. Bramhall.
    Armonk, NY: M.E. Sharpe, 1986.

Hunt, E.K. "Joan Robinson and the Labour Theory of Value",
    Cambridge Journal of Economics 7 (1983).

Hunt, E.K., and Jesse Schwartz, eds. *A Critique of Economic
    Theory*. Baltimore: Penguin, 1972, ch. 13.

Meek, Ronald L. "Some Notes on the Transformation Problem",
    Economic Journal 66 (March 1956): 94-107.

Meek, Ronald L. *Studies in the Labour Theory of Value*, chs. 4

and 5.

Schwartz, Jesse, ed. *The Subtle Anatomy of Capitalism*. Santa
Monica, CA: Goodyear, 1977, chs. 6 and 7.

Sweezy, Paul M. *The Theory of Capitalist Development*. New
York: Monthly Review Press, 1956.

[10장]

Dobb, Maurice. *Theories of Value and Distribution since Adam
Smith*, ch. 7.

Rogin, Leo. *The Meaning and Validity of Economic Theory*, chs.
10-12.

Spengler, Joseph J., and William R. Allen. *Essays in Economic
Thought*. Chicago: Rand McNally, 1960, pt. 6.

Walsh, Vivian and Harvey Gram. *Classical and Neoclassical
Theories of General Equilibrium*. New York: Oxford
University Press, 1980.

[11장]

Blaug, Mark. *Economic Theory in Retrospect*, chs. 9 and 11.

Rogin, Leo. *The Meaning and Validity of Economic Theory*,
ch. 13.

Stigler, George. *Production and Distribution Theories*. New
York: Macmillan, 1941.

[12장]

Dorfman, Joseph. *The Economic Mind in American
Civilization*, vol. 3. New York: Viking Press. 1949. ch. 19.
Dowd, Douglas, ed. *Thorstein Veblen: A Critical Reappraisal*.
Ithaca: Cornell University Press, 1958.

[13장]

Fieldhouse, D.K. *The Theory of Capitalist Imperialism*. London:
Longmans, 1967.
Kemp, Tom. *Theories of Imperialism*. London: Dobson, 1967.

[14장]

Carter, Michael "To Abstain or Not to Abstain (Is That the
Question?)", In *The Subtle Anatomy of Capitalism*, ed.
Schwartz, pp. 36-50.
E.K. Hunt, "A Radical Critique of Welfare Economics",

In *Growth, Profits & Property*, ed. E. J. Nell. New York:
Cambridge University Press, 1980.

Nath, S.K. *A Reappraisal of Welfare Economics*. New York:
Augustus M. Kelley, 1969.

[15장]

Blaug, Mark. *Economic Theory in Retrospect*, ch. 15.

Chick, Victoria. *Macroeconomics after Keynes*. Cambridge, MA:
The MIT Press, 1984.

Davidson, Paul. *Money and the Real World*. London: Macmillan
Press, 1978.

Minsky, Hyman P. *John Maynard Keynes*. New York: Columbia
University Press, 1975.

Rosen, Sumner. "Keynes Without Gadflies", In A *Critique of
Economic Theory*, ed. Hunt and Schwartz, pp. 397-419.

Shaw, G.K., ed. *The Keynesian Heritage*, vols. 1 and 2. Hants,
UK: Edward Edgar, 1988.

[16장]

Harcourt, G.C. *Some Cambridge Controversies in the Theory of
Capital*. Cambridge, UK: Cambridge University Press, 1972.

Hunt, E.K., and Jesse Schwartz, eds. *A Critique of Economic Theory*, pts. 3 and 4.

[17장]

Akerlof, George A. and Robert J. Shiller. *Animal Spirits: How Human Psychology Drives the Economy, and Why It Matters for Global Capitalism*. Princeton: Princeton University Press, 2009.

Littlechild, Stephen, ed. *Austrian Economics*, vols. 1, 2, and 3. Hants, UK: Edward Elgar, 1990.

Mas-Colell, Andreu, Michael D. Whinston, and Jerry R. Green. *Microeconomic Theory*. New York: Oxford University Press, 1995.

Ricketts, Martin, ed. *Neoclassical Microeconomics*, vols. 1 and 2. Hants, UK: Edward Elgar, 1988.

Thaler, Richard H. *The Winner's Curse: Paradoxes and Anomalies of Economic Life*. Princeton: Princeton University Press, 1994.

[18장]

Harris, Donald J. *Capital Accumulatoin and Income Distribution*. Palo Alto: Stanford University Press, 1978.

King, J. E. *A History of Post Keynesian Economics since 1936.*
U.K.: Edward Elgar Publishing, 2004.

Samuels, Warren J., ed. *Institutional Economics*, vols. 1, 2, and 3.
Hants, UK: Edward Elgar, 1988.

Sawyer, Malcolm c., ed. *Post-Keynesian Economics.* Hants, UK:
Edward Elgar, 1988.

[19장]

Bowles, Samuel, and Richard Edwards, eds. *Radical Political
Economy*, vols. 1 and 2. Hants, UK: Edward Elgar, 1990.

King, J. E., ed. *Marxian Economics*, vols. 1, 2, and 3. Hants, UK:
Edward Elgar, 1990.

찾아보기